天

Borderless

下

天下，在乎正义和你

天
Borderless
下

法学新经典

物权法新论

王利明 著

法律出版社 LAW PRESS · CHINA
北京

图书在版编目（CIP）数据

物权法新论 / 王利明著. -- 北京：法律出版社，2024. -- ISBN 978-7-5197-9368-5

Ⅰ. D923.24

中国国家版本馆CIP数据核字第2024TT9245号

物权法新论

WUQUANFA XINLUN

作　　者：王利明

策划编辑：屈　瑶

责任编辑：屈　瑶　孔明林

装帧设计：李　瞻

出版发行：法律出版社

编辑统筹：学术·对外出版分社

责任校对：李慧艳

责任印制：胡晓雅　宋万春

经　　销：新华书店

开　　本：710毫米×1000毫米　1/16

印　　张：60

字　　数：1022千

版　　本：2024年11月第1版

印　　次：2024年11月第1次印刷

印　　刷：三河市龙大印装有限公司

书　　号：ISBN 978-7-5197-9368-5

定　　价：228.00元

销售电话：010-83938349　客服电话：010-83938350　咨询电话：010-63939796

地　　址：北京市丰台区莲花池西里7号(100073)

网　　址：www.lawpress.com.cn

投稿邮箱：info@lawpress.com.cn

举报盗版邮箱：jbwq@lawpress.com.cn

凡购买本社图书，如有印装错误，我社负责退换。电话：010-83938349

作者简介

王利明 湖北仙桃人，中国人民大学一级教授、长江学者特聘教授。曾任第九、十、十一届全国人大代表，第九届全国人大财经委员会委员，第十、十一届法律委员会委员，中国法学会副会长，兼任中国民法学研究会会长，国务院学位委员会法学学科评议组成员兼召集人。曾获“第一届十大杰出青年法学家”“中国有突出贡献的博士学位获得者”等荣誉称号。代表作品有《民法总则研究》、《民法典体系研究》、《人格权法研究》、《物权法研究》（上、下卷）、《合同法研究》（第1～4卷）、《侵权责任法研究》（上、下卷）、《法学方法论》、《民商法研究》（第1～10卷）等，论著曾多次获得国家和省部级奖励。

物权法的本土性和实践性(代序言)

“作为法律制度一部分的物权法,包含着人类对财物进行支配的根本规则。”①物权法是以《民法典》物权编为主要内容的,包括其他单行法所组成的完整体系。《民法典》物权编在总结我国社会实践、经济实践和司法实践的基础上,具有本土性和实践性的特点,回答了中国之问和时代之问。

物权法是维护基本经济制度的基本法。如何在公有制的基础上发展市场经济,是人类历史上从未遇到的重大难题。物权法规定了用益物权制度,在不改变土地所有权公有的前提下,使土地这一最为重要的生产资料进入市场,从而实现了公有制与市场经济的有机结合,这也奠定了我国市场经济发展的重要基础。同时,物权法规定了完善的担保物权制度,明确了担保物权的实现规则和保护规则,在鼓励担保、维护交易安全、构建市场秩序等方面发挥了重要的作用。生产资料所有制是基本经济制度的核心和基础。我国目前处于社会主义初级阶段,在所有制形态上实行公有制为主体、多种所有制经济共同发展的基本经济制度。物权法构建了以平等保护为核心的产权保护原则,有力维护了国家基本经济制度,促进了多种所有制共同发展。

物权法是贯彻平等保护财产权利的宣言书。《民法典》第207条规定:“国家、集体、私人的物权和其他权利人的物权受法律平等保护,任何组织或者个人不得侵犯。”这就在法律上宣告了公私财产平等保护的原则,这也是我国物权法的重要亮点。这一规定在法律上明确了平等保护国家、

---

① [德]鲍尔、[德]斯蒂尔纳:《德国物权法》(上册),张双根译,法律出版社2004年版,第3页。

集体、私人的物权和其他权利人的物权的原则，把公、私财产置于平等保护的制度框架之下。另外，《民法典》总则编第113条将物权平等保护原则进一步扩张为财产权利受法律平等保护原则，因而扩大了平等保护的范围。这两条规定与原《物权法》第4条相比，不仅增加了“平等”二字，而且扩大了平等保护财产的范围，这就更加清晰、明确地确认了物权的平等保护原则。平等保护是建立和完善社会主义市场经济体制、营造良好的营商环境的必然要求，是构建市场经济秩序的基础，是鼓励人们创造财富的最根本动力，也是促进社会财富增长的需要。习近平总书记指出：“各类市场主体最期盼的是平等法律保护。”①平等保护原则是建立和完善社会主义市场经济体制的必然要求，也是实现“有恒产者有恒心”，促进社会财富增长的需要。坚持平等保护的法律原则，才能让亿万人民群众专心创新，放心置产，大胆投资，安心经营；才能对各类市场主体一视同仁，营造公平竞争的市场环境、政策环境、法治环境，确保权利平等、机会平等、规则平等。

物权法是归属和利用并重的基本规则。一方面，物权法确认了一整套物权的体系，明确列举了各种物权的类型、内容和公示方法，以达到定分止争的目的。因此，物权法定原则既可以明确民事主体相互之间的权利义务关系，又可以防止产权纠纷。例如，在集体土地所有权之上，可以设立承包经营权、地役权。为了解决承包经营权和地役权之间的冲突问题，《民法典》第378条、第379条确定了地役权人和用益物权人之间的权利行使规则。可见，物权法定原则就是要对这些纷繁复杂的关系进行调整，定分止争。另一方面，自20世纪以来，物权不仅注重物的归属和对物的支配，而且更注重通过权利行使实现物的价值，以实现物尽其用的目的。用益物权不仅类型丰富，其地位和作用也日益凸显。②

物权法是市场经济的基本法。高质量的市场经济必须靠物权法保障。一方面，物权法通过确认和保护物权，为市场交易确定了前提和结果，有助于提高交易的效率，降低交易成本。科斯定理认为，只有在最初产权界定后，才能产生交易；只有合理界定产权，才能降低交易费用、鼓励交易。物权法就是保障交易有序进行的基本规则。另一方面，市场经济本质上是信用经济，担保作为重要的增信措施是保障债权实现的手段，对促进资金融通、

---

① 习近平：《为做好党和国家各项工作营造良好法治环境》，载习近平：《论坚持全面依法治国》，中央文献出版社2020年版，第254页。

② 参见王胜明主编、全国人大常委会法制工作委员会民法室编著：《中华人民共和国物权法解读》，中国法制出版社2007年版，第4页。

维护金融安全发挥着重要作用。我们还应看到,市场经济的发展需要维护交易安全,物权法正是通过公示公信等原则,维护信赖利益、保护交易安全。

物权法是保障老百姓基本财产权利的基础性法律。物权法是保护最广大人民群众财产利益的财产法。在一切法治国家,私有财产权都被视为公民最重要的权利之一,它与生命权、自由权并称为公民的三大基本权利。保护产权,实质上就是保护劳动,保护发明创造,保护和发展生产力。英国学者约翰·洛克有句名言:没有个人物权的地方,就没有公正。保护合法的财产权,就是保护公民的基本人权,就是保护公民通过诚实合法的劳动创造的财富,就是保护公民基本的生产和生活条件。什么是"民生"? 实际上最大的民生就是老百姓的财产权保护问题。老百姓的财产权保护问题解决不好,就不可能真正解决好民生问题。例如,老百姓的房屋所有权未能得到充分的尊重,老百姓的基本生存条件和生活条件就无法得到保障。物权法平等保护原则的重要内容在于:不仅要保护老百姓的财产,而且要与保护公共财产一样,对老百姓的财产予以同等保护。

物权法是改善营商环境、鼓励担保、保障债权的法律。近几年,随着市场经济的迅速发展,在经济全球化的影响下,担保物权日益现代化,担保物权的类型日益丰富。担保物权朝着逐步扩大担保物和担保标的的范围、降低担保设立费用、提高担保物的利用效率、减少担保物的执行成本等方向发展。《民法典》物权编适应现代市场经济发展的需要,促进了担保制度的现代化。《民法典》物权编统一了动产和权利担保的登记制度,构建了以登记为中心的优先受偿顺位规则,扩张了担保合同的范围,衔接了担保物权与其他功能性担保之间的关系,承认了非典型担保,缓和了物权法定原则,允许当事人在担保合同中对担保财产作概括描述,为动产和权利担保提供了广阔的制度空间。

物权法正是在发挥上述作用的过程中,彰显其本土性和实践性。但物权法并不排斥国际性,在涉及交易的规则中,物权法也体现了鲜明的国际性。当然,从总体上说,物权法首先是立足中国国情和中国实践,回应中国的现实需求。

英国法学家布莱克斯通曾言:"在人类历史上,还没有一种东西能够像财产权那样能够激发人们的注意力、想象力和创造力。"①准确理解和解释物权法,特别是《民法典》物权编,完善物权编的配套法律法规,在实践中严

---

① William Blackstone, *Commentaries on the Laws of England*(1765 - 1769), The University of Chicago Press, 1979, p. 2.

格执法、公正司法，使物权法真正从“纸上的法律”变为“行动中的法律”，对于促进市场经济的高质量发展，保障人民群众的美好幸福生活，推动中国式现代化建设，具有至关重要的作用。

法律、法规、司法解释缩略语

1.《民法典》:《中华人民共和国民法典》,2020 年 5 月 28 日颁布,2021 年 1 月 1 日生效。

2.《物权法》:《中华人民共和国物权法》,2007 年 3 月 16 日颁布,2007 年 10 月 1 日起施行,2021 年 1 月 1 日废止。

3.《土地管理法》:《中华人民共和国土地管理法》,1986 年 6 月 25 日颁布,1988 年第一次修正,1998 年修订,2004 年第二次修正,2019 年第三次修正,新修正法律 2020 年 1 月 1 日起施行。

4.《城市房地产管理法》:《中华人民共和国城市房地产管理法》,1994 年 7 月 5 日颁布,2007 年第一次修正,2009 年第二次修正,2019 年第三次修正,新修正法律 2020 年 1 月 1 日起施行。

5.《农村土地承包法》:《中华人民共和国农村土地承包法》,2002 年 8 月 29 日颁布,2009 年第一次修正,2018 年第二次修正,新修正法律 2019 年 1 月 1 日起施行。

6.《总则编解释》:《最高人民法院关于适用〈中华人民共和国民法典〉总则编若干问题的解释》,2022 年 2 月 24 日颁布,2022 年 3 月 1 日起施行。

7.《有关担保司法解释》:《最高人民法院关于适用〈中华人民共和国民法典〉有关担保制度的解释》,2020 年 12 月 31 日颁布,2021 年 1 月 1 日起施行。

8.《物权编司法解释(一)》:《最高人民法院关于适用〈中华人民共和国民法典〉物权编的解释(一)》,2020 年 12 月 29 日颁布,2021 年 1 月 1 日起施行。

9.《建筑物区分所有权司法解释》:《最高人民法院关于

审理建筑物区分所有权纠纷案件适用法律若干问题的解释》,2020 年 12 月 29 日颁布,2021 年 1 月 1 日起施行。

10.《合同编通则解释》:《最高人民法院关于适用〈中华人民共和国民法典〉合同编通则若干问题的解释》,2023 年 12 月 4 日颁布,2023 年 12 月 5 日起施行。

11.《物业服务纠纷司法解释》:《最高人民法院关于审理物业服务纠纷案件适用法律若干问题的解释》,2020 年 12 月 29 日颁布,2021 年 1 月 1 日起施行。

12.《征收与补偿条例》:国务院《国有土地上房屋征收与补偿条例》,2011 年 1 月 21 日起施行。

13.《不动产登记暂行条例》:国务院《不动产登记暂行条例》,2014 年 11 月 24 日颁布,2019 年 3 月 24 日第一次修订,2024 年 3 月 10 日第二次修订,新修订条例 2024 年 5 月 1 日起施行。

14.《买卖合同司法解释》:《最高人民法院关于审理买卖合同纠纷案件适用法律问题的解释》,2012 年 5 月 10 日颁布,2020 年 12 月 29 日修正,新修正司法解释 2021 年 1 月 1 日起施行。

目　录

第一编

物权总论

第一章　物权概述

第一节　物权的概念和特征

一、物权的概念

“物权”(droits reels; Sachenrecht; real rights)一词最早起源于罗马法。罗马法曾确认了所有权(dominium)、役权(servitutes)、永佃权(emphyteusis)、地上权(superficies)、抵押权(hypotheca)、质权(pignus)等物权形式。虽然罗马法学家也曾经使用过“对物权”(iura in rem)和“对人权”(iura in personam),[①]并创设了与对人之诉(actio in personam)相对应的对物之诉(actio in rem),以对上述权利进行保护,但自物权(iura in re)与他物权(iura in re aliena)等概念在罗马法中并未出现。[②] 罗马法中对物之诉与对人之诉的区分主要是从程式诉讼的便利考虑的,目的并不在于区分物权和债权。[③]

中世纪注释法学家在解释罗马法时,曾经从对物之诉和对人之诉中,引申出“物权”和“债权”的概念,并将物权的两种形式即完全物权(plena in re potestas)和他物权用“物权”这个词来概括。但注释法学家没有对所有权与他物权作出系统的理论区分。[④] 在此之后,大陆法学者借助罗马法中的“对物权”和“对人权”以及中世纪注释法学家所提出的

---

① See Vinding Kruse, *The Right of Property*, Oxford University Press, 1953, p. 131.

② See Gyorgy Diosdi, *Ownership in Ancient and Preclassical Roman Law*, Akademiai Kiado, Budapest, 1970, p. 107.

③ See Vinding Kruse, *The Right of Property*, Oxford University Press, 1953, p. 131.

④ See Robert Feenstra, *Dominium and ius in re aliena: The Origins of a Civil Law Distinction*, in Peter Birks ed., New Perspectives in the Roman Law of Property, Oxford Clarendon Press, 1989, p. 112.

“物权”和“债权”的概念,逐渐形成了物权和债权的区分,进而又提出了物权法和债权法的概念。[①]

根据传统大陆法学者的观点,物权是指某人对其物享有的支配权,此种权利无须义务人实施行为便可以直接实现。这一理论最初在17、18世纪为许多罗马法注释法学家所采纳,并逐渐形成了从物主义的理论。此种理论强调物权是主体对客体(物)、权利人对物的支配关系。19世纪,这一理论受到了挑战,一些学者认为物权并不是人对物的关系,而是人与人之间的关系,从而产生了所谓的从人主义理论。法国著名的民法学家普兰尼奥尔(Planiol)便对此种理论极为推崇。[②] 该理论在20世纪初为大多数民法学者所接受,并对物权概念的形成和发展产生了较大影响。值得注意的是,尽管学者对物权的概念展开过争论,但除《奥地利普通民法典》[③]以外,各国立法迄今为止都没有对物权概念在法律上作出明确规定。

我国《民法典》第114条规定:“民事主体依法享有物权。物权是权利人依法对特定的物享有直接支配和排他的权利,包括所有权、用益物权和担保物权。”该条规定一是明确了物权的概念,从该条规定来看,其实际上是从权利层面规定了物权的概念;二是明确了物权的效力,依据这一规定,物权是指权利人对特定物所享有的直接支配和排他的权利;三是该条规定突出了物权主要是对有体物的支配。

需要指出的是,物权就其本质而言,仍然是一种人与人之间的财产关系,而不纯粹是人与物之间的关系。一方面,物权是指权利人对特定物所享有的直接支配和排他的权利,它是一项重要的财产权,在我国民事权利体系中居于重要地位。另一方面,从民法上看,物权关系作为一种法律关系,乃是一种人与人之间的社会关系,并且是以一定的权利义务为内容的社会关系。马克思在批判蒲鲁东的财产权社会观时曾指出:“实物是为人的存在,是人的实物存在,同时也就是人为他人的定在,是他对他人的人的关系,是人对人的社会关系。”[④]“经济学所研究的不是物,而是人和人之间的关系,归根到底是阶级和阶级之间的关系。”[⑤]从法律关系的层面看,物权仍然是

① 参见常鹏翱:《体系化视角中的物权法定》,载《法学研究》2006年第5期;张鹏:《物债二分体系下的物权法定》,载《中国法学》2013年第6期。

② Planiol, Traité élémentaire de droit civil, Ⅱ, 11eéd, LGDJ, 1931, n°2158.

③ 《奥地利普通民法典》第307条规定:“属于一个人的,而无关任何其他人的财产上的权利,称为物权。”第308条规定:“物权包括占有权、所有权、担保物权、役权和继承权。”

④ 《马克思恩格斯全集》(第2卷),人民出版社1957年版,第52页。

⑤ 《马克思恩格斯全集》(第13卷),人民出版社1962年版,第533页。

一种人与人之间的财产关系,而不纯粹是人与物之间的关系,并且是以一定的权利义务为内容的社会关系。例如,在所有权关系中,所有人有权依法对自己的财产进行占有、使用、收益和处分,所有人以外的任何人(非所有人)负有不得妨害所有权人行使权利的义务。

二、物权的特征

依据《民法典》第 114 条的规定,物权主要具有如下特征。

第一,主体是特定的权利人。与债权法律关系不同,在物权关系中,权利人是特定的,而义务人是不特定的第三人。我国《民法典》将物权的权利主体表述为"权利人",其包括各种类型的物权主体。我国《民法典》物权编中规定的所有权形态既包括国家所有权、集体所有权,也包括私人所有权,因此单纯依靠《民法典》总则编关于民事主体的规定,并不足以确定各类所有权及他物权的主体。因此,也需要在相关条文中将物权主体的表述具体化。例如,《民法典》第 207 条规定,国家、集体、私人的物权和其他权利人的物权受法律平等保护,任何组织或者个人不得侵犯。该条将物权主体概括为国家、集体、私人以及其他权利人,这就反映了多种所有制结构的三种所有权形态,同时保持了物权主体类型的开放性。

第二,物权的客体主要是有体物。与知识产权等财产法律关系不同,物权主要不是以无形财产、智力成果为客体,而是在原则上以有体物作为其客体,我国物权法主要立足于有体物构建了自身的内容和体系。作为物权客体的有体物包括动产和不动产。《民法典》第 115 条规定,物包括不动产和动产,这也表明了物权客体的有体性。有体物主要是指具有一定的物质形体,能够为人们所感觉到的物,而无体物主要是指权利,因为这一原因,在民法学上常常将作为权利客体的物限于有体物。[①] 由于物权是一种支配权,应当具有特定的支配对象,而只有有体物才能够满足这个要求,如果将无体财产作为物权的客体,就难以界定物权的内涵及其效力范围。同时,由于物权主要是以有体物为客体,因而物权主要是有体财产权。这也使物权与知识产权、债权、人身权等权利得以区分。还要看到,《民法典》物权编围绕动产和不动产的归属、移转而展开,这就明确了《民法典》物权编调整对象的范围,无体财产应当由其他法律来调整,而不属于《民法典》物权编调整的范畴。当然,根据《民法典》第 114 条的规定,物权的客体主要是有体物,法律规定权利作为物权客体的,依照其规定。这就是说,在法律有特别规定的情

---

① 参见刘家安:《民法物权》,中国政法大学出版社 2023 年版,第 16 ~ 18 页。

况下,无形财产也可以作为物权的客体。

第三,物权是一种支配权。依据《民法典》第 114 条第 2 款的规定:“物权是权利人依法对特定的物享有直接支配和排他的权利……”所谓直接支配,是指权利人不需要借助他人的帮助,可以按照自己的意愿对物进行控制和处置。物权是一种支配权,其体现了权利人对物的控制,是物权的核心特征,也是物权与债权等权利的主要区别。支配权是物权的本质特征,这种支配是物权的固有内容,其与缺乏本权的占有人对物的支配是不同的。① 物权法上的支配权与基于合同所产生的控制或支配不同,如保管合同中保管人对保管物的控制与管理、运输合同中承运人对货物的控制等,其核心区别在于相关主体是否享有物权。法律对物权的支配权性质的确认乃是突出这种支配是法律上的支配的内涵,而该种对物的支配权具有法律上的效力。同时,物权的支配权特征也是派生出排他效力、优先效力等效力的主要原因,对于理解物权的概念、有效保障物权等均具有重要意义。

第四,物权是一种绝对权。依据《民法典》第 114 条第 2 款的规定,物权具有排他性。此处所说的排他性是指物权所具有的排除权利人以外的任何人干涉的权利,这实际上揭示了物权的绝对性特征。所谓物权的绝对性,是指物权所具有的能够对抗不特定第三人的效力。物权的排他性有其特殊性。物权人可以针对任何侵害人主张权利,即便行为人的侵害或者妨害行为不构成侵权,物权人也可行使物权请求权,排除他人的侵害并恢复物权应有的圆满支配状态。同时,在物权的行使中,物权能够对第三人发生效力。在物权关系中,权利人是特定的,而权利人之外的义务人都是不特定的,权利人享有的权利可以对抗权利人之外的一切人。物权的支配性强调权利人可以根据自己的意愿对物进行支配和控制,而物权的绝对性则强调权利人以外的其他主体都负有不得侵害物权的义务,权利人有权基于其物权排除第三人对物的不法侵害。②

物权之所以是一种绝对权,主要是因为,一方面,物权的绝对性是由物权的本质所决定的,大陆法系承认了物权具有绝对性,即只有明确绝对性,才能准确区分物权和债权的关系。物权的绝对性实际上体现在对抗权利人之外的一切人,强调其他任何人都负有不得侵害或妨害权利人行使权利的义务。另一方面,物权(除了那些特殊的法定物权之外)之所以要公示,是因为它具有强烈的对抗第三人的效力,涉及第三人的利益和交易安全。因此,

① 参见孙宪忠:《中国物权法总论》(第 4 版),法律出版社 2018 年版,第 64 ~ 65 页。

② 参见谢在全:《民法物权论》(上册),中国政法大学出版社 2011 年版,第 19 ~ 20 页。

物权的设定和移转必须公开,使第三人知道,否则既不利于保护物权人的利益,也可能损害第三人利益,危害交易安全。此外,从物权的保护方式来看,由于物权是绝对权,因此可以受到侵权责任法的保护。侵权责任法保护的对象主要是绝对权,相对权(如债权)由于不具有社会典型公开性,原则上不受侵权责任法的保护。由于物权具有绝对性,可以排除第三人的侵害,与之相对应,在遭受第三人侵害的情况下,权利人也可以基于侵权提起诉讼。同时,物权的绝对性也可以很好地保障物权的支配性,因为只有物权具有绝对性,才可以对抗任何第三人的不法行为,这就有力地维护了物权的支配效力。

第二节 物权的效力

物权的效力,是指物权所特有的功能和作用。由于物权的类型不同,其效力也存在一定的区别,但各类物权都具有某些共同的效力,从而使物权表现出与其他权利(如债权)不同的特点。一般认为,物权具有如下效力。

一、物权具有直接支配性

所谓直接支配,是指权利人不需要借助他人的帮助,可以按照自己的意愿对物进行控制和处置。《民法典》第 114 条第 2 款规定,物权是权利人依法对特定的物享有的直接支配和排他的权利。由此可见,该条将直接支配作为物权的首要特征,这也是物权效力最重要的体现。物权的支配性决定了物权所具有的优先性、追及性等特点。物权人对物享有的支配权直接决定了物权的各项效力,物权的优先性等效力均来自法律将某物归属于某人支配,从而使其对物的利益享有独占、支配并排他的权利。

物权具有直接支配性,表明其不需要借助他人的意志,不以他人的意志为媒介。[①] 所谓“直接”,就是指无须任何媒介物,主体就能将其意志作用于作为客体的物。从主观上看,是指物权人对物可以以自己的意志独立进行占有、使用或采取其他支配方式,无须得到他人的同意。在无须他人的意思和行为介入的情况下,物权人能够依据自己的意志依法直接占有、使用其物,或采取其他支配方式。物权的直接支配包括主体对于客体的事实支配和法律支配。这就是说,主体和客体之间的联系是以控制为核心的,此种关系并非一般的联系,而是由于法律的规定而使人对物所享有的一种控制力。例如,在所有权权能与所有人完全分离,或者所有人的财产丢失,所有人已

---

① 参见姚瑞光:《民法物权论》,中国政法大学出版社 2011 年版,第 7 页。

经无法实际对其进行支配的情况下，所有人的所有权仍然存在，这是因为法律赋予所有人对物的支配力，所有人有权请求占有人返还财产。即使所有人已经不能现实地支配物，此种支配力也仍然存在。此外，物权中的支配既包括对特定的动产和不动产的使用价值的支配，也包括对物的交换价值的支配。[①] 例如，维护用益物权人对土地和房产的支配，也就保护了用益物权人对不动产的使用价值的支配；维护担保物权人对实物的支配，实际上也就保护了对交换价值的支配。当然，物权人对物的支配范围不仅受物本身的性质和效用等的限制，而且受到物权本身的内容的限制。

从《民法典》的相关规定来看，物权的支配性具体体现为：

首先，就所有权而言，支配性主要表现在所有人对物的独占控制状态，即"一物不容二主"。同时，这种支配性还表现在，即使所有物不是基于所有人的意志而暂时脱离所有人的控制，这种支配力也仍然存在。例如，在所有物遗失的情况下，所有人仍然对有关物享有抽象的支配力。因此，所有人有权要求遗失物的占有人返还原物。

其次，就用益物权而言，在通常情况下，无论是所有权人还是用益物权人，都有支配物的权利。就用益物权人来说，通常情况下，其直接占有标的物并能够利用该物获取收益（除地役权外）；如果第三人的行为造成对用益物权客体的侵害，用益物权人有权排斥第三人的侵害，从这个意义上讲，用益物权人也有权对物进行支配，用益物权人能够依法利用物获取收益，因此可以直接支配物的使用价值。

最后，担保物权也具有支配性。担保物权可以分为占有型担保物权与非占有型担保物权，就占有型担保物权而言，如动产质权、留置权，权利人可以直接支配担保物自不待言；就非占有型担保物权（如抵押权）而言，虽然抵押权人可能并不占有抵押物，但是基于其对抵押物交换价值的支配力，在债务人不履行债务时，抵押权人无须抵押人的同意，可以直接通过法院将抵押物拍卖、变卖，以其价款优先受偿。从这一点来说，担保物权人也有权支配物的交换价值。[②]

二、物权具有排他性

所谓物权的排他性，是指在同一物上不得设立相同内容的物权，且他人负有不得干涉物权的义务。具体而言：

第一，物权的排他性意味着在同一物上不得设立相同内容的物权。一

---

① 参见谢在全：《民法物权论》（上册）（修订二版），台北，三民书局2003年版，第20页。

② 参见冉昊：《对物权与对人权的区分及其实质》，载《法学研究》2005年第3期。

方面,所有权具有排他性。同一物之上不得存在两个所有权,即“一物不容二主”。[①] 如果某人对某物依法取得所有权,另一人即使在事实上占有该物,也不能享有法律上的所有权。任何人都负有不得妨害权利人对物的独占的支配权的义务。另一方面,他物权也具有排他性。同一物之上不得成立两个在内容上相互矛盾的他物权。物权的排他性不仅强调在同一物上不能设定两个所有权,还要求在同一物上不得设定相互冲突的他物权,这就确定了设定他物权的规则。[②] 例如,权利人在某物上设定建设用地使用权之后,就不能再为他人设定建设用地使用权。

第二,物权的排他性意味着他人负有不得干涉物权的一般义务。这就是说,任何人都负有不得侵害物权的义务。物权的效力可以对抗权利人之外的一切不特定的人。[③] 任何人都负有不得妨害权利人行使权利的义务,无论何人非法取得所有人的财产,都有义务返还,否则便侵犯了权利人的权利。在物权关系中,权利人是特定的,而权利人之外的义务人都是不特定的,权利人享有的权利可以对抗权利人之外的一切人,任何义务人都负有不得侵害或妨害权利人行使权利的义务。

第三,物权的排他性意味着物权具有不可侵害性。应当说,任何权利都具有不可侵害性,但是物权的排他性具有其特殊性。一方面,物权请求权体现了物权的排他性。法律为保障物权人对物享有充分的支配权,赋予物权人以请求他人返还原物、排除妨害、消除危险的权利。物权请求权虽然不是物权的权能,却是保障物权人对物的支配权所必需的权能,是不能与物权相分离的权利,因此物权请求权是物权所特有的效力。[④]《民法典》第 235 条、第 236 条分别规定了返还原物请求权、排除妨害请求权、消除危险请求权。任何人侵害物权时,物权人均可以行使物权请求权,以排除他人的侵害并恢复物权应有的圆满支配状态。另一方面,正是由于物权具有排他性,所以在此类权利受到侵害时,可以受到侵权责任法的保护。

当然,物权的排他性是有限度的,而不是绝对的、无限的。一方面,任何物权都不是绝对的、不受限制的,物权的排他性要受到法律的限制。例如,政府依法征用某个人的财产,物权人不得以排他效力对抗。另一方面,某一物权只是在该物权效力所及的范围内具有排他性。例如,在建筑物区分所

---

① 参见王泽鉴:《民法物权》(第 2 版),北京大学出版社 2010 年版,第 48 页。

② 也有学者认为,此规则也存在例外。例如,入渔同一渔场的捕捞权,相互间亦无排他性。参见崔建远:《物权法》(第 2 版),中国人民大学出版社 2011 年版,第 18 页。

③ 参见申卫星:《物权法原理》,中国人民大学出版社 2008 年版,第 45 页。

④ 参见王明锁:《物上请求权与物权的民法保护机制》,载《中国法学》2003 年第 1 期。

有权制度中,业主就其专有空间之外的部分不得主张排他效力,禁止他人利用。

三、物权具有优先性

物权具有优先性,是指物权和债权并存于同一物上时,物权优先,或同一物上多项其他物权并存时,应当根据法律规定和物权设立的时间先后确立优先的效力。物权的优先性,包括以下两个方面:

一是对外的优先性。它是指在同一标的物之上同时存在物权和债权时,物权优先。例如,享有担保物权的人与普通债权人相比,享有在标的物变价后优先受偿的权利。由于担保物权具有优先受偿的效力,因而在破产程序进行中,其可以产生别除权的效力。

二是对内的优先性。所谓对内的优先性,又称物权的对内效力,它是指物权相互之间的效力。同一物上多项其他物权并存时,应当根据法律规定和物权设立的时间先后确立优先的效力。例如,《民法典》第 414 条第 1 款规定:“同一财产向两个以上债权人抵押的,拍卖、变卖抵押财产所得的价款依照下列规定清偿:(一)抵押权已经登记的,按照登记的时间先后确定清偿顺序;(二)抵押权已经登记的先于未登记的受偿;(三)抵押权未登记的,按照债权比例清偿。”该条以登记为中心,明确了数个抵押权竞存时的优先受偿顺位,这就明确了物权的对内优先性规则。需要指出的是,在某些情况下,法律基于社会公共利益等因素的考虑,可以规定某些发生在后的物权有优先于发生在先的某些物权的效力。《民法典》第 456 条规定:“同一动产上已经设立抵押权或者质权,该动产又被留置的,留置权人优先受偿。”此种规定可以说是“先来后到”规则的例外。不过,这种例外必须由立法作出明确的规定,防止给司法实践带来混乱。

当然,在确定物权的对内优先效力时,常常需要依据登记而确立优先顺位。因为登记具有公示性和权威性,可以用于表彰物权设立的先后顺序。一方面,如果没有登记,通常只是在当事人之间形成合同关系,第三人对是否设立物权、能否产生物权的效力并不知晓,因而容易产生各种纠纷。例如,在所有权保留买卖中,经过登记后,出卖人对已经交付的物享有优先于第三人取回的权利,但如果未经登记,则第三人可能基于善意取得而获得对标的物的所有权,从而影响所有权保留担保功能的实现。[①] 另一方面,因为动产之上既可能存在动产质押也可能存在动产抵押,还可能设有所有权保

---

① 参见柴振国、史新章:《所有权保留若干问题研究》,载《中国法学》2003 年第 4 期。

留、融资租赁等担保，这也需要通过登记确定不同的优先顺位。也就是说，要适用登记在先、权利在先的规则。在《民法典》颁行后，我国已建立了统一的动产担保登记制度，可以完整展示特定动产之上的担保状况，并明确不同动产担保之间的效力顺位关系。

四、物权具有追及性

所谓追及效力，是指物权的标的物无论辗转流通到什么人手中，所有人都可以依法向物的占有人索取，请求其返还原物。[①] 物权的追及效力是由物权的对世性和绝对性所决定的，其义务主体是除权利人以外的所有人。物权追及效力不仅适用于所有权，而且适用于用益物权和担保物权。所有权与担保物权等的标的物无论辗转到何人之手，都不影响这些权利的存在。[②] 物权的追及效力，是物权绝对性的必然延伸，充分体现了物权的对世性特征。物权的追及效力也与物权的公示密切相关，没有物权的公示就没有物权的追及效力。如果承认未经公示的物权的追及效力，将会极大地威胁交易安全。

《民法典》虽然没有在总则编或者物权编中明文规定物权的追及效力，但是，通过对各个具体规则的解释可以发现，物权应当具备追及效力。从《民法典》第 114 条第 2 款规定来看，权利人可以直接支配物，从权利人对物的直接支配性中可以引申出物权具有追及效力，从追及效力中又可演化出具体的请求权。因此，追及效力是支配性的延伸。物权具有追及效力是物权本质属性的体现，物权的追及效力是物权绝对性的必然延伸，充分体现了物权的对世性特征。[③] 同时，物权追及效力是物权支配效力的体现。在物被他人侵夺的情形下，权利人即便没有现实支配该物，也仍对该物享有抽象支配利益。此外，物权追及效力也是物权排他效力的重要体现。物权的排他效力体现为排除他人对物的不当干涉，而在物被他人侵夺的情形下，权利人也应当有权追及行使其物权，因此，追及效力也应当是物权排他效力的应有之义。

追及效力为物权的一般效力，不仅所有权具有追及效力，用益物权、担保物权同样也具有追及效力，具体而言：一是所有权的追及效力。在所有权遭受他人侵害时，权利人有权追及行使其所有权，请求行为人返还原物。即使所有权人丧失了占有，其归属性也不会灭失。相反，通过物权追及效力，让物权人恢复占有。二是用益物权的追及效力。除地役权外，用益物权的

---

① 参见王泽鉴：《民法物权》（第 2 版），北京大学出版社 2010 年版，第 50 页。

② 参见王泽鉴：《民法物权》（第 2 版），北京大学出版社 2010 年版，第 50 页。

③ 参见崔建远：《物权法》（第 5 版），中国人民大学出版社 2021 年版，第 37 页。

行使一般以权利人占有动产或者不动产为前提条件。用益物权人只有占有动产或不动产,才能使用、收益。用益物权主要以使用、收益为目的,实现用益物权的设立目的。如果用益物权的标的物受到他人的侵夺,使用益物权人丧失对标的物的占有,用益物权人就可以追及物之所在,要求他人恢复物的占有。三是担保物权的追及效力。以抵押权为例,《民法典》第406条第1款规定:“抵押期间,抵押人可以转让抵押财产。当事人另有约定的,按照其约定。抵押财产转让的,抵押权不受影响。”该条明确承认了抵押物可以自由流通转让,不需要担保权人同意。允许抵押财产转让,就有必要借助追及效力保护抵押权人的利益。因为抵押权可以通过物权追及效力获得保障,所以转让抵押财产不会损害抵押权人的权益。① 因此,在抵押设定以后,抵押权不因转让而受到影响。

应当指出的是,物权的追及效力并不是绝对的,而应受到法律上的限制:一是要受到善意取得的限制。现代民法注重的是对交易安全的保护而不是对物权人的支配权的维护,而追及性主要是为了维护物权人的支配权。善意取得制度的设立表明了立法者要侧重保护交易安全,这在一定程度上牺牲了物权人的支配权。换言之,如果符合善意取得的构成要件,则所有人不能再向买受人追及,这可以说是对所有权追及效力的一种限制。二是因添附而由他人依法取得所有权。在添附制度中,为了提高物的利用效率,最大限度地发挥物的功效,立法者也不得不放弃原所有权的追及效力。依据《民法典》第322条的规定,在发生添附的情形下,要按照添附的规则来重新确定物权的归属。三是如果抵押人将其房屋抵押后,又将其已经抵押的房屋转让给作为受让人的消费者,消费者购买商品房系用于居住且买受人名下无其他用于居住的房屋,在此情形下,买受人对被登记在被执行的房地产开发企业名下的商品房提出异议,买受人的权利应当受到保护。这就意味着,抵押权人行使追及权将受到阻碍或限制。四是采取登记对抗主义变动模式的物权,未登记的物权不能向善意第三人追及。

第三节 物权与相关权利

一、物权与债权

(一)物债二分体系的形成

物债二分最早起源于罗马法上的对人之诉和对物之诉。盖尤斯

① 参见黄薇主编:《中华人民共和国民法典物权编解读》,中国法制出版社2020年版,第681页。

(Gaius)《法学阶梯》(*Institutiones*)第四编就记载了对物之诉和对人之诉。[①]对物之诉,是指针对某个物主张权利;而对人之诉则是因契约或者私犯行为而对某个特定人主张权利。[②] 中世纪注释法学家在解释罗马法时,从对物之诉和对人之诉中引申出了物权和债权的区分,并形成了物债二分理论。[③] 在此之后,潘德克顿学派的创始人萨维尼认为,对人之诉所要保护的权利,毫无疑问是债权;但是对物之诉所要保护的权利,则比较复杂,包括物法关系、继承法关系和家庭法关系。[④] 萨维尼将"对人权"和"对物权"转化为债权和物权,并将债权和物权进行对立、比较的考察。[⑤] 后来,普赫塔、温德沙伊德等学者基本延续了萨维尼的理念,并发展了物债二分体系。

1804 年的《法国民法典》虽然没有严格区分物权与债权的体系,但法国民法学历来也是承认物权与债权的区分的。原《法国民法典》第二卷规定的是"财产及所有权的各种限制",其中包括所有权,用益权、使用权、居住权以及役权或地役权,均属于物权规范;第三卷规定的是"取得所有权的各种方式",其中第三编对契约或合意之债作出具体规定,属于债法规范。2016 年 10 月 1 日,《关于合同法、债法一般规则与证明的改革法令》生效之后,原《法国民法典》债法部分被全面修订,在第三卷"取得所有权的各种方式"中,第三编(第 1100 条至第 1303 -4 条)规定了债之渊源,第四编(第 1034 条至第 1352 -9 条)规定了债之通则,第四编(二)(第 1353 条至第 1386 -1 条)规定了债之证明。[⑥] 由此可见,现在的《法国民法典》对债作出了一般性规定,总体上也呈现出物债二分的格局。《德国民法典》沿袭(6 世纪时)罗马法《学说汇纂》的体系,采取五编制,其在体系上的最大特点在于,采用物债二分模式,分别制定债务关系法(Recht der Schuldverh & auml;ltnisse)和物权法(Sachenrecht),将债务关系法规定为第二编,将物权法规定为第三编。这一体系也被许多大陆法系国家民法典所采纳。

大陆法系国家民法形成了物权和债权的区分与对立,进而区分出物权

---

① 参见[古罗马]盖尤斯:《法学阶梯》,黄风译,中国政法大学出版社 1996 年版,第 288 页。

② 参见[古罗马]盖尤斯:《法学阶梯》,黄风译,中国政法大学出版社 1996 年版,第 288 页。

③ See Robert Feenstra, *Dominium and ius in re aliena: The Origins of a Civil Law Distinction*, in Peter Birks ed., New Perspectives in the Roman Law of Property, Oxford Clarendon Press, 1989, p. 112.

④ See Robert Feenstra, *Dominium and ius in re aliena: The Origins of a Civil Law Distinction*, in Peter Birks ed., New Perspectives in the Roman Law of Property, Oxford Clarendon Press, 1989, p. 196, 198.

⑤ 参见金可可:《私法体系中的债权物权区分说——萨维尼的理论贡献》,载《中国社会科学》2006 年第 2 期。

⑥ 参见李世刚:《法国新债法:债之渊源(准合同)》,人民日报出版社 2017 年版,第 29 页以下。

法和债权法。[1] 这一体系为我国《民法典》所采纳。我国《民法典》在总则编第五章“民事权利”中分别规定了物权和债权的定义(《民法典》第 114 条和第 118 条),并且分别在第二编和第三编规定了物权和合同,实质上就是在区分物权和债权的基础上,构建了物债二分体系。物权和债权虽然都属于财产权的范畴,但是对于这两者的界分,有助于分别针对物权和债权建立不同的规则,从而形成以物权为核心的物权制度和以债权为核心的债权制度。可以说,我国《民法典》物权编的许多制度都是建立在物权特有的直接支配性、排他性、优先性和追及性的基础之上。不了解物权与债权的根本区别,就无法把握《民法典》的基本内容和体系。

(二)物权与债权的区别

物权是和债权相对应的一种民事权利,它们共同组成民法中最基本的权利形式。物权与债权的联系十分密切:一方面,它们都是基本的财产权。《民法典》第 113 条规定,“民事主体的财产权利受法律平等保护”。该条明确规定了财产权的概念。按照通说,财产权是以财产利益为客体的民事权利,它可以分为物权与债权。[2] 物权和债权构成了市场经济社会最基本的财产权利。另一方面,物权是债权产生的基础和前提,也是债权实现的结果,设定债权大多是为了获得物权。物权作为一项独立的民事权利和债权比较具有自身的特点,具体表现在以下几个方面:

1. 物权是支配权,而债权是请求权。物权是权利人支配特定物的权利,而债权是债权人请求债务人依照债的规定为一定行为或不为一定行为的权利。例如,买卖合同中约定,出卖人应于某年某月交货,在交货期到来之前,买受人只享有请求出卖人在履行期到来后交付货物的权利,而不能实际支配出卖人的货物。也就是说,买受人只享有债权而不享有物权。只有在交货期到来后出卖人实际向买受人交付了财产,买受人占有了财产,方能对该物享受实际的物权。在物权法中,区分支配权和请求权,有利于明确界分不同的权益,维护交易当事人的权利,并确定不同的权利取得方式。物权的取得主要是基于法律行为完成的,如果以法律行为作为创设物权的基础,依照我国《民法典》物权编的规定,除了法律另有规定外,当事人之间不仅要订立物权变动的合同,而且必须有交付标的物或者办理登记手续的行为。但就作为请求权的债权而言,原则上只需要当事人之间存在生效的合同行为,其

---

① 参见常鹏翱:《体系化视角中的物权法定》,载《法学研究》2006 年第 5 期;张鹏:《物债二分体系下的物权法定》,载《中国法学》2013 年第 6 期。

② 参见谢怀栻:《论民事权利体系》,载《法学研究》1996 年第 2 期。

就可以被创设。同时,支配权是权利人以自己的意志对物行使权利,既不需要以他人的意志为中介,也不需要他人从事积极的协助行为;而请求权则必须以相对人的意志作为中介,请求权的实现需要他人的积极协助行为。此外,支配权与请求权的区分不仅影响权利人对物本身的控制,在物权遭受侵害的情况下其法律后果也有一定的差别。例如,民法理论通说一般认为,所有物返还请求权可以不受时效的限制。①

2. 物权是对世权和绝对权,而债权是对人权和相对权。物权是对世权,权利人可以对抗一切人,任何人都负有不得妨害或侵害的义务。只要物权受到侵害,无论行为人与物权人之间是否存在一定的法律关系,物权人都可以对行为人主张物权请求权,也可以请求行为人承担侵害物权的责任。由于物权是一种绝对权,因而其受到侵权责任法的保护,任何人侵害物权或者妨害物权人行使权利,权利人都可以通过提起侵权行为之诉来获得法律上的救济。而债权是对人权和相对权,债权受到侵害后,债权人只能针对债务人主张权利,而不能针对其他第三人主张权利。即便是第三人导致债务无法履行的,债权人通常也只能请求债务人承担债务不履行的责任。债权作为对人权,原则上不受侵权法的保护。债务人如果不履行债务,必须承担违约责任。当然,在现代侵权法中,债权在特殊的情况下也能受到侵权法的保护,如第三人恶意侵害债权的,也应当承担侵权责任。

3. 物权具有优先性,而债权具有平等性。所谓物权的优先性,主要表现为:在同一标的物上同时存在物权和债权时,物权的效力优先于债权。当同一物上多项其他物权并存时,应当根据法律规定和物权设立的时间先后确立效力的优先性。例如,抵押权优先顺位的确定就采取登记先后的规则,先登记的抵押权要优先于后登记的抵押权。② 确定物权的优先效力,将为破产法的清偿还债程序和强制执行法中的执行程序奠定基础。而债权都是平等的权利,所谓平等,是指债权人之间的债权除享有优先受偿权(如担保物权或法定优先权)者外,无论债权发生时间之先后,金额之多寡,发生之原因,债权人都应当平等地获得清偿。③ 在债务人破产而其财产又不足以清偿全部债务时,应就债务人的财产总额,在数个债权人之间按照各个债权数额的

---

① 但基于降低因物权事实状况模糊而增加社会成本的考虑,《民法典》第 196 条也对未登记的动产的返还请求权受诉讼时效限制的规则作出了规定。参见朱虎:《诉讼时效的现代更新》,载《中国高校社会科学》2017 年第 5 期。

② 参见谢在全:《民法物权论》(上册)(修订二版),台北,三民书局 2003 年版,第 33 页。

③ 参见郑玉波:《民商法问题研究(三)》,台北,三民书局 1982 年版,第 31 页。

比例分配。①

4. 物权具有追及效力，而债权只能在特定当事人之间发生效力。物权都具有追及性，任何人都负有不得妨害权利人行使权利的义务，无论何人非法取得所有人的财产，都有义务返还，否则便侵犯了权利人的权利。所有权和担保物权的标的物，无论辗转到何人之手，都不影响这些权利的存在。例如，甲将自行车借给乙用，被丙盗走，甲作为所有人有权要求丙返还。而债权只能在合同当事人之间发生效力，也就是在特定当事人之间发生效力。因此，合同一方当事人原则上只能向与其有合同关系的另一方当事人提出请求，而不能向第三人提出请求。所以，如果甲将自行车卖给乙，双方订立了一份买卖合同，在自行车没有交付之前，被丙盗走，只能由所有人甲请求丙返还自行车。乙作为买卖合同债权人不能要求丙返还财产，因为乙与丙之间没有合同关系，乙对丙不享有债权，其只能要求甲履行合同，当甲无法履行合同时，可要求其承担违约责任。

5. 物权是公开化的权利，而债权具有非公开性。物权作为一种绝对权，具有强烈的排他性，直接关系到第三人的利益，因而物权必须要对外公开，使第三人知道，由此决定了物权在设定、变动时必须公示。因此，当事人之间订立合同设立某项物权，如未公示，可能仅产生债权而不产生物权。公示常常伴随着物权的存在，一旦公示不存在，物权也将不再存在。正是因为物权具有社会公开性，所以受到侵权法的保护，任何人侵害物权或者妨害物权人行使权利时，权利人都可以通过提起侵权行为之诉来获得法律上的救济。债权只是在特定的当事人之间存在，并不具有公开性，设立和变更债权也不需要公示。因此，当事人之间通过订立合同设立某项物权，如未公示，可能仅产生债权而不产生物权。

6. 物权的设立采法定主义，而债权的设立采意思自治原则。物权的设立采法定主义，即物权的种类和基本内容由法律规定，不允许当事人自由创设或随意确定。依据物权法定原则所设定的物权公示制度，有利于防止欺诈，维护交易安全。② 在物权法上，不存在所谓的“无名物权”。然而债权，特别是合同债权，主要由当事人自由确定。当事人只要不违反法律的禁止性规定和公序良俗，就可以根据其意思设定债权，同时又可以依法自己决定债的内容和具体形式。所以，合同法尽管规定了各种有名合同，但是根据合同自由原则，当事人完全可以在各种有名合同之外订立无名合同。

---

① 参见王家福主编：《中国民法学·民法债权》，法律出版社 1991 年版，第 9 页。

② 参见常鹏翱：《体系化视角中的物权法定》，载《法学研究》2006 年第 5 期。

7. 物权的客体主要是有体物,而债权主要以行为为客体。物权作为支配权,必须以特定的物作为其支配的客体。依据《民法典》第 114 条的规定,物权以"特定的物"为客体。如果某物尚未成为特定的物,是不能成为物权的支配对象的。例如,空气、云彩等无法为人力所支配的物,不能成为物权客体。债权主要以行为为客体,而物权的客体主要是有体物。债权主要以行为为客体,如交付货物、支付货款、提供劳务等。但给付行为本身也可能涉及一定的标的物的给付。例如,买卖期房要以一定的期房作为标的物。尽管期房还没有特定化,也可以成为债权的标的物。

8. 物权通常具有永久性或长期性,而债权具有暂时性。物权相对于债权来说,是一种长期稳定的财产权。例如,所有权是一种无期限限制的物权,他物权较之于债权一般也具有长期性和稳定性的特点。例如,就土地承包经营权而言,我国《民法典》第 332 条规定:"耕地的承包期为三十年。草地的承包期为三十年至五十年。林地的承包期为三十年至七十年。前款规定的承包期限届满,由土地承包经营权人依照农村土地承包的法律规定继续承包。"而债权是相对短暂的权利,物权与债权对应着两种不同的财产结合关系。一般而言,物权对应着较为稳定、牢固的财产结合关系,而债权则对应着较为松散的财产结合关系。

二、物权与财产权

财产权(vermoegensrecht;property;lesbieas)是两大法系共同使用的概念,亦被经济学广泛采用。物权是一种财产权,但又不能等同于全部的财产权。

(一)英美法中的财产权概念

英国的财产法不是在继受罗马法基础上产生的,而主要是伴随中世纪的封建土地制度产生和发展而来的。英国法中并不存在如同大陆法中所有权这样的明确概念,更没有采纳"物权"一词。但在财产权的概念上,英国学者的论述也或多或少受到罗马法的影响。"普通法之父"布莱克斯通认为,财产权是"某人凭借着一种完全排他的、对外在的物的请求或行使的权利"①,财产是对物的绝对控制的权利。在他看来,绝对权利只有三个,即财产、生命和自由,这是每个英国人所固有的绝对权利。法律不能允许对这些权利造成哪怕是最小的侵害,即使这种侵害是由共同体造成的。② 可见,布莱克斯通在一定程度上也受到了罗马法所有权理论的影响,只不过没有接

① Blackstone, *Commentaris on the Laws of England*, Oxford Press, 1985, p. 2.

② See Blackstone, *Commentaris on the Laws of England*, Oxford Press, 1985, p. 135.

受所有权概念而已。

在19世纪初期以前,受布莱克斯通的绝对财产权概念影响,普通法的财产权概念具有两个特点,即绝对的支配(despotic dominion)和财产的有体性(physicalist)。一些受法律保护的无体物和利益,被视为所有人的"拟制"的权利。[①] 然而,19世纪以来,随着对财产利益,特别是无体财产保护的扩大,除了对各种有体物的权利以外,普通法的财产权还包括专利权、商标权等各种知识产权,商业信誉和技术秘密,有价证券的权利,企业名称,因添附取得的权利,以及养老金、就业机会、营业执照、补贴、政治特许权利等。因此,"财产权"一词包含的范围十分广泛,它常被用来指"存在于任何客体之中或之上的完全的权利,包括占有权、使用权、出借权、转让权、用尽权、消费权和其他与财产有关的权利",也就是说,凡涉及上述某一项权利内容,都可以冠之为"财产权"。英美法上的财产权并不是人与物之关系而是人与人之间的关系,而且财产权并不是绝对的权利,它是受限制的权利和利益。

(二)大陆法中的财产权概念

大陆法中的财产权概念有广义与狭义之分,按照广义的财产权概念,任何有价值的东西,即能够产生部分个人财产的任何权利。从这个意义上讲,债权也是以一定实有利益为基础的财产,作为债权人所期待的利益,债权可以作为一种重要的交易对象,而债权的转让也逐渐成为投资流动所不可缺少的要件,所以债权也是一种重要的财产权。同时,信用经济的发展促使财产证券化,对有价证券享有的权利也成为日益重要的财产权,金融有价证券的发展使物权和债权的区分更为困难。除有价证券外,知识产权、股权、基金份额等也日益成为重要的财产权。财产权一般包括物权、债权、知识产权、有价证券等权利,[②]但关于继承权等权利是否属于财产权范畴,学者存在不同看法。按照狭义的财产权概念,财产应限于有体物,财产权主要指对有体物支配的权利。债权虽具有一定的财产价值,但债权人对其享有的期待利益和信赖利益并不能进行实际的支配和产生排他性的权利,所以债权本身并不属于财产权。[③]

我国学者一般都接受了大陆法中广义的财产权概念,认为财产权是指权利标的具有财产上的价值的权利,债权、物权、知识产权皆为财产权,以其

---

① See Vandevelde, *The New Property of the Nineteenth Century, the Development of the Modern Concept of Property*, 29 Buffalo Law Rev. (1980).

② 参见李宜琛:《民法总则》,台北,正中书局1994年版,第47页。

③ See Vinding Kruse, *The Right of Property*, Oxford University Press, 1953, p. 123.

为内容的民事法律关系为财产权关系。若采纳广义的财产权概念,则物权与财产权的区别是很明显的。这就是说,物权不过为财产权的一种,属于财产权的类型之一,但其本身并不能代替财产权的概念。我国《民法典》采纳了物权的概念,并在此基础上构建了物权制度,采纳该概念也能够区分有形财产和无形财产,构建对两类财产分别调整的法律规则。

第四节　物权的分类

一、所有权与他物权

根据《民法典》第114条的规定,物权可以分为所有权和他物权,后者包括用益物权和担保物权。所有权是指所有人依法享有的对其财产进行占有、使用、收益和处分的权利,它是指所有人在法律规定的范围内,独占性地支配其财产的权利。[①] 所有权制度是物权制度中的核心内容。从权利主体上说,所有权又可分为国家所有权、集体所有权、私人所有权。

他物权又称定限物权、有期物权,是指根据法律规定和当事人的约定,由非所有人对所有人的财产享有的占有、使用和收益权以及在特殊情况下依法享有的一定的处分权。[②] 我国《民法典》将他物权进一步区分为用益物权和担保物权,并分别在物权编第三分编、第四分编中作出规定。他物权与所有权一样,都具有直接支配并排除他人干涉的性质,同样能够产生优先和追及的效力。所有权是他物权产生的基础,他物权是由所有权派生出来的权利,它以所有权的存在为前提。他物权的取得一般是基于所有人的授权,或是基于所有权人与他物权人订立的合同。但是他物权与所有权不同,二者的区别主要有以下几点。

第一,权利主体不同。所有权的权利主体是所有人,义务主体是非所有人,即除所有人以外的自然人、法人和其他主体,而他物权的权利主体只能是所有人以外的其他权利人。我国《民法典》不承认所有权人为自己设立他物权。他物权因一定的法律事实产生而由所有人享有时,原则上将因所有权与他物权的混同而导致他物权的消灭,此时,所有权即恢复其完整状态。不过,在他物权设定以后,尽管所有人不能实际占有、使用其财产,但仍然享有对其财产的最终处分权,也可以享有对财产的收益权。所以,非所有人享有他物权以后,并不能取代所有人的地位而成为所有人。

不过,为保护所有人和第三人的利益,当代许多国家的物权法允许在他

---

① 参见王泽鉴:《民法物权:通则 · 所有权》(第1册),中国政法大学出版社2001年版,第50页。

② 参见崔建远:《中国民法典释评:物权编》(上卷),中国人民大学出版社2020年版,第8页。

物权由所有人享有时,所有人为自己的利益而继续享有他物权。例如,在德国法上,在需役地与供役地属于同一所有权人时,亦允许设定地役权(所有权人地役权)。[①] 但是根据我国《民法典》的规定,所有人不享有他物权。

第二,权利内容不同。所有权人对其物享有占有权、使用权、收益权和处分权,因而所有权被称为"完全物权",而他物权的内容则是受限制的、不完全的。非所有人享有他物权以后,一般只能对标的物享有占有、使用和收益的权利;没有法律的依据和所有人的授权,不能行使处分权。非所有人行使财产的处分权,既受到法律的限制,也受到所有权人意志的限制。非所有人必须依照法律规定行使其权利。如果他物权是通过合同的方式确立的,并且合同对权利的行使设有明确的限制,则非所有人还必须依据合同的约定行使权利。由于他物权在内容上受到法律和所有人意志的限制,因而又被称为"限制物权"。

第三,权利的存续期限不同。所有权原则上是无期限的权利,只要作为权利客体的物存在,所有权就可存续。他物权一般有一定的存续期限,如果他物权是通过合同的方式取得的,则其只能在合同约定的期限内存在。在合同终止后,这种物权随之消灭。所以,许多他物权在期限上相对于所有权而言是短暂的,因而这些物权又被称为"有期物权"。

二、用益物权和担保物权

依据对物的利用内容的不同,他物权可以区分为用益物权和担保物权。所谓用益物权,是指非所有人对他人之物所享有的占有、使用、收益的排他性权利。我国《民法典》物权编在第三分编中规定了用益物权。所谓担保物权,是指为了担保债权的实现,将债务人或第三人提供特定的物或者权利作为标的物而设定的限定物权。担保物权是为了确保债务的履行而对他人提供担保的物或权利的价值所享有的权利。我国《民法典》在第四分编中规定了担保物权。这两种物权在性质上均为定限物权,都是在所有权基础上产生的他物权。此种分类方式是对他物权的进一步划分。

用益物权与担保物权主要具有如下区别:

第一,支配对象不同。用益物权支配的是物的使用价值,它是以对标的物使用、收益为目的的权利。用益物权人支配的是标的物的使用价值,权利人设立该权利的目的是获取使用价值,因而用益物权又被称为"使用价值

---

① 参见[德]鲍尔、[德]施蒂尔纳:《德国物权法》(上册),张双根译,法律出版社2004年版,第723页。

权”[①]。担保物权则侧重于支配物的交换价值，它往往不以对物的实体进行利用为目的，而是通过支配物的交换价值保障其所担保的债权获得圆满实现。[②] 换言之，在债务人不履行债务或者出现其他法定情形时，债权人有权就标的物拍卖、变卖，并就其价款优先受偿。

第二，是否具有从属性不同。用益物权除地役权外，都是主权利，并不具有相应的从属性，也不会因为主权利存在效力瑕疵而因此受到相应的影响。担保物权主要是为担保主债权的实现而设定的，因此都是从权利，其本身具有从属性的特点，该权利会随着被担保的债权的变更、移转等而发生变动，其效力也具有从属性，一旦所担保的主债权被宣告无效或者被撤销，则担保物权也将随之无效。

第三，客体不同。用益物权通常以不动产为客体。虽然《民法典》第323条规定动产之上也可以设定用益物权，但是《民法典》物权编所规定的典型的用益物权都是在不动产之上设立的，而担保物权的客体可以是动产、不动产以及权利。从担保物权的发展趋势来看，只要是具有财产价值、能够流通的财产，就可以作为担保物权的客体。用益物权的客体若发生价值形态的变化，如价值改变、减少等，将对用益物权人的使用、收益权产生直接影响，而担保物权的客体发生价值形态的变化，并不影响担保物权的存在。[③]所以担保物权具有物上代位性，即当担保物权的标的物转化为其他价值形态时，担保物权以标的物的代替物为客体。

第四，存续期间不同。用益物权往往有明确的存续期间，此种存续期间或是约定的，或是法定的。用益物权只有在物权关系被解除以后，才归于消灭。权利人取得用益物权之后，就可以对标的物进行使用、收益。同时，由于用益物权人通常需要对特定的不动产进行长期的利用，因此，用益物权的期限通常较长，而且用益物权设定后，权利人即可对物进行利用。担保物权设立后，权利人并不能立即实现权利，只有在所担保的债权已届清偿期且债务人不履行债务时，担保物权人才能行使变价受偿权。[④] 同时，担保物权以债权的存在为前提，当担保的债权实现时，该权利归于消灭。[⑤] 根据我国《民法

---

① 黄薇主编：《中华人民共和国民法典释义》（上），法律出版社2020年版，第620页。

② 参见崔建远：《物权：规范与学说——以中国物权法的解释论为中心》（下册），清华大学出版社2011年版，第492页。

③ 参见刘保玉：《物权体系论——中国物权法上的物权类型设计》，人民法院出版社2004年版，第85页。

④ 参见郭明瑞：《担保法原理与实务》，中国方正出版社1995年版，第11页。

⑤ 参见谢在全：《民法物权论》（上册），台北，新学林出版股份有限公司2014年版，第42页。

典》第 419 条的规定，当实现担保物权的情形发生后，如果权利人不行使担保物权，在主债权诉讼时效届满后，担保物权会受到影响。因此，与用益物权不同，担保物权的存续期限通常并不固定，而且其存续期限通常较短。

第五，与基本经济制度的关联性不同。用益物权是对不动产的实际控制和利用的权利，这决定了用益物权制度必然在一定程度上与一国基本经济制度具有密切联系，这使其具有明显的“本土性”（或称本地性）。在我国，实行以公有制为主体、多种所有制经济共同发展的基本经济制度，同时实行社会主义市场经济体制。如何实现公有制与市场经济的有机结合，是人类历史上前所未有的新问题，我国《民法典》在确认和保护土地公有的基础上，通过用益物权制度促进公有制与市场经济的融合发展，有效地促进了市场经济的发展。担保物权强调对财产的交换价值的利用，其主要发生在交易关系中，随着国际经济交往的日益密切，担保物权制度的规则具有统一和趋同的发展趋势。

虽然用益物权和担保物权是两种不同的他物权形态，但是二者的区别不是绝对的，二者之间的界限也逐渐模糊，尤其是某些担保物权同样体现物的使用价值。[1] 例如，日本法中存在特殊的不动产质权制度。[2] 我国传统民法上的典权制度，就兼具担保物权和用益物权的双重功能。

三、动产物权、不动产物权、以权利为客体的物权

依据物权的客体的不同，物权可以区分为动产物权、不动产物权以及以权利为客体的物权。所谓动产物权，是指以动产为客体的物权，如车辆、船舶、机器的所有权等。所谓不动产物权，是指以不动产为客体的物权，如土地所有权、土地使用权等。所谓以权利为客体的物权，主要是指在权利之上设立的物权，如权利质权、在建设用地使用权上设立的抵押权等。

这种分类的主要意义在于：第一，通常，物权的客体不同会导致所能设立的物权的类型的不同。在动产之上只能设立所有权和担保物权，甚至在传统的物权法中，动产只能出质而不能设定抵押，动产之上一般不能设立用益物权，而不动产之上则可以设立用益物权。在权利上一般只能设立担保物权。例如，担保物权中的权利质权即为适例。第二，物权的客体的区别会导致物权变动的模式不同，且会导致物权变动的公示方法的不同，动产物权

---

① Christian Larroumet, Droit civil, Tome Ⅱ; Les bien, Droit réels principaux, 4e éd., Economica, 2004, p. 23.

② 参见《日本民法典》第 356 条。

变动的公示方法通常为交付,而不动产物权变动则主要采取登记的公示方式。[①] 第三,不动产物权于社会公共利益影响较大,故法律上往往设有诸多限制,而动产物权则一般不作特别限制。另外,权利为物权的客体通常应有法律的特别规定,故权利物权的具体种类应以法律明确规定者为限。[②]

四、主物权和从物权

主物权是指不以其他物权的存在为前提,可以独立存在的物权。[③] 如所有权、建设用地使用权、土地承包经营权、宅基地使用权等。从物权是指从属于主权利的物权,如地役权、抵押权、质权等。这些权利都以一定的主权利存在为前提。例如,抵押权具有从属性,其存在是为了担保主债权的实现,主债权一旦消灭或被宣告无效或撤销,抵押权的效力也会受到影响。

主物权与从物权存在区别,这主要表现在:第一,是否能够独立存在不同。主物权独立存在,其变更、转让不受其他物权的影响;而从物权的存在就是为了主物权的实现,[④]从物权具有从属性。从物权因主权利的成立而成立,从物权依附于主权利而存在。第二,是否具有处分上的从属性不同。对于从物权而言,如果从物权所依据的主权利发生权利移转,则其上所附属的从物权也会发生相应的权利移转。以抵押权为例,如果债权人将债权让与第三人,除另有约定外,抵押权应随同移转。[⑤] 第三,是否具有消灭上的从属性不同。对于从物权而言,如果主权利消灭,则附属于其上的从物权也会因此而消灭。例如,抵押权所担保的债权因清偿、提存、抵销、免除等原因全部消灭时,抵押权亦随同消灭。[⑥]

第五节　物权的客体

一、物权客体主要是有体物

(一)物权客体的概念和特征

物权作为一种支配权,必须以特定的物作为其支配的客体。因此,只有那些能够为权利人所支配和控制的物,才能成为物权的客体。

---

① 参见崔建远:《中国民法典释评:物权编》(上卷),中国人民大学出版社 2020 年版,第 9~10 页。

② 参见刘保玉:《物权体系论——中国物权法上的物权类型设计》,人民法院出版社 2004 年版,第 84 页。

③ 参见史尚宽:《物权法论》,中国政法大学出版社 2000 年版,第 14 页。

④ 参见刘保玉:《物权体系论——中国物权法上的物权类型设计》,人民法院出版社 2004 年版,第 84~85 页。

⑤ 参见王泽鉴:《民法物权》,台北,三民书局 2012 年版,第 471 页。

⑥ 参见王泽鉴:《民法物权》,台北,三民书局 2012 年版,第 472 页。

1. 物权的客体必须满足作为权利客体所应具有的一般特征。这些特征是指:存在于人身之外,能够为人力所支配和控制,能够满足人们的某种需要的物。[①] 首先,作为物权客体的物,必须存在于人身之外。因为人本身不能作为客体,而附属于人体的各个器官和组织等,在与人体发生分离之前,不能成为物权的客体。[②] 其次,作为物权客体的物,必须能够为人力所支配。如果无法为人力所支配或者控制,就无法有效确定权利归属和范围,自然也无法成为物权的客体。[③] 例如,空气、云彩、天体等,无法为人所控制和支配,谈论其归属和利用关系是没有意义的,因而它们都不能成为物权的客体。最后,作为物权客体的物,应当具有价值(包括使用价值和交换价值),能满足人类一定的生产生活需要。如果物本身没有价值,对其占有和利用便无法形成一定的财产关系,那么赋予无价值的物以财产权利,就毫无意义。

2. 物权的客体,主要是有体物。自罗马法以来,传统大陆法采取"物必有体"的观点。所谓有体物是指具有一定的物质形体,能够为人们所感觉到的物,换句话说,是指有形的、可用触觉感知并可支配的物。[④] 无体物是指除有体物之外其他权利和利益。《民法典》第 115 条规定,"物包括不动产和动产。法律规定权利作为物权客体的,依照其规定"。据此,物权的客体仅限于有体物,尤其是就所有权而言,其客体原则上应限于有体物。例如,所有权概念完全是建立在有体物的概念之上的。在法律上不可能存在以无体物为客体的所有权,否则,将会出现债权的所有权、知识产权的所有权甚至所有权的所有权,所有权的概念将会变得混乱不堪。在一般情况下,物权以有体物为支配对象。所谓物权的支配性,就是指对有体物的支配权,整个物权法的规则都是建立在对有体物支配的基础上的。例如,物权请求权主要就是为了使物权人恢复对有体物的占有和支配,排除他人对有体物的妨害,恢复有体物的原状,这些方法是很难适用到无体物之中的。但在法律有规定的情形下,权利也可以作为物权的客体。

3. 物权的客体主要是特定物。在法律上,物有特定物和种类物之分。特定物是指具有单独的特征,不能以其他物代替的物,如某幅图画、某个建筑物等。种类物是指具有共同特征,可以用品种、规格或数量等加以度量的

---

① 参见王泽鉴:《民法物权》(第 2 版),北京大学出版社 2010 年版,第 42 页。

② 参见王泽鉴:《民法总则》,北京大学出版社 2009 年版,第 198 页。

③ 参见黄薇主编:《中华人民共和国民法典释义》(上),法律出版社 2020 年版,第 227 页。

④ 参见[德]鲍尔、[德]施蒂尔纳:《德国物权法》(上册),张双根译,法律出版社 2004 年版,第 22 页。

物，如某种标号的水泥、某种品牌的大米等。种类物可以用同类物代替，但是当种类物从同类物中分离出来作为权利客体时，也就有了特定化的性质。[①] 物权的客体必须是特定物，因为物权是权利人支配特定物的权利，标的物未特定化，权利人无从支配。而且物权的移转要采取登记或交付的方式，如果标的物不能特定，则无法登记或交付。只有在作为物权客体的物具有独立性和特定性的情况下，才能明确物权的支配范围，使物权人能够在其客体之上形成物权并排斥其他人的干涉。现代社会中物权的客体的范围是十分广泛的，因为任何物在法律上都具有自己的归属，即使是无主物，最终也可能依据法律规定确定归属。因此，无论是生产资料还是消费资料，无论是自然物还是劳动产物，无论是流通物还是限制流通物，都可以作为物权的客体。

（二）法律有特别规定时，权利也可以作为物权客体

虽然物权的客体主要为有体物，但在法律明确规定时，无形财产也可以作为物权客体。20 世纪 20 年代，霍菲尔德（Hohfeld）对于大陆法上通常所说的“物必有体”这一概念提出了尖锐批评，他全面否定了财产权的客体是有体物的观点，并在此基础上提出了财产权是一种“权利的集束”的看法。[②] 随着社会的发展和科技的进步，现代社会中的“财产”概念发生变化，无形财产大量产生，财产的类型日益多样化，无形财产的类型也日益丰富，其重要性也有与有形财产并驾齐驱的趋势，甚至有超越的趋势。依据我国《民法典》第 115 条的规定，在法律有特别规定的情况下，权利本身也可以成为物权的客体。换言之，权利成为物权的客体必须要由法律规定。在我国《民法典》中，权利成为客体的情况主要是指：一是《民法典》第 127 条确认了数据、网络虚拟财产属于民事权益。数据是指以信息为内容的无形财产。网络虚拟财产是随着互联网的快速发展而产生的新的财产，如比特币，网游中的装备、账号，网店。他们与一般的财产在本质上有很多共性，都具有一定的经济价值，甚至可以在一定范围内流通。我国《民法典》第 127 条规定了网络虚拟财产的保护。这就为将这些财产纳入民法调整范围提供了法律依据。[③] 本书认为，数据和网络虚拟财产不是有体物，因此不满足《民法典》第 114 条第 2 款物权客体是“特定的物”的要求，因此原则上不能成立物权。

---

① 参见费安玲、刘智慧、高富平：《物权法》，高等教育出版社 2011 年版，第 16 页。

② See Wesley Newcomb Hohfeld, *Fundamental Legal Conceptions as Applied in Judicial Reasoning*, 710 Yale Law Journal 713 (1917).

③ 参见黄薇主编：《中华人民共和国民法典总则编解读》，中国法制出版社 2020 年版，第 340 页。

但在例外情形下,数据和网络虚拟财产也可以设立担保物权,在此情形下可以适用《民法典》物权编的有关规则。在数据、网络虚拟财产上设定的担保权利在性质上应当属于抵押权,因为在数据和网络虚拟财产上设定担保权利通常并不会移转占有,可以在此基础上设立质权。二是《民法典》确认了空间可以成为物权的客体。空间是一个物理学上的概念,是以一定的长、宽、高来界定的三维空间。作为法律概念的空间是以权利客体的形式存在的。然而,空间权的客体与一般物权的客体是有区别的,因为空间不是有形物,它难以被实际地控制或占有,但它仍然可以作为物权的客体而存在。三是无线电频谱资源。《民法典》第252条将“无线电频谱”纳入物权法的适用范围,实际上也扩大了物权客体的范围。我国司法实践也承认,电、热、声、光等在物理上表现为无形状态的物,作为有体财产的延伸,仍然属于有体物的范畴,从交易观念出发,可以作为物被对待。四是在担保物权中,建设用地使用权等可以设定担保,如设定抵押或者质押。我国《民法典》规定的权利质押,实际上都是以权利作为物权客体的情形。我国《民法典》承认了集合财产在特殊情况下可以成为物权客体,在集合财产中,既包括有形财产,也包括权利。

(三)货币作为权利客体

货币也是重要的物权客体类型。从经济上看,货币是商品的一般等价物,是具有强制流通性的铸币或纸币。从法律上看,货币是一种特殊的动产,其特殊性表现在:货币作为一种特殊的种类物,在交易上可以互相替换。货币的占有与所有是同一的,这一原则即“所有和占有相一致原则”。这一原则具体体现为:一是货币占有的取得被视为货币所有权的取得,货币占有的丧失即被视为货币所有权的丧失。二是货币一旦交付,即使是基于借款、保管等合同关系而引起的交付,也会发生货币所有权的移转。三是货币在发生占有移转以后,货币的所有人只能请求对方返还一定数额的钱款,而不能够根据物权请求权要求占有人返还原物或返还对原物的占有,也不能要求恢复原状。四是货币所有权在适用善意取得制度方面具有特殊性。例如,某人将一定数额的货币交给他人保管,他人擅自使用了该笔钱款,无论货币取得人是善意还是恶意,都不影响其取得所有权。货币所有权之所以采纳这一规则,根本上是由货币作为充当一般等价物的特殊商品的特点所决定的。需要指出的是,我国实行民商合一,但在民法中要注意到一些特殊的交易关系的存在,不能简单地把民法中“货币所有和占有相一致原则”这一民法中的一般规则适用于一些特殊的交易方面。事实上,我国司法实践中也承认了该原则的例外。例如,信用社对外所欠债务的强制执行不得及于信用社储户的储蓄存款,即储户账户名下的钱款不适用货币“所有和占有相一致原则”,不被归入信用社的责任财产,而应当属于储户所有,优先返还给储户。从法理上说,此时侧重保护的是储户对金钱的所有而非金钱的流通性。①

二、物权客体的分类

(一)动产和不动产

依据《民法典》第115条的规定,物包括不动产和动产,它们是物权的主要客体。所谓特定的物,主要是指动产、不动产。所谓不动产,是指依照其物理性质不能移动或者移动将严重损害其经济价值的有体物。所谓动产,是指不动产之外的物,它在性质上能够移动,并且移动不损害其经济价值,如电视机、书本等。有体物可以分为动产和不动产。动产和不动产的区别主要表现在:第一,是否可以移动。动产通常可以移动,而不动产则不能移动。当然,在现代社会中,随着科技的发展,房屋也可以移动,但是这毕竟属于例外现象。第二,移动是否在经济上合理。房屋等土地附着物也可能是能够移动的,但一旦移动耗资巨大,而动产通常可以移动,即使是沉重的机器设备,也可以移动,且较之于不动产,其移动耗资不大。第三,是否附着于土地。不动产除土地之外,其他财产如房屋、林木等都是附着于土地的,通常在空间上不可移动,若发生移动将影响它的经济价值。动产通常并不附着于土地。

从物权法的发展趋势来看,动产和不动产呈现相互渗透甚至是相互转化的状况。一方面,随着不动产证券化的发展,不动产具有了动产化趋向。物权的证券化不仅有利于充分实现不动产的交换价值,也为物权人开辟了新的融资渠道。另一方面,某些动产,如船舶、航空器等在法律上也采取登记制度,从而与不动产的规则完全一致。还要看到,在担保物权中,不动产抵押和动产抵押基本上采用相同的规则。因此,有一些学者认为应当使动产和不动产规则统一化。

本书认为,尽管动产和不动产在某些方面应适用共同的规则(如物权法的基本原则、物权的请求权制度等对动产和不动产都是适用的),但也要看到,动产和不动产适用的仍然是两种不同的规则,具体表现在:

(1)权利的取得方式不同。在我国,土地属于国家和集体组织所有,个人不能对于土地享有所有权。此外,从权利的取得方式来看,动产取得的一

---

① 参见朱晓喆:《存款货币的权利归属与返还请求权——反思民法上货币“占有即所有”法则的司法运用》,载《法学研究》2018年第2期。

些方式如先占、添附、加工等，一般不适用于不动产。

（2）转让的形式要件不同。从权利转让的形式要求来看，法律对于动产的转让合同，常常没有严格的形式要件要求，当事人可以采用书面形式、口头形式或者其他形式。但对于不动产则一般有这方面的要求，主要是因为不动产价值较大，不动产交易通常需要采用书面合同形式。例如，《民法典》第354条规定建设用地使用权的转让采书面合同。

（3）物权公示的方法不同。从公示方法来看，动产所有权移转以交付为要件，而不动产所有权移转以登记为要件。动产的价值较小，法律不要求其采用登记的方法进行公示，而只要求交付；而不动产的价值较大，且依其性质能够通过登记确定其特征，法律要求其变动必须登记。由于登记较之于交付更为复杂，所以物权法应当对登记的程序等作出规定，这些规则一般不适用于动产。①

（4）利用方式不同。一方面，就用益物权而言，动产之上通常难以设立用益物权，虽然我国《民法典》第323条也允许在动产之上设立用益物权，但《民法典》尚未规定动产之上的用益物权类型，实践中也不存在此类物权。而不动产之上则可以依法设立各类用益物权。另一方面，就担保物权而言，就我国《民法典》的规定来看，动产之上可以设立抵押权、质押权、留置权，而不动产之上只能设立抵押权，不能设立质押权和留置权。一般来说，在动产之上设立的他物权是有限的，而在不动产之上则可以设立多项物权，各项用益物权基本上都是在不动产的基础上产生的。②

（5）权利的性质不同。在权利的性质方面，法律对动产的移转和取得极少设定一些限定条件，且动产移转和取得规则的确定需要借鉴外国的法律经验。但是，不动产权利的设定、取得、移转常常受到许多公法上的限制。不动产更多涉及的是其归属的确认和在有限地域内的利用的问题，通常很少发生大规模的国际性交易。此外，不动产法律制度常常涉及一个国家的基本经济制度，甚至与该国的国家主权密不可分。物权法承担着维护基本经济制度的功能，因此，有关不动产的规则具有很强的固有性。

（6）二者的诉讼管辖不同。依据我国《民事诉讼法》的规定，不动产的纠纷适用专属管辖，由不动产所在地法院管辖。但动产并不适用专属管辖的规定。③

---

① 参见陈华彬：《物权法》，法律出版社2004年版，第67页。

② 参见陈华彬：《物权法》，法律出版社2004年版，第67页。

③ 参见马俊驹、余延满：《民法原论》，法律出版社2005年版，第70页。

(二)土地和地上定着物

从广义上讲,土地是指包括土地、森林、水、矿藏以及阳光、空气在内的一切自然资源。[①] 从狭义上讲,土地是地球表面的陆地资源,即在气候、水文条件作用下,由地貌、土壤、植被等因素组成的自然综合体。[②] 绵延无垠的土地,在物理上是非独立的物,但依据交易的观念和法律的公示方法,可将其划分为各个部分,这些部分均可以成为独立物。

所谓地上定着物,是指固定且附着于土地之物,[③]我国台湾地区实务界认为其"系指非土地之构成部分,继续附着于土地,而达一定经济上目的,不易移动其所在之物"[④]。地上定着物包括房屋、林木等。其特征在于它是附着于土地、固定且不易移动的物。所谓房屋是利用一定面积的空间,在地上、地下建筑的物。[⑤] 所谓建筑物是指定着于土地上或地面以下,具有顶盖、梁柱、墙壁,可供人居住或使用的构造物,如房屋、仓库、地下室、空中走廊、立体停车场、桥梁、水塔、烟囱等。[⑥] 房屋一般包括土地上的居民住房、工商业用房、办公用房(写字楼)等建筑物及其构建物,如铁路、桥梁等。由于房屋不可能是空中楼阁,必须建造在土地之上,土地是和房屋及构造物相连的,并在空间上紧密结合为一体,因此在法律上通常将两者统称为不动产或房地产。

关于土地和房屋之间的关系,世界范围内有两种不同的立法模式:一是吸收主义。在此种模式下,房屋被认为是土地的重要组成部分,或者被认为是地上权的组成部分。《德国民法典》第 94 条采纳这一观点。[⑦] 二是分离主义。在此种模式下,房屋和土地是不同的所有权客体,房屋不是土地的组成部分,也不是地上权的组成部分,而是独立的权利客体。《日本民法典》第 86 条规定:"土地以及固定在土地上的物叫作不动产。"但根据《日本不动产登记法》第 14 条的规定,土地和建筑物是分别登记的,因此学者一般认为建筑物是可与土地相分离的独立的不动产。[⑧] 我国《民法典》采用了分离主

---

① 参见王家福、黄明川:《土地法的理论与实践》,人民日报出版社 1991 年版,第 1 页。

② 参见崔建远、孙佑海、王宛生:《中国房地产法研究》,中国法制出版社 1995 年版,第 15 页。

③ 参见王泽鉴:《民法物权:通则 · 所有权》(第 1 册),中国政法大学出版社 2001 年版,第 53 页。

④ 我国台湾地区"最高法院"1974 年第六次民庭庭推总会决议。

⑤ 参见史尚宽:《民法总论》,台北,三民书局 1960 年版,第 229 页。

⑥ 参见梁慧星、陈华彬编著:《物权法》,法律出版社 1997 年版,第 36 页。

⑦ 《德国民法典》第 94 条明确规定:"土地的主要组成部分,为定着于土地的物,特别是建筑物,及与土地尚未分离的出产物。"

⑧ 参见[日]川岛武宜:《所有权法的理论》,东京,岩波书店 1981 年版,第 166 页。

义,规定土地和房屋分别为不同的物权客体,并可以分别登记。但是,对于土地和房屋的权利我国采取了两个重要的规则:一方面,在交易时,实际上采纳了土地使用权与建筑物所有权相结合的观点,将土地和房屋视为交易的共同客体。房产和地产在交易中,必须共同作为交易标的,而不能分别对待。土地使用权及其地上建筑物所有权均不能单独转移、抵押和出租,必须同时转移、抵押和出租。在处分房屋和土地时,则采取了"地随房走、房随地走"的原则,使房屋和土地不得分别处分。① 另一方面,土地和房屋的权利人必须保持一致,避免因为土地使用权和房屋所有权分别属于不同主体而产生纠纷。

房屋等建筑物都具有长久地附着于土地、非经毁损或变更形体不能移动其位置的特点,可见建筑物是重要的不动产。② 一幢建筑物可以作为一项独立的不动产,但建筑物也可以依据纵向分割和横向分割及纵横分割的方法,而划分为各个部分。如果各个部分具有构造上的独立性、使用上的独立性及通过登记与公示表现出来的法律上的独立性,则能够成为独立的不动产。至于在建房屋虽未完工,但如果能够遮风避雨,且具有独立的经济使用目的、经济价值,在交易上具有特定性和独立性,即可成为不动产物权的客体。③ 根据一般的社会观念和交易观念,附属建筑物和主建筑物为一个建筑物的一般不宜分开。房屋如遭到毁损已不能使用,应认为原房屋已经灭失,仅剩余建筑材料。

种植于土地上的树木、花草、庄稼等植物及其产生的果实是否应附着于土地,或是作为与土地相分离的财产?根据我国法律的规定,林木和植物等的所有权不能当然归属于土地所有人,土地所有人对其栽种的林木和植物,则可以享有所有权,对于土地的使用权人、承包经营权人等栽种的林木和植物,也应依法保护其所有权。如《森林法》第 15 条规定:"林地和林地上的森林、林木的所有权、使用权,由不动产登记机构统一登记造册,核发证书。国务院确定的国家重点林区(以下简称重点林区)的森林、林木和林地,由国务院自然资源主管部门负责登记。森林、林木、林地的所有者和使用者的合

---

① 例如,《民法典》第 356 条规定:"建设用地使用权转让、互换、出资或者赠与的,附着于该土地上的建筑物、构筑物及其附属设施一并处分。"第 357 条规定:"建筑物、构筑物及其附属设施转让、互换、出资或者赠与的,该建筑物、构筑物及其附属设施占用范围内的建设用地使用权一并处分。"由此可见,在交易中,房屋和土地的权利是结合在一起的。

② 参见崔建远:《物权:规范与学说——以中国物权法的解释论为中心》(上册),清华大学出版社 2011 年版,第 48 页。

③ 参见崔建远:《我国物权法应选取的结构原则》,载《法制与社会发展》1995 年第 3 期。

法权益受法律保护,任何组织和个人不得侵犯。森林、林木、林地的所有者和使用者应当依法保护和合理利用森林、林木、林地,不得非法改变林地用途和毁坏森林、林木、林地。"

区分土地和地上定着物的主要意义在于:一方面,土地只能属于国家和集体所有,公民个人不能对其享有所有权,而房屋等地上物的所有权可以为个人所有。土地所有权不能买卖,而房屋等地上物的所有权是可以买卖的。另一方面,在土地之上可以设定建设用地使用权、承包经营权等用益物权,这些权利都是有期限限制的,而地上定着物所有权是没有期限限制的。

(三)主物和从物

主物和从物通常表示的是相互之间在利用上具有依存关系的两个物。所谓从物,就是不作为主物的组成部分,而是为了发挥主物的经济效用,与主物同属一人的物。① 可见,从物具有如下特点:第一,从物并不是主物的组成部分,具有独立性。② 也就是说,从物并未丧失其独立存在的价值,如果某物已是他物的组成部分,如房屋的墙壁和门窗等,则不是从物。第二,从物是为发挥主物的效用而存在的。也就是说,从物的存在是为了辅助主物,从物与主物处于某一特定的空间关系中,③它是为了增加主物的价值,如钟表与表链,若无表链,钟表的价值就会减损。第三,从物必须与主物同属于一人。这是因为只有在从物与主物同属一人的情况下才能适用从物的所有权随主物的所有权移转的规则。④ 如果二物不属于一人,则从物随主物的移转而移转,不利于充分发挥物的经济效用,将会严重损害第三人的利益。⑤

关于主物和从物的关系,尽管从物在物质的外观上是独立的,其与主物一样都是独立的物权客体,但由于两者是结合在一起的,这种结合并未创造一种独立的物,其结合的方式是主物对从物的支配作用,从物只是起到辅助主物的作用。所以,从物应当随同主物的移转而移转。《民法典》第 320 条也特别规定:"主物转让的,从物随主物转让,但是当事人另有约定的除外。"据此,在当事人没有特别约定的情况下,从物应当随同主物的移转而移转。当然,从物随主物的移转而移转的规则是一种任意性的规范,当事人之间也

---

① 参见洪逊欣:《中国民法总则》,台北,1992 年(公元纪年)自版发行,第 224 页。

② 参见黄薇主编:《中华人民共和国民法典物权编解读》,中国法制出版社 2020 年版,第 377 页。

③ 参见[德]鲍尔、[德]施蒂尔纳:《德国物权法》(上册),张双根译,法律出版社 2004 年版,第 28 页。

④ 参见《德国民法典》第 97 条、《日本民法典》第 87 条。

⑤ 参见王泽鉴:《民法物权》(第 2 版),北京大学出版社 2010 年版,第 210 页。

可以特别约定，在移转主物时从物所有权并不发生移转，或者约定抵押主物，而从物并不相应地作为抵押标的，或者移转主物时只是使某一从物发生移转而另外的从物并不发生移转。

（四）单一物和集合物

所谓单一物，是指在形态上能够单独地、个别存在的物。物权的客体主要是单一物。但在社会生活中，一物与他物结合是经常发生的。如果一物与他物结合时各自未丧失其经济上的独立性，即成为一个集合物。从法律上看，所谓集合物，是指各个物并不丧失其独立存在的价值，但它们可以结合为具有独立价值的一体而成为集合物。[①] 集合物分为两种类型：一是事实上的集合物。如商店里的全部商品、工厂里的机械设备。二是法律上的集合物。法律上的集合物是指权利和物的结合，又称财产，包括营业财产、企业财产、破产财产、共同继承财产、合伙财产、夫妻共同财产、失踪人的财产等。由于集合物能够共同形成某种交换价值，无论是事实上的集合物还是法律上的集合物，都可以在从事交易时从观念上将他们与其他物分开，从而在观念上形成一个特定的独立物，因此对集合物的总体价值的支配不仅是可能的也是可行的。集合物具有单一的交换价值，乃是其能够成为独立的物权客体的重要原因。如果在观念上能够将集合物与其他物分开而使其成为物权客体，这与“一物一权”原则并不矛盾。

从法律上来看，集合物不能适用主物、从物关系的规则，其原因在于集合物中各个物的独立性更强，而一个物和另一物的结合并不是为辅助其他物的效用，所以对各个物完全可能单独地支配，在无特别约定的情况下，不能因为处分某一物而使其他物的所有权也发生移转。因此，那种认为从物随主物移转的规则应适用集合物的观点是极不妥当的。

区分单一物和集合物的意义在于，物权的客体主要是单一物，只有在法律有特别规定的情况下，集合物才可以作为物权的客体。[②] 例如，我国《民法典》第 395 条第 2 款规定，“抵押人可以将前款所列财产一并抵押”；又如，《民法典》第 396 条规定，“企业、个体工商户、农业生产经营者可以将现有的以及将有的生产设备、原材料、半成品、产品抵押，债务人不履行到期债务或者发生当事人约定的实现抵押权的情形，债权人有权就抵押财产确定时的动产优先受偿”。这就承认了集合物可以作为担保财产。集合物的担保更有利于实现物的交换价值，提高物的利用效率。

---

① 参见洪逊欣：《中国民法总则》，台北，1992 年（公元纪年）自版发行，第 213 页。

② 参见刘家安：《民法物权》，中国政法大学出版社 2023 年版，第 31 页。

（五）原物和孳息

所谓原物，是指产生孳息的物。孳息就是指原物所产生的收益，其上位概念为收益。也就是说，原物是产生孳息之物。孳息是指财产上产生的收益。孳息分为以下两种：

1. 天然孳息。它是指原物因自然规律而产生的，或者按物的用法而收获的物，如母鸡生的蛋、树上结的果。天然孳息既可以是自然的，也可以是人工的（如从羊身上剪下的羊毛等）。但是人工产生的物必须是没有进行过改造加工的。例如，用牛乳制成的乳酪，就不是天然孳息。一般认为，天然孳息，如果实、桑叶等在未与原物分离之前，与原物密切结合在一起，应为非独立物，不能单独成为物权的客体。

关于天然孳息的归属，《民法典》第 321 条第 1 款规定："天然孳息，由所有权人取得；既有所有权人又有用益物权人的，由用益物权人取得。当事人另有约定的，按照其约定。"据此，《民法典》确立了如下规则：一是关于天然孳息的取得，首先允许当事人自由约定，特别是在原物所有人通过约定将原物交由他人使用时，允许当事人通过约定直接确定孳息的归属，这样更为简便，也有利于减少纠纷的发生。二是在当事人没有约定时，原则上由原物所有人取得天然孳息。在原物没有被他人利用的情形下，天然孳息由原物产生，与原物存在密切关联，由原物所有人取得该天然孳息，符合基本的法理。因此，天然孳息在没有与原物分离之前，属于原物的成分，只能由原物所有人所有。在孳息（天然的、法定的孳息）产生以后，如果法律或合同没有特别规定，则应由原物所有人所有。三是在原物之上存在用益物权的情形下，由用益物权人取得该天然孳息，其理论基础在于，在用益物权人与原物所有人存在合同关系的情形下，由用益物权人取得该天然孳息，符合当事人的意愿；同时，由用益物权人取得天然孳息，也是当事人设定用益物权的主要目的。[①]

2. 法定孳息。它是指根据法律的规定，由法律关系产生的收益，如出租房屋的租金、借款的利息。[②] 对法定孳息的归属，依据《民法典》第 321 条的规定：第一，当事人有约定的，按照约定取得。法定孳息通常都是基于法律关系而产生的，所以，在设定法律关系之时，就可以明确规定法定孳息的归属。因此，法定孳息首先应由当事人在合同中确定其归属。这也有利于尊重当事人的意愿。第二，法定孳息是由他人使用原物产生的收益，自己利用

---

① 参见崔建远：《物权法》（第 5 版），中国人民大学出版社 2021 年版，第 119 页。

② 参见黄薇主编：《中华人民共和国民法典释义》（上），法律出版社 2020 年版，第 613 页。

财产获得的收益等,一般不能称为孳息。第三,如果当事人没有约定或者约定不明确,则法律规定依据交易习惯确定法定孳息的归属,所谓交易习惯,是指在当时、当地或者某一行业、某一类交易关系中为人们所普遍采纳的且不违反公序良俗的习惯做法。因为法定孳息是在特定的民事活动中产生的,特别是基于一定的交易关系产生的,因此,在当事人没有约定或者约定不明的情形下,依据交易习惯确定法定孳息的归属,既符合在交易活动中的惯常做法,也有利于减少争议。①

第六节　物权的取得和行使

一、对物权取得的限制

所谓物权的取得,是指基于法律行为和非依法律行为而依法取得所有权或其他物权。由于物权是基本的财产权,也是关系到国计民生的基本财富形式,所以物权法必须对物权的取得予以规范。正是从这个意义上讲,物权法常常被称为“物之取得制度”②。

物权的取得和行使,应当遵守法律,不得损害公共利益和他人合法权益。物权法的目的在于确认产权、保护物权,物权法所保护的财产只能是合法的财产,而不可能是非法的财产,这也是任何国家的法律都必须坚持的一项原则。需要指出的是,此处所说的法律,不限于《民法典》物权编,还包括其他法律,以及行政法规等规范性文件的规定。物权法对物权取得的限制,其核心的要求在于物权取得必须合法。任何国家的法律都保护合法财产,不可能保护非法财产。比如说,严重的偷税漏税、欺诈、非法侵占国有财产、私分国有财产,不受物权法保护。

当然,物权法不保护非法财产并不意味着任何人可以随意侵占、没收非法财产。根据物权法的占有保护请求权,对于非法财产也必须要经过合法的程序予以剥夺,而不允许进行抢夺和占有。在没有经合法程序剥夺以前,占有人的占有也要受到法律保护。例如,对于违章建筑,虽然相关主体不能取得物权,但其他人不得任意拆除,只能由特定机关依法拆除。③

二、物权的行使

所谓物权的行使,是指物权人依据自己的意志在法律规定的范围内行

---

① 参见王利明主编:《中国民法典评注·物权编》(上),人民法院出版社2021年版,第433页。

② [德]曼弗雷德·沃尔夫:《物权法》,吴越、李大雪译,法律出版社2002年版,第11页。

③ 参见常鹏翱:《违法建筑的公法管制与私法因应》,载《法学评论》2020年第4期。

使物权。物权的行使应当符合以下几项原则。

第一,符合法律和公序良俗。《民法典》第 8 条规定:“民事主体从事民事活动,不得违反法律,不得违背公序良俗。”物权的行使首先必须遵守法律。此处所说的法律不仅包括《民法典》物权编,还包括其他民事法律以及各种行政法律、法规。例如,物权人将房屋出租给他人从事赌博活动,就是违法行使物权的行为。同时,物权的行使还必须符合社会公共利益的要求,并遵守社会公德。权利人在行使物权时,不得损害社会公共利益。例如,土地承包经营权人不得采用污染土地的方式耕种。同时,物权的行使还必须符合社会公德。例如,建设用地使用权人不得在土地上任意挖掘,危及邻居的房屋;不得在土地上放养危险动物,危及他人的安全;不得在夜间制造噪声,影响他人休息等。①

第二,有效利用资源、保护生态环境。《民法典》第 9 条规定:“民事主体从事民事活动,应当有利于节约资源、保护生态环境。”该条确立了绿色原则,并将其贯彻在整个《民法典》物权编中。依据这一原则,物权的行使必须有效利用资源、保护生态环境,物权的行使要有效率地利用资源、节约资源。物尽其用并不是说竭泽而渔、滥用地力、无度开发,将物的价值全部用尽,恰恰相反,物尽其用的含义是提高物的利用效率,将各种可用之物充分利用,其既包括对物的使用价值的充分利用,也包括对物的交换价值的充分利用。

第三,禁止滥用权利。物权人行使物权不得损害他人的利益,这实际上是指权利人不得滥用权利。② 所谓滥用权利,是指行使权利违背权利设定的目的,不合理地损害了他人利益。与诚实信用原则一样,禁止权利滥用也对物权的行使作出了限制和规范。我国《民法典》物权编中虽然没有明确规定禁止滥用权利的规则,但《民法典》第 132 条规定:“民事主体不得滥用民事权利损害国家利益、社会公共利益或者他人合法权益。”据此,任何物权人以加害他人为目的行使物权并造成他人损害的,将构成滥用权利,并应当承担相应的民事责任。③

《总则编解释》第 3 条第 3 款规定:“构成滥用民事权利的,人民法院应当认定该滥用行为不发生相应的法律效力。滥用民事权利造成损害的,依照民法典第七编等有关规定处理。”依据该规定,滥用权利将产生如下两方

---

① 参见[德]曼弗雷德·沃尔夫:《物权法》,吴越、李大雪译,法律出版社 2002 年版,第 34 页。

② 参见刘得宽:《民法总则》(增订四版),中国政法大学出版社 2006 年版,第 171 页。

③ 参见黄薇主编:《中华人民共和国民法典释义》(上),法律出版社 2020 年版,第 258 ~ 259 页。

面的法律后果:第一,权利行使不产生超过合理界限的部分不具有法律约束力。这就是说,滥用权利不应当产生行为人追求的后果。第二,如果滥用权利造成他人损害,已经构成侵权的,应承担侵权责任。如果权利人行使权利的行为也满足了侵权责任的成立要件,那么此时就应当适用侵权责任的规范,受害人可以请求权利人承担侵权责任,其中既包括侵权损害赔偿,也包括其他侵权责任的承担方式。

第二章　物权法概述

第一节　物权法的概念和性质

一、物权法的概念

物权法(英文为 The Law of Real Rights;德文为 Sachenrecht;法文为 Droit des biens)是大陆法系国家民法典的重要组成部分,通常是作为民法典的一编即物权编加以规定的。[①] 它是调整平等主体之间的民事关系、确认和保护物权的法律,它是我国民法的重要组成部分。

罗马法曾存在"对物法"和"对人法"的概念,这两个概念是现代物权法与债权法分立的起源。[②] 实际上,罗马法中并不存在物权与物权法的概念,1804 年的《法国民法典》也深受罗马法上述规定的影响,仍然没有严格区分物与物权等概念,也没有明确提出物权概念并在此基础上建立完整的物权法。然而,至 17 世纪,当罗马法在德国广泛传播时,德国法学家便开始提出物与财产的区别。一般认为,现代物权法的体系是由潘德克顿学派构建的,并为《德国民法典》所采纳。[③] 英美法系虽然没有物权法,但也有和大陆法系物权法类似的财产法。在我国,2007 年颁行了《物权法》,2020 年的《民法典》物权编是在原《物权法》基础上,经过修改、补充而形成的,它是我国物权法的重要组成部分。物权法具有如下特征。

第一,从调整对象来看,物权法是调整平等主体之间的民事关系的法律。这实际上包含了双重含义:一方面,所谓

---

① MünchKomm/Gaier, Buch 3, Einleitung Rn. 1.

② 参见[德]K. 茨威格特等:《比较法总论》,潘汉典等译,贵州人民出版社 1992 年版,第 269 页。

③ 参见陈华彬:《物权法原理》,载梁慧星主编:《民法学原理》〔多卷本〕,国家行政学院出版社 1998 年版,第 25 页。

民事关系,实际上就是平等主体之间的财产关系和人身关系,平等性是民事关系的基本特征。当然,物权法调整的主要是财产关系。另一方面,我国《民法典》第2条明确规定民法调整平等主体之间的人身关系和财产关系。由于物权法调整的财产关系实际上是民法调整的社会关系的组成部分,因而物权法是我国民法的重要组成部分,《民法典》总则编的规定适用于物权法。例如,物权法中规定物权的主体即权利人,其内涵和范围就应当依据总则的规定来确定。

第二,从法律地位来看,物权法是调整财产关系的基本法。一方面,物权法并不是调整所有的财产关系,而是仅调整物的归属和利用关系。在市场经济社会,物的归属和利用规则是市场经济体制所需要的基本法律规则,是保障市场经济得以正常运行的基本条件。所以,物权法正是通过调整物的归属和利用关系,发挥其作为基本财产法的功能。[①] 另一方面,财产权作为公民的基本人权,也是公民基本生产和生活的物质条件,旨在实现个人自由、发展人格、维护个人尊严。[②] 物权法作为保护财产权的法律,对于保护公民基本人权具有重要意义。

第三,从功能来看,物权法是确认和保护物权的法律。物权法对物的归属和利用关系的调整以及其功能的发挥,主要是通过确认和保护物权的作用来实现的。物权法主要解决三个方面的问题,即物是谁的、如何利用、如何保护。换言之,物权法主要具有三个方面的功能:确认产权、促进物尽其用和保护物权。所谓确认物权,就是确认各种物权的类型、内容、公示方法和效力,从而明确物的归属以及排他性利用的方式。所谓物尽其用,就是通过明确权利人对物享有的权利和对物的保护,充分发挥物的效用。所谓保护物权,就是指在物权发生争议以及受到侵害的情况下,权利人可以基于物权法的规则来要求确认物权和保护物权。物权法正是通过确认和保护物权,发挥其维护国家基本经济制度、保护社会主义市场经济秩序、明晰产权、定分止争以及促进物尽其用等功能。

物权法有广义和狭义两种理解:一是广义的物权法,它不仅包括《民法典》物权编的规范,也包括《民法典》其他各编关于物权的规定,还包括单行法中关于物权的规定(如《土地管理法》《农村土地承包法》中关于土地承包经营权的规定)。例如,《民法典》总则编、合同编、继承编等,均有关于物权的规定,这些规定也属于广义的物权法的范畴。除《民法典》的规定外,其他

---

① 参见孙宪忠:《中国物权法总论》,法律出版社2003年版,第8页。

② 参见王泽鉴:《民法物权》(第2版),北京大学出版社2010年版,第9页。

特别法关于物权的规定,也属于广义的物权法的范畴。二是狭义的物权法,它主要是指《民法典》物权编的规定。依据《民法典》第205条的规定,物权编是调整因物的归属和利用而产生的民事关系的规范,该编共计258条,其内容分为五个分编,包括通则、所有权、用益物权、担保物权和占有。严格地说,物权关系不仅受《民法典》物权编调整,还要受《民法典》其他编以及许多单行法的调整。这就是说,《民法典》物权编只调整部分物权关系,但物权关系不仅受《民法典》物权编调整,还要受到《民法典》其他编以及有关特别法的调整。因此,有必要区分《民法典》物权编与物权法的概念。

具体而言,物权法与《民法典》物权编之间的关系表现在如下方面:一是《民法典》物权编是物权法的重要组成部分。《民法典》物权编是调整财产关系的基本法。虽然《民法典》物权编规定了基本的财产法律规范,但是它并不能调整所有的财产关系,只能调整一定范围内的物的归属和利用关系。除《民法典》物权编外,《民法典》其他编以及一些单行法也可能涉及对物的归属与利用的调整。二是《民法典》物权编是物权法最基本的组成部分。由于《民法典》在中国特色社会主义法律体系中居于基础性法律的地位,其物权编是最为基础性的物权法规范,在发生物权纠纷后,法官首先且主要应当依据《民法典》物权编的规定处理。如果对物权纠纷涉及法律特别规定,则在确定调整民事关系的法律依据时,必须首先从《民法典》物权编中寻找裁判依据。正是由于《民法典》物权编是保护物权的基本规则,所以它也被称为财产关系的基本法。三是《民法典》物权编是解释物权法的依据。这就是说,由于法典是基础性规范,因此,在解释《民法典》以外的有关物权的单行法律规定时,应当以《民法典》物权编的规范为依据,有关物权的单行法律规定不得与《民法典》物权编相冲突。同时,《民法典》物权编对于单行法具有兜底适用的功能。在涉及物权纠纷时,确有必要依据特别法优先于普通法的规则从单行法中找法,又难以从单行法中找到法律依据时,要回到《民法典》物权编中找法。

二、物权法的性质

物权法是调整物的归属关系及主体对物的占有、利用而发生的财产关系的法律规范。在市场经济条件下,物权法与合同法是调整交易关系的最基本的法律规则。合同法只能调整交易关系,对于交易前提的界定和结果的保护,难以发挥调整作用,这就需要通过物权法确认物的归属规则,确定市场交易关系得以进行的基础和前提,并维护社会所有制关系。要充分发挥物权法的功能,就必须对物权法的性质有正确的认识。一般认为,物权法具有如下性质。

（一）物权法是私法而非公法

尽管对于是否需要区分私法与公法存在各种不同的观点，但在市场经济社会，区分公法和私法仍然是必要的。一般来说，私法规范的是民事法律关系，而公法规范的是行政法律关系。私法强调对自然人、法人的合法民事权利的保护，充分尊重民事主体在法定的范围内所享有的行为自由，尊重民事主体依法对自己的民事权利和利益所作出的处分。[①] 公法则更注重对民事关系的干预和对社会经济生活的管理。物权法作为民法的一部分，其性质应为私法。尽管现代物权法越来越重视对物权的行使、移转等方面从公法上加以干预，但物权法在本质上仍然属于私法范畴。既然物权法在本质上属于私法范畴，那么物权法在规范性质上应当具有一些不同于其他法律的特点：

第一，从调整对象来看，物权法所调整的对象主要是因物的归属和利用而产生的民事关系，这是平等主体之间的财产关系。[②] 我国《民法典》物权编作为基本财产法，要平等地确认和保护各类物权。这些权利在被纳入物权法的调整范围之后，也就成为一种民事权利。例如，物权法所确认的国家所有权应当具有私法上的权利的特质。从实践来看，尽管国家所有权和国家行政管理权常常很难严格分离，国家所有权的行使也往往要借助行政机关行使行政管理权的活动来实现，但在物权法中，国有财产权应当按照民事权利来构建，而不应当按照公权力来规定。物权法作为民法的组成部分，不仅要遵循民法的平等原则，对各类物权实行平等保护，而且要遵循民法的自愿原则、公平原则、诚实信用原则、公序良俗原则以及绿色原则等民法基本原则。

第二，从调整方法来看，尽管物权法贯彻了物权法定原则，大量的规范都具有强行性，但因为物权法仍然属于私法，所以，它必须要在一定程度上体现私法自治的原则，尤其是对于因法律行为而发生的物权变动，必须体现一定程度的私法自治。例如，允许当事人依据自己的意志设定、移转物权，在法律规定的范围内享有并行使物权。物权法在建筑物区分所有权中也充分体现了对业主自治的尊重，因此业主自治同样也是私法自治在物权法上的体现。

第三，对物权的保护具有自身的特点。物权法确认各类物权，实际上就

---

① 参见[德]迪特尔·梅迪库斯：《德国民法总论》，邵建东译，法律出版社2013年版，第8页。

② 参见崔建远：《物权法》（第2版），中国人民大学出版社2011年版，第1页。

是赋予这些权利以排他性。在这些物权受到侵害的情况下,《民法典》物权编赋予权利人请求确认物权的权利,并确认了权利人的物权请求权。由于物权请求权的行使不需要证明过错的存在,也不适用诉讼时效规则,因此其与侵权请求权存在显著的区别。

（二）物权法主要是强行法

强行法,是指不能由当事人通过协议加以改变的法律规范。物权法的强行法特点表现在如下几个方面:第一,物权的类型和内容、物权的公示方法、物权的效力等都要由法律作出规定,不能由当事人通过协议改变。我国《民法典》第 116 条规定,“物权的种类和内容,由法律规定”。正是因为物权法贯彻了物权法定原则,所以物权法的大多数规则都是强行性的。[①] 第二,物权变动规则原则上是强行性规范。这些规范不能由当事人通过协议任意变更。例如,依法应当办理登记的,即使当事人通过协议约定不办理登记则无法取得物权,也不能对第三人产生效力。第三,为了保障不动产权利人正当行使权利,保障人民的生存和生活需要,物权法规定了相邻关系规范,对不动产权利的行使作出了干预。第四,物权法为了充分体现物尽其用原则,对一些不动产权利的行使进行了干预。例如,按照《民法典》第 301 条的规定,“处分共有的不动产或者动产以及对共有的不动产或者动产作重大修缮、变更性质或者用途的,应当经占份额三分之二以上的按份共有人或者全体共同共有人同意,但是共有人之间另有约定的除外”。此处之所以要求 2/3 以上的按份共有人同意,而并未要求全部共有人同意,主要是出于效率的考量,避免出现僵局导致难以实现物尽其用。物权法的强行性也表现在不动产物权的行使越来越多地受到国家的干预。

当然,物权法作为私法,也要贯彻私法自治原则。例如,确认物权人可以在法律规定的范围内依自身的意志设立、变更以及转移物权;每个物权人可以依法自由行使其权利,他人不得干涉物权人权利的正当行使;物权人有权在法律规定的范围内抛弃、处分其权利;等等。以地役权为例,地役权的类型、内容、补偿方法等完全允许当事人约定。[②] 但总体上说,物权法主要是强行法。物权法的强行性是物权法与合同法的区别之一。合同法多为任意性规范,属于“任意法”,绝大多数规范可以由当事人通过协议加以改变。当然,强调物权的强行性绝不意味着将物权法变为管理性法规。

---

① 参见王泽鉴:《物权法上的自由与限制》,载孙宪忠主编:《制定科学的民法典——中德民法典立法研讨会文集》,法律出版社 2003 年版,第 249 页。

② 参见苏永钦:《寻找新民法》,北京大学出版社 2012 年版,第 144 ~ 145 页。

(三)物权法是普通法

所谓民事普通法,是指适用于全国领域、规定一般事项并且无适用时间限制的民事法律。民事特别法是指适用于特定的区域、规定特定的事项,或在适用时间上有限制的民事法律。普通法和特别法只有在同一法律部门内部,并且在法律规定的事项为同类事项的情况下才能作出区分。物权法是普通法而非特别法,也就是说,物权法所规范的是具有相当的普遍性或一定程度的稳定性的事项,这是因为物权法所规范的财产关系大多是社会中较为重要的财产关系。它从维护国家基本经济制度出发,确认各种基本的财产权。因此,物权法是有关财产关系的基本法。从这个意义上也可以说,它是普通法。具体规定有关财产关系的单行法律(如《城市房地产管理法》《农村土地承包法》等)是特别法。《民法典》第11条规定:"其他法律对民事关系有特别规定的,依照其规定。"这就确认了普通法与特别法的关系。

(四)物权法具有固有法的特点

所谓固有法,是指保留了较多的国家、民族和历史传统的法律。各国物权法都从维护其国家经济制度等需要出发,确立了一些符合其历史传统和现实需要的制度和规则,使物权法具有根植于本国、本民族的特征,因此具有固有法的特点。因为物权法反映了一个国家基本经济制度,并且深受其历史传统、民族习惯等因素的影响,①所以物权法具有强烈的固有法和本土法的色彩。② 从物权法的发展历史来看,两大法系的物权法或财产法都与本国的历史传统和社会经济发展密切相关。大陆法系国家的物权制度是在本国旧有的物权习惯和借鉴罗马法的基础上形成的,而英美法系国家是在其封建的土地制度之上形成的物权制度。也就是说,从基本范畴上看,两大法系缺乏共同的、具有可比性的概念。例如,英美法系的"财产""财产法""所有权"等概念和大陆法系物权法上的概念相差甚远(英美法系甚至完全没有物权的概念)。又如,英美法系有关财产法的许多范畴是在封建的多重土地使用权基础上产生的概念,对此,大陆法系的物权法中并没有对应的范畴。

即使在大陆法系国家之间,各国的物权制度也相差甚大,在用益物权方面表现较为明显且有历史性和固有性,并反映不同的经济体制和社会发展

---

① 参见梁慧星、陈华彬编著:《物权法》,法律出版社1997年版,第3页;崔建远:《物权法》(第2版),中国人民大学出版社2011年版,第2页。

② 参见陈华彬:《物权法原理》,载梁慧星主编:《民法学原理》〔多卷本〕,国家行政学院出版社1998年版,第30页。

情况。[1] 例如,德国有所谓的土地债务制度,[2]但这一制度在其他国家并不存在;而法国法的人役权制度也没有被日本民法所采纳。这些都表明各国物权法的差异很大。产生这些差异的主要原因在于,各国物权法深受本国经济制度、历史文化传统、生活习惯等方面的影响。除此之外,还受到物权法调整的主要财产即不动产的影响。一方面,不动产更多涉及归属的确认和在有限地域内的利用问题,通常很少发生国际性的交易。所以,不动产规则的一体化是没有必要的。另一方面,不动产法律制度常常涉及一个国家的基本经济制度,甚至与该国的国家主权密不可分。既然物权法承担着维护基本经济制度的功能,因此,不可能也不需要借鉴外国的法律规则设计统一的国际性规则。各国人民的生活习惯以及现实经济生活必然要求与之相适应的物权法规范,从而使相应的物权法规范具有固有法特征。

强调物权法的固有性质绝不是指要排斥他国的先进经验,而主要是指物权法除了反映市场经济的共性,还要特别注重从本国社会经济生活条件出发,反映本国的历史和民族的习惯、所有制关系的现状以及国家对财产关系管理方面的政策等。由于物权法具有固有法的特点,因而物权法要充分反映我国多种所有制结构的社会现实,反映我国社会生活中的传统习惯,尊重人民群众普遍接受的约定俗成的概念。例如,土地承包经营权已经在我国实行多年,并已经为广大人民群众所接受,甚至已经形成了约定俗成的概念,不能轻易地放弃。

物权法具有固有法特点,但并不意味着其规则是固定不变的,相反,物权法也应该适应社会经济条件的变化而不断地发展变化。自 20 世纪以来,随着社会生活的变迁,物权法也呈现出以下发展趋势:物权的社会化、物权种类的增加、相邻关系的公法与私法的双轨规范体系的形成、建筑物区分所有权制度的形成、用益物权的功能的加强和类型的增加、担保物权机能的强化、物权关系上的私法自治、物权法定主义的缓和等。[3] 我们应当注重这些发展趋势,借鉴其中一些有益的经验。

(五)物权法既是行为规范也是裁判规则

物权法作为实体法,它既是行为规范又是裁判规则。物权法首先是行为规范,也就是说,物权法大多是规范当事人合法、正当地行使物权的规则,从而避免权利的冲突,维护人与人之间的正常秩序。物权法为了规范交易

---

① 参见王泽鉴:《民法物权》(第 2 版),北京大学出版社 2010 年版,第 267 页。

② 参见[德]曼弗雷德·沃尔夫:《物权法》,吴越、李大雪译,法律出版社 2002 年版,第 420 页。

③ 参见刘剑文、杨汉平主编:《私有财产法律保护》,法律出版社 2000 年版,第 159 页。

的正常秩序,也确立了当事人合法、有效取得物权的规则。物权法规定了征收、征用制度,也规范了政府行使征收权移转单位、个人财产权的行为。物权法规定了建筑物区分所有权制度,规范了业主行使其专有部分所有权和共有权的规则。物权法规定了相邻关系的规则,规范了相邻不动产权利人之间行使权利的行为。这些都表明,物权法是财产权确认和行使的规则,也是取得财产权的规则。物权法的许多规则作为社会生活的准则,是人们长期以来生活习惯的总结,确立了人与人交往的正常关系的规范,是社会公共道德和善良风俗的反映。按照物权法的规则行为,有助于人与人之间建立正常、和睦的生活关系,维护社会生活的和谐与稳定。

物权法的规则也是司法审判机关正确处理民事纠纷所要遵循的基本准则。物权法的规则大多对应着裁判规范,它为司法裁判提供了一套基本的体系、框架、规范和术语,为司法过程提供了一套明确的、完整的规范,力求通过法律的制定使整个司法过程都处于法律的规范之下,并对法官行使自由裁量权作出了必要的限制。在《民法典》物权编中,裁判规范也可以分为两类:一类是具体的裁判规则。如《民法典》第308条规定:“共有人对共有的不动产或者动产没有约定为按份共有或者共同共有,或者约定不明确的,除共有人具有家庭关系等外,视为按份共有。”这就为法官裁判民事案件提供了明确的规范。另一类是授予法官自由裁量权的规则和原则。例如,《民法典》第288条规定:“不动产的相邻权利人应当按照有利生产、方便生活、团结互助、公平合理的原则,正确处理相邻关系。”这实际上就是法官不得以法无明文规定而拒绝接受对民事案件的裁判,也不得以法律规定不明确而拒绝援引法律条文作为裁判的法律依据。凡是不援引法律规定的裁判均为恣意裁判,而完全违背法律规定作出的裁判则为枉法裁判,无论是枉法裁判还是恣意裁判均为不合法的裁判。

(六)物权法是实体法兼具程序规范

物权法是实体性规范(materielles Recht),主要调整实体权利、义务关系。[①] 但是物权法中也具有程序性规定,如物权登记的程序、更正登记、异议登记、预告登记等条款。这些规范虽然属于程序性规定,但属于物权的确认和保护必不可少的规定。物权的设立、变更、行使,应当依据法定的程序进行,若缺乏程序规范,则实体权利的保护是不周全的,因此物权登记等程序规范也应当规定在物权法中。

---

① 参见[德]鲍尔、[德]施蒂尔纳:《德国物权法》(上册),张双根译,法律出版社2004年版,第15页。

三、物权法的调整对象、体系和功能

（一）物权法的调整对象

《民法典》第 205 条规定："本编调整因物的归属和利用产生的民事关系。"依据该条规定，物权法调整的是平等主体之间因物的归属和利用而产生的财产关系。

1. 物权法调整平等主体之间的财产关系

一方面，物权法调整的是平等主体之间的关系。所谓平等主体，是指当事人参与法律关系地位平等，适用相同的规则并受到平等的保护，任何一方都不得具有凌驾于另一方之上的法律地位。另一方面，物权法调整的是平等主体之间的财产关系。所谓财产关系，是指人们在产品的生产、分配、交换和消费过程中形成的具有经济内容的关系。财产关系是以社会生产关系为基础的，涉及生产和再生产的各个环节，财产关系则主要由《民法典》物权编、合同编等调整。

2. 物权法主要调整有体物的归属和利用关系

物权法调整的是平等主体之间因物的归属和利用而产生的财产关系。《民法典》第 115 条规定，"物包括不动产和动产。法律规定权利作为物权客体的，依照其规定"。因此，物权法所调整的主要是因动产和不动产的归属和利用发生的法律关系。无体物产生的归属和利用关系主要由著作权法等知识产权相关法律调整，在法律明确规定的情况下，物权客体可以是无体物。例如，《民法典》物权编规定了权利质押，这就是属于法律有特别规定的以无形财产为客体的情况。当然，在特殊情况下，有形财产和无形财产可以相互转化，如计算机软件因为储存于数据载体中而获得可把握的形式时，可以成为有体物。

3. 物权法调整因物的归属和利用而产生的财产关系

（1）物权法调整物的归属关系。确认物权归属就是要界定产权、定分止争，这是保护各类物权人的权利的前提。因物的归属产生的关系主要包括以下三种：一是因物权的设定而产生的关系，按照物权法定原则，物权的类型、种类等都要由法律规定，当事人应当依据法律规定的各种物权类型设定各类物权。二是因物权的转让产生的关系，物权的转让将导致所有权以及其他物权的移转，导致原物权的相对消灭和新物权的产生。因此，物权的转让也会发生归属的变化，此种关系也会受到物权法的调整。三是因为确认和保护物权而发生的关系。物权可能在归属上发生争议，一旦发生争议，物权法就要通过一系列的规则来确认物的归属、定分止争，这也是物权法的基本功能。

(2)物权法调整物的利用关系。物的利用是指权利人对动产、不动产的使用价值与交换价值进行支配并享受其利益。物权法主要调整物的利用关系,如因他物权的设定而产生的关系,因物权的行使而产生的关系,以及因物权变动而产生的各种关系等。例如,所有权人为了有效利用房屋的价值而将房屋转让,导致原所有权消灭,此种关系也受到物权法调整。需要指出的是,由于物的利用既包括债权性利用,也包括物权性利用,债权性利用如租赁、承揽等,主要受《民法典》合同编调整,物权编仅调整部分物的利用关系。

物权法调整因物的归属和利用而产生的关系,该定义彰显了物权法的两大基本功能,即定分止争与物尽其用。所谓定分止争,就是确定财产归属。物权法确认财产归属是市场经济的基础,也是充分发挥物的效用的基本前提。所谓物尽其用,就是在物权法的框架之内,通过各种物权制度促进物的效用的充分实现,如物权法关于他物权的规定,无论是担保物权制度还是用益物权制度,都是为了促进物尽其用,充分发挥物的经济效用。物权法就是通过确认各种物权种类和内容,尤其是承认各种用益物权和担保物权,明确各种物权的行使规则等,促进各种资源的有效利用。

(二)物权法的体系

物权法的体系是指物权法依据一定的逻辑结构所构成的规范体系。从世界各国物权法的制定情况来看,各国都要通过物权法定原则来对旧物权进行整理,建立一套科学完整的物权体系,我国也不例外。[①] 我国《民法典》物权编编纂的一项重要目的,就是要对我国物权的类型进行认真整理、仔细研究,以确定哪些物权的类型需要保留,哪些需要增补,在此基础上建立比较完善的物权法体系,从而界定产权、维护交易安全和秩序。可以说,建立结构完整、内容协调的物权规则体系,对于确认和保护物权,维护社会经济秩序和交易安全具有重要意义。我国《民法典》在物债二分的基础上分别对物权和债权进行规定。从《民法典》各分编的排列顺序来看,物权编被置于分则首编,以调整财产权归属为核心的物权编为以财物流转为核心的合同编提供了前提和依据,这也表明了物权编在《民法典》中的重要地位。

《民法典》物权编是物权法的基础性规定,也是构建物权规则体系的“四梁八柱”。《民法典》物权编完成了我国物权法体系的建构工作,是物权法体系的集中体现。有关物权的规范散见于各个单行法之中,构成对《民法典》物权编所确立的物权法体系的补充。

---

① 参见谢在全:《民法物权论》(上册),中国政法大学出版社 1999 年版,第 48 页。

与《民法典》构建民法体系的思路一样,《民法典》物权编对物权法体系也以总分结构展开。《民法典》物权编的第一分编"通则"实际上就是物权法的总则。之所以采用"通则"这一表述,主要是为了和《民法典》总则编相区分。"通则"分编下设"一般规定""物权的设立、变更、转让和消灭""物权的保护"三章,基本涵盖了调整物权关系的基本规则。物权编的分则被分为四个部分,即"所有权""用益物权""担保物权""占有"。由此形成了物权法的体系建构。我国《民法典》物权编适应现代社会物权法体系发展的趋势,在内容体系构建上不仅借鉴了域外法的经验,而且从本土出发,形成了具有中国特色的物权法体系。

我国《民法典》物权编的体系主要由通则、所有权制度、用益物权制度、担保物权制度、占有制度构成。具体而言,包括如下内容。

1. 通则

所谓通则,是指物权的一般规则和共同规则。《民法典》物权编在第一分编规定了通则,之所以采纳通则的表述,而没有采纳总则的表述,主要是为了与《民法典》总则编相区别,在通则中一共设立了三章。第一章是一般规定,主要确立了《民法典》物权编的调整对象、国家基本经济制度、经济政策和物权法的基本原则。第二章是关于物权的设立、变更、转让和消灭的一般规则,其中规定了不动产登记和动产交付的一般规则。第三章规定了物权的保护。

之所以需要在物权法上设立通则,是因为物权法作为民法的相对独立领域,必须形成自身的体系,只有规定了通则,才能强化物权法的体系性,并实现物权法条文的简约化。物权法通则也确定了物权法的基本原则,如平等保护原则、物权法定原则等,这些原则都是贯穿于整个物权法的基本原则。

2. 所有权制度

《民法典》物权编第二分编规定了所有权,所有权制度是物权制度的核心内容。所有权直接反映所有制,且对所有制起着维护和巩固的作用。所有权是所有人对其物所享有的独占支配权,它包含占有、使用、收益和处分四项权能,是权利内容完整的物权。[①] 同时,所有权也是其他物权产生的前提和基础,其他物权都是所有权权能分离的结果。正是出于这一原因,在《民法典》物权编的体系安排上,先规定所有权,然后规定他物权。在所有权这一分编中,共分为一般规定,国家所有权和集体所有权、私人所有权,业主的建筑物区分所有权,相邻关系,共有,所有权取得的特别规定等部分。我

---

① 参见王泽鉴:《民法物权》(第2版),北京大学出版社2010年版,第112~113页。

国《民法典》所有权制度最大的特色体现为，它基于维护基本经济制度的需要而确认和保护国家、集体和个人的所有权，从而形成了多元化的所有权体系。西方国家的所有权制度基本上建立在单一的私有制基础上，并围绕私人所有权构建体系，但我国《民法典》规定的所有权制度是在适应我国以公有制为基础，多种所有制并存的基本经济制度的基础上产生的。因此，我国《民法典》物权编详细地确认了国家、集体、私人所有权以及其他权利人的物权，并对各类物权实行平等保护，从而巩固和维护了国家基本经济制度。

3. 用益物权制度

《民法典》物权编的第三分编规定了用益物权。在用益物权这一分编中，规定了土地承包经营权、土地经营权、建设用地使用权、宅基地使用权、居住权、地役权；此外，还规定了海域使用权、探矿权、采矿权、取水权和养殖、捕捞权等准用益物权。我国《民法典》物权编中的用益物权制度主要具有如下特点。一是以我国土地公有制为基础，反映土地制度的社会主义属性，确立了土地承包经营权、建设用地使用权、宅基地使用权和地役权，这些权利具有明显的本土化色彩。《民法典》物权编还适应了农村土地“三权”分置改革的成果，确认了土地经营权及其流转规则。二是在各项制度的设计方面，充分贯彻物尽其用原则，用益物权制度要求设立建设用地使用权，应当符合节约资源、保护生态环境的要求(《民法典》第 346 条)，该制度也充分体现和反映了国家在农村的基本经济政策，强化了对耕地的最严格保护制度，充分体现了对集体所有权的维护和对广大农民利益的维护。三是为了维护自然资源、保护生态环境，在用益物权制度中规定了海域使用权、探矿权、采矿权、取水权和养殖、捕捞权。将这些概念在用益物权制度中作出规定，是对传统用益物权制度的重大发展。四是依据《民法典》第 323 条的规定，用益物权人对他人所有的不动产或者动产，依法享有占有、使用和收益的权利。该条规定用益物权可以在动产上设立，这就在立法上为未来动产用益物权制度的发展预留了空间。

4. 担保物权制度

《民法典》物权编第四分编规定了担保物权。在该分编中，设有一般规定、抵押权、质权、留置权。担保物权设定的主要目的是担保债权的实现，尤其是合同之债的履行。

我国《民法典》物权编中的担保物权分编为适应改善营商环境、促进担保制度现代化等的需要，在内容和体系上具有重大创新。一是《民法典》物权编致力于统一动产和权利担保的登记制度。原《物权法》对于动产和权利担保的登记机构作出了分散性规定，《民法典》物权编对于动产担保的设立要件进行了统一,删除了原《物权法》关于不同动产抵押在不同机构登记的规定,促进了动产抵押登记的一体化。[①] 二是《民法典》物权编简化了对担保合同条款的要求。《民法典》第 400 条第 2 款关于设定抵押权的合同条款的规定与原《物权法》相比要求更加简单。三是确立了担保物权受偿顺位规则。[②]《民法典》第 414 条对于可以登记的担保物权的受偿顺位进行了统一规定。该条不仅适用于多重抵押而且可以适用于解决可登记的其他担保权利之间的冲突。四是担保合同范围的变化。《民法典》第 388 条第 1 款第 2 句规定:"担保合同包括抵押合同、质押合同和其他具有担保功能的合同。"这一规定将担保合同的范围进行了扩张,不仅包括了抵押合同、质押合同,而且涵盖了其他具有担保功能的合同(如所有权保留合同和融资租赁合同等)。只要这些具有担保功能的合同依法办理了登记就能产生物权的效力。五是扩大了担保财产的范围。如《民法典》第 395 条明确了海域使用权可以抵押,第 440 条将现有的以及将有的应收账款明确纳入可以质押的财产范围。

5. 占有制度

《民法典》物权编第五分编规定了占有制度。占有是指基于占有的意思而对物进行控制的事实状态。尽管关于占有究竟是一种事实,还是一种权利,一直存在学说争议,但一般认为,占有在性质上并不属于物权,也不能将其等同于所有权的占有权能。我国《民法典》物权编以专章的形式(第五分编第二十章)对占有作出规定,对于保护财产既存关系、维护财产秩序具有重要意义。

(三)物权法的功能

所谓物权法的功能,是指物权法在社会生活中所能发挥的应有作用,或者说物权法应当具有的作用和应当达到的目标。我国物权法的首要功能是维护我国基本经济制度。《民法典》第 206 条第 1 款规定:"国家坚持和完善公有制为主体、多种所有制经济共同发展,按劳分配为主体、多种分配方式并存,社会主义市场经济体制等社会主义基本经济制度。"生产资料所有制是基本经济制度的核心和基础。我国目前处于社会主义初级阶段,在所有制形态上实行公有制为主体、多种所有制经济共同发展的基本经济制度。公有制为主体是生产关系的社会主义属性的保障。对关系国民经济命脉的钢铁、交通、能源等大型产业实行公有制,有利于保证基本的经济制度和属

---

① 参见沈春耀:《关于〈民法典各分编(草案)〉的说明》(2018 年 8 月 27 日在第十三届全国人民代表大会常务委员会第五次会议上)。

② 参见高圣平:《论流质契约的相对禁止》,载《政法论丛》2018 年第 1 期。

性,保护国家的经济安全和实现政府的调控能力。同时,我国实行社会主义市场经济,这就构成了我国基本经济制度的内容。一方面,《民法典》物权编确定保护土地公有、巩固社会主义公有制,同时,通过强化平等保护,对各类主体的财产权实行平等保护,从而有效维护公有制经济。另一方面,为促进市场经济和公有制的结合,在不改变公有制的前提下,《民法典》通过用益物权等制度,使土地资源进入市场。

为适应市场经济的发展,《民法典》物权编不仅强调对动的安全的保护,而且也强调对静的安全的保护。所谓静的安全,是指法律对主体已经享有的既定利益加以保护,使其免受他人任意侵夺;而所谓动的安全,是指法律对主体取得利益的行为加以保护。[①] 静的安全主要由物权法来保障。[②] 动的安全则体现在动态的交易过程之中,因此主要通过合同法实现。静的安全有利于确定权利归属以定分止争,动的安全有利于加速流通促进财产利用效率的提升,推动财富增长。二者相辅相成,不可偏废。不过在现代民法之中,为了顺应交易日益频繁、复杂的趋势,动的安全普遍受到更多关注。物权法不仅关注静的安全也关注动的安全。物权法不仅是确定权利归属规则的法,而且通过公示权利的归属起到保障财产流通的作用。

物权法为了维护基本经济制度,又具体发挥了确认产权等功能。这些功能涉及三个方面,即物是谁的、怎么利用、在受到侵害以后怎么保护。概括来说,物权法主要具有以下三个方面的功能。

1. 确认产权

物权法主要调整因财产的归属与利用而产生的关系,所以,物权法的首要功能在于确认产权。商鞅在《商君书》中就举了一个非常精辟的例子对此加以说明:"一兔走,百人逐之,非以兔为可分以为百,由名之未定也。夫卖兔者满市,而盗不敢取,由名分已定也。故名分未定,尧、舜、禹、汤且皆如鹜而逐之;名分已定,贪盗不取。"早在《管子·七臣七主》中,就有"定分止争"的用法,即"法者所以兴功惧暴也,律者所以定分止争也,令者所以令人知事也"。只有通过确认产权,明确物的归属,才能定分止争。定分,就是要定名分,也就是确定归属;止争,就是指只有在定名分之后,才能够防止纷争。由此可见,在我国古代法家学者看来,保护产权的首要目的就是要明确财产的归属,只有明

---

① 参见郑玉波:《法的安全论》,载刁荣华主编:《现代民法基本问题》,台北,汉林出版社 1981 年版,第 1 页。

② 参见郑玉波:《法的安全论》,载刁荣华主编:《现代民法基本问题》,台北,汉林出版社 1981 年版,第 3 页。

确财产的权利主体，才能从根本上实现定分止争。要避免"丛林法则"，就需要通过法律制度保障人们的安全，这首先需要确认财产的归属，即实现定分止争。"田者不侵畔，渔者不侵隈。道不拾遗，市不豫贾，城郭不关，邑无盗贼，鄙旅之人相让以财，狗彘吐菽粟于路，而无仇争之心"（《淮南子》）。

物权法确认产权的功能主要表现在以下几方面：一是物权法中的物权法定原则、公示（登记、交付）原则就是确认产权的基本规则。物权法就是要构建一整套物权的体系，规定各种物权的类型、内容和公示方法，并且对各种物权之间的关系加以规范。这样，既可以明确相互之间的权利义务关系，又可以充分实现资源的优化配置。物权法确认各类物权，并通过优先顺位等规则对这些纷繁复杂的关系进行调整，这就是对各类物权的定分止争。二是物权法确认国家、集体以及个人所享有的财产权，确认各类主体所享有的他物权，在此基础上，充分保护各类主体所享有的物权。例如，关于小区车库、车位以及绿地等的归属等，在实践中会引发诸多争议，物权法确认了这些财产的归属，有助于构建和谐小区，保障有关权利人的权利。三是物权法规定了各种界定产权归属的规则，如添附规则、确认物权归属的规则、保护占有的规则等，在就产权发生争议之后，通过这些规则可以清晰地界定产权，并保护各类物权。

2. 物尽其用

所谓物尽其用，是指通过明确权利人对物享有的权利和对物权的保护，来达到充分利用各种可用之物、最大限度地发挥物的效用的目标。在现代社会，资源具有稀缺性，尤其是土地以及自然资源具有不可再生性，远远不能适应人类不断增长的需要。解决这个矛盾的途径就是充分利用物的交换价值和使用价值，提高资源的利用效率。因此，物权法必然以促进物尽其用作为其基本任务。

现代物权法经历了从"归属到利用"或"从所有到利用"的历史演变过程。因为定分止争只是提供了物尽其用的前提，却并未提供对物进行多层次有效利用的手段。支配本身并不能自然地使被支配对象充分发挥效益。相反，任由权利人滥用利用和处分的权利甚至会破坏人类共同生活的有序性。[①] 在定分止争的功能实现之后，物权法的重心应当转移到如何使被主体支配的财物充分发挥效益，促进社会财富的增长，有效增进人类的福祉上。物尽其用是现代物权法的基本价值，体现了物权法作为财产法的独特作用。

---

① 参见[德]鲍尔、[德]施蒂尔纳：《德国物权法》（上册），张双根译，法律出版社 2004 年版，第 5 页。

也就是说，物权法需要在充分发挥定分止争的重要功能的前提下，实现其促进物尽其用的功能。[①]《民法典》物权编在确认产权的同时，始终贯彻了物尽其用的原则，为权利人充分利用财产留下了很大的自由空间，我国《民法典》物权编总结物权立法的经验，充分贯彻了物尽其用原则。

3. 保护物权

《民法典》物权编的立法宗旨是保护物权，法律本身虽不能直接创造财产，但是可以通过确认和保护财产来鼓励财富的创造。法律的这一功能，主要就是通过物权法来发挥的。古人说，有恒产者有恒心。物权法保护物权的基本原则是平等保护原则，即物权法通过一体确认国家、集体以及私人所有权，对各类财产权实行平等保护。物权法不仅强调对公有财产的保护，而且将对个人财产所有权的保护置于相当重要的地位，对各类财产实行一体确认、平等保护。为了防止国有资产流失，《民法典》物权编还专门规定了国有财产的保护制度。《民法典》物权编完善了集体所有权制度，并进一步强化了对私人财产权的保护。在物权的保护方法上，《民法典》物权编进一步完善了物权请求权制度，区分了物权请求权与侵权损害赔偿请求权，并有效地衔接了两种请求权的关系，全面保护各类物权。[②]

总之，物权法的首要功能是维护我国基本经济制度。物权法的具体功能体现在三个方面：确认产权、促进物尽其用和保护物权。这些具体功能的发挥，也有效地维护了我国基本经济制度。

第二节　物权法的基本原则

一、物权法基本原则概述

物权法的基本原则，是指贯穿于物权法各项制度、各项规范，统领物权法全部内容的基本精神。物权法的基本原则包括：平等保护原则、物权法定原则、公示公信原则。概括而言，我国物权法的基本原则具有如下特点。

第一，价值上的统领性。物权法基本原则是通过提取公因式的方法，将物权法的基本价值予以抽象概括形成的。民法的基本原则表达了民法的基本价值取向，是高度抽象的、最一般的民事行为规范和价值判断准则。[③] 物权法基本原则可以理解为民法的基本原则在物权法领域的具体化，构成了

---

① 参见王泽鉴：《民法物权》（第2版），北京大学出版社2010年版，第19～20页。

② 参见黄薇主编：《中华人民共和国民法典释义》（上），法律出版社2020年版，第446～447页。

③ 参见王轶：《论民法诸项基本原则及其关系》，载《杭州师范大学学报（社会科学版）》2013年第3期。

物权法价值体系的主线,具有价值上的统领性的特点。在具体的物权法规则的解释中,物权法基本原则也因其价值统领性而成为解释的依据,甚至在出现法律漏洞时,可以依据物权法基本原则进行漏洞填补。

第二,基础性。物权法基本原则所确立的是物权法的最基本的精神和价值,具有适用广泛性和相对稳定性。一方面,物权法的基本原则是我国基本经济制度的反映,也是市场经济最本质的要求。另一方面,物权法基本原则是普遍适用于物权法全部领域的原则。物权法基本原则不仅适用于物权法个别制度和规则,而且具有普遍适用性。

第三,指导性。物权法基本原则体现了物权制度的一般原则和精神,构成了物权制度的基础,为具体的物权规则的设立与阐释提供了参照,确立了特定的价值基础。物权法基本原则展现了立法者的价值判断,与立法目的基本契合,能够为法官裁判案件提供具体的价值指引。物权法基本原则的指导性体现在两个方面:一是价值的指导性。例如,法官在对物权制度进行目的解释时,需要借助物权法的基本原则,以明确该制度的立法目的,准确解释法律。二是规则的指导性。通常,在适用物权法基本原则之前,必须首先适用具体的物权规则。如果具体的物权规则不清晰、表述模糊,甚至规则相互之间出现矛盾,就需要通过援引物权法的基本原则以准确解释具体规则。

第四,抽象概括性。物权法基本原则弘扬了物权法的基本价值,彰显了物权法的立法理念和立法目的,揭示了隐藏于法律条文之中的立法意图,有利于增强人们对物权法的价值认同。[①] 在司法实践中,当事人一般不能直接援引物权法的基本原则作为请求权基础,法官也不能直接援引物权法基本原则进行裁判。因为在有具体的物权规范的情况下,该具体规范应当优先适用;只有在具体规范缺失、出现法律漏洞时,法官才可以依据物权法基本原则进行漏洞填补。

第五,强行性。物权法的基本原则是民事主体在物权领域进行民事活动的基本准则。在物权领域,民事主体不仅要遵循具体的物权规范,还要遵循物权法的基本原则。[②] 这些原则同样对民事主体科以义务。例如,物权法定原则、公示公信原则等,都起到了对民事主体行为加以限制的作用。可

---

① 参见赵万一:《民法基本原则:民法总则中如何准确表达?》,载《中国政法大学学报》2016年第6期。

② 参见王轶:《论民法诸项基本原则及其关系》,载《杭州师范大学学报(社会科学版)》2013年第3期。

见,物权法基本原则也可以构成行为规范,而且,当事人不得通过其协议加以排除适用,具有强行性的特征。

物权法的基本原则,是民事主体在物权领域从事民事活动,以及司法机关裁判物权案件时应当遵循的基本准则。[①] 一方面,法律原则毕竟不同于具体规则,因为原则具有一般性,而规则具有具体性。[②] 所以,法官在裁判物权案件时,如果存在具体的物权规则,通常只能援引具体的物权规则来作出判决,而不能直接援引抽象的物权法基本原则,否则就会构成"向一般条款逃逸"。另一方面,在物权规则不明确时,物权法基本原则可以用于提供解释指引。因此,在具体的物权规则存在两种或者两种以上合理的解释时,物权法基本原则可以为法官作出法律解释提供价值指引。此外,在存在法律漏洞时,物权法基本原则可以用于填补法律漏洞。《总则编解释》第 1 条第 3 款规定:"民法典及其他法律对民事关系没有具体规定的,可以遵循民法典关于基本原则的规定。"因此,如果《民法典》物权编及其他法律对相关的物权关系没有具体规定的,则应当认定构成法律漏洞,应当运用物权法的基本原则填补法律漏洞。

二、平等保护原则

(一)平等保护原则的概念

所谓物权法上的平等保护原则,是指物权的主体在法律地位上是平等的,依法享有相同的权利,遵守相同的规定,其物权受到侵害以后,应当受到物权法的平等保护。[③]《民法典》第 207 条规定:"国家、集体、私人的物权和其他权利人的物权受法律平等保护,任何组织或者个人不得侵犯。"这就在法律上宣告了公私财产平等保护的原则,这也是我国物权法的重要亮点。这一规定在法律上明确了平等保护国家、集体、私人的物权和其他权利人的物权的原则,把公、私财产置于平等保护的制度框架之下。另外,《民法典》总则编第 113 条将物权平等保护原则进一步扩张为财产权利受法律平等保护原则,因而使平等保护的范围更为扩大。这两条规定与原《物权法》第 4 条相比,不仅增加了"平等"二字,而且扩大了平等保护财产的范围,这就更

---

① 参见李建国:《关于〈中华人民共和国民法总则(草案)〉的说明——2017 年 3 月 8 日在第十二届全国人民代表大会第五次会议上》,载《中华人民共和国全国人民代表大会常务委员会公报》2017 年第 2 期。

② 参见[美]迈克尔·D. 贝勒斯:《法律的原则——一个规范的分析》,张文显等译,中国大百科全书出版社 1996 年版,第 13 页。

③ 参见全国人大常委会法制工作委员会民法室编:《〈中华人民共和国物权法〉条文说明、立法理由及相关规定》,北京大学出版社 2007 年版,第 6 页。

加清晰、明确地确认了物权法上的平等保护原则。

平等保护原则是物权法的首要原则，也是我国《民法典》物权编中国特色的鲜明体现。因为在西方国家，物权法以维护私有财产为其主要功能，所以没有必要对所有权按照主体的不同进行类型化，并在此基础上提出平等保护的问题。但是，我国实行的是以公有制为主体、多种所有制经济共同发展的基本经济制度，因此在法律中尤其是物权法中确立平等保护原则，对维护社会主义基本经济制度具有重要意义。习近平总书记指出："各类市场主体最期盼的是平等法律保护。"[①]平等保护原则是"两个毫不动摇"在法律上的具体体现，是建立和完善社会主义市场经济体制的必然要求，也是实现"有恒产者有恒心"，促进社会财富增长的需要。坚持平等保护的法律原则，才能让亿万人民群众专心创新，放心置产、大胆投资、安心经营。才能对各类市场主体一视同仁，营造公平竞争的市场环境、政策环境、法治环境，确保权利平等、机会平等、规则平等。

（二）平等保护原则的内容

平等保护原则包括如下几个方面的内容：

1. 法律地位的平等

所有的民事主体（包括各类市场主体）在民法上的地位都是平等的，这是其民事权利能够获得平等保护的前提和基础，也是我国宪法所确认的法律面前人人平等原则的具体体现。"法律面前的平等"或"法律上的平等"这一类的宪法规范，对于国家而言，即可表述为"平等原则"，而对于个人而言，即可表述为平等权。[②] 法律面前人人平等，其中也包括了财产权的平等。一方面，既然法律面前人人平等包括权利的平等，财产权是公民基本权利的一种，依据平等原则，个人财产权应该与公共财产权一起受到平等的保护。另一方面，财产权作为主体的基本权利，对于保障其主体资格的实现也具有重要意义。因此，尽管每个物权的主体在享有物权范围上可能是不同的（例如，土地只能属于公有，即国家所有和集体所有，私人不得享有），但是，其在物权法中的地位是平等的，这种平等性是社会主义市场经济的内在要求所决定的。

《民法典》第206条第3款规定："国家实行社会主义市场经济，保障一

---

① 习近平：《为做好党和国家各项工作营造良好法治环境》，载习近平：《论坚持全面依法治国》，中央文献出版社2020年版，第254页。

② 参见林来梵：《从宪法规范到规范宪法：规范宪法学的一种前言》，法律出版社2001年版，第111页。

切市场主体的平等法律地位和发展权利。”据此，一切进入市场的主体，在法律地位上都是平等的，即使是国家所有权的主体也不例外。国有财产虽然在性质上是全民所有的财产，但当国有资产进入市场以后，必须要将国有财产权和其他财产权同等对待，承认其平等的地位。例如，在国有土地使用权的基础上，通过出让方式设定建设用地使用权，尽管合同当事人一方为代表国家的国有土地管理部门，另一方为法人或公民，但双方的地位必须是平等的。在《民法典》第 206 条第 3 款对市场主体同等地位作出宣示性规定之后，《民法典》第 207 条规定：“国家、集体、私人的物权和其他权利人的物权受法律平等保护，任何组织或者个人不得侵犯。”这就是说，即使是没有进入交易领域的财产，也要同等地受到法律的确认和保护；在遭受侵害以后，也要受到物权法的平等保护。

2. 规则适用的平等

除了法律有特别规定的情况外，任何物权主体在取得、设定和移转物权时，都应当遵循共同的规则。例如，所有权的取得都要合法，具有法律依据；物权的设定和移转必须采取法定的方式。我国现行民事立法尤其是作为民事基本法的《民法典》，都强调民事主体在民事活动中一律平等，这就意味着只要从事民事活动，无论民事主体的具体形态是什么，都要平等地遵守相同的规则。除了法律另有规定之外（如《民法典》物权编第 209 条第 2 款规定，国有自然资源的所有权可以不登记），都应当遵循《民法典》物权编的规定设定和变动物权。即使是在国家所有权的基础上设定担保物权和用益物权，也应当遵循物权法的规则。各类物权人在行使物权时，也应当平等遵循物权行使的规则，例如，要遵守合法原则，不得损害他人。即使国有财产进入交易领域，也必须要和其他财产一样遵守相同的规则。

3. 法律保护的平等

法律保护的平等体现在以下两个方面：

第一，在物权归属发生争议以后，针对各个主体都应当适用平等的规则解决纠纷。即使是国家与其他主体就物权归属问题发生纠纷，当事人也有权请求法院明晰产权，确认归属。这就是说，当事人都平等地享有确权请求权，任何一方都不应享有优越于他方的权利。在国有资产与其他财产发生冲突时，国有资产监督管理部门也不宜作为争议解决机构。因为国有资产监督管理部门代表国家行使国有产权，其自身也是争议一方当事人。在国有财产之上发生产权纠纷时，其无法充当裁判者的角色，而必须由争议的当事人平等地向有关司法机关请求确认。

第二，在物权受到侵害之后，各个物权主体都应当受到平等保护。《民法典》第 207 条明确规定，国家、集体、私人的物权和其他权利人的物权受法律平等保护，任何组织或者个人不得侵犯。公民个人的财产，不仅要受到保护，而且要将其置于与国家财产同样的地位予以保护。各个物权人在物权遭受侵害以后，都可以平等地享有物权请求权、侵权请求权以及其他请求权，通过行使这些权利使自己遭受侵害的财产得到恢复、遭受侵害的权利得到补救、遭受妨害的现状得以排除。各权利人无论在被保护的范围还是在被保护的力度上，都应当是一致的。不能说侵害了公有财产就要多赔，而侵害了私人财产就要少赔甚至不赔。如果解决纠纷的办法、承担的责任不一样，就会背离物权法的精神。①

（三）违反平等保护原则的后果

平等保护原则主要是立法和司法的指导原则，但它本身并没有为当事人确定具体的权利义务关系。所以，违反平等保护原则与违反物权法定原则、公示公信原则不同，它不会对当事人行使物权和享有物权产生具体的影响。但是，在司法实践中，法官的判决和裁定必须要遵循平等保护原则，对物权法的解释和适用也必须依循平等保护原则，当事人认为裁判违反平等保护原则的，可以依据法定程序寻求救济。基于平等保护原则，对侵害不同所有制企业的产权和合法利益的行为实行同责同罪同罚，也就是说，要平等地追究违法犯罪行为人的法律责任。

三、物权法定原则

（一）物权法定原则的概念和功能

物权法定原则（拉丁语为 *numerus clausus*；葡萄牙语为 tipicidade），是指物权的种类、内容应由法律明确规定，而不能由法律之外的其他规范性文件确定，或由当事人通过合同任意设定。根据许多学者的看法，物权法定原则源于罗马法。②《民法典》第 116 条规定："物权的种类和内容，由法律规定。"这就确立了物权法定原则。在物权法定原则之下，尽管对于是否要设定物权，或者要设定哪一种物权的问题，当事人具有一定程度的行为自由，但当事人设定的物权必须符合法律规定的物权类型。也就是说，法律上有

① 参见王兆国：《关于〈中华人民共和国物权法（草案）〉的说明——2007 年 3 月 8 日在第十届全国人民代表大会第五次会议上》，载《中华人民共和国全国人民代表大会常务委员会公报》2007 年第 3 期。

② 参见屈茂辉：《物权法 · 总则》，中国法制出版社 2005 年版，第 85 页。

关物权类型的规定都是强制性的，不能由当事人通过约定加以改变。[①]《民法典》第116条所说的法律不仅仅限于《民法典》，还包括其他规范物权的法律（如《土地管理法》）。如果随着社会经济的发展，出现了新的物权，确实需要在法律上予以确认时，既可以通过特别法的形式加以确认，也可以通过修改法律予以承认。

物权法定原则是大陆法系国家物权法所普遍承认的基本原则。该原则又称物权法定主义，是物权法最具特色的基本原则，其功能具体表现为：

一是维护国家的基本经济制度。物权法中的所有权制度，直接反映了社会基本经济制度。我国《民法典》物权编所列举的各种所有权类型，就直接反映了我国以公有制为主体、多种所有制经济共同发展的基本经济制度。对于反映所有制关系的基本财产权利，如果允许当事人随意创设，势必会对我国的基本经济制度造成妨害。

二是确认物权、定分止争。物权法确认了一整套物权的体系，明确列举了各种物权的类型、内容和公示方法，并且对各种物权之间的关系加以规范。因此，物权法定原则既可以明确相互之间的权利义务关系，又可以防止纠纷。物权法定原则就是要对各种纷繁复杂的物权关系进行调整，定分止争。

三是保护交易安全。物权是一种对物直接加以支配的权利，它具有强烈的排他性，直接关系第三人的利益和交易安全，因此通常不允许当事人通过合同自由创设物权。由于物权具有绝对性、排他性与优先的效力，常常关系到第三人的利益，涉及交易的安全与秩序。这就决定了有关物权的设定与物权的内容问题不仅涉及当事人自身的利益，而且还涉及整个交易的安全和秩序，因而具有外部性，产生“外部成本”（external costs）。[②] 只有将物权加以公示，使第三人知道或能够知道，方能减少或排除第三人的侵害或妨害。第三人利益实际上正是市场经济交易秩序的化身，社会经济秩序的整体就是由众多的第三人的利益构建起来的。[③] 因此，为了维护交易安全和秩序，法律通常不允许当事人自由创设物权，且物权变动通常应当践行法定的公示方法。[④]

---

① 参见［德］鲍尔、［德］施蒂尔纳：《德国物权法》（上册），张双根译，法律出版社2004年版，第7页。

② See Robert S. Pindyck & Daniel Rubinfeld, *Microecomics*, 6th ed., Pearson, 2005, p. 641 – 642.

③ 参见孙宪忠：《论物权法》，法律出版社2001年版，第28页。

④ 参见［日］三潴信三：《物权法提要》（上、下卷），孙芳译，中国政法大学出版社2005年版，第14页。

四是促进物尽其用,物权法定原则可以节约谈判成本。在物权法定的模式下,法律所规定的物权类型和内容,是法律设计的最优化的财产权标准(optimal standardization),按照这种标准来创设物权就可以节省谈判成本。[①]物权法定原则其实就是要形成一种物权创设的标准(standardization)。在物权被法定之后,当事人在谈判中只需严格依据法律规定的内容以及类型进行协商,而不必就某一类物权具有什么样的内容、达到什么样的条件才能创设物权以及该物权具有哪些效力等问题浪费成本,这样就减少了当事人谈判的成本。物权法定也有利于减少当事人因为设定不符合法律要求的物权及其内容,最终不被法律承认而必须承担的挫折成本(frustration cost)。[②]此外,物权法定原则有利于减少解决纠纷的成本。由于物权具有对世性,物权类型的扩张可能会对第三人造成侵害,通过物权法定,设定最优化的财产权标准就可以有效地避免对第三人的损害。[③] 通过物权法定,第三人的交易成本显然大大降低了。总之,物权法定原则有助于实现物尽其用。该原则有利于维护物权的绝对性,节省交易成本,发挥物尽其用的经济效用。[④]

（二）物权法定原则的内容

1. 种类法定

所谓物权的种类法定(Typenzwang),是指哪些权利属于物权,哪些不是物权,要由物权法和其他法律规定。[⑤] 国内学者大多将德国法中的“Typenzwang”一词译为“类型法定”,[⑥]也有学者将这一词汇译为“种类强制”或者“种类固定”。[⑦] 毫无疑问,物权法定原则首先应当包括物权类型法定。拉丁语“*numerus clausus*”一词本义为“数目封闭”,物权法定主要是从物权种类的角度排斥当事人设定物权的自由,即当事人不能在物权法之外

---

① See Henry Hansmann & Reinier Kraakman, *Property, Contract and Verification: The Numerus Clausus Problem and the Divisibility of Rights*, 31 J. Legal Stud. ,2002, 373.

② See Thomas W. Merrill & Henrz E. Smith, *Optimal Standardiyation in the Law of Property: The Numerus Clausus Principle*, 110 Yale L. J. 1 70(2000). 转引自苏永钦:《物权法定主义松动下的民事财产权体系——再探大陆民法典的可能性》,载《月旦民商法杂志》2005 年第 8 期。

③ See John Henry Merryman, *Estate and Ownership: Variations on a Theme by Lawson*, 48 Tulane L. Rev. 916 (1974).

④ 参见王泽鉴:《民法物权:通则・所有权》(第 1 册),中国政法大学出版社 2001 年版,第 46 页。

⑤ Gaier, in MünchKomm zu BGB, Einleitung Rn. 11.

⑥ 参见[德]鲍尔、[德]施蒂尔纳:《德国物权法》(上册),张双根译,法律出版社 2004 年版,第 7 页。

⑦ 参见[德]M. 沃尔夫:《物权法》,吴越等译,法律出版社 2004 年版,第 14 页。

约定物权种类,也不能改变现有的物权种类。① 具体来说,物权种类法定包含了下述两层含义:一方面,物权的具体类型必须由法律明确确认,当事人不得创设法律所不承认的新类型物权。应当看到,此处所说的法律,必须是国家立法机关通过立法程序制定的规范性文件,能产生普遍适用的效力,只有这些法律确认的物权类型,才能产生正确引导当事人行为和指导法官处理纠纷的作用。为了保证法律适用的一致性,也为了确保物权法定原则发挥其应有的功能,物权种类法定就不能仅仅发挥限制当事人意思自治的作用,还要限制立法机关之外的国家机关通过规范性文件或者司法机关通过个案设定物权类型。另一方面,物权种类法定既不允许当事人任意创设法定物权之外的新种类物权,也不允许当事人通过约定改变现有的法律规定的物权类型。理论上,此种情况被称为排除形成自由(Gestaltungsfreiheit)。② 当事人之间的协议不发生创设物权的效力,这就是物权法与合同法的区别所在。合同法实行合同自由,因此存在有名合同和无名合同的区分。除了法律规定的买卖、租赁、承揽等有名合同,实践中还有大量的无名合同。这些无名合同只要不违反强行法的规定,就是有效的。但物权法因为实行物权法定原则,当事人不享有创设无名物权的权利。当事人在协议中不得明确约定其通过合同设定的权利为物权,也不得设定与法定的物权不相符合的物权。

2. 内容法定

物权内容法定(Typenfixierung)与物权种类法定是密切联系的。按照德国学者施蒂尔纳的观点,物权内容法定是物权种类法定的自然产物。依法律规定成立的物权,其内容通常由法律强制性予以规定。③ 物权的内容法定包括两个方面:一是物权的内容必须由法律规定,当事人不得创设与法定物权内容不符的物权,也不得基于其合意自由决定物权的内容。④ 例如,依据《民法典》的规定,农村土地承包经营权中的使用权能限于农业生产,当事人不能通过合同约定更多的权能,如不能约定在土地上进行建设。对所有权的限制必须由法律作出规定,也属于物权内容法定的范畴。二是物权内容法定强调当事人不得作出与物权法关于物权内容的强行性规定不符的约定。例如,《民法典》第401条规定:"抵押权人在债务履行期限届满前,与抵押人约定

---

① 参见[德]鲍尔、[德]施蒂尔纳:《德国物权法》(上册),张双根译,法律出版社2004年版,第15页。

② 参见[德]M. 沃尔夫:《物权法》,吴越等译,法律出版社2004年版,第14页。

③ 参见[德]鲍尔、[德]施蒂尔纳:《德国物权法》(上册),张双根译,法律出版社2004年版,第6、7页。

④ Gaier, in MünchKomm zu BGB, Einleitung Rn. 11.

债务人不履行到期债务时抵押财产归债权人所有的，只能依法就抵押财产优先受偿。”这一规定属于强行性规定，当事人不得约定债务人不能清偿债务时，抵押物的所有权就归抵押权人所有。又如，当事人在设定不动产抵押权时不能约定，债权人不需要办理抵押登记手续就能够取得抵押权。

在物权种类法定之外，物权法定是否还应包括物权内容法定？有不少学者对此持否定见解，但本书认为，物权内容法定是物权法定的一个必要组成部分，主要理由在于：

第一，物权内容法定体现了物权法作为强行法的要求。合同法主要是任意法，包含了大量的任意性规范。合同法规则大多是可以通过当事人的约定来改变的，合同的内容只要不违反强行法和公序良俗，都是有效的。而物权法实行物权内容法定原则，在整体上具有不容当事人更改的强制性。这是物权法作为强行法的要求。

第二，物权内容法定和物权种类法定是不可分割的。物权的强制性规则是一种系统性的制度建构，已经把物权的方方面面融合为一体。如果允许当事人随意变更物权内容，实际上就等于变相允许当事人随意创设物权，物权种类法定也就变得毫无意义了。这说明，物权种类法定和内容法定是不可分割的，它们是相辅相成的关系。因为变更物权的内容，实质上就等于创设了新的物权类型。① 如果不要求物权内容法定，则法律规定了某一物权，当事人借助该物权的名义随意将自己约定的内容塞入其中，如此必然导致物权法定原则最终被架空。

第三，物权内容法定有助于维护交易安全。如果当事人在不改变法定的物权类型的情形下，可以自由变更物权的内容，就容易让第三人产生错觉，误认为当事人设定的物权就是法定的物权，这就极易损害第三人对法律的信赖，损害交易安全。因此，通过确认物权内容法定，可以使交易当事人明确物权的内容，从而维护交易的安全。通过物权内容的法定，不允许当事人自由创设物权，也可以减少当事人检索物上负担的成本。物权内容法定禁止当事人随意约定与法律规定不符的内容，实际上也有利于减少当事人谈判的成本，保障法律目的的实现。②

第四，物权内容法定有利于提高司法审判的效率和保证其公平。如果

---

①　参见［日］三潴信三：《物权法提要》（上、下卷），苏芳译，中国政法大学出版社 2005 年版，第 15 页。

②　参见苏永钦：《物权法定主义松动下的民事财产权体系——再探大陆民法典的可能性》，载《月旦民商法杂志》2005 年第 8 期。

当事人在实践中约定的物权内容纷繁不一，面对这样的现实，法官很难进行公平而有效率的裁判，最终很可能对同一名称的物权，不同的法官认为有不同的内容，这不仅违背类似案件应当类似处理的基本裁判标准，使当事人不能形成合理的制度预期，还会使物权法定原则被架空，丧失其存在的意义。

不过，从物权法的发展趋势来看，物权内容法定也出现了不断缓和的现象。例如，为缓和物权法定与意思自治之间的僵硬关系，许多国家的民法并未对地役权的内容进行比较具体的列举规定，而只是泛泛规定为了土地使用之便利，允许当事人可以较为自由地设定地役权的内容。[①] 这就是说，在物权法定的情况下，也要给当事人留下一定的意思自治的空间，这可以说是物权法定的一种发展。这些经验也是值得我们借鉴的。

3. 效力法定

原则上，物权的效力必须由法律规定，而不能由当事人通过协议加以设定。换言之，物权对权利人之外的第三人所产生的对抗效力、优先效力只能由法律作出规定，不能由当事人通过合同任意创设或改变。具体来说，物权效力法定包含如下两个方面的含义：一方面，效力的法定意味着当事人必须按照法律规定的效力来确定物权的效力。[②] 例如，《民法典》在不动产物权变动中采取登记要件主义，而在特殊动产物权变动中采用了登记对抗主义。因而，在登记对抗的情况下，物权的对抗效力是受限制的，当事人在没有办理登记的情况下，所设立的物权必须符合法律关于物权效力的规定。另一方面，效力的法定表明当事人不得改变法律关于物权效力的规定。例如，《民法典》规定了抵押权具有优先受偿的效力，抵押当事人就不能通过合同剥夺抵押权人享有的针对第三人的优先受偿的效力。[③] 物权法定原则之所以要包括效力法定，是因为物权效力是由法律赋予的，物权的对世效力、优先效力都对第三人产生效力。物权的效力直接关涉交易安全，因此不能由合同当事人自由作出安排。如果没有物权效力法定，则物权的种类法定和内容法定在现实生活中将失去规制作用。

4. 物权公示方法的法定

在我国物权法上，强调物权公示方法的法定是十分必要的。公示方法原则上应当采用不动产登记、动产交付的规则。因为在依法需要公示的情况下，物权的设立、变动与公示是不可分离的，正是因为这一原因，公示是物

---

① 参见尹飞：《物权法 · 用益物权》，中国法制出版社 2005 年版，第 56 页。

② Gaier, in MünchKomm zu BGB, Einleitung Rn. 22.

③ 参见余能斌主编：《现代物权法专论》，法律出版社 2002 年版，第 41 页。

权的基础,只有建立完备的公示制度,才能使当事人明确哪一些物权已经设立。因此,公示方法必须法定。

5. 物权法定原则的缓和

应当承认,在立法中明确规定物权法定原则也可能产生一定的弊端,它可能会限制法官通过判例创设新型物权,也会限制习惯法创设新型物权的空间。① 从两大法系物权法的发展来看,物权法定原则在现代民法中出现了缓和趋势。例如,地役权已被许多学者称为“形式法定、内容意定”的物权。还要看到,物权的公示方法等方面也出现了一定程度的意定性,如动产抵押的当事人可以选择各种不同的公示方法。物权法总体上的发展趋势就是在公示方法、公示的效力以及新的物权类型、物权的内容等方面都受到法院判例的影响。

我国《民法典》虽确认了物权法定原则,但由于我国正处于社会转型时期,财产关系处于急剧变化之中,还不能期望物权法能够把各种物权都固定下来。尤其是在担保物权方面,应当从不断适应改善营商环境,促进资金融通等需要出发,允许更多的物和权利作为担保财产。对于新型的财产权利,即使其未获得法律的确认,只要能够依法办理登记或进行公示,就应当承认其具有的物权效力。这尤其体现在担保物权方面,即当事人可以通过约定并在完成一定的公示方法之后,设立各类非典型担保物权。例如,《有关担保司法解释》第 63 条规定:“债权人与担保人订立担保合同,约定以法律、行政法规尚未规定可以担保的财产权利设立担保,当事人主张合同无效的,人民法院不予支持。当事人未在法定的登记机构依法进行登记,主张该担保具有物权效力的,人民法院不予支持。”依据反面解释,债权人与担保人订立担保合同,以法律、行政法规尚未规定可以担保的财产权利设立担保,只要在法定的登记机构依法进行登记,就可以主张该担保具有物权效力,这就在一定程度上缓和了物权法定原则。

6. 违反物权法定原则的后果

物权法定原则具有强制性,这是保障该原则得以贯彻、遵循的基础,而这种强制性在很大程度上又体现在:如果违反了物权法定原则,将会引发法律上的不利后果。按照物权法定原则的要求,违反物权法定将导致设定与变动物权的行为无效,物权不能有效地设立与变动,但这并不影响合同的效力。②

---

① 参见熊丙万:《法定物权的自由展开》,载《中国法学》2023 年第 6 期。

② 参见梁慧星:《中国物权法草案建议稿:条文、说明、理由与参考立法例》,社会科学文献出版社 2000 年版,第 103 页。

《民法典》第215条规定："当事人之间订立有关设立、变更、转让和消灭不动产物权的合同，除法律另有规定或者当事人另有约定外，自合同成立时生效；未办理物权登记的，不影响合同效力。"例如，当事人通过合同设定了典权，由于在物权法中没有规定此种权利，那么这种创设就不具有物权的效力。如果当事人在合同中约定物权具有特殊的效力，而实际上法律并没有赋予其该种效力，在此种情况下，只能认为，当事人关于效力的约定只能在当事人之间产生拘束力，但不能产生物权的效力。[①]

不过，违反物权内容法定的后果要依据具体情况来确定。首先，要确定该内容是否属于该物权的基本内容。如果该内容属于该物权的基本内容，则不能由当事人随意创设。例如，抵押权所具有的优先受偿效力，属于法律规定的抵押权的基本内容，当事人之间的合同不能对此加以改变。但如果当事人在合同中对所有权或其他物权的行使作出了某些限制，尽管这些限制没有明确的法律依据，但因为这些限制没有改变物权的基本内容，故不能认为当事人的这些约定都是无效的。其次，要区分是否属于法律关于内容的禁止性规定的情形。例如，当事人在设定抵押权时，约定抵押人应当将抵押财产交由债权人占有，此种约定就违反了抵押权的内容。

四、公示公信原则

（一）公示原则的概念

所谓公示，就是公之于世。所谓公示原则，是指物权的设立、变动必须依据法定的方法予以公开，使第三人能够及时了解物权的变动情况。我国《民法典》第208条规定："不动产物权的设立、变更、转让和消灭，应当依照法律规定登记。动产物权的设立和转让，应当依照法律规定交付。"本条就明确了物权法上的公示原则。公示原则的内涵在于：一方面，公示是将物权设立和变动的事实对外公开，"物权的绝对对世效力不仅要求对物权种类进行界定，同时也要求物权的具体种类具有可识别性（erkenbar）"[②]。另一方面，公示不一定是向全社会公开，而是向一定范围的人公开，能够使第三人知道。由于任何当事人设立、移转物权时，都会涉及第三人的利益，因此，物权的设立、移转必须公开、透明，以利于保护第三人的利益，维护交易的安全和秩序，这就需要建立公示原则，将物权设立、移转的事实通过一定的公示

---

① 参见刘家安：《物权法论》（第2版），中国政法大学出版社2015年版，第33页。

② ［德］曼弗雷德·沃尔夫：《物权法》，吴越、李大雪译，法律出版社2002年版，第15页。

方法向社会公开,从而使第三人知道物权变动的情况。[①]

物权的公示方法必须由法律明确规定,而不能由当事人随意创设。关于公示方法,原则上应当采用不动产登记、动产交付的规则。在依法需要公示的情况下,物权的设立和变动与公示是不可分离的,因此,公示是物权的基础,只有建立完备的公示制度,才能使当事人明确哪些物权已经设立。依据公示原则,公示是物权设定和变动的基本要件。凡是法律规定需要完成公示程序的,则公示的完成是物权设定和变动的必经步骤。物权的登记绝不是一个行政管理的过程,而在于将物上权利设立和变动的信息向社会公开,使第三人了解这些信息,这样不仅能够使权利的享有形成一种公信力,使已经形成的权利成为一种公开透明的权利,更重要的是使第三人能够通过登记了解权利的状况以及权利上是否存在负担等,为不动产或动产交易的当事人提供一种风险警示,从而使其决定是否与登记的权利人从事各种交易。

物权公示原则属于法律的强制性规则,当事人不得通过合同加以变更。公示原则的强制性主要体现在如下四个方面:一是法律规定物权的设立和变动必须公示的,应当依据法律的规定。例如,法律规定房屋买卖必须办理登记的,当事人就有办理登记的义务。又如,在物权法并未允许通过占有改定设定质权的情况下,当事人不能约定以占有改定设定动产质权。二是公示方法必须由法律规定。当事人不能通过合同来改变法定的公示方法。例如,法律规定动产质权的设定须移转动产占有,当事人在合同中设定不移转占有的动产质权,自然不发生物权的效力。[②] 三是公示的效力必须法定。例如,登记究竟是物权的成立要件还是对抗要件,必须由法律规定。依法需要办理登记的,当事人不能在合同中约定不办理登记即发生移转所有权的效力。四是违反公示原则的法律后果必须由法律规定。违反公示原则,一般只是导致物权不能设立,而不影响合同的效力。《民法典》物权编规定,不动产物权的设立、变更、转让和消灭未经登记,不发生物权效力,这实际上就明确了违反公示方法所产生的法律后果,对于此种效果,当事人不能通过合同加以变更。

公示原则具有如下几个方面的功能:一是确认物权归属。登记和交付实际上是通过将物权设立和移转的事实对外公开,从而明确物权的归属,以定分止争。物权的设立和移转应当便于第三人了解,这也是物权本质属性的客观

---

① 参见崔建远:《物权:规范与学说——以中国物权法的解释论为中心》(上册),清华大学出版社 2011 年版,第 172 页。

② 参见王泽鉴:《民法物权:通则·所有权》(第 1 册),中国政法大学出版社 2001 年版,第 46 页。

要求。例如,如果发生了一物数卖,几个买受人都已经交付了房款,究竟应该如何明确物的归属？依据公示原则,确认不动产权利归属应当以登记为准。如果当事人就物权的内容发生了争执,也要依据登记的内容来确定。二是维护交易安全。维护交易安全是公示原则最重要的功能。物权具有排他性、优先性等效力,对第三人具有较大的影响,而正是因为物权是对世权,关系到第三人的利益和交易安全,因此必须符合法定的公示要件才能设立。三是提高物的利用效率。在法律上明确物权的归属能够定分止争,而物权的归属首先必须通过相应的公示手段来界定,通过一定的公示方法才能予以明确。同时,在一物之上形成多个物权,形成对物的有效利用,也需要通过登记制度明确权利顺位,避免出现权利冲突。通过公示,第三人不仅可以设立各种新的物权,而且可以避免各种物权之间的冲突。从今后的发展趋势来看,有效率地利用物权的方式越多,越需要有相应的公示方法配套。

(二)公示方法

物权的公示方法必须由法律明确规定,而不能由当事人随意创设。依据《民法典》第 208 条的规定,公示方法原则上应当采用两种方式。

1. 不动产物权的变动应当依法登记

不动产登记,是指登记申请人对不动产物权的设立、移转应在专门的登记机构依据法定的程序进行登记。不动产登记是登记机构将不动产物权的设立、变更和消灭的事实记载于登记簿的行为,不动产登记的主要目的在于公示,也就是说,通过登记将不动产物权的设立、移转、变更的情况向公众予以公开,使公众了解某项不动产上所形成的物权状态。登记的实质在于将有关不动产物权设立、移转、变更等情况登录、记载于登记簿上,以备人们查阅。

2. 动产物权的变动应当依法交付

交付是指一方将动产的占有移转给另一方。完成交付必须具备两个要件:一是动产的占有人提出交付;二是另一方接受占有,完成对标的物的实际控制的移转,即由交付的一方移转给另一方,由另一方实际控制。依据《民法典》第 208 条的规定,交付是动产物权变动法定的公示方法。交付完成就是转让人已经将动产的占有移转给了受让人,或者权利设定人将动产交付给了权利人。

交付对物权变动的作用主要体现在如下几个方面:一是物权的设立。在物权的设定过程中,交付也是动产物权设立的公示方法。这主要表现在质权的设立方面,必须以移转占有(交付)为要件,只要动产已完成实际交付便可设立质权。占有始终伴随质权存在,至于交付行为本身是否为第三人知道并不重要。换言之,动产物权变动的关键在于是否通过交付使占有发生了移转，而不必要求必须"公之于世"。二是物权的变动。动产所有权的移转必须经过交付才能生效。[①] 除了船舶、航空器、机动车等特殊动产外，原则上所有的普通动产物权变动都以交付这种公示方法的完成为要件。对特殊动产而言，虽然适用登记对抗规则，但是在没有办理登记的情况下，也可以基于交付的完成而发生物权变动的结果。但是，在法律有特别规定的情况下，可以不必完成实际交付。这些特别规定主要是指《民法典》第 226 条、第 227 条、第 228 条规定的情形。

3. 动产、不动产物权之外的其他权利也需要依法公示

《民法典》对动产、不动产物权之外的其他权利也规定了相应的公示方法。例如，《民法典》第 445 条第 1 款规定："以应收账款出质的，质权自办理出质登记时设立。"《民法典》第 443 条规定："以基金份额、股权出质的，质权自办理出质登记时设立。基金份额、股权出质后，不得转让，但是出质人与质权人协商同意的除外。出质人转让基金份额、股权所得的价款，应当向质权人提前清偿债务或者提存。"随着社会经济生活的发展，公示的方式也会不断增加，例如，在互联网出现后，物权公示手段更为快捷、便利。美国、加拿大以及其他一些国家采用互联网的方式对担保进行登记和公示。这些经验也是值得我国借鉴的。

（三）公信原则

所谓公信原则，就是指对于通过法定的公示方法所公示出来的权利状态，相对人有合理的理由相信其为真实的权利状态，并与登记权利人进行了交易，法律应当保护此种信赖。我国《民法典》第 209 条第 1 款规定："不动产物权的设立、变更、转让和消灭，经依法登记，发生效力；未经登记，不发生效力，但是法律另有规定的除外。"此处所说的"发生效力"，包括如下两层含义：一是指经依法登记，不动产物权将发生设立、变更、转让和消灭的效力。例如，当事人订立房屋买卖合同以后，即使已经交付了房屋，但只要没有办理所有权移转登记，就不能发生所有权移转的效力。[②] 二是指经依法登记以后，如果第三人对该登记产生信赖，此种信赖应当依法受到保护。[③] 例如，甲购买一处房产，交给乙管理，乙通过非法手段将该房产变更到自己的名下，后来，乙将房产转卖给了善意的第三人丙，丙的合理信赖应当受到保护。对第三人来说，其只能相信登记而不能相信其他的证明。如果登记制

---

① 参见谢在全：《民法物权论》（上册）（修订二版），台北，三民书局 2003 年版，第 149 页。

② 参见黄薇主编：《中华人民共和国民法典物权编解读》，中国法制出版社 2020 年版，第 15 页。

③ 参见黄薇主编：《中华人民共和国民法典物权编解读》，中国法制出版社 2020 年版，第 15 页。

度不能产生公信力，则不仅使登记制度形同虚设，而且不利于交易安全的维护。由此可见，公信原则实际上是赋予登记所公示的内容以公信力。公示与公信是密切联系在一起的，物权法要规定公示制度，必然也要规定公信原则。公信原则主要适用于不动产交易。

公信原则的内容具体体现为：

1. 登记记载的权利人在法律上被推定为真正的权利人

《民法典》第216条第1款规定："不动产登记簿是物权归属和内容的根据。"这一条实际上就是确立了登记的权利推定效力。不动产登记簿是判断物权归属的依据。在一般情况下，登记权利人与实际权利人都是一致的，但在某些情况下可能会发生登记簿与产权证书记载的内容不一致或者发生登记记载的内容与真实的权利状况不一致的情形。在此情况下，当事人之间可能发生产权争议。此时，应当以登记簿作为确认产权的依据，而不能直接凭产权证书或者当事人的主张来确定产权。这就是说，如果有人主张登记簿记载错误，应当由其承担相应的举证责任。这就是所谓权利的正确性推定性规则。[①] 也就是说，凡是记载于登记簿的权利人，就推定其为法律上的权利人。具体来说：

第一，登记记载的权利人在法律上被推定为真正的权利人。在发生争议时，应当以登记为依据确定产权。在登记没有被注销或者变更以前，就认定登记记载的权利人为法律上的权利人。例如，在"郑某诉吴某凡财产权属案"中，法院认为，"由于物权直接体现了物权公示原则的要求，因此法律赋予法律物权以权利正确性推定的效力，即法律物权人在行使权利时，无须举证证明其权利的正确性；而事实物权人欲取得法律的认可和保护，就必须举证来推翻法律物权的正确性推定，以证明事实物权的正确性。本案中，吴某凡取得诉争房屋的产权登记，可以推定其为权利人"[②]。

第二，如果当事人欲通过合同设定某种依法需要办理登记的物权，但尚未进行登记，也没有完成公示的要求，人们便可以相信此种物权并没有产生。例如，甲在向乙购买房屋时，查阅登记簿发现在登记簿的内容中该项产权并没有设定抵押，则甲便可以放心大胆地与乙从事交易，并有理由相信在购买该房屋以后不会因为该房屋曾经设定抵押而受到第三人的追夺。

第三，依法需要办理登记的物权，即便已经发生了变动，但只要没有通

---

① 参见孙宪忠：《德国当代物权法》，法律出版社1997年版，第84页。

② 北京市第一中级人民法院民事判决书，(2007)一中民初字第6945号；北京市高级人民法院民事判决书，(2008)高民终字第862号。

过登记予以表彰,人们就没有理由相信此种物权已经发生变动。仅仅查阅权利证书尚不能确定权利归属。例如,在"罗某江、韦某文等返还原物纠纷案"中,法院就曾指出:"根据《民法典》第 208 条和第 217 条的规定,不动产权属证书是权利人享有该不动产的证明,在不动产权属证书未被撤销以及当事人无法举证证明记载有误的情况下,基于物权公示原则,应当根据不动产权属证书判断不动产的所有权人。"[①]此种观点是值得商榷的。这就是说,依法需要办理登记的物权,没有通过登记进行公示,不能对抗第三人。相关主体仅仅查阅权利证书是不够的,还必须查阅不动产登记簿。凡是信赖不动产登记簿所记载的内容而与权利人进行交易的人,在没有相反的证据证明其明知或应当知道不动产登记簿上记载的权利人并非真正的权利人时,都应当推定其具有善意。

第四,登记一旦被注销或变更,即使当事人是真正的权利人,也在法律上认定其权利已经不存在。不动产登记簿也是物权内容的依据。实践中,也存在登记簿的记载与实际状况或者权属证书记载的内容不一致的情形,在此情况下,首先应当依据登记簿的记载来确定权利的大小、范围。例如,在征收的情况下,如果某人房屋的产权证书记载的面积大于登记簿记载的面积,则应当以登记簿的记载为准来确定权利的内容。

2. 凡是因信赖登记所记载的权利而与权利人进行的交易,在法律上都应当受到保护

对于登记记载的权利和内容,第三人会产生信赖,这种信赖应当受到保护,这就是公信力。严格地说,公信力实际上是在交易过程中因涉及第三人才可能发生的效力。这就是说,所谓公信力实际上保护的是第三人的信赖利益,《民法典》第 311 条规定了善意取得制度。

如果在双方当事人之间发生产权争议,当事人要求重新确权,就不涉及公信力。《物权编司法解释(一)》第 2 条规定:"当事人有证据证明不动产登记簿的记载与真实权利状态不符、其为该不动产物权的真实权利人,请求确认其享有物权的,应予支持。"据此,如果当事人有充足的证据证明登记簿所记载的权利有误,并主张其是真实的权利人,则其有权请求法院重新确权。公信力仅在涉及第三人时才发挥权利外观的作用,并不能据此认定当事人确实享有权利。此时,登记虽然可以作为确权的依据,但是只具有权利正确性推定的效果,当事人完全可以通过举证来推翻这一推定。公信力维护的是交易过程中的交易安全。例如,在"郑某诉吴某凡财

① 广西壮族自治区河池市中级人民法院民事判决书,(2022)桂 12 民终 1400 号。

产权属案”①中，法院认为，本案属于典型的借名买房登记案件，房屋产权证办理在吴某凡名下，吴某凡办理了诉争房屋的产权登记，可以在法律上推定其为权利人。但依据郑某提交的协议书、购房款发票、购房款的实际支付情况等相关证据，能够充分证明吴某凡取得诉争房屋法律上的所有权系基于郑某的委托，郑某与吴某凡之间的关系，是房屋的登记权利人与真正权利人之间确认房屋最终归属的内部关系问题。不动产登记簿的公示公信力解决的是房屋登记的权利人与善意第三人之间的外部关系问题。如果吴某凡将该房屋以合理价格出卖给善意第三人，并已经将该房屋过户到该善意第三人名下，则该行为符合善意取得的构成要件，该善意第三人可以依法取得所涉房屋的所有权。

《民法典》第 216 条包含了对信赖登记产生的信赖利益的保护。最直接保护信赖利益的规则，就是《民法典》第 311 条关于不动产善意取得的规定。根据该条规定，不管是动产还是不动产，都统一适用善意取得。但是，在具体适用善意取得规则的时候，仍然应当将动产权利取得时的善意和不动产权利取得时的善意区别开来。因为两者的善意判断标准是不同的。在不动产的善意取得中，只要受让人相信了登记，其取得不动产权利就是善意的；而在动产的善意取得中，受让人的善意不能仅通过动产的占有来判断，还要综合考虑动产交易的具体情况，以判断受让人在受让财产时是否是善意的。如果登记所记载的权利人与实际的权利人不一致，有关当事人必须依据法定的程序向人民法院请求更正，也可以向登记机构请求更正。受理更正请求的法院一经作出变更登记的裁定，登记机构就必须依此裁定予以变更。在变更登记以前，当事人因为信赖原来登记的内容而从事交易，仍然应当受到保护。

公信制度的设立能够促使人们积极办理登记，从而有利于建立一种真正的信用经济，并使权利的让渡能够顺利、有序地进行。公信制度对于鼓励交易具有极为重要的作用。一方面，交易当事人不需要花费更多的时间和精力去调查了解标的物的权利状态，可以较为迅速地达成交易。另一方面，交易当事人不必过多担心处分人不是真正的权利人，从而犹豫不决。公信原则使交易当事人形成了一种对交易合法性、受让的标的物的不可追夺性的信赖与期待，从而对当事人的快捷交易形成了一种激励机制，为交易安全确立了一种保障机制。

① 北京市第一中级人民法院民事判决书，(2007)一中民初字第 6945 号；北京市高级人民法院民事判决书，(2008)高民终字第 862 号。

当然,公信制度的适用也有一些例外,即公信制度不适用于恶意的第三人。恶意是相对于善意而言的,它是指相对人在从事交易时知道或应当知道交易的另一方当事人并不是真正的权利人。例如,甲购买一处房产之后,交给乙管理,乙通过非法手段将该房产变更到自己的名下,后来,乙将房产转卖给了第三人丙。但丙因为与乙关系密切,事实上完全了解乙通过非法手段变更产权的情况。因而,丙不是善意的买受人,而是恶意的买受人,也就是说,丙明知登记有错误而仍然购买。在恶意的情况下,对恶意的当事人进行保护就违背了公信制度设立的初衷。

(四)违反公示公信原则的后果

就不动产物权变动而言,违反法定公示方法的后果要根据登记要件主义和登记对抗主义分别确定。

根据登记要件主义,依法需要办理登记的,必须办理登记;如果未办理登记,则不能产生物权设立和变动的效果。《民法典》第 215 条规定:"当事人之间订立有关设立、变更、转让和消灭不动产物权的合同,除法律另有规定或者当事人另有约定外,自合同成立时生效;未办理物权登记的,不影响合同效力。"因此,即便未办理登记,如果当事人之间的合同符合合同成立和生效的要件,合同在当事人之间仍然会发生效力,一方当事人不履行合同,应当承担违约责任。

根据登记对抗主义,即使未办理登记,也可以发生物权的变动。只不过,受让人取得的物权不能对抗第三人。因此,在登记对抗的情形下,即便当事人没有办理变更登记,只要转让人已经将财产交付给受让人,也可以发生物权的变动。就动产物权变动而言,如果是依法必须交付的,则除法律另有规定外,必须移转占有才能发生物权设立和变动的后果。

第三节 当代物权法的发展

近代民法是指经过 17、18 世纪的发展,于 19 世纪经欧洲各国编纂民法典而获得定型化的一整套民法概念、制度、原则、理论和思想的体系,在范围上包括大陆法系民法,也包括英美法系民法。[1] 近代民法的主要特点表现在抽象的人格平等、无限制私有权原则、契约自由、过错责任原则以及注重维护形式正义等方面。因此,伴随社会经济生活条件的变化,当代物权法不断发展,在体系上具有新的演变。随着社会的发展,物权法也出现了一些新的

---

① 参见梁慧星:《从近代民法到现代民法——二十世纪民法回顾》,载《中外法学》1997 年第 2 期。

发展趋势。

一、物权客体的扩张

传统物权法以有体物为核心,随着财产形态的变化和财产利用方式的增加,当代物权客体的形态不断变化与发展。具体包括以下几个层面。

(一)有体物的扩张

第一,有体物的类型增多。除了各种有形物体之外,有体物不仅包括占有一定空间的有形物(各种固体、液体和气体),而且包括热、声、光等在物理上表现为无形状态的物,其作为有体财产的延伸,仍然属于有体物的范畴,从交易观念出发,它可以作为物对待。计算机软件因为被储存于数据载体中而获得可把握的形式的,也可以成为有体物。①

第二,集合财产的出现。集合财产分为事实上的集合财产和法律上的集合财产。② 从实践来看,许多被称为集合财产的财产,如失踪人的财产、企业财产、营业财产等都可以作为一个整体而成为交易或抵押的对象,例如,浮动抵押的客体为集合财产。

第三,空间的利用范围逐渐扩大。传统物权法不调整空间关系,但在现代社会,人口激增、经济快速发展以及城市化日益加快,导致不可再生的土地资源越来越稀缺,决定了人类对土地的利用逐步从平面转向立体,空间的开发与利用也就越来越重要,如实践中出现的地下商城、空中走廊、地下停车场等。因此,地上和地下空间也成为重要的财产,物权法中出现了空间权、空间役权等新型物权。③

(二)准用益物权的发展

所谓准用益物权,在学理上又称准物权、特许物权、特别法上的物权、非典型物权、特别物权等,它是指由权利人通过行政特许的方式获得的,对于海域、矿藏、水流等自然资源所依法享有的占有、使用及收益的权利。④ 传统物权法一般没有对这些物权作出规定,这是因为传统民法在建构物权制度时,对自然资源的利用和对生态环境的保护的需求没有当今社会这么强烈。现代社会的发展已经对物权法提出了利用自然资源、保护环境的强烈要求,物权法必须对此作出回应,并进行一定程度的制度创新。为了实现对资源

---

① 参见[德]鲍尔、[德]施蒂尔纳:《德国物权法》(上册),张双根译,法律出版社 2004 年版,第 22 页。

② 参见洪逊欣:《中国民法总则》,台北,三民书局 1992 年版,第 213 页。

③ 参见汪洋:《地下空间物权类型的再体系化》,载《中外法学》2020 年第 5 期。

④ 参见崔建远:《物权法》(第 5 版),中国人民大学出版社 2021 年版,第 380 页。

的严格维护和管理,就必须对这些准用益物权的设定、取得等进行适度的国家干预和管理。从比较法来看,许多国家的民法典都已经承认采矿权等为用益权,[①]海域权、探矿权、采矿权等也被纳入物权法调整范畴。[②]

(三)无形财产的扩张

市场经济的发展和经济全球化的加速,导致了资源在更大范围内的有效流动,从而能够实现对资源更为有效的利用,相应地出现了一些新型的无形财产形式。主要表现在:第一,权利成为物权客体。有价证券所代表的权利具有十分重要的价值。应收账款、票据权利、知识产权、商业秘密、商号、商誉、计算机软件等均可成为担保财产。第二,通过公法上的许可等方式产生的权利,特别是一些公法意义上的财产也越来越多地成为无形财产。例如,政府补贴、福利资助、特许权、营业许可、许可证、频道、排污权、收费权、碳汇交易、道经营权等。[③] 第三,在数字时代数据产品、网络虚拟财产也可以成为担保的财产。例如,北京银行上海分行于2023年基于数据质押向数库科技发放贷款2000万元。

二、物权法定主义的缓和

严格的物权法定限制了当事人的意思自治,坚持严格的物权法定主义显然过于僵化,使物权法不能很好地适应市场经济不断变化发展的需要。[④]从两大法系物权法的发展来看,物权法定原则在现代民法中出现了缓和的趋势。一方面,为适应社会经济发展的需要,物权类型的封闭列举逐渐被突破,法院在物权创设方面的作用越来越突出。例如,动产让与担保的出现,表明了习惯法在创设物权中的作用。[⑤] 另一方面,物权的内容出现缓和的趋向。因为现代社会中各种财产关系越来越复杂,因此物权法不可能对各种物权内容作出详细规定,立法有必要在物权法定原则之下为意思自治留下必要的空间。例如,地役权被许多学者称为"形式法定、内容意定"的物权。还要看到,为适应社会经济发展的需要,法院在物权创设方面的作用越来越突出。例如,法国最高法院晚近以来的判例认为,基于法定物权而创设的某些新型权利可以具有物权的性质和效力,其中尤其是基于役权、所有权或者

---

① 参见《法国民法典》第598条、《意大利民法典》第987条。

② 参见《法国民法典》第598条、《意大利民法典》第987条。

③ 参见宁红丽:《私法中"物"的概念的扩张》,载《北方法学》2007年第3期。

④ Hansmann/Kraakman 31 Journal of Legal Studies 373 – 420 (2002); Akkermans, The Principle of Numerus Clausus in European Property Law, Intersentia 2008.

⑤ MuechKomm/Gaier, Einleitung des Sachenrechts Rn. 11.

用益权而创设的新的权利(如狩猎权、相邻不动产的标界权),可能会具有物权的性质和效力。[①] 此外,担保物权的类型也不再坚持严格的法定性,一些新型的担保物权类型如让与担保等也开始大量出现,这也代表了物权法的重要发展趋势。

三、物权公示方法多元化

随着市场经济的发展,物权法的价值也发生了相应的转变,从传统的注重对静态财产的保护转向对动态交易安全的维护。物权法中的善意取得制度、公示公信原则等内容的确立,都体现了这一价值的嬗变。物权公示手段日益多元化。奥地利于1920年制定了关于动产担保的特别法,为了对当事人之间的关系予以明确并向第三者公示,实行"编制目录"(Verzeichnis)及"编制表格"(Liste)两种登记制度。[②] 日本和我国台湾地区创设了粘贴标签、打刻标记等公示方法,而美国、加拿大和受其影响的许多国家和地区采用的则是更为适合现代社会发展需要的、通过互联网进行的电子登记制度。加拿大在20世纪50年代就建立了一个集中统一的中央电子化登记系统,并采用描述性登记的方式。[③]《动产担保交易立法指南》和《动产担保交易示范法》都要求采用电子登记方式。此种方式的优点是成本低、查阅方便、适用范围广等。有关资料显示,在一些整体经济实力和电子信息化程度远比我们低的国家和地区,电子登记方式都已经在实践中运行良好。[④] 在欧洲,也实行在机器设备上标注、将票据权利以背书交付等方式,尤其是对权利质押、浮动担保等采取多种公示手段。例如,将特定的集合物制作成抵押财产目录表予以登记;对于库存商品等处于流动状态的标的物,可以确定特定的空间并进行特定的标识公示或进行通知公告。自2021年1月1日起,我国也创立了中国人民银行征信中心动产融资统一登记公示系统,实现了线上自主、统一的登记公示方式。

四、物权的限制趋势

物权的限制,是指基于社会公共利益的考量,对物权的内容和行使作出

---

① See Cass. civ. 3e, 22 juin 1976, Bull. civ. Ⅲ, n280; Cass. civ. 3e, 18 jinv, 1984, Bull. civ. Ⅲ, n356; V. Philippe Malaurie, Laurent Aynès, Droit civil, Les biens., Defrénois, 2003, p. 85 – 86.

② Koch, Der Warenkredit der Banken und seine Sicherstellung, G. Fischer, 1922, S. 121 ff. 转引自[日]我妻荣:《债权在近代法中的优越地位》,王书江、张雷译,中国大百科全书出版社1999年版,第96页。

③ 参见中国人民银行研究局等:《中国动产担保物权与信贷市场发展》,中信出版社2006年版,第26页。

④ 参见申卫星:《内容与形式之间:我国物权登记立法的完善》,载《中外法学》2006年第2期。

的限制。社会所有权观念认为,法律保障所有权旨在发挥物的效用,使物得到充分利用并增进社会的公共福利,所以,所有权的行使应当顾及社会公共利益,不得滥用权利,损害他人和公共利益。[①] 由于自由资本主义时期以绝对的、不受限制的私有权为原则,其虽然对自由资本主义经济的发展起过推动作用,但是它过分强调个人利益而忽视了社会整体利益,加剧了个人利益与社会利益之间的冲突,阻碍了生产的社会化和大规模的经济建设,甚至导致个人随意滥用其所有权而损害他人利益和社会利益现象的发生。因此,19 世纪末期以来,物权的社会化的发展成为物权法发展的重要趋势,具体而言:

第一,民法典对所有权的限制。1804 年的《法国民法典》第 552 条规定:"土地所有权并包含该地上空和地下的所有权。"这一规定将土地所有人对土地的权利无限延伸,对国家和社会公共利益构成了妨害。《德国民法典》第 905 条规定:"土地所有人的权利扩及于地面上的空间和地面下的地层,但所有人不得禁止在其对排除干涉不具有利益的高度或深度范围内进行的干涉。"这一规定相对于《法国民法典》的规定而言,在维护社会公共利益方面无疑具有很大的进步。同时,各国还通过颁行航空法、矿业法、水利资源法等单行法的方式对所有权进行限制。这些限制常常被西方学者称为"所有权的社会化""变主观的所有权为社会的功能"[②]。

第二,基于生态环境保护的限制。21 世纪是一个面临严重生态危机的时代,如何有效率地利用资源并防止破坏生态环境,已成为直接调整、规范物的归属和利用的民法典的重要使命。虽然所有权人可以自主支配其物,但基于生态环境保护的需要,有必要对所有权进行必要的限制。例如,有的国家法律规定,禁止权利人长期闲置城市土地,其目的也在于促进土地资源的有效利用,以有效应对人口膨胀所带来的资源、环境压力。[③]

第三,基于相邻关系的限制。各国法律大多规定土地所有人应当为相邻的不动产所有人和使用人提供必要的便利,并要求其容忍来自他人的轻微的妨害。这实际上是对所有权进行了某种限制。例如,《德国民法典》第 906 条规定:"以干涉不损害或仅轻微损害土地的使用为限,土地所有人不得禁止煤气、蒸气、臭气、烟气、煤烟、热气、噪声、震动和其他来自他人土地

---

① 参见[日]末弘严太郎:《物权法》(上),有斐阁 1917 年版,第 8 页。转引自[日]加藤雅信等编:《民法学说百年史》,牟宪魁等译,商务印书馆 2017 年版,第 347 页。

② [苏]弗莱西茨:《为垄断资本服务的资产阶级民法》,郭寿康等译,中国人民大学 1956 年版,第 9 页。

③ 参见石佳友:《物权法中环境保护之考量》,载《法学》2008 年第 3 期。

的类似干涉的侵入。”当然,对于正常的生活妨害,相邻各方当事人都必须加以忍受。只有在超过了正常妨害限度的情况下,权利人才可以提出损害赔偿的请求。这种容忍义务是所有权应受社会限制的一种体现。①

第四,公共利益对私权利用的限制。这主要表现为基于公共利益对私人所有权进行征收。自20世纪末期以来,国家对私权利的干预不断加强,其中重要的一个方面就表现在:为了实现公共利益,促进社会经济的发展,通过征收制度对私人财产权予以适度的限制。同时,公共利益的内涵不断扩大,甚至包含了商业利益。例如,在“凯洛诉新伦敦市案”中,美国联邦最高法院认为,建造一个制药厂可以增加当地的就业和税收,因而也体现了公共利益。②

第五,权利滥用的禁止。在近代法典化时期,尚不存在所有权滥用的概念,任何人行使其所有权都被认为是合法的、正当的行为。但是,后来各国又逐渐承认了“禁止权利滥用”规则。《德国民法典》第226条规定了禁止滥用权利规则:“权利的行使,不得专以加损害于他人为目的。”所有人行使所有权的方式必须合法,不得滥用所有权,致他人损害。例如,如果基于其土地而取得收益的所有权人并不在其土地上积极增加合理利益,并且知道其相邻人所享有的利益将会由此受到损害,则这种情况是不允许发生的。③

五、动产物权的重要性逐渐增强

传统物权法主要是以不动产为中心建立起来的,基本内容主要是为不动产的物权变动设定的。但是,现代社会中动产的重要性逐渐增加,其价值逐渐增大,物权法更加注重对动产物权的调整,具体表现在:

第一,随着现代科学技术的发展,动产的价值在现代社会日益凸显,无论是在交换价值还是在使用价值上,动产都具有越来越重要的地位。例如,汽车、航空器、船舶等的价值远远超过了许多不动产。尤其是现代社会已经进入了所谓的“消费社会”,动产形态的不断变化和价值不断提升,成为社会经济中的一个显著的现象。动产与不动产在价值上的差异逐渐消失,是财

---

① Neuner, JuS 2005, 487(490).

② See Kelo v. New London(104 – 108)268 Conn. 1, 843 A. 2d 500.

③ See Jacob H. Beekhuis et al., *International Encyclopedia of Comparative Law: Volume VI: Property and Trust: Chapter 2: Structural Variations in Property Law*, J. C. B. Mohr (Paul Siebeck), Tuebingen, 1973, p. 13.

产发展的一种趋势。[1] 一方面，随着科学技术手段的飞跃发展，大量新型的动产财富被创造出来；另一方面，“消费社会”中对于休闲产品（如赛马、赛车、游艇等）、艺术收藏品的需求，处于持久的增长态势。动产与不动产在价值上的差异逐渐消失，是财产发展的一种趋势。[2] 因此，完全以不动产为中心构建物权法的体系是不适应社会发展的需求的。

第二，现代社会中动产与不动产的区分在很大程度上越来越模糊。一些所谓的“第三类”财产的出现，使传统的二分格局显得越来越尴尬和不合时宜。譬如，对于某些形态的集合财产，它是动产、不动产甚至还包括无形财产的总括和集合，显然很难将它硬性地归入动产或者不动产之中。另外，随着所谓财富的“非物质化”“去物质化”，纯粹以价值形态存在的无形财产大量出现，也很难简单地被归入传统的动产和不动产之中[3]。

第三，传统的担保物权以不动产为中心，动产通常不具有标示性和识别性，因此在动产上设定抵押经常遇到登记的困难。但在现代社会中，随着公示方法的多元化，特别是随着互联网和物联网的发展，动产的识别性与确定性提升，动产抵押也就成为可能。从鼓励担保的角度考虑，动产担保日益成为当代产业发展过程中实现融资需求的一种重要手段。

第四，动产和不动产所适用的法律规则出现了交错，传统上只适用于某一类财产的规则如今也越来越多地适用于另一类财产。例如，抵押在最初只能适用于不动产，而动产采用质押的方式，这就是所谓的“动产质押—不动产抵押”的二分法模式，但现代物权法中抵押制度也越来越多地适用于动产；传统上登记只是不动产权属变动规则，现在特殊的动产也适用登记规则。

第五，船舶、航空器等特殊动产的物权变动规则在物权法中占据越来越重要的地位。随着工业技术的发展与成熟，船舶、航空器等特殊动产日益成为当代产业发展的动产，它们具有较高的价值，因此是当代社会最为重要的财产类型之一。当代物权法不仅对特殊动产进行了规定，而且还采取了特殊的权利变动模式。

六、从以“归属”为中心到以“利用”为中心

近代物权法制度以定分止争为己任，以确定财产归属为核心功能。然

---

① 参见尹田：《法国物权法》，法律出版社 1998 年版，第 80 页。

② 参见尹田：《法国物权法》，法律出版社 1998 年版，第 80 页。

③ 关于“新财产”，参见徐国栋：《现代的新财产分类及其启示》，载《广西大学学报（哲学社会科学版）》2005 年第 6 期。

而,随着社会的发展,资源的有限性也与人类不断增长的需求和市场的发展形成尖锐的冲突和矛盾。随着人口增长,经济发展速度加快,现代社会的资源和环境对发展的承受能力已临近极限。由于资源利用中冲突的加剧,物权法必须承担起引导资源合理和有效利用的功能,"以使互不相侵而保障物质之安全利用"[①]。因此,自 20 世纪以来,物权不仅注重物的归属和对物的支配,更注重行使物权从而实现物的价值,以实现物尽其用的目的。

具体而言,在当代物权法中,物权法从以"归属"为中心到以"利用"为中心,主要体现在以下几个方面。一是所有与利用分离的多样化。物权权能的分离可以促使物上权利的多元化。例如,各国法律普遍承认了对土地之上和土地之下的空间进行利用的权利,该项权利或者被认为是独立的权利(如空间权),或者被认为是土地所有权的内容。[②] 当代物权法在土地和建筑物之上构建了一个多重的使用权体系,形成了一个复杂的"权利束"结构。二是用益物权不仅类型丰富,其地位和作用也日益凸显。[③] 物权人不仅可以自己利用其物,也可以交由他人利用。三是自然资源的确权与有效利用。随着科学技术手段的提高,人们的活动范围不断扩大,资源也越来越受到物权法的调整。因而物权法必须对这些自然资源的归属与合理利用加以调整。[④] 土地之下的矿产资源等,它们可能被认为是土地所有权的客体,也可能形成独特的物权。[⑤] 四是所有权的期限分割,又称有期产权,它是通过有期共享(tiempo compartido)的形式产生的一种新的物权形式。从现实来看,此种制度通常是与旅游、度假、休闲联系在一起的,特别是在旅游圈中出现的轮换度假(intercambio vacationl)模式,使有期产权人可以轮换不同的

---

① 史尚宽:《物权法论》,中国政法大学出版社 2000 年版,第 1 页。

② Jacob H. Beekhuis et al., *International Encyclopedia of Comparative Law: Volume VI: Property and Trust: Chapter 2: Structural Variations in Property Law*, J. C. B. Mohr (Paul Siebeck), Tuebingen, 1973, p. 9.

③ 参见王胜明主编、全国人大常委会法制工作委员会民法室编著:《中华人民共和国物权法解读》,中国法制出版社 2007 年版,第 4 页。

④ 有的国家规定基于公共利益,国家可以利用私人所有的土地的地下一定深度的空间;某些国家甚至规定,土地所有权所涉地下若干米之下的空间归国家所有。另外,在西方国家,法律越来越强调对环境和生态的保护,对自然资源的利用行为也设定了一些新的限制,这尤其体现在与国计民生有重大关系的领域。例如,根据有些国家的立法,对于土地的利用必须要符合环境保护的要求;对于某些土地,禁止闲置或者抛荒;对于某些私人房屋或者建筑,如果其构成国家文化遗产,则其利用和处分将受到公法规范的限制。

⑤ See Jacob H. Beekhuis et al., *International Encyclopedia of Comparative Law: Volume VI: Property and Trust: Chapter 2: Structural Variations in Property Law*, J. C. B. Mohr (Paul Siebeck), Tuebingen, 1973, p. 9.

地方,享用相应期限的不动产及设施的使用权。[①] 五是物权的证券化。物权的证券化主要体现在不动产的证券化上。所谓不动产证券化,是将不动产上的财产权变成证券形态。具体而言,是将对土地及建筑物的财产权由直接支配的物权关系转变为具有债权特性的证券形态,使原来流通性不强的土地及建筑物财产权转化为流通性较强的证券。

七、担保物权的现代化

基于担保物权在担保债权实现、保障金融安全、促进商品流通和资金融通方面的功能,各国法律都十分重视担保物权制度的构建。近几年,随着市场经济的迅速发展,以及经济全球化的影响,担保物权日益现代化。

具体而言,一是担保物权的类型日益丰富。担保物权朝着逐步增加担保物、扩大担保标的的范围、降低担保设立费用、提高担保物的利用效率、减少担保物的执行成本等方向发展。担保类型越来越多,如浮动担保、最高额抵押、财团抵押等不断涌现。日本修改和制定了一系列新的特别法规,确立了抵押证券、让渡担保、所有权保留、债权让渡、抵销预约、代理受领、保险担保、担保信托等非传统担保形式。[②] 二是动产担保日益发达。市场经济越发达的国家,其动产担保制度也越发达。[③] 产生这种现象的原因主要在于,随着生产力的高度发展,动产可以不断地被制造出来,且其价值不断提升。现社会对于汽车、船舶等特殊动产之外的动产的融资需求日益增长,有必要确认动产让与担保制度。日本法通过在司法中承认让与担保等非典型担保制度对上述需求加以满足。[④] 根据《魁北克民法典》第 2660 条的规定,除家用、生活必需品等不得作为担保财产外,其他具有交换价值的财产均可进入担保领域。三是鼓励以无形财产、集合财产等作担保。《美洲国家组织动产担保交易示范法》承认了应收账款的担保。该示范法第 15 条规定:"除本法另有规定外,应收账款之上设定的担保物权不能修改应收账款本身已存在的法律关系,也不能未经应收账款债务人的同意增加债务负担。"《魁北克民法典》第 2670 条、英国的浮动担保制度和美国的统一担保制度都承认未来

---

① 参见高富平:《物权法原论:中国物权立法基本问题研究》,中国法制出版社 2001 年版,第 212 页。

② 参见梁慧星:《日本现代担保法制及其对我国制订担保法的启示》,载梁慧星主编:《民商法论丛》(第 3 卷),法律出版社 1995 年版,第 180 页。

③ 参见高圣平:《大陆法系动产担保制度之法外演进与中国物权法》,载高圣平:《担保法前沿问题与判解研究》,人民法院出版社 2019 年版,第 334 页。

④ 参见[日]内田贵:《民法 3(第 3 版)· 债权总论 · 担保物权》,东京大学出版会 2015 年版,第 485 页。

财产的担保。四是非典型担保形式不断发展。例如,日本修改和制定了一系列新的特别法规,允许一连串如“抵押证券”“让渡担保”“所有权保留”“债权让渡”“抵销预约”“代理受领”“保险担保”“担保信托”等创新和非传统担保方式的设立,[①]以丰富融资担保的方式。五是担保权实现更为便捷。担保物权的实现途径是影响物权担保交易成本的重要因素。[②] 为有效降低担保物权实现的成本,从比较法上来看,各国普遍重视担保物权实现程序的高效和便捷。

与此同时,担保物权的公示方法、类型日益丰富和完善。两大法系都承认了担保只有在公示之后才具有对抗第三人的效力,且公示也直接影响担保权的优先效力,因而担保制度普遍重视公示方法。

---

① 参见梁慧星:《日本现代担保法制及其对我国制订担保法的启示》,载梁慧星主编:《民商法论丛》(第3卷),法律出版社1995年版,第180页以下。

② 参见高圣平:《担保物权实行途径之研究——兼及民事诉讼法的修改》,载《法学》2008年第2期。

第二编

物权的变动

第三章 物权变动的一般原理

第一节 物权变动模式

一、物权变动的模式概述

所谓物权变动，是指物权的设立、变更、转让和消灭。在市场经济社会，最为常见的就是基于双方法律行为即合同而发生的物权变动。物权变动是对现实交易的反映，绝大多数交易都以物权的归属作为交易的前提，并以物权的变动作为交易的后果。可以说，物权变动是市场交易的基本表现形式，许多交易过程就是物权变动过程。物权法关于物权变动的规则，对于保障交易的安全、维护当事人的利益，具有十分重要的作用。各种交易都可能涉及和发生物权的变动，《民法典》中有关物权变动的规则是市场经济最基本的法律规则。

物权变动体现在多个方面，主要包括物权的设立、物权的变更、物权的转让和物权的消灭几种类型。从比较法来看，关于物权变动，具有如下几种模式。

1. 意思主义。所谓意思主义，是指仅凭当事人的债权意思（如当事人达成合意）就发生物权变动的效力，而不需以登记或交付为其成立或生效要件。① 换言之，是指除当事人的债权意思之外，物权变动无须其他要件的物权变动模式。②《法国民法典》采取了此种模式，该法典第 711 条规定："财产所有权，因继承、生前赠与、遗赠以及债的效果而取得或移转。"第 938 条规定："经正式承诺的赠与依当事人间的合意而即完成；赠与物的所有权因此即移转于受赠人，无须再经过现实交付的手续。"需要指出的是，《法国民法典》实际上采取

① 参见谢哲胜：《财产法专题研究》，台北，三民书局 1995 年版，第 83 页。

② 参见崔建远主编：《我国物权立法难点问题研究》，清华大学出版社 2005 年版，第 91 页。

的是纯粹的意思主义，认为买卖合同成立之后，即便没有交付标的物，也可以发生物权变动。[①] 日本民法受法国民法的影响，也采纳了意思主义。[②]

2. 形式主义。它是指除债权意思外，当事人还必须履行登记或交付的法定方式，才能产生物权变动效力。[③] 形式主义又分为物权形式主义和债权形式主义。[④]

所谓物权形式主义，是指物权变动法律效果的发生，除债权意思外，还必须有物权变动的意思表示，并履行登记或交付的法定方式。[⑤] 德国法即采纳了此种模式。[⑥] 按照德国物权法通说，当事人订立了债权合同只能发生债权法上的权利义务关系，还不能产生物权变动的效力，而发生物权变动必须要订立物权合同，以物权合意为基础，并完成登记或交付等行为，最终才能发生物权变动。[⑦] 例如，《德国民法典》第 873 条规定："为转让一项地产的所有权，为在地产上设立一项物权以及转让该项物权或者在该物权上设立其他权利，如果法律没有另外规定时，必须有权利人和因该权利变更而涉及的其他人的合意，以及权利变更在不动产登记簿上的登记。"但也有学者认为，是否采纳物权合意与形式主义立法没有直接的关系。[⑧]

所谓债权形式主义，是指要产生物权变动法律效果，除债权意思以外，还必须履行登记或交付的法定方式，但是并不需要作出物权变动的意思表示。[⑨] 这种模式又称为意思主义与登记或交付相结合的物权变动模式。根据此种模式，当事人之间除债权合意外，还必须要履行登记或交付的法定方式。[⑩] 奥地利民法即采取此种方式。《奥地利民法典》第 426 条规定："原则上动产仅能依实物交付而转让与他人。"第 431 条规定："不动产所有权仅于取得行为登记于为此项目的而设定之公共簿册中时，始生转让之效力。此项登记又称为过户登记。"

毫无疑问，各国物权变动的立法模式都是本国长期历史传统、社会生活

---

① 参见叶名怡：《中国物权变动模式的实然与应然》，载《中国法律评论》2024 年第 1 期。

② 参见《日本民法典》第 176 条、第 178 条规定。

③ 参见谢哲胜：《财产法专题研究》，台北，三民书局 1995 年版，第 84 页。

④ 参见王轶：《物权变动论》，中国人民大学出版社 2001 年版，第 25 页。

⑤ 参见谢哲胜：《财产法专题研究》，台北，三民书局 1995 年版，第 83 页。

⑥ MünchKomm/Oechsler，5. Aufl. 2009，§ 929 Rn. 1ff.

⑦ 参见［德］鲍尔、［德］施蒂尔纳：《德国物权法》（上册），张双根译，法律出版社 2004 年版，第 71、86 页。

⑧ 参见刘得宽：《民法诸问题与新展望》，中国政法大学出版社 2002 年版，第 527 页。

⑨ 参见谢哲胜：《财产法专题研究》，台北，三民书局 1995 年版，第 85 页。

⑩ 参见王轶：《物权变动论》，中国人民大学出版社 2001 年版，第 31 页。

实践与法学理论研究相互融合的产物,自有其合理之处。这两者各有利有弊。我国《民法典》第 209 条第 1 款规定:"不动产物权的设立、变更、转让和消灭,经依法登记,发生效力;未经登记,不发生效力,但是法律另有规定的除外。"第 224 条规定:"动产物权的设立和转让,自交付时发生效力,但是法律另有规定的除外。"可见,我国关于物权变动模式是合意加公示的模式,实际上确立了一种以债权形式主义为原则,以公示对抗主义为例外的二元物权变动模式。

二、我国《民法典》没有采纳物权行为理论

物权行为(dingliche Rechtsgeschäfte)的概念最早是由德国学者萨维尼在其 1840 年出版的《现代罗马法体系》一书中提出的。[①] 萨维尼在《现代罗马法体系》一书中写道:私法上契约,以各种不同制度或形态出现,甚为繁杂。首先是基于债之关系而成立之债权契约,其次是物权契约,并有广泛适用,交付(tradition)具有一切契约之特征,是一个真正之契约,一方面包括占有之现实交付,另一方面亦包括移转所有权之意思表示。此项物权契约常被忽视,例如,在买卖契约中,一般人只想到债权契约,但却忘记交付之中亦含有一项与买卖契约完全分离,以移转所有权为目的之物权契约。[②] 萨维尼的这一论述包含了三项重要原理:第一,物权行为的独立性原理。交付是一个独立的契约,是独立于债权契约的"一个真正的契约",它与买卖契约即原因行为并非同一个法律关系,与买卖契约是完全分离的。[③] 第二,交付必须体现当事人的独立的意思表示。这一独立意思表示与原因行为无关,于是便产生了物权行为的无因性理论。[④] 第三,物权行为的实施旨在使物权产生变动,因而交付必须以所有权的转移为目的。萨维尼正是在总结和阐释罗马法制度的基础上创立了物权行为理论,并对德国法的民法物权体系乃至大陆法系中的物权法理论产生了重大影响。[⑤]

按照德国学界的观点,所谓物权行为,是以设立、变更、转移或消灭一

---

① 参见王泽鉴:《民法学说与判例研究》(第 1 册),中国政法大学出版社 1998 年版,第 275 页。

② 参见王泽鉴:《民法学说与判例研究》(第 1 册),中国政法大学出版社 2003 年版,第 63 页。

③ 参见孙宪忠:《物权行为理论探源及其意义》,载《法学研究》1996 年第 3 期。

④ 参见王泽鉴:《民法学说与判例研究》(第 1 册),中国政法大学出版社 2003 年版,第 63 页。

⑤ 也有学者认为,物权行为理论最早是由胡果提出的,胡果关于物权合同的理论体现在胡果发表的一些关于法律基础与取得形式理论的法学论文中,特别是胡果在 1790 年发表的论文《对拉特·赫普纳先生注释集中的几种普遍观点的勘正》;此外还有胡果于 1789 年出版的第 1 版有关罗马法的教科书;最后还有胡果于 1812 年发表的《详论(合法)法律基础与取得形式理论》。参见[德]雅各布斯:《物权合同存在吗?》,中德法学学术研讨会会议论文,2001 年 10 月于北京。

项物权为内容的处分。传统的物权行为是指以物权变动为目的并须具备物权变动意思表示及交付或登记两项要件的法律行为。其主要特征如下所述。

1. 物权行为以物权变动为目的，也就是说以设立、变更或消灭物权关系为目的。[①] 它与债权行为不同，债权行为是以发生给付义务为目的的法律行为，所以又称负担行为。而物权行为是以发生物权变动为目的的行为，又称处分行为。[②] 由于物权行为会发生物权变动的法律后果，行为人应对标的物享有处分权，“而于负担行为，则不以负担义务者对给付标的物有处分权为必要”[③]。

2. 物权行为以交付或登记为其生效要件。[④] 物权行为以物权变动为目的，但要发生物权变动的法律效果，还必须依赖于交付或登记行为。王泽鉴先生认为，依广义物权行为概念，物权行为必然包括登记或交付。[⑤] 我国台湾地区学者也大多接受了这一观点。正如谢在全教授所指出的，“不动产之物权行为，乃物权变动之意思表示，与登记、书面相互结合之要式行为；动产之物权行为乃动产物权变动之意思表示，与交付相结合之法律行为”[⑥]。

3. 物权行为必须具有物权变动的合意。[⑦] 既然物权行为以物权变动为目的，则物权变动必须先由当事人达成物权变动的合意。此种合意通常被学者称为物权契约。狭义的物权行为理论，认为物权行为仅指物权契约，“物权行为就其固有意义而言，仅指当事人欲使发生物权变动之意思表示”[⑧]。物权合意直接决定了登记或交付行为的实施，由于交付或登记都是基于物权合意而产生的行为，无论是通过交付还是通过登记设立所有权或他物权，都取决于物权合意的内容。物权合意的存在是物权行为独立于债权行为的基础。从此种意义上说，物权合意是物权行为的核心。[⑨]

我国《民法典》第 209 条第 1 款规定：“不动产物权的设立、变更、转让和消灭，经依法登记，发生效力；未经登记，不发生效力，但是法律另有规定的除外。”第 224 条规定：“动产物权的设立和转让，自交付时发生效力，但是法

---

① MünchKomm/Oechsler, 5. Aufl. 2009, § 929 Rn. 22.

② 参见王泽鉴：《民法学说与判例研究》（第 5 册），中国政法大学出版社 2003 年版，第 112 页。

③ 谢在全：《民法物权论》（上册），台北，1997 年（公元纪年）自版发行，第 68 页。

④ MünchKomm/Oechsler, 5. Aufl. 2009, § 929 Rn. 48 ff.

⑤ 参见王泽鉴：《民法学说与判例研究》（第 1 册），中国政法大学出版社 2003 年版，第 278 页。

⑥ 谢在全：《民法物权论》（上册），台北，1997 年（公元纪年）自版发行，第 67 页。

⑦ MünchKomm/Oechsler, 5. Aufl. 2009, § 929 Rn. 23 – 26.

⑧ 王泽鉴：《民法学说与判例研究》（第 1 册），中国政法大学出版社 2003 年版，第 277 页。

⑨ MuechKomm/Gaier, Einleitung des Sachenrechts Rn. 7.

律另有规定的除外。”可见，我国关于物权变动模式是合意加公示的模式，实际上确立了一种以债权形式主义为原则，以公示对抗主义为例外的多元物权变动模式。而此种模式与德国法的模式是完全不同的。我国《民法典》物权编所规定的物权变动公示方法虽然是物权变动的条件，但从我国《民法典》物权编的规定来看，并没有将其规定为物权合同，而只是将其规定为物权变动的公示方法。因此，我国《民法典》没有采纳德国的物权行为理论。具体表现在如下四个方面。

第一，《民法典》没有承认物权行为的独立性理论。[①]《民法典》第215条规定：“当事人之间订立有关设立、变更、转让和消灭不动产物权的合同，除法律另有规定或者当事人另有约定外，自合同成立时生效；未办理物权登记的，不影响合同效力。”尽管该条常常被称为所谓“区分原则”，即区分了合同和登记的效力，但是这并不意味着采纳了物权行为理论。此处所说的合同就是指发生债权债务关系的合同，也是设立、变更、转让和消灭不动产物权的合同，而没有在此之外承认独立的物权合同。[②]《民法典》第215条的规定，也只是在一个合同关系中区分合同的效力和登记的效力，因而也不存在物权契约和债权契约的分离问题。[③] 尤其是在《民法典》关于买卖合同的定义中，就明确规定了买卖合同是出卖人转移标的物的所有权于买受人，买受人支付价款的合同。

第二，《民法典》并未承认物权行为的无因性，而认为设定或转让物权的合同的效力直接影响物权设定或转让的效力。依据《民法典》第595条的规定，买卖合同以转移标的物所有权为目的，不存在所谓债权合同和物权合同的区分，如果买卖等债权合同被宣告无效或被撤销，当事人应依据法律规定，主张返还原物、恢复原状，而绝不能因交付行为而取得所有权。这就是说，如果合同本身的效力存在瑕疵，导致其被撤销或者被宣告无效，那么，转让行为自然不得发生物权变动的后果。我国司法实践也普通采取无因性的立场。[④]

第三，《民法典》采取了合意加公示的物权变动模式。关于物权变动，《民法典》第208条规定：“不动产物权的设立、变更、转让和消灭，应当依照法律规定登记。动产物权的设立和转让，应当依照法律规定交付。”这实际

---

① 参见崔建远：《中国民法典释评：物权编》（上卷），中国人民大学出版社2020年版，第85页。

② 参见黄薇主编：《中华人民共和国民法典释义（上）：总则编·物权编》，法律出版社2020年版，第422页。

③ 参见崔建远：《物权法》（第2版），中国人民大学出版社2011年版，第48页。

④ 参见最高人民法院民事裁定书，（2021）最高法再审1668号。

上是将登记和交付作为一种对外公示方法，而这种公示方法与当事人的合意结合在一起，就可以发生物权变动，但《民法典》物权编并没有将登记或者交付规定为一种物权合同，也不存在所谓独立的“物权合意”。我国并未承认物权行为的存在，现行立法对交付、登记等物权变动要件的规定，主要是出于公示的要求，不能将其作为物权行为存在的依据。因此，登记、交付不是独立的物权行为，而只是发生物权变动的公示要件，这与德国的物权行为的独立性理论也不同。

第四，从我国司法实践来看，《全国法院民商事审判工作会议纪要》第124条第2款规定，“在金钱债权执行中，如果案外人提出执行异议之诉依据的生效裁判认定以转移所有权为目的的合同（如买卖合同）无效或应当解除，进而判令向案外人返还执行标的物的，此时案外人享有的是物权性质的返还请求权”。可见，我国司法实践一般认为，在合同被宣告无效或者被解除后，出卖人所享有的返还请求权在性质上属于物权性质的请求权，从物权变动的层面看，这实际上也承认了合同效力对物权变动效力的影响。

总之，我国《民法典》所规定的物权变动模式与德国法的模式是完全不同的。从中国的实际情况来看，采取此种模式与采取物权行为模式相较，其优越性明显地表现在：第一，符合我国的民事立法传统，易于被司法者理解和掌握。[①] 物权行为无因性理论割裂交付、登记与原因行为的关系，虽然强调了对买受人的保护，但忽视了对出卖人的保护。尤其是物权行为无因性理论，主张“源于错误的交付也是有效的”，第三人基于恶意也能取得所有权，买受人在买卖合同被确认为无效后仍能转卖标的物等。这些规则不仅不利于维护交易安全，也不能体现法律的公平与正义。第二，我国的立法模式充分反映了各种纷纭复杂的动产交易和不动产交易的内在需要，体现了市场活动的一般规律，完全符合我国现实生活常情。而物权行为理论将现实生活中某个简单的交易关系，人为地虚设分解为三个相互独立的关系，使明晰的物权变动过程极端复杂化。它使本身简单明了的现实法律过程徒增混乱，不利于法律的正确适用。[②] 第三，我国立法模式能够有效地维护交易安全和秩序，同时借助于善意取得制度，也可以有效地保护善意第三人，与物权行为理论相比较，更有利于保护权利人。

---

① 参见朱虎：《物权变动模式的实践检视》，载《中国法律评论》2024年第1期。

② 参见黄薇主编：《中华人民共和国民法典释义（上）：总则编·物权编》，法律出版社2020年版，第422页。

第二节　基于法律行为的物权变动

一、基于法律行为的物权变动概述

物权的变动可以分为基于法律行为的物权变动和非基于法律行为的物权变动。前者除了要依据法律的规定，还应当充分尊重当事人之间的私法自治，且必须要采取一定的公示方法。后者一般直接依据法律的规定或者事实行为而发生物权变动，一般不要求公示。基于法律行为发生的物权变动是市场交易的法律形式，属于物权法调整的物权变动常态。而非基于法律行为发生的物权变动因其不是典型的交易形式，《民法典》物权编对其作出例外规定，在有法律特别规定的情况下才能适用。[①]

基于法律行为的物权变动与直接依据法律规定而发生的物权变动不同，具体表现为：一方面，尽管当事人在设定物权时，必须符合法律规定的物权类型，但是，这种物权的变动以当事人的意思为基础，而不能直接依据法律的规定而产生。尽管当事人设立和变动物权时，必须符合物权法定的要求，但这种物权的变动本身体现了一定的私法自治，在不违反强行法的前提下，当事人可基于其意志依法变动物权。另一方面，基于法律行为的物权变动必须要履行法定的公示方法，所以，基于法律行为的物权变动，必须要通过合意加公示来完成。[②] 从实践来看，此种物权变动是现实中物权变动的基本类型，或者是物权变动的常态，而依据法律规定发生的物权变动只是例外情况。本书所讨论的动产交付和不动产登记，都是针对基于法律行为的物权变动而言的。

按照物权法定原则，物权设定必须符合法律规定的物权类型和内容，当事人不能在法律规定之外随意创设物权，在法律规定的物权体系内，当事人可以通过合意并完成一定的公示方法设定物权，具体来说，这一过程可以分为如下两个阶段。

(一)合意

合意是依法律行为变动物权的基础。[③] 由于当事人双方就物权的变动达成合意是物权移转的基础，因而在学理上也常常将物权变动的合意称为基础关系。此处所说的合意，不是指所谓的物权合同。我国物权立法也从

---

① 参见孙宪忠、朱广新主编：《民法典评注：物权编》(第 1 册)，中国法制出版社 2020 年版，第 190 页。

② 参见刘家安：《民法物权》，中国政法大学出版社 2023 年版，第 102 页。

③ MünchKomm/Oechsler, 5. Aufl. 2009, § 929 Rn. 22.

未承认在债权合同之外存在所谓的物权合同。所谓合意是指当事人就是否设定物权以及物权的内容等方面达成一致的意思表示。[①] 在市场经济条件下，一般交易是通过双方的协议来进行的，物权变动也主要以合意为基础。当然，在特殊情况下，也可能以单方法律行为作为物权变动的基础。例如，某人将其房产捐助设立基金会，捐助行为性质上为单方法律行为，在捐赠之后，双方办理了登记，也可以发生物权变动的效果。

（二）公示

物权的变动，必须要通过一定的公示方法来完成。公示就是要将物权的变动公之于世，或者说将物权变动的意思表示向社会公众显示。[②] 依据《民法典》第 208 条的规定，物权的公示方法包括不动产的登记和动产的交付。在基于法律行为发生的物权变动的公示中，没有合意的公示是不能发生物权移转的效果的。虽然公示是以合意为前提的，合同约定了物权变动的意思，但这种意思必须通过公示的方法对外披露出来，才能最终完成物权变动的后果，而这种披露又必须以合同所约定的物权变动的内容为依据。公示的方法主要是登记和交付。在以法律行为发生的物权变动中，当事人的合意不能直接产生物权变动的后果，如果当事人之间仅就物权的变动达成合意，而没有完成公示要件，当事人之间在性质上仍然只是一种债的关系，并没有形成物权关系，此时产生的只是债权，不能产生物权变动的效果。正是由于未完成公示要件不产生物权变动的效果，故公示依法决定着物权设定和变动效力的发生。

所以，在我国《民法典》中，基于法律行为的物权变动，原则上应当采取“合意（或法律行为）+公示（登记或交付）”的方式完成。此种物权变动模式是物权变动的常态。在法律没有特别规定的情况（如承包经营权等设立依法不采取登记方式）下，物权变动原则上应当依据此种变动方式的规则来完成。《民法典》物权编第二章关于不动产登记和动产交付的规定主要是对物权变动中的公示所作出的规定。

二、基于法律行为的不动产物权变动模式

（一）登记要件模式和登记对抗模式的概念

不动产物权变动模式是指不动产物权产生、变更、消灭的法定方式。由于不动产物权的公示方法是登记，所以不动产的物权变动又可以分为两种

① MünchKomm/Oechsler, 5. Aufl. 2009, § 929 Rn. 23 ff.

② 参见王茵：《不动产物权变动和交易安全——日德法三国物权变动模式的比较研究》，商务印书馆 2004 年版，第 72 页。

主要的模式，即登记要件模式和登记对抗模式。

所谓登记要件模式，是指登记是不动产物权变动的生效要件，未经登记，不动产物权不发生变动，[①]德国民法、瑞士民法以及我国台湾地区“民法”采取了此种方式。[②] 我国《民法典》第 209 条第 1 款规定：“不动产物权的设立、变更、转让和消灭，经依法登记，发生效力；未经登记，不发生效力，但是法律另有规定的除外。”可见，《民法典》明确了登记要件主义应当成为不动产物权变动的基本原则。例如，在房屋买卖合同中，房屋所有权的移转应当自办理变更登记时发生，如果出卖人只是将房屋交付给买受人，房屋所有权并没有发生变动。

所谓登记对抗模式，是指未经登记，物权的变动在法律上也可有效成立，但不能对抗善意第三人，法国民法、日本民法采纳了此种观点。[③] 我国《民法典》规定，在例外情况下采登记对抗主义，例如，对于机动车、船舶、航空器采登记对抗主义（《民法典》第 225 条）。如果船舶所有人将其船舶转让给他人，即使没有办理登记，受让人也可以取得该船舶的物权，只不过，此种物权不能对抗善意的第三人。依据我国《民法典》物权编的规定，凡是适用登记对抗的情况，未经登记，不得对抗善意第三人。[④]

何为善意？善意就是指不知情。在登记对抗的情况下，所谓善意是指第三人不知道且不应当知道物权已经发生变动。所谓善意的第三人，主要是指合法交易中的善意的、已经办理了登记的权利人，具体来说，第一，第三人必须是通过合法交易取得权利的人。如在上例中，甲将船舶卖给乙后又卖给丙，但丙采用的是欺诈、胁迫等手段订立的合同，则即便其善意且经过登记，但在合同被撤销的情况下，仍然不能受到保护。[⑤] 第二，第三人必须是善意的。第三，第三人主要是已经办理了登记的权利人。在登记对抗模式下，因交付就可发生物权变动的效力，而船舶、航空器等特殊动产在交付给一个买受人之后，不可能再交付给其他人，所以，因交付发生物权变动之后，不可能再出现另一个因交付而发生的物权变动。但是，其他人有可能因登记而取得权利。在登记对抗的情况下，尽管法律并不以登记作为物权变动

① 参见王泽鉴：《民法物权：通则·所有权》（第 1 册），中国政法大学出版社 2001 年版，第 107 页。

② 参见《德国民法典》第 873 条、《瑞士民法典》第 656 条和我国台湾地区“民法”第 758 条。

③ 参见于海涌：《法国不动产登记对抗主义中的利益平衡》，载《法学》2006 年第 2 期；龙俊：《中国物权法上的登记对抗主义》，载《法学研究》2012 年第 5 期。

④ 参见［日］我妻荣：《我妻荣民法讲义Ⅱ：新订物权法》，罗丽译，中国法制出版社 2008 年版，第 156～157 页。

⑤ 参见崔建远：《物权法》（第 5 版），中国人民大学出版社 2021 年版，第 52 页。

的唯一条件,但毕竟登记是一种公示方法,登记对抗并非完全不需要登记,而是给予了当事人一种选择的权利,办理了登记,其权利就能够获得充分的保护,但是如果不办理登记,则其要承受一种风险,即无法对抗已经办理登记的善意第三人。因此,对于已经办理了登记的善意买受人,受让人是不能对抗的。由此可见,即使是登记对抗,从维护受让人利益出发,办理登记也是需要的。

在登记对抗模式下,登记虽然不是取得物权的要件,但会影响物权变动的效力。在这种模式下,登记并不是区分物权和债权的标准。这样一来,就会导致物权和债权的标准并不明晰。例如,法国法正是因为采取登记对抗主义,使他物权和债权的区分并不严格。① 不过,由于未经登记不能产生对抗善意第三人的效力,《民法典》的立法本意仍然在于鼓励当事人进行登记。

(二)登记要件模式和登记对抗模式的区别

在登记要件模式下,其实还存在严格生效主义与"一主一辅"的区别。严格生效主义认为,所有的物权变动要以登记为要件。在"一主一辅"模式下,原则上物权变动以登记为要件,而在例外情形下,登记仅为物权变动的对抗要件。在我国《民法典》物权编中,实际上以登记生效为原则,而以登记对抗为补充,其实是一种所谓"一主一辅"模式②。具体而言,登记要件模式和登记对抗模式的主要区别在于:

第一,登记是否为物权变动的生效要件不同。根据登记要件主义,只有依法办理登记,物权才能够有效地发生变动,所以对于以法律行为发生的物权变动采取"合同+登记"的模式,即没有办理登记,只能在当事人之间产生合同债权关系,并不发生物权变动效果。③ 而按照登记对抗主义,即使没有办理登记,当事人之间仍然可以发生物权的变动,只不过该物权只是在当事人之间发生效力,而不能对抗善意第三人。

第二,登记是否为强制性的要件不同。在登记要件模式下,登记是一种强制性的规范,实际上属于物权法定内容的一部分。如果没有办理登记,将无法产生物权变动的效果。在登记对抗模式下,当事人没有办理登记,也可发生物权变动,是否登记可以由当事人自愿选择。登记并不是一种强制性的要求,而是一种倡导性的要求。由于当事人不办理登记,可能要承担不能

---

① 参见尹田:《法国不动产担保物权研究——兼论法国的物权变动模式》,法律出版社2004年版,第289页。

② 参见龙俊:《物权变动模式的理想方案与现实选择》,载《法学杂志》2019年第7期。

③ 参见刘家安:《物权法论》(第2版),中国政法大学出版社2015年版,第67页。

对抗善意第三人的风险,因而《民法典》仍然鼓励当事人办理登记。

第三,是否存在物权的冲突不同。根据登记对抗主义,在不动产物权变动中,如果没有办理登记,受让人虽然可以取得物权,但其物权属于不具有完全效力的物权,因此,因登记和交付可能在同一物上产生多个物权。例如,甲将其房屋卖与乙,乙已经支付购房款并占有房屋,甲又将房屋卖给丙,并办理了登记。在此情况下,因为已经发生物权变动,因而乙已经享有物权,而丙因为已经办理了登记过户,也享有物权,这样就在法律上出现了两个物权,可能形成物权的冲突。正是因为这一原因,登记要件主义模式下,一般不会产生多个物权的冲突问题。

第四,是否要考虑善意第三人不同。在登记要件模式下,以登记作为物权变动的要件,一旦发生登记,则登记记载的权利人就是法律上的权利人。此时,登记记载的权利人可以对抗任何第三人。① 但在登记对抗模式下,即使没有办理登记,仍然可以发生物权变动,只不过这种物权不能对抗善意的第三人。因而登记对抗主义的适用要求考虑第三人主观上是否善意,如果第三人是善意的,则受让人享有的物权不能对抗该第三人。

第五,适用范围不同。从适用范围来说,《民法典》第 209 条第 1 款规定:"不动产物权的设立、变更、转让和消灭,经依法登记,发生效力;未经登记,不发生效力,但是法律另有规定的除外。"依据该条规定,我国《民法典》对不动产物权变动实际上采取了以登记要件为一般原则、登记对抗为例外的做法,登记对抗模式只能适用于法律特别规定的情形。该条确定了登记作为一般原则的强制性,虽然没有采用"必须登记"的行文,但除法律有特别规定的以外,所有的不动产物权变动都必须采取登记方式。只有在法律规定的例外情况下,才可能适用登记对抗主义。②

我国《民法典》之所以原则上采取登记要件主义,具有两方面的理由。一方面,有利于维护交易安全。在我国现阶段,经济生活处于转轨时期,市场体制仍不健全,信用体系缺失,如果在不动产交易过程中不要求交易当事人办理登记,则很容易发生欺诈现象。而在登记要件的模式下,通过强化公示方法的采用,可使物权关系变得明晰、透明、公开,从而有助于使交易当事人更为安全稳定。另一方面,登记要件主义有利于明确产权关系。以登记作为确权的依据,有利于简化确权的程序和规则,而且非常简便易行。登记要件主义强制性地要求办理登记,无论交易前还是交易后,不动产的物权状态都非

---

① MünchKomm/Kohler, § 891 Rn. 12 f.

② 参见王轶:《物权变动论》,中国人民大学出版社 2001 年版,第 45 页。

常明晰，有助于建立财产秩序。在发生产权纠纷之后，法官确认权属的主要依据是登记，因为登记具有很强的公信力，除非当事人有确切的证据表明登记具有瑕疵并应当变更登记，否则就应该维护登记的公信力，这有利于明晰产权。

第三节 非基于法律行为的物权变动

一、非基于法律行为的物权变动的概念

所谓非基于法律行为的物权变动，是指因为法律规定的原因，如继承、法院生效判决、征收等事实，导致物权的设定、变更和消灭。从《民法典》物权编第二章第三节的规定来看，非基于法律行为的物权变动具有如下几个特点。

（一）必须依据法律的规定而变动

物权变动的公示方法是由《民法典》物权编规定的，是法律的强制性规定，不允许当事人通过合同自由约定。非基于法律行为的物权变动通常是直接基于法律规定的原因而发生的，它不取决于当事人的意思。① 法律规定的原因通常包括如下几项：继承、强制执行、公用征收、法院的判决、因公权力取得不动产物权等。只要发生法律规定的上述事实，就会发生物权的变动。② 正是从这个意义上说，非基于法律行为的物权变动是基于法律规定的原因直接产生的。③

（二）必须有特定的事实或者事实行为发生

这些事实或事实行为包括征收、新建建筑物，或者自然灾害导致房屋的灭失等。这些特定的事实行为必须是法律所限定的特殊事实行为，而不包括一般的事实行为。事实行为不同于法律行为，它不以意思表示为要素，但由于法律的规定，也能够产生一定的民事法律后果，④事实行为有合法的，也有不合法的。从事智力创造活动，拾得遗失物、漂流物等属于合法的事实行为，侵害国家、集体的财产或他人的人身、财产则是不合法的事实行为。但由于法律的规定，同样会引起一定的民事法律后果。法律之所以确认这些事实行为可以发生物权变动的效果，主要是基于法政策的考虑。因为这些行为或者是国家公权力机关依法作出的具有法律效力的决定或者裁定，具

---

① 参见黄薇主编：《中华人民共和国民法典物权编解读》，中国法制出版社 2020 年版，第 58 页。

② 参见陈华彬：《物权法原理》，载梁慧星主编：《民法学原理》〔多卷本〕，国家行政学院出版社 1998 年版，第 155 页。

③ 参见陈华彬：《物权法原理》，载梁慧星主编：《民法学原理》〔多卷本〕，国家行政学院出版社 1998 年版，第 155 页；姚瑞光：《民法物权论》，台北，1988 年（公元纪年）自版发行，第 27 页。

④ 参见黄薇主编：《中华人民共和国民法典物权编解读》，中国法制出版社 2020 年版，第 58 页。

有权威性；或者是为了更好地保护权利人的利益，防止出现权利争议或者权属不明的情形；等等。法律承认这些事实行为可以发生物权变动的效果。

（三）不以公示为物权变动的生效要件

非基于法律行为的物权变动不需要公示，特别是不需要办理登记，就可以直接依据法律的规定，发生物权效力。① 因上述行为发生物权变动，并不是说此种物权变动之后不需要办理登记手续。依据《民法典》第232条的规定，新的权利人要处分财产，还应当按照公示原则进行登记。例如，依据法院的判决所发生的物权变动，它只是产生了物权变动的依据，最终权利人要想完整地享有处分权，还有赖于当事人办理登记。所以，在因事实行为发生物权变动的情况下，如不登记则必然会损害交易秩序和交易安全，②权利人应当尽快登记，以维护自己的权利。

非基于法律行为的物权变动，是否已经具有某种程度上的公示？例如，在继承的情况下，继承人已经占有了被继承的财产；而在合资建房的情况下，建房人已经占有了房屋。应当承认，在这些情况下，已经形成了一种权利的外观形式，且能够在一定程度上表现物权的归属。但这些外观形式并不是法定的公示方法，不过，这些特定事实行为的特殊属性导致可以不经登记而发生物权变动。

（四）此种物权变动只是物权变动的例外现象

依据法律行为发生的物权变动是物权变动的常态，而非基于法律行为发生的物权变动则是物权变动的例外情形。③ 根据法律规定的事实所产生的物权也是受到法律认可和保护的，但如果确实有相反的事实发生，尤其是已经完成了法定的公示方法，也可以推翻基于事实行为所作出的权利推定。尽管从实践来看，非基于法律行为的物权变动并不典型，但是也容易因此而产生纠纷。所以，我国《民法典》物权编对此也作出了明确规定，以达到定分止争、确定物权的归属的目的，避免因权属不清而引发新的争议。

二、非基于法律行为的物权变动的几种情况

（一）法院、仲裁机构的生效法律文书对物权变动的影响

1. 法院、仲裁机构的生效法律文书可产生物权变动的效果

法院、仲裁机构的生效法律文书可以发生物权变动的效果，对此，《民法典》第229条规定："因人民法院、仲裁机构的法律文书或者人民政府的征收

---

① 参见孙宪忠：《论物权法》，法律出版社2001年版，第65页。

② 参见黄薇主编：《中华人民共和国民法典物权编解读》，中国法制出版社2020年版，第648页。

③ 参见王轶：《物权变动论》，中国人民大学出版社2001年版，第4页。

决定等，导致物权设立、变更、转让或者消灭的，自法律文书或者征收决定等生效时发生效力。”《民法典》之所以要确认有关法院的生效判决和仲裁委员会的裁定所发生的物权变动的效果，一方面，这有利于维护判决书、裁定书和仲裁裁决的效力。如果在这些决定生效之后，不能够发生物权变动的效果，原权利人还可能继续处分其财产，而原权利人的债权人也可以将该财产作为原权利人的财产，申请强制执行或者查封扣押，如此将导致判决、裁定等确定的权利难以实现，不利于维护司法裁判和仲裁的效力和权威性。另一方面，这有利于督促新的权利人及时行使权利。一旦上述决定发生效力之后，物权就要发生变动，真正权利人为了维护自身的权益，应该及时申请办理变更登记或者异议登记，以防止原权利人继续处分该财产。① 这对于有效维护上述法律文书中所确认的权利、及时确定物权的归属是十分必要的。新的权利人及时办理登记等手续，物权的归属将及时得以表彰和确定，可以有效地防止原权利人对财产作出无权处分。

2. 法院、仲裁机构的生效法律文书可产生物权变动效果的条件

（1）必须是人民法院的生效裁判或仲裁委员会的生效裁决。此种物权变动的特殊性就体现在，其并非基于当事人的意思，而是基于法院或仲裁机构的生效裁决而发生的。

人民法院的生效判决是指法院通过法定的程序作出的有关物权变动的有效判决和裁定。一般来说，判决的生效应当以送达当事人的时间为准。所谓仲裁委员会生效的法律文书，是指仲裁委员会依据仲裁程序作出物权变动的有效仲裁裁决。仲裁裁决具有准司法效力，仲裁裁决是根据有效的仲裁协议而作出的，应该受到法律的严格保护。仲裁裁决能够产生物权变动的原因在于：一方面，绝大多数仲裁裁决是能够自动履行的，只有极少数裁决需要到法院审查，如果未到法院进行审查，或者法院经审查以后要求执行仲裁裁决，在此情况下已生效的仲裁裁决本身也能够产生物权变动的效果。另一方面，如果仲裁裁决作出并生效之后，法律不赋予其物权变动的效力，可能导致原权利人转让其财产，真正权利人的权利得不到实现，这就不利于保护生效法律文书中所确认的权利人的权利。当然，我们对该条中所指的仲裁裁决要有一个正确的界定，它是指当事人没有向法院提出撤销裁决的请求或者向法院提出请求以后被法院驳回的，从而已经发生法律效力的裁决。如果不赋予此类仲裁裁决文书法律效力，则不利于维护这类文书的公信力。

---

① 参见崔建远：《物权法》（第2版），中国人民大学出版社2011年版，第64页。

(2)必须是在实体法上具有在当事人之间形成或创设某种物权变动效果的法律文书,仅限于形成判决。[①]《物权编司法解释(一)》第7条规定:"人民法院、仲裁机构在分割共有不动产或者动产等案件中作出并依法生效的改变原有物权关系的判决书、裁决书、调解书,以及人民法院在执行程序中作出的拍卖成交裁定书、变卖成交裁定书、以物抵债裁定书,应当认定为民法典第二百二十九条所称导致物权设立、变更、转让或者消灭的人民法院、仲裁机构的法律文书。"这对生效的法律文书的概念作出了清晰的界定。这些文书都包含了物权变动的内容,因而可以产生物权变动的效果。例如,在"崔某忠、徐某龙确认合同无效纠纷再审审查与审判监督民事案"中,法院就曾指出:法院参与调解所形成的调解书确认诉争房屋归属的,系非基于法律行为的物权变动。[②]

(3)必须是针对特定的动产和不动产的物权变动而作出的决定。如果裁决并非针对物权变动,而是指向一定的给付,则这仅仅是给付性裁决,并不能直接导致物权变动。

《民法典》第229条所说的判决、裁定必须是针对特定的动产和不动产而作出的。[③] 一方面,这些动产和不动产必须是特定的,也就是说针对具体的动产或不动产。因为物权本身是针对动产和不动产所应享有的权利,物权的变动也必须针对这些特定的财产。如果法院只是针对债务人的一般财产作出判决,则不适用该条的规定。另一方面,它必须是针对动产和不动产作出的。这里的生效的判决、裁定不能是针对无形财产或者货币作出的。即使法院判决被告支付一定的货币,因为货币所有权的确定采用"占有推定为所有"的规则,在债务人没有实际交付之前,不可能发生货币所有权的移转。

3. 基于法院、仲裁机构的生效法律文书发生物权变动的具体效果

第一,在当事人之间发生了物权变动的效力。也就是说,判决和裁定生效之后,在当事人之间发生了事实上的物权变动,判决和裁定确定的权利人是物权人。作为物权人,新的权利人享有如下权利:首先,其有权请求原权利人返还财产和交付财产,原权利人不得拒绝;如果原权利人无正当理由予以拒绝,新的权利人可以请求法院强制执行。其次,依据生效的判决和裁定

---

① 参见孙宪忠、朱广新主编:《民法典评注:物权编》(第1册),中国法制出版社2020年版,第187页。

② 参见湖北省高级人民法院民事裁定书,(2017)鄂民申2457号。

③ 参见任重:《〈民法典〉第229条(法律文书导致物权变动)诉讼评注》,载《云南社会科学》2023年第1期。

已经取得物权的人有权基于物权申请办理变更登记或更正登记，登记机构负有办理登记的义务。再次，由于新的权利人已经享有物权，在原权利人擅自处分财产或者对财产造成损害的情况下，新的权利人有权基于物权请求要求其返还原物或停止侵害。[①] 因为既然新的权利人已经取得物权，其就可以向原权利人提出请求，以保护其物权。最后，如果原权利人的债权人要求对该财产查封、扣押，或要求法院强制执行，新权利人有权对抗其请求。

第二，原权利人已经丧失了物权。尽管在登记簿上被记载为权利人，但实际上原权利人已经丧失了其权利。所以其只享有权利的外观，但不享有任何实际的权利。在判决和裁定生效之后，原权利人不能以其为登记记载的权利人而处分财产，也不能继续对财产进行不正当的利用，从而造成对财产的损害。如果原权利人在法院判决生效之后继续处分财产，将构成无权处分，因此给新权利人造成损害的，应当承担损害赔偿责任。需要指出的是，尽管法院判决或者仲裁机关裁定已经确定了物权的归属，但如果没有进行查封登记或者异议登记，则登记簿上记载的仍然是原权利人，此时基于登记产生的效力，原权利人转让不动产时，善意第三人仍然受到善意取得制度的保护。

第三，在没有办理登记之前，新的权利人不得处分物权。判决和裁定并不是公示的替代方法。新的权利人未经登记处分财产，不能发生物权变动的效果，法律上不承认受让人因此而取得物权。毕竟按照公示原则，需要登记的物权在发生变动时，必须办理登记，只有在登记的情况下才能够产生公信力，从而保障交易安全。[②]

第四，登记机构负有办理相关登记的义务。这就是说，登记机构有义务根据法院和仲裁机构的法律文书来办理产权的更正登记手续，而不能加以拒绝，所以它对登记机构也产生了一种效力。法院和仲裁机构关于物权变动的判决、裁定之所以能够发生物权变动的效果，就是因为它必须成为登记的依据。一旦判决或者裁定生效，新的权利人在没有办理登记的情况下也享有物权，既可以基于该物权对抗原权利人和原权利人的债权人，也可以基于其享有物权的事实要求登记机构变更登记。

（二）征收

所谓征收，是指国家为了公共利益的需要，在依法作出补偿的前提下，利用公权力强制性地将集体或私人所有的财产征归国有的行为。征收行为

① 参见刘家安：《民法物权》，中国政法大学出版社 2023 年版，第 103 页。

② 参见孙宪忠：《中国物权法总论》，法律出版社 2014 年版，第 381 页。

生效也可以发生物权变动。有关引起物权变动的事实行为中,较为重要的一种就是征收行为。许多国家将因征收行为所导致的物权变动规定在宪法或者其他宪法文件中,而不是在物权法中。这是因为,征收涉及公权力和基本民事权利(财产权)的冲突,而西方各国宪法中的基本权利首先是指财产权,所以,将征收所引起的物权变动规定在宪法中也是容易理解的。[①] 根据我国《民法典》第229条的规定,一旦有关人民政府作出征收决定,下达征收令,该决定生效之后即发生物权移转效果。

征收之所以直接导致物权的变动,主要是因为:一方面,征收是国家行使公权力的行为,征收令应当产生物权变动的后果,如果征收令生效之后,不能立刻发生物权变动的后果,此种征收决定可能名存实亡,影响国家机关依据合法权限和合法程序作出的征收决定的权威性。在征收以后,如果还要进行物权的公示和办理登记,也会影响征收的实际效果。例如,在没有办理登记之前,原权利人仍然可以处分该财产,而且原权利人的债权人也可以向法院申请对该财产进行查封、扣押,这样就会影响征收的进行,增加征收成本。另一方面,征收本身就是强制性移转所有权的方法,由于登记需要原登记权利人的协助,所以在征收的情况下,难以将登记的办理作为物权变动的前提条件。[②]

需要探讨的是,对于征收令从何时开始生效,则存在不同的看法。应当看到,《民法典》第229条所说的生效具有其特定的含义,并不是指发布了征收决定就发生了效力,而是必须要补偿完成后征收决定才发生效力。在实践中,确实存在有的政府还没有与被征收人达成补偿协议,就发布征收公告,并认为自公告之日起就发生物权变动。本书认为,在没有达成补偿协议之前,征收的条件尚未具备,如果在此情形下作出征收行为,就意味着行政机关可以在不具备法律规定条件的情形下,享有单方面依据职权改变物权归属的权力,这显然不利于保护被征收人的合法权益。[③] 也就是说,在征收补偿完成之后,被征收人对征收决定未提起行政复议或诉讼,或者提起了行政复议或诉讼后原征收决定被维持的,才能认为征收令发生了效力。

(三)因继承取得物权

所谓因继承取得物权,是指继承人依法取得被继承人的遗产,并据此取

---

① 参见任重:《〈民法典〉第229条(法律文书导致物权变动)诉讼评注》,载《云南社会科学》2023年第1期。

② 参见黄薇主编:《中华人民共和国民法典物权编解读》,中国法制出版社2020年版,第55页。

③ 参见崔建远:《中国民法典释评·物权编》(上卷),中国人民大学出版社2021年版,第181页。

得相关的物权。《民法典》第230条规定："因继承取得物权的，自继承开始时发生效力。"依据该规定，法定继承开始后，就会发生物权变动的效力，即继承人取得继承财产的所有权和其他物权，成为新的物权人。此处所说的继承，是指被继承人死亡之后，依据法律规定或者遗嘱由继承人继承被继承人的遗产。因此，"继承开始"是指被继承人死亡之时，无须继承人作出接受继承的意思表示，[①]而死亡则包括自然死亡和宣告死亡，后者自判决确定死亡之时开始继承。[②] 此处所说的继承包括法定继承、遗嘱继承。依据《民法典》第230条的规定，继承开始后，就会发生物权变动的效力，即继承人取得继承财产的所有权和其他物权，成为新的物权人。

1. 法定继承

依据《民法典》第230条的规定，法定继承开始后，就会发生物权变动的效力，即继承人取得继承财产的所有权和其他物权，成为新的物权人。《民法典》第1124条第1款规定："继承开始后，继承人放弃继承的，应当在遗产处理前，以书面形式作出放弃继承的表示；没有表示的，视为接受继承。"据此，继承开始以后，所有继承人基于法律规定取得被继承人的财产。《民法典》规定在法定继承开始后，就发生物权变动的效力，主要原因在于：

第一，避免使遗产成为无主财产。[③] 为了防止被继承人死亡之后，继承财产成为无主财产，必须立即承认物权变动的效果，使财产的权利归属状态不间断。也就是说，权利义务的原归属点消失时，必须为财产找到新的权利义务归属点。如果法律规定直到登记完成遗产才能归属于继承人，那么，被继承人死亡之后至登记之前，就不能确定权利的归属。

第二，依据我国《民法典》第1161条的规定，继承人继承遗产应当清偿被继承人的债务，而且继承人清偿被继承人的债务以其继承的遗产为限。这就需要明确继承人从继承开始时即对遗产享有所有权，否则无法判断债务的清偿主体和范围。因为被继承人死亡，其民事主体资格已经消灭，故而其不能再作为债务人清偿自身债务，而继承人因为要继承财产，才与被继承人的债务人之间发生清偿关系。遗产必须具有新的所有权人，因被继承人一旦死亡，继承就开始了，继承人就应当承受被继承人的一切权利义务。换

---

① 参见孙宪忠、朱广新主编：《民法典评注：物权编》（第1册），中国法制出版社2020年版，第194页。

② 参见胡康生主编：《中华人民共和国物权法释义》，法律出版社2007年版，第80页。

③ 参见孙宪忠、朱广新主编：《民法典评注：物权编》（第1册），中国法制出版社2020年版，第193页。

言之,被继承人的财产权利义务从继承一开始就当然地归属于继承人。[①]

第三,最大限度地尊重被继承人的意志,维护继承人的利益,防止各种纠纷的发生。例如,甲死亡之后,其子乙正在国外,并不知悉其父亲去世,自然也无从办理登记,将其父的财产登记到自己名下,但其仍然享有所有权。这就可以直接确定物权的归属,避免因继承人还没有实际占有继承财产而发生各种产权争议。如果只有一位继承人,遗产就归该继承人所有,如果继承人为数人,则遗产就归全体继承人共有。当然,如果某项财产本来属于遗产的范围,但因为登记错误而登记在他人名下,此时,继承人只能通过确权程序确认其财产权利。

当然,依据《民法典》物权编的规定,被继承人死亡后,其财产只是转移给了继承人,如果继承人丧失继承权或者抛弃继承权,可以认为其自继承开始时就不享有所有权。

2. 遗嘱继承

遗嘱继承可否发生物权变动效力?对此,比较法上存在两种模式:第一种模式是继承具有债权效力,德国法采取此种模式,其认为继承并不能直接导致物权变动,仅仅是使继承人享有对遗产管理人的请求权,遗产管理人应当以遗产先清偿债务,剩余遗产才能满足继承人的请求。[②] 第二种模式是遗嘱继承具有物权效力,其认为继承发生后,继承人直接取得物权。依据《民法典》第 230 条的规定,我国法律采取第二种模式。《民法典》之所以承认遗嘱继承自遗嘱生效时就发生物权变动的效力,即在继承开始后,遗嘱继承人即可以基于法律规定取得物权,[③]是由遗嘱这种法律行为的特殊性决定的。遗嘱行为属于死因法律行为,行为人死亡,遗嘱才发生法律效力。因而,依据遗嘱的规定,要求被继承人和遗嘱继承人或者受遗赠人之间进行交付或者登记是不可能的,因为已经去世的人无法协助办理登记手续或者进行动产标的物交付。如果强行要求交付或者登记,则在交付或者登记之前,遗产就可能处于无主状态,这样就不利于确定权利的归属,实现定分止争的目的。[④] 当然,在继承人为多人时,一旦继承发生,遗产属于继承人共有,但继承人可以请求遗产管理人分割,只有在实际分割之后,继承人才可以获得单独的完整的所有权。

---

① 参见杨与龄:《民法物权》,台北,五南图书出版股份有限公司 1996 年版,第 29 页。

② 参见刘家安:《民法物权》,中国政法大学出版社 2023 年版,第 104 页。

③ 参见黄薇主编:《中华人民共和国民法典物权编解读》,中国法制出版社 2020 年版,第 56 ~ 57 页。

④ 参见石冠斌:《论非基于民事法律行为的物权变动》,载《学术交流》2024 年第 6 期。

遗嘱继承和遗赠都是基于合法的遗嘱而产生的。遗赠是指公民以遗嘱方式将其遗产中财产权利的一部分或全部赠给国家、集体组织、社会团体或法定继承人以外的个人，其在性质上属于赠与关系。[①]《民法典》第1124条第2款规定："受遗赠人应当在知道受遗赠后六十日内，作出接受或者放弃受遗赠的表示；到期没有表示的，视为放弃受遗赠。"因此，受遗赠人需要表示接受赠与，才能依法取得物权。《民法典》第230条修改了原《物权法》第29条的规定，不再将受遗赠作为非基于法律行为的物权变动的情形，这主要是因为，遗嘱属于法律行为，而不属于事实行为，因此，因遗赠引起的物权变动在性质上属于基于法律行为的物权变动，需要依据基于法律行为的物权变动规则认定其物权变动效果。换言之，遗赠在性质上属于赠与关系，在基于遗赠而发生物权变动的情形下，既需要被继承人作出遗赠的意思表示，也需要完成法定的物权变动公示方法，否则无法完成物权变动。[②] 因此，遗赠并不是非基于法律行为发生物权变动的情形。

（四）合法建造房屋、拆除住房、添附等事实行为

《民法典》第231条规定："因合法建造、拆除房屋等事实行为设立或者消灭物权的，自事实行为成就时发生效力。"该条实际上是对于因事实行为而发生的物权变动所作的规定。[③] 所谓事实行为，是指不以行为人的意思表示为要素，由于法律的规定，会产生一定民事法律后果的行为。依据《民法典》第231条的规定，事实行为成就就可以发生法定效果。所谓成就，实际上就是指完成了一定的事实行为，例如，完成了《民法典》第231条规定的建造、拆除行为。所谓发生效力，是指发生物权变动的效果，即行为人自动取得所有权或者自动丧失所有权。例如，房屋建成导致房屋所有权产生，材料销毁导致材料所有权消灭。[④] 当然，并不是所有的事实行为都可以发生物权变动的效果，法律只是基于政策的考虑，赋予某些事实行为的成就具有物权变动的效力。因此，基于事实行为发生物权的变动，必须符合法律规定的构成要件。

1.合法建造房屋。合法建造房屋之所以可以取得物权，一方面，是因为建房人对房屋建造进行了投资，按照"谁投资，谁受益"的原则，可以依法取得所有权。按照所有权取得方式，生产和劳动是所有权取得的首要方法，建

---

① 参见黄薇主编：《中华人民共和国民法典物权编解读》，中国法制出版社2020年版，第57页。
② 参见房绍坤：《遗赠效力再探》，载《东方法学》2022年第4期。
③ 参见黄薇主编：《中华人民共和国民法典物权编解读》，中国法制出版社2020年版，第58页。
④ 参见黄薇主编：《中华人民共和国民法典物权编解读》，中国法制出版社2020年版，第58页。

房人为建房投入了自己的资金和劳动，即使未办理登记，建房人也应当取得产权。这也符合生活习惯。另一方面，是因为建房人合法建造房屋之后，如果房屋已经具备四壁和顶盖，就已经形成了一个新的不动产。对该不动产，在没有办理登记之前，在法律上就应当确定其归属。不能因为未办登记或未及时办理登记，而使该财产成为无主财产。尤其应当看到，在农村，房屋并没有要求登记。如果不赋予这些建造人取得物权的权利，则在登记之前，由于其尚未享有物权，可能随时遭受第三人的侵害，就无法获得物权法所规定的保护，容易产生财产纠纷。确认建房人取得所有权有利于最大限度地防止争议发生，保护建房人的利益。如果第三人侵害了该物权，建房人因已经取得了物权，可以行使物权请求权排除第三人的侵害。

合法建房取得物权的条件是：第一，必须有合法的建房手续。《民法典》第 231 条所说的合法建房是指取得了合法手续的建房，违章建筑不能取得物权。按照《民法典》第 231 条的规定，只有合法建筑才能够在建成之后发生物权变动的结果，如果是非法、违章建造房屋形成的违章建筑，当然不适用本条的规定。所谓合法，主要是强调完成了特定的审批手续，取得了合法的土地权利，符合规划要求。根据《民法典》第 231 条的反面解释，违法建筑物不得归建造人所有，[①]否则就意味着鼓励人们擅自突破城市规划、违章建房。违章建筑虽然也体现了一定的财产利益，但因为不是合法建房，总体上不应该作为不动产物权受到物权法的保护。第二，必须已满足构成建筑物的基本要求。如果房屋尚处于建设过程中，甚至尚未构成在建建筑物，因而不动产物权的客体尚不存在，自然不能取得不动产物权。

按照《民法典》的规定，因事实行为所发生的物权变动与一般物权变动有区别，此种区别表现在：一方面，因合法建房只能取得物权，建房人在法律上还不能取得完全的所有权，其必须经过登记才能够取得完整的所有权。另一方面，此种基于事实行为所取得的物权在对抗第三人的效力方面受到限制，因为此种物权毕竟没有经过登记，缺乏法定的权利外观，所以在处分方面应当受到一定的限制，即未经登记，权利人移转该房产，或者将房产设置抵押的，不发生物权变动的效力。所以，《民法典》第 232 条规定，依据事实行为取得的物权，应及时办理登记；未经登记，在进行处分行为时，不发生物权的效力。

2. 拆除住房。拆除房屋也可以导致物权变动，此种变动是指所有权的

---

① 参见崔建远：《中国民法典释评：物权编》（上卷），中国人民大学出版社 2020 年版，第 182 页。

客体灭失，导致房屋所有权丧失，但是宅基地使用权或者建设用地使用权并不随之丧失。如果原灭失房屋没有登记，则在灭失的情况下，原所有权人没有必要办理涂销登记；但是如果原房屋已经在不动产登记机构办理了登记，则原所有权人必须补办涂销登记，以防止造成登记错误，影响交易安全。

3. 其他事实行为。《民法典》第322条规定，“因加工、附合、混合而产生的物的归属，有约定的，按照约定；没有约定或者约定不明确的，依照法律规定；法律没有规定的，按照充分发挥物的效用以及保护无过错当事人的原则确定”。依据这一规定，在发生添附的情况下，会发生物权的变动，基于添附这一事实行为所发生的物权变动也属于非基于法律行为发生的物权变动。

三、非基于法律行为的不动产物权变动的登记

（一）依法需要办理登记的应当登记

非基于法律行为发生的不动产物权变动也应当进行登记，但是在未获得登记时，应当受到物权法的保护。《物权编司法解释（一）》第8条规定：“依据民法典第二百二十九条至第二百三十一条规定享有物权，但尚未完成动产交付或者不动产登记的权利人，依据民法典第二百三十五条至第二百三十八条的规定，请求保护其物权的，应予支持。”据此，非依法律行为发生的物权变动不以动产交付或不动产登记为必要，物权人当然可以行使物权请求权。

（二）未经登记处分该物权时，不发生物权效力

非基于法律行为的物权变动，仍然受到法律的保护。根据《物权编司法解释（一）》第8条的规定，此时的权利人仍有权请求保护物权。新的权利人在没有办理登记之前虽然可以取得物权，但此种物权的效力仍不完整，还不是一种完全的所有权，[①]或者说是受到限制的物权，这种限制主要发生在其处分行为中。为了保障交易的安全，保护当事人的合法权利，新权利人处分不动产物权时应当先办理登记，否则处分不发生物权效力。

首先，如果新的权利人依据《民法典》第232条享有不动产物权，应当及时办理登记，否则会影响其处分权的实现，使其享有的权利成为一种不完全的所有权。当然，对动产物权而言，并不存在这样的问题。

其次，依照法律规定需要办理登记，未经登记而处分物权的，不发生物权效力。所谓“不发生物权效力”，一方面，是指未经登记并不影响合同的效力，合同是否有效，要视具体情况而定。如果未经登记而处分物权，合同仍

---

① 参见孙宪忠、朱广新主编：《民法典评注：物权编》（第1册），中国法制出版社2020年版，第206页。

然可以有效；如果因为不符合法律规定的物权变动的条件，导致物权无法移转，则出让人要承担违约责任。另一方面，新的权利人未经登记处分财产，不能发生物权变动的效果，法律上不承认受让人因此而取得物权。[①] 毕竟按照公示原则，需要登记的物权在发生变动时，必须办理登记，只有在登记的情况下才能够产生公信力，从而保障交易安全。如果在办理登记之前，就允许新的权利人随意处分自己的物权，将影响整个交易秩序，将来可能会因财产多次转手而导致许多的产权纠纷。如果需要办理登记而不办理登记就处分产权，则意味着将该判决和裁定等同于产权证书，司法和仲裁机关的职能就取代了登记机构的职能。所以，依法应当办理登记的，在未办理登记之前，不能实际取得处分权。从这一意义上说，权利人的处分权在此时是受限制的。因法院的生效裁判而取得的不动产物权，"虽不以登记为生效要件，但非经登记不得处分其物权，以维护交易之安全。唯所谓不得处分物权，并不包括与人订立买卖或其他债之契约之情形在内"[②]。

问题在于，如果在判决或者裁定生效后，办理变更登记之前，原权利人处分了房屋，有可能损害新的权利人利益。在此情况下，新的权利人在未办理登记之前，应当及时到登记机构办理更正登记，其也有权提出异议登记，以防止所有权受到侵害。如果新的权利人没有及时办理相关登记手续以维护自己的权利，则要承担由此带来的风险和损失。

---

① 参见崔建远：《中国民法典释评：物权编》（上卷），中国人民大学出版社 2020 年版，第 185 页。

② 姚瑞光：《民法物权论》，台北，1988 年（公元纪年）自版发行，第 28 页。

第四章　不动产登记

第一节　不动产登记概述

一、不动产登记的概念和特征

不动产登记，是指国家登记机构将不动产物权变动的事项记载于不动产登记簿并供公众查阅的行为。换言之，不动产登记是指专门的登记机构根据登记申请人的申请，依照法定的程序，对不动产物权的设立、变更、转让和消灭的情况在不动产登记簿上进行记载并供不特定的第三人查阅的行为。[①]《不动产登记暂行条例》第 2 条第 1 款规定："本条例所称不动产登记，是指不动产登记机构依法将不动产权利归属和其他法定事项记载于不动产登记簿的行为。"登记的客体主要是不动产，[②]它是不动产物权变动的法定公示方法。物权的公示原则要求当事人应当将物权设立和变动的事实通过一定的公示方法向社会公开，从而使第三人知道物权存在和变动的情况。不动产登记是不动产物权设立和变动的主要公示方法。在公示方法中，最重要的就是不动产的登记制度，可以说，完备的登记制度不仅是保障财产交易有序化的重要措施，而且是整套物权法律制度赖以存在的基础。只有在一个完备的登记制度之下，绝大多数不动产物权才得以设立和有秩序地移转。

依据《民法典》第 209 条的规定，不动产登记是不动产物权变动的公示方法，其具有如下几个特点。

---

① 参见孙宪忠：《论物权法》，法律出版社 2001 年版，第 439 页。

② 对于登记的范围，《不动产登记暂行条例》第 5 条规定："下列不动产权利，依照本条例的规定办理登记：（一）集体土地所有权；（二）房屋等建筑物、构筑物所有权；（三）森林、林木所有权；（四）耕地、林地、草地等土地承包经营权；（五）建设用地使用权；（六）宅基地使用权；（七）海域使用权；（八）地役权；（九）抵押权；（十）法律规定需要登记的其他不动产权利。"

第一,不动产登记是登记机构将不动产物权的设立、变更、转让和消灭的事实记载于登记簿的行为。登记必须要由登记申请人提出申请,由登记机构负责办理登记。登记的本质在于将有关不动产物权设立、移转、变更、消灭等情况登录、记载于登记簿上,以备人们查阅。登记簿是指登记物权变动以及相关事项并备存于登记机构的簿册。在登记制度中,登记簿具有特殊的地位,即登记簿是证明物权设立及变动的重要根据。登记簿应当具有统一性,与不动产物权变动有关的事项都应当在同一个登记簿中予以体现。登记行为本身含有公权力行使的因素,登记簿可以说是由国家建立的财产档案,[①]因此,登记簿具有权威性。不动产物权设立、变更、转让和消灭的时间,应当以记载于不动产登记簿时发生效力的时间为准。[②]

第二,不动产登记是就不动产物权的变动进行的登记。根据《民法典》第 214 条的规定,不动产登记的事项主要包括不动产物权的设立、变更、转让和消灭。

一是不动产物权的设立。除极少数法定物权以外,物权的产生都以公示为条件,即使当事人之间存在协议,但是该协议也只能在当事人之间生效,不能产生物权设立的效果。公示是物权设立的重要条件,不动产物权一旦经过了登记,则人们有合理的理由相信其物权已经设立。如果当事人通过合同约定设定某种物权,但尚未进行登记,因其没有完成公示的要求,人们便可以相信此种物权并没有产生。在一项不动产之上设立的他物权(如在土地使用权上设立的抵押权等),通常表现为对所有权的限制即不动产的负担。例如,在某项房产上设立了抵押实际上就是在该房产上设立了负担,必须对外公示。

二是不动产物权的变更。不动产物权的变更主要是指物权内容和客体的变化,此种变更为狭义的物权变更,不包括物权主体的变化。不动产的状况和权利内容发生变更,也必须在登记簿上体现,否则不能发生物权变动的效力。如果某种物权已经发生了变动,但没有在登记簿上予以记载,则在法律上视为并没有真正完成物权的变动。从法律效果上来看,只要作为公示内容的物权现状没有变动,便可以视为未曾发生物权变动。反之,如果登记记载的某项物权已经发生变动,但事实上并没有变动,在法律上则推定物权已经发生了变动。例如,甲将其房屋抵押给乙,用于担

---

① 参见胡康生主编:《中华人民共和国物权法释义》,法律出版社 2007 年版,第 49 页。

② 参见黄薇主编:《中华人民共和国民法典物权编解读》,中国法制出版社 2020 年版,第 24 页。

保其1000万元债务，后当事人约定将抵押权所担保的债权数额由1000万元减少至500万元，此种情形即属于抵押权内容的变更。

三是不动产物权的转让。不动产物权的转让，是指在物权客体、内容不发生变化的情况下，物权的主体发生变更。例如，某人将房屋转让给他人，应当办理房屋所有权移转登记。

四是不动产物权的消灭。不动产物权由于某种原因而消灭时，应当将不动产物权在不动产登记簿上注销，以防止此类物权再进入交易市场。例如，房屋因为火灾被烧毁，就应当在房屋登记机构办理注销登记。拆除房屋以后，也应当办理注销登记。

五是不动产上权利的其他情形。这主要是指其他对不动产物权进行限制的情形，例如，对不动产物权进行查封、对不动产进行财产保全等。这些措施旨在限制不动产权利人的处分权，因而有必要通过登记予以公示。

既然不动产登记是一种公示方法，登记的一些内容应能够为人们所查阅。登记的一些内容应当是公开的信息，而登记完成以后也意味着将登记的事实向社会公示、公开，如果登录、记载的事实属于不宜向社会公示、公开的事实，则不属于登记事项。

第三，不动产登记的客体仅限于不动产。不动产登记顾名思义针对的是不动产。不动产登记本身是一套完整的制度，并且要由统一的登记机构办理。至于动产，并非不需要登记，例如，车辆、船舶等也需要登记，但其登记机构和规则等与不动产登记制度是有差异的。权利质押的登记，必须要依照《民法典》的规定在有关机关办理登记，但此种登记也不属于不动产的登记。

第四，登记在性质上是一种公示方法。登记是不动产物权变动的公示方法，登记的目的在于将物权变动的事实对外公开。[①] 因此，登记并非一种行政许可或者行政确认行为。当事人办理不动产物权变动登记并不需要政府的审批和核准，而是将物权变动的事实对外公开。可见，登记行为只是对于法律事实的确认，而不是创造了一个新的权利。如果认为登记行为能够创设基本权利，那么就给人以行政行为能够创设权利的假象。当然，登记具有权利的推定效力，但登记本身不是创造权利的根源，也并不意味着事实上的权利状况就绝对地与登记相符。[②]

第五，登记兼具民事行为和行政行为的属性。登记行为的性质究竟是

① MünchKomm/Kohler, 5. Aufl. 2009, § 873 Rn. 89 ff.

② MünchKomm/Kohler, § 891 Rn. 1.

民事行为还是行政行为，在学理上一直存在争议。多数观点认为，登记应当是一种民事行为。[①] 本书认为，登记行为具有双重属性。一方面，登记机构只能基于当事人的请求而进行登记。登记请求权是民法上的请求权，通过不动产登记而发生不动产物权变动这一实体法上的法律效果。另一方面，登记具有行政行为或行政活动的性质。[②] 这是因为：首先，登记机构性质上属于行政机构，其代表国家从事的登记活动属于行政活动，因此必须严格依照法律规定的程序进行活动，即依法行政。所以就登记机构而言，其从事的登记活动是一种行政行为，必须按照法律规定进行活动，既不能超越法律的授权，也不能违背法律赋予的职责。例如，对于我国《民法典》第 212 条规定的登记机构应当履行的职责，实际上是要求登记机构在从事登记活动时必须合法。其次，登记机构没有正当理由拒绝办理登记或者拒绝更正登记的，当事人有权就登记机构的行政不作为提起行政诉讼。最后，登记机构在从事登记活动时，如果违反法律法规的规定，没有依照法律的程序和法定权限进行登记，不仅要承担由此产生的行政责任，而且要对因此遭受损害的当事人承担国家赔偿责任。

长期以来，我们将登记作为行政机关所享有的行政管理的职权，而不是一种公示方法。这就造成了登记机构与行政机关的设置和职能合一的问题。[③] 为了克服分散的登记制度所造成的弊端，《民法典》第 210 条规定："不动产登记，由不动产所在地的登记机构办理。国家对不动产实行统一登记制度。统一登记的范围、登记机构和登记办法，由法律、行政法规规定。"所谓不动产的统一登记制度，就是指由一个登记机构统一负责有关不动产的登记事务，并在登记范围和登记规则、程序等方面实现统一。2014 年，国务院制定《不动产登记暂行条例》，全面落实物权法的规定。2016 年 1 月 1 日，原国土资源部颁布了《不动产登记暂行条例实施细则》，贯彻落实了国家对不动产实行统一登记制度。

二、不动产登记的例外

《民法典》第 209 条第 1 款规定："不动产物权的设立、变更、转让和消灭，经依法登记，发生效力；未经登记，不发生效力，但是法律另有规定的除外。"此处所言的"未经登记，不发生效力，但是法律另有规定的除外"主要包括如下几种情形。

---

① 参见龙卫球：《不动产登记性质及其纠纷处理机制研究》，载《法律科学》2017 年第 1 期。

② 参见程啸：《不动产登记法研究》，法律出版社 2011 年版，第 41 页。

③ 参见黄薇主编：《中华人民共和国民法典物权编解读》，中国法制出版社 2020 年版，第 20 页。

第一，依法属于国有自然资源，可以不登记。《民法典》第 209 条第 2 款规定：“依法属于国家所有的自然资源，所有权可以不登记。”之所以自然资源不要求登记，存在如下三个方面原因：一是我国《宪法》已经规定自然资源属于国家所有，《民法典》对此也进行了规定，所以已经十分明确。例如，《宪法》第 9 条第 1 款明确规定：矿藏、水流、森林、山岭、草原、荒地、滩涂等自然资源，都属于国家所有，即全民所有；由法律规定属于集体所有的森林和山岭、草原、荒地、滩涂除外。《民法典》物权编第五章在有关国家所有权的规定中，也对宪法的相关规定进行了落实。① 二是我国《宪法》和法律明确规定有关自然资源不允许个人、企业等取得所有权。既然公示公信主要是通过法律行为取得的，那么在宪法和法律明确规定不得取得自然资源所有权的情况下，当事人也就不能通过法律行为产生物权变动，在实践中也难以发生纠纷，所以是否对自然资源进行登记，意义不大。三是既然我国《宪法》和法律都已经规定自然资源属于国家所有，那么因宪法和法律的规定，自然已经取得了公示的效力，甚至比物权的公示具有更高的效力，因此不必进行登记。②

第二，非因法律行为引起的物权变动，可以不经登记。《民法典》第 229 条至第 231 条对此进行了规定。当然，依据《民法典》第 232 条的规定，在处分不动产物权时，如果未经登记，则不发生物权效力。

第三，机动车、船舶、航空器等交通工具采取登记对抗主义。《民法典》第 225 条规定，船舶、航空器和机动车等的物权的设立、变更、转让和消灭，也可以不登记，但未经登记，不得对抗善意第三人。

第四，某些用益物权的变动不以登记为要件。换言之，这些用益物权的变动采取债权意思主义的物权变动模式，在合同生效后，即可发生物权变动，具体而言：一是土地承包经营权。《民法典》第 333 条第 1 款规定：“土地承包经营权自土地承包经营权合同生效时设立。”二是宅基地使用权。《民法典》第 363 条规定：“宅基地使用权的取得、行使和转让，适用土地管理的法律和国家有关规定。”另外，根据《土地管理法》第 62 条的规定，宅基地使用权系由申请审批方式取得。三是地役权。《民法典》第 374 条规定：“地役权自地役权合同生效时设立。当事人要求登记的，可以向登记机构申请地役权登记；未经登记，不得对抗善意第三人。”

---

① 参见黄薇主编：《中华人民共和国民法典物权编解读》，中国法制出版社 2020 年版，第 16 页。

② 参见黄薇主编：《中华人民共和国民法典物权编解读》，中国法制出版社 2020 年版，第 17 页。

三、不动产登记簿与权属证书

(一)不动产登记簿

所谓登记簿,是指由登记机构依据当事人的申请或者依职权将物权变动以及相关事项记载于其上并予以保管、公示的特定簿册。将登记的事实记录在登记簿之后,如果是权属登记,登记机构应该向登记权利人发放权属证书。不动产登记簿是有效地表明权利人就不动产享有权利及其内容的根据。由于登记簿应当对外公开,权利人和利害关系人有权查阅,因而法律赋予登记簿记载的内容以公信力。

在我国,不动产登记簿的特点主要表现在以下几个方面。

第一,由登记机构负责管理。在我国,登记机构是国家设立的专门登记的机构,在公示物权方面具有公信力和权威性。换言之,不动产登记簿是国家建立的档案簿册,具有很强的公信力。[①] 依据《民法典》第 216 条第 2 款规定的“不动产登记簿由登记机构管理”,这也保障了其权威性。因为登记是由国家机构作为独立的第三者,通过现代的数据管理手段而将登记的事项予以记载并对外公示的行为,登记的方式具有较高的权威性,并且因为登记机构要进行必要的审查,登记的内容具有真实性和可靠性。对于信赖登记簿记载事项而从事交易的主体,法律要保护其合理信赖。

第二,采取物的编成主义。《不动产登记暂行条例》第 8 条第 1 款规定:“不动产以不动产单元为基本单位进行登记。不动产单元具有唯一编码。”《不动产登记暂行条例实施细则》第 6 条规定:“不动产登记簿以宗地或者宗海为单位编成,一宗地或者一宗海范围内的全部不动产单元编入一个不动产登记簿。”由此可见,不动产登记采取物的编成主义,而没有采取人的编成主义。[②]

第三,具有统一性。所谓统一性,是指在某个登记区域内只能有一个不动产登记簿,不能存在多个登记簿,有关不动产的权属和内容只能以一个登记簿的记载为准,详细记载与不动产物权变动相关的事项,权利人和利害关系人只需查询一个登记簿即可。同时,登记簿中会详细记载不动产物权变动的相关事项,其既包括不动产所有权变动事项,也包括不动产担保等相关事项。

---

① 参见黄薇主编:《中华人民共和国民法典物权编解读》,中国法制出版社 2020 年版,第 24 页。

② 《不动产登记暂行条例》第 8 条第 3 款规定:“不动产登记簿应当记载以下事项:(一)不动产的坐落、界址、空间界限、面积、用途等自然状况;(二)不动产权利的主体、类型、内容、来源、期限、权利变化等权属状况;(三)涉及不动产权利限制、提示的事项;(四)其他相关事项。”

第四,具有公开性。登记簿应当对外公开,权利人和利害关系人有权查阅。根据《不动产登记暂行条例》第8条的规定,不动产登记机构应当按照国务院自然资源主管部门的规定设立统一的不动产登记簿。关于登记簿的形式,依据《不动产登记暂行条例》第9条的规定,不动产登记簿应当采用电子介质,暂不具备条件的,可以采用纸质介质,但无论采用何种形式,不动产登记簿都应当对外公开,允许当事人依法查询。

第五,效力具有法定性。不动产登记簿的效力表现为如下三点。一是作为确认物权归属和内容的根据。《民法典》第216条规定:"不动产登记簿是物权归属和内容的根据。不动产登记簿由登记机构管理。"不动产登记簿应当记载不动产的坐落、界址、空间界限、面积、用途等自然状况;不动产权利的主体、类型、内容、来源、期限、权利变化等权属状况;涉及不动产权利限制、提示的事项;其他相关事项。不动产登记机构应当依法将各类登记事项准确、完整、清晰地记载于不动产登记簿。这些记载的内容是权利人就不动产所享有的权利及其内容的根据。二是具有推定力。登记簿记载的权利人应推定为法律上的权利人,登记簿记载的权利归属应推定为真实的权利状况。① 当然,如果当事人有其他充分证据,足以推翻登记簿记载内容的,则不能再依据登记簿确定不动产物权归属。三是具有公信力,即任何人查阅登记后,因相信登记所记载的权利状况而与登记记载的权利人进行交易,这种信赖仍应受到保护。② 即使事后发现登记错误而被更正,或权利内容与真实的权利人不一致,在更正以前,第三人因信赖登记也构成善意。

依据《物权编司法解释(一)》第15条第1款的规定,在如下情形下,应当认定不动产受让人知道转让人无处分权,构成恶意:一是登记簿上存在有效的异议登记;二是预告登记有效期内,未经预告登记的权利人同意;三是登记簿上已经记载司法机关或者行政机关依法裁定、决定查封或者以其他形式限制不动产权利的有关事项;四是受让人知道登记簿上记载的权利主体错误;五是受让人知道他人已经依法享有不动产物权。在构成恶意的情形下,其信赖利益不应当受到保护。

(二)权属证书

所谓权属证书,是指证明物权的凭证。权属证书也可以作为权利存在的证据,但它不是确权的主要依据。如果是不动产权属登记,一旦将登记的

---

① 参见崔建远:《中国民法典释评:物权编》(上卷),中国人民大学出版社2020年版,第92页。

② 参见刘家安:《民法物权》,中国政法大学出版社2023年版,第188页。

事实记录在登记簿，登记机构就应该向登记权利人发放权属证书。《民法典》第 217 条规定："不动产权属证书是权利人享有该不动产物权的证明。不动产权属证书记载的事项，应当与不动产登记簿一致；记载不一致的，除有证据证明不动产登记簿确有错误外，以不动产登记簿为准。"该条确立了如下规则。

第一，不动产权属证书是权利人享有该不动产物权的证明。申请人在办理登记之后，登记机构将依法对其颁发不动产权属证书，权属证书是证明权利申请人享有某种权利的证明。权属证书作为表彰不动产权利归属的一项证明文件，在发生产权争议的情况下，可以作为一种书证来使用，仅是不动产登记簿所记载的内容的外在表达形式。[①] 实践中，当事人进行交易时，权利人一般需要出具权属证书来证明自己享有相应的产权。例如，债务人将其房产设定抵押时，需要向抵押权人出具房产证。

第二，不动产权属证书记载的事项，应当与不动产登记簿一致。不动产登记簿由登记机构管理，既然登记簿是由登记机构管理的，对于登记簿的真实性，登记机构是可以控制的。[②] 而权属证书是由当事人管理的，所以权属证书发放之后出现伪造、涂改等现象是登记机构难以控制的。且权属证书由权利人持有，其被伪造、变造、涂改的可能性较大，而不动产登记簿则难以进行改动。尤其是因为登记簿能够清晰地展现不动产上的权利变动状况，登记簿是对外公开的，第三人可以查阅登记，通过查阅会对登记簿记载的内容产生信赖，这种信赖应该受到法律的保护。如果不是以登记簿为准，将会对登记的公信力造成极大的损害，从而危害交易的安全。[③] 权属证书由权利人持有，第三人一般难以见到，是否存在错误，第三人也难以了解，从而无法对权属证书的记载提出异议。

第三，如果登记机构发现登记簿记载确实有误，此时就不能以登记簿为准，而应当依据一定的程序更正登记。如果利害关系人提出登记簿本身确实有错误，也可以在法院提起诉讼，请求重新确权。[④]

登记必须由当事人发起申请，根据《不动产登记暂行条例》第 14 条第 1 款的规定，因买卖、设定抵押权等申请不动产登记的，应当由当事人双方共

---

① 参见黄薇主编：《中华人民共和国民法典物权编解读》，中国法制出版社 2020 年版，第 33 页。

② 参见孙宪忠、朱广新主编：《民法典评注：物权编》（第 1 册），中国法制出版社 2020 年版，第 117 页。

③ 参见黄薇主编：《中华人民共和国民法典物权编解读》，中国法制出版社 2020 年版，第 33 页。

④ 参见孙宪忠、朱广新主编：《民法典评注：物权编》（第 1 册），中国法制出版社 2020 年版，第 117 页。

同申请。因此登记机构不得主动依职权办理登记，即便是人民法院、仲裁机构作出了确认物权归属的法律文书，也需要通过协助执行通知书等方式来启动登记程序。当然，依据《民法典》第 211 条的规定，当事人在提出登记申请时，应当提供不动产的权属证明、不动产界址、面积等必要的材料。同时，登记机构必须按照当事人的申请来办理登记，不得超出当事人提出的申请范围来办理有关登记手续。依据《不动产登记暂行条例》第 20 条的规定，不动产登记机构应当自受理登记申请之日起 30 个工作日内办结不动产登记手续。

（三）不动产登记簿的记载与真实权利状态不符

依据《民法典》第 217 条的规定，在权属证书与登记簿不一致的情况下，原则上应当以登记簿为准，如果利害关系人提出登记簿本身确实有错误，也需要根据一定的程序首先对登记簿记载加以更正。《物权编司法解释（一）》第 2 条规定："当事人有证据证明不动产登记簿的记载与真实权利状态不符、其为该不动产物权的真实权利人，请求确认其享有物权的，应予支持。"这一解释以不动产登记簿的权利推定效力为基础，明确了在登记错误时，真实权利人可以行使物权确认请求权。不动产登记簿仅具有权利推定的功能，即推定登记簿上的权利人为真实权利人。但如果当事人有证据证明不动产登记簿的记载与真实权利状态不符且该当事人是不动产物权真实权利人，则可以推翻不动产登记簿的推定效力，通过民事诉讼来确认其为真正权利人。

四、人的编成主义与物的编成主义

根据各国现有立法例，登记簿的编制方式主要分为物的编成主义与人的编成主义两种。① 其中，物的编成主义，是指登记簿以标的物为标准将其中信息编制成索引以供查询人检索，如此，同一标的物上的权利负担、权利限制等权利均记载于同一登记簿簿页上。我国《不动产登记暂行条例》第 8 条第 1 款规定："不动产以不动产单元为基本单位进行登记。不动产单元具有唯一编码。"据此，不动产包括不动产权利（如建设用地使用权等）采取物的编成主义，以不动产单元为编制标准。人的编成主义是指登记簿以人的姓名或名称为标准将其中信息编制成索引以供查询人检索。② 例如，甲要在某辆车上为乙设立一项抵押权，那么就在甲的登记页上记载"某年某月某日，A 将其某辆车上为乙设立了抵押权"。目前，采取物的编成主义的国家

① 参见程啸：《不动产登记簿的编制》，载《清华法学》2007 年第 4 期。

② 参见高圣平：《民法典担保制度体系研究》，中国人民大学出版社 2023 年版，第 381 页。

和地区较多,如德国、瑞士、日本、我国台湾地区等。[①] 而采取人的编成主义的主要是澳大利亚等国家和地区。在我国,依据《动产和权利担保统一登记办法》第 26 条的规定,“担保人为法人、非法人组织的,查询人以担保人的法定注册名称进行查询。担保人为自然人的,查询人以担保人的身份证件号码进行查询”。这里明显采纳了人的编成主义。有关动产(除船舶、航空器、机动车等特殊动产以外的动产)、权利(除不动产权利以外)都采用人的编成主义。两者的区别在于:

第一,适用的对象不同。物的编成主义主要适用于不动产及不动产权利、特殊动产,人的编成主要适用于动产(不包括特殊动产),以及不动产权利之外的其他权利;也能够适应浮动财产、将来财产与集合物的担保交易公示需求。[②]

第二,登记簿索引的编制标准不同。物的编成主义以物为编制标准,按照物的特定化标志(就不动产而言, 是不动产单元;就特殊动产而言,是序列号)制作成索引。利害关系人进行查询,也只能是以物的特定化标志来进行,例如根据不动产单元号来查询不动产的权属现状。即便是未来的物,也要进行特定化,例如预售房屋的不动产单元号等。但是,人的编成主义只是以人的姓名或名称为编制标准来制作成索引,例如某个企业的成套设备抵押给银行,那么登记的就是该企业将某设备抵押给某银行,查询人以该企业的法定注册名称进行查询。人是登记簿编制的出发点与核心,是依人登记其权利以及相应的负担。[③]

第三,登记内容的确定性不同。物的编成指向特定物,其特定化程度比较高,某个特定的物属于某个特定的人。但是人的编成通常仅对标的物进行概括性的描述。这主要是考虑到动产很难特定化,特别是成批量生产的动产,很难与其他动产区分开来,因此只能是概括描述。人的编成主义以担保人的姓名或名称为检索坐标,登记内容仅表明担保人正在进行担保交易及交易时间,仅需要对担保财产进行概括性描述,记载担保财产的种类即可。[④]

第四,对潜在的交易相对人利益影响不同。在物的编成主义下,内容的确定性较高,不动产登记簿也因此具有较强的公信力;而在人的编成主义

---

① 参见王轶:《物权变动论》,中国人民大学出版社 2001 年版,第 156 页。

② 参见高圣平:《统一动产融资登记公示制度的建构》,载《环球法律评论》2017 年第 6 期。

③ 参见程啸:《不动产登记法研究》(第 2 版),法律出版社 2018 年版,第 211 页。

④ 参见龙俊:《民法典中的动产和权利担保体系》,载《法学研究》2020 年第 6 期。

下，动产的特定化程度不高，仅仅只是查询登记还不能了解权利的状况，这种登记主要是一种提醒、提示作用，真正了解登记的情况，还需要进行进一步查询，例如提供某个担保的动产，虽然进行了抵押，但是该动产是否真实存在，其型号、位置等，都需要进一步核实。由于动产容易发生毁损灭失或者交易处分，因此登记的状态与真实的状态很可能不一致，需要进行实地查验。因此，有的学者主张，在动产和权利担保登记系统中，对于价值较大的动产，应兼采物的编成主义，动产和权利担保登记系统应允许以标的物作为检索标准。①

第五，登记的效力不同。物的编成主义针对的是不动产，原则上采取登记生效主义，登记是物权变动的生效要件，未经登记，物权变动不发生效力；而人的编成模式针对的是动产，主要采取登记对抗模式，除了应收账款质权采取登记生效主义以外，其他的一般都是登记对抗主义。登记仅有对抗效力，担保权在担保合同生效时即设立，但未经登记不得对抗第三人。②

五、登记请求权

（一）依申请登记规则

所谓依申请登记规则，是指登记必须由当事人申请发起，由登记机构依据申请的内容来办理登记除非法律另有规定，登记机构不得主动依职权办理登记。③ 即便是人民法院、仲裁机构作出了确认物权归属的法律文书，也需要通过协助执行通知书等方式来启动登记程序。如果没有协助执行通知书等文书，则需要由当事人提出更正登记申请。同时，登记机构必须按照当事人的申请来办理登记，不得超出当事人提出的申请范围来办理有关登记手续。如果登记机构超出当事人的申请为其办理申请之外的其他登记，就逾越了登记机构的职权。

在依申请登记规则下，登记原则上是被动的、依据当事人的申请而作出的行为，登记本身并不同于行政审批，只不过是将当事人有关物权变动的事实基于当事人的申请予以确认，并对外公开，公之于世，因此必须要由当事人提出申请，登记机构才能依法办理登记。具体而言，一是必须要申请才能启动登记程序，登记机构不得依职权自己发动登记程序，登记是当事人的一项权利。《不动产登记暂行条例》第15条第1款规定：“当事人或者其代理

---

① 参见高圣平：《〈民法典〉视野下统一动产和权利担保登记制度的构造》，载《浙江工商大学学报》2020年第5期。

② 参见谢在全：《担保物权制度的成长与蜕变》，载《法学家》2019年第1期。

③ 参见常鹏翱：《不动产登记法》，社会科学文献出版社2011年版，第98页。

人应当向不动产登记机构申请不动产登记。”《不动产登记暂行条例实施细则》第2条第1款规定：“不动产登记应当依照当事人的申请进行，但法律、行政法规以及本实施细则另有规定的除外。”即便是人民法院、仲裁机构作出了确认物权归属的法律文书，也需要通过协助执行通知书等方式来启动登记程序。如果没有协助执行通知书等文书，则需要由当事人提出更正登记申请。① 二是登记机构必须按照当事人的申请来办理登记，不得超出当事人提出的申请范围来办理有关登记手续。登记机构必须围绕当事人提供的登记资料进行审查，尽管其可以询问和实地查看，但不能主动收集登记资料。《民法典》第211条规定：“当事人申请登记，应当根据不同登记事项提供权属证明和不动产界址、面积等必要材料。”这就是说，一方面，当事人在申请登记时，应当提供权属证明和不动产界址、面积等必要材料。另一方面，当事人在申请登记时，应当根据不同的登记事项来提出申请。② 当事人提交的申请材料必须真实、客观，不得伪造、变造，否则，如果造成登记错误，申请人应当承担相应的赔偿责任。三是符合登记条件的，应该按照当事人的申请登记。四是当事人要求撤回登记的，也应该允许。③

（二）登记请求权

所谓登记请求权，是指登记权利人对登记义务人所享有的请求其履行登记义务或协助履行登记义务的权利。《不动产登记暂行条例》第14条第1款规定：“因买卖、设定抵押权等申请不动产登记的，应当由当事人双方共同申请。”这可以说在一定程度上确认了登记请求权。明确登记请求权的意义在于：一方面，如前所述，登记必须依据当事人的申请而启动程序，登记机构原则上不能主动启动登记程序。另一方面，在登记义务人拒绝履行义务的情况下，请求权人既有权请求登记机构办理登记，同时，当事人也可以请求法院强制登记义务人协助办理登记手续。④

1. 登记请求权人

登记请求权人是因登记而取得物权的人，以及其他因登记而获得利益的人。前引《不动产登记暂行条例》第14条第1款的规定表明，登记请求权人可以请求登记义务人与其一同提出申请。当然，在例外情况下（因事实而

---

① 参见常鹏翱：《不动产登记法》，社会科学文献出版社2011年版，第98页。

② 参见常鹏翱：《不动产登记法》，社会科学文献出版社2011年版，第101页。

③ 参见程啸、尹飞、常鹏翱：《不动产登记暂行条例及其实施细则的理解与适用》（第2版），法律出版社2017年版，第44页。

④ 参见张龙文：《论登记请求权》，载郑玉波主编：《民法物权论文选辑》（上册），台北，五南图书出版股份有限公司1984年版，第94～95页。

取得物权时),登记请求权人不必得到登记义务人的协助,可直接申请登记。《不动产登记暂行条例》第14条第2款规定:“属于下列情形之一的,可以由当事人单方申请:(一)尚未登记的不动产首次申请登记的;(二)继承、接受遗赠取得不动产权利的;(三)人民法院、仲裁委员会生效的法律文书或者人民政府生效的决定等设立、变更、转让、消灭不动产权利的;(四)权利人姓名、名称或者自然状况发生变化,申请变更登记的;(五)不动产灭失或者权利人放弃不动产权利,申请注销登记的;(六)申请更正登记或者异议登记的;(七)法律、行政法规规定可以由当事人单方申请的其他情形。”

2. 登记请求权的内容

登记请求权包括两方面内容:一是享有请求权的一方可以请求负有登记义务的一方为其办理登记手续或者进行更正登记。原则上,登记机构只能应登记申请人的请求,才能办理登记或者进行更正登记且只能在登记请求的范围内进行登记。二是负有办理登记义务的一方在办理登记时,如果需要对方协助,则其有权利请求对方协助办理登记。可见,在登记请求的过程中,依据法律和合同规定,一方有义务办理登记手续,另一方有义务协助办理登记手续。在登记义务人办理登记的过程中,即便当事人没有约定对方负有协助义务,基于诚实信用原则,其仍然有协助办理登记的义务,因为在登记过程中需要该当事人提交有关登记的资料,否则难以完成登记的手续。

3. 登记请求权的相对人

登记请求权的相对人,也称为登记义务人,是指在登记的记载中负有基于对方请求而协助办理登记的义务的当事人。在登记权利人与登记义务人应共同为登记申请的场合,登记义务人负有协助完成登记申请的义务。[①] 例如,就买卖而言,出卖人移转不动产的所有权给买受人,出卖人就是登记的义务人。关于登记义务人的确定问题,原则上应当由法律与合同加以确定。如果法律没有规定,则双方都应当负有办理登记的义务。

4. 登记请求权的产生依据

登记请求权既可以由法律直接规定产生,也可以由双方约定产生。[②] 合同一方依据合同的规定应当办理登记的申请,乃是一种依据合同应负的义务;而另一方要求其履行登记义务实际上是要求其实际履行合同。如果负

---

① 参见孙毅:《物权法公示与公信原则研究》,载梁慧星主编:《民商法论丛》(第7卷),法律出版社1997年版,第507页。

② 参见向明:《不动产登记制度研究》,华中师范大学出版社2011年版,第47~48页。

有登记义务的一方拒不履行登记义务，应当承担违约责任。需要指出的是，如果合同没有规定登记的义务，依据法律的规定双方也负有办理登记的义务，此种义务一旦为法律所固定下来，便可以自动转化为合同义务，任何一方违反此种义务都将构成违约。

5. 登记请求权的行使

登记请求权的行使原则上由登记权利人亲自进行。但是，如果登记请求权人属于无民事行为能力人或者限制民事行为能力人，则该权利应当由其监护人行使。《不动产登记暂行条例实施细则》第 11 条规定："无民事行为能力人、限制民事行为能力人申请不动产登记的，应当由其监护人代为申请。监护人代为申请登记的，应当提供监护人与被监护人的身份证或者户口簿、有关监护关系等材料；因处分不动产而申请登记的，还应当提供为被监护人利益的书面保证。父母之外的监护人处分未成年人不动产的，有关监护关系材料可以是人民法院指定监护的法律文书、经过公证的对被监护人享有监护权的材料或者其他材料。"该条虽然不是直接针对登记请求权的规定，但是，通过解释也可以认为，其确立了监护人代为行使登记请求的规则。

登记权利人可以请求相对人协助其办理登记手续，相对人有义务予以协助，并提供相应的资料。如果登记属于需要共同申请的情形，登记义务人有义务与登记权利人一同提出申请。从合同的角度来看，登记义务人所负有的义务，属于合同义务的范畴。如果其拒绝履行该义务，可以构成违约，应承担相应的责任。在相对人拒绝时，登记权利人可以请求法院判决登记义务人负担协助义务，或者在其不予协助时，登记权利人依法院判决而单方申请登记。

第二节　不动产登记的效力

一、不动产登记的效力概述

所谓登记的效力，是指在登记之后产生何种法律上的效果。我国《民法典》第 209 条第 1 款明确规定："不动产物权的设立、变更、转让和消灭，经依法登记，发生效力；未经登记，不发生效力，但是法律另有规定的除外。"这就从法律上正式采纳了登记要件主义作为一般原则，而以登记对抗主义作为例外。从总体上看，不动产登记主要具有如下几个方面的效力。

1. 物权变动的效力。一般来说，基于法律行为发生的不动产物权变动是从登记之日起发生物权变动的效果。[①] 凡是依法需要办理登记的，其不动产物权的变动，都需要依法办理登记，从办理登记时起才发生物权的变动。这就是说，登记对物权变动具有决定性的意义，绝非简单的宣示。《民法典》第 214 条规定："不动产物权的设立、变更、转让和消灭，依照法律规定应当登记的，自记载于不动产登记簿时发生效力。"这就是说，登记的生效时间应当以记载于不动产登记簿的时间为准。记载是指将登记的事项记录于不动产登记簿之中，记载必须是记入登记簿，如果只是提出申请还不能认为构成登记。

2. 权利推定效力。它是指登记记载的权利人应当被推定为法律上的权利人。在登记没有更正也不存在异议登记的情况下，只能推定登记记载的权利人就是物权人。[②]《民法典》第 216 条确认了此种登记的效力。当然，登记可能发生错误，但在未更正错误之前，只能依据登记簿的记载作出权利人推定。因为对第三人来说，登记由国家机关作出，登记簿记载的权利最具有社会公信力。[③] 只要没有按照法定程序重新确权、作出更正登记，登记对任何第三人来说都具有权利推定效力。也就是说，这一权利推定规则只是减轻了登记簿上权利人的证明责任，即登记权利人无须证明登记内容为真，但如果事实上的权利状况与登记内容不一致，则主张重新确权的当事人应当对此不一致情况负担举证责任。

3. 善意保护的效力。所谓善意保护的效力，也就是传统民法所谓的"公信力"，它是指登记记载的权利人在法律上被推定为真正的权利人，即便以后事实证明登记记载的物权不存在或存有瑕疵，对于信赖该物权的存在并已从事了物权交易的人，法律仍然承认其行为具有与如同物权真实存在一样的法律效果。[④] 一方面，这有利于维护交易安全。在登记申请人办理登记之后，任何人因为信赖登记，而与登记权利人就登记的财产从事交易行为，符合善意取得的构成要件，应当受到善意取得制度的保护，取得该不动产的所有权。信赖本身是交易安全的组成部分，保护信赖实际上就是保护交易安全。如果登记记载的事实都不值得信赖，或者因信赖了登记而从事的交易不受保护，那么，人们就不敢从事交易，从而危及经济交往。另一方面，这有利于鼓励交易。因为在市场经济条件下，任何人与他人从事不动产的交

---

① MünchKomm/Kohler，5. Aufl. 2009，§ 873 Rn. 99 ff.

② MünchKomm/Kohler，§ 891 Rn. 1.

③ 参见孙宪忠：《论物权法》，法律出版社 2001 年版，第 447 页。

④ 参见李昊、常鹏翱等：《不动产登记程序的制度建构》，北京大学出版社 2005 年版，第 119 页。

易，或者在不动产之上设定物权，只能相信登记，而不能相信其他的权利证明手段。交易当事人在从事交易时不可能采取各种方式调查权利的真实状态。维护登记的公信力对于鼓励交易，提高交易的迅捷性具有重要意义。[①]

二、区分登记的效力与合同的效力

《民法典》第215条规定："当事人之间订立有关设立、变更、转让和消灭不动产物权的合同，除法律另有规定或者当事人另有约定外，自合同成立时生效；未办理物权登记的，不影响合同效力。"该条在民法上被称为"区分原则"，它是指在基于法律行为的物权变动中应当区分合同的效力与物权变动的效力，物权是否变动对于合同的效力不发生影响。该条主要适用于不动产物权的变动，但对于动产物权的变动也具有重要的参照意义。例如，动产抵押实行登记对抗，也必须严格区分合同的效力与登记的效力。区分原则是我国物权法的基本原则，也是物权变动的基本指导原则。《民法典》这一条是非常具有中国特色的规定，也是我国物权法中独有的一项制度。司法实践对此也予以认可。[②]

（一）区分原则的含义

1. 必须区分合同的效力与登记的效力

根据《民法典》第215条的规定，除非法律有特别规定或者合同另有约定，合同一经成立，只要在内容上不违反法律的强行性规定和公序良俗，就可发生效力。合同只是当事人之间的一种合意，并不必然与登记联系在一起。[③] 因为登记是针对民事权利的变动而设定的，它是与不动产物权的变动联系在一起的，是一种物权变动的公示方法。如果当事人之间仅就物权的变动达成合意，而没有办理登记，合同仍然有效。例如，当事人双方订立了房屋买卖合同之后，合同就已经生效，如果没有办理登记手续，房屋所有权不能发生移转，但合同仍然有效，买受人基于有效合同而享有的占有权仍然受到保护。因此，除非法律有特别规定，登记的效力仅针对物权的变动而并不针对合同本身。在登记之前，当事人就不动产的移转已经达成了合意，合同关系已经成立并生效。既然合同已经产生了拘束力，当事人任何一方违

---

① 参见［日］我妻荣：《日本物权法》，［日］有泉亨修订，李宜芬校订，台北，五南图书出版股份有限公司1999年版，第41页。

② 参见《最高人民法院关于印发修改后的〈民事案件案由规定〉的通知》第4条第2点。

③ 参见全国人大常委会法制工作委员会民法室编：《中华人民共和国物权法条文说明、立法理由及相关规定》，北京大学出版社2007年版，第23页。

反合同都应当承担违约责任。[①]

2. 未办理物权登记的，不影响合同效力

依据区分原则，未办理物权登记的，不影响合同效力，其主要原因在于：一方面，登记直接指向的是物权的变动，而非合同的效力。另一方面，合同是否有效，应当依据法律行为有效要件进行判断。[②] 只要当事人之间的合同符合合同成立和生效的要件，该合同就应当是有效的，当事人是否办理登记，不应当影响该合同的效力。所谓不影响合同效力，具体包括如下几方面内容。

第一，合同对当事人产生拘束力。如果当事人之间订立了旨在发生物权变动的合同，即使没有办理登记，合同仍然有效。[③] 例如，当事人双方订立了房屋抵押合同之后，合同就已经生效，如果没有办理登记手续，抵押权不能设立，但抵押合同仍然有效，一方当事人可请求另一方当事人继续办理登记或承担违约责任。因此，除非法律有特别规定，登记的效力仅针对物权变动，而并不针对合同本身。

第二，任何一方违反合同都应当承担违约责任。如果一方依据合同应负有办理登记的义务而未办理登记，则另一方有权请求其承担违约责任。区分登记与合同的效力，就意味着在一方当事人未按照合同约定办理登记时，另一方有权请求其继续履行合同义务，办理登记。[④]《有关担保司法解释》第 46 条第 1 款规定："不动产抵押合同生效后未办理抵押登记手续，债权人请求抵押人办理抵押登记手续的，人民法院应予支持。"依据该条规定，如果因抵押人的原因不能办理登记，抵押人应当承担违约责任。

区分原则是债权形式主义下物权变动模式的主要组成部分，而在债权形式主义模式下，物权变动需要同时具备合意与公示两个要件，二者缺一不可。[⑤] 合同的效力是物权变动不可分割的部分，是物权变动的基础和前提，因此，在当事人之间的合同被宣告无效或者被撤销后，物权变动的效力也无法发生。在这种意义上，可以说物权变动以合同效力为基础。事实上，从登记机构的要求来看，如果当事人之间未能提交有效的合同，登记机构也无法

---

① 参见王胜明：《物权法制定过程中的几个重要问题》，载《法学杂志》2006 年第 1 期。

② 参见崔建远：《中国民法典释评：物权编》（上卷），中国人民大学出版社 2020 年版，第 84 ~ 85 页。

③ 参见全国人大常委会法制工作委员会民法室编：《中华人民共和国物权法条文说明、立法理由及相关规定》，北京大学出版社 2007 年版，第 23 页。

④ 参见崔建远：《物权法》（第 4 版），中国人民大学出版社 2017 年版，第 89 页。

⑤ 参见高圣平：《民法典动产担保权登记对抗规则的解释论》，载《中外法学》2020 年第 4 期。

为其办理物权变动的登记。

第三,基于合同对财产的占有是有效的。在没有办理登记之前,不动产物权不会发生变动。但是因为合同已经生效,所以依据有效合同而交付财产后,买受人对财产的占有仍然应当受到保护。针对第三人侵害不动产的行为,买受人可以基于对不动产的占有行使占有保护请求权。

3. 除法律另有规定或者合同另有约定外,合同自成立时生效

《民法典》第 215 条规定了"法律另有规定或者当事人另有约定",具体包括两种情况。第一种情况是"当事人另有约定",这主要包括如下两种情形:一是当事人在合同中约定把物权登记作为合同的生效要件。根据这种约定,合同自登记完成时生效。[①] 如此,则在办理登记之前,合同尚未生效,在一方不协助办理登记时,另一方无法通过请求实际履行的方式请求对方协助登记。二是当事人在合同中约定其他生效要件。例如,当事人约定以办理公证作为合同生效的要件,则合同自当事人办理公证时生效。关于合同从何时成立、生效,属于当事人意思自治的范畴,法律应当尊重当事人的意思自治。

第二种情况是"法律另有规定",此类情形也属于除外条件。例如,《民法典》第 502 条第 2 款规定,依据法律、行政法规的规定,合同应当办理批准等手续才能成立的,自办理批准手续后才能生效。

(二)区分原则未承认独立的物权合意

《民法典》第 215 条规定的区分原则并没有承认独立的物权合意,而只是区分了合同效力与物权变动效力,不能据此认为除导致物权变动的合同之外,还存在一个独立的物权合意。[②] 因此,《民法典》第 215 条所说的区分原则与德国物权行为理论的区分原则截然不同,不能混淆。依据《民法典》第 215 条的规定,仅仅是在一个合同关系中区分合同的效力和登记的效力,并没有在概念上明确区分物权行为和债权行为,因而不存在物权合意和债权合意的区分问题,[③]不存在独立的物权合意。

从目的解释来看,《民法典》第 215 条不仅明确表现了债权形式主义的物权变动规则,将合意和公示均明定为物权变动的要素,而且该条确立区分原则的主要目的是区分合同的效力与物权变动的公示方法,即当事人之间订立的合同的效力应当依据《民法典》总则编和合同编的相关规则予以判

① 参见杨永清:《论不动产物权变动的区分原则》,载《人民司法》2007 年第 7 期。

② 参见孙宪忠:《中国物权法原理》,法律出版社 2004 年版,第 257 页以下。

③ 参见崔建远:《物权法》(第 2 版),中国人民大学出版社 2011 年版,第 48 页。

断。换言之,一旦该合同具有生效条件,就应当依法产生法律效力,并不受物权变动公示方法的影响。因此,即使物权没有发生效力,合同也应当生效。而物权最终能否发生变动,还取决于是否完成了法定的公示方法。可见,《民法典》第215条确认区分原则很重要的立法目的,在于准确确定合意和公示之间的关系,防止两者混淆,以免出现未登记会影响合同效力、无效的合同不影响物权等不良后果。事实上,所谓"物权合意"本身就完全是一种虚构的合意。因为当事人在办理登记之前,并不存在也不需要就移转所有权另行达成合意。因此,在整个交易中,只存在一个合同,不必再去强行解释出一个独立的物权合意。

第三节 登记机构的义务和责任

登记应当在登记机构办理,登记机构是指在一定的辖区内依法接受申请人递交的材料,办理所有权和其他物权登记的机构。关于登记机构的设定,许多国家和地区将法院作为登记机构。按照《民法典》第210条第1款的规定:"不动产登记,由不动产所在地的登记机构办理。"所谓不动产所在地,就是指房屋土地所处的地点。确立由不动产所在地的登记机构来办理登记,既有利于确定不动产归属,也为登记和进行查阅提供了方便。

一、登记机构的审查义务

所谓审查义务,是指登记机构在审查有关的登记申请中,承担何种审查职责。从各国物权法的规定来看,关于登记机构的审查义务,主要有两种模式:一种是形式审查,另一种是实质审查。所谓形式审查,是指登记机构仅对当事人所提交的材料进行形式审查。如果确定这些申请登记的材料符合形式要件,就应当认为是合格的。[①] 所谓实质审查,是指登记机构不仅应当对当事人提交的申请材料进行形式要件的审查,而且应当负责对审查申请材料内容的真伪进行核实,甚至在特殊情况下对法律关系的真实性也要进行审查。[②] 二者的主要区别在于,是否应当对登记申请人的真实身份、不动产的实际状况、作为物权变动依据的交易的真实性和合法性进行审查。[③] 一般来说,登记机构无权审查交易本身的效力,因为有关合同本身的合法性问题应当由司法机关负责审查,如果赋予登记机构享有合同效力的审查权力,

---

① 参见崔建远:《中国民法典释评:物权编》(上卷),中国人民大学出版社2020年版,第76~77页。

② 参见胡康生主编:《中华人民共和国物权法释义》,法律出版社2007年版,第47页。

③ 参见江必新、王旭军:《论不动产登记的司法审查》,载《行政法学研究》2011年第1期。

则显然超出了登记机构的权力范围,将导致行政机关不正当地干预民事关系。

《民法典》第212条既没有采纳形式审查说,也没有采纳实质审查说,而采折中的办法,具体列举了登记机构的职责,使登记机构在其职责范围内,充分履行职责,尽可能保持登记的准确、真实,避免发生登记错误。[①] 这其中既包括形式审查内容(如查验申请人提供的权属证明和其他必要材料),也包括实质审查内容(如必要时实地查看)。换言之,《民法典》物权编的上述规定,实际上采纳了以形式审查为主、以实质审查为辅的审查制度。

依据《民法典》第212条的规定,登记机构应当履行下列职责:

第一,查验申请人提供的权属证明和其他必要材料。“查验”,顾名思义是“检查、验收”的意思,查验并不是说对所有登记申请材料必须查验无误,因为要求登记机构对所有材料都查验无误是非常困难的。《不动产登记暂行条例》第18条规定:“不动产登记机构受理不动产登记申请的,应当按照下列要求进行查验:(一)不动产界址、空间界限、面积等材料与申请登记的不动产状况是否一致;(二)有关证明材料、文件与申请登记的内容是否一致;(三)登记申请是否违反法律、行政法规规定。”在实践中,对有些证件也应当查证属实,比如查验房产证的真伪。因为房产证是由登记机构发出的,审查房产证的真伪对于登记机构没有什么困难。查验是否包括对法律行为的真实性和合法性的审查?本书认为,应区别真实性和合法性,从而予以分别对待。对于真实性问题,如果能够审查,应当予以审查,从而尽量避免登记的错误。但对于合法性问题,如作为物权变动依据的合同、遗嘱是否有效的问题,本身不应属于登记机构审查的职权范围,而应当属于人民法院的职权。

《民法典》第212条第2款规定,“申请登记的不动产的有关情况需要进一步证明的,登记机构可以要求申请人补充材料”。这就是说,法律对于何种情形下需要进一步证明没有明确规定,它需要登记机构结合具体情形予以判断。如果根据申请人提供的材料,不足以证明其是不动产权利人,登记机构可以根据具体情况要求其补充材料。

第二,就有关登记事项询问申请人。所谓询问,是指由登记机构就与登记事项有关的问题,向申请人询问。询问的目的主要在于核对登记申请人提交的材料,以确定其是否真实。[②] 询问的内容是登记事项,登记机构不必

---

① 参见黄薇主编:《中华人民共和国民法典物权编解读》,中国法制出版社2020年版,第21页。

② 参见姚辉:《不动产登记机构赔偿责任》,载《法学》2009年第5期。

要就超出登记以外的事项进行询问。只要是与登记事项有关的问题，登记机构都有权向登记申请人询问。询问既是一种权力，也是一种义务。因而，登记机构询问时，申请人应该如实回答；登记机构也应履行询问的义务，如果不询问而发生了错误的登记，登记机构就没有尽到责任。

第三，如实、及时登记有关事项。所谓如实登记，是指依法将登记事项记载在登记簿或登记系统中，将登记信息真实地予以记载。所谓及时登记，是指在登记机构受理登记申请以后，应当及时办理登记，不得无故拖延，否则，也会给登记申请人造成损害。例如，抵押权登记不及时导致抵押权顺位续后，使抵押权人不能优先受偿。

第四，必要时实地查看。《民法典》第 212 条第 2 款规定："申请登记的不动产的有关情况需要进一步证明的，登记机构可以要求申请人补充材料，必要时可以实地查看。"所谓实地查看，是指登记机构对不动产进行实地查验，以确定其权利状况是否与当事人所提交的申请材料相符合。《不动产登记暂行条例》第 19 条对需要实地查看的情形也作了具体规定。[①] 例如，某栋房屋已经被拆除，但登记簿上仍然予以记载，此时就只有实地查看才能够了解详情。没有尽到此种义务而使有关利害关系人受损失的，登记机构应当负责。例如，某房屋已经拆迁，而仍然在登记簿上予以记载，并为该房屋设定抵押登记，就会造成有关利害关系人的损失。

第五，法律、行政法规规定的其他职责。例如，对可能存在权属争议，或者可能涉及他人利害关系的登记申请，登记机构可以对申请人、利害关系人或者有关单位进行调查。《不动产登记暂行条例》赋予了登记机构调查不动产权利状况的权力，[②]不动产登记机构进行实地查看或者调查时，申请人、被调查人应当予以配合。

我国《民法典》不仅从正面规定了登记机构的职责，而且为了保障登记机构充分履行其义务，也从反面规定了登记机构不得实施的行为。依据《民法典》第 213 条的规定，这些行为包括：第一，登记机构不能对不动产进行评估。因为登记是对物权变动的一种公示，而评估是对价值的确定，其与公示没有关系。登记机构的职权是将权利记载下来并予以公示。在实践中，某些登记机构以要求确定抵押物的价值为理由，强制性地要求由其进行评估，

---

① 《不动产登记暂行条例》第 19 条第 1 款规定："属于下列情形之一的，不动产登记机构可以对申请登记的不动产进行实地查看：（一）房屋等建筑物、构筑物所有权首次登记；（二）在建建筑物抵押权登记；（三）因不动产灭失导致的注销登记；（四）不动产登记机构认为需要实地查看的其他情形。"

② 《不动产登记暂行条例》第 19 条第 2 款规定："对可能存在权属争议，或者可能涉及他人利害关系的登记申请，不动产登记机构可以向申请人、利害关系人或者有关单位进行调查。"

从而多收取费用,这给登记申请人增加了沉重的负担。第二,不能以年检等名义要求进行重复登记。登记是一种公示,如果没有发生物权变动,就没有必要进行重新登记。有些物权有期限,如抵押权,期限届满权利消灭,需要设立新的物权,要进行新的登记,而不是重新登记。[①] 第三,不得超出登记职责的范围进行登记。此处所谓登记机构超出登记职责范围的情形,一方面,是指依据不动产登记的登记同意原则,登记申请人的申请决定了登记机构的活动范围,登记机构不得超出这一范围从事活动。例如,当事人申请办理抵押登记,登记机构不能为当事人办理其他登记。另一方面,如果登记机构的登记是依据法律的规定,则不能超过这一规定。例如,法律未承认典权,则登记机构不得为当事人办理此种权利登记。第四,不得违反规定进行收费。我国《民法典》第 223 条规定:"不动产登记费按件收取,不得按照不动产的面积、体积或者价款的比例收取。"一方面,应按件收取。所谓"件",应当是按照登记的不动产的个数来确定,即一个不动产就是一件。也就是说,每登记一栋房屋,无论其面积大小或价值高低,都只能是每登记一栋房屋就收取相应的费用。另一方面,不得按照不动产的面积、体积或者价款的比例收取。这就是说,在收取费用的时候,不能够根据不动产的面积、体积、价款等分别收费,更不得要求登记申请人进行不动产的评估,从而按照不动产的价值来收费。[②]

二、登记机构的责任

(一)登记机构责任的概念

所谓登记机构的责任,是指登记机构没有尽到法律规定的职责,造成登记错误,给权利人造成损害时所应承担的责任。如前所述,登记的内容正确有利于保护交易当事人的利益,维护交易的安全和秩序,但登记发生错误也可能会给真正的权利人和交易当事人造成损失。登记机构的责任在性质上主要是民事责任,主要理由在于:第一,登记在性质上不是纯粹的行政行为,登记不过是物权的公示方法,登记机构并没有通过登记创设了物权,登记机构的登记行为是民事法律行为中的事件,因登记行为产生的民法上的法律后果,登记机构登记行为错误也会产生民法上的法律后果。第二,登记机构的登记行为属于执行国家公务行为,因而因登记错误而给当事人造成损害的,登记机构应当向当事人承担民事赔偿责任,此种责任的性质属于民法上

---

① 参见孙宪忠、朱广新主编:《民法典评注:物权编》(第 1 册),中国法制出版社 2020 年版,第 90 页。

② 参见黄薇主编:《中华人民共和国民法典物权编解读》,中国法制出版社 2020 年版,第 26 页。

的侵权损害责任。第三，在《民法典》物权编中规定登记错误的赔偿责任，本身就表明了其属于民事责任。立法者是从民事责任的角度出发，确立相关规范的。第四，虽然在登记之时，行政机关和当事人之间的地位不平等，但是，在登记错误发生之后，其赔偿责任的承担属于平等主体之间的关系，因此，也应当纳入民事责任的范畴。更何况，在登记错误的情况下，给受害人造成了损害，仅仅承担行政责任不能有效弥补受害人的损害，因此有必要通过承担民事责任来尽量弥补受害人的损害。当然，依据《民法典》第 222 条第 2 款的规定，登记机构在赔偿之后，享有向造成登记错误的人进行追偿的权利。

（二）归责原则

根据《民法典》第 222 条，可以认为登记机构的责任在性质上分为两类，一是《民法典》第 222 条第 1 款所规定的过错责任，即当事人提供虚假申请材料，如果发生登记错误，登记申请人首先应当承担责任，同时并不免除登记机构的责任。但登记机构的责任只限于其未能按照《民法典》第 212 条等规定依法履行审查义务，造成登记错误所应当承担的责任。所以，此种责任严格地讲是过错责任。二是严格责任。这就是说，只要出现了《民法典》第 222 条第 1 款以外的情况，造成登记错误，并给他人造成损害的，登记机构都应当承担责任。《民法典》第 222 条所说的“登记错误”是一个范围比较宽泛的概念，它首先是指登记的状况与实际状况不一致、不符合，但造成这种现象的原因很多，除登记申请人弄虚作假、登记机构没有尽到审查职责以外，对因其他的原因造成的各种登记错误，登记机构都要负责。[①] 例如，因为登记机构的工作人员严重失职，或者与登记申请人相互勾结，造成登记错误等，给有关利害关系人造成了损害，侵害了真正权利人的权利，这些情况都属于登记错误的范围。但由于这些情况比较复杂，不容易全部列举，故使用了“登记错误”一词。对此种登记错误，登记机构所承担的责任是严格责任，而不是过错责任。

（三）责任的承担方式

登记机构的责任不是补充责任而是单独责任。所谓补充责任，是指先由造成登记错误的人承担责任，再由登记机构承担责任。所谓单独责任，是指由登记机构直接对因登记错误而遭受损害的当事人负责。本书认为，登记机构的责任不是补充责任，因为对受害人而言，其索赔没有先后顺序的要

---

① 参见崔建远：《中国民法典释评：物权编》（上卷），中国人民大学出版社 2020 年版，第 128～129 页。

求，即其可以直接起诉登记机构。《民法典》第 222 条规定"登记机构赔偿后，可以向造成登记错误的人追偿"，由此表明登记机构的责任，不是在提供虚假材料的申请人赔偿损失之后承担补充责任，而是要依据受害人的请求承担单独赔偿责任。[1]

一般而言，登记机构的责任，以发生实际损害为前提。发生登记错误必须要造成实际损害，例如，房屋因登记错误而被抵押或者转让，使真正权利人丧失权利或者承受负担等实际损害后果。如果没有造成实际损害后果，登记机构应该履行更正登记的义务，但不应当承担赔偿责任。

（四）登记机构的责任的类型

《民法典》第 222 条规定："当事人提供虚假材料申请登记，造成他人损害的，应当承担赔偿责任。因登记错误，造成他人损害的，登记机构应当承担赔偿责任。登记机构赔偿后，可以向造成登记错误的人追偿。"这就规定了登记机构因为登记错误所承担的责任。《民法典》物权编实际上区分了两种情况而分别确立责任。

第一，当事人提供虚假的权属证书等证明材料申请登记，给他人造成损害，登记机构没有尽到审查职责的，登记机构应当承担责任。此种责任实际上是一种未履行审核义务而产生的责任。这就是说，如果登记申请人提供虚假材料在登记机构办理登记，登记机构未尽到审查职责，从而导致损害发生的，登记机构应当承担责任。当然，在此应该区分两种情况：一是因为登记申请人自己弄虚作假而登记机构已经尽到了自己的职责；二是登记机构具有过错。[2] 例如，某人将单位委托其保管的房产登记在自己的名下，其提供的有关文件残缺不全，但登记机构未予审查，便为其办理了登记手续，并将该项产权记载在该人的名下。如果登记机构已尽到审查责任，登记机构不应承担责任，而应由弄虚作假的申请人承担责任。又如，行为人伪造他人的身份证、产权证或授权委托书等材料，将他人的财产设定抵押并进行登记，但登记机构未尽到审查义务并造成损害。对此，登记机构应当承担赔偿责任。

第二，因登记机构的过错造成真正权利人损害的，登记机构应当承担责任。《民法典》第 222 条第 2 款规定："因登记错误，造成他人损害的，登记机构应当承担赔偿责任。"该条款针对的是完全因登记机构的错误造成的损害

---

① 参见杨立新：《论不动产错误登记损害赔偿责任的性质》，载《当代法学》2010 年第 1 期。

② 参见孙宪忠、朱广新主编：《民法典评注：物权编》（第 1 册），中国法制出版社 2020 年版，第 148 页。

的情况。例如,因登记机构应当实地查看而未查看造成登记错误的,或无正当理由拖延登记时间造成权利人损害的。这里的"错误"包括登记机构工作人员的故意以及疏忽大意等过失。[①]《有关担保司法解释》第48条规定:"当事人申请办理抵押登记手续时,因登记机构的过错致使其不能办理抵押登记,当事人请求登记机构承担赔偿责任的,人民法院依法予以支持。"如果是因为登记机构的过错导致当事人不能办理不动产抵押登记,并因此遭受损害,当事人可以请求登记机构按照其过错承担赔偿责任。此种责任与前一种责任的不同之处在于,前一种责任是由当事人提供虚假材料且登记机构未尽审查义务造成的;而此种责任,主要是由于登记机构自身的过错造成的。

三、登记的查询

物权公示的主要目的并非使全社会每个人都了解已登记的特定的不动产信息,而旨在使与交易有关的第三人了解登记的信息,登记资料只要能够满足合同双方当事人以外或者物权人以外的、可能和物权变动有关系的人的要求,就达到了登记的目的和物权公示的要求。[②] 登记的信息如果能够为这些人所了解或查询,也实现了公示的目的。毕竟登记信息属于个人信息的组成部分,从保护个人信息考虑,也应最小化处理。因此,《民法典》第218条延续了原《物权法》第18条的规定。[③]《民法典》第218条规定:"权利人、利害关系人可以申请查询、复制不动产登记资料,登记机构应当提供。"该条规定明确了权利人和利害关系人查询不动产登记簿的权利。

(一)有权查询、复制登记资料的是权利人和利害关系人

依据《民法典》第218条的规定,只有权利人和利害关系人才有权要求查询、复制登记资料。查询主体包括两类。

一是权利人,即对登记的财产享有财产权的主体。例如,某人将共有的财产登记在其个人名义下,则其他共有人应当属于权利人,有权进行查询。又如,设定抵押之后,抵押权人可以查询,财产在租赁之前承租人可以查询出租人的有关情况。

二是利害关系人,即对登记财产享有利益的人。原则上是指交易的当事人或者潜在的交易当事人。交易当事人是指已经与登记权利人签订了不

---

① 参见黄薇主编:《中华人民共和国民法典物权编解读》,中国法制出版社2020年版,第40页。

② 参见黄薇主编:《中华人民共和国民法典物权编解读》,中国法制出版社2020年版,第31页。

③ 参见江必新编著:《民法典编纂若干争议问题实录》,人民法院出版社2021年版,第87页。

动产物权变动协议的当事人或者正在缔约的当事人。例如,买受人有权查阅相关财产是否登记在出卖人的名下,该财产上是否存在相关的权利负担等。利害关系人既包括现实的交易关系当事人,也包括潜在的交易关系当事人。而所谓潜在的交易当事人,是指一切可能从事交易的人或者有交易意向的人,其需要了解不动产之上的权属状态,从而决定是否与权利人进行交易,如买卖、设定担保等。非潜在的交易当事人虽然可以查询一些必要的公共信息,诸如土地的面积和权属状况、房屋上是否设定了抵押等,但没有必要了解详细的登记资料,如有关登记权利人的家庭住址、电话号码等。[①]潜在的交易当事人了解这些信息,是为了避免出现欺诈。但是,其无法了解,也没有必要了解登记簿上所有权利人的信息以及此前的交易记录。除交易当事人和潜在的交易当事人之外,登记权利人的近亲属需要了解家庭共有财产状况的,也有权进行查询。至于一般的新闻媒体、记者出于好奇心或者舆论监督的需要,是无权随意申请查询或复制登记资料的。

(二)权利人和利害关系人有权查询、复制登记资料

权利人和利害关系人有权查询、复制的登记资料,可以分为两类:一是应当向全社会公开、允许任何人查询的资料。这主要记载的是不动产上的权利负担情况,如是否设定了抵押权,是否有分管协议,是否已被查封,是否已经设定了地役权。对于此种信息,登记机构有义务向所有的社会成员提供查询、复制登记资料的便利。二是除上述资料之外的其他登记资料。对于这部分登记资料,因为涉及个人隐私,不宜完全作为公开信息。例如,不动产权属情况,登记权利人的姓名、住址、电话号码等。对此种信息,只限于权利人和利害关系人查询,其他人如果没有任何正当理由要求查询,登记机构应予以拒绝。但是,一旦登记权利人要进入法律交易中,就应允许相关当事人查询登记资料。例如,某人委托房屋中介机构出售房屋,或者某人张贴了房屋的招租公告,那么这意味着他希望与他人进行交易。对于愿意与其进行交易的当事人,登记权利人应当授权该当事人查询权属状况等登记资料。公示制度作为维护交易安全的基本规则,正是因为其目的在于维护交易安全,是直接服务于交易的,所以对于登记资料,应当是面向交易当事人和潜在的交易当事人公开,而非向全社会公开。

《不动产登记暂行条例》第 28 条规定,“查询不动产登记资料的单位、个人应当向不动产登记机构说明查询目的,不得将查询获得的不动产登记

---

① 参见程啸、尹飞、常鹏翱:《不动产登记暂行条例及其实施细则的理解与适用》,法律出版社 2016 年版,第 108 ~ 109 页。

资料用于其他目的”。公示的目的是要将物权设立和移转的事实向社会公开,从而维护交易安全,保护交易当事人的利益,但这并不意味着需要将不动产登记的内容向每一个人公开。依据《不动产登记暂行条例》第 28 条的规定,对于利害关系人能够申请查询的登记资料,应当作出必要的限制。一是在没有经过登记权利人同意的情况下,不能对权利人的姓名加以查询,而只能查询不动产上的权利负担。二是即便经过权利人同意,作出适当的限制还是有必要的,例如,有关登记权利人的家庭住址、家庭成员、联系方式等就没有必要公开。这就要求登记资料在详细记载的同时,应当加以分类,涉及权利负担、物权变动的内容可以记载于登记簿并予以公开,与交易或者物权变动无关的内容,不宜在登记簿上记载,也不能允许所有的人都去查询。

(三)登记机构有义务依法提供查询、复制登记资料的便利

依据《民法典》物权编的上述规定,登记机构作为专门负责登记的机构,不仅享有审查登记资料等权利,也承担公示的义务,此种义务就是向有权查询的权利人和利害关系人提供查询、复制登记资料的便利,从而促进不动产的交易安全。如果登记机构无正当理由拒绝权利人和利害关系人的查询,由此造成他人损害,则应当承担责任。在获得登记权利人授权的情况下,登记机构也有义务向他人公开涉及登记权利人财产隐私的资料。

需要指出的是,登记机构有义务对权利人的个人隐私保守秘密。应当看到,登记的信息确有一部分要转化为公开信息,但是,并非所有登记的信息在公开以后都应当转化为公开信息。因为一方面,登记资料类型多样,记载的内容也较多,有些适于公开,有些涉及个人隐私或者商业秘密,不宜公开。另一方面,即使是有关财产归属的内容,也不都是公开的信息,因为财产登记并不意味着财产申报,没有必要把权利人的情况都向社会公开。凡是涉及权利人姓名、名称、住址等情况的,都属于隐私权的范围,没有足够的理由无法要求当事人必须公开此种个人信息。对于这部分资料,不是任何人都可以查询、复制的。我们既要坚持公示原则,促进交易,也要保护商业秘密和个人隐私。公示本身只是出于交易的需要而作出的制度上的安排,它只是给需要交易的人提供物权的真实情形,只需使那些需要交易的利害关系人知道权利的归属等情况,而并不一定需要使利害关系人了解权利人的一些个人隐私。因此,在建立公示原则的同时,既要保护利害关系人的知情权,又要维护登记申请人的隐私权。尤其是对登记机构来说,更不能将产权人的资料向中介机构和企业等擅自披露,从中牟取利益。

(四)利害关系人负有保密义务

利害关系人在查询相关的登记资料后,对登记资料也负有保密义务,对

此，《民法典》第219条明确规定："利害关系人不得公开、非法使用权利人的不动产登记资料。"据此，利害关系人对所查询的不动产登记资料负有保密义务，即不得公开和非法利用所获取的权利人的不动产登记信息，因为这些信息属于权利人的重要敏感信息，包含权利人的家庭住址、财产状况、家庭成员等，一旦被公开或被不法利用将会侵害权利人的生活安宁、隐私等权益。依据上述规定，虽然利害关系人享有查询、复制不动产登记资料的权利，但也负有对登记的个人信息的保密义务。① 不得公开、非法使用权利人的不动产登记资料。否则，应当依据《民法典》人格权编有关隐私权、个人信息保护的相关规定认定其责任。

第四节　更正登记

一、更正登记的概念

所谓更正登记，是指权利人、利害关系人认为不动产登记簿记载的事项有错误时，经其申请，由权利人书面同意更正的，或者有证据证明登记确有错误的，登记机构对错误事项进行更正的登记。② 例如，房屋登记的面积、界址发生错误，经权利人申请，登记机构对相关记载加以更正。基于确保登记簿真实性的考量，大部分国家或地区均设立了更正登记制度。③ 更正登记旨在彻底消除登记权利与真实权利不一致的状态，避免第三人依据不动产登记簿的登记而取得物权，因此，也可以认为更正登记是对原登记权利的涂销登记，是对真实权利的初始登记。④

更正登记与通过诉讼确权之间具有一定的联系。更正登记可以以法院关于确权的判决或裁定为依据，但登记机构在申请人提供的证据证明登记存在明显错误或者登记权利人书面同意更正的情况下，也可以不通过法院判决或裁定而直接通过更正登记程序予以更正。通过更正登记程序更正既节约了当事人的诉讼成本，又使登记错误的纠正更加便捷。当然，如果不能通过更正登记程序纠正登记错误，仍然需要通过诉讼程序解决。

更正登记与移转登记也具有一定的联系。例如，法院判决产权归属之后办理登记，此种情况尽管在广义上也属于更正登记，但是它是依照司法判决发生的产权移转，也可以归入移转登记之中。

---

① 参见黄薇主编：《中华人民共和国民法典物权编解读》，中国法制出版社2020年版，第33页。

② MünchKomm/Kohler, 5. Aufl. 2009, § 894 Rn. 1.

③ 参见马栩生：《登记公信力研究》，人民法院出版社2006年版，第220页。

④ 参见黄薇主编：《中华人民共和国民法典物权编解读》，中国法制出版社2020年版，第34页。

二、更正登记的条件

依据《民法典》第 220 条第 1 款的规定，更正登记的条件和程序包括如下内容。

1. 权利人、利害关系人认为不动产登记簿记载的事项有错误的，可以提出申请。权利人是指登记记载的权利人，利害关系人是指登记记载错误会对自己造成不利影响的当事人。一旦权利人、利害关系人发现登记存有错误，即便登记具有公信力，也应当予以纠正。尽管登记是由行政机关作出的，但登记确定的是不动产物权变动的事项，涉及的是民事权益问题。在登记发生错误的情况下，应当按照私法自治的原则，由当事人提出请求。[①] 登记机构不宜主动地依职权进行更改，如果发生了登记错误，真正权利人发现错误之后也不愿意更正的，表明其已经自愿放弃了其权益。例如，夫妻双方购买的房产申请登记在夫妻双方名下，但登记机构将房产记载在夫妻一方名下，后来夫妻另一方发现错误而没有提出异议，这表明这一方已经放弃了自己的权益。在这种情况下，登记机构没有必要主动更改。

2. 不动产登记簿记载的权利人书面同意更正或者有证据证明登记确有错误的。具体而言：

一是必须要经过登记记载的权利人书面同意。为了防止当事人事后发生争议，也为了督促权利人认真地、谨慎地作出决定，法律要求登记权利人向登记机构提交书面的同意材料，而且其内容必须明确表示愿意办理更正登记。如果已经办理了更正登记，登记权利人事后反悔，登记机构不能直接撤销已经完成的更正登记。当然，如果登记权利人主动提出不动产属于他人，则只要该第三人同意，也可以办理更正登记，直接将权利移转到该第三人名下。需要指出的是，即便权利人作出了书面同意，登记机构也仍然负有审核义务，以确定更正登记是否可能涉及他人的权利问题，或者虽然并不直接牵涉他人的权利，但是权利人并未放弃自己的权利。所以，在提出申请之后，还需要登记机构进行审查，以确定是否发生了登记错误。

二是更正申请人有证据证明登记确有错误。如何理解《民法典》第 220 条第 1 款规定的“不动产登记簿记载的事项错误”？此处所说的错误既包括登记簿的记载与登记的原始文件不一致，也包括与真实的物权状况不一致，在这两种情况下，权利人都有权请求登记机构进行更正登记。[②] 所谓有证据证明，应当是指有足够的证据证明，因为毕竟更正登记要改变权利归属，所

---

① MünchKomm/Kohler, 5. Aufl. 2009, § 894 Rn. 39.

② MünchKomm/Kohler, 5. Aufl. 2009, § 894 Rn. 4.

以登记机构在办理更正登记时必须要审查证据是否确凿充分。

这就是说,如果不动产登记簿记载的权利人拒绝办理更正登记,则必须由申请人提供足够的证据证明登记确有错误,否则登记机构不能为其办理更正登记。[①] 在出现登记错误的情况下,当事人既可以向登记机构申请更正登记,也可以通过诉讼的方式由法院判决,依该判决进行更正登记。申请人有证据证明登记确有错误的,登记机构也应当进行审核,如果确定确有错误,应当予以更正。

当不动产权属证书的记载出现错误时,当事人能否申请更正登记?目前,我国的一些地方性法规允许当事人针对不动产权属证书记载的错误进行更正登记。对此,本书认为,更正登记仅仅是针对登记簿的记载错误进行的,而不动产权属证书出现记载错误时,不能进行更正登记,只能由登记机构重新发证。

3. 登记机构应当依法予以更正。在权利人、利害关系人认为不动产登记簿记载的事项有错误,并提出申请以后,登记机构有义务进行审查,确认情况属实后,应当进行更正。更正登记是登记机构的职权,最终更正登记应当由登记机构办理完成,所以更正登记在登记程序中就可完成,而不需要通过诉讼程序来完成。例如,在“安某诉黄某所有权确认案”中,法院认为,权利人、利害关系人认为不动产登记簿记载的事项错误的,可以申请更正登记。[②]

当然,在出现登记错误的情况下,当事人既可以向登记机构申请更正登记,也可以通过诉讼的方式由法院判决,依该判决进行更正登记。如果利害关系人有足够的证据证明登记存在错误,而登记机构拒绝更正,利害关系人必须通过诉讼程序要求重新确权。《物权编司法解释(一)》第2条规定:“当事人有证据证明不动产登记簿的记载与真实权利状态不符、其为该不动产物权的真实权利人,请求确认其享有物权的,应予支持。”据此,当事人只要有证据证明登记簿记载出现错误,便可以向法院提起诉讼请求登记机构予以更正。诉讼的完结以法院作出生效的裁判文书为标志,一旦判决或裁定生效,登记机构就有义务更正登记。如果符合更正登记的条件,而登记机构拒不办理更正登记,权利人或利害关系人有权以行政不作为为由向人民法院提起诉讼。

---

① MünchKomm/Kohler, 5. Aufl. 2009, § 894 Rn. 4.

② 参见福建省厦门市湖里区人民法院民事判决书,(2009)湖民初字第3219号。

第五节　异议登记

一、异议登记的概念和特征

所谓异议登记,是指利害关系人对不动产登记簿记载的物权归属等事项有异议的,可以通过异议登记来保护其权利。例如,甲认为登记记载在乙名下的房屋其实是自己的,并要求将该所有权登记到自己名下。但是乙并不同意,而且甲暂时无法举出充分的证据,从而导致登记机构拒绝了甲关于办理更正登记的请求。为了防止在收集证据期间,乙擅自将该房屋处分,甲就可以先申请异议登记,以阻止乙将房屋出卖并为第三人善意取得。《民法典》第220条第2款规定:"不动产登记簿记载的权利人不同意更正的,利害关系人可以申请异议登记。登记机构予以异议登记,申请人自异议登记之日起十五日内不提起诉讼的,异议登记失效。异议登记不当,造成权利人损害的,权利人可以向申请人请求损害赔偿。"该条款对异议登记制度作出了规定,这对于我国登记制度的完善具有重要意义。

依据《民法典》第220条的规定,异议登记的特点主要在于:

第一,异议登记不是对物权变动状态本身所进行的登记。当事人申请异议登记,主要目的在于打破登记的公信力,避免存在产权争议的不动产为第三人善意取得,[①]从而为其通过民事诉讼进行权利确认或者为直接办理更正登记收集更多的证据争取时间,提供一种临时的保障。

第二,异议登记是为了防止登记权利人处分财产。通过异议登记,可以使第三人了解登记权利的归属和内容可能存在瑕疵。因为在存在登记异议的情况下,第三人如果与权利人就发生争议的房屋进行物权变动,就要承担因为房屋的权利有瑕疵可能形成的风险,因此,异议登记可以在一定程度上影响登记的公信力,但是异议登记并不具有完全限制登记权利人处分权的作用。[②] 在发生异议登记的情况下,虽然登记的权利状况有争议,但这并不构成对登记权利人处分权的限制。

第三,具有临时性。如果登记发生错误,登记权利人可以申请更正登记,但毕竟更正登记较为费时,许多权属争议一时难以解决,且因为时间拖延,可能导致物权变动,造成真正权利人的损害,因此,异议登记可以为真正

---

① MünchKomm/Kohler, § 899 Rn. 1.

② 参见孙宪忠、朱广新主编:《民法典评注:物权编》(第1册),中国法制出版社2020年版,第426～427页。

权利人提供临时性的保护措施。[①] 异议登记实际上是一种暂时的保全登记，可以作为更正登记的前置辅助手段。[②]

异议登记与更正登记都不直接发生物权变动的效力，并且两者之间关系十分密切，一般而言，当事人对登记簿所记载的权利状况有争议，其一般会直接申请更正登记，如果其所提供的证据不充分，则无法办理更正登记，但依据《不动产登记暂行条例实施细则》第 82 条的规定，当事人仍然可以办理异议登记。同时，在异议登记之后，如果当事人确权成功，其仍有权申请更正登记。但是两者之间存在明显的区别，更正登记是为了纠正登记错误，而异议登记则是为了阻却第三人善意取得标的物的物权。[③]

二、异议登记的功能

异议登记具有如下功能：

第一，保护真实的权利人。[④] 异议登记主要是在对物权归属等产生异议的情况下，允许对不动产享有物权的人向登记机构申请异议登记，在不动产登记簿上注明该物权存在异议，防止登记记载的权利人从事出卖财产或者将财产设置抵押等妨害真正权利人利益的行为。在不动产登记簿存在错误或者遗漏的情况下，本来可以由当事人通过更正登记加以解决，但由于更正登记的程序要求十分严格且时间较长，真正权利人一时不能收集到足够的证据请求登记机构进行更正，这就有必要通过异议登记阻碍登记记载的权利人进行转让或抵押等，让真正权利人有更多的时间收集证据。这对于保护真正权利人是非常有必要的。在异议登记之后，登记权利人仍然可以处分其财产，但是异议一旦登记成立，就可以对异议登记申请人提供保护。

第二，警示功能。在登记簿的记载存在错误或者遗漏的情况下，如果登记记载的权利人继续处分财产或者将财产设定抵押等，第三人基于对登记簿的信赖，可能就不动产发生转让、抵押等交易。而如果在登记簿上存在异议登记，则第三人就会发现该登记的产权存在异议，就不会与登记记载的权利人进行交易。对于相对人来说，这也是一种保护。因为异议登记的存在实际上向第三人提示了可能存在风险，异议登记可以暂时有效地阻止登记

---

① 参见黄薇主编：《中华人民共和国民法典物权编解读》，中国法制出版社 2020 年版，第 35 页。

② 参见崔建远主编：《我国物权立法难点问题研究》，清华大学出版社 2005 年版，第 421 页。

③ 参见程啸、尹飞、常鹏翱：《不动产登记暂行条例及其实施细则的理解与适用》，法律出版社 2016 年版，第 432 页。

④ MünchKomm/Kohler, § 899 Rn. 1.

簿公信力的发生,从而避免给第三人的利益造成损害。[①]

第三,有利于发挥物的效用。在异议登记之后,并不是说登记记载的权利人就不能利用该财产,相反,登记权利人仍然可以利用该财产获得收益,甚至其还可以处分财产,因为其仍然是登记记载的权利人,因而享有对该财产的处分权。但是,异议登记的存在,向与其进行交易的人提出了警示,这些人应当知道该权利之上存在争议。如果他们不考虑任何产权争执的风险,坚持购买该不动产,愿意承担风险,在法律上也未尝不可。所以异议登记有利于继续发挥物的效用。

三、异议登记的条件

依据《民法典》第220条的规定,异议登记的条件是:

第一,利害关系人认为不动产登记簿的记载存在错误。[②] 一般来说,异议登记的申请人都是利害关系人。由于异议登记会对权利人的权利构成一定的限制,登记权利人通常不会同意他人实行异议登记。利害关系人提出异议登记的理由,是不动产登记簿的记载事项存在错误。由于异议登记对于登记记载的权利人非常不利,异议登记之后,实际上就是在登记记载的权利之上施加了法律上的权利限制,登记权利人对该不动产的处分也将受到一定的影响,因而,登记权利人通常不可能主动同意他人实行异议登记。异议登记一般是在登记权利人不同意更正登记的情况下,或者是在登记机构认为证据不足,不予办理更正登记的情况下,由利害关系人提出的。

第二,以不能办理更正登记为前提。在办理异议登记之前,利害关系人应当首先提出更正登记,只有在权利人不同意或者登记机构拒绝更正的情况下,更正登记申请人才可以提出异议登记。如果利害关系人有证据证明登记有错误,则其首先应当申请办理更正登记。因此,为了节约登记资源,有必要要求异议登记以不能办理更正登记为前提。在办理异议登记之前,利害关系人必须首先提出更正登记,只有在权利人不同意或者登记机构拒绝更正的情况下,更正登记申请人才可以提出异议登记。这就是说,如果利害关系人确实发现了登记存在错误,其首先应当通过更正登记程序来解决登记的错误问题,而不必要通过异议登记的方式提出异议。只要利害关系人有证据证明登记有错误,就应当主动提出办理更正登记。只有在无法进行更正登记的情况下才能提出异议登记。如果能够直接办理更正登记,自

① MünchKomm/Kohler, § 899 Rn. 20.

② MünchKomm/Kohler, § 899 Rn. 3.

然就没有必要申请异议登记。

第三,在提出异议登记之后,即使登记申请人没有提供足够的证据,登记机构也应当为其办理异议登记。一般来说,利害关系人提出异议登记时,其通常没有足够的证据证明登记确有错误,否则,其可以直接提出办理更正登记。在办理异议登记的情况下,只要申请人能够提供初步的证据证明登记存在错误即可,登记机构即使认为更正登记证据不足,也应当为申请人办理异议登记。①

四、异议登记的失效

在办理异议登记之后,申请人应当在15日内向法院起诉,否则,异议登记即失效。此时,即便异议登记尚未从登记簿上涂销,也应当自动失效,不能发生阻却登记公信力的效力。因为异议登记只是保护利害关系人的临时措施,所以在申请人提出异议登记之后,应当尽快向法院起诉,否则将会对登记权利人产生重大不利,使其物权一直存在负担,不利于财产的交易。法律给予异议登记时间不能太长,否则将会不合理地限制权利人的权利,②因此,《民法典》有必要对异议登记的期限作出明确的规定。通常在一段合理期限过去之后,如果异议登记人不能提供充分的证据直接进行更正登记,则其必须向法院提起诉讼,通过诉讼程序最终解决争议。因当事人在异议登记之后的特定期间内不向法院起诉,或者当事人之间达成和解等,均会导致异议登记失效。所以,《民法典》第220条第2款规定,不动产登记簿记载的权利人不同意更正的,利害关系人可以申请异议登记。登记机构予以异议登记,申请人自异议登记之日起15日内不提起诉讼的,异议登记失效。据此,申请人如果不在15日内提起诉讼,异议登记就失效。

异议登记作为保全物权请求权的登记,其登记手续的办理应当以申请人向法院申请诉前财产保全为前提,依据法院财产保全的裁定,登记机构应当办理异议登记。自办理异议登记之日起15日内,申请人应当向法院提起确认之诉,确认之诉提出后,申请人胜诉的,可以依照《民法典》第220条第1款,请求登记机构办理更正登记;申请人败诉的,应当依照《民法典》第220条第2款向登记权利人承担赔偿责任。

《民法典》第220条规定要在15日内起诉,如果在15日内没有提起诉

---

① 参见孙宪忠、朱广新主编:《民法典评注:物权编》(第1册),中国法制出版社2020年版,第130页。

② 参见崔建远:《中国民法典释评:物权编》(上卷),中国人民大学出版社2020年版,第114~115页。

讼,则异议登记失效。所谓失效,并不意味着登记机构一定要涂销异议登记,而是指异议登记不再产生拘束力,即不再发挥阻断公信力的效力,第三人即便查询到登记簿上存在异议登记,亦可继续受让登记的财产,并可善意取得。[①] 因为申请人未在15日内提起诉讼,表明其没有积极主张权利,为了维护登记权利人的利益和交易安全,根据《民法典》第220条的规定,异议登记即告失效。[②] 当然,还要考虑申请人起诉后发生的情况。申请人的起诉被法院驳回、申请人主动撤诉、法院判决申请人败诉等原因都会导致异议登记失效。如果在异议登记期间,异议登记申请人起诉,人民法院不予受理或者驳回其诉讼请求。同时,《不动产登记暂行条例实施细则》第83条第2款规定:"异议登记申请人应当在异议登记之日起15日内,提交人民法院受理通知书、仲裁委员会受理通知书等提起诉讼、申请仲裁的材料;逾期不提交的,异议登记失效。"申请人作为原告,也可以请求法院对登记财产进行查封,办理查封登记。一旦对该不动产办理了查封登记,异议登记就更无保留的必要,因为查封登记后登记权利人不能对不动产进行处分,并且查封的有效期间比较长,因此办理了查封,更有利于限制登记权利人的权利。

在提出异议登记15日后,如果申请人仍然不能收集到足够证据,从而根据更正程序更正登记,那么申请人为了维护自己的权利就只能通过诉讼程序并采取诉讼保全措施来防止登记权利人处分财产。需要指出的是,在发生产权登记的情况下,当事人确实可以通过诉讼保全的方式维护自己的利益,但诉讼保全不能替代异议登记制度,其理由在于:第一,条件不同。依据我国《民事诉讼法》,无论是诉前财产保全还是诉讼财产保全,都有较为严格的条件要求。例如,申请诉前财产保全,法律要求"情况紧急,不立即申请保全将使其合法权益受到难以弥补的损害"。然而相对来说,异议登记的程序则较为简单易行,而且异议登记只需向登记机构提出申请,而不必像财产保全那样向法院申请,由法院再向登记机构发布保全的命令。第二,措施不同。财产保全采用查封、扣押、冻结或者法律规定的其他方法。而在异议登记的情况下,只需要由登记机构注明异议登记,而不需要采取其他的措施。第三,对处分权的限制不同。就财产保全而言,由于财产已经被查封、扣压或者冻结,很可能被保全人无法继续使用

---

① 参见最高人民法院民事审判第一庭编著:《最高人民法院物权法司法解释(一)理解与适用》,人民法院出版社2016年版,第102页。

② 参见黄薇主编:《中华人民共和国民法典物权编解读》,中国法制出版社2020年版,第35页。

并处分被保全物。而异议登记只是妨害了原权利人的处分权,但并没有对原权利人的使用权作出限制。甚至可以说,其对原权利人的处分权并没有作出实质性的限制,无非其交易存在相当的困难而已。所以,相较于财产保全,异议登记对于不动产所作的限制要小得多,至少登记记载的权利人还可以利用其物。第四,在异议登记情况下,如果证据充足,可以进行更正登记。但诉讼保全并不涉及登记问题,如果要变更登记,必须依据相关登记程序办理。第五,诉讼保全建立在案件纠纷的基础上,但异议登记并不必然形成纠纷。如果申请人提出异议之后,该异议并不成立,虽然不当异议可能发生损害赔偿责任,但不必在法院提起诉讼。

五、异议登记的效力

(一)不影响登记权利人对不动产的处分

在异议登记之后,权利人是否可以处分其财产?对此有不同观点。本书认为,在异议登记之后,登记权利人并没有被剥夺或者限制其权利,其仍然有权处分其财产,其与相对人订立的处分其不动产权利的合同仍然是有效的,只要相对人自愿承担风险,该合同应当是有效的,但是因为有异议登记,所以受让人不能构成善意取得。① 从这个意义上,有学者认为,异议登记有阻断不动产登记公信力和推定力的作用。② 对此,《不动产登记暂行条例实施细则》第84条规定:"异议登记期间,不动产登记簿上记载的权利人以及第三人因处分权利申请登记的,不动产登记机构应当书面告知申请人该权利已经存在异议登记的有关事项。申请人申请继续办理的,应当予以办理,但申请人应当提供知悉异议登记存在并自担风险的书面承诺。"

异议登记的目的在于,在避免办理更正登记之前,因为登记的公信力,而使异议登记申请人遭受损害。异议登记只是起到一种向社会公众发出提醒的作用,也使交易第三人无法依据善意取得制度取得相应的权利。按照一般的社会经验,在一个合理的交易中,第三人在发现了异议登记以后,是不会轻率地购买房屋的。③ 但异议登记并没有剥夺登记权利人的处分权。登记权利人可以继续处分,受让人也可以购买。问题在于,登记机构是否可以为其办理登记?本书认为,考虑到异议登记的存在,登记机构不应当为其办理过户登记,否则一旦证明登记权利人不是真实的权

① MünchKomm/Kohler, § 899 Rn. 20.

② 参见崔建远主编:《我国物权立法难点问题研究》,清华大学出版社2005年版,第422页。

③ 参见马栩生:《登记公信力研究》,人民法院出版社2006年版,第216页。

利人,登记机构又要进行变更登记,从而增加登记机构的负担。① 尤其应当看到,如果登记机构为其办理了过户登记,第三人再次转让,后来,因登记错误又要撤销登记,可能造成交易秩序的混乱。

(二)排除善意取得的适用

异议登记的重要目的在于阻断登记的公信力,一旦办理了异议登记,第三人就应当知道不动产之上存在权利争议,其仍然进行交易的,则其应当承担相应的交易风险。异议登记在先的,交易当事人应当查询,如果其没有查询,或者查询之后仍然交易的,则其不能基于善意取得的规则取得相关的物权。②

(三)权利人办理更正登记不受影响

异议登记通常是在没有证据证明物权归属的内容,无法立即办理更正登记的情况下申请的,但申请人办理异议登记之后,如果其收集有关的证据能够办理更正登记,则异议登记不影响其办理更正登记。③ 如果申请人提起确权之诉后,申请人胜诉的,可以依据《民法典》第 220 条的规定,请求登记机构办理更正登记。

(四)申请人确权不受影响

如前所述,异议登记只是表明申请人对登记簿记载的权利提出异议,但其并未剥夺登记权利人的权利。《物权编司法解释(一)》第 3 条规定:"异议登记因民法典第二百二十条第二款规定的事由失效后,当事人提起民事诉讼,请求确认物权归属的,应当依法受理。异议登记失效不影响人民法院对案件的实体审理。"依据该条规定,即便异议登记因为申请人没有在法定期间内提起诉讼而失效,申请人也可以在异议登记失效后请求确认物权归属,而且人民法院在审理申请人提起请求确认物权归属的诉讼时,不应受到异议登记失效的影响。事实上,异议登记只是发挥一种警示功能,阻断不动产登记的公信力,排除善意取得的适用,但其并不具有确认物权归属的作用,因此,异议登记与物权确权之诉不能相互替代。④

六、异议登记不当的责任

异议登记不当造成权利人损害的,申请人应当承担赔偿责任。异议登

---

① 参见常鹏翱:《不动产登记法》,社会科学文献出版社 2011 年版,第 199 页。

② 参见最高人民法院民事审判第一庭编著:《最高人民法院物权法司法解释(一)理解与适用》,人民法院出版社 2016 年版,第 102 页。

③ 参见罗帅、高圣平:《不动产异议登记的适用及其效力》,载《法律适用》2017 年第 21 期。

④ 参见最高人民法院民事审判第一庭编著:《最高人民法院物权法司法解释(一)理解与适用》,人民法院出版社 2016 年版,第 103 页。

记确实会对权利人处分财产造成一定的妨害，尤其是因为不动产价值巨大，在某个时期内其价值还可能会发生急剧的变动。在存在异议登记的情况下，虽然权利本身没有发生变更，但是权利可能难以转让，从而会给权利人造成损害。因此，如果异议登记确实不成立，登记权利人有权请求申请人承担赔偿责任。赔偿机制是一种比较有效的防止滥用异议登记的方法。[①]

第六节　预告登记

一、预告登记的概念和特征

预告登记，也称为暂先登记、预登记、预先登记等，它是与本登记相对应的概念，它是指为确保债权的实现、保障将来实现物权等，按照约定向登记机构申请办理的预先登记。[②] 预告登记是德国中世纪民法创立的制度，[③]发端于早期普鲁士法上的"异议登记"（Widerspruch），后为奥地利、德国、瑞士民法所采纳，并为日本法所继受。[④]《民法典》第 221 条第 1 款规定："当事人签订买卖房屋的协议或者签订其他不动产物权的协议，为保障将来实现物权，按照约定可以向登记机构申请预告登记。预告登记后，未经预告登记的权利人同意，处分该不动产的，不发生物权效力。"这就在我国法律上确认了预告登记的概念。预告登记具有如下特征：

第一，具有临时性。也就是说，预告登记是为了保障将来取得物权而采取的临时性的登记，不具有确定物权归属的特点。在进行预告登记的时候，登记记载的只是债权请求权。但是，当不动产已经建成或者不动产物权变动完成的时候，就应当将预告登记转化为本登记；或者在出现一定的法定事由（如债权已经消灭）时，就应当涂销预告登记，因此预告登记只是本登记的准备阶段，是一种临时性的登记。[⑤]

第二，具有依附于债权的特点。预告登记主要适用于债权请求权，通常是为了保障债权而设置的，只有存在保护债权的需要时，才能办理预告登记。如果债权请求权发生转让和消灭，则预告登记也应当相应地发生转让

---

① 参见黄薇主编：《中华人民共和国民法典物权编解读》，中国法制出版社 2020 年版，第 35 页。

② 参见黄薇主编：《中华人民共和国民法典物权编解读》，中国法制出版社 2020 年版，第 41 页。

③ Biermann, Widerspruch und Vormerkung, 1901, S. 1 ff.

④ 参见张双根：《商品房预售中预告登记制度之质疑》，载《清华法学》2014 年第 2 期。

⑤ 参见最高人民法院民事审判第一庭编著：《最高人民法院物权法司法解释（一）理解与适用》，人民法院出版社 2016 年版，第 120 页。

和消灭。[①]

第三,具有公示性。预告登记虽然依附于债权而产生,但预告登记又可以起到一定的公示效果,就房屋买卖而言,预告登记与网签等效力不同,因为网签并不具有公示的效果,而预告登记则具有公示的效果。应当看到,预告登记本身并不是直接表彰物权变动结果的公示方法,而是在物权变动过程中为保障权利人取得物权的一种公示方式。[②]

第四,兼具债权和物权的特点。王泽鉴教授认为,预告登记系介于债权与物权之间,兼具二者的性质,可认为系于土地登记簿上公示,以保全对不动产物权之请求权为目的,具有若干物权效力的制度。[③] 一方面,预告登记本身不能直接产生物权效力,已经登记的权利并非物权;另一方面,为了保障债权的实现,又应当使预告登记产生一定的物权的效力,[④]能够对抗第三人,因此,预告登记属于物权法和债法交叉领域的问题。按照德国学者鲍尔等人的观点,预告登记本身所担保的是以物权变动为内容的债权请求权,但因其涉及物权变动,所以也可以纳入物权的范畴。[⑤] 科学合理地确定预告登记的法律效力,有助于维护不动产交易安全、稳定交易秩序,也有助于司法实践中裁判规则的统一,提高法律适用的统一。

二、预告登记与本登记

与预告登记相对的是本登记。本登记是指对已经实际发生的物权变动进行登记的行为,通常所说的登记都是指本登记。预告登记和本登记的区别表现在:

1. 登记权利的客体不同。预告登记并不是对已经存在的物权的变动进行的登记。在物权法中,登记制度是不动产物权变动的公示方法,所以本登记大多是针对已经存在的物权发生的实际变动而进行的。但是预告登记不同,它不是对已经存在的物权的变动进行登记,在预告登记时,物权的客体尚未形成,因此物权尚不存在;进行预告登记时,当事人已经达成了约定,将

---

① 参见最高人民法院民事审判第一庭编著:《最高人民法院物权法司法解释(一)理解与适用》,人民法院出版社 2016 年版,第 121 页。

② MünchKomm/Kohler, § 883 Rn. 2.

③ 参见王泽鉴:《民法物权:通则 · 所有权》(第 1 册),中国政法大学出版社 2001 年版,第 128 页。

④ 参见最高人民法院民事审判第一庭编著:《最高人民法院物权法司法解释(一)理解与适用》,人民法院出版社 2016 年版,第 120 页。

⑤ 参见[德]鲍尔、[德]施蒂尔纳:《德国物权法》(上册),张双根译,法律出版社 2004 年版,第 419 页。

来要发生物权变动,或者对优先权进行设定,而优先权本身还不是真正的物权。在这种情况下,当事人为实现自己未来的物权,或者为了使现在已经享有的债权或某种优先权得到充分保障而进行预告登记,向不特定人作出公示。[①] 可见,这种公示方法不是对现存的物权的变动进行登记,而是登记制度的例外情形。

2. 与债权请求权的联系程度不同。预告登记是基于债权的请求权而发生的,正是因为存在债权请求权,才可以进行预告登记。如果债权请求权不存在或者消灭,预告登记应当被涂销。从这一点上来说,预告登记相对于债权而言,具有一定的从属性,[②]即因债权的转让而转让,因债权的消灭而消灭。然而,本登记可以不依附于债权本身,在某些情况下具有独立性。

3. 是否具有临时性的特点不同。预告登记具有临时性,而本登记不是为了将来取得物权,而是要现实地取得物权,所以,本登记是具有确定归属性质的登记。

4. 登记申请材料不同。在预告登记的情况下,当事人并不需要证明自己实际享有某种物权,只要符合法律规定的可以办理预告登记的条件,就可以直接办理登记。而在本登记中,当事人必须提供权属证明以及不动产的界址、面积等材料。具体而言,根据《不动产登记暂行条例实施细则》第 86 条和第 94 条等规定,本登记一般要求提供不动产权籍调查成果(宗地图、界址点等),而商品房预告登记只要求提供买卖合同等。

5. 登记的法律效力不同。预告登记的法律效果是限制登记权利人的处分行为,以保障债权请求权的实现。[③] 因为债权请求权人期待的未来所发生的物权对自己具有重要意义,因而需要办理预告登记,以保障自己将来取得物权。预告登记作出后,并不导致不动产物权的设立或变动,而只是使登记申请人取得一种请求将来发生物权变动的权利。经过预告登记的请求权,对于后来发生与该项请求权内容相同的不动产物权的处分行为,具有排他的效力,以确保将来只发生该请求权所期待的法律结果。[④] 而本登记是因为要发生不动产物权的实际变动而进行的登记。

---

① 参见黄薇主编:《中华人民共和国民法典物权编解读》,中国法制出版社 2020 年版,第 41 页。

② 参见[德]鲍尔、[德]施蒂尔纳:《德国物权法》(上册),张双根译,法律出版社 2004 年版,第 419 页。

③ MünchKomm/Kohler, § 883 Rn. 2.

④ 参见王轶:《物权变动论》,中国人民大学出版社 2001 年版,第 164 页。

三、预告登记的适用范围

《民法典》第221条规定："当事人签订买卖房屋的协议或者签订其他不动产物权的协议，为保障将来实现物权，按照约定可以向登记机构申请预告登记……"该条规定明确了预告登记的适用范围，主要适用于两种情况：一是房屋买卖协议，依据上述规定，当事人签订买卖房屋的合同，可以进行预告登记，此处所说的买卖房屋，包括普通的房屋所有权转让，以及预售商品房的买卖。商品房预售登记是最典型的预告登记形式。二是其他不动产物权变动协议。例如，《有关担保司法解释》第52条第1款规定："当事人办理抵押预告登记后，预告登记权利人请求就抵押财产优先受偿，经审查存在尚未办理建筑物所有权首次登记、预告登记的财产与办理建筑物所有权首次登记时的财产不一致、抵押预告登记已经失效等情形，导致不具备办理抵押登记条件的，人民法院不予支持；经审查已经办理建筑物所有权首次登记，且不存在预告登记失效等情形的，人民法院应予支持，并应当认定抵押权自预告登记之日起设立。"该款所规定的"抵押预告登记"，即属于此种情形。

四、预告登记的效力

预告登记本身并不是直接表彰物权变动结果的公示方法，而仅是在物权变动过程中为了保障权利人取得物权的一种公示方式。[①] 预告登记并不当然产生物权的效力，[②]以抵押登记为例，如果已经办理了预告登记，后来的本登记与预告登记是一致的，应当认定抵押权自预告登记之日起设立，而非从办理不动产抵押登记之日起算。如果不一致或者预告登记失效，应当以本登记为准。

预告登记的效力体现在以下方面。

第一，保障债权实现的效力。保障债权实现的效力，也称为担保效力、保全效力。所谓保障债权的实现，就是指保障预告登记的债权能够在未来顺利转化为物权，并使未来的物权变动顺利、有序进行。严格地说，在预告登记的权利人办理预告登记时，其尚未实际取得物权，而只是享有以物权变

---

① MünchKomm/Kohler, § 883 Rn. 2.

② 《有关担保司法解释》第52条第1款规定："当事人办理抵押预告登记后，预告登记权利人请求就抵押财产优先受偿，经审查存在尚未办理建筑物所有权首次登记、预告登记的财产与办理建筑物所有权首次登记时的财产不一致、抵押预告登记已经失效等情形，导致不具备办理抵押登记条件的，人民法院不予支持；经审查已经办理建筑物所有权首次登记，且不存在预告登记失效等情形的，人民法院应予支持，并应当认定抵押权自预告登记之日起设立。"

动的实现为内容的债权请求权。预告登记的目的就在于确保这种债权请求权能够实现,并最终完成不动产物权的顺利变动。[①] 即使在出卖人一房数卖的情况下,出卖人在房屋建成以后,将房屋转让给预告登记权利人以外的人,登记机构也不得为受让人办理所有权移转登记。《物权编司法解释(一)》第4条明文规定:"未经预告登记的权利人同意,转移不动产所有权等物权,或者设立建设用地使用权、居住权、地役权、抵押权等其他物权的,应当依照民法典第二百二十一条第一款的规定,认定其不发生物权效力。"依据该条规定,预告登记具有防止出卖人再次处分不动产的作用,从而保障预告登记权利人未来物权的实现。如果出卖人已经为其他买受人办理了物权变动登记,则预告登记的权利人有权请求更正登记。以预售商品房预告登记为例,为了保障期房买卖债权的实现,买受人可以向登记机构申请办理商品房预售登记,这有利于保障其期房买卖债权的实现。否则,出卖人可能在办理所有权变更登记前再次转让房屋,受让人就有目的落空的现实风险,从这一意义上说,预告登记无疑是消弭该风险的一剂良方。[②]

第二,对抗第三人的效力。这就是说,经过预告登记的权利可以对抗第三人,阻止其取得与预告登记的权利相冲突的物权。《有关担保司法解释》第52条第2款规定:"当事人办理了抵押预告登记,抵押人破产,经审查抵押财产属于破产财产,预告登记权利人主张就抵押财产优先受偿的,人民法院应当在受理破产申请时抵押财产的价值范围内予以支持,但是在人民法院受理破产申请前一年内,债务人对没有财产担保的债务设立抵押预告登记的除外。"这就意味着,预告登记能够使普通债权产生一种对抗第三人的效力。[③] 例如,在办理商品房预售登记之前,在当事人之间仅产生合同关系,而未发生物权的变动。但是,在办理预告登记后,合同债权产生了一定的物权效力,如果将该办理了预告登记的财产再次出售,预告登记权利人就具有了对抗后手受让人的效力。又如,就期房买卖而言,在办理预告登记后,如果建设单位将该房屋另行出售,预告登记的债权请求权就能对其后的受让人产生对抗的效力。[④]

第三,限制物权处分的效力。它是指预告登记之后,原物权人的处分行为受到法律限制。此处所说的"限制物权处分"仅限于法律上的处分,其在实

---

① MünchKomm/Kohler, § 883 Rn. 2.

② 参见常鹏翱:《预告登记制度的死亡与再生》,载《法学家》2016年第3期。

③ 参见黄薇主编:《中华人民共和国民法典物权编解读》,中国法制出版社2020年版,第41页。

④ 参见胡康生主编:《中华人民共和国物权法释义》,法律出版社2007年版,第61页。

践中主要体现在一物数卖的情形中。这就是说,如果所有权人将物转让给数人,在先买受人已经办理了预告登记,则后来的买受人无法办理所有权的移转登记,也无法取得所有权。《民法典》第221条第1款规定,预告登记后,未经预告登记的权利人同意,处分该不动产的,不发生物权效力。据此,在办理预告登记之后,由于第三人知道该标的物已经预售,可以对其起到警示作用,从而避免第三人因出卖人一物数卖而遭受损失。在比较法上,一些国家对预告登记后发生的处分行为的效力采取"相对无效说",即与预告登记相冲突的处分行为和担保行为相对不发生效力(relativ unwirksam)。[①] 预告登记后债务人仍然可以对办理预告登记的财产进行处分,处分行为也不会妨害预告登记。[②] 然而,我国法律对于预告登记权利人的保护采取了更为严格的登记程序保护性规定。例如,《不动产登记暂行条例实施细则》第85条第2款明确规定:"预告登记生效期间,未经预告登记的权利人书面同意,处分该不动产权利申请登记的,不动产登记机构应当不予办理。"这就是说,依据我国现行不动产登记法的规定,未经预告登记权利人同意,对于之后的处分,登记部门不得办理相应的处分登记。这意味着,预告登记具有了限制处分的效力。

《物权编司法解释(一)》第4条规定:"未经预告登记的权利人同意,转让不动产所有权等物权,或者设立建设用地使用权、居住权、地役权、抵押权等其他物权的,应当依照民法典第二百二十一条第一款的规定,认定其不发生物权效力。"因此,在预告登记期间,未经权利人的同意,对于建设用地使用权等物权作出处分,同样不能够发生物权变动。具体包括两种情形:一是转让不动产所有权等物权,二是设立建设用地使用权、居住权、地役权、抵押权等其他物权。依据上述规定,在存在预告登记的情形下,未经预告登记权利人同意,不得转让不动产的所有权,或者在该不动产之上设立他物权,否则无法发生物权效力,即当事人取得的不动产权利无效。[③] 当然,如果新设立的物权与预告登记权利人的权利之间不存在冲突,或者不影响预告登记权利人权利的实现,则应当承认其效力,当事人取得的权利不受影响。[④] 例如,在不动产之上存在抵押权预告登记的情形下,应当允许继续办理抵押权

---

① Wilhelm, Sachenrecht, 6. Aufl. 2019, Rn. 2286; MüKoBGB/Kohler, 7. Aufl. 2017, BGB § 883 Rn. 50.

② 参见常鹏翱:《物权法的展开与反思》(第2版),法律出版社2017年版,第400页。

③ 参见最高人民法院民事审判第一庭编著:《最高人民法院物权法司法解释(一)理解与适用》,人民法院出版社2016年版,第146页。

④ 参见最高人民法院民事审判第一庭编著:《最高人民法院物权法司法解释(一)理解与适用》,人民法院出版社2016年版,第147页。

登记。

第四，确定权利顺位的效力。预告登记具有确定权利顺位的效力，它是指预告登记在确定权利实现顺序方面的效力。换言之，经过预告登记的权利可以优先于其他权利而实现。[①] 依据《不动产登记暂行条例实施细则》的规定，未经预告登记权利人的同意，登记机构不得为预告登记义务人办理嗣后的处分登记。因此，在我国，预告登记将构成后续处分登记的障碍，也就是说，只要某一不动产上办理了预告登记，就形成了对此后不动产登记的障碍。未经预告登记权利人的同意，义务人就无法再行办理处分登记，[②]因此，办理抵押权的预告登记也具有顺位保全的效力，在预告登记转为本登记之后，抵押权优先顺位的判断时点应溯及预告登记之时。当然，在仅办理抵押权预告登记的情形下，预告登记的权利人可以请求义务人及时办理抵押权本登记，从而使其具有优先受偿的效力。例如，在“山东高创建设投资集团有限公司、兴业银行股份有限公司潍坊分行等金融借款合同纠纷案”中，法院通过阐释预告登记制度的效力，表明预告登记的权利人对于设立预告登记的房屋享有优先受偿权。[③] 买受人在房屋尚未建成时，办理了期房预告登记，如果房屋建成后，建设单位又在房屋上设立抵押，此时应当优先保护买受人的利益。

五、预告登记的失效

《民法典》第 221 条第 2 款规定：“预告登记后，债权消灭或者自能够进行不动产登记之日起九十日内未申请登记的，预告登记失效。”因此，在出现如下两种情况时，预告登记将自动失效：

一是债权消灭。《物权编司法解释(一)》第 5 条规定：“预告登记的买卖不动产物权的协议被认定无效、被撤销，或者预告登记的权利人放弃债权的，应当认定为民法典第二百二十一条第二款所称的‘债权消灭’。”据此，此处所说的债权消灭包括了无效、被撤销以及权利的放弃等所有导致权利不再存续的情形。[④] 由于在预告登记情况下，房屋尚未建成，权利人享有的只是一种债权，如果债权因为某种原因消灭，则预告登记自动失效。引起债权消灭的原因很多，例如，债权因为合同被撤销、合同被解除、混同、清偿、免除、提存以及其他原因归于消灭。在债权消灭以后，应当将预告登记涂销。

---

① 参见王轶：《物权变动论》，中国人民大学出版社 2001 年版，第 169 页。

② 参见程啸：《不动产登记法研究》(第 2 版)，法律出版社 2018 年版，第 817 页。

③ 参见山东省潍坊市中级人民法院民事判决书，(2022)鲁 07 民再 174 号。

④ 参见崔建远：《物权法》(第 5 版)，中国人民大学出版社 2021 年版，第 76 页。

又如，买受人在购买期房之后，拒不支付房款，构成严重违约，出卖人根据合同解除权而解除合同。在合同被解除后，预告登记因为失去了基础关系而失效，当事人也应该办理预告登记的涂销手续。

二是自能够进行不动产登记之日起 90 日内未申请登记。如何理解“能够进行不动产登记之日”？本书认为，这主要是针对预售商品房和在建工程的转让与抵押的情形，因为预售商品房或在建工程转让或抵押时，该房屋尚未建成，没有办理所有权的初始登记，自然无法办理转让登记或抵押权登记，因此只能办理预告登记。然而，在这些房屋已经建成并办理了初始登记后，就可以相应地办理转让登记或抵押权登记，此时预告登记已经没有存在的必要了。[①] 预告登记设立的目的是保护权利人将来取得物权，在可以办理现房登记的情况下，买受人应该及时去办理现房登记。如果不及时办理，建设单位又不能将已经建成的房屋进行转让，这将对后位买受人的利益产生不利影响。所以，如果在一定期限内不办理，就表明预告登记的权利不应再受到保护。此处所说的能够办理，是指权利人能够办理现房登记，在权利人不能办理登记的情况下，预告登记仍然有效。

如果不存在预告登记的失效的情形，预告登记将产生效力。例如，在“招商银行股份有限公司滨州分行、滨州市极富房地产开发有限公司等金融借款合同纠纷案”中，法院认定：“涉案房屋进行了首次登记且不存在预告登记失效的情形，据此应认定招行滨州分行对涉案房屋享有优先受偿权且其抵押权自预告登记之日设立。”[②]

---

① 参见赵培元、程浩：《抵押预告登记与法院预查封登记在正式登记条件具备时的司法处理》，载《人民司法》2014 年第 4 期。

② 参见山东省滨州市中级人民法院民事判决书，(2022)鲁 16 民终 3155 号。

第五章　动产交付

第一节　动产交付概述

一、动产交付的概念和效力

在物权法中，交付是动产物权变动的法定的公示方法，因此，当事人要完成物权变动，必须要依法履行交付的义务，否则，即使合同有效，动产物权也不能发生变动。《民法典》第224条规定："动产物权的设立和转让，自交付时发生效力，但是法律另有规定的除外。"依据该条规定，除法律有特别规定以外，任何动产物权的变动都要依循法定的公示方法，即都需要完成交付。何为交付？交付是指权利人将自己占有的物移转其他人占有的行为。[①] 简言之，交付意味着占有的移转，动产的交付自动产移转给受让人占有时完成。交付作为动产物权的法定公示方法，当事人原则上不能通过约定免除当事人的交付义务，也不能擅自约定变更交付的方式和交付的效力。例如，当事人不能在合同中约定，在设定质押时，可将某物交付给质押合同当事人以外的任何人以代替交付。

需要指出的是，尽管《民法典》合同编中也规定了出卖人的交付义务，但《民法典》物权编中的交付不同于合同编中的交付，二者的区别主要表现为：一是从交付的目的来看，合同法上的交付在性质上属于履行合同义务，完成交付就意味着履行了合同义务。而物权法中的交付在性质上是动产物权变动的公示方法，交付完成将依法产生物权变动的效果。同时，交付之所以作为物权变动的公示方法，是因为交付要发生占

---

① 参见孙宪忠、朱广新主编：《民法典评注：物权编》（第1册），中国法制出版社2020年版，第436页。

有的移转,交付是瞬间完成的,其实际上无法公示,[①]交付的效果最终要通过占有表现出来,从而产生权利公示的效果。[②] 二是合同法注重调整交付的过程,在合同法中,交付可以采取各种方式,但无论采用何种方式,都应符合合同的约定,否则可能构成违约。而物权法则注重调整交付的结果,即考虑是否实际发生了占有的移转,一般不考虑交付的过程,即便交付过程存在瑕疵,也不影响物权的变动。因此,物权法中的交付作为一种物权变动公示方法,是与占有联系在一起的。三是合同法中的交付可以采取多种方式。例如,如果合同约定由转让人送货的,转让人在交货地点将标的物交给受领人点收完毕,可以视为交付。如果合同中约定由转让人代办托运或邮寄的,转让人将标的物交给第一承运人或邮局,可视为交付。但在物权法上,上述方式并不当然能够成为动产物权变动的公示方法。

二、交付是动产物权变动的公示方法

(一)动产物权变动的公示方法是交付

关于交付的效力,比较法上存在交付要件主义与交付对抗主义两种模式。根据交付要件主义,交付是动产物权变动的生效要件,未经交付,无法产生动产物权变动的效果,[③]德国法采取了此种模式。[④] 根据交付对抗主义,动产物权仅依当事人之间的合意即可以发生变动,交付仅具有对抗第三人的效力。依据《法国民法典》第 1196 条的规定,所有权转让效力于合同缔结时发生,标的物风险亦随之移转,同时,《法国民法典》第 938 条在赠与情形也强调债权合意达成时所有权发生转移。换言之,合同本身就有转移所有权的效力。[⑤] 日本民法也采取了此种模式。[⑥] 根据我国《民法典》第 224 条的规定,除法律另有规定的情形外,动产物权的变动均需要交付,交付是动产物权变动的法定公示方法,也是动产物权变动的必要条件。可见,我国《民法典》物权编显然是采取了前述交付要件主义的立场。

(二)交付是法定的义务

依据《民法典》第 224 条的规定,交付是动产物权变动法定的公示方法,

---

① 参见赵守江:《论物权变动与物权公示的分离》,载《烟台大学学报(哲学社会科学版)》2007 年第 2 期。

② 参见刘家安:《论动产所有权移转中的交付——若干重要概念及观念的澄清与重构》,载《法学》2019 年第 1 期。

③ 参见郑云瑞:《民法物权论》,北京大学出版社 2006 年版,第 88 ~ 89 页。

④ 参见《德国民法典》第 929 条。

⑤ 参见秦立威等:《〈法国民法典:合同法、债法总则和债之证据〉法律条文及评注》,载《北航法律评论》2016 年第 1 期。

⑥ 参见龙俊:《物权变动模式的理想方案与现实选择》,载《法学杂志》2019 年第 4 期。

因此，当事人要完成物权变动，必须要依法履行交付的义务，否则，即使合同有效，动产物权也不能设立或发生变动。由于交付是动产物权变动的法定公示方法，在动产物权设立和转让的情形下，当事人不能通过合同随意免除交付的义务。例如，当事人不能在合同中约定，在设定质押时，可将某物交付给质押合同当事人以外的任何人，视为交付。

当然，交付不一定由物权设定人和转让人亲自进行，也可以由占有辅助人基于权利人的授权而完成。所谓占有辅助人，是指基于占有人的意思，实际占有物的人，如公司的出纳、商店的销售人员等。占有辅助人的交付行为一旦完成，也可以依法产生交付的效力。

（三）交付完成将发生动产物权的变动

交付完成是指转让人已经将动产交付给了受让人，或者权利设定人将动产交付给了权利人。判断交付是否完成，关键看是否发生了占有的移转。如果当事人只是提出交付，而没有实际交付，则不能认为动产物权发生了变动。依据《民法典》第 224 条的规定，交付完成对物权变动的作用主要表现在如下两个方面：

第一，物权的设立。在物权的设立过程中，交付是动产物权设定的公示方法，这主要表现在质权的设定方面，即质权的设立必须以移转占有即交付为要件，而且动产在完成实际交付后，便可设立质权。[①] 同时，质权人对质押财产的占有应当伴随质权的始终，至于交付行为是否为第三人知道，并不影响质权的设立。换言之，动产物权的设立关键在于是否通过交付使占有发生了移转，而不必要求必须“公之于世”。

第二，物权的转让。动产物权的转让必须经过交付才能生效。[②] 除船舶、航空器、机动车等特殊动产之外，原则上所有的普通动产物权变动都以交付的完成作为物权变动的公示方法。对特殊动产而言，虽然适用登记对抗规则，但是在没有办理变更登记的情况下，也可以基于交付的完成而发生物权变动的结果。

（四）法律有规定的除外

物权作为一种对世权，具有公信力。如果任由当事人约定排除动产物权变动公示规则的适用，则可能发生各种纠纷。因此，《民法典》第 224 条规定，只有在法律另有规定的情形下，才可以不适用交付的规则。所谓法律另有规定，主要是指两种情况：一是指《民法典》合同编规定的所有权保留买卖

---

① 参见刘家安：《民法物权》，中国政法大学出版社 2023 年版，第 301 页。

② 参见谢在全：《民法物权论》（上册）（修订二版），台北，三民书局 2003 年版，第 149 页。

的情形;二是指动产担保中有关登记的规定。依据《民法典》第 403 条的规定,动产抵押权自抵押合同生效时设立,而不需要采用交付的方法。

三、交付方式的分类

(一)现实交付和观念交付

在物权法上,交付是指将自己占有的物移转给他人占有的行为。交付分为现实交付和观念交付两种情况。所谓现实交付,是指动产物权的出让人将动产的占有实际地移转给受让人,由受让人直接占有该动产。简单地说,现实交付就是将物从一个人的控制转移到另一个人的控制之下,从而发生动产占有的实际移转。这是交付的一般情况。在采用现实交付之前,标的物通常处于出让人占有之下,出让人按照约定将标的物移转至受让人占有之下,视为交付。当然,直接交付行为并不一定完全由出让人亲自进行,出让人也可以委托其履行辅助人完成交付行为。完成现实交付必须具备两个要件:一是对标的物的实际控制发生移转,即从交付的一方移转给另一方,由另一方实际控制。[①] 交付的完成重在结果,而不在过程,即必须完成实际控制的移转,只要完成这种实际控制的移转,即使没有交付的过程也应构成交付(如简易交付)。二是受让人接受占有。例如,交付一方将标的物置放于受让人控制的范围内,但未作通知,受让人未接受交付,主观上也无占有的意思,因此不能构成交付。当然,在特殊情况下,根据交易习惯,只要一方将物置于另一方控制范围内也构成交付,如将信件投置于受信人的邮筒。

所谓观念交付,是指在特殊情况下,法律允许当事人通过特别约定,采用一种变通的交付办法来代替实际交付。需要指出的是,物权法上的观念交付与合同法上的规定不同,合同法主要规定的是买卖合同中移转所有权的交付,而物权法规定的则是动产物权设立、转让中的交付,因此相较合同法上对交付的规定,其适用范围更为宽泛。观念交付方式之所以特殊,是因为基于法律的特别规定,即使不实际移转占有,也可以完成交付行为。[②] 我国《民法典》第 226 条至第 228 条规定了三种观念交付的形式,即简易交付、指示交付和占有改定。物权法之所以允许观念交付在一定情况下代替现实交付,是出于充分尊重当事人的意志,减少因现实交付所产生的交易费用,使交易更为便捷的需要。[③]

---

① 参见王泽鉴:《民法物权:通则·所有权》(第 1 册),中国政法大学出版社 2001 年版,第 136 页。

② 参见谢在全:《民法物权论》(上册),中国政法大学出版社 1999 年版,第 100 页。

③ 参见王泽鉴:《民法物权》(第 2 版),北京大学出版社 2010 年版,第 97 页。

（二）实物交付和拟制交付

交付还可以分为实物交付和拟制交付。所谓实物交付，是指标的物占有的现实移转。物权法上的交付通常是实物交付。交付最初是指对物的实际控制的移转。例如，出卖人将物直接交付给买受人。可见，直接占有的移转仅限于实物的交付。随着商品交换的发展，特别是财产证券化的形成，实物交付显然不能概括全部的交付现象，因而法律逐渐承认了拟制交付方式。所谓拟制交付，是指移转所有权的一方将标的物的所有权凭证如仓单、提单等交给受让人，以代替物的现实交付。① 换言之，当事人只需要交付权利凭证，而不需要交付实物，就可以完成交付。拟制交付方式的发展进一步加速了财产的流转。

第二节 简易交付

一、简易交付的概念和构成要件

所谓简易交付，是指动产物权设立和转让前，如果权利人已经依法占有了该动产，就无须再行实际交付，从法律行为发生效力时起直接发生物权变动的效力。②《民法典》第226条规定："动产物权设立和转让前，权利人已经占有该动产的，物权自民事法律行为生效时发生效力。"本条就是关于简易交付的规定。在实践中，出让人在转让动产物权之前，受让人已通过委托、租赁、使用借贷等方式而实际占有该动产，则从移转标的物所有权的合同生效之时起，视为交付已经完成。例如，在"彭某任、彭某立等侵权责任纠纷案"中，法院就曾指出"原告已经履行了合同义务，且涉案别克凯越小轿车已经由原告实际占有使用，故该车辆的所有权已经归原告"。也就是说，物权已应简易交付发生转移。③

在简易交付之前，尽管新的权利人先前已经占有了负有交付义务的人的财产，但这种占有不是以所有人的意思而进行的占有，学说上称为他主占有。双方当事人达成动产物权转让的合意后，就代替了对动产的现实的交付。此种交付又称为无形的交付。对于负有交付义务的人来说，尽管先前没有实际占有其物，但仍然构成自主占有，即以所有人意思所进行的占有。在简易交付时，负有交付义务的人仅将自主占有的意思授予新的权利人，使

---

① 参见何赛：《〈民法典〉视域下提单物权凭证概念的反思与重构》，载《甘肃政法大学学报》2022年第3期。

② 参见谢在全：《民法物权论》（上册）（修订二版），台北，三民书局2003年版，第151页。

③ 参见陕西省咸阳市中级人民法院民事判决书，（2022）陕04民终3511号。

其从他主占有变为自主占有,以代替现实的交付行为。因此,许多学者认为简易交付是一种纯粹的观念交付。[①]

构成简易交付的要件是:

第一,动产物权设立和转让前,权利人已经占有了该动产。简易交付中的权利人是指受让人或者质权人等合法占有人。例如,甲欲将其所有的汽车转让给乙,而转让前乙已经实际占有该汽车。关于权利人的占有是否必须合法,在《民法典》编纂中是存在争议的。根据《民法典》第 226 条的规定,并不要求权利人的占有必须合法,因为简易交付本身就是为了交易的便捷而产生的制度,占有人的占有合法与否可以不予考虑。

第二,双方实施了某种法律行为且已经生效。此处所说的法律行为主要是指物权转让、设立的合同。例如,银行在与借款人订立质押合同前已经占有了汽车的,则双方订立的质押合同生效时,质押权即告生效。

第三,物权自法律行为生效时发生效力。在简易交付的情况下,由于双方已经达成了移转所有权的合意,同时标的物已经发生了占有的移转,没有必要再继续从事现实交付行为。合同生效时,物权变动即发生法律效力。[②]

二、简易交付的效力

在简易交付的情况下,转让人和受让人达成了让与物权的合意,由于受让人已经事前取得了对动产的占有,具备了法定的公示方法,因此受让人对动产物权的取得已符合法定的要件,[③]只要当事人达成物权变动的合意,从该合意生效之时起,即产生物权变动的效果。[④]

第三节 指示交付

一、指示交付的概念和构成要件

所谓指示交付,又称为返还请求权让与,是指当事人在动产物权设立和转让时,如果该动产已经由第三人占有,则负有交付义务的人可以将其对第三人的返还请求权转让给新的权利人,以代替物的实际交付。此处所说的负有交付义务的人主要是指出卖人、出质人等。《民法典》第 227 条规定:

---

① 参见王轶:《物权变动论》,中国人民大学出版社 2001 年版,第 149 页。

② 参见黄薇主编:《中华人民共和国民法典物权编解读》,中国法制出版社 2020 年版,第 50 页。

③ 参见庄加园:《自主占有与简易交付》,载《法学》2020 年第 1 期。

④ 参见黄薇主编:《中华人民共和国民法典物权编解读》,中国法制出版社 2020 年版,第 46 页。

“动产物权设立和转让前，第三人占有该动产的，负有交付义务的人可以通过转让请求第三人返还原物的权利代替交付。”本条是关于指示交付的规定。例如，甲将一辆摩托车借给乙使用，之后又将该车转让给丙，此时，甲可以将其对乙的返还请求权转让给丙，从而实现该摩托车的交付，此种交付方式就是指示交付。指示交付是为了保障第三人对标的物占有的延长，从而进一步发挥物的使用效益，同时也可以简化交付程序，节约交易成本。构成指示交付必须具备如下条件：

第一，必须要在物权设立和转让前第三人占有该动产。通常，在当事人设立和转让物权前不仅要求出让人享有物权，而且出让人必须实际占有物权的标的。但指示交付的情况不同，负有交付义务的人并没有实际占有该动产，而由第三人占有该动产。[①] 例如，某辆汽车在设定质押前，已经由质押人借给了第三人使用，并由第三人占有。同时，从《民法典》第 227 条规定来看，构成指示交付仅要求第三人占有相关动产，而不要求第三人必须是合法占有，因为第三人不管是合法占有还是非法占有，都可以使转让人享有所有物返还请求权并请求转让，非法占有也可以产生指示交付。只要受让人愿意接受这种权利，就意味着受让人愿意承担将来权利不能完全实现的风险。

第二，转让人应对第三人享有返还原物请求权。在指示交付中，转让人转让的返还请求权应当是对特定的第三人的返还请求权。该特定第三人是指能够对转让动产进行物理意义上直接占有、控制的一方。[②] 这就必须由负有交付义务的人向实际占有财产的第三人作出指示，表明该物的返还请求权已经转移给了权利人，因而权利人享有向第三人直接请求的权利。只有在指示到达第三人的情况下，其才负有向新的权利人返还的义务。

第三，双方当事人达成了转让返还原物请求权的协议。在标的物由第三人占有的情形下，当事人达成由出卖人将标的物返还请求权转让给买受人的协议，可以发生交付的效力。如果双方当事人没有达成转让返还原物请求权的协议，无法发生指示交付的效力。[③] 为了减少交付的费用，法律规定允许转让人将要求第三人返还原物的请求权转让给取得和受让物权的人，从而代替交付。但满足该要件，首先，必须要由双方约定转让向第三人请求返还原物的权利。第三人是指合同当事人以外的实际占有物的人，或

---

① 参见谢在全：《民法物权论》（上册）（修订二版），台北，三民书局 2003 年版，第 152 页。

② 参见黄薇主编：《中华人民共和国民法典物权编解读》，中国法制出版社 2020 年版，第 52 页。

③ 参见刘家安：《论通过返还请求权让与方式实现动产所有权移转》，载《比较法研究》2017 年第 4 期。

者是负有向转让人交付标的物义务的人,如标的物的保管人。其次,必须由负有交付义务的人向实际占有物的第三人作出指示。在指示交付中,转让人转让的返还请求权应当是对特定第三人的返还请求权。这就必须由负有交付义务的人向实际占有财产的第三人作出指示,表明该物的返还请求权已经转移给了权利人,因而权利人享有向第三人直接请求的权利。

第四,从双方约定生效时起,要求返还原物的请求权发生转让并代替交付。因为这一原因,此种方式也称为让与返还请求权或返还请求权的代位。在指示交付发生时,动产已经由第三人占有,因此不需要现实交付。当然,如果转让人不能实际行使返还原物的请求权,也就不能通过指示交付发生物权的变动。在转让人自己都不能够行使物权请求权时,自然不能将这种有瑕疵的权利转让给受让人。问题在于,在双方约定生效以后,如果转让人对第三人的返还原物请求权不能行使,或行使遇到障碍,是否可以发生物权变动的效果?这值得探讨。本书认为,如果转让人对第三人的返还请求权成立,而只是存在权利行使的障碍,则并不影响当事人采用指示交付的方式。① 此时,在受让人行使返还原物请求权时,第三人有权对受让人主张相关的抗辩;但如果转让人对第三人的返还原物请求权不成立,则其无法通过指示交付的方式完成标的物的交付。

指示交付不同于债权人指示债务人向第三人履行。在实践中,曾经有判决书认为,“经债权人指示债务人直接向第三人履行义务的方式,在法律上称之为指示交付”②。这就混淆了指示交付与向第三人履行,在指示交付的情形下,第三人并非占有媒介人,而享有占有权,但债务人向第三人履行则不存在此种现象。③

二、指示交付的效力

指示交付是为了保障第三人占有的延续,从而充分发挥物的使用效益而产生的交付方法。但是在指示交付的情形下,毕竟受让人并未现实地取得标的物的直接占有,因此其享有的权利也无法通过直接占有进行公示,所以指示交付的效果与现实交付或简易交付应当有所区别。在指示交付的情形下,第三人的占有可以分为第三人合法占有转让人的财产与第三人无法

---

① 参见庄加园:《基于指示交付的动产所有权移转》,载《法学研究》2014 年第 3 期。

② 俞某某诉丁某某、李某某不当得利纠纷案,上海市徐汇区人民法院(2007)徐民三(民)初字第 2350 号民事判决书。

③ 参见庄加园:《民法典体系下的动产所有权变动:占有取得与所有权让与》,法律出版社 2020 年版,第 136 页。

律依据而非法占有转让人的财产两种类型。

（一）第三人合法占有转让人的财产

在第三人通过保管、租赁、质押、借用等合同而合法占有转让人的财产时，对于指示交付中所转让的请求权究竟包含了哪些请求权，学理上一直存在争议。本书认为，指示交付中所转让的权利既包括物权请求权，也应当包括债权请求权。在转让人与第三人之间存在合同关系的情形下，转让人应当有权将其对第三人所享有的债权请求权转让给受让人，如果转让人与第三人的合同无效，则转让人可以将其基于不当得利的返还请求权让与给受让人。[①] 因为在不当得利返还的情形下，有可能实现原物的返还，因此可以成为指示交付的对象。

（二）第三人无法律依据而非法占有转让人的财产

在指示交付的情形下，让与人能否转让其对于占有人所享有的返还原物的权利？对此存在不同观点。《民法典》第 227 条在沿用原《物权法》第 26 条的表述时，删除了“依法”的表述，仅将“第三人依法占有”改为“第三人占有”。可见，此处所说的指示交付既包括物权的返还请求权，也包括债权返还请求权，[②]没有法律依据的无权占有也可以采取指示交付方法。[③] 这也就意味着，指示交付并不限于第三人依法占有动产的情形，在第三人无权占有的情形下，同样可以完成指示交付，主要理由在于：

一方面，第三人是否为有权占有并不影响指示交付的效力。例如，在动产为他人所侵夺的场合，出让人仍然可以将所有物返还请求权让与他人，此时不应因第三人为有权占有或无权占有中而对出让人进行区别对待。如果第三人先前系有权占有，但之后其与出让人的基础合同关系因违反了法律规定而无效，致使该第三人因丧失占有本权而成为无权占有，此时，如果出让人转让该动产所有权，则可以向受让人转让其对无权占有人的原物返还请求权，从而完成交付。[④]

另一方面，此种做法有利于尊重当事人的意思自治，降低交易成本，提高交易效率。在第三人无权占有的情形下，只要受让人愿意承担无法从无

---

① 参见黄薇主编：《中华人民共和国民法典物权编解读》，中国法制出版社 2020 年版，第 49 页。

② 参见黄薇主编：《中华人民共和国民法典物权编解读》，中国法制出版社 2020 年版，第 53 页。

③ 参见江必新编著：《民法典编纂若干争议问题实录》，人民法院出版社 2021 年版，第 89 页；最高人民法院民法典贯彻实施工作领导小组主编：《中华人民共和国民法典物权编理解与适用》（上），人民法院出版社 2020 年版，第 149 页。

④ 参见庄加园：《民法典体系下的动产所有权变动：占有取得与所有权让与》，法律出版社 2020 年版，第 144 页。

权占有人处获得返还的风险，那么就应当允许出让人通过转让返还请求权的方式完成指示交付，而不必一定要求出让人先行使所有物返还请求权，从第三人处获得占有，再进行转让，否则将会人为地提升交易成本。指示交付旨在通过间接占有实现动产所有权的移转，避免无效率的现实交付，至于间接占有究竟是有权占有还是无权占有，不应成为适用指示交付的障碍。[①]

在转让请求权之后，受让人取得了对第三人的返还请求权，其有权代替转让人的地位而直接向第三人提出请求，返还请求权的让与不仅对间接占有标的物的占有人产生效力，也可以对该财产的后续交易当事人产生效力，当然，如果后续交易当事人基于善意取得制度取得该财产的物权，则不能对其产生效力。[②]

第四节 占 有 改 定

一、占有改定的概念

所谓占有改定，也称为继续占有，是指在动产物权转让时，如果转让人希望继续占有该动产，双方当事人可以订立合同，特别约定由转让人继续占有该动产，而受让人因此取得对标的物的间接占有以代替标的物的实际交付。我国《民法典》第 228 条规定："动产物权转让时，当事人又约定由出让人继续占有该动产的，物权自该约定生效时发生效力。"该条对占有改定规则作出了规定。例如，甲将其电脑出卖给乙以后，乙并没有占有该电脑，双方又达成租赁合同，约定由甲继续承租并使用该电脑，此种情况就属于占有改定。占有改定的目的是要使转让人继续占有标的物，从而既符合转让人的要求，又继续发挥物的效用。[③] 占有改定不仅简化了交付的程序，降低了交易费用，而且有利于鼓励交易。在实践中，占有改定常常被援引适用"售后返租"这种交易方式，这就是说，出卖人因出售货物而收回了货款，但愿通过租赁方式继续占有并使用该货物，向买受人支付租金。而买受人则在取得货物所有权之后，可以让出卖人继续占有，使用货物，并从出卖人那里收取租金。[④]

---

① 参见庄加园：《民法典体系下的动产所有权变动：占有取得与所有权让与》，法律出版社 2020 年版，第 144 页。

② 参见黄薇主编：《中华人民共和国民法典物权编解读》，中国法制出版社 2020 年版，第 50 页。

③ 参见孙宪忠：《中国物权法总论》（第 4 版），法律出版社 2018 年版，第 444 ~ 445 页。

④ 参见庄加园：《民法典体系下的动产所有权变动：占有取得与所有权让与》，法律出版社 2020 年版，第 117 页。

占有改定源于罗马法中的“constitutum possessorium”制度，大陆法系国家的物权法大都承认了占有改定制度。[①]《德国民法典》第 930 条规定了占有改定，根据该规定，占有改定属于交付的替代（Übergabesurrogate）。[②] 然而，许多学者认为，占有改定实际上已经放弃了公示要求（Verzicht auf Publizität）。[③] 出让人和受让人之间约定具体的占有媒介关系（Besitzmittlungsverhältnisse）。[④] 出让人基于他主占有的意思，使受让人取得间接占有并成为所有人。[⑤] 也就是说，作为直接占有人的出让人具有事实上的意思，为作为间接占有人的受让人行使对物的管领。[⑥]

在物权法中，通过占有改定来完成物权的变动也不无意义，因为它有助于判断物权变动的时点。这就是说，占有改定生效之日起，物权就已经发生了变动。但由于占有改定并没有实质上移转占有，而第三人很难知道当事人之间发生了占有改定关系，所以，如果转让人将财产转让给某一受让人之后，又将该财产转让给第三人，第三人有可能构成善意取得。如果符合善意取得的构成要件，第三人应当基于善意取得制度即时取得所有权。[⑦]

二、占有改定的构成要件

占有改定的成立需要具备如下要件：

第一，必须是在占有改定之前，转让人已经占有并且希望继续占有标的物。这就是说，在双方达成占有改定的协议之前，必须要由转让人实际占有动产。而转让人希望继续占有该动产，这样才有必要实行占有改定。

第二，双方必须达成物权变动的合意。对《民法典》第 228 条规定的“又”应理解为另行达成占有物的协议。因为在双方通过协议设置占有改定之前，双方必须要有设定和移转物权的合意，这样才能够通过占有改定而导致物权的变动。[⑧] 例如，在“李某伟、段某新执行异议之诉案”中，法院就曾指出：“占有改定是在所有权变动协议的基础上，双方就出卖方继续占有使

---

① 参见孙宪忠：《德国当代物权法》，法律出版社 1997 年版，第 316 页。

② HK-BGB/Hans Schulte-Nölke，11. Aufl. 2021，BGB § 930 Rn. 1－32.

③ Staudinger/Wiegand（2017）BGB § 930 Rn. 2；MüKoBGB/Oechsler，8. Aufl. 2020，BGB § 930 Rn. 3.

④ MüKoBGB/Oechsler，8. Aufl. 2020，BGB § 930 Rn. 14 ff.

⑤ Staudinger/Wiegand（2017）BGB § 930 Rn. 11.

⑥ MüKoBGB/Oechsler，8. Aufl. 2020，BGB § 930 Rn. 12.

⑦ 参见史尚宽：《物权法论》，中国政法大学出版社 2000 年版，第 561～562 页。

⑧ MünchKomm/Oechsler，5. Aufl. 2009，§ 930 Rn. 7.

用标的物另行达成协议。”①

双方要约定移转所有权，才能为占有的改定提供基础。没有合法、有效的移转所有权协议，就不可能发生占有的改定。双方移转所有权的约定，可以采取多种方式。例如，可以单独设立占有改定的合同条款，也可以通过单独订立买卖、租赁等合同使转让人继续占有标的物。在占有改定的情形下，依据我国《民法典》第228条的规定，物权自该约定生效时发生效力。也就是说，必须要有占有改定的约定，如果虚构该约定，则不能发生占有改定的效果。当然，该约定可以在交易发生时，也可以在交易发生之后。② 换言之，双方必须要约定所有权已经发生移转，如果只是占有发生移转，而没有发生所有权的移转，则在性质上称为“抽象的改定”，不能发生所有权的移转效果。③ 如果双方没有明确约定所有权的移转，但双方实际达成了租赁合同、保管合同或借用合同等，并依据这些合同的规定，使原所有人继续占有该财产，可以认为双方形成了债的关系，但不能认为双方可以通过占有改定发生物权的变动。

第三，当事人必须约定由转让人继续占有标的物。在占有改定的情况下，必须要双方当事人明确约定：即使通过买卖等方式移转了所有权等物权后，也仍然由原所有权人继续占有该物，否则难以成立占有改定。

在占有改定生效之后，转让人将取得对标的物的直接占有，对受让人来说，只是取得间接占有。在占有改定的情况下，受让人本应直接占有标的物，但因为占有改定而使其本应取得的直接占有转化为间接占有。所谓间接占有，是指自己不直接占有某物，而基于一定的法律关系对直接占有其物的人享有返还请求权，因此对于物有间接管领力。④ 例如，在转让一辆汽车之后，转让人又租用该汽车，可以继续直接占有该汽车，受让人享有该汽车的所有权，但只是间接占有人。在发生侵害占有的情况下，直接占有人和间接占有人都可以通过侵害占有之诉来获得保护。

第四，自占有改定约定生效时发生效力。由于占有改定不发生标的物的实际交付，占有改定约定也称“占有媒介关系”，《民法典》第228条规定，物权自该约定生效时发生效力。据此，占有改定自当事人有关占有改定的

---

① 参见吉林省四平市中级人民法院民事判决书，(2022)吉03民终548号。

② 参见庄加园：《民法典体系下的动产所有权变动：占有取得与所有权让与》，法律出版社2020年版，第124页。

③ 参见史尚宽：《物权法论》，中国政法大学出版社2000年版，第39页。

④ 参见王泽鉴：《民法物权：用益物权·占有》(第2册)，台北，1995年(公元纪年)自版发行，第43页。

约定生效时发生效力。这就意味着,《民法典》第 228 条已经明确规定以占有改定协议生效的时间点确定物权变动的效力,而不是以受让人取得间接占有的时间为准。此处所说的发生效力应该包括两个方面的效力:一是占有改定的效力。出让人和受让人之间通过租赁、保管等方式发生占有改定。在所有权移转之前,可以通过占有改定来代替实际交付。二是物权的移转发生效力,占有改定生效之后,标的物的所有权已经从转让人移转给受让人。关于占有改定约定生效的条件,必须遵循法律行为生效的一般条件,即主体合格、意思表示真实、内容合法。[1]

需要指出的是,我国《民法典》第 228 条规定的占有改定只适用于动产物权的转让,而不适用于动产物权的设定。例如,当事人在设定动产质权时,不能通过占有改定的方式来完成公示。这是因为在占有改定的情况下,仍然由转让人继续占有动产,如果通过占有改定方式设定质权,则根本无法取得物权设定的公示效果,导致第三人误以为该财产并不存在质权负担,因为第三人根本无从知悉出质人和质权人之间的内部协议。同时,在占有改定的情况下,在发生转让行为以后,转让人继续占有动产,而受让人只是取得对动产的间接占有,这样对第三人表现出来的只是转让人的占有,而不是受让人的占有。受让人的占有只是一种观念的占有,而不是一种现实的占有,因此这种占有欠缺一种权利变动的外部表象。[2] 如果认为占有改定能够设定质权,则当事人便可能通过此种约定从事欺诈行为,损害债权人利益。

三、占有改定的效力

占有改定将产生如下法律效力:

第一,占有改定约定生效将导致标的物所有权的移转。当事人之间达成了占有改定的约定以后,该约定在当事人之间已经产生了效力,所有权也随之发生了移转,在双方就标的物所有权移转发生纠纷的情况下,只要能够确定该占有改定的约定是合法有效的,法院就应当确认所有权移转的效果。因为法律关于实际交付的规定本身是一种任意性规范,当事人完全可以在合同中特别约定不以实际交付标的物为必要。然而,由于这种移转方式不具有公示性,第三人并不知道所有权是否已经发生了移转,所以第三人就该标的物的所有权归属与转让人、受让人之间发生争执时,转让人和受让人不能仅根据占有改定的协议来对抗善意第三人。比较法上也有先例,例如荷

---

① 参见黄薇主编:《中华人民共和国民法典物权编解读》,中国法制出版社 2020 年版,第 46 页。

② 参见刘家安:《民法物权》,中国政法大学出版社 2023 年版,第 302 页。

兰法就采此观点。[①]

问题在于,占有改定的约定无效,是否导致受让人的间接占有无效?我国不少学者认为,受让人取得间接占有,并不依赖于占有媒介关系的效力,而取决于出让人是否具有为受让人占有的占有媒介意思。[②] 例如,双方在订立买卖合同后又通过租赁合同实行“售后返租”,如果租赁合同被宣告无效,也不应影响出租人的间接占有,因为决定间接占有的并非租赁合同的效力,而是当事人的占有媒介意思。[③] 本书认为,此种观点值得商榷。因为一旦当事人的占有改定约定被宣告无效,受让人有权主张让与人直接向其交付财产,并移转财产的占有,而不能继续维持占有改定的现状。当然,仅宣告占有改定约定无效还不能改变占有改定的现状,还必须由受让人提出交付财产的请求。如果其没有提出此种请求,则要继续维持占有改定的现状。

第二,占有改定不能发生善意取得的效果。例如,甲无权处分乙的财产给丙,并通过占有改定的方式进行交付。此时,丙并未取得标的物的现实占有。在丙满足善意取得的其他要件的情况下,能否认定丙可以通过善意取得获得标的物的所有权呢?占有改定并不能使受让人获得现实占有,因此占有改定的公示效果并不明显,通说认为,在此种方式下,受让人不能善意取得该动产。[④] 而且,由于善意取得制度旨在保护连续的交易安全,此时丙并未形成占有标的物的外观,因此也就不需要保护可能的后手买受人。

第三,在一方当事人破产时,如果破产人作为债务人曾与其债权人(受让人)就某些动产的买卖达成了占有改定的协议,也很难认为其就所有权的移转已产生了一种公示,所有权即使发生移转也不能对抗第三人。所以受让人不能仅仅根据占有改定的合同而要求对某种动产行使取回的权利。

第五节　特殊动产物权的变动

一、特殊动产物权变动适用登记对抗主义

(一)特殊动产应当适用特殊公示原则

所谓特殊动产,是指船舶、航空器和机动车等动产。因为此类动产不完全适用交付移转所有权的规则,而在法律上要求办理登记,所以,可以将其

---

① 参见张静:《论作为抽象公示手段的占有》,载《西部法律评论》2017 年第 5 期。

② 参见申卫星:《物权法原理》,中国人民大学出版社 2008 年版,第 196 页。

③ 参见庄加园:《民法典体系下的动产所有权变动:占有取得与所有权让与》,法律出版社 2020 年版,第 118 页。

④ 参见崔建远:《中国民法典释评:物权编》(上卷),中国人民大学出版社 2020 年版,第 165 页。

归入特殊动产的范畴。《民法典》第225条规定："船舶、航空器和机动车等的物权的设立、变更、转让和消灭,未经登记,不得对抗善意第三人。"这就是说,有关船舶、航空器和机动车等物权的设立、变更、转让和消灭,可以不经登记而发生物权的变动,适用登记对抗主义。因特殊动产作为交通工具使用且价值较大,还具有可识别的区别于他物的特征,因而作为区别于一般动产的特殊动产存在。虽然它们具有特殊性,但仍属于有体物,其物权变动理应采取相应的公示方法。

一般来说,通过登记的方式,可以有效地确认物权的归属,也有助于解决产权纠纷。但对船舶、航空器和机动车等特殊动产物权,允许当事人自愿选择是否登记,并因此对特殊动产物权的变动采登记对抗主义。法律之所以对特殊动产采用登记对抗主义,不强制要求物权变动必须进行登记,主要原因在于特殊动产登记成本较高或者有时难以进行登记。因此,从绝大多数国家的立法规定来看,对船舶、航空器、机动车等都采取登记对抗主义。[①]我国《海商法》第9条第1款规定,"船舶所有权的取得、转让和消灭,应当向船舶登记机关登记;未经登记的,不得对抗第三人"。《民法典》正是在总结我国立法经验,借鉴外国立法经验的基础上,对船舶、航空器和机动车等物权的设立和变动采取登记对抗主义。如果未在登记部门进行登记,就不产生公信力,不能对抗善意第三人。[②]

(二)特殊动产物权的设立和变动采取登记对抗主义

1. 特殊动产可以以交付和登记作为其物权变动的公示方法

《民法典》第225条规定:"船舶、航空器和机动车等的物权的设立、变更、转让和消灭,未经登记,不得对抗善意第三人。"尽管该条规定并未明文提及交付的作用,但因该规定位于第二编第二章第二节"动产交付"规定之中,所以交付无疑是特殊动产物权变动的公示方法。但特殊动产也应同时以登记作为公示方法,主要理由在于:

第一,特殊动产的特殊性决定了其不同于一般的动产,可以采用登记的方法。特殊动产主要原因在于:一是具有可识别的区别于他物的特征。特别是批量生产的动产如电视机、冰箱等,往往不具有显著的可识别性。例如,一台20英寸(1英寸=2.54厘米)的海尔牌电视机与另一台同品牌同型

---

① 参见[日]我妻荣:《我妻荣民法讲义Ⅱ:新订物权法》,罗丽译,中国法制出版社2008年版,第194~195页。

② 参见全国人大常委会法制工作委员会民法室编:《中华人民共和国物权法条文说明、立法理由及相关规定》,北京大学出版社2007年版,第24页。

号的电视机之间,几乎很难发现其差异。这就给动产之间的识别和登记带来很大困难。而特殊动产则不同,这些动产具有很强的可识别性。二是特殊动产价值巨大。总体来看,特殊动产具有较大的价值,有的甚至超过了不动产,因此,其物权变动对于当事人的利益影响巨大,需要采用更为确定的公示方法以保护当事人的利益。三是特殊动产是作为交通工具使用的,影响到公众安全,一旦发生权属争议,不仅会给权利人带来较大的损害,而且不利于保护社会公众利益。四是特殊动产在利用过程中,往往因借用、租赁等原因而发生多次交付,占有的情况各不相同,更何况其游移不定,仅以交付作为公示方式,第三人很难确定其真正的权利归属。例如,机动车的借用时常发生,无法通过占有的方式来准确地公示其物权。正是因为特殊动产的占有人和处分权人往往并不一致,所以,如果仅以占有为物权公示方法,容易产生无权处分、非法转让等行为,甚至很容易诱发欺诈。五是特殊动产可能发生占有与所有的分离。例如,船舶就经常采取融资租赁、光船租赁等方法取得和利用。为了明晰特殊动产的物权状况,有必要以登记这一较强的公示方法作为其物权变动的公示方法。六是对于某些特殊动产而言,其往往需要进行保险,而保险需要以特殊动产的实际登记人作为依据进行办理,如果特殊动产没有进行登记,会对其保险的发展造成诸多障碍。

第二,我国法律已经对特殊动产采用登记的方法。从我国现行立法来看,相关法律都已经规定了特殊动产的登记制度。① 问题在于,这些登记究竟是一种物权法上的公示方法,还仅是一种行政管理措施。对此一直存在争议。事实上,反对以登记作为特殊动产物权公示方法的重要理由,就是认为这些登记仅仅是行政管理措施,而并非物权公示的方法。但本书认为,即便机动车登记具有行政管理的色彩,也并不排斥其具有物权公示的功能。因为机动车登记也具有确权的功能,机动车登记证书其实就是所有权凭证,伪造、变造机动车登记证书将承担相应的法律责任。另外,依据我国《民法典》第 1209 条的规定,在机动车借用、租赁等情况下致他人损害,虽然要由

---

① 例如,《海商法》第 9 条第 1 款规定:“船舶所有权的取得、转让和消灭,应当向船舶登记机关登记……”《民用航空法》第 11 条规定:“民用航空器权利人应当就下列权利分别向国务院民用航空主管部门办理权利登记:(一)民用航空器所有权;(二)通过购买行为取得并占有民用航空器的权利;(三)根据租赁期限为六个月以上的租赁合同占有民用航空器的权利;(四)民用航空器抵押权。”《道路交通安全法》第 8 条规定:“国家对机动车实行登记制度……”基于上述法律规定,国务院和有关部委也颁布了有关登记的配套法规和规章,如《船舶登记条例》《民用航空器权利登记条例》《机动车登记规定》等,并设立了专门的机构负责登记事务(中国民航局负责民用航空器的登记,公安部门的交通管理局负责对机动车的登记事项)。

机动车使用人承担赔偿责任,但机动车所有人有过错的,也要承担相应的赔偿责任,而确定机动车所有人的依据就是登记。可见,登记绝不仅是行政管理手段。更何况,对船舶、航空器而言,因为其价值较大,流动性较强,经常发生船舶和航空器的抵押、租赁等情况,如果没有登记,将无法确定法律上的所有人,极易发生各种纠纷。正是因为这一原因,《民用航空法》第 11 条明确规定了航空器的权利登记。显然,对特殊动产要求办理登记绝非行政管理措施,而是一种物权法上的公示方法。

第三,《民法典》针对特殊动产并非仅以交付作为公示方法。从体系解释来看,依据我国《民法典》的规定,特殊动产并非仅以交付作为公示方法,一方面,《民法典》第 224 条规定,动产物权的变动自交付时发生效力。以此而言,动产物权以交付为一般公示方法,但是,该条还规定"法律另有规定的除外"。而根据规范内容和条文顺序来看,《民法典》第 225 条就属于第 224 条指出的除外情形。在此意义上,不能简单地以第 224 条的规定来限定第 225 条的内容。另一方面,与一般动产相比,船舶、航空器、机动车等特殊动产影响到公众安全,为了防止发生权属争议,物权法仍然要求针对特殊动产办理登记。原《物权法》第 24 条就明确提到了登记。其实,该条规定最初来源于特别法的规定。例如,《海商法》第 9 条第 1 款规定:"船舶所有权的取得、转让和消灭,应当向船舶登记机关登记;未经登记的,不得对抗第三人。"该条首先确立了船舶所有权的登记制度,然后确立了登记对抗的效力。《民法典》第 225 条的本意与《海商法》第 9 条的本旨是相同的。《民法典》第 225 条规定特殊动产适用登记对抗主义,这就意味着特殊动产适用特别规定,因此其公示方法不能完全适用一般动产的公示方法。由于特殊动产仍然属于动产的类型,《民法典》将特殊动产与动产一同作出规定,但这并不意味着两者的公示方法完全一致。如果将特殊动产的公示方法仅仅理解为交付,并不符合立法者的立法本意。登记对抗并不意味着完全不需要登记,只不过不以登记作为物权变动的生效要件,登记仍然是特殊动产的重要公示方法。

2. 特殊动产物权的设立和变动采取登记对抗主义

所谓登记对抗,是指就特殊动产物权的变动而言,当事人已经达成协议的,即使没有办理登记手续,也可以因交付而发生物权变动的效果。依据《民法典》第 225 条的规定,当事人双方就船舶、飞行器和机动车等物权的设立、变更、转让和消灭达成协议的,即使没有办理登记手续,在当事人之间仍然可以发生物权变动的效果。法律之所以对特殊动产采用登记对抗主义,不强制要求物权变动必须进行登记,主要原因在于特殊动产登记成本较高或者有时难以进行登记。一方面,由于船舶、航空器、机动车在现实生活中始终不停地发生空间上的移动,在很多情况下实行强制登记会给当事人从事交易造成很多不便。例如,在异地要进行船舶抵押或者其他担保,如果采取登记要件主义,则必须回到此类财产的原始财产登记地才能办理抵押登记,这将给当事人带来很大不便。又如,某船旗国下的船舶因远洋航行至其他国家,而在该国又发生抵押的情况,如果必须回到船旗国办理抵押登记,则会极大地增加当事人交易费用,而且无法满足当事人的及时需求。另一方面,特殊动产(如机动车、船舶等)往往处于变动不定的状态,强制特殊动产的物权变动必须进行登记,可能会过分增加交易成本,影响特殊动产的交易。而采登记对抗要件,则有利于降低交易成本并加速财产流转。①

关于船舶、航空器和机动车等物权的设立和变动采取登记对抗主义,应当包含如下内容。

第一,必须实际发生了交付行为。尽管在登记对抗模式中,物权变动不需要办理登记,但仍然需要交付。因为如果没有实际交付动产,且没有办理登记,即使受让人交付了价款,双方也只是形成了债的关系,不能认为双方之间形成了物权关系。之所以如此理解,是因为我国《民法典》第208条、第224条都强调,动产物权的设立和转让自交付时发生效力;单纯的合同不宜发生物权变动。《民法典》第224条所规定的法律另有规定的情况,主要是指在所有权保留制度中,当事人约定交付在例外情况下不发生物权变动的情况。

第二,在登记对抗的情况下,并非完全不考虑登记的效力。如果已经办理了登记,登记也可以成为确权的重要依据,只不过,登记不能成为确权的唯一依据。因为作为对抗要件的登记不具有公信力,②如果登记权利人在办理登记之前,就已经知道该财产已经转让且已经交付,并为受让人占有,则登记权利人是恶意的,其不能依据登记取得物权。但如果登记权利人是善意的,则即使特殊动产已经交付,占有人也不能对抗登记权利人,从这个意义上说,登记也具有确权的效果。

第三,未经登记不得对抗善意第三人。所谓善意第三人,是指不知道也不应当知道发生了物权关系变动的当事人。③ 问题的关键在于,未经登记不得对抗的第三人包括哪些人?按照学界的共识,已交付但未经登记的物权

---

① 参见渠涛:《不动产物权变动制度研究与中国的选择》,载《法学研究》1999年第5期。

② 参见崔建远:《中国民法典释评:物权编》(上卷),中国人民大学出版社2020年版,第137页。

③ 参见黄薇主编:《中华人民共和国民法典物权编解读》,中国法制出版社2020年版,第45页。

变动并非不能对抗任何第三人，不得对抗的第三人的范围在法律上是有一定限制的。[1] 仅交付而未经登记的特殊动产物权变动能对抗一般债权人，这一点毫无疑问，[2]《物权编司法解释(一)》第6条规定："转让人转让船舶、航空器和机动车等所有权，受让人已经支付合理价款并取得占有，虽未经登记，但转让人的债权人主张其为民法典第二百二十五条所称的'善意第三人'的，不予支持，法律另有规定的除外。"之所以要求支付价款，是为了保证交易的真实性，避免因虚构债权，损害一般债权人的利益。依据该解释，对于特殊动产的转让而言，即使受让人没有办理登记，但因财产已经交付，受让人已经取得了占有并支付了价款，其也可以对抗转让人的一般债权人。因为交付移转了占有，而占有本身具有公信力，这意味着受让人据此取得了物权，自然能对抗一般债权。更何况在现实交付中，受让人还取得了合法占有，而一般债权人并没有占有财产，受让人仅凭占有也有权对抗债权人。因此，上述第三人不包括一般债权人。

本书认为，在所有第三人中，不能对抗的只能是善意的登记权利人。在特殊动产变动中，某一物权受让人满足交付公示方法时，并不排除其他受让人满足登记的公示方法。对于善意的登记权利人，仅受领交付的受让人就不能对抗。换言之，在通常情况下，善意的第三人是指对船舶、航空器和机动车等物的交付不知情，并办理了登记的第三人。具体来说，善意的第三人具有如下特点：

一是善意。所谓善意，是指对船舶、航空器和机动车等特殊动产的交付不知情。换言之，对于特殊动产的交易合同是否知情并不重要，而对于特殊动产交易合同订立后是否已经交付，才是知情的内容。例如，甲、乙双方就买卖一艘船舶达成协议，乙已经支付了价款，并已经办理了登记过户手续。但因为船舶尚未完全装修完毕，因此没有交付。后来，出卖人甲又将该船舶转让给丙，并将该船舶交付给了丙。由于乙并不知道甲在以后又将船舶交付给丙的事实，所以，可以认定其属于善意。所谓"恶意"第三人，主要是指在发生物权变动之后，知道或者应当知道物权变动的事实的人。善意第三人通常有两种类型：一类是登记先于交付的第三人，另一类是登记在后但不知或不应当知道已经交付的第三人。如船舶所有人在设立抵押权时，已经将船舶转让给第三人并实际交付，但却隐瞒事实，并为抵押权人办理了登记

---

① 参见龙俊：《中国物权法上的登记对抗主义》，载《法学研究》2012年第5期。

② 参见王泽鉴：《动产担保交易法上登记之对抗力、公信力与善意取得》，载王泽鉴：《民法学说与判例研究》(第1册)(修订版)，中国政法大学出版社2005年版，第228页。

手续,抵押权人即属于善意第三人。[①]

二是已经办理了登记过户手续。在登记对抗的模式下,虽然法律允许当事人就是否登记进行选择,但登记仍然具有明显强于交付的公示效力,[②]因此,在未登记而已交付的情形下,毫无疑问,受让人所享有的物权虽可以对抗一般的债权人,但能否对抗其他享有物权的人,则不无疑问。既然特殊动产是有体物,不可能发生两次实际交付,因而不可能再存在另一个因实际交付而取得物权的人。这就意味着,除交付取得物权的人之外,其他取得物权的人只能是登记权利人。而在一个当事人受领交付,而另一个当事人已经办理移转登记的情形下,已经取得物的占有的权利人不能对抗经过登记取得物权的善意的权利人。所以,《民法典》第 225 条所规定的善意第三人,只限于一种人,这就是已经办理了登记的权利人。除此之外,因交付取得权利的人可以对抗任何人。如果采用交付优先于登记的观点,这就意味着因交付取得的权利可以对抗任何人,成为效力完整的物权。《民法典》第 225 条规定的善意第三人已经不复存在,该条本身也变得毫无意义。所以,采交付优先于登记的观点,实际上与登记对抗主义是矛盾的。此种看法不仅不恰当地高估了交付的效力,而且贬低了登记的效力。它意味着登记人只能对抗一般债权人,而无法对抗取得占有的人。

3. 特殊动产物权中的权利冲突

第一,登记在先的权利优先于交付在后的权利。

不能对抗善意的登记权利人意味着,并非在任何情况下交付均优于登记,相反,在已经办理登记的情况下,在先的登记应当优先于在后的交付。在已办理登记的情形下,后买受人应当查阅登记,否则,不能构成善意。[③] 正是从这个意义上说,登记应当是优先于交付的。因为对于特殊动产而言,登记具有一定的公示效力,也能够发生物权变动的效力。尽管关于登记确权的一系列规则是在原《物权法》第二章第一节“不动产登记”中加以规定的,但这并不意味着登记确权规则仅适用于不动产而不适用于特殊动产。只要当事人发生了真实的交易关系且已经办理了登记移转所有权的手续,就应当认为所有权已经发生移转。因为登记一般不会产生双重登记的问题。但如果采取交付优先,因为交付移转占有存在直接占有和间接占有等不同的

---

① 参见最高人民法院民法典贯彻实施工作领导小组主编:《中华人民共和国民法典物权编理解与适用》(上),人民法院出版社 2020 年版,第 137 页。

② 参见孙宪忠、朱广新主编:《民法典评注:物权编》(第 1 册),中国法制出版社 2020 年版,第 166 页。

③ 参见庄加园:《登记对抗主义的反思与改造》,载《中国法学》2018 年第 1 期。

占有种类,这可能会导致物权变动存在不清晰的状况。

第二,登记在后的权利人是善意的,其权利仍优先于实际交付所取得的权利。

应当看到,在特殊动产物权的买卖中,依据《民法典》第 225 条,仅交付没有办理登记,不能对抗善意第三人。登记在后的权利人有可能是善意的,在此情形下,即使交付在先,也不能对抗在后的善意登记权利人。但是,这并不是说,所有的交易都需要在办理登记时查询或调查是否已经交付,这一义务的确定需要考虑个案的诸多具体情况,具有个案认定的特点。因为在一些情况下,特殊动产物权的变动可能并不以交付为要件(如抵押),无论发生什么样的交付,登记权利人都是善意的,已经符合了《民法典》第 225 条规定的"善意第三人"的含义,就可以对抗交付在先的权利人。

在特殊动产物权变动的情形下,不应当由登记权利人证明其是善意的,而应当由对其登记效力提出异议的人负担举证责任,[①]如果其不能证明登记权利人为恶意,则登记应当具有优先于交付的效力。毕竟与登记相比,交付对社会公众公示物权信息的功能相对较弱,对于权利的证明效力也不强,仅凭交付来表明物权变动完全完成,与物权的绝对性和排他性不符,也与交易实践不符。

第三,无法确定登记或者交付时间,登记的权利优先于实际交付的权利。

在法律上,登记仍然是比交付更具有真实性、权威性的公示方法,在两者发生冲突时,应当以登记为准,这也符合《民法典》关于登记确定优先顺位的一般规则且有利于维护交易安全。

二、特殊动产的交付不能对抗登记

在特殊动产一物数卖的情形下,登记和交付会产生矛盾和冲突。关于特殊动产的物权变动应当采取何种公示方法,理论与实务中存在不同观点。

一是交付说。此种观点认为,特殊动产毕竟也是动产,其物权的变动应遵循《民法典》第 224 条关于动产物权的设立和转让以交付为原则的规则,在这一点上没有例外。《民法典》第 225 条关于特殊动产物权的规定,不是对于该法第 224 条关于交付作为动产物权变动生效要件的否定,而是对效力强弱和范围的补充。[②] 如果将登记作为生效要件,则有可能将已经交付的船舶、航空器、机动车等物权关系,当作尚未发生变动的物权关系,反而不利于物权关系的明晰。因此,在转让特殊动产时,如果没有实际交付,即使办

① 参见郑永宽:《论机动车等特殊动产的登记对抗效力》,载《法学家》2019 年第 4 期。

② 参见崔建远:《再论动产物权变动的生效要件》,载《法学家》2010 年第 5 期。

理了登记，也不能取得物权。①

二是登记说。此种观点认为，我国《民法典》第 225 条虽然只是规定未经登记不得对抗第三人，但就其立法目的而言，仍然是要求办理登记。尽管物权法规定船舶、机动车等特殊动产实行登记对抗，但是，在交付之后只是发生了物的占有移转而没有发生所有权的移转。当事人仍然可以通过登记而发生物权变动。② 也有学者认为，特殊动产的物权变动自合同生效时发生效力，并不以登记或交付为要件，但是，当事人办理了登记，可以产生对抗第三人的效力。

在特殊动产的物权变动中，在登记对抗的情况下，并非不要求登记或者不考虑登记的效力。如果已经办理了登记，登记也可以成为确权的重要依据。只不过登记不能成为确权的唯一依据。如果登记权利人在办理登记之前，就已经知道该财产已经转让且已经交付并为受让人占有，则登记权利人是恶意的，其不能依据登记取得物权。但如果登记权利人是善意的，则即使特殊动产已经交付，占有人也不能对抗登记权利人，从这个意义上说，登记也具有确权的效果。

在特殊动产一物数卖情况下，登记与交付发生冲突如何处理？《买卖合同司法解释》第 7 条采纳了交付优先于登记说的观点。此种观点值得商榷。本书认为，应当采取登记应当优先于交付说，理由主要在于：

第一，采登记应当优先于交付的规则，有利于解决一物数卖情况下的产权归属问题。从法律上看，登记的公信力要明显高于占有的公信力，因为登记是由国家机构作为独立的第三者，通过现代的数据管理手段而将登记的事项予以记载并对外公示，登记的方式具有较高的权威性，并且因为登记机构要进行必要的审查，登记的内容具有真实性和可靠性。③ 登记通过文字信息等清楚地载明物权信息，而且在信息化的当代，第三人可以较低成本进行调查。而交付相较登记具有天然的缺陷，其无法准确地判断实际所有权。交付所表征的权利不具有完整性和清晰性。从实践来看，当事人交付标的物的原因复杂，占有人究竟基于何种权利而占有该物，其权利的内容和具体范围如何，都无法通过占有得到清晰而完整的公示。另外，交付因方式的多样性而不具有典型的公开性（如简易交付和占有改定就无法实现公示的效果），也无法进行准确的查询。交付仅仅是一种社会现实，受到时间和空间

---

① 参见崔建远：《再论动产物权变动的生效要件》，载《法学家》2010 年第 5 期。

② 参见程啸：《论动产多重买卖中标的物所有权归属的确定标准——评最高法院买卖合同司法解释第 9、10 条》，载《清华法学》2012 年第 6 期。

③ 参见程啸：《论动产多重买卖中标的物所有权归属的确定标准——评最高法院买卖合同司法解释第 9、10 条》，载《清华法学》2012 年第 6 期。

的很大限制,第三人虽然可以进行核查,但所需成本太高。

第二,采登记应当优先于交付的规则,更符合效率原则。从效率上看,通过登记确定产权相较通过交付确定产权更有效率。如前所述,由于强制要求特殊动产的登记可能给当事人带来不便,所以法律没有采登记要件主义,但就确认物权归属而言,登记相较交付更有效率。一方面,特殊动产作为交通工具,其游移不定,甚至可能在世界范围内运行,会多次发生占有主体的变更。如果没有登记作为其确权依据,而仅以交付为标准,往往会发生争议,影响确权的效率。另一方面,特殊动产物权变动仅以交付为标准,交易成本也很高。因为交易相对人无法从占有中判断真正的权利人,其必须进行认真的调查或查询,也要为此付出高昂的费用。登记的公信力规则也应当适用于特殊动产。比较法上也有先例。例如,在德国,对于已经登记的内河船舶而言,登记具有推定力和公信力,因此登记簿上记载的权利人即推定为真实权利人。[①] 为了保护通过法律行为取得船舶所有权、船舶抵押权或者船舶用益权的人的利益,船舶登记簿的内容被视为正确,但已进行异议登记或者受让人明知登记非为正确的除外。[②] 从效率角度来看,此种做法有利于降低交易成本,提高交易效率。

第三,采登记应当优先于交付的规则,有利于减少一物数卖,甚至欺诈行为的发生。严格地说,一物数卖本身就是不诚信的行为,其中常常涉及欺诈。从立法的价值取向而言,应当尽可能地减少一物数卖的发生。然而,如果采纳交付优先于登记的规则,其结果必然形成一种导向,即鼓励当事人不办理登记。如此一来,将会使占有人更容易进行一物数卖,其结果不是减少而是刺激了一物数卖。

第四,采登记应当优先于交付的规则,有利于保护善意买受人,维护交易安全。在特殊动产一物数卖的情形下,善意买受人的保护是法律关注的核心问题之一。而善意买受人的保护首先取决于财产权利的明晰。相较交付而言,登记更有利于保护善意第三人。毕竟,登记的权利记载明确,而且具有较强的公信力;而占有的方式具有多种,以其作为效力十分强大的公示方法,将使得不同的当事人主张依据不同的占有类型而享有权利,不仅不利于法律关系的明晰,而且会使第三人无法了解真实的权利状况,危及交易安全。[③]

---

① Hans Josef Wieling, Sachenrecht, Band 1, Springer, 2006, S. 356.

② 《德国关于登记船舶和船舶建造物的权利的法律》(SchRG)第 16 条。

③ 参见程啸:《论动产多重买卖中标的物所有权归属的确定标准——评最高法院买卖合同司法解释第 9、10 条》,载《清华法学》2012 年第 6 期。

第六章　物权的保护

第一节　物权保护概述

一、物权保护的方法及其特点

所谓物权保护，是指在物权受到妨害的情况下，采用法律规定的各种保护方法维护物权人的利益、保障权利人不受侵害。从宏观层面看，一方面，产权保护就是维护我国基本经济制度。物权法构建了以平等保护为核心的产权保护原则，有力地维护了国家基本经济制度。另一方面，产权保护是市场经济的基础，无论是从历史的维度，还是从比较的视角，都可以看到，产权保护是推动市场发育和经济增长的基石。“有恒产者有恒心。”保护产权，实质上就是保护劳动、保护发明创造、保护和发展生产力。对营商环境的改善和经济的稳定增长具有基础性的意义。从微观层面看，产权保护具有激励投资兴业、创造财富的重要作用。

根据我国《民法典》物权编第三章“物权的保护”的有关规定，物权的保护模式不是单纯地选择哪一种模式，而是综合物权请求权、侵权请求权等各种请求权基础的保护模式。由此可见，我国《民法典》物权编采取了以物权请求权为主，以其他方法为辅的混合模式。因为物权请求权和侵权请求权各有特点，其适用范围各有一定的限制，任何一种保护方式均无法单独给物权提供最圆满的保护。从《民法典》物权编第三章的内容来看，其确立了以下几种物权保护方式：一是物权确权请求权，因为确权是保护物权的前提和基础；二是《民法典》第 235 条至第 237 条确立了返还原物、排除妨害、消除危险和恢复原状等的请求权；三是《民法典》第 238 条规定了损害赔偿请求权，其在性质上为侵权请求权；四是《民法典》物权编第五分编规定了占有保护的各种方法。因此，从私法上来看，物权的保护采取了综合的保护模式。同时,根据《民法典》第 239 条的规定,各种物权保护方式既可以单独适用,也可以合并适用。当然,我国《民法典》物权编规定的物权的保护以物权请求权为主,这是因为物权请求权是物权特有的保护方法,而其他保护方法则不是物权保护的特色。《民法典》以多个条款规定物权请求权,体现了以物权请求权为主的保护方式。

二、《民法典》对物权的保护的特点

1. 在物权受到侵害的情况下,可以通过多种途径获得救济。《民法典》第 233 条规定:“物权受到侵害的,权利人可以通过和解、调解、仲裁、诉讼等途径解决。”在物权受到侵害时,权利人首先可以采用诉讼外和解的方式,即通过相互协商解决有关物权的争议,也可以通过专门的调解机构或者通过司法机关、仲裁机关具有法律效力的调解来解决其有关物权的争议,还可以通过诉讼解决其纠纷。

2.《民法典》物权编第三章规定了物权确认请求权,专门用于解决在物权归属不明的情况下所发生的争议。由于此种请求权所解决的纠纷属于平等的民事主体之间的争议,此种请求权在性质上属于民法上的请求权。确认请求权的行使是保护和行使物权的前提,对于界定产权、定分止争具有重要的作用。

3. 救济方式多元,即采用多样化的救济机制保护物权。一是《民法典》物权编第三章规定了物权请求权,包括返还原物、排除妨害、消除危险、恢复原状四种方式。这些请求权是保护物权的特殊方式,它可以使物权权利人直接向侵害人提出请求,要求侵害人返还原物、排除和消除物权行使的障碍,使权利人恢复对物权的圆满状态,如果侵害人拒绝物权人提出的合理请求,物权人有权向司法机关提起诉讼,最终解决纠纷。二是根据引致条款,通过损害赔偿方式保护物权。《民法典》第 238 条规定:“侵害物权,造成权利人损害的,权利人可以依法请求损害赔偿,也可以依法请求承担其他民事责任。”在物权遭受侵害时,权利人既可以主张物权请求权,也可以主张侵权损害赔偿请求权,这就为物权遭受侵害提供了有效的救济,并有效预防损害的发生,可发挥事后救济与损害预防的功能。三是《民法典》物权编第三章规定了占有保护请求权,专门保护占有。也就是说,物权编不仅保护权利人所享有的各种物权,也保护那些还没有形成为物权的占有。同时,物权编通过保护占有,实际上是要求通过正当程序保护财产。例如,对于违章建筑,虽然不能形成财产权利,但占有人对违章建筑的占有利益,同样受到物权法的保护。

4. 通过各种类型的责任保护物权。《民法典》第 238 条规定："侵害物权，造成权利人损害的，权利人可以依法请求损害赔偿，也可以依法请求承担其他民事责任。"该条即规定通过多种类型的责任保护物权。民事责任和其他法律责任是否可以同时承担，对此应当根据具体情况分析，民事责任与行政责任以及刑事责任可以同时并用，也可以分别适用。例如，侵占他人遗失物情节严重的，可能构成犯罪，占有人应承担刑事责任，同时失主也可以主张民法上返还原物的责任。又如，侵害国有资产，造成重大损失的，可能触犯刑法，也需要承担行政责任和民事赔偿责任。此时，三种责任应当可以并用。

三、物权保护方法的单独适用与合并适用

侵害物权造成权利人损害的，权利人既可以请求损害赔偿，也可以请求行为人承担其他民事责任。《民法典》第 239 条规定："本章规定的物权保护方式，可以单独适用，也可以根据权利被侵害的情形合并适用。"依据这一规定，物权请求权在适用中可能出现以下两种情况：一是请求权的竞合。所谓请求权竞合，是因为某种事实的发生而导致两种或者两种以上的请求权并存并相互冲突，"即同一给付请求因数个请求权规范而成立"[①]。这就是说，在侵害物权的情况下，受害人在物权请求权和侵权损害赔偿请求权之间只能选择一种请求权，而不能同时请求多种责任。例如，权利人的物权遭受他人的妨害，受害人请求排除妨害、消除危险，一般不能再基于侵权的请求权主张损害赔偿。由于物权的请求权是专门为保护物权而设定的，选择物权的请求权通常对受害人是有利的。二是请求权的聚合，也称责任聚合。它是指同一法律事实基于法律的规定以及损害后果的多重性，而应当使责任人向权利人承担多种法律责任的形态，即当事人可以同时主张数种以不同的给付为内容的请求权。[②] 例如，受害人在其物被他人非法占有之后，可以在请求返还原物的同时，就返还的费用主张损害赔偿。

第二节 物权确认请求权

一、物权确认请求权的概念及特点

所谓物权确认请求权，是指利害关系人在物权归属和内容发生争议时，请求确认物权归属、明确权利内容的权利。《民法典》第 234 条对此作出了

① [德]迪特尔·施瓦布：《民法导论》，郑冲译，法律出版社 2006 年版，第 164～165 页。

② 参见王泽鉴：《法律思维与民法实例》，台北，1999 年（公元纪年）自版发行，第 199 页。

专门规定："因物权的归属、内容发生争议的，利害关系人可以请求确认权利。"该条对物权确认请求权作出了规定，我国《民法典》物权编规定物权确认请求权，一方面，建立起了完整的保护物权的体系，发挥了物权法在定分止争、确认产权中的功能；另一方面，此种请求权为人民法院解决实践中出现的大量纠纷提供了法律依据。[①] 此种请求权是我国《民法典》物权编保护物权的一项重要内容。

我国《民法典》物权编所规定的物权确认请求权主要具有如下特点：

1. 物权确认请求权是保护物权的前提。[②]《民法典》物权编将物权的确认置于"物权的保护"一章中，表明它是物权保护的一项重要内容。在物权编第三章中首先规定物权确认请求权，再规定物权请求权，这在逻辑上表明物权编将确认物权归属作为物权保护的前提。在物权的归属发生争议的时候，当事人不能直接行使物权请求权，而必须首先请求确认物权的归属，如此才能发挥《民法典》物权编确认产权、定分止争的功能。

2. 物权的确认包括两方面的内容：一是对物权归属的确认。[③] 一方面，它是保护所有权的前提，因为返还原物、排除妨害等请求权都以所有权的确认为前提。如果所有权的归属不清，则无法适用所有权的保护方法。另一方面，它是对他物权的确认。例如，土地使用权因登记错误发生争议的，真正的权利人有权请求法院确认土地使用权的归属。二是对物权内容的确认。所谓对物权内容的确认，是指当事人对物权的内容发生争议以后，请求人民法院对物权的内容加以确认。例如，登记机构将他人的房屋面积登记错误，或者将抵押权所担保的债权数额记载错误，权利人向登记机构提出更正登记遭到拒绝后，可以请求法院确认其物权。

3. 物权确认请求权的行使主体应当限于利害关系人，包括真正权利人、对物主张权利的人，以及与其具有债权债务关系的人。[④] 在物权确认中，应当对请求权主体作出一定的限定，即只有利害关系人才能主张权利，如果任何人都可以主张确认权利，将不利于稳定财产秩序，也会增加法院的诉讼负担。

4. 行使物权确认请求权必须向有关机关或人民法院提出请求。一是在物权的归属发生争议的情况下，利害关系人可以向登记机构要求办理更正登记。更正登记虽然是对登记错误的纠正，但实际上也是对登记权利的重新确认，因

---

① 参见孙宪忠：《中国物权法总论》（第 4 版），法律出版社 2018 年版，第 468 ~ 469 页。

② 参见崔建远：《物权法》（第 5 版），中国人民大学出版社 2021 年版，第 133 页。

③ 参见崔建远：《中国民法典释评：物权编》（上卷），中国人民大学出版社 2020 年版，第 207 页。

④ 参见孙宪忠、朱广新主编：《民法典评注：物权编》（第 2 册），中国法制出版社 2020 年版，第 218 ~ 219 页。

此更正登记本身具有重新确权的功能。二是利害关系人除可以要求更正登记之外,也可以直接向法院提出确权之诉,请求确认物权的归属和内容。当发生产权争议时,只有人民法院的确权才是最终解决争议的途径。

二、物权确认请求权的性质

关于物权确认请求权究竟是实体法上的权利,还是程序法上的权利,存在一定争议。一般认为,物权确认请求权兼具实体法和程序法的性质。

首先,物权确认请求权具有实体法权利的属性,理由如下:第一,该请求权规定于《民法典》物权编中。确认物权的归属应当属于实体法的范畴,虽然该权利可以不以真实的物权存在为基础,任何利害关系人都可以提起该诉讼,但其解决的是实体权利纠纷,由物权法规定,因此应当属于实体法上的权利。第二,虽然该请求权通常需要通过诉讼行使权利,但是其又不必完全通过诉讼的方式行使。例如,在不动产登记机构出现登记错误时,利害关系人可以请求更正登记,此时利害关系人也是在行使物权确认请求权。第三,物权确认请求权不仅涉及物权归属,还涉及物权内容的确认。程序法上的确权之诉主要是确认一项法律关系或者权利的存在或不存在,而物权内容的确认请求权主要涉及法律关系或者权利的内容,因此难以通过向人民法院提起确权之诉的方式实现物权内容的确认请求权。

其次,物权确认请求权具有程序法权利的属性。这就是说,利害关系人行使物权确认请求权,大多要向人民法院提起诉讼,而这种需要通过诉讼方式实现请求权的程序,在诉讼类型上被称为确认之诉。所谓确认之诉,是指原告请求法院确认其与被告之间是否存在某种法律关系,或确认其是否享有某种民事权利的诉讼。从程序法的层面看,确权之诉是确认之诉的一种形态,即平等主体之间的一方当事人针对另一方就物权的争议提起的诉讼。[①] 就物权法领域而言,确权之诉主要是指确认物权归属之诉。例如,甲认为登记在乙名下的产权归其所有,因而向法院提起诉讼,要求确认该产权归自己所有。

物权确认请求权不同于物权请求权,二者的区别主要表现在:一是两种权利的性质不同。物权确认请求权既是程序性权利,也是实体性权利;同时,该权利也不涉及诉讼时效的问题,而只是受到其所依附的物权的影响。而物权请求权仅仅为实体性的权利,可以直接在诉讼程序外请求他人返还所有物,或请求停止侵害、排除妨害,也可以通过诉讼或者仲裁的方式提出

---

① 参见梁慧星主编:《中国物权法草案建议稿:条文、说明、理由与参考立法例》,社会科学文献出版社2000年版,第207页。

请求。二是通过诉讼行使两种权利的性质不同。请求确认物权的诉讼在性质上属于确认之诉,即确认法律关系存在与否的诉讼,确认之诉对于给付之诉具有预决的作用,即往往需要先通过诉讼确认物权的归属,进而依据该判决行使物权请求权。而物权请求权属于给付之诉,即请求被告为或不为一定行为的诉讼,此种诉讼具有可执行性。三是两种权利的行使方式不同。请求确认物权主要通过诉讼、仲裁等方式才能行使。其虽然可以被称为请求权,但与一般请求权不同,不能直接向对方当事人主张。虽然在执行阶段,案外人异议之诉也可能起到确认物权归属的作用,但是物权确认之诉仍然是独立于案外人异议之诉的诉讼。[①] 而物权请求权的行使既可以通过诉讼、仲裁方式,也可以直接向对方当事人提出请求。四是两种权利的功能不同。物权确认旨在定分止争,明确物权归属,并为物权请求权的行使提供基础和前提。而物权请求权则以恢复物权人对物的圆满支配状态为目的,是基于物权的享有而产生的权利。物权请求权虽然可以有效地保护物权,但是并不具有明确物权归属的功能。

三、确权机构

在我国,确权机构主要是行政机关和人民法院,具体可分为两种确权方式。第一,行政机关确权。从我国现行立法规定来看,在物权的归属处于状态不明的情况下,当事人可以通过有权机关如行政机关或人民法院来予以确权。第二,人民法院确权。人民法院确权就是司法确权,人民法院是最终解决确权问题的机构,确权的司法判决应当是最终判决。人民法院确权包括两种方式:一方面,利害关系人可以通过确认之诉的民事诉讼进行确权。《物权编司法解释(一)》第 1 条规定:“因不动产物权的归属,以及作为不动产物权登记基础的买卖、赠与、抵押等产生争议,当事人提起民事诉讼的,应当依法受理。当事人已经在行政诉讼中申请一并解决上述民事争议,且人民法院一并审理的除外。”这对民事主体向登记机构因登记错误等原因提起行政诉讼中,当事人申请一并解决民事争议的情形作出了规定,根据这一规定,人民法院应当在行政诉讼中一并解决民事争议。[②] 另一方面,行政诉讼也可以在解决当事人与国家机关的行政争议的同时,达成物权确认的效果。例如,当事人就登记机构的登记错误提起行

---

① 参见孙瑞玺:《物权确认请求权的性质及其与相关规定的适用问题探讨》,载《法学论坛》2014 年第 3 期。

② 参见最高人民法院民事审判第二庭:《最高人民法院民法典担保制度司法解释理解与适用》,人民法院出版社 2021 年版,第 53 页。

政诉讼时,就可以通过行政诉讼达到确权的目的。

四、物权确认请求权与诉讼时效

关于物权确认请求权或者说确权请求权是否适用诉讼时效的问题,学者存在不同的看法。本书认为,尽管确权请求权也是一种请求权,但该请求权原则上不应当适用诉讼时效的规定,主要理由在于:

第一,从确权请求权的性质来看,其不同于普通的请求权,不是基于实体权利的请求权。因为作为物权请求权,必须以物权的存在为基础,而确权请求权本身就是为了解决物权的存在与否而产生的,在行使之前,物权的归属并未最终确定。

第二,从确权请求权的内容来看,其不是保护物权的请求权,也不是在物权遭受侵害之后寻求救济的手段,也不要求对方当事人作出一定的给付。从确权请求权的行使效果来讲,它只是在物权的归属和内容的权利发生争议的情况下要求公权力介入,对当事人的权利请求国家机关作出最终的判断,这一点与一般意义上的请求权是不同的。因此,确权请求权不能像一般请求权一样适用诉讼时效。

第三,从时效的起算点上来看,即使承认确权请求权应当适用诉讼时效,也很难确定时效期间的起算点。因为产权争议是一种继续性的状态,该诉讼时效是应当从发生权利争议之时起算,还是从法院作出确权判决之日起算,对此很难确定。因为在确权之前,权利还没有确定,不能说某人的权利遭到了损害,只能在法院确定权利归属和内容之后才能开始计算。

当然,应当看到,权利人经过很长时间之后仍然行使确权请求权,确实不利于财产关系的稳定,也可能损害第三人的利益,因此将来有必要通过司法解释对取得时效作出相关规定。

第三节 物权请求权的一般原理

一、物权请求权的概念

物权请求权有狭义、广义两种含义。狭义的物权请求权是指基于物权而产生的请求权,也就是说,当物权人在其物被侵害或有可能遭受侵害时,不论侵害人是否有过错,其有权请求恢复物权的圆满状态或防止侵害;广义的物权请求权除基于物权而产生的请求权以外,还包括占有人的占有保护请求权。① 学者一般是从狭义上理解物权请求权的,它是指权利人为恢复物

---

① 参见王泽鉴:《民法物权》(第2版),北京大学出版社2010年版,第50页。

权的圆满状态或者防止侵害的发生，请求义务人返还原物、排除妨害、消除危险和恢复原状的权利。物权请求权是依附于物权的独立请求权，其只能在物权受到侵害，或因他人行为导致物权人不能圆满支配其物权的情形下成立。物权请求权包括返还原物请求权、消除危险请求权、排除妨害请求权和恢复原状请求权。

物权请求权可追溯至罗马法，罗马法中已经形成了保护所有权的“对物之诉”。该诉讼分为所有物返还之诉(*res vindicatio*)、排除妨害之诉(*actio negatoria*)、普布利西亚那之诉(*actio publiciana*)，[①]1804 年的《法国民法典》虽然没有采取严格区分物权与债权的体系，但在侵害所有权的情形下，按照《法国民法典》第 1240 条，受害人还可以提起侵权之诉。因此，法国法上对物权的保护既可以采取物权保护诉讼的方式，也可以采取侵权诉讼的方式。在《德国民法典》制定前，学者曾对罗马法上的前述诉权展开过讨论，尤其是对于排除妨害之诉，18 世纪至 19 世纪的潘德克顿法学曾对此有深入的研究。《德国民法典》首次规定了基于所有权的请求权，从而形成了物权请求权的概念，该法典第 985 条及第 1004 条规定了三种基于所有权的请求权，即所有物返还请求权、所有权除去侵害请求权及不作为请求权，而在他物权中也规定他物权可根据各自的内容和效力相应地准用关于所有权保护的规定。[②]

我国《民法典》在总则编第五章“民事权利”中分别规定了物权和债权的定义(《民法典》第 114 条和第 118 条)，并且分别在第二编和第三编规定物权和合同，实质上就是在区分物权和债权的基础上，构建了物债二分的体系。物权和债权虽然都属于财产权的范畴，但是这两者之间的界分，有助于分别针对物权和债权建立不同的规则，从而形成以物权为核心的物权请求权制度和以债权为核心的债权请求权制度。我国《民法典》明确规定了物权请求权，该法第 235—237 条规定了返还原物请求权、排除妨害请求权、消除危险请求权、恢复原状请求权，形成了物权法保护物权的特有方法。

二、物权请求权的特征

物权请求权是请求权的一种类型，因此具有请求权的共同特征。当物权遭受妨害时，物权人可以直接向相对人提出请求，也可以通过提起诉讼的方式向相对人提出请求。但物权请求权具有不同于其他请求权的特点，表

---

① MünchKomm/Baldus, Vor § 985 Rn. 28.

② 参见《德国民法典》第 1017 条、第 1027 条。另参见程啸：《论未来我国民法典中物权请求权制度的定位》，载《清华大学学报(哲学社会科学版)》2004 年第 5 期。

现在以下几个方面：

1. 物权请求权是物权法保护物权的特有方法。物权请求权是一种基于物权而产生的、保护物权的请求权，其适用范围仅限于物权，也是物权法为保护物权而特别设定的一种方法。[①] 物权请求权的基础是物权。物权作为一种对物的直接支配权，权利人享有对物进行占有、使用、处分、获取收益等权能，这些权能可以说是物权的积极权能。为了保障这些权能的实现，就必须要赋予物权人在物权受到侵害的情况下所享有的返还原物、排除妨害等物权请求权。物权人行使物权请求权要求义务人消除这种妨害的可能性，既可能是要求义务人为一定行为，也可能是不为一定行为，它是独立于物权本身的请求权。

物权请求权来自物权的支配性。当物权人的支配权受到他人侵害时，为恢复权利人对客体的圆满支配状态，物权人才应行使此项请求权。可见，物权请求权的行使可以使物权恢复圆满状态和支配力，因此它也是物权效力的体现。它普遍适用于各种物权的保护。《物权编司法解释(一)》第8条规定："依据民法典第二百二十九条至第二百三十一条规定享有物权，但尚未完成动产交付或者不动产登记的权利人，依据民法典第二百三十五条至第二百三十八条的规定，请求保护其物权的，应予支持。"因此，在非基于法律行为而取得物权的情形中，即使没有完成公示，权利人也可以行使物权请求权。

2. 物权请求权与物权是不可分离的。物权请求权与物权具有共同的命运，物权请求权随着物权的产生而产生，随着物权的转移而转移，物权消灭时物权请求权亦不复存在，物权请求权也不能单独转让。[②] 尽管物权请求权是基于物权产生的且与物权不可分离，但它不同于物权本身。一方面，物权请求权只能发生在特定的当事人之间，是一种相对法律关系，它和作为绝对权的支配权是有区别的。对于权利人来说，一般只有在其物权遭受侵害的情况下，才能针对特定的侵害人行使物权请求权，而不能针对任何其他人行使物权请求权，但物权人行使物权可以对抗任何第三人。另一方面，物权请求权在性质上仍然是以请求相对人为或不为一定行为为内容的，因此，它也属于请求权的范畴。物权请求权在性质上也不同于作为支配权的物权。

3. 物权请求权主要是为了恢复对物的圆满支配状态。物权请求权来自

---

① 参见谢在全：《民法物权论》(上册)，台北，新学林出版股份有限公司2014年版，第28页。

② 参见[日]我妻荣：《我妻荣民法讲义Ⅱ：新订物权法》，罗丽译，中国法制出版社2008年版，第24页。

物权的支配性。只有当物权人的支配权受到他人侵害时，为恢复权利人对客体的圆满支配状态，物权人才能行使此项请求权。可见，物权请求权的行使可以使物权恢复圆满状态和支配力，因此它也是物权效力的体现。一方面，物权请求权的行使必须以物仍然存在为前提，如果物已灭失，则只能通过要求损害赔偿而获得救济，而无法行使原物的物权请求权。① 另一方面，物权请求权通常是与有体物的保护联系在一起的，其行使旨在恢复对有体物的支配。返还原物、排除妨害、消除危险、恢复原状都是在物权人所有或占有的有体物受到他人侵占、妨害或侵害时产生的保护方法，它们主要是针对有体物的保护而创设的。对于无体财产的妨害或占有，主要采用侵权损害赔偿请求权的保护方法。

4. 物权请求权的内容包括返还原物、排除妨害、消除危险、恢复原状。《民法典》第 235 条所规定的返还原物请求权，是指物权的占有被他人侵夺时产生的物权请求权；《民法典》第 236 条规定，物权受到妨害或者可能受到妨害的，物权人可以主张排除妨害请求权或者消除危险请求权；《民法典》第 237 条规定了恢复原状请求权。这些规定均是在物权圆满性遭到破坏时，赋予物权人一项重新恢复物权圆满性的救济制度。

5. 物权请求权具有相对性。尽管物权是绝对权、对世权，但是物权请求权是相对权、对人权。当他人侵犯物权之后，物权请求权的相对人是特定主体，即侵害人，而非不特定主体。② 在这个意义上，物权请求权具有一定的债权的特点。但是，物权请求权不是债权，物权请求权具有不同于债权的效力。一方面，在破产中优先于一般债权；另一方面，当物辗转于他人之手时，物权人可以追及物之所在并要求返还，因此可以对第三人产生效力，在这一点上也不同于债权。

三、物权请求权具有独特性

对于物权请求权的性质，历来众说纷纭，主要有物权的作用说、债权说、准债权说等观点。本书认为，请求权是债权的主要内容，但是请求权不仅为债权所独有，物权、亲属权等都存在请求权，事实上请求权已经成为沟通实体权利与请求实体权利司法保护的媒介权利。物权请求权虽然具有相对性，但应当看到，物权请求权是一种既不同于债权也不同于物权的权利，而是一种特殊的请求权类型。

---

① 参见孙宪忠：《中国物权法总论》，法律出版社 2003 年版，第 317 页。

② 参见[德]鲍尔、[德]施蒂尔纳：《德国物权法》（上册），张双根译，法律出版社 2004 年版，第 13 页。

第一，物权请求权不是债权或准债权。诚然，物权请求权是发生在特定当事人之间的请求关系，但物权请求权具有不同于债权的特殊性质。物权请求权的行使旨在实现物权人对物的圆满支配，可见，物权请求权乃是物权效力的直接体现。而债权作为一种请求权，不能产生物权请求权的效力。通常，债权人在债务人尚未履行义务之前，并不能直接支配其标的物，在因第三人的原因导致债务人不履行债务时，不能通过行使物权请求权支配债务人尚未交付的标的物，或要求第三人承担违约责任，而只能请求债务人履行其债务或承担债务不履行的责任。

第二，物权请求权与物权是不可分离的。物权请求权与物权具有共同的命运。当物权消灭时，物权请求权亦不复存在；物权移转时，物权请求权也随之移转，甚至移转返还所有物的请求权也可导致所有权本身的移转。同时，物权请求权是以物权为基础而产生的权利，其产生根据在于物权是对客体进行支配并排斥他人干涉的权利。① 当物权人的支配权受到他人侵害时，为恢复权利人对客体的圆满支配状态，物权人才能行使此项请求权。可见物权请求权行使的根本目的在于维护物权人对其物的圆满支配状态。正是从这个意义上说，物权请求权可视为物权效力的体现。

第三，物权请求权也不同于物权本身。一方面，物权请求权因侵害或者妨害物权的行为而产生，只能发生在特定的当事人之间，是一种相对法律关系，它和作为绝对权的物权是有区别的。对于权利人来说，一般只有在其物权遭受侵害的情况下，才能针对特定的侵害人行使物权请求权，而不能针对任何其他人行使物权请求权。而物权人行使物权则可以排斥任何第三人的干涉。另一方面，物权请求权在性质上仍然是以请求相对人为一定的行为或不为一定的行为为内容的，它也属于请求权的范畴。② 而物权则是支配权，不是请求权，所以物权请求权与物权本身也是有区别的。

总之，物权请求权既具有债权请求权的某些特征，又与物权具有密不可分的联系，它既不同于债权请求权，又不同于物权，可以将其视为一类独特的请求权。

四、物权请求权不应适用诉讼时效

我国《民法典》第196条列举了不受诉讼时效限制的权利类型，依据该条规定，未登记的动产物权也受到诉讼时效的限制，因此，专门保护物权的

① 参见[日]我妻荣：《我妻荣民法讲义Ⅱ：新订物权法》，罗丽译，中国法制出版社2008年版，第24页。

② 参见王建彪：《物权请求权的性质定位》，载《国家检察官学院学报》2006年第6期。

物权请求权也应当相应地受到诉讼时效的限制。但《最高人民法院关于审理民事案件适用诉讼时效制度若干问题的规定》第 1 条规定，当事人可以对债权请求权提出诉讼时效抗辩。该条实际上明确了诉讼时效的适用范围原则上限于债权请求权。债权请求权是特定的债权人请求债务人为一定行为或不为一定行为的权利。从原则上说，债权的请求权如合同之债、侵权之债、无因管理之债、不当得利之债等，均可以适用诉讼时效。① 但物权请求权原则上不应适用诉讼时效，理由在于：

第一，物权请求权与物权不可分开，它与物权是同命运的，物权请求权是物权效力的具体体现，是包含在物权权能之中的，只要物权存在，物权请求权就应该存在。既然物权作为支配权不能适用诉讼时效，则物权请求权也不能与物权分开而单独适用诉讼时效。假如物权请求权可以适用诉讼时效，物权则很有可能变成空虚的权利。例如，所有物的返还请求权因适用诉讼时效而消灭，而所有权又不因适用诉讼时效而消失，在此情况下，所有权实际上已经变成了一种空虚的所有权；即使仍然存在，也是无意义的。如果所有权人因诉讼时效已过，占有人享有拒绝返还的抗辩权，如此占有人无权利却可继续保有占有物，这种“名实分离”的状态将会导致法律秩序的混乱。②

第二，物权请求权难以适用诉讼时效。这是因为物权请求权通常适用于各种继续性的侵害行为。所谓继续性的侵害行为是指侵害或妨害行为通常是持续不断地进行的。例如，长期非法占有他人的财产、在他人的房屋边挖洞等。对这些侵害行为很难确定时效的起算点，只要权利人发现其权利受到了侵害或遭到妨害，就有权行使物上请求权，而不应适用诉讼时效。

第三，如果物权请求权适用诉讼时效，则存在确定诉讼时效的起算点的困难。因为物权请求权通常适用于各种继续性的侵害行为。例如，在他人的房屋边挖洞，只要该洞继续存在就会威胁到他人房屋的安全。在此情况下，如何确定诉讼时效的起算点，也比较困难。但需要指出的是，《民法典》第 196 条第 2 项规定，“不动产物权和登记的动产物权的权利人请求返还财产”不适用诉讼时效，据此反面解释可以得出，登记的动产返还原物请求权要适用诉讼时效。③

---

① 参见王泽鉴：《民法总则》，北京大学出版社 2009 年版，第 522 页。

② 参见王轶：《物权请求权与诉讼时效制度的适用》，载《当代法学》2006 年第 1 期。

③ 参见朱虎：《诉讼时效制度的现代更新》，载《中国高校社会科学》2017 年第 5 期。

五、物权请求权与侵权损害赔偿请求权

(一)物权请求权与侵权损害赔偿请求权的区别

《民法典》第238条规定:"侵害物权,造成权利人损害的,权利人可以依法请求损害赔偿,也可以依法请求承担其他民事责任。"该条容易造成一种误解,即认为既然《民法典》在"物权的保护"中规定了侵权损害赔偿请求权,那么,侵权损害赔偿请求权也是物权请求权的一种类型,实际上,这两者具有明显的区别,具体表现在以下几个方面:

1. 功能和目的不同。由于物权请求权和侵权损害赔偿请求权的目的和功能不同,两者对物权保护的侧重点也不同。传统的物权请求权行使的方式主要是请求返还原物、排除妨害、消除危险和恢复原状,其目的在于排除物权受侵害的事实或者可能,恢复或者保障物权的圆满状态。① 一般而言,当物权受到侵害或者有遭受侵害的可能时,权利人既可以依据物权请求权提出请求,恢复其物权的完满状态,也可以依据侵权请求权提出请求,以获得损害赔偿。如果侵害物权已造成实际损害,而且损害没有必要或难以通过排除妨害等物权请求权获得救济,就只有通过损害赔偿的侵权损害赔偿请求权获得价值上的补偿。由此可见,物权请求权和侵权损害赔偿请求权是两种不同的对物权的保护方法,其从不同的角度对物权损害予以不同的救济,两者可以独立适用,也可以结合适用。②

2. 是否考虑行为人的过错不同。根据我国现行法律的规定,除法律特别规定的侵权行为以外,一般侵权行为的受害人要行使侵权损害赔偿请求权必须适用过错责任原则。但是如果适用物权请求权,权利人并不需要证明相对人具有过错。换言之,物权人在行使其物权请求权的时候,只需要证明其财产被他人不法占有或遭受了侵害或妨害,而不需要证明他人对该财产的占有、侵害或妨害是否具有过错。

3. 对损害后果要件要求不同。从损害后果上来看,在物权的保护中,行使侵权损害赔偿请求权的前提是存在损害赔偿之债,虽然预防性的侵权责任方式的适用也不要求受害人遭受损害,但对侵权损害赔偿责任而言,其适用要求加害人造成了受害人财产的损失,没有损失就没有赔偿。③ 但是物权人行使物权请求权的前提是物权遭受到侵害或者有遭受侵害的可能,而不以造成财产损失为前提。也就是说,只要行为人阻碍或者妨害物权人行使

---

① 参见王泽鉴:《民法物权:通则·所有权》(第1册),中国政法大学出版社2001年版,第65页。

② 参见崔建远:《物权救济模式的选择及其依据》,载《吉林大学社会科学学报》2005年第1期。

③ 参见史尚宽:《物权法论》,中国政法大学出版社2000年版,第11页。

其物权，无论是否造成现实的损害，物权人都有行使物权请求权的可能。[①]

4. 是否适用诉讼时效不同。诉讼时效针对的对象是债权请求权，依据我国《民法典》第188条，侵权损害赔偿请求权诉讼时效为3年。但是物权请求权则不能适用上述诉讼时效的规定。

5. 对物权保护的效力不同。物权请求权来源于物权，是物权效力的内容；侵权请求权在性质上为债权，属于债权的内容。在某些情形下，物权请求权的效力优先于债权请求权。例如，在破产程序中，所有人基于返还原物的请求权而应当对其物享有取回权，因此这种取回权应优先于一般债权而受到保护。[②] 但是侵权损害赔偿请求权只是一种债权请求权，除非法律基于某种价值考量而有特别的规定，否则在被执行人破产或者无法清偿所有的债务时，损害赔偿债权的权利人和其他债权人应当平等就破产财产而受清偿。[③]

总之，物权请求权与侵权损害赔偿请求权相分离，有利于更好地预防侵害物权的行为。侵权损害赔偿请求权主要具有的是事后补救的功能，而物权请求权则是在物权受到妨害或者有妨害之虞时即可行使，显然更有利于对损害的预防。[④] 物权请求权的根本目的就是回复物权的圆满状态，不论是原物返还请求权还是排除妨害请求权，目的都是回复物权的圆满状态。因此，物权请求权的行使并不要求权利人证明行为人构成侵权，只要行为人妨害了权利人对其物的圆满支配状态，权利人就可以主张物权请求权，这就可以在侵权之外对物权提供保护。

（二）物权请求权与侵权损害赔偿请求权的竞合

如前所述，在物债二分的情形下，物权请求权与侵权损害赔偿请求权存在明显的区别，但是在侵害物权的情形下，物权请求权与侵权损害赔偿请求权也会产生竞合或者聚合的现象。《民法典》第238条规定："侵害物权，造成权利人损害的，权利人可以依法请求损害赔偿，也可以依法请求承担其他民事责任。"依据这一规定，可以采取多种方式保护物权。当然，从本条规定

---

① 参见崔建远：《中国民法典释评：物权编》（上卷），中国人民大学出版社2020年版，第219页。

② 参见［日］我妻荣：《我妻荣民法讲义Ⅱ：新订物权法》，罗丽译，中国法制出版社2008年版，第24页。

③ 对于被侵权人的损害赔偿债权优先于其他债权的特别规定，如《最高人民法院关于刑事裁判涉财产部分执行的若干规定》第13条规定："被执行人在执行中同时承担刑事责任、民事责任，其财产不足以支付的，按照下列顺序执行：（一）人身损害赔偿中的医疗费用；（二）退赔被害人的损失；（三）其他民事债务；（四）罚金；（五）没收财产。债权人对执行标的依法享有优先受偿权，其主张优先受偿的，人民法院应当在前款第（一）项规定的医疗费用受偿后，予以支持。"

④ 参见辜明安：《物权请求权制度研究》，法律出版社2009年版，第169页。

来看,其仅适用于物权遭受侵害的情形,即只有行为人构成侵权时才能适用,具体适用侵权责任承担方式应当掌握的原则是,在任何情况下,只要有救济损害的需要,如果一种方式不足以救济受害人,就应当同时适用其他方式。[①] 在行为人侵害物权的情形下,"权利人可以依法请求损害赔偿"。由于侵权损害赔偿主要是在侵权责任编中规定的,因此,此处所说的"依法"不是指依据物权法律制度上的物权请求权,而是侵权请求权。需要注意的是,虽然物权的权利人在遭受侵害以后,可以通过侵权责任编予以保护,但是侵权责任的构成要件与物权请求权并不相同,只有在满足侵权责任的构成要件时,权利人才可以主张行为人承担侵权责任。

侵害物权造成权利人损害的,权利人既可以请求损害赔偿,也可以请求行为人承担其他民事责任。《民法典》第 239 条规定:"本章规定的物权保护方式,可以单独适用,也可以根据权利被侵害的情形合并适用。"依据这一规定,物权请求权在适用中可能出现以下两种情况:

一是请求权的竞合。所谓请求权竞合,是因为某种事实的发生而导致两种或者两种以上的请求权并存并相互冲突,"即同一给付请求因数个请求权规范而成立"[②]。这就是说,在侵害物权的情况下,受害人在物权请求权和侵权损害赔偿请求权之间只能选择一种请求权,而不能同时请求多种责任。

二是请求权的聚合,也称责任聚合。它是指同一法律事实基于法律的规定以及损害后果的多重性,而应当使责任人向权利人承担多种法律责任的形态,即当事人可以同时主张数种以不同的给付为内容的请求权。[③] 例如,受害人在其物被他人非法占有之后,可以在请求返还原物的同时,就返还的费用主张损害赔偿。依据《民法典》第 238 条的规定,在物权遭受侵害的情形下,可能需要通过民事责任对权利人提供救济,这也为物权请求权与侵权损害赔偿请求权聚合提供了法律依据。

第四节 返还原物请求权

一、返还原物请求权的概念

所谓返还原物请求权,是指权利人对无权占有或侵夺其物的人,有权请求其返还占有物。《民法典》第 235 条规定:"无权占有不动产或者动产的,

---

① 参见王利明主编:《中国民法典释评 · 总则编》,中国人民大学出版社 2020 年版,第 459 页。

② [德]迪特尔 · 施瓦布:《民法导论》,郑冲译,法律出版社 2006 年版,第 164 ~ 165 页。

③ 参见王泽鉴:《法律思维与民法实例》,台北,1999 年(公元纪年)自版发行,第 199 页。

权利人可以请求返还原物。”该项请求权是由所有权所派生的请求权，并且是所有权效力的直接体现，只要他人无权占有或侵夺权利人的财产，权利人都可以通过行使该项请求权而恢复其物权的圆满状态。[①]

《民法典》第 235 条规定的返还原物请求权主要针对的是有体物的侵害，即在所有人的动产和不动产遭受侵害的情形下所采取的一种权利人的救济方式。其与《民法典》第 179 条规定的返还财产不同，后者既可以适用于有形财产，也可以适用于无形财产（如知识产权、股权或数据、网络虚拟财产等数字资产的返还）。之所以采用“财产”的表述，是为了表明其不同于原物的概念，它包括了原物，但又不限于原物。这就与《民法典》第 235 条规定的返还原物请求权不同。《民法典》第 179 条规定的返还财产是一个上位概念，而《民法典》第 235 条规定的返还原物是一个下位概念。[②] 对于有体物之外的无形财产的返还应当适用《民法典》第 179 条关于返还财产的规定。

二、返还原物请求权的法律特征

（一）返还原物请求权的主体应为失去对物的占有的物权人

返还原物请求权的主体应为失去对物的占有的物权人。一方面，请求权人必须是物权人，既包括所有权人也包括他物权人。至于所有权人，既可以是单独的所有人，也可以是共有人；不享有物权的人即使取得了合法占有权，也不能享有此种请求权。例如，承租人、保管人等，不享有返还原物的请求权。另一方面，物权人行使该请求权的前提必须是其所有或有权占有的物被他人非法侵占，物权人已丧失了对物的占有。

返还原物请求权的主体在如下情形下具有特殊性：

第一，如果按份共有人中的一人超过其应有部分行使权利，尤其是超过其应有部分占有和使用共有物，其他共有人能否行使返还原物请求权，要求其返还共有物？对此，学者有不同的看法。本书认为，尽管应有部分不是所有权权能的分割，也没有被具体量化在共有物的某一部分上，但是应有部分确定了权利行使的范围，也就是说，就共有物的整体而言，每个共有人超越其应有份额而行使占有、使用权，必然会妨害或阻碍其他共有人行使占有、使用权，因此，其他共有人也应当有权对其行使返还原物请求权。

第二，在按份共有的情况下，如果第三人无权占有共有物，则由于共有物在法律上归属于全体共有人而非单个共有人，因而各共有人若单独提起

---

① 参见谢在全：《民法物权论》（上册），台北，新学林出版股份有限公司 2014 年版，第 28 页。

② 参见丁宇翔：《民法典中返还原物的构造》，载《财经法学》2019 年第 6 期。

返还原物之诉,必须请求占有人向全体共有人返还共有物,而不得请求仅向自己返还。[①] 这就是说,返还所有物的请求权必须基于全体共有人的利益而行使,因为按份共有人对共有物都可基于一定的份额享有并行使权利,所以按份共有人都可基于全体共有人的利益提出请求。[②] 然而,在共同共有的情况下,各共有人对第三人行使共有物返还请求权,除法律或合同另有规定外,必须取得全体共有人的同意。如果全体共有人同意向第三人提出请求,则单个的共有人在此情况下也可以向该第三人单独提出请求。[③]

第三,在担保物权中,关于抵押权人是否有权行使返还原物的请求权,对此存在不同的看法。本书认为,应当允许抵押权人享有返还原物的请求权,因为在抵押物遭受第三人侵害的情形下,抵押人作为所有人应首先行使返还原物的请求权,但抵押人可能因各种原因无法有效主张其返还原物的权利;如果不允许抵押权人主张返还抵押物,则抵押权人享有的抵押权就可能受到威胁。如果抵押人不能行使返还原物请求权,则应允许抵押权人行使该权利。

第四,出租人将其财产出租给承租人,承租人将该财产非法转租给第三人,出租人要对第三人行使返还原物请求权,必须终止其与承租人之间的协议。因为尽管承租人的转租行为是非法的,但第三人是基于其与承租人之间的合同而占有该物的;如果出租人不终止其与承租人之间的租赁合同,则承租人对该物的占有是合法的,而第三人从承租人处取得的占有便很难说是非法的,所以,出租人只有先终止其与承租人之间的合同,才能向第三人行使返还原物请求权。

第五,当法人的财产为他人非法占有后,法人的法定代表人及其他法人机关成员,必须以法人的名义行使返还原物请求权,而不得以个人名义行使该项权利,同时也必须请求非法占有人将该物返还给法人而非个人。

(二)请求权的相对人必须是无权占有物的人

《民法典》第235条规定:“无权占有不动产或者动产的,权利人可以请求返还原物。”因此,请求权的相对人为无权占有物的人,具体来说,请求权的相对人应符合如下条件:

第一,相对人必须是现在占有标的物并侵害物权人占有的人。所谓现在占有人,就是指在提出请求之时,仍然占有标的物的人。现在占有人包括

---

① 参见刘家安:《民法物权》,中国政法大学出版社2023年版,第165页。

② 参见王泽鉴:《民法物权:通则·所有权》(第1册),中国政法大学出版社2001年版,第167页。

③ 参见王泽鉴:《民法物权:通则·所有权》(第1册),中国政法大学出版社2001年版,第167页。

直接占有人和间接占有人。[①] 物权人只有向现在的占有人提出请求才能使标的物实际返还给所有人。例如，所有人甲知道乙侵夺了其财产，但乙在占有该财产以后又被丙占有。尽管所有人甲丧失占有是由乙的行为造成的，但由于乙现在并未实际占有标的物，甲只能依据侵权行为行使请求权，请求乙赔偿损失，同时向现在的占有人丙主张所有物的返还。如果甲向乙提出返还原物请求，则会因乙不可能返还而使其请求权无法实现。

应当指出的是，确定占有人的占有为合法或非法，应根据物权人提出请求时占有人是否有权占有来决定。物权人有权请求现在的占有人返还财产。就返还的效果而言，本书认为，应当回复到侵害行为发生之前的状况，也就是说，如果存在一项他物权，则应当回复到他物权人可以行使其他物权的状态之下；他物权人所享有的他物权不能因为不法侵害等行为而发生消灭，一项不法事实本身不能消灭一项合法权利。一般来说，所有人的财产被他人非法占有后，所有人有权请求返还，而对于动产质权人、留置权人等物权人来说，依法有权占有他人提供质押或留置的财产，在该财产被他人非法占有以后，也有权行使返还原物请求权，在第三人返还原物的时候，应当首先返还给动产质权人、留置权人等物权人。

确定占有人的占有为合法或非法的时间点，应当以物权人向占有人提出请求的时间为准。这就是说，要由现在的无权占有人负责返还。如果占有人曾经是有权占有，但是，现在属于无权占有，则所有人也可以对其行使返还原物请求权。如果无权占有人占有原物以后，又将该物转让给他人占有，则权利人既可以请求无权占有人返还原物，也可以请求现在的占有人返还原物。[②]

第二，相对人的占有必须构成无权占有。[③] 所谓无权占有，通常是指缺乏占有的合法依据。换言之，是指相对人无法律或合同的依据而占有所有人的财产。一方面，没有法律上的依据而占有。例如，动产留置权人依法对动产享有占有权。但如果不符合留置的条件，则其占有构成非法的占有。另一方面，没有合同上的依据而占有。非法占有他人财产或者在合同约定期限届满之后继续占有他人财产等都构成无权占有，物权人都有权请求无权占有人返还其物。

---

① 参见王泽鉴：《民法物权：通则·所有权》（第1册），中国政法大学出版社2001年版，第168页。

② 参见史尚宽：《物权法论》，台北，1957年（公元纪年）自版发行，第59页。

③ 参见丁宇翔：《返还原物请求权研究：一种失当物权关系矫正技术的阐释》，法律出版社2019年版，第24页。

如果相对人从某个非所有人处取得占有具有一定的根据，但对于所有人而言，其并无占有的权利，所有人仍可对其行使返还原物请求权。例如，在非法转租的情况下，次承租人证明其是基于租赁合同而占有他人财产，则可以形成对转租人的抗辩，但是其不得对抗所有人，拒绝所有人的返还原物的请求。至于相对人占有该物在主观上是出于故意还是过失，并不影响所有人行使返还原物请求权。

第三，返还原物请求权的相对人既包括直接占有人，也包括间接占有人。例如，甲有"飞鸽"牌自行车一辆，被乙盗去，乙将该车租给丙使用，乙为间接的非法占有人，而丙为直接的非法占有人，为了充分保障甲的利益，法律应允许甲既可以同时向乙、丙提出请求，也可以仅向乙或丙提出请求。也就是说，对于非法占有人而言，无论是直接占有人还是间接占有人，所有人都可以请求其返还所有物。值得注意的是，相对人可以是直接占有人，也可以是间接占有人，但必须是占有人。如果某人只是占有的辅助人或并没有占有某物，则所有人不得对其提出请求。

（三）请求权的行使必须以物的现实存在为前提

物权人请求返还原物应以原物的存在为前提。因为返还原物请求权就是为了保护物权的圆满状态，如果原物已经灭失，实际上物权因其客体的消灭而消灭，此时物权人只能请求无权占有人承担违约赔偿责任或侵权赔偿责任。[①] 如果原物仍然存在，但是遭受了毁损，则物权人可以请求无权占有人返还原物，并承担恢复原状的责任；如果物权人遭受了损失，还可以要求无权占有人承担侵权赔偿责任。此外，围绕返还原物请求权还可形成其他的请求权，如要求返还孳息、费用补偿等问题。对此，我国《民法典》物权编在第五分编"占有"中作出了详细的规定。

三、举证责任

行使返还原物请求权，首先，应由权利人就其所享有的合法物权进行举证；如果其无法证明该物的合法权属，尤其是无法证明自己对该物享有的物权，则不能支持其请求。其次，权利人还应当证明其合法享有的物权遭受了相对人的妨害或侵夺。反过来，相对人必须证明其对物的占有是合法的，有法定或者约定的根据。物权人在证明自己是物权人以后，是否仍负有举证责任证明相对人的占有为无权占有，对此在理论上不无争议。本书认为，原告不必证明被告为无权占有，如果被告抗辩（主张）其为有权占有，应由被告

① 参见孙宪忠、朱广新主编：《民法典评注：物权编》（第2册），中国法制出版社2020年版，第221页。

负举证责任。[1] 因为一方面,在举证责任的分配规则上,通常认为,主张消极事实的一方无须证明,主张某种积极事实的一方必须证明。既然无权占有人主张自己享有合法的占有权,当然应当由其来证明其占有的根据,而不是由物权人去证明其没有占有权。当然,占有人的合法利益也应受到保护。据此,占有人可以在所有人提出请求时,以其占有是有权占有为依据而提出抗辩。另一方面,占有人是否为有权占有,只有占有人最为了解,而物权人对此常常难以举证。所以,有权占有的问题应由占有人举证,如果占有人不能举证,则应认定其为无权占有。

四、返还原物请求权的效力

返还原物请求权,旨在要求相对人返还所有物,因而此种请求权行使的直接法律效力是标的物占有的移转。但除标的物的移转外,行使此项请求权还涉及孳息返还、赔偿损失及费用补偿等问题。

1. 占有的移转。返还原物请求权行使的主要目的在于使物权人支配的财产从无权占有人手中移转给物权人,进而使物权人的物权回复到圆满状态,使物权人重新获得对物的支配。因此,返还原物请求权的效果实际上是占有的移转,也就是说,由无权占有人将其对标的物的占有移转给物权人。占有一旦发生移转,则物权人行使返还原物请求权的目的即已达到。返还原物只是标的物的返还,而非所有权的返还。区分这两个概念在实践中不无意义。因为返还原物必须移转对标的物的占有,但返还所有权并不一定要移转对标的物的占有。

2. 返还原物和孳息。返还原物不仅包括返还原标的物,而且包括返还孳息。物权人请求返还原物,必须原物依然存在。如果原物已经灭失,返还原物客观上已经不可能,物权人就只能要求赔偿损失,而不能要求返还原物。一般来说,现在占有人向返还请求权人返还原物时应保持物的原有状态,不得造成物的损害和价值的减少。这就是说,无论是善意占有人还是恶意占有人,在返还原物时必须使物保持原有的状态。当然,保持原有的状态并不意味着一定要在返还时恢复物的原状,而只是说其负有保持原状的义务。如果因其故意或过失造成物的损害和价值的减少,应当承担损害赔偿责任。

3. 赔偿损失。占有人在返还原物时,应当保持物的原有状态,如果因其故意或过失造成物的损失,应当承担损害赔偿责任。关于损害赔偿责任的

---

① 参见姚瑞光:《民法物权论》,台北,1988 年(公元纪年)自版发行,第 55 页。

适用应当区分三种不同的情况：其一，占有人造成物的损失，返还请求权人有权请求其赔偿损失。其二，占有人造成物的收益的损失，占有人应当承担赔偿责任，但在确定责任时必须要考虑占有人对于收益的损失是否具有过错，这种过错是指占有人依通常经营方法可以收取收益而不收取。其三，因占有人的过错造成物的灭失的，占有人如何承担赔偿责任应当根据其主观上的善意或恶意而定。占有物因占有人的过失造成物的灭失的，恶意占有人应赔偿全部损失，而善意占有人仅在其现有利益的限度内承担赔偿义务。

4. 关于货币返还问题。如果所有物为货币，如何返还？本书认为，由于货币本身的特殊性决定了货币的所有权原则上不发生原物返还请求权问题，也不得适用所谓"物权的价值返还请求权"。但是在特殊情况下，如果一定数额的货币是用信封、纸袋等包装的，该笔金钱被侵占后如能够识别为原所有人的财物，或在移转给第三人以后，仍能辨别，则可以将该笔金钱作为一般的物对待，由所有人行使返还原物请求权。

返还原物请求权与合同上的请求权可能发生竞合。例如，承租人在租赁期满以后不返还租赁物，出租人既可以基于物权请求权请求承租人返还，也可以基于合同上的请求权请求其返还。在这两种请求权之间，权利人有权作出选择。①

第五节　排除妨害和消除危险请求权

一、排除妨害请求权

（一）排除妨害请求权的概念

排除妨害请求权是指当物权的享有和行使受到占有以外的方式妨害时，物权人对妨害人享有请求其排除妨害、使自己的权利恢复圆满状态的权利。《民法典》第 236 条规定："妨害物权或者可能妨害物权的，权利人可以请求排除妨害或者消除危险。"排除妨害请求权的内容是请求除去妨害，通过排除妨害使物权人的物权恢复到原来状态。值得注意的是，排除妨害请求权仅限于除去妨害而并不包括恢复原状。当妨害排除以后，物权人的标的物是否已恢复其原有状态，并非排除妨害请求权所应解决的问题。如果妨害行为给所有物造成损害，物权人有权请求妨害人赔偿损失或要求其通过修补等方式恢复原状。

排除妨害请求权不同于损害赔偿请求权。我国《民法典》区分了排除妨

---

① 参见［德］曼弗雷德·沃尔夫：《物权法》，吴越、李大雪译，法律出版社 2002 年版，第 109 页。

害请求权与损害赔偿请求权,前者属于物权的范畴,后者属于侵权请求权的范围,损害赔偿与排除妨害至少存在以下几点区别:第一,损害赔偿请求权以权益侵害为要件,而排除妨害请求权仅要求"妨害"的存在。损害是已经现实发生的、客观存在的,受害人请求行为人承担损害赔偿责任时,既需要证明其客观上遭受了一定的损害,又需要证明其损害的具体程度与数额,否则可能难以获得救济。而妨害在性质上是一种正在持续的侵害状态,妨害发生后,最终所导致的损害的具体程度和数额并不确定,最终损害结果也尚未形成。妨害并不一定造成实际的损害,它只是一种持续性、尚未结束的不利影响,而损害是已经结束的造成了实际后果的侵害状态。第二,由于排除妨害请求权性质上是物权请求权,行使此种权利时,无须考虑行为人的过错;而损害赔偿请求权性质上属于侵权请求权,因此应当要以过错为要件。第三,从适用的范围来看,损害赔偿请求权针对的是加害的结果,其赔偿的范围不仅包括财产损害,还包括非财产损害;而排除妨害请求权则主要针对财产的侵害,或者更确切地说,是针对物权的侵害,妨害不一定会造成现实的损害结果。第四,损害赔偿请求权以补偿功能(Kompensationsfunktion)为主要功能,损害赔偿的结果应当达到加害行为未曾发生那样的状况,其旨在弥补受害人的全部损失。而妨害排除请求权不涉及过去状况的比较,更强调预防功能(Präventionsfunktion),而不具有补偿功能。① 当然,在特殊情形下,二者也可能发生竞合。

(二)排除妨害请求权与停止侵害请求权

所谓停止侵害请求权,是指不法行为人的行为及其物件给他人的财产和人身造成了现实的损害,受害人有权请求法院制止正在进行的侵害。任何正在实施侵权行为的不法行为人都应立即停止其侵害行为。我国《民法典》第179条全面规定了民事责任承担方式,将停止侵害作为独立的责任方式,《民法典》第1167条也规定了停止侵害的责任方式,此外,我国知识产权法也大量规定了停止侵害的责任方式。② 但我国《民法典》物权编在物权请求权中没有规定停止侵害,这并非意味着停止侵害请求权在物权侵害中是没有意义的。有些停止侵害可以纳入排除妨害之中,例如,某人没有按照规划的要求建造房屋,这将会影响相邻另一方的通风采光,此时就应当允许另一方在他人房屋建造过程中提出停止侵害的请求,否则房屋建成之后,侵害已经不可避免,如果要拆除,可能要付出极大的成本代价。因此在相邻关系

① Staudinger/Karl-Heinz Gursky(2012)BGB § 1004 Rn. 139; Pfeiffer,a. a. O. ,S. 8 f.

② 《商标法》第60条、《专利法》第65条、《著作权法》第52条。

中,常常要求采用停止侵害的方式,立即制止正在进行的侵害。

但是,停止侵害、排除妨害毕竟是两种不同的请求权,其存在如下区别:一方面,停止侵害的适用范围比较广泛,对于各种具有绝对性的权益均具有适用余地。排除妨害请求权仅针对物权的侵害而行使。另一方面,侵害必须是现实的、已造成他人权益受损害的行为。而妨害并不一定现实地侵害了他人的人身、财产权益。妨害只是造成对权利行使的障碍,也就是说,只是影响到权利的正当行使,如将他人的楼门打封条、在他人的门前挖洞,或堆放杂物阻止他人通行等,均为妨害。但妨害可能并没有造成他人实际的损害,如果在行为人的行为造成他人实际损害的情况下,受害人只能行使停止侵害的请求权。还应当看到,停止侵害旨在制止正在实施的侵害行为,因为请求停止侵害就是要求法院制止侵害进一步扩大,及时排除侵害。权利人请求停止侵害不一定要求证明存在实际的损害后果,因为损害正在进行且不断发生变化,权利人往往是难以或者来不及证明的。而排除妨害的目的在于消除潜在的危险。

(三)排除妨害请求权的行使条件

第一,被妨害的标的物仍然存在且由物权人占有。排除妨害请求权行使的主体是物权内容受到妨害的物权人,但物权人行使该请求权时,必须要求被妨害的物仍然存在且由物权人占有。行使排除妨害和返还原物请求权的条件是不同的,两者的主要区别在于:在请求排除妨害的情况下,物权人一般没有丧失对物的占有;在请求返还原物的情况下,物权人已丧失了对所有物的占有。

第二,妨害人以占有以外的方法妨害物权人行使所有权。所谓"妨害",是指以占有以外的方法,妨害物权人行使其所有权。[①] 妨害主要有如下几种情况:一是对物权人的标的物的侵害,如在他人的房屋边挖洞危及房屋的安全。二是非法利用他人的财产致使物权人不能对其财产行使物权,如在他人使用的土地上堆放垃圾,在他人的大门前停放车辆、妨害他人通行。三是非法为所有权设定负担,如擅自在他人不动产上设定抵押权。四是其他妨害行为,如招牌被大风吹落,倒塌在他人的门前,尽管招牌的倒塌是由自然原因造成的,但毕竟行为人的物件致他人不能圆满行使其所有权,亦构成妨害行为。不过,妨害必须是持续进行的,而不是短暂即逝的或已经消失的,否则,尽管妨害行为已经作出,物权人也不能行使排除妨害请求权,而只能请求侵害人承担侵权损害赔偿等责任。

---

① 参见崔建远:《中国民法典释评:物权编》(上卷),中国人民大学出版社 2020 年版,第 209 页。

第三,妨害是不合法的,或者超越了正常的容忍限度。[①] 如果行为人实施某种行为具有法律上或合同上的依据(如承租人正当使用房屋、某人因紧急避险而给所有人造成妨害),则虽对物权人构成妨害,物权人也不得请求行为人排除妨害。妨害行为有可能是合法的(如在自己土地上堆放被许可排放的污染物),此种行为依据"无害"标准并不禁止,但如果给他人造成过度的、超越正常的容忍限度的妨害,权利人也可以请求排除。

物权人行使排除妨害的请求权,并不要求相对人具有故意或过失,换言之,该项请求权的行使不以相对人具有过错为要件。在此,我们要区分排除妨害与赔偿损失的概念。在民法上,妨害和损害的概念是有区别的。"损害"一词有广义和狭义的含义。从广义上说,损害是指因一定的行为或事件使某人的权利或利益遭受某种不利益的影响,而妨害行为也会造成被妨害人的不利益,从这个意义上说,损害可包括妨害。从狭义上说,损害是指财产的损失,如侵害财产权的损害赔偿实际上是指赔偿损失,在这个意义上理解的损害,与妨害的概念是不同的,因为妨害常常难以具体化,更不能以金钱计算。[②] 尤其应当看到,排除妨害旨在除去物权人在行使物权过程中的障碍或侵害,使物权恢复其圆满状态,因而此种请求权的行使不必适用过错责任原则。只要行为人阻碍或妨害物权人行使其权利,不管是造成现实的妨害,还是对将来行使物权造成妨害,亦无论此种妨害能否以货币确定其损失,权利人都可以要求行为人排除其妨害。在这一点上,它不同于侵权损害赔偿责任。侵权损害赔偿责任不仅具有补偿目的,而且具有制裁并教育不法行为人的作用,因此侵权损害赔偿责任的承担要考虑行为人是否具有过错。

(四)物权人的容忍义务

妨害行为超越了正常的容忍限度,权利人有权请求排除妨害。一般来说,物权人应当容忍他人的轻微的、正当的妨害。容忍义务限制了排除妨害请求权。容忍义务针对的是非重大的妨害,不动产权利人不得因此行使排除妨害请求权。法律承认忍受轻微妨害的义务的主要理由在于:

第一,忍受轻微妨害义务是维护社会生活的和睦所必需的。容忍来自他人的轻微的妨害,是民事主体所应当负有的一种义务。因为人作为社会关系的总和,生活在特定的共同体和社会之中,总会与他人发生各种摩擦,从而不可避免地会造成损害或妨害。如果人们不能容忍任何轻微的妨害,则社会成员之间根本无法和睦相处,社会就难以形成正常的经济生活秩序。

---

① 参见黄薇主编:《中华人民共和国民法典物权编解读》,中国法制出版社 2020 年版,第 70 页。

② 参见王洪亮:《物上请求权的功能与理论基础》,北京大学出版社 2011 年版,第 167、204 页。

所以,从维护社会生活秩序的角度出发,所有人应当容忍轻微的妨害。在他人实施了轻微的妨害的情况下,物权人不得请求予以排除。

第二,忍受轻微妨害义务是相邻关系制度的重要内容。相邻关系规则就是要规范不动产权利人之间在行使物权时的相互关系,一方的权利要适当延伸,另一方要提供适当的便利,这就包含了应忍受轻微妨害的义务。如果在物权法上不能确定忍受轻微妨害的义务,则无法形成相邻关系规则。"容忍义务可直接基于法律而生,其主要情形体现为相邻关系上的容忍义务。来自邻地干涉而生的对所有权之妨害,若该干涉是轻微的或为当地通行的,则所有权人对该妨害,不得提起所有物妨害防止之诉。"①

第三,忍受轻微妨害的义务,在一定程度上也确定了所有权行使的标准。在现代民法中,所有权不是绝对无限制的权利,而是一种受限制的权利。对所有权的限制规则之一是所有人负有忍受轻微妨害的义务,这也是诚信原则的要求。当然,法律对所有权的限制也应在合理的范围内,法律不能要求所有人因提供便利而使自己蒙受重大的妨害,或因提供这种便利而使其所有权不能得到正常的行使。

如何判断某种妨害是否属于轻微的妨害?这需要考虑两方面的因素:一是要看一个合理的一般人是否能够忍受,也就是说,这种妨害是否超出了一个合理的人能够忍受的范围。二是需要考虑所有人忍受此种妨害是否将使其所有权不能得到正常行使,如果无碍于所有权的行使,那么此种妨害就属于轻微妨害。

(五)排除妨害的费用的承担

从原则上讲,由于妨害行为给物权人造成了侵害,妨害人因而应当承担排除妨害的费用,但是也应当考虑妨害人对妨害形成是否具有过错,以及当事人的受益和损失的问题,具体而言:

第一,过错考量。这就是说,无论是损害还是妨害,如果是由一方的过错造成的,理所当然,应当由过错一方承担费用,而不能由没有过错的一方承担该后果。例如,某人踢球将其球踢进他人井中。踢球人要求返还原物,井的所有权人要求排除妨害。因为踢球人对损害的发生是有过错的,所以其应当承担排除妨害的费用。若所有权人以自己之费用排除了妨害,则其可依不当得利或无因管理规则,请求行为人返还支出费用。②

---

① [德]鲍尔、[德]施蒂尔纳:《德国物权法》(上册),张双根译,法律出版社2004年版,第231页。

② 参见[德]鲍尔、[德]施蒂尔纳:《德国物权法》(上册),张双根译,法律出版社2004年版,第239页。

第二,受益情况考量。按照"谁受利益,谁担费用"的原则决定费用的分摊也是有一定道理的。因为如果一方从请求权的行使中获得了利益,要求其承担相关的费用,也可体现民法中的公平原则。上例中,踢球人获得了原物的返还,从中获得了利益,因此,由其承担费用也是公平合理的。

第三,损失情况考量。这就是说,在考虑哪一方承担返还费用时,应当考虑到究竟哪一方在此过程中受到了损失。例如,如果甲的大树因刮大风而倒在乙的庭院,甲虽无过错,但因此给乙造成损失,则甲在取回其物时,应赔偿给乙造成的损失。

二、消除危险请求权

(一)消除危险请求权是一种独立的物权请求权形式

所谓消除危险请求权,是指行为人的行为可能造成对他人的妨害,并且构成一定的危险,权利人既有权请求消除已经存在的危险,也有权请求消除某种尚未发生但确有可能发生的危险。[①] 因此,消除危险是一种物权请求权类型。例如,甲、乙二人为邻居,甲常年在外打工,其房屋因年久失修,随时有倒塌的危险。乙联系甲要求修理房屋,甲拒绝修理。乙便自费将甲的房屋外墙加固,以消除危险,乙为此支出的费用应由甲承担。《民法典》第 236 条规定:"妨害物权或者可能妨害物权的,权利人可以请求排除妨害或者消除危险。"因此,无论是可能妨害物权的还是已经妨害物权的,权利人均可以请求消除危险或者排除妨害。通过行使消除危险请求权,可以预防将来发生对物权的现实损害。《民法典》第 236 条将排除妨害和消除危险请求权置于一个条文中作出规定,表明这两种请求权具有内在的、密切的联系。但两者之间也存在一定的区别,具体表现在:

1. 针对的对象不同。《民法典》第 236 条将排除妨害和消除危险区分为妨害物权或者可能妨害,这就从法律上准确地表述了这两种请求权的差别。排除妨害中的"妨害"是指已经发生的现实的障碍,这种障碍已经对物权的行使构成了客观上的阻碍;而消除危险中的"危险"是指未来可能发生的对于物权行使的障碍。妨害无论是否达到严重妨害物权行使,甚至导致物权的客体消灭的程度,物权人都可以请求排除妨害。

2. 是否可以与损害赔偿并用,在这一点上存在不同。排除妨害中的"妨害"是现实的障碍,它的存在对于物权的行使构成一种实际的阻碍,很可能会引发损害的实际发生;由此,物权人可以请求损害赔偿。但是,消

---

① 参见黄薇主编:《中华人民共和国民法典物权编解读》,中国法制出版社 2020 年版,第 71 页。

除危险中的“危险”是未来可能发生的障碍，如果损害并未实际发生，不适用损害赔偿责任。

消除危险请求权作为一种预防性责任方式，其可发挥事前防止损害实际发生的功能，因此，不要求侵害人具有过错。在法律上，可以请求适用消除危险的主体应当是权利处于危险状态中的权利人。例如，一幢危楼摇摇欲坠，很可能发生倒塌，对周围的过往行人可能造成威胁，但何人有权请求消除此种危险？本书认为，只能是有实际遭受损害之虞的受害人才有权请求消除危险，如邻居需要途经此地，因此邻居可能每天都有遭受损害之虞，且危险可能对其转化为实际损害；但是就路人而言，其只是偶然经过，在其经过以后，对其就不再存在危险，因此其无权请求行为人消除危险。

（二）消除危险责任的构成要件

《民法典》第 236 条中的“危险”是指他人的行为或者设施可能造成自己占有物的损害，“危险”的判断标准为：第一，危险必须是可以合理预见的，而不是主观臆测的。例如，房屋倒塌必须是按照一般的社会观念或者工程建设领域普通技术人员的认识，确有可能倒塌。第二，危险必须是确实存在且有对他人财产造成损害的可能。例如，邻居的大树有可能倾倒，砸坏自己的房屋。此种损害尚未发生但又确有可能发生，对此种危险，所有人也有权请求排除。危险的发生既可能构成未来的危险，也可能构成现实的妨害。如行为人在自己的土地上挖洞等，所有人在行使消除危险的请求权时可不考虑行为人主观上是否具有故意或者过失。①

危险发生以后，应当由危险的形成人承担消除危险的责任，因此，消除危险的费用应当由危险设施的物权人或危险形成人承担。一般来说，消除危险请求权的行使，不受诉讼时效的限制。因为一旦发生危险，有可能受到损害的人便有权要求危险的形成人承担消除危险的责任。

如果危险虽然已经形成，但并没有造成实际的损害，则有可能遭受损害的人有权请求危险形成人消除危险，但不能请求其承担侵权损害赔偿责任。如果在形成危险以后同时又造成了他人的损害，则受害人不仅可以行使物权请求权要求其消除危险，也可以基于侵权损害赔偿请求权请求其承担损害赔偿责任。

---

① 参见孙宪忠：《中国物权法总论》（第 4 版），法律出版社 2018 年版，第 478 页。

第六节　恢复原状请求权

一、恢复原状请求权的概念和特征

物权请求权中的恢复原状，主要是指对物的恢复原状而非对人格利益遭受损害的恢复，《民法典》第 237 条规定："造成不动产或者动产毁损的，权利人可以依法请求修理、重作、更换或者恢复原状。"这就将恢复原状规定为物权请求权的一种类型。恢复原状请求权主要具有如下特点：

第一，恢复原状的目的是要恢复物权人对物权的圆满支配状态。在所有人的物受到他人侵害的情况下要充分保障所有人的利益，仅仅通过损害赔偿的方法并不能满足受害人的利益要求。毕竟金钱赔偿不能完全代替恢复原状的方法，因为对物的侵害既可能造成物的毁损，也可能造成物的灭失。如果已造成物的灭失，只能采取损害赔偿的方法；若仅仅造成物的毁损，则要考虑该物是否为可代替的、能否在市场上购买到。[①] 如果被毁损的物并不是可替代物，而是特定的、在市场上难以购买到的物，则采用损害赔偿的方法并不一定对受害人有利。在此情形下，允许受害人请求恢复原状，则受害人可以基于自身利益的考虑，在请求赔偿损害与请求恢复原状之间作出选择。如果受害人认为恢复原状对其有利，则完全可以采用此种方法；如果仅允许受害人要求赔偿损失，则实际上剥夺了受害人的选择权。

第二，它通常是与有体物的保护联系在一起的。[②] 此种请求权主要是恢复对物的圆满支配状态，它是基于对有体物的保护而产生的，通常是在权利人的动产或者不动产造成毁损的情况下被采用的。一般来说，财产毁损之后，通过损害赔偿的方式难以对权利人进行救济，或者物在经济上可以利用，并且权利人可以继续利用，行为人应当采取措施以恢复财产的原状。但如果财产已经灭失或者无法恢复原状，或者恢复原状费用过高，而权利人又不愿意修补，则权利人只能够采取损害赔偿的方式，而不能采取恢复原状的方法。[③]

第三，不考虑过错。如果适用物权请求权，权利人要求侵害人返还财产、停止侵害、排除妨害和消除危险，都不需要证明相对人具有过错。换言

---

① 参见崔建远：《物权法》（第 5 版），中国人民大学出版社 2021 年版，第 153 页。

② 参见尹田：《论物权请求权的制度价值——兼评〈中国物权法草案建议稿〉的有关规定》，载《法律科学》2001 年第 4 期。

③ 参见马俊驹、余延满：《民法原论》（第 2 版），法律出版社 2005 年版，第 297 页。

之,物权人在行使其物权请求权的时候,只需要证明其财产被他人不法占有或遭受了侵害或妨害,而不需要证明他人对该财产的占有、侵害或妨害是否具有过错。

第四,恢复原状应当考虑到经济上是否合理。在动产发生毁损的情况下,虽然可以修理或者重作,但如果在经济上极不合理,修理和重作的费用远远超过了更换新的替代物的经济价值,则应当考虑到加害人的赔偿成本,允许其以同等质量的替代物履行恢复原状的义务。所谓不能够修理和替换,是指修理和替换有可能损害物的价值,或者使物的价值不能得到恢复,或者修复在经济上不合理,或者某物为特定物无法找到替代品。在许多情况下,由于物的效用主要体现在经济价值上,以金钱赔偿物的价值也可能使受害人利益能够得到满足,对加害人也较为便利。

二、恢复原状请求权的性质

从体系化视角观察,恢复原状包括了广义和狭义两种含义。广义的恢复原状是指财产权益遭受侵害的情形下,无论基于何种法律关系、无论通过何种具体措施,以使财产恢复到原有状态的一种责任形式。《民法典》第179条所规定的民事责任承担方式中的"恢复原状",实际上是广义的恢复原状。广义的恢复原状广泛地适用于各种法律关系之中,既包括因对物的支配而产生的物权请求权,也包括合同无效、被撤销、解除等基于合同关系而产生的请求权,以及基于侵权行为和无因管理等产生的请求权。狭义的恢复原状是指《民法典》第237条所规定的作为物权请求权一种类型的恢复原状。狭义上所理解的恢复原状是指在动产、不动产等有体物遭受侵害的情形下,将遭受侵害的财产恢复到遭受侵害前的状态所采取的一种方式。

承认狭义的恢复原状作为物权请求权的一种形式的主要理由在于:

第一,恢复原状作为一种独立请求权的意义在于充分发挥物的效用,满足受害人的需要。因为如果被毁损的物并不是可替代物,而是特定物,在市场上难以购买到,那么采用价值赔偿的方式并不一定对受害人有利。在造成物的毁损的情况下,加害人赔偿物的全部价值以后,在法律上应该取得该物,[①]而受害人可能并不愿放弃该物,此时由加害人取得该物就会与受害人的愿望相悖。如果物遭受毁损后可以修补,且加害人有足够的能力予以修补,或者受害人也有能力修补该物,则采用修补、重作等方式可能对于受害人甚至双方而言在经济上都是合理的,同时避免了难以确定金钱赔偿数额

---

① 参见王泽鉴:《损害赔偿》,北京大学出版社2017年版,第299页。

的问题。

第二,恢复原状作为一种救济方式,有利于避免社会财富的浪费。[①] 具体而言,如果财产遭受的侵害可以在物理上加以修复,法官应当尽可能要求加害人将该财产进行物理修复,而不是首先进行损害赔偿。唯有如此,方可促进社会财富的累积。

第三,恢复原状责任具有独立的构成要件,只要满足构成要件,即可请求恢复原状。由于损害赔偿往往还要计算财物价格或者进行评估定价以确定损害赔偿的数额,在操作上较为复杂,尤其是需要行为人具有过错,而如果可以通过恢复原状提供充足的救济,那么直接请求恢复原状效率更高。

当然,恢复原状须有修复的可能和必要。一方面,恢复原状可以通过多种方式实现,但无论通过何种方式,恢复原状不仅要在实际上可能,而且要在经济上合理,否则,就不应该采取这种方式。[②] 另一方面,须有修复的必要。如果财产遭损坏后已无法修复,或者虽可修复,但所有人已不需要,或者所支付的修理费用过高,则不能适用恢复原状的民事责任,而应当折价赔偿。在恢复原状时,应由加害人自己支付费用进行修理,受害人进行监督。此外,恢复原状应当考虑到经济上是否合理。在动产发生毁损的情况下,虽然可以修理或者重作,但如果在经济上极不合理,修理和重作的费用远远超过了更换新的替代物的经济价值,则应当考虑到加害人的赔偿成本,允许其以同等质量的替代物履行恢复原状的义务。

我国《民法典》中的"恢复原状"主要指物理上的修复,因此不同于赔偿损失。虽然损害赔偿已成为侵权责任的主要形式,但金钱赔偿毕竟不是万能的,不能完全代替恢复原状的方法,因为对物的侵害既可能造成毁损,也可能造成物的灭失。如果已造成物的灭失,当然只能采取损害赔偿的方法。[③] 在受害人的财产遭受他人损害的情况下,只要没有造成财产的灭失,如果能够修理、更换、重作,应当允许受害人要求加害人恢复原状。在我国,恢复原状与损害赔偿相比较,恢复原状的请求权应当具有优先地位,因为恢复原状的功能还表现在,在财产遭受侵害时,恢复原状想要恢复的是财产的完整利益;而损害赔偿则旨在赔偿财产的价值利益。许多财产的完整利益是难以通过经济价值简单衡量的,特别是对大量的特定物而言更是如此。

---

① 参见崔建远:《恢复原状请求权辨》,载《甘肃政法大学学报》2020 年第 5 期。

② 参见黄薇主编:《中华人民共和国民法典总则编解读》,中国法制出版社 2020 年版,第 534 页。

③ 参见俞彦韬:《不实告知误导缔约场景下的合同解消》,载《清华法学》2024 年第 3 期。

当然,如果恢复原状在经济上不合理或者没有必要,也可以要求赔偿损失。

三、恢复原状请求权的构成要件

依据《民法典》第 237 条的规定,恢复原状请求权的行使必须具备如下要件:

1. 行为人造成不动产或者动产毁损。恢复原状的前提是行为人造成动产或者不动产的毁损,否则没有恢复原状的必要。恢复原状自身的功能就在于恢复对物的完满支配的状态,而此种状态的维持需要物在遭受毁损的情况下,通过诸如修理等方式,使物无论是从外观上还是功能上都能与侵害之前处于相当的程度,而这是损害赔偿等其他的保护形式所不能实现的。

2. 能够采取修理、重作、更换等方式恢复原状。所谓修理,是指在侵权人侵害了受害人的财产后,由侵权人自费修理,或者由受害人自行修理后由侵权人支付费用。无论由何人修理,都应当由侵权人承担费用。所谓重作,就是指可以通过制作、定制等方式形成替代物而使遭受损害的财产恢复原有状态。所谓更换,是指在侵害受害人的财产后,以相类似的物来予以赔偿,实际上具有实物赔偿的性质。从《民法典》第 237 条的规定来看,在解释上应当将恢复原状作为修理、重作、更换的上位概念,将该条的“或者”解释为“等”。此种请求权主要是指在物遭受侵害之后,如果能够通过修理、重作等方式恢复原状,应该采用各种方法使这些物恢复到原有的状态,从而使权利人恢复对物的圆满权利状态。

从《民法典》第 237 条的规定来看,立法将修理、重作、更换与恢复原状进行并列,表明二者并非等同或者包含的关系,而是两种不同的责任承担方式,二者的区别主要体现为:一是性质不同。《民法典》第 237 条规定,权利人可以请求修理、重作、更换,这与合同法所规定的修理、重作、更换是不一样的。后者作为违约责任的形式,本质上属于债权请求权的范畴,而前者则作为对侵害物权的救济,属于物权请求权的一种。《民法典》第 237 条将恢复原状置于与返还原物、排除妨害、消除危险并列的位置予以规定,说明恢复原状是一种物权请求权的形式。二是二者适用的范围不同。从《民法典》总则编的规定来看,第 179 条中规定的修理、重作、更换主要适用于合同领域的责任形式。而在物权编中第 237 条所规定的恢复责任形式,则增加了“依法”二字。这表明,其在性质上属于引致条款,因此恢复原状的责任形式并不仅仅适用于物权编,还可以广泛适用于各种法律关系之中。三是恢复原状的方式不限于修理、重作、更换,也可以是其他的方式。前已述及,恢复原状的方式多种多样,甚至支付恢复原状的费用也属于恢复原状的责任形式。财产损害恢复原状的典型是物遭受损害时的恢复原状。恢复原状的方式包括修理、交付与原物具有同类性和等价性的替代物。[①]

3. 不考虑行为人是否具有过错。恢复原状请求权作为一种物权请求权,其适用并不需要行为人主观上具有过错。受害人主张恢复原状,并不需要证明行为人具有过错。

总之,恢复原状请求权赋予受害人要求加害人对被毁损之物进行物理修复的请求权,从而使物本身恢复至圆满状态。一些种类物可以从市场上获得,但是在遭受毁损时恢复至圆满状态对于物的保护更有效率。可以说,恢复原状最本质地反映了将遭受侵害的物权回复至圆满状态的功能特征。因此,我国《民法典》将恢复原状请求权规定为物权请求权,以最大限度地实现对物权的保护。

---

① MüKoBGB/Oetker,8. Aufl. 2019,BGB § 249 Rn. 344.

第三编

所有权

第七章　所有权概述

第一节　所有权的概念和特征

所有权,是指所有权人依法对自己的财产享有的占有、使用、收益和处分的权利,它是最为重要的物权形式。所有权是最重要的物权与财产权,它是交易发生的前提,也是交易追求的结果。一般认为,大陆法系的所有权概念源于罗马法的“*dominium*”和“*proprietas*”,根据罗马法学者的看法,“*dominium*”一词是在罗马共和国晚期出现的。[①] 在罗马法中,所有权表述为 *dominium*,原有统治、管辖、控制、支配之意义,在法律上即“对物享有完全的权利”。而 *proprietas* 实际上是“财产权”的意思。[②] 在罗马法上,所有权为抽象的支配权利,对物的利用乃是抽象的支配作用,所有权被定义为“对物的最重要的支配权”(*signoria eminente sulla cosa*)。[③] 在大陆法系国家的民法典中,关于所有权的定义有以下两种模式。

一是具体列举式。《法国民法典》第 544 条将所有权定义为“对于物有绝对无限制地使用、收益及处分的权利,但法令所禁止的使用不在此限”。这就采纳了具体列举式的定义,即通过具体列举所有权的各项权能而给所有权下定义。这种方式易于使所有权的权能为人们所了解。但不足之处在于,这种方式并没有也很难概括出所有权的全部权能和作用。因为所有权的权能是不断发展的,法律上很难列举穷尽。

---

① See Gyorgy Diosdi, *Ownership in Ancient and Preclassical Roman Law*, p. 132 – 133.

② 参见米健:《用益权的实质及其现实思考——法律的比较研究》,载《政法论坛》1999 年第 4 期。

③ 参见史尚宽:《物权法论》,台北,1987 年(公元纪年)自版发行,第 1 页。

二是抽象概括式。《德国民法典》第 903 条规定,所有权是指“物之所有人,在不违反法律或第三人权利之范围内,得自由处分其物,并得排除他人对物之一切干涉”。可见,其不具体列举所有权的各项权能,而只是通过规定所有权的抽象作用而给所有权下定义。[①] 在此种定义方式中,所有权被视为“一般的支配权,为他物权之泉源”[②]。抽象概括式在逻辑上是十分严谨的,且能够解释各种从所有权中派生出来的新的权利。但其缺点在于,不能明确地表述出所有权的内容,对于确定权利人实际享有的权利并不十分有利。

英美法系一般采取财产权而非所有权的概念,财产权并非人对财产的支配关系,而是人与人之间的法律关系。早在 20 世纪 20 年代,美国著名法学家霍菲尔德就提出财产权的本质并不是人对物的关系,而是人与人之间的法律关系,而且是由一系列复杂权利,即请求权(claim)、特权(privilege)、权力(power)和豁免(immunity)构成的关系集合。[③] 根据霍菲尔德的观点,任何物权都应被视为个人之间的权利。例如,莫里斯 · R. 科恩(Morris R. Cohen)在《财产与主权》中认为,“财产权不是所有者与物品之间的关系,而是所有者与其他个人之间的关系”[④]。奥诺雷(A. M. Honoré)在著名的《所有权》(*Ownership*)一文中指出,[⑤]所有权是 11 项权利、义务和其他要素叠加的产物,而不是整体性的一项权利。这些观点后来又发展成了“权利束”的思想,即一宗财产上发生的多重权利关系集合在一起,构成一个权利关系的束体,就像一束束花朵一样。[⑥] “权利束”的观点深刻地影响了美国财产法,也为后来法与经济学的财产权理论的发展奠定了基础。

《民法典》第 240 条规定:“所有权人对自己的不动产或者动产,依法享有占有、使用、收益和处分的权利。”可见,我国《民法典》采纳了具体列举的方式。由于他物权都是在所有权的基础上产生,所以所有权制度在物权制度中占据着核心位置。依据《民法典》第 240 条,所有权的法律特征表现在:

1. 所有权是法定的财产权。《民法典》虽然采取了列举式的方式,但摒

---

① MünchKomm/Gaier, 5. Aufl. 2009, Vorbemerkung zu § 903 Rn. 2 ff.

② 史尚宽:《物权法论》,台北,荣泰印书馆 1957 年版,第 55 页。

③ 参见[美]霍菲尔德:《基本法律概念》,张书友编译,中国法制出版社 2009 年版,第 144 页。

④ Morris R. Cohen, *Property and Sovereignty*, Cornell Law Quarterly, Vol. 13, p. 8 (1927).

⑤ See A. M. Honoré, *Ownership*, in A. G. Guest ed., Oxford Essays in Jurisprudence, First Series 107, Oxford University Press, 1961, p. 47.

⑥ See J. E. Penner, *The Bundle of Rights Picture of Property*, UCLA Law Review, Vol. 43, p. 711 – 820 (1995).

弃了罗马法以及法国民法将所有权视为“绝对无限制”的权利的观点，而规定所有权是所有权人依法享有的权利。这主要表现在一是所有权的取得必须合法；二是法律规定了一些所有权的客体范围，例如，专属于国家所有的财产只能归国家所有；三是所有权的权能是由法律规定或赋予的，必须受到法律的限制；四是所有权人行使所有权必须遵守法律的规定，不得滥用权利；五是法律对所有权的保护作出了专门的规定。[①]

2. 所有权的主体为所有人。从法律关系的角度来看，所有权关系的主体为所有权人及除所有权人以外的义务人。任何在民法上具有民事权利能力的主体均可取得所有权，不管这些主体在行政法律关系、劳动法律关系等关系中处于何种地位，他们都可以平等地依法取得所有权，从而成为所有权的主体。但是，对某些财产，法律规定只能由特定的主体所有。例如，在我国，土地只能由国家和农村集体组织所有，其他任何单位和个人都不能成为土地的所有权人。所有权的义务主体是除所有权人以外的一切不特定的人，他们都负有不得侵犯所有权人的所有权的义务。《民法典》物权编从所有制性质出发，规定了国家、集体、私人三种所有权类型。除此之外，《民法典》第 270 条也规定了社会团体法人、捐助法人的所有权。同时，依据《民法典》第 207 条规定，其他权利人的物权受法律平等保护，这就使物权主体的范围具有一定程度的开放性。

3. 所有权的客体仅限于有体物、特定物。一方面，所有权的客体具有有体性，包括动产和不动产，权利本身一般不能成为其客体，否则，就会形成所有权之上的所有权，所有权本身也无法确定了。至于智力成果，则属于知识产权的客体。另一方面，所有权的客体必须是特定物，如某辆汽车、某栋房屋。[②] 该物必须是特定的、独立的，如果所有权的客体不能特定，则权利人根本不可能对物形成特定的支配权。除法律有特别规定之外，集合物不能作为物权的客体。

4. 所有权是独占的支配权。所有权是一种独占的支配权，即法律赋予所有权人排他的支配力，因此产生了所有权的排他性原则，即“一物不容二主”，同一物之上只能有一个所有权，而不可能出现两个或多个所有权。一物一权乃是所有权人对其物享有完全的、独占的支配权的必然引申，这也是所有权与他物权的区别。

---

① 参见韩松、姜战军、张翔：《物权法所有权编》，中国人民大学出版社 2007 年版，第 20 ~ 21 页。

② 参见史尚宽：《民法总论》，中国政法大学出版社 2000 年版，第 254 页。

所有权的权能可以依据所有权人的意志和利益与所有权发生分离，但这并不导致所有权人丧失所有权，因为所有权人完全可以通过行使支配权而控制和实现其所有权。支配权是在同一物之上独立支配其物的排他的权利。所有权的支配性与他物权的支配性存在一定的区别，具体体现在：第一，全面的支配与部分的支配。“对物之全面的支配与其一面的支配”是所有权与他物权的“质的差异”①。第二，恒久的支配与暂时的支配。所有权的存在没有预定的存续期间，当事人之间订立永久禁止对所有物进行处分的协定是无效的。② 而他物权具有明确的存续期间，因而是暂时对物的支配。支配权是永久的，决定了所有权与诸种权能的分离不论经过多长时间，都只是暂时的分离，这些权能最终要并入所有权中，使所有权恢复其圆满状态，这是罗马法所确认的所有权的“弹力性”或“伸缩性”原则。③

5. 所有权是无期限限制的权利。这就是说，所有权在存续的期限上，是不存在限制的。具体而言，第一，当事人不得创设有期限的所有权，所有权一旦存有明确的期限，就转变为他物权。第二，法律本身不能为所有权设定存续期限，不存在“暂时性”的所有权。第三，所有权不得因为不行使而被宣告消灭，这是所有权与其他权利尤其是债权的一个本质性区别。第四，只要物持续存在，对物的所有权就一直存在。所有权的无期限性是其与他物权的重要区别。

6. 所有权是完全物权，它包含了四项权能。依据《民法典》第 240 条的规定，所有权人对自己的不动产或者动产，依法享有占有、使用、收益和处分的权利。可见，所有权人享有的四项权能组成了法定的所有权的内在结构。所有权包含了四项权能，因而，所有权权能是完整的。相对于他物权来说，所有权是“完全物权”。当然，应当看到，随着社会经济生活的发展，所有权的权能也在不断变化，该四项权能也不一定能够完全概括所有权的各项权能。

财产所有权的本质是什么？这是研究所有权不可回避的问题。国外学者就此曾提出了各种观点和学说，主要有先占说、劳动说、人性说、绝对意志说、法定说等观点，这些观点不无道理，但都没有全面理解所有权制度的本质，所有权制度的本质应当从法律和制度两个方面理解④：一方面，从法律层

---

① 李宜琛：《日耳曼法概说》，商务印书馆 1943 年版，第 49 页。

② 参见史尚宽：《物权法论》，台北，荣泰印书馆 1957 年版，第 56 页。

③ 参见费安玲主编：《罗马私法学》，中国政法大学出版社 2009 年版，第 166 页。

④ H. P. Westermann, Sachenrecht, C. F. Müller Juristische Verlag Heidelberg, 1990, v1, S. 167.

面来看,所有权本质上是权利人意志和利益的体现,它是权利人对其拥有的物所享有的进行绝对处分的权利,同时还体现为权利人对其所有物进行占有、使用、收益和处分的权利,所有权体现了权利人的上述利益。[①] 另一方面,从制度层面理解,所有权本身也是一种经济制度,根据马克思主义的观点,所有权作为一种法律形式,其本质在于表现和保护特定的历史时期的所有制关系。所有权制度尽管是由法律规定的,但其本质上也是对个人和集团对生产资料和劳动产品的占有关系的反映,一定社会的所有权性质正是由该社会占统治地位的所有制性质所决定的。因此,所有权不仅仅是民法的用语,它也在其他学科中使用。

第二节　所有权的内容

一、所有权的内容

所有权的内容就是指所有权的权能,包括积极的权能和消极的权能。[②] 从狭义上理解,所有权的内容就是指积极的权能。根据《民法典》第 240 条的规定,所有权人对自己的不动产或者动产,依法享有占有、使用、收益和处分的权利。消极的权能是指所有权在受到侵害以后所产生的物权请求权,它是指所有权在遭受损害的情况下,权利人对所有权进行保护的权利。

所有权权能与所有权是何种关系,在学说上有两种不同的看法:一是权利集合说。这种观点认为,所有权是由各项权能组成的集合体,各项权利可以成为单独的权利,集合起来则为一个整体的所有权。因此,所有权的权能是指构成所有权的权利。[③] 二是权利作用说。此种观点认为,所有权的各项权能不过是所有权的不同作用。因而当这些权能与所有权分离时,不过是所有权的不同作用的体现。这种观点认为,如果说所有权是各项权能的集合,则所有权缺乏某项权能就不构成所有权,这样,权能便不可能与所有权发生分离。[④]

本书认为,这两种观点都有一定的道理,但并没有将所有权权能与所有权的关系解释清楚。实际上,所有权作为客观的权利,它是权能的集合体,是具有完整的权能的权利,从这个意义上说,所有权的权能是由所有人享有

---

① 参见米健:《用益权的实质及其现实思考——法律的比较研究》,载《政法论坛》1999 年第 4 期;王泽鉴:《民法物权》(第 2 版),北京大学出版社 2010 年版,第 112 ~ 113 页。

② MünchKomm/Säcker,5. Aufl. 2009, § 903 Rn. 7 ff.

③ 参见钱明星:《物权法原理》,北京大学出版社 1994 年版,第 150 页。

④ 参见欧锦雄:《所有权权能结构理论研究》,载《河北法学》2000 年第 6 期。

的、构成所有权内容的权利。但是所有权作为主观权利,其四项权能可能与所有权发生分离,例如,在所有物因遗失等原因致使所有权人不能实际享有并行使四项权能时,所有权仍然存在。因此,在所有人实际享有并行使所有权的过程中,所有权的权能又是作为所有权的某种或某几种作用体现出来的。从这个意义上说,所有权的权能又是所有权的作用的体现。

(一)占有权能

占有,是指民事主体对财产的实际控制。[①] 占有权,就是民事主体对于财产的实际控制权。占有权能,是指所有权人和其他合法占有人对于所有物进行控制和管领的事实。关于占有是否应当列为所有权的一项权能,学说上历来存在争论。《民法典》将占有明确规定为所有权的权能,这是不无道理的。一方面,占有可能是一种事实状态,也可能是一种法定权利。占有人所享有的占有权,不过是从所有权中分离出来的权能。一般情况下,占有权并不是独立于所有权之外的法定权利。另一方面,占有权尽管作为所有权的一项权能,但在大多数情况下与所有权是重合的,所有权只有从占有开始,才能由客观权利变为主观权利,而且只有当占有权回复到所有人手中,所有权才最终回复其圆满状态。[②] 德国学者耶林指出:"占有是所有权的实现。占有是事实,所有权是权利。占有是事实上行使某种请求,而所有权是在法律上确认这个权利。""占有是所有的外部形式,因此而使所有获得了表现形式。"[③]

占有权也可以与所有权发生分离,从而成为一种独立的权利,这种分离的现象主要依合同而产生。例如,根据保管、租赁、担保合同而移转占有权。又如,对遗失物依法保管,在保管期间,占有人对其占有的遗失物享有占有权。占有人取得占有权后,可以排斥第三人的干涉,甚至可以对抗所有人。但是这种权利是所有权人根据自己的意愿转让的,是所有权人为了使自己的所有物能得到更好的保管、利用,以及获得更大的利益而转让给占有人,这是符合所有权人的意志和利益的。为了保护占有,我国《民法典》第462条规定了占有之诉。

占有权是由所有权分离出来的一项权能。这种分离之所以能够成为占有人的权利,是因为它符合法律的规定和所有人的意志,否则,不可能形成合法占有权,而仅为一种事实状态。既然占有权是从所有权中分离出来的

---

① MünchKomm/Säcker, 5. Aufl. 2009, § 854 Rn. 2.

② 参见史尚宽:《物权法论》,台北,荣泰印书馆1957年版,第57页。

③ Jhering, über den Grund Besitzschutzes, 1869, p. 179.

一项权能，那么，这种权利就不能超出它本身的范围，也就是说，占有权不能包括使用、收益和处分权，而仅仅为对物（生产资料和劳动产品）实行控制的权利。

（二）使用权能

在任何社会经济形态中，人们占有生产资料和劳动产品都不是目的，占有的目的是获取物的使用价值或增值价值。所以，无论是所有权人还是非所有权人，其占有财产，最终都是为了对财产有效地利用或从中获得经济上的利益。[①] 这种利用财产的权利，就是使用权。现代民法中物权制度从重所有向重使用的转化，表明使用权的地位逐渐突出。在各种物权中，用益物权的重要权能就是使用权，权利人设立此种权利的目的就是要获得使用的权利。

实际上，物的使用权在本质上是由物的使用价值所决定的。获取物的使用价值以满足所有权人的需要，是所有权人的意志和利益的体现，而所有权人以外的其他人，负有不妨害所有权人获取其物的使用价值的义务。因此，使用权能够成为所有权的一项独立权能。所有权人根据法律或合同的规定，可将使用权移转给非所有权人行使。非所有权人取得使用权，即使在已经对物进行事实上使用的情况下，也必须依据法定的方式，而且非所有权人的使用权是由所有权派生出来并依赖于所有权的。非所有权人行使使用权时，必须根据法律或合同的规定进行，一般要按照指定的用途使用。

（三）收益权能

收益权能，是指利用财产并获取一定的经济利益的权利。收益权是所有权的一项重要的权能。人们拥有某物，是为了在物之上获取某种经济利益以满足自己的需要，只有当这种经济利益得到实现后，所有权才是现实的。如果享有所有权对所有权人毫无利益，所有权人等于一无所有。

从收益权的历史考察来看，在罗马法的所有权概念中，排斥了收益权能。尽管在罗马法关于用益权的规定中提到了收益的权利，并且认为用益权是“可以从所有权中分离出来的，这种分离可采取各种不同方式”[②]，但实际上在罗马法时代，收益权在所有权的权能中并不突出。因为罗马社会仍然是简单商品经济社会，简单商品经济是在自然经济条件下所发生的简单商品交换，这种交换的目的，是满足所有权人的生产和生活的消费而不是在生产的基础上追求价值。所以，在实际的生产过程中，所有权人注重的是使

---

① 参见谢在全：《民法物权论》（上册），中国政法大学出版社 1999 年版，第 123 页。

② ［古罗马］查士丁尼：《法学总论》，张企泰译，商务印书馆 1989 年版，第 61 页。

用权,即获取物的使用价值的权利,而往往忽视了追求物的价值的权利,即收益权。收益权的概念,是中世纪注释法学派在解释罗马法时提出的。[①] 注释法学派认为,在所有权的权能中应补充收益权的概念。这种观点的提出主要是为了解释中世纪西欧封建社会所存在的双重所有权形式。由于这种双重所有权的存在,在中世纪的欧洲基本上不存在自由的土地所有权,领主对土地享有的实际权利,是在土地上获取收益即占有农奴的剩余产品的权利。在当代西方社会,收益权日益突出。许多学者认为,现代所有权的观念就是由绝对所有权向收益权的转化,认为所有权均为收益权。[②] 进入现代社会,物权法发展的一个重要趋势是所有权从抽象的支配到具体的利用转变。物权的权利人支配其物,并不在于抽象的支配,而在于通过对物的支配而获得一定的经济利益。当代物权法通过加强对利用权能(使用和收益权能)的保护,以"利用"或"利用的必要性"来代替"支配性",使物资利用权(用益权)优于所有权,同时"社会性的利用"优于"私人性的利用",从而充分鼓励和督促权利人对物的利用,以发挥物的效用,促进经济的发展。

收益权是所有权的权能,而且是一项重要的权能。就收益权与使用权的关系而言,二者联系非常密切。有观点认为,应从广义上理解使用权。使用不仅是对物的效用的利用,还包括在物之上获得经济利益,因而使用权包括收益权。[③] 本书认为,这种看法是有一定道理的,但严格地讲,不能认为有了使用权就必然有了收益权,因为这毕竟是两个不同的权能。从社会经济生活来看,在使用权和收益权的行使中,一般来说会出现四种情况:一是因有使用权而获得收益。例如,利用物而获得天然孳息,在此情形下,收益并不是一项独立的权能。二是既有使用权又有收益权,二者是联系在一起的。例如,土地承包经营权等。三是只有使用权但不获得收益。例如,在房屋租赁中承租人只有使用权,但不能通过转租从中获得收益。四是只有收益权而没有直接使用权。例如,所有人在出租房屋后收取租金而不能再继续占有、使用房屋。在后两种情况下,使用显然和收益是完全脱离的。即使在前两种情况下,使用和收益的性质也是不一样的。使用是为了获取物的使用

---

① 据学者考证,中世纪初注释法学派代表人巴托鲁在解释罗马法的"所有"(*dominium*)一词时,认为该概念中包含了对物权(ius in re),其中尤其是用益权。此后,用益权被表述为一种广义上的特别所有权或部分所有权(pars dominium)。具体参见米健:《用益权的实质及其现实思考——法律的比较研究》,载《政法论坛》1999 年第 4 期。

② See Gyula Eörsi, *Comparative Civil(Private)Law:Law Types, Law Groups, the Roads of Legal Development*, Akadémiai Kiadó, p. 247 – 248(1979).

③ 参见米尉中:《论所有权之相对性》,载《政法论坛》1990 年第 1 期。

价值,而不是单纯为了获取物的价值。所有权人和非所有权人享有收益权和使用权,分别追求的是不同的经济目的。

关于收益权的内容,收益权不仅包括天然孳息,还包括法定孳息;不仅是指利用物本身取得利益,还包括投资及其收益。收益权也可以基于所有权人的意志和利益,与所有权人发生分离,所有权人为他人设立用益物权以后,用益物权人就享有收益权。收益权可以基于法律规定来确定。例如,《民法典》第256条规定,国家举办的事业单位依照法律和国务院的有关规定享有收益权。收益权也可以基于合同来确定。例如,《民法典》第321条规定,天然孳息归用益物权人取得,当事人另有约定的除外。

(四)处分权能

所谓处分权,就是所有权人对其动产或不动产进行消费和转让的权利。对财产的消费(包括生产和生活的消费)属于事实上的处分,对财产的转让属于法律上的处分,两者都会导致所有权的绝对或相对消灭。所以,处分权决定了财产的归属,它是所有权区别于他物权的一个重要特征,是所有权的核心权能。

处分权是由物具有交换价值决定的,法律上的处分意味着物的转让。各个所有权人对财产实行的法律上的处分形成了商品的交换,而一连串的处分行为构成市场中的交易。

在市场经济社会中,处分权是一个独立的市场主体应有的权利。因为所有权是生产和交换的前提与结果。如果主体对生产工具和劳动对象不享有事实上的处分权,其就无法在生产领域中将生产资料和劳动力结合起来,从而无法进行实际的生产活动。如果主体对劳动产品不享有法律的处分权,在交换中就不能作为所有者将财产转让。一个没有处分权的主体,是无权与他人缔结转让财产的合同的。所有权人通常享有处分权,但处分权在法律上也可以受到限制。例如,农村集体经济组织对其土地享有处分权,但是,不能随意转让土地。

所有权的权能为所有权人提供了一定的行为自由,它意味着所有权人具有依法实施一类或一系列行为的可能性,每一种权能都具有十分复杂的性质。例如,所有权人享有处分权,意味着所有权人可以对其财产消费、清偿、赠与、交换、加工等。随着经济的发展和物的效用的增加,所有权权能所包含的内容也将扩大。

二、所有权权能的分离

《民法典》第241条规定:“所有权人有权在自己的不动产或者动产上

设立用益物权和担保物权。用益物权人、担保物权人行使权利,不得损害所有权人的权益。”如前所述,所有权的权能包括了占有、使用、收益、处分四项权能。这些权能都可以根据所有权人的意志与所有权发生分离。所有权人在实际行使所有权过程中,常常将其所有权的权能依据法律规定和当事人之间的约定分离出去,所有权人有权在自己的财产之上设定用益物权和担保物权,这也是所有权人行使所有权的具体形式。① 《民法典》第 241 条专门对所有权权能的分离作出了规定。

所有权的每一项权能都可以与所有权发生分离,并在此基础上形成由非所有权人享有的各种权利,而各项权能也可以作为交易的对象由非所有权人享有。例如,所有权人享有处分权,意味着所有权人可以对其财产进行消费、清偿、赠与、交换、出租、寄托、加工等,也可以设立用益物权和担保物权。《民法典》第 241 条专门对所有权人有权在自己的财产之上依法设定他物权作出规定。所有权权能的分离主要具有如下特征。

(一)所有权人有权在自己的财产上设定他物权

《民法典》第 241 条规定所有权人有权在自己的不动产或者动产上设立用益物权和担保物权,这实际上是确认了所有权权能可以根据所有权人的意志发生分离,从而设立用益物权和担保物权。权能分离通常表现为限制物权的设定。这种分离是现代市场经济条件下所有权发展的必然趋势,也是实现所有权人意志和利益的最佳途径。在罗马法中,因实行自然经济,生产规模相对较小,对物的使用的效能相对低下,所有权权能常常集中于所有权人手中,权能分离的现象并不十分复杂和普遍。② 但在当代市场经济条件下,所有权权能分离现象越来越普遍。所有权的每一项权能都可以与所有权发生分离,并在此基础上形成由非所有权人享有的各种权利,而各项权能也可以作为交易的对象由非所有权人享有。当代物权法中不断增多的物权形式,也证明了权能分离的多样性。例如,在一块土地之上,可以通过登记公示确立多种物权,包括土地所有权、建设用地使用权、地上和地下空间权、地役权、土地的抵押权、资源开采权等。

因此,他物权的存在不仅符合所有权人的意志,而且有利于所有权的充分实现。例如,在同一物之上设定数个担保物权。基于所有权而设立他物权,是对财富的有效利用形式,这些形式越多,表明对财富的利用方式越丰富。

---

① 参见常鹏翱:《物权法定原则的适用对象》,载《法学》2014 年第 3 期。

② 参见任容庆:《以“相对所有权”解析分时度假权益之法律特质》,载《天津法学》2018 年第 2 期。

（二）他物权的设定并不导致所有权的消灭

尽管所有权人在其财产之上设定了各种他物权，但这并不意味着，在他物权设定之后，所有权就因此而消灭。在所有权基础上设定的用益物权和担保物权，是基于所有权人的自主决定而产生的，是所有权权能分离的结果。他物权的设定不仅不会导致所有权消灭，反而有利于所有权人更好地实现其所有权。他物权是在所有权的基础上产生的，其本质上是对所有权的限制，他物权一旦消灭，所有权仍会恢复其圆满状态。物权法理论上一般认为，所有权具有整体性，在所有物上设定用益物权及担保物权，不是让与所有权的一部分，而是创设一个新的、独立的物权。[①]

（三）他物权的行使不得损害所有权人的利益

一旦所有权之上设定了他物权，就出现一物之上存在多个物权的现象。他物权人依据法律规定或者约定享有他物权，但他物权的行使不得损害所有人的利益。例如，国家对矿产资源享有所有权，在该所有权基础上设定了采矿权，而采矿权人行使采矿权时，不能滥采，必须依照法律和合同的规定开采。采矿权人还必须保护环境，维护生态的平衡。又如，建设用地使用权人不得禁止和排斥国家对空间的合理利用。因此，《民法典》第 241 条规定：用益物权人、担保物权人行使权利，不得损害所有权人的权益。

他物权人行使所有权损害所有权人利益的，可能承担三种责任：一是侵权责任。例如，他物权人在占有所有权人财产之后非法侵害其使用的财产的，构成侵权。二是违约责任。例如，需役地人违反地役权设定合同而利用供役地人的不动产，造成供役地人损失的，应承担合同责任。三是不当得利返还责任。例如，他物权人非法转让所有权人的财产，由此获得的利益没有法律根据，应当返还给所有权人。

第三节　所有权的限制

一、对所有权进行限制是当代所有权制度发展的重要趋势之一

在任何国家的法律中，所有权都不是绝对的、不受限制的权利。在自由资本主义时期，以绝对的、不受限制的私有权为原则，不少学者主张所有权的绝对性和无限制性，认为私人所有者对其所有物可以自由地使用、收益和处分，而不受任何限制。这一原则虽然对自由资本主义经济的发展起过推动作用，但是它过分强调个人利益而忽视了社会整体利益，加剧

---

① 参见王泽鉴：《民法物权》（第 2 版），北京大学出版社 2010 年版，第 110 页。

了个人利益与社会利益之间的冲突，阻碍了生产的社会化和大规模的经济建设，甚至导致个人滥用其所有权而损害他人和社会利益的现象。[①] 因此，19 世纪末期以来，个人主义的所有权观念日渐式微，同时，产生了如下两种所有权观念：一是社会的所有权观念。这种观念认为，法律保障所有权旨在发挥物的效用，使物达到充分利用并增进社会的公共福利，所以，所有权的行使应当顾及社会公共利益，不允许个人滥用权利，损害他人和公共利益。同时，这种观念认为，从维护社会公共利益出发，应对所有权作适当的限制。二是个人与社会调和的所有权观念。此种观念认为，如果过分强调个人所有权的绝对性，将有害于社会公共利益，但若过分强调所有权的社会性，又将会侵害个人的财产权利，损害个人的财产自由，所以法律应当协调个人的权利与社会利益。个人行使所有权应当顾及社会利益，同时社会也应当尊重个人对其财产所享有的自由。第二次世界大战以来，这种观念逐渐盛行。[②]

20 世纪以来，资本主义所有权制度的发展主要表现为法律对私人所有权的限制。1919 年德国《魏玛宪法》第 153 条第 4 项规定："所有权负有义务，于其行使应同时有益于社会公益。"据此，财产所有权人行使其对财产的占有、使用、收益和处分权时不得违背社会公共利益，并且法律必须出于公共利益的需要而科以所有人义务。1947 年日本修改民法典时，在第 1 条第 1 款明确宣布："私权必须遵守公共福祉。"根据学者的解释，"物权法具有排他性，涉及公共利益，如何合理调和自由与限制，是每一个物权法面临的重大课题"[③]。从大陆法系民法的立法看，对所有权的限制主要表现在如下几个方面：一是对土地所有权的客体范围和效力范围的限制。二是基于生态和环境保护的需要对所有权的限制。三是基于相邻关系的限制。四是对所有权行使方式的限制。五是基于公共利益对于私权利用的限制。例如，城市规划、重要基础设施建设等需要对所有权进行限制。

上述对所有权的各种限制，大都属于私法上的限制。此外，各国都颁布了许多行政法规对所有权及其行使施加了公法上的限制。有学者认为，公法上的限制也形成了对所有权的内在限制，所有权人违反公法限制行使权利，在法律上除应认定其为无效外，还可以违反公法限制为理由，剥夺所有

① 参见房绍坤：《用益物权与所有权关系辨析》，载《法学论坛》2003 年第 4 期。

② 此两种所有权观念参见温丰文：《土地法》，台北，三民书局 1996 年版，第 40～41 页。

③ 王泽鉴：《物权法上的自由与限制》，载孙宪忠主编：《制定科学的民法典——中德民法典立法研讨会文集 2002》，法律出版社 2003 年版，第 210 页。

权人的所有权,停止其权利的行使。此外,在法律上可以采取排除、纠正措施,可以没收所有物,行为违反刑法时,当事人可能被判处刑罚。[①] 私法和公法上对所有权的限制常常被西方学者称为"所有权的社会化""变主观的所有权为社会的功能"[②]。此种变化表明,所有权已不再是罗马法中所称的绝对的、不受限制的所有权,而是受限制的、相对的所有权。

我国《民法典》第 114 条在规定物权的概念时,使用了"依法享有物权"这一表述,表明物权都应当依法享有,其当然也适用于所有权的享有。同时,《民法典》第 240 条在规定所有权的概念和权能时,也使用了"依法"这一表述,这也表明,权利人只能在法律规定范围内享有所有权,即法律可以赋予所有权各项权能,也可以对所有权进行限制。从我国现行立法规定来看,对所有权的限制具体体现为:一是《民法典》第 117 条规定了征收、征用制度,这两项制度构成对所有权的限制。二是《民法典》第 244 条关于对耕地实行特殊保护的规则,也构成对所有权的限制。《民法典》第 244 条明确规定国家对耕地实行特殊保护,严格限制农用地转为建设用地,控制建设用地总量。三是《民法典》对各类所有权的行使规则作出了规定,其也构成对各类所有权的限制,即各类所有权的权利人只能在法律规定的范围内行使所有权。四是依据《民法典》物权编第 279 条、第 286 条等规定,在建筑物区分所有权制度中,业主在行使所有权时,也应当受到法律、法规以及管理规约的限制。五是相邻关系的限制。我国《民法典》对相邻关系作出了规定,相邻不动产的权利人在行使权利时,也依法受到相邻关系法律规则的限制。六是所有权的取得必须合法,即权利人必须依据法律规定取得所有权,这就对取得所有权的依据进行了限制。七是用益物权的限制。《民法典》第 326 条规定,用益物权人行使权利,应当遵守法律有关保护和合理开发利用资源的规定。除《民法典》外,相关特别法以及公法等基于节约资源、保护生态环境、城市规划、文物保护、国防安全等考虑,也对所有权进行了一定的限制。

二、征用制度

(一)征用的概念

征用是对单位和个人财产所有权进行限制的一种方式。《民法典》第 245 条规定:"因抢险救灾、疫情防控等紧急需要,依照法律规定的权限和程

---

① 参见[日]田中夫、[日]山本进一:《民法总则 · 物权法》,法学书店 1976 年版,第 345 页。

② [俄]E. A. 弗莱西茨:《为垄断资本主义服务的资产阶级民法》,郭寿康等译,中国人民大学出版社 1956 年版,第 9 页。

序可以征用组织、个人的不动产或者动产。被征用的不动产或者动产使用后,应当返还被征用人。组织、个人的不动产或者动产被征用或者征用后毁损、灭失的,应当给予补偿。”所谓征用,是指国家因抢险救灾、疫情防控等紧急需要而通过行使征用权,临时使用单位或者个人的财产的行为。征用的特征在于:

第一,征用必须是出于抢险救灾、疫情防控等紧急需要。所谓紧急需要,是指因战争、抢险、救灾等情况紧迫,必须要紧急使用单位和个人的财产的情形。一方面,这些紧急需要属于公共利益的范畴,可以说是公共利益的具体类型和特殊表现,正是出于保护公共利益的需要,征用制度才具有正当性和合法性。另一方面,征用必须在紧急情况下采用,即政府无法通过正常的市场购买行为来完成,只能通过征用的方式。

第二,国家必须依法行使征用权。《民法典》第 245 条并没有规定征用权行使的主体。据此有人认为,征用权不限于政府享有,也可以由法人或者个人享有。例如,为了紧急救人、打捞沉船,可以未经权利人的同意而强行使用他人的渔船或者其他交通工具。如果仅规定政府作为征用权的主体,不利于单位和个人为了公共利益在紧急情况下进行及时处理。但是,本书认为,征用权应当是专属于政府的公权力,任何单位和个人不得享有。[①] 物权法规范征用制度,是为了防止政府权力不当侵害公民、法人的财产权。如果单位和个人也享有征用权,在实践中容易导致随意侵害他人财产的后果。至于在特别紧急情况下,单位或者个人的确需要利用他人的财产来保障其个人或者他人的利益甚至是公共利益的,可以通过紧急避险等制度来加以规范,但征用权只能由国家享有。

第三,不移转所有权。征用是对个人和单位财产的临时使用,不发生所有权变动的后果。一般来说,征收要强制移转所有权,而且导致所有权永久性的移转,因而征收是国家对私人所有权所采取的具体而特别的干预。[②] 但征用旨在获得使用权。在征用的情况下,只是临时使用标的物,所有权没有移转,如果标的物没有毁损、灭失,就应当返还原物。有观点认为,既然政府使用他人财产过程中导致财产灭失和所有权丧失,性质上就不再是征用,而是征收。本书认为,此种情况仍然属于征用,因为《民法典》第 243 条规定的

---

① 参见崔建远:《中国民法典释评:物权编》(上卷),中国人民大学出版社 2020 年版,第 287 页。

② 参见[德]鲍尔、[德]施蒂尔纳:《德国物权法》(上册),张双根译,法律出版社 2004 年版,第 254 页。

征收对象是不动产,在征用过程中造成他人财产灭失的,政府未获得该财产的所有权,仍然应当依据征用来处理。当然,在补偿时,应当考虑到该动产的价值,适当作出补偿。

第四,适用于动产和不动产。《民法典》第 245 条规定,征用适用于“组织、个人的不动产或者动产”。对绝大多数动产而言,都具有可替代性,可以在市场上购买到。因而即便国家需要,大多也可以通过在市场上购买的方式获得,而不必启用征用制度。只是在特殊情况下,因紧急需要才有必要利用公民的动产。例如,因抢险救灾而需要利用公民家中的木板。在实践中,征用的对象大多也是不动产。例如,紧急情况下征用他人的土地,用于堆放救灾器材,或在“非典”时期征用他人房屋以隔离病人。

(二)征用的条件

第一,必须出于紧急需要。征用是在紧急需要时实施的,这是征用适用的基本条件。《民法典》第 245 条强调征用必须基于救灾抢险、疫情防控等紧急需要。

第二,必须符合法定的权限和程序。征用行为是否必须依照法律规定的权限和程序,对此存在不同的看法。不少学者认为,在征用的情况下,因为是在紧急情况下采取的措施,所以无法遵循特定的程序。本书认为,根据《民法典》第 245 条的规定,即使在紧急情况下也要依照法律规定的权限和程序来行使征用权。这对于规范政府的权力是十分必要的。① 例如,需要请示有关主管部门批准或者有关方面的特殊授权,而不得擅自随意由某个人作出决定。当然,征用的程序应当不同于征收程序,虽然《民法典》第 243 条和第 245 条中采取了相同的表述,但征收和征用所适用的权限和程序应当存在区别。

第三,征用完毕应当返还,并给予适当补偿。《民法典》第 245 条规定,被征用的不动产或者动产使用后,应当返还被征用人。组织、个人的不动产或者动产被征用或者征用后毁损、灭失的,应当给予补偿。具体来说,包括两个方面。一方面,在征用以后,由于被征用的财产并没有移转所有权,如果被征用的财产没有灭失,应当向权利人返还该被征用的财产。或者在紧急状态结束后,应当将被征用之物返还给其权利人,如征用了他人的房屋的,应当尽快腾空房屋,返还给被征用人。另一方面,应当对被征用人给予补偿。根据《民法典》第 245 条的规定,在征用以后,无论是否造成被征用财

---

① 参见最高人民法院民法典贯彻实施工作领导小组主编:《中华人民共和国民法典物权编理解与适用》(上),人民法院出版社 2020 年版,第 232 页。

产的毁损灭失，都应当给予补偿。[①] 如果征用了被征用者的财产，即使没有造成被征用财产的毁损、灭失，因为利用了被征用财产的使用价值，也应当给予补偿。如果造成征用财产的毁损、灭失，则不仅要补偿物的使用价值，还应当补偿因物毁损、灭失造成的损失。关于征用的补偿标准，《民法典》第245条只是规定应当给予补偿，究竟如何补偿，可以由双方依据法律规定协商确定。如果双方未能达成协议，一般应当考虑财产的价值，被利用的情况，是否造成被征用财产毁损、灭失等因素来决定补偿的费用。

需要指出的是，征用主要是为了实现公共利益而采取的方式且符合法定的权限和程序，所以，即使造成了财产的毁损、灭失，也不能依据侵权责任规范获得赔偿，因为政府的征用行为是正当行使职权，不可能构成违法，所以，只能依法应当给予必要的补偿。

第四节　所有权类型

一、国家所有权

在我国，国家不仅是政权的承担者，而且是国有财产的所有者。《民法典》第246条第1款规定："法律规定属于国家所有的财产，属于国家所有即全民所有。"所谓国家所有权，是指国家对国有财产享有占有、使用、收益和处分的权利，它是全民所有制在法律上的表现。全民所有制是社会全体成员共同占有社会生产资料的一种所有制形式。社会主义全民所有制在法律上表现为国家所有权，有其客观的必然性。《民法典》确认和保护国家所有权，对于维护国家基本经济制度，保障国有财产的保值增值，防止国有财产流失具有重要意义。[②]

（一）国家所有权的主体

国家既是主权的享有者、政权的承担者，也是国有财产的归属者。所以，国家所有权的主体本身具有多重性，但国家作为财产权的主体存在时，与其作为主权者的身份应当相分离。《民法典》第246条第2款规定："国有财产由国务院代表国家行使所有权。法律另有规定的，依照其规定。"因此，应当由国务院代表国家在法律授权的范围内行使对国有财产的权利。国家对于国有财产享有排他的支配权，任何个人和组织都不能以国有财产在经

---

① 参见孙宪忠、朱广新主编：《民法典评注：物权编》（第1册），中国法制出版社2020年版，第346～347页。

② 参见黄薇主编：《中华人民共和国民法典释义（上册）：总则编·物权编》，法律出版社2020年版，第459页。

济上属于全民所有为根据,而在法律上主张对国家财产享有所有权。

依照《民法典》和有关法律的规定,国家所有权行使的特殊性表现在:

第一,由国务院代表国家统一行使国家所有权。国务院代表国家行使所有权,必须在法律授权范围内行使所有权,而且必须对最高国家权力机关负责,并受最高国家权力机关的监督。依据《民法典》第 257 条的规定,国家出资的企业,由国务院、地方人民政府依照法律、行政法规规定分别代表国家履行出资人职责,享有出资人权益。对国家出资的企业,应当坚持政府公共管理职能和国有资产出资人职能分开的原则。因此,一方面,应当维护企业作为市场主体的地位及依法享有的各项权利,国有资产管理部门不能随意干预企业的日常经营活动。另一方面,国有资产管理机构对授权监管的国有资本依法履行出资人职责,维护所有者权益,同时要督促企业实现国有资产保值增值,防止国有资产流失。①

第二,国家要授权国家机关、事业单位对其直接支配的财产在法律、行政法规规定的范围内,享有一定的支配权利。国家所有权在行使方式上具有不同于集体、私人所有权的特点,因为国家作为一个抽象的主体,难以直接行使所有权,必须通过法律法规授权的国家机关、事业单位以及国家投资的企业,在法律规定的范围内行使。这种支配权利是由法律、国务院的有关规定所确定的。例如,《民法典》规定事业单位依法行使国家所有权时可以享有收益权,而国家机关不能享有收益权。未经许可并依照法定的程序,国家机关和事业单位都不能擅自处分国有财产。

第三,国家投资的企业,对其占有的国有财产,依法享有占有、使用、收益和处分的权利。但国家也应当依据法律、章程等的规定,对企业支配的财产享有权利。国家所有权的行使方式与经济体制有着密切的联系。我国经济体制改革的一个重要内容,就是要改变原有的国家所有权的行使方式,实行国家所有权和企业经营权的适当分离,从而搞活企业,建立社会主义市场经济运行体制。对国家出资设立的企业,既要按照市场经济的要求,保障其作为市场主体应有的权限,也要加强对国有资产的管理,防止国有资产的流失。

第四,国家可以直接以国库的财产为基础,以特殊的民事主体的身份,发行国债、国库券。国家也可以设立专门的机构对国家的外汇储备进行管理和投资。国家可以将其财产转移给集体组织、个人和外国投资者使用,如将国有

---

① 参见崔建远:《中国民法典释评:物权编》(上卷),中国人民大学出版社 2020 年版,第 297 ~ 298 页。

土地使用权转移给他人使用,从而获取一定的经济利益并充分发挥物的效用。不过,《民法典》在主体制度中并没有明确承认国家的主体地位。虽然我国《民法典》第 97 条承认了机关法人的民事主体地位,但国家机关与国家作为民事主体是不同的。依据《民法典》总则编的规定,机关法人在性质上属于特别法人,是特殊的民事主体,其主体地位应当与国家相区分。

(二)国家所有权的客体

1. 客体的分类

国家所有权的客体的特殊性表现在:国家所有权的客体具有广泛性。既包括了土地及其他自然资源,也包括了各类动产和不动产。《民法典》第 246 条第 1 款规定:"法律规定属于国家所有的财产,属于国家所有即全民所有。"这就采取了抽象概括式的条款确认了国家所有权的客体。凡是法律规定为国家所有的财产,都应纳入国家所有权的客体范围。当然,这并不意味着任何财产都可以属于国家所有,国家取得任何财产都必须有法律依据,对国有财产的范围,也需要在法律上作出明确的界定。

国家所有权的客体可以分为专属于国家所有的财产和非专属于国家所有的财产。所谓专属于国家所有的财产,是指依据法律规定只能由国家所有的财产。《民法典》第 242 条规定:"法律规定专属于国家所有的不动产和动产,任何组织或者个人不能取得所有权。"这就确立了专属性的原则。所谓专属,顾名思义,就是指只能属于特定主体所有,而排斥其他主体享有所有权。这就是说,一些财产在法律上只能归国家所有,而不能由其他主体享有所有权。专属性的客体主要包括国有的自然资源以及只能为国家所有的一些重要的财产。如我国《民法典》第 247 条规定:"矿藏、水流、海域属于国家所有。"第 249 条规定:"城市的土地,属于国家所有。法律规定属于国家所有的农村和城市郊区的土地,属于国家所有。"第 250 条规定:"森林、山岭、草原、荒地、滩涂等自然资源,属于国家所有,但是法律规定属于集体所有的除外。"专属于国家所有的财产,不适用善意取得。所谓非专属于国家所有的财产,是指可以由国家以外的其他主体享有所有权的财产。

按照国有资产的用途不同,还可以将国有资产分为资源性国有资产、经营性国有资产和行政事业性国有资产。资源性国有资产即国有自然资源,是指依法由国家所有的土地资源、矿藏资源、海洋资源、河流资源、森林资源等。资源性国有资产具有垄断性的特点。当然,国有自然资源的范围是可以变动的,随着科学技术的发展,人类有可能认识并利用新的自然资源。[①]所谓经营性国有资产,是指国家投入企业进行生产经营或者按照企业要求经营使用的国有资产。经营性的资产要进入市场,具有营利性的特点,主要由国家独资、持股或者控股的企业支配,通过市场配置来实现资源的优化配置。所谓行政事业性国有资产,是指不投入生产经营,而由国家机关、事业单位和社会团体用于行政公务活动和社会公益性事业的国有资产。它具有非营利性的特点,即主要用于行政和社会公益事业,一般由国家机关、国家举办的事业单位和社会团体所支配。[②]

2. 客体的具体范围

依据《民法典》物权编的相关规定,国家所有权的客体主要包括以下几种。

(1)国家所有的自然资源。国家所有的自然资源包括专属于国家所有的自然资源和非专属于国家所有的自然资源两种。所谓自然资源包括土地资源、水资源、矿产资源、生物资源、气候资源、海洋资源等。[③] 专属于国家所有的自然资源是指国家对矿藏、水流、海域、城市土地的所有权。《民法典》第 247 条规定:"矿藏、水流、海域属于国家所有。"第 249 条规定:"城市的土地,属于国家所有。法律规定属于国家所有的农村和城市郊区的土地,属于国家所有。"第 250 条规定:"森林、山岭、草原、荒地、滩涂等自然资源,属于国家所有,但是法律规定属于集体所有的除外。"这些都是对国家所有的自然资源的规定。专属于国家所有的自然资源,是由国家主权所派生的,也是关系到国家经济命脉的最重要的资源。专属于国家所有的自然资源的特点在于只能由国家享有所有权,不能通过市场进行交易,由其他主体享有所有权。因为所有权不能转让,所以任何主体不可能通过交易取得所有权。专属于国家所有的财产既然不能交易,显然不能通过善意取得。国家对重要资源实行专属所有的原因在于:一方面,这一类财产专属于国家所有,进一步宣示了国家主权,充分保障我国的社会主义性质,也有利于保障我国的经济安全,实现国家的宏观调控。另一方面,自然资源专属于国家所有,对于合理有序地利用自然资源、保护环境、维护生态平衡都具有十分重要的意义。依据《民法典》第 209 条第 2 款的规定,依法属于国家所有的自然资源,

---

① 参见顾功耘等:《国有经济法论》,北京大学出版社 2006 年版,第 38 页。

② 参见顾功耘等:《国有经济法论》,北京大学出版社 2006 年版,第 38 ~ 39 页。

③ 参见全国人大常委会法制工作委员会民法室编:《中华人民共和国物权法条文说明、立法理由及相关规定》,北京大学出版社 2007 年版,第 75 页。

所有权可以不登记。

(2)属于国家所有的其他资源。这些资源主要包括以下几类:

一是法律规定属于国家所有的野生动植物资源。所谓野生动物,是指珍贵、濒危的陆生、水生野生动物和有重要生态、科学、社会价值的陆生野生动物(《野生动物保护法》第2条第2款)。所谓野生植物,是指原生地天然生长的珍贵植物和原生地天然生长并具有重要经济、科学研究、文化价值的濒危、稀有植物(《野生植物保护条例》第2条第2款),包括野生的菌类、虫草等各类非人工种植的植物。《民法典》第251条规定:"法律规定属于国家所有的野生动植物资源,属于国家所有。"《野生动物保护法》第3条第1款规定,野生动物资源属于国家所有。法律规定野生动植物属于国家所有,并不是所有的野生动植物资源都归国家所有,只有那些法律规定的珍贵、濒危的且有重要生态、科学、社会价值的野生动植物,才应当属于国家所有。通常,这些野生动植物要列入国家保护范围,才归国家所有。将野生动植物确认为国家所有对于维护生物的多样性、保护自然环境等都具有十分重要的意义。

二是无线电频谱资源。《民法典》第252条规定:"无线电频谱资源属于国家所有。"无线电频谱是一种有限的自然资源,它包括红外线、可见光、X射线等。[①] 它是自然界存在的一种电磁波,是无线通信的信道或者载体,也是一种能够被人类利用的自然资源。[②] 它具有复用性、非消耗性、固有的传播性等特征。无线电频谱之所以在法律上被确认为国家所有,主要是基于以下考虑:首先,无线电频谱对于保障国防安全和社会公共利益都具有十分重要的作用,通过归国家所有,便于实现国家对无线电频谱的管理,从而维护国家安全。其次,无线电频谱资源具有无形性、非排他性的特点,因此如果不归国家所有,并由国家依据法律的规定授权单位或个人使用,不仅会造成资源的浪费,而且会出现各种资源相互干扰的情形。正因如此,《民法典》第252条明确规定,无线电频谱资源属于国家所有,该规定实际上承认无线电频谱资源属于国家专属的财产,而不可能由集体和个人分享所有权。对无线电频谱资源,要由国家的有关部门管理,这样才能有效利用无线电频谱,从而为我国国防建设和经济建设服务。需要指出的是,我国法律虽然规定了无线电频谱资源属于国家所有,但是,国家又很难对所有的无线电频谱进行独占性利用。因此,有必要对地面公众移动通信使用频率等商用无线

---

① 无线电频谱(radio spectrum)一般指人类目前能够利用的3000GHz以下范围的频率组合,法律意义上无线电频谱也指上述频带的频谱。

② 参见张新锋、郭禾:《无线电频谱资源使用权的开放性设计》,载《现代法学》2012年第2期。

电频率实行使用许可。[①]

三是无居民海岛。《海岛保护法》第2条第2款规定:“本法所称海岛,是指四面环海水并在高潮时高于水面的自然形成的陆地区域,包括有居民海岛和无居民海岛。”所谓无居民海岛也称为荒岛,是指不属于居民户籍管理的住址登记地的海岛(《海岛保护法》第57条)。无居民海岛是中国蓝色国土的重要组成部分,具有重要的经济开发、环境生态和科研价值,事关国家的领土主权、渔业资源开发保护、海洋生态环境保护等,明确无居民海岛的所有权归属具有重要意义。《民法典》第248条明确规定:“无居民海岛属于国家所有,国务院代表国家行使无居民海岛所有权。”该条在明确无居民海岛属于国家所有的同时,授权国务院代表国家行使对无居民海岛的所有权,不仅可以有效避免因权属不明所导致的对海岛资源的破坏和非法侵占,而且可以促进对无居民海岛的综合、高效的开发和利用,实现国家安全利益、经济效益、生态效益等的协调统一。《海岛保护法》第5条对无居民海岛海域生态保护工作和开发利用的管理工作作出了规定。[②]

(3)国防资产。《民法典》第254条第1款规定,国防资产属于国家所有。所谓国防资产,主要是指国家出资设立的,用于国防目的的军事设施、军事基地等。[③] 这些财产都是为了保障国防安全而设立的,也是国家出资建造的,在法律上应属于国家所有。国防资产可以分为两大类:一是由国家专有的财产。例如,“两弹一星”等直接关系国家战略利益和国防安全的财产。此类财产只能由国家所有,而不能通过交易由其他主体获得所有权。直接用于国防目的的重要武器、技术成果等必须由国家支配和控制,以维护国家安全。国防资产中的国家专有财产,属于禁止流通物,不得转让、抵押其所有权。二是非由国家专有的财产。例如,公路、电力设施等财产。这些财产也可以军民两用,或者转让给民间使用。[④] 国家可以通过调整国防资产的规

---

① 《无线电管理条例》第14条规定:“使用无线电频率应当取得许可,但下列频率除外:(一)业余无线电台、公众对讲机、制式无线电台使用的频率;(二)国际安全与遇险系统,用于航空、水上移动业务和无线电导航业务的国际固定频率;(三)国家无线电管理机构规定的微功率短距离无线电发射设备使用的频率。”

② 2010年,财政部、原国家海洋局颁布的《无居民海岛使用金征收使用管理办法》规定国家实行无居民海岛有偿使用制度。无居民海岛使用权可以通过申请审批方式出让,也可以通过招标、拍卖、挂牌的方式出让。其中,旅游、娱乐、工业等经营性用岛有两个及两个以上意向者的,一律实行招标、拍卖、挂牌方式出让。

③ 参见崔建远:《中国民法典释评:物权编》(上卷),中国人民大学出版社2020年版,第311页。

④ 参见胡康生主编:《中华人民共和国物权法释义》,法律出版社2007年版,第125页。

模、结构和布局,将相关资产从国防资产中调整出去,使其不再直接用于国防目的,然后再对其加以处分。[①] 这也说明国防资产并不完全属于国家专有财产。

(4)文物。所谓文物,是指具有历史、艺术、科学价值的历史遗址和各种物品等。[②]《民法典》第253条规定:“法律规定属于国家所有的文物,属于国家所有。”我国历史悠久,文物资源丰富,保存在地上和地下的文物都是我国民族文化遗产的重要组成部分。依据我国《文物保护法》第5条的规定,我国境内地下、内水和领海中遗存的一切文物,属于国家所有。古文化遗址、古墓葬、石窟寺属于国家所有。国家指定保护的纪念建筑物、古建筑、石刻、壁画、近代现代代表性建筑等不可移动文物,除国家另有规定的以外,属于国家所有。国有不可移动文物的所有权不因其所依附的土地所有权或者使用权的改变而改变。属于国家所有的可移动文物的所有权不因其保管、收藏单位的终止或者变更而改变。除此之外的文物,可以依法归单位或个人所有。

(5)基础设施。《民法典》第254条第2款规定:“铁路、公路、电力设施、电信设施和油气管道等基础设施,依照法律规定为国家所有的,属于国家所有。”在计划经济时代,我国的铁路、公路、电力设施等基础设施都是由国家投资兴建的,因此所有权当然归国家。但现在铁路、公路等基础设施投资领域已经逐渐开放,允许民营资本和私人资本投资兴建,因此这些设施中只有国家投资兴建的,才能归国家所有。

(6)国家机关支配的国有财产,具体指国家机关和国家举办的事业单位所支配的国有财产。《民法典》第255条规定:“国家机关对其直接支配的不动产和动产,享有占有、使用以及依照法律和国务院的有关规定处分的权利。”国家机关是指各级国家权力机关、行政机关、审判机关、检察机关、监察机关、军事机关等。国家机关所支配的国有财产,虽然是非经营性财产,但也是重要的国有资产,是国家机关正常开展工作所必备的条件。依据《民法典》的上述规定,国家机关对其直接支配的不动产和动产,享有占有、使用以及按照法律和国务院的有关规定处分的权利。这就是说,一方面,凡是国家机关支配的财产,都应当是国有财产。国家机关对其支配的国有财产享有的权利,必须由法律和国务院的相关规定确定,不得超

---

① 《国防法》第41条第1款规定:“国家根据国防建设和经济建设的需要,确定国防资产的规模、结构和布局,调整和处分国防资产。”

② 《文物保护法》第2条。

出上述规定的范围来享有并行使权利。换言之,国家机关所具体享有的对国有财产的权利,也只能由法律和国务院的有关规定来确定。另一方面,国家机关对其支配的国有财产,并不享有收益权,只是享有占有、使用和依法处分的权利。[①] 因此,国家机关不能将国有的财产出租或者从事其他的交易行为并从中获取利益。

(7)国家举办的事业单位所支配的国有财产。《民法典》第 256 条规定:"国家举办的事业单位对其直接支配的不动产和动产,享有占有、使用以及依照法律和国务院的有关规定收益、处分的权利。"所谓国家举办的事业单位,是指国家出资兴办的、服务于教科文卫体等公益性事业的事业单位法人。这些事业单位所支配的财产,应归国家所有。依据《民法典》第 256 条,国家举办的事业单位依法享有一定的收益权。在这一点上,它和国家机关享有的权利是不同的。当然,不同的事业单位,其享有的收益权的范围应当存在一定差异。在财产的处分权上,经营性财产必须保值增值,但是,非经营性财产就无法要求保值增值。对于经营性财产,事业单位应当享有一定的处分权,甚至可以以财产进行担保。但是,对非经营性财产,是不能够随意处分的。例如,一些国家举办的事业单位对其占用的财产无处分权利,如博物馆对其占用的某些财产,不能擅自处分,更不能将收藏品擅自处分;当然,也有一些国家举办的事业单位应当享有比国家机关更大的处分权,对其占用的财产经过法定的程序审批,应享有一定的处分权利。[②]

(8)国家出资的法人财产。对于国家出资的法人财产,可以分为两种类型,即由中央政府出资设立的企业和由地方政府出资设立的企业。《民法典》第 257 条规定:"国家出资的企业,由国务院、地方人民政府依照法律、行政法规规定分别代表国家履行出资人职责,享有出资人权益。"因此,国家出资的法人财产属于国家所有权的客体。

《民法典》第 257 条包括如下几层含义:第一,国家出资的企业既包括国家单独投资兴建的企业,也包括国家出资参股、控股的企业。第二,国家出资包括中央政府的出资,也包括各级地方政府的出资。在我国,由于幅员辽阔,政府投资需求较大,不可能都由中央政府投资。而且我国财政实行"分

---

① 参见孙宪忠、朱广新主编:《民法典评注:物权编》(第 1 册),中国法制出版社 2020 年版,第 419 页。

② 参见黄薇主编:《中华人民共和国民法典物权编解读》,中国法制出版社 2020 年版,第 122 ~ 123 页。

灶吃饭”,为了鼓励地方投资,也为了强化政府对企业的管理,有必要对国有企业资产实行分级管理。国家出资包括中央和地方各级政府的出资。在所有权行使上,也应当由国务院、地方人民政府依照法律、行政法规的规定,分别代表国家履行出资人职责、享有出资人权益。第三,《民法典》第257条确立了由国务院和地方人民政府分别代表国家履行出资人职责、享有出资人权益的体制。一方面,中央和地方人民政府都要履行出资人的职责。也就是说,在设立企业时,中央政府和地方政府都要依据法律、法规、章程、协议等的规定,履行其应有的出资义务。例如,《企业国有资产监督管理暂行条例》第5条第1款规定:“国务院代表国家对关系国民经济命脉和国家安全的大型国有及国有控股、国有参股企业,重要基础设施和重要自然资源等领域的国有及国有控股、国有参股企业,履行出资人职责。国务院履行出资人职责的企业,由国务院确定、公布。”另一方面,地方政府对其出资形成的企业资产,不能在法律上享有所有权。如果承认地方政府享有所有权,国家所有权就形同虚设了。但是,对于地方政府的出资,又不能不承认其享有出资人的权益。否则,既不利于鼓励地方政府出资,也使地方政府缺乏对其出资的企业进行管理的法律依据。①

国家出资的财产可以分为国家出资给企业所形成的企业法人财产和国家出资给非企业而形成的非企业法人财产。国家投资设立的企业还可以分为两种情况:一是国家单独出资设立的企业;二是国家与其他主体共同出资设立的企业,包括国家控股、参股的企业。在国家与其他主体共同出资的情况下,投资主体已经多元化,而非仅由国家出资,所以,国家出资的企业,实际上是国家投资兴办的企业以及国家在各类企业中有出资的企业。无论是哪一类企业,国家出资以后,都应当享有出资人的权益。

(三)国家所有权的保护

国家所有权是我国全民所有制的法律形式,保护国家所有权是维护国家基本经济制度的要求。尤其是在我国公有制仍然占主体地位的情况下,国家所有权直接关系到国家的经济安全和经济命脉,决定了国家宏观调控的基础和能力。保护国家所有权对于保障我国社会主义市场经济的健康有序发展具有重要意义。②

---

① 参见最高人民法院民法典贯彻实施工作领导小组主编:《中华人民共和国民法典物权编理解与适用》(上),人民法院出版社2020年版,第277～278页。

② 参见黄薇主编:《中华人民共和国民法典释义(上):总则编·物权编》,法律出版社2020年版,第476页。

《民法典》对国有财产的具体保护包括：确认国家所有权行使的主体，明确规定国家所有权客体的范围，宣示部分国有财产的专属性原则以保护国有财产。《民法典》确立了对国家出资的企业的管理体制，即分别由国务院和地方人民政府依法代表国家履行出资人职责，享有出资人权益。《民法典》确立了国家机关和国家举办的事业单位对其支配的国有财产的权利。这些都对保护国有资产具有重要作用。《民法典》确认了保护物权的各种方法，都可以适用于国家所有权的保护。例如，在非法占有国有财产的情况下，国有财产管理机构和直接支配国有财产的机关、事业单位，有权请求确认产权和返还财产。如果造成对国有财产的妨害，国有财产管理机构和直接支配国有财产的机关、事业单位可以请求行为人排除妨害。

《民法典》第258条规定："国家所有的财产受法律保护，禁止任何组织或者个人侵占、哄抢、私分、截留、破坏。"所谓侵占，是指非经国家的授权或者国家机关的同意而占有国有财产。例如，未经批准使用国有土地和自然资源，抢占国有房屋和其他财产，挪用公款，化公为私，或以权谋私，侵吞国家财产等。所谓哄抢，是指故意以非法手段抢占国家财产。例如，趁国有企业关停之机哄抢财物。[①] 所谓私分，是指未经批准而将国有财产分配给个人或组织所有。例如，巧立名目，滥发奖金和实物等。所谓截留，是指将应上交给国家的利税以各种手段不交或少交。所谓破坏，是指以非法手段直接损害国有财产，如滥挖矿床、滥伐林木、捕杀珍稀动物、盗掘古墓、毁损古迹等。上列各种违法行为，都侵犯了国家财产所有权，应依法追究行为人的民事责任；如果非法侵害国有财产违反行政管理的规定，应当追究行为人的行政责任；构成犯罪的，应当追究其刑事责任。

为了防止国有资产的流失，《民法典》第259条第1款规定："履行国有财产管理、监督职责的机构及其工作人员，应当依法加强对国有财产的管理、监督，促进国有财产保值增值，防止国有财产损失；滥用职权，玩忽职守，造成国有财产损失的，应当依法承担法律责任。"这就应当完善相关制度，并要求履行国有财产管理、监督职责的机构及其工作人员严格遵守相关制度，依法履行促进国有财产保值增值、防止国有财产损失的义务。国家机关及其工作人员因为未尽到职责而造成国有财产损失的，应当根据行政法和刑法的规定，承担行政责任和刑事责任，但也不应当免除责任人的民事责任。因为由《民法典》规定的未履行国有资产管理职责和监督职责的责任，应当

---

① 参见黄薇主编：《中华人民共和国民法典释义(上)：总则编·物权编》，法律出版社2020年版，第477页。

包括民事责任在内。[①]

《民法典》第259条第2款规定:"违反国有财产管理规定,在企业改制、合并分立、关联交易等过程中,低价转让、合谋私分、擅自担保或者以其他方式造成国有财产损失的,应当依法承担法律责任。"该条款专门规定了违反国有财产管理规定,造成国有资产在经营中流失的,应依法承担法律责任。所谓低价转让,即以明显低于市场的价格转让国有财产,尤其是在有竞价者的情况下,将国有财产不卖给高价购买者,而卖给低价购买者。所谓合谋私分,是指企业经营管理者与他人恶意串通,违反规定私分国有财产。所谓擅自担保,是指未经同意以国有资产为他人作担保,因担保权人实现担保权而造成国有资产流失。所谓其他方式,是指从事了上述方式以外的其他行为。例如,在交易中允许他人占有非法财产。这些责任主要是行政责任,但如果涉及第三人,也会产生民事责任,构成犯罪的,应依法承担刑事责任。[②]

二、集体所有权

(一)集体所有权的概念和特征

根据《宪法》第6条第1款的规定,中华人民共和国的经济制度的基础是生产资料的社会主义公有制,即全民所有制和劳动群众集体所有制。集体所有制经济是我国公有制经济的重要组成部分。在我国,集体所有权是指集体组织以及集体组织全体成员对集体财产享有的占有、使用、收益和处分的权利,它是劳动群众集体所有制在法律上的表现,也是所有权的一种重要类型。集体所有权的法律特征主要表现为:

1. 集体所有权的主体首先是集体组织。例如,《民法典》第263条规定:"城镇集体所有的不动产和动产,依照法律、行政法规的规定由本集体享有占有、使用、收益和处分的权利。"集体所有权没有全国性的统一主体,各个劳动群众集体组织都是独立的集体所有权的主体。[③] 当然,集体所有权的主体还包括集体的全体成员。例如,《民法典》第261条第1款规定:"农民集体所有的不动产和动产,属于本集体成员集体所有。"在法律上,集体所有的财产和集体组织成员的个人财产是分开的。集体组织的某个成员或某部分

---

① 参见最高人民法院民法典贯彻实施工作领导小组主编:《中华人民共和国民法典物权编理解与适用》(上),人民法院出版社2020年版,第286页。

② 参见崔建远:《中国民法典释评:物权编》(上卷),中国人民大学出版社2020年版,第331～332页。

③ 参见崔建远:《物权法》(第2版),中国人民大学出版社2011年版,第172页。

成员都不能成为劳动群众集体组织所有权的主体。

2. 集体所有权的客体是指属于该集体所有的不动产和动产。[①] 就集体所有权的客体而言,它虽然不包括专属于国家所有的自然资源等专属性的财产,但相对于个人所有的财产而言,集体所有的财产范围也是非常宽泛的。[②]《民法典》对于集体所有权的客体作出专门规定。依据《民法典》第260条的规定,集体所有的不动产和动产包括:

一是法律规定属于集体所有的土地和森林、山岭、草原、荒地、滩涂。我国《宪法》第10条第1款、第2款规定:"城市的土地属于国家所有。农村和城市郊区的土地,除由法律规定属于国家所有的以外,属于集体所有;宅基地和自留地、自留山,也属于集体所有。"因此,依法归劳动群众集体所有的土地,是集体所有权的重要客体,在我国,实行土地全民所有和集体所有两种形式。集体也有权依法对法律规定属于集体所有的土地和森林、山岭、草原、荒地、滩涂享有所有权。

二是集体所有的建筑物、生产设施、农田水利设施。例如,集体企业建造的厂房、仓库等建筑物;集体企业所有的机器设备、交通运输工具;农村集体经济组织建造的水库、农田灌溉渠道等农田水利设施等。

三是集体所有的教育、科学、文化、卫生、体育等设施。例如,农村集体组织举办的学校、农村敬老院等公益设施。

四是集体所有的其他不动产和动产。集体所有的其他财产类型很多,难以一一列举,《民法典》第260条第4项实际上是一个兜底条款。总之,凡是集体合法使用的财产,都依法受法律保护。

3. 集体所有权的内容。它是指集体对其所有的财产享有占有、使用、收益和处分的权利。[③] 集体所有权的内容包括所有权的各项权能,但对土地所有权的处分权又是受限制的,也就是说,集体的土地不能直接进入市场进行转让。集体所有权的行使必须依法实行民主管理,对于一些重大的事务必须由集体的成员依法民主作出决定。集体组织的负责人只是代表集体组织来行使权利,且必须对集体成员负责,并接受他们的监督。一般来说,集体所有权的各项权能是由集体自己行使的,但是根据生产和经营活动的需要,某个集体组织也可以将其所有权的权能转移给个人行使。

---

① 参见胡康生主编:《中华人民共和国物权法释义》,法律出版社2007年版,第148页。

② 参见刘保玉:《物权法学》,中国法制出版社2007年版,第162页。

③ 参见胡康生主编:《中华人民共和国物权法释义》,法律出版社2007年版,第148页。

(二)农村集体所有权

1. 农村集体所有权概述

农村集体所有权,是指农村集体经济组织成员对于本集体所有的动产和不动产所享有的所有权。《民法典》第261条第1款规定:“农民集体所有的不动产和动产,属于本集体成员集体所有。”依据该规定,农村集体所有权在性质上应当属于本集体成员所有。农村集体所有权的特点在于:

第一,它是本集体经济组织的成员对集体财产享有的权利。“本集体”表明此种权利的主体具有特定性,以区别于其他集体经济组织,同时也表明此种权利专属于某个集体组织的成员。所谓本集体经济组织成员所有,并不意味着集体所有就是集体成员共有。因为集体所有是一种公有,它和共有在法律上有极大差别。强调集体财产属于集体组织成员公有,一方面是为了强调集体成员对集体财产享有共同的支配权、平等的民主管理权和共同的收益权,涉及成员重大利益的事项,必须要经过成员集体决定。另一方面也有利于明确成员的权利,防止集体组织的负责人滥用集体的名义侵吞集体财产或者损害集体成员的利益。还应当看到,《民法典》第261条强调成员集体所有,就是要使集体所有与共有相区别。[①]因为共有,无论是按份共有还是共同共有,都与特定的共有人是不可分离的,并且共有没有脱离个人而存在。共有人不仅可以直接占有共有财产,而且有权请求分割共有财产。集体财产尽管为其成员所有,但其属于集体所有,集体财产与其成员是相互分离的;而共有财产既可能是公有的,也可能是私有的。

第二,它是本集体经济组织成员对本集体所有的各项动产、不动产所享有的权利。在我国广大农村,集体的土地、建筑物、生产设施、农田水利设施等财产大量地属于集体所有。集体所有的财产依法应当属于本集体成员所有。在实践中,集体财产的收益分配、征地款的分配等都涉及成员资格的认定问题,因此,必须明确集体财产属于成员集体所有,才能在此基础上确定成员资格和成员权。

第三,集体所有权的客体包括了集体所有的各项动产、不动产。在我国广大农村,集体的土地、建筑物、生产设施、农田水利设施等财产大量地属于集体所有。集体所有的财产依法应当属于本集体成员集体所有。[②]

---

① 参见崔建远:《物权法》(第5版),中国人民大学出版社2021年版,第246页。

② 参见黄薇主编:《中华人民共和国民法典物权编解读》,中国法制出版社2020年版,第140页。

第四,集体所有权的行使,要遵守法律、法规和有关规约的规定。有关集体所有权的行使,在我国《土地管理法》《农村土地承包法》《村民委员会组织法》,尤其是《民法典》物权编中,都进行了比较明确的规定。此外,有关行政法规、地方性法规也在法律规定的基础上作出了进一步规定。集体所有权应当依照这些规定来行使。集体成员通过民主程序依法制定的各种规约,也可能涉及集体所有权的行使,集体也应当依据这些规约来行使所有权。[①]

2. 集体土地所有权

关于集体土地所有权的归属,《宪法》第 10 条第 2 款规定:"农村和城市郊区的土地,除由法律规定属于国家所有的以外,属于集体所有;宅基地和自留地、自留山,也属于集体所有。"《民法典》物权编依据《宪法》的规定并总结长期以来的立法经验,采纳了原《物权法》第 59 条,对农村集体土地所有权作了明确规定。《民法典》第 261 条第 1 款规定:"农民集体所有的不动产和动产,属于本集体成员集体所有。"该条款实际上是明确了集体财产归集体成员集体所有。第 262 条在此基础上进一步规定:"对于集体所有的土地和森林、山岭、草原、荒地、滩涂等,依照下列规定行使所有权:(一)属于村农民集体所有的,由村集体经济组织或者村民委员会依法代表集体行使所有权;(二)分别属于村内两个以上农民集体所有的,由村内各该集体经济组织或者村民小组依法代表集体行使所有权;(三)属于乡镇农民集体所有的,由乡镇集体经济组织代表集体行使所有权。"具体而言,《民法典》第 262 条包括如下内容:

第一,农村集体土地的所有权主体是"农民集体",而不是集体经济组织,但可以由各该集体经济组织依法代表集体行使所有权。[②] 由于农村集体经济组织已经不限于村民小组,出现了经济合作社等各种经济组织,因而《民法典》第 262 条第 2 项规定集体所有的土地分别属于村内两个以上农民集体所有的,由村内各该集体经济组织或者村民小组依法代表集体行使所有权。

《民法典》第 261 条所规定的"成员集体所有"是在维护并完善宪法确认的土地公有制的框架内,构建适应市场经济体制需要的物权制度。该条规定突出"集体"二字,表明必须是在集体所有的前提下,明确集体所有权的

---

① 关于集体所有权的行使,有学者认为,集体所有权可以由集体组织直接行使,也可以由其代表行使,重要事项应依照法定程序经本集体成员决定。参见刘保玉:《物权法学》,中国法制出版社 2007 年版,第 163 页。

② 参见黄薇主编:《中华人民共和国民法典释义(上):总则编 · 物权编》,法律出版社 2020 年版,第 485 页。

主体。任何试图改变农村土地集体性质的做法,都不符合我国宪法确认的土地制度的性质。但是,鉴于集体土地所有权的主体过于抽象,与市场经济的要求不相吻合,需要通过确认集体的成员权使成员直接享有对土地的权益。这些规定为保障农民权益和实现土地的流转奠定了基础。《民法典》第261条确认"成员集体所有",旨在强调集体成员对集体财产享有共同的支配权、平等的民主管理权和共同的收益权。集体的财产只有在法律上确认为成员集体所有,才能密切集体成员和财产之间的关系,防止集体组织的负责人滥用集体的名义侵吞集体财产或者损害集体成员的利益。[①]

第二,集体土地所有权包括三种类型:一是属于村农民集体所有的,二是分别属于村内两个以上农民集体所有的,三是属于乡镇农民集体所有的。属于村农民集体所有的,由村集体经济组织或者村民委员会受本农民集体成员的委托行使所有权;分别属于村内两个以上农民集体所有的,由村内各该集体经济组织或者村民小组依法代表集体行使所有权;属于乡镇农民集体所有的,由乡镇集体经济组织代表集体行使所有权。

第三,集体土地所有权的客体不仅限于土地,还包括依法由集体所有的森林、山岭、草原、荒地、滩涂等自然资源,这也解决了因这些自然资源的权属纠纷而发生的一些争议。[②] 农民使用的宅基地、自留地、自留山等都属于集体所有。

3. 集体组织成员的成员权

(1)集体组织成员的成员权的概念和特征

为了充分保障农村集体经济组织成员的权利,促进集体经济稳定的发展,《民法典》物权编规定了农村集体组织的成员权。所谓成员权,是指集体经济组织成员依据法律和章程对集体经济组织的财产权的行使和其他重大事务处理所享有的管理权,以及收益分配权等权利。换言之,是指农村集体经济组织的成员就集体财产以及集体经济组织中的其他事项所享有的管理、使用、收益等各项权利。[③] 集体组织成员权具有如下特点:

---

① 参见孙宪忠、朱广新主编:《民法典评注:物权编》(第1册),中国法制出版社2020年版,第449页。

② 参见黄薇主编:《中华人民共和国民法典释义(上):总则编·物权编》,法律出版社2020年版,第486页。

③ 需要指出的是,一些地方高级人民法院为解决司法实践中农民集体成员资格的认定问题,先后制定了有关规定,如《天津市高级人民法院关于农村集体经济组织成员资格确认问题的意见》(津高法民一字〔2007〕3号)、《重庆市高级人民法院关于农村集体经济组织成员资格认定问题的会议纪要》(渝高法〔2009〕160号)。

第一,集体组织成员权是依据法律和章程的规定所享有的一项权利。此项权利只能由集体经济组织的成员所享有。它是以身份为基础的权利。成员权是伴随农村集体所有制的确立而形成的一项与农民集体成员身份密切相连的特殊权利。[①] 第二,成员权的享有基础就是集体成员的资格。它类似于建筑物区分所有权中的共同管理权,是一种财产及身份二要素合而为一的法律关系。之所以认为它是一种财产权,是因为它是对财产的支配、管理和分配收益的权利,同时,成员权的行使又可以给成员带来一定的财产利益。之所以说它是具有人身性质的人身权,因为只有成为该组织的成员才享有该权利。正因为它是一种人身性质的权利,所以此种权利既不能继承,也不能转让,更不能被强制执行。成员权只能随成员资格的移转而移转。[②]

依据《民法典》第 261 条第 2 款的规定,集体组织成员管理的事项主要包括如下几个方面:

第一,土地承包方案以及将土地发包给本集体以外的组织或者个人承包。农村土地承包经营权是农民所享有的基本财产权利,农民获得土地承包经营权不仅是一种经营行为,而且具有一定的福利和社会保障性质,对于大部分地区的农民来说,承包地是其主要收入来源,因而承包地的获得与集体组织的成员身份密切相关。如果将土地发包给集体以外的人承包,有可能会损害本集体的农民的利益。[③] 所以,《民法典》第 261 条第 2 款第 1 项规定,农村集体组织成员有权决定土地承包方案以及是否将土地发包给本集体以外的单位或者个人承包。上述事项由成员通过一定的民主程序集体决定,将有助于保护承包方案的公平、公正,以及承包关系的稳定。

第二,个别土地承包经营权人之间承包地的调整。在土地承包经营权物权化以后,承包经营关系应该保持稳定,不能随意变动。但是在特殊情况下,需要对土地承包经营权进行调整。例如,有的地方因集体组织成员的生死嫁娶而引起土地调整需求,有些地方按照“生不增,死不减”的原则办理,在特殊情况下,若不调整则不公平。依据《民法典》第 261 条第 2 款第 2 项的规定,经由集体经济组织成员依据法定程序共同决定,可以对个别承包土地进行调整。《农村土地承包法》第 28 条第 1 款规定:“承包期内,发包方不

---

① 参见王瑞雪:《关于成员权及其退出问题的探讨》,载《调研世界》2006 年第 10 期。

② 参见吴兴国:《集体组织成员资格及成员权研究》,载《法学杂志》2006 年第 2 期。

③ 参见钱海玲、孙欣:《关于规范农村土地承包经营权问题的统计分析》,载《人民司法》2007 年第 5 期。

得调整承包地。”如果要对个别农户的承包地进行调整,必须经本集体经济组织成员的村民会议 2/3 以上成员或者 2/3 以上村民代表的同意,并报乡(镇)人民政府和县级人民政府农业农村等行政主管部门批准。

第三,土地补偿费等费用的使用、分配办法。在实践中,对于农村土地被征用、征收后所获得的土地补偿金如何分配,经常发生纠纷。而补偿金的分配直接关系到农民的切身利益,所以,《民法典》第 261 条第 2 款第 3 项强调农村集体经济组织的成员有权决定土地补偿费等费用的使用、分配办法。作为农村集体组织的成员,有权依照法律或章程的规定,分享集体财产所产生的收益。这种获取收益的权利依法可以继承,但由于管理权具有人身性质,原则上不能随意转让。集体组织成员对于集体组织出让或出租的财产,在同等条件下享有优先受让权和优先承租权。①

第四,集体出资的企业的所有权变动等事项。所谓集体企业的所有权变动,是指集体组织将其所有的企业的所有权转让给他人,或者设定抵押。集体企业的所有权属于集体经济组织,它也是集体所有制的重要组成部分;因而,对这些财产的处分必须要经过集体经济组织成员依循法律规定的程序,共同决定。

第五,法律规定的其他事项。法律规定的其他事项所涉及的情况很多,例如,分配宅基地建造房屋等。在农村,宅基地使用权可能发生变动,也可能因为房屋在本村内的买卖而发生转移,或者宅基地长期闲置等,需要对宅基地实行变动。对于宅基地的变动,需要由集体经济组织的成员来决定,而不能由村委会几个人决定。又如,是否允许某个企业在本集体的土地上设置地役权,也关系到集体成员的重大利益。

上述规定从表面上看,是对集体就重大事务决策的程序进行的规定,但实际上明确了集体成员所享有的民主管理权。对于集体经济组织以及有关负责人违反上述法定程序作出的决定,损害集体组织和集体成员的利益时,集体成员有权通过司法程序获得保护。因为“无救济就无权利”,集体成员的民主管理权受到侵害,有权获得司法救济。

(2)集体成员的信息查阅、复制权

《民法典》第 264 条规定:“农村集体经济组织或者村民委员会、村民小组应当依照法律、行政法规以及章程、村规民约向本集体成员公布集体财产的状况。集体成员有权查阅、复制相关资料。”这实际上确认了村务公开的

① 参见申惠文:《农村集体成员与集体成员关系的规范分析与司法裁判》,载《中州学刊》2023 年第 9 期。

原则,以进一步保护农民的知情权。只有充分保障村民的知情权,才能实行有效的民主管理。

集体财产属于集体所有,而村集体是由集体成员构成,因而集体财产的使用、收益、处分等直接关系到集体成员的切身利益,《民法典》第 264 条赋予集体成员查阅、复制信息的权利,这对于集体成员的成员权的保障和行使、加强农村集体经济组织的监督和集体财产的保护,以及促进农村集体经济的发展等均有重要意义。①

(3)集体成员的撤销权

所谓撤销权,是指集体经济组织及其负责人作出的决定侵害了集体成员的合法权益,受侵害的集体成员可以请求法院予以撤销。《民法典》第 265 条规定:“集体所有的财产受法律保护,禁止任何组织或者个人侵占、哄抢、私分、破坏。农村集体经济组织、村民委员会或者其负责人作出的决定侵害集体成员合法权益的,受侵害的集体成员可以请求人民法院予以撤销。”依据这一规定,集体成员撤销权的行使应当具备如下条件:

第一,撤销权的主体适格。依据《民法典》第 265 条的规定,撤销权的主体必须是受侵害的集体成员。这就是说,一方面,只有集体经济组织的成员才有资格提出撤销,如果是集体组织聘请的人员,没有成为集体组织的成员,无权行使撤销权。另一方面,必须由遭受损害的集体经济组织成员提出主张,也就是说,并不是任何集体经济组织成员都可以享有撤销权,有权提出撤销的只能是实际遭受损害的成员。例如,在“湘潭市岳塘区荷塘乡青山村村民委员会与袁某某不当得利纠纷案”中,法院认为:“村民委员会不享有撤销权,只有受侵害的集体组织成员享有撤销权。”②由此可见,请求撤销的主体不能以维护集体利益的名义提出撤销,而只能以维护自身的利益为由请求撤销。

第二,具备撤销权的客体。撤销权的客体是已侵害集体成员合法权益的集体组织或者负责人所作出的决定。一方面,不是所有的决定都能够被撤销,此处所说的撤销的对象,必须是集体经济组织、村民委员会或者其负责人作出的决定。③ 此种“决定”包括两种类型:一是集体组织的负责人个人作出的决定,二是以集体名义作出的决定。只要上述“决定”侵害了集体

---

① 参见黄薇主编:《中华人民共和国民法典释义(上):总则编 · 物权编》,法律出版社 2020 年版,第 489 页。

② 参见湖南省湘潭市中级人民法院民事判决书,(2014)潭中民一终字第 452 号。

③ 参见崔建远:《中国民法典释评:物权编》(上卷),中国人民大学出版社 2020 年版,第 336 页。

成员的合法权益,受侵害的集体成员都可以请求撤销。另一方面,该决定侵害了集体成员的合法权益,这就是说,判断某一决定是否违法,主要从结果上考察是否侵害了成员的合法权益。[①] 例如,某个负责人决定将征地款只在部分人之间发放,从而导致另一部分成员的合法权益遭受损害。

第三,撤销权人必须证明自己遭受了损害。撤销权人应当证明,集体经济组织、村民委员会或者负责人作出的决定使其遭受了损害,其遭受的损害和决定之间存在因果联系。如果上述决定并没有损害主张撤销的人的权利,而只是损害了其他人的利益,就不能主张撤销。

撤销权与《民法典》第 261 条规定的民主管理权不同。撤销权人主张撤销,并不需要证明集体经济组织、村民委员会或者负责人作出的决定违反了法定的程序,而只是要证明这些决定造成了自身的损害,即使决定的作出符合法定程序,但是造成了集体成员的损害,受害人也有权请求撤销。

《民法典》第 265 条规定,集体经济组织、村民委员会或者其管理人作出的决定侵害集体成员合法权益的,该集体成员可以请求人民法院予以撤销。这就意味着,在集体财产遭受侵害的情况下,农村集体经济组织成员有权向法院提起诉讼,请求维护集体财产、返还财产并赔偿损失。

(三)城镇集体所有权

《民法典》第 263 条规定:"城镇集体所有的不动产和动产,依照法律、行政法规的规定由本集体享有占有、使用、收益和处分的权利。"城镇集体所有制企业是指财产属于劳动群众集体所有、实行共同劳动、在分配方式上以按劳分配为主体的社会主义经济组织。[②] 城镇集体经济也是公有制经济的组成部分,因此,《民法典》有必要对城镇集体所有权作出规定。一方面,城镇集体所有企业是集体所有权的一项重要内容,尽管城镇集体企业的改革正在不断深化,但作为一种财产类型,仍然应当由《民法典》加以确认和保护。另一方面,《民法典》正是通过对城镇集体企业作出规定来明确产权。应当看到,目前,由于一些城镇集体企业的产权的最终归属不清,并由此引发企业内部对管理者的权利制衡机制不健全(缺乏最终所有者的制衡),在一些企业中,集体所有已经蜕变成个人的事实上的"所有"。长此以往,这些企业很难有长期积累和发展的后劲。《民法典》规定了城镇集体企业财产的所有权,实际上从基本法的角度规定了这一类财产形态,不仅在财产发生争

---

① 参见崔建远:《中国民法典释评:物权编》(上卷),中国人民大学出版社 2020 年版,第 336 页。

② 《城镇集体所有制企业条例》第 4 条第 1 款。

议后，为法院解决纠纷提供了可供适用的法律依据，也为有关法律法规具体界定城镇集体企业的财产归属确定了基本规则。

关于城镇集体所有权的主体，《民法典》第263条并没有对其作出明确界定，而只是笼统地规定由本集体享有所有权，而对本集体的概念可以作出多种解释，它既可以是集体经济组织的所有成员，也可以是以整个集体名义存在的企业，具体指何种含义，应当根据企业的具体情况加以确定。此种规定符合我国当前的实际情况，也为今后深化改革预留了空间。需要指出的是，城镇集体企业正在不断改制之中，一些企业将按照公司制的形式进行改组，一些改制的措施也在逐步探索之中，所以《民法典》的上述规定较为原则化，从而为集体企业财产制度的发展留有空间。①

（四）集体所有权的保护

集体所有的财产，是我国社会主义公共财产的重要组成部分，受国家法律的保护。我国《宪法》规定社会主义公共财产神圣不可侵犯。根据《宪法》规定的原则，《民法典》第265条第1款明确规定，集体所有的财产受法律保护，禁止任何组织或者个人侵占、哄抢、私分、破坏。所谓侵占，是指通过各种手段将集体财产非法占有。所谓哄抢，是指组织或者参与由多人一起从事的强行抢夺集体财产的行为。所谓私分，是指违反有关规定擅自将集体财产分给某几个或者某一些人。所谓破坏，是指非法毁损集体的财产，造成集体财产的损害。② 任何单位和个人不得非法干预集体组织的内部事务，不得以任何借口平调、挪用、侵吞或私分集体所有制企业的资金、利润、厂房、设备、原材料、产品等一切资产，不得无偿调动集体所有制企业的劳动力。对集体财产的保护特别要注重对集体土地所有权的保护，禁止有关地方政府以所谓兴办“开发区”“工业园”等名义非法圈占集体所有的土地，以避免耕地的流失。对于侵犯集体所有制企业的合法权益的行为，企业有权予以抵制，或依法提起诉讼和提出请求。我国民法为保护所有权所规定的确认产权、返还原物、恢复原状、排除妨害、赔偿损失等方法，也是保护集体所有权的重要措施。除民事制裁外，必要时还应根据侵犯集体财产行为的不同程度和细节，另行追究不法行为人的行政责任或刑事责任。

---

① 参见胡康生主编：《中华人民共和国物权法释义》，法律出版社2007年版，第147页。

② 参见全国人大常委会法制工作委员会民法室编：《中华人民共和国物权法条文说明、立法理由及相关规定》，北京大学出版社2007年版，第98页。

三、私人所有权

(一)私人所有权的概念

所谓私人所有权,是指公民个人依法对其所有的动产或者不动产享有的权利,以及私人投资者投资到各类企业中后,所依法享有的出资人的权益。《民法典》第266条规定:"私人对其合法的收入、房屋、生活用品、生产工具、原材料等不动产和动产享有所有权。"据此,私人所有权包括两方面的内容:一是公民个人依法对其动产和不动产所享有的权利;二是私人投资者就其投资、收益所享有的各种权利。私人所有权是私人所有制在法律上的反映。我国《民法典》从三种所有制形态的分类出发,分别确定国家、集体和私人所有权。保护私人所有权,就是要保护私营经济等非公有制经济的合法权利和利益。鼓励、支持和引导非公有制经济的发展,就是要保护广大老百姓的财产,保护个人的基本人权,维护公民的正常生活,保障人们的基本民生。

《民法典》第二编第一分编第五章标题使用了"私人所有权"的概念。私人所有权的含义,相较个人所有权的概念是有区别的,其外延大于个人所有权。个人所有权实际上指自然人对其动产和不动产享有的所有权,其主体限于自然人。而私人所有权不仅包括个人对其动产和不动产所享有的所有权,而且包括个人对出资给企业的财产所依法享有的权利、个体工商户的财产等,这些财产在性质上不属于公有财产。本书认为,采用私人所有权的概念更为合理。一方面,私是与公相对应的概念,私人所有权的概念是从所有制的角度着眼的,它所对应的是国家所有与集体所有。私人所有权也是与公有财产所有权相对应的。私人所有权比个人所有权指称的范围更广,它包括了个体工商户、合伙、各类企业法人、外商投资企业中投资者的权益等。所以,在法律上确认了私人所有权的概念,就有助于将私人财产和公有财产分开。另一方面,因为私人财产和公共财产在法律调整上存在较大差异,不仅在民法上而且在行政法上具有重大意义。从今后的发展趋势来看,私人财产有着广阔的发展空间,私人投资的企业所占有的比重会越来越大。确认私人所有权就可以对这些类型的财产所有权进行有效的调整。

私人所有权具有如下几个特点:

1. 私人所有权的主体主要是自然人,其中包括个体工商户、个人合伙中的合伙人、个人独资企业的投资者等,因此也不限于自然人。[1] 个人向合伙

---

① 参见崔建远:《中国民法典释评:物权编》(上卷),中国人民大学出版社2020年版,第377页。

企业所作出的出资及其收益，也是个人的财产。依据《个人独资企业法》第17条的规定，个人独资企业投资人对本企业的财产依法享有所有权，其有关权利可以依法进行转让或继承。因此，独资企业的财产属于投资者个人所有，投资者也有权将其投入企业的财产依法转让。私人可以投资兴办各类企业，比如私人可以独立兴办各类私营企业、外商投资企业，也可以投资各类公司，在这些公司中，私人既可以控股，也可以参股；所以，私人所有权的客体实际上就是与公共财产相对应的私人财产。

2. 私人所有权的客体范围非常广泛，因为个人所有权的客体主要是生活资料，如房屋、电视机等，而私人所有权的客体不仅包括生活资料，也包括生产资料，不仅包括有形财产，还包括各种投资及其收益，诸如各种他物权、知识产权、投资收益、有价证券等权利均属于私人所有权的范畴。[①]《民法典》物权编对私人所有权的客体采取了具体列举和抽象概括相结合的方式。从具体列举的角度来看，《民法典》列举了私人对其合法的收入、房屋、生活用品、生产工具、储蓄、投资等各类财产所享有的权利。《民法典》第267条还规定，私人的合法财产受法律保护。这实际上是一个概括性条款，也就是说，任何私人取得的合法财产都是其所有权的客体，并受到法律保护。不管是否在法律明确列举的范围之内，只要属于合法财产，无论其用于生产还是消费，都可以成为私人所有权的客体。

3. 私人所有权的取得方式多样。私人所有权的取得方式既可以是合法的劳动，也可以是投资以及继承、赠与。我国法律不禁止公民通过何种方式取得财产，但要求财产的取得合法。需要指出的是，这种合法与非法的标准必须依法确定，任何机关都不能随意确定评价标准并对私人的财产随意地进行剥夺与没收。根据占有的推定规则，任何人占有某项财产就应推定其对占有的财产享有合法的权益，除非有证据证明该财产的取得是非法的，否则占有应受到保护。对私人财产的剥夺必须要通过司法程序，对私人财产的征收、征用要符合法定的条件与程序。

4. 私人所有权的内容广泛。私人所有权的内容包括私人对其动产与不动产所享有的占有、使用、收益和处分的权利。在合法的范围内，私人对其财产可以依法处分，但是私人行使其所有权时不得滥用权利，损害他人的利益。任何人不得以违反公序良俗的方式行使私人所有权。

（二）私人所有权的范围

《民法典》第266条规定："私人对其合法的收入、房屋、生活用品、生产

---

① 参见崔建远：《物权法》（第2版），中国人民大学出版社2011年版，第177页。

工具、原材料等不动产和动产享有所有权。”我国《民法典》虽然采取高度概括的方式规定了私人所有的合法财产受法律保护，但同时又列举了各类私人所有权的具体范围。依据《民法典》的有关规定，私人所有权主要包括如下几种：

1. 合法收入。私人对其合法的收入享有所有权。公民通过自己的劳动取得的工资收入、报酬等，任何个人从事合法职业以及依据自己的劳动合法取得的收入，在照章纳税之后，都应当是合法收入。

2. 房屋。私人对其合法的房屋享有所有权。此处所说的房屋是指公民的私有房产，包括公民购买的各类房产。房屋是公民的重要财产，也是其基本的生活资料和居住的场所，是民生的基本保障，所以，保护公民房屋所有权就意味着保护公民的基本人权。随着我国改革开放和市场经济的发展，房屋也越来越成为私人所有权的重要客体，而且房屋既可能是住宅性的，也可能是商业性的。《民法典》第 266 条明确规定了对公民房屋所有权的保护。

3. 生活用品、生产工具、原材料等不动产和动产。私人对其合法的生活用品、生产工具、原材料等不动产和动产享有所有权。这些财产既包括公民的生活资料，也包括公民的生产资料。例如，机动车就是公民重要的生活资料。

4. 合法储蓄。储蓄主要是指公民在银行的各项存款。随着改革开放的发展，我国人民生活水平不断提高，储蓄已经成为重要的私有财产。对于公民的储蓄，商业银行应当遵循“存款自愿、取款自由、存款有息、为存款人保密”的原则。对个人储蓄存款，商业银行有权拒绝任何单位或者个人查询、冻结、扣划，但法律另有规定的除外。①

5. 投资及其收益。公民对其投资及其收益的权利受法律保护。例如，公民购买股票所享有的各种收益，就是公民的重要财产。从实践来看，公民的许多财产并不是体现在有体物上，常常表现为存款、股票等各类有价证券，所以，《民法典》规定私人所有权的范围包括投资和收益是非常必要的。公民在法律规定的范围内可以兴办各类企业，也可以在各类企业中投资，私人合法的投资及其收益受法律保护。《民法典》为全面保护私有财产，将投资及其收益纳入物权的范畴予以调整。一方面，强化了对私人财产权的保护，因为投资及其收益是私人重要的财产，保护投资及其收益，是维护市场经济正常秩序，鼓励人民创造财富，促进社会财富增长的法律保障。另一方

---

① 参见《商业银行法》第 29 条。

面,宪法已经明确规定了保护合法的私人财产,通过在《民法典》中规定保护投资及其收益,可以将宪法规范转化为可操作的民事规范。

6. 继承的财产。国家依照法律规定保护私人的继承权。通过继承取得财产,是公民合法取得财产的途径。保护继承权,既是保护财产权的重要内容,也是鼓励人们创造财富的必要措施。

7. 其他合法权益。除继承的财产之外,公民的其他合法权益都应当受到法律保护。即使对于一些尚未形成权利的财产,只要占有人的占有是合法的,也应该得到法律的保护。例如,尚未登记的在建房屋、已经交付但没有登记的房产等,都应该属于公民的合法财产,可以获得《民法典》的保护。即使对于非法财产,也并非任何人都可以侵害,而必须由国家有关机关通过法定的程序予以剥夺。还应当看到,为了适应 21 世纪互联网、大数据时代的需要,顺应高科技发展的要求,《民法典》第 127 条规定:"法律对数据、网络虚拟财产的保护有规定的,依照其规定。"该条对数据和网络虚拟财产的保护作出了规定。虽然该条采取了引致性条文的表述,但实际上已在法律上承认了数据、网络虚拟财产可以作为财产等权益予以保护。

需要指出的是,我国《民法典》虽然从保护个人财产权的角度广泛列举了私人所有权的范围,但是这些不同的范围类型会对应不同种类的民事权利,并不一概属于所有权的客体。有的可能属于债权,有的则属于股权,甚至是继承权的范畴。

(三)对私人所有权的保护

我国《宪法》第 13 条第 1 款规定:"公民的合法的私有财产不受侵犯。"坚持平等保护的法律原则,依法保护私人所有权,才能让亿万人民群众专心创新,放心置产,大胆投资,安心经营;才能对各类市场主体一视同仁,营造公平竞争的市场环境、政策环境、法治环境,确保权利平等、机会平等、规则平等。"有恒产者有恒心",依法保护私人所有权是经济社会持续健康发展的基础。《民法典》物权编根据宪法扩大私有财产保护范围的精神,进一步强化了对公民私有财产的保护。《民法典》采纳私人所有权的概念,不仅强化了对公民个人所有权的保护,而且强化了对私人投资者投资到公司、合伙企业、个人独资企业中的财产的保护。《民法典》第 267 条规定,"私人的合法财产受法律保护,禁止任何组织或者个人侵占、哄抢、破坏"。任何组织或者个人都不得以任何方式无偿侵占公民的财产。对于各种非法摊派和收费,公民有权予以拒绝。对侵犯各种所有制经济产权和合法利益的行为实行同责同罪同罚,要坚决防止和纠正利用行政、刑事手段干预经济纠纷,公民在其所有权受到侵犯时,有权要求侵权行为人停止侵害、返还原物、排除妨害、恢复原状、赔偿损失，或依法向人民法院提起诉讼。

需要指出的是，私人所有权并非绝对的和不受限制的权利，受到物权法保护的私有财产必须是合法的财产。《民法典》第 267 条规定："私人的合法财产受法律保护，禁止任何组织或者个人侵占、哄抢、破坏。"该条源于《宪法》第 13 条第 1 款的规定："公民的合法的私有财产不受侵犯。"《民法典》必须与《宪法》保持一致，且明确合法，这有利于鼓励私人通过合法方式取得财产，形成良好的财产秩序。例如，通过贪污、盗窃等方式取得的财产，不仅不能取得所有权，而且国家还要予以收缴。[①] 但是，在实践中，就财产归属发生争议以后，并不意味着公民须就其财产的合法性举证证明，即便是非法占有，也并不意味着任何人都可以强占或非法剥夺。在平等保护原则之下，私人所有的财产都应受到保护。[②] 当然，公民利用其财产从事生产经营和投资活动，必须遵守国家的法律和政策，依法纳税，服从有关国家机关的监督管理，不得通过非法手段获取财产。对于公民个人财产，要明确合法与非法的界限，并严格禁止采用非法手段获取个人财产，从而有助于堵塞用不正当手段谋取个人财产的途径，引导人们通过合法手段取得财产。

四、社会团体法人、捐助法人所有权

《民法典》第 270 条规定："社会团体法人、捐助法人依法所有的不动产和动产，受法律保护。"这就确认了两类财产的保护：一是社会团体法人的财产。社会团体法人是指具备法人条件，基于会员共同意愿，为公益目的或者会员共同利益等非营利目的而依法设立的社会团体，如工会、妇女联合会、工商业联合会等。[③] 虽然社会团体法人属于非营利法人，但为保障其正常的运营和责任承担，其也需要有独立的财产，其财产可能源于成员出资或成员缴纳的费用，也可能源于社会捐助。这些财产归社会团体所有，并受法律保护。二是捐助法人的财产。所谓捐助法人，是指具备法人条件，为公益目的以捐助财产设立的基金会、社会服务机构等组织。[④] 在比较法上，捐助法人通常被称为私法上的财团法人。我国《基金会管理条例》确立了基金会这一法人类型。捐助法人的财产应当属于捐助法人所有。例如，基金会就是由

① 参见黄薇主编：《中华人民共和国民法典物权编解读》，中国法制出版社 2020 年版，第 159 页。

② 参见江必新编著：《民法典编纂若干争议问题实录》，人民法院出版社 2021 年版，第 76 页。

③ 参见黄薇主编：《中华人民共和国民法典释义（上）：总则编 · 物权编》，法律出版社 2020 年版，第 171 页。

④ 参见黄薇主编：《中华人民共和国民法典释义（上）：总则编 · 物权编》，法律出版社 2020 年版，第 177 页。

各类组织以及个人自愿的捐赠所形成的。这些自愿捐赠的资金脱离了捐助人之后，具有独立性，所有权也从原捐助人转移至捐助法人，为该法人所享有。[①] 从捐助者的角度来说，捐助法人一旦成立，便与捐助者脱离关系，捐助者不再对捐助对象享有支配权。捐助法人中的有关人员也应当按照捐助章程来管理运作财产，这和社会团体法人是有区别的。依据《民法典》第 270 条的规定，社会团体法人、捐助法人依法所有的不动产和动产，受法律保护。

社会团体法人、捐助法人所有权的法律特征在于：

第一，它不能按照所有制归属于任何一类所有权。《民法典》从确认和维护基本经济制度出发，将所有权区分为国家、集体和私人所有权。而社会团体法人、捐助法人很难归入其中任何一类，其既不是国家财产，也不是集体和个人的财产，实际上是国家、集体和私人所有权以外的一类所有权。[②] 例如，国家举办的事业单位所支配的财产，应当推定为国有财产。但如果事业单位确实有证据证明其财产并不属于国家出资的财产，而应当归属于其他社会团体法人的财产，那么，经过合法的程序确认，也可以依据《民法典》第 270 条的规定，确定为其他社会团体所有。

社会团体法人、捐助法人的物权在性质上属于“其他权利人的物权”。《民法典》第 207 条规定：“国家、集体、私人的物权和其他权利人的物权受法律平等保护，任何组织或者个人不得侵犯。”此处所说的“其他权利人的物权”，就包括社会团体法人、捐助法人的财产所有权。《民法典》在国家、集体和私人所有权之外，专门规定社会团体所有权，不仅有利于确认各种财产的归属，解决产权的争议，而且有利于促进我国文化、教育、宗教等事业的发展。[③]

第二，它在性质上属于法人所有的财产，权利人所享有的财产权是一种特殊的法人财产权。社会团体都是依法成立的，其既可以是法人，也可以不是法人，对于属于法人的社会团体，其所享有的财产权是一种特殊的法人财产权。《民法典》在所有权的分类上没有采用自然人、法人的分类方法，也没有规定一个抽象的法人所有权制度。这是因为法人的种类繁多，不同的法人所支配的财产性质是不同的，有些法人支配的是国有财产，有些支配的是集体或私人的财产，应当将其分别归入不同类型的所有权之中。但在国家、集体、私人所有权之外，还存在一种特殊的法人财产，它不属于国家和集体

---

① 参见佟柔主编：《中国民法》，法律出版社 1990 年版，第 128 页。

② 参见黄薇主编：《中华人民共和国民法典释义（上）：总则编・物权编》，法律出版社 2020 年版，第 11 页。

③ 参见全国人大常委会法制工作委员会民法室编：《中华人民共和国物权法条文说明、立法理由及相关规定》，北京大学出版社 2007 年版，第 69 页。

的财产,但是,也不能作为私人财产对待。这种财产和个人财产是相分离的。有关这些财产的使用,应该依据法律和法人的章程、合同等的规定来确定。

第三,社会团体法人所有权的主体是社会团体法人,捐助法人所有权的主体是捐助法人。社会团体的财产大多涉及文化、教育、宗教等事业,其中包括宗教活动场所法人的财产。宗教活动场所法人在性质上属于捐助法人。《民法典》第 92 条第 2 款在法律上确立了宗教活动场所的法人资格。所谓宗教活动场所法人,是指依法取得捐助法人资格的宗教活动场所。宗教活动场所法人不是人的集合,而是财产的集合,是由土地、建筑、庙产等构成的财产综合体,作为财产集合,其性质应为财团法人。作为宗教活动场所法人基础的财产,主要包括其依法使用的土地,依法所有或者管理使用的建筑物、构筑物、各类设施等,在《民法典》制定之前,因为没有明确宗教活动场所的法人资格,导致寺院、教堂等不能在银行开设账户,善款往往以个人名义存入银行,房产、地产、机动车等财产的所有权不能登记在宗教活动场所名下。这些都导致宗教财产权权属关系不清晰,宗教财产得不到有效保护和监督管理。[①] 依据《民法典》第 270 条的规定,宗教活动场所法人的财产受法律保护。

---

① 参见冯玉军:《宗教财产归属与宗教法人资格问题的法律思考》,载《苏州大学学报(法学版)》2016 年第 1 期。

第八章　所有权的取得

第一节　所有权取得原因概述

一、所有权取得的概念

所有权的取得，是指民事主体取得所有权的合法方式和根据。所有权的取得必须是合法的，否则，不受法律的承认与保护。所有权的取得方式包括劳动生产和收益、征收、善意取得、添附等。所有权的合法取得方式可分为原始取得与继受取得两种。所谓原始取得，是指根据法律规定最初取得财产的所有权或不依赖于原所有权人的意志而取得财产的所有权。原始取得包括劳动生产和收益、征收、善意取得、添附等。所谓继受取得，又称传来取得，是指通过某种法律行为从原所有权人那里取得对某项财产的所有权。① 这种方式是以原所有权人对该项财产的所有权作为取得的前提条件。继受取得的根据主要包括买卖、赠与、互易、继承遗产、接受遗赠和其他合法原因。原始取得和继受取得的区别如下：

第一，是否基于原权利人的意愿。对原始取得而言，权利人取得相关的物权并不是基于原权利人的意愿，可能是基于自己的劳动，或者从非权利人处取得相关物权。而传来取得则是权利人从原权利人处取得相关物权，而且权利人取得相关物权是基于原权利人的意志。

第二，权利人取得物权的原因不同。对原始取得而言，权利人取得物权是基于法律规定，其属于非基于法律行为而发生的物权变动，如基于权利人的劳动，或者基于添附等法定原因取得物权；而对传来取得而言，权利人取得物权是基于法律行为，其通常是基于权利人与原权利人之间的法

---

① 参见刘家安：《物权法论》（第2版），中国政法大学出版社2015年版，第93页。

律行为(如买卖合同、赠与合同等)而取得物权。

第三,权利人取得相关财产是否需要承受该财产之上的权利负担不同。对原始取得而言,权利人在取得相关的财产权利之后,通常并不需要承受该财产之上既有的财产负担,如抵押权等;而对传来取得而言,权利人取得该财产时对该财产之上的权利负担是知悉的,原则上其应当承受该财产之上的权利负担。[①]

绝大多数物权是基于法律行为或其他法律事实而取得的,且依法律行为方式取得物权,也必须有法律依据,不能由当事人随意创设物权。

二、所有权取得的根据

(一)原始取得

原始取得的根据主要包括劳动生产和收益、天然孳息和法定孳息、善意取得、没收、无主财产收归国有等。

1. 劳动生产和收益

劳动生产和收益是指民事主体通过自己的劳动生产活动获取劳动产品,以及通过扩大再生产取得其所创造的劳动产品。

2. 天然孳息和法定孳息

孳息是指由原物所生的物或收益,换言之,是指民事主体通过合法途径而取得的物质利益,包括天然孳息和法定孳息。孳息是与原物相对应的概念。[②] 所谓原物,是指产生孳息的物。《民法典》第321条规定:"天然孳息,由所有权人取得;既有所有权人又有用益物权人的,由用益物权人取得。当事人另有约定的,按照其约定。法定孳息,当事人有约定的,按照约定取得;没有约定或者约定不明确的,按照交易习惯取得。"该条区分了天然孳息和法定孳息,并分别对其归属作出了规定。

3. 无主财产收归国有

无主财产在符合法律规定的情况下被收归国有,也属于原始取得。例如,《民法典》第318条规定:"遗失物自发布招领公告之日起一年内无人认领的,归国家所有。"

(二)继受取得

所有权继受取得的根据主要包括买卖、赠与、继承遗产、接受遗赠、互易等形式。在《民法典》物权编中,继受取得主要是指通过当事人之间的交易取得物权,继受取得主要有两种方式:一是通过买卖、赠与等交易方式取得

---

① 参见史尚宽:《物权法论》,中国政法大学出版社2000年版,第568~569页。

② 参见陈华彬:《物权法》,法律出版社2004年版,第74页。

物权;二是通过继承和受遗赠等方式取得物权。在这两类继受取得方式中,物权通常是从一个权利人手中转移到另一个权利人手中,从而发生物权变动,其应当遵循物权变动的规则。当然,对于通过继承和受遗赠方式取得物权而言,其不仅要遵循物权变动的一般规则,还需要适用继承法等相关规则。

第二节 征 收

一、征收的概念和特征

所谓征收,是指国家基于公共利益通过行使征收权,在依法给予补偿的前提下,将单位或者个人的财产移转给国家所有。我国《宪法》第 10 条第 3 款规定:“国家为了公共利益的需要,可以依照法律规定对土地实行征收或者征用并给予补偿。”《民法典》第 243 条第 1 款规定:“为了公共利益的需要,依照法律规定的权限和程序可以征收集体所有的土地和组织、个人的房屋以及其他不动产。”这就明确了征收的要件。可以说征收制度是规范公权力、保护民事主体的合法权益的重要制度。依据《民法典》第 243 条的规定,征收具有如下法律特点。

第一,征收必须为了公共利益。所谓公共利益,是指有关国防、教育、科技、文化、卫生等关系国计民生的利益。从比较法的角度来看,“征收”(taken)一般是基于“公共利益”(public use)和“正当补偿”(just compensation)这几个概念而展开的。[①] 为了防止政府行使行政权侵害个人和集体的财产权,法律要求政府行使征收权必须符合公共利益的需要。事实上,政府之所以可以不通过磋商谈判方式征收个人或集体的财产,根本原因在于征收是为了公共利益的需要。公共利益是行使征收权的正当性和合法性的前提,它是指有关国防、教育、科技、文化、卫生等关系国计民生的利益。为了防止政府行政权侵害公民和集体的财产权,法律要求政府行使征收权必须符合公共利益的需要。

第二,征收的主体是国家。征收是一种国家的强制行为,是政府行使征收权的行政行为。因此,只有国家才能利用公共权力对集体或私人的财产进行干预,甚至将其强制性地移转给国家。除国家之外,任何组织和个人都不享有公共权力,因而也不享有征收权。尽管《民法典》第 243 条没有规定征收行为的主体,但由于物权编有关征收的规定本身构成对政府行使行政

---

① See Leif Wenar, *The Concept of Property and the Taking Clause*, 97 Colum. L. Rev. (1923).

权的规范,因而也表明征收是政府依法所实施的行为。[①]

第三,征收是移转所有权的行为。《民法典》第 243 条和第 245 条分别规定了有关征收和征用的内容。征收和征用具有重要区别,主要表现在:征收将导致集体或者个人的所有权移转。从实践来看,只要不发生所有权移转,将不会发生征收问题。例如,严格限制公民砍伐自己栽种的树木,就属于对所有权的限制,而不属于征收。又如,如果属于个人所有的住宅受到文物保护法的保护,所有权人不得自行拆除,也属于对所有权的限制,而不是征收。

第四,征收必须依法作出补偿。虽然征收在性质上不是交易,作出征收的决定不是遵循自愿的原则来进行的,但它必须以补偿为前提,而不能在未支付任何补偿的情况下强制性地移转民事主体的所有权。法律作出此种规定的主要目的是充分保护民事主体的合法权益。

第五,征收的对象主要是不动产。依据《民法典》第 243 条的规定,征收的对象主要包括两类:一是集体所有的土地以及集体所有土地之上的土地承包经营权和宅基地使用权等。二是组织和个人的房屋以及其他不动产。依据《民法典》第 338 条的规定,用益物权也可以成为征收的对象。依据《民法典》第 358 条的规定,为了公共利益的需要,提前收回建设用地使用权,也会发生征收地上建筑物的问题。但是,原则上征收的对象不包括动产,因为动产通常是可以替代的物,如果国家出于公共利益要获得个人的动产,可以从市场购买或者与个人协商购买,而不必通过征收的方式直接发生所有权的变动。[②]

从比较法的角度来看,征收的财产范围也在扩大。[③] 在我国,征收的对象既包括不动产的所有权,也包括不动产之上的用益物权,但是,担保物权不可能发生征收的问题,担保物权涉及其他人的利益,如果因征收导致担保物权的消灭,可能影响抵押权的实现。

征收要移转所有权,因而在法律上属于原始取得。《民法典》关于征收制度的规定,对于充分保护公民、法人的财产,维护被征收人的合法权益具有十分重要的意义。《民法典》强调要保障被征地农民的合法权益,保护被拆迁人的合法权益,这就确定了我国征收制度的根本目的。鉴于实践中已

---

① 《征收与补偿条例》第 4 条第 1 款、第 2 款规定:“市、县级人民政府负责本行政区域的房屋征收与补偿工作。市、县级人民政府确定的房屋征收部门(以下称房屋征收部门)组织实施本行政区域的房屋征收与补偿工作。”

② 参见孙宪忠:《中国物权法总论》(第 4 版),法律出版社 2018 年版,第 377 页。

③ See Leif Wenar, *The Concept of Property and the Taking Clause*, 97 Colum. L. Rev. (1923).

经出现了不少征收补偿方面的纠纷，需要通过具体法律的规定为司法裁判提供法律依据。《民法典》第 243 条的规定也为行政法规、规章以及司法解释的制定提供了依据。《民法典》作为我国法律体系中的基本法律，已经确立了征收制度的基本框架，行政法规、规章以及司法解释只能够在其框架内加以细化规定，而不能违反《民法典》关于征收制度的基本内容和精神。

二、征收与征用的区别

征收与征用都是对单位和个人的财产所有权进行限制的一种方式，都必须基于公共利益。所谓征用，是指国家因抢险救灾、疫情防控等紧急需要而临时使用单位或者个人的财产。《民法典》第 245 条规定："因抢险救灾、疫情防控等紧急需要，依照法律规定的权限和程序可以征用组织、个人的不动产或者动产。被征用的不动产或者动产使用后，应当返还被征用人。组织、个人的不动产或者动产被征用或者征用后毁损、灭失的，应当给予补偿。"征收、征用都是国家通过行使行政权，基于公共利益对集体和私人所有权进行限制的方法，二者具有一定的相似之处，表现在：征收、征用都是为了公共利益的需要，且都应给予补偿。但两者存在一定的区别，表现在以下几个方面：

第一，是否移转所有权不同。征收都要移转所有权，它是指国家为了公共利益的需要，而利用公权力强制性地将集体或私人所有的财产征归国有。征用属于政府强制使用个人或者组织的财产，不发生所有权移转的后果。①

第二，是否为了抢险救灾、疫情防控等紧急需要不同。征用只是在紧急需要的情况下才能适用。例如，为防疫需要期间，政府有关部门征用宾馆、酒店用于安置隔离人员。征收则是基于公共利益的需要而采取的措施，不以紧急需要的存在为其适用的前提，即使不存在紧急状态，政府出于公共利益的需要也可以征收。

第三，适用对象不同。征收的对象主要为农村土地和城市房屋等不动产，一般不包括动产。征用对象既包括不动产，也包括动产。

第四，补偿标准不同。征收要移转所有权，所以对被征收人造成的损失更大，对其作出的补偿也相应更高一些。而征用只是临时使用，如果没有造成物的毁损、灭失，可以返还被征用物并作出适当的补偿，其一般也不需要考虑被征用财产的市场价格而予以补偿。

---

① 参见崔建远：《中国民法典释评：物权编》（上卷），中国人民大学出版社 2020 年版，第 278 页。

征用是对所有权限制的一种方式，征收也是一种限制所有权的方式，但严格地说，征收不仅是对所有权的限制，而且是对所有权的强制性移转，是国家原始取得所有权的一种方式。

三、征收的条件

（一）基于公共利益的需要

依据《民法典》第243条的规定，政府从事征收行为，必须是为了公共利益的需要，只有公共利益才是限制私有财产权的重要理由。[①] 公共利益是由法律和行政法规规定的有关国家安全、促进国民经济和社会发展等方面的利益。为了保障公民的财产权，公共利益必须法定化，不能由法官随意解释，也不能由当事人约定，同时，公共利益在内涵上应当与国家和社会的整体利益保持一致。我国有关行政法规对公共利益也作出了明确界定。[②]

《征收与补偿条例》第8条以一般规定加具体列举的方式，对公共利益的内涵和外延都作出了规定，较为清晰地界定了公共利益的范围。公共利益虽然难以界定，但实际上，它完全可以通过类型化的方式，不断细化自身的内容，限制政府在征收中自由裁量的权力，从而充分保障被征收人的财产权。[③] 该条具体列举了五项公共利益的类型，基本上可以涵盖目前社会发展阶段所出现的公共利益类型。尤其是该条采用了兜底条款的立法技术，表明此种列举只能是例示性列举，而不是封闭性列举。在具体列举之外，也可能存在其他公共利益的情形。公共利益本身是一个开放的概念，具有不可穷尽性，也就是说其类型繁多，且随着社会的发展而不断发展。[④] 因不同社会的发展阶段、各国的具体国情、经济发展水平等，它会具有不同的内涵。而且它与国家政策和不同时期的社会需要具有非常密切的联系。社会不同

---

① 参见黄薇主编：《中华人民共和国民法典释义（上）：总则编·物权编》，法律出版社2020年版，第454页。

② 《征收与补偿条例》第8条规定："为了保障国家安全、促进国民经济和社会发展等公共利益的需要，有下列情形之一，确需征收房屋的，由市、县级人民政府作出房屋征收决定：（一）国防和外交的需要；（二）由政府组织实施的能源、交通、水利等基础设施建设的需要；（三）由政府组织实施的科技、教育、文化、卫生、体育、环境和资源保护、防灾减灾、文物保护、社会福利、市政公用等公共事业的需要；（四）由政府组织实施的保障性安居工程建设的需要；（五）由政府依照城乡规划法有关规定组织实施的对危房集中、基础设施落后等地段进行旧城区改建的需要；（六）法律、行政法规规定的其他公共利益的需要。"该规定实际上是对公共利益内涵的一种表述，即公共利益是由法律和行政法规规定的，有关国家安全、促进国民经济和社会发展等方面的利益。

③ 参见韩大元：《宪法文本中"公共利益"的规范分析》，载《法学论坛》2005年第1期。

④ See Margaret Jane Radin, *The Liberal Conception of Property: Cross Currents in the Jurisprudence of Takings*, 88 Colum. L. Rev. 1667, 1680 (1988).

时期的治国方略、采用的政策等,都会在一定程度上影响公共利益的内涵和实现。从各国立法发展的情况来看,过去公共利益的内涵比较狭小,商业开发利用一般是不包含在公共利益之中的。但从域外经验来看,公共利益的内涵在不断扩大。例如,在美国“凯洛诉新伦敦市案”(Susette Kelo,et al. v. City of New London)中,联邦最高法院认为,建造一个制药厂可以增加当地的就业和税收,因而也体现了公共利益。[①] 公共利益概念既极具抽象性,又是一种正面价值评断的概念,所以,不论列举多少具体形态,都应当有一个兜底条款,为新类型公共利益留下法律空间。[②]

根据《征收与补偿条例》第9条第1款[③]的规定,公共利益的界定必须符合国民经济和社会发展规划、土地利用总体规划、城乡规划和专项规划,而这些规划是由全国人大、地方各级人大作出的,这在程序上就能够保证公共利益的界定是符合民意的,在程序上是正当的,并且防止地方政府对公共利益过度扩张解释。在此特别需要强调的是,虽然《征收与补偿条例》规定有关公共利益的事项必须纳入规划,但这并不是说,所有纳入规划的事项都必然属于公共利益的范畴。因为规划的事项很多,有些商业项目也可能纳入规划,不能以是否纳入规划作为认定公共利益的唯一标准。

应当看到,公共利益本身在法律上是一个弹性条款,其内容具有不确定性和一定程度上的开放性特点,在不同情形下,公共利益的内涵并不相同,所以,《民法典》中维持了宪法关于公共利益的抽象的表述,没有采用正面界定和反面排除的方法规定公共利益的内涵。但《民法典》中也对公共利益及基于公共利益的征收作了一些必要的规定。例如,针对实践中建设用地总量增长过快,低成本工业用地过度扩张,违法违规用地、滥占耕地现象屡禁不止等现象,《民法典》第244条作出了有针对性的规定:“国家对耕地实行特殊保护,严格限制农用地转为建设用地,控制建设用地总量。不得违反法律规定的权限和程序征收集体所有的土地。”这实际上就是通过维护粮食安全这一公共利益,对征收进行了一定的限制。

(二)符合法律规定的权限和程序

依据《民法典》第243条的规定,征收必须依照法律规定的权限和程序进行。这就是说,政府必须在法定的权限范围内从事征收,且征收必须按照

① See Kelo v. New London(104 - 108)268 Conn. 1,843 A. 2d 500.

② 参见陈新民:《德国公法学基础理论》,山东人民出版社2001年版,第182、208页。

③ 《征收与补偿条例》第9条第1款规定:“依照本条例第八条规定,确需征收房屋的各项建设活动,应当符合国民经济和社会发展规划、土地利用总体规划、城乡规划和专项规划。保障性安居工程建设、旧城区改建,应当纳入市、县级国民经济和社会发展年度计划。”

法定的程序进行。物权编特别强调征收补偿必须依据法定的权限和程序，主要原因在于：一方面，出于充分保护公民财产权的需要。征收会永久性地剥夺公民的财产权利，为了防止一些地方政府及其工作人员以公共利益为名，滥用征收权力，损害被征收人的利益和农民的权益，必须强调要遵循法定的程序。[①] 另一方面，在征收中严格强调依据法定的权限和程序进行，有利于政府机关依法行政。程序是看得见的正义，只有保障程序公开、公正，才能保证征收行为的合法性。

《民法典》第244条规定："国家对耕地实行特殊保护，严格限制农用地转为建设用地，控制建设用地总量。不得违反法律规定的权限和程序征收集体所有的土地。"依据该规定，一是要实施切实保护耕地的基本国策。由于我国人口众多，可耕地面积少，耕地后备资源不足，国家对基本农田保护区实行全面规划、合理利用、用养结合、严格保护的方针，以满足我国未来人口和国民经济发展对农产品的需求，促进农业生产和社会经济的可持续发展。全国耕地的红线保持在18亿亩。二是基本农田保护区经依法划定后，任何单位和个人不得改变土地用途。严格限制农用地转为建设用地，控制建设用地总量。政府征收集体土地时，必须严格依照法定的权限和程序，不得非法批地、非法占用土地。[②]《土地管理法》第46条对政府征收集体土地所必须严格依照的法定权限和程序作出了规定。[③]

所谓依照法律规定的权限和程序，就是要使征收的有关权限和程序法定化。依据《立法法》第11条第7项的规定，对非国有财产的征收只能制定法律，亦即只能由全国人大及其常委会制定的法律来规定，而不能由行政法规确定，更不能由各地方、各部门自行授予权力和确定程序。我国《城市房地产管理法》修改时，专门授权国务院可以通过制定有关征收的程序，以明确征收程序的合法性。程序是制度的保障，《征收与补偿条例》通过国有土地上房屋征收程序的完善，保障了征收和拆迁的有序进行，以切实保护被拆

---

① MünchKomm / Gaier, 5. Auflage 2009, Vorbemerkung zu § 903 Rn. 52, 53.

② 参见唐德华、高圣平主编：《土地管理法及配套规定新释新解》（下册）（第3版），人民法院出版社2008年版，第1085页。

③ 《土地管理法》第46条规定："征收下列土地的，由国务院批准：（一）永久基本农田；（二）永久基本农田以外的耕地超过三十五公顷的；（三）其他土地超过七十公顷的。征收前款规定以外的土地的，由省、自治区、直辖市人民政府批准。征收农用地的，应当依照本法第四十四条的规定先行办理农用地转用审批。其中，经国务院批准农用地转用的，同时办理征地审批手续，不再另行办理征地审批；经省、自治区、直辖市人民政府在征地批准权限内批准农用地转用的，同时办理征地审批手续，不再另行办理征地审批，超过征地批准权限的，应当依照本条第一款的规定另行办理征地审批。"

迁人的合法权益。从整个《征收与补偿条例》的规定来看，其实质是完善了征收的程序，包括确定公共利益的程序、征收决定的作出程序、补偿方案制定程序、强制搬迁程序、争议解决机制以及救济程序。这也是现代社会程序公正的必然要求。

（三）依法作出补偿

为了防止行政权对公民财产权的侵害，法律要求征收以补偿为前提，不能在不支付任何补偿的情况下强制性地移转公民财产的所有权。《宪法》第13条第3款规定，对公民的私有财产实行征收或者征用应给予补偿。因此，在征收的情况下，国家必须对被征收人予以补偿。《民法典》第243条对征收情形下国家的补偿义务作出了规定，这对于保护公民的财产权、规范政府征收权的行使具有重要意义。我国《民法典》为了充分保障自然人、法人和非法人组织的合法权益，区分了农村土地的征收和城市房屋的拆迁，分别规定了不同的补偿标准。

就世界各国和地区的实践做法来看，关于征收、征用的补偿标准，存在各种不同的补偿模式：一是完全补偿模式，即要求对征收、征用实行全额的补偿。[①] 遵循"财产权绝对保障"，以"市场经济之交易价值"作为评估标准。[②] 二是适当补偿模式，即规定对征收、征用进行适当的补偿。何为"适当"，大多由法官事后裁定。[③] 三是公平补偿模式，它是指权衡公共利益与私人利益后决定补偿的原则。公平的补偿通常是按照公平的市价给予补偿。[④] 四是合理补偿模式，即权衡公益的需要，参考当事人的财产状况给予适当的补偿数额。[⑤] 上述几种观点都具有合理性，但笔者主张采用最后一种观点。因为完全补偿实际上是将征收等同于普通的侵权行为，这与征收的

---

① 1784年颁布的《普鲁士土地征收法》第1条明确规定，征收补偿是"全额"补偿。同法第8条第1款规定，征收应补偿被征土地及其附属物及孳息的全额。可以说，该法所规定的完全补偿是市场导向的补偿。参见陈新民：《德国公法学基础理论》，山东人民出版社2001年版，第488～489页。

② 德国在魏玛时代的帝国法院审判中，已经确立了依市价补偿。但严格地说，市价补偿与全额补偿仍然是有区别的。

③ 德国于1919年8月11日颁布的《魏玛宪法》第153条第2款规定，除联邦法律另有规定外，征收必须给予适当的补偿。也就是说，征收的补偿不再是全额补偿，而只是适当的补偿。这是一种更具弹性的模式。《澳门民法典》第1234条也规定：对私有财产的征收、征用，应当作出适当的损害赔偿。

④ 参见梅夏英：《物权法·所有权》，中国法制出版社2005年版，第130页。我国台湾地区采取该模式。依我国台湾地区的判例，对土地征收按照公平原则进行补偿。

⑤ 参见梅夏英：《物权法·所有权》，中国法制出版社2005年版，第130页。《意大利民法典》第834条第1款规定："不得全部或部分地使任何所有权人丧失其所有权，但是，为公共利益的需要，依法宣告征用并且给予合理补偿的情况不在此限。"

性质不符,毕竟征收是对私有财产权的合法侵害,因而不能采用完全赔偿原则。尤其是完全补偿涉及直接损失和间接损失,如果这两类损失都要同时赔偿,也会导致征收、征用的成本过高,不能够达到维护公共利益的目的。而公平补偿弹性又太大,赋予政府在解释补偿标准时以太大的权力,不利于维护权利人的私有财产。适当补偿的标准也过低,我国目前许多地方政府在征收、征用时采取适当补偿的原则,但常常不能给被征收人以合理的补偿。因此,应当采用合理补偿标准。

当然,合理补偿标准比较抽象,操作起来可能会给征收、征用人过大的自由裁量权。《民法典》为了更好地保护被征收人的合法权益,明确规定了对于被征收人的充分补偿。《民法典》第 243 条第 2 款和第 3 款区分了征收集体土地的补偿和征收城市房屋的补偿,分别就补偿原则和补偿内容作了明确规定。

1. 征收集体所有的土地的补偿

《民法典》第 243 条第 2 款规定:“征收集体所有的土地,应当依法及时足额支付土地补偿费、安置补助费以及农村村民住宅、其他地上附着物和青苗等的补偿费用,并安排被征地农民的社会保障费用,保障被征地农民的生活,维护被征地农民的合法权益。”依据这一规定,征收集体所有的土地的补偿包括:一是足额支付征地补偿费的规则。足额支付主要是针对土地补偿费、安置补助费、地上附着物和青苗的补偿费等费用的支付。足额支付,既包括足额支付给集体组织,也包括足额支付给农民个人。禁止截留征地款,损害被征收人的利益。坚持足额支付才能充分保护农民的利益。二是及时足额支付,即对被征收土地的村民支付的补偿费用,不得拖延。三是对于土地承包经营权应予以补偿的规则。对于征地后的补偿,既包括对集体土地的补偿,也包括对被征收的土地承包经营权作出补偿。也就是说,征收集体所有的土地,不仅要对土地的所有者即集体经济组织给予补偿,也要对因为征收集体的土地而导致土地承包经营权的消灭的失地农民予以补偿。① 四是要安排被征地农民的社会保障费用,保障被征地农民的生活,维护被征地农民的合法权益。对于被征地农民,必须为其提供社会保障,否则其生存权就要面临现实的威胁。即使是农民已经举家迁入城市,因各地实行的社会保障制度还不能够满足农民工子弟上学、家中老人医疗等方面的需要,需要

① 例如,《民法典》第 338 条规定:“承包地被征收的,土地承包经营权人有权依据本法第二百四十三条的规定获得相应补偿。”

给失地农民发放足够的社会保障金。①

2. 征收单位、个人的住宅及其他不动产的补偿

《民法典》第 243 条第 3 款规定:“征收组织、个人的房屋以及其他不动产,应当依法给予征收补偿,维护被征收人的合法权益;征收个人住宅的,还应当保障被征收人的居住条件。”依据这一规定,征收单位、个人的住宅及其他不动产的补偿包括两个方面:一是依法给予拆迁补偿。只要对不动产进行征收,无论其所有权人是单位还是个人,都应当予以拆迁补偿。通常,拆迁补偿的方式是支付一笔金钱。如果是以货币的方式进行补偿,所支付的货币,应当能够保障被征收人的居住条件。这就是说,被征收人在获得补偿费用之后,能够购买到必需的住房。二是保障居住条件。在被征收的房屋为个人的住宅时,在拆迁补偿之外,还应当保障被征收人的居住条件。在征收以后,确保被征收人的居住条件有改善、生活水平不下降。

城市房屋的征收,与农村土地的征收不同,因为房屋所占用的土地本身就属于国家所有,不存在征收土地并移转土地所有权的问题。所谓城市房屋拆迁,实际上主要限于房屋征收,因而对于房屋的征收一般不考虑地价如何补偿的问题,关键是如何解决好居民的居住问题。另外,由于农村尚未建立社会保障制度,土地征收之后,还要考虑农民的社会保障问题。而城市中已经建立了低保制度,所以,房屋拆迁补偿不必考虑居民的社会保障问题。所谓保障被征收人的居住条件,包括两方面的内容。一方面,在拆迁之后、回迁或者安置之前,政府应当为被征收人提供廉租房,满足其居住需求。② 在被征收人的居住条件没有得到落实之前,不得对其房屋进行强制拆迁,不能因为拆迁而使被拆迁人流离失所。另一方面,在回迁的时候,应当保障被拆迁人的居住条件。《民法典》第 243 条强调保障被征收人的居住条件,如何才能保障其居住条件,还需要有关配套的法律法规予以具体解释。《征收与补偿条例》第 27 条还确立了先补偿后搬迁的原则,有利于保护被拆迁人的利益。此外,根据《征收与补偿条例》第 21 条的规定,被征收人在要求补偿时,可以选择货币补偿或者产权调换,这也充分尊重了被征

---

① 2006 年国务院《关于加强土地调控有关问题的通知》指出:“征地补偿安置必须以确保被征地农民原有生活水平不降低、长远生计有保障为原则。各地要认真落实国办发〔2006〕29 号文件的规定,做好被征地农民就业培训和社会保障工作。被征地农民的社会保障费用,按有关规定纳入征地补偿安置费用,不足部分由当地政府从国有土地有偿使用收入中解决。社会保障费用不落实的不得批准征地。”

② 参见章志远、牛延佳:《房屋征收补偿行政案件中的原告资格研究》,载《河南财经政法大学学报》2023 年第 4 期。

收人的选择权。

为了将征收补偿落实到位，充分保护被征收人的合法权益，《民法典》第243条第4款规定："任何组织或者个人不得贪污、挪用、私分、截留、拖欠征收补偿费等费用。"该条款规定了补偿费的保存义务，从民法规范的性质来看，该条款可以作为请求权基础，如果某个单位和个人贪污、挪用、私分、截留、拖欠征收补偿费等费用，权利人完全可以基于《民法典》第243条提起返还补偿费之诉和贪污补偿费的侵权之诉。只有这样才能充分地保护被征收人的合法利益。从实践来看，相关主体在政府作出征收、补偿之后，可能出现贪污、挪用、私分、截留、拖欠征收补偿费等费用，侵害被征收人的利益的现象，因此，本款规定对于保障被征收人的利益具有重要意义。

第三节　善意取得

一、善意取得概述

善意取得，又称即时取得，是指无处分权人将动产或不动产转让给受让人，如果受让人取得该动产或不动产时出于善意，则受让人将依法取得对该动产或不动产的所有权或其他物权。[①] 可见，善意取得包括了所有权的取得与其他物权的取得两方面的内容。《民法典》第311条规定了善意取得制度。一方面，善意取得制度有利于维护交易安全，促进市场经济的有序发展。在市场经济社会，保护交易当事人的信赖利益实际上是保护交易安全的重要组成部分。在广泛的市场交易活动中，从事交易的当事人往往并不知道对方是否有权处分财产，也很难对其在市场上出售的商品逐一调查。虽然善意取得制度削弱了对原财产所有权人所有权的保护，但其对整个社会经济秩序的稳定是有利的。[②] 另一方面，善意取得制度有利于鼓励交易，促进财产的流转。[③] 善意取得制度保护了善意的买受人，只要其有合理的理由信赖不动产登记，或者信赖动产的占有人有处分权，就不必支付大量的调查成本来审查转让人是否享有处分权，这就极大地降低了交易费用，有利于鼓励交易。

我国《民法典》中的善意取得制度具有如下特点：

第一，适用于各类物权。从比较法上看，各国物权法关于善意取得制度

---

① 参见魏振瀛主编：《民法》（第4版），北京大学出版社、高等教育出版社2010年版，第261页。

② 参见尹田：《物权法理论评析与思考》（第2版），中国人民大学出版社2008年版，第311页。

③ 参见谢在全：《民法物权论》（上册），台北，新学林出版股份有限公司2014年版，第292页。

适用的范围并不一致,一种立法模式是区分动产和不动产,善意取得制度只适用于动产,[1]一般不适用于不动产,所以善意取得又称为动产的善意取得制度,而不动产适用公信原则。另一种立法模式是并不区分动产和不动产,对二者统一适用善意取得制度。我国《民法典》采纳了第二种模式,即善意取得制度统一适用于动产和不动产。[2] 这实际上是将比较法上的动产善意取得制度和不动产的公信原则合并在一起加以规定的。在我国,除法律禁止流转的动产和法律有特别规定的动产外,原则上各类动产都可以适用善意取得制度。不动产善意取得,主要是指在登记错误的情况下,善意的买受人因相信了登记而购买不动产,如果符合善意取得的构成要件,应当善意取得所有权。[3] 同时,从《民法典》第 311 条第 3 款的规定来看,除所有权外,其他物权也可以发生善意取得。

第二,统一规定了动产和不动产善意取得的要件。我国《民法典》第 311 条将动产的善意取得和不动产的善意取得合并在一起作出规定,从而简化了善意取得的构成要件。但是考虑到动产和不动产的善意取得存在一些区别,在该制度的适用中,对动产和不动产的善意取得作出严格的区分。

第三,《民法典》从反面规定了不适用善意取得的情况。按照《民法典》第 312 条的规定,"所有权人或者其他权利人有权追回遗失物",也就是说,遗失物丢失之后,第三人不能基于善意取得制度取得所有权。《民法典》第 319 条规定:"拾得漂流物、发现埋藏物或者隐藏物的,参照适用拾得遗失物的有关规定。法律另有规定的,依照其规定。"此外,关于赃物是否适用善意取得制度,我国《民法典》第 311 条并没有作出明确的规定,需要通过相关司法解释对此作出进一步规定。

第四,明确了善意取得的适用条件。《民法典》第 311 条对善意取得制度的适用条件作出了明确规定,这有利于保障该制度的准确适用。从总体上来说,我国《民法典》规定的善意取得制度的适用对象是比较宽泛的,但是适用条件又是比较严格的。例如,构成善意取得要求受让人必须以合理的价格转让,而不仅仅要求交易具有有偿性。

关于善意取得的性质究竟是原始取得还是继受取得,存在不同的观点。我国《民法典》对此没有作出明确的规定。但《民法典》第 313 条规定:"善

---

① MünchKomm/Oechsler,5. Auflage 2009, § 932 Rn. 9.

② 参见崔建远:《物权:规范与学说——以中国物权法的解释论为中心》(上册),清华大学出版社 2011 年版,第 231 页。

③ 参见王泽鉴:《民法物权:通则·所有权》(第 1 册),中国政法大学出版社 2001 年版,第 123 页。

意受让人取得动产后,该动产上的原有权利消灭。但是,善意受让人在受让时知道或者应当知道该权利的除外。”本书认为,从这一规定可以看出,《民法典》在原则上将善意取得作为一种原始取得的方式,同时规定了在善意受让人知道或者应当知道财产上存在权利负担时,该权利不因善意取得而消灭。

二、善意取得制度的基本功能

《民法典》规定了善意取得制度,有利于维护交易安全,①现代社会是市场经济社会,市场经济客观上要求建立和完善市场交易秩序。我国实行社会主义市场经济,就必然要求通过善意取得制度维护交易安全。在行为人无权处分的情形下,主要存在两种利益的冲突:一是真正权利人的利益,如果要保护真正权利人的利益,就应该允许真正权利人不断追及其财产;二是善意买受人的信赖利益,如果要保护此种信赖利益,就应当维护交易的效果,不能允许真正权利人进行追及。当这两种利益发生了冲突和矛盾,法律必须要制定相应规则,来解决已产生的利益冲突。各国法律大多通过善意取得制度来优先保护善意取得人的信赖利益。其原因在于真正权利人的利益毕竟只是单个所有人的利益,而交易第三人的信赖利益体现的是一种群体的交易安全和公共利益。交易安全作为一种整体利益,高于真正权利人的个别利益,这是法律确立善意取得制度的重要原因。具体而言,善意取得制度的基本功能主要体现为:

一是有利于维护交易安全,促进市场经济的有序发展。在市场经济社会,保护交易当事人的信赖利益实际上是保护交易安全的重要组成部分。在广泛的市场交易活动中,从事交易的当事人往往并不知道对方是否有权处分财产,也很难对其在市场上出售的商品逐一调查。如果交易时受让人不知或不应该知道转让人无权转让该动产,则在交易完成后,由于无权处分行为致使交易无效,并使受让人返还财产,则不仅要推翻已经形成的财产关系,而且使当事人在从事交换活动时,随时会担心现在买到的商品,今后有可能要退还,从而造成当事人在交易时的不安全感,不利于市场经济秩序的稳定。善意取得制度虽然削弱了对原动产所有权人的所有权的保护,但是,这对于整个社会经济秩序的稳定是有利的。② 可以说,善意取得制度不仅涉及第三人个人信赖利益的保护,而且涉及对整个交易秩序的维护,相对于整

---

① MünchKomm/Oechsler,5. Auflage 2009, § 932 Rn. 8.

② 参见尹田:《物权法理论评析与思考》,中国人民大学出版社2004年版,第311页。

个交易秩序,原所有权人的个人利益无法对抗对交易秩序的保护。[①]

二是有利于鼓励交易,促进财产的流转。[②] 善意取得制度保护了善意的买受人,只要其有合理的理由信赖登记,或者信赖动产的占有人有处分权,就不必支付大量的调查成本来审查转让人是否享有处分权。这就极大地降低了交易费用,从而可以实现鼓励交易的目的。

三是有利于充分发挥物的经济效用,促进物尽其用。善意取得在发挥物的经济效用方面的作用主要体现在:一方面,如果简单地宣告任何无权处分行为无效,使善意的当事人向真正的权利人返还财产,将使交易的当事人因返还财产、恢复原状而支付一些交易费用。如果承认交易有效,使善意第三人即时取得所有权,则可以避免这些交易费用的支出。另一方面,在实际生活中,由于商品流转的加速,善意买受人在受让财产后又将财产转让他人,甚至几经转让易手,财产可能已经投入生产经营活动,若允许所有权人追夺现在的占有人占有的财产,则将推翻一系列已经成立或履行的合同关系,妨害生产经营活动的正常进行,也会造成一些不必要的损失和浪费。[③]

四是有利于及时解决民事纠纷。当无权处分人处分他人财产以后,标的物可能在多个当事人之间转让易手,有的时间已经久远,有的当事人多次变换,由于年久日深,证据也难以收集,因而如果不保护善意买受人的利益,而允许原所有权人向现在的占有人追夺原物,势必会推翻现有的秩序,将导致大量的人力、物力、财力陷入无休止的举证之中,使大量的民事纠纷不能及时解决,使有限的司法资源被浪费,不能得到有效率的利用,当事人亦将陷入讼累。

采用善意取得制度并不会损害国家和社会公共利益,更不会导致国有资产的流失,因为一方面,我国法律对某些财产(如国家专有的财产、国有的自然资源等)的交易作出了禁止的规定。这些财产根本不能进入市场进行交易,即使进行交易,这些交易也是无效的。另一方面,我国《民法典》第311 条明确规定,善意取得制度的构成要件之一是"以合理的价格有偿转让",这就可以有效防止有关国有企业的负责人以低价贱卖的方式出卖国有资产,造成国有资产流失。

三、善意取得构成要件

依据《民法典》第 311 条第 1 款规定,善意取得的构成要件包括以下

---

① Westermann, Sachenrecht, Band Ⅰ, Grundlagen und Recht der beweglichen Sachen, 1990, S. 330.

② 参见谢在全:《民法物权论》(上册)(修订二版),台北,三民书局 2003 年版,第 448 页。

③ 参见苏永钦主编:《民法物权争议问题研究》,台北,五南图书出版股份有限公司 1999 年版,第 321 页。

几项。

(一)无处分权人处分他人财产

所谓无权处分,是指没有处分权而处分他人的财产。所谓处分,从最广义上来理解,包括事实上的处分与法律上的处分。① 无权处分中的"处分"是指法律上的处分,即通过买卖、赠与、抵押等使所有权发生转让或权能发生分离的情形。

动产的无权处分在实践中主要包括四种情况:一是无所有权而处分财产的情形。例如,承租人、保管人对承租或保管的财产并不享有所有权,而将该财产转让给他人。二是所有权受到限制而处分财产的情形。例如,某一共有人未经其他共有人的同意而处分共有财产。三是虽有所有权但无处分权,却处分了财产的情形。例如,在附条件买卖中,当事人约定在价金未完全清偿前,出卖人仍然保留所有权,买受人享有期待权,在合同有效期间,出卖人不能再次转让该标的物,否则将构成无权处分。四是代理人擅自处分被代理人的财产。② 上述四种情况都会产生无权处分的效果。

不动产的无权处分通常表现为因登记错误而发生的名义上的权利人的无权处分。例如,某人的房屋因登记错误而记载在他人名下,之后登记权利人将房产出售给他人,此时,是否可以称为无权处分?笔者认为,在不动产交易中,如果出现登记错误,则登记的权利人并非该不动产真正的权利人,其对该不动产的处分也将构成无权处分,至于该登记权利人在实施相关行为时是否明知其为无权处分,并不影响无权处分的认定。

从法律关系的角度来看,无权处分涉及无权处分人、第三人和真实权利人三方主体,无权处分人与真正的权利人之间可以是侵权、违约或者不当得利等关系。其中,涉及有关合同效力的问题应由合同法解决,涉及损害赔偿或者不当得利的问题主要由侵权法或不当得利制度解决。因此,《民法典》则主要通过善意取得制度来确定被处分财产的物权归属问题。无权处分是善意取得的重要的构成要件,善意取得制度存在的目的就是解决现实中存在的无权处分问题,通过设定一定条件来解决无权处分涉及的当事人之间的利益平衡问题。③

---

① MünchKomm/Oechsler,5. Auflage 2009, § 932 Rn. 14.

② 参见王泽鉴:《民法物权:用益物权·占有》(第2册),台北,2001年(公元纪年)自版发行,第261页。

③ 参见[德]鲍尔、[德]施蒂尔纳:《德国物权法》(上册),张双根译,法律出版社2004年版,第64~65、490~508页;[日]田山辉明:《物权法》,陆庆胜译,法律出版社2001年版,第100~109页;王泽鉴:《民法物权:通则·所有权》(第1册),中国政法大学出版社2001年版,第269页。

尽管无权处分涉及三方主体,但由于无权处分人故意处分他人财产的行为在法律上已无保护的必要,故法律上所需要保护的就是真正的权利人和第三人,由于这两者的利益可能会发生冲突,因而需要平衡和保护真实权利人和第三人的利益。通过使善意第三人取得所有权,从而对第三人利益予以保护,虽然在一定程度上牺牲了真正权利人的利益,但有利于鼓励交易和保护交易安全的保护。在物权法中,无权处分与善意取得的关系表现在:一方面,无权处分是善意取得的前提条件,假如在无权处分情况下,法律将其单纯作为合同问题,只是简单地宣告无权处分无效,通过使合同无效而发生恢复原状的后果,使原所有人重新取回其所有权,虽然保护了原所有人的权利,但不可能发生善意取得,就不能保护善意第三人利益和交易的安全;另一方面,在无权处分的情况下,如果赋予原所有权人无限制地追及权利,将使其享有是否追认交易效力的权利,导致因无权处分发生的交易行为不能产生效力,善意第三人也不能取得物权。因此在善意取得的情况下,无权处分也能产生物权移转的效果。

(二)受让人取得财产时出于善意

善意取得制度的核心在于保护受让人的合理信赖,因此其核心要件就是受让人在取得财产时必须是善意的。顾名思义,善意取得是受让人基于主观的善意而取得所有权等物权,所以,善意是善意取得的核心要件,①正是从这个意义上,德国著名学者弗卢梅(Flume)就指出,善意在一定程度上具有取代物权出让人之处分权的机能。② 依据《民法典》第 311 条的规定,适用善意取得制度必须"受让人受让该不动产或者动产时是善意",据此,受让人是否为善意,应当从如下三方面判断。

1. 受让人不知道转让人无处分权

善意是相对于恶意而言的,善意是指不知情,即受让人受让该不动产或者动产时不知道或不应知道让与人转让财产时没有处分该项财产的权限。《物权编司法解释(一)》第 14 条第 1 款对此也作出了规定,同时,依据该司法解释第 15 条第 1 款的规定,在如下情形下应当认定不动产受让人知道转让人无处分权,构成恶意:

一是登记簿上存在有效的异议登记。依据《民法典》第 220 条的规定,如果权利人、利害关系人认为不动产登记簿记载的事项错误的,可以申请更正登记,如果不动产登记簿记载的权利人不同意更正,则利害关系人可以申

① MünchKomm/Oechsler,5. Aufl. 2009, § 932 Rn. 15.

② Flume, Allgemeiner Teil des Bürgerlichen Rechts, Ⅱ das Rechtgesch? ft,4. Aufl. 1992,S. 142.

请异议登记。在存在异议登记的情形下，表明该不动产的权属存在一定的争议，在登记的权利人转让该不动产的情形下，受让人就应当知道该不动产的归属存在一定的争议，如果其仍然购买，事后如果登记的权利人并非真正权利人，则应当认定受让人构成恶意。

二是在已经办理预告登记的情形下，受让人应当查阅预告登记，如果其未查询，应当构成恶意。

三是登记簿上已经记载司法机关或者行政机关依法裁定、决定查封或者以其他形式限制不动产权利的有关事项。例如，甲、乙双方就某房屋的归属发生争议，甲主张登记在乙名下的房屋归其所有，之后甲在法院提起确权之诉，法院依法裁定该房屋归甲所有，由于未来得及办理变更登记，仅在登记簿上记载了法院裁定，在此情形下，如果乙将该房屋转让给他人，则买受人应当通过查询登记簿了解该登记簿中已经记载了法院的裁决，如果其仍然受领该房屋，则应当构成恶意。

四是受让人知道登记簿上记载的权利主体错误。例如，因为房屋限购的原因，甲以乙的名义购买一套房屋，并将该房屋登记在乙的名下，之后乙将该房屋转让给丙，如果丙知道该房屋是甲借乙的名义购买的，并且知道真正的权利人是甲，此时，丙仍然从乙处购买该房屋，则应当构成恶意。

五是受让人知道他人已经依法享有不动产物权。如果受让人知道他人已经享有不动产物权，而仍然受让该不动产物权，则其主观上为恶意，无法成立善意取得。

2. 受让人对其不知情无重大过失

《物权编司法解释(一)》第 14 条第 1 款规定："受让人受让不动产或者动产时，不知道转让人无处分权，且无重大过失的，应当认定受让人为善意。"第 15 条第 2 款规定："真实权利人有证据证明不动产受让人应当知道转让人无处分权的，应当认定受让人具有重大过失。"此处受让人重大过失是指受让人对其不知情具有重大过失，即因为其具有重大过失，导致其对转让人无处分权不知情。例如，在房屋买卖的情形下，由于房屋本身具有登记系统，受让人对出卖人是否具有处分权应当尽到合理的审核义务，在出卖人并非登记的权利人的情形下，如果买受人没有尽到基本的审核义务，未查询登记簿即与出卖人订立合同，导致其不知道出卖人对该房屋没有处分权，则其就具有重大过失。

当然，合理审核义务很难有一个一般的标准，一般而言，在法律上要区分动产与不动产而分别认定当事人的审核义务，在不动产交易中，当事人应当查询登记，否则其就具有重大过失。而在动产交易中，依据《物权编司法法

解释(一)》第16条的规定,需要结合交易的对象、场所或者时机等具体认定受让人的审核义务,具体如下所述:

一是交易的对象。交易的对象是指与受让人签订转让合同的转让人或者出卖人是否为专门从事该标的物经营活动的主体。例如,甲在路边遇见兜售名表的人,明知其形迹可疑,仍然与其交易,则属于非善意。

二是交易的场所。如果受让人是在公开市场上购买的商品,且出具了发票或办理了相应的手续,可以认为第三人是善意的;但如果是在非公开市场,尤其是在"黑市"购买二手货,则表明第三人可能是非善意的。例如,出卖人在火车站兜售手机,受让人贪图便宜购买的,则属于非善意。

三是交易的时机。动产的交易可能需要在特定的时机进行,交易的时机可能影响标的物的价格,从而对于判断受让人是否善意具有重要意义。例如,按照当地的交易习惯,第三人在交易时是否已知道转让人为无权处分人,如果第三人以前曾与转让人进行过系列交易或与转让人非常熟悉,表明其知道或应当知道转让人对交易的财产不具有处分权,在受让时不能认为其为善意。

四是其他因素。例如,转让人在交易时是否形迹可疑。如果其是形迹可疑的,则往往表明其是非善意的。又如,如果受让人与转让人之间有恶意串通的可能等,则不能认为受让人具有善意。可见,对于受让人所具有的重大过失,应当由真实权利人承担证明责任。

3. 善意的判断时间点为"受让人受让该不动产或者动产时"

在善意取得制度中,受让人善意的时间是以受让财产的时间确定的,即取得人必须在最后取得行为那一刻是善意的。[①]《物权编司法解释(一)》第17条第1款规定了所谓"受让人受让该不动产或者动产时",是指"依法完成不动产物权转移登记或者动产交付之时"。

在观念交付的情形下,《物权编司法解释(一)》还专门规定了善意的判断时间点,具体而言:一是简易交付,依据该司法解释第17条第2款规定,在当事人以简易交付方式交付动产的情形下,当事人之间转让动产民事法律行为生效时即为该动产交付之时,在善意取得规则的适用中,该时间点也是判断受让人善意的时间点。例如,甲将某物借给乙使用,之后甲与乙订立买卖合同,将该物转让给乙,如果当事人采用简易交付方式,则乙善意的判断时间点即为该买卖合同生效时,这也是该物所有权变动的时间点。

① 参见[德]鲍尔、[德]施蒂尔纳:《德国物权法》(下册),申卫星、王洪亮译,法律出版社2006年版,第415页。

二是指示交付,依据《物权编司法解释(一)》第 17 条第 2 款的规定,在当事人以指示交付的方式交付动产时,转让人与受让人之间达成的有关转让返还原物请求权的协议生效时即为动产交付之时,这也是善意取得规则适用时判断受让人善意的时间点。例如,甲将其某物借给乙使用,之后甲将该物转让给丙,如果当事人采用指示交付的方式交付标的物,则该标的物所有权变动的时间为甲与丙之间达成的将其对乙的返还原物请求权转让给丙的协议生效之时。至于受让人取得财产以后是否为善意,则不影响善意取得的构成。如果受让人在这一时点以前出于恶意,亦可认定其在交付时及以后为恶意。

《物权编司法解释(一)》第 14 条第 2 款规定:"真实权利人主张受让人不构成善意的,应当承担举证证明责任。"据此,在当事人就是否构成善意取得发生争议后,应当由真实权利人证明受让人的恶意。之所以由真实权利人负担证明受让人恶意的义务,主要有如下两方面原因:一是符合举证责任的一般规则。原所有人要追及该物,必须要举证证明受让人的恶意。在举证责任分配方面,应当由主张受让人有恶意的人(通常是原权利人)来举证。如果其不能举出足够的证据证明受让人为恶意,则推定受让人为善意。这就是说,原权利人对受让人的恶意或重大过失负举证责任。二是有利于保护受让人的利益。因为从生活经验来看,证明"消极事实"是比较困难的,[1]受让人通常难以证明自己不知情。在原权利人举证以后,法官应当根据原权利人的举证以及各种客观、外部的情况进行综合判断,以确定第三人在交易时是否为善意。例如,夫妻共有房屋登记在丈夫名下,后来在妻子起诉离婚以后,丈夫将其转让给其朋友。如果妻子要主张受让人不构成善意,则应当对此负有举证责任,如证明受让人知道其是夫妻关系,而且知道该房屋是夫妻关系存续期间购买的房屋,则可以证明受让人并非善意。

(三)以合理的价格有偿转让

依据《民法典》第 311 条的规定,善意取得制度的第三个构成要件是财产必须"以合理的价格转让"。依据该条规定,善意取得只适用于有偿的交易。[2] 我国《民法典》强调善意取得只适用于有偿交易,主要有以下理由:首先,如果是无偿的转让,受让人取得财产没有支付任何对价,此时不适

---

① 参见杜万华主编:《最高人民法院物权法司法解释(一)理解与适用》,人民法院出版社 2016 年版,第 362 页。

② 参见崔建远:《物权:规范与学说——以中国物权法的解释论为中心》(上册),清华大学出版社 2011 年版,第 216、233 页。

用善意取得,可以要求受让人返还财产,受让人并没有因此而遭受损失。其次,善意取得是为了实现交易安全而设计的法律制度,只适用于交易行为。尽管从广义上讲,交易包括有偿和无偿的财产转让,但从狭义上理解,交易是指支付了对价的交易,而无偿转让显然不是交易。[①] 最后,在许多情况下,无偿转让财产本身就表明财产的来源可能是不正当的,而一个诚实的、不贪图便宜的受让人在无偿受让财产时,应当查明财产的来源,如果不经调查就无偿受让财产,则其本身是非善意的,或者说是有过失的。所以,受让人在取得财产时,必须将相应的财产或金钱支付给出让人。无偿取得财产时,不适用善意取得。

依据《民法典》第 311 条的规定,"以合理的价格转让"包括如下两层含义:

第一,支付合理的价格。所谓以合理的价格有偿转让,应当根据市场价格来判断,大体上应是符合市场价格的。《物权编司法解释(一)》第 18 条规定:"民法典第三百一十一条第一款第二项所称'合理的价格',应当根据转让标的物的性质、数量以及付款方式等具体情况,参考转让时交易地市场价格以及交易习惯等因素综合认定。"具体如下所述:

一是考虑转让标的物的性质。所谓转让标的物的性质,是指标的物是属于动产抑或不动产,对动产而言,其公示方式是通过交付移转占有,由于占有的物权公示效力较弱,如果出让人以较低的价格出让动产,受让人应当对其是否为权利人产生合理怀疑,因此,有必要要求出让人以合理的价格出让;而对不动产而言,要求交易有偿是必要的,但不一定要求价格是合理的,因为不动产的权利公示方法为登记,登记具有很强的公信力,在不动产登记之后,交易当事人完全有理由信赖登记所记载的权利人具有处分权利,即使不动产转让的价格偏低,也不能影响登记的公信力,只要受让人信赖登记并支付了一定的价款就足以构成善意。

二是标的物的数量。有时虽然出卖价格较低,但是买受人购买的数量较多,可以以一定的折扣进行出卖。

三是付款方式。这就是说,虽然当事人约定的价格可能较低,但是其采取的是一次付清的方式,虽然价格较低,也有利于出卖人资金快速收回。

四是参考转让时交易地市场价格以及交易习惯等因素。有的标的物并不存在市场价格,此时可以考虑参考指导价等价格进行判断。

---

① 参见最高人民法院民法典贯彻实施工作领导小组主编:《中华人民共和国民法典物权编理解与适用》(上),人民法院出版社 2020 年版,第 529 ~ 530 页。

第二,必须实际支付对价。适用善意取得,原则上必须以实际支付为要件,如果只是达成了协议,不能认为已经符合了善意取得的构成要件。这是因为一方面,如果没有支付价款,原权利人可以以没有完成交易为由否认善意取得的成立,这就很有可能会引发很多纠纷。另一方面,这也可以为善意的判断提供明确的标准。假如没有支付合理价款这一限制,将导致很多实质上无偿、形式上有偿的转让为法律所保护,引发虚构有偿交易的风险。例如,双方约定一辆宝马车以 100 元转让,但是对交付期限没有限制,也没有实际交付。那么,这种转让形式上是有偿的,但实际上可能是虚构的。假如这种低价转让可以导致善意取得,就容易造成转让人和受让人之间的恶意串通,最终产生损害真实权利人的后果。

(四)完成了法定的公示方法

《民法典》第 311 条规定完成公示是善意取得的要件之一,即"转让的不动产或者动产依照法律规定应当登记的已经登记,不需要登记的已经交付给受让人"。这就意味着善意取得的构成必须以公示方法的完成为要件,具体如下所述:

第一,依法应当办理登记的已经登记。依据《民法典》第 311 条的规定,依照法律规定应当登记的已经登记,才能适用善意取得。如果以办理登记为不动产物权善意取得的时间点,则在转让人办理登记将不动产记载于自己的名下之后,真正权利人完全可以通过异议登记来及时阻却转让人的无权处分行为。因为受让人必须办理登记才能受到善意取得制度的保护,而在存在异议登记的情况下,受让人就很难被认为是善意的,也就无法据此取得不动产所有权。

第二,不需要登记的已经交付。动产所有权的变动原则上不需要登记,但适用动产善意取得制度,必须发生占有的移转,亦即转让人向受让人实际交付了财产,受让人实际占有了该财产。[①] 只有通过交付,才能发生所有权的移转。对善意受让人来说,一旦发生交付,其占有了出让人的财产,从而形成了享有物权的外观,也可能引发社会公众对其权利的信赖。其也可以进行实际的利用、加工和改良,从而提高对物的使用效率,增加物的价值。如果在对物进行重大修缮之后,再进行返还,可能不利于物尽其用,造成对物的损失浪费。所以,即使买受人主观上是善意的,如果没有通过交付实际占有财产,不能取得所有权。[②]

---

① MünchKomm/Oechsler, 5. Aufl. 2009, § 932 Rn. 13.

② 参见王轶:《物权变动论》,中国人民大学出版社 2001 年版,第 48 ~ 75 页。

需要指出的是,此处所称的交付,原则上是指实际交付,即转让人将动产交付给受让人;除实际交付之外,简易交付也应当可以适用。[①] 但无论如何,善意取得中所说的占有应当是实际占有,只应当包括实际交付、简易交付与指示交付,而不包括占有改定。毋庸赘言,在实际交付的情况下,动产在出卖人和买受人之间实际发生了占有的移转,自然可能构成善意取得。在占有改定的情况下,动产本身并未发生占有的实际移转,受让人也并没有实际占有动产;受让人并不具备动产的权利外观,因此,不构成善意取得的构成要件中的交付。动产物权善意取得以交付为要件,主要目的在于实现善意受让人对动产的占有,从而有可能形成受让人享有物权的权利外观,使第三人能够知悉动产物权已经发生变动。因此,动产物权善意取得中的交付形态,也应当有其特殊要求,即只能是实际交付、简易交付和指示支付。

第三,特殊动产应当完成交付。《物权编司法解释(一)》第 19 条规定:"转让人将民法典第二百二十五条规定的船舶、航空器和机动车等交付给受让人的,应当认定符合民法典第三百一十一条第一款第三项规定的善意取得的条件。"依据该规定,特殊动产的善意取得应当以交付为条件,虽然特殊动产采登记对抗主义,但交付作为特殊动产物权变动的条件,只要完成交付,就完成了法定的公示方法。

(五)转让合同有效

善意取得必须以转让人与受让人之间的转让合同合法有效为基本前提。如果转让人与受让人之间所从事的买卖、互易、赠与等行为是无效的或可以撤销的行为,则不能产生善意取得的效果。《物权编司法解释(一)》第 20 条规定:"具有下列情形之一,受让人主张依据民法典第三百一十一条规定取得所有权的,不予支持:(一)转让合同被认定无效;(二)转让合同被撤销。"据此,在当事人之间的基础合同被撤销或者被宣告无效的情形下,排除善意取得的适用。也就是说,善意取得的成立以转让人和受让人之间的合同有效为前提,如果该合同因为违反法律或行政法规的强制性规定,或者违反公序良俗而被宣告无效,或者被依法撤销,则无法产生善意取得的法律效果,本书赞成这一立场,主要理由在于:一方面,善意取得制度本身就是为了维护交易安全而设计的一种法律制度。其所维护的"交易"自然只能是合法的交易,对违法的交易,其自然也不可能受到法律的特别保护。如果合同无效,则表明该交易本身具有不法性,不应受到法律的保护,当事人之间应当

① 参见谢在全:《民法物权论》(上册),中国政法大学出版社 1999 年版,第 228 ~ 229 页;陈华彬:《物权法》,法律出版社 2004 年版,第 340 页。

产生恢复原状的后果,无法产生善意取得的效果。因此,依据上述司法解释的规定,在合同被宣告无效的情形下,就可以排除善意取得。另一方面,善意取得虽然在性质上是原始取得,但其也属于基于法律行为的物权变动,我国基于法律行为的物权变动规则主要实行债权形式主义,物权的变动既需要完成公示方法,也需要当事人之间的基础法律关系有效。因此,一旦当事人之间的基础合同被宣告无效或者被撤销,则物权无法发生变动,受让人也无法基于善意"取得"标的物所有权。

四、善意取得的效果

善意取得将产生如下法律效果:

第一,物权的变动。善意取得是原始取得,这就是说,只要符合善意取得的构成要件,原权利人与受让人之间将发生一种物权的变动,即受让人出于善意将即时取得标的物的所有权,而原权利人的所有权将因此消灭。① 原权利人不得向善意的受让人主张返还原物,而只能要求转让人赔偿损失或者承担其他法律责任。

需要指出的是,在无权处分动产的情形下,如果构成善意取得,动产将发生变动,但转让合同是否无效?我国原《合同法》第 51 条将无权处分的合同规定为效力待定合同,但是在真正权利人拒绝追认时,无权处分合同将无效。我国《民法典》第 597 条第 1 款在总结司法实践经验的基础上,吸收了比较法上所普遍采纳的有效说。② 有效说可以鼓励未来财产交易。现代社会中的商业交易并非全部建立在对已经获得所有权的标的物的处分之上。在相当多的商业交易中,当事人采取订购的方式,约定买卖将来物,也就是说,在合同订立时,标的物可能尚未生产出来,或所有权仍属于他人,当事人只是就尚未生产出来的物或可从他人处购得的标的物做预先安排,从而鼓励财产交易。

第二,动产上的原有权利原则上消灭。《民法典》第 313 条规定:"善意受让人取得动产后,该动产上的原有权利消灭。但是,善意受让人在受让时知道或者应当知道该权利的除外。"据此,能够因善意取得而导致物上其他权利消灭的,只能是动产,而不是不动产。因为不动产上的权利都要经过登记,对外予以公示,所以,受让人在受让不动产时就知道或者应当知道不动产上的物权负担,如果不动产上的物权负担已经登记,而受让人仍然受让该

---

① 参见谢在全:《民法物权论》(上册),台北,新学林出版股份有限公司 2014 年版,第 296 页。

② 参见黄薇主编:《中华人民共和国民法典释义(中):合同编》,法律出版社 2020 年版,第 1162 页。

不动产，其就应当承受此种物权负担。如果物上的负担已经登记，权利人没有查阅，也要承担因没有查阅可能形成的风险。[①] 所以，只有在动产上才可能发生其他权利的消灭现象。符合善意取得的构成要件，将导致动产上的原有权利原则上消灭，这些权利包括：原动产所有权、动产抵押权等。

第三，无权转让人的法律责任。原权利人因善意取得使其标的物的所有权消灭，而又不能请求受让人返还财产，法律上对原权利人提供了一种债权上的救济。《民法典》第 311 条第 2 款规定："受让人依据前款规定取得不动产或者动产的所有权的，原所有权人有权向无处分权人请求损害赔偿。"依据该规定，在构成善意取得的情形下，原所有权人有权请求无处分权人承担损害赔偿责任，在不同情形下，原所有权人可以基于不同的请求权主张损害赔偿责任：一是主张违约损害赔偿。例如，在原所有权人与无处分权人之间存在合同关系的情形下，如原所有权人将标的物出租或者借用给无处分权人，此时，原所有权人有权请求无处分权人承担违约损害赔偿责任。二是侵权损害赔偿。在构成善意取得的情形下，原所有权人的所有权因无处分权人的无权处分行为而消灭，其有权请求无处分权人承担侵权损害赔偿责任。三是不当得利返还请求权。在构成善意取得的情形下，无处分权人会从相对人处获得一定的对价，而且原所有权人也会因此遭受一定的损失，符合不当得利返还请求权的构成要件，原所有权人有权请求无处分权人返还不当得利。

五、他物权的善意取得

他物权的善意取得是指无处分权人与他人达成协议，在他人之物上设定抵押、质权等他物权，如果相对人是善意的，也可以基于善意取得他物权。例如，甲借乙之名购买房屋，由甲支付购买房屋的价款，并将房屋登记在乙的名下，之后乙将该房屋抵押给银行。在设定抵押权的过程中，如果银行在查阅登记后，发现该房屋确实登记在乙的名下，即便后来在实现抵押权的过程中发现乙并非真正的权利人，银行也可以善意取得该抵押权。

动产上的原有权利包括原动产所有权、动产抵押权等担保物权。从比较法上看，各国法律大多承认他物权的善意取得。[②] 我国《民法典》第 311 条第 3 款规定："当事人善意取得其他物权的，参照适用前两款规定。"这实际上承认了其他物权也可以适用善意取得的规定。司法实践也确认善意取得可适用于其他物权。例如，在"无锡金茂置业有限公司、顾某达等对外追

---

① 参见孙宪忠：《中国物权法总论》，法律出版社 2003 年版，第 217 页。

② 参见《德国民法典》第 1207 条、《瑞士民法典》第 884 条。

收债权纠纷案”中,法院认为“凤凰文贸公司取得顾某达名下的涉案房产抵押权善意无过失,已办理不动产抵押登记,并经法院生效判决予以确认”,即抵押权亦可善意取得。① 又如,出质人将其占有的质押财产出质的,只要质权人是善意的,不知出质人无处分权,则质权的设定是有效的,所有权人不能要求质权人返还财产,但可要求出质人赔偿损失。这就表明,质权也是可以善意取得的。

需要指出的是,依据《民法典》第 311 条第 3 款的规定,他物权的善意取得虽然需要参照适用所有权善意取得的规则,但需要具备如下条件:第一,存在无处分权人在动产之上设定他物权,他物权人在取得他物权时是善意的。例如,在不动产抵押权善意取得的情形下,抵押权人在办理抵押登记时应当是善意的。在动产质权善意取得的情形下,质权人取得质押财产占有时应当是善意的。如果当事人在订立设定他物权的合同时是善意的,但在取得他物权时非善意,则无法善意取得他物权。第二,关于善意取得中的合理的价格。如果他物权的设立需要当事人支付一定的对价,如用益物权的设立,则当事人所支付的价格应当是合理的。但如果他物权的设立并不需要当事人支付对价,则该他物权的善意取得并不以当事人支付合理对价为成立条件。例如,抵押人在与债权人订立抵押合同时,通常是无偿的,抵押人一般不会从债权人处获得对价,因此,在参照适用所有权善意取得的规则认定抵押权善意取得的条件时,不应当将有偿性作为条件。第三,他物权的善意取得需要依法完成权利变动的登记。转让的不动产或者动产依照法律规定应当登记的已经登记,不需要登记的已经交付给受让人。但在具体认定他物权善意取得的适用条件时,也需要考虑其权利取得的特殊性。例如,对动产抵押而言,只要抵押合同生效,就可以设立动产抵押权,因此动产抵押权的善意取得并不需要当事人办理抵押登记;而对不动产抵押而言,其善意取得则需要当事人依法办理抵押登记。

除物权外,其他权利也可能存在善意取得的情形。当然,依据《民法典》第 311 条规定,善意取得的对象限于物权,在法律没有特别规定的情形下,其他权利的善意取得并不能直接适用《民法典》第 311 条的规定,而应当参照适用该规则。

六、赃物的善意取得

罗马法中,为了强化对所有权的保护,奉行“任何人不得以大于自己的

① 参见江苏省无锡市中级人民法院民事判决书,(2022)苏 02 民终 5644 号。

权利转让他人”（Nemo plus juris ad alium transferre potest, quam ipse habet）的原则，尤其是罗马法上有一句著名的格言，即“物在呼叫主人”，可见，罗马法没有承认善意取得制度，而是赋予了物的所有权人无限制地追及权利。显然，罗马法中，所有权人对自己丧失占有的赃物是可以追及的。但是在日耳曼法中，对所有权人的追及进行了限制，根据日耳曼法之“以手护手”（Hand wahre Hand）原则，在占有的情况下，“汝授予汝之信赖，汝仅得对受信赖者为要求也”[1]，即所有者只能基于契约向物的受托人提出请求，不能对第三人实行追及。

近现代民法实际上是借鉴了日耳曼法的经验，广泛确立了善意取得制度，对于赃物是否能够适用善意取得，在判例学说上发展了一个重要的理论，即区分占有委托与占有脱离，并分别认定其法律后果。所谓占有脱离物，是指非基于真正权利人的意思使其丧失占有而归于第三人的物，诸如抢夺、盗窃或其他非因占有人的意思脱离其占有而归于第三人的物。[2] 占有脱离包括两种情形：一是基于事实行为或者侵权行为使物脱离占有；二是财产脱离占有人的占有在一定程度上体现了权利人的意志，但并没有完全体现权利人的意志。所谓占有委托物，是指基于权利人的真实意思而发生占有移转的物。例如，基于租赁、保管等合同取得对权利人的物的占有。[3] 在许多国家的法律中，适用善意取得制度要区分占有委托与占有脱离，如果是占有委托物，就要适用善意取得制度。理由在于，某项财产依权利人的意志让与受托人占有时，就同时引发了两种危险：一是它营造了一个可以使第三人信赖的状态，从而对交易安全产生了危险；二是所有人失去标的物的直接占有，就面临标的物被他人处分的危险。[4] 对于权利人来说，其能够预测到上述两种风险，并且完全可以基于自己的意志控制物的移转，[5]且与善意的交易第三人相比，更具有化解风险的能力。所以，法律应该优先保护交易安全和善意第三人的利益，对占有委托物适用善意取得制度。我国《民法典》物权编中没有对此作出区分，但本书认为，在确定善意取得适用范围的时候，区分占有委托物和占有脱离物仍有一定的意义。

---

① Frederrick Pollock & Frederrick William Maitland, *The History of English Law before the Time of Edward I*, Cambridge University Press, 1968, p. 155.

② 参见史尚宽：《物权法论》，中国政法大学出版社 2000 年版，第 569 页。

③ 参见梁慧星编著：《中国物权法草案建议稿：条文、说明、理由与参考立法例》，社会科学文献出版社 2000 年版，第 368 页。

④ 参见王轶：《物权变动论》，中国人民大学出版社 2001 年版，第 283 页。

⑤ 参见谢在全：《民法物权论》（下册），中国政法大学出版社 1999 年版，第 968 页。

依据《民法典》第312条“所有权人或者其他权利人有权追回遗失物”的规定，善意取得制度原则上不适用于遗失物，但是对于赃物是否适用于善意取得，《民法典》对此未作出规定。长期以来，司法实践对赃物实行“一追到底”的做法，实际上采纳的是善意取得不适用赃物的观点。但自2007年《物权法》颁行以来，善意取得制度逐渐深入人心，尤其是随着我国社会主义市场经济与法治建设事业的发展，强化对善意相对人与交易安全的保护也被放到更重要的地位。在此背景下，司法实践的立场也逐步作出了相应的调整。《最高人民法院关于刑事裁判涉财产部分执行的若干规定》第11条第1款列举了不适用善意取得的情形，依据该规定第11条第2款，“第三人善意取得涉案财物的，执行程序中不予追缴。作为原所有人的被害人对该涉案财物主张权利的，人民法院应当告知其通过诉讼程序处理”。这就确认了赃物原则上可以适用善意取得。第三人如果善意取得涉案财物，在执行程序中应当不予追缴。[①] 从该规定来看，其对赃物采取了原则上可以适用善意取得制度，并排除了不适用善意取得制度的四类情形。[②] 由于该规定针对所有刑事案件中赃物的善意取得，而非仅仅是针对某些特定犯罪类型中的赃物或者某种特定的赃物可适用善意取得制度，这就表明我国司法实践已经承认赃物原则上可以适用善意取得制度。[③]

赃物原则上应当适用善意取得。一方面，赃物适用善意取得有利于保护善意第三人，维护交易安全。物是否可以适用善意取得制度的前提是，该物本身并未丧失可交易的属性。如果将赃物全部排除在善意取得的适用范围之外，则可能会严重损害交易相对人的合理信赖，危害交易安全。现代网络信息社会的交易，无论是交易的规模、频次还是数量，都远非一百多年前的市场所能相比的。因此，现代市场经济中交易当事人对市场本身信任的要求和维护都非常高，以实现快速、便捷的交易。故此，交易安全的保护成为现代法律的重要价值追求。构建高水平社会主义市场经济体制就必须增强交易安全、保护善意相对人的合理信赖，为当事人提供合理预期，提升交易主体的信心，增强交易的可预期性，进而促进交易、促进市场的繁荣与发

---

① 参见关敬杨：《善意取得的抵押权与刑事追赃的协调处理》，载《人民司法》2020年第17期。

② 《最高人民法院关于刑事裁判涉财产部分执行的若干规定》第11条第1款规定了不适用善意取得的四种情形：(1)第三人明知是涉案财物而接受的；(2)第三人无偿或者以明显低于市场的价格取得涉案财物的；(3)第三人通过非法债务清偿或者违法犯罪活动取得涉案财物的；(4)第三人通过其他恶意方式取得涉案财物的。

③ 参见程啸：《不动产登记簿的权利事项错误与不动产善意取得》，载《法学家》2017年第2期。

展。故此,赃物适用善意取得能够更好地保护交易安全。另一方面,赃物适用善意取得有利于规范和制约公权力,避免无限追赃产生的各种弊端。刑事追赃的过程就是公权力的行使过程,包括追缴、发还等环节。赃物善意取得有利于保护善意第三人的合法权益,避免公权力的过度介入损害交易当事人的合理预期。①

由于赃物的概念非常宽泛,为了更好地协调财产权的保护与交易安全的保护这二者的关系,需要对赃物的善意取得进行类型化的处理。如前文所述,传统大陆法系国家民法大多区分了占有委托物和占有脱离物。因为占有委托物是基于权利人的意志而脱离其占有的,该物一旦进入市场交易,就可能为他人通过交易而获得。因此,第三人信赖该物是基于所有权人的意愿而被交易的,基于这一信赖而购买该物,因而是善意。如果对这一信赖不予保护,将会危及交易安全。② 对于权利人来说,其能够预测到第三人可能产生信赖,并且完全可以基于自己的意志控制物的移转,③其与善意的交易第三人相比,更具有化解风险的能力。所以,法律应该优先保护交易安全和善意第三人的利益,对占有委托物适用善意取得制度。与此不同,占有脱离物适用善意取得的条件则更为严格,不少国家甚至规定占有脱离物不适用善意取得。这是因为对占有脱离物而言,标的物脱离权利人占有是违背其意愿的,很多时候是权利人难以控制和避免的,如被犯罪分子抢劫、抢夺、盗窃的财物。故此,在利益平衡上,与占有委托物相比,法律上应当更多地保护所有权人等财产权利人的利益,而非交易安全。

我国《民法典》的善意取得制度并没有区分占有委托物与占有脱离物。尽管《民法典》特别规定了遗失物的善意取得规则,但其只是占有脱离物的一种典型情形而已,《民法典》并没有就占有脱离物的善意取得规则作出一般规定。因此,就赃物能否类推适用遗失物的善意取得,存在不同观点。笔者认为,不能笼统认为赃物都应当类推适用遗失物的规定。由于赃物的类型纷繁复杂,在是否类推适用遗失物的规定这一问题上,应当进一步作类型化处理。一方面,盗赃物应当类推适用《民法典》第 312 条关于遗失物善意取得的规定。另一方面,其他赃物不应当类推适用《民法典》第 312 条的规定,而应当适用《民法典》第 311 条的善意取得制度。从立法目的来看,《民

---

① 参见张爱珍、潘琳:《民刑交叉案件的程序及实体处理规则》,载《人民司法》2020 年第 19 期。

② 参见王轶:《物权变动论》,中国人民大学出版社 2001 年版,第 283 页。

③ 参见谢在全:《民法物权论》(下册),中国政法大学出版社 1999 年版,第 968 页。

法典》第311条规定善意取得旨在维护交易安全和秩序，而《民法典》第312条关于遗失物排除善意取得的规则则兼顾了交易安全与所有人的利益，并且总体上更侧重于保护所有人的利益。该条通过允许所有人享有返还原物请求权可以有效地保护所有人的利益。在对赃物这一占有脱离物适用善意取得制度时，为了更好地兼顾所有权人利益的保护，应当严格限制其适用条件。盗赃物是所有权人基于他人的违法犯罪行为而丧失占有的，而遗失物虽然并非基于所有权人意思而丧失占有，但是实质上系所有权人自己的遗失行为导致占有丧失。在价值评价方面，盗赃物是违法犯罪行为所得，而遗失物毕竟是所有人不慎丢失的动产，举重以明轻，盗赃物的善意取得的适用要件不应当比遗失物的善意取得的适用要件更为宽松。[①] 此外还应当看到，由于近几年来，盗窃抢劫的犯罪行为逐渐减少，盗赃物的数量也在逐渐减少。因此，将盗赃物排除在善意取得的适用范围之外，也并不会对交易安全造成重大影响。

第四节　添　　附

一、添附的概念

所谓添附(accessio)，是指不同所有人的物结合在一起而形成不可分离的物或具有新物性质的物。[②] 法律规定添附的原因在于：两个以上的物合并为一体，若要使其分离，必然要毁损或减少物的价值，支付不必要的费用。更何况，添附的情况下，要恢复原状往往在事实上已不可能，因此，从增进财富、充分发挥物的效用的原则出发，必须承认添附可以取得所有权。

添附制度起源于罗马法，在罗马法中，“附属物添附于主物”(accessio cedit principali)成为确认所有权归属的基本原则。[③] 以后该制度被大陆法系国家民法继受，并成为大陆法系国家物权法中取得财产权的重要方法和制度。在罗马法上，优士丁尼即认为，若改良物可以被分解为其之前的材料，材料所有人即为物的所有人；若改良物不能被分解，则物的所有权则归属于改良者。[④] 以添附作为取得所有权的方法，是罗马法以来所公认的原则，并为各国物权法所公认。在英美法系国家，一般将添附定义为：以自然、

---

① 参见崔建远：《中国民法典释评：物权编》(上卷)，中国人民大学出版社2020年版，第522页。

② 参见谢在全：《民法物权论》(上册)，台北，2003年(公元纪年)自版发行，第505页。

③ 参见[意]彼德罗·彭梵得：《罗马法教科书》，黄风译，中国政法大学出版社1996年版，第201页。

④ See Harold C. Rector, Accession, 5 Sw. L. J. 80(1951).

人工或自然与人工相混合的方法作用于他人之物,并依法取得该物所有权的制度。[①] 我国《民法典》第 322 条规定:“因加工、附合、混合而产生的物的归属,有约定的,按照约定;没有约定或者约定不明确的,依照法律规定;法律没有规定的,按照充分发挥物的效用以及保护无过错当事人的原则确定。因一方当事人的过错或者确定物的归属造成另一方当事人损害的,应当给予赔偿或者补偿。”这就确定了添附的规则。添附的主要特点是:

第一,不同所有人的物结合在一起而形成不可分离的物。如果不同的所有人的物能够分开,就不存在某人取得他人动产所有权的问题。所有人可以通过行使物权请求权请求恢复原状。添附包括三种形式,即附合、混合和加工,这三种情况都会发生不同的所有人的动产相互结合的状态。在添附的情况下,由于财产密切结合在一起,要恢复原状在事实上已不可能或者在经济上极不合理,才有必要运用添附的规则加以解决。

第二,添附必须是基于数个物的结合形成了单独的所有权。不同的所有人之间的物因结合产生添附时,这些物既可能是动产,也可能是不动产。但因为我国法律历来不以添附的规则处理房屋与土地之间的关系,所以,不动产与不动产之间不可能发生添附,而一般只限于动产与不动产或动产之间发生添附。当不同的所有人所拥有的数个物已经在法律上结合为一物且以单一的所有权的形式而存在时,在法律上将构成添附。如果不同的所有人之间的物发生添附,形成了数个物的结合状态,可能形成多个所有权,也可能会发生数个添附。

第三,在发生添附的情况下,法律上必须确定添附物所有权的归属。添附物既可以归一人所有,也可以为各个不同的所有人共有。法律上关于确定添附物归属的规则在性质上属于任意性规范,当事人可以依据合同自由原则加以变更,自行约定所有权的归属。为求得当事人之间的利益平衡,受有损失的一方可以依照不当得利的规定,请求损失之赔偿。[②]

添附制度的功能主要在于确认添附物的归属,并对因添附而丧失原物所有权的一方以相应补偿。[③] 因为添附而导致当事人财产损害的,依据不同的情况可以适用不当得利返还请求权或者侵权请求权,以保护当事人的合

---

① See Garland, David S. et al. eds., *American and English Encyclopaedia of Law*, Edward Thompson Co., 1896, p. 247.

② 参见史尚宽:《物权法论》,中国政法大学出版社 2000 年版,第 141 页。

③ 参见陈本寒:《构建我国添附制度的立法思考》,载《法商研究》2018 年第 4 期。

法权益，填补其所受到的损害。[①] 因此，添附制度属于物权法的组成部分，与侵权责任法一样都是民法的组成部分，且都具有保护财产权的作用。民法对财产权的保护是一个完整的体系，其中物权法通过确认物权以及物权的特有保护方法来保护物权，而添附制度作为确认权利的重要规则，是保护财产权的前提。在德国法中，添附被作为所有权的取得方式，而在《法国民法典》中，添附被视为所有权扩张的体现，[②]但无论如何，添附都是以财产归属的确认为中心的。

二、添附与其他相近概念的区别

（一）添附与孳息

从狭义上理解，添附具有三种形态，即混合、附合、加工。从广义上理解，添附还包括原物所产生的孳息。关于添附与孳息的关系，国外立法有不同的规定。根据法国民法，添附分为生产和附合，该法将所有人获得的物所产生的孳息视为添附，[③]亦即物的附带产生物均构成孳息。而其他一些国家民法大多区分了添附和孳息。

本书认为，添附与孳息在性质上是不同的。主要表现在：一方面，添附是指两个所有权因为加工、混合等原因而结合在一起，但是孳息产生后并没有发生两个所有人的财产的结合，孳息仍然是在原所有人的财产的基础上产生的收益；另一方面，添附涉及两个所有权之间的冲突问题，需要对添附物的权利归属进行重新界定。但就孳息而言，一般由原物的所有人享有。孳息是原物所有权人行使所有权所获得的收益，也可以说是所有权的收益权能的具体体现。当然，在原物发生占有移转以后，依照法律和合同规定，也可以由产生孳息时的合法占有人所有。原物所有权移转以后，对孳息的取得权也随之移转，物的原所有人有权请求所有人返还物的孳息。

（二）添附与侵权制度

添附既可能导致原物形态的改变，也可能导致物的灭失，还可能导致物上权利的灭失。[④] 添附作用在他人之物上，因此，其常常与侵权发生关联。应当看到，未经他人的同意而利用他人财产，只要产生了新的财产，在大多数情况下既构成添附，也构成侵权行为。尤其是未经他人同意而利用他人

---

① Reuter/Martinek, Ungerechtfertigte Bereicherung, § 2 Ⅲ S. 33; Weitnauer DB 1984, 2496 (2497).

② 参见尹田：《法国物权法上的添附权》，载《法商研究》1997 年第 3 期。

③ 参见《法国民法典》第 547 条至第 550 条。

④ MüKoBGB/Füller, BGB § 951 Rn. 5.

财产,虽然客观上可能使他人的财产增值,但由于该行为造成了财产形态的改变,在违背权利人意愿的情形下,该行为也可能构成侵权,从而发生侵权与添附的竞合。例如,未经他人同意进行错误的装修,因装修发生的添附,尽管在客观上可能使房屋增值,但因为通常装修是与个人审美情趣和偏好相关联的,具有很强的主观性,因而擅自装修,也可能因为不符合业主的审美观念而成为一种损害。所以,所有权人有权基于其房屋所有权主张排除妨害,要求存在过错的添附人拆除其装修材料,将其房屋恢复原状,也有权主张由添附人承担该恢复原状的拆除费用,并就装修中因拆除有关隔墙的损失等请求侵权损害赔偿。可以说,只要不是出于被添附人的意愿的添附,都有发生侵权的可能。① 正因如此,有不少学者认为,添附制度可以被侵权行为制度所替代,因为任何人无论是基于善意还是恶意利用他人财产进行添附,都构成对他人财产所有权的侵害。因此,财产被添附的一方都有权基于侵权请求权主张排除妨害,并赔偿损失。

事实上,如果未经他人同意而使用他人财产,尚未产生新物,此时仅构成侵权而不构成添附。即使在侵权与添附发生竞合的情况下,因为二者具有不同的功能与价值,依据不同的规则处理会产生不同的结果,所以,在既发生侵权又构成添附的情况下,并不一定适用侵权责任的有关规则。具体来说,二者的区别主要体现为:

一是二者的功能不同。侵权责任制度以过错为前提,以损害赔偿作为其主要形式。但损害赔偿只是使权利人遭受的财产损失获得补救,其本身并不能解决财产被他人添附以后所形成的物的权利归属问题,也不能替代添附制度物尽其用的功能。而添附制度的首要目的在于确定财产归属,维护社会秩序的稳定。

二是二者旨在实现的价值不同。侵权责任法作为保护权利的法律,主要体现的是通过保护受害人的权益、制裁不法行为人来实现公平正义的价值,并维护社会正常的生产和生活秩序。而添附制度具有促进物的有效利用的功能,当然,添附制度也要反映公平正义的价值,但它更强调促进物尽其用,提高物的使用效率。

三是二者适用的条件不同。添附制度的适用前提是发生了附合、加工、混合等事实而产生了新的物,从而有必要确认物的产权归属。在确认添附

---

① 参见王泽鉴:《民法物权:通则 · 所有权》(第 1 册),中国政法大学出版社 2001 年版,第 311 页。

物的归属时,添附一方的主观状态并不是考虑的主要因素。[①] 但一般侵权责任是过错责任,应当考虑行为人是否具有过错。

四是两者的法律效果不同。添附是基于各种原因引起的,未必与侵权行为联系在一起,产生添附以后,首先需要对添附物的归属进行重新确认,而未必首先需要确定侵权责任。即便是因为侵权行为发生的添附,也不一定要适用侵权的有关规则。在适用的结果上,构成添附可能导致不当得利返还的适用,成立侵权则导致侵权损害赔偿的适用。

三、添附的三种形态

(一)附合

附合,是指不同所有人的财产密切结合在一起而形成新的财产,虽未达到混合程度,但非经拆毁不能达到原来的状态。如砖瓦、木板附合于房屋之中,附合可以因为自然的或人为的原因而形成。附合既可是因为动产和不动产所有人实施的行为造成的,也可是因为第三人的原因发生的。

附合有两种情况:

1. 动产与不动产的附合。动产与不动产相结合成为不动产的组成部分,构成了附合形态中的一种。此种附合的特点在于:第一,动产成为不动产的组成部分,或者说成为不动产的重要成分。[②] 两物发生附合以后,非经毁损或改变物的性质不能使两者分离。第二,此种附合具有固定性,也就是说这种附合不是暂时的,[③]而是继续存在的。如果并不具有固定性,仍不构成附合。第三,在社会经济观念上,已将相互结合的两个物视为一个物。也就是说按照社会一般的观念,[④]附合的动产必须失去物理上的独立性(körperliche Selbstständigkeit),合并在一起成一个统一的整体。[⑤] 典型的例子是底盘、车身和发动机附合成为机动车。[⑥] 一般人认为,数个物已经成为一物。例如,在他人的土地上堆放物品或者搭建简易的设施,一般人并不认为两个物已经结合为一个独立的物,则不构成附合。又如,土地上未完成的建筑物,属于多种建筑材料的组合,不丧失独立性,因而不应视为不动产的附合物。

---

① MüKoBGB/Füller, BGB § 951 Rn. 37.

② MünchKomm/Füller, § 946 Rn. 5.

③ MünchKomm/Füller, § 946 Rn. 6 f.

④ MünchKomm/Füller, § 946 Rn. 5.

⑤ BeckOK BGB/Kindl, 64. Ed. 1. 11. 2022, BGB § 947 Rn. 4.

⑥ BGHZ 18, 226, 229.

在附合的情况下,动产和不动产分别属于不同的所有人所有,这就需要对附合物的所有权归属在法律上予以确定。一般认为,在发生动产与不动产附合的情况下,应当由不动产所有人取得附合物的所有权。此项取得在性质上是原始取得,是基于法律规定而直接取得的所有权。动产附合于不动产导致动产所有权消灭,以动产成为不动产重要成分为前提,因此,如果动产只是基于暂时依附于不动产,在一段时间后会基于所有人的意思与不动产分离,不构成附合。① 在新的财产应归不动产所有人所有以后,动产所有权发生消灭。动产所有人应获得与其动产价值相当的补偿。当然,如果因为某人利用他人的财产进行加工,发生附合的结果,此种情况一般应依照加工的规则解决。附合规则有助于维持经济上的一体性、实现法律关系的清晰明确。②

2. 动产与动产的附合。两个或两个以上的不同所有人的动产互相结合,一个物成为他物的重要组成部分,非经毁损不能分离,或者分离在经济上不合理,③此种情况属于动产与动产的附合。例如,将他人的珠宝镶嵌在自己的手镯上。但是动产与动产的附合仅限于没有经过加工的情况,如果经过了加工,则适用加工的规定。

动产与动产的附合所结合的物,称为合成物。关于合成物归属的确定,各国立法有三种原则:一是以共有为原则,以单独所有为补充,如《德国民法典》《瑞士民法典》;二是以单独所有为原则,以共有为补充,如《日本民法典》;三是仅规定由主物所有人取得所有权,如《法国民法典》。本书认为,对于合成物归属的确定需要考虑各动产所有人财产的价值。如果各个动产在价值上相等或者难以区分为主物和从物,则附合物可以由各所有人共有。④ 各动产所有人的应有部分,按动产附合时的价值来确定比例。如果合成物可以区别主物和从物,则按照从物随主物的原则,应当归主物所有人享有所有权,⑤法律上确立这一规则主要是为了减少在附合以后因形成共有物而产生的管理上的不便以及分割共有物所支付的不必要费用。在确定主物和从物的关系的时候,应当按照一般的交易观念,⑥根据物的价值、效用以及性质等来决定。例如,在他人的桌椅上刷漆,一般认为桌椅是主物而漆是从

---

① Staudinger/C Heinze (2020) BGB § 946 Rn. 4.

② Staudinger/C Heinze (2020) BGB § 946 Rn. 1.

③ MünchKomm/Füller, § 947 Rn. 4.

④ MünchKomm/Füller, § 947 Rn. 8.

⑤ MünchKomm/Füller, § 947 Rn. 9.

⑥ MünchKomm/Füller, § 947 Rn. 5 ff.

物,因此由桌椅的所有人取得所有权。但某人在取得附合物的所有权的同时,必须对从物的所有人或财产价值小的所有人作出适当补偿。

(二)混合

混合是指不同所有人的动产互相结合在一起,难以分开,或在经济上不合理,并且形成新的财产,[①]如米与米混合(固体的混合)、酒与酒混合(液体的混合)、氧与氢混合(气体的混合)。混合的特点在于动产与动产之间相互结合为一个物,对原物已经不能加以识别,或者加以识别在经济上不合理,其性质为事实行为。[②] 例如,酒与酒发生混合,一般不能加以识别。但优质米与劣质米混合可能能够识别。将混合的动产在技术上分离是否可行,或者在经济上是否因费用过高而不合理,需要依据客观标准判断。[③]

混合与附合的区别在于:在混合的情况下,已无法识别原各所有人的财产;在附合的情况下,原各所有人的财产仍然能够识别。附合和混合一样,都是在不同所有者之间发生财产的结合。如果是同一所有人的不同财产的结合,则不发生附合或混合的问题。在德国民法中,混合与附合一样,原则上由原物所有人共有,但是在能够区分出主物和从物的情况下,由主物所有人单独所有。[④] 在我国司法实践中,对混合的处理一般应根据原财产价值的大小来决定。混合后的新物一般归原财产价值大的一方所有,原财产价值小的一方可取得与原财产相当的补偿。此种做法是符合经济效率原则的。

(三)加工

加工是指一方使用他人的财产加工改造为具有更高价值的财产。在加工的情况下,加工人已对加工物的形成提供了自己的劳动。在各国立法中,加工有狭义和广义两种情况。狭义的加工,是指改造他人的动产而为新动产的事实,如把丝织成绸缎等。罗马法及法国民法主张这种观点。[⑤] 广义的加工不仅包括改造他人的动产为新动产的情况,也包括他人动产的表面加工,从而形成新动产的情况,如在他人木板上作画、镀金等。

加工的构成要件是:

第一,加工的标的仅限于动产。[⑥] 加工一般是利用他人的动产进行改造

① MünchKomm/Füller, § 948 Rn. 2 f.

② MünchKomm/Füller, § 948 Rn. 2.

③ Staudinger/C Heinze (2020) BGB § 948 Rn. 4.

④ MünchKomm/Füller, § 948 Rn. 4.

⑤ 参见[法]弗朗索瓦·泰雷、[法]菲利普·森勒尔:《法国财产法》(上),罗结珍译,中国法制出版社2008年版,第333页。

⑥ MünchKomm/Füller, § 950 Rn. 4.

而加工成新的动产。但在特殊情况下,也可能利用他人的动产进行加工形成不动产。例如利用他人的建筑材料而建成房屋,此种情况亦可属于加工。因为加工的标的仍然是动产,只不过是加工物为不动产而已,在确定加工物的归属时,也可以适用加工物的规定。[①]

第二,加工的材料必须为他人所有。因为加工本身是在他人的材料上进行的改造,所以加工的材料必须是他人的材料。当然,在加工过程中加工人会掺入部分自己的材料,但这并不影响加工的成立。材料既可以是原料,也可以是半成品。

第三,必须提供了加工行为。加工行为就是对他人的材料进行改造,加工行为是一种人为的事实行为。[②] 因此,无民事行为能力人、限制民事行为能力人也可以通过加工取得新物的所有权。[③] 不过,加工行为虽然不要求意思表示,但仍然要求加工人是有意识地加工,[④]即加工行为必须是自然意思支配下的人类行为。[⑤] 即使加工人没有取得新物所有权的意思,加工人仍然依据该规定取得新物所有权。[⑥]

第四,必须因工作而制成加工物,成为一种新物(neue Sache)。[⑦] 因加工所形成的物称为加工物,如将他人的木料制成家具,将他人的石材进行雕刻制成工艺品,将他人的皮革制成皮靴等。加工必须是制成新的物,如果只是对他人的旧物进行修缮,并没有形成新物,则不构成加工。关于如何判断新物,学说上存在多种观点。一般来说,原材料和新物之间不具有同一性,[⑧]即新物与原材料相比具有了不同的用途(Verwendungszweck)、不同的性质(Eigenschaften)。[⑨] 新物通常具有新的名称,如白菜变成酸菜、谷物变成面包。或者与原材料相比,新物在性质上具有稳定持久的实质性变化(erhebliche Veränderungen der Sachsubstanz),在外观上有新的表现形式。[⑩] 也就是说,判断新物是否出现,应当从经济的角度来观察。[⑪]

---

① 参见谢在全:《民法物权论》(上册),台北,1997 年(公元纪年)自版发行,第 302 页。
② 参见房绍坤:《论加工的物权法规制》,载《清华法学》2017 年第 2 期。
③ MüKoBGB/Füller,9. Aufl. 2023,BGB § 950 Rn. 5.
④ 参见房绍坤:《论加工的物权法规制》,载《清华法学》2017 年第 2 期。
⑤ Staudinger/C Heinze (2020) BGB § 950 Rn. 8.
⑥ BeckOK BGB/Kindl,64. Ed. 1. 11. 2022,BGB § 950 Rn. 4.
⑦ MünchKomm/Füller, § 950 Rn. 7 f.
⑧ BGH NJW 2016,317.
⑨ MüKoBGB/Füller,9. Aufl. 2023,BGB § 950 Rn. 8.
⑩ BeckOK BGB/Kindl,64. Ed. 1. 11. 2022,BGB § 950 Rn. 5.
⑪ Staudinger/C Heinze (2020) BGB § 950 Rn. 9.

关于加工物的所有权归属，在罗马法中，曾有两种不同的学派，即Sabiniani学派（以下简称萨派）与Proculiani学派（以下简称普派）。萨派认为，关于加工物所有权归谁所属，应采“材料所有人主义”（以下简称材料主义），因材料经加工后，形体虽已改变，但其作为材料的本质未有任何变化，故而材料所有人不得丧失所有权。[①] 盖尤斯的《学说汇纂》对此也有记载。[②] 与此相反，普派则认为应依“加工人所有权主义”（以下简称加工主义）确定加工物所有权的归属，因材料经加工后已经改变形体而成为新物，原所有权已经消灭，故新物应归加工人所有。[③] 由此，自罗马法以来在大陆法系学说上有材料主义和加工主义两种主张。材料主义认为，材料加工以后，其形式虽然已经改变，但其本质仍然未产生变化。加工物是在原材料上加工而成的，因此加工物应归材料所有人所有；加工主义认为，加工物的形成主要是加工人的工作成果，而且当原物改造成新物以后，原物的所有权应当发生消灭，加工物应当属于无主物，加工人可以基于先占而取得所有权。近代的立法大多采用折中说，即兼采材料主义与加工主义，有的国家如《法国民法典》第570条、第571条在确定所有权归属时，以材料主义为原则，以加工主义为例外，[④]而《德国民法典》第950条则以加工主义为原则，以材料主义为例外。

在考虑加工物的所有权归属的时候，应当兼顾材料人的利益和加工人的利益。因为加工物本身的价值是由材料的价值和加工人的劳务两者构成的。用他人材料制成加工物的，如果加工物所增加的价值明显超过了材料的价值，加工物的所有权归加工人，但加工人为恶意的除外。一旦加工人享有加工物的所有权，材料所有人的所有权消灭，该材料之上的其他权利也发生消灭。当然材料所有人有权要求加工人对其损失给予赔偿。[⑤] 需要指出的是，加工人必须出于善意才能取得加工物的所有权。加工人恶意加工他人财产，尽管其加工所增加的价值超过了材料的价值，也不应从材料价值上

---

① 参见陈华彬：《物权法原理》，载梁慧星主编：《民法学原理》〔多卷本〕，国家行政学院出版社1998年版，第459页。

② 盖尤斯认为，“没有材料就不可能有新物，如我用你的金、银、铜制成一个盆，用你的木板制成一条船、一个柜子或是一条凳，用你的葡萄酒和蜂蜜制成蜜酒，用你的药材制成药膏或是眼药，用你的葡萄、橄榄、麦穗制成葡萄酒、油以及麦粒”，D. 41，1，7，7。

③ 参见陈华彬：《物权法原理》，载梁慧星主编：《民法学原理》〔多卷本〕，国家行政学院出版社1998年版，第459页。

④ 参见温世扬：《〈民法典〉应如何规定所有权》，载《法学评论》2018年第2期。

⑤ 参见陈华彬：《物权法原理》，载梁慧星主编：《民法学原理》〔多卷本〕，国家行政学院出版社1998年版，第465页。

考虑而使其享有所有权。尤其是在恶意加工的情况下，恶意加工所获得的加工物价值超过了损害赔偿的数额，则如果使加工人取得所有权，将会使加工人从中获得利益，其结果就可能会纵容恶意加工行为。在此情况下首先要考虑是否可以拆除材料，如果能够使材料从加工物中拆除，应当拆除。由此造成的损失，由恶意加工人赔偿。如果不能拆除，则应当由法官根据具体情况来判定加工物归加工人所有还是归材料所有权人所有。

加工是一种事实行为，所以无行为能力人也可以因加工而取得所有权。债务履行辅助人从事加工行为，应当由债务人取得所有权。承揽人根据定作人的要求从事加工行为，其所有权归属于定作人。[1]

四、添附物归属的确定

关于添附物归属的确定，《民法典》第322条规定："因加工、附合、混合而产生的物的归属，有约定的，按照约定；没有约定或者约定不明确的，依照法律规定；法律没有规定的，按照充分发挥物的效用以及保护无过错当事人的原则确定。因一方当事人的过错或者确定物的归属造成另一方当事人损害的，应当给予赔偿或者补偿。"该条按照物尽其用和保护无过错当事人原则确定添附物之归属，力求在物尽其用原则和保护无过错当事人的物权之间寻求利益平衡，具体确认了如下规则：

1. 约定优先原则。依据《民法典》第322条的规定，在确定添附物的归属时，"有约定的，按照约定；没有约定或者约定不明确的，依照法律规定"，这就是说，在确定添附物的归属时，首先要尊重当事人的约定。在就物的归属发生争议后，当事人可以约定由一方取得所有权，并对另一方给予补偿，或者约定由双方共有相关财产，即当事人可以约定如何处理添附物归属纠纷。例如，根据承揽合同，承揽人根据定作人的要求从事加工行为，添附物的所有权归属于定作人。[2]

2. 充分发挥物的效用。在当事人没有约定且法律没有明确规定的情形下，在确定添附物的归属时，应当考虑物尽其用，充分发挥物的价值。[3] 也就是说，在确定添附物的归属时，应当考虑效率原则。在实践中，如果未经他人的同意利用他人财产进行加工、装修等，通常要考虑两个物之间的价值，一般来说，应当由价值大的物的所有人取得物权。对混合的处理一般应根

---

① 参见史尚宽：《物权法论》，中国政法大学出版社2000年版，第149页。

② 参见史尚宽：《物权法论》，中国政法大学出版社2000年版，第149页。

③ 参见黄薇主编：《中华人民共和国民法典释义(上)：总则编·物权编》，法律出版社2020年版，第618页。

据原财产价值的大小来决定。混合后的新物一般归原财产价值大的一方所有,原财产价值小的一方可取得与原财产相当的补偿,实践证明,此种做法是符合经济效率原则的。

3. 保护无过错当事人。在根据添附规则确定财产归属时,应当区分善意和恶意,保护无过错当事人一方。在根据添附规则确定添附物的归属时,之所以需要区分善意和恶意,一方面,在两个所有人的动产发生添附以后,如果添附后果是因为行为人的恶意添附行为造成的,两个动产的价值虽有差距但差距并不大,则应当侧重保护受害人的利益,使添附物的所有权归属于受害人,这样有利于保护权利人。另一方面,对恶意添附行为予以制裁,也符合诚信原则。在此情形下,不能仅仅根据价值大小或者效率原则来确定归属。

具体而言,如果是恶意添附,基于恶意不受保护的理念,恶意添附人对其添附中所花费的材料和费用不仅不享有不当得利请求权,而且应对恶意添附所造成的损害承担侵权损害赔偿责任。① 因加工所增加的价值,虽然明显超过材料的价值,但加工人基于恶意实施加工,不能取得加工物的所有权。② 如果恶意利用他人财产而发生添附,能够拆除且拆除以后不影响财产的价值,被利用物的所有人要求返还原物,应当将该物予以拆除,由利用该物的人予以返还。但如果拆除该物确有可能损害物的价值,或者拆除对物的所有人并无任何利益,只能给利用人造成损害,从诚信原则的角度和效率原则考虑,不应当予以拆除。③ 例如,在"杜某诉谢某不当得利纠纷案"中,被告强占单位的集资房,并进行装修。法院经审理认为,杜某强占单位集资房,非法占用他人财产,已经构成侵权,擅自装修是侵权行为的延续。杜某的装修行为是在他人不动产上附合动产,侵权的同时也构成添附。如果按侵权处理,要求恢复原状,必然要拆除装修,对双方利益都是一种损失,也是双方不愿意得到的结果。法院判决被告搬出房屋,但装潢不得拆除,由原告所有,但原告应当给予被告一定的补偿。④

---

① 参见陈本寒:《构建我国添附制度的立法思考》,载《法商研究》2018 年第 4 期。

② 参见梅仲协:《民法要义》,中国政法大学出版社 1998 年版,第 393 页。

③ 参见王泽鉴:《民法物权》(第 2 版),北京大学出版社 2010 年版,第 198 页。

④ 参见原中国人民解放军南京军区军事法院民事调解书,(2008)军宁直民初字第 4 号。

第五节　遗失物的拾得

一、拾得遗失物

(一)遗失物的概念

遗失物,是指他人丢失的动产。换言之,遗失物并不是无主物,也不是所有人抛弃的或因他人的侵害而丢失的物,而是因所有人、占有人不慎所丢失的动产。遗失物属于"占有脱离物"。所谓占有脱离物,是指非基于真正权利人的意思而丧失占有的物,一般认为包括赃物和遗失物。[①] 遗失物必须具备以下几个条件:

1. 必须是占有人不慎丧失占有的动产。[②] 遗失物为他人不慎丢失的动产,不动产的物理属性决定了它是不可能遗失的,所以遗失物只能限于动产。遗失物与抛弃物的根本区别在于,遗失物并不是权利人抛弃的动产,而是权利人不慎丢失的财产,权利人并没有抛弃其所有权的意思。如果所有人故意放弃占有,其所有权因抛弃而消灭,该物则应当作为无主物处理。在法律上,凡未为权利人明确抛弃的动产,均可以推定为遗失物。但从实践来看,如何界定所有人具有抛弃的意思,要依具体情况而定。例如,某人将其一辆破旧的、未上锁的自行车置于离家较远的道边。认定该自行车是否已经为物主抛弃,就要依据社会一般观念、物的价值、所有人是否有抛弃的意图等来决定。从一般社会观念来看,如果某人将一辆破旧的、价值不大的自行车扔在离家较远的道边且没有上锁,可以认定其具有抛弃的意思。但如果放在自己的家门口,或者虽然置于离家较远的道边,但已经上锁,就表明他不具有抛弃的意思。[③]

2. 必须是无人占有的动产。此处所说的占有,必须从主观和客观两个方面来考虑。从主观上来看,必须有占有的意图。例如,某人脚下踩到了他人丢失的物品,但是,并没有意识到它的存在,这就不能认为构成占有。从客观上来看,必须要实际上对物进行了管领和控制。如果某人占有某物以后,又丢失了该物,则不能认为其占有了遗失物,只能认为遗失物为实际的占有人所占有。如果从他人手中盗取某物,只能认定为占有赃物,不能认定为占有遗失物。

---

① 参见梁慧星:《中国物权法草案建议稿:条文、说明、理由与参考立法例》,社会科学文献出版社2000年版,第369页。

② MünchKomm/Oechsler, § 965 Rn. 3.

③ MünchKomm/Oechsler, § 965 Rn. 4.

3. 必须是拾得人拾得的动产。[①] 遗失物是为所有人丢失的动产。这就是说,它并非抛弃物,也不是无主物,它在法律上具有明确的归属。如果是抛弃的垃圾等无主物,则应当根据先占原则来确定归属。对于遗失物,在拾得之后,将发生拾得人返还遗失物的义务。所谓拾得,包括发现和占有两个要素。所谓发现,是指已经知道或确定遗失物及其地点;所谓占有,是指已经基于占有的意思而占有。[②] 在遗失物拾得的两个构成要素中,虽然发现先于占有,没有遗失物的发现,则不可能产生遗失物的占有,但只是发现,没有占有,并不能构成拾得。只有在发现的基础上占有遗失物,才构成拾得。[③]

任何人拾得遗失物便成为拾得人。拾得行为是一种事实行为,此种行为是指拾得人取得遗失物并予以占有的行为。一旦成为拾得人,在法律上就负有归还的义务。任何人采用非法手段占有他人财产并不构成拾得行为。某人拾得他人的财产,他人以暴力行为予以抢夺,获得对遗失物的占有,也不构成拾得行为,而构成侵权行为。

遗失物并非无主财产,它在法律上具有明确的归属。根据我国《民法典》的规定,遗失物的所有权归于失主。这就表明,尽管遗失物脱离了所有人的控制和实际支配,但并没有因此而发生所有权的移转。我国法律明确规定遗失物的所有权归于失主(原所有人或占有人),因而拾得人有义务将遗失物返还失主,这并不是道德上的义务也不是任意性的义务,而是法律规定的必须履行的强制性义务。否则,视为对他人所有权的侵犯,所有人也有权请求拾得人返还原物。

(二)拾得人的义务

遗失物并非无主财产,它在法律上具有明确的归属。《民法典》第 314 条规定:“拾得遗失物,应当返还权利人。拾得人应当及时通知权利人领取,或者送交公安等有关部门。”拾得人在拾得遗失物以后,应当负有返还遗失物的义务,该义务包括如下内容:

第一,及时通知义务。《民法典》第 315 条规定:“有关部门收到遗失物,知道权利人的,应当及时通知其领取;不知道的,应当及时发布招领公告。”因此,拾得人知道权利人的,应当及时通知权利人,所谓权利人,包括两类:一是所有人。如果拾得人知道所有人,依据诚信原则,应返还给所有人。二是所有人以外的其他权利人,包括借用人、管理人等。拾得人在他人的住

---

① MünchKomm/Oechsler, § 965 Rn. 10 ff.

② 参见史尚宽:《物权法论》,中国政法大学出版社 2000 年版,第 130 页。

③ 参见郑云瑞:《民法物权论》,北京大学出版社 2006 年版,第 189 页。

宅、公共汽车内或者机关、学校、图书馆等公共场所拾得遗失物,也可以将遗失物交给住户或者有关的管理人,或者送交公安机关。有关部门在收到遗失物以后,知道权利人的,应当及时通知权利人领取;不知道失主的,应当及时发布招领公告。

第二,妥善保管遗失物的义务。《民法典》第316条规定:“拾得人在遗失物送交有关部门前,有关部门在遗失物被领取前,应当妥善保管遗失物。因故意或者重大过失致使遗失物毁损、灭失的,应当承担民事责任。”该规定包括了如下内容:一是拾得人在拾得遗失物以后,应该承担妥善保管遗失物的义务。在保管期间,拾得人对遗失物的占有是有权占有。同样,拾得人在将拾得遗失物交给有关部门以后,有关部门也负有妥善保管遗失物的义务。二是拾得人应以一般的注意义务保管遗失物。拾得人依据法律规定保管遗失物,其从管理中没有获得利益,因此拾得人只要尽到一般的注意义务即可,如果不是基于故意或者重大过失造成遗失物的毁损灭失,就不需要承担损害赔偿责任。① 三是如果拾得人在占有遗失物期间,或者有关部门在管理遗失物期间,因故意或者重大过失致使遗失物毁损、灭失的,应当承担损害赔偿责任。所谓重大过失,指拾得人或有关部门未能尽到一般人的注意义务,致使遗失物毁损灭失,拾得人或有关部门应当承担赔偿责任。因为拾得人或有关部门占有遗失物,并未与失主之间形成无因管理,拾得人或有关部门依据法律规定保管遗失物,并不是无法律依据而管理他人的财产。只不过其所保管的财产是他人的财产,其从管理中没有获得利益,且尽到一般的注意义务就不需要承担损害赔偿责任。② 例如,将拾得的物品置于室外,风吹雨打造成重大损害,构成故意。

第三,返还遗失物的义务。拾得人负有的返还义务是一种法定义务,拾得人的返还义务并不是道德上的义务,也不是任意性的义务,而是法律规定的必须履行的强制性义务。③ 任何人拾得遗失物便成为拾得人,并负有返还遗失物的义务。拾得人知道权利人的,应当及时通知权利人领取;不知道失主的,应当及时发布招领公告。我国《民法典》第312条规定,“所有权人或者其他权利人有权追回遗失物”。因此,失主享有返还原物的请求权。

(三)拾得人的权利

拾得人虽然负有返还和保管遗失物的义务,但并非不享有任何权利。

---

① MünchKomm/Oechsler, § 966 Rn. 2.

② MünchKomm/Oechsler, § 966 Rn. 2.

③ MünchKomm/Oechsler, § 969 Rn. 1 ff.

拾得人的权利主要包括如下几个方面。

第一,请求支付保管费用。《民法典》第 317 条第 1 款规定:“权利人领取遗失物时,应当向拾得人或者有关部门支付保管遗失物等支出的必要费用。”依据这一规定,所有权人、占有权人等权利人领取遗失物时,应当向拾得人或者有关部门支付保管遗失物等支出的费用。拾得人和有关部门在保管遗失物期间,也可能支付一定的费用,此处的费用主要指保管遗失物支出的必要费用,可按照无因管理请求遗失人偿还。[①] 但这些费用不能由拾得人或有关部门来承担,而只能由领取遗失物的权利人支付。但是,保管费用的返还范围仅限于必要费用,对于那些不必要的费用,权利人无须返还。[②] 如果拾得人侵占遗失物,则其无权请求保管遗失物等支出的费用和报酬。

如果失主拒绝支付保管费用,拾得人是否可以留置遗失物,学界对此有不同的看法。大多数认为,在领取遗失物的权利人支付保管费用前,拾得人可以留置遗失物。[③] 本书认为此种观点有一定的道理。

第二,请求失主按照承诺履行义务。关于拾得人是否有权要求失主支付报酬的问题,理论上存在两种截然不同的观点。我国《民法典》并没有规定拾得人可以享有报酬请求权,而只是在第 317 条第 2 款规定:“权利人悬赏寻找遗失物的,领取遗失物时应当按照承诺履行义务。”该规定包括了如下内容:一方面,确认了拾金不昧的优良传统。拾金不昧是我国数千年所流传下来的传统美德,它在新的历史时期也应不断发扬光大。在返还遗失物的情形中,《民法典》并没有规定拾得人可以享有报酬请求权,其旨在鼓励拾金不昧的行为,弘扬我国优秀的道德传统。另一方面,《民法典》也并非完全排除拾得人的报酬请求权,如果权利人通过发布悬赏广告的方式寻找遗失物,并且在悬赏广告中承诺支付报酬,则拾得人有权请求失主按照承诺履行支付报酬的义务。[④]

(四)拾得人侵占遗失物的责任

所谓侵占遗失物,是指拾得人以占有遗失物为目的而拒绝返还遗失物,如失主请求拾得人返还而拒不返还,拾得人明知失主却隐匿遗失物拒不返还等。拾得人在拾得遗失物后,应当返还权利人而不得据为己有,否则应当承担相应的责任。所谓据为己有,是指通过一定的意思表示及实施一定行

---

① 参见黄薇主编:《中华人民共和国民法典释义(上):总则编 · 物权编》,法律出版社 2020 年版,第 608 页。

② MünchKomm/Oechsler, § 970 Rn. 3.

③ 参见郑玉波:《民法物权》,台北,三民书局 2003 年版,第 121 页。

④ 参见崔建远:《物权法》(第 5 版),中国人民大学出版社 2021 年版,第 116 页。

为，公开宣称遗失物属于自己所有。例如，第三人明确表示遗失物是自己的财产，或在失主发现遗失物以后要求返还时，拾得人拒不返还。

拾得人侵占遗失物的后果包括如下两种。

1. 丧失费用返还请求权和报酬请求权。《民法典》第 317 条第 3 款规定："拾得人侵占遗失物的，无权请求保管遗失物等支出的费用，也无权请求权利人按照承诺履行义务。"这就是说，一方面，拾得人在保管期间内为遗失物的保管支付了各种费用，如果权利人依法向拾得人支付了这些费用，而拾得人仍不返还，就构成侵占遗失物，此后拾得人再无权利请求保管遗失物等支出的费用。另一方面，在拾得人侵占遗失物的情形下，拾得人无权请求权利人按照承诺履行支付费用。法律作出此种规定，体现了对非法侵占遗失物的行为的制裁。

2. 依法承担法律责任。拾得人侵占遗失物的，不仅无权请求权利人支付相关费用和报酬，还可能构成侵权行为或负担不当得利返还义务。在司法实践中，对于将遗失物据为己有的行为性质存在下述两种截然不同的观点：一是不当得利说。所谓不当得利，是指无合法根据取得利益而造成他人损害。就拾得人拒不返还遗失物的行为来说，应可以认定其构成不当得利。二是侵权行为说。此种观点认为，拾得人拒不返还遗失物，应按侵权行为处理。① 原《关于贯彻执行〈中华人民共和国民法通则〉若干问题的意见（试行）》第 94 条规定："……拾得人将拾得物据为己有，拒不返还而引起诉讼的，按照侵权之诉处理。"

本书认为，拾得人拒不返还遗失物，既可以适用物权请求权返还，也可构成不当得利或者侵权行为，从而产生物权请求权、不当得利与侵权行为的竞合现象。如果按不当得利处理，失主一般只需证明拾得人占有失主财产且这种占有是无法律根据的。拾得人只要将其占有的财产返还给失主，就足以保护失主的利益。在许多情况下，失主丢失某物将使其遭受严重的损失，而拾得人并未因拾得该物而获得较多的利益（如遗失物对其无太多的价值等），损害与获利之间并无对应的关系，因而只能以获利为准要求获利人返还不当得利，而不能以损害为依据要求获利人赔偿其完全不能预见的损害。如果按侵权处理，一旦失主证明自己遭受了较多的损失，此种损失就要由拾得人赔偿，这对拾得人未免太不公平。更何况，在拒不返还遗失物的情况下，主要是确定返还责任的问题，而通过损害赔偿方式，并不能很好地保

① 参见崔建远：《物权：规范与学说——以中国物权法的解释论为中心》（上册），清华大学出版社 2011 年版，第 236 页。

护失主的利益，所以在一般情况下，按不当得利要求拾得人返还遗失物，是比较妥当的。但是下列情况，则不应按不当得利，而应按侵权行为处理：一是拾得人在失主要求返还遗失物后，不仅未及时返还，而且因其过错，造成遗失物的毁损灭失。对此，拾得人应依侵权责任规定，负损害赔偿责任。二是拾得人在失主要求返还以后，故意将遗失物转让或抛弃，应当作为侵权行为处理，要求其承担侵权责任。

还需要指出的是，拾得人侵占拾得物，情节严重的，有可能构成刑法上的侵占罪，依法应承担刑事责任。

（五）招领公告期过后遗失物的归属

关于招领公告期过后遗失物的归属问题，比较法上许多国家立法规定，经过招领期限之后，拾得人有权取得遗失物的所有权。[①] 我国《民法典》第 318 条规定："遗失物自发布招领公告之日起一年内无人认领的，归国家所有。"作出这种规定的主要理由在于，返还遗失物是拾得人的法定义务。如果没有找到权利人，拾得人应当交给有关部门。有关部门也无权将遗失物归为自己所有，在超过招领期限后遗失物归国家所有。尤其需要指出，如果允许遗失物归拾得人所有，就会使拾得人借机不返还遗失物。特别是对一些价值比较高的遗失物，如果不归国家所有，也可能会引发一些社会问题。

（六）失主享有追回遗失物的权利

遗失物是否适用善意取得？对此《民法典》采取了否定说，《民法典》第 312 条规定，"所有权人或者其他权利人有权追回遗失物"。据此，发生物的遗失的，遗失物的所有权人可以直接请求侵权拾得人返还原物，而不受善意取得的限制。物权法之所以作出这样的规定，一方面，拾得人只是取得对遗失物的占有，而没有取得遗失物的所有权，所有权仍然属于原权利人。[②] 另一方面，出于公平的考虑，不至于使得所有人因为一时疏忽不慎遗失所有物，就永远丧失所有权，尤其是对于一些珍贵的特定物，此种考虑更显得重要；还要看到，失主丧失占有非出于其自愿，而是出于一时的不慎或者他人的原因，因而法律不能推定其有抛弃的意思。在丧失占有之后，失主也无法预测遗失物被拾得人占有后可能会发生转让的风险，也不能预防和控制此种风险。因此，应当使其享有追及权；此外，这样的规定也是为了淳化社会风气，弘扬"拾金不昧"的传统美德。

---

① 参见《德国民法典》第 973 条、《日本遗失物法》第 14 条。

② 参见全国人大常委会法制工作委员会民法室编：《中华人民共和国物权法条文说明、立法理由及相关规定》，北京大学出版社 2007 年版，第 195 页。

《民法典》第312条确立了如下规则：

第一，权利人享有返还原物请求权。既然遗失物原则上不适用善意取得，因而对拾得物，失主仍然享有返还原物请求权。这就是说，无论拾得物辗转流失到何人之手，也无论占有人占有该物是否具有过错或是否支付了合理对价，失主都有权基于所有权请求其返还原物。对于不适用善意取得制度的财产，原权利人都享有返还原物请求权。返还原物请求权的主体是权利人，义务人为现在占有人，在占有遗失物的情况下义务人为拾得人。所谓现在占有人包括直接占有人与间接占有人。例如，拾得人拾得电视机一台，借给其邻居使用，则拾得人为间接占有人，其邻居为直接占有人，他们都负有返还的义务。权利人请求返还原物时，一般不得请求损害赔偿。

第二，向受让人请求返还原物应受除斥期间的限制。失主享有返还请求权，不是一项绝对和不受任何限制的原则。拾得人在拾得财产之后，将遗失物转让给他人之后，必然会涉及对于交易安全、善意第三人利益和合理信赖的保护。如果受让人是善意无过失的，本来可以依据善意取得制度的规定取得所有权，但由于标的物是遗失物而不适用善意取得，允许权利人可以向买受人追及，但是为了平衡买受人和权利人的利益，[①]《民法典》第312条规定，"该遗失物通过转让被他人占有的，权利人有权向无处分权人请求损害赔偿，或者自知道或者应当知道受让人之日起二年内向受让人请求返还原物"。这就是说，权利人要求受让人返还原物必须受2年期间的限制。超过了该期限的，则不能请求返还。一般认为，该期限属于除斥期间，不适用中止、中断的规定。[②]

问题在于，在2年期间内，遗失物的所有权归属何人？我国台湾地区通说认为，除斥期间内标的物所有权应归属于善意受让人。[③] 本书认为，既然遗失物不适用善意取得，在2年期间内，该遗失物性质上仍然应当属于失主所有，因此，失主自知道或者应当知道受让人之日起2年内有权向受让人请求返还原物。需要指出的是，司法实践中认为，如果遗失的是与失主身份或生活密切关联的身份证、工作证、驾驶证、照片等物且原物尚存的，遗失人返还原物请求权不应受时效限制。[④] 此种观点也不无道理。

---

① 参见孙宪忠、朱广新主编：《民法典评注：物权编》(第2册)，中国法制出版社2020年版，第468～469页。

② 参见王泽鉴：《民法物权：用益物权·占有》(第2册)，中国政法大学出版社2001年版，第289页。

③ 参见谢在全：《民法物权论》(下册)，中国政法大学出版社1999年版，第975～976页。

④ 参见最高人民法院物权法研究小组编著：《〈中华人民共和国物权法〉条文理解与适用》，人民法院出版社2007年版，第343页。

第三,请求返还原物时应当支付法定的费用。我国《民法典》第 312 条规定,“受让人通过拍卖或者向具有经营资格的经营者购得该遗失物的,权利人请求返还原物时应当支付受让人所付的费用。权利人向受让人支付所付费用后,有权向无处分权人追偿”。这就是说,权利人在如下两种情况下,虽然能够请求返还原物,但是其必须负有支付受让人所付费用的义务:一是受让人通过拍卖获得该物;二是受让人从具有经营资格的经营者处通过购买取得。这实际上是从公开市场取得的物的所有权。在这两种情况下,受让人受让遗失物是善意的,此时,从维护交易安全考虑,应当平衡善意买受人和遗失物所有人的利益。因此失主领取遗失物后,应当向受让人依法返还受让人所支付的费用。《民法典》第 312 条所说的追偿,就是指权利人向受让人支付所付费用后,有权向无处分权人追偿,追偿的费用应当是指受让人购买遗失物所支出的费用。通过这种补偿,有利于对交易秩序的维护,避免无处分权人获得不当得利。

二、漂流物的拾得、埋藏物和隐藏物的发现

所谓漂流物,是指在水上漂流的动产。所谓埋藏物,通常是指埋藏于地下,而所有权人不明的动产。[①] 所谓隐藏物,是指隐匿于他物之中的物。只要是从物理表面上不能发现的物,都应当纳入隐藏物的范畴。严格地说,埋藏和隐藏是有区别的,一方面,埋藏是指将物藏于他人的土地之中,而隐藏是指将物藏于他物之中。如果某物不是藏于他物之中而具有显而易见性,则属于遗失物或抛弃物,拾得人拾得该物后,应当按照遗失物的归属或先占规则处理。另一方面,埋藏物一般年代久远。[②] 例如,在自己的房屋下,发现了清代的银元,该银元就属于埋藏物。一般来说,埋藏时间比较短暂,且将物埋藏于自己的不动产之下,则埋藏人和隐藏人可能仍然继续占有埋藏物和隐藏物,其可能有证据证明其仍然对该物享有所有权。但如果埋藏日久且将物埋藏于他人的不动产之下,很难确定该物仍然归属于埋藏人和隐藏人。

漂流物、埋藏物和隐藏物都是动产。漂流物是显而易见的,埋藏物和隐藏物是埋藏和隐藏于他物之中的,不具有显而易见性。但这些物都属于动产,并且在拾得和发现时,有的所有权归属明确,有的所有权归属不明,因

---

① MünchKomm/Oechsler, § 984 Rn. 2.

② 关于埋藏物是否必须埋藏年代久远才构成,各国立法规定并不一致。《法国民法典》第 716 条规定:“一切埋藏或隐匿的物件,任何人又不能证明其所有权且其发现又纯为偶然者,为埋藏物。”可见并不要求埋藏时间久远。而德国民法认为,埋藏物须为长期埋藏的物。

此，有必要在法律上确定其归属。我国《民法典》第 319 条规定："拾得漂流物、发现埋藏物或者隐藏物的，参照适用拾得遗失物的有关规定。法律另有规定的，依照其规定。"据此，漂流物、埋藏物和隐藏物的权属按照如下规则确定。

1. 返还失主。在拾得或发现漂流物、埋藏物和隐藏物以后，应当作为遗失物，及时返还失主，或者交给有关部门，有关部门应当及时交还失主或者发出招领公告；拾得人或有关部门应当妥善保管漂流物、埋藏物和隐藏物。自发布招领公告之日起一年内无人认领的，归国家所有。

2. 妥善保管漂流物、埋藏物和隐藏物。参照《民法典》物权编关于拾得遗失物的有关规定，拾得人或发现人在拾得或发现漂流物、埋藏物、隐藏物之后，应当妥善保管。如果因为故意或重大过失造成物的毁损或灭失，应当承担相应的民事责任。①

3. 及时通知权利人。拾得人或发现人在拾得漂流物或发现埋藏物和隐藏物后，知道权利人的，应当及时通知权利人领取这些物或者送交有关部门，由有关部门进行通知。如果有关部门不知道权利人，应当及时发布招领公告。

4. 关于费用的支付。返还漂流物、埋藏物和隐藏物以后，是否要支付费用，应当参照《民法典》物权编关于遗失物返还的规定来确定。这就是说，依据《民法典》第 317 条的规定，权利人领取这些物时应当向拾得人或发现人以及有关部门支付必要的费用。这些费用主要包括：保管费用、公告费用、寻找失主费用、交付费用等，《日本遗失物法》第 3 条就有类似规定。②

《民法典》第 319 条规定："法律另有规定的，依照其规定。"因为在漂流物、埋藏物和隐藏物中，有些是具有历史、艺术和科学价值的文物，这些文物依法应归国家所有。《文物保护法》第 5 条第 1 款规定，中华人民共和国境内地下、内水和领海中遗存的一切文物，属于国家所有。第 27 条第 2 款规定，对于地下埋葬的文物，任何单位和个人都不得私自挖掘。第 74 条第 1 项规定，发现文物隐藏不报或不上缴国家，应承担相应的法律责任。

除上述各种所有权的原始取得方式外，没收也可以成为所有权原始取得的方式。没收是指国家根据法律、法规采取强制手段，剥夺违法犯罪分子的财产归国家所有的行为。

---

① 参见孙宪忠、朱广新主编：《民法典评注：物权编》（第 2 册），中国法制出版社 2020 年版，第 494 页。

② 参见最高人民法院民法典贯彻实施工作领导小组主编：《中华人民共和国民法典物权编理解与适用》（上），人民法院出版社 2020 年版，第 558 页。

第九章　业主的建筑物区分所有权

第一节　业主的建筑物区分所有权概述

一、建筑物区分所有权的概念和特征

(一)建筑物区分所有权的概念

所谓业主的建筑物区分所有权(以下简称区分所有权),是业主在对建筑物内的不动产进行区分的基础上,所享有的由专有部分所有权、共有权、管理权相结合而组成的一种特殊物权。此类所有权是随着现代住宅商品化,一幢大楼内部的所有权结构向多元化方向发展而形成的。随着工商业的发展和经济的繁荣,城市人口急剧增加,继衣食之后的居住问题日趋突出。建筑面积的增长需求和土地面积的有限性之间的矛盾,都促使建筑物不断向多层高空发展。而一栋住宅高楼常常不可能为一人所有或数人共有,只能分割为不同部分而为众多的住户所有,正是因为多个所有人共同拥有一栋高层建筑物,从而产生了区分所有。[①] 在区分所有的基础上形成多项权利的集合体,各项权利紧密结合为一个整体,且不可分割。

英文中的"区分所有"(condominium)一词源于拉丁文"共有"(*communio*)[②],关于建筑物区分所有权的名称,各国家和地区使用的名称不完全一样。[③] 德国专门对此立法,称为"住宅所有权"(Wohnungseigentum),也有一些学者认为

---

① 参见段启武:《建筑物区分所有权之研究》,载梁慧星主编:《民商法论丛》(第1卷),法律出版社1995年版,第289页。

② See Warren Freedman & Jonathan B. Alter, *The Law of Condominia and Property Owners, Associations*, Quorum Books, 1992, p. 1.

③ 参见陈华彬:《现代建筑物区分所有权制度研究》,法律出版社1995年版,第20页以下。在英美法中也有相类似的概念。有称为"unit ownership",译为"单位权益",也有译为"单位所有权";还有称为"horizontal property",译为"水平所有权"。

是“住宅所有”。[①] 瑞士在《瑞士民法典》第712条a—t也专门规定了建筑物区分所有权,称为“楼层所有权”(Stockwerkeigentum)。法国称为“住宅分层所有权”(la copropriété des immeubles bâtis)。[②] 日本和我国台湾地区则称为“建筑物区分所有权”,[③]其中“区分”一词相当于汉语中的“分类、划分”的意思。[④] 英国称为“住宅所有权”(flat ownership),美国称为“公寓单元所有权或公寓所有权”[⑤](condominium ownership)。可见各国家或地区的区分所有权的名称并不统一。我国《民法典》物权编采用了“建筑物区分所有权”的概念,但为了便于民众理解,增加了“业主”一词,形成了“业主的建筑物区分所有权”的概念。该概念已经成为通用的术语,为广大学者和实务界人士所接受,有利于法律的实施。

我国《民法典》第271条对区分所有权进行了定义:“业主对建筑物内的住宅、经营性用房等专有部分享有所有权,对专有部分以外的共有部分享有共有和共同管理的权利。”这是我国法律第一次对建筑物区分所有权的概念作出规定。该定义的特点在于:

首先,该概念明确了建筑物区分所有权的主体是业主,这就使业主与业主之外的房屋承租人、借用人、管理人等有所区别,这些人也被称为“专有部分占有人”,而专有部分占有人并不是所有权人,而是非所有权人,因此不能被称为业主。[⑥]《建筑物区分所有权司法解释》第1条第1款规定:“依法登记取得或者依据民法典第二百二十九条至第二百三十一条规定取得建筑物专有部分所有权的人,应当认定为民法典第二编第六章所称的业主。”同条第2款规定:“基于与建设单位之间的商品房买卖民事法律行为,已经合法占有建筑物专有部分,但尚未依法办理所有权登记的人,可以认定为民法典

---

① 德国为了规范建筑物区分所有权关系,专门于1951年制定了《住宅所有权和长期居住权的法律》(Gesetz über das Wohnungseigentum und das Dauerwohnrecht)简称《住宅所有权法》。

② 法国曾经于1938年颁布《住宅分层所有权法》,该法为1968年7月10日的法(Loi n° 65 - 557 du 10 juillet 1965 fixant le statut de la copropriété des immeubles bâtis)所取代。奥地利也于1948年制定《住宅所有权法》。

③ 日本1962年制定《有关建筑物区分所有等之法律》。在美国,其名称更是未尽一致,有的州称为“公寓所有权”(condominum ownership),有的州称为“单位所有权”(unit ownership),还有的州称为“水平所有权”(horizontal property),等等。

④ 参见段启武:《建筑物区分所有权之研究》,载梁慧星主编:《民商法论丛》(第1卷),法律出版社1995年版,第300页。

⑤ 美国法中,区分所有包括了专有部分所有权与共有部分。参见段启武:《建筑物区分所有权之研究》,载梁慧星主编:《民商法论丛》(第1卷),法律出版社1995年版,第299页。

⑥ 参见陈华彬:《业主的建筑物区分所有权评〈物权法草案〉第六章》,载《中外法学》2006年第1期。

第二编第六章所称的业主。”这就在法律上界定了区分所有权的主体，明确了“业主”的概念。

其次，该概念确认了区分所有权是在对建筑物进行纵向和横向区分的基础上，由业主所享有的专有部分的所有权、共有权和共同管理权三项权利所组成的一种复合的权利。这也表明区分所有权是特殊的物权，需要在物权法上专门对其作出规定。

最后，该概念明确了建筑物区分所有权的客体是建筑物内的住宅、经营性用房。也就是说，区分所有权的客体不限于住宅，也可以用于商用。

建筑物区分所有权就是由专有部分的所有权、共有权和共同管理权所构成的一种不动产物权。[①] 由此可见，建筑物区分所有权是一种特殊的物权。我国《民法典》物权编设立专章具体规定了业主的建筑物区分所有权，这对于保护公民的基本财产权、维护公民的基本人权、构建法治国家和和谐社会具有重要意义。一方面，对大多数城市居民来说，建筑物区分所有权是最重要的财产权利，因为他们往往会用掉一生的积蓄购买一套商品房，所以保护区分所有的财产，也就是保护公民的基本财产；另一方面，区分所有财产是公民基本生存条件的保障，保护区分所有的财产也是为了保障公民个人的基本生活条件，保障人们安居乐业。[②] 此外，《民法典》第271条第一次在法律上确认业主享有的各项权能，进一步扩大了业主的意思自治，特别是对小区公共事务的管理，确认了业主自治的权利。这对减少政府的干预、培养公民的自治能力、增强民主意识都具有重要意义。

（二）建筑物区分所有权的特征

1. 区分所有权是在对建筑物进行区分的基础上产生的

建筑物区分所有权不同于传统的独门独院、一家一户的传统所有权，就在于它是在对建筑物进行区分的基础上形成的财产权。所谓区分是指因为对建筑物进行纵向和横向的区分，而形成了一层或者一套房屋的产权，从而在此基础上产生了专有部分的所有权、共有权以及业主的管理权，这些权利的集合就是建筑物区分所有权。一般来说，对建筑物内部的分割可采取三种不同方式：(1)纵的分割，即将一栋建筑物从纵的角度划分为数户，从而产生纵的区分所有权。(2)横的分割，即将一栋建筑物以横的水平分割，而将

---

① 参见郑云瑞：《民法物权论》，北京大学出版社2006年版，第155页。

② 《世界人权宣言》中这样表述：“人人有权享受为维持其本人和家属的健康及福利所需的生活水准，包括食物、衣着、住房、医疗和必要的社会服务。”1991年，联合国专门发表了《关于获得适当住房权的第四号一般性意见》，该意见第1条提出，适当的住房之人权来源于相当的生活水准之权利，对享有所有紧急、社会和文化权利是至关重要的。

各层分属于区分所有权人的建筑物,从而产生横的区分所有权。例如,一栋二层建筑物,一层为甲所有,二层为乙所有。(3)纵横的分割,即通过上下横切、左右纵横分割成独立成套的建筑物,从而产生纵横混合的区分所有权。①正是因为建筑物区分所有权具有复杂性,所以应当在《民法典》中专门作出规定。

2. 区分所有权的权利主体是业主

所谓业主,通常是指买房置业的人或者说不动产的所有人,在区分所有的情况下,业主即建筑物区分所有权人。《建筑物区分所有权司法解释》第1条第1款规定:"依法登记取得或者依据民法典第二百二十九条至第二百三十一条规定取得建筑物专有部分所有权的人,应当认定为民法典第二编第六章所称的业主。"依据该规定,只有通过登记或者依法取得建筑物专有部分所有权的人,才是业主。业主既可以是自然人,也可以是法人或其他组织。只要是获得专有部分所有权并因此取得共有部分的人,都能成为业主。②

3. 区分所有权的内容是由三项权利构成的

区分所有权不同于传统独门独院的房屋所有权,独门独院的产权是单一的,即只存在专有部分的使用权和所有权,而不存在共同共有和共有管理权的问题,但区分所有权是由专有权、共有权和管理权构成的。根据《民法典》第271条的规定,建筑物区分所有权的内容包括三个方面,即专有部分的所有权,以及共有部分的共有权和管理权。可见《民法典》采纳的是三要素说,即专有权、共有权和管理权。

建筑物区分所有权具有集合性,是一种复合物权,具体而言:第一,它是一种新型的物权。依据《民法典》第271条的规定,建筑物区分所有权的内容包括三个方面,即专有部分的所有权、共有部分的共有权和管理权。可见建筑物区分所有就是由专有部分所有权、共有部分的共有权和管理权所共同构成的一项权利。此种物权既不同于一般的所有权,也不同于共有权。第二,权利的内容具有集合性。如前所述,建筑物区分所有权是由建筑物区分所有权人对专有部分的所有权、建筑物区分所有权人对共有部分的共有权以及建筑物区分所有权人的管理权等三种权利组成的。第三,它不同于普通的物权,如所有权、抵押权或国有土地使用权,这些权利具有单一性,也

---

① 参见陈华彬:《现代建筑物区分所有权制度研究》,法律出版社1995年版,第20页以下。

② 参见黄薇主编:《中华人民共和国民法典释义(上):总则编·物权编》,法律出版社2020年版,第504页。

就是说这些权利不是由许多不同的权利组合而成的，只是权利主体对不动产享有占有、使用、收益和处分的权利。而区分所有权是由各种不同的权利集合在一起而形成的权利，[①]因此，对建筑物区分所有权进行研究就不仅意味着对其中的各个构成单位分别加以研究，还必须就各个权利相互之间的互动关系进行观察。建筑物区分所有权是一个权利的集合体，三种权利是紧密结合为一个整体且不可分割的，权利人不能对建筑物区分所有权中的不同权利进行分割行使、转让、抵押、继承或抛弃。

4. 区分所有权的客体主要是建筑物，但也不限于建筑物

建筑物区分所有权的客体首先是建筑物，包括所有可能发生建筑物区分所有的类型，如公寓、普通住宅以及连体别墅。在我国物权法中，区分所有权的客体不限于建筑物，因为尽管我国《民法典》物权编使用的是建筑物区分所有权的概念，但是业主的区分所有的范围已经扩大。在我国，商品房开发都是以小区为单位进行规划和建设的，所以，业主的区分所有权的范围已经从建筑物拓展到整个小区。例如，小区规划范围内的绿地、道路，按照《民法典》的规定，属于全体业主共同所有。小区中的其他公共场所和公共设施也属于业主共有。《民法典》之所以采用"建筑物区分所有权"的概念，主要是因为建筑物区分所有权的主要客体仍然是建筑物，即业主对建筑物专有部分享有的财产权。

二、业主身份的认定

建筑物区分所有权的主体是业主。何为业主？一般认为，业主是指产权或者企业的所有者。[②] 但在物权法上，业主的概念具有特定的含义。依据《建筑物区分所有权司法解释》的相关规定，业主主要包括以下两类。

1. 依法取得专有部分所有权的人

《建筑物区分所有权司法解释》第 1 条第 1 款规定："依法登记取得或者依据民法典第二百二十九条至第二百三十一条规定取得建筑物专有部分所有权的人，应当认定为民法典第二编第六章所称的业主。"依据该规定，业主身份的取得主要有如下两种途径：一是基于法律行为发生物权变动并依法登记。依据《民法典》第 209 条的规定，不动产的物权变动以登记要件主义为原则，只有经过登记才能取得不动产所有权，因此，基于买卖、赠与等法律行为而移转房屋所有权的，只有经过登记才能取得建筑物

① 参见朱涛：《经验主义和理性主义：我国建筑物区分所有权的制度重构》，载《私法》2020 年第 2 期。

② 参见《现代汉语词典》，商务印书馆 1991 年版，第 1349 页。

区分所有权。二是非基于法律行为发生物权变动。在非基于法律行为的物权变动的情形下,不动产所有权的变动并非全部以进行登记为要件。例如,征收、法院的裁决、合法建造等都是《民法典》物权编第二章第三节规定的所有权的非基于法律行为取得的方式。因此《建筑物区分所有权司法解释》第 1 条承认依据此种方式取得所有权的人,即使并未完成登记,也可以成为业主。

一般来说,业主不应当包括物业的承租人。承租人可以是共有财产的承租人,也可以是业主专有财产的承租人;租赁既可以是长期的,也可以是短期的。无论采取何种形式承租,承租人都不是财产的所有人,因而不是业主。当然,经业主的授权,承租人可以作为业主的代理人参加表决。

2. 基于买卖已合法占有建筑物专有部分的人

如前所述,原则上,业主必须要基于依法登记取得或基于事实行为取得建筑物专有部分的所有权。但在特殊情形下,为保护业主利益,也应当承认尚未登记但已经通过买卖合同而合法占有建筑物专有部分的人为业主。《建筑物区分所有权司法解释》第 1 条第 2 款规定:“基于与建设单位之间的商品房买卖民事法律行为,已经合法占有建筑物专有部分,但尚未依法办理所有权登记的人,可以认定为民法典第二编第六章所称的业主。”依据这一规定,在特殊情形下,取得业主身份要符合三个条件。

第一,与建设单位之间订立了合法有效的商品房买卖合同。依据这一规定,不经登记而取得业主身份,仅限于与建设单位之间订立买卖合同的情形。如果从建设单位处取得所有权的人再次转让给第三人,则第三人不可能依据该条规定而取得业主身份。① 何为建设单位?《建筑物区分所有权司法解释》第 17 条规定:“本解释所称建设单位,包括包销期满,按照包销合同约定的包销价格购买尚未销售的物业后,以自己名义对外销售的包销人。”据此,该解释实际上对“建设单位”的概念作了扩大解释,即其不仅包括直接与单个业主订立合同的人,而且包括以包销的方式销售物业的人。将包销人视同建设单位,有利于保护业主利益。

第二,因交付而合法占有建筑物专有部分。只要建设单位已经将建筑物的专有部分交付给买受人,买受人就取得了业主身份。从实践来看,交付的认定以交付房屋钥匙为准,而不考虑是否实际入住。

第三,尚未依法办理所有权登记。上述司法解释之所以不以登记为要

---

① 参见王利明主编:《最高人民法院建筑物区分所有权、物业服务司法解释:原理精解 · 案例与适用》,中国法制出版社 2010 年版,第 5 页。

件，是因为实践中没有办理登记的情形很复杂，经常因为建设单位的原因而迟延办理登记，且办理登记的程序复杂，需要一定的时间。如果以登记为准，则买受人可能因未登记而不能取得业主身份，这对于买受人极为不利，对于业主权利行使和义务承担也会造成障碍。另外，在建设单位已与买受人订立买卖合同且已交付的情形下，如果仅因未办理移转登记，而仍以建设单位为业主，也不符合当事人的真实意思。

此外，《建筑物区分所有权司法解释》第16条第2款规定："专有部分的承租人、借用人等物业使用人，根据法律、法规、管理规约、业主大会或者业主委员会依法作出的决定，以及其与业主的约定，享有相应权利，承担相应义务。"因此，当业主将房屋出租、出借给他人以后，承租人、借用人等只要合法占有了该房屋，也就应当依据法律、法规、管理规约、业主大会或者业主委员会依法作出的决定，以及与业主的约定，依法享有业主的权利，并依法承担业主的义务。例如，房屋所有权人与承租人约定物业费由承租人缴纳，此时承租人就负有缴纳物业费的义务。

第二节 专 有 权

一、专有权的概念

专有部分所有权，简称专有权，是指区分所有人对其建筑物内的住宅、经营性用房等专有部分所享有的单独所有权。所谓专有部分，是指具有构造上及使用上的独立性，并能够成为分别所有权客体的部分。[①] 专有部分通常是在将建筑物分割为各个不同部分的基础上形成的，专有部分是各个区分所有人所单独享有的所有权客体，此项单独所有权与一般的单独所有权并无本质区分，[②]所以，权利人可以行使完全的占有、使用、收益与处分权。《民法典》第272条规定："业主对其建筑物专有部分享有占有、使用、收益和处分的权利。业主行使权利不得危及建筑物的安全，不得损害其他业主的合法权益。"该条对建筑物区分所有权的专有部分所有权作出了规定，专有部分所有权的特点在于：

1. 专有部分所有权具有所有权的效力。《民法典》第272条规定，业主对其建筑物专有部分享有占有、使用、收益和处分的权利。这就表明，专有权人对其专有部分的所有权享有如同一般所有权一样的权能，包括占有、使用、收益和处分的权利，从这个意义上说，专有部分的所有权本质上仍然属

---

① 参见王泽鉴：《民法物权》（第1册），台北，2001年（公元纪年）自版发行，第197页。

② Bärmann/Armbrüster, WEG, § 1 Rn. 14.

于所有权。占有就是指所有人对其房屋有权控制,如对其住宅商品房进行自主占有,也可以由他人占有。使用就是指对其专有部分可以自己使用,也可以授权他人使用;可以用于住宅[①],也可以用于经营性用房。当然权利人只能在法律、法规和管理规约规定的范围内使用,必须按照特定用途来使用。处分就是指所有人有权将房屋转让、出租以及设置抵押等。[②] 专有部分的所有人对其专有部分享有完全的占有、使用、收益和处分权,某一专有权人在出售其专有部分时,其他权利人不享有优先购买权。专有权人也享有基于所有权产生的物权请求权。[③]

2. 专有权的客体具有特殊性。一般所有权的客体是特定的动产或不动产。而区分所有权中专有权的客体不可能是独立的不动产,而只能是建筑物经分割后形成的具有一定独立性和可公示性的"专有部分",具有空间上的统一性和封闭性。[④] 通常,专有部分所有权的客体都位于建筑物之内,业主的专有部分的所有权,主要是对建筑物内的财产享有所有权。在特殊情况下,规划确定某块绿地属于特定的业主所有的,也可以作为专有部分所有权的客体。

3. 专有部分所有权在行使上具有特殊性。专有部分所有权具有一般所有权的效力,但又不完全等同于一般的所有权。因为区分所有和独门独院的房屋的所有权不同,在独门独院的情况下,所有人是单独生活,其行使所有权一般不会威胁到其他建筑物的安全,一般也不会影响到其他人的生活。但是,在区分所有的情况下,某一业主都是和其他众多的业主一起生活的,形成一种住宅所有人共同体(Wohnungseigentuemergemeinschfat)[⑤],其行使专有部分的所有权都直接关系到其他业主的利益。所以,在法律上有必要对专有部分所有权的行使作出更多的限制。这也是专有部分所有权不同于一般所有权的重要特点。

4. 专有部分所有权居于主导地位。尽管业主享有的建筑物区分所有权是由多种权利构成的,但在各项权利中,专有部分的所有权居于主导地位,其他权利都是由专有部分的所有权决定的。基于专有部分所有权,才

---

① 在德国法中,住宅所有权仅仅是指以居住为目的的特定空间。MüncheKomm/Commichau, WEG, § 1 Rn. 7 f.

② Bärmann/Armbrüster, WEG, § 1 Rn. 72 f.

③ Bärmann/Armbrüster, WEG, § 1 Rn. 182 ff.

④ MünchKomm/Commichau, WEG, § 5 Rn. 4.

⑤ 参见[德]鲍尔、[德]施蒂尔纳:《德国物权法》(上册),张双根译,法律出版社 2004 年版,第 639 页。

决定了共有部分的持有份比例,决定了共有权中的使用和收益范围,决定了在行使共同管理权时管理权的大小。所以,专有部分的所有权应当在各项区分所有权中居于核心地位。值得注意的是,尽管有德国学者也认为,专有部分的所有权是主物[①],但是依据德国《住宅所有权法》第 6 条的规定,专有部分所有权实际上从属于或者不可分地包含于对共同所有权的共有份(Miteigentumsanteil)之中,就共同所有权上所成立的权利,也及于专有部分所有权。因此,对专有部分所有权的处分不得独立为之,必须结合共同所有权的份额进行处分。[②] 本书认为,此种观点值得商榷。在我国《民法典》中,只是专有部分所有权而不是共有权在建筑物区分所有权中居于主导地位。

二、专有部分所有权的行使

如前所述,专有部分所有权与一般所有权相比较,在行使方面要受到更多的限制,《民法典》第 272 条规定:"业主对其建筑物专有部分享有占有、使用、收益和处分的权利。业主行使权利不得危及建筑物的安全,不得损害其他业主的合法权益。"由此确定了专有部分所有权行使的限制规则。因为建筑物区分所有权人与他人已经形成共同生活关系,这种关系要求区分所有权的行使不能损害他人。专有权人在享有和使用专有部分的时候应受到共同生活规则的限制。具体来说,这种限制表现在以下几方面。

1. 业主行使权利不得危及建筑物的安全。在区分所有的情况下,业主所有的专有部分紧密联系,构成建筑物的整体。业主对其专有部分权利的行使,对其他业主专有部分甚至建筑物整体的安全都存在较大的影响,所以,业主行使其专有部分的权利不得危及建筑物的安全。例如,业主装修房屋不得擅自拆除承重墙或者改变房屋结构。在日常生活中,任何业主都有义务保障建筑物整体的完好,某个业主对建筑物的损害,都有可能危害全体业主的居住安全,妨害全体业主的利益。[③]

2. 不得滥用权利,损害其他业主的合法权益。例如,业主不得擅自将住宅改变为歌厅、餐厅等商业用房,也不得擅自将共有部分改变用途。任何专有部分所有权人行使权利时,都要考虑到全体区分所有权人的共同利益,不得滥用其专有部分所有权,损害其他所有人的利益。业主随意变更建筑物专有部分的使用用途,从事带有噪声、震动或其他影响他人生活或者休息的

---

① Börner, FS Dölle, S. 201 ff.

② MüncheKomm/Commichau, WEG, § 6 Rn. 2 f.; Bärmann/Armbrüster, WEG, § 6 Rn. 1.

③ 参见孙宪忠:《争议与思考——物权立法笔记》,中国人民大学出版社 2006 年版,第 598 页。

行为，给其他业主造成生活上的不便的，属于滥用权利的行为，受害的业主可要求其承担停止侵害、排除妨害、恢复原状、赔偿损失等民事责任。例如，在“顾某某与上海巨星物业有限公司排除妨碍、财产损害赔偿案”中，二审法院认为：“上诉人顾某某作为本市三和花园 4 号楼 29E 室房屋的所有权人，可以依法行使占有、使用、收益和处分权，同时上诉人顾某某也有义务和责任在行使其权利时，不损害他人的合法权益和公共利益。”①

3. 专有部分所有权的行使必须受管理规约的限制。专有部分所有权的行使，也可以构成共同生活的一部分，因此，应当受共同生活规则的限制，这就是说，要受到业主所共同制定的管理规约的限制。② 比如，如果某个管理规约规定，各个业主修建栅栏，或对阳台进行装修，都应当符合统一的规格和颜色等的要求，这样业主在修建栅栏或对阳台进行装修时，这就必须要符合管理规约的规定。

4. 专有部分所有权的处分不能与共有部分相分离。专有部分和共有部分是不可分离的：一方面，共有部分的权利是由专有部分所决定的；另一方面，走廊、楼梯、电梯等共有部分大多是专有部分的配套设施，是为了保障专有部分所有权的正常行使而建造的，离开了共有部分，专有部分的所有权也是无法行使的。因而，对共有部分的维护维修义务，是专有部分所有权人必须承担的义务，专有部分所有权人不能要求免除其对共有部分的维护维修等义务。③

三、专有部分的范围

所谓专有部分的范围，是指专有部分所涉及的部分，它是界定业主专有部分所有权的基础。依据《建筑物区分所有权司法解释》第 2 条第 1 款的规定，专有部分要成为区分所有权的客体，必须具备如下几个条件。

（一）必须具有构造上的独立性

构造上的独立性又称为物理上的独立性，它是指各个部分在建筑物的构造上可以被区分开，并与建筑物其他部分在物理上隔离开来，如此才能被客观地划分为不同部分并为各个所有人独立支配。④ 在比较法上，专有部分是空间上封闭，依据交往的观点结合其类型和大小能够满足人类居住需要

---

① 上海市第二中级人民法院民事判决书，（2002）沪二中民一（民）终字第 1355 号。

② 参见申卫星：《自治与受制之法律基石——业主公约的基本法律问题》，载蔡耀忠主编：《物权法报告》，中信出版社 2005 年版，第 38 页。

③ 参见郑云瑞：《民法物权论》，北京大学出版社 2006 年版，第 153 页。

④ 参见谢在全：《民法物权论》（上册），台北，新学林出版股份有限公司 2014 年版，第 240 页。

的建筑物的独立部分。[①] 如一排房屋以墙壁间隔成户，即能够被各个住户独立地支配。问题在于，构造上的独立性如何具体确定，事实上的区分达到何种程度才形成构造上的独立性？有一些国家（如德国）的判例学说认为，区分所有权客体必须四壁有确定的遮蔽性，[②]一幢建筑物内部若无墙壁间隔则不能成为区分所有权的客体。构造上的独立性应满足如下条件：首先，应当具有固定性，而不是一种临时性的建构。至于间隔，木材、砖块、涂板等都可以，但屏风、桌椅等不行，因为它们不具有固定性、确定性。所以，未以墙壁间隔的零售市场、摊位等，不得成为区分所有权的客体。[③] 其次，通过间隔能够独立地形成一定的空间。根据瑞士法律规定，区分所有权的客体必须是供居住用的一定空间，即形成一定的居住单位，而该居住单位必须要有独立的出入门户，所以一套住宅中的某个房间，不能作为区分所有权的客体。[④]在法律上要求构造上的独立性的原因在于：一方面，由于区分所有要将建筑物分割为不同部分而为不同所有者单独所有，而单独所有权的支配权效力所及的客体范围必须明确，要明确划分范围就必须以墙壁、地板、大门等作间隔和区分标志。另一方面，只有在客体范围十分明确的情况下，才能确定权利范围，同时准确地判断他人的行为是否构成对某一专有权的损害，如果各个权利的客体都不能区分开，也就很难判定某人的权利是否受到侵害。

（二）必须具有利用上的独立性

所谓利用上的独立性，是指业主能够针对专有部分所有权的各个部分，独立地利用并可以排他使用。建筑物被区分为各个部分以后，每一部分都可以被独立地利用或具有独立的经济效用，此种独立性在学说上又被称为“机能上之独立性”或“利用上之独立性”[⑤]。一方面，所谓独立的利用，是指不需借助其他部分辅助即可使用，如区分的部分可以用来住人，用作店铺、办公室、仓库、停车场等，以住家为目的的专有部分，其内部应有居住空间、厨房等，并应当具有独立的经济效用。另一方面，所谓独立的利用，是指权利人可以直接占有该专有部分并进行排他使用。假如区分各个房间以后，该房间并无独立的出入门户，必须利用相邻的单位门户才能出入，则该房间

---

① 参见奥地利《住宅所有权法》第2条第2款。

② MüncheKomm/Commichau, WEG, § 5 Rn. 4.

③ 参见日本昭和39年3月12日东京高等裁判所判决，载《下级裁判所民事裁判例集》15卷2号，第529页。

④ 参见黄越钦：《住宅分层所有权之比较法研究》，载郑玉波主编：《民法物权论文选辑》（上），台北，五南图书出版股份有限公司1984年版，第437页。

⑤ 温丰文：《建筑物区分所有权之研究》，台北，三民书局1992年版，第19页。

并不具有使用上的独立性，不能排他使用，从而不能成为区分所有权的客体。通常，判断区分部分能否单独使用，要以该区分部分有无独立的出入门户为判断要素。①

（三）能够登记成为特定业主所有权的客体

此种独立性在学说上也被称为"形式的独立性"。构造上和使用上的独立性，乃是经济上的独立性。只有通过登记成为特定业主所有权的客体，才能表现为法律上的独立性。② 也就是说，通过登记使被分割的各个部分在法律上成为各个所有权的客体。如果被分割的各个部分登记为各个主体所有，则建筑物作为整体不能再作为一个独立物存在。当然，如果各个区分所有权已经归属于一个人，而该所有人愿意将各部分登记为一个建筑物所有权时，基于物权的排他性原则可以导致其他区分所有权消灭。

应当指出的是，通过登记表现出来的法律上的独立性，是以构造上和使用上的独立为基础的，如果构造上或使用上的独立性不复存在，则法律上的独立性也难以存在。例如，原被区分所有的两部分同属于一人，间隔除去后，两部分合为一体，则各部分失去其构造上的独立性或使用上的独立性，应解释为一个所有权；如果不属于一人而除去间隔，则应推定其为共有。所以，区分所有是以事实上建筑物能够被区分为基础的，如果具有构造上和使用上的独立性但未登记（例如，一个建筑物已被分割为各个部分，具有独立的门牌号码但并未分别登记），在此情况下应当综合考虑占有和使用房屋的根据、使用情况、未经登记的原因等因素而决定是否应承认使用人的单独所有权。同时，区分所有的登记还要以当事人具有区分所有的意思为前提。③

四、专有部分的具体认定

（一）房屋

房屋包括住宅用房和商业用房等，《建筑物区分所有权司法解释》第 2 条第 1 款将专有部分的客体范围界定为房屋。房屋最符合上述构造上、利用上、法律上独立性的要求。在区分所有的状态下，整栋建筑物作为一个整体已经被分割为各个业主的专有部分所有权和共有权的客体，不能再作为一个物权的客体为某人（如建设单位）所有，也不能为每个业主按照一定的份额分别享有所有权。尽管业主负有对整个建筑物的维护维修义务，但此

---

① 参见温丰文：《建筑物区分所有权之研究》，台北，三民书局 1992 年版，第 19 页。

② 参见刘家安：《物权法论》（第 2 版），中国政法大学出版社 2015 年版，第 129 页。

③ 参见温丰文：《建筑物区分所有权之研究》，台北，三民书局 1992 年版，第 22 页。

种义务是其享有的专有部分所有权产生的，不能因为其要承担此种义务，而认为整个建筑物仍然是按份共有的客体。但是，在特殊情形下，某个业主购买了整栋房屋，该房屋也可能成为区分所有权的客体，例如，在一个小区内有数栋别墅，为数人享有，各个业主对某栋别墅享有专有所有权，但对小区内的公共道路、绿地等，仍可以享有共有权。据此，《建筑物区分所有权司法解释》第2条第3款规定："本条第一款所称房屋，包括整栋建筑物。"

（二）特定的空间

依据《建筑物区分所有权司法解释》第2条第1款的规定，专有部分的范围除了房屋之外，还包括车位、摊位等特定空间。具体包括：一是车位。所谓车位，是指车库中的停车位。就车位而言，虽然可能不封闭，但必须在地面上划定确定的分割线，以确定各个车位的区分所有的范围，没有进行如此界分的，不能作为专有部分。这也是前述构造上和利用上独立性的要求。二是摊位。摊位通常是封闭的，各个摊位的界限是清晰的，但也存在没有封闭的情形，在此情形下，也应当通过一定方法将各个摊位隔离开，如在地面上划分分割线或通过挡板等将各个摊位分开，从而区分不同的业主权利的范围。三是其他特定空间。其他特定空间的范围比较广泛，但要符合一定的条件才能成为专有部分，如码头上堆放物品的空间等，如果要成为区分所有权的客体，必须能够确定其四至的范围。

关于墙壁的物权归属问题，在学术界存在不同的观点。① 本书认为，既应当将共用墙壁作为共有财产，又应当将其作为专有财产来对待。墙壁可以区分为室外墙壁和室内墙壁。室外墙壁应当作为业主的共有财产对待，任何人不得随意在室外墙面上悬挂广告牌、随意涂抹字体、毁损外墙面，否则将构成对整个业主共有财产的侵害。就室内墙壁而言，具有双重性，其既可以作为共有部分，也可以作为专有部分。共用墙壁虽然在室内，但是就构造和功能而言，它是作为建筑物整体结构而存在的，所以应当作为共有部分。② 在确定区分所有权对墙壁的管理维护、维修等义务上，我国现行规定将其规定为共有财产，各个区分所有权人都负有维修的义务。例如，一般认为，共有房屋的墙壁属于共有人的共有财产，各区分所有人对墙壁均负有管理维护、维修义务，这有利于协调共有人之间的利益。我国司法审判实践也

---

① 以上观点均参见王泽鉴：《民法物权：通则·所有权》（第1册），台北，1992年（公元纪年）自版发行，第257页；温丰文：《区分所有权与所有权建物之专有部分》，载《法令月刊》第42卷，第7页；谢在全：《民法物权论》（上），台北，1997年（公元纪年）自版发行，第238页。

② 参见王泽鉴：《民法物权》（第1册），台北，2001年（公元纪年）自版发行，第257页。

认为,外墙面应为业主共有,任何单个业主都不能擅自利用外墙面从事广告等活动。

墙壁不仅是共有财产,也是专有部分之间的划分界限。在一栋建筑物内,正是因为墙壁的存在才使建筑物被分割为不同的专有部分,墙壁与专有部分是不可分割的,它也应当成为专有权的客体。每个区分所有权人对其拥有的墙壁的表层享有独立的使用权利,可自由粉刷墙壁,于其上悬挂物品、图画等,邻人不得妨害专有权人所享有的此种权利。邻人因过错污损共同墙壁的表层部分时,应对专有部分的所有权人负赔偿责任。① 此外,区分所有权人在转让其专有部分时,必须将墙壁同时出售,而不可能将其作为共有财产对待,否则,区分所有权人根本不能独立处分其专有财产,这与区分所有的制度是完全相违背的。共用墙壁在登记时,也不可能作为专有财产加以登记,而只能作为专有部分的组成部分加以登记。

(三)露台等物业

《建筑物区分所有权司法解释》第 2 条第 2 款规定:“规划上专属于特定房屋,且建设单位销售时已经根据规划列入该特定房屋买卖合同中的露台等,应当认定为前款所称的专有部分的组成部分。”由此可见,露台等物业也属于业主专有部分,但其成为专有部分必须符合以下条件:第一,必须符合规划的要求。这就是说,规划确定为可以归业主专有的,则为专有部分;如果规划将其确定为共有部分,则其只能成为共有权的客体。第二,必须专属于特定的房屋。也就是说,在物理上,该露台与特定房屋具有物理上的直接联系,应当专属于特定房屋的所有人使用。第三,合同中已经对此作出明确约定。这就是说,业主和建设单位订立商品房买卖合同时,已经将露台等列入其中,作为买卖的对象。只有符合上述条件,露台等物业才能被认定为专有部分。

在确定专有部分的范围时,还应当看到,专有部分除建筑物的结构部分以外,还可能包括建筑物的某些附属物(如专用设备)或附属建筑物(如车库、仓库等)。②

五、住改商应当符合一定的条件

所谓住改商,是指业主将住宅改变用途,变更为经营性用房的行为。住改商的行为可能影响其他业主的生活安宁、安全,也可能产生污染(如油烟、废水、噪声)。同时,由于住改商之后,往来人员众多,也会给小区的管理带

---

① 参见王泽鉴:《民法物权》(第 1 册),台北,1992 年(公元纪年)自版发行,第 19、197 页。

② 参见温丰文:《区分所有权与所有权建物之专有部分》,载《法令月刊》第 42 卷。

来很大的不便。[①] 因此,《民法典》第 279 条规定:“业主不得违反法律、法规以及管理规约,将住宅改变为经营性用房。业主将住宅改变为经营性用房的,除遵守法律、法规以及管理规约外,应当经有利害关系的业主一致同意。”依据这一规定,住改商应当符合以下条件。

第一,必须符合法律、法规以及管理规约的规定。法律、法规(如《物业管理条例》等)对住宅改为经营性用房有明确规定的,业主必须遵守这些规定。所谓管理规约是指业主大会集体通过的管理规定,如果其中对住宅改为经营性用房有禁止性的规定,则必须按照管理规约的规定,不得将住宅改为经营性用房。

第二,必须经过有利害关系的业主一致同意。《建筑物区分所有权司法解释》第 11 条规定:业主将住宅改变为经营性用房,本栋建筑物内的其他业主,应当认定为《民法典》第 279 条所称“有利害关系的业主”。“建筑区划内,本栋建筑物之外的业主,主张与自己有利害关系的,应证明其房屋价值、生活质量受到或者可能受到不利影响。”这就是说,有利害关系的业主包括两种情形:一是本栋建筑物内的其他所有业主,其只需提供能证明其合法的业主身份的证据即可。二是该建筑区划内的本栋建筑物之外的、有利害关系的业主。不过,这些业主应当对其房屋价值、生活质量受到或者可能受到不利影响负担举证责任。[②]

所谓经过有利害关系的业主的一致同意,是指所有有利害关系的业主都应当同意。民宅商用直接影响有利害关系的其他业主的生活质量、房屋价值等,每一个有利害关系业主的居住利益都应得到尊重和保障,因此要求所有有利害关系的业主同意是必要的。[③]《建筑物区分所有权司法解释》第 10 条第 2 款规定:“将住宅改变为经营性用房的业主以多数有利害关系的业主同意其行为进行抗辩的,人民法院不予支持。”这就采纳了“利害关系业主一致同意原则”。也就是说,即使是多数有利害关系的业主同意,也不得进行住改商。[④] 例如,如果要将自己的住宅改为歌厅,因为可能影响整个建筑物全体业主的利益,故需要取得全体业主的同意。有利害关系的业主的

---

① 参见胡康生主编:《中华人民共和国物权法释义》,法律出版社 2007 年版,第 180 页。

② 参见最高人民法院民法典贯彻实施工作领导小组主编:《中华人民共和国民法典物权编理解与适用》(上),人民法院出版社 2020 年版,第 385 页。

③ 参见黄薇主编:《中华人民共和国民法典释义(上):总则编 · 物权编》,法律出版社 2020 年版,第 534 页。

④ 参见杨立新、李怡雯:《民法典物权编对物权规则的修改与具体适用》,载《法律适用》2020 年第 11 期。

同意应以明示的方式作出，如果其并未以明示方式作出同意，则不应推定有利害关系的业主已经同意住改商的行为。在业主擅自进行住改商的情况下，因为该行为可能损害其他业主的合法权益，其他业主可以请求该业主承担排除妨害、消除危险、恢复原状以及赔偿损失等责任。

第三节　共　有　权

一、共有权的概念和特点

所谓建筑物区分所有权人对共有部分的共有权，是指区分所有人依据法律、合同以及区分所有人之间的规约，对建筑物的共用部分、基地使用权、小区的公共场所和公共设施等所共同享有的财产权利。例如，区分所有人对于小区的绿地、道路所享有的共有权。建筑物区分所有权人的共有权具有如下特点。

1. 权利主体的特殊性

建筑物区分所有权中共有权的权利主体是业主大会或者全体业主。与一般财产共有相比，在建筑物区分所有权中，共有人是众多的，随着现代建筑物向高层、高空发展，一栋建筑物的住户越来越多，一个小区内可能有成千上万的业主，他们都构成了小区内共有财产的主体。正是因为人数众多，不可能每一个人都参与共有财产的管理，通常需要由业主通过业主委员会或其委托的物业服务企业来实际行使管理权。建筑物区分所有权中共有权的主体为全体业主，如果已经成立了业主大会，也可以登记在其名下，这就有必要在法律上赋予业主大会民事权利主体资格。如果没有成立业主大会，则应当登记在全体业主名下。

2. 共有部分附随于专有部分

在建筑物区分所有的状态下，区分所有人所享有的共有权与其对专有部分所享有的单独所有权是密切联系在一起的，共有权是由专有部分所决定的，并从属于专有部分的所有权。在区分所有的情形下，共有部分不能独立存在，也不能单独转让和继承。① 只有在取得了专有部分的所有权之后才能相应地取得共有权。一般来说，专有部分的面积越大，共有部分的份额越大。转让专有部分所有权，共有部分也应相应转让。② 专有权的大小也常常决定了其承担修缮共有财产的义务范围，任何买受人购买房产，一旦取得专

---

① 参见孙宪忠、朱广新主编：《民法典评注：物权编》（第1册），中国法制出版社2020年版，第56页。

② 参见陈华彬：《物权法》，法律出版社2004年版，第274页。

有部分的所有权,则自然取得共有部分所有权。在区分所有的成立登记上,一般只登记专有部分所有权,而对共有部分所有权并不单独登记。[①] 正是由于共有部分附随于专有部分,区分所有权中的共有既不同于按份共有,也不同于共同共有,可以将其视为一种特殊的共有形态。

3. 客体范围较为广泛

一般来说,专有部分的所有权限于建筑物内,但对于共有权而言,则不限于建筑物内,还可能延伸到小区其他设施。共有部分的范围主要包括如下方面:(1)建筑物的基本构造部分,如支柱、屋顶、外墙或地下室等。(2)建筑物的共有部分及附属物,如楼梯、消防设备、走廊、水塔、自来水管道等,以及仅为部分区分所有权人所共有的部分。(3)建筑物所占有的地基的使用权,在法律上归属于全体建筑物区分所有权人共同所有。(4)住宅小区的绿地、道路、物业管理用房。(5)公共场所和公共设施,如小区大门建筑、艺术装饰物等地上或地下共有物和水电、照明、消防、保安等公用配套设施,除依法归国家或有关法人所有外,也应当归全体住宅小区的业主所共有。(6)小区内的空地。(7)其他共有财产,例如小区内种植的树木等。

4. 共有权的内容包括权利与义务

《民法典》第273条第1款规定:"业主对建筑物专有部分以外的共有部分,享有权利,承担义务;不得以放弃权利为由不履行义务。"业主对建筑物专有部分以外的共有部分在享有共有权和共同管理权的同时,也要承担对建筑物共有部分的维护、维修以及分担有关物业管理、维护维修费用的义务。如果小区的共有部分受有损失,也应当分担损失。《民法典》之所以强调业主对共有部分既享有权利,又要承担义务,原因在于,业主往往注重对自己专有部分权利的行使和义务的履行,但易于忽视对共有部分的义务承担。这有可能导致对其他业主的利益的损害。[②] 例如,在实践中有的业主因拖欠共同维修费用,使建筑物共有部分长期得不到维护。依据《民法典》第273条的规定,业主在享有共有权的同时,应当履行共有人的义务,不得以放弃权利为由不履行义务。

根据《民法典》第273条的规定,业主不得以放弃权利为由而不履行义务。一方面,业主不得为了拒绝支付共有财产维护维修的费用,而表示放弃对共有财产的权利。因为共有部分和专有部分是不可分离的,业主不得在

---

① 参见陈华彬:《现代建筑物区分所有权制度研究》,法律出版社1995年版,第91页。

② 参见孙宪忠、朱广新主编:《民法典评注:物权编》(第1册),中国法制出版社2020年版,第58页。

保留专有部分权利的同时,放弃其共有部分的权利,更不能以放弃共有部分的权利为理由拒绝履行义务。另一方面,业主不得在转让专有部分所有权时,拒不履行对共有部分的义务。[①] 此外,业主不得以其未实际使用为由拒绝支付费用。例如,所有安装了集体供暖设施的业主,无论其是否实际使用,都必须支付费用。只有确保业主对共有部分义务的履行,才能维护业主的共同生活有秩序地进行,才能构建小区的和谐。

5. 权利行使方式具有特殊性

一是要依据法律的规定和管理规约来行使共有权。例如,依法定程序决定维修资金的使用。二是在建筑物区分所有的情况下,共有人行使权利,常常采用持有份的方式。依据我国《民法典》第 283 条的规定,建筑物共有部分及其附属部分的费用分摊、收益分配等事项,有约定的,按照约定;没有约定或者约定不清的,按照业主专有部分面积所占比例确定。这实际上是确定了共有人在没有约定的情况下,应采取持有份的方式享有权利并承担义务。[②]

我国《民法典》第 297 条规定了共有,包括按份共有和共同共有,而建筑物区分所有中的共有权在性质上既不是按份共有,也不是共同共有,应当认为是在按份共有和共同共有之外的第三种共有。[③] 物权法中有关共有的规则,大多是不适用于建筑物区分所有权中的共有权的。

二、共有权的性质

我国《民法典》第 297 条规定了共有,包括按份共有和共同共有,所谓"包括",就是指共有可以包括按份共有和共同共有,但是不限于这两种类型。对于建筑物区分所有权中的共有权是否属于这两种共有的类型,一直存在争议。依据德国学界的观点,这里的共有实际上是按份共有。[④] 本书认为,建筑物区分所有权中的共有权在性质上既不是按份共有,也不是共同共有,应当认为是在按份共有和共同共有之外的第三种共有。[⑤] 物权法中有关共有的规则,大多是不适用于建筑物区分所有权中的共有权的。

---

① 参见黄薇主编:《中华人民共和国民法典物权编解读》,中国法制出版社 2020 年版,第 191 页。

② 参见黄薇主编:《中华人民共和国民法典物权编解读》,中国法制出版社 2020 年版,第 249 ~ 251 页。

③ 参见孙宪忠:《争议与思考——物权立法笔记》,中国人民大学出版社 2006 年版,第 598 页。

④ 参见[德]鲍尔、[德]施蒂尔纳:《德国物权法》(上册),张双根译,法律出版社 2004 年版,第 639 页。类似的观点,参见奥地利《住宅所有权法》第 2 条和法国《住宅分层所有权法》第 5 条。

⑤ 参见孙宪忠:《争议与思考——物权立法笔记》,中国人民大学出版社 2006 年版,第 598 页。

1. 区分所有的共有权不同于共同共有。理由是：与共同共有相比，其具有明确的份额划分，在没有约定或约定不明时，对小区物业相关费用，如绿地维护、建筑物修缮等费用要依据持有份分摊；在区分所有人之间也不存在赖以存在的共同关系，如合伙关系、夫妻关系等。[①] 共有人居住在一起并非形成一种特殊共同关系，共有财产也不是基于共同关系产生的，而是从专有部分的所有权中派生出来的。在建筑物区分所有的情况下，由于不存在共同关系，任何业主转让其专有部分的所有权，不影响共有关系的存在，也不导致共有财产的分割。新的受让人既要享有共有部分的共有权，也要承担相应的义务。通常，任何单个的业主都不得请求分割共有财产。[②]

2. 区分所有的共有权不同于按份共有。表现在：一方面，区分所有人分别对自己的专有部分享有所有权，对建筑物形成一种复合的权利结构，不是按照份额对一个建筑物整体享有所有权。[③] 在区分所有的情况下，并没有形成应有的份额。尽管对有关修缮的费用以及其他费用要按照一定的比例确定，但这和按份共有中的份额存在本质区别。共有人不能单独转让、抛弃其持有份，也不能在该比例上单独设定负担。持有份依附于专有部分的所有权，具有从属性。另一方面，按份共有的客体通常是单一物，而建筑物区分所有中的共有权，其客体是多个标的物或者物的一部分组成的整体。尤其是共有部分是由专有部分所决定的，是为了保障专有部分所有权的正常行使而设立的，所以，它与专有部分是不可分割的。此外还要看到，在建筑物区分所有的情况下，共有人不能请求分割共有财产，只享有共有财产的利益。所以，物权法中关于按份共有财产分割的规则，原则上不适用于建筑物区分所有中的共有部分。

3. 此种共有不仅与专有部分不可分割，且常常采取法定共有的方式，也有学者将其称为“强制共有”。[④]《民法典》第 273 条第 1 款规定：“业主对建筑物专有部分以外的共有部分，享有权利，承担义务；不得以放弃权利为由不履行义务。”例如，业主对外墙面、小区内的管道等共有财产享有权利，同

---

① 参见耿焰：《建筑物区分所有权与一般所有权之比较研究》，载《青岛海洋大学学报（社会科学版）》2000 年第 2 期。

② 参见于凤瑞：《民法典编纂中业主大会的法律属性与财产责任》，载《北方法学》2018 年第 6 期。

③ 参见耿焰：《建筑物区分所有权与一般所有权之比较研究》，载《青岛海洋大学学报（社会科学版）》2000 年第 2 期。

④ 参见耿焰：《建筑物区分所有权与一般所有权之比较研究》，载《青岛海洋大学学报（社会科学版）》2000 年第 2 期。

时也要承担维修的义务,共有人不得以抛弃对外墙面的共有权为由拒绝承担维修义务。

4. 根据持有份行使权利。《民法典》第 283 条规定:“建筑物及其附属设施的费用分摊、收益分配等事项,有约定的,按照约定;没有约定或者约定不明确的,按照业主专有部分面积所占比例确定。”可见,区分所有权中的共有权可以根据持有份来行使。

三、持有份

所谓持有份,是指区分所有中业主根据专有部分的面积占整个建筑物总面积的比例所确定的份额。在区分所有的情况下,通常可以根据两种方法来确定持有份额:一是根据面积来确定,即依据各共有人的专有部分占整个建筑物总面积的比例来确定份额;二是根据购房价款来确定,即根据购房款在整栋房屋价款中的比例来确定持有份,如《瑞士民法典》第 712e 条即采取了此种立场。这两种方式各有利弊,如果完全按照面积来确定,在面积差距过大时可能在某些方面对小业主有利但不利于大业主,如物业费用的分摊。而依据购房款的比例确定,又存在不同业主购买房屋的价格不同,形成不同的比例的问题。但事实上,不同时期购买的房屋的价值本身就是不同的。所以,根据此种方式来确定持有份也不一定妥当。

《民法典》第 283 条规定:“建筑物及其附属设施的费用分摊、收益分配等事项,有约定的,按照约定;没有约定或者约定不明确的,按照业主专有部分面积所占比例确定。”可见,该条是根据面积来确定持有份的。此处所说的专有部分,包括套内使用面积加上公摊部分,实际上指的是售房合同中的建筑面积。此处所说的面积,应当区分两种情况:一是一栋建筑物内的建筑物总面积;二是指整个小区的总面积。如果要确定建筑物内的共有权的持有份,应当以一栋建筑物内的建筑物总面积作为确立持有份的标准。如果要确定小区内共有部分的持有份,应当以小区内的建筑物总面积作为确立持有份的标准。持有份确定了业主对共有财产享有权利和承担义务的依据。

持有份是区分所有中特有的概念,它不同于按份共有中的应有份,表现在:第一,应有份具有所有权的效力,可以转让、抵押、抛弃,甚至还产生优先购买权,但是持有份并不具有这些效力。第二,应有份是对整个共有财产的应有份额,是一种比例关系,而持有份的核心是业主自己的专有财产在总面积中的比例。第三,应有份的核心仍然是所有权,体现为一种权利,但持有份常常是与区分所有中的管理权联系在一起的,不仅可以确立业主的管理权,而且还可以确定其义务的分担。第四,应有份是按份共有人行使权利的依据,而持有份只是在业主没有约定或约定不明时才能发挥作用。具体来说,区分所有中持有份的确定主要有如下几方面的意义。

1. 建设用地使用权的享有

在我国,土地属于国家或集体所有,任何通过建造、购买等方式取得建筑物所有权的主体,都不能取得对土地的所有权,但应同时取得占用范围内的建设用地使用权。在房地产开发实践中,首先是由建设单位在通过出让、转让、划拨等方式取得建设用地使用权以后而建造建筑物,建筑物建成后,建设单位基于其合法的建造行为而取得房屋所有权,同时享有建设用地使用权。但是建筑单位将房屋转让给各个业主之后,各个专有部分所占该建筑物所占地基面积的比例都应当记载在房屋产权证之中。区分所有的面积越大,其所占地基的面积比例越多。本书认为,建筑物地基的建设用地使用权应当为业主所共有,但由于我国采用“房随地走”的原则,业主在购买房屋之后,也相应地取得区分所有部分所占土地面积的权利。实际上,该比例就是业主对共有的建设用地使用权所占的持有份。

2. 管理权的行使

管理权在一定程度上也要由专有部分所有权所决定。建筑物区分所有权人对于共有财产的管理,涉及共有权的行使,因此需要按照一定的比例确定各业主所享有的共有部分的管理权。根据我国《民法典》第 278 条的规定,在行使管理权的时候,也应当按照建筑面积所占总面积的比例来确定,这实际上就是按照持有份来行使权利。

3. 费用分担

共有财产在管理过程中也会产生许多维护、维修的费用,以及因为共有财产造成他人损害的赔偿费用,业主不能仅享有对共有财产的权利,而不承担义务。这些费用的分摊,有约定的,按照约定处理;没有约定的,也应当由业主根据一定的比例分担。[①] 关于具体的费用分摊状况,可以根据费用的发生的不同情况来分别考虑。例如,小区的费用的分摊,应该根据业主的专有部分的面积占规划小区的面积来分摊;如果是建筑物的费用,则应该根据建筑物内住户的持有份占建筑物的面积来分摊。

4. 收益分配

对于基于共有财产所取得的收益的分配,如果没有约定或约定不明,可

---

① MüncheKomm/Engelhardt, WEG, § 16 Rn. 6 ff.; Bärmann/Becker, WEG, § 16 Rn. 21 ff.

以按照持有份来决定。[①] 例如,物业服务企业将小区的空地作为停车场,并出租给他人,获取了一定的收益,或者将屋顶平台出租设立广告牌而获取的收益。这些收益可以根据持有份在业主之间进行分配。

四、共有部分的范围

(一)共有部分的确定标准

共有部分的确定分为如下情形:一是法定共有,即依据法律法规和相关司法解释的规定所确定的共有。例如,依据《民法典》第 274 条的规定,规划范围内道路、绿地等归业主共有。从广义上说,司法解释确定的共有属于特殊情形的法定共有。法定共有的规定属于强行法规定,一旦法律规定之后,当事人不得在购房合同中通过约定变更归属,建设单位也不能通过合同来处分这些法定共有的财产。法定共有也是附随于专有权的,一旦业主取得了房屋的专有权,也就同时取得了共有权。二是约定共有,即业主通过管理规约等确定的共有。例如,小区内的会所等可以通过约定确定其归属。

(二)共有部分范围的类型

依据物权编及相关规定,建筑物区分所有权中共有部分在范围上包括以下内容。

1. 房屋基本结构部分、公共通行部分和附属设施等。依据《建筑物区分所有权司法解释》第 3 条第 1 款第 1 项的规定,共有部分包括建筑物的基础、承重结构、外墙、屋顶等基本结构部分,通道、楼梯、大堂等公共通行部分,消防、公共照明等附属设施、设备,避难层、设备层或者设备间等结构部分。此外,凡是不属于规划上的专属特定房屋,且建设单位销售时未根据规划列入该特定房屋买卖合同中的露台等物业,可以认为属于《民法典》第 274 条所规定的公共场所,应当认为属于全体业主共有。

2. 绿地。《民法典》第 274 条规定:建筑区划内的绿地,属于业主共有,但是属于城镇公共绿地或者明示属于个人的除外。根据该条规定,除属于城镇公共绿地或者明示属于个人的以外,业主对小区内的绿地享有共有权。绿地应当作为共有财产属于全体业主共有,不能由建设单位保留所有权。《民法典》作出此种规定的原因在于:一方面,这对维护业主的利益是十分必要的,因为业主在购买房屋时,小区内的绿地面积是重要的考虑因素,其甚至可能将绿地的有无以及面积的大小作为决定自己是否购买房屋的决定性

---

① MüncheKomm/Engelhardt, WEG, § 16 Rn. 2 ff.; Bärmann/Becker, WEG, § 16 Rn. 9 ff.

条件。这就是说,绿地的有无和大小,可能直接决定了业主是否订立房屋买卖合同或者直接影响买卖的价格。如果建设单位改变了绿地的用途,将可能造成对业主的重大利益的损害。另一方面,如果由建设单位保留对绿地的所有权,则建设单位可能基于自己利益的考虑而改变绿地用途,此时,业主将很难通过法律的途径来对此种行为加以制约。此外,如果允许建设单位保留绿地的所有权,建设单位就有可能想办法改变规划,如将绿地更改为车位,从而更改绿地的使用目的,如此将会严重破坏城市环境。毕竟绿地属于整个城市环境的一部分。

《民法典》只是整体地推定绿地属于业主共有,但绿地中可能确有属于城镇公共绿地和明示属于个人所有的情况。所以,《民法典》第 274 条特别规定,建筑区划内的绿地,属于业主共有,但是属于城镇公共绿地或者明示属于个人的除外。这就是说,一方面,如果有证据证明特定的绿地属于城镇公共绿地,其就属于公有物,应当属于国家所有。另一方面,如果明示属于个人所有,就应当归个人所有。需要指出的是,所谓"明示属于个人的",是指规划确定为个人所有或个人专用的绿地,而不能理解为售房合同中规定的为个人所有。如果规划确定为业主共有,则不能根据合同确定为某个人所有。否则,建设单位就可能根据合同将业主共有的绿地都卖给个人,从而损害业主的利益。①

3. 道路。道路是指小区内没有经过市政规划的用于通行的道路。《民法典》第 274 条规定:建筑区划内的道路,属于业主共有,但是属于城镇公共道路的除外。这就是说,如果是规划确定的公共道路,就应当属于公有物,属于国家所有。《民法典》为什么确认道路归业主共有?因为道路是各业主进入自己所在建筑物和专有部分的必经之路,是所有业主实现其专有部分所有权所必需的。业主购买房屋,必须取得对道路的权利,否则还需要通过相邻关系或者设定地役权的方式获得通行权,这显然对业主极为不利。② 如果允许建设单位和业主在售房合同中保留对道路的权利,就会引发许多产权的纠纷。值得注意的是,虽然道路、绿地必须归业主共有,但业主也不能随意改变这些道路、绿地的规划用途,如不能在此之上私盖建筑等。如果其他小区的业主有必要通行,则应当按照相邻关系的有关规定处理。

4. 物业服务用房。物业服务用房是指物业管理公司为管理整个小区内

---

① 参见黄薇主编:《中华人民共和国民法典物权编解读》,中国法制出版社 2020 年版,第 195 页。

② 参见最高人民法院民法典贯彻实施工作领导小组主编:《中华人民共和国民法典物权编理解与适用》(上),人民法院出版社 2020 年版,第 356 页。

的物业而使用的房屋。依据《民法典》第 274 条的规定,物业服务用房应当规定为全体业主共有。因为一方面,物业服务用房是向小区提供物业服务所必需的。没有物业服务用房,物业服务企业等就无法为业主提供必要的物业服务,所以,建设单位在兴建小区时应当一并建造物业管理用房。在向业主转让专有部分所有权时,建设单位应当将物业管理用房的所有权一并转移,不能将其单独转让或者保留所有权。另一方面,物业服务企业都是由业主聘请的,所以,业主也应当为其提供服务用房。如果管理用房不属于业主共有,业主聘请物业服务企业,就要支付大笔租金,这也会影响小区的物业管理。①

5. 维修资金。所谓维修资金,是指由业主支付的专门用于住宅共用部分、共用设施和设备维修的资金。《民法典》针对维修资金的规定涉及如下内容。

一是关于维修资金的归属。依据《民法典》第 281 条的规定,建筑物及其附属设施的维修资金,属于业主共有。由于维修资金是向业主筹集的资金,业主按照缴纳比例对维修资金享有权利,维修资金归全体业主共有,任何人未依据法律规定和法定程序擅自使用维修资金的,均构成对业主共有权的侵害。

二是关于维修资金的用途。依据《民法典》第 281 条的规定,维修资金必须用于共有部分的修缮,如电梯、物业外墙等物业设施,也可以用于物业服务用房的修缮。具体的修缮活动包括相关设施的维修、更新和改造。维修资金的使用不限于共有部分的维修,还包括共有部分的更新和改造。但维修资金不能用于业主专有部分的修缮。

三是关于维修资金使用的程序。依据《民法典》第 278 条第 2 款的规定,维修资金的使用必须要业主共同决定,且必须同时满足参会比例和表决比例的要求:一方面,在参会比例的问题上,不要求全体业主共同参与,而只要参与的业主在人数上占到全体业主的 2/3 以上,同时参会业主所占专有部分面积达到 2/3 以上即可。另一方面,在表决比例的问题上,“应当经参与表决专有部分面积过半数的业主且参与表决人数过半数的业主同意”。以最低的参会人数为例,针对维修资金的使用作出决定,要求达到全体业主人数的 1/3 且所占专有面积也达到 1/3 的要求。② 同时,业主对维修资金的使用,全体业主享有知情权。无论是业主大会、业主委员会还是物业公司,

① 参见崔建远:《中国民法典释评:物权编》(上卷),中国人民大学出版社 2020 年版,第 383 页。

② 参见黄薇主编:《中华人民共和国民法典物权编解读》,中国法制出版社 2020 年版,第 224 ~ 225 页。

都有义务将维修资金的使用情况向全体业主公布,业主也有权对维修资金的使用情况进行查询、监督。

四是关于紧急情况下维修资金的使用规则。从实践来看,一旦出现紧急情况(如出现暴雨、大风)导致建筑物漏雨、外墙面脱落等,危及业主的人身、财产安全,则需要紧急动用维修资金进行修缮。在此情形下,如果按照《民法典》第 278 条由业主大会进行表决,时间可能来不及。因此,《民法典》第 281 条第 2 款确认了维修资金的紧急使用权,即在紧急情况下可使用维修资金。依据这一规则,维修资金的紧急使用不需要召开业主大会,业主大会或者业主委员会可以直接申请动用维修资金。所谓依法申请,是指业主大会或者业主委员会依据法律规定直接向政府有关维修资金的管理部门申请即可,这既有利于应对自然灾害,也是为了维护业主的利益。此处的"法",既包括法律,也包括行政法规、部门规章和地方性法规。①

6. 建筑区划内的其他公共场所和公用设施。《民法典》第 274 条规定:建筑区划内的其他公共场所、公用设施和物业服务用房,属于业主共有。所谓其他公共场所和公用设施,是指除绿地、道路之外的公共场所和公用设施。《建筑物区分所有权司法解释》第 3 条第 1 款第 2 项"其他不属于业主专有部分,也不属于市政公用部分或者其他权利人所有的场所及设施等"的规定采取了排除法,即不属于业主专有、市政公用或其他人所有的场所和设施,则属于业主共有的"其他公共场所、公用设施"。

具体来说:一是其他公共场所。所谓公共场所,是指能够为全体业主所共同使用或利用的场所。换言之,是除绿地、道路等以外的,为全体业主所共同使用的地方。公共场所包括广场、园林、走廊、门庭、大堂等。② 公共场所要区别于仅仅供特定人使用的场所,例如,根据规划确定由某个业主专门使用的部分,比如附赠的、供业主单独使用的阳台,不能认为是公共场所。二是公用设施。所谓公用设施,是指为保障专有部分的利用而修建的专门服务于业主的配套设施。例如,各种健身设施、消防设施,围墙、大门、自行车车棚、外墙、配电箱,各种供电、热水、气管线等。比如小区的警报设施、电梯设施、邮箱、地下供暖管道、小区内花园、栏杆、小区大门对讲机、小区中心供暖设备、排气管、通风井、垃圾箱、小区内的美化雕塑、装饰及尖顶、外墙、

---

① 参见黄薇主编:《中华人民共和国民法典物权编解读》,中国法制出版社 2020 年版,第 242 ~ 243 页。

② 《建筑物区分所有权司法解释》第 3 条规定,建筑物的基础、承重结构、外墙、屋顶等基本结构部分,通道、楼梯、大堂等公共通行部分,消防、公共照明等附属设施、设备,避难层、设备层或者设备间等结构部分,属于业主的共有部分。

小区大门等。[①] 公用设施是为了满足小区业主共同利益的场所和设施,从而区别于完全用于营利性的、面向社会开放的活动的各种设施。在这个意义上可以认为会所、商铺等营利性设施并不一定是公共场所和公用设施。据此,不应将小区内所有公用设施都纳入业主共有的范围。

7. 小区内未纳入建筑区划的其他场地。《民法典》第 275 条第 2 款规定:“占用业主共有的道路或者其他场地用于停放汽车的车位,属于业主共有。”根据《民法典》第 275 条的规定,尽管空地没有被纳入规划的范围内,也应当作为“其他场地”,归业主共有。《民法典》作出此种规定,主要原因在于:一方面,在房地产开发过程中,建设用地使用权的出让是按照宗地进行的,建设单位拿到一宗土地进行开发建设,再将土地上下的建筑物分别转让给业主。完成转让之后,业主在获得专有部分的所有权、建筑物共有部分共有权的同时,除城镇公共道路和绿地应当为国有,明示归个人的绿地属于个人所有之外,原则上各业主也应当共同取得对该宗土地的建设用地使用权,这其中就包含了建筑区划外的其他场地。另一方面,对于规划中并未进行建设的空地,建设单位也不能擅自改变整体规划用途进行开发。虽然空地未纳入规划建设的范围,但显然将某块土地留作空地是符合整体规划要求的。为了避免建设单位擅自改变规划,也有必要要求空地归业主共有。既然空地归业主共有,如果在空地上设置健身设施、体育锻炼场所,也应该归业主共有,由业主决定如何使用。

8. 因利用共有部分产生的收益。《民法典》第 282 条规定:“建设单位、物业服务企业或者其他管理人等利用业主的共有部分产生的收入,在扣除合理成本之后,属于业主共有。”这一规定扩大了共有权的客体范围,使其包括了收益。依据这一规定,一方面,建设单位、物业服务企业或者其他管理人等利用业主的共有部分产生的收入属于业主共有。例如,物业服务企业利用小区空地用作停车场产生的收入,或者建设单位利用建筑物外墙面提供广告而产生的收入等均属于利用共有部分产生的收益。《民法典》颁行前,我国原《物权法》并未对此进行明确规定,就此问题经常发生争议。《民法典》新增这一规则,强化了对业主共有权的保护。另一方面,此处的收入应当扣除合理成本,即相关合理开支,即应以净收入而非毛收入计算。此外,物业服务企业等产生的收益也应当定期向业主进行报告。[②] 在擅自进行

① MüncheKomm/Commichau, WEG, § 1 Rn. 42 f.

② 参见黄薇主编:《中华人民共和国民法典物权编解读》,中国法制出版社 2020 年版,第 246 页。

经营性活动的情形下,《建筑物区分所有权司法解释》第 14 条第 2 款规定:“属于前款所称擅自进行经营性活动的情形,权利人请求建设单位、物业服务企业或者其他管理人等将扣除合理成本之后的收益用于补充专项维修资金或者业主共同决定的其他用途的,人民法院应予支持。行为人对成本的支出及其合理性承担举证责任。”这就是说,在业主要求返还因他人侵权而获得的收益以后,可以将该收益用于业主共同决定的用途。

9. 不属于业主专有部分的露台。《建筑物区分所有权司法解释》第 2 条第 2 款规定:“规划上专属于特定房屋,且建设单位销售时已经根据规划列入该特定房屋买卖合同中的露台等,应当认定为前款所称的专有部分的组成部分。”依反面解释,凡是不属于规划上专属于特定房屋,且建设单位销售时未根据规划列入该特定房屋买卖合同中的露台,对此类物业,可以认为属于《民法典》第 274 条所规定的公共场所,应当认为属于全体业主共有。如果允许建设单位保留屋顶平台的所有权,禁止他人特别是业主上屋顶平台,甚至改变设计用途,在屋顶平台上加盖房屋,就会损害业主的权利。对于属于业主共有的屋顶平台,任何有关屋顶平台的有偿利用,例如,树立广告牌、搭建有关设施等行为,都必须经过业主大会或者业主委员会的同意,通过订立合同或者设定地役权来确定,由此所获得的收益应当归全体业主所有。例如,在“陈某梅与宣某等物权保护纠纷案”①中,北京市西城区人民法院认为:根据被告宣某提供的房产证和购房合同确定,被告宣某不是 702 房屋外面露台的所有权人,宣某对该露台没有法定的维护、清扫义务。因此,对原告要求被告宣某赔偿损失并修复某房屋露台防水的请求,不予支持。被告观远物业公司系该小区的物业管理公司,因此,观远物业公司对小区建筑物的公共部分,有管理、维护的义务。

10. 其他场所、设施和物业。除上述公共部分外,建筑物的公共通行部分、建筑物的附属设施部分、建筑物的结构空间部分等,都属于共有部分的范围。此外,据《建筑物区分所有权司法解释》第 3 条第 1 款第 2 项的规定,其他不属于业主专有部分,也不属于市政公用部分或者其他权利人所有的场所及设施等,也属于共有部分。该条实际上采取兜底性列举的方式,按照非特定权利人所有即为业主共有的原则,将法律上没有列举清晰的共有部分概括进去了。例如,种植在小区公共草坪内的花卉和树木,也应当属于业主共有财产。但是,该条确定的共有部分必须满足三个条件:第一,必须不

① 北京市西城区人民法院民事判决书,(2020)京 0102 民初 26816 号;北京市第二中级人民法院民事判决书,(2021)京 02 民终 1214 号。

属于专有部分。如果在法律上已经归属于专有部分,则不能作为此处所说的共有部分。第二,不属于市政公用部分。例如,有关水电管道、煤气管道、电话线路等,如果已经确定为市政公用部分,则不属于业主共有。第三,必须不属于其他权利人所有。例如,第三人在小区内设立的幼儿园、银行自动取款机等,不属于业主共有。

共有部分属于全体业主共有,由其进行使用和收益,其他任何人不得侵害业主的权利。在行为人侵害业主共有财产时,权利人既可以依据物权请求权主张权利,也可以依据侵权请求权提出请求。《建筑物区分所有权司法解释》第 14 条第 1 款规定:“建设单位、物业服务企业或者其他管理人等擅自占用、处分业主共有部分、改变其使用功能或者进行经营性活动,权利人请求排除妨害、恢复原状、确认处分行为无效或者赔偿损失的,人民法院应予支持。”据此,侵害行为人包括建设单位、物业服务企业或者其他管理人等。在其侵害共有财产的情况下,业主作为权利人有权请求排除妨害、恢复原状、确认处分行为无效或者赔偿损失。

五、共有权的行使

《建筑物区分所有权司法解释》第 4 条规定:“业主基于对住宅、经营性用房等专有部分特定使用功能的合理需要,无偿利用屋顶以及与其专有部分相对应的外墙面等共有部分的,不应认定为侵权。但违反法律、法规、管理规约,损害他人合法权益的除外。”依据这一规定,共有权的行使应当符合如下原则。

第一,合法行使原则。业主要依据法律的规定和管理规约来行使共有权。例如,依法定程序决定维修资金的使用。在建筑物区分所有的情况下,共有人行使权利,常常根据其持有份来行使。依据《民法典》第 283 条的规定,建筑物及其附属设施的费用分摊、收益分配等事项,有约定的,按照约定;没有约定或者约定不清的,按照业主专有部分面积所占比例确定。这实际上确定了共有人在没有约定的情况下,应根据持有份享有权利并承担义务。

第二,合理使用原则。此处所说的合理使用,是指业主基于对住宅、经营性用房等专有部分特定使用功能的合理需要而使用共有部分。至于对“合理需要”的认定,应当结合专有部分的用途、共有部分的设立目的、业主个人的情况等具体情形综合考虑。

第三,在法定范围内的无偿使用原则。《建筑物区分所有权司法解释》第 4 条规定,专有部分所有人“无偿利用屋顶以及与其专有部分相对应的外墙面等共有部分的,不应认定为侵权”。依据这一规定,业主在法定范围内可以无偿利用共有部分。因为从建筑物区分所有权中共有部分的存在目的来看,该共有部分的存在主要是为了业主使用、收益,以实现专有部分的功能。例如,屋顶平台、外墙面都与专有部分的利用不可分割,专有部分所有人对其屋顶以及专有部分对应的外墙等的无偿利用行为,应当属于法定范围内的无偿使用,该行为可以认定为一种合理使用,不应当构成侵权。但超出法定范围的使用行为,则构成侵权。例如,某个业主擅自利用公共建筑的外墙做广告,则构成对其他业主权利的侵害。

共有部分属于全体业主共有,由其进行使用和收益,其他任何人不得侵害业主的权利。依据《建筑物区分所有权司法解释》第 14 条第 1 款的规定,未经业主同意擅自使用外墙面发布广告,或者擅自利用公用阳台堆放杂物等,构成侵害共有财产,业主作为权利人有权请求排除妨害、恢复原状、确认处分行为无效或者赔偿损失。

第四节 车位、车库的归属和使用

一、车位、车库可以作为建筑物区分所有权的客体

所谓车位,是指车库中的停车位,以及规划用于停车的具体地点。所谓车库,是指隶属于整个小区,具有独立的空间、以存放车辆为目的的附属建筑物。[①] 车库又常常被称为地下车库,其四周是封闭的,可以通过登记表彰权利的范围。但车位很难通过登记表彰其四至范围,所以无法成为单独的所有权的客体。车库大多是利用地下空间而建造的,而地上车位大都是利用地表划定的。在建筑物区分所有的情形中,车位、车库与区分所有权不可分割。随着城市化的快速发展、人们生活水平的提高,私家车的保有量也越来越多,作为业主的代步工具的存放地点,车位和车库的辅助功能也越来越重要,其财产价值也日益凸显。因此,《民法典》专门规定了车位、车库的归属问题。

车位与车库都是建筑物区分所有权的重要内容,二者都具有构造上和使用上的独立性,无论是车位还是车库,其固有用途都是停放车辆,而不是用于居住或者其他营业目的。[②] 而且车位与车库都有明确的四至范围,具有

---

① 参见黄薇主编:《中华人民共和国民法典释义(上):总则编·物权编》,法律出版社 2020 年版,第 515 页。

② 参见高圣平:《住宅小区车位、车库的性质及其权利归属研究——兼评〈物权法〉第 74 条》,载《法学家》2008 年第 6 期。

可登记性,都可以成为专有权的客体。依据《建筑物区分所有权司法解释》第2条的规定,如果车位、车库具有构造上的独立性、利用上的独立性以及能够登记成为特定业主所有权的客体,则其可以成为独立的所有权客体。因为对车位而言,其具有明确的界限范围,具有空间上的独立性。就车库来说,其在建筑物内形成了一定空间,但车库四至范围是明确的,且具有独立的出入口,所以已经成为与住房相区别的、独立的特定物,因而可以作为独立的财产。诚然,在停车场内也可能设置为整个建筑物所使用的各种管线、电表等,但这并不能否认车库在构造上和利用上的独立性。因为这些设备在停车场中仅占据了极小的空间,放置这些东西并不妨害停车场发挥作用,不能以此否认其利用上的独立性。所以车库可以与其上面楼层分开而成为单独所有权的客体,也可以作为独立的财产并成为单独的交易客体。①

二、根据约定确定车位、车库的归属

《民法典》第275条第1款规定:“建筑区划内,规划用于停放汽车的车位、车库的归属,由当事人通过出售、附赠或者出租等方式约定。”依据这一规定,应根据约定确定车位、车库归属,约定的方式包括出售、附赠、出租等。具体而言:一是出售,指建设单位将车位、车库卖给业主;二是附赠,指建设单位将车位、车库赠给业主;三是出租,指建设单位将车位、车库租给业主。这些形式都可以作为解决车位、车库归属的方式,从而满足业主的需要。实践中,当事人一般都会对车位、车库的法律归属作出约定,如果当事人没有对车位、车库的归属作出约定,从《民法典》鼓励建造车位、车库的立法目的出发,应当推定车位、车库归建设单位所有。

应当通过约定来确定车库归属的主要理由在于:

第一,充分体现私法自治原则。私法领域中奉行的基本原理是自治。②物权法作为私法的重要组成部分,作为财产归属与利用的基本法,也应遵循私法自治的内在要求。由于财产归属利用的多元化,通过私法自治才能很好地协调各方利益,实现各种利益归属的最大化。因为只有当事人才是自身利益的最佳判断者,法律不能越俎代庖地替当事人进行选择。我国《民法典》第275条规定对车位、车库的归属应当根据约定来进行确定,正是体现了私法自治的要求。这有利于买受人和建设单位通过平等协商来充分体现

---

① 有学者认为,出卖人如果没有单就车库取得商品房预售许可,是不能销售车库的。参见崔建远:《小区车库的归属论》,载《人民法院报》2006年2月15日,B01版。但笔者认为,不能仅以商品房预售许可来限制车库的销售。

② 参见王利明:《民法总则研究》,中国人民大学出版社2003年版,第15页。

自身的意志和利益,也最有利于争议的解决。

第二,符合市场经济的内在要求。通过约定解决归属,实质上是通过市场机制解决纠纷,即在市场经济条件下,将此问题交给市场来解决,通过合同约定方式,在车位、车库的归属上实现各方利益的最大化。当然这里也存在一种风险,即如果是一个完整的竞争市场,通过市场机制可以实现资源的优化配置,但是如果房屋市场是卖方市场,房屋仍然供不应求,在此情况下,建设单位有可能通过格式合同保留车位、车库的所有权,这有可能对业主不利。在实践中,这个问题很大程度上是由房屋买卖市场决定的,如果房屋处于卖方市场,车位价值就会升高,即使将车库作为共有财产,也不一定可以降低业主使用车库的成本,因为建设单位有可能将车库价值纳入房屋的价格。如果房屋处于买方市场,建设单位开发的房屋严重滞销,其根本不可能把车位、车库的价格抬得过高,为了房屋促销,其完全可能会把车位、车库进行搭售,也就是赠送。所以,在市场竞争的情况下,对于买受人来说,要获得较好的居住配套环境,就要付出合理的成本和对价。①

第三,有利于对车位、车库有效利用和管理。车位、车库是一个整体,无法找到一个合适的标准,将单个车位、车库公平地划分给每个业主。在实践中,车位、车库的位置、大小不同,相应的价值也不同。有的人有车,有的人没有车;有的人车大,有的人车小;有的人不要车位,有的人需要车位;有的人车多,有的人车少……如果要归业主共同管理,将难以协调各个业主之间的需求关系。在业主人数众多的情况下,即使通过业主委员会来分配,在使用管理方面的效率也会大大降低,且分配未必公平合理,这势必也会引发诸多纠纷。

第四,有利于鼓励建设单位修建更多的车位、车库。多年来,我国城市建设忽略了车位、车库的建设,造成了许多城市车位、车库紧张的状况,“停车难”的问题较为突出。这就需要鼓励建设单位尽可能开发更多的车位,来缓解目前这种紧张的局面。车库具有独立的使用价值与交换价值,是一种独立的财产,可以进行转让。在“停车难”的问题越来越突出的情况下,车库的价值也会增长,这就有必要刺激投资,以利益驱动的方式使建设单位考虑为小业主提供必要的、合理的车位、车库。但如果将车位、车库规定为业主的共有财产,建设单位就没有足够的动力来建筑车库,最后因为车库非常紧张,停车越来越难,受损害最大的仍然是业主。

---

① 参见邓光达:《论物权法草案对绿地和车库权利归属制度安排的缺陷》,载法律图书馆网 2004 年 10 月 26 日,www.law-lib.com/lw/lw_view.asp?no=3987。

三、车位、车库的归属应当如何约定

《民法典》第275条第1款规定："建筑区划内，规划用于停放汽车的车位、车库的归属，由当事人通过出售、附赠或者出租等方式约定。"该条确立了确定车库、车位归属的基本原则，即应当由当事人通过约定确定其归属。依据该条规定，法律上给予了建设单位通过约定保留车位、车库所有权的可能性，如果建设单位在合同中作出了保留车位、车库所有权的约定，那么其就获得了车位、车库所有权。

（一）约定的主体、时间和方式

1.约定的主体

约定的主体应该是建设单位和业主，而不是仅仅在业主之间进行约定。虽然建设单位与业主以约定的方式确定车位、车库的归属可以有效实现私法自治，但是建设单位与买受人之间具有明显不同的交易地位，在卖方市场的情形下，完全通过约定的方式对车位的归属与利用进行确定，可能并不会产生立法者原本设想的结果。如果是卖方市场，消费者根本没有与建设单位磋商、谈判的能力；如果是买方市场，情形又不完全相同。[①] 因而，法律有必要对车位、车库的价格及其转让等作出规制，防止建设单位任意涨价，或将车位、车库高价转让给业主以外的其他人，或高价出租给他人。

建设单位与业主之间就车位、车库使用权的约定，可以采取两种方式：一是由全体业主与建设单位进行约定。二是由建设单位与单个业主单独约定。实践中，建设单位在销售商品房时，通常在销售合同中与各个业主就是否购买车位、车库以及具体价格进行协商，所以对归属的约定通常应该分别进行。当然，要确定建设单位是否与每个业主都签订了保留车位、车库所有权归属的约定。此处所说的归属的约定，是指在建设单位与全体业主签订的房屋买卖合同中，都要保留车位、车库的所有权，如果仅仅只是和部分业主签订了保留车位、车库所有权的协议，并不能表明完全解决了车位、车库的所有权归属问题。

问题在于，在当事人没有作出约定时，车位、车库的归属如何？本书认为，从该条的规定来看，其允许建设单位以出售、附赠或者出租等方式约定车位、车库的归属，而在当事人约定出售、附赠或者出租车位、车库时，业主将基于该约定取得车位、车库的所有权或者使用权。据此，如果当事人没有作出此种约定，则无法取得车位、车库的所有权或者使用权。这也意味着，

---

① 参见高圣平：《住宅小区车位、车库的性质及其权利归属研究——兼评〈物权法〉第74条》，载《法学家》2008年第6期。

如果当事人没有就车位、车库的归属和利用作出特别约定，业主将无权就车位、车位的归属或者使用主张权利。

2. 约定的时间

当事人约定车位、车库归属的时间既可能在商品房买卖之时，也可能在商品房买卖之后，但通常约定应该是发生在订立商品房买卖合同时，因为只有在这个时间约定，才有利于减少纠纷。在业主入住后约定，不仅交易成本高，且易发生纠纷。在此时约定，即便建设单位已经将车位、车库出租或者借给第三人使用，其也可以保留车库的所有权。

3. 约定的方式

约定车位、车库归属的合同应当是要式合同，原则上应当采用书面的形式，因为车位、车库在性质上属于不动产，而且其归属与房屋所有权的关系非常密切。我国法律对房屋所有权的移转要求必须订立书面合同，所以，对于车库所有权的归属也应当订立书面合同。当然，当事人约定车位、车库归属的方式既可以体现为商品房买卖合同中的特别条款，也可以通过单独的合同专门约定车位、车库的归属。

（二）没有约定或约定不明的归建设单位所有

在当事人没有就车位、车库的归属作出约定，或者约定不明时，应当认定车位、车库归建设单位所有，因为从《民法典》第 275 条第 1 款的规定来看，车位、车库的归属由当事人通过出售、附赠或者出租等方式约定，这也意味着车位、车库所有权或者使用权是从建设单位处移转给业主的。据此，如果当事人没有就车位、车库的归属作出约定，或者约定不明，则不应当认定车位、车库的所有权或者使用权发生了变动，即车位、车库仍应当归属于建设单位。

四、占用业主共有道路或者其他场地增设的车位

我国《民法典》第 275 条第 2 款规定："占用业主共有的道路或者其他场地用于停放汽车的车位，属于业主共有。"这就意味着，关于依约定确定车位、车库的归属存在一个例外，即占用业主共有道路或者其他场地增设的车位，不属于建设单位所有，而属于业主的共有财产。《建筑物区分所有权司法解释》第 6 条规定："建筑区划内在规划用于停放汽车的车位之外，占用业主共有道路或者其他场地增设的车位，应当认定为民法典第二百七十五条第二款所称的车位。"这就进一步明确占用业主共有的道路或者其他场地而形成的车位归业主所有这一规则。之所以作出此种规定，主要原因在于，我国《民法典》第 274 条确认了建筑区划内的道路和其他公共场所属于业主共

有，因此，建设单位或物业服务企业占用该道路或其他公共场所而用于停放车辆，也不应当改变该道路或公共场所的物权归属，由此形成的车位也应当属于业主的共有财产。如果将此类车位出租，则相关的收益也应当归属于业主。该司法解释进一步将《民法典》的上述规定解释为，即使按照建筑区划，原本不用于停放汽车，只要是占用业主共有道路或者其他场地增设的车位，就应当依据《民法典》第274条的规定认定其属于业主共有，因此形成的收益也应当归属于业主。[①] 这就明确了在规划以外利用共有道路和其他场地增设的车位的归属，保障了业主的财产权益。

五、车位、车库应当首先满足业主的需要

《民法典》第276条规定："建筑区划内，规划用于停放汽车的车位、车库应当首先满足业主的需要。"依据这一规定，建设单位在修建了车位、车库之后，首先应当满足业主的需要。因为车库、车位本身是业主实现其区分所有权的重要辅助设施，性质上属于小区的配套设施。因此，其功能应当首先满足业主的生活需要。而且在建筑物规划中，一般要对车位、车库作出规定，甚至一些地方已经强制性要求配套车位、车库的比例。而这些配套车位、车库，显然主要是为了满足业主的需要。此外，强调满足业主的需要也有利于充分发挥物的效益，因为如果不能满足业主的需要，则业主要到小区之外寻找车位、车库，从而可能支付高昂的对价以及花费大量的时间成本。

如何理解首先满足业主的需要？所谓首先满足业主的需要，就是指建设单位在修建了车位、车库之后应当首先将其出租、出售给业主，而不能高价卖给第三人。如果业主有能力购买，则应当出售给业主；如果业主没有能力购买，则应当出租给业主。依据《民法典》第276条的规定，车位、车库首先应当满足业主的需要，无论其他人是否提出了比业主更高的条件，都不能先卖给其他人。当然，满足业主需要只能是合理的需要，这就是说，只要满足了业主基本的停车需要，就应认为已经满足了业主需要。《建筑物区分所有权司法解释》第5条第1款规定："建设单位按照配置比例将车位、车库，以出售、附赠或者出租等方式处分给业主的，应当认定其行为符合民法典第二百七十六条有关'应当首先满足业主的需要'的规定。"依据这一规定，确定是否满足业主的需要，首先考虑根据规划确定的配置比例。《建筑物区分所有权司法解释》第5条第2款规定："前款所称配置比例是指规划确定的建筑区划内规划用于停放汽车的车位、车库与房屋套数的比例。"配置比例

---

① 参见崔建远：《中国民法典释评：物权编》（上卷），中国人民大学出版社2020年版，第390页。

在各个地方、各个小区并不完全相同，目前法律也没有对此作出统一规定。但是，规划中都确定了配置比例。例如，配置比例为1：1，意味着每套房屋应当配套建造一个车位或车库。如果每个业主已经按照该配置比例得到了一个车位，就意味着建设单位已经满足了业主的需要，其可以自行处置剩余的车位。如果建设单位没有按照该配置比例来满足业主的需要，则不能将剩余的车位、车库转让给第三人。

问题在于，如果没有满足需要，建设单位将车位、车库高价转让给业主以外的其他人，业主可否请求确认出卖车位的合同无效？在司法实践中，有法院认为，建设单位违反该规定向业主之外的主体转让车位的，该合同并非无效。① 但本书认为，在没有满足业主合理需要的情况下，必然损害了业主依法应当享有的权益，如果业主不能主张合同无效，相应的立法目的就无法实现。《民法典》第276条的规定在性质上属于强制性规定，违反了该规定而订立的合同，都应当被宣告无效。②

需要指出的是，车位、车库首先应当满足业主的需要，并不是指只能满足业主的需要。根据规划要求，建设单位修建的车位、车库可能不仅限于满足本小区业主的需要；如果建设单位修建的车库在满足业主需要之后，仍有大量空余的车位，而周边小区的许多业主又没有车位，在此情况下，完全不允许建设单位将车位、车库卖给或者租给业主以外的人，既不利于满足他人的需要，也不利于发挥物的效用。

第五节　共同管理权

一、共同管理权的概念

所谓共同管理权，是指业主基于专有部分的所有权从而依法享有对业主的共同财产和共同事务进行管理的权利。依据《民法典》第271条的规定，区分所有权包括业主的共同管理权。

共同管理权在学理上常常被称为“成员权”。但成员权和共同管理权的概念并不完全相同。成员权强调业主对其共有财产和共同事务进行管理是由其作为业主的资格所决定的，任何人取得了专有部分的所有权，就同时取

---

① 北京市第三中级人民法院民事判决书，(2013)三中民终字第01815号。

② 参见崔建远：《中国民法典释评：物权编》(上卷)，中国人民大学出版社2020年版，第382页。

得了这种成员资格。[①] 而共同管理权的概念强调了权利的内容在于对共同事务的管理，并没有突出业主的成员资格。考虑到在建筑物区分所有的情况下，业主作为成员所享有的权利，主要还是参与管理，至于其对有关财产获取收益，可以视为其共有权的内容，所以《民法典》没有采用成员权，而采用了管理权的概念，这是不无道理的。管理权的性质和特点表现在以下几个方面。

1. 共同管理权是专属于业主的权利

管理权是专属于业主的权利。德国学者认为，在专有所有权（Sondereigentum）之上而产生的身份上的成员权（Mitgliedschaft）属于区分所有权的重要组成部分。[②] 但是德国通说和司法实践并没有承认这一成员权属于区分所有权的重要组成部分。[③] 在比较法上，瑞士、奥地利和法国实际上都采纳了二元说的立场。[④] 因为管理权是由专有部分的所有权产生的，管理权在性质上是由业主享有的专有部分所有权所决定的，或者说是以各个业主享有的单独的所有权为基础的。任何人取得了专有部分所有权，自然取得了管理权。如果转让了专有部分所有权，其管理权也随之丧失，并由受让人取得成员资格。[⑤] 管理权有时是确保专有部分所有权和共有权实现的手段。所以管理权不能与建筑物区分所有权相分离而单独转让，权利人不得保留专有部分所有权而抵押其共有部分，也不得保留管理权而转让专有部分所有权与共有权。然而，管理权又与专有部分的所有权和共有权存在一定的区别，不能简单地将管理权与专有部分的权能等同。[⑥] 尤其应当指出的是，只有成为业主，才能享有管理权，物业服务企业虽然具有管理的职能，但并不享有业主所享有的管理权，它只是受业主委托，依据合同而行使管理权。业主所享有的管理权的范围也要受到单独所有权部分的制约[⑦]，例如，业主在就重大事项投票时，要考虑其专有部分的面积。

---

① 参见于大水：《论建筑物区分所有权中的成员权——兼评〈中国物权法草案建议稿〉中的相关内容》，载《河北法学》2002 年第 1 期。

② 参见［德］贝尔曼：《德国住宅所有权法》，戴东雄译，载《台大法学论丛》第 13 卷第 1 期。

③ Bärmann, NJW 1989, 1057.

④ 参见《瑞士民法典》第 712a—b 条，奥地利《住宅所有权法》第 1 条和第 2 条，法国 1965 年 7 月 10 日法律的第 1 条。

⑤ 参见白江：《德国住宅楼管理制度之研究及启示》，载《中外法学》2008 年第 2 期。

⑥ 参见段启武：《建筑物区分所有权之研究》，载梁慧星主编：《民商法论丛》（第 1 卷），法律出版社 1995 年版。

⑦ 参见王泽鉴：《民法物权：通则·所有权》（第 1 册），中国政法大学出版社 2001 年版，第 256 页。

2. 共同管理权是一种私法上的权利

我国《民法典》第 240 条关于所有权权能的规定中并无管理权的规定，那么，管理权是不是一种所有权的权能呢？其性质应如何确定？学者大多认为，管理权是私法上的权利和公法上的权利的结合，具有人法和物法性的因素。[1] 本书认为，管理权仍然是一种私法上的权利。其理由在于：第一，《民法典》规定的管理权由单独所有权决定，由所有权派生出来，而公法上的权利不具有此种性质。管理权是所有权的延伸，是区分所有权的一部分，是确保专属所有权和共有权实现的手段。第二，管理权的内容主要是针对业主的共有财产和共同事务而进行管理。这些事务本质上还是私人事务，所以，不宜由政府干预。管理权的实现主要体现为一种财产利益，而不是公法上的利益。第三，正是因为管理权体现的是业主私人的利益，所以，管理权的行使要尊重业主的意愿。例如，业主是否行使管理权，应当由业主决定。管理权不能与专有权和共有权相分离而单独转让，但可以基于业主的共同意思将一部分权利委托给他人行使。第四，在《民法典》中规定管理权，就意味着该权利受到侵害或者有受到侵害的危险时，可以获得《民法典》的救济。

3. 共同管理权是管理共有财产和共同事务的权利

区分所有权中的管理权是法律赋予业主专门管理业主的共有财产和共同事务的权利，这是区分所有权中的一项重要内容。在独门独院的产权模式下，自己管理自己的财产，不会产生共同管理的问题。但在区分所有的情况下，各个业主已经形成了一种共同关系。在一栋建筑物，特别是在一个小区内，区分所有人人数众多，甚至可能是成千上万的人生活在一起，因此，区分所有人因区分所有而产生了共同生活关系。在这种共同生活关系中业主们要管理共同事务，为了维护此种共同生活关系的秩序，维护共有财产的安全，有必要由全体业主参与管理。[2] 一方面，管理权针对共有财产。小区的共有财产不可能由小区的业主平等占有、使用，除了由业主自行管理物业的小区，每个业主不可能实际管理小区的事务，小区事务只能通过业主大会或业主委员会等来实际管理，或者委托有关的物业服务企业或其他管理人对共有财产进行管理。另一方面，管理权需要针对共同事务进行管理，这些共同事务包括公共场所的使用、有关物业费的缴纳、禁止滥用专有部分所有权、禁止滥搭滥建等。这些共同事务如果不能得到妥善处理，显然无法保障小区的和谐。当然，业主行使管理权要通过一定的程序来进行，且业主在行

---

① 参见陈华彬：《现代建筑物区分所有权制度研究》，法律出版社 1995 年版，第 196 页。

② 参见朱虎：《物业服务合同作为集体合同》，载《暨南学报（哲学社会科学版）》2020 年第 11 期。

使管理权的同时，也要承担相应的义务，例如在参与管理的同时也要支付管理的费用。

4. 共同管理权既是权利又是义务

业主参与对共同事务和共同财产的管理，是业主作为专有部分的所有人和共有权人所享有的基本权利，也是业主的一项义务，因此业主不得抛弃其管理权。其作为共同生活关系的一员，在参与管理的同时也负有参与共同生活、维护共同秩序的义务。[①] 例如，业主有权参与管理规约的制定，但也负有遵守管理规约的义务；业主有权管理共有财产，但也有义务支付管理费用。[②]

二、共同管理权的行使方式

业主行使管理权必须要依据法律、法规和管理规约的规定来具体行使。管理权主要针对的是业主们的共有财产和共同事务，但是，业主无法单独、亲自、实际地管理每一项共同财产和共同事务，所以只能通过法律、法规和管理规约规定的方式来行使管理权。一般来说，管理权的行使方式主要有如下几种。

1. 参与业主大会，行使表决权。各个业主要参与管理的事务，首先要通过参与业主大会行使表决权。表决权既可以由业主本人行使，也可以委托他人代为行使。凡是涉及业主重大利益的事项，都应当依据法律、法规和管理规约的规定，由全体业主召开业主大会共同决定。法律赋予业主所享有的各项权利，如聘请物业服务企业、解聘物业服务企业，都需要通过参与业主大会共同决定的方式才能实现。

2. 参与业主委员会，行使管理权。在一个小区内可能因为业主人数众多，而不能经常召开业主大会，日常的管理事务便只能由业主委员会等机构以及业主委托的物业服务企业进行管理。业主有权出席业主大会，选举业主委员会，并有权对业主委员会进行监督或通过业主大会重新选举业主委员会。业主有权参与业主委员会，管理业主的共有财产和共同事务。业主委员会只能由业主组成。

3. 共同制定管理规约的权利。管理规约的制定，不仅关系到每个业主的利益，而且对于每个业主都有拘束力。所以，每个业主都应当有权参与业

---

① 参见段启武：《建筑物区分所有权之研究》，载梁慧星主编：《民商法论丛》（第1卷），法律出版社1995年版。

② 参见于大水：《论建筑物区分所有权中的成员权——兼评〈中国物权法草案建议稿〉中的相关内容》，载《河北法学》2002年第1期。

主大会并通过法定的程序制定管理规约。

4. 请求就重要事项召开会议讨论的权利。凡是关系到业主的重大利益的事宜,例如,公共财产的修缮、维护、处分,公共停车场的使用等,如果在管理规约中没有作出规定,业主都有权发出动议,请求召开会议,对这些重要事项进行讨论,并在管理规约中予以规定。如果某些业主实施了损害共同利益的行为,其他业主有权请求其停止该行为。[①] 业主有权要求召集业主大会,就有关事务进行讨论。根据《物业管理条例》第 13 条第 2 款的规定,“业主大会定期会议应当按照业主大会议事规则的规定召开。经 20% 以上的业主提议,业主委员会应当组织召开业主大会临时会议”。业主一般要亲自参加会议,但也可以委托他人参加大会。

5. 自行管理物业和小区其他事务的权利。对于小区的物业,可以自行管理,也可以委托他人管理。在自行管理的情形下,业主有权直接管理物业和小区其他事务。小区内的物业管理源于业主的共同管理权,并因业主集体将管理事务委托给物业服务企业而产生了物业服务。[②] 业主通常都委托物业服务企业进行管理,但是,如果业主愿意,他们也可以自行管理小区事务。因为管理权是全体业主都享有的权利,而且管理权的行使关系到全体业主的利益,所以,业主自行管理小区事务应当由全体业主共同进行。不过,全体业主共同管理时,也可以委托部分业主具体进行管理。

6. 请求公开与共同事务相关的信息资料。《建筑物区分所有权司法解释》第 13 条确认了业主的知情权,它是指业主知悉与共同事务相关的信息资料的权利,主要包括建筑区划内涉及业主共有权以及共同管理权相关事项。业主请求的对象包括物业服务企业,也包括业主委员会等。知情权的内容包括两项:一是请求公开相关信息资料的权利;二是请求查阅相关信息资料的权利。这就是说,业主有权查阅或者请求相关主体公开与业主共同事务相关的情况和信息资料,并有权进行复制。这是业主对其公共事务知情权的行使,因此应当得到法律的保障。

在享有管理权的同时,业主作为团体成员也应当承担相应的义务。例如,业主应当遵守管理规约、接受管理者管理等。对于管理规约和业主委员会基于合法程序作出的决定,业主应当遵守。《民法典》第 280 条规定,业主大会或者业主委员会的决定,对业主具有约束力。实际上,这一规定对业主也施加了一种必须遵守该决定的义务。

---

① 参见陈华彬:《物权法》,法律出版社 2004 年版,第 277 页。

② 参见张柳青主编:《物权法审判实务疑难精解》,中国法制出版社 2007 年版,第 224 页。

三、业主享有管理其物业的权利

业主享有的共同管理权还应当包括管理其物业的权利，业主基于其专有部分的所有权而享有对共有财产和共同事务进行管理的权利，而物业管理本身既涉及对共有财产的管理，也涉及对共同事务的管理。管理物业包括业主自行或者委托物业服务企业以及其他管理人，对建筑物的保存、改良、利用、处分，以及对区分所有权人共同生活秩序的维持等内容进行管理。物业管理是由业主的共同管理权所派生出来的。业主对于物业管理享有如下权利。

（一）自行管理权

依据《民法典》第284条第1款的规定，业主可以自行管理建筑物及其附属设施。业主不仅是专有部分的所有权人，也是共有财产的共有人。所有权人有权自行管理自己的财产，在业主人数较少、物业范围较小的情形下，为节省物业管理的费用，业主完全可以自行管理，而不需要聘请物业服务企业或者其他管理人管理。

（二）自主聘任权

依据《民法典》第284条第1款的规定，业主可以委托物业服务企业或者其他管理人管理建筑物及其附属设施，这就赋予了业主对物业服务企业或者其他管理人的自主聘任权。虽然在业主购买房屋并召开业主大会之前，建设单位可以代业主指定物业服务企业，但是一旦业主陆续搬入并能够召开业主大会，就应当由业主按照法定程序决定是否继续聘用建设单位指定的物业服务企业。需要指出的是，业主不仅有权自主聘任物业服务企业来提供物业服务，还可以自主聘任物业服务企业之外的其他管理人来管理。

（三）解聘权

所谓解聘权，是指在建设单位前期聘任了物业服务企业之后，业主也可以通过一定的程序解聘建设单位前期选聘的物业服务企业。《民法典》第284条第2款规定："对建设单位聘请的物业服务企业或者其他管理人，业主有权依法更换。"在房地产开发过程中，在业主、业主大会选聘物业服务企业之前，建设单位首先要为业主选聘物业服务企业，这对于做好物业的前期管理是必要的。但是，在建设单位选聘了物业服务企业之后，并不是说业主就只能服从其选聘，而丧失了自主聘任和解聘物业服务企业的权利。

（四）监督权

《民法典》第285条规定："物业服务企业或者其他管理人根据业主的委托，依照本法第三编有关物业服务合同的规定管理建筑区划内的建筑物及其附属设施，接受业主的监督，并及时答复业主对物业服务情况提出的询问。”依据这一规定，业主有权监督物业服务企业或者其他管理人的物业管理活动，具体而言：

第一，监督权针对的对象是物业服务企业或者其他管理人的物业服务活动。[①] 物业服务企业或者其他管理人提供物业服务与管理的权限，来自业主的委托。对于物业服务企业或其他管理人超出业主委托范围的行为，业主有权基于违约提起诉讼。因此，业主对物业服务企业或者其他管理人的物业管理活动有权进行监督，物业服务企业或者其他管理人也应当自觉接受业主的监督。

第二，业主监督的依据是法律规定和物业服务合同的约定。这就是说，业主监督的内容是物业服务企业或者其他管理人依据物业服务合同和《民法典》合同编有关物业服务合同的规定管理建筑区划内的建筑物及其附属设施的行为。也就是说，业主监督的目的是督促物业服务企业或者其他管理人更好地履行其依据法律规定和物业服务合同约定所负有的管理义务。

第三，物业服务企业或者其他管理人应当及时答复业主对物业服务情况提出的询问。对于各种管理事项、费用支出等事务，物业服务企业或者其他管理人应当通过适当方式予以公示，方便业主行使监督权。《建筑物区分所有权司法解释》第 13 条规定：“业主请求公布、查阅下列应当向业主公开的情况和资料的，人民法院应予支持：（一）建筑物及其附属设施的维修资金的筹集、使用情况；（二）管理规约、业主大会议事规则，以及业主大会或者业主委员会的决定及会议记录；（三）物业服务合同、共有部分的使用和收益情况；（四）建筑区划内规划用于停放汽车的车位、车库的处分情况；（五）其他应当向业主公开的情况和资料。”实践中，一些物业服务企业对物业服务情况不进行及时公布，业主普遍难以获得相关信息，这使业主不仅难以对物业服务企业进行有效监督，而且难以保障自己的合法权益。[②] 如物业服务企业私涨物业费，业主有权对物业服务情况提出询问。依据《民法典》第 285 条的规定，物业服务企业或者其他管理人应当及时答复业主对物业服务情况提出的询问。这一规定有利于促进物业服务企业的信息公开，从而保障业主的知情权。

---

① 参见黄薇主编：《中华人民共和国民法典释义（上）：总则编·物权编》，法律出版社 2020 年版，第 552 页。

② 参见孙宪忠、朱广新主编：《民法典评注：物权编》（第 2 册），中国法制出版社 2020 年版，第 203 页。

为了充分保障业主的利益,《民法典》合同编专章规定了物业服务合同,明晰了物业服务企业与业主之间的权利义务关系以及相关责任的承担。因而,《民法典》第285条规定,物业服务企业或者其他管理人根据业主的委托,依照本法第三编有关物业服务合同的规定管理建筑区划内的建筑物及其附属设施,接受业主的监督。通过这样一个引致条款,将合同编物业服务合同的规定导引到物权编,用以指导相关物业服务纠纷的处理,实现《民法典》内部合同编与物权编协同处理物业服务纠纷的局面。

四、业主负有遵守管理规约等义务

(一)遵守法律、法规以及管理规约的义务

所谓管理规约,又称为规约、业主公约、住户规约,是由全体业主通过业主大会就物业的管理、使用、维护与所有关系等各方面所制定的规则①,也是由业主制定的有关如何管理、使用和维护共有财产以及规范其相互之间的关系的协议。管理规约只要是依据法定程序制定的,在内容上不违反法律法规的强制性规定,就对全体业主产生拘束力,全体业主就应当遵守。②

(二)业主的相关行为应当符合节约资源、保护生态环境的要求

小区的环境卫生关系到每个业主的切身利益,同时,小区环境也是城市环境的重要组成部分。如果业主擅自堆放垃圾,污染小区环境,造成小区环境的脏、乱、差,不仅会损害小区环境,也会破坏城市环境。因此,《民法典》第286条明确规定,业主应当遵守法律、法规以及管理规约,相关行为应当符合节约资源、保护生态环境的要求。依据这一规定,业主都应当负有保护环境、爱护生态的义务,这也是为了实现业主的共同利益。可见,小区环境的维护不仅是物业服务企业的义务,也是每个业主的义务,每个业主都应按照管理规约的规定履行保护生态环境的义务,即业主应当有效利用公共资源,不得随意侵占、浪费公共资源。

(三)配合应急处置措施和其他管理措施的义务

《民法典》第286条第1款规定,对于物业服务企业或者其他管理人执行政府依法实施的应急处置措施和其他管理措施,业主应当依法予以配合。因此,在发生公共事件等情形下,物业服务企业或者其他物业管理人为依法执行政府的应急处置措施或者其他管理措施,可能会对业主的行为进行一定的限制。例如,传染病流行时,政府组织力量进行防治,封闭小区,封存一些有污染物的物品、食品等,封闭可能造成传染病扩散的

---

① 参见万鄂湘主编:《物权法理论与适用》,人民法院出版社2005年版,第410页。

② 参见张义华:《物权法论》,中国人民公安大学出版社2004年版,第169页。

场所等，这既是为了维护公共利益，也是为了维护小区业主的利益。一旦政府依法采取应急措施或者其他管理措施，物业服务企业或者其他管理人应当依法执行，在执行过程中，小区业主也负有配合义务，不得以相关措施损害其利益为由拒不配合。此种义务也是业主应当负有的法定义务。①

第六节　业主大会和业主委员会

一、业主大会

（一）业主大会的性质

《民法典》第277条规定：业主可以设立业主大会，选举业主委员会。业主大会是指全体业主成立的、管理其共有财产和共同生活事务的自治组织。在建筑物区分所有的情况下，业主有权设立业主大会，并通过业主大会来管理业主的各项共同事务。业主也可以不设立业主大会，而通过书面征求意见表决等方式行使权利。但在建筑物区分所有人人数较多的情形，一般应设立业主大会。

首先，业主大会是业主的意思形成机构。② 业主大会是有权决定业主共同事务的唯一合法机构。业主的共同意志通过业主大会的决议表现出来，业主大会的决议是法律赋予业主的权利的具体实现形式。凡是涉及法律规定必须要经过业主大会决定的事项，必须要经过召集业主大会的形式才能作出决定。以业主大会以外的其他形式作出的决议，哪怕是得到了部分业主的同意，都会被认为违反法定程序而无效。

其次，业主大会是业主依据法定的程序行使共同管理权的组织。一方面，业主大会需要通过会议将业主的个别意志上升为全体业主的共同意志。也就是说，业主大会需要通过业主的审议和表决来形成和实现业主的共同意志。另一方面，法律赋予全体业主所享有的共同管理权，需要通过业主大会才能得以行使。业主委员会是由业主大会选举产生的，选聘物业服务企业或者其他管理人等重要事务，也需要业主大会来作出决议。③

再次，业主大会是一个自治组织，即全体业主所组成的自我管理其共同财产和共同事务的组织。它是一个所有人的联合体，既不是国家机关，也不是事业单位，更不是营利性的机构，只不过是依照法律和规约而由业主组织

---

① 参见黄薇主编：《中华人民共和国民法典物权编解读》，中国法制出版社2020年版，第274页。

② MüncheKomm/Engelhardt, WEG, § 23 Rn. 1; Bärmann/Merle, WEG, § 23 Rn. 2.

③ 参见王雷：《民法典中业主大会决议行为的法教义学体系》，载《法治社会》2022年第5期。

起来的组织体。《民法典》第 277 条使用“设立”一词，表明业主大会并非一个会议，而是一个能够以自己名义享有权利、承担义务的社会组织，而业主委员会只是其执行机关。业主大会是依据法定的程序而组织起来的，已经形成一个组织体。业主大会能够依法独立地享有权利和承担义务。业主可以通过设立业主大会的方式来管理其事务，也可以通过召开会议的方式来形成决定和决议。一旦设立业主大会，就可以通过该组织实际行使权利。业主大会作为一个组织体，可以自己的名义开立账户，并且有自己的意思机关与执行机关，能够订立管理规约，也可以授权业主委员会在对外关系上进行管理行为。

最后，业主大会的职权是由法律、法规的规定以及业主规约的规定来决定的。这就是说，一方面，如果法律、法规直接规定了业主大会的职权，应当依据法律法规的规定。例如，《民法典》第 278 条明确规定需要由业主共同决定的事项，必须要通过召集业主大会的形式才能做出决定。另一方面，业主也可以通过管理规约授予业主大会一定的权利。《民法典》关于区分所有制度的规定，不可能对业主大会的权限作非常详尽的规定，因而应当允许业主通过制定管理规约等来弥补法律规定的不足。当然，管理规约的内容不得违反法律法规的强行性规定。

关于业主的法律地位问题，存在几种不同的观点：一是特殊的民事主体说，其认为，业主大会性质上属于其他组织的一种，能够独立享有民事权利，承担民事义务。二是法人说。其认为，业主大会是独立的社会团体法人。例如，在我国香港特别行政区，法律承认业主大会属于法人，具有独立的人格，从而可以作为独立于其成员的独立民事主体。[①] 三是业主集合说。此种观点认为，业主大会只不过是全体业主的集合而已，不具有独立的民事主体资格，因此业主大会不能以自己的名义独立地起诉与应诉。业主大会在日本被视为“管理组合法人”，学者常常将其称为“中间法人”。[②] 在德国虽然没有承认业主团体具有法人资格，但通常认为，业主团体是区别于法人和合伙的有部分权利能力的特别社团（teilrechtsfähiger Verband）[③]，学者常常将其称为“具有部分权利能力之特别团体”。美国则称之为“公寓所有人协会”[④]。在瑞士，楼层所有人共同体能够以自己的名义起诉、被诉或者从事

---

① 参见蔡耀忠主编：《中国房地产法研究》（第 1 卷），法律出版社 2002 年版，第 397 页。

② 参见陈华彬：《现代建筑物区分所有权制度研究》，法律出版社 1995 年版，第 235 页。

③ Bamberger/Roth/Hügel, WEG, § 23 Rn. 10; BGH ZMR 2007, 875.

④ Warren Freedman & Jonathan B. Alter, *The Law of Condominia and Property Owners' Associations*, Quorum Books, 1992, p. 109 – 124.

民事活动。[①] 可以说,从国内外的有关规定来看,业主大会日益被认可为一个独立的民事主体。可以说,这已经成为物权法发展的重要趋势。

我国《民法典》回避了业主大会的民事主体资格以及诉讼主体资格问题。本书认为,业主大会并不仅是全体业主汇集在一起参加某个会议,也不是业主之间的松散联合,而是一个能够以自己的名义享受权利与承担义务的主体。业主大会具有自己的独立财产,业主的一些共有财产,如绿地、道路等,可以登记在业主大会名下。[②] 业主大会可以以自己的名义与物业服务企业签订合同,也可以以自己的名义对外从事民事活动(如出租广告牌等业主的共有财产)。业主大会也可以对单个业主征收管理费,请求单个业主遵守管理规约。所以,业主大会可以成为一类独立的民事主体,只不过其是否属于法人,尚待进一步探讨。业主大会毕竟只是代表业主从事各种行为,且不可能因资不抵债而被宣告破产,从而消灭其主体资格,从这个意义上讲,其与法人仍然是有区别的。

(二)业主大会的职权

关于业主大会的职权,《民法典》第 278 条规定了由业主共同决定的事项,该事项实际上也属于业主大会的职权范围。除此之外,法律法规另有规定,以及管理规约授予业主大会的职权,也属于业主大会的职权。依据《民法典》第 278 条的规定,下列事项由业主共同决定。

第一,制定和修改业主大会议事规则。因为业主大会由全体业主组成,各业主之间的利益诉求千差万别,这就需要制定一定的议事规则,如明确如何召集大会,大会按照何种程序进行,如何确定会议议程以及表决方式等。[③]

第二,制定和修改管理规约。管理规约主要是针对建筑物及其附属设施而制定的。这就是说,如何管理整个建筑物以及各项共有财产,应当由业主在管理规约中加以规定,如果有必要对管理的方法进行变更,可以修改管理规约的规定。管理规约关涉每个业主的利益,对全体业主具有约束力。[④]

第三,选举业主委员会或者更换业主委员会成员。业主委员会代表全

---

① 《瑞士民法典》第 7121 条。

② 参见李宇:《十评民法典分则草案》,载《中国海商法研究》2018 年第 3 期。

③ 参见黄薇主编:《中华人民共和国民法典释义(上):总则编 · 物权编》,法律出版社 2020 年版,第 522 页。

④ 参见黄薇主编:《中华人民共和国民法典释义(上):总则编 · 物权编》,法律出版社 2020 年版,第 523 页。

体业主对内决定本小区的日常事务,它是业主大会的执行机关,应当向业主大会负责并受业主大会的监督。成立业主委员会,必须由全体业主召开业主大会,经过民主程序选举产生,从而使其能够真正代表业主的利益,表达业主的意志。

第四,选聘和解聘物业服务企业或者其他管理人。《民法典》第 284 条规定,业主可以自行管理建筑物及其附属设施,也可以委托物业服务企业或者其他管理人管理。对建设单位聘请的物业服务企业或者其他管理人,业主有权依法更换。但是,业主决定物业管理机构和其他管理人也必须依据一定的程序,毕竟物业管理机构和其他管理人的确定直接关涉业主的切身利益,选聘结果的好坏直接影响整个小区的管理。

第五,使用建筑物及其附属设施的维修资金。维修资金是专门用于维护和维修共有财产的资金。维修资金属于全体业主共有,经业主决定,可以用于电梯、屋顶、外墙、无障碍设施等共有部分的维修、更新和改造。维修资金的筹集、使用情况应当定期公布。维修资金在性质上属于共有财产,不能随意处分、转让,也不能实际地分割为业主所有;维修资金必须用于特定的目的。关于维修资金的筹集以及如何使用于建筑物及其附属设施,必须由业主决定。业主大会必须经过一定的程序,才能够作出如何筹集和使用维修资金的决定。

第六,筹集建筑物及其附属设施的维修资金。实践中,维修资金是由购房人按照每平方米的标准缴纳,一般在买房时就需要缴纳维修资金,但是购房之后,如果因为修缮、改建、重建建筑物及其附属设施,需要补充维修资金,就要由业主依据一定的程序共同决定。

第七,改建、重建建筑物及其附属设施。所谓修缮实际上就是指对建筑物进行检修和维护。改建是指对建筑物及其附属设施进行局部的改造。重建是指建筑物及其附属设施全部重新建造。修缮、改建、重建都构成对建筑物的重大改变,既要动用公共维修资金,也可能需要重新筹集款项,同时可能改变小区建筑物的原有规划,所以必须要业主依据法定的程序加以决定。

第八,改变共有部分的用途或者利用共有部分从事经营活动。这实际上包括两种情形:一是改变共有部分的用途。例如,将其他空地改建为停车场。二是利用共有部分从事经营性活动。例如,通过租赁的方式,将外墙面交给他人设置广告,或者允许广告公司在电梯内设置广告屏、广告牌等。

第九,有关共有和共同管理权利的其他重大事项。该规定实际上是兜底条款,凡是关系到业主的重大利益的事宜,如公共财产的修缮、维护、处分,公共停车场的使用等,如果在管理规约中没有作出规定,各个业主都有权提出动议,请求召开会议,要求业主大会对这些重大事项进行讨论,或者在管理规约中予以规定。

(三)业主大会的表决程序

业主大会的决定是否具有合法性,并能够对全体业主产生拘束力,在很大程度上取决于业主大会所作出的决定是否符合法定的程序。

1. 到会人数必须达到2/3

鉴于原《物权法》对于业主共同决定的重大事项表决程序要求较高,实践中难以达到法定比例,导致作出共同决议较难,为了降低决议门槛,《民法典》物权编将原《物权法》所规定的表决程序作出了重要修改[①],即不要求全体业主参与表决,而仅要求专有部分面积占比2/3以上的业主且人数占比2/3以上的业主参与表决。《民法典》第278条第2款第1句规定:"业主共同决定事项,应当由专有部分面积占比三分之二以上的业主且人数占比三分之二以上的业主参与表决。"这就是说,对于应当由业主共同决定的事项,并不要求必须由全体业主参与,而只要符合占专有部分面积2/3以上的业主和占人数2/3以上的业主参与表决的要求即可。其中对于专有面积的确定应当以登记簿为准,未登记的应当按照测绘机构的实测面积计算,未实测的按照合同记载的面积计算。[②]

2. 协调专有部分面积和业主人数之间的关系

在表决权计算中,有人数决与面积决两种不同的方式。[③] 依据《民法典》的规定,在业主就共同决定事项进行表决时,既要考虑专有部分的面积,也要考虑业主的人数。一方面,如果只是考虑业主人数,对占有较大部分专有部分面积的业主并不公平,因为物业的管理既涉及专有部分权益的保障,也涉及业主共有部分的保障,这与业主专有部分面积的大小存在直接关联。另一方面,也不能仅仅考虑专有部分的面积,因为业主共同决定的事项也应当兼顾每个业主的利益。因此,《民法典》物权编在规定业主表决条件时,同时要求具备专有部分面积条件和业主人数条件,目的就是更好地协调专有部分面积与业主人数之间的关系。

---

① 参见黄薇主编:《中华人民共和国民法典释义(上):总则编·物权编》,法律出版社2020年版,第527页。

② 参见黄薇主编:《中华人民共和国民法典物权编解读》,中国法制出版社2020年版,第222页。

③ 参见孙宪忠、朱广新主编:《民法典评注:物权编》(第2册),中国法制出版社2020年版,第138页。

《建筑物区分所有权司法解释》第9条规定："民法典第二百七十八条第二款规定的业主人数可以按照专有部分的数量计算，一个专有部分按一人计算。但建设单位尚未出售和虽已出售但尚未交付的部分，以及同一买受人拥有一个以上专有部分的，按一人计算。"这就是说，计算业主人数时可以按照专有部分的数量进行，一个专有部分计为一名业主，但是有两项例外：一是建设单位有大量尚未出售或者虽然已经出售但尚未交付的专有部分，如果允许将其计算为多名业主，那么将导致建设单位拥有不合理的表决票数，因此该司法解释将这种情况视作一名业主，计为一票。二是一人在一个小区或一个建筑物内购买多套房屋时，司法解释的上述规定也同样将其按照一名业主进行对待。

3. 区分不同的表决事项设置不同的表决条件

鉴于业主共同决定的事项对业主利益的影响程度不同，《民法典》物权编延续了原《物权法》的做法，针对不同表决事项规定了不同的表决条件。具体而言，区分了两类情况。

第一，《民法典》第278条第6项至第8项所规定的事项，具体包括：一是筹集建筑物及其附属设施的维修资金；二是改建、重建建筑物及其附属设施；三是改变共有部分的用途或者利用共有部分从事经营活动。由于这些事项属于较为重大的事项，关系到所有业主的切身利益，出于慎重决定的要求，对于以上事项，应当经参与表决的占专有部分面积3/4以上的业主且参与表决人数3/4以上的业主同意。①

第二，《民法典》第278条第1项至第5项所规定的事项，以及其他重大事项，具体包括：一是制定和修改业主大会议事规则；二是制定和修改管理规约；三是选举业主委员会或者更换业主委员会成员；四是选聘和解聘物业服务企业或者其他管理人；五是使用建筑物及其附属设施的维修资金；六是有关共有和共同管理权利的其他重大事项。对于上述事项，应当经参与表决的占专有部分面积过半数的业主且参与表决人数过半数的业主同意。

依据《民法典》第278条的规定，对于上述两类事项的表决，仅需要经参与表决的业主达到法定比例要求即可，而不需要经全体业主表决。一旦表决程序和表决条件符合法律要求，即对全体业主产生拘束力，其他业主即便没有参与表决，也应当受到该决议的拘束。

---

① 参见黄薇主编：《中华人民共和国民法典物权编解读》，中国法制出版社2020年版，第223～224页。

二、业主委员会

(一)业主委员会的性质

《民法典》第277条规定,业主可以设立业主大会,选举业主委员会。业主委员会是业主大会的执行机构,受业主大会委托而管理全体业主的共有财产或者共同生活事务。① 业主委员会是业主管理其物业的自治机构,在法律上准确界定业主委员会的性质,对于有效管理物业、维护业主合法权益具有重要意义。依据《民法典》物权编的规定,业主委员会具有如下特征。

第一,它是业主大会的执行机构。在一个小区内,业主可能人数众多,平时很难召集各种业主大会,因此有必要通过业主委员会来具体执行管理规约和业主大会的决议。② 业主委员会本身不能独立于业主大会而存在,它是业主大会的常设机构。在业主大会闭会期间,业主委员会要依据业主大会的授权而具体执行业主大会的各项决定。我国《物业管理条例》第15条已经界定了业主委员会的性质,《民法典》虽然对此没有明确规定,但从其相关规定可以看出业主委员会主要是业主大会的执行机构。

第二,它是由业主依据法定的程序所组成的。一方面,只有业主才能有资格被选举为业主委员会成员。毕竟业主委员会是业主进行自主管理的一种形式,它不需要也不可能由非业主参与其事务的管理。另一方面,业主委员会必须由业主大会经一定的民主程序选举产生。③ 依据《民法典》第278条的规定,选举业主委员会或者更换业主委员会成员,应当由专有部分面积占比2/3以上业主且人数占比2/3以上的业主参与表决,而且应经参与表决专有部分面积过半数的业主且参与表决人数过半数的业主同意。

第三,它的主要职责是维护全体业主的权益。业主委员会是由业主选举产生的。《民法典》并没有对业主委员会的职权作出规定,主要是考虑到业主委员会并不是行政机构,也不是有偿的代理机构,它是由全体业主通过法定的程序选举出来的代表业主管理事务的机构,其作为共同行使共有财产共有权和共同事务管理权的自治组织,主要职责是基于法律法规和业主的委托,维护全体业主的共同利益,如对共有部分的养护、管理和使用;在必要时可以对个别业主违反管理规约处置其专有部分的行为进行制止。业主

---

① 参见崔建远:《中国民法典释评:物权编》(上卷),中国人民大学出版社2020年版,第386页。

② 参见韩松等:《物权法所有权编》,中国人民大学出版社2007年版,第238页。

③ 参见崔建远:《物权法》(第5版),中国人民大学出版社2021年版,第231页。

委员会活动的费用应当由全体业主来承担。[①]

业主可以设立业主委员会,也可不设立业主委员会。针对实践中选举业主委员会较为困难的问题,《民法典》第 277 条第 2 款规定:“地方人民政府有关部门、居民委员会应当对设立业主大会和选举业主委员会给予指导和协助。”

(二)业主委员会的职权

由于业主委员会本质上只是业主大会的执行机构,其职权应当由法律、行政法规、管理规约和业主大会来决定。业主委员会的基本宗旨在于,维护业主基本权利、管理好业主的共同财产和共同事务。《物业管理条例》等有关规定就业主委员会的职权作出了规制,《物业服务纠纷司法解释》进一步明确了业主委员会的职权。依据上述规定,业主委员会主要享有以下职权。

1. 受全体业主的委托,与物业服务企业订立物业服务合同。即使某个业主个体未参与物业服务合同的订立,但只要业主委员会基于合法的授权与建设单位签订了前期物业服务合同,则该合同对业主均发生效力。单个业主享有合同中的相应权利,也应当承担相应的义务。不过,业主委员会只是代表全体业主订立合同,其本身并不是合同主体,主要理由在于以下几个方面:

第一,从法律关系上说,业主委员会只是受业主大会的授权,代表业主大会签订物业服务合同,而不是代表自己签订物业服务合同,其本身不是合同当事人。

第二,从权利能力上说,权利能力是指“成为权利和义务载体的能力”[②],业主委员会并不具有民事主体资格,并不是“民法上的人”。业主委员会本身没有独立的财产,也无法承担独立的责任,其行使各项职责、参与诉讼等活动均是为业主而行为,因此不能将其作为物业服务合同的一方当事人,合同主体应当是全体业主,而不是业主委员会。

第三,从合同履行来看,物业服务合同涉及共有财产的利用,而业主委员会并非共有财产的权利人,其本身无独立财产、无法履行合同。因此,业主委员会只是在业主授权的范围内代表全体业主签订合同,其本身并不能成为合同的一方当事人。

2. 受全体业主的委托,可请求确认物业服务合同无效或者部分无效的权利。订立物业服务合同的目的,主要在于规范业主与物业服务企业之间的相互关系,保障小区内建筑物及其附属设施的有效运转,维护小区内业主

---

① 参见朱虎:《物业服务合同作为集体合同》,载《暨南学报(哲学社会科学版)》2020 年第 11 期。

② [德]迪特尔·梅迪库斯:《德国民法总论》,邵建东译,法律出版社 2001 年版,第 781 页。

的财产安全和良好的居住环境。但物业服务企业不得利用合同规避其应承担的主要义务。如果物业服务合同中有免除物业服务企业责任、加重业主委员会或者业主责任、排除业主委员会或者业主主要权利的条款,业主委员会也有权请求确认该合同条款无效。这实际上赋予了业主委员会请求确认物业服务合同无效的权利。不过,该权利是基于全体业主的委托而产生的,在行使权利时也应当以全体业主的名义进行。

3. 受全体业主的委托,请求解除物业服务合同的权利。依据《民法典》第 278 条第 1 款第 4 项的规定,业主有权共同决定解聘物业服务企业或者其他管理人。依据这一规定,只要业主大会依据法定程序作出解聘物业服务企业的决定,业主委员会就应当执行该决定。如果物业服务企业拒绝接受解聘,则业主委员会有权请求解除物业服务合同。本书认为,该条主要是明确物业服务合同的解除程序,而并未赋予业主任意解除权。业主委员会当然也不能享有此种权利。

4. 受全体业主的委托,在合同终止后,请求物业服务企业退出和移交的权利。依据《民法典》第 949 条的规定,在物业服务合同权利义务终止后,物业服务企业及时退出物业服务区域等,属于其后合同义务的范畴,如果其拒绝履行该义务则构成侵权,业主委员会可以请求其履行该义务;造成业主损失的,应赔偿损失。

三、业主大会和业主委员会决定的效力

业主大会和业主委员会的决定,在性质上属于决议行为,只要作出决定的程序是合法的,即使某个或某几个业主不同意该决定,也必须受该决定的约束。[①]《民法典》第 280 条第 1 款规定:"业主大会或者业主委员会的决定,对业主具有法律约束力。"依据这一规定,业主大会或者业主委员会的决定,对业主具有约束力。因为业主大会或业主委员会作为自我管理的权力机构和执行机构,管理共有不动产,有权作出决议,并对业主产生拘束力。[②]

为了防止业主大会或者业主委员会违反法律或规约的规定作出决定,避免少数业主委员会成员受利益驱使作出危害大多数业主的行为,《民法典》第 280 条第 2 款规定:"业主大会或者业主委员会作出的决定侵害业主合法权益的,受侵害的业主可以请求人民法院予以撤销。"这就赋予了受侵害的业主以撤销权。该撤销权的行使必须符合如下条件。

---

① 参见王雷:《民法典中业主大会决议行为的法教义学体系》,载《法治社会》2022 年第 5 期。

② 参见孙宪忠、朱广新主编:《民法典评注:物权编》(第 2 册),中国法制出版社 2020 年版,第 154 页。

第一,撤销的对象针对的是业主大会或者业主委员会作出的违法决定。也就是说,撤销权不是针对某人实施的行为,而是针对决议行为。依据《建筑物区分所有权司法解释》第12条的规定,此类决定之所以构成违法,一是损害了业主的合法权益,二是违反了法律规定的程序,因此应当被撤销。

第二,该决定侵害了业主的利益。如果业主委员会作出的决定,损害了业主的专有部分所有权,受侵害的业主可以请求撤销。例如,在"上海市嘉定区东方豪园小区第一届业主委员会与金某、王某英等业主撤销权纠纷案"①中,上海市第二中级人民法院认为,"业主大会或者业主委员会作出的决定侵害业主合法权益的,受侵害的业主可以请求人民法院予以撤销。合法权益的范围应是业主实体权利或重大程序权利,而不应是少数业主超过权利需要的个性化、中间过程性的权利,且该权益应该是明确、具体的,而非抽象的、概念化的"。

第三,主张撤销权的业主应当是权益受到侵害的业主,也就是受害人,非受害人不能请求法院撤销。②

第四,撤销权的行使必须在法定期限内作出。《建筑物区分所有权司法解释》第12条规定:"业主以业主大会或者业主委员会作出的决定侵害其合法权益或者违反了法律规定的程序为由,依据民法典第二百八十条第二款的规定请求人民法院撤销该决定的,应当在知道或者应当知道业主大会或者业主委员会作出决定之日起一年内行使。"该条明确了撤销权行使的除斥期间为1年,超过该期限,则撤销权消灭。

业主大会和业主委员会侵害业主的共同管理权,损害了业主的利益的,如剥夺了业主的投票权、参与业主委员会的管理权等,业主有权针对业主大会和业主委员会提起诉讼,主张权利。这类诉讼属于侵权之诉。

第七节　管理规约

一、管理规约的概念和特征

所谓管理规约(Gemeinschaftsordnung),又称为规约、业主公约、住户规约,是由全体业主通过业主大会就物业的管理、适用、维护与所有关系等各方面所制定的规则③,也是指由业主制定的有关如何管理、使用和维护共有

---

① 上海市嘉定区人民法院民事判决书,(2020)沪0114民初15975号;上海市第二中级人民法院民事判决书,(2020)沪02民终11164号。

② 参见王利明、尹飞、程啸:《中国物权法教程》,人民法院出版社2007年版,第240~241页。

③ 参见万鄂湘主编:《物权法理论与适用》,人民法院出版社2005年版,第410页。

财产以及规范其相互之间的关系的协议。从物权法发展趋势来看,各国法律越来越重视管理规约在规范区分所有人之间关系、管理共同财产等方面的作用。《民法典》第 286 条第 1 款“业主应当遵守法律、法规以及管理规约”的规定,就强调了管理规约的重要性。

管理规约的特点在于:第一,管理规约是业主自治的产物。管理规约在性质上属于民法中的共同行为,依私法自治原则,只要按照一定的表决程序作出决定,就应当对全体业主产生拘束力。依据《民法典》的相关规定,业主有权在不违反法律法规的情况下,自主决定有关其共同事务管理的一切规则。例如,禁止饲养有危害或困扰他人之虞的动物、禁止遛狗时间过晚影响邻人的休息、禁止在露天场所开舞会而影响邻人的休息、禁止不法占用共有部分堆放物品、禁止滥搭滥建等。这些都可以通过管理规约加以确定。① 管理规约涉及业主之间权利义务关系的规定,属于自治法和自治规则。它不仅是规范业主行为的规则②,也是物业管理的依据。

第二,管理规约是全体业主共同意志的产物,在性质上属于一种共同行为。管理规约是各业主对共同事项一致的意思表示,类似于公司章程,全体业主必须要严格遵守。③ 具体来说:一方面,管理规约一旦生效,对全体业主产生拘束力。业主违反了管理规约,也应当承担违约责任。另一方面,如果管理规约违反了法律法规和公序良俗,业主可以基于《民法典》合同编关于合同无效的规定予以撤销。当然,作为共同行为,管理规约和通常所说一般的合同存在一定区别,因为一般合同的订立必须要双方当事人的合意,而管理规约并不一定要求全体业主都表示同意。此外,管理规约并不要求每个业主都参与订立,但都应当遵守管理规约的规定。

第三,管理规约是经过法定程序、按照少数服从多数的原则制定的。④ 依据《民法典》第 278 条第 1 款第 2 项的规定,制定和修改管理规约,应当由专有部分面积占比 2/3 以上的业主且人数占比 2/3 以上的业主参与表决。只要管理规约是全体业主共同意思的表示,没有违反法律的强制性规定以及公序良俗,则管理规约经过法定的程序制定后,就应当生效,对全体业主产生拘束力。管理规约作为一种共同行为,可以视为全体业主依据法定的

---

① 参见万鄂湘主编:《物权法理论与适用》,人民法院出版社 2005 年版,第 43 页。

② 参见陈华彬:《现代建筑物区分所有权制度研究》,法律出版社 1995 年版,第 217 页。

③ 参见王泽鉴:《民法物权:通则 · 所有权》(第 1 册),中国政法大学出版社 2001 年版,第 263 页。

④ 参见王泽鉴:《民法物权》(第 1 册),台北,2001 年(公元纪年)自版发行,第 263 页。

程序集体签订的合同，所以，其可以适用法律有关合同的有关规定。[①]

第四，管理规约是针对物业的管理和业主的行为而制定的规则。根据《民法典》第 278 条的规定，管理规约不仅涉及物业管理企业管理建筑物的方式和具体内容，还涉及业主相互之间权利义务的约定。管理规约作为业主自治的产物，都应当由业主在法律规定的范围内决定。但是，通常说来，管理规约基本上包括两部分：一方面，针对物的管理。特别是对建筑物及其附属设施的使用和维护等问题，需要制定管理规约加以确定。例如，小区内是否禁止将住宅改为经营性用房等都必须通过管理规约加以确定。管理规约也可以针对共有财产的利用作出规定。例如，管理规约按照法定程序规定，对于一楼的业主，由于其并不使用楼梯、电梯，因此其可以不承担电梯、楼梯的日常维护费用。[②] 此外，对于共同生活的一些规则也应当在管理规约中加以明确。既然管理规约主要是对共有部分和全体业主的共同事务作出的约定，那么它就不能干涉专有部分的使用权。[③] 例如，管理规约不能对房屋出租给他人居住作出限制，但如果将房屋出租给他人经营，该规约也可以作出限制。另一方面，针对业主行为作出规范。这就是说，管理规约要具体针对业主的共同生活作出规定。例如，禁止滥搭滥建、禁止业主携带危险物品进入社区、禁止饲养危险的动物、禁止利用专有部分的所有权从事违法活动、业主依法缴纳物业费和其他费用等。所以，管理规约也可以说是业主行为的基本准则。

管理规约中是否可以规定对业主违反规约所采取的制裁措施？严格地说，业主团体本身并不享有处罚的权利，但是为了保障管理规约能够得到有效实施，管理规约也可以规定，在住户违反管理规约的情况下，可以采取一些必要措施保障管理规约的实施。例如，业主委员会和物业服务企业有权对违反管理规约的行为予以制止或者召集有关当事人进行处理，必要时也可以请求有关政府机构进行处理。

二、管理规约的效力

如果管理规约是依据法定程序制定的，在内容上不违反法律法规的强

---

① 参见申卫星：《自治与受制之法律基石——业主公约的基本法律问题》，载蔡耀忠主编：《物权法报告》，中信出版社 2005 年版，第 44 页。

② 参见王轶：《〈物权法〉的任意性规范及其适用》，载《法律适用》2007 年第 5 期。

③ 参见申卫星：《自治与受制之法律基石——业主公约的基本法律问题》，载蔡耀忠主编：《物权法报告》，中信出版社 2005 年版，第 38 页。

制性规定，就要对全体业主产生拘束力，全体业主就应当遵守。[①] 依据我国《民法典》第 286 条的规定，业主应当遵守法律、法规以及管理规约。该规定实际上包含了如下几个方面的含义：

首先，管理规约是对所有业主都具有普遍约束力的规范，无论业主是否参与了制定，也无论其入住的先后，或其是否同意该管理规约，同一小区内的所有业主都应该受管理规约的拘束。甚至除了业主之外，业主的权利继受者（包括受让人和承租人等）都要受到管理规约的约束。[②] 法律上之所以要规定管理规约，是因为各个小区管理的具体情况千差万别，内容十分庞杂烦琐，法律不可能"一刀切"式地就小区管理的具体问题作出统一规定。另外，法律许可全体业主制定管理规约来管理他们的小区，这体现了业主的共同意志和业主自治的精神。如果在管理规约制定之后，业主都能够遵守管理规约的规定，自觉地约束自己的行为，就能极大地减少纠纷的发生，使很多矛盾消解在社区之内。

《民法典》第 280 条第 2 款规定："业主大会或者业主委员会作出的决定侵害业主合法权益的，受侵害的业主可以请求人民法院予以撤销。"此处所说的"决定"是否包括管理规约？从广义上说，管理规约是业主大会制定的，也属于业主大会的决定，但从《民法典》的规定来看，管理规约与业主大会的决定是有区别的。所谓业主大会的决定是指业主大会通过的除管理规约外的关于物业管理、共同生活等方面事项的具体决定。业主大会的决定是对具体事项所作出的特别规定，而管理规约是就物业管理和业主行为的一般的规定，可以普遍适用于同类事项。如果业主大会的决定侵害了业主利益，业主可以请求撤销，但是，为了尊重业主的自治权，管理规约从整体上来说是不能撤销的。如果管理规约违反了法律法规的强制性规定，业主可以基于合同的规定而主张无效。例如，管理规约禁止业主出租房屋，则不符合法律的相关规定，从而导致管理规约的相应条款无效。

其次，对业主的重大事务和共有财产的管理，必须要通过管理规约来实现。《民法典》第 279 条规定："业主不得违反法律、法规以及管理规约，将住宅改变为经营性用房。业主将住宅改变为经营性用房的，除遵守法律、法规以及管理规约外，应当经有利害关系的业主一致同意。"《民法典》第 286

---

① 参见张义华：《物权法论》，中国人民公安大学出版社 2004 年版，第 169 页。

② 依据德国《住宅所有权法》第 10 条和第 15 条的规定，对专有所有权和共同所有权所属物的使用作出的规定只有在登记后对继受人有效。不过，依据某些学者的观点，第 21 条第 5 款的楼房规约（Hausordnung）并不当然地对第三人有效，因此在出租房屋时，业主必须在租赁合同条款中予以载明，要求承租人遵守规约。Bärmann/Merle，WEG，§ 21 Rn. 65.

条规定：业主应当遵守法律、法规以及管理规约。这就将管理规约的效力置于与法律、法规的效力同等对待的地位，表明管理规约的重要性。①

最后，业主之间的纠纷如果不能通过管理规约来解决，则最终需要通过司法程序来解决。法院在处理纠纷时，也必须要依据管理规约来处理。例如，在因拖欠物业费、取暖费等问题而引发的纠纷中，业主以物业公司服务不到位为由拒不支付上述费用的，法院须根据管理规约确定何种情况下可认定构成服务不到位，或者在何种情况下业主必须支付各种费用。《民法典》第 286 条关于"业主应当遵守法律、法规以及管理规约"的规定，实际上也要求法院在处理有关纠纷中要以管理规约为依据。

关于管理规约是否需要登记和公示的问题，存在不同的看法。本书认为，既然管理规约可以对不特定的第三人（尤其是业主的权利继受者）产生拘束力，那么应当通过一定的方式使这些第三方能够事先知晓其内容。所以，对管理规约采取一定的公示方式也是必要的。

三、管理规约的修改

如果因为客观情况的变化，管理规约需要修改，业主可以请求召开业主大会对管理规约进行修改。例如，关于物业费的分摊方式，如果少数业主认为对其不合理，则可以请求召开业主大会予以修改。关于管理规约的修改程序，《民法典》第 278 条第 1 款第 2 项明确规定，制定和修改管理规约应当由业主共同决定，并且必须要经参与表决专有部分面积过半数的业主且参与表决人数过半数的业主同意。

第八节　侵害建筑物区分所有权的救济

一、建筑物区分所有权中的共同生活关系具有特殊性

所谓建筑物区分所有权中的相邻关系，是指在建筑物区分所有的情况下，因为业主行使专有部分所有权和共有权而形成的有关通风、采光等相邻关系。关于建筑物区分所有权是否应当包括相邻权，理论上有不同看法。

1. 准用相邻关系规则说。此种观点认为，建筑物区分所有权制度中的相邻关系不具有特殊性，可以适用相邻关系的一般规则，而不必设立独立的相邻关系制度。

2. 不动产役权说。此种观点认为，在建筑物区分所有的情况下，为调整相邻或相近的不动产权利人之间的关系，应设独立的不动产役权制度，辅之

---

① 参见陈华彬：《业主大会法律制度探微》，载《法学》2011 年第 3 期。

有关相邻关系的法律规范。[①] 其主要根据在于，役权不仅具有鲜明的法律特性，而且也包含“相邻”的因素；相邻关系不具备物权中的“个性”，它既不能反映自物权的特征，也不能充分体现他物权的性质。在区分所有的情况下应以地役权代替相邻权。

3. 特殊相邻关系说。此种观点认为，区分所有权中的相邻权具有特殊性，不能为一般的相邻关系规则所替代，因此，在区分所有权中应当包括相邻权。而物权法关于相邻关系的规定原则上不适用于建筑物区分所有中的相邻关系。

根据我国《民法典》第 271 条的规定，建筑物区分所有权并没有包括相邻权，但区分所有权中的相邻关系可以适用相邻关系的一般规则，理由在于两方面。一方面，尽管在建筑物区分所有的情况下，相邻关系具有特殊性，但是，考虑到相邻关系只是所有权的限制和延伸的问题，没有产生独立的物权[②]，所以，不能在区分所有权中增加相邻权这样一种独立的权利。另一方面，我国《民法典》关于相邻关系处理的规则，确定了一些基本原则。如《民法典》第 288 条规定：“不动产的相邻权利人应当按照有利生产、方便生活、团结互助、公平合理的原则，正确处理相邻关系。”第 289 条规定：“法律、法规对处理相邻关系有规定的，依照其规定；法律、法规没有规定的，可以按照当地习惯。”这些规定都可以用于区分所有情况下的相邻关系纠纷，不必单独设立区分所有中的相邻关系规则。尤其应当看到，《民法典》在相邻关系中规定的通风、采光、日照、通行以及建造和修缮建筑物等相邻关系，完全可以适用于区分所有情形下的各种相邻关系。

但是，应当看到，建筑物区分所有情况下，共同生活关系确实具有其特殊性和复杂性，相邻关系不仅是客观存在的，而且较之一般相邻关系更为复杂。在一般相邻关系中，相邻各方彼此间有一定间隔，且人数较少，不像大厦公寓中各区分所有人之间空间联系密切、居住人数众多。尤其是在一般相邻关系中不涉及较多的共有财产，而区分所有人之间会因共有部分的使用而发生各种相邻关系。[③] 这就使区分所有权中的相邻关系表现出一定的特殊性，不能简单地套用物权法中有关相邻关系的原理去解决。为了实现

---

① 参见李宝明：《区域所有权及其相关理论初探》，载首届学术讨论会论文评选委员会编选：《首届学术讨论会论文选》，人民法院出版社 1990 年版，第 343 页。

② 参见[日]我妻荣：《日本物权法》，[日]有泉亨修订，李宜芬校订，台北，五南图书出版股份有限公司 1999 年版，第 264 页。

③ 参见王洪伟：《建筑物区分所有权、相邻权之通行权及其他——从一起相邻关系通行权诉讼案谈起》，载《当代法学》2003 年第 4 期。

业主自治,维护社区和谐,有必要通过管理规约或业主大会、业主委员会决定的方式予以解决。具体来说:一是依据管理规约解决纠纷。通过区分所有权人订立管理规约的方式,也可以处理相邻关系,管理规约就相邻关系的约定既可以直接明确法律的强行性规定,也可以在此基础上进一步约定其他内容,并对区分所有权人具有拘束力。例如,对任意弃置垃圾、排放污染物或者噪声、违反规定饲养动物、违章搭建、侵占通道等行为,可以在管理规约中予以明确禁止,并规定其责任。二是依据业主大会或业主委员会的决定解决纠纷。在区分所有的情况下,业主大会、业主委员会也可以作出决定,以解决业主之间有关相邻关系的争议。例如,禁止晚上十点以后遛狗以防止影响他人休息,禁止夜晚因播放音乐或其他原因发出一定程度的噪声。在处理相邻关系时,如果此种决定不存在侵害业主权利的情况,那么其就是有效的,因而对所有业主都具有约束力。

通过管理规约或业主大会、业主委员会决定的方式处理共同生活关系问题,可以将大量的内部矛盾消化吸收在小区之内,而不必都通过复杂的司法程序去解决。即使最终需要依靠司法程序解决,法院在处理这些纠纷的时候,也必须要以管理规约或业主大会、业主委员会决定为依据。因为业主的共同生活丰富多样,每个小区差异较大,法律无法作出十分详细的规定,所以,应当由业主通过自治的方式调整小区内复杂的相邻关系。例如,管理规约依据法定程序生效之后,其中规定了相邻关系,则应当优先采用管理规约。[①]《民法典》第 286 条第 1 款规定:“业主应当遵守法律、法规以及管理规约……”该条实际上是要求业主通过订立管理规约的方式来处理有关业主之间的具体的相邻关系问题,如针对任意弃置垃圾、排放污染物或者噪声、违反规定饲养动物、违章搭建、侵占通道等作出规定。

二、侵害建筑物区分所有权的责任

(一)业主大会和业主委员会的请求权

如前文所述,业主大会和业主委员会针对侵害相邻关系的行为,有权要求行为人停止侵害、消除危险、排除妨害、赔偿损失。这实际上是由法律授权业主大会和业主委员会针对侵害行为采取预防和防范措施。如果业主组织能够采取一定的行动来制止侵害行为,就无须启动司法程序去解决。此种请求权的构成要件包括以下几个方面:

第一,业主实施了损害他人合法权益的行为。《民法典》第 286 条列举

① 参见王俊主编:《相邻关系纠纷案件审判要旨》,人民法院出版社 2005 年版,第 202 页。

的业主实施的侵害他人合法权益的行为包括:任意弃置垃圾、排放污染物或者噪声、违反规定饲养动物、违章搭建、侵占通道、拒付物业费等。但如何理解该条中所规定的其他“损害他人合法权益的行为”?《建筑物区分所有权司法解释》第15条规定:“业主或者其他行为人违反法律、法规、国家相关强制性标准、管理规约,或者违反业主大会、业主委员会依法作出的决定,实施下列行为的,可以认定为民法典第二百八十六条第二款所称的其他‘损害他人合法权益的行为’:(一)损害房屋承重结构,损害或者违章使用电力、燃气、消防设施,在建筑物内放置危险、放射性物品等危及建筑物安全或者妨碍建筑物正常使用;(二)违反规定破坏、改变建筑物外墙面的形状、颜色等损害建筑物外观;(三)违反规定进行房屋装饰装修;(四)违章加建、改建,侵占、挖掘公共通道、道路、场地或者其他共有部分。”

第二,业主的行为违反了法律、法规和管理规约的规定。《民法典》第286条第1款规定:“业主应当遵守法律、法规以及管理规约……”这虽然是宣示性的规定,但是,在该条中也明确了判断业主是否实施了损害他人合法权益的行为的标准。据此,只有在违反了法律、法规和管理规约的情形下,业主委员会和业主大会才能享有请求权。实际上,业主大会和业主委员会是管理规约的“执法者”和业主共同利益的维护者。业主大会和业主委员会在解决纠纷的时候,可以直接依据管理规约来制止业主的各种侵害行为。

第三,业主的行为损害了他人的合法权益。业主的行为必须构成对他人合法权益的损害,但是,此处所说的“损害”应当从广义上理解,其不仅包括造成了现实损害的情形,而且包括并非要造成实际的损害的情形。只要构成对其他业主的权益的损害,就符合该条的构成要件。从业主的行为的性质来看,其可能既构成违约又构成侵权。

(二)受侵害的业主享有请求权

业主对侵害自己合法权益的行为,也可以依法向人民法院提起诉讼。此处所说的业主,是指单个的业主。《民法典》第287条规定:“业主对建设单位、物业服务企业或者其他管理人以及其他业主侵害自己合法权益的行为,有权请求其承担民事责任。”据此分为三种情形:一是建设单位、物业服务企业或者其他管理人侵害业主的合法权益。从实践来看,业主与建设单位以及物业服务企业之间通常有合同关系,在建设单位或者物业服务企业违反合同约定的情形下,业主有权依法主张违约责任。但建设单位、物业服务企业以及其他业主的行为也可能构成侵权,此时,业主也有权依法主张侵权责任。[1] 例如，建设单位在建设过程中，将相关的建设材料堆放在业主的门口，影响业主通行，此时，业主有权请求建设单位排除妨碍；因此造成业主损害的，业主也有权依法主张侵权损害赔偿责任。二是物业服务企业或者其他管理人侵害业主的合法权益。例如，物业服务企业违反安全保障义务，造成业主损害，业主有权依法请求物业服务企业承担侵权损害赔偿责任。三是其他业主侵害业主的合法权益。其他业主的侵权通常是一般侵权，如其他业主因违规装修、堆放垃圾等导致相关业主损害，此时，遭受损害的业主有权依法主张侵权责任。

在侵害相邻关系的情况下，某个或某些业主可能遭受实际的损害或妨害，这些业主也应当享有相应的物权请求权或侵权请求权，从而请求法院予以保护。因此，建立和谐社区，需要全体业主遵守法律、法规以及管理规约，也需要全体业主遵守公共道德。对于业主从事的一些如任意弃置垃圾、侵占通道等损害业主权益的行为，无论管理规约是否规范了这些行为，因这些行为构成侵权，受害的业主有权对侵害人提起诉讼。应当结合《民法典》侵权责任编的相关规定（如减轻或免除的事由等）主张权利。

---

① 参见最高人民法院民法典贯彻实施工作领导小组主编：《中华人民共和国民法典物权编理解与适用》（上），人民法院出版社2020年版，第431页。

第十章 相邻关系

第一节 相邻关系概述

一、相邻关系的概念和特征

所谓相邻关系，是指依据法律规定，两个或两个以上相互毗邻的不动产的所有人或使用人，在行使不动产的所有权或使用权时，因相邻各方应当给予便利和接受限制而发生的权利义务关系。简单地讲，相邻关系就是不动产的相邻各方因行使所有权或使用权而发生的权利义务关系。[①]例如，甲有一块承包地处于乙的地块中间，甲要行使自己的土地使用权必须经过乙的土地，这样甲、乙之间就产生了相邻关系。我国《民法典》物权编第七章专门规定了相邻关系。

相邻关系起源于罗马法。罗马法通过对土地所有权人施加限制的方式，而认可了相关的容忍义务。[②] 早在《十二铜表法》中就规定了：邻田果树所结之果实，土地所有人应任田邻经过其土地而收取；以自然形势而形成之水流，低地所有人有承受之义务。[③] 近代民法确认相邻关系制度，本质上就是要协调两个或两个以上相互毗邻的不动产所有人或使用人之间的利益冲突。在法国法中，相邻关系制度最早是被置于权利滥用的框架内进行讨论的，后形成了妨害邻居的侵权责任。[④] 在德国法上，相邻关系制度事实上是以排除妨害请求权的限制为中心的，整个相邻关系制度的运

---

① 参见史尚宽：《物权法论》，中国政法大学出版社 2000 年版，第 79 页。

② 参见［德］马克斯·卡泽尔、［德］罗尔夫·克努特尔：《罗马私法》，田士永译，法律出版社 2018 年版，第 238 页。

③ 参见陈朝璧：《罗马法原理》，法律出版社 2006 年版，第 255 页。

④ 参见最高人民法院民法典贯彻实施工作领导小组主编：《中华人民共和国民法典物权编理解与适用》（上），人民法院出版社 2020 年版，第 431 页。

行实际上是在解决何种情况下该物上请求权得以排除适用的问题，而其判断标准正是容忍义务。①

相邻关系，从权利角度来讲又称为相邻权，它是调节不动产所有权行使时发生的权益冲突而产生的一种权利，以保障土地有效利用、维护社会生活秩序。② 根据法律的规定，不动产所有人和使用人行使权利，应给予相邻的不动产所有人和使用人以行使权利的必要的便利。如此，对于一方来说，因提供给对方必要的便利，就使自己的权利受到了限制；对于另一方来说，因为依法取得了必要的便利，则使自己的权利得到了延伸。相邻关系主要具有如下特征：

一是相邻关系依据法律的规定而产生。这就是说，法律为了维护相邻不动产权利人之间的和睦关系，防止行使权利中的各种冲突，保障一方最基本的生产和生活需要，规定了相邻的一方应当给另一方提供通风、采光、排水、取水、通行、排污等各方面的便利。《民法典》关于相邻关系的规定，确定了一方依法应当有义务为他方提供便利，而另一方享受这种便利是合法获得的，通常不需要支付相应的对价，双方也无须就权利的取得本身进行协商并进而确定对价。相邻关系是法律对所有权的强制性限制，所以，相邻关系不适用物权变动的一般规则，也不需要通过订立合同的方式设立，更不需要办理登记。相邻权是依法产生的，不存在设定的问题，也不需要公示。相邻关系是法律对不动产权利的一种干预，当事人即使不能达成协议，也应当依法提供便利。相邻关系虽然是法定的，但不能完全排斥当事人的约定。也就是说，在相邻关系中，允许当事人在行使不动产权利中享有一定的自治空间，从而能更有效地利用资源并化解纠纷。③ 如果相邻的不动产所有人和使用人之间因不动产的占有、使用等问题达成了团体规约（如建筑物区分所有权人之间的团体规约）或协议，则相邻一方违反规约或协议，将构成违约行为，其他相邻人有权请求其承担违约责任。

二是相邻关系的主体必须是两个或两个以上的人，因为一人不可能构成相邻。相邻关系可以在自然人之间，也可以在法人、非法人组织之间，或在自然人与法人、非法人组织之间发生。相邻关系是因为主体所有或使用的不动产相邻而发生的，例如，因为房屋相邻产生了通风、采光的相邻关系。

---

① 参见陈华彬：《德国相邻关系制度研究》，载梁慧星主编：《迎接 WTO——梁慧星先生主编之域外法律制度研究集》（第 2 辑），国家行政学院出版社 2000 年版，第 3 页。

② 参见王泽鉴：《民法物权》（第 2 版），北京大学出版社 2010 年版，第 144 页。

③ 参见苏永钦主编：《民法物权争议问题研究》，台北，五南图书出版股份有限公司 1999 年版，第 133 页。

三是相邻关系因主体所有或使用的不动产相邻而发生。对于如何理解“相邻”，理论上存在一定争议。本书认为，不动产相邻不一定要求两个不动产必须邻接。一方面，相邻关系既包括不动产的地理位置相互邻接，也包括不动产权利的行使所涉及的范围是相互邻近的。例如，上游的人排水必须经过下游的人使用的土地，尽管当事人之间的不动产并不是相互毗邻的，但其行使权利的范围是相互邻接的。在许多情况下，相邻关系的发生也与自然环境有关。另一方面，在不可量物侵害的情况下，即使不构成不动产的相邻，也会发生相邻关系。因为“相邻关系不以发生相邻接之土地者为限，举凡侵入物所生之土地，均包括在内”①。此外，相邻关系中所说的相邻不动产，不仅包括土地，还应当包括房屋，否则，在实践中大量存在的因建筑物的相邻而产生的通风、采光等关系就不能包括在内。

四是相邻权的内容十分复杂。相邻权因种类不同而具有不同的内容，但基本上包括两个方面，其一，相邻一方有权要求他方提供必要的便利，他方应给予必要的方便。所谓必要的便利，是指非从相邻方处得到便利，否则不能正常行使其所有权或使用权。例如，从相邻人的土地上通行，必须是在无道路可走的情况下，才能要求相邻人给予方便。其二，相邻各方行使权利，不得损害他方的合法权益。例如，从相邻方的土地上通过，应尽量避免给对方造成损失。这种相邻权实质上是以消极的不作为为内容的。当事人在行使相邻权时，应尽量避免和减少给对方造成损失，应遵循最小损害原则，不得滥用其权利。②

五是相邻关系的客体主要是行使不动产权利所体现的利益。相邻权的主体必须是相邻不动产的所有人或使用人，对不动产享有合法权益。但相邻权的种类十分复杂，不同的相邻权因其内容不同，权利和义务所指向的对象及客体也不同。例如，在因土地使用权权属不清而发生的相邻关系中，其客体是不动产本身，但是大多数相邻权的客体是行使不动产的所有权或使用权所体现的财产权益和其他权益。相邻各方在行使权利时，既要实现自己的合法利益，又要为邻人提供方便，尊重他人的合法权益。③ 至于相邻各方的行为，应视为相邻权的内容而不是客体。所以，相邻关系的客体是行使不动产的所有权或使用权所体现的财产利益和其他利益。当然，相邻权从性质上说并不是一种独立的物权，而仍然属于所有权的范畴，属于因法律规

① 王泽鉴：《民法物权：通则·所有权》（第1册），中国政法大学出版社2001年版，第215页。

② 参见王泽鉴：《民法物权》（第2版），北京大学出版社2010年版，第144页。

③ 参见梅夏英：《物权法·所有权》，中国法制出版社2005年版，第328页。

定对所有权的必要限制。[1]

在我国,相邻关系常常具有普遍性和复杂多样性。自然人和法人、非法人组织在生产和生活中无不涉及这种关系。如果相邻关系处理得不好,容易发生纠纷,影响人们的生产和生活,甚至会造成人身伤亡和财产的重大损害,影响社会秩序的稳定。所以,《民法典》物权编规定相邻关系,对于构建和谐社会、保护相邻人的合法权益、减少不必要的损失和浪费、保护环境、稳定社会经济秩序,都具有重要的意义。

二、相邻关系的性质

相邻关系是依据法律规定而产生的一种社会关系。现代民法有关相邻关系的理论基础尽管是多种多样的,但是按照许多学者的解释,其重要理论基础之一是所有权的社会化理论。18 世纪至 19 世纪,民法中的土地所有权是一种绝对所有权,所有人享有无限制的不受他人干涉的权利。土地所有权的效力“上穷天空,下尽地心”,所有人可以对自己的所有物为任何行为或不为行为,任何人行使自己的所有权都不会给他人的所有权造成丝毫妨害。这种所有权观念既与社会利益维护形成尖锐矛盾,也不利于社会秩序的稳定且影响发挥物的效用。所以自 19 世纪末期以来,德国学者基尔克、耶林等在坚持罗马法维护私有制和绝对个人私有财产的原则的同时,强调所有权的社会性,强调个人利益与社会利益的结合,并主张对私人所有权进行干预。[2] 相邻关系是一种法定的权利安排,不是法律设定的一种物权,而是两个不动产权利之间相互关系的制度安排,它只是法律对所有权的限制,所以其不能够形成独立物权。

本书认为,法律之所以要通过相邻关系规则协调相邻不动产之间的权利冲突,对一方的所有权进行干预,原因在于四个方面。一是保护个人的基本生存利益。在社会生活中,人们要维护正常的生活,必须要享有基本的通风、采光、通行等权利。这些权利涉及人们的最基本的生存利益,是最高位阶的权益。为了维护这种生存利益,法律必须强制性地调整相邻关系,要求相邻的一方必须给另一方提供通风、采光、通行等便利。二是实现物尽其用。从更有效地利用财产的角度考虑,有必要满足一方正常的生产生活需要,并对不动产所有权的行使作出必要限制。例如,一方在自己的土地上建造房屋,阻挡另一方的通行,如果法律上不强行要求建造房屋的一方给另一方提供必要的便利,另一方必要的生活条件就无法得到保障,甚至使另一方

---

① 参见王泽鉴:《民法物权》(第 2 版),北京大学出版社 2010 年版,第 145 页。

② 参见[德]奥托·基尔克:《私法的社会使命》,杨若濛译,商务印书馆 2021 年版,第 18 页。

的不动产不能得到有效利用。正确处理好相邻关系,对于保护相邻人的合法权益、减少不必要的损失和浪费、保护环境、稳定社会经济秩序十分重要。三是协调利益冲突,维护社会和谐。相邻关系直接关系到相邻不动产权利人的重大利益,关系到人民群众的切身利益,如果处理不好极易发生利益的冲突,甚至会造成人身伤亡和财产的重大损害,影响社会秩序的稳定。所以,《民法典》规定相邻关系,并确立处理相邻关系的各项规则,对于维护人与人之间的和睦关系,对于和谐社会的构建等都具有重要意义。四是确立行为规则。法律关于相邻关系的规定,实际上确立了正确行使不动产权利的行为规则。例如,禁止不可量物的侵害,禁止滥用不动产权利损害他人权利,这些都是不动产权利人在行使物权时所应遵守的基本准则。因而相邻关系的有关规定确定了不动产相毗邻的物权人之间的行为规则。①

三、处理相邻关系的原则

《民法典》第 288 条规定:“不动产的相邻权利人应当按照有利生产、方便生活、团结互助、公平合理的原则,正确处理相邻关系。”依据这一规定,在处理相邻关系时,应适用如下原则。

(一)依照法律、法规和习惯处理相邻关系

《民法典》第 289 条规定:“法律、法规对处理相邻关系有规定的,依照其规定;法律、法规没有规定的,可以按照当地习惯。”依据这一规定,如果法律法规对相邻关系作出了明确的规定,则必须依据法律法规的规定处理相邻关系。例如,有关法规规定建筑工程施工等活动,必须采取安全保障设施。如果法律法规没有明确规定,则可以依据习惯进行处理。

习惯包括习俗和惯例,它们都是人们长期生活中形成并遵守的生活准则,可以调节人们之间的生产生活,这种习惯已然具有“习惯法”作用,具有一定的法律约束力②,因而可以用作处理相邻关系的规则。我国民间的一些习惯就有一些处理相邻关系纠纷的规则。例如,涉及物权不动产相邻关系方面的习惯就有土地经界,隔道找地,两地比邻之建筑保持距离,两地比邻种植保持距离,植根侵入邻地等方面的规则。由于我国地域广阔,不动产相邻关系较为复杂,法律无法对需要调整的相邻关系全部列举,而只能就其中一些典型的相邻关系作出原则性的规定。即使针对法定的相邻关系类型发

---

① 参见[德]鲍尔、[德]施蒂尔纳:《德国物权法》(上册),张双根译,法律出版社 2004 年版,第 538 页。

② 参见黄薇主编:《中华人民共和国民法典释义(上):总则编 · 物权编》,法律出版社 2020 年版,第 566 页。

生纠纷以后，究竟应当如何处理，《民法典》也不可能就此作出十分明确、可操作的规则，而习惯根植于当地的生产生活，可以较好地调整不动产之间的相邻关系，填补法律调整的空白。一方面，对于一些法律没有规定的相邻关系，在发生纠纷以后，可以参照《民法典》的规定，结合生活习惯加以处理。例如，我国《民法典》没有规定邻地果实的取回权，如果一方果树的果实坠落在邻人的土地上，究竟应当允许果树的所有人取回果实，还是应当由邻地的权利人取得，从比较法的角度来看，各国规定都不一样，这就要考虑习惯问题。如果当地习惯允许果树所有人取回，就应当允许其取回。[①] 另一方面，在发生相邻关系纠纷之后，如果找不到法律法规的相关规定，可以适用习惯。例如，关于通行权的确定，在一方给另一方提供通行的便利时，究竟如何通行，也要考虑习惯问题。如果习惯已明确了通行路线，那么就应当按照习惯来决定。

（二）团结互助、兼顾各方的利益

相邻各方在行使所有权或使用权时，要团结互助、兼顾各方的利益，最大限度地减少对方的损失。例如，相邻一方给另一方提供通行的便利，另一方不能踩踏该方的绿地等。相邻各方在因为不动产权利的行使发生争议的情况下，必须本着互谅互让、有利团结的精神协商解决；协商不成的，由有关国家机关和人民法院解决。在争议解决以前，争议各方不得荒废土地、山林等自然资源，不得破坏有关设施，更不得聚众闹事，强占或毁坏财产。对故意闹事造成财产损害和人身伤害的行为，除应追究当事人的民事责任外，还应追究其行政责任，甚至刑事责任。

为了维持人与人之间的和睦关系，需要确立当事人之间适当的容忍义务。所谓容忍义务，是指相邻的一方应当容忍相邻的另一方所造成的最低限度的轻微妨害。法国民法学者雅克·盖斯旦和吉勒·古博首次明确提出了相邻关系以邻人之间的特殊义务为基础。[②] 容忍义务是相邻关系制度构建的核心概念，可以说是相邻关系的基石，也是相邻关系中的核心问题。一方面，相邻关系本质上是解决权利冲突的问题[③]，其是关于相邻不动产权利限制和扩张的问题：扩张的权利同样需要在一定的范围内行使，受限的权利

---

① 参见全国人大常委会法制工作委员会民法室编：《中华人民共和国物权法条文说明、立法理由及相关规定》，北京大学出版社 2007 年版，第 136 页。

② 参见陈忠、杨泽：《论不可量物侵害之容忍义务制度的构建——对我国〈物权法〉第 90 条的反思》，载《法律适用》2011 年第 5 期。

③ 参见韩光明：《财产权利与容忍义务：不动产相邻关系规则分析》，知识产权出版社 2010 年版，第 173 页。

也不意味着容忍一切产自邻地的侵害。如果说所有权划定了相邻关系中双方权利的静态边界,那么容忍义务则划定了不动产权利人对不动产利用的动态边界。另一方面,不动产权利的行使总是可能给相邻不动产权利人带来损害,这些损害有的可能干扰重大,有的则影响甚微,如果不规定相邻关系中的容忍义务,将会使大量妨害甚微的小额纠纷也演化为诉讼,导致司法资源的浪费。此外,相邻关系以维护邻里和睦、促进不动产利用为目的,容忍义务的设立有利于不动产权利人利用其不动产创造更大的价值,并协调由此产生的纠纷与冲突,因而应当将容忍义务置于相邻关系中的核心位置。可以说,缺乏容忍义务的规则,相邻关系制度的立法目的就可能落空。容忍义务的设置扩张了一方权利的行使,也要求另一方忍受轻微的妨害,这有利于维持共同的生活关系,实现不动产相邻各方利益冲突的衡平调整,因而,有必要通过在法律上设置容忍义务加以规范。[①] 如果一方拒绝承担容忍义务,则可能构成权利滥用。

(三)有利生产、方便生活

在现代社会,居住条件和科技的发展是导致毗邻居住人之间冲突和损害不断增长的原因。工业、商业甚至自用住宅,都可以成为干扰邻人的来源,这些干扰不再仅仅以烟、臭气、噪声等排放为限,毒物、震动甚至是电子干扰等形态,也日益增多。[②] 除干扰形态增多外,科学技术的发展也使干扰的范围更为广泛,因而相邻关系中的法律冲突和矛盾更为尖锐。法律之所以要设置相邻关系的规则,就是要保证人们最基本的生活条件,保障人们的生产生活能够顺利进行。所以,在处理相邻关系纠纷时,应从有利于有效合理地使用财产、有利于生产和生活出发。例如,在一方通行有困难的情况下,另一方是否有必要提供通行的便利,就要本着有利生产、方便生活的原则来确定,尽可能促进物尽其用。

(四)公平合理

相邻关系涉及各方不动产权利方面的争议甚至冲突,在发生纠纷以后,如果处理不当,就容易酿成比较严重的社会矛盾,危害社会的稳定和团结,所以,相邻各方在发生相邻纠纷以后,应当本着公平的原则予以处理。例如,一方林木的树枝延伸到邻人的土地上,一般应当允许邻人剪除。但是,

---

① 参见陈华彬:《物权法原理》,载梁慧星主编:《民法学原理》〔多卷本〕,国家行政学院出版社1998年版,第356页。

② See Jean Limpens, *International Encyclopedia of Comparative Law*, Vol. 4, Torts, Chapter 2, Liability for One's Own Act, J. C. B. Mohr(Paul Siebeck), Tuebingen, 1975, p. 119.

如果树枝确实具有重大的经济价值或者剪除将严重影响树木的生长，那么双方应当通过协商并基于公平原则考虑确定是予以剪除，或允许其生长但给予补偿。[①] 相邻关系的种类很多，法律很难对各种相邻关系都作出具体规定，这就需要人民法院在处理相邻关系纠纷时，从实际情况出发，进行深入的调查研究，兼顾各方利益，适当考虑当地的习惯，公平合理地解决纠纷。

（五）依法给予补偿

《民法典》第 296 条规定："不动产权利人因用水、排水、通行、铺设管线等利用相邻不动产的，应当尽量避免对相邻的不动产权利人造成损害。"相邻关系是法律对于不动产的一种干预，在许多情况下，相邻一方为另一方提供通行、通风、采光等便利，是义务人的法定义务，不能要求对方给予补偿。在此，应当区分生产生活的最低限度的需要和超出这一最低限度的需要。如果是为了满足最低限度的需要，即使造成了损失也不一定必须要给予补偿。但是，即使仅为了满足最低限度的要求，也可能造成损害。例如，就袋地通行权而言，袋地所有人要通行于他人的土地，必然造成他人的损害。在此情况下，按照公平原则，可能要给予适当的补偿。因此，相邻关系也可能涉及费用补偿的问题。根据《民法典》第 296 条的规定，在相邻各方行使权利和承担义务时，应当首先依据法律法规和习惯行使权利和承担义务。但是不动产权利人因用水、排水、通行、铺设管线等利用相邻不动产的，应尽量避免对相邻的不动产权利人造成损害，如因此造成相邻一方的损害，也要承担赔偿责任。此种责任的构成要件是：

第一，补偿的情况主要限定于因用水、排水、通行、铺设管线等利用相邻不动产的情形。并不是说在任何情况下发生相邻关系后，获得便利的一方都要给提供便利的一方补偿。法律规定，只是在因用水、排水、通行、铺设管线等利用相邻不动产的情形下才有可能给予补偿。因为在排水、用水等特殊的相邻关系中，依据法律规定，一方可以利用相邻另一方不动产，此种利用是占有、利用他人的不动产而使自己获得便利，可能给另外一方造成损害。例如，从邻人的土地上通行，可能要在邻人土地上开辟一条道路，将导致另一方蒙受重大损失。因此，获得便利的一方应当给另一方一定的补偿。

第二，此种损害是基于合理利用所产生的损失。一方面，在因用水、排水、通行、铺设管线等利用相邻不动产的情形下，一方给另一方提供便利，会给提供便利的一方造成损害，但此种损失是一方当事人必须负担的义务，不

---

① 参见全国人大常委会法制工作委员会民法室编：《中华人民共和国物权法条文说明、立法理由及相关规定》，北京大学出版社 2007 年版，第 87 页。

是法律上所认为的损害。因此,不能通过损害赔偿的方式给予救济。另一方面,此种损害是基于合理利用所产生的损害。如果因为不合理的利用而造成他人的重大损失,则应当承担赔偿责任。例如,排水可以在邻人土地下铺设管道,但不能挖掘沟渠直接排水。此外,给予通行的便利,并不意味着要为另一方修一条宽敞的大道,因为这样会给提供便利的一方造成不合理的损害。一方强行占道,给另一方造成重大损害的,应当承担侵权责任。根据《民法典》第 296 条的规定,造成损害的应当给予赔偿。此处所说的损害,实际上指的是侵权损害。① 因正常合理的利用而造成的损害,在法律上与因侵权造成的损害是不同的。

第三,已经造成实际损害。通常,一方为了实现另一方的基本生产、生活需要,而为另一方提供必要的便利,不能要求另一方必须给予补偿。只有在排水、用水、通行、铺设管线等情况下,一方给另一方提供便利,且因此使自己蒙受损失,才有可能要求另一方提供必要的补偿。如果是因正常合理利用而给他人造成损害,相邻一方主观上不具有过错,因此不应当承担侵权责任。但考虑到客观上给相邻一方造成了损害,所以应给予适当的补偿。② 既然是补偿,就不同于侵权法上的损害赔偿,不能要求完全的损害填补,而应当依据实际情况给予适当的补偿。

相邻关系不仅可以产生侵权损害赔偿请求权,也可以产生物权请求权。因此,在相邻关系遭受侵害的情况下,构成物权请求权和侵权损害赔偿请求权的竞合,应当允许不动产物权人依法行使各类物权请求权或侵权损害赔偿请求权来保护自己的合法权益。

第二节 相邻关系的种类

相邻关系产生的原因很多,种类复杂,根据我国《民法典》的规定,可以区分为两大类型:一是提供积极便利的相邻关系,即用水、排水、通行等积极为邻人提供方便所产生的关系。二是消极不作为的相邻关系,即要求不动产权利人不得从事一些特定的行为所产生的关系。随着社会经济生活的发展,其范围也不断扩大。相邻关系主要有以下几种。

一、因用水、排水产生的相邻关系

《民法典》第 290 条规定:"不动产权利人应当为相邻权利人用水、排水

---

① 参见黄薇主编:《中华人民共和国民法典物权编解读》,中国法制出版社 2020 年版,第 313 页。

② 参见房绍坤:《民法典物权编之检视》,载《东方法学》2020 年第 4 期。

提供必要的便利。对自然流水的利用，应当在不动产的相邻权利人之间合理分配。对自然流水的排放，应当尊重自然流向。”该条实际上规定的是因水资源的利用所形成的相邻关系，包括两个方面。

（一）因用水产生的相邻关系

由于我国水资源相对缺乏，尤其是在许多地方水资源较为短缺，生产生活对自然水资源依赖较大，而水资源的合理分配直接关系到正常的生产生活，如果处理不当就会产生各种矛盾。按照《民法典》的上述规定，不动产权利人应当为相邻权利人用水提供必要的便利，应当合理分配水资源。不能因为水资源缺乏而通过人为方式独占水源或者截断水流，不得因此影响邻地的用水。例如，关于设堰的问题，在目前法律没有特别规定的情况下，就应当依据历史形成的习惯来确定。[①] 如果某一个时期，下游的水资源充足，而上游的水资源缺乏，则下游的权利人就应当适当照顾上游的权利人；如果各个权利人都依赖于地下水，则土地使用人不得滥钻井眼、挖掘地下水，使邻人的生活水源减少，甚至使近邻的井泉干涸。

对相邻各方都有权利用的自然流水，还应当尊重自然形成的流向，禁止过度占用水资源，任何土地使用人都不得为自身利益而改变水路，截断水流；水源不足时，高地段的相邻人不得独自控制水源，断绝低地段的用水。[②] 放水一般应按照“由近到远，由高至低”的原则依次灌溉、使用。一方擅自堵截或独占自然流水影响他方正常生产、生活的，他方有权请求排除妨害；造成他方损失的，应负赔偿责任。

（二）因排水产生的相邻关系

相邻一方必须利用另一方的土地排水时，他方应当允许。在民法上，对因排水而发生的相邻关系，通常分为自然排水和人工排水。[③] 在自然排水时，低地段的权利人应当允许高地段的权利人按照水流的自然方向进行排水。在水流有余时，低地段的相邻人不得擅自筑坝堵截，使水倒流，或者采取各种方法阻塞河流、影响高地段的排水。在人工排水时，也应尊重水流的流向，因为人工排水而构造各种设施或工作物，改变了水流的方向，给他人造成损害的，受害人可以请求排除妨害、赔偿损失。在排水时，不能排放国家法律明确禁止的污水以及其他污染物。在利用他人的土地排水时，使用

---

① 参见全国人大常委会法制工作委员会民法室编：《中华人民共和国物权法条文说明、立法理由及相关规定》，北京大学出版社 2007 年版，第 139 页。

② 参见黄薇主编：《中华人民共和国民法典释义（上）：总则编·物权编》，法律出版社 2020 年版，第 566～567 页。

③ 参见王泽鉴：《民法物权》（第 1 册），台北，2001 年（公元纪年）自版发行，第 223 页。

的一方应采取必要的保护措施;造成损失的,应由受益人合理补偿。

二、因通行产生的相邻关系

因通行产生的相邻关系是一种传统的相邻关系,自罗马法以来,在世界各国民法尤其是习惯法中都有所体现。通行是维持人们正常的生产、生活的条件,如果通行权都无法得到保障,那么,人们正常的生产和生活秩序就会受到严重的干扰,甚至引发严重的社会矛盾。因此《民法典》第 291 条规定:“不动产权利人对相邻权利人因通行等必须利用其土地的,应当提供必要的便利。”相邻通行关系包括如下情况。

1. 因袋地产生的通行问题

所谓袋地,是指不动产被相邻不动产所围绕,无其他出路,权利人只能从相邻他方的土地上通行,此种现象被形象地称为“袋地”。例如,甲的一块土地,周围的土地全部被乙所购买,导致甲的土地形成袋地,在此情况下,甲必须经由乙的土地,否则无路可走。关于在袋地情况下的通行问题,一般都属于相邻关系制度调整的范围,而不属于地役权的内容。因为出现袋地以后,通行的需求属于最低限度的生产、生活需要。即使是因为土地使用权转让、交换等产生袋地现象,相邻一方也应当提供通行的便利。如果相邻的另一方拒绝对袋地权利人提供便利,袋地权利人有权请求实现其通行权。[①] 不过,袋地权利人只能要求他方提供必要的通行便利,例如,允许袋地权利人在其土地上通行。如果袋地权利人要求他人修筑道路甚至加宽道路,满足其特殊的通行需要,则只能通过设定地役权的方式解决,而不能通过相邻关系规则解决。

2. 通行困难

此种情况也被称为准袋地[②],即虽然不动产权利人有路通行,但如果不经另一方的土地通行,就非常不便利,并且会发生较高的费用。[③]《民法典》第 291 条不仅规定了土地上的通行问题,也包括利用他人建筑物内的空间通行的问题。提供便利以通行困难的存在为必要前提。

如何判断通行困难?本书认为,对此通常要考虑以下因素:第一,因为道路改造等原因,致使一方不通过相邻另一方的土地就无法到达交通要道。第二,如果不通过另一方的土地,就难以满足运输等基本的生产需求。第

---

① MünchenerKomm/Säcker, § 917 Rn. 8.

② 参见陈华彬:《物权法原理》,载梁慧星主编:《民法学原理》〔多卷本〕,国家行政学院出版社 1998 年版,第 375 页。

③ 参见王泽鉴:《民法物权》(第 2 版),北京大学出版社 2010 年版,第 152 页。

三，一方欲通行，若不经过他人的土地，则将支付较高费用，或具有危险，或非常不便。[①] 例如，一方的土地与公路之间距离很近，但是被另一方的土地所阻隔，如果其不通过另一方的土地而是绕道到达公路，需要穿越其土地背后的山脉，成本大幅提高且颇具危险性。第四，因为山洪暴发等自然原因导致原有正常通道的毁损，一方无法通过原有道路通行或者完成交通运输，需要通过相邻一方的土地到达公路。在以上几种情况中，相邻一方应当提供必要便利。[②] 相邻一方利用他人土地，既可以是临时利用，也可以是长期利用。

3. 其他通行问题

《民法典》第 291 条规定："不动产权利人对相邻权利人因通行等必须利用其土地的，应当提供必要的便利。"此处使用了一个"等"字，表明在上述两种通行的情况之外，还存在其他通行的问题。例如，他人的物品坠落，掉进某人的土地之上，土地权利人应当允许失主进入其土地取走。[③] 又如，关于果实自落于邻地，究竟应该属于邻地所有人所有还是果树的所有人所有，虽然各国立法并不相同，但依据习惯可以归果树所有人的，邻地所有人应该允许果树所有人进入其土地，取走果实。

三、因建造、修缮建筑物以及铺设管线形成的相邻关系

《民法典》第 292 条规定："不动产权利人因建造、修缮建筑物以及铺设电线、电缆、水管、暖气和燃气管线等必须利用相邻土地、建筑物的，该土地、建筑物的权利人应当提供必要的便利。"因建造、修缮建筑物以及铺设管线形成的相邻关系，主要存在两种情况。一是一方因为建造、修缮建筑物需要利用相邻不动产的。例如，建造房屋时，需要临时在相邻的不动产上搭建脚手架或堆放必要的建筑材料。相邻一方因修建施工、架设电线、埋设管道等，需要临时占用他人土地的，他人应当允许，但是施工应选择对他人损失最小的方案，并按照双方约定的范围、用途和期限进行，施工完毕后应及时清理现场、恢复原状，因此给他人造成损失的，施工一方应当给予适当补偿。二是铺设电线、电缆、水管、暖气和燃气管线等必须利用相邻土地、建筑物的，相邻的另一方应当提供必要的便利。例如，电力公司为了供电需要铺设有关的线缆，有权在某人的不动产上方或者地表以下进行施工。

在上述两种情况下，对他人不动产的利用，有可能是长期的，也有可能是临时性的。需要指出的是，因建造、修缮建筑物以及铺设管线所形成的相

---

① 参见王泽鉴：《民法物权》（第 1 册），台北，2001 年（公元纪年）自版发行，第 227 页。

② 参见《德国民法典》第 917 条、第 918 条。

③ 参见胡康生主编：《中华人民共和国物权法释义》，法律出版社 2007 年版，第 203 页。

邻关系，是物权法对所有权所设定的一种限制，这是否意味着在任何情况下，因建造、修缮建筑物以及铺设管线，需要利用邻人的土地或者建筑物的时候，都必须取得邻人的同意？对此，存在不同的观点。本书认为，根据《民法典》第 292 条的规定，因建造、修缮建筑物以及铺设管线必须利用他人的不动产的，相邻另一方应当给予便利，但这种利用的要求必须是合理的。如果从具体的个案情况来看，这一要求并不合理，则相邻另一方有权予以拒绝。① 例如，在建造建筑物的过程中，本来不需要占用相邻另一方的土地堆放建材等杂物，却非要对方同意其堆放这些物品，则后者有权拒绝。同时，相邻另一方提供便利，并不意味着该方必须承受重大损失。在利用相邻建筑物的过程中，应当尽可能给对方减少损失，如果因为利用他人的不动产给他人造成损害，则可能需要双方进行协商，由一方给予另一方适当的补偿。② 此外，在利用相邻不动产的过程中，如果是基于商业目的的利用，还应当给予充分的补偿。有关补偿的问题，需要由双方协商解决。

四、因通风、采光、日照而产生的相邻关系

通风、采光、日照不仅是维持人们基本生产、生活的要求，也是最低限度的生活条件，这也在某种程度上涉及个人尊严的维护。《民法典》第 293 条规定："建造建筑物，不得违反国家有关工程建设标准，不得妨碍相邻建筑物的通风、采光和日照。"这就从相邻关系的角度对此作出了规定，对于保障人们的基本生活条件、构建和谐社会等都十分有必要。依据《民法典》第 293 条的规定，因通风、采光、日照而产生的相邻关系的内容包括：

第一，必须是在建造建筑物的过程中，有必要为他人提供通风、采光和日照等便利。不动产权利人虽然有权在自己的土地上建造建筑物，但此种权利的行使必须要考虑到他人的利益；不能滥用自己的所有权，在自己的土地上建造房屋阻挡他人通风、采光、日照等。如果房屋在建成之后，严重影响了他人的通风、采光，邻人是否有权请求拆除该房屋？本书认为，如果明显违反规划的规定，并严重影响了邻人的通风、采光，邻人应有权请求其拆除违反规划的房屋，法院也可以依具体情况决定是否应当予以拆除。如果没有违反规划建造房屋，但影响了邻人的通风、采光，一般只能采用损害赔

---

① 参见崔建远：《中国民法典释评：物权编》（上卷），中国人民大学出版社 2020 年版，第 448 页。

② 参见孙宪忠、朱广新主编：《民法典评注：物权编》（第 2 册），中国法制出版社 2020 年版，第 286 页。

偿的办法,而不能够请求拆除该房屋。[①] 总之,房屋的建造违反国家有关工程建设标准,妨碍了邻人的通风、采光的,应承担相应的法律责任。

第二,不得违反国家有关工程建设标准,妨碍相邻建筑物的通风、采光和日照。国家工程建设标准是指由国家有关机关颁布的建筑标准(如2013年5月1日实施的《建筑采光设计标准》)。《民法典》第293条之所以规定建造建筑物时不得违反国家有关工程建设标准,是因为该标准是国家的统一标准,按照这些标准建造的建筑物一般不会存在通风、采光和日照等争议。违反国家有关工程建设标准,妨碍相邻建筑物的通风、采光和日照的,应当承担相应的法律责任。

需要指出的是,在特殊情形下,即使符合国家有关工程建设标准,仍然可能妨碍相邻建筑物的通风、采光和日照,此时是否应当允许相邻另一方请求给予通风、采光或日照的便利,或者要求妨碍一方承担相应的责任?对此存在不同的观点。本书认为,相邻关系,实际上是为了保障相邻不动产双方的权利行使。规划是一种管理手段,是最低限度的要求,在发生了妨碍通风、采光或日照的情形下,首先需要考虑建筑物是否违反国家有关工程建设标准。如果不存在违反国家有关工程建设标准的情况,但客观上已经妨碍了他人的通风、采光或日照,也应当认定为违反了相邻关系的有关内容。通风、采光的获取,是权利人的固有的权利,是关涉个人的生存利益、居住利益的一种权利,此种权利不能因规划的错误而丧失,因此,对于未违反国家有关工程建设标准要求,但是造成了他人通风、采光或日照的妨碍的情况,受害人也可以请求相对方承担赔偿责任。[②]

第三,相邻一方违反有关规定修建建筑物,影响他人通风、采光或日照的,受害人有权要求停止侵害、恢复原状或赔偿损失。从我国司法实践来看,应当根据具体情况确定相应的责任形式。例如,房屋在建造过程中已经影响了邻人的通风、采光或日照的,邻人可以请求停止侵害,如果房屋已经建造完毕,且没有违反规划,则通常只能要求赔偿损害,而不能要求拆除房屋,但如果房屋已经违反了相关的建筑规划,则应当将该房屋予以拆除。

需要指出的是,除了通风、采光、日照等方面所引发的相邻关系,在实践中还存在因为眺望而引发的相邻纠纷。例如,某人在海滩建造了一家旅馆,但后来他人在其邻侧违反规划修建建筑物,妨碍了在先建造的旅馆眺望海

---

① 参见常鹏翱:《规划许可的物权法功能》,载《法学杂志》2023年第5期。

② 参见孙宪忠、朱广新主编:《民法典评注:物权编》(第2册),中国法制出版社2020年版,第299页。

景的利益。关于对眺望利益的保护问题,有各种不同的观点。[①] 本书认为,眺望确实体现为一定的利益,但此种利益还很难说是一种权利。因为在商品房购买过程中,是否能眺望海景或其他景观,往往会在房价中得到一定的体现。本书认为,一方面,眺望不属于相邻关系的范畴,因为相邻关系只是对所有权的最低限度的限制,是为了维护正常的生产、生活需要而对所有权作出的限制。虽然眺望可以使人获得一种精神的愉悦,但毕竟不是一种最低限度的生活要求,因而不能根据相邻关系来解决。另一方面,即使在同一栋楼中,不同的楼层、不同的朝向,能否眺望美景以及眺望的程度也都是不一样的,不能说不享有或未能充分享有眺望权,业主的正常生活就受到了限制。此外,对大部分楼盘来说,可能根本谈不上眺望权的问题。可见,眺望是一种较高层次的享受,因而不能通过对所有权进行最低限度限制的相邻关系制度来解决。对这个问题,可以通过合同约定或者侵权制度来解决。一方面,在买受人购买房屋的时候,可以通过合同与建设单位约定眺望权的内容。即使合同没有规定眺望的内容,但如果其支付的房款中已经包含了眺望的内容,在建设单位违反合同的约定,新盖的高楼遮挡买受人的视线时,买受人也有权请求建设单位承担违约责任,赔偿因不能眺望景观而导致的损失。另一方面,就侵权来说,第三人违反规划的要求,新盖的大楼或者设置公告牌,遮挡买受人的视线的,业主有权基于侵权责任请求排除妨害、赔偿损失。因此,考虑到眺望海景或其他景观的情况比较复杂,应当根据具体情况分别考虑。

五、因保护环境产生的相邻关系

《民法典》第 294 条规定:“不动产权利人不得违反国家规定弃置固体废物,排放大气污染物、水污染物、土壤污染物、噪声、光辐射、电磁辐射等有害物质。”该条实际上是关于所谓“不可量物”的侵害所引发的相邻关系的规定。不可量物的侵害,是指按照通常的计量手段无法加以精确测量的某些物质因排放、扩散等致他人损害。不可计量的物,大体如气体(湿气、臭气、烟气、煤气等)、光线、尘埃(采石之粉、灰等)、火花、真菌类、噪声、电流以及“光的有意图之侵入”[②]。至于沙石、污水等则不包括在内。[③] 不可量物

---

① 参见孙宪忠、朱广新主编:《民法典评注:物权编》(第 2 册),中国法制出版社 2020 年版,第 215 页。

② 参见陈华彬:《德国相邻制度研究》,载梁慧星主编:《民商法论丛》(第 4 卷),法律出版社 1996 年版。

③ 参见王泽鉴:《民法物权:通则 · 所有权》(第 1 册),中国政法大学出版社 2001 年版,第 184 页。

的侵害，常常会给相邻的一方造成损害，严重的不可量物的侵害常常会严重影响环境，对许多不特定的人造成损害。例如，某企业安装了反射出刺眼光芒的特殊玻璃，造成了辐射，影响附近许多人的正常生活。又如，一些商店使用高频率的音像器材招揽顾客，由于高音喇叭声音太高，严重影响了周围群众的生活。

不可量物的侵害是属于相邻关系，还是属于侵害人格权的行为，在学说上存在争议。依据我国《民法典》第 294 条的规定，不可量物的侵害属于相邻关系的范畴，应适用相邻关系的规定，但不可量物的侵害必须具备如下条件。

第一，违反了国家有关环境保护方面的法律法规的规定。这就是说，在确定不可量物是否构成侵害时，首先要考虑是否违反了国家规定。例如，我国《固体废物污染环境防治法》第 14 条规定："国务院生态环境主管部门应当会同国务院有关部门根据国家环境质量标准和国家经济、技术条件，制定固体废物鉴别标准、鉴别程序和国家固体废物污染环境防治技术标准。"如果违反了有关规定，行为人不仅要停止侵害，而且要承担相应的责任。如果国家还没有制定相关的规定，则应当根据具体情况来确定是否过度或过量。

第二，不可量物侵害只有发生在相邻的不动产权利人之间，才受到民法相邻关系的调整。例如，因采矿导致沙石飞扬，因盖房导致尘土四散。如果行为人与受害人相距较远，即便存在不可量物散发而影响受害人居住的情形，一般也不宜作为相邻关系纠纷，而应当按照环境侵权来处理。如果将此种行为都作为侵害相邻关系的案件处理，就会将许多环境污染的侵权行为都当作相邻关系来处理，民法的相邻关系甚至包含了大部分环境法的内容，这显然不妥当。

第三，造成了一定的妨害或损害后果。不可量物必须直接侵入邻人的不动产范围内，导致邻人受到损害或妨害；如果不可量物侵入邻人不动产范围以后，其侵入或妨害仍然在正常合理范围内，则邻人必须加以忍受。① 因为人们在社会中生活，总是会对他人产生轻微的妨害，不能认为任何妨害都无法忍受。但是，如果这种不可量物的妨害超过了必要的限度，也超出了正常人的容忍限度，那么就不能再要求他人继续予以容忍。所以，对于不可量物是否构成违法侵害，关键要看是否超出了合理限度。在考虑不可量物的侵害后果时，需要考虑侵害的时间长短及严重性、被侵害利益的性质、侵害

---

① 参见王泽鉴：《民法物权》（第 2 版），北京大学出版社 2010 年版，第 156 页。

回避的可能性等多种因素，从而确定行为人应当承担的责任。[①]

对于不可量物侵害是否同时构成对人格权的侵害，应当依据具体情形考虑。如果确实已经损害了受害人的人格利益，受害人以此主张侵权损害赔偿或精神损害赔偿，也应当是法律所允许的。一方面，某人制造噪声严重影响他人休息，或堆放的物品有害他人健康的，行为人的行为已经侵害了他人的人格利益，有必要保护受害人的人格权。但是，如果不可量物仅仅侵害他人的财产权益，则不能以人格权受侵害为由而请求救济。在确定加害人的侵权损害赔偿责任时，需要考虑行为人是否存在抗辩事由，如比较法上存在的“危险引受”规则，该规则认为不可量物侵害地利用在先，受侵害地利用在后，即受侵害邻地所有人或使用人明知会发生不可量物的侵害而仍住入其附近建筑住宅的，因受妨害而要求损害赔偿时，一般不予认可。[②] 此时，受害人对损害的发生具有过错，应当减轻或者免除行为人的侵权责任。本书认为，在适用该规则时，要进行利益衡量，确定哪一方的利益应当优先受到保护。在利益衡量的过程中，应当考虑人身权益一般优先于财产权益。另一方面，不可量物造成他人损害时，在确定能否适用精神损害赔偿时，应当依据《民法典》第 1183 条关于精神损害赔偿的规定进行判断。即受害人只有在其人身权益遭受侵害并导致严重精神损害的情况下，才能请求精神损害赔偿，如果是相邻关系或侵害财产权案件，显然不能适用精神损害赔偿。

六、因挖掘土地、建造建筑物等发生的相邻关系

《民法典》第 295 条规定：“不动产权利人挖掘土地、建造建筑物、铺设管线以及安装设备等，不得危及相邻不动产的安全。”此种情况在学理上常常被称为“邻地损害的防免”[③]。此种相邻关系的构成要件如下。

1. 一方在自己的不动产之上行使权利。例如，相邻一方在自己的土地上挖水沟、水池、地窖、水井和地基等时，危及对方房屋、地基以及其他建筑物的安全。在自己的不动产上行使权利，既包括在自己所有的不动产上行使权利，以及在自己享有他物权的不动产上行使权利，也包括对土地享有租赁等占有权者行使权利。

2. 一方在自己土地上从事挖掘作业等，给另一方造成妨害或者可能造成妨害。一方在自己的不动产上进行作业，虽然属于所有权行使的范围，但

---

① 参见王旭光、范明志主编：《物权法适用疑难问题研究》，山东人民出版社 2007 年版，第 187 页。

② 参见王俊主编：《相邻关系纠纷案件审判要旨》，人民法院出版社 2005 年版，第 175 页。

③ 王泽鉴：《民法物权》(第 1 册)，台北，2001 年(公元纪年)自版发行，第 221 页。

是任何人在自己的不动产之上行使权利,均不得损害他人的利益。例如,一方因从事挖掘作业导致另一方建筑物存在倒塌的危险,严重威胁另一方的人身、财产安全时,另一方有权请求采取措施排除危险来源以消除危险。

3. 一方的行为危及相邻不动产的安全。这就是说,邻人从事挖掘等作业必须危及他人的不动产,如果已威胁到他人的人身或者动产,通常应当按照侵权来处理,也可以适用物权请求权,但不应当适用相邻关系的规定。所谓危及不动产的安全包括两种情况:一是实际损害,即已经给不动产造成了妨害或损害。例如,挖掘土地已经使他人房屋的地基动摇。二是可能妨害,即可能给他人的不动产造成妨害,这就是未来可能形成的危险。例如,在挖掘土地、建造建筑物、铺设管线以及安装设备等时,如果有可能危及邻人房屋的安全,邻人无须证明已实际发生损害,只需要证明存在此种威胁,就可以要求施工方停止侵害行为。此外,放置或使用易燃、易爆、剧毒物品,必须严格按有关法规办理,并应当与邻人的建筑物保持适当的距离或采取必要的防范措施,使邻人免遭人身和财产损失;因此造成损害的,应赔偿邻人的损害。

第十一章　共有

第一节　共 有 概 述

一、共有的概念和特征

传统的大陆法系国家物权法认为,一物之上不得存在多个所有权。换言之,数人不得对同一物各自享有完整的所有权。但是,一个所有权可以由两个或两个以上的人享有,“盖权利固应有其主体,但其主体之为单数或复数,自无限制之必要,不独物权如此,债权亦然,故各国民法莫不承认共有之制度”[①]。《民法典》第 297 条规定:“不动产或者动产可以由两个以上组织、个人共有。共有包括按份共有和共同共有。”据此,所谓共有,是指某项财产由两个或两个以上的权利主体共同享有同一所有权。换言之,是指多个权利主体对一物共同享有所有权。例如,两人共同所有一间房屋,三人共同所有一台机器。共有的主体称为共有人,客体称为共有财产或共有物。各共有人之间因财产共有形成的权利义务关系,称为共有关系。

财产的所有形式可分为单独所有和共有两种。早期罗马法上仅有共同所有权,到了共和国初期,才开始形成按份共有。在罗马法中,“每个共有者对整个物享有所有权,而且同一切所有主一样,他对该物独立地行使权利,但是,每个人行使权利的范围不应当超过表现为他的权利范围的份额”[②]。这在很长时期内成为罗马法共有的主要形式。[③] 从比较法来看,各国普遍采纳共有的形式,包括按份共有和共同

---

① 郑玉波:《民法物权》,台北,三民书局 1963 年版,第 114 页。

② [意]彼德罗 · 彭梵得:《罗马法教科书》,黄风译,中国政法大学出版社 2005 年版,第 231 页。

③ 参见唐勇:《论共有:按份共有、共同共有及其类型序列》,北京大学出版社 2019 年版,第 39 页。

共有。

共有只是数人对于同一物享有同一所有权，而非数人对同一物分别享有所有权。共有只是所有权的一种形态，因而仍然要适用所有权的一般规则，如“一物一权”等规则。共有是相对于单独所有而言的。单独所有是指财产所有权的主体是单一的，即一个人单独享有对某项财产的所有权。共有关系的特殊性体现如下。

1. 主体具有特殊性。共有与单独所有的最大区别表现在，共有的主体不是一个而是两个或两个以上的自然人、法人或非法人组织。但是多数人共同所有一物，并不是说共有是多个所有权，而只是指数人对同一物享有一个完整的所有权。换言之，在法律上，共有财产仅有一个所有权，只不过由多人享有。[①] 由于主体是多数人，所以共有制度应对各个主体之间在管理、使用、收益及处分共有财产的权利义务关系方面作出规定。同时，由于在多个主体之间常常有可能形成一种联合或团体关系，多个主体基于其相互之间的共同合意也可能制定一定的团体规则或协议，对此各共有人均应当遵守。

2. 客体具有特殊性。共有的客体即共有物是特定的财产，可以是独立物，也可以是集合物（如共同继承的遗产），各种权利的共有称为准共有。[②] 例如，对小区的绿地所享有的共有权，实际上是对权利的共有。在共有关系存续期间，不能由各个共有人分别对某一部分共有物享有所有权。由于每个共有人的权利及于整个共有财产，共有物在共有关系存续期间，根据约定不能分割共有物的，只能由各共有人对共有物共同享有所有权。由此可见，共有不同于分别所有。

3. 内容具有特殊性。在内容方面，共有人对共有物按照各自的份额享有权利并承担义务，或者平等地享有权利、承担义务。[③] 一方面，共有人对共有物所享有的权利及承担的义务，因按份共有和共同共有而各不相同。另一方面，各共有人所享有的权利及于整个共有财产，也就是说，要对整个共有财产依据份额或平等地享有权利，而不能仅针对某一共有财产或共有财产的某一部分享有权利。每个共有人对共有物享有的占有、使用、收益和处分的权利[④]，不受其他共有人的侵害。在行使共有财产的权利，特别是处分共有财产时，必须由全体共有人协商，按共有人共同的意志行事。

---

① 参见王泽鉴：《民法物权》（第1册），台北，2001年（公元纪年）自版发行，第326页。

② 参见崔建远：《中国民法典释评：物权编》（上卷），中国人民大学出版社2020年版，第442页。

③ 参见陈华彬：《物权法》，法律出版社2004年版，第382页。

④ 参见王泽鉴：《民法物权》（第1册），台北，2001年（公元纪年）自版发行，第327页。

财产共有是社会经济生活中大量存在的财产形式。近年来，在我国，在广泛发展市场经济的过程中，财产利用形式多样化自然人之间，自然人与法人、非法人组织之间的财产共有关系得到了发展，各种共同经营体大量产生。因此，需要从法律上确认和保护财产共有权，正确解决共有人之间的权利义务关系，从而保护共有人的合法权益，维护社会生产和生活秩序。同时还要看到，在我国，家庭既是消费单位，又是生产经营单位，家庭共有财产关系和夫妻共有财产关系涉及千家万户的生活和生产经营活动。以法律形式确认这些财产关系，对于建立社会主义的新型家庭关系，促进家庭的和睦团结，发展个体、私人经营和农村家庭承包经营，也是十分必要的。

二、共有和公有

共有是多个权利主体基于共同的生活、生产和经营目的，将其财产联合在一起而产生的财产形式。共有和公有不同，“公有”一词具有双重含义：一是指社会经济制度，即公有制；二是指一种财产形式。而共有既可以是公有制在法律上的表现形式，也可以是私人所有制在法律上的反映。[①] 公有和共有在法律性质上也是不同的，表现在：

第一，共有财产的主体是多个共有人，而公有财产的主体是单一的，在我国为国家或集体组织。全民公有的财产属于国家所有，集体公有的财产则属于某一个集体组织所有。

第二，共有既可以是同一种类型的所有权的联合（如私人所有权之间的联合），也可以是不同类型的所有权的联合（如集体组织所有权与个人所有权之间的联合）。共有既可能发生在同一所有制之间，也可能发生在不同的所有制之间。可见，共有是一种所有权的联合形式，而不是一种反映所有制的特殊的所有权形式。

第三，公有财产已经脱离个人而存在，既不能实际分割为个人所有，也不能由个人按照一定的份额享有财产权利。在法律上，任何个人都不能成为公有财产的权利主体。而在共有的情况下，特别是在个人的共有关系中，财产往往并没有脱离共有人而存在。公有财产在归属上为公有人所有，所以，单个自然人退出或加入公有组织并不影响公有财产的完整性，但是自然人退出或加入共有组织（如合伙），则会对共有财产产生影响。

三、准共有

所谓准共有，是指两个以上组织、个人共同享有用益物权、担保物权等

---

① 参见崔建远：《中国民法典释评：物权编》（上卷），中国人民大学出版社 2020 年版，第 443 页。

权利。《民法典》第310条规定:“两个以上组织、个人共同享有用益物权、担保物权的,参照适用本章的有关规定。”例如,三个人共同购买一块土地的使用权,而对该土地使用权享有共有权,此种共有属于准共有。准共有与一般共有不同,准共有的特点如下:

1. 准共有是所有权之外的共有。此种共有的客体并不是物和所有权,而是各种用益物权和担保物权。所以,准共有与一般共有的区别表现在:一般共有是指数人对某一特定物享有所有权,而准共有是指数人对他物权共同享有权利。

2. 准共有的客体主要包括各种他物权。依据《民法典》第310条的规定,准共有主要针对除所有权以外的用益物权和担保物权,即他物权。《民法典》也只是规定了对于用益物权和担保物权可以参照适用共有的相关规则。根据学者的观点,准共有是指权利人对所有权以外的其他财产权的共有,即两个或两个以上的民事主体,共同享有所有权以外的财产权。[①] 所有权以外的其他财产权利,可以普遍地作为准共有的客体。[②] 根据我国《民法典》第310条的规定,准共有的权利客体只限于他物权,但从广义上讲,准共有包括定限物权、准物权、知识产权以及债权的共有。[③] 对知识产权的共有,如对著作权、专利权、商标权的共有,可以准用有关准共有的规定。

然而,准共有事实上并不仅限于用益物权与担保物权,其他权利之上也可能出现多个权利人的状态。诸如知识产权、股权等共有即为典型。[④] 因此,《民法典》第310条仅仅规定了他物权参照适用共有规则,并不能够解决所有权利由多人享有的问题,有必要对该条进行目的性扩张。事实上,在知识产权、海域使用权、采矿权、取水权、债权之上均可能成立准共有。因此有必要将准共有的客体一般性地扩张到财产权利之上。但是对于人身权利,则并不存在共有的可能,即便是在知识产权中,在具有人身性质的权利之上也不能成立准共有。在著作权的署名权中,多个作者之间并非共同享有一个署名权,而是分别单独享有署名权。

3. 对他物权的共有,虽不同于一般的共有,但又可以准用共同所有权的

---

① 参见杨立新:《论准共有》,载《法学与实践》1995年第2期。

② 需要注意的是,债权之上的共有与按份债权和连带债权不同,因而对于债权的准共有不能适用按份之债与连带之债的规则。参见郑冠宇:《民法物权》,台北,新学林出版股份有限公司2018年版,第340页。

③ 参见王泽鉴:《民法物权:通则·所有权》(第1册),中国政法大学出版社2001年版,第389页。

④ 参见崔建远:《物权法》(第5版),中国人民大学出版社2021年版,第268页。

一般规则,从这个意义上说,可以将上述权利的共有称为"准共有"。准共有的有关规则,应当参照法律关于共有的规定。但参照只是准用共有的某些规定,并不是说所有的条款都可以适用于准共有。有些关于共有的规定是不能适用于准共有的。例如,关于共有的实物分割并不适用于准共有,因为准共有不是对所有权的共有。

4. 准共有所说的"准",主要是指参照适用或准用,它是指法律明确规定特定法律规范可以参照适用于本不属于该条规范调整范围的其他情形。在性质上参照适用属于法定类推,是就准用者与被准用者的构成要件,从规范功能及体系关联上进行比较观察,以认定在何种程度应对被准用者赋予相当的法律效果。[①] 参照适用是一种法定的类推,也有学者将其称为"授权式类推适用"[②],在参照适用的情形下,法官也需要在被参照适用的规范中继续寻找裁判依据。因此,参照适用条款的适用存在继续找法的问题。准共有究竟应当参照适用按份共有的规定还是共同共有的规定,应当视其共有关系究竟属于按份共有还是共同共有而定。[③]

准共有,究竟应是准按份共有,还是准共同共有,应当依据法律和合同规定以及共有权利的性质加以确定。通常,按份共有可以基于合同关系来确定,如果合同约定了准共有关系,各共有人应按一定份额享有权利和承担义务,则属于准按份共有。对于共同共有而言,需要根据法律规定才可能成立准共有。如果依据法律规定,各个共有人必须共同行使权利,不得分割为一定份额,则应当认定其为准共同共有关系,各共有人应不分份额,共同行使对财产的权利。

第二节 按份共有

一、按份共有的含义

(一)按份共有的概念和特征

按份共有,又称分别共有,是指两个或两个以上的共有人按照各自的份额分别对共有财产享有权利和承担义务的一种共有关系。《民法典》第298条规定:"按份共有人对共有的不动产或者动产按照其份额享有所有权。"例如,甲、乙合购一幢房屋,甲出资100万元,乙出资50万元,甲、乙各按出资

---

① 参见王泽鉴:《民法学说与判例研究》(第7册),北京大学出版社2009年版,第208页以下。

② 张弓长:《〈民法典〉中的"参照适用"》,载《清华法学》2020年第4期。

③ 参见崔建远:《物权法》,中国人民大学出版社2009年版,第265页。

的份额对房屋享有权利。按份共有具有如下法律特征。

第一，各个共有人对共有物按份额享有权利。各个共有人的份额，又称为应有份，其数额一般由共有人事先约定，或按照出资比例决定。在按份共有关系产生时，法律要求共有人应明确其应有的份额，按份共有人对共有的不动产或者动产享有的份额没有约定或者约定不明确的，按照出资额确定；不能确定出资额的，视为等额享有。[①]

第二，各个共有人对共有财产享有权利和承担义务依据其不同的份额确定。[②] 换言之，各个共有人对共有物持有多大的份额，就要对其共有物享有多大权利和承担多大义务。份额不同，各个共有人对共有人的共有财产的权利和义务也是各不相同的。

第三，尽管在按份共有的情况下，各个共有人要依据其份额享受权利并承担义务，但按份共有并不是分别所有，各个共有人的权利并不局限于共有财产的某一具体部分，或就某一具体部分单独享有所有权，而是及于该财产的全部。例如，在上述购房例子中，甲占有 2/3 的份额，乙占有 1/3 的份额，但两人都是对全部房屋依据份额行使权利，而不是把房屋划分成三部分，分别行使权利。

（二）按份共有的性质

按份共有在法律上性质如何，是长期以来学者所争论的一个问题。对此，主要有四种看法：(1)价值部分说。该说为温德沙伊德提出，他认为共有人之间真正划分的是物的价值，或者说应当将整个物看作一个整体，共有人的份额是对物的各个价值部分所享有的权利。[③] 这一观点实际上着眼于物的价值本身，无法适用于一些不能以金钱衡量的物，同时该观点也没有揭示出按份共有的应有本质。(2)理想部分说。这种观点最早起源于古罗马法学家乌尔比安(Ulpianus)。乌尔比安认为，一个共有的奴隶属于其全体主人，而非整个属于每一个主人，因份额没有被分割，所以他们享有的是观念份额，而非实体份额。[④] 该说为瓦希特(Wächter)采纳，他认为共有物的份额不是在物理上对物进行的划分，而是按照理想份额(intellektuelle Theilen)所进行的划分，因此共有人的份额并不及于所有物的实体，而仅仅是一种观

---

① 参见《民法典》第 309 条。

② 参见黄薇主编：《中华人民共和国民法典释义(上)：总则编・物权编》，法律出版社 2020 年版，第 579 页。

③ Windscheid, Lehrbuch des Pandektenrechts, Band 1, 1870, § 169a, S. 477.

④ D. 45,3,5.

念上的存在。[①] 按照这种观点,共有人的所有权实际上就沦为一种观念上的权利或者说想象中的权利,从而与所有权理论不符。(3)权利范围说。该观点最早起源于罗马法学家塞尔苏斯(Celsus)。塞尔苏斯指出,共有所有权并不能完全分属于每个共有人,也不能由每个共有人完全占有,每个共有人只能就整体物通过未分割的份额享有部分所有权。[②] 该说为登伯格(Dernburg)所采纳,他认为共有物中份额划分的不是物本身,而是物的所有权。实际上,共有人之间的所有权份额的划分并非依所有权内容的划分,而是依所有权范围的划分。[③] 该说正确地阐释了按份共有的本质,因此为现代民法所采纳。(4)单独所有权说。共有的份额表示具有所有权的效力,原则上可以自由处分。[④] 一些德国学者甚至认为共有的持有份就是所有权,与单独所有权本质上没有区别。[⑤]

本书认为,确立共有的性质必须准确认定应有部分的性质。应有部分实际上是指共有人对共有物所有权所享有的比例,或者说应有部分是各个共有人行使权利和承担义务的范围。因为数人共同对某物享有一个所有权,所以这些人支配其共有物就必须要有一定的范围,以此作为行使权利的依据。应有部分的特点表现在:

第一,应有部分是抽象的而非具体的范围。应有部分只是行使权利的范围,在共有中不能根据应有部分而对共有物进行实际的量的分割。例如,甲、乙双方共有一套两间房屋,各占有 1/2 的份额。如果将房屋按面积各分一半为两人分别享有,这就作出了一种量上的分割。如果采用这种划分方式,则共有权将不复存在。应有份额只是说行使权利应按照一定的比例进行,当事人甚至可以订立分管合同分别地管理一部分房屋,但在共有关系存续期间,不能根据应有部分实际分割财产。

第二,应有部分并不是局限在共有物的某一个特定部分之上,而是抽象地存在于共有财产的任何一部分之上。也就是说,共有人根据其应有份额可以对共有物的任何一个部分行使权利。共有为所有权的量的分割,故各共有人之应有部分权,互为同种同质。[⑥]

---

① Wächter, Pandekten, Band 2: Besonderer Theil, 1880, § 121, S. 25.

② D. 13, 6, 5, 15.

③ Dernburg, Pandekten, Band 1, 1902, § 195, S. 456.

④ Larenz, Schuldrecht Ⅱ, S. 415.

⑤ 参见唐勇:《论共有:按份共有、共同共有及其类型序列》,北京大学出版社 2019 年版,第 21 页。

⑥ 参见史尚宽:《物权法论》,中国政法大学出版社 2000 年版,第 155 页。

第三,应有部分是就权利的分割,而不是就所有权权能的分割。所谓所有权权能的分割也称为所有权质的分割,它是指将所有权的各项权能,如占有、使用、收益、管理等权能进行分割,分别为不同的人享有,如由某人行使占有、使用权,而另一个人享有收益权等。所有权质的分割很容易产生双重所有的现象。而在共有的情况下,共有为所有权的量的分割,即每个共有人都享有占有、使用、收益和处分权能,只是因为应有部分不同而在权利的行使范围上不同而已,其不同于所有权质的分割。[①]

(三)应有部分的效力

按份共有人的份额并不成立一个完整的所有权,应有部分只是确立了权利行使的范围,而并不是所有权权能的分割。如果按份共有人的份额成为单个的完整的所有权,将会使共有形成多重所有。应有部分要及于整个共有财产,而不是仅仅局限于共有物的某一部分,如果共有人分别享有所有权,则无法确定共有人对共有财产的权利。[②] 如果认为各共有人对其份额享有实在的所有权,必然导致各个共有人分别享有所有权,则共有物实际被分割,共有关系便很难存在。

按份共有人享有的份额,虽然不是所有权,但是每个份额都具有一定的所有权效力[③],其具有如下特点:

第一,在没有特殊约定的情况下,每个共有人都能依据自己的份额行使所有权。[④] 但是,每个共有人都只能在预先确定的份额范围内享有并行使占有、使用和收益权,不得超出该范围行使权利。如果某一共有人超越其应有部分的范围行使权利,便会被视为对其他共有人合法权益的侵犯,其他共有人有权基于物权请求权要求其停止侵害、排除妨害、赔偿损失。第三人对共有物造成妨害时,任何一个共有人均可以请求排除对于共有物的全部妨害,此种请求权也称为应有部分权(持分权)的妨害排除请求权。[⑤]

---

① 参见史尚宽:《物权法论》,中国政法大学出版社 2000 年版,第 155 页。

② 参见[日]我妻荣:《日本物权法》,[日]有泉亨修订,李宜芬校订,台北,五南图书出版股份有限公司 1999 年版,第 297 页。

③ MüncheKomm/Schmidt, § 1008 Rn. 1; BGHZ 36,365,368 = LM ZPO § 322 Nr. 38 m. Anm. Johannsen = DB 1962,1372; RGZ 56,96,100; 146,363,364; OLG Hamburg OLGE 14,85; Mot. in Mugdan Ⅲ S. 245; RGRK/Pikart RdNr. 2; Staudinger/Gursky RdNr. 2; Palandt/Bassenge RdNr. 1.

④ RGZ 69,36,40; 146,363,364; BayObLGZ 1974,466,469; vgl. auch BayObLG DNotZ 1971,659.

⑤ 参见陈华彬:《物权法原理》,载梁慧星主编:《民法学原理》〔多卷本〕,国家行政学院出版社 1998 年版,第 492 页。

第二,除法律和合同另有规定之外,按份共有人转让其份额不需要征得其他共有人的同意。[1] 应有部分具有所有权的效力。按份共有人对其应有部分所享有的权利又称为“份额权”,可以自由处分,在没有特殊约定的情况下,各共有人可以单独对其他共有人主张其权利,无须全体共有人达成协议。[2] 这对于保证各共有人自由参加或退出共有,保护共有人的权益是必要的。各按份共有人转让或分出其份额的权利通常没有时间限制,只要共有关系存在,共有人就享有该项权利。但是,如果各共有人事先约定在共有关系存续期间内不得转让和分出份额,则视为各共有人自愿放弃在该期间内转让或分出其份额的权利。但是,这一对共有人处分权限制的约定仅仅具有债的效力,其效力仅仅及于共有人。[3]

第三,按份共有人的应有部分(份额)具有所有权的效力,在按份共有人死亡时,其份额可以作为遗产为继承人所继承。如果无继承人继承,则该份额应作为无人继承的遗产处理。

第四,应有部分的抛弃。既然应有部分具有所有权的效力,允许按份共有人依法作出法律上的处分,也应当允许共有人依法抛弃其应有份额,因为抛弃行为在性质上也是一种法律上的处分。例如,甲、乙、丙三人合伙兴办一企业,各享有1/3的份额,在该企业开办一年以后,甲因为担心该企业经营不好而自动宣布退伙,并抛弃其份额,后因该企业经营较好,甲重新主张其对于应有份额的权利,为此而发生纠纷。从我国有关现行立法及司法实践来看,民事主体只要不损害社会和他人利益,可以抛弃其财产所有权,因此,公民可以抛弃其共有财产的份额。但是,国有企事业单位对投入共有财产所享有的应有份额,在性质上属于国有财产,依法不得随意抛弃;其行为损害了国家和社会公共利益的,将依法追究其法律责任。

在共有人依法抛弃其应有的份额后,这些份额是否应为其他共有人取得,学者对此有不同的看法。我国现行立法并未明确作出规定。本书认为,某一共有人抛弃的份额,应当由其他共有人享有。罗马法上也采类似观点。[4] 一方面,任何第三人享有该份额的权利而加入共有关系中,都容易在共有人之间产生纠纷,不利于共有人对共有财产的使用和管理。其他共有人享有某一共有人抛弃的份额,有利于维护共有关系的稳定。另一方面,共

---

① MüncheKomm/Schmidt, § 747 Rn. 11.

② 参见史尚宽:《物权法论》,中国政法大学出版社2000年版,第156页。

③ MünchKomm/Schmidt, § 747 Rn. 8, 11.

④ 参见齐云:《优士丁尼〈法学阶梯〉中的自由权优先原则》,载《华东政法大学学报》2009年第6期。

有份额不仅仅体现为一定的财产利益,也体现为一定的义务和责任。例如,在前例中,甲之所以抛弃其份额是因为害怕承担债务和责任,所以由其他共有人享有某一共有人抛弃的份额实际上也加重了其他共有人的责任。

第五,按份共有人对其应有部分所享有的权利又称为“份额权”,由于份额具有所有权的效力,如果某一共有人超越其应有部分的范围行使权利,其他共有人有权基于物权请求权要求其停止侵害、排除妨害、赔偿损失。也就是说,第三人对自己所享有的应有部分主张权利时,可以提起应有部分权的确认之诉,也称为持分权的确认之诉。[①]

二、按份共有人的权利和义务

(一)按份共有人的权利

1. 按份共有人有权依其份额对共有财产享有占有、使用和收益权

《民法典》第298条规定:“按份共有人对共有的不动产或者动产按照其份额享有所有权。”依据份额享有权利,就是说共有人对于全部的共有财产,依据其份额享有并行使权利,享有收益。[②] 份额越大,则使用共有财产并获取收益的权利就越大;份额越小,则使用共有财产并获取收益的权利就越小。当然,份额大的共有人不能侵害份额较小的共有人的利益。

在大多数情况下,共有人往往能够对整个共有财产行使权利。然而,有时依据共有财产的性质,共有人却不能对共有财产进行共同的使用,例如数人共有一间房,不能容纳全体共有人居住,此时各共有人应如何行使权利?学者对此有不同的看法。有人认为,应由共有人协商决定;有人认为各共有人在不妨碍其他共有人利益时,无论其他共有人意思如何,可以在其应有部分的范围内,对共有财产使用、收益。本书认为,在此情况下,为避免共有人之间的纠纷,各共有人应就占有、使用和收益方法进行协商,并按全体共有人协商的意见处理。在协商过程中,应尽可能从有利于提高物的利用效率的角度来确定如何使用共有物。

在按份共有中,某一共有人享有的占有、使用和收益的权利,要受到其他共有人的权利的制约。在通常情况下,对共有财产的使用和收益方法,应由全体共有人协商决定,不能由每个共有人根据自己的意志自由行使对共有财产的权利,也不得未经其他共有人的同意,擅自占有和使用共有财产。

按份共有人中的一人超过其应有部分行使权利,尤其是超过其应有部

---

① 参见陈华彬:《物权法原理》,载梁慧星主编:《民法学原理》〔多卷本〕,国家行政学院出版社1998年版,第492页。

② MünchKomm/Schmidt, § 743 Rn. 3.

分占有和使用共有物，其他共有人能否行使返还原物请求权，要求其返还共有物，对此学者有不同的看法。本书认为，尽管应有部分不是所有权权能的分割，也没有被具体量化在共有物的某一部分上，但是应有部分确定了权利行使的范围，也就是说，就共有物的整体而言，每个共有人超越其应有份额而行使占有、使用权，必然会妨碍或阻碍其他共有人行使占有、使用权，因此，其他共有人也应当对其行使返还原物请求权。①

2. 按份共有人有权按照约定管理其共有财产

关于共有物的利用，《民法典》第 300 条规定："共有人按照约定管理共有的不动产或者动产；没有约定或者约定不明确的，各共有人都有管理的权利和义务。"据此，如何管理共有财产，需要由共有人达成协议，同样，如何利用共有财产，也必须要由全体共有人通过约定来确定。当然，共有人可以通过订立分管协议的方式，约定由部分共有人管理共有物。

问题在于，如果当事人不能达成协议，当事人是否可以起诉到法院，请求确定共有物的财产利用？本书认为，按照《民法典》第 300 条的规定，在不能达成协议的情况下，全体共有人都享有利用共有财产的权利。当然，对此要区分按份共有和共同共有。按份共有人应当按照份额利用共有财产，而共同共有人应当平等地行使权利。共有关系的形成，就是基于当事人的自由意志，即共同利用共有物。如果当事人无法就共同利用共有物达成协议，那么当事人可以请求法院分割共有财产。如果当事人无法共同利用共有物，就没有必要维持这种共有关系。

3. 按份共有人享有物权请求权

按份共有人对共有财产享有物权，在共有财产遭受侵害或妨害的情况下，也享有物权请求权，包括返还原物请求权、排除妨害请求权和消除危险请求权。各共有人对于第三人可以就共有物的全部而享有物权请求权，这是各共有人的权利，其均可以单独行使此项权利，而不必征得其他共有人的同意。②

在按份共有的情况下，如果第三人无权占有共有物，共有物在法律上归属于全体共有人，而非为单个所有人所有，所以，各共有人若单独提起所有物返还之诉，必须请求占有人向共有人返还共有物，而不得请求仅向自己返还。这就是说，一方面，返还所有物的请求权必须基于全体共有人的利益而行使，按份共有人对共有物都可基于一定的份额享有并行使权利，因此按份共有人都可基于全体共有人的利益提出请求。另一方面，返还共有物必须使

---

① 参见谢在全：《民法物权论》（上册）（修订二版），台北，三民书局 2003 年版，第 551 页。

② 参见谢在全：《民法物权论》（上册），台北，新学林出版股份有限公司 2014 年版，第 392 页。

共有关系恢复到原有状态，这就应当将共有物返还给全体共有人。然而，在共同共有的情况下，各共有人对第三人行使共有物返还请求权，除法律或合同另有规定外，必须取得全体共有人的同意。如果全体共有人同意向第三人提出请求，则单个的共有人在此情况下也可以向该第三人单独提出请求。

4. 按份共有人有权转让其应有部分

按份共有人的应有部分具有所有权的效力，可以由按份共有人自由处分。《民法典》第 305 条规定："按份共有人可以转让其享有的共有的不动产或者动产份额……"由此可见，这种处分包括：一是分出。所谓分出，是指按份共有人退出共有，将自己在共有财产中的份额分割出去。在分出份额时，通常要对共有财产进行分割。二是转让。所谓转让，是指共有人依法将自己在共有财产中的份额转让给他人。共有人可以自由参加或退出共有。为了保护共有人的权益，应允许共有人自己转让其共有份额，但共有人转让其份额，不得损害其他共有人的利益。如果共有是合伙中的共有，则共有人退出共有和转让份额，都要受合伙合同的约束。各按份共有人转让或分出其份额，一般是不受时间限制的，只要共有关系存在，共有人就享有该项权利。但是，如果各共有人事先约定在共有关系存续期间，不得转让和分出份额，则视为各共有人自愿放弃转让或分出其份额的权利，无论哪一个共有人转让或分出其份额，其行为都将构成对其他共有人的违约。

5. 按份共有人享有优先购买权

为防止某一按份共有人转让其份额造成对其他共有人的损害，《民法典》第 305 条规定："按份共有人可以转让其享有的共有的不动产或者动产份额。其他共有人在同等条件下享有优先购买的权利。"例如，甲、乙、丙三人合建一房屋，各占 1/3 的份额，在丙欲出让其份额时，甲、乙二人有权优先于第三人购买该份额。

（二）按份共有人的义务

1. 共有人负有对共有物的修缮、维修等义务

共有人在依据份额行使权利的同时，必须要承担相应的义务。该义务主要是承担对共有物的管理费用以及其他负担。按份共有人按照各自的份额就共有财产分享权利，同时也要按各自的份额分担义务，按份共有人持有的份额越大，其承担的因经营共有财产所产生的义务和责任也就越大，反之则越少。共有财产既然是由每个共有人共有，则每个共有人都有修缮、维修共有财产的义务，以维持其良好的状态。共有人可以自己管理，也可以委托他人管理，在委托他人管理的情形下，可能产生相应的管理费用，此时，各个共有人负有分担该管理费用的义务。

2. 共有人负有对共有物的管理费用的承担义务

共有人在依据份额行使权利的同时,必须要承担相应的义务。该义务主要是承担对共有物的管理费用。具体来说:一是承担对共有物的保存费用。例如,在共有物需要保管的情况下,共有物的保管费就属于保存费用。又如,对共有的车辆需要支付税费、保险费等。二是承担对共有物的改良费用。例如,修缮共有物所产生的修缮费用。三是承担因共有物造成他人的损害所产生的责任。[①] 例如,共有房屋倒塌造成他人伤害而承担的损害赔偿责任。各共有人的义务,正如各共有人的权利一样及于全部共有财产,每个共有人不能仅对共有财产的某一部分承担义务。又如,两人共同出资购买了两辆汽车从事运输工作,其中任何一辆被损坏或者肇事造成他人损失,各共有人都应承担损失或责任。

3. 共有人应当承担对共有物的其他负担

除负有对共有物的上述义务外,共有人还应当承担因共有物所产生的其他负担。按份共有人按照各自的份额,对共有财产享有权利,同时也要按各自的份额分担义务,按份共有人持有的份额越大,其承担的因经营共有财产所产生的义务和责任也就越大,反之则越少。《民法典》第 302 条规定:"共有人对共有物的管理费用以及其他负担,有约定的,按照其约定;没有约定或者约定不明确的,按份共有人按照其份额负担,共同共有人共同负担。"依据这一规定,关于共有人费用的承担,如果有约定,首先应当按照约定来支付;如果没有约定或者约定不明,按份共有人应当依据其份额来承担。如果某个共有人支付上述费用时,超出了其份额所应分担的部分,该共有人有权请求其他共有人偿还。[②]

(三)共有人应依法处分共有财产或对共有财产作出重大修缮、变更性质或者用途

所谓处分共有财产,是指共有人依据法定的程序从事将共有物转让或设置抵押等处分行为。《民法典》第 301 条规定:"处分共有的不动产或者动产以及对共有的不动产或者动产作重大修缮、变更性质或者用途的,应当经占份额三分之二以上的按份共有人或者全体共同共有人同意,但是共有人之间另有约定的除外。"该条实际上规范了处分共有财产或对共有财产作出重大修缮的程序和条件。一是处分共有财产。处分共有财产主要是指将

---

① 参见崔建远:《物权法》(第 5 版),中国人民大学出版社 2021 年版,第 262 页。

② 参见最高人民法院民法典贯彻实施工作领导小组主编:《中华人民共和国民法典物权编理解与适用》(上),人民法院出版社 2020 年版,第 500 页。

共有财产转让,即经过法定程序将共有财产转让给某个或某几个共有人,或者共有人以外的其他人。二是对共有财产作出重大修缮。所谓对共有财产作出重大修缮,是指对共有物进行重大改良或重大维修。三是变更性质或者用途的,如将共有的住宅改为商用。

对共有财产的处分,比较法上历来存在两种理论:一是采取“一致决”的方式。[①] 所谓“一致决”,是指共有物是全体共有人的财产,如果要对共有物进行处分,必须要取得全体共有人的同意,否则会侵害某一共有人的利益。例如,《德国民法典》第 747 条规定:“整个共有物仅得由全体共有人共同处分。”二是所谓“多数决”,是指对共有物进行处分,只要经过多数共有人的同意即可。因为在实践中,要求共有物的处分必须取得全体共有人的同意十分困难,不符合物尽其用的要求。因某一个共有人不同意而不能够处分共有财产,在很多情况下,将会丧失利用共有物的最好时机。[②] 古罗马法谚云:“共有乃纷争之母。”在国外,共有一直被许多学者批评为一种效率低下的财产形式,就是因为按照许多国家的法律的规定,共有物的处分必须要经过全体共有人的同意。在共有人人数较多的情形下,要取得全体共有人的同意是十分困难的。例如,7 个人购买了一套房屋,如果要将这套房屋出租,就必须要取得 7 个人的同意,只要有一个人不同意,就无法出租。当今社会市场价格不断变化,机会稍纵即逝,如果要等到全体共有人同意,可能会丧失机遇,不利于对物的有效利用,且会使共有人之间产生矛盾。[③] 因此,许多国家经历了从“一致决”到“多数决”的过程。

依据《民法典》第 301 条的规定,处分按份共有的不动产或者动产以及对共有的不动产或者动产作重大修缮、变更性质或者用途的,采取“多数决”的方式。具体而言:

1. 无须经过全体按份共有人同意,而只是要求经占份额 2/3 以上的按份共有人同意。法律作出此种规定的原因在于:一方面,从实践来看,要求处分共有财产必须经全体按份共有人的同意是十分困难的,尤其在共有人人数众多的情况下,每个共有人都具有特殊的利益,很难要求全体按份共有人同意。另一方面,在许多情况下,必须及时作出处分和重大修缮决定,如

---

① 参见黄薇主编:《中华人民共和国民法典物权编解读》,中国法制出版社 2020 年版,第 305 页。

② 参见全国人大常委会法制工作委员会民法室编:《中华人民共和国物权法条文说明、立法理由及相关规定》,北京大学出版社 2007 年版,第 175 页。

③ 参见黄薇主编:《中华人民共和国民法典物权编解读》,中国法制出版社 2020 年版,第 302 页。

果要求全体按份共有人同意，可能导致共有人迟迟不能作出处分和重大修缮的决定，造成共有财产利益减损，反而有害于全体共有人的利益。所以，《民法典》规定占份额2/3以上的按份共有人就可以处分或进行重大修缮，这是十分必要的。当然，多数人的决定不能损害其他不同意处分或者重大修缮的按份共有人的利益，如果决定会造成全体共有人损害，应当允许少数人转让自己的份额或者请求分割共有物。

2. 仅适用于处分共有财产和对共有财产进行重大修缮的情形。法律之所以针对这两种行为设置限制，一方面，是因为在对共有财产进行处分和重大修缮的情况下，可能对共有人利益产生重大影响，甚至可能因为共有财产的处分导致共有的解体。另一方面，法律如此规定，也是为了实现物尽其用。因为作出处分和重大修缮的决定本来是为了全体共有人的利益，如果因某一个共有人不同意而不能进行共有物的重大修缮，就会影响到对物的利用效率。

3.《民法典》的上述规定只是任意性规定。依据《民法典》的上述规定，如果共有人另有约定，则不适用上述规则。这就是说，上述规定仍然是任意性规范，如果共有人之间已经达成了协议，当事人就应当遵守此种协议。[①]例如，按份共有人之间已经达成了分管协议的，由于该协议对所有共有人具有拘束力，该协议可以优先于法律规定适用。

4. 不得对共有财产作出无权处分。共有人违反法定的程序，对共有财产进行处分或重大修缮，在法律上如何确定其效力是值得探讨的。本书认为，首先要区分事实上的处分和法律上的处分。就事实上的处分而言，共有财产的事实上的处分（如对共有物进行消费或毁弃共有物等）是否需要取得全体共有人的同意？事实上的处分决定了共有财产的权属，因而也应当取得全体共有人的同意。某一或某些共有人未经全体共有人的同意，擅自对共有财产进行事实上的处分，如毁弃共有物等，应对其他共有人负侵权行为的责任。国有企业和事业单位擅自毁损、抛弃或允许第三人占有其共有财产的，应依法追究法人及其法定代表人的责任。在事实上的处分中，应当包括对共有财产的性质和用途的变更，如将用于居住的房屋改为出租房，或者将金银变为首饰器物等。共有物性质上的变更，属于标的物的使用、收益和利用行为，但此种变更也涉及共有物的事实上的处分，应当取得全体共有人的同意。某个或某几个共有人未经全

---

① 参见崔建远：《中国民法典释评：物权编》（上卷），中国人民大学出版社2020年版，第455页。

体共有人的同意,擅自对共有财产进行事实上的处分,如毁弃共有物等,应对其他共有人负侵权行为责任。

就法律上的处分而言,某个或某几个共有人未经全体共有人的同意,擅自对共有财产进行法律上的处分的,对于其他共有人不产生法律效力。就第三人而言,该行为属于效力待定的无权处分行为,如果其他共有人事后追认了该行为,则该无权处分行为有效;如拒绝追认,则应属无效并应按无效的民事行为处理。但是如果转让的共有财产为动产,受让人取得该动产时出于善意,则可以按照善意取得的原则处理。此时其他共有人不得主张转让行为无效,仅能对其进行无权处分行为的共有人,依侵权行为或不当得利的规定主张其权利。①

共有人在处分共有物时,全体共有人是否享有优先购买权?对此《民法典》没有作出规定。本书认为,不宜认为转让共有物时各共有人享有优先购买权,这与某一共有人转让份额,其他共有人享有优先购买权是不同的。一方面,共有人对其他共有人的份额转让有优先购买权,如果某一共有人希望得到完整的所有权,其完全可以通过购买其他共有人的份额来实现这一目的,而不必要行使对共有物的优先购买权。另一方面,如果某一共有人同意转让共有物,其又提出自己购买,本身就违背了诚信原则;如果其不同意转让共有物,而其他共有人执意将共有物作出处分,则实际上表明其他共有人不愿将各自的份额转让给该共有人,为了尊重其他共有人的意思自治,也不宜认为该共有人对共有物享有优先购买权。

5. 处分共有财产的特殊情形。第一,对共有财产的某一部分进行处分,是否应当取得全体共有人的同意?例如,甲、乙二人共有一栋两层的房屋,甲未得到乙的同意而将第二层转让给丙,此项转让是否有效?从民法上看,按份共有人只能转让自己的份额,而不能转让任何共有财产,即使转让共有财产的一部分,也可以视为对共有财产的处分,因此必须取得全体共有人的同意,否则对其他共有人不产生效力。即使该共有人转让的共有财产的价值低于其应有部分所应分得的财产价值或者没有超过其应有部分的比例,仍然属于对共有财产的处分,需要取得全体共有人的同意。当然,受让人在取得财产时如果是善意的,可以依据善意取得的规定取得该财产的所有权。

第二,在共有财产之上设立抵押和出租,是否需要取得全体共有人的同意?本书认为,应当区分抵押和出租两种情况分析。抵押是设定负担的行

---

① 参见谢在全:《民法物权论》(上册)(修订二版),台北,三民书局2003年版,第567页。

为,因为抵押权的设定可能使共有财产最终发生权利的转让,所以抵押属于一种广义上的处分行为,必须取得全体共有人的同意。但出租并不会导致所有权的转让,某一共有人将共有财产出租给他人以后,将收取一定的租金。即使出租行为未经全体共有人的同意,也不一定导致租赁合同的无效的法律后果。

第三,数个共有人未取得全体共有人的同意,擅自分割共有财产,此种行为不仅导致共有财产归属的移转,而且也将终止共有关系,在性质上也是一种处分行为。未经全体共有人的同意,该分割行为是无效的。

(四)共有人可以通过分管协议管理共有财产

1. 分管协议的概念

所谓分管协议,是指共有人间约定由某个人或各共有人分别占有共有物的特定部分,并对该部分进行管理的合同。①《民法典》第 300 条规定,“共有人按照约定管理共有的不动产或者动产”;《民法典》第 302 条规定,“共有人对共有物的管理费用以及其他负担,有约定的,按照其约定;没有约定或者约定不明确的,按份共有人按照其份额负担,共同共有人共同负担”。这些条款是对有关共有物的管理及其费用的分担作出的规定,因为该条承认对共有物的管理可以按照约定来确定,这实际上承认了当事人可以事先订立分管协议。分管协议的特点在于:

第一,分管协议是在共有人之间通过约定而达成的协议。这就是说,因为分管协议只是共有人就其共有财产如何进行管理而达成的协议,所以分管协议的当事人必须是共有人。共有物的买受人在购买共有物时还没有成为共有物的所有人,当然不得对共有物行使管理的权利,因此也就不可能订立分管协议。

第二,分管协议的内容确定的是对共有财产由共有人分别管理的问题,不涉及对共有物的处分权。例如,甲、乙、丙三方对某市的三处房产享有共有权,三方达成分管协议,由各方分别管理某一栋大楼,并由各方行使对其各自占有的共有物的使用、收益或管理权。但是,在共有人订立分管协议以后,即使某一共有人取得了对某个特定的共有财产的管理权,也不享有对该财产的处分权。

第三,分管协议赋予了按份共有人对某一个特定的共有物行使占有、使用、收益的权利。从法律上看,按份共有人的应有部分应当普遍存在于全部共有物上,各按份共有人应当按其应有部分对于全部共有物行使占有、使

① 参见谢在全:《分别共有内部关系之理论与实务》,台北,三民书局 1995 年版,第 91 页。

用、收益的权利。但是在当事人订立了分管协议以后,按份共有人就要按照分管协议的规定,针对某个特定的共有物来进行管理,这就使对共有物的利用和管理具体化了,同时也改变了依据份额行使权利的状态。① 从这个意义上说,分管协议实际上改变了法定的共有权的行使方法。

分管协议既可以针对按份共有设定,也可以针对共同共有设定。在按份共有的情况下,共有人所约定占有、管理共有物的特定部分,不一定必须以应有部分换算的比例为限,其应有部分换算为多或少均可。② 从这个意义上说,分管协议实际上改变了法定的共有权的行使方法。但分管协议的订立并不导致共有关系的解除,相反,应当以继续维持共有关系为前提。尽管分管协议涉及共有财产的分别管理问题,但并不导致对共有物的分割。也就是说,分管协议只是指共有人对共有物的管理分别达成协议,并不是就共有物的实际分割达成协议。共有物在法律上仍然属于全体共有人所有,只不过由不同的共有人分别行使管理的权利。总的来说,分管协议的订立并没有导致共有物的实际分割,也没有导致共有物之上的物权变动,也并不影响共有关系的存在。

从效率上说,分管协议的订立有利于有效地利用共有物。一方面,在许多情况下,依照份额确定各共有人的权利义务并不完全合理。如有的共有人懂得如何管理共有财产,而有的共有人却不知如何管理,这就需要各共有人之间协商,以确定合理的、最有效率的管理和利用方法。通过分管协议,可以有效地发挥共有人对共有物的管理和利用的作用。另一方面,在许多情况下,共有物不是连成一个整体而是各自分开的,或者即使连成一个整体,也可以分开管理,所以共有人之间有必要达成分管协议,由共有人分别对不同的标的物进行管理。当然,在分管协议中,当事人也可以分别约定各分管人主要对其占有的共有物进行使用和管理,有关共有物的收益仍然归共有人所有,并由全体共有人依据份额进行分配。还要看到,共有物类型很多,依据其性质应当采取不同的管理方法。允许各个共有人通过订立分管协议的方式对共有财产进行利用,符合私法自治的基本原则,法律上应当予以认可。③ 如果通过订立协议由某个或各个共有人对共有物进行管理和利用,这就有利于对共有财产进行有效的管理并发挥共有财产的利用效率。

---

① 参见蔡明诚:《物权法研究》,台北,新学林出版文化事业有限公司 2005 年版,第 97 页。

② 参见谢在全:《民法物权论》(上册)(修订二版),台北,三民书局 2003 年版,第 589 页。

③ 参见苏永钦主编:《民法物权争议问题研究》,台北,五南图书出版股份有限公司 1999 年版,第 195 页。

从根本上说,这是符合全体共有人的意志和利益的。

2. 分管协议的效力

(1)分管协议对第三人的效力

分管协议订立之后具有何种效力?对此,存在债权效力说、物权效力说、折中说三种观点。本书认为,分管协议本质上仍然是一般的债权合同,仅在合同当事人之间产生效力,如果分管协议未经过公示,则不能产生对抗第三人的效力。[①] 例如,甲、乙、丙三人共同出资购买一辆车,各人占 1/3 份额,三人共同约定,甲、乙二人负责开车运营,丙仅按比例享有收益,不承担任何义务和责任。尽管随着市场经济的发展,物权与债权的联系更为密切,债权的物权化、物权的债权化已成为一种发展趋势,但这并不意味着债权与物权之间的联系已经消失。就共有人之间所订立的合同而言,其产生的仍然是合同债权,它与共有人所享有的对共有财产的权利(物权)是不同的,此种合同债权并不能对抗善意的第三人。

分管协议登记以后,即具有对抗第三人的效力。一方面,如果分管协议已经登记,尤其已经进行了公示,能够为第三人查阅或了解,各个共有人对物的管理与使用所作出的安排应当受到法律保护,即使共有人转让其应有份额,受让人也应受分管和利用合同的拘束。[②] 另一方面,在分管协议已经登记的情况下,使分管协议具有对抗第三人的效力,维持共有人对共有物的管理和利用的方法,有利于发挥共有物的效用,保护其他共有人的利益。比如,某一共有人在订立了分管协议以后,若将应有部分转让给他人并且改变利用方式,不仅会破坏原有的分管状态,使共有物并不能发挥其应有的作用,而且也会损害其他共有人的利益。当然,如果分管协议没有登记,受让的第三人根本不知道分管协议的订立状态,则不能够产生对抗第三人的效果。如果当事人订立的合同可任意拘束第三人,则必然会损害第三人利益,危害交易安全。

(2)分管协议对各共有人的效力

在分管协议订立以后,各共有人只是对其分得的共有部分享有占有、使用、管理等权利,但在分管协议订立后,除了当事人之间有特别约定授予某一分管人在特定情况下享有对该共有物的处分权以外,分管人不得任意处

---

① 参见唐勇:《论共有:按份共有、共同共有及其类型序列》,北京大学出版社 2019 年版,第 30 页。

② 参见谢在全:《民法物权论》(上册)(修订二版),台北,三民书局 2003 年版,第 591 页。

分其分管部分的共有物，处分任何分管的财产都需要取得全体共有人的同意。[1] 除分管协议有特别限定以外，分管人有权对其分管的共有物进行必要的、有益的改良和应用。如果分管协议没有特别限定，分管人只要不从事擅自处分分管的共有物的行为，或采取有害于共有物的使用方法对共有物进行使用、收益，就可以行使对分管的共有物的占有、使用和收益的权利。分管人通过出租、出借等方法对其分管的共有物进行使用收益时，只要没有造成对标的物的损害，就应当允许。此外，分管协议也不应该影响应有部分的权利的行使。

共有人在订立分管协议时，能否禁止应有部分的移转？从法律上来说，应有部分具有所有权的效力，即便共有人之间在分管协议中或其他协议中明确禁止共有人转让其应有份额，该约定也不能对抗善意的受让人。因此，某一共有人在订立分管协议之后，移转了应有部分，由于协议中明确禁止共有人转让其应有份额，该共有人可能对其他共有人构成违约，但是如果第三人是善意的，该移转行为本身仍然是有效的。

分管协议的订立不应当免除共有人的对外责任，各个共有人对内依据份额行使权利并承担义务，但一旦因共有物造成对他人的损害，各共有人应当对损害承担连带责任。由各个分管人分别管理共有物，即使受害人遭受的损害只是由某一个共有物造成的，也应当由全体共有人承担连带责任。

3. 分管协议的终止

如果分管协议明确约定了期限，则期限届满时终止；如果当事人没有特别约定期限，则可随时通过达成协议的方式终止分管协议。但分管协议终止以后不影响共有关系的存在。[2] 也就是说，在终止分管协议以后，共有人对共有物不再行使分管权，而仍然应当像一般共有人那样依据份额对全体共有财产实行占有、使用、收益的权利。即便某一共有物是由某一共有人占有的，在分管协议终止以后，该共有人依据其份额，不仅对其占有的共有物享有权利，而且对其他人占有的共有物也依照份额享有权利。分管协议终止以后，任何共有人不得拒绝其他共有人对自己占有的共有物行使权利，也不得将其分管的部分继续出租或出借给他人使用并获取收益。

---

① 参见王泽鉴：《民法物权》（第2版），北京大学出版社2023年版，第235~236页。

② 参见谢在全：《民法物权论》（上册）（修订二版），台北，三民书局2003年版，第593页。

经全体共有人同意的,也可以终止分管协议。[1] 分管协议经订立后,即对各个共有人具有约束力,任何共有人不得随意终止分管协议,但各个共有人一致同意终止分管协议的,则可以终止其效力。

三、约定不明视为按份共有

(一)约定不明视为按份共有

《民法典》第308条规定:"共有人对共有的不动产或者动产没有约定为按份共有或者共同共有,或者约定不明确的,除共有人具有家庭关系等外,视为按份共有。"如果对共有财产的性质约定不明,因为按份共有较之于共同共有,对物的利用更加有效,对物的分割更加方便,对共有物的管理比较灵活,对共有物的处分也比较便利,所以,推定为按份共有,有利于有效率地管理和利用共有财产。《民法典》第308条规定的合理性在于:

第一,共同共有必须法定,且共同共有的前提是各共有人之间存在共同共有关系,但只有在法律有明确规定的情况下,才能形成共同共有关系。在共有财产性质不明的情况下,直接推定该共有财产为共同共有,这就扩大了共同共有财产的范围。尤其是在财产性质不明的情况下,如果直接推定为共同共有,共有人对共有财产的份额仍然不明确,这就不利于共有人行使权利[2]。在一般情况下,共有都是按份共有。因此,法律推定在没有特别约定的情况下,应当形成按份共有。

第二,有利于促进物尽其用。一方面,按份共有较之于共同共有,对物的利用更加有效,按份共有对物的分割更加方便,有助于把共有关系转化为单独所有关系。按份共有人可以随时请求分割,这有利于促使共有转化为单独所有,从而提高物的利用效率。如果没有约定情况下的共有推定为按份共有,当事人不必等到共有关系终止才能分割共有财产。另一方面,在按份共有的情况下,对共有物的管理比较灵活,对共有物的处分也比较便利。根据举重以明轻的规则,在对按份共有的财产进行处分或者重大修缮的情况下,遵从2/3的多数人的决定,就能够形成决议,这就意味着对按份共有的其他事项作出决议,其门槛就应当更低。而共同共有要求全体共有人一致同意,其处分相对较难。此外,在共同共有的情况下,不能随时请求分割,而在按份共有的情况下,原则上可以随时请求分割。

第三,此种推定更符合生活常情。共同共有是基于共同关系而产生的,

---

① 参见谢在全:《民法物权论》(上册)(修订二版),台北,三民书局2003年版,第592页。

② 参见黄薇主编:《中华人民共和国民法典物权编解读》,中国法制出版社2020年版,第347页。

大多存在于家庭财产、夫妻共有财产中,如果无法证明是按份共有还是共同共有,通常此种共有就是按份共有。因为共同关系的存在一般是比较容易证明的。

但是,推定为按份共有的情形也有例外,如各个共有人之间已经是家庭、夫妻或者合伙关系,依据特别法的规定,应当认定为共同共有,而不能适用该推定规则。

(二)关于推定为按份共有的份额问题

依据《民法典》第309条的规定,"按份共有人对共有的不动产或者动产享有的份额,没有约定或者约定不明确的,按照出资额确定;不能确定出资额的,视为等额享有"。因此,对份额的确定要遵循如下规则:

第一,要考察当事人之间是否具有具体约定。具有约定,但约定无效或者当事人之间发生争议,无法举证证明原有约定的效力的,视为没有约定,推定为份额相等,即推定为等额按份共有。

第二,在没有约定的情况下,按照出资额确定。出资额常常是确定份额的重要依据,而且根据出资额来确定份额也是简便易行的。根据出资额来确定份额,也符合权利义务相一致原则,因为出资额确定了各自的权利,也确定了各自应承担的义务,这与按份共有中的份额的内涵是一致的。例如,甲出资1/2、乙和丙各出资1/4购买了某项财产,但没有就该财产的性质作出约定。在此情况下,可以依据先前的出资额确定共有的份额。

第三,如果不能根据出资额确定份额,则推定为等额享有。既然共有关系的成立是当事人意思自治的结果,在不能确定出资额时,视为等额享有,这样既易于操作、简便易行,也符合民法的公平原则。[①]

第三节　共同共有

一、共同共有概述

共同共有,亦称为公同共有,是指两个或两个以上的自然人或法人,根据某种共同关系而对某项财产不分份额地共同享有权利并承担义务。共同共有是共有的另一种形式。狭义的共同共有在民法上又称为"合有",是指各共有人根据法律或合同的效力,共同结合在一起,共同所有某项财产而不分份额。广义的共同共有除包括合有外,还包括总有。最初总有与合有之间并没有明确的区别,由于总有形式与合有相比较,主体之间人数较多且团

① 参见黄薇主编:《中华人民共和国民法典物权编解读》,中国法制出版社2020年版,第323页。

体性质极为浓厚,随着社会经济生活的发展,总有团体转化为法人,而总有权成为法人的单独所有权,合有便与总有发生分离。[①] 现在各国立法所称的共同共有一般指的是合有。

关于共同共有的性质,在理论上也有几种不同的看法:其一,不分割的共有权说。此种观点认为,共同共有是指没有应有部分的共同所有权,即使有应有部分,这些部分也是潜在的,只有在共有关系解散时,才能实现共同所有权。其二,人身权说。此种观点认为,在共同共有关系中,每个人虽然享有应有部分,但该共有权的存续以一定的人身关系的存在为前提,共有人对应有部分所享有的权利具有人身权的性质。其三,结合的共有权说。此种观点认为,共同共有人具有应有部分,共同共有本质上是各个共有人应有部分的结合,但各个共有人在共有关系存续期间内,不得自由处分其应有部分。《民法典》第 299 条规定:"共同共有人对共有的不动产或者动产共同享有所有权。"据此,共同共有实质上是两个或两个以上的人基于某种共同关系而共有一物。在共同共有中,对共有之物的权利并没有划分份额,各共有人的权利和义务都是平等的。

共同共有的特征体现在以下方面。

1. 共同共有根据共同关系而产生,必须以共同关系的存在为前提。[②] 例如,男女双方结婚后形成夫妻关系,依照法律规定,夫妻关系存续期间所得的财产为共有财产,因夫妻关系的产生而形成夫妻财产共有关系。又如,家庭成员之间存在家庭关系,家庭成员因共同劳动和经营而获取的收益为家庭成员共有,形成家庭财产的共有关系。所以,共同共有是以当事人之间存在某种共同关系为前提的,它一般发生在互有特殊身份关系的当事人之间。

2. 在共同共有中,财产不分份额。只要共同共有存在,共有人对共有的财产就无法划分各人的份额或确定哪个部分属于哪个共有人所有,只有在共同共有关系终止、共有财产分割以后,才能确定各共有人的份额。[③] 财产是否区分份额是共同共有与按份共有的主要区别。在共同共有关系存续期间,部分共有人擅自划分份额、处分共有财产的,一般不发生物权变动的效力。

---

① 参见史尚宽:《物权法论》,中国政法大学出版社 2000 年版,第 174 页。

② 参见刘家安:《物权法论》(第 2 版),中国政法大学出版社 2015 年版,第 126 页。

③ 参见全国人大常委会法制工作委员会民法室编:《中华人民共和国物权法条文说明、立法理由及相关规定》,北京大学出版社 2007 年版,第 168 页。

3. 在共同共有中,各共有人平等地享受权利和承担义务。依据《民法典》第 299 条的规定,各共有人对整个共有财产享有平等的占有、使用、收益和处分的权利,同时对整个共有财产平等地承担义务。共同共有人的权利和义务都是平等的,因而较之于按份共有,共同共有人之间具有更密切的利害关系。

共同共有关系主要因共同关系的终止而解除,如婚姻关系解除等。也可以由于其他原因而消失,如共有物丧失、共有财产被转让等。共同共有终止时,对共有财产的分割,有协议的,按协议处理;没有协议的,一般可根据均等原则,并考虑共有人对共有财产的贡献大小以及共有人生产、生活的实际情况等处理。

《民法典》第 297 条规定,共有包括按份共有和共同共有。应当说,按份共有和共同共有基本上概括了共有的形态。这两种形态的主要区别在于:

第一,各共有人对共有物所享有的权利因共有关系的性质不同而存在区别。在按份共有关系中,各共有人依其份额享有权利并承担义务,而在共同共有关系中,各共有人将不分份额,共同地享有权利、承担义务。

第二,关于共有物的处分,在按份共有关系中,原则上只需要 2/3 多数同意;而在共同共有关系中,需要全体共有人的一致同意。对于共同共有而言,其最主要的特征是各共有人平等地享有并承担对共有物的权利和义务,共有物的处分和作出重大修缮、变更性质或者用途,关涉各共同共有人的重大利益,因此,必须采取"一致决"的方式。[①] 依据《民法典》第 301 条的规定,处分共有的不动产或者动产以及对共有的不动产或者动产作重大修缮、变更性质或者用途的,应当经占份额 2/3 以上的按份共有人或者全体共同共有人同意,但共有人之间另有约定的除外。

第三,按份共有人可以转让其享有的共有的不动产或者动产份额,其他共有人在同等条件下享有优先购买的权利。但是在共同共有的情况下,不存在优先购买的问题。

第四,关于共有财产的分割,在没有约定或者约定不明确的情况下,按份共有人可以随时请求分割,共同共有人在共有的基础丧失或者有重大理由需要分割时可以请求分割。例如,夫妻双方在婚姻关系存续期间购买了一幢房产,对其归属未加以特别约定,则在婚姻关系存续期内应当认为是共同共有,不得请求分割;但如果婚姻关系解除,则一方可以请求进行分割。

---

① 参见黄薇主编:《中华人民共和国民法典物权编解读》,中国法制出版社 2020 年版,第 305 页。

《民法典》第297条规定，共有包括按份共有和共同共有，这说明共有包括但不限于这两种共有形态。① 市场经济条件下财产关系较为复杂，尤其是随着经济社会的发展，共有关系也在不断发展。因此，这两种形态还不能完全概括共有的各种类型，除了这两种形态之外，还有合有、总有等其他一些特殊的共有形态。其中比较典型的就是在建筑物区分所有的情形中，业主对共有部分的共有关系，它既不同于按份共有又不同于共同共有，此种共有与专有部分是不可分离的，其不能分割，性质上类似于共同共有；但是其权利的享有和义务的承担有时是按照持有份来确定的，这方面又近似于按份共有。由于这种共有状态的复杂性，通常将其称为特殊的共有，要适用建筑物区分所有权中关于共有的特别规定。

二、共同共有人的权利和义务

共同共有关系主要依照法律的规定或合同的约定而产生，共同共有人相互间的权利义务也应依法律的规定或合同的约定而确定。其具体内容如下。

1. 共同共有人的权利。共同共有人对共有财产享有平等的占有、使用权，对共有财产的收益不是按比例分配，而是共同享有；对共有财产的处分，必须征得全体共有人的同意，未经全体共有人的同意而处分共有财产，不发生物权变动的效力。②

依据《民法典》第301条的规定，共同共有最主要的特征是各共有人平等地对共有物享有权利和承担义务，因此，共有物的处分和作出重大修缮、变更性质或者用途，关涉各共同共有人的重大利益，因此，必须采取"一致决"的方式。③ 如果采取"多数决"方式，不仅可能不符合共同共有的性质，而且会损害其他共同共有人的利益。④ 但是如果根据法律规定或依据共有人之间的协议，某个共有人有权代表或代理全体共有人处分共有财产，则该共有人依法或依协议作出的处分财产的行为是有效的。

2. 共同共有人的义务。共同共有人对共有财产共同承担义务。《民法

① 参见渠涛、刘保玉、高圣平：《物权法学的新发展》，中国社会科学出版社2021年版，第298页。

② 参见崔建远：《物权：规范与学说——以中国物权法的解释论为中心》（上册），清华大学出版社2011年版，第481页。

③ 参见黄薇主编：《中华人民共和国民法典物权编解读》，中国法制出版社2020年版，第305页。

④ 参见黄薇主编：《中华人民共和国民法典物权编解读》，中国法制出版社2020年版，第305页。

典》第302条规定:“共有人对共有物的管理费用以及其他负担,有约定的,按照其约定;没有约定或者约定不明确的,按份共有人按照其份额负担,共同共有人共同负担。”因而在共同共有的情况下,对共有财产进行维护、保管、改良等所支付的费用由各共有人共同分担。[①] 各共有人因经营共同事业对外发生债务或对第三人造成损害的,由全体共有人承担连带责任。

共同共有人能否转让其作为共有人的资格?本书认为,在因婚姻和血缘关系而形成的共同共有中,共有人的资格是不能转让的;而在因纯粹的合同关系形成的共同共有中,只要不违反合同的规定和损害其他共有人的利益,则共有人可以转让其作为共有人的资格。如在因合伙合同而成立的共同共有中,某个合伙人的退伙就属于这种情况。

共同共有关系存续期间,各共有人一般不得请求分割共有财产,但共同共有人在共有的基础丧失或者有重大理由需要分割时可以请求分割。

三、共同共有的形式

在我国,共同共有的基本形式主要包括夫妻共有财产、家庭共有财产、遗产分割前的共有,对于合伙人对合伙财产的权利究竟属于按份共有抑或共同共有则存有争议。

(一)夫妻共有财产

夫妻共同财产是指在婚姻关系存续期间由夫妻双方共同享有的财产。夫妻共同财产包括法定的共同财产和约定的共同财产,法定的夫妻共同财产即依据法律规定夫妻双方所共同享有的财产权利。《民法典》第1062条对法定的夫妻共同财产范围作出了规定。总体而言,只要是婚姻关系存续期间合法取得的财产,除有法律特别规定或当事人另行约定以外,均属于夫妻共同财产。夫妻共同财产也可以来自双方当事人的约定,当事人可以将婚前或婚后的个人财产约定为夫妻共同财产。基于对意思自治的尊重,约定财产制优先于法定财产制适用。

1. 夫妻法定共有财产

《民法典》第1062条规定:“夫妻在婚姻关系存续期间所得的下列财产,为夫妻的共同财产,归夫妻共同所有:(一)工资、奖金、劳务报酬;(二)生产、经营、投资的收益;(三)知识产权的收益;(四)继承或者受赠的财产,但是本法第一千零六十三条第三项规定的除外;(五)其他应当归共同所有的财产。夫妻对共同财产,有平等的处理权。”这就确认了夫妻在婚姻关系存

---

① 参见梅夏英、高圣平:《物权法教程》(第2版),中国人民大学出版社2010年版,第145页。

续期间的法定共有财产。《民法典》扩大了夫妻共有财产的范围,将工资和奖金以外的其他劳务报酬和投资收益都明确规定为夫妻共有财产的范畴。一般认为,夫妻双方婚后所得的财产属于共同共有而非按份共有。①

《民法典》第 297 条对共有表述为包括按份共有和共同共有,传统上一般都认为夫妻共同财产属于共同共有,但第 1062 条对夫妻共同财产的表述采取“共同所有”的表述,由此可以看出,《民法典》有意表明夫妻共同财产是一种特殊的共同共有,不能与一般的共同共有完全等同。本书认为,此处的“共同所有”属于广义的共有范畴,但是与一般的共同共有也存在一定的区别。这种区别主要体现在以下几个方面:

第一,共有的主体具有特殊性。一般的共同共有的主体并不限于夫妻双方。而夫妻共同所有的主体仅限于婚姻存续期间内的夫妻双方。

第二,夫妻双方享有平等的处理权。《民法典》物权编中的“共同共有”包含内部关系和外部关系的共有形态,内部是共同享有权利,而对外是共同行使权利;而婚姻家庭编中的“共同所有”更强调家庭成员内部共同享有权利。就财产的利用和处分而言,无论是夫妻法定共有财产还是约定共有财产,核心特征是对夫妻共同财产共同所有,夫妻双方享有平等的处理权。②夫妻在婚姻关系存续期间,对于共有财产享有平等的占有、使用、收益和处分的权利。③ 夫妻共有财产是夫妻共同生活的物质基础。

第三,客体具有特殊性。共同共有作为共有的一种,是一种所有权的形态。但是《民法典》第 1062 条所规定的由夫妻共同享有的并不限于所有权,其客体也并不限于有体物。例如,知识产权的收益等并不属于所有权的范畴,而是属于一种准共有。夫妻共同所有的权利也包含了物权之外的其他权利。

第四,权利的行使方式不同。这种特殊性就表现在:一方面,要维持夫妻之间的平等权利;另一方面,在对外关系上也要考虑第三人的交易安全保护问题。在对外关系上,对一般财产的处理,夫妻享有日常家事代理权,任何一方处分都对配偶双方发生效力,第三人也无须查验该财产的真正所有权人。但对大宗财产(如房产、股权等)处分而言,从事超出家庭日常生活需要所作出的处分,第三人应当查阅登记,并进一步了解登记权利人的婚姻状况,这就在一定程度上对夫妻一方处分财产作出了必要的限制。在夫妻内

---

① 参见李永军主编:《中国民法学:第四卷 · 婚姻继承》,中国民主法制出版社 2022 年版,第 95 页。

② 参见黄薇主编:《中华人民共和国民法典释义(下):人格权编 · 婚姻家庭编 · 继承编 · 侵权责任编 · 附则》,法律出版社 2020 年版,第 1991 页。

③ 参见梅夏英、高圣平:《物权法教程》(第 2 版),中国人民大学出版社 2010 年版,第 147 页。

部关系上,无论登记是何种状况,只要是夫妻共同财产,夫妻双方都平等享有对财产的占有、使用、收益的权利,进而在夫妻离婚时,原则上应当对该共同财产进行平等分割,这也是夫妻共同财产的特殊之处。①

当然,夫妻共同财产在广义上仍然属于共有的范畴。这也就意味着:一方面,夫妻共同财产为夫妻双方所享有,夫妻双方均有管理共有财产的权利和义务;另一方面,按照《民法典》第 1062 条的规定,夫妻双方享有平等的处理权,在处分夫妻共同财产时,共同共有中关于财产处分的规则均可适用。在通常情况下,《民法典》婚姻家庭编中的财产规则与物权编中的财产规则不会发生冲突。《民法典》婚姻家庭编主要调整的是夫妻之间的财产关系,而《民法典》物权编调整的则是夫妻与不特定第三人之间的财产关系。例如,夫妻双方出卖、赠与属于夫妻共有的财产,应取得双方一致同意。在夫妻处分共有财产时,在对外关系上应当主要适用物权编的规定。例如,关于交付、登记、物权变动等规定在夫妻处分共有财产中均应当适用。

2. 夫妻约定的共有财产

夫妻约定的共有财产,是指夫妻约定共同共有某些财产。我国《民法典》第 1065 条第 1 款规定:"男女双方可以约定婚姻关系存续期间所得的财产以及婚前财产归各自所有、共同所有或者部分各自所有、部分共同所有。约定应当采用书面形式。没有约定或者约定不明确的,适用本法第一千零六十二条、第一千零六十三条的规定。"这就确认了夫妻约定共有财产。约定财产制是指法律允许夫妻双方之间就财产关系进行意思自治,其具有优先于法定财产制的效力,只有在当事人未就夫妻财产作出约定、约定不明确或者约定无效时,才适用夫妻法定财产制。②

按照《民法典》第 1065 条的规定,约定财产应当采取书面的形式。但是不应据此认为口头约定无效。立法规定应当采取书面形式,主要是出于提醒当事人对财产归属这一重大事项慎重约定,而并非否定口头形式的效力。只要当事人能够证明口头约定存在,双方没有争议,即便是口头的约定也可以发生效力。

夫妻双方一旦作出约定,该约定就应当对双方产生法律拘束力。但在对外关系上,第三人可能并不知道夫妻之间的约定,而我国当前还没有建立夫妻财产登记制度,在此情形下,为了保障第三人的利益,维护交易安全,

---

① 参见冉克平:《夫妻财产制度的双重结构及其体系化释论》,载《中国法学》2020 年第 6 期。

② 参见黄薇主编:《中华人民共和国民法典婚姻家庭编解读》,中国法制出版社 2020 年版,第 127 页。

《民法典》第 1065 条第 3 款规定:“夫妻对婚姻关系存续期间所得的财产约定归各自所有,夫或者妻一方对外所负的债务,相对人知道该约定的,以夫或者妻一方的个人财产清偿。”这就是说,夫妻一方与第三人从事交易,第三人知道夫妻之间的财产约定的,以夫或者妻一方的个人财产清偿;第三人不知道夫妻之间的财产约定的,按照夫妻共同财产清偿。[①]

《民法典》对于夫妻财产制采“婚后所得共同财产制为主、约定财产制为辅”[②]的模式,相较于分别财产制,其功能在于:对内保护夫妻双方平等地享有和使用财产,尤其是有利于保护夫妻关系中经济能力较弱的一方的权益。[③] 对外也可以有效维护交易安全。《民法典》采取婚后所得共同制,这也就意味着夫妻一方的婚前财产不属于夫妻共同财产的范畴。但需要注意的是,对于夫妻一方个人财产在婚后产生的收益,依据《最高人民法院关于适用〈中华人民共和国民法典〉婚姻家庭编的解释(一)》第 26 条的规定,除孳息和自然增值外的收益,应认定为夫妻共同财产。

(二)家庭共有财产

所谓家庭共有财产,是指在家庭中全部或部分家庭成员共同所有的财产。[④] 换言之,是指家庭成员在家庭共同生活关系存续期间共同创造、共同所得的共同财产。

《民法典》第 56 条在个体工商户的债务承担规则中,使用了“家庭财产”的概念,并规定家庭经营的,以家庭财产承担债务。对于家庭成员是否参与个体工商户的生产经营,司法实践中采取实质判断的标准。即便在个体工商户的登记中登记为个人经营,但如果其他家庭成员确实参与了个体工商户的经营,也应当以家庭财产承担责任。例如,在“金湖县成某麦种植家庭农场等与江苏省大华种业集团有限公司侵害植物新品种权纠纷再审案”中,最高人民法院认为陈某虽然没有被登记为某家庭农场的经营者,但是其作为家庭成员确实参与了农场经营活动,因此应当以家庭财产承担责任。[⑤]

---

① 参见黄薇主编:《中华人民共和国民法典婚姻家庭编解读》,中国法制出版社 2020 年版,第 128 页。

② 黄薇:《中华人民共和国民法典婚姻家庭编释义》,法律出版社 2020 年版,第 79 页。

③ 参见黄薇:《中华人民共和国民法典婚姻家庭编释义》,法律出版社 2020 年版,第 79 页。

④ 参见崔建远:《物权:规范与学说——以中国物权法的解释论为中心》(上册),清华大学出版社 2011 年版,第 479 页。

⑤ 参见金湖县成某麦种植家庭农场等与江苏省大华种业集团有限公司侵害植物新品种权纠纷再审案,最高人民法院(2021)最高法民申 3353 号民事裁定书。

家庭财产的概念在《民法典》中只是在总则编被提及，在婚姻家庭编中，没有对家庭财产进行规定。对于此处的家庭财产应当如何理解，理论和实践上存在争议。家庭财产不等同于夫妻共同财产。一方面，家庭财产不限于夫妻共同财产。家庭财产不仅包括具有夫妻关系的家庭中的夫妻共同财产也包括其他家庭成员的财产。另一方面，并非所有的夫妻共同财产均可构成本条中用于清偿个体工商户债务的家庭财产。因为在个体工商户债务的清偿中，应当保留家庭成员的生活必需品和必要的生产工具。① 这些生活必需品和生产工具可能构成夫妻共同财产，但不能作为家庭财产用于清偿债务。

家庭共有财产的特征如下。

1. 家庭共有财产的主体是对家庭共有财产的形成作出过贡献的家庭成员。在家庭中，并不是每一个家庭成员都享有对家庭共有财产的共有权。在家庭中，父母有劳动收入，而未成年子女通常没有经济收入，也没有通过接受遗赠或赠与等方法对家庭财产作出贡献，因而不能和父母一起作为家庭财产的共有人。

2. 家庭共有财产的形式主要是家庭成员在共同生活期间的共同劳动收入，包括家庭成员交给家庭的财产、家庭成员共同受赠的财产以及在此基础上购置和积累起来的财产等。② 概言之，家庭共有财产是家庭成员的共同劳动收入和所得。

3. 家庭共有财产是以维持家庭成员共同生活或生产为目的的财产。③ 如果某个家庭成员以其劳动收入购买个人所需要而不是家庭需要的物品，则一般不应视为家庭共有财产。

4. 家庭共有财产以家庭共同生活关系的存在为前提，家庭共同生活关系终止，如因成年子女分家、父母离婚、父母一方或双方死亡等原因导致家庭共同生活关系终止，就可能引起家庭共有财产的分割，使原有的家庭共有财产权归于消灭。

5. 对于家庭共有财产，每个家庭成员都享有平等的权利。除法律另有规定或家庭成员间另有约定外，对于家庭共有财产的使用、处分或分割，应该取得全体家庭成员的同意，任何家庭成员都不得随意处分属于家庭所有

---

① 参见黄薇主编：《中华人民共和国民法典总则编解读》，中国法制出版社 2020 年版，第 62 页。

② 参见胡康生主编：《中华人民共和国物权法释义》，法律出版社 2007 年版，第 217 页。

③ 参见崔建远：《物权法》（第 2 版），中国人民大学出版社 2011 年版，第 241 页。

的共同财产。

家庭共有财产和夫妻共有财产的概念也不相同。在不同的家庭结构中,两者有可能是相同的,也可能完全不同。例如,在由夫妻和未成年子女组成的家庭(通常所说的"核心家庭")中,如果未成年子女没有独立的经济收入,也没有其他的和父母形成家庭财产共有权的事实(如受赠等),则对父母的共同财产不享有财产所有权。① 在这种家庭中,家庭共有财产一般就是夫妻共有财产。如果未成年子女也对家庭共有财产的形成作出了贡献,如有独立的经济收入、与父母共同受赠价值较大的财产等,这就产生了父母和子女的家庭财产共有权,特别是当家庭中有成年子女或者有三代家庭成员时,则家庭共有财产的范围就要扩大到夫妻、子女、兄弟姐妹、孙子女等共有的财产。在这样的家庭中,家庭共有财产和夫妻共有财产是不同的。夫妻离婚时,除分割共同财产以外,还应确定并分得在其家庭共有财产中夫妻应得的份额,以保护其合法权益。

当然,并不是任何家庭成员的财产都属于家庭共有财产。在一个家庭中,家庭的共有财产与家庭成员的个人财产可以相互区别存在。家庭个人财产是家庭成员中的某个人基于一定的法律事实所取得,并且没有成为共有财产的财产,在家庭成员共同生活期间,家庭成员的个人财产不能视为家庭共有财产。从我国审判实践经验来看,对此大概可以作出如下区别:(1)子女因履行对父母的赡养义务而给付父母的赡养费,应属于父母的个人财产。父母以子女给付的赡养费积蓄而购置的财产,所有权归父母。(2)父母因履行对子女的抚养义务而给付子女的财产、父母赠与子女的财产,属于子女的个人财产。(3)子女以个人名义从事生产经营活动所获取的收入,除按照家庭成员之间的约定或自愿交付给家庭的收入以外,自己保存的收入部分,应作为子女的个人财产。(4)对于无法确定为个人财产还是家庭共有财产的财产,应视为家庭共有财产。

区分家庭共有财产与家庭成员个人财产的主要意义在于:首先,在家庭成员分家析产时,只能对家庭共有财产而不能对个人财产进行分割。② 家庭共有财产的某一共有人死亡,在继承开始时,必须把死者在家庭共有财产中的应有部分分出,作为遗产继承,而不能把家庭共有财产都当作遗产继承。其次,在对外经营活动负有债务时,如果是因个人经营而负债的,以个人财

---

①　参见梅夏英、高圣平:《物权法教程》(第2版),中国人民大学出版社2010年版,第147页。

②　参见全国人大常委会法制工作委员会民法室编:《中华人民共和国物权法条文说明、立法理由及相关规定》,北京大学出版社2007年版,第168页。

产承担清偿债务的责任;如果是因家庭经营而负债的,以家庭共有财产承担清偿债务的责任。最后,在家庭成员共同生活期间,为家庭的共同生活和生产需要付出的开支,由家庭共有财产负担;不是为家庭的共同生活和生产的需要而是为满足个人的需要所付出的开支,应由个人财产负担。

(三)遗产分割前的共有

关于遗产分割前的共有关系,我国《民法典》没有对其作出规定,但应当将此种共有关系界定为共同共有,即被继承人死亡后,遗产分割前,各继承人对遗产的共有也应属于共同共有。[①] 因为当有数个继承人时,任何一个继承人都不能单独取得遗产的所有权,而且在遗产分割前,各个继承人对遗产的份额也难以确定。

第四节　因共有财产而产生的债权债务

一、因共有财产而产生的债权债务概述

所谓因共有财产而产生的共同债权债务,是指因共有的不动产和动产所产生的债权债务关系。通常,此种债主要包括侵权之债和违约之债。例如,共有的房屋倒塌造成他人的财产或人身损失,共有的财产在出租之后因为重大瑕疵致承租人的损害。《民法典》第 307 条规定:"因共有的不动产或者动产产生的债权债务,在对外关系上,共有人享有连带债权、承担连带债务,但是法律另有规定或者第三人知道共有人不具有连带债权债务关系的除外;在共有人内部关系上,除共有人另有约定外,按份共有人按照份额享有债权、承担债务,共同共有人共同享有债权、承担债务。偿还债务超过自己应当承担份额的按份共有人,有权向其他共有人追偿。"

因共有财产所产生的共同债务,必须符合两个要件:其一,必须是因为共有财产所产生的债务。[②] 此种债务可能直接是由共有财产造成损害而发生的(如共有的房屋倒塌致他人损害),也可能是因为利用共有财产发生的债务(如某一共有人驾驶着共有的汽车撞上他人)。这两种情形在对外关系上是相同的,从《民法典》第 307 条的规定来看,强调了因为共有财产而发生的债务,只要是共有财产造成了对他人的损害,就应当由共有人承担责任。例如,在某一共有人酒后驾驶共有的汽车,致他人损害,驾驶人有严重的过错,甚至构成犯罪。在此情况下,虽然驾驶汽车的行为人应当负责,但是,因

---

① 参见刘家安:《物权法论》(第 2 版),中国政法大学出版社 2015 年版,第 127 页。

② 参见崔建远:《物权:规范与学说——以中国物权法的解释论为中心》(上册),清华大学出版社 2011 年版,第 478 页。

为事故是共有财产造成的,共有人对外也要承担连带责任。其二,损害的发生必须与共有物存在因果联系。在实践中,损害后果的发生,既可能纯粹是由共有物造成的,也可能是由共有人和共有物造成的,还可能纯粹是由人的行为造成的。例如,某人盗窃他人汽车后肇事,纯粹是由行为人的行为造成的,应当由行为人承担责任,而不宜追究汽车所有权人或者共有人的责任。在具体考虑各种情况时,必须要考虑损害发生时,共有物对损害的发生是否发挥了作用。只要在损害发生的过程中,共有物对损害后果的发生起到一定的作用,共有人就应当承担共同债务。

二、区分内部关系与外部关系确立责任

《民法典》第 307 条区分了内部关系与外部关系,所谓外部关系是指共有人与第三人(如因共有财产遭受损害的第三人等)之间的关系;所谓内部关系是指共有人之间的关系。《民法典》第 307 条对于因共有财产而产生的债权债务的承担规则作出了规定,即就对外关系而言,适用连带债权债务规则;对于内部关系,适用按份债权债务规则。具体而言:

1. 就对外关系而言,适用连带债权债务规则

依据《民法典》第 307 条的规定,共有人对外应享有连带债权,并承担连带债务。[①] 因共有财产发生债务之后,共有人都对债权人承担连带债务。例如,甲、乙双方共有一间房屋,因年久失修而倒塌,造成他人重大损害,甲、乙双方应当依据《民法典》第 307 条的规定对受害人承担连带责任。在连带债务的情况下,共有人有义务向受害人赔偿,受害人有权向任何一个共有人请求赔偿。一旦某个共有人清偿了全部债务,债就归于消灭。

《民法典》第 307 条规定共有财产产生的债务,共有人对外承担连带责任,这对于保护受害人利益具有十分重要的作用。第一,共有物属于全体共有人所有,所有权本身是单一的而不是多元的。也就是说,对共有物所享有的所有权不能分割为多重所有。既然各个共有人对共有物都从整体上享有所有权,那么其理所当然对共有物所造成的损害都应当有义务承担赔偿责任。至于共有人在对外承担责任以后,对内如何按比例分担,则是共有人内部关系确定的问题。第二,有利于受害人提出请求。共有人之间事先确定的份额,通常只是在共有人内部之间约定的,外部第三人往往并不知道其内部约定的份额情况,如果完全根据其份额来承担责任,对受害人的保护是十分不利的。共有人之间约定的份额,只能对共有人产生效力,而不应当对第

---

① 参见胡康生主编:《中华人民共和国物权法释义》,法律出版社 2007 年版,第 232 页。

三人产生拘束力。即使共有人之间达成了分管协议,由各个分管人分别管理共有物,而受害人遭受的损害只是由于某一个共有物造成的,也应当由全体共有人承担连带责任。第三,有利于减少诉讼。在连带责任的情况下,受害人通过一次诉讼就可以解决救济的问题,而在按份责任的情况下,受害人可能要提起两次甚至多次诉讼,才能解决其赔偿问题。

共有人对外承担的连带债务,不因共有人内部的约定而免除。即使是共有人之间订立了分管协议,甚至该协议已经登记,也不能免除共有人的连带责任。因为登记的只是财产的管理人,而并非责任份额。更何况,即使分管协议中登记了责任份额,除了共有财产受让人以外,其他人并没有义务查询该分管协议。所以,连带责任对于保护受害人是非常必要的。

2. 就内部关系而言,适用按份债权债务规则

依据《民法典》第 307 条的规定,在共有人内部关系上,除共有人另有约定外,各共有人应当按照一定的份额享有债权、承担债务。这就是说,在内部关系上,是否约定份额以及如何约定份额,首先应当由当事人约定,如果当事人没有约定,则对按份共有人而言,应当视为份额相同。依据《民法典》第 521 条的规定,连带债权人之间的份额难以确定的,视为份额相同。

对因共有财产而产生的连带债权债务而言:一是对内按份行使债权,对共有财产享有和利用而产生的债权,各共有人可以按照其份额来行使权利;二是因共有物而对外承担连带债务之后,每个按份共有人对内应当按照共有份额来分担责任。依据《民法典》第 307 条的规定,偿还债务超过自己应当承担份额的按份共有人,有权向其他共有人追偿。也就是说,凡是偿还债务超过自己应当承担份额的按份共有人,都有权向其他共有人追偿①,这就意味着,在承担责任超过自己份额的共有人和其他共有人之间形成了一种追偿之债的关系。追偿权利人是债权人,追偿义务人是债务人。例如,甲、乙、丙三人共同出资购买一套房屋,各占 1/3 的份额,因为该房屋倒塌致某人受伤,花费 30 万元医疗费,甲赔偿 20 万元,其有权就其多支付的 10 万元要求乙、丙返还。

三、不构成连带债权债务的情形

《民法典》第 307 条规定了两种不构成连带债权债务的情形:一是法律有特别规定的情形。所谓法律有特别规定,主要是指针对共有财产产生的债务,法律规定了不同于连带责任的规则。例如,非共有人未经共有人的允

---

① 参见梅夏英、高圣平:《物权法教程》(第 2 版),中国人民大学出版社 2010 年版,第 143 页。

许驾驶共有的汽车而致他人损害。此种情形在《民法典》侵权责任编中已有特殊规定,就应当适用该编的规定。二是第三人知道共有人不具有连带债权债务关系的情形。[①] 所谓“第三人知道”,是指在发生损害之前,第三人已经确切了解共有人之间的责任分担情况。例如,在租赁合同中,已经明确规定了共有人的份额,因租赁财产造成损害的,可以认为承租人知道共有人之间的责任分担份额。一般来说,第三人知道的情形,需要由共有人举证证明,而不能由受害人举证。

第五节　按份共有人的优先购买权

一、按份共有人的优先购买权的概念和特征

所谓优先购买权,又称为“先买权”,是指特定的民事主体依照法律规定享有的先于他人购买某项特定财产的权利。在我国,优先购买权制度最早可以追溯到《唐律》[②],在五代时已经有法律明确记载[③];在外国民法史上,有关优先购买权的规定可溯源至古希腊、古罗马时代。[④] 大陆法诸国都以不同的形式规定了在特定条件下的优先购买权。《民法典》第 305 条规定:“按份共有人可以转让其享有的共有的不动产或者动产份额。其他共有人在同等条件下享有优先购买的权利。”该规定确立了按份共有人享有的优先购买权,对于有效配置资源,促进物尽其用,减少共有人之间的纠纷,维护共有人团体的利益都具有重要的意义。

优先购买权具有如下法律特征:

第一,优先购买权是法定的而非当事人约定的权利。在市场经济体制下,意思自治、契约自由为民法的基本原则,财产的处分依法应尊重所有人的意志。但是某项财产权的转让将涉及对某些特定人(如承租人、承典人、共有人等)利益的保护时,立法者会从公平、效益和维护社会生活正常秩序的价值取向出发,对此类特定关系人予以倾斜保护,如赋予其优先购买的权利,使这些特定的人能够获得优先购买某项财产的权利。所以,优先购买权是法定的而不是约定的权利。同时,这种权利也是对所有权的限制,即先买

---

① 参见孙宪忠、朱广新主编:《民法典评注:物权编》(第 1 册),中国法制出版社 2020 年版,第 419 页。

② 《唐律》规定,房地产买卖必须先问近亲,次问四邻,近亲四邻不要,才得卖与别人。参见孔庆明等编著:《中国民法史》,吉林人民出版社 1996 年版,第 256 页。

③ 《五代会要》载,后周广顺二年(952 年)奏准:“如有典卖庄宅,准例房亲、邻人合得承当;若是亲人不要,及著价不及,方得别处商量,和合交易。”

④ 参见郑玉波:《民商法问题研究(一)》,台北,三民书局 1991 年版,第 415 页。

权对出卖人的出卖财产的处分权进行了限制，从而使出让人对财产的处分自由受到先买权的约束，只要先买权人是在同等条件下行使了购买权，则出卖人不得将标的物再转让给先买权人以外的其他人，否则该财产移转应当宣告无效。[①] 当然，当事人可以约定先买权，这种约定先买权如未经登记，则不得对抗第三人。正是因为优先购买权是依法产生的，所以其符合物权法定的特点。

第二，优先购买权具有对抗第三人的效力。也就是说，优先购买权不仅可以对抗出卖人，而且可以对抗第三人。[②] 如果第三人在侵害优先购买权人的优先权的情况下购买标的物，则优先购买权人有权请求确认该买卖关系无效，并要求将标的物出卖给自己。这种对抗第三人的效力使其具有明显的物权的效力和特征。这一点与一般的合同债权是有区别的，因为债权只具有相对性而不具有对抗第三人的效力。当然，优先购买权人在购买前并不一定直接占有标的物，也不是标的物的所有人，因而不能以所有人或占有人的名义以物上请求权或占有保护请求权的方式行使其权利，权利人也不能直接行使对物的支配权。通过请求人民法院宣告该房屋买卖无效的方式保护其权利，也是优先购买权作为一种具有物权效力的权利的特点。

第三，优先购买权具有优先于第三人在同等条件下优先购买的效力。优先购买权虽然在性质上是一种债权，但其不仅可以向出卖人主张，还可以具有一定的优先性，即可以在同等条件下优先于第三人进行购买。[③] 如果第三人在侵害优先购买权人的优先权的情况下购买标的物，优先购买权人有权要求将标的物出卖给自己。明确优先购买权具有物权效力，有利于防止出卖人和其他买受人通过协议任意更改法定优先购买权的规定，同时也有利于法律明确优先购买权的类型，防止在实践中对一些本不应作为优先购买权保护的利益加以保护，因此，有利于加强对优先购买权人的保护。[④]

二、按份共有人的优先购买权的性质

关于优先购买权的性质，学界存在以下不同的看法。一是形成权说。

---

① 参见张静：《论南非物权自由原则的实践和启示》，载《交大法学》2018 年第 2 期。

② 参见戴孟勇：《论按份共有人优先购买权的行使规则》，载《法学》2020 年第 9 期。

③ 参见杜万华主编：《最高人民法院物权法司法解释（一）理解与适用》，人民法院出版社 2016 年版，第 258 ~ 259 页。

④ 参见张家勇：《试析优先购买权的法律性质》，载《西南民族学院学报（哲学社会科学版）》1999 年第 1 期。

此种观点认为优先购买权是形成权。依德国法学通说,优先购买权人得依一方之意思,形成以义务人出卖与第三人同样条件为内容之契约,而无须义务人(出卖人)之承诺。[①] 我国台湾地区大多数学者也认为,优先购买权是形成权的一种。理由在于:优先购买权是以一方的意思表示形成与义务人存在与第三方同样内容的合同,该合同的成立并不需要义务人的承诺。二是期待权说。按照许多学者的看法,优先购买权是一种期待权。[②] 所谓期待权,是指一种将来可能取得权利的权利,其权利系寄托在将来可能取得的权利上。期待权的法律性质即决定于将来可能取得权利的法律性质。[③] 此种规定认为,标的物所有权人(共有人、出租人等)未将标的物出卖,则优先购买权人的权利尚未现实化,只处于期待权状态。[④] 三是物权或债权说。该说认为优先购买权依其能否对抗第三人可分为物权性和债权性优先购买权,无论法定或约定优先购买权皆有这两种性质不同的优先购买权。[⑤]

上述观点都不无道理。但本书认为,从性质上看,优先购买权是附随于买卖关系的,该项权利的设定也是法律对出卖人所附加的义务,它作为合同法中规定的强制性的义务,可以自动地成为买卖关系的组成部分。从这个意义上说,优先购买权本质上仍然是债权,可以在合同法中加以规定。但是,优先购买权是一种较为复杂的民事权利,本书认为,优先购买权不仅具有债权的效力,还具有某些物权的效力,在物权法中也可以对之作出规定。

共有人优先购买权具有物权的效力,但并不是一种特殊的物权。一方面,其对标的物的支配力较弱,权利人不能直接行使对标的物的支配权,而只能要求出卖人将该标的物优先转让给自己。优先购买权人在购买前并不一定直接占有标的物,也不一定是标的物的所有人,因而在该种权利受到侵害时,权利人不能行使物上请求权或占有保护请求权。另一方面,优先购买权实际上是一种不确定的权利,也有学者将其称为机会权利。[⑥] 这是因为虽然优先购买权是由法律规定的,但共有人是否能够实际享有这一权利,还要取决于其他共有人是否实际转让其共有份额。即便转让,其他买受人也可能会以更高的价格购买,使先买权人的机会不能实现。这就是说,优先购买

---

① 参见王泽鉴:《民法学说与判例研究》(第1册),中国政法大学出版社1998年版,第507页。

② 参见谢哲胜:《财产法专题研究》,台北,三民书局1995年版,第254页。

③ 参见王泽鉴:《民法学说与判例研究》(第1册),中国政法大学出版社1998年版,第145页。

④ 参见张新荣:《试论“优先购买权”及其法律保护》,载《法学》1989年第9期。

⑤ 参见孙宪忠:《德国当代物权法》,法律出版社1997年版,第170~171页。

⑥ 参见王福祥:《论优先购买权》,载《法制与社会发展》1995年第2期。

权只是给了先买权人一个优先购买的机会。此外还要看到,优先购买权不是物权,因为其在性质上只是一种附从性的权利,是附随于主权利的一种权利。例如,共有人所享有的先买权,实际上是附随于共有关系的。基础关系(可能是共有关系、租赁关系等)是先买权产生和行使的基础,二者紧密结合,不可分离。因此,某一个共有人转让其份额,实际上先买权也随之发生了转让,先买权不能够与共有权发生分离,单独转让。在出卖人出卖标的物之前,优先购买权人已先于这种买卖关系而处于某种法律事实或法律关系中,离开这种法律事实或法律关系,就失去了优先购买权存在的基础和前提。[①] 因此,如退出共有关系,当然就不再享有优先购买权。

三、优先购买权行使的条件

(一)适用于有偿交易

优先购买权具有特定的行使范围,其主要适用于有偿转让的情形。主要包括两种情形:一是按份共有人转让其享有的共有的不动产。例如,甲、乙二人共有一套房屋,甲要转让其对该房屋享有的共有权。二是按份共有人转让其动产份额。例如,甲、乙、丙共有一台机器,各占 1/3 份额,甲要转让其对该动产的份额。优先购买权之所以适用于有偿交易,是因为:一方面,从物权法关于共有人优先购买权的规定来看,其仅适用于有偿交易。[②] 从《民法典》第 305 条"按份共有人可以转让其享有的共有的不动产或者动产份额。其他共有人在同等条件下享有优先购买的权利"的规定来看,只有按份共有人转让其共有份额,其他共有人才能主张行使优先购买权。另一方面,从《民法典》第 305 条规定来看,其他共有人在同等条件下享有优先购买的权利,而"同等条件"主要是指价格条件。因为对于无偿交易而言,当事人之间难以判断条件的优劣,无法适用优先购买权。

在因继承、遗赠、赠与等引起共有份额变动的情形下,其他共有人不得主张行使优先购买权。《物权编司法解释(一)》第 9 条规定:"共有份额的权利主体因继承、遗赠等原因发生变化时,其他按份共有人主张优先购买的,不予支持,但按份共有人之间另有约定的除外。"作出此种规定的原因在于,在共有人无偿让与其共有份额时,其与受让方之间往往具有一定的亲属、血缘关系或者其他道德上的联系,这些关系很难简单地通过金钱价值予以衡量,因此,不适用优先购买权的规则。即使该条中没有明确列举"赠

---

① 参见王福祥:《论优先购买权》,载《法制与社会发展》1995 年第 2 期。

② 参见最高人民法院民法典贯彻实施工作领导小组主编:《中华人民共和国民法典物权编理解与适用》(上),人民法院出版社 2020 年版,第 509 页。

与”,按照同类解释规则,也应当认定,在赠与的情形下不适用优先购买权,因为其与前述“继承”“遗赠”属于同类情形。[①]

当然,根据《物权编司法解释(一)》第9条但书的规定,“按份共有人之间另有约定的除外”,在当事人有特别约定的情形下,即便是因继承、遗赠等原因发生共有份额的变动,当事人也可以主张优先购买权。

(二)在同等条件下行使

优先购买权仅适用于有偿交易,因此其他共有人只有在“同等条件下”才享有优先购买权。“同等条件”是对优先购买权人行使先买权的限制。作出这种限制尊重了作为出卖人的所有人的所有权,不至于因优先购买权的行使,使出卖人的利益遭受损失。“同等条件”的限制使出卖人出卖的标的物能够确定合理的市价,同时,在确立优先购买权以后也并没有剥夺其他人的购买机会。[②] 因为其他买受人仍然可以参与购买,如果先买权人不能提供同等条件,则按价高者得的市场原则决定物的归属,因而不违反公平竞争的原则。可以说“同等条件”是优先购买权行使的前提,也是对其他买受人的保护措施,对此各国立法大多有明确的规定。

我国《民法典》第305条规定:“按份共有人可以转让其享有的共有的不动产或者动产份额。其他共有人在同等条件下享有优先购买的权利。”然而,对“同等条件”应当如何理解,在学理上存在不同的看法。《物权编司法解释(一)》第10条规定:“民法典第三百零五条所称的‘同等条件’,应当综合共有份额的转让价格、价款履行方式及期限等因素确定。”依据这一规定,共有人优先购买权中的“同等条件”主要是指价格条件,但又不限于价格条件,只要是对转让人的经济利益有重大影响的,都应当纳入“同等条件”的范畴。例如,如果受让人以提供劳务的方式作为对价,很难计价,则其他共有人无法主张优先购买权。因此,交易条件能够被替代,不应当包含无法被替代的给付。根据该司法解释的规定,“同等条件”应当考虑如下因素:

第一,共有份额的转让价格数额。“同等条件”应当主要指的是价格条件,也就是说,先买权人支付的价格应当与其他买受人支付的价格条件相同。“同等条件”并不要求先买人和出卖人订立的合同与出卖人和他人订立

---

① 参见杜万华主编:《最高人民法院物权法司法解释(一)理解与适用》,人民法院出版社2016年版,第265页。

② 参见杜万华主编:《最高人民法院物权法司法解释(一)理解与适用》,人民法院出版社2016年版,第275页。

的合同的条款完全相同。至于其他交易条件,不管是现金支付还是转账支付,只要没有从根本上影响到出卖人的利益,出卖人就不能以此作为“同等条件”。如果其他共有人愿意出更高的价格,则按价高者得的竞价原则处理。但如果共有人所提出的价格低于受让人所提出的价格,则共有人不得主张优先购买权。①

第二,价款履行方式。除价款的数额外,确定“同等条件”还应当考虑价款的履行方式,如一次性支付与分期支付对转让人的经济利益会有不同影响。因此,在考虑“同等条件”时,也应当考虑价款的支付方式。当然,价款支付方式对转让人的利益没有重大影响的,则不应当影响共有人的优先购买权。例如,以现金方式还是银行转账的方式履行支付价款的义务,并不会对转让人的利益产生重大影响,此时就不应当影响共有人的优先购买权。

第三,价款支付期限。这主要是指,支付价款的履行在多长时间之内完成。价款支付期限会对转让人的经济利益产生影响,由于共有人是否具有支付价款的能力并不确定,延期付款可能使转让人面临一定的风险。更何况有的转让人可能急需资金,共有人主张延期付款时,可能会对转让人产生重大影响。因此,在判断共有人是不是在“同等条件”下行使优先购买权时,还要考虑价款的支付方式。共有人主张优先购买权时,其付款期限应当等于或者短于受让人的付款时间。② 当然,如果付款期限的轻微不同不会对转让人的经济利益产生重大影响,则不会影响共有人的优先购买权。

第四,其他情况。除上述因素外,还需要考虑是否存在影响公平交易和损害转让人利益的情况。“同等条件”的确定是一个复杂的问题。具体而言,确定同等条件有两项基本原则:一是考虑公平交易。也就是说,交易条件应当是相当的,体现同等对待、公平交易的精神,从而使其他共有人有参与公平竞价的机会。二是不损害转让人利益。也就是说,其他共有人所提出的条件不应当低于受让人所提出的条件。只要优先购买权人所提出的其他条件体现了公平交易的精神,没有损害转让人的利益,即应当认定符合优先购买权的行使条件。

(三)必须在特定的期限内行使

优先购买权必须在特定的期限内行使,但确定合理期限要求共有人在

---

① 参见杜万华主编:《最高人民法院物权法司法解释(一)理解与适用》,人民法院出版社2016年版,第280页。

② 参见杜万华主编:《最高人民法院物权法司法解释(一)理解与适用》,人民法院出版社2016年版,第280页。

出卖其共有份额时,应当提前通知其他先买权人。《民法典》第 306 条第 1 款规定:“按份共有人转让其享有的共有的不动产或者动产份额的,应当将转让条件及时通知其他共有人。其他共有人应当在合理期限内行使优先购买权。”依据该规定,一方面,按份共有人应当将转让条件及时通知其他共有人,此种通知既可以是在出售时明确告知,也可以是在与第三人达成交易之前通知,告知的内容既要包括要出售份额的情况,也要包括价格及其他重要的交易条件。另一方面,按份共有人将转让条件及时通知其他共有人以后,其他共有人应当在合理期限内行使优先购买权。所谓“合理期限”,是指行使优先购买权的期限。如果享有优先购买权的共有人在“一定期限”内不行使该权利,视为放弃权利。我国《民法典》虽然没有对共有人优先购买权行使的最长期限作出明确规定,但《物权编司法解释(一)》第 11 条规定,“优先购买权的行使期间,按份共有人之间有约定的,按照约定处理”,该条首先确定了行使优先购买权期间的基本原则,即有约定的,按照约定处理,该规定充分尊重了当事人的私法自治。① 此处所说的“约定”是指对优先购买权行使的期限所作的约定,包括对期限的起算点、具体期限的长短等所作出的约定。② 按照私法自治原则,优先购买权的行使期限可以由当事人约定,在共有人约定了优先购买权行使期限后,各共有人都要受该约定的约束。所以,共有人只能在约定的期限内主张优先购买权,期限经过没有行使优先购买权的,则视为其放弃了该权利。

《物权编司法解释(一)》第 11 条还确立了如下规则:

第一,转让人向其他按份共有人发出的包含同等条件内容的通知中载明行使期间的,以该期间为准。从该规定来看,在各共有人没有对优先购买权的行使期限作出约定时,则转让人可以单方面确定各共有人行使优先购买权的期限。但转让人必须向其他按份共有人发出通知,且通知中必须包括“同等条件”、优先购买权的行使期限。

第二,通知中未载明行使期间,或者载明的期间短于通知送达之日起 15 日的,为 15 日。该条实际上确立了最短的优先购买权行使期限。在没有载明优先购买权行使期限的情形下,优先购买权的行使期限为 15 日。该期限只能延长,不能缩短。如果转让人确定的优先购买权行使期间短于 15 日,

---

① 参见杜万华主编:《最高人民法院物权法司法解释(一)理解与适用》,人民法院出版社 2016 年版,第 296 页。

② 参见杜万华主编:《最高人民法院物权法司法解释(一)理解与适用》,人民法院出版社 2016 年版,第 296 页。

则该期限的指定无效,优先购买权的行使期限仍然为 15 日。

第三,转让人未通知的,为其他按份共有人知道或者应当知道最终确定的同等条件之日起 15 日。如果其他共有人没有在该期限内行使优先购买权,则推定其没有行使该项权利的意愿。该规定也有利于减少纠纷,如果没有该条规定,则共有人可能在转让事实发生后主张优先购买权,这可能引发诸多纠纷。

第四,转让人未通知,且无法确定其他按份共有人知道或者应当知道最终确定的同等条件的,为共有份额权属转移之日起 6 个月。该条确立了优先购买权最长行使期限(6 个月)。因为如果不确定最长的优先购买权行使期限,在共有人主张优先购买权时,转让人与受让人之间的交易关系可能会受到影响,财产秩序的稳定也会受到影响。[①]

四、优先购买权的不当行使

所谓优先购买权的不当行使,是指优先购买权人没有按照法定或者约定的方式行使优先购买权。通常来说,优先购买权应当按照法定或者约定的期限行使,否则权利人可能丧失优先购买权。《物权编司法解释(一)》第 12 条规定:“……其他按份共有人的请求具有下列情形之一的,不予支持:(一)未在本解释第十一条规定的期间内主张优先购买,或者虽主张优先购买,但提出减少转让价款、增加转让人负担等实质性变更要求;(二)以其优先购买权受到侵害为由,仅请求撤销共有份额转让合同或者认定该合同无效。”这一规定确立了如下规则:

一是未在约定或者法定的期限内行使优先购买权将导致权利消灭。共有人行使优先购买权的期间在性质上属于权利存续期间,权利人未在该期间内行使权利,将导致该优先购买权消灭。

二是主张优先购买权的共有人单方面降低了转让人确立的“同等条件”的,也不能行使优先购买权。如果主张优先购买权的共有人实质性变更了“同等条件”,如提出减少转让价款、增加转让人负担(如要求转让人为其提供某种服务)等,就已经不是在“同等条件”下主张购买,其就会丧失优先购买权行使的基础。

三是以其优先购买权受到侵害为由,仅请求撤销共有份额转让合同或者认定该合同无效。《物权编司法解释(一)》第 12 条第 2 项规定的优先购买权人“以其优先购买权受到侵害为由”,包含了两种情形:一是其他共有人

---

① 参见杜万华主编:《最高人民法院物权法司法解释(一)理解与适用》,人民法院出版社 2016 年版,第 302 页。

未主张行使优先购买权,而只是主张撤销转让人与受让人之间的合同;二是其他共有人未主张行使优先购买权,而只是主张宣告转让人与受让人之间的合同无效。在这两种情形下,优先购买权人都未表明其要行使优先购买权。也就是说,其他共有人只是阻止他人购买,而没有明确表达自己购买的意愿。

五、多个共有人主张行使优先购买权

《民法典》第306条第2款规定:“两个以上其他共有人主张行使优先购买权的,协商确定各自的购买比例;协商不成的,按照转让时各自的共有份额比例行使优先购买权。”在有数个共有人行使优先购买权的情形下,依据本条规定,首先要按照私法自治原则,由共有人协商确定各自的购买比例,但是在协商不成的情形下,依据《民法典》第306条的规定,由各个共有人按照转让时各自的共有份额比例行使优先购买权。例如,甲、乙、丙、丁四人共有一套房屋,各占1/4份额,丁转让其1/4的份额,甲、乙、丙三人均享有优先购买权,如果甲不愿意购买,则乙、丙各自享有50%份额比例行使优先购买权,如果甲愿意购买,则甲、乙、丙在转让时享有1/3份额的购买比例。该条之所以要求按照转让时的共有份额比例行使优先购买权,主要是基于如下两方面的原因:第一,保障出让人的利益。该条规定要求各个共有人按照转让时的共有份额比例行使优先购买权,而不是按照其共有份额占共有财产的比例行使优先购买权,主要目的在于防止相关的共有份额无人购买。例如,在前例中,如果不要求乙、丙按照转让时的共有份额比例购买,则乙、丙只能在1/3份额的范围内行使优先购买权,这可能不利于保护出让人丁的利益。第二,要求各共有人按照各自的共有份额比例行使优先购买权,也是为了维持各个共有人的共有份额比例,防止某一共有人取得全部出让的共有份额,形成对其他共有人的比例优势。①

由于优先购买权不是物权,优先购买权人在购买前没有直接占有标的物,不能直接支配特定的物,在该权利受到侵害时,权利人不能以所有人或占有人的名义以物权请求权或占有保护请求权的方式行使其权利。如果某一共有人出卖其共有份额时,没有告知其他共有人,或者在告知其他共有人之后,其他共有人已经提出在同等条件下购买,而出卖其份额的共有人拒绝其他共有人购买,此时,究竟应该如何对其他共有人提供救济?本书认为,优先购买权受到侵害时,权利人有权就其不能购买到该份额所遭受的损失

---

① 参见邵长茂、周青松:《民法典背景下不动产共有份额的执行变价》,载《法律适用》2022年第4期。

要求赔偿,但依据《物权编司法解释(一)》第12条的规定,不能请求认定转让合同无效或请求撤销该合同。

六、共有人之间转让共有份额

如果某一共有人将其共有份额转让给另一共有人,此时其他共有人能否主张优先购买权?《物权编司法解释(一)》第13条规定:"按份共有人之间转让共有份额,其他按份共有人主张依据民法典第三百零五条规定优先购买的,不予支持,但按份共有人之间另有约定的除外。"据此,按份共有人之间转让共有份额不适用优先购买权。作出此种规定的主要理由在于:一方面,法律规定共有人的优先购买权,是为了防止共有人之外的人加入共有关系。也就是说,《民法典》赋予共有人优先购买权,很大程度上是为了防止第三人进入共有关系之中,以此来维持共有关系的稳定。那么,如果只是在按份共有人之间发生共有份额的转让,共有人向其他共有人转让共有份额,则不存在第三人加入共有关系的问题[①],也就没有必要让其他共有人享有优先购买权,因为这样不符合法律设置优先购买权的目的。另一方面,共有人之间转让共有份额,并不存在妨碍共有物有效利用的情况。按份共有人虽然转让共有份额,但其与其他共有人之间可能存在一定的关联,如果转让给共有人之外的其他主体,则可能会影响其他共有人对共有财产的利用,法律规定共有人享有优先购买权,是为了减少财产的共有状态、提高财产的利用效率。如果共有财产的份额在共有人内部转让,则不存在提高共有物利用效率的问题,因此没有必要让其他共有人享有优先购买权。此外,在共有人内部转让共有份额时,其他共有人都是平等的,不存在优先购买权的问题。[②]

当然,如果共有人之间转让份额时存在特别约定,也可以产生优先购买权。因为共有人之间就优先购买达成协议,仍然属于对共有内部事务做出的安排,只要符合法律的强制性规定、不损害第三人利益,该约定就有效。因此,应当允许共有人之间做出此种安排。但如果此种安排损害了第三人的利益,则此时该约定不能对抗第三人。

---

① 参见杜万华主编:《最高人民法院物权法司法解释(一)理解与适用》,人民法院出版社2016年版,第306页。

② 参见最高人民法院民法典贯彻实施工作领导小组主编:《中华人民共和国民法典物权编理解与适用》(上),人民法院出版社2020年版,第511~512页。

第六节　共有财产的分割

一、共有财产分割的概念和原则

所谓共有财产的分割，是指在共有关系存续期间内，共有人请求按照一定的份额或者均等地分割共有财产为每个共有人所有。共有关系因共有物的灭失、某一共有人取得其他所有共有人的应有部分而终止，但共有终止最主要的原因，则是共有物的分割。[①] 各个共有人都享有分割请求权，在德国法上，该请求权称为“废止请求权”（Aufhebungsanspruch）。共有财产的分割的主要特点在于：[②]

首先，共有财产的分割，应当尊重共有人的意思自治，必须要由共有人主张。[③] 按照私法自治原则，法院不能在共有人没有提出分割的情况下，就直接通过裁判分割共有财产。无论是按份共有，还是共同共有，共有人都应依据法律规定或合同的约定享有分割请求权。需要注意的是，有权请求分割共有财产的人不仅仅限于共有人本人，除共有人之外，共有人失踪情况下的财产代管人、共有人破产情况下的破产管理人等，也可以请求分割共有财产。

其次，分割是共有人请求就共有物分割自己应得的部分，即请求分割应有份。分割共有财产，有可能导致整个共有关系的解体，共有财产的分割将导致共有关系的消灭，这在物权法上称为共有消灭的特殊原因。[④] 但也可能在分割共有财产之后，仅某个或某些共有人退出共有关系。其他共有人如果愿意继续留在共有关系之中，这些共有人还可以继续维持共有关系。

再次，分割共有财产应当依据按份共有和共同共有来区别对待。一般来说，对于按份共有，允许共有人自由请求分割，我国《民法典》第 303 条规定，共有人没有约定或者约定不明确的，按份共有人可以随时请求分割，但是，对共同共有，法律严格限制其自由分割。依据《民法典》的上述规定，共同共有人只有在共有的基础丧失或者有重大理由需要分割时才可以请求分割。此外，共有人在分割共有财产时，特别是在分割家庭共有财产和夫妻共有财产时，应当体现男女平等、保护妇女和未成年子女利益的精神。在确定

---

① 参见史尚宽：《物权法论》，中国政法大学出版社 2000 年版，第 166 页。

② 参见史尚宽：《物权法论》，中国政法大学出版社 2000 年版，第 166 页。

③ 参见全国人大常委会法制工作委员会民法室编：《中华人民共和国物权法条文说明、立法理由及相关规定》，北京大学出版社 2007 年版，第 183 页。

④ 参见谢在全：《民法物权论》（上册），台北，新学林出版股份有限公司 2014 年版，第 394 页。

各共有人应分得的份额时,对于负担抚养、赡养、扶养其他家庭成员义务的共有人应当适当考虑多分。[①]

最后,分割请求权不受诉讼时效的限制。[②] 学理上,一般认为,分割请求权具有形成权的特点,且由于在没有约定或者约定不明确时,按份共有人可以随时请求分割,分割请求权可以随时行使,进而导致时效的起算点难以确定,因此难以适用诉讼时效。

二、分割共有财产的原则

(一)尊重共有人意愿原则

共有财产尤其是按份共有财产是否分割以及如何分割,完全属于共有人的事务,原则上应当尊重共有人的选择。按照私法自治原则,共有人可以自由约定如何分割共有财产。依据《民法典》第 303 条的规定,共有人约定不得分割共有的不动产或者动产,以维持共有关系的,应当按照约定,各共有人不得违反合同的规定而请求分割。如果当事人订立了禁止分割的协议,除非共有人有重大理由,不得分割,共有人还可以协商决定共有物分割的范围、期限、方式以及分配方法等。当事人的约定应优先于法律的任意性规定而适用。这就是说,是否允许分割,在何种情况下分割,采用何种分割方式,都必须由当事人自主决定。如果当事人就共有财产的分割不能达成一致的意见,可以由共有人提起诉讼,请求法院进行裁判分割。

(二)物尽其用原则

所谓物尽其用,是指充分发挥物的效用。物尽其用也是我国《民法典》物权编的立法目的之一,因而,在共有财产的分割问题上,也要充分体现这一原则。从各国物权法的发展趋势来看,物尽其用原则在共有财产的分割中发挥了越来越重要的作用。例如,在法律上,进一步放松了对共有财产分割的限制,禁止当事人订立长期的禁止分割的协议、努力降低因分割形成的交易成本等,这些都体现了物尽其用的立法政策。[③] 我国《民法典》物权编也适应这一发展趋势,在共有财产分割中作出了特殊的规定。例如,依据《民法典》第 303 条的规定,没有约定或者约定不明确的,按份共有人可以随时请求分割,共同共有人在共有的基础丧失或者有重大理由需要分割时可以请求分割。

(三)依法分割原则

在分割共有财产时,共有人应当遵守法律的规定,不得损害国家、集体

---

① 参见杨立新:《共有权研究》,高等教育出版社 2003 年版,第 275 ~ 276 页。

② 参见王泽鉴:《民法物权:通则 · 所有权》(第 1 册),中国政法大学出版社 2001 年版,第 363 页。

③ 参见苏永钦:《寻找新民法》,北京大学出版社 2012 年版,第 441 页。

和他人的利益，不能把属于国家、集体、他人的财产，如承包的土地、借用的集体组织的工具、他人存放的财产等，作为共有财产来分割；隐匿的赃款、赃物等非法所得，必须依法追缴，不能当作共有财产分割。在分割财产时，按份共有人一般只能取得属于自己份额的财产，不能取得属于其他共有人份额的财产，否则应作为不当得利返还给其他共有人。共有人分割共有财产时不得损害债权人和其他利害关系人的利益。①

三、分割请求权的行使

共有人依据法律和合同的规定，享有请求分割共有财产的权利。所谓分割请求权，是指某一共有人依据其意志请求其他所有人分割共有物，从而脱离共有关系的权利。自罗马法以来，现代民法普遍承认按份共有人享有分割请求权。② 关于分割请求权的性质，存在两种不同的观点：一是请求权说。此种观点认为，共有物分割请求权和其他请求权一样都是请求他人为一定行为或不为一定行为的权利，因此，分割请求权是请求权的一种类型。③二是形成权说。此种观点认为，分割请求权在性质上是一种形成权，而不是请求权。因为共有人一方的意思表示，即可以使共有人之间发生依一定方法分割共有物的法律关系，为了贯彻分割自由原则，应允许共有人提出分割共有物以后，就导致物权的变动。④ 分割请求权，不是请求其他共有人同为分割行为的权利，而只是指某一或某几个共有人请求分割属于他自己的份额的权利，其性质为形成权的一种，并非请求权，也不适用诉讼时效的规定。⑤

本书认为，分割请求权是请求权的一种，是从共有权中产生的一种权利，但分割请求权并不是形成权，因为共有人行使分割请求权只是请求其他所有人与其一起分割共有财产，该请求权的行使并不能直接导致共有物的分割，而需要通过与其他共有人协商，或者通过裁判来确定。所以共有人提出分割的请求并不必然发生法律关系的变动。⑥

---

① 为防止共有人借分割共有财产而损害债权人的利益，一些国家的民法明确规定债权人可以参与共有财产的分割。对此，我国民法尚无规定。在司法实践中，债权人在其利益受损害时，可依法提出请求和诉讼。

② 参见苏永钦：《寻找新民法》（增订版），北京大学出版社2012年版，第434页。

③ 参见［日］我妻荣：《日本物权法》，［日］有泉亨修订，李宜芬校订，台北，五南图书出版股份有限公司1999年版，第306页。

④ 谢再全：《民法物权论》（上册），台北，新学林出版股份有限公司2014年版，第305页。

⑤ 参见王泽鉴：《民法物权：通则·所有权》（第1册），中国政法大学出版社2001年版，第363页。

⑥ 参见温世扬、廖焕国：《物权法通论》，人民法院出版社2005年版，第262～263页。

依照《民法典》的有关规定，分割请求权的行使依按份共有和共同共有的不同而存在如下区别。

（一）按份共有人可以随时请求分割

在共有关系存续期间，共有人原则上可以随时请求分割共有财产。《民法典》第 303 条虽然没有明确规定按份共有人可随时请求分割，但从反面解释的角度来看，法律规定除了当事人约定不允许分割或者约定不明确的以外，共有人都可以随时请求分割。法律作出这样的规定，不仅有利于维护共有人的权益，也可以促进物尽其用。因为在共有形态下，协商成本较高，允许按份共有人自由请求分割符合效率原则。每个共有人随时都有权请求从共有财产中分出属于自己的份额，且无须取得其他共有人的同意。当然，依据诚信原则，按份共有人也不得随意请求分割共有财产而损害其他共有人的利益。

（二）共同共有人在共有的基础丧失或者有重大理由需要分割时可以请求分割

共同共有财产的分割与按份共有的分割是不同的。毕竟从性质上来看，共同共有和按份共有是不同的。依据《民法典》第 303 条的规定，不允许共同共有人在共同关系存续期间随时请求分割共有财产，除非是因为共有的基础丧失或者有重大理由需要分割。因此，共同共有人只能在例外的情况下才可以请求分割。例外的情况包括两种。

第一，共有的基础丧失。所谓共有的基础丧失，是指共同共有赖以产生的特殊关系（如合伙关系、夫妻关系）等已经不存在。也就是说，在各共有人基础关系已经不存在的情形下，基于该基础关系而产生的共同共有关系就丧失了存在的基础，此时各共有人有权请求分割共有财产。例如，合伙解散、夫妻离婚，可以认为共有的基础丧失，共同共有人有权请求分割共有财产。①

第二，必须有重大理由需要分割。依据《民法典》第 303 条的规定，“共有人有重大理由需要分割的，可以请求分割”。如何理解“重大理由”？所谓“重大理由”通常是指不分割共有物会严重损害共有人的利益。主要包括：一是共有物出现重大亏损，如果不分割将使共有人蒙受损害。二是从管理和利用方面考虑，共有财产如果不分别管理可能会发生重大损害，必须通过分割而实行分别管理。三是如果出于各方面的原因共有难以继续维持，出现这些情况，即使有不得分割的协议，也可以主张

---

① 参见谢在全：《民法物权论》（上册），中国政法大学出版社 2011 年版，第 407 页。

分割共有物。比如,甲、乙、丙三人继承了祖传的房屋后,甲因为生重病无钱医治,需要分割共有财产,如果不允许其分割,将严重影响其生命健康。此种情况应当认为属于“重大理由”。[①]

依据《民法典》第 303 条的规定,因分割造成其他共有人损害的,应当给予赔偿。此处所说的“因分割对其他共有人造成损害”,并不是指一般的分割共有财产造成的损害,而特指在按份共有的情况下,当事人签订了禁止分割的协议之后,因为重大理由要求分割,或者在共同共有中,在共有的基础丧失或者有重大理由需要分割时请求分割,由此给其他共有人造成的损害。因为共有人分割共有财产会使共有财产的功能丧失,或者削弱、降低共有物的价值,可能会造成其他共有人的损害。[②] 此时,请求分割的一方应当对其他共有人承担赔偿责任。

四、分割的方式

依据《民法典》第 304 条第 1 款的规定,“共有人可以协商确定分割方式。达不成协议,共有的不动产或者动产可以分割且不会因分割减损价值的,应当对实物予以分割;难以分割或者因分割会减损价值的,应当对折价或者拍卖、变卖取得的价款予以分割”。据此,共有人分割共有财产,首先应当通过协议来确定。通过协商确定分割的方式,符合各共有人的意志,有利于解决各种纠纷。如果不能达成协议,就应当充分考虑对物的利用效率,发挥物的价值,以确定对共有物的分割方式。具体来说,对共有财产的分割可以采取三种方式。

1. 实物分割。它是指在不影响共有财产的使用价值和特定用途时,以原物分配给各共有人,如分割蛋糕、布匹、土地等。《民法典》第 304 条第 1 款规定,对于共有财产的分割,如果达不成协议,共有的不动产或者动产可以分割且不会因分割减损价值的,应当对实物予以分割。所谓“可以分割”,是指对实物进行分割,不影响共有财产的使用价值和特定用途。可以进行实物分割的共有物一般是可分物,如粮食、布匹等。所谓“不会因分割减损价值”,就是说对共有物进行实物分割后,并不会减损其价值。

2. 变价分割。它是指在共有财产不宜分割的情况下,采用变卖共有物的方法,将价金分配给各共有人。[③] 依据《民法典》第 304 条的规定,如果对

---

① 参见崔建远:《物权法》(第 5 版),中国人民大学出版社 2021 年版,第 259 页。

② 参见胡康生主编:《中华人民共和国物权法释义》,法律出版社 2007 年版,第 228 页。

③ 参见王泽鉴:《民法物权:通则 · 所有权》(第 1 册),中国政法大学出版社 2001 年版,第 370 页。

于共有财产的分割未达成协议,首先要进行实物分割。如果共有物难以分割或者因分割会减损价值的,可以采取变价分割的方式。所谓"难以分割",是指对共有财产事实上不能分割,如耕牛、拖拉机等共有财产不能进行实物分割。所谓"因分割会减损价值",是指共有财产进行分割在经济上不合理。例如,甲、乙二人共有红宝石一粒,虽能分割,但分割以后有损宝石的价值,则可以采取变价分割的方式。此外,如果各共有人都不愿意接受共有物,也可以将共有物出卖后,由各共有人分别取得价金。变价分割应当通过市场公开竞价的方式实现共有物的价值,并在此基础上对于取得的价款进行分割。

3. 作价补偿。此种情况通常适用于共有物性质上不能以原物分配或者原物分配有困难的情形。[①] 此处所说的作价补偿,是指部分共有人获得共有财产,同时根据共有财产的市场价值对其他共有人给予补偿。作价补偿主要适用于两种情况:一是对于不可进行实物分割的共有物,如果共有人中的一人愿意取得共有物,可以由该共有人取得共有物,并由该共有人向其他共有人作价补偿。如甲、乙二人有耕牛一头,价值 1000 元,甲愿获得该耕牛,则可由甲取得耕牛所有权,并向乙支付 500 元的补偿金。二是依据共有财产的性质,不能对共有财产进行准确的分割,并使各共有人按其应有部分接受分配,而只能依其财产的性质进行简单分割,由此可能会使某个共有人获得的共有物要大于其他共有人所获得的共有物,此时获得共有物多的共有人,应向其他共有人作价补偿。例如,甲、乙二人共同拥有房屋两栋,但面积不同,甲、乙二人各获得一栋房屋以后,如果甲获得面积较大的房屋,则应对乙作价补偿。

五、协议分割和裁判分割

(一)协议分割

所谓协议分割,是指共有人就共有财产的分割事由、分割请求权、分割方式等达成协议,从而依据协议进行分割。协议分割是指将分割的事务交给当事人自己决定,当事人既可以决定是否分割,也可以决定分割的方法。[②] 协议可以通过书面合同的方式,也可以采取口头的方式。分割协议不仅在共有人之间发生效力,而且在分割协议订立之后尚未分割之前,如果某共有人将其应有份让与第三人,则该协议对第三人也有拘束力。

---

① 参见谢在全:《民法物权论》(上册),台北,新学林出版股份有限公司 2014 年版,第 408 页。

② 参见王泽鉴:《民法物权:通则 · 所有权》(第 1 册),中国政法大学出版社 2001 年版,第 360 ~ 361 页。

《民法典》第304条规定，共有人可以协商确定分割方式。协商确定分割方式，究竟是指全体共有人协商一致还是由多数人共有人决定？一种观点认为，应当全体共有人协商一致才能确定分割方式。共有人请求分割共有物，本身就是请求允许其离开共有关系，此时，不能以2/3以上的按份共有人同意来决定，否则就违反了立法目的。如果共有人没有参与协商或者某一共有人不同意，分割共有物的协议均不发生法律效力。我国台湾地区"民法"理论通说认为，协议分割必须经过全体共有人同意，无论是明示还是默示。[①] 另一种观点认为，分割共有财产属于处分行为，应当适用《民法典》第301条的规定，只要有2/3以上按份共有人同意即可。本书认为，所谓协议分割，实际上就是由各个共有人就分割的事务达成协议。尽管多数决的规则，应当限于法律有明确规定或当事人有约定的情形，否则会损害表示异议的共有人的利益，但分割的方式本身是一种利用共有物的方式，与共有物是否可以分割是有区别的，不必需要每个人都同意。更何况对共有财产的重大修缮、处分都可以由多数人决定，按举重明轻的规则，有关分割方式的决定也可以实行多数决。

（二）裁判分割

所谓裁判分割，是指在共有人不能就共有物分割的方法达成协议的情况下，共有人可以诉请法院分割。如果共有人不能就共有财产是否可以分割、分割事由或采用何种分割方式达成协议，应允许共有人请求法院作出裁判，以决定是否可以分割或如何进行分割。自罗马法以来，各国法律都承认裁判分割方式。[②] 在实践中，强行实行实物分割可能会破坏标的物的整体价值，甚至可能导致一方当事人做出损人不利己的行为。所以，在不能就分割方式达成协议的情况下，应当允许当事人就分割方式请求法院裁判。

裁判分割首先要以共有人提出分割的请求为前提，法院不能主动发动裁判分割的程序。通常请求裁判分割，必须要由某一个或某几个共有人提出。因为分割本身是一种处分行为，会发生物权的变动，所以必须要由某一个或某几个共有人起诉，并针对其他不同意分割的共有人提起诉讼。即使共有人中有人不反对分割，但不愿意起诉，也应当参加诉讼。[③] 法院就分割所作出的裁判生效以后，将导致物权的变动，共有关系解体，最终将导致共

---

① 参见王泽鉴：《民法物权：通则·所有权》（第1册），中国政法大学出版社2001年版，第366页。

② 参见《葡萄牙民法典》第1413条、《荷兰民法典》第三编第185条。

③ 参见谢在全：《民法物权论》（上册），台北，新学林出版股份有限公司2014年版，第402页。

有的消灭。

六、分割的效力

在分割之后,共有关系将不复存在,各个共有人将单独取得所有权。关于共有物分割效力的发生时间,国外民法对此有两种不同的规定。

1. 认定主义,又称为宣示主义(Déclaratif),此种观点认为共有财产的分割,实际上是认定财产关系的行为,并不是移转共有人之间的应有部分。在分割以前,共有人对于共有物各有其应有份额存在,只是范围未确定,经过分割才能确定,所以,分割的效力溯及共有成立之时。[①] 法国、日本、意大利以及阿根廷等国家的民法采纳了这一主张。[②]

2. 移转主义,又称为付与主义(Atlributif),该观点认为共有人对于其共有财产在未分割以前,仅在量上有一部分所有权,分割以后才开始对其物取得完全的权利。所以,共有财产的分割,实际上是共有人之间权利的移转。各共有人将其共有物的一部分所有权分开,互相移转其应有部分而各自取得新的所有权,因而分割的效力不溯及既往,以分割时为准。[③] 此种观点主要为德国学者所主张,并为德国民法所采纳。

两种学说互有长短,前者可以使物权关系简单化,但是不利于保护第三人的利益,而后者有利于保护第三人的利益,但使物权关系过于复杂。

根据我国司法实践,当全部共有财产分割以后,共有关系即归于消灭,如果就原物进行分配,各共有人即就其分得部分取得单独的所有权。所以,分割的效力可以使各共有人取得单独的所有权,各共有人因分割取得的所有权的范围原则上应与其应有部分相等。

关于财产分割后的瑕疵担保责任问题,《民法典》第 304 条第 2 款规定:“共有人分割所得的不动产或者动产有瑕疵的,其他共有人应当分担损失。”据此,我国《民法典》已承认共有人的瑕疵担保责任。《民法典》作出此种规定,有利于保障共有物分割的有序进行,也有利于保障各个共有人的权利,分割本身可以理解为一种交易,每个共有人依据诚信原则,负有类似于出卖人的瑕疵担保义务。《民法典》第 304 条第 2 款的规定包含两方面的内容。

---

① 参见姚瑞光:《民法物权论》,台北,1988 年(公元纪年)自版发行,第 134 页。

② 例如,《阿根廷民法典》第 2695 条规定:“各共有人应被视为自发生共有之时起已经是其所分得份额的排他性所有权人,并且应认为他对其他共有人在分割中分得的份额从未享有所有权,在此意义上,共有人之间的分割仅属声明性的分割,而不是移转所有权的分割。”这实际上采纳了该观点。

③ 参见姚瑞光:《民法物权论》,台北,1988 年(公元纪年)自版发行,第 134 页。

1. 共有人负有瑕疵担保责任。瑕疵担保责任包括物的瑕疵担保和权利瑕疵担保。一是物的瑕疵担保。对于物的瑕疵而言，如果是表面瑕疵，分得财产的共有人在进行实物分割时可以提出异议。而此处的瑕疵通常是指隐蔽瑕疵。此种瑕疵在共有物分割之时通常是难以发现的，如果不承认共有人的瑕疵担保责任，而由分得财产的人自己承受不利后果，则有违公平原则。当事人明知有瑕疵而仍然接受所分割的共有物的，应当视为当事人有承受此损失的意思。二是权利瑕疵担保。权利瑕疵，是指共有人分得的共有物属于第三人所有，或者存在产权争议以及各种负担。如果某一共有人分得共有物之后，因第三人的追夺而遭受损失，其他共有人也应当分担损失。

2. 受害人有权请求其他共有人分担损失。其他共有人都应当对标的物的瑕疵负担保义务。如果分割以后属于某个共有人所有的财产，由于分割以前的原因而为第三人追索，或者发现有隐蔽瑕疵，使取得财产的共有人因此遭受损失，则该共有人分得的部分与其应有的份额并不相符，从而必然使该共有人遭受损失。为保护分割财产后的所得人的利益，其他共有人都应有义务分担损失。例如，甲、乙在分割共有财产以后，发现甲分得的财产是甲、乙借用丙的财产，此时甲应将该项财产返还给丙，而乙应补偿甲的损失。又如，甲、乙在分割共有财产以后，甲分得的财产因有瑕疵而不能使用，则乙应负责补偿甲的损失。

第四编

用益物权

第十二章　用益物权的一般原理

第一节　用益物权概述

一、用益物权的概念

所谓用益物权(德文为 Nieβbrauchsrecht;法文为 démembrements),是指对他人之物享有的使用、收益的权利。[①] 由于该项物权是对他人所有的物以使用、收益为目的而设立的,因此称为用益物权。[②]

当代大陆法上的用益物权概念源于罗马法。[③] 盖尤斯早在其所著的《法学阶梯》中就对民事权利作了一些较为科学的划分,将物法(iusres)分为有体物法(rescorporales)和无体物法(resincorporales)两部分,其中收益权(ususfructus)是一种重要有体物权。在中世纪,注释法学家在诠释罗马法收益权等概念的过程中开始形成用益物权的概念。德国近代民法体系奠基人海德堡大学海瑟教授在其所著的《普通民法体系大纲——学说汇撰讲课任务》中,第一次系统地提出了"民法五编制"的编纂方式。在第二编物权法中,他使用了"用益物权"的概念。[④] 18 世纪以后,欧洲各国民法法典化运动都普遍接受了用益物权这一概念和制度。例如,1811 年的《奥地利民法典》第 509 条以下诸条和 1911 年的《瑞士民法典》第 745 条以下诸条,都较为详细地规定了用益物权制度。

虽然大陆法系国家的物权法中规定了用益物权,但用

---

① MünchenerKommentar/Pohlmann, § 1030 Rn. 2.

② 参见黄薇主编:《中华人民共和国民法典物权编解读》,中国法制出版社 2020 年版,第 363 页。

③ PhilippeMalaurie, LaurentAynès, Lesbiens, Defrénois, 2004.

④ Arnold Heise, Grundriss eines Systems des Gemeinen Civilrechts: zum Behuf von Pandection-Vorlesungen, 3. Edi., Heidelberg 1819.

益物权的概念通常是在学理上使用的，立法中明确采纳这一概念的尚不多见，大多数国家的物权法并没有对用益物权下定义。我国《民法典》第 323 条规定："用益物权人对他人所有的不动产或者动产，依法享有占有、使用和收益的权利。"在立法体例上，该条明确采用了用益物权的概念并对其加以定义，应当说是一个立法上的创新，这也标志着用益物权的概念从单纯的学理范畴进入了法典。用益物权是对他人所有之物进行使用和收益的权利，是所有权人授予他人使用和享有的权利。[①] 由于用益物权是在他人所有的物上成立的物权，所以称之为他物权。又因为它是在设定契约所规定的范围内对标的物加以支配，所以又称之为限制物权。[②] 用益物权作为他物权，与其他类型的他物权相比，具有如下特征：

第一，用益物权的主体是除所有人以外的其他民事主体。一般认为，用益物权是在他人所有的物之上设立的，用益物权的主体是除所有人以外的其他民事主体，所有权人本人不能成为自己财产的用益物权人。因此，用益物权人就是在他人动产和不动产之上享有权利的自然人、法人和非法人组织[③]，但国家作为所有人一般不作为用益物权的主体出现。在此情形下，如果权利人对自己的物享有用益物权，就会发生混同。虽然自然人、法人、非法人组织原则上都可能成为用益物权的主体，但是根据我国《民法典》的规定，某些特定的用益物权，如土地承包经营权、宅基地使用权等，只能由集体经济组织成员等特定的群体享有。

第二，用益物权是在他人所有的动产或不动产之上设立的。依据《民法典》第 323 条的规定，用益物权是在"他人所有的不动产或者动产"之上设立的物权。此处的他人之物不仅限于他人享有所有权的物，还应当包括他人享有使用权（主要指用益物权）之物，也就是说，就他人使用之物权利人也可以取得用益物权。[④] 例如，地役权可以在建设用地使用权之上设立，这就是在他物权上设立的，而不是在他人所有权之上设立的用益物权。[⑤]

传统大陆法系物权法上用益物权的客体主要是不动产。因为不动产具有固定性、永久性、非消耗性等特点，可以在其之上设定比较长期和稳定的使用权。[⑥] 我国《民法典》所规定的用益物权的客体主要为不动产，甚至主

---

① PhilippeMalaurie，LaurentAynès，Lesbiens，Defrénois，2004，p. 239.

② 参见陈华彬：《外国物权法》，法律出版社 2004 年版，第 169 页。

③ MünchenerKommentar/Pohlmann，§ 1030 Rn. 4ff.

④ 参见房绍坤：《物权法用益物权编》，中国人民大学出版社 2007 年版，第 1 页。

⑤ 参见王利明等：《中国物权法教程》，人民法院出版社 2007 年版，第 285 页。

⑥ MünchenerKommentar/Pohlmann，§ 1030 Rn. 30ff.

要局限于土地之上。[①] 但从我国《民法典》第 323 条规定来看,用益物权的客体也包含了动产,因为部分动产的价值甚至已经超过不动产的价值,如航空器、船舶、精密仪器等。同时,随着财富利用方式的多样化,特别是由于科技的突飞猛进和金融等领域大量的制度创新,动产的价值在不断提高,利用方式也越来越多样化。为了应对这种动产利用多样化的趋势,《民法典》允许在动产上设定用益物权,从而为未来的动产之上的用益物权的设定预留了空间。但《民法典》尚未对动产用益物权的类型作出规定。

第三,用益物权是占有他人之物并使用、收益的权利。"用益"的概念是一个概括性的表述,可以包括使用和收益在内,尽管各类用益物权的权能并不相同,但都包括了占有权,或者说用益物权以占有权为前提。因为用益物权是对标的物的使用价值的支配,只有占有标的物的实体,才能对标的物使用收益。如果权利人未占有他人之物,也就不能实现用益物权。[②] 此处所言的占有,是指对物的实体为事实上的控制和支配。用益物权人失去对标的物的占有的,也就会失去用益物权。[③]

第四,用益物权内容主要是使用他人之物并获取收益。用益物权内容的核心是使用和收益权。从《民法典》第 323 条的规定来看,用益物权的内容是对标的物的占有、使用和收益,一般不包括法律上的处分权。[④] 当然,这并不意味着所有的用益物权类型都包括使用和收益权能,有的用益物权可能仅有使用权,但不包括收益权。例如,依据《民法典》第 362 条的规定,宅基地使用权不包括收益的权利。依据《民法典》第 366 条的规定,居住权人对他人的住宅享有占有、使用的用益物权,原则上也不包括收益权。因此,收益权能并不是各种用益物权所共同具备的权能。[⑤] 用益物权一般不包括对标的物的处分权。但权利人依法享有对用益物权本身的处分权,例如,建设用地使用权的权利人对建设用地使用权有权抵押,也有权将其转让。

第五,用益物权的设立方式具有特殊性。我国《民法典》主要承认通过约定方式设立用益物权,不承认主要以法定方式设定用益物权。例如,法定

---

① 参见黄薇主编:《中华人民共和国民法典物权编解读》,中国法制出版社 2020 年版,第 367 页。

② 参见郭明瑞:《物权法通义》(修订本),商务印书馆 2022 年版,第 180 页。

③ 参见郭明瑞:《物权法通义》(修订本),商务印书馆 2022 年版,第 180 页。

④ 在传统民法上,消费物也可以作为用益权标的物,消费物用益权包含了处分权。

⑤ 参见渠涛、刘保玉、高圣平:《物权法学的新发展》,中国社会科学出版社 2021 年版,第 389 页。

地役权制度在《民法典》物权编中就没有加以规定。当然,在特殊情况下,法律也规定了通过法律的直接规定而取得用益物权,如建设用地使用权可以善意取得。同时,考虑到中国的实际情况,某些用益物权主要通过合同方式设立,但在登记方面,就农村的土地承包经营权、地役权而言,采取的却是"登记对抗主义"。当然,有的用益物权也可以通过其他方式设立,如居住权可以通过遗嘱设立、宅基地使用权需要通过审批设立。此外,准用益物权的设立需要取得行政许可,因此具有一定的公法色彩。

用益物权是物权的基本类型。在现代民法上,所有权已从注重抽象的支配,发展到侧重于具体的使用形态。也就是说,现代民法已经逐渐放弃了传统民法注重对物的实物支配、注重财产归属的做法,转而注重财产价值形态的支配和利用。用益物权正是这种以"利用"为中心的物权的主要表现。正是在此种有效利用土地资源的基础上,用益物权的类型不断发展。例如,在土地之上分离出建设用地使用权、地上地下空间利用权、地役权等权利,这些权利还可以按照期限进行分割。在土地上的房屋之上,也可以设立多种用益物权,如地役权、居住权等。正是因为这一原因,从物权法层面来说,传统民法以所有权为中心,但随着从所有到利用的趋势,用益物权也逐步提升至与所有权并驾齐驱的地位,理念上出现从归属到利用、从以所有为中心到以利用为中心的转变。在我国,用益物权是《民法典》物权编所规定的三种物权的类型之一,随着我国市场经济的发展,用益物权在物权体系中的地位和作用将日益凸显。

用益物权在物权法中占据重要地位,其有助于实现对物的有效利用。在我国,根据《宪法》和《民法典》的规定,土地等自然资源实行公有制,土地等重要的自然资源属于国家或集体所有,且土地等自然资源不得买卖。借助用益物权制度,在不改变土地等自然资源归属的前提下,通过建设用地使用权等用益物权的流转,土地能够进入市场,从而实现公共财产的利用、保值和增值,提高资源的利用效率。① 同时,用益物权可以实现资源的优化配置。用益物权制度有助于引入市场机制,让有条件和有能力的主体利用有限的资源。在现代市场经济体制下,资源的优化配置主要是通过市场来实现的,用益物权是在市场机制条件下,实现国有自然资源优化利用的机制,通过当事人的自由协商和有偿使用,可以实现自然资源在最有利用需求和利用能力的当事人之间移转、充分发挥自然资源价值。此外,用益物权能够排除所有权人和其他第三人的不当干涉,从而有助于实现对物的有序利用。

---

① 参见郭明瑞:《物权法通义》(修订本),商务印书馆2022年版,第182页。

物的利用形式多元，在物上也可能同时存在所有权、用益物权和担保物权。通过法律规则的有效设计，可以有效协调平衡这些主体之间的关系，进而实现对物的有序利用。①

二、用益物权的性质

用益物权主要具有如下性质：

第一，用益物权是一种定限物权。"定限物权于时于量，皆有一定之限度，不如所有权内容之丰富。"②用益物权与所有权的最大区别就表现在：所有权是无期限的物权，而用益物权是有期限的物权。用益物权人仅能在法律规定和当事人约定的范围内对他人的物进行使用和收益，因而，用益物权又称为定限物权。③ 与私有制基础上的物权制度不同，我国的物权制度建立在土地公有制的基础上，因此，用益物权的期限性在我国更为突出。例如，有的国家或地区法律规定当事人可以设定永佃权以利用他人土地从事农业生产，也可以约定无期限的地上权或地役权。④

第二，用益物权原则上是独立性的权利。它不是从属于其他物权的权利，不像担保物权那样必须依附于主债权。用益物权作为一种独立于所有权的物权，在权利人设立用益物权之后，用益物权人便独立地享有对标的物的使用、收益权，亦即该权利是独立存在的，依当事人之间设立用益物权的行为或法律的直接规定而发生。用益物权不以其他物权的存在为成立前提，不随其他物权的转让而转让，也不随其他物权的消灭而消灭。⑤ 在不动产因征收等原因而消灭时，必须给予用益物权人单独的补偿。当然，在例外情况下，用益物权也可能是一种从属性的权利，如地役权。

第三，用益物权是一种有期物权。所谓有期物权，是指有明确期限限制的物权。用益物权本质上是对所有权的一种限制，如果允许用益物权永续存在，则可能导致所有权的虚化，甚至导致所有权名存实亡。因此，在期限届满以后，用益物权人应当将其占有、使用之物返还给所有人。⑥ 当然，在例外情形下，为了实现特定的立法目的，用益物权也可能没有期限限制。例

---

① 最高人民法院民法典贯彻实施工作领导小组编著：《中国民法典适用大全：物权卷(二)》，人民法院出版社 2022 年版，第 837 页。

② 郑玉波：《民法物权》，台北，三民书局 2003 年版，第 159 页。

③ 参见陈华彬：《外国物权法》，法律出版社 2004 年版，第 169 页。

④ 参见郑玉波：《民法物权》，台北，三民书局 2003 年版，第 25 页。

⑤ 参见房绍坤：《论用益物权的法律属性》，载《现代法学》2003 年第 6 期。

⑥ 参见黄薇主编：《中华人民共和国民法典物权编解读》，中国法制出版社 2020 年版，第 366 页。

如,通过划拨方式取得的建设用地使用权,一般不受期限限制。又如,宅基地使用权原则上也没有期限限制。依据《民法典》第 359 条的规定,住宅建设用地使用权期满可以自动续期,这实际上意味着对于此类他物权没有严格的期限限制。但是,从立法的措辞来看,"续期"本身就表明权利是有期限的,与"无期"完全不同。

第四,用益物权具有较强的本土性。应当承认,用益物权制度与一个国家的基本经济制度具有直接的联系,而一个国家的经济体制、人们的生活方式具有相对稳定性,因此,用益物权的内容也具有相对稳定性。这使用益物权具有十分突出的本土性和民族性特点,各国的用益物权制度也因此差异明显。用益物权的种类和内容因历史传统、国情地域不同而不同,深具固有法色彩。[①] 例如,英美法系不承认大陆法系中物权和债权这一体系化的基本划分,也不存在大陆法系中系统化的用益物权制度。又如,德国法中的土地债务、法国法中的居住权、日本法中的小耕作权等,都具有其自身的特点,是本国历史传统和具体国情的体现。[②] 在我国土地公有制基础上产生的用益物权具有一些公有制的特点,例如,建设用地使用权在土地国有的基础上产生,而土地承包经营权在集体土地上产生,这是我国农村经济体制改革经验的总结。这些都是适合我国国情的用益物权制度,其与土地私有制国家的用益物权制度在性质和特征上都是存在区别的。因此,我国用益物权制度体现了鲜明的中国特色。值得注意的是,用益物权最集中地反映了一国物权法的特色,这与担保物权存在明显的差异。担保物权主要是针对交易提供担保,而交易要求各国遵循共同的规则,交易的国际性决定了担保物权的国际性和共同性。

三、用益物权的分类

用益物权是物权的基本类型,尽管从编章体例结构来看,《民法典》物权编在第三分编"用益物权"中只规定了六章,列举了五种类型的用益物权,即土地承包经营权、建设用地使用权、宅基地使用权、居住权、地役权,但如果包括各类准用益物权(海域使用权、采矿权等)以及土地承包经营权之上设立的经营权,用益物权类型是相当丰富的。在法律上,可以对用益物权作出如下分类。

(一)必须登记的用益物权和非必须登记的用益物权

依据用益物权是否必须经登记方可设立,可以将益物权分为必须登

---

① 参见谢在全:《民法物权论》(中册),台北,2003 年(公元纪年)自版发行,第 51 页。

② 参见陈根发:《论日本法的精神》,北京大学出版社 2005 年版,第 207 页。

记的用益物权和非必须登记的用益物权。前者是指依据《民法典》物权编和特别法的规定，必须登记才能依法设立的用益物权，如建设用地使用权、居住权。依法必须办理登记的用益物权的设立采取登记生效模式。后者是指未经登记也可设立的用益物权，对于这些用益物权，当事人可以直接通过订立合同的方式设定。① 当然，对于此类用益物权，当事人也可以通过办理登记的方式，产生对抗第三人的效力。例如，依据《民法典》第341条的规定，土地经营权未经登记不得对抗善意第三人。土地承包经营权、土地经营权、宅基地使用权、地役权等均属非必须办理登记的用益物权。

这两种用益物权的区别在于：首先，用益物权的设定是否必须办理登记不同。严格来讲，用益物权的设定需要采取一定的公示方法，不动产物权变动一般要办理登记，经登记设立应当是不动产用益物权设立的一般要求。但是，考虑到农村土地登记的特殊情形，尤其是农村土地登记现状，以及农村"熟人社会"中公示的特殊性②，立法上对于土地承包经营权、土地经营权和宅基地使用权采取了特殊的物权变动规则，即不以登记作为这些用益物权设定的必要条件。其次，合同在设立物权和确定物权内容中的作用不同。在非必须办理登记的用益物权中，合同直接成为设立物权的依据，当事人取得的用益物权的范围依据合同确定。而对于必须登记的用益物权，合同不能直接成为物权设立的依据，当事人取得的用益物权范围也应当以登记为准。

（二）有明确期限的用益物权和无明确期限的用益物权

依据用益物权是否有明确的期限限制，可以将其分为有明确期限的用益物权和无明确期限的用益物权。有明确期限的用益物权是指具有明确存续期限限制的用益物权，而无明确期限的用益物权是指不对权利存续期限进行明确限制的用益物权。一般而言，用益物权作为他物权，其应当受到期限的限制，否则就可能难以与所有权相区别，甚至会架空所有权。例如，建设用地使用权就依据土地用途的不同而被区分为不同的期限。这种期限限制既可能来自法律的规定，也可能来自当事人的约定。但是，在一些特殊情形下，则不会对用益物权进行明确的期限限制，例如，以划拨方式取得的建设用地使用权往往没有明确的期限限制。具体而言，无明确期限的用益物权可以分为两种：第一种是法律并未规定期限的用益物权，如以划拨方式取

① 参见房绍坤：《物权法用益物权编》，中国人民大学出版社2007年版，第5页。

② 参见温世扬：《〈土地管理法〉与民法典物权编的衔接》，载《中国不动产法研究》2019年第2辑。

得的建设用地使用权。此种用益物权只是用益物权的特殊例外情形，因为原则上讲用益物权必须有期限，否则就会导致其与所有权的模糊。第二种是终身享有的用益物权，如权利人终生享有的居住权和宅基地使用权，此种权利依附于权利人的人身，因而为权利人终身享有。①

（三）设定人为所有权人的用益物权和设定人为非所有权人的用益物权

依据设定人是否为所有权人，可以将用益物权区分为设定人为所有权人的用益物权和设定人为非所有权人的用益物权。前者是指所有权人为他人设定的用益物权，例如，房屋所有权人为他人设定的居住权。后者是指所有人以外的权利人为他人设定的用益物权。可以为他人设立用益物权的不限于所有权人，例如，土地经营权就是由土地承包经营权人为他人设定的用益物权，建设用地使用权人也可以在建设用地上为他人单独设立空间利用权。

二者的区别主要体现在用益物权权利人受到所有权人的制约程度不同。设定人为所有权人的，用益物权人直接受到所有权人的制约。设定人为非所有权人的用益物权除需要受到设定人制约外，还需要受到所有权人的制约，如用益物权的取得可能还需要依法取得所有权人的同意。同时，对于设立人为非所有权人的用益物权而言，其期限也需要受到设定人的权利剩余期限的限制。

（四）用益物权与准用益物权

准用益物权，是指权利人通过行政特许的方式取得的对于海域、矿藏、水流等自然资源所依法享有的占有、使用及收益的权利。准用益物权中的“准”，旨在强调与一般用益物权相比较具有相似性，但法律适用上具有特殊性。虽然《民法典》物权编对准用益物权进行了规定，但是准用益物权的法律依据主要在于特别法之中，如《海域使用管理法》《矿产资源法》等。

准用益物权和一般的用益物权的区别主要在于：一是取得的方式不同。一般的用益物权是通过合同加公示的方法，或在特殊情况下依据合同设定。而准用益物权，主要是通过行政许可的方式设立，与公法关系密切。② 二是权利客体存在区别。用益物权的客体是不动产，而准用益物权的客体主要是一些特殊的资源，如矿产、水资源或渔业资源等，对此类物权客体的特定性要求并不严格。③ 三是权利内容和范围的确定不同。用益物权主要依据

① 参见房绍坤：《物权法用益物权编》，中国人民大学出版社2007年版，第7页。

② 参见崔建远：《准物权研究》，法律出版社2003年版，第25页。

③ 参见崔建远：《准物权研究》，法律出版社2003年版，第24页。

当事人合意和登记进行确定,但是在准用益物权中则通常由行政许可所规定的范围和内容确定。准用益物权受到的行政干预较多,因而其行使往往需要受到较多的约束或负担较多的义务。[①]

除上述分类外,还可以依据调整用益物权的法律规范不同,将用益物权区分为一般法上的用益物权和特别法上的用益物权。依据用益物权是否可以自由流通,还可以区分为可自由流通的用益物权和限制流通的用益物权。根据用益物权人数量不同还可以区分为单独用益物权和共同用益物权。[②]

第二节　用益物权和相关权利的区别

一、用益物权与所有权

用益物权是在所有权的基础上产生的,其本身就是对所有权的限制,如法国学者认为,用益物权是对所有权的限制(amoindrissementdelapropriété)。[③]用益物权的设定也有助于更好地实现所有权的价值,是所有权在经济上的一种实现方式。

用益物权是在他人的所有权基础上产生的,其与所有权的关系是双重的:一方面,用益物权是对所有权的一种限制,所有人在自己的财产之上设定用益物权以后,就要受到来自用益物权的限制。[④] 两者之间具有排他性。另一方面,用益物权的设定是所有权行使的一种方式,其产生也使所有权的经济价值得到充分和完全的实现。用益物权的设立,往往是出于所有权人的意志。[⑤] 所有人在无法实际利用的情况下,将自己的财产交给他人使用,如此能在经济上充分实现其价值。用益物权是物权体系从支配向利用的发展进程的产物。在同一物之上,用益物权与所有权共存,并不损害"一物一权"原则和所有权的专属性。从这一意义上说,用益物权是所有权行使的一种方法,所有人对自己的物不仅是抽象地支配,其必须要实际地利用才能发

---

① 参见李显东、唐荣娜:《论我国物权法上的准用益物权》,载《河南省政法管理干部学院学报》2007年第5期。

② 参见房绍坤:《物权法用益物权编》,中国人民大学出版社2007年版,第8页。

③ ChristianLarroumet, Droitcivil, Tome Ⅱ; Lesbien, Droitréelsprincipaux, 4eéd., Economica, 2004, p. 32.

④ 参见房绍坤:《物权法用益物权编》,中国人民大学出版社2007年版,第15页。

⑤ 某些用益物权的设立,也可能出于公共利益。例如,就役权制度而言,一些国家承认所有法定役权,允许行政法等法律出于公共利益设定役权。

挥财产的最大效益。[①]

尽管所有权和用益物权联系密切，但两者存在明显的区别，主要表现在以下几个方面：

第一，权利性质不同。用益物权是一种他物权，而所有权是一种自物权。自物权是对自己的物的支配权，是最全面、最完整的物权。自物权和他物权的区分标准在于，权利客体是否属于权利人所有。在他人所有之物上设立的物权，就是他物权。[②] 例如，在法国法上，用益物权是“从所有权派生出来的物权”（lesdroitsréelsdémembrésdelapropriété）。[③] 它是在他人所有之物上设定的物权，具备了他物权的共同特点，如有期性、内容受限制性等。[④] 按照我国《民法典》的规定，用益物权是在他人之物上设立的物权，所有人不能在自己的物之上设立用益物权。

在权利来源上，自物权可来自权利人对于物权的取得，而他物权则来自自物权人的授权，他物权一般只能建立在自物权之上。用益物权和所有权是分离的，所有人不能在自己的物之上设立用益物权。

第二，权利内容不同。用益物权是定限物权，而所有权是完全物权。用益物权作为一种定限物权，在期限上和权利内容上都是有限制的，其支配的主要是物的使用价值。[⑤] 而所有权则是无期限限制的、具有全部权能的物权。用益物权人只是享有所有权的部分权能，原则上不包括处分权能。而所有权是具备完整四项权能的权利。法律通过规定用益物权，分别确定了所有权人和用益物权人之间的权利义务关系，有效维护了财产秩序。[⑥]

第三，是否受期限限制不同。从期限性上来看，用益物权是有期限的物权，而所有权是无期限的物权。所有权的存在与所有物共始终，只要标的物存在，所有权就存在。而在我国物权法上，除特殊类型的用益物权（如划拨的建设用地使用权、宅基地使用权）外，用益物权大多都是有期限限制的。

第四，客体不同。所有权客体的范围非常广泛，包括各类有形的财产。任何财产，无论是限制流转物还是禁止流转物，都可以成为所有权的客体；

---

① 参见房绍坤：《物权法用益物权编》，中国人民大学出版社 2007 年版，第 15 页。

② 参见温世扬、廖焕国：《物权法通论》，人民法院出版社 2005 年版，第 89 页。

③ PhilippeMalaurie，LaurentAynès，Lesbiens，Defrénois，2004.

④ 参见房绍坤：《物权法用益物权编》，中国人民大学出版社 2007 年版，第 15 页。

⑤ 参见郑玉波：《民法物权》，台北，三民书局 2003 年版，第 159 页。

⑥ 参见黄薇主编：《中华人民共和国民法典物权编解读》，中国法制出版社 2020 年版，第 364 页。

无论物是否具有使用价值,都可以为某人所有。而用益物权的客体相对狭窄。尽管《民法典》第 323 条包括了动产和不动产,但用益物权主要是在不动产上设立的物权,动产之上一般难以设定用益物权。[①] 作为用益物权的客体,一般都必须具有使用价值,从而满足权利人利用的需要。但所有权的客体主要是物,无论这些物是否具有使用价值,都不妨碍其成为所有权的客体。此外,所有权的客体一般不包括权利,但可以在权利之上设立用益物权。

第五,取得方式不同。所有权的取得方式具有多样性,既可以是原始取得,也可以是继受取得。只要采取合法的方式,都可以取得所有权。而用益物权的取得,原则上只能采取继受取得的方式,在特殊情况下才能通过原始取得的方式取得。同时,用益物权的取得方式具有其特殊性,有的仅需通过合同即可设定,有的则必须通过合同约定并办理登记才能合法取得,如建设用地使用权就需要通过登记才能取得用益物权。通过对用益物权的设立目的、土地等资源的用途等进行登记,以防止用益物权人改变土地用途,保护所有权人的利益。

当然,用益物权是在所有权基础上设立的,它虽然是独立的物权,但与所有权是两种不同类型的物权,相互之间具有排他性,如果没有法律和合同依据,所有人擅自干预用益物权人行使权利,用益物权人的权利就难以得到保障。因此,《民法典》第 326 条规定,“所有权人不得干涉用益物权人行使权利”。这实际上明确了所有权人负有不得干预用益物权人行使权利的义务。例如,在农村集体土地所有权之上设立了土地承包经营权之后,集体土地所有人不得非法干涉承包人依法从事正常的经营活动。所有人履行此种义务,才能使用益物权人行使权利的行为得到基本保障。

二、用益物权与租赁权

民事主体既可以通过设定用益物权的方式使用他人之物,也可以通过订立租赁合同的方式实现对他人之物的利用。这两种利用方式具有一定的相似性,具体表现在:一是从目的上看,两者都是以利用他人之物、获取他人之物的使用价值为目的。二是从权利内容来看,两者都要以直接占有标的物为前提,都包含占有、使用权能。三是债权性利用权与用益物权两者可以在同属一人的不动产上同时存在,二者并存并无法律障碍。[②] 四是从期限上

---

① 参见黄薇主编:《中华人民共和国民法典物权编解读》,中国法制出版社 2020 年版,第 367 页。

② 参见温世扬、廖焕国:《物权法通论》,人民法院出版社 2005 年版,第 405 页。

看,两者都具有一定的期限限制。五是从效力上看,现代民法出现了租赁权物权化现象,使租赁权在一定条件下也具有对抗第三人的效力。①

但是,用益物权和租赁权之间存在本质的区别,主要表现在:

第一,权利性质不同。用益物权在性质上属于物权,权利人可以直接支配物并排他性地享受物的利益;而租赁权的性质是债权,只能请求对方为一定行为或不为一定行为来实现利益。

第二,设定方式不同。用益物权的设定需要在《民法典》上确认其为物权,以满足物权法定的要求,完成法定的公示方法。只要法律确定了某种权利为物权,即使该权利完全基于合同产生,也具有物权的效力。例如,土地承包经营权、地役权等。而租赁权则是通过租赁合同实现对他人不动产的利用,其既不需要满足物权种类法定的要求,也不需要公示。

第三,期限不同。租赁合同的期限一般较短,最长不得超过 20 年,而用益物权主要是长期性利用,所有人以设定物权的方式将使用收益权交给第三人行使,且一般是在不动产之上设立的,此类法律关系通常由《民法典》物权编等法律来进行规范。②

第四,权利的流转不同。用益物权是一种长期稳定的财产权利,因而大都可以依法自由流转。而租赁权在性质上是一种债权,承租人转租时需要经过出租人的同意。法律原则上仅能认为出租人可同意将租赁物交给承租人使用,而不能推定其也具有同意承租人转租给第三人使用的意思,所以,承租人没有取得出租人的同意而转租的,承租人将构成违约,出租人享有解除权。因此,《民法典》第 716 条第 2 款规定:"承租人未经出租人同意转租的,出租人可以解除合同。"

第五,利用方式不同。对于用益物权而言,权利人可以享有独立的使用、收益权利,且所有人不得干预其权利的行使。而承租人权利的行使则应当受到合同约定和法律规定的制约。根据《民法典》第 715 条的规定,承租人不得随意对租赁物进行改造,或者在租赁物上增设他物。如果承租人违反了这种不作为义务,出租人有权要求其恢复原状、赔偿损失。这就意味着承租人尽管可以占有租赁物,但对租赁物状态的改变,必须尊重出租人的意志。

第六,对抗第三人的范围不同。租赁权原则上不具有对世效力,只能对相对人主张权利。即使租赁权已相对物权化,也只能依据《民法典》合同编

---

① 参见房绍坤:《物权法用益物权编》,中国人民大学出版社 2007 年版,第 19 页。

② 参见李淑明:《民法物权》,台北,元照出版有限公司 2005 年版,第 125 页。

的规定，向特定的第三人主张。换言之，租赁权对抗效力的扩张，是一种例外的情况，它是法律基于特定的立法政策所作出的例外性规定。在租赁权受到侵害的情况下，权利人通常只能行使占有保护请求权，而不能行使物权请求权。但是，用益物权人可以借助物权公示方法对抗任意第三人，在用益物权受到侵害的情况下，用益物权人可以行使物权请求权。

第七，客体不同。虽然《民法典》第 323 条规定用益物权可在动产或不动产之上设立，但《民法典》中具体规定的用益物权都是在不动产上设立的；而租赁权则可以广泛地在动产上设立，如融资租赁设备等。

还要注意的是，用益物权作为物权，权利人不仅可以依用益物权限定的范围支配不动产，而且有权对抗包括所有权人在内的任何人对其权利行使的干涉。这就使在非所有人对他人之物的利用方面，用益物权制度具有债权制度无可比拟的优越性。在《民法典》物权编中，用益物权以其对不动产进行特定支配的性质，成为与所有权、担保物权鼎足而立的一类物权。[①]

第三节 用益物权的内容

一、用益物权人的权利

用益物权的内容在历史的发展过程中经历了深刻的变革。在罗马法时代，所有权包括使用（usus）、收益（fructus）和处分（abusus）三项权能。在中世纪很长时期内，收益权被视为最重要的权能。但是到了重商主义时期，通过买卖等商业行为实现商品的价值受到重视，处分权被视为最为重要的权能。[②] 但是，就用益物权而言，其权能不包括对标的物的处分权。具体来说，用益物权的内容包括如下几项：

1. 占有权。用益物权人通常要占有动产或不动产，才能使用、收益。用益物权人对于动产或不动产的占有，针对不同的物权而有所不同。例如，建设用地使用权人必须直接占有土地，才能使用该土地；而通行地役权设定后，权利人需要占有一定的土地。由于用益物权需要对物进行使用和收益，获取物的使用价值，这就决定了用益物权人必须要占有标的物。[③] 因为只有占有标的物，才能获得标的物的使用价值，在没有占有的情形下，虽然可以

---

① 参见钱明星：《我国用益物权体系的研究》，载《北京大学学报（哲学社会科学版）》2002 年第 1 期。不过，在传统大陆法系民法中，动产亦可以作为集合财产的组成部分成为用益权的客体。

② Jean-PhilippeLévy, AndréCastaldo, Histoiredudroitcivil, 1èreéd., Précis-Droitprivé, Dalloz, 2002, p. 312.

③ 参见房绍坤：《物权法用益物权编》，中国人民大学出版社 2007 年版，第 31 页。

抽象地支配，但是无法实际利用。一物之上如果发生了用益物权的冲突，该冲突主要是占有的冲突，因为占有是用益物权设定的先决条件。当然，某些用益物权也可以不以占有为基础。例如，眺望地役权就不一定要实际占有他人的不动产，铺设管线的地役权也不一定要构成对地表的占有，但这些都只是例外的情况。

2. 使用权和收益权。用益物权主要以使用、收益为目的。使用是指按照物的性质和用途在不毁损其物和改变物的性质的前提下，依据法律或合同的约定，对物加以利用。用益物权人设定用益物权就是为了使用和利用特定的财产，并通过利用该财产获取一定的利益①，使用主要是为了追求物的使用价值。从我国《民法典》物权编的相关规定来看，一些用益物权虽然可能并不包括收益权，但都包括使用权，因此，使用权成为用益物权中的重要权能。

收益是指通过对物的利用而获取经济上的收入或其他利益，获取物的天然孳息和法定孳息。收益既体现为通过利用他人之物获取经济收入等金钱利益，也体现为获取居住利益等非金钱利益。② 收益权包括如下方面：一是通过利用财产获取收益。例如，在土地之上建造房屋获取利润；采矿权人通过行使采矿权可以获得矿产资源的所有权。这些都是用益物权人收益的主要内容。二是获取天然孳息，如收取土地上的农作物。三是获得法定孳息。例如，建设用地使用权人建造房屋出租以获取收益。

"用益"，顾名思义就是使用收益，使用和收益一般是结合在一起的，因为只有使用才能获得收益。但各种用益物权是否包括使用权和收益权，学界对此有不同的看法。有人认为，用益物权应兼具使用和收益两项内容③；有人认为，不必同时兼具使用和收益两项内容④，因为用益物权在法学中的直接意义就是使用权，即以使用为目的而利用他人之物的物权。⑤ 应当看到，对许多用益物权来说，都要包含收益的权能。但是一些用益物权人可能只能使用而不能收益。例如，依据《民法典》第 362 条的规定，宅基地使用权

① 参见姚红主编：《中华人民共和国物权法精解》，人民出版社 2007 年版，第 203 页。

② 参见最高人民法院民法典贯彻实施工作领导小组编著：《中国民法典适用大全：物权卷（二）》，人民法院出版社 2022 年版，第 833 页。

③ 参见张俊浩主编：《民法学原理》，中国政法大学出版社 1991 年版，第 347 页；房绍坤等：《用益物权三论》，载《中国法学》1996 年第 2 期。

④ 参见屈茂辉：《用益物权论：源流分析 · 制度比较 · 立法思考》，湖南人民出版社 1999 年版，第 5 页。

⑤ 参见孙宪忠：《德国当代物权法》，法律出版社 1997 年版，第 30 页。

人依法对集体所有的土地享有占有和使用的权利,但并不包括收益权。用益物权人针对不同的对象可以从事不同的利用,使用目的是不同的。例如,土地承包经营权人要利用集体的土地进行耕作;建设用地使用权人要利用国有土地进行建设,就是建设用地使用权。依据使用目的的不同,可以对用益物权进行不同的分类。但一般来说,用益物权主要是对物的使用价值的利用,通过这种利用,可以满足权利人的不同需要,从这个意义上讲,用益物权也都包括了一定的收益。

3. 不受所有权人非法干涉的权利。《民法典》第326条规定,所有权人不得干涉用益物权人行使权利。这实际上赋予了用益物权人不受所有权人非法干涉的权利。一方面,用益物权设立后,其就独立于所有权,具有直接支配性的排他性,从而对所有权形成一种限制。用益物权是独立的物权类型,用益物权人行使占有、使用、收益权,所有权人负有不得干预用益物权人行使权利的义务,只有如此,才能使用益物权人行使权利的行为得到基本保障。[①] 另一方面,用益物权是在所有权基础上设立的,它虽然是独立的物权,但也受到所有权人意志的制约,如果没有法律和合同依据,所有权人擅自干预用益物权人行使权利,用益物权人的权利就难以得到保障。例如,在土地承包经营权设定之后,发包人干预承包人的权利,擅自提前收回承包地,就会使土地承包经营权无法实现和行使。[②] 当然,用益物权人行使权利也不能损害所有人的利益。又如,在罗马法时代,对于用益权,即强调用益权人负有"保护所有物之本体"的义务。[③] 在我国,用益物权都是基于合同而产生的,所有权人只是让渡了占有、使用或者收益的权能,因此,用益物权人在行使权利时,应当限于使用和收益的目的范围。如果用益物权人行使权利损害了所有权人的利益(如对标的物进行显著的变更和毁损)则不仅会造成社会财富的损失和浪费,而且违反了设立用益物权的合同。

4. 处分权。在用益物权中,处分涉及两个方面:一是用益物权人对标的物的处分;二是用益物权人对用益物权本身的处分。关于用益物权人是否对标的物本身享有处分权,在学理上一直存在争论。一是否定说,此种观点认为用益物权的内容只能限于使用、收益,不能包括处分权。[④] 二是肯定说,此种观点认为在一定的情况下用益物权人也可以享有一定的处分权。三是

---

① 参见黄薇主编:《中华人民共和国民法典物权编解读》,中国法制出版社2020年版,第378页。

② 参见胡康生主编:《中华人民共和国物权法释义》,法律出版社2007年版,第269页。

③ JeanGaudemet, Droitprivéromain, 2eéd., Nontchrestien, 2000, p. 248.

④ 参见房绍坤:《论用益物权的法律属性》,载《现代法学》2003年第6期。

折中说,即认为用益物权人不享有法律上的处分权,但享有事实上的处分权。[①] 本书认为,用益物权的主要内容是使用、收益,显然不能包括所有权人所享有的对于标的物的处分权能。不过,为了有效率地利用物,法律也允许权利人在不妨碍物的最终权利归属的前提下依法对用益物权本身享有处分权。例如,建设用地使用权人在特定情况下依法享有转让建设用地使用权的权利,采矿权也可以依法进行抵押。当然,这种处分是对权利的处分,而不是对物本身的处分,对物的处分应当属于所有人。

5. 征收后依法请求补偿的权利。正是因为用益物权具有使用收益权能,所以,在用益物权因征收等原因而消灭的情况下,用益物权人应当有权获得单独的补偿。《民法典》第 327 条规定:"因不动产或者动产被征收、征用致使用益物权消灭或者影响用益物权行使的,用益物权人有权依据本法第二百四十三条、第二百四十五条的规定获得相应补偿。"由此可见,用益物权人作为被征收人,其在用益物权被征收后,有权依法获得补偿。

二、用益物权人的义务

1. 保护和合理开发利用资源的义务。在现代社会,资源的有限性与人类不断增长的需求和市场的发展形成尖锐的冲突和矛盾。由于人口增长,发展速度加快,现代社会的资源和环境对于发展的承受能力已临近极限。而在我国资源严重紧缺、生态严重恶化的情况下,更应当重视资源的有效利用。[②] 据此《民法典》第 326 条的规定,用益物权人行使权利,应当遵守法律有关保护和合理开发利用资源、保护生态环境的规定。依据该条规定,用益物权人应当依法保护资源和合理开发利用资源,开发利用应当符合土地性质和规划利用的要求,不能进行过度开发和超载建设、造成环境污染和生态破坏。无论所有人与用益物权人在设定用益物权时是否存在此种约定,用益物权人都负有此种义务。用益物权人负有此种法定义务,也有利于督促其合理开发和利用资源,尽量提高各种资源利用的效率,实现物尽其用。

2. 以合同约定的方式和目的对他人不动产和动产进行利用的义务。用益物权都以物权设定合同为前提,合同中需要明确用益物权人的基本权利和义务,以弥补法律关于用益物权内容规定的不足。所以,用益物权人除了

---

① 参见钱明星:《我国用益物权体系的研究》,载《北京大学学报(哲学社会科学版)》2002 年第 1 期。

② 2006 年 6 月 5 日,国务院新闻办公室发表了《中国的环境保护(1996—2005)》白皮书。书中指出,由于中国人均资源相对不足,地区差异较大,生态环境脆弱,生态环境恶化的趋势仍未得到有效遏制。

应当根据法律规定履行其各项义务外，还应当依照合同对他人不动产进行使用、收益。例如，地役权合同便具体规定了各种需役地人对供役地利用的权利，但是其利用他人不动产必须严格按照合同约定的方式和目的行使权利、履行义务，不得滥用权利而对他人不动产造成合同约定外的损害和限制。

3. 按照约定支付价款或费用的义务。用益物权的取得通常都是有偿的，因此，用益物权人应当依据合同支付相应的对价。例如，建设用地使用权人应当支付土地出让金，需役地人应当依据合同约定向供役地人支付一定的费用。

4. 返还标的物并恢复原状的义务。一般而言，用益物权的客体大多为非消耗物，用益物权人对标的物的占有、使用、收益，不会影响标的物的存续。因此，在期限届满、用益物权归于消灭后，用益物权人有义务将标的物返还给所有权人。在不能返还原物的情况下，也应返还与原物同种类、同数量、同品质的物，或者按其价值返还价金。①

第四节　准用益物权

一、准用益物权概述

在学理上，准用益物权又称为特许物权、特别法上的物权、非典型物权、特别物权等，它是指由权利人通过行政特许的方式所获得的，对于海域、矿藏、水流等自然资源所依法享有的占有、使用及收益的权利。《民法典》虽然没有具体规定各种准用益物权，但在用益物权的一般规定中对准用益物权作出了规定。《民法典》第 328 条规定："依法取得的海域使用权受法律保护。"第 329 条规定："依法取得的探矿权、采矿权、取水权和使用水域、滩涂从事养殖、捕捞的权利受法律保护。"这就在《民法典》中确认了海域使用权、采矿权、取水权和使用水域、滩涂从事养殖、捕捞的权利等几类准用益物权。《民法典》在用益物权制度中规定了这些权利，彰显了其私权本质，但又没有明确承认其为用益物权，所以，从体系解释的角度来看，将其作为准用益物权来表述是比较准确的。

准用益物权是准物权的一种类型。② 准物权是现实生活中产生的一些新型权利，这些权利虽然并不完全符合传统物权的特征，但仍可准用物权的

---

① 参见房绍坤：《物权法用益物权编》，中国人民大学出版社 2007 年版，第 34 页。

② 参见李显东、唐荣娜：《论我国物权法上的准用益物权》，载《河南省政法管理干部学院学报》2007 年第 5 期。

相关规则,因此一般被称为准物权。[①] 准用益物权在《民法典》中具有十分重要的地位。准用益物权不仅是直接支配和利用海域、矿藏、水资源等的权利,而且其利用还直接关系到环境和生态保护的问题。因而,在《民法典》物权编和有关法律中规定准用益物权制度,对于保障准用益物权的权利人履行保护环境、维护生态和促进可持续发展的义务,保障土地和矿藏等自然资源的合理和有序开发利用,都具有极为重要的意义。

尽管在学理上关于准用益物权是属于公法上的权利还是私法上的权利仍然存在争论,但《民法典》确认上述权利为准用益物权的一种类型。其主要根据在于:一是就权利客体而言,尽管传统物权法中对物权的客体规定并不包括土地之外的自然资源,但准用益物权的客体不限于土地,还包括与土地具有密切联系的自然资源。二是就权利内容而言,准用益物权的权利人都可以针对特定的自然资源进行占有并进行使用和获取收益。在特殊情况下,准用益物权人也享有处分的权利。三是就公示方法而言,一些准用益物权设立和移转依法也需要经过登记,如海域使用权、采矿权都需要登记。这就使这种权利具有一定的公示性,可以向社会一般人公开,使第三人了解和知道此种权利的设定和变动情况。当然准用益物权中的登记具有浓厚的行政管理的色彩,不完全等同于物权的公示,但毕竟能够起到一定的公示效果。正是因为这一原因,准用益物权可以产生对抗第三人的效力,所以也可以成为物权。在学理上,也常常将渔业权和矿业权视为物权。[②] 四是就权利的性质而言,准用益物权和其他用益物权一样,都是设立于他人财产之上的独立物权,虽然它们是对国家和集体所有的自然资源的占有、使用和收益的权利,但是其存在具有独立性,是一种独立的物权。五是就保护方法而言,准用益物权在遭受侵害之后也可以适用物权的保护方法,获得物权法的保护,即获得物权请求权的救济。当然,如果是因为行政机关的行为侵害了权利人的权利,权利人也可以提起行政诉讼。权利人在行使自己权利的过程中,必然会涉及对特定的国有自然资源的支配,所以它和所有权特别是一般的用益物权有密切的联系,而且这些权利的设定、移转,也要遵循物权法的基本规则,因此从广义上来看,也可以将其纳入物权体系中,并由《民法典》予以规范。

诚然,准用益物权需要经过行政审批才能产生,具有较强的行政色彩,但不能因为这一原因而否认这些权利的物权属性。在我国,许多物权都以

---

① 参见崔建远:《准物权研究》,法律出版社 2003 年版,第 20 页。

② 参见史尚宽:《民法总论》,中国政法大学出版社 2000 年版,第 262 页。

行政审批为设立的前置程序,如宅基地使用权等,甚至建设用地使用权的出让也需要取得自然资源主管部门的批准,然后办理登记手续才能实现,所以,经过行政审批不能作为否认物权性质的理由。将准用益物权纳入《民法典》调整范围,为这些物权适用《民法典》的规则并根据《民法典》对它们进行完善提供了必要的制度空间。从广义上说,各类准用益物权也可以归入用益物权的范畴。原因在于:一方面,这些权利不是所有权,也不是担保物权,而是对他人之物进行使用、收益的权利,因此唯有将其归入用益物权才妥当;[①]另一方面,这些权利具有用益物权的一些突出的特点,如都是在他人的财产之上(通常是在国家所有的自然资源基础上)设立的权利,都是独立的权利。这些都表明准用益物权与用益物权之间具有极大的相似性。

二、准用益物权的特点

尽管准用益物权具有用益物权的特点,但它本身不能完全等同于用益物权。现代社会的发展已经对物权法律规范提出了利用自然资源、保护环境的强烈要求,物权法律规范必须对此作出回应,并进行一定程度的制度创新。为了实现对资源的严格维护和管理,就必须对这些准用益物权的设定、取得等进行适度的国家干预和管理。这些权利通常不完全是私人之间的权利安排,而是政府作为国有自然资源的所有者的代表与其他民事主体之间通过许可等方式作出的权利安排。[②] 有关权利的具体内容也不能完全按照用益物权的模式来安排,而必须考虑对自然资源进行管理等因素。这就使这些权利具有较强的公法色彩,所以对这些权利不能全部由《民法典》作出详尽的规定,而应当主要由各类特别法作出规定。具体而言,准用益物权与一般用益物权具有以下差异:

第一,权利的取得方式不同。用益物权的取得一般都要采用物权设定合同加公示的方法,用益物权设定原则上要有设定他物权的合意。但准用益物权的取得方式不同:一方面,准用益物权的设定不需要通过设定用益物权合同的方式来完成,而要通过行政审批的方式获得行政许可,以此取得准用益物权。例如,采矿需要获得采矿许可证,捕捞需要取得捕捞许可证,养殖需要获得养殖许可证等。因此,这些权利常常被称为特许物权。[③] 当然,

---

① 参见屈茂辉:《用益物权论:源流分析·制度比较·立法思考》,湖南人民出版社 1999 年版,第 271 ~ 282 页。

② 参见李显东、唐荣娜:《论我国物权法上的准用益物权》,载《河南省政法管理干部学院学报》2007 年第 5 期。

③ 参见梅夏英、高圣平:《物权法教程》,中国人民大学出版社 2007 年版,第 299 页。

行政特许只是产生准用益物权的方式，并不意味着准用益物权是行政法上的特许权。另一方面，准用益物权并不要求通过登记等方式取得。尽管依据我国的法律规定，海域使用权等准用益物权的取得需要登记造册，但是此种登记造册不是严格的物权公示方法，而主要是政府的行政管理手段，登记造册是政府有关主管部门在作出行政许可之后作出的，而一般不是申请人自己申请进行的。①

第二，权利客体不同。用益物权一般以不动产作为权利的客体，即使在特殊情况下可以以动产为权利客体，也都是以有形财产为客体，尤其是这些客体都必须特定化，从而使物权人具有确定的支配对象和范围。而准用益物权主要是以土地之外的各类自然资源为客体。这些自然资源无法简单地归入动产或不动产之中。例如，开采国有矿产的权利，在特定的海域进行捕捞的权利，它们都是对海域、矿产等资源从事某种特定的开发、利用等行为。不仅如此，在某些情况下，准用益物权的客体甚至具有不特定性。比如在同一片特定水域内可以同时为多个权利人设定捕捞权。因此，权利人行使权利的客体具有很强的不特定性，很难在行使权利之时就具体确定其数量、形状、位置等。②

第三，权利内容不同。按照物权法定原则，物权的内容和类型一般都由法律进行规定，而一般的用益物权还可以通过合同自由约定来弥补法律硬性规定的不足，但是准用益物权的内容不仅要适用法律的规定，而且更要遵守行政许可的具体规定。例如，海域使用权行使的范围、期限、用途等都需要遵守海域使用许可证的具体规定。尤其需要指出，用益物权虽然有一些公法上的限制义务，但权利人承担的主要还是私法上的义务，而准用益物权负担的公法上的义务比较多，甚至构成权利人的义务的主要部分。这不仅需要通过《民法典》中权利行使的规则来对其进行限制，也应当遵守相关公法上的对此种权利行使所提出的要求。③ 例如，《海域使用管理法》第 23 条规定，海域使用权人负有依法保护和合理使用海域的义务。通过这些公法义务的设定，有助于保证这些准用益物权的行使符合国家的公共利益的要求。

第四，权利的行使方式不同。一般用益物权的权利人是对不动产进行

---

① 参见《海域使用管理法》第 19 条。

② 参见崔建远：《准物权研究》，法律出版社 2003 年版，第 366 页。

③ 参见李显东、唐荣娜：《论我国物权法上的准用益物权》，载《河南省政法管理干部学院学报》2007 年第 5 期。

占有,并进行使用和收益;但是准用益物权的权利人的利用方式不是直接在不动产之上进行开发利用并获取收益,而是对土地之外的自然资源通过使用、勘探、开采、汲取(如取水)、养殖、捕捞等方式进行利用。有学者将其称为带有创造性的开发行为。在权利的行使中,权利人不能完全排斥他人在同一范围内的利用行为。[①] 例如,捕捞权人、探矿权人不能禁止他人在同一特定区域内进行合法的、相同的利用行为。在权利行使过程中,往往和他人的权利会发生一定的重合。例如,探矿权人在勘查到矿产之后也有权进行开采、处分,养殖权人在特定的水域内不仅可以进行养殖,也可以进行捕捞等。

第五,法律适用不同。用益物权主要适用《民法典》的规定,当然特别法也可以进行补充规定,从而可以引致到相关的特别法中。例如,《民法典》第337条规定:"承包期内发包人不得收回承包地。法律另有规定的,依照其规定。"但是准用益物权主要是由特别法规定的,《民法典》物权编中主要是对这些权利作出简要的一般性规定,只是确认了其物权的性质,这些权利的具体内容和行使等往往需要由特别法作出相应的规制,如《矿产资源法》《渔业法》《水法》等对这些权利都作出了规定。在特别法中不仅要对权利人的权利予以确认,还必须对这些权利主体所承担的国家和社会的义务作出规定,如此才能更好地实现国家整体利益和社会公共利益。

虽然准用益物权主要是由特别法作出规定的,但这并不意味着《民法典》对其没有必要作出规定,《民法典》也可以对这些权利作出概括性的规定,所以这些权利应当受到物权法和特别法的规范。当然,《民法典》和特别法对这些权利规定的内容是不一样的。《民法典》只是对这些权利作出概括性的规定,从而表明这些权利可以适用物权的基本规则,如公示公信原则,并可以采用物权的保护方法对这些权利进行保护,但有关这些权利的设定、取得、终止以及权利的具体内容因为多与行政管理具有密切的联系,故应当在特别法上作出规定。[②] 在法律适用方面,按照特别法优先于普通法的规则,首先应当适用特别法的规定。在其没有规定时,才适用《民法典》的规定。

三、准用益物权的类型

(一)海域使用权

所谓海域使用权,是指权利人依法占有特定的海域并利用海域进行养

---

① 参见梅夏英、高圣平:《物权法教程》,中国人民大学出版社2007年版,第300页。

② 参见梅夏英、高圣平:《物权法教程》,中国人民大学出版社2007年版,第303页。

殖、旅游、运输、采矿、修建港口和各种设施等并获取收益的权利。海洋是人类宝贵的资源,被誉为"蓝色的领土",它是最重要的地球生态系统和环境要素,是生命的发源地和摇篮。海域虽归国家所有,但为了发挥海域的使用和利用效率,国家需要在海域之上创设各种权利,如海域使用权,以提高对海域的综合利用能力,在最大范围内保持国有资产的增值保值。国家将特定海域的使用收益权转让给自然人、法人,从而产生了海域使用权。海域使用权是在国家海域所有权基础上产生的,所以,它属于民事权利的范畴。①《民法典》第 328 条规定:"依法取得的海域使用权受法律保护。"

海域使用权具有如下几个方面的法律特征:

1. 海域使用权的客体是特定海域。海域是一种自然资源,此种资源具有特殊性。在英美法上,内水和领海海域的底土视为所有权的客体,而海域被称为"水下土地"②。从我国法律的规定来看,海域的特定性强调其空间性,对海域的理解应该是特定范围内的海水体(而非海水量)及其海床、底土。③ 特定的海域作为一种资源,虽然不能简单归入不动产的范围,但其与不动产具有密切的联系。海域必须要由海床和底土组成,水体、水面都是存在于一定的海底、底土之上的。虽然海水在不断流动,但海床、底土是难以改变的。尤其是特定海域的空间是固定的,不能移动,在这一点上,其与土地等不动产具有相似性。

2. 海域使用权具有一定的支配性和排他性。海域使用权人在获得海域使用权之后,可直接支配特定的海域,并排斥他人干涉。与其他准用益物权相比,海域使用权具有明显的支配性和排他性。一方面,尽管海域中包含的海水是流动的,但海域可以特定化,针对特定的海域,权利人不仅有权支配,而且享有排他的权利。另一方面,特定的海域可以采取公示的方法加以确定。海域使用权设定后,权利人要占有特定的海域,并且在特定海域内享有使用、收益的权利,这就必然要求海域使用的范围特定化。一旦海域的四至确定,便可以通过登记的方式明确权利人支配的特定海域,从而对外予以公示。

3. 海域使用权是有期限限制、有偿取得的权利。海域使用权是在国家

---

① 参见尹田主编:《物权法中海域物权的立法安排——海域物权法律制度学术研讨会论文资料汇编》,法律出版社 2005 年版,第 87 页。

② 尹田主编:《中国海域物权制度研究》,中国法制出版社 2004 年版,第 4 页。

③ 正是因为这一原因,许多学者认为,海域使用权的客体是特定的海域空间。参见阮春林:《海域分层确权问题探讨》,载尹田主编:《物权法中海域物权的立法安排——海域物权法律制度学术研讨会论文资料汇编》,法律出版社 2005 年版,第 93 页。

享有海域所有权的基础上产生的。作为一种准用益物权,海域使用权必须具有期限的限制,且这种期限不宜过长,否则就使海域使用权与海域所有权难以区分。当然,海域使用权期限的确定,应当根据不同的海域利用方式和性质分别确定。例如,修建港口显然要比养殖用海时间更长。① 同时,海域使用权的取得也具有有偿性。《民法典》第 325 条规定:“国家实行自然资源有偿使用制度,但是法律另有规定的除外。”因而有偿使用是准用益物权的基本原则。根据我国《海域使用管理法》第 33 条的规定,国家实行海域有偿使用制度,任何单位和个人使用海域都应当依法缴纳海域使用金。

4. 海域使用权的取得方式具有特殊性。虽然海域使用权非常类似于用益物权,但是在取得方式上并不同于一般用益物权的取得方式,其并未采用“合意 + 公示”的方法。海域使用采取行政审批的方式,只要申请人向有关部门递交申请书并获得了行政许可,由有关政府主管部门登记造册,颁发权利证书,就可以获得海域使用权。在登记造册与证书不相一致的情况下,应当以权利证书所记载的内容为准。与一般用益物权相比,海域使用权的产生具有特殊性,其不需要通过合意的方式来设定,而只需获得行政审批即可。从这个意义上说,海域使用权的产生只有取得过程,而没有设定行为。

海域使用权人的权利包括:一是占有权,即海域使用权人对特定海域进行占有的权利,但这种占有主要是基于特定利用目的而进行的占有,而不一定是完全排他性的占有。② 二是使用、收益权,即权利人按照规定的用途和方式,利用特定的海域并取得相应收益的权利。三是处分权,海域使用权作为一种财产权利,本身也可以依法转让。通过权利的转让能够促进海域的有效利用。

海域使用权人的义务包括:一是按照规定使用海域的义务,这就要求权利人在取得权利之后,必须在规划的用途范围内从事核准的海洋利用活动。二是保护海洋环境的义务,海域使用权人在利用海域的过程中,必须要保护环境,不得使用可能残留、污染环境的化学产品、药品等。三是恢复原状的义务,在海域使用权终止后,原海域使用权人负有将海域恢复原状的义务,应当拆除可能造成海洋环境污染或者影响其他用海项目的用海设施和构筑物。③

---

① 《海域使用管理法》第 25 条规定:“海域使用权最高期限,按照下列用途确定:(一)养殖用海十五年;(二)拆船用海二十年;(三)旅游、娱乐用海二十五年;(四)盐业、矿业用海三十年;(五)公益事业用海四十年;(六)港口、修造船厂等建设工程用海五十年。”

② 参见尹田主编:《中国海域物权制度研究》,中国法制出版社 2004 年版,第 53 页。

③ 参见《海域使用管理法》第 29 条第 2 款。

(二)探矿权与采矿权

探矿权、采矿权都属于矿业权。所谓矿业权,是指权利人经过批准,依法在属于国家所有的特定矿区内进行勘探、开采作业,以获取收益的权利。在我国,矿产资源是属于国家专有的财产,但是国家一般不会直接从事开采利用活动,因此有必要通过设立矿业权制度,许可特定主体从事勘探、开采等活动,有效地利用矿产资源,发挥其最大价值。依据《民法典》第 329 条及《矿产资源法》的规定,作为准用益物权的矿业权主要包括探矿权和采矿权两种。

1. 探矿权

探矿权,是指勘探矿产资源的权利,即探矿人依法在已经登记的特定矿区或工作区内勘探一定的国有矿产资源,取得矿石标本、地质资料等的权利。[①] 取得勘查许可证的单位或者个人称为探矿权人。探矿权是在他人之物上设定的权利,在性质上是一种准用益物权,因为探矿权人要占有一定的工作区进行勘探、采掘等,也就是要利用他人的不动产。如果勘查到矿产资源,还可以取得一定数量的样品并进行处分,如果探明了矿藏,则这种权利即具有较大经济价值,依法可以进行转让,因而探矿权也是一种财产性权利。但探矿权的取得要通过行政审批行为,必须在依法取得的勘查许可证规定的范围内,勘查矿产资源,[②]而且探矿权在行使方式上与一般的用益物权有所不同,所以其性质为准用益物权。

探矿权人的权利主要包括如下几点:一是对特定区域享有一定程度的占有和使用权。在勘查许可证许可的范围内,探矿权人享有对工作区的勘探权排他性地占有和使用的权利。二是独立勘查的权利。在同一勘查、工作区范围内,同一期限内,不能并存两个或两个以上的探矿权。[③] 三是对探矿资料及样品的处分权。一方面,探矿权人有权对其在探矿过程中获得的探矿报告或资料进行转让。另一方面,探矿权人对其在探矿过程中获得的矿产品样品有权予以处分,即探矿权人有权自行销售勘查中按照批准的工程设计施工回收的矿产品。[④] 四是优先取得采矿权的权利。探矿权人取得探矿权之后,有权优先取得勘查作业区内矿产资源的采矿权。[⑤] 五是转让探

① 参见崔建远:《物权:生长与成型》,中国人民大学出版社 2004 年版,第 256 页。

② 参见《矿产资源法实施细则》第 6 条。

③ 参见张振凯:《矿业权物权属性与矿业立法》,载《中国矿业》2003 年第 10 期。

④ 参见李显东等:《矿业权的私权法律属性》,载《北京石油管理干部学院学报》2007 年第 2 期。

⑤ 参见《矿产资源法》第 6 条。

矿权的权利。探矿权虽然基于行政许可而取得,但本质上仍然是一种财产权,可以依法流转。

探矿权人的主要义务是依照勘查许可证规定的勘探方式、范围、期限等进行探矿行为。首先,根据《矿产资源法实施细则》第17条的规定,在探矿过程中必须要保护环境,维护资源,遵守有关法律、法规关于劳动安全、土地复垦和环境保护的规定。其次,勘查作业完毕,及时封、填探矿作业遗留的井、洞或者采取其他措施,消除安全隐患。最后,探矿权人即使发现了矿产品,也不得擅自采矿,要进行开采必须要取得采矿的资格。

2. 采矿权

采矿权,是指在依法取得的采矿许可证规定的范围内,开采矿产资源和获得所开采的矿产品的权利。取得采矿许可证的单位或个人称为采矿权人。《民法典》第329条规定:"依法取得的探矿权、采矿权、取水权和使用水域、滩涂从事养殖、捕捞的权利受法律保护。"我国矿产资源专属于国家所有,由国务院行使国家对矿产资源的所有权,但国家一般不会直接开采矿产,通常都是由采矿人在取得采矿权之后进行具体开采作业。设立采矿权本身是国家行使矿产资源所有权的结果,也是合理利用自然资源、促进资源有效利用的重要方式。①

采矿权人的权利主要包括以下几方面:一是矿区占有权。采矿权人要开采矿产资源,必须首先占有一定的矿区,并能够对该矿区进行独立的支配。所谓矿区,既包括地下部分,也包括地表。采矿权人必须对整个矿区享有占有权,才能进行开采作业,占有权是行使采矿权的前提。② 二是矿区使用权。为了实施开采作业,就必须对特定的矿区享有使用权。例如,建造必要的附属设施、安置设备,允许工作人员进出矿区,允许车辆通行,等等。因此,采矿权人有权根据采矿的需要,从事必要的建设行为。③ 三是独立开采权。采矿权人在取得采矿权以后,有权要求有关主管机关为其划定明确的矿区范围,依据采矿许可证规定的开采范围和期限从事开采活动,并有权排斥任何人的非法干预和侵害。采矿权人有权采取《民法典》赋予物权人的救济措施。四是对矿产品的处分权。采矿人对其因采掘而获得的矿产品依法享有独立的处分权,采矿权人有权自己利用(如自己直接加工成为成品),也有权依照法律的规定出售,从而获得一定的经济利益。五是采矿权的转让

---

① 参见王利明主编:《民法》(上)(第8版),中国人民大学出版社2020年版,第377页。

② 参见崔建远:《准物权研究》,法律出版社2003年版,第230页。

③ 参见崔建远等:《矿业权基本问题探讨》,载《法学研究》1998年第4期。

权。法律允许采矿权的转让,但同时严格规定了转让的条件,防止将采矿权倒卖牟利,造成矿产资源的闲置和浪费。

采矿权人依法所承担的主要义务是,按照国家规定缴纳有关税费,在规定的矿区范围内采矿,并按照国家的统一规划和布局,合理开采、综合利用,保护国有矿产不受损失和浪费。国务院指定矿产品必须销售给特定单位时,采矿权人必须将该矿产品销售给该特定的单位。[①] 采矿权人在采矿过程中应当合理开采矿产资源并注意保护环境,因为矿产资源的开发、利用、加工转化及废弃物的处理等环节都会对自然环境的质量和功能造成负面影响。[②] 采矿权人在采矿活动中还必须遵守国家劳动安全规定,具备保障安全生产的必要条件。因开采活动给他人的生产、生活造成损失的,应当负责赔偿,并采取必要的补救措施。此外,还应遵守国家有关水土保持、土地复垦和环境保护方面的法律、法规。[③] 采矿权人不履行其应负的义务,如擅自开采国家规定的实行保护性开采的特定矿种,采用破坏性的开采方法开采矿产资源等,依法应承担民事责任和行政责任,情节严重的,应依照《刑法》的规定承担刑事责任。

(三)取水权

取水权,是指权利人利用取水工程或者设施直接从江河、湖泊或者地下取用水资源的权利。[④] 取水权是一项重要的准物权。《民法典》第 329 条将取水权规定为准用益物权,通过确认和保护对水资源的取用权利,最大限度地发挥水资源的经济效益,从而实现水资源可持续利用的终极目标,保护环境和生态的平衡。在我国,水资源属于国家或集体所有,即属于公共财产,而自然人和法人只能享有对水资源的取用权,即使自然人和法人取得了某块土地的使用权,也不能对该土地地表和地下的水资源享有所有权。但通过在法律上设定取水权,也能够使水资源得到有效率的利用。

取水权具有以下特征:(1)取水权的客体是水资源。水资源在性质上应当属于动产,但水资源一般以土地为载体而存在,与土地不可分离,因而,其又不同于一般的动产。(2)取水权属于经行政许可而获得的权利。由于水资源是一种重要的社会公共资源,取水权的取得原则上应当获得行政许可,

---

① 参见国务院 1991 年 1 月 15 日发布的《关于将钨、锡、锑、离子型稀土矿产列为国家实行保护性开采特定矿种的通知》。

② 参见余振国:《矿业权市场化配置中的环境权利保障制度研究》,载《中国矿业大学学报(社会科学版)》2005 年第 2 期。

③ 参见戴永生:《国内外矿业权之法律属性分析》,载《世界有色金属》2006 年第 2 期。

④ 参见《取水许可和水资源费征收管理条例》第 2 条第 1 款。

取水权人应当申请领取取水许可证,并缴纳水资源费。(3)取水权的行使应当遵循合理利用资源的规定。水资源直接关系到国计民生,决定着国家稳定和经济增长的重大问题,所以即使在自然人、法人取得了取水权以后,国家仍然应当继续保持对水资源利用的严格管理,从而对取水权的内容及行使作出严格的限制。

取水权人的权利主要是权利人依照法律或取水许可证的规定,通过取用地下水、地上水以满足其生产、生活需要的权利。取水权人所享有的权利主要包括如下几项:一是在江河、湖泊或者地下取用水资源的权利。这就是说,取水权人所享有的权利是从特定的水源取水,只要在规定的限度内,权利人都可以取用水资源。二是建造取水工程或者设施的权利。取水常常都是大型企事业单位或者某个地区大规模取用水,因此,权利人需要修建取水工程或设施。三是转让的权利。依据我国现行法规的规定,依法获得取水权的单位或者个人,通过调整产品和产业结构、改革工艺、节水等措施节约水资源的,在取水许可的有效期和取水限额内,经原审批机关批准,可以依法有偿转让其节约的水资源,否则,就难以通过市场的方式最大限度地发挥水资源的利用效益。[①] 而且,在实践中也已经出现了取水权转让的现象。[②]

取水权人应当合理利用水资源,不得违法取用地下水和地上水资源,应当节约用水,保护水资源环境。设立取水权的目的,就是要促进取水权人节约用水,促进水资源的合理开发利用。此外取水权的取得必须支付合理的对价,此种对价称为“水资源费”,取水权人应及时缴纳水资源费。在我国,取水单位和个人在获得取水权之后,应当根据取水的总量来缴纳水资源费。取水权人取用一定的水必须缴纳水资源费,超计划或者超定额取水的,应依法对超计划或者超定额部分累进缴纳水资源费。

(四)养殖权与捕捞权

养殖权、捕捞权都属于渔业权的范畴。所谓渔业权是指权利人依法在他人所有的特定水域从事渔业生产经营活动的权利。《民法典》第329条和《渔业法》所规定的渔业权,主要是指权利人在特定水域进行养殖和捕捞作业的权利。

1. 养殖权

所谓养殖权,是指权利人依法在国有、集体的水面、滩涂从事养殖活动

---

① 参见《取水许可和水资源费征收管理条例》第27条。

② 据报道,位于浙中盆地的义乌市出资2亿元向毗邻的东阳市买下了约5千万立方米水资源的永久使用权。这笔交易协议开创了中国水权制度改革的先河。

并排斥他人干涉的权利。《民法典》第329条规定:“……使用水域、滩涂从事养殖、捕捞的权利受法律保护。”这就在法律上确认了养殖权为一种准用益物权。一方面,有利于使渔业权成为一种长期稳定的权利。准用益物权的取得虽然需要经过行政许可,但是在取得之后行政机关不得随意干预,这就有利于维护渔业经营者的权利。另一方面,有利于鼓励养殖经营者从事各种投资行为。“有恒产者有恒心”,渔业权成为一种长期稳定的财产权利,经营者基于对养殖的合理期待从而能够大胆地对养殖业进行投资。如果养殖经营不能成为物权,则很难鼓励养殖业者做长远的投资。① 养殖要利用国有的海域、湖泊、滩涂等,而养殖过程中又很容易造成水质的污染,因而,国家需要对养殖经营者的资质等级等进行严格的控制。因此,养殖权的取得必须要通过行政许可。

养殖权具有如下特征:(1)养殖权的客体是特定的水域、滩涂等。养殖权是针对特定的水域进行利用而享有的权利。养殖权人只有支配特定的水域才能进行有效的养殖活动,才能划清养殖权人与其他权利人之间的权利边界,并行使具有一定排他性的权利。(2)养殖权的内容是利用特定的水域进行养殖活动。养殖权的设立目的是特定的,即仅仅是从事养殖活动,而不包括其他活动。(3)养殖权在效力上具有一定的排他性。也就是说,在同一特定水域上,不能并存两个养殖权,或存在多种相冲突的权利,所以权利人享有的权利可以排除他人在同一水域、同一期限内从事养殖活动。(4)养殖权的期限应当相对固定。养殖权成为物权就是要使该权利在期限上保持一定的固定性和长期性,不应当成为行政机关时收时放的权利。当然,养殖权的具体期限应当根据养殖的水域和类型来具体确定。例如,海水养殖有滩涂养殖、浅海养殖和深海养殖等类型,养殖渔业的类型、养殖种类、品种及产量因养殖用水面水域生态环境、养殖承载力的不同差别很大。因此,养殖用水面的使用权期限区别也比较大,所以要根据不同的情况来确定不同的期限。

养殖权人的主要权利是:一是占有权。此处所说的占有权是指养殖权人有权占有特定的水域、滩涂等从事养殖活动并获取收益。二是使用特定水域、滩涂从事养殖的权利。养殖的水生动植物必须符合法律的要求,并且对特定水域的使用方式也应当符合法律的要求。三是处分权。权利人对通过养殖经营活动而取得的产品,有权依法自由处分并获取收益。养殖权人

① 参见孙宪忠主编:《中国渔业权研究》,法律出版社2006年版,第7页。

可以将养殖权依法转让、出租、设定抵押,也可以交由其继承人继承。[①] 养殖权人对其所养殖的各种水生动植物享有所有权,有权捕捞、转让、消费其养殖的水产品。

养殖权人的主要义务是按照批准的用途、范围等从事养殖活动。养殖权人不得擅自扩大水域的范围,也不得擅自改变养殖的方式和养殖的水产品的种类等。养殖权人在养殖过程中必须要保护环境,防止水域污染。养殖权人从事养殖生产不得使用含有毒有害物质的饵料、饲料,而且应当科学确定养殖密度,合理投饵、施肥、使用药物,不得造成水域的环境污染。[②] 此外,养殖权人还负有缴纳养殖费的义务。养殖权的设定是一种有偿的行为,养殖权人取得养殖权应当支付相应的对价。

2. 捕捞权

所谓捕捞权,是指权利人依法按照捕捞许可证规定的水域范围和期限从事捕捞作业的权利。捕捞权以捕捞水生动植物资源并取得其所有权为内容[③],属于渔业权的一种类型。《民法典》第 329 条规定:"依法取得的探矿权、采矿权、取水权和使用水域、滩涂从事养殖、捕捞的权利受法律保护。"这就在法律上确认了捕捞权是一种准用益物权。为了统一规划和综合开发利用水生动植物资源,保护渔业资源和渔业水域生态环境,国家对捕捞权实施行政许可制度,捕捞权一般需要经过行政许可才能取得。捕捞权的客体即水生动植物具有不特定性和不稳定性,并因此与一般的用益物权的特点有所不同,但是捕捞权作为一种利用他人水域进行使用收益的权利,仍然具有用益物权的基本特征,因此,《民法典》将其归入准用益物权的范畴也不无道理。

捕捞权人的主要权利包括:一是对特定水域的占有权。从事捕捞作业,必须首先占有一定的水域,该水域必须是捕捞许可证上指定渔场的水域。[④] 二是在特定水域捕捞的权利。捕捞权的核心在于权利人可以依据捕捞许可证所指定的渔场从事捕捞作业。[⑤] 权利人对所享有的捕捞权依法独立行使,并排除他人的非法干涉。三是取得捕获水产品所有权的权利。捕捞权人对其所捕捞的水产品享有所有权,可以将之进行事实和法律上的处分,如进行食用或出卖。

---

① 参见梅夏英、高圣平:《物权法教程》,中国人民大学出版社 2007 年版,第 305 页。

② 参见《渔业法》第 19 条、第 20 条。

③ 参见税兵:《论渔业权》,载《现代法学》2005 年第 2 期。

④ 参见崔建远:《论争中的渔业权》,北京大学出版社 2006 年版,第 273 页。

⑤ 参见崔建远:《准物权研究》,法律出版社 2003 年版,第 416 页。

捕捞权人的义务主要包括：一是按照法律法规和捕捞许可证的规定进行捕捞作业。捕捞权人应当严格按照捕捞许可证关于作业类型、场所、时限、渔具数量和捕捞限额的规定进行作业，并遵守国家有关渔业资源保护的规定。例如，大中型渔船应当填写渔捞日志。[①] 二是合理捕捞的义务。为了保障渔业资源的可持续利用，捕捞权人必须履行合理捕捞的义务，不得使用法律、法规禁止使用的方式进行捕捞，不得采取涸泽而渔式的捕捞作业方式，也不得采用法律禁止的工具进行捕捞。

---

① 参见《渔业法》第25条。

第十三章　土地承包经营权

第一节　土地承包经营权概述

一、土地承包经营权的概念

所谓土地承包经营权，是指权利人对集体所有或者国家所有由集体使用的土地，享有依照法律和合同的规定，从事种植业、林业、畜牧业等农业生产的权利。1986 年的《民法通则》第一次在法律上确立了土地承包经营权，虽然该法没有明示其物权属性，但将该权利置于第五章第一节“财产所有权和与财产所有权有关的财产权”，表明 1986 年的《民法通则》的本意是将该权利作为物权来规定的。1998 年的《土地管理法》和 2002 年的《农村土地承包法》，都规定了土地承包经营权制度，但都没有明确其具有的物权效力。原《物权法》第一次在法律上明确承认土地承包经营权为一种用益物权，并设立专章对此作出规定。这一规定实现了此种权利的物权化，对于稳定土地承包关系具有重要意义，也是对农村土地承包经营制度的重大发展。《民法典》物权编再次确认了土地承包经营权制度，并予以完善。

土地承包经营权是一种重要的用益物权，它是我国农村集体经济组织实行家庭承包经营为基础，统分结合的双层经营体制的产物。《民法典》第 330 条第 1 款规定：“农村集体经济组织实行家庭承包经营为基础、统分结合的双层经营体制。”双层经营体制包括两个层次：一是以家庭承包为基础，即在保持土地性质不变的前提下，由农村集体经济组织与农户订立集体经营合同，由农户取得农村集体经济组织土地的承包经营权。此种家庭的分散承包经营是整个经营体制的基础。[1] 二是集体统一经营的方式。集体组织虽然不直接耕种集体的土地,但是它负担着通过承包合同组织发包,指导和监督合同的履行,对集体资产享有并行使集体所有权,组织本集体经济组织成员开展统一的生产经营。[2] 集体经营是家庭经营的保障,如果没有集体经营,则难以保障社会主义集体所有制的性质。此种集体就是农村集体经济组织法人,在《民法典》中被界定为特别法人。《民法典》规定的双层经营体制,是对我国农村改革经验的总结,也有助于维护广大农民的基本权利,充分调动亿万农民的生产积极性,解放农村生产力,保障农村经济的健康发展和维护我国广大农村的生产生活秩序。[3]

《民法典》第331条规定:"土地承包经营权人依法对其承包经营的耕地、林地、草地等享有占有、使用和收益的权利,有权从事种植业、林业、畜牧业等农业生产。"该条继续采用了约定俗成的土地承包经营权的概念,实践证明,土地承包经营权是我国集体所有制之下的一种有效的、可行的土地利用方式。土地承包经营权的概念具有如下含义:

第一,对象是依法承包的耕地、林地、草地等,其属于农村土地。依据《农村土地承包法》第2条的规定,农村土地是指农民集体所有或国家所有依法由农民集体使用的耕地、林地、草地,以及其他依法用于农业的土地。农村土地与农民集体的土地有一些区别,其不限于集体所有的土地,还包括国家所有依法由农民集体使用的土地。

第二,目的是用于农业生产。土地承包经营权只能用于农业生产,而不能用于其他目的。即便从事相关的建设,其也应当服务于农业生产需要。从这个意义上说,土地承包经营权与宅基地使用权、建设用地使用权在设立目的和用途管制上存在重大区别。

第三,主体是土地承包经营权人。《民法典》使用的"土地承包经营权人"是一个比较概括的概念。依据我国现行的法律规定,土地承包经营权人只能是以家庭承包方式承包本集体经济组织农村土地的农户[4],而且从我国农村集体经济组织法人制度来看,承包户的成员应当限于农村集体经济组织的成员。值得注意的是,从土地承包经营权中产生的土地经营权主体具有多样性。[5]

---

① 参见黄薇主编:《中华人民共和国民法典物权编解读》,中国法制出版社2020年版,第391页。

② 参见黄薇主编:《中华人民共和国民法典物权编解读》,中国法制出版社2020年版,第391页。

③ 参见胡康生主编:《中华人民共和国物权法释义》,法律出版社2007年版,第278页。

④ 参见高圣平:《承包地三权分置的法律表达》,载《中国法学》2018年第4期。

⑤ 参见高圣平:《农地三权分置的法律表达》,法律出版社2023年版,第115~116页。

第四，对土地享有占有、使用、收益的权利。土地承包经营权人依法对其承包的土地享有占有、使用、收益的权利，可以利用其承包的土地进行各种农业生产活动，这也决定了其用益物权属性。但需要指出的是，土地承包经营权本身是可以处分的，但权利人对其承包的土地并不享有处分权。按照物权法定原则，这些权利都是由《民法典》所确定的权利，是法律所承认的基本权利，不得通过行政命令等方式剥夺。①

《民法典》为了巩固农村土地"三权"分置改革成果，促进土地的适度规模化经营，保护农民的合法权益，确认了土地经营权制度，这也是《民法典》的重大亮点。《民法典》在法律上明确承认土地承包经营权和土地经营权为一种用益物权，并设立专章对此作出规定，这是对农村土地承包经营制度的重大完善。该项制度是在不改变集体所有制性质的前提下，最大限度地使农民和土地关系更加密切、保护农民权益的一种可行的方法和途径，对于稳定承包关系、促进土地流转、提高土地效益也具有十分重要的意义。

二、土地承包经营权的特征

土地承包经营权作为一项独立的用益物权，与其他用益物权存在明显区别，其主要法律特征是：

1. 目的的特殊性。土地承包经营权的目的是从事各种农业生产活动，而不是建设房屋等。依据《民法典》第 331 条的规定，土地承包经营权人"有权从事种植业、林业、畜牧业等农业生产"。农业包括农业、林业、牧业、渔业等，权利人对土地享有的权利，不限于从事种植粮棉等农业生产活动，还包括养殖、种植林木等。② 由于土地承包经营权的目的是从事农业生产，权利人在行使权利的过程中，应当维持土地的农业用途，不得将土地用于非农建设和生产（如建造房屋）。

2. 设立的特殊性。用益物权的设定大都采用法律行为的方式，按照公示原则必须采取合意加公示的模式，但土地承包经营权的设立具有特殊性。一方面，该权利自承包合同生效之日起就能有效设立，而不必采用公示方法。从这一点上讲，其类似于以法国法为代表的债权意思主义物权变动模式，采取此种模式符合我国国情，有利于保护农民的利益。另一方面，土地承包经营权也不是依照法律规定的申请、审批程序以及国家机关的授权产生的，而是通过订立承包合同的方式确立的。还要看到，合同一旦生效，土

① 参见梅夏英、高圣平：《物权法教程》，中国人民大学出版社 2007 年版，第 213 页。

② 参见尹飞：《物权法 · 用益物权》，中国法制出版社 2005 年版。

地承包经营权便随之自动设立,在合同生效之后,即使发包方没有实际交付土地,也不影响土地承包经营权的设立。

3. 主体的特殊性。《民法典》第 331 条关于土地承包经营权的主体并没有使用“承包经营户”的概念,而使用“土地承包经营权人”的提法。但是,《农村土地承包法》第 16 条第 1 款规定:“家庭承包的承包方是本集体经济组织的农户。”由此可见,在体系解释上,土地承包经营权人仅限于本集体经济组织的承包农户。《农村土地承包法》原来规定的其他承包方式的土地承包经营权人并不限于本集体经济组织的农户,但新法已将其重塑为土地经营权人,其权利人自然也不限于本集体经济组织的农户。

4. 内容的特殊性。根据《民法典》第 331 条的规定,土地承包经营权的内容包括占有、使用和收益的权利,而不包括处分权。在内容法定的前提下,有关土地承包经营权的内容也可以由有关发包方和承包方通过合同具体约定,从而将法定的内容具体化、明晰化。但是,《民法典》第 331 条的规定只是确立了权利的基本内容,有关土地承包经营权的具体内容则仍然应由土地承包合同来具体补充和完善。[①] 土地承包经营权人必须按合同规定的权能范围行使权利,且必须履行合同所规定的义务。我国法律从维护耕地和保护农民的长远利益考虑,对于土地承包经营权的流转存在严格限制,如土地承包经营权仅能转让给本集体经济组织的其他农户,且应经发包方同意(《农村土地承包法》第 34 条)。

需要指出的是,中共中央办公厅、国务院办公厅在《关于引导农村土地经营权有序流转发展农业适度规模经营的意见》(中办发〔2014〕61 号)中就对农村土地承包经营权的规模经营做了部署,并在“指导思想”中明确提到了农村土地承包经营权将实现所有权、承包权和经营权分立的改革路径。按照此种“三权”分置的改革模式,土地承包经营权之中将包括经营权,并且可以将其分离出去作为独立于承包权的权利。我国《民法典》确认了此项改革成果,明确规定了土地经营权制度。这就意味着,土地承包经营权人享有设立土地经营权的权利。

5. 客体的特殊性。依据《民法典》第 331 条的规定,土地承包经营权的客体是指农村土地,即土地承包经营权人依法承包经营的耕地、林地、草地等农业用地。依据该条规定:其一,承包经营的土地既包括集体所有的土地,也包括国家所有交给集体使用的土地。其二,承包经营的土地主要是指耕地、林地、草地等农业用地。除此之外,还包括其他农业用地。所谓其他

---

① 参见李显东主编:《中国物权法要义与案例释解》,法律出版社 2007 年版,第 200 页。

农业用地,实际上是指养殖水面、菜地等。① 但是,除法律另有规定或当事人另有约定之外,一般不包括地下及地上空间的利用权。②

6. 期限的特殊性。用益物权都具有期限性,土地承包经营权也不例外,我国《民法典》第 332 条第 1 款规定:“耕地的承包期为三十年。草地的承包期为三十年至五十年。林地的承包期为三十年至七十年。”这就规定了各种土地的承包期。此种期限属于法定的期限,不允许当事人通过合同随意变更。③ 与一般用益物权比较,土地承包经营权虽然在期限上有限制,但为了保障土地承包经营权的长期稳定性,维护广大农民的切身利益,对农村土地承包经营权规定了较长的期限,并且到期后可以依法继续承包。即使是土地承包经营期届满,农民也不丧失承包经营的资格,只要承包人提出续期的请求,发包人就应当满足其要求。④

第二节　土地承包经营权的设立

一、土地承包经营权的设立方式

土地承包经营权不采取“合意 + 公示”的设立方式。土地承包经营权的设立,也称为土地承包经营权的取得,是指当事人依据法律的规定和合同的约定而创设土地承包经营权的行为。关于土地承包经营权的设立方式,《民法典》第 333 条第 1 款规定:“土地承包经营权自土地承包经营权合同生效时设立。”显然,《民法典》没有采纳土地承包经营权的设立必须登记的观点,只要土地承包经营权合同生效,就能设立土地承包经营权。作出此种规定一方面有利于强化对土地承包经营权的保护,赋予了土地承包经营合同特别的效力。另一方面也有助于降低土地承包经营权的设立成本,减轻农民负担。在我国,广大农村仍然是“熟人社会”,人们对土地承包的范围和用途大多是了解的,极少发生争议,即使发生了争议,通过承包经营合同也不难有效确定当事人的权利义务关系。⑤ 如果要求登记才能设立,将不可避免地加重农民的负担。当然,从长远来看,土地承包经营权的设立应当登记,因为随着土地经营权流转的增加,农村土地市场化的发展,土地经营权的流

① 参见黄薇主编:《中华人民共和国民法典物权编解读》,中国法制出版社 2020 年版,第 392 页。

② 参见梅夏英、高圣平:《物权法教程》,中国人民大学出版社 2007 年版,第 217 页。

③ 参见全国人大常委会法制工作委员会民法室编:《中华人民共和国物权法条文说明、立法理由及相关规定》,北京大学出版社 2007 年版,第 234 页。

④ 参见尹飞:《物权法 · 用益物权》,中国法制出版社 2005 年版,第 321 页。

⑤ 参见全国人大常委会法制工作委员会民法室编:《中华人民共和国物权法条文说明、立法理由及相关规定》,北京大学出版社 2007 年版,第 236 页。

转会越来越频繁，因而可以采取登记的方式来保障当事人的权利。

《民法典》第333条第1款规定："土地承包经营权自土地承包经营权合同生效时设立。"这一规定表明我国土地承包经营权的设定主要是通过承包合同完成的。我国土地承包经营权的设定具有特殊性，表现在：

第一，采取了意思主义的物权变动模式。我国《民法典》原则上采取登记生效主义，但是在法律特别规定的情况下，允许通过合同直接设定物权。这主要表现在土地承包经营权与地役权的设立上。按照《民法典》第333条的规定，无论是集体土地承包还是国有土地承包，都无须采取登记生效主义，而可以由当事人通过订立合同的方式设立土地承包经营权。

第二，土地承包经营权自合同生效时即可成立。发包人和承包人就合同条款达成合意，并且签字盖章，合同一旦生效即可产生物权。这就表明，承包合同在当事人之间不仅可以产生债的关系，还可以产生物权关系。同时，从《民法典》第333条的规定来看，即使没有交付土地，也可以设立土地承包经营权。一方面，《民法典》关于交付的规定仅仅是动产物权变动的要件，并不适用于不动产。另一方面，从实践来看，合同已经订立但是没有交付的情况很少发生。在承包以后，即使没有交付承包地，土地承包经营权人也有权基于合同要求发包方交付土地，并可以基于土地承包经营权行使物上请求权，要求取得对承包经营土地的占有。所以，承包经营权可不以交付为设立要件，农民在签订土地承包经营合同之后，便取得了对相应土地的承包经营权。

第三，土地承包经营权的设立不以登记为要件。《民法典》第333条第2款规定："登记机构应当向土地承包经营权人发放土地承包经营权证、林权证等证书，并登记造册，确认土地承包经营权。"这主要是考虑到，登记确权有利于明确权利的归属，稳定土地承包关系，确保土地经营权流转的安全，并明确土地的面积、四至、空间位置等。[①] 但依据《民法典》第333条第1款的规定，土地承包经营权人可以自由选择登记，不登记并不影响土地承包经营权的成立，只不过依据《民法典》第335条，在流转时未经登记不得对抗善意第三人。由此可见，我国土地承包经营权采取了类似于登记对抗主义的模式。

二、土地承包合同

土地承包合同是发包人与承包人之间订立的以土地承包经营为内容的

---

① 参见黄薇主编：《中华人民共和国民法典物权编解读》，中国法制出版社2020年版，第438～439页。

合同。土地承包合同不仅是设立土地承包经营权的依据，也是确定土地承包经营权的期限、内容的依据。当事人订立土地承包合同之后，应当在合同中依法记载当事人所享有、负担的各项权利和义务。即使在土地承包经营权的内容和期限法定化以后，也仍然需要发包人和承包人通过土地承包合同确定其具体的权利义务关系，或者使法定的抽象权利规定具体化。依照物权法定原则，土地承包经营权的内容法定，当事人不得任意变更其效力、期限等内容。如果合同违反了《农村土地承包法》的规定（如合同内容中约定违法收回和调整承包地），则该约定是无效的。[①] 例如，如果当事人约定一方可以在承包地上建造房屋，则该约定是无效的。当然，当事人在不违反《民法典》强制性规定的基础上，有权通过相互之间的合同来设立土地承包经营权。

土地承包合同具有如下几个特点：

1. 主体的特殊性。土地承包合同是在集体经济组织和其成员之间订立的。承包人是本集体经济组织的农户，不包括本集体经济组织之外的其他自然人、法人。

2. 目的的特殊性。《民法典》第 331 条规定："土地承包经营权人依法对其承包经营的耕地、林地、草地等享有占有、使用和收益的权利，有权从事种植业、林业、畜牧业等农业生产。"这就高度概括了土地承包合同的订立目的，即在集体的耕地、林地、草地等之上从事种植业、林业、畜牧业等农业生产。如果合同中约定将承包农地用于非农业用途，则该约定因违反法律规定而无效。即使土地承包经营权发生转让，受让人也应当在土地上从事农业生产，不得改变土地的用途。

3. 订立方式的特殊性。土地承包合同是根据承包方案而订立的。依据《农村土地承包法》第 19 条第 3 项的规定，承包方案的通过必须经本集体经济组织成员的村民会议 2/3 以上成员或者 2/3 以上村民代表的同意。

4. 客体和内容的特殊性。土地承包经营权的客体是农村土地，包括集体所有的耕地、林地、草地等，以及国家所有交由集体使用的土地，但不应当包括矿藏、海域等。土地承包经营权的内容主要是指发包人将土地交给承包人，由承包人对集体土地依法享有使用、收益的权利，并有权依法将土地承包经营权予以转让。

5. 期限上的特殊性。土地承包合同的期限受到法律的约束。《民法典》

---

① 参见《最高人民法院关于审理涉及农村土地承包纠纷案件适用法律问题的解释》第 5 条。

明确规定了各类土地的承包期,并明确在土地承包期届满之后,承包人有权按照国家有关规定继续承包。依据《最高人民法院关于审理涉及农村土地承包纠纷案件适用法律问题的解释》第 7 条规定,承包合同约定或者土地承包经营权证等证书记载的承包期限短于《农村土地承包法》规定的期限的,承包方有权请求延长。此处的承包期不仅是合同期限,也是物权的存续期限。在法律对权利期限进行了强制性规定的情况下,当事人不得任意变更该期限的规定。当然,在不违背法律规定的情况下,可以由当事人作出补充性的约定。

6. 效力上的特殊性。土地承包合同自成立之日起生效。依据《民法典》第 333 条第 1 款的规定,土地承包合同一旦生效,就直接发生设立土地承包经营权的效力。[①] 具体而言,一是土地承包经营合同生效之后,在当事人之间产生合同的效力。因此,土地承包合同发生纠纷后,要适用《民法典》合同编关于合同的订立、变更、解除、违约责任等规定。二是直接导致物权的设定。依据《民法典》第 333 条第 1 款的规定,即土地承包合同一旦生效,就直接发生了设立土地承包经营权的效力。三是内容不得违反法律规定。《民法典》《农村土地承包法》对土地承包经营权的内容、期限等作出了规定,当事人在订立土地承包合同时,不得违反法律的规定,否则可能导致合同无效。四是在承包期限内不得擅自变更和解除承包合同。[②]

7. 具有要式性。《农村土地承包法》第 22 条第 1 款规定:“发包方应当与承包方签订书面承包合同。”土地承包经营权设立合同须采用书面形式,主要原因在于:一方面,土地承包合同不仅直接产生设立物权的效力,而且是确定土地承包经营权内容的重要依据;另一方面,土地承包经营权是否能够设立,对相关当事人具有重要利害关系,通过书面合同设立和确认土地承包经营权,有利于土地承包经营关系的稳定化,鼓励和促进农民顺利开展农作物的种植、生产和投资。

三、土地承包经营权登记的效力

(一)土地承包经营权登记的效力概述

如前文所述,《民法典》对设立土地承包经营权采取意思主义模式,没有采取登记生效主义。也就是说,一旦土地承包经营权合同生效,土地承包经营权就得以设立,而不需要进行登记。因而,登记在效力上不直接导致土地

---

① 参见梅夏英、高圣平:《物权法教程》,中国人民大学出版社 2007 年版,第 220 页。

② 参见《农村土地承包法》第 25 条。

承包经营权的产生，不是物权取得的必要条件。即使没有办理登记，土地承包经营权人也可以依据合同取得完全的土地承包经营权。[①] 但《民法典》第335条规定："土地承包经营权互换、转让的，当事人可以向登记机构申请登记；未经登记，不得对抗善意第三人。"依据该规定，登记主要适用于土地互换、转让的情况。登记在效力上主要表现为一种对抗第三人的效力。也就是说，即使土地承包经营权的互换和转让没有办理登记，该物权的变动在当事人之间也发生效力，只是不能对抗善意第三人。

（二）登记造册的性质和效力

《民法典》第333条第2款规定，登记机构应当登记造册。如何理解此处所说的"登记造册"？所谓登记造册，是指县级以上地方人民政府依法将土地的使用权属、用途、面积等情况登记在专门的簿册上，以确认土地承包经营权的法律制度。[②] 尽管《民法典》第333条第2款规定了设立土地承包经营权时应当登记造册，但登记造册不是物权设立的公示方法，只是政府出于管理需要而对土地承包经营权的确认。[③] 在土地承包经营权设立之后，各级地方人民政府都有义务向土地承包经营权人颁发土地承包经营证书。土地承包经营证是确认和证明土地承包经营权的凭证，也是物权的权利凭证。在发生了土地承包经营权纠纷的情况下，土地承包经营证可以作为确权的依据。此外，如果当事人就证书真伪发生争议，则登记造册具有较强的证明力。

（三）土地承包经营权证的效力

依据《民法典》第333条的规定，登记机构除了登记造册以外，还应当发放土地承包经营权证。土地承包经营证可以证明土地承包经营合同关系的存在和内容。在承包合同丢失的情况下，土地承包经营证可以间接地证明该承包关系的存在。同时，它也是一种物权的凭证。证书是由县级以上政府统一印制的，表明了国家对于权利的认可和保护。当然，该证书作为权利凭证，仅具有证明承包经营权的证据效力，领取证书不是权利的成立要件。土地承包经营证要详细记载四至，要对地块坐落以及权利人对给定的地块有多大权利予以记载，这有助于确认权利内容和归属。[④] 在发生土地承包经

---

① 参见黄薇主编：《中华人民共和国农村土地承包法释义》，法律出版社2019年版，第109页。

② 参见胡康生主编：《中华人民共和国农村土地承包法释义》，法律出版社2002年版，第65～66页。

③ 参见姚红主编：《中华人民共和国物权法精解》，人民出版社2007年版，第228页。

④ 参见中国土地政策改革课题组：《中国土地政策改革：一个整体性行动框架》，载《改革》2006年第2期。

营权纠纷的情况下,土地承包经营证可以作为确权的依据。

第三节　土地承包经营权的内容

土地承包经营权是一种用益物权,其内容首先应由《民法典》《土地管理法》《农村土地承包法》等法律规定。如果当事人就土地承包经营权的内容发生争议,应当首先依据法律的规定确定,在法律没有规定的情况下,才应当根据承包合同来确定该权利的内容。

一、承包经营权人的权利

(一)占有权、使用权和收益权

首先,土地承包经营权人有权依法占有承包的土地。在土地承包经营合同生效以后,权利人有权占有集体的土地,从事承包经营。尽管土地承包经营权的设立以合同生效为要件,但事实上,土地承包经营权人要实际利用集体土地从事农业生产,就必须以占有土地为前提。[①] 如果土地承包经营合同生效以后,发包人并没有立即向承包人交付土地,土地承包经营权人有权请求发包方交付土地并进行占有。如果土地仍然由第三人占有,承包经营权人有权基于其享有的物权请求第三人返还占有。如果土地之上存在他人的设施等,承包经营权人有权请求排除妨害。

其次,土地承包经营权人对土地享有使用的权利。所谓使用,是指土地承包经营权人有权利用承包的土地从事种植业、林业、畜牧业等农业生产,也可以利用承包的土地修建必要的附属设施。但是,修建附属设施必须以服务于农业生产为必要。例如,林地使用权人有权修建必要的引水沟渠。在法定的范围内,使用土地的权利内容主要应根据承包合同来确定。例如,若合同允许其利用集体的土地栽种果树,或利用集体的池塘进行养殖,则承包经营权人也有权享有上述权利。[②] 在承包经营关系中,使用是有范围限制的,如土地承包经营权人不得利用土地建造房屋或从事其他非农业活动,也不能擅自改变农用地的性质。

最后,土地承包经营权人对土地享有收益的权利。所谓收益,主要是指从承包地种植的农产品中获取的收益。例如,果树上出产的果实、稻田里出

---

① 参见梅夏英、高圣平:《物权法教程》,中国人民大学出版社 2007 年版,第 224 页。

② 参见全国人大常委会法制工作委员会民法室编:《中华人民共和国物权法条文说明、立法理由及相关规定》,北京大学出版社 2007 年版,第 231 页。

产的稻米、鱼塘里养殖的水产品，这是农民赖以生存的保障。[①] 土地承包经营权人依法转让土地承包经营权或者依法流转土地经营权获得的收益，也可以认为是土地承包经营权人的收益。我国自取消农业税以后，农民通过承包经营土地进行种植和生产而获得的收益，都应当归农民自己所有。

（二）自主经营权

所谓自主经营权，是指土地承包经营权人依据自己的意志组织农业生产经营活动和处置产品的权利。《农村土地承包法》第 17 条将自主经营权与使用收益权并列，表明这是一项独立的权能。此种权利包括两方面的内容：一是土地承包经营权人有权利用承包土地从事生产经营活动。其利用集体的土地从事生产经营活动，享有经营自主权，他人不得干涉。任何人不能以“一乡一品”“特色农业”等为由干涉承包经营权人的经营自由。二是土地承包经营权人对利用承包的土地所收获的产品有权进行处置。土地承包经营权人可以自由决定农产品是否卖、如何卖，以及价格如何确定。土地承包经营权人行使自主经营权，任何组织或个人都不得干扰或阻挠。[②] 但对于一些特殊的农业生产活动，权利人也要受到法律的约束。例如，承包经营权人栽种林木，其虽然对林木享有所有权，但必须按照法律规定进行砍伐。

需要指出的是，在我国农村土地制度改革中，按照“三权”分置的改革思路，要从土地承包经营权中派生出土地经营权，即土地承包经营权人可以与土地实际经营人不一致。[③] 我国《民法典》实现了此种“三权”分置的制度化，在一定程度上走出了土地承包经营权仅承载社会福利的认识限制，是一种规模化经营的改革思路。这将有利于承包地发挥其物权效能，保障农民的权益，也是土地承包经营权人自主经营权的特殊实现方式。

（三）续包权

在承包经营期届满之后，承包权人有权继续承包集体的土地，享有土地承包经营权。《民法典》第 332 条第 2 款规定：“前款规定的承包期限届满，由土地承包经营权人依照农村土地承包的法律规定继续承包。”根据这一规定，即使承包期限届满，土地承包经营权人仍然有权继续承包。续包权包含了如下几个方面的内容：一是承包期满以后，只要承包人提出续包，发包人

---

① 参见胡康生主编：《中华人民共和国农村土地承包法释义》，法律出版社 2002 年版，第 43 页。

② 参见胡康生主编：《中华人民共和国农村土地承包法释义》，法律出版社 2002 年版，第 44 页。

③ 参见刘守英：《直面中国土地问题》，中国发展出版社 2014 年版，第 166 页。

就应当满足其要求，由承包人按照其意愿继续承包；如果权利人不愿继续承包，则不能强行要求其继续承包。继续承包实际上是在终止原有的承包合同的基础上，产生一个新的承包合同。尽管在合同内容上与前一合同并无变化，但前一合同已经终止，所以继续承包实际上就是要签订一个新的合同，而不是原承包经营关系的继续。二是续包要依据国家有关规定进行。所谓依据国家有关规定继续承包，实际上就是指依据未来国家就第三轮土地承包发布的有关规定进行续包。三是续包权适用于家庭承包，而不适用于通过招标、拍卖、公开协商等方式承包的“四荒”土地。因为这些土地的承包要采用竞争性的方式，有能力者才能承包，而不是实行户户有份的方式。所以，对这类土地的承包，在承包期间届满后，承包经营权人不能当然享有续包权。土地承包经营权还承载了社会保障的功能，所以，续包权是保障农民基本生活所必需的，《民法典》规定续包权有利于进一步稳定农村承包经营关系，也有利于鼓励承包经营权人在承包期届满时继续对承包地进行投资，防止滥用土地资源等短期行为。[①]

（四）依法处分权

所谓依法处分权，是指土地承包经营权人有权将土地承包经营权依法通过互换、转让等方式转移，以及设定土地经营权。如前文所述，土地承包经营权作为一种用益物权，权利人无权处分土地，但土地承包经营权作为一项民事权利，权利人对该权利享有一定的处分权。《民法典》第 334 条规定：“土地承包经营权人依照法律规定，有权将土地承包经营权互换、转让。未经依法批准，不得将承包地用于非农建设。”《农村土地承包法》第 17 条确认承包方享有依法互换、转让土地承包经营权的权利，以及依法流转土地经营权的权利。据此，依法处分权主要包括两种：一是互换、转让。由于土地承包经营权具有一定的身份属性，权利人在互换、转让土地承包经营权时，应当在本集体经济组织内部进行转让。二是设定土地经营权。我国正在推行农村土地的“三权”分置，也就是说，要实行土地所有权、土地承包经营权和土地经营权的分离。推行农村土地“三权”分置的目的，就是要稳定土地承包经营权，放活土地经营权，从而实现土地的规模经营，促进农民增产增收。在此背景下，土地承包经营权人可以为他人设立土地经营权，这也是其处分权的重要内容。依据《民法典》第 334 条的规定，转让必须依照《农村土地承包法》的规定，并明确规定“未经依法批准，不得将承包地用于非农

① 参见姚红主编：《中华人民共和国物权法精解》，人民出版社 2007 年版，第 228 页。

建设”。

（五）拒绝非法收回或调整承包地的权利

根据《民法典》第 337 条的规定：“承包期内发包人不得收回承包地。法律另有规定的，依照其规定。”此处所说的法律，主要是指《农村土地承包法》。《农村土地承包法》第 27 条对收回承包地的情况作出了规定。依据该规定，“国家保护进城农户的土地承包经营权。不得以退出土地承包经营权作为农户进城落户的条件”。但如果承包期内，承包农户进城落户，要引导支持其按照自愿有偿原则，将承包地交回发包方或者鼓励其流转土地经营权。可见，除非法律另有规定，在承包期内发包人不得收回承包地。这不仅是合同必须严守规则的要求，也是保证土地承包经营权成为长期稳定的物权所必需的。

土地承包经营权人享有拒绝非法调整承包地的权利。根据《民法典》第 336 条的规定，“承包期内发包人不得调整承包地。因自然灾害严重毁损承包地等特殊情形，需要适当调整承包的耕地和草地的，应当依照农村土地承包的法律规定办理”。《农村土地承包法》第 28 条规定，承包期内，因自然灾害严重毁损承包地等特殊情形对个别农户之间承包的耕地和草地需要适当调整的，必须经本集体经济组织成员的村民会议 2/3 以上成员或者 2/3 以上村民代表的同意，并报乡（镇）人民政府和县级人民政府农业农村、林业和草原等主管部门批准。承包合同中约定不得调整的，按照其约定。这就确认了承包经营的土地不得随意调整的规则。土地承包经营权是一种物权，物权化的目的就是要使该权利成为长期稳定的财产权利，因此，发包方就不能随意调整。如果调整，不仅将损害土地承包经营权人的权利，而且不利于承包经营权人形成稳定的预期，进行长期投资，从而不利于提高土地利用效率。确有特殊情况，需要适当调整承包地的，必须符合法定的条件和程序。①

值得探讨的是，土地承包经营权人弃耕抛荒达到一定期限的，发包方是否能够收回承包地？依据 2004 年《土地管理法》第 37 条的规定，如果土地承包经营权人弃耕抛荒满 2 年，则发包人有权收回承包地，但 2019 年《土地管理法》废除了上述规定。因此，即使土地承包经营权人实施了弃耕抛荒行为，发包方也不能收回土地，因为土地承包经营权具有最低生活保障的作

① 参见席志国、方立维：《物权法法条详解与原理阐释》，中国人民公安大学出版社 2007 年版，第 208 页。

用,如果以弃耕抛荒为由而收回,这将使暂时无力耕种的承包经营权人失去生存之本,从而也会影响社会的安定。

(六)征收补偿权

所谓征收补偿权,是指因国家基于公共利益的需要,依据法律规定的权限和程序征收集体的土地而导致土地所有权移转,土地承包经营权因此消灭的,土地承包经营权人有权依法要求单独补偿。《农村土地承包法》第17条规定,承包经营权人"承包地被依法征收、征用、占用的,有权依法获得相应的补偿"。《民法典》第338条规定:"承包地被征收的,土地承包经营权人有权依据本法第二百四十三条的规定获得相应补偿。"因此,土地承包经营权人享有征收补偿权。具体来说,包括以下几个方面:

第一,必须是承包地已经被征收,即集体土地所有权被征收,从而导致土地承包经营权消灭。如果土地没有被承包,即使土地被征收,也不存在土地承包经营权人的补偿问题。

第二,土地承包经营权因征收而绝对消灭。当然要区分土地的征收和征用,在征用的情况下,只是临时影响了土地承包经营权的行使,不会导致土地承包经营权的绝对消灭。例如,因抗洪抢险、军事演习而临时征用集体土地,只是导致土地承包经营权在一定时间内受到限制,因此不会产生征收补偿权的问题。

第三,补偿的标准和数额必须符合法律规定。土地承包经营权已经物权化,因而在征收的时候,不仅要对土地所有权人给予补偿,也要对相关的用益物权人给予补偿。[①]《民法典》第243条第2款规定,征收集体所有的土地,应当依法及时足额支付土地补偿费、安置补助费以及农村村民住宅、其他地上附着物和青苗等的补偿费用,并安排被征地农民的社会保障费用,保障被征地农民的生活,维护被征地农民的合法权益。据此,一方面,必须对土地承包经营权人给予足额的补偿;另一方面,不仅要足额支付土地的补偿费,还要支付农民的社会保障费用。

二、承包经营权人的义务

承包经营权人主要负有如下义务:

第一,按照法律规定和合同约定利用土地的义务。一方面,依据《农村土地承包法》第18条的规定,土地承包经营权人应当维持土地的农业用途,未经依法批准不得用于非农建设。可见,土地承包经营权人最基本的义务

---

① 参见梅夏英、高圣平:《物权法教程》,中国人民大学出版社2007年版,第228页。

是必须将土地用于农业用途，而不得将土地用于房地产开发等活动。另一方面，承包经营权人必须在法律允许的范围内从事农业生产活动。承包经营权人必须合法行使权利。任何人不得买卖土地，不得擅自将土地抵押或者将土地承包经营权非法流转，不得在承包地上从事建房、起土、建坟等活动。此外，土地承包经营权人在获得土地承包经营权之后，应当积极组织有效的农业生产，不得撂荒、弃耕或进行掠夺性农业生产，破坏土地的生产力，不得擅自在土地之上建造各种建筑物和工作物。

第二，合理使用土地、保护环境的义务。《民法典》第 326 条规定："用益物权人行使权利，应当遵守法律有关保护和合理开发利用资源、保护生态环境的规定……"因此，土地承包经营权人承包土地之后，也应当注重保护资源，合理开发和利用资源并保护环境。《农村土地承包法》第 18 条规定，土地承包经营权人应当"依法保护和合理利用土地，不得给土地造成永久性损害"。据此，土地承包经营权人承包经营的土地、山林、水面等应当合理利用，不得进行掠夺式开发、经营；不得擅自在耕地上建房、挖沙、采土、采石、采矿。同时，土地承包经营权人还有义务保护所承包土地的生态环境，即使是个人种植的林木也不能滥砍滥伐，不得使用违禁农药污染环境等。

第三，返还土地并恢复原状的义务。土地承包经营期限届满或其他法定原因导致土地承包经营权消灭，当事人又没有续订承包经营合同的，土地承包经营权人应当及时向发包人返还土地，并应当恢复土地的原状。

第四节　土地承包经营权的处分

一、土地承包经营权的处分概述

所谓土地承包经营权的处分，是指土地承包经营权人依照法律的规定，采取互换、转让的方式将土地承包经营权移转给他人，或者设定土地经营权。土地承包经营权人是用益物权人，作为土地承包经营权客体的土地本身不能由其进行处分，但土地承包经营权作为一种权利，则可以被权利人依法处分。《民法典》第 334 条规定："土地承包经营权人依照法律规定，有权将土地承包经营权互换、转让。未经依法批准，不得将承包地用于非农建设。"第 339 条规定："土地承包经营权人可以自主决定依法采取出租、入股或者其他方式向他人流转土地经营权。"这就在法律上确认了土地承包经营权人所享有的依法处分的权利。从实践来看，在稳定家庭承包经营的基础上，允许土地承包经营权依法处分，是发展农村市场经济、实现资源优化配置的必然要求。[①] 土地承包经营权的依法处分具有如下几个特点：

第一，依法处分在性质上是权利的处分行为。土地承包经营权的依法处分都要导致权利被转让。这就是说，在被依法处分之后，一方的土地承包经营权消灭，而另一方继受取得该土地承包经营权。从这个意义上说，土地承包经营权的依法处分在性质上是一种土地承包经营权的交易。因而，应当按照自愿有偿、平等协商的规则进行流转。[②] 从广义上说，设立土地经营权也是土地承包经营权的一种处分方式。

第二，依法处分的权利是土地承包经营权的一项重要内容。既然土地承包经营权是一种物权，具有财产价值，就可以依法处分。一旦土地承包经营权人取得土地承包经营权，就自然享有对这种权利的处分权。[③] 一般来说，依法处分的主体是土地承包经营权人，而不是发包人。在法律规定的范围内，土地承包经营权人有权决定是否处分以及处分的对象，也有权决定处分的方式和内容。

第三，依法处分不得改变土地的农业用途。在我国，土地属于国家或者集体所有，土地承包经营权只是用益物权，无论其采取何种方式处分，也无论其移转至何处，都不得改变土地所有权的农业用途。对此，《民法典》第334条规定："……未经依法批准，不得将承包地用于非农建设。"这是因为，我国实行最严格的耕地保护制度，土地承包经营权的设立只是为了从事农业生产，不是为了从事非农建设。因此，土地承包经营权被依法处分之后，受让人不能将承包地用于农业生产以外的目的。例如，在受让人受让承包地之后，不能将承包地用于房地产开发等非农建设。[④] 当然，根据《民法典》的相关规定，在国家土地整体利用规划范围内，承包经营的土地经过有关机关的批准和法定的程序，是可以改变用途的。

第四，土地承包经营权的处分是受限制的。土地承包经营权是依据一定的身份而取得的，因此不能完全放任其自由处分。例如，根据《农村土地承包法》第38条的规定，土地承包经营权的处分不得改变土地所有权的性质和土地的农业用途，受让方须有农业经营能力或者资质。可见，土地承包经营权的处分与一般用益物权的转让是有区别的，它要受到比较多的限制。

---

① 参见胡康生主编：《中华人民共和国农村土地承包法释义》，法律出版社2002年版，第90页。

② 参见《农村土地承包法》第19条。

③ 参见郭明瑞主编：《中华人民共和国物权法释义》，中国法制出版社2007年版，第229页。

④ 参见房绍坤：《物权法用益物权编》，中国人民大学出版社2007年版，第80页。

二、土地承包经营权处分的类型

根据《民法典》第334条的规定,土地承包经营权不再使用"流转"一词,因此土地承包经营权的处分主要是指土地承包经营权的互换、转让,同时,土地承包经营权人还可以依法设立土地经营权。据此,土地承包经营权的处分包括两种基本类型:一是土地承包经营权的移转。依据我国《民法典》第335条和《农村土地承包法》的规定,此种处分是指互换和转让。此种形式的处分涉及土地承包经营权权利本身的移转。二是设定土地经营权。《民法典》第339条专门规定了土地经营权的流转:"土地承包经营权人可以自主决定依法采取出租、入股或者其他方式向他人流转土地经营权。"这也是"三权"分置改革的成果,即更好地发挥土地的使用价值,实现规模化经营。

土地承包经营权的移转与设定土地经营权的主要区别在于:

第一,是否导致土地承包经营权在不同主体间的变动不同。在土地承包经营权互换、转让的情形下,原土地承包经营权人将丧失其土地承包经营权。从广义上说,土地承包经营权的互换、转让是该权利移转的继受取得。而设定土地经营权则并不导致土地承包经营权人丧失其土地承包经营权,而只是在该权利之上设定一种权利负担。土地经营权的设定在性质上属于创设的继受取得。当然,设定的土地经营权可能是具有物权性质的权利,也可能是债权性质的权利,对于取得物权性质的权利而言,其属于创设取得。

第二,是否涉及农地"三权"分置不同。土地承包经营权的互换、转让涉及该权利的消灭与权利的取得,并不创设新的权利类型,不涉及农地"三权"分置问题。而土地经营权的设立则在土地承包经营权之上创设新的权利类型,其是农地"三权"分置的体现。

第三,主体资格要求不同。土地承包经营权的互换、转让涉及移转的继受取得,其对受让人的资格有一定的要求,即受让人应当是本集体经济组织成员。而土地经营权的设定对受让人的资格没有限制,是一种市场化权利,原则上没有身份的限制,受让人可以是农业公司或者本集体经济组织成员之外的其他主体。

第四,是否受到期限限制不同。土地承包经营权的互换、转让所约定的期限不得超过土地承包经营权的剩余期限。而设定土地经营权则应当受到双重期限的限制,也就是说,一方面,土地经营权的期限不得超过土地承包经营权的剩余期间,即在土地承包经营权上为他人设定土地经营权时,不得超过土地承包经营权剩余期间;另一方面,土地经营权还应当受到当事人约定期间的限制。

三、土地承包经营权的互换和转让

(一)土地承包经营权人有权将土地承包经营权互换

所谓互换,是土地承包经营权人将自己的土地承包经营权交换给他人行使,自己行使从他人处换来的土地承包经营权。[①] 土地承包经营权互换的目的是方便各自的需要。例如,农户所承包的土地过于分散,不适合规范化种植,通过互换的方式可以实现地块的集中,便于耕作。土地承包经营权互换只是主体的改变,不能改变土地的用途、权属以及承包的义务,土地承包经营权的互换基于农户的自由意愿,经过发包方的备案即可。[②]

在互换的情况下,当事人之间形成了一种互易合同关系。我国《民法典》第334条和《农村土地承包法》第33条对此作出了专门规定。互换从表面上看是地块的交换,但从性质上看,是由交换承包的土地引起的权利的移转。[③] 同一集体经济组织的承包方之间自愿将土地承包经营权进行互换,双方对互换土地原享有的承包权利和承担的义务也相应互换。该种交换改变了原有的权利分配,涉及承包义务的履行,因此,应当报发包方备案。[④] 互换并不导致土地承包经营权内容的改变。在互换以后,原土地承包经营权设立合同约定的权利义务,应当由新的土地承包经营权人概括承受。[⑤] 互换除应签订书面合同之外,还应当符合如下几个条件:一是互换的主体必须是同一集体经济组织内部的成员。按照《农村土地承包法》第33条的规定,互换只能在同一集体经济组织内部进行,土地承包经营权人无权将其土地承包经营权与不同集体经济组织成员的土地承包经营权进行互换。二是互换只是在同一集体经济组织内部进行交换,并没有改变土地承包方案,也没有将土地承包经营权移转给集体经济组织以外的其他人,对发包人的权益没有产生实质性的影响,因而,它不需要取得发包人的同意。[⑥]

---

① 参见黄薇主编:《中华人民共和国民法典物权编解读》,中国法制出版社2020年版,第443页。

② 参见黄薇主编:《中华人民共和国农村土地承包法释义》,法律出版社2019年版,第141~142页。

③ 参见胡康生主编:《中华人民共和国农村土地承包法释义》,法律出版社2002年版,第90页。

④ 参见黄薇主编:《中华人民共和国民法典物权编解读》,中国法制出版社2020年版,第443页。

⑤ 参见孙宪忠、朱广新主编:《民法典评注:物权编》(第3册),中国法制出版社2020年版,第70页。

⑥ 参见胡康生主编:《中华人民共和国物权法释义》,法律出版社2007年版,第289页。

（二）土地承包经营权人有权转让土地承包经营权

所谓转让，是指土地承包经营权人将其拥有的未到期的土地承包经营权按照一定的方式和条件转让给他人的行为。[①]《农村土地承包法》第 34 条规定："经发包方同意，承包方可以将全部或者部分的土地承包经营权转让给本集体经济组织的其他农户，由该农户同发包方确立新的承包关系，原承包方与发包方在该土地上的承包关系即行终止。"土地承包经营权的转让有利于实现土地的规模化经营，从而提高土地的利用效率。需要注意的是，转让也是一种典型的交易行为，故应当符合等价有偿的原则，转让可以采取全部转让的方式，也可以采取部分转让的方式。土地承包经营权全部转让之后，原土地承包经营关系自行终止，原承包经营权人的权利消灭，而受让人取得该权利，并与发包人之间形成新的承包关系。[②] 转让导致了土地承包经营权主体的变更，且转让是权利义务的概括移转，受让人应当取得原承包经营权人享有的权利，承担原承包经营权人负担的义务。如果受让人没有履行义务，应当由受让人承担违约责任。

转让与互换之间存在区别：一方面，在互换的情况下，土地承包经营权并未丧失，只是交换其承包经营权，而转让则因为当事人之间的转让合同生效，导致转让方不再享有承包经营权。[③] 另一方面，二者在程序要求上存在区别。土地承包经营权互换只需要当事人进行备案，而土地承包经营权的转让需要发包人的同意。

依据《农村土地承包法》第 34 条的规定，土地承包经营权的转让必须符合几个条件：一是必须经过发包方同意。其理由在于，发包人是土地承包经营权的代表方，土地承包经营合同是发包人和承包人之间签订的，因此土地承包经营权的转让必须征得发包人同意是合理的。此外，土地承包经营权在一定程度上具有社会保障的性质，它是农户基本的财产权，具有基本生存保障的功能。法律要求取得发包人同意也是为了保护承包经营权人的利益，避免这种转让对集体所有权产生影响。[④] 二是土地承包经营权受让的对象是本集体经济组织的其他农户。因为土地承包经营权是受让的农户同发包方通过订立合同确立的，其必须要符合身份、资格的要求，土地承包经营权必须限制在集体经济组织内部进行流转，保障土地承包经营权不会向外

---

① 参见黄薇主编：《中华人民共和国农村土地承包法释义》，法律出版社 2019 年版，第 142 页。

② 参见房绍坤：《物权法用益物权编》，中国人民大学出版社 2007 年版，第 110 页。

③ 参见黄薇主编：《中华人民共和国农村土地承包法释义》，法律出版社 2019 年版，第 142 页。

④ 参见黄薇主编：《中华人民共和国民法典物权编解读》，中国法制出版社 2020 年版，第 444 页。

部流失。从法律效果上讲，土地承包经营权一旦转让，其原有的土地承包关系就终止了，受让方与发包人之间成立了新的承包关系，进而获得了土地承包经营权。受让方必须是从事农业生产的农户，而且必须是集体经济组织内部的成员。发包方与承包方的关系也不再是集体经济组织与其成员的内部关系，受让方是否符合法律规定的主体资格，是否具有承包经营的能力，直接关系到承包义务的履行。[①] 此外，依据《民法典》第334条的规定，未经批准，不得将承包土地用于非农建设。由于土地承包经营权的权利内容与制度功能都是基于土地承包经营权的基本需要，土地承包经营权转让后，受让人也不得擅自将承包地用于非农建设。

四、设立土地经营权

在土地承包经营权基础上设定土地经营权有两种方式：

一是在土地承包经营权基础上设立土地经营权。《民法典》第341条规定："流转期限为五年以上的土地经营权，自流转合同生效时设立。当事人可以向登记机构申请土地经营权登记；未经登记，不得对抗善意第三人。"据此，流转期限为5年以上的土地经营权，可以办理土地经营权登记。严格地说，流转期限为5年以上的土地经营权，取得了登记能力，但并不意味着土地经营权登记是权利人取得土地经营权的条件。对于流转期限不满5年的土地经营权，其并不具有登记能力。应当指出的是，土地经营权的流转期间应当受土地承包经营权剩余期间的限制。如果超过剩余期间，则超出部分应为无效。当然，土地承包经营权人经续期后仍取得土地承包经营权的，可以认定为有效。

二是由所有权人直接设立土地经营权。该种方式针对的主要是"四荒"土地。《民法典》第342条规定："通过招标、拍卖、公开协商等方式承包农村土地，经依法登记取得权属证书的，可以依法采取出租、入股、抵押或者其他方式流转土地经营权。"

五、土地承包经营权移转后的登记

《民法典》第335条规定："土地承包经营权互换、转让的，当事人可以向登记机构申请登记；未经登记，不得对抗善意第三人。"从这一规定来看，我国土地承包经营权的转让采用了登记对抗模式。这就是说，登记不是物权转移的必要条件，而只是产生对抗第三人效力的要件。确认登记的对抗效力，有利于保护善意第三人利益，并进而维护交易安全。《民法典》之所以

---

① 参见黄薇主编：《中华人民共和国农村土地承包法释义》，法律出版社2019年版，第146页。

对土地承包经营权的设立没有明确规定登记对抗，而对土地承包经营权的互换、转让规定了登记对抗规则，主要理由在于：一方面，土地承包经营权的设立发生在农村集体经济组织内部，属于“熟人社会”，即便不办理登记，也不会发生权属争议。而一旦进行互换、转让，就可能产生权属变动，即便发生在集体经济组织内部，也容易发生争议。因此，需要进行登记。另一方面，在土地承包经营权发生互换、转让的情形下，土地承包经营权人将发生变动，这也导致土地承包经营权的实际权利人与发包方案所记载的权利人不一致，此时，实行登记对抗规则可以减少权属纠纷，公示权利状态。此外，在土地承包经营权互换、转让的情形下，实行登记对抗主义，也有利于土地经营权的设立和流转，即通过登记可以公示土地之上的真实权利状态，从而便于权利人设定和流转土地经营权。

采用登记对抗主义，包括如下几个方面的含义：

第一，土地经营权流转本身并不要求必须登记。如果没有办理登记，并不影响流转的生效，因此，登记并不是土地承包经营权互换、转让的生效条件。[①] 依据《民法典》第335条的规定，当事人要求登记的，相应行政机关才应当根据当事人的申请办理登记。也就是说，当事人可以办理登记，也可以不办理登记。不办理登记的，也不影响该权利的流转。

第二，如果当事人要求登记，应当向县级以上地方人民政府申请办理土地承包经营权变更登记。这里所说的“变更登记”不应当理解为内容变更的登记，此种登记是主体变更的登记，即移转登记。

第三，未经登记，不得对抗善意第三人。如何理解此处所说的“善意第三人”？一般认为，即使未经登记，受让人取得的仍然是物权，可以对抗一般债权人和恶意第三人，只是不能对抗已经登记的其他善意受让人。如果土地承包经营权人将土地承包经营权多次转让，在先的受让人没有进行登记，所取得的物权只对转让人有效。而一旦其他善意受让人在后来的交易中进行了登记，则其取得该土地承包经营权，但在先的受让人取得的权利不能对抗在后的已经办理了登记的善意受让人。

第五节　土地承包经营权的消灭

土地承包经营权的消灭，是指土地承包经营权人基于特定事由丧失土地承包经营权。具体来说，土地承包经营权消灭的原因包括下述几种。

---

① 参见房绍坤：《物权法用益物权编》，中国人民大学出版社2007年版，第114页。

一、土地承包经营权期限届满

土地承包经营期限一般由土地承包经营合同明确规定,在土地承包经营期限届满以后,如果没有延长土地承包经营期限,原土地承包经营合同终止,土地承包经营权消灭。《民法典》第 332 条第 2 款规定:“前款规定的承包期限届满,由土地承包经营权人依照农村土地承包的法律规定继续承包。”但是,在承包期满之后,即使能够继续承包,也只是导致新的承包经营关系的产生,而不是原承包经营关系的继续。

二、依法调整承包地

《民法典》第 336 条第 1 款规定:“承包期内发包人不得调整承包地。”可见,除非符合法定的条件和程序,否则发包方在承包期内不得擅自调整承包地。《民法典》第 336 条第 2 款规定:“因自然灾害严重毁损承包地等特殊情形,需要适当调整承包的耕地和草地的,应当依照农村土地承包的法律规定办理。”在调整承包地以后,基于原土地之上的土地承包经营权消灭,土地承包经营权人取得了新的土地之上的土地承包经营权。也就是说,土地承包经营权的客体发生了变化,土地承包经营权也随之发生变化。土地承包经营权调整的法定条件主要包括以下几个方面:

第一,必须出现法定的调整承包地的事由。这主要是指出现了自然灾害严重毁损承包地等特殊情形。因为自然灾害(如洪水、海啸、地震等)造成水土流失,承包地本身已经无法继续耕种甚至出现承包地灭失情况的,如果不予以调整,土地承包经营权人将丧失基本的生活保障。

第二,必须在承包期内需要适当调整承包地的。如果出现了自然灾害但并没有导致土地流失,则并不需要调整。如果承包期届满且没有续订合同,也没有必要调整,由此将导致承包权的消灭。

第三,调整必须依照法定的程序。《农村土地承包法》第 28 条、第 29 条对调整承包地的程序作出了规定。土地承包经营权的调整,不仅关系到个别农户,而且关系到整个集体经济组织的重大利益问题,所以,应当经过绝对多数的村民的同意。需要讨论的是,《农村土地承包法》第 28 条规定:承包合同中约定不得调整的,按照其约定。依反面解释,承包经营合同约定土地承包经营权可以调整的,则可以按照合同约定调整。这里关键是如何理解“约定”,如果该约定是由集体经济组织内部共同约定,反映了全体集体经济组织成员的共同意志,则可以或者禁止调整的约定是有效的。当约定的调整条件发生时,该集体可以根据合同约定进行调整。但是,如果只是在个别承包合同中约定了可以调整或者不可以调整,则该约定是无效的。对此,

《农村土地承包法》第58条规定:“承包合同中违背承包方意愿或者违反法律、行政法规有关不得收回、调整承包地等强制性规定的约定无效。”单个合同的约定不得改变法律的强制性规定,因为既然法律规定在特殊情况下并且经过法定程序可以调整,那么,如果个别承包合同中约定不得调整,实际上通过该约定排除了法律的强制性规定,该约定应当是无效的。

三、土地承包经营权人自愿交回承包地

土地承包经营权作为一种民事权利,可以由权利人依自己的意志进行处分。土地承包经营权人自愿交回承包地,实际上是抛弃土地承包经营权的行为,因此将导致土地承包经营权消灭。《农村土地承包法》第30条规定:“承包期内,承包方可以自愿将承包地交回发包方。承包方自愿交回承包地的,可以获得合理补偿,但是应当提前半年以书面形式通知发包方。承包方在承包期内交回承包地的,在承包期内不得再要求承包土地。”从该规定来看,自愿交回的行为并不受任何限制,不管承包经营权人是否在城市找到了工作,也不管其是否获得了一定的非农业收入,只要其愿意交回土地,法律都不禁止。但交回之后,发包方有接受的义务。不过,依据《农村土地承包法》第29条的规定,承包经营权人在交回土地之后在合同约定的承包期内不得再要求承包土地。

四、国家对承包经营土地的征收

土地承包经营权存在的前提是集体对土地享有所有权。如果国家基于社会公共利益的需要,依据法律规定的权限和程序而征收集体的土地,则在集体土地所有权移转并变成国家所有之后,该集体土地上设立的土地承包经营权随之消灭。当然,国家在征收承包经营地时,应当依据《民法典》第338条给予土地承包经营权人充分、合理的补偿。因此,征收也是土地承包经营权消灭的一种原因。

土地承包经营权消灭后,关于地上的附属设施的归属问题,法律并没有作出明确规定。本书认为,如果附属物是土地承包经营权人修建的,在土地承包经营权期限届满时,权利人有权取回附属设施。但发包人要求以时价购买的,依据物尽其用的原则,土地承包经营权人不得拒绝。土地承包经营权人不取回附属设施,且保留附属设施对土地使用有益时,发包人应当给予相应的补偿。

第六节　土地经营权

一、土地经营权的概念和特征

土地经营权包括两种：一是家庭承包中土地承包经营权经流转设立的土地经营权；二是在土地所有权之上直接设立的土地经营权。《民法典》第340条规定："土地经营权人有权在合同约定的期限内占有农村土地，自主开展农业生产经营并取得收益。"《民法典》确认了土地经营权，旨在确认农村土地"三权"分置改革的成果，保障农民的合法权益，避免其丧失土地承包经营权，同时促进土地的适度规模化经营，克服现在小规模耕作模式的弊端，促进土地流转，赋予受让方更加稳定的权利。[①]

"三权"分置是农村经济改革的产物。所谓"三权"分置，是指将农村土地上的权利分为集体土地所有权、土地承包经营权与土地经营权三个层次。承包方承包土地后，既可以自己经营，也可以流转承包地的土地经营权，由他人经营。受让人通过流转取得土地经营权，可以实现土地经营效益的最大化。[②] "三权"分置改革是继家庭联产承包责任制后农村改革又一重大制度创新。通过"三权"分置改革，可以明晰土地产权关系，更好地维护农民集体、承包农户、经营主体的权益。从而有利于促进土地资源合理利用，构建新型农业经营体系，发展多种形式的适度规模经营，提高土地产出率、劳动生产率和资源利用率，推动现代农业发展。[③] "三权"分置符合生产关系适应生产力发展的客观规律，展现了农村基本经营制度的持久活力，有利于明晰土地产权关系，更好地维护农民集体、承包农户、经营主体的权益。[④]

土地经营权具有如下特点：

第一，它主要是在土地承包经营权之上派生出来的权利。土地承包经营权是土地经营权的母权，土地经营权是从土地承包经营权基础上派生出来的权利，它是土地经营权流转的一种方式，是为了实现土地的经营利用而产生的一项权利。[⑤] 当然，对"四荒"土地之上设立的土地经营权而言，其是

---

① 参见孙宪忠、朱广新主编：《民法典评注：物权编》(第3册)，中国法制出版社2020年版，第115～116页。

② 参见黄薇主编：《中华人民共和国农村土地承包法释义》，法律出版社2019年版，第196页。

③ 参见2016年中共中央办公厅、国务院办公厅《关于完善农村土地所有权承包权经营权分置办法的意见》。

④ 参见黄薇主编：《中华人民共和国民法典物权编释义》，法律出版社2020年版，第664页。

⑤ 参见高圣平等：《〈中华人民共和国农村土地承包法〉条文理解与适用》，人民法院出版社2019年版，第224～225页。

在土地所有权之上设立的权利。

第二,土地经营权的主体是根据土地流转合同取得经营土地权利的自然人、法人或者非法人组织。一方面,就出让方而言,在实践中,家庭承包通常以户为单位,因此流转中出让方通常是承包户而非承包户的个别家庭成员。[①] 另一方面,就受让方而言,土地经营权的主体既可能是自然人,又可能是法人或非法人组织。土地经营权不同于土地承包经营权,其没有相关身份的限制,并不要求是集体组织的成员。[②] 从这一意义上说,土地经营权的取得和处分由当事人自主约定,法律不作强行限制,这不同于具有福利性、保障性的土地承包经营权。[③] 虽然法律上没有对土地经营权人的身份进行严格限制,其既可以是本集体经济组织的成员,也可以是非本集体经济组织的成员,[④]但依据《农村土地承包法》第 38 条第 4 项的规定,土地经营权的取得也要求权利人具有相应的农业经营能力或者资质,如果权利人没有经营能力,就难以进行规模化的农业生产。

第三,土地经营权的客体是承包地、"四荒"地等农村土地。依据《农村土地承包法》第 2 条的规定,"本法所称农村土地,是指农民集体所有和国家所有依法由农民集体使用的耕地、林地、草地,以及其他依法用于农业的土地"。因此,农村土地是指用于农业生产的土地,非农村土地之上不能设立土地经营权。就农村土地而言,土地经营权的客体包括两种:一是采取家庭承包方式取得的土地;二是通过招标、拍卖、公开协商等方式取得的"四荒"土地。这两种土地经营权在设立方式、权利内容等方面存在重要区别。

第四,土地经营权有一定的期限限制,不得超过承包期的剩余期限。土地承包经营权本身是一种有期限限制的用益物权,其权利存续期限受到一定的限制,土地经营权作为土地承包经营权所派生的权利,同样也应当具有期限的限制。[⑤] 对于以家庭承包方式承包的土地而言,《农村土地承包法》第 38 条第 3 项规定:"流转期限不得超过承包期的剩余期限。"[⑥]因为对以家庭方式承包的土地而言,土地经营权派生于土地承包经营权,其期限也当

---

① 参见黄薇主编:《中华人民共和国农村土地承包法释义》,法律出版社 2019 年版,第 149 页。

② 参见黄薇主编:《中华人民共和国民法典物权编释义》,法律出版社 2020 年版,第 668 页。

③ 参见王利明主编:《民法》(上册)(第 8 版),中国人民大学出版社 2020 年版,第 399 页。

④ 参见黄薇主编:《中华人民共和国农村土地承包法释义》,法律出版社 2019 年版,第 150 页。

⑤ 参见黄薇主编:《中华人民共和国农村土地承包法释义》,法律出版社 2019 年版,第 157 页。

⑥ 《农村土地承包法》第 21 条规定:"耕地的承包期为三十年。草地的承包期为三十年至五十年。林地的承包期为三十年至七十年。前款规定的耕地承包期届满后再延长三十年,草地、林地承包期届满后依照前款规定相应延长。"

然应当受土地承包经营权期限的限制。对于以其他方式设立的土地经营权而言,依据《农村土地承包法》第 49 条的规定,当事人同样需要在合同中约定土地经营权的承包期限,其同样有一定的期限限制。

二、土地经营权的性质

关于“三权”分置中土地经营权的性质,存在两种不同的观点。一是债权说。此种观点认为,土地经营权在性质上属于债权,即当事人通过合同约定设定的权利,仅在当事人之间产生效力,不能对抗第三人。二是物权说。此种观点认为,土地经营权在性质上属于物权,《民法典》之所以将其规定在物权编中,就是因为其属于物权,当然其必须进行登记,才能成为物权。

土地经营权的性质应当依据具体情形而定,《民法典》第 341 条规定:“流转期限为五年以上的土地经营权,自流转合同生效时设立。当事人可以向登记机构申请土地经营权登记;未经登记,不得对抗善意第三人。”据此可见,土地经营权分为两种类型:一是债权性质的土地经营权,即流转期限不到 5 年,且无法办理登记的,其在性质上应当属于债权,不能产生对抗第三人的效力,只能在土地承包经营权人和土地经营权人之间产生效力。[①] 二是物权性质的土地经营权,这主要是指流转期限在 5 年以上的土地经营权,这种土地经营权具有长期性、稳定性的特点,应当属于物权。之所以将流转期限在 5 年以上的土地经营权认定为物权,理由主要在于:

第一,对 5 年以上的土地经营权而言,一旦办理登记,就将形成一种长期稳定的财产权利。第三人通过查询登记簿,就可以了解土地上的权利负担,从而做出理性的商业判断。由此可见,经登记的土地经营权不仅在当事人之间发生法律效力,而且还被赋予一定的支配和排他效力,可以对抗第三人。

第二,如果不承认其为物权,而仍然将其认定为债权,则该权利仍然不稳定,也就无法形成经营主体的稳定经营预期。只有承认其物权地位,才能对抗第三人,并排除第三人对土地经营权的侵害。同时,将其认定为物权,才能将其作为抵押的客体,并通过多种方式进行流转。

第三,从体系解释层面看,《民法典》将土地经营权规定在物权编中,而且特别强调流转期限在 5 年以上的土地经营权才能登记,而经过登记,土地经营权就具有了物权效力,即办理登记后的土地经营权才可以以抵押等方式流转,这不仅与《民法典》第 209 条第 1 款不动产物权设立经依法登记才

① 参见崔建远:《物权编对四种他物权制度的完善和发展》,载《中国法学》2020 年第 4 期。

发生效力是一致的，而且与后文权利抵押客体应为物权的阐释一致。[①] 因此，从土地经营权经依法登记可以流转的规定来看，这实际上也承认了其在性质上属于物权。[②]

三、土地经营权的设立

《民法典》第 341 条规定："流转期限为五年以上的土地经营权，自流转合同生效时设立。当事人可以向登记机构申请土地经营权登记；未经登记，不得对抗善意第三人。"依据该条规定，土地经营权应当通过合同的方式设立，即当事人应当就土地经营权的设立订立合同，对于流转期限为 5 年以上的土地经营权，当事人还可以依法办理登记。

（一）订立合同

依据《农村土地承包法》第 40 条第 2 款的规定，土地经营权流转合同条款要载明当事人的姓名、住所，明确合同订立的主体；要规定流转土地的名称、坐落、面积、质量等级，这主要是为了明确合同的标的，从而在此基础上确定当事人的权利和义务；要具体规定当事人双方的权利义务，由于采取不同的流转方式，当事人之间的权利和义务并不相同，所以合同的内容越明晰，越有利于防止纠纷的发生；等等。此外，合同还要规定土地经营权流转的价款，包括转包的转包费、出租的租金、入股的股金，具体数额应当由流转方和受流转方在流转合同中协商确定。需要指出的是，《农村土地承包法》第 40 条第 2 款采用了"一般包括"的表述，这就意味着，并非本条规定的所有条款都是合同的必要条款。同时，当事人也可以在上述条款之外约定其他的合同条款，如争议解决方法等。[③]

（二）土地经营权的登记

如前文所述，对于流转期间为 5 年以上的土地经营权，自流转合同生效时就已设立，而依据《民法典》第 341 条规定，5 年以上的土地经营权，就取得了登记能力，当事人可以办理登记，从而可以对抗善意第三人。如果没有办理登记，虽然该经营权也具有物权效力，但不能对抗善意第三人。法律上明确流转期限为 5 年以上的土地经营权可以登记，这在一定程度上有利于

---

① 参见高海：《〈民法典〉中两类土地经营权解释论》，载《中国农村观察》2022 年第 1 期。

② 参见朱继胜：《"三权分置"下土地经营权的物权塑造》，载《北方法学》2017 年第 2 期。

③ 参见黄薇主编：《中华人民共和国民法典物权编解读》，中国法制出版社 2020 年版，第 438 页。

鼓励当事人办理登记。[①]

针对土地经营权的设立，我国《民法典》采登记对抗说。所谓登记对抗，首先指是否办理登记，由当事人自己选择。其次，要区分土地经营权的期限是否为5年以上。也就是说，流转期限低于5年的土地经营权，不具有登记资格，不能进行登记，流转期限为5年以上的土地经营权，登记或不登记，都具有物权效力，只不过能够对抗的主体范围不同。需要指出的是，对在家庭承包土地之上设定的土地经营权，是否办理登记，由当事人自主决定，即便没有办理登记，也不影响权利人取得土地经营权。但是，依据《民法典》第342条的规定，通过招标、拍卖、公开协商等方式承包农村土地，经依法登记取得权属证书的，可以依法采取出租、入股、抵押或者其他方式流转土地经营权。这就是说，以招标、拍卖等市场化的方式取得的土地经营权，其期限通常较长，投资较大，需要双方通过登记设立一种稳定的物权关系，并取得权利证书，才能更好地保护土地经营权人的权利。所以，此种经营权应当经过依法登记，才能够进行流转。[②]

（三）家庭承包土地之上设立的土地经营权与"四荒"土地之上设立的土地经营权的区别

家庭承包土地之上设立的土地经营权与"四荒"土地之上设立的土地经营权存在一定的区别，具体而言：

第一，二者的权利来源不同。家庭承包土地之上设立的土地经营权是在家庭承包土地的土地承包经营权之上设立的权利，是"三权"分置的结果；而在"四荒"土地之上设立的土地经营权则是在土地所有权之上设立的权利，是土地所有权与土地经营权"两权"分置的结果。

第二，二者的设立条件不同。家庭承包土地之上设立的土地经营权，并不需要取得农村集体经济组织的同意；而对"四荒"土地之上设立的土地经营权而言，其设立需要集体经济组织通过民主决策程序作出决定。

第三，在家庭承包土地之上设立的土地经营权，依据《民法典》第341条与《农村土地承包法》第41条的规定，只有流转期限5年以上的土地经营权，才能够办理登记，不到5年的，不具有登记能力，而在登记之后，才可以对抗任何第三人。但在"四荒"土地之上设立的土地经营权，并没有要求达

---

① 参见高圣平等：《〈中华人民共和国农村土地承包法〉条文理解与适用》，人民法院出版社2019年版，第216～217页。

② 参见黄薇主编：《中华人民共和国民法典物权编解读》，中国法制出版社2020年版，第442页。

到一定的期限，只要是通过招标、拍卖、公开协商等方式承包的，经依法登记取得权属证书就可以依法采取出租、入股、抵押或者其他方式流转土地经营权。

需要指出的是，关于家庭承包土地之上设立的土地经营权的利用，《农村土地承包法》第 47 条规定，此类土地经营权可以进行融资，但融资方式是否包括抵押，该条并未作出明确规定。而对“四荒”土地之上设立的土地经营权而言，《农村土地承包法》明确规定其可以进行抵押。

第四，转让的限制不同。对家庭承包的土地之上设立的土地经营权而言，如果受让方要再次转让土地经营权，依据《农村土地承包法》第 46 条的规定，必须要经承包方书面同意，并向集体经济组织备案。而对“四荒”土地之上的土地经营权而言，由于不存在土地承包经营权，所以不存在取得承包方同意的问题。

第五，转让的条件不同。对“四荒”土地上设立的土地经营权而言，其转让以办理登记或取得权利证书为前提；而对于家庭承包的土地上设立的土地经营权而言，其转让并不以办理登记或取得权利证书为条件。

四、土地经营权的内容

（一）占有权

《民法典》第 340 条规定：“土地经营权人有权在合同约定的期限内占有农村土地，自主开展农业生产经营并取得收益。”该条对土地经营权人的占有权作出了规定。占有是指民事主体对物的事实上的管领力。土地承包经营权人可根据流转合同将土地交给土地经营权人或者发包方将土地直接交给土地经营权人后，土地经营权人便有权对农地进行占有。① 占有是对承包地的直接支配并排除他人干涉的权能，土地经营权人有权直接占有承包地，同时，土地承包经营权人或者发包方有义务依据法律规定和合同约定将对土地的占有移转给土地经营权人。

（二）自主开展农业生产经营的权利

依据《民法典》第 340 条和《农村土地承包法》第 37 条的规定，土地经营权人享有自主开展生产经营的权利，这是土地经营权的核心内容。权利人应当依据土地的性质、用途以及合同的约定，对土地进行使用。只要在法律允许的范围内，土地经营权人对于如何耕作、种植何种作物以及采取何种经营管理方法，均可以自行决定，而不受承包人或其他人的干涉。但是，土

---

① 参见孙宪忠、朱广新主编：《民法典评注：物权编》（第 3 册），中国法制出版社 2020 年版，第 117 页。

地经营权人不得长期抛荒，或违法改变土地用途。[①]

土地经营权与土地承包经营权存在的目的都是开展农业生产经营[②]，都是改善农民生活、促进农业专业化利用的重要手段。因此，土地承包经营权人和发包方都不得干涉土地经营权人依法开展的各种生产经营活动。[③]

（三）收益权

土地经营权人可以在农地上进行耕作，通过劳动产出一定的农产品，获得产品的所有权，从而获得收益。[④] 土地经营权人占有、使用、流转取得的承包地，最终目的就是取得农业生产经营的收益。例如，利用耕地种植粮食作物、经济作物，产出粮食等农产品；利用林地种植林木后，依法砍伐林木；利用草地放牧牛羊等。这些收益权都属于土地经营权人，任何人不得侵害。[⑤] 此外，土地经营权人也可以就农业生产设施开展具有附随性质的商业活动，如旅游观光、农家乐采摘等，并享有由此产生的收益。[⑥]

（四）再流转权

所谓再流转，实际上是将其土地经营权再次转让给他人。根据《农村土地承包法》第 46 条的规定："经承包方书面同意，并向本集体经济组织备案，受让方可以再流转土地经营权。"据此，只要经过承包方的书面同意，并且通过备案程序，受让方还可以再次流转土地经营权。再流转在程序上需要有如下限制：一是要取得承包方的书面同意。所谓书面同意，既可以表现为承包方在土地经营权人再流转其土地经营权时单独出具的书面同意文件，也可以表现为承包方在土地经营权流转合同中事先作出的概括同意，还可以表现为承包方在土地经营权再流转合同中作为当事人签章，或在该合同上明确表示同意。[⑦] 二是必须向发包方备案，从而使发包方了解土地经营权的

---

① 参见高圣平等：《〈中华人民共和国农村土地承包法〉条文理解与适用》，人民法院出版社 2019 年版，第 224 页。

② 参见孙宪忠、朱广新主编：《民法典评注：物权编》（第 3 册），中国法制出版社 2020 年版，第 117 页。

③ 参见孙宪忠、朱广新主编：《民法典评注：物权编》（第 3 册），中国法制出版社 2020 年版，第 117 页。

④ 参见孙宪忠、朱广新主编：《民法典评注：物权编》（第 3 册），中国法制出版社 2020 年版，第 117 页。

⑤ 参见黄薇主编：《中华人民共和国民法典物权编解读》，中国法制出版社 2020 年版，第 669 ~ 670 页。

⑥ 参见黄薇主编：《中华人民共和国农村土地承包法释义》，法律出版社 2019 年版，第 159 页。

⑦ 参见高圣平等：《〈中华人民共和国农村土地承包法〉条文理解与适用》，人民法院出版社 2019 年版，第 302 页。

流转情况。三是再次流转的期限不得超过原流转期限的剩余期限。①

（五）改良土壤、建设附属设施的权利

土地经营权人经过承包方的同意可以对承包地进行必要的改良，如平整土地、修缮沟渠等，还可以建设必要的生产配套措施。②《农村土地承包法》第43条规定："经承包方同意，受让方可以依法投资改良土壤，建设农业生产附属、配套设施，并按照合同约定对其投资部分获得合理补偿。"因此，经承包方同意，土地经营权人可以依法投资、改良土壤，或者建设农业生产附属设施、配套设施等，以满足土地经营权人特定的经营需要。

（六）融资担保的权利

依据《农村土地承包法》第47条第1款的规定，受让方可以用承包地的土地经营权向金融机构融资担保，并向发包人备案。一般而言，以流转期限为5年以上的土地经营权担保的，应当办理登记；如果流转期限低于5年，则不具有物权的属性，不能作为抵押财产。可供抵押的土地经营权的范围应当局限于物权性质的土地经营权。依据《农村土地承包法》第47条第2款的规定，对于此处的担保权利采取登记对抗模式，担保权利人可以选择是否办理登记，即使未办理登记，担保权利也可自担保合同成立时设立，只不过不能对抗善意第三人。采用登记对抗模式的理由主要是使担保物权的设立更加简便，更尊重当事人的自主自愿，且在设立和实现时更有效率。③

依据《农村土地承包法》第47条的规定，受让方利用承包地的经营权向金融机构融资担保的，需要向发包方备案。因此，受让方以土地经营权向金融机构进行融资担保，应当遵循"同意＋备案"的程序。一是必须取得承包方的书面同意，因为受让方虽然获得了土地经营权，但是承包方仍然享有土地承包权，其并不因流转经营权而丧失承包权。如果不经过承包方的同意，将可能侵害其利益。尤其是考虑到在土地经营权上设立担保物权时，在通过拍卖、变卖实现担保物权中，承包方的利益可能无法得到保障。④因此，有必要获得承包方的书面同意。二是应当向发包方备案，从而使发包方了解土地经营权的流转情况。当然，依据该条规定，如果是承包方自己利用土地经营权向金融机构进行融资担保，则只需要向发包方备案即可，不需要取得其同意。

---

① 参见黄薇主编：《中华人民共和国农村土地承包法释义》，法律出版社2019年版，第160页。

② 参见黄薇主编：《中华人民共和国农村土地承包法释义》，法律出版社2019年版，第159页。

③ 参见黄薇主编：《中华人民共和国农村土地承包法释义》，法律出版社2019年版，第202页。

④ 参见黄薇主编：《中华人民共和国农村土地承包法释义》，法律出版社2019年版，第201页。

五、土地经营权的流转

(一)在土地承包经营权基础上设立的经营权的流转方式

1. 出租

所谓出租,是指土地承包经营权人(出租人)和承租人签订租赁合同,设立土地经营权,由受让人在租赁合同的期限内,占有、使用承包地,并按照约定向承包方支付租金。[①] 土地承包经营权继续由出租人享有,承租人只是占有承包土地,而并不受让土地承包经营权。[②] 依据《农村土地承包法》第36条的规定,土地经营权人有权以法律允许的方式将土地经营权进行流转,该条将转包包括在了出租之内,而不再单独承认转包方式。租赁合同具有双务性和有偿性,出租人应当将土地经营权在一定期限内移转给承租人,承租人应当按照约定向出租人支付租金。

2. 入股

所谓土地经营权入股,是指土地承包经营权人将土地经营权作价,投入农民专业合作社或公司等,并按照出资协议的约定取得份额,在出资入股后,土地经营权成为农民专业合作社或公司等企业的财产。[③] 入股是利用土地经营权进行投资的一种方式,承包方成为农民专业合作社的成员或企业股东,享有合作社成员或公司股东的权利,并参与公司的管理等。[④] 在入股的情况下,其期限不得超过土地承包经营权的剩余期限[⑤],土地经营权人在入股以后,成为企业的股东,要参与企业的经营管理,与其他股东一起共担风险、共享收益。[⑥]

3. 其他方式

所谓其他方式,是指出租、入股之外的方式。其他方式包括代耕、代种、融资担保、农地信托、土地托管等多种方式。[⑦] 例如,《农村土地承包法》第

---

① 参见黄薇主编:《中华人民共和国农村土地承包法释义》,法律出版社2019年版,第151页。

② 参见崔建远:《中国民法典释评:物权编》(上卷),中国人民大学出版社2020年版,第131页。

③ 参见崔建远:《中国民法典释评:物权编》(上卷),中国人民大学出版社2020年版,第131页。

④ 参见黄薇主编:《中华人民共和国农村土地承包法释义》,法律出版社2019年版,第152页。

⑤ 参见高圣平等:《〈中华人民共和国农村土地承包法〉条文理解与适用》,人民法院出版社2019年版,第215页。

⑥ 参见黄薇主编:《中华人民共和国民法典物权编解读》,中国法制出版社2020年版,第464页。

⑦ 参见高圣平等:《〈中华人民共和国农村土地承包法〉条文理解与适用》,人民法院出版社2019年版,第216~217页。

47条还规定了土地经营权可以用于向金融机构融资担保。所谓融资担保，就是指以土地经营权作为担保物，为主债权提供担保。土地经营权的融资担保方式主要包括直接担保、反担保、入股担保和未来收益担保等四种典型的融资担保模式。[①] 关于土地经营权能否进行抵押，我国《民法典》并未作出明确规定。本书认为，依据《民法典》第395条，其采取"负面清单"模式，凡是法律、行政法规没有禁止抵押的财产，都可以抵押。而土地经营权应当无法设立质押，因为根据《民法典》第440条的规定，可以质押的权利的范围采用"正面清单"模式，只有"法律、行政法规规定"的权利，才可以质押，而我国现行立法并未明确规定土地经营权质押制度，因此，其无法进行质押。鉴于我国现行的法律和行政法规没有对土地经营权作出明确规定，应当理解为，现行法没有对其抵押作出禁止性规定，据此可以认为土地经营权的担保性质上为权利抵押。因此，《民法典》第339条也可以包括"抵押"这种融资担保方式。[②] 此外，土地经营权担保应当采登记生效主义，因为我国《民法典》就物权变动原则上采登记生效主义，除非法律有特别规定，都应当采登记生效模式。就土地经营权抵押而言，我国法律没有明确规定，因此，就应当属于登记生效模式。

（二）在"四荒"土地上设立的经营权的流转方式

《民法典》第342条规定，通过招标、拍卖、公开协商等方式承包农村土地，经依法登记取得权属证书的，可以依法采取出租、入股、抵押或者其他方式流转土地经营权。该规定增加了抵押方式，即可以以土地经营权本身进行抵押。通过招标、拍卖、公开协商等方式取得的土地经营权主要是通过市场化方式取得的，而且支付了一定的对价，因此，其流转的限制性条件较少，一般不需要备案或者取得发包人同意。而接受流转的一方也并不限于本集体经济组织内的成员，外部的个人或者农业公司均可以接受流转。[③]

需要指出的是，依据《农村土地承包法》第38条的规定，土地经营权人在流转时必须遵循如下原则：第一，流转必须依法。任何组织和个人不得强迫或者阻碍土地经营权流转。依法是指应当遵守法律和法规的相关规定，并且遵循法律所规定的程序进行流转。第二，流转应当自愿。土地经营权

---

① 参见李会勋、徐傲：《"三权分置"下土地经营权融资担保制度研究》，载《行政与法》2022年第11期。

② 参见龙卫球：《民法典物权编"三权分置"的体制抉择与物权协同架构模式——基于新型协同财产权理论的分析视角》，载《东方法学》2020年第4期。

③ 参见黄薇主编：《中华人民共和国民法典物权编解读》，中国法制出版社2000年版，第476页。

流转双方应当按照自愿原则从事土地经营权流转，充分尊重当事人的自主自愿，承包方有权依据自己的意愿处分权利，受让方有权自行决定是否受让。任何组织和个人都不得干预和强迫土地经营权的流转，也不得要求承包农户将土地交还集体统一对外流转。[①] 第三，流转应当有偿。土地经营权流转的对价应当合理、公平。家庭承包户有权从流转中获得收益，受让方有权支付对价。第四，流转期限不得超过承包期的剩余期限。因为土地经营权是土地承包经营权所派生出来的一项权利，其存在必须以土地承包经营权的存在为前提和基础，因此，在存续期限方面，土地经营权的期限也不得超过土地承包经营权的期限，否则超出的部分应当无效。第五，受让方须有农业经营能力或者资质。土地经营权设立的目的是对土地进行集约利用，因此，土地经营权人应当具有农业经营的能力或资质，否则可能造成土地资源的浪费。第六，在同等条件下，本集体经济组织成员享有优先权。依据《农村土地承包法》第 38 条第 5 项的规定，“在同等条件下，本集体经济组织成员享有优先权”。也就是说，土地经营权的取得没有严格的身份限制，但为了保护本集体经济组织成员的利益，法律规定在同等条件下，本集体经济组织成员享有优先取得土地经营权的权利。

如果发包方就同一土地签订两个以上承包合同，设定土地经营权，且承包方都主张取得土地经营权，依据《最高人民法院关于审理涉及农村土地承包纠纷案件适用法律问题的解释》第 19 条，应当按照如下规则处理：已经依法登记的承包方，取得土地经营权。如果各个承包方均未办理登记，则由生效在先合同的承包方取得土地经营权。如果依据上述两项规则仍然无法确定土地经营权的归属，则由已经根据承包合同合法占有使用承包地的人取得土地经营权。这有利于保护承包人对土地的开发利用，也有利于减少资源的浪费。当然，从该条规定来看，如果在争议发生后，一方强行先占承包地的事实，不得作为确定土地经营权的依据。

（三）土地经营权再流转的程序

依据《农村土地承包法》第 46 条、第 47 条的规定，土地受让方再流转土地经营权，要采取同意加备案的程序。同意是指受让方在取得了土地经营权后，如果将土地经营权再次转让给他人，必须征得承包方的书面同意。因为在受让方取得流转土地的经营权后，其取得的土地经营权的权能并不包括处分，如果其对于该经营权再进行流转，必须取得具有处分权能的承包人的同意。所谓备案，就是以书面形式告知集体经济组织土地经营权流转的

---

① 参见黄薇主编：《中华人民共和国农村土地承包法释义》，法律出版社 2019 年版，第 163 页。

事实。备案应当由承包方向发包方进行，使发包方了解土地承包经营权的流转状况。备案并不等同于审批或审核，而只是让发包方了解土地经营权流转的事实。

六、土地经营权的终止

土地经营权通常有明确的期限限制，一旦存续期限届满，土地经营权即当然消灭。按照私法自治原则，当事人也可以在土地经营权合同中约定土地经营权终止的原因，此时，一旦相关的终止事由出现，则土地经营权也将随之终止。

土地经营权也可能基于法律规定的原因而终止，根据《农村土地承包法》第42条的规定："承包方不得单方解除土地经营权流转合同，但受让方有下列情形之一的除外：（一）擅自改变土地的农业用途；（二）弃耕抛荒连续两年以上；（三）给土地造成严重损害或者严重破坏土地生态环境；（四）其他严重违约行为。"该条实际上是关于承包方单方法定解除权的规则。这就是说，如果土地经营权人实施了严重违反土地经营权流转合同的行为，或者严重违反了法律的规定，将构成根本违约，此时，承包人有权依法解除土地经营权流转合同，土地经营权也将随之消灭。[①] 而除了承包方享有解除权之外，如果承包方的行为构成根本违约，或者出现了当事人约定的解除合同的事由，则受让方也有权解除土地经营权流转合同。[②]

---

① 参见高圣平等：《〈中华人民共和国农村土地承包法〉条文理解与适用》，人民法院出版社2019年版，第282页。

② 参见高圣平等：《〈中华人民共和国农村土地承包法〉条文理解与适用》，人民法院出版社2019年版，第281页。

第十四章　建设用地使用权

第一节　建设用地使用权概述

一、建设用地使用权的概念和特征

所谓建设用地使用权，是指建设用地使用权人依法对国有土地享有的占有、使用、收益并排斥他人干涉的权利。[①]《民法典》第344条规定："建设用地使用权人依法对国家所有的土地享有占有、使用和收益的权利，有权利用该土地建造建筑物、构筑物及其附属设施。"这就在法律上明确了建设用地使用权的概念。

土地是财富之母，是人类社会最重要的、必不可少的物质财富之一，是"一切生产和一切存在的源泉"[②]。在我国，城市土地属于国有，但国家并不直接利用土地从事经营等活动。为了最大限度地发挥土地的效益，实现土地资源的优化配置，促进市场经济的繁荣和发展，国家必须通过设立建设用地使用权，从而将国有土地交给自然人、法人或者非法人组织来利用。建设用地使用权作为用益物权的一种类型，在《民法典》中具有重要的地位。

建设用地使用权属于典型的用益物权，具有用益物权的一般特点。但建设用地使用权与其他用益物权相比较，具有如下法律特征：

1. 客体具有特殊性。《民法典》第344条规定："建设用地使用权人依法对国家所有的土地享有占有、使用和收益的权利，有权利用该土地建造建筑物、构筑物及其附属设施。"可见，《民法典》将建设用地使用权的客体限于国有土地，因而只有在国有土地之上才能设立建设用地使用权。

---

① 参见黄薇主编：《中华人民共和国民法典释义（上）：总则编·物权编》，法律出版社2020年版，第675页。

② 《马克思恩格斯选集》（第2卷），人民出版社1995年版，第24页。

建设用地使用权是在国有土地所有权之上派生出来的一种权利,是由使用权人在国有的土地上从事建设,建造建筑物、构筑物及其附属设施的权利,其使用目的较为宽泛,包括住宅用地、工业用地、基础设施用地、商业用地等。[1] 权利人可以根据不同的需要而设立相应的建设用地使用权。当然,在特殊情况下,建设用地使用权也可以在集体土地之上设立。[2] 乡镇企业对其厂房所占用的集体土地依法也享有建设用地使用权。需要指出的是,建设用地使用权不仅可以在国有土地的地表设立,还可以单纯就土地上下的空间而单独设立,因而,建设用地使用权的客体范围是比较宽泛的。

2. 内容具有特定性。依据《民法典》第 344 条的规定,建设用地使用权的内容突出在“建设”二字上。所谓建设,是指利用国有土地建造建筑物、构筑物及其附属设施。所谓建筑物,是指住宅、厂房等房屋。所谓构筑物,是指虽然不适宜于居住和生产经营,但仍然具有特定用途的人工建造物,如桥梁、水塔等。所谓附属设施,是指为建筑物、构筑物配套服务而修建的设施,如道路、沟渠、庭院等。[3] 权利人建造的建筑物,可能是住宅用房,也可能是商业用房、工业用房等。无论建设用地使用权上的建筑物的用途如何,都属于建设用地使用权的范围,权利人对特定的土地享有占有、使用、收益的权利,该权利围绕着“建设”的需要而产生。例如,权利人为了从事建设,必须占有和使用土地。在使用收益方面,建设用地使用权人在法律、法规、规划和合同的范围内对建设用地享有广泛的使用收益权,并有权排斥他人干涉。

3. 设立原则上具有有偿性。法律上设立建设用地使用权的目的是实现土地使用权的有偿流转,因此,建设用地使用权原则上具有有偿性。依据《民法典》第 347 条的规定,设立建设用地使用权,可以采取出让或者划拨等方式。建设用地使用权的出让是建设用地使用权设立的主要方式。在建设用地使用权出让的情形下,当事人需要订立建设用地使用权出让合同,并在合同中约定出让金等费用及其支付方式等。划拨作为一种设立方式,通常受到法律的严格限制,应当严格遵守法律、行政法规关于土地用途的规定。

4. 期限具有受限制性。建设用地使用权原则上是有期限的物权。我国在实行国有土地使用制度改革之后,改变了无限期使用国有土地的做法,国

① 参见姚红主编:《中华人民共和国物权法精解》,人民出版社 2007 年版,第 247 页。
② 参见《土地管理法》第 43 条。
③ 参见姚红主编:《中华人民共和国物权法精解》,人民出版社 2007 年版,第 247 页。

家出让给土地使用者的土地使用权是有期限限制的。[①] 所以,凡是通过出让方式设立的建设用地使用权,都是有期限的物权。国有土地出让金的数额与出让的年限是紧密联系的。建设用地使用权只有具有物权的效力,才能鼓励和促进建设用地使用权人投入必要的资金,从事长期的投资开发经营活动。因此,相对于租赁而言,建设用地使用权的期限一般都比较长。

5. 流转上具有特殊性。建设用地使用权是可以自由流转的权利。它作为一种典型的用益物权,权利人取得该权利不受身份的限制,尤其是该权利可以依法自由转让,还可以抵押、出租或者继承。由于我国土地所有权不能流转,建设用地使用权的流转在一定程度上实现了土地流转的功能。[②] 当然,划拨建设用地使用权的取得是无偿的,而且往往是为了公共利益的需要而设立的,所以其流转要受到限制,即使可以流转,当事人也必须补交土地出让金。

6. 在用益物权中具有典型性。尽管《民法典》规定了各类用益物权,但实际上,建设用地使用权是最典型的用益物权。其典型性主要表现在:第一,在设立方面,它采取"合意＋公示"的方法,并且适用登记要件主义的一般规定。第二,在权利流转方面,与其他用益物权不同,建设用地使用权的流转基本上没有限制。第三,建设用地使用权的权利人不受其身份的限制。在这一点上,它与土地承包经营权和宅基地使用权是有区别的。第四,建设用地使用权的取得原则上都是有偿的,如果是无偿取得(如划拨)的,必须受到法律的严格限制。第五,建设用地使用权具有独立性,可以单独转让。这与地役权不同,地役权的转让需要随同需役地一并转让。

二、建设用地使用权与相关权利的区别

(一)建设用地使用权与土地承包经营权的区别

建设用地使用权与土地承包经营权都是在他人的土地之上设立的用益物权,且权利人都享有使用、收益的权利。但是,二者具有明显的区别,主要表现在:

第一,二者的设立目的不同。建设用地使用权的设立目的是建造建筑物等,而土地承包经营权的设立目的是从事农业生产。建设用地使用权人

---

① 《城市房地产管理法》第14条规定:"土地使用权出让最高年限由国务院规定。"《城镇国有土地使用权出让和转让暂行条例》第12条规定:"土地使用权出让最高年限按下列用途确定:(一)居住用地七十年;(二)工业用地五十年;(三)教育、科技、文化、卫生、体育用地五十年;(四)商业、旅游、娱乐用地四十年;(五)综合或者其他用地五十年。"

② 参见胡康生主编:《中华人民共和国物权法释义》,法律出版社2007年版,第307页。

的利用,不仅包括对地表的利用,还包括对地上地下空间的利用。而在土地承包经营权中,虽然权利人也可以在承包地上建设水渠等设施,但此种建设必须附属于权利人进行农业生产的行为。虽然建设用地使用权和土地承包经营权都是对他人土地的利用,但是在具体利用方式上,二者存在明显的区分。

第二,二者设立的客体不同。建设用地使用权的客体是国有土地,而土地承包经营权原则上设立于集体土地之上。在例外情况下,对于国家所有交给农民集体使用的土地,也可以在其上设立土地承包经营权。

第三,二者对权利人资格的要求不同。建设用地使用权的取得不受身份的限制,法律没有对其权利人的资格作出要求。但是,土地承包经营权是基于农村集体经济组织成员的身份而取得的权利,即权利人必须是农村集体经济组织的成员。

第四,二者的设立方式不同。建设用地使用权的设立必须经过登记,非经登记该权利不得设立。① 但土地承包经营权的设立只需要订立土地承包合同,未经登记本身并不影响权利的设立。②

第五,二者的期限不同。建设用地使用权区分了住宅用地和非住宅用地,二者的期限不同,而且在期限届满以后,只有住宅用地的建设用地使用权可以自动续期,非住宅建设用地使用权无法自动续期。土地承包经营权的期限区分耕地、草地、林地而各不相同,但是,在期限届满之后,原则上当事人都可以续包。③

第六,二者流转的自由度不同。建设用地使用权可以自主转让或抵押,而土地承包经营权在流转上存在限制,法律禁止土地承包经营权抵押。

(二)建设用地使用权与地上权的区别

所谓地上权,是指支付地租,利用他人土地建筑房屋、其他工作物或种植竹木的权利。④ 地上权的概念起源于罗马法,并为许多国家的物权法所采纳,其特点主要有:一是地上权为使用他人土地的一种物权⑤,因此地上权的标的物为土地。二是地上权是以保有建筑物或其他工作物为目的的权利,

① 参见席志国、方立维:《物权法法条详解与原理阐述》,中国人民公安大学出版社 2007 年版,第 224 页。

② 参见姚红主编:《中华人民共和国物权法精解》,人民出版社 2007 年版,第 228 页。

③ 参见房绍坤:《物权法用益物权编》,中国人民大学出版社 2007 年版,第 129 页。

④ 参见姚瑞光:《民法物权论》,台北,1988 年(公元纪年)自版发行,第 145 页。

⑤ 参见史尚宽:《物权法论》,台北,1957 年(公元纪年)自版发行,第 172 页;钱明星:《物权法原理》,北京大学出版社 1994 年版,第 294 页。

这里的建筑物或其他工作物是就在土地上、土地下建筑的房屋及其他设施而言的,如桥梁、沟渠、铜像、纪念碑、地窖等。[①] 三是地上权人对其建筑物享有使用、出租、转让、继承、抵押等权利,但地上权人应支付地租,并对土地尽合理使用的义务。地上权是使土地所有权暂时受到限制的一种权利,而且这种限制原则上基于所有人之意思而成立。[②]《民法典》没有采纳地上权的概念,而采用了建设用地使用权的概念。

应当看到,地上权和建设用地使用权具有相似性,它们都是利用他人土地建造建筑物或其他工作物的权利,且标的物均为土地,并且两种权利都不限于在地表之上设定,在地面上空或者地下的空间也都可以设定。[③] 但是,建设用地使用权和地上权存在明显的区别,主要表现在:

第一,设定权利的土地性质不同。大陆法系国家物权法中的地上权,主要是在私人土地上设立的;而建设用地使用权是在我国土地公有制基础上产生的一种特殊的用益物权,它原则上是在国有土地的基础上产生的。

第二,设立方式不同。除了法定地上权以外,地上权人一般通过与土地所有人签订合同的方式设立地上权[④];而建设用地使用权的取得主要是通过划拨和出让这两种方式,其中划拨是无偿取得的方式。

第三,权利内容不同。地上权是使用他人土地的权利,其权利的范围比较宽泛,不一定限于建造建筑物或其他工作物,还包括种植竹木。甚至有学者认为,"由于今日社会都市土地利用已趋向于立体化,所以在他人建筑物上以建筑物为目的而使用其建筑物的,也应承认得以设立类似于地上权的权利"[⑤]。而建设用地使用权的内容必须符合法律、法规的规定,同时,也必须符合规划的要求。一般来说,建设用地使用权不应当包括种植竹木的权利,此种权利实际上属于土地承包经营权的范畴。[⑥]

第四,对流转的限制不同。从流转的角度来看,地上权可以自由流转[⑦],但是如果建设用地使用权是采取划拨的方式取得的,则不得随意流转,其流转要受到严格的限制。

---

① Jean-Louis Bergel, Marc Bruschi, Sylvie Cimamonti, Droit civil, Les Biens, LGDJ, 2000, p. 290.

② 参见[日]我妻荣:《日本物权法》,[日]有泉亨修订,李宜芬校订,台北,五南图书出版股份有限公司1999年版,第313页。

③ 参见王效贤、夏建三:《用益物权制度研究》,法律出版社2006年版,第39页。

④ 参见温世扬、廖焕国:《物权法通论》,人民法院出版社2005年版,第421页。

⑤ 谢在全:《民法物权论》(下册),中国政法大学出版社1999年版,第345页。

⑥ 参见胡康生主编:《中华人民共和国物权法释义》,法律出版社2007年版,第307页。

⑦ 参见王泽鉴:《民法物权:用益物权·占有》(第2册),台北,2001年(公元纪年)自版发行,第36页。

第五,期限不同。从期限上来看,地上权的存续期间可以由当事人自由约定,或通过遗嘱设定,具体期限长短并没有限制,当事人甚至可以设定永久存续的地上权。[①] 而建设用地使用权在取得之初都要规定明确的使用期限,因此具有明显的期限性的特征,即使是住宅建设用地使用权的自动续期制度,也并非不受期限的限制,只是期限届满后可以再次约定一个新的期限而已。

第六,社会功能不同。从社会功能来看,地上权是解决在他人土地上保有建筑物的问题,而建设用地使用权解决的是土地公有制下市场化配置土地资源的问题。

第二节　建设用地使用权的设立

一、建设用地使用权设立的概念和特征

所谓建设用地使用权的设立,是指国家作为土地所有权人通过出让、划拨等方式将对土地的占有、使用和收益的权利转移给相对人,由相对人在其之上建造建筑物、构筑物及其附属设施。《民法典》第 347 条第 1 款规定:“设立建设用地使用权,可以采取出让或者划拨等方式。”因此,设立建设用地使用权的方式可以是民事法律行为(如订立建设用地使用权出让合同),也可以是行政法律行为(如采取划拨方式设立建设用地使用权)。建设用地使用权的设立有如下特点:

1. 建设用地使用权必须在国有土地之上设立

建设用地使用权是一种他物权,原则上以他人之物为客体。[②] 我国法律明确规定,建设用地使用权必须是在国家土地所有权权能分离的基础上产生的。正是因为建设用地使用权是在国有土地上设立的,所以,在设立过程中,国家自然资源主管部门要代表国家以平等的民事主体身份与相对人订立出让合同,设立建设用地使用权[③],或者直接以土地管理者的身份通过划拨的方式来设立建设用地使用权。

---

① 参见王泽鉴:《民法物权:用益物权·占有》(第 2 册),台北,2001 年(公元纪年)自版发行,第 32 页。

② 我国也有学者认为,在所有权与其他物权混同而其他物权的存续与所有权人或第三人有法律上的利益时,其他物权可以例外地不因混同而消灭,从而发生所有权人在自己的物上享有他物权的情况。参见梁慧星、陈华彬编著:《物权法》,法律出版社 1997 年版,第 99 页。

③ 参见尹飞:《物权法·用益物权》,中国法制出版社 2005 年版,第 182 页。

2. 建设用地使用权的设立，主要采取出让或者划拨等方式

《民法典》第347条第1款规定："设立建设用地使用权，可以采取出让或者划拨等方式。"据此，建设用地使用权的设立，主要采取两种方式：一是出让，即国家作为土地所有权人通过订立出让合同，使相对人取得建设用地使用权，而相对人需要支付相应的土地出让金。此种设立方式实际上是典型的基于法律行为的他物权设立方式，必须按照他物权设立的一般规则，采取"合意+公示"的方式设立。二是划拨，即国家自然资源主管部门基于公共利益的需要而使相对人无偿地、长期地取得建设用地使用权。划拨一般只需通过行政机关的行政审批即可，不需要出让方与受让方之间形成合意，但是非经审批不能处分。现行法中建设用地使用权的设立方式主要包括出让和划拨两种，但在例外情况下，也可能采取其他方式设立建设用地使用权。例如，法院的生效裁判也可以作为设立和变更建设用地使用权的重要依据。随着土地流转的市场化发展，新的建设用地使用权设立方式也可能不断产生。所以《民法典》第347条第1款的规定为未来建设用地使用权设立方式的发展留下了空间。

3. 建设用地使用权的设立应当进行登记

《民法典》第349条规定："设立建设用地使用权的，应当向登记机构申请建设用地使用权登记。建设用地使用权自登记时设立……"根据该规定，一方面，即便当事人签订了土地出让合同，但如果没有办理登记手续，当事人之间也只是形成了债的关系，而没有创设物权。例如，在"陈某某诉石柱土家族自治县某某局等建设用地使用权出让合同纠纷案"中，法院认为，依据《民法典》第349条的规定，设立建设用地使用权的，应当向登记机构申请建设用地使用权登记。该案原告陈某某并未办理建设用地使用权登记，因此，其不能主张已经通过划拨方式取得了建设用地使用权。[①] 另一方面，建设用地使用权自登记时设立，只有完成了登记，作为物权的建设用地使用权才得以产生。此外，建设用地使用权人申请登记，登记机关在办理登记之后，应当向权利人核发权属证书。[②]

二、设立建设用地使用权的原则

(一)遵循有偿使用的原则

尽管《民法典》关于建设用地使用权的设立主要规定了出让和划拨的方式，而划拨实际上是无偿取得建设用地使用权，但从总体而言，《民法典》中

---

① 重庆市石柱土家族自治县人民法院民事判决书，(2013)石法民初字第02559号。

② 参见郭明瑞主编：《中华人民共和国物权法释义》，中国法制出版社2007年版，第261页。

建设用地使用权一般是采取出让方式有偿取得的。一方面,《民法典》第325条规定:“国家实行自然资源有偿使用制度,但是法律另有规定的除外。”因此,建设用地使用权采取出让方式设立,必须订立出让合同,建设用地使用权人必须支付土地出让金。我国土地使用权制度改革的目的就在于设立有偿利用土地的机制,并在此基础上建立和完善土地市场。另一方面,《民法典》要求严格限制划拨建设用地使用权的适用,对于在经营性用地上设立建设用地使用权的,必须适用招标、拍卖等公开竞价的方式。采取公开竞价的方式出让,其目的也主要在于通过公开竞价的方式形成土地价格,从而有效利用国有土地、健全土地市场。当然,为了公共利益的需要,国家可以采取划拨这一无偿方式授予用地单位建设用地使用权。即便如此,如果土地用途发生了变化,其也需要依据法律的规定补交土地出让金。由此可见,划拨方式只是建设用地使用权设立的例外。

(二)应当符合节约资源、保护生态环境的要求

建设用地使用权的设立应当遵守绿色原则。在我国,良好的生态环境是美好幸福生活的重要组成部分,是最普惠的民生福祉。绿色原则要求人们的生产、生活等活动要与资源、环境相协调,要节约资源,要实现人与自然的和谐相处。《民法典》第346条规定:“设立建设用地使用权,应当符合节约资源、保护生态环境的要求……”土地是一种不可再生的稀缺资源,与我国的生态文明建设相挂钩①,因此设定建设用地使用权必须有效率地利用资源、节约资源,要在规划范围内进行开发利用,不得超出规划竭泽而渔、滥用地力、无度开发,造成环境破坏。《民法典》第9条明确规定了绿色原则,该条规定:“民事主体从事民事活动,应当有利于节约资源、保护生态环境。”这也是建设用地使用权应遵循的原则。

(三)遵守法律、行政法规关于土地用途的规定

《民法典》第346条规定,设立建设用地使用权,应当遵守法律、行政法规关于土地用途的规定。该条包括两方面内容:一方面,建设用地使用权人应当遵守法律、法规的强制性规定。另一方面,要符合土地用途管制制度要求。《土地管理法》第4条第1款规定:“国家实行土地用途管制制度。”我国对土地采取用途管制,即国家为保证土地资源的合理利用,通过编制规划,规定土地用途,确定土地使用条件,使土地所有者、使用者严格按照规划

① 参见孙宪忠、朱广新主编:《民法典评注:物权编》(第3册),中国法制出版社2020年版,第441页。

确定的用途使用土地。[①] 按照这一制度，要规定土地用途，将土地分为农用地、建设用地和未利用地，以有效协调土地资源的合理利用以及经济、社会的发展和环境的保护，合理利用土地，对耕地实行特殊保护。[②] 按照土地用途管制要求，要严格限制农用地转为建设用地，控制建设用地总量，对耕地实行特殊保护。设定建设用地使用权不得侵占农业用地，未经合法程序不得将农业用地转变土地性质用于商业开发。对于土地的利用也应当符合城市规划的土地性质要求，不得擅自变更土地利用方式。

(四)不得损害已经设立的用益物权

如果已经在某一土地上设定了用益物权，后来又依法在该土地上设定了建设用地使用权，这就可能涉及两项用益物权之间的冲突。依据《民法典》第346条的规定，设立建设用地使用权，不得损害已设定的用益物权。例如，先前已经设定了地下空间权用于经营停车场，后设定的建设用地经营权人不得要求原用益物权人拆除该地下停车场的设施。设立建设用地使用权必须遵循禁止权利滥用的原则，不得以损害他人为主要目的，因此造成他人损害的，还需要承担相应的法律责任。[③] 如此规定，也是为了有效协调物权之间的冲突，防止因为物权冲突所产生的损害。

三、建设用地使用权的设立程序

(一)合意

建设用地使用权的设立，需要当事人就相关内容达成合意。这里所说的合意，是指当事人就是否设定他物权以及他物权的内容等方面达成一致的意思表示。在建设用地使用权的设立过程中，如果采用出让方式，必须签订建设用地使用权出让合同。但在出让合同签订以后，只是发生了债的关系，只有办理了建设用地使用权的登记手续，当事人双方才形成物权关系，建设用地使用权才能有效设立。出让合同的订立并不意味着建设用地使用权的取得，但是出让合同的无效、可撤销会直接影响建设用地使用权的存在。通过订立出让合同设立建设用地使用权属于通过法律行为的方式设定物权，因此，其应当按照“合意+公示”的方式设定物权，发生物权变动的效果。出让合同的订立，改变了在土地管理方面单纯依靠行政管理的僵化模式。作为土地所有者的国家和使用者基于平等、自愿、有偿的原则而形成合

---

① 参见杨合庆主编：《中华人民共和国土地管理法释义》，法律出版社2020年版，第17页。

② 参见杨合庆主编：《中华人民共和国土地管理法释义》，法律出版社2020年版，第17页。

③ 参见孙宪忠、朱广新主编：《民法典评注：物权编》(第3册)，中国法制出版社2020年版，第143页。

同法律关系，双方均应当受到合同关系的拘束。此种方法对于有效地管理土地和利用土地、保障国家的收益、防止土地的流失具有重要作用。

（二）登记

1. 设立建设用地使用权必须依法登记

根据《民法典》第349条的规定，建设用地使用权出让合同的生效只是在当事人之间发生合同关系，并没有相应地产生物权效力。换言之，建设用地使用权的设定并不以出让合同的生效为全部要件。当事人要设立建设用地使用权，应当负有登记的义务，不能自愿选择是否登记，也不能通过合同排除登记义务的履行。在用地人提出登记的要求之后，出让人有义务办理建设用地使用权的登记。

问题在于，通过划拨方式取得的建设用地使用权，其设立是否必须办理登记？本书认为，《民法典》第349条并没有区分出让和划拨，只是规定设立建设用地使用权都应当办理登记，从体系解释考虑，划拨也是建设用地使用权的一种设立方式，而只要设立建设用地使用权都应当登记，即通过划拨方式取得建设用地使用权，也应当登记。尤其是根据我国《城市房地产管理法》第61条第1款的规定，以划拨方式取得的土地使用权，也应当办理登记。

2. 建设用地使用权自登记时设立

所谓"登记时设立"，并非意味着当事人在登记过程中建设用地使用权就已经设立，而是指在登记过程完成之后，建设用地使用权才能有效设立。由此可见，《民法典》第349条对建设用地使用权的设立采取登记要件主义。关于建设用地使用权期限的计算，原则上应该以登记的期限为准。当然，即使没有办理登记，也不会影响出让合同的效力。根据《民法典》第349条，一方当事人仍然可以根据有效的出让合同要求另一方当事人办理登记，或请求其承担违约责任。在通过划拨取得建设用地使用权的情况下，也必须办理登记，建设用地使用权也自登记时起有效设立。

3. 登记机构应当向建设用地使用权人发放建设用地使用权证书

在当事人办理登记之后，登记机构应当向建设用地使用权人发放权利证书，该权利证书就是土地使用权证。权利证书是建设用地使用权人享有建设用地使用权的凭证，在发生产权争议的情况下，权利证书也是证明权利人享有建设用地使用权的有效凭证。根据《民法典》第217条的规定，不动产权属证书是权利人享有该不动产物权的证明。不动产权属证书记载的事项应当与不动产登记簿一致；如果二者记载不一致，则除有证据证明不动产登记簿确有错误外，应当以不动产登记簿为准。

第三节　建设用地使用权的出让

一、建设用地使用权出让的概念

所谓建设用地使用权的出让，是指国家作为出让人，将其土地的占有、使用和收益的权利通过出让合同在一定年限内转移给土地使用者，由土地使用者享有建设用地使用权，利用该土地建造建筑物、构筑物及其附属设施，并向国家支付土地使用权出让金的行为。[①] 建设用地使用权出让，是建设用地使用权设定的主要形式。在出让法律关系中，国家作为土地的所有权人是出让人，而建设用地使用权人是受让人，其取得建设用地使用权后，应当依法承担支付建设用地使用权出让金等义务。建设用地使用权的出让具有如下几个特点：

第一，本质上是一种设权行为。就建设用地使用权的设定而言，国家作为土地所有权人，与土地使用者通过双方合意订立出让合同并进行登记，在国有土地所有权之上为土地使用者创设了一种用益物权，即建设用地使用权。出让作为一种设权行为的特殊性表现在：一方面，它是我国土地公有制下的《民法典》中特有的概念，是在不改变土地所有权归属性质的前提下，为充分发挥土地的效用和价值而产生的用益物权。另一方面，在出让关系中，国家自然资源主管部门代表所有人参与到出让关系之中，与用地人之间形成一种合同关系。由于国家身份的特殊性，与其他物权的设定方式相比，出让具有其特殊性。

第二，必须订立有偿的书面合同。土地使用权出让合同的双方是国家和土地使用者。虽然国家是公权力主体，但是在土地使用权出让合同中，它与受让人之间处于平等的地位。[②] 双方在合同中应遵循平等、自愿原则，国家不能依据公权力强迫另一方订立合同或确定合同内容。一方面，出让合同是有偿合同，如果采用招标、拍卖等公开竞价的方式来出让，则必须通过公开竞价的方式来确定出让的价格。《民法典》第 351 条规定："建设用地使用权人应当依照法律规定以及合同约定支付出让金等费用。"可见，建设用地使用权的出让必须是有偿的。另一方面，依据《城市房地产管理法》第 15 条规定，土地使用权出让，应当签订书面出让合同。土地使用权出让合同由市、县人民政府自然资源主管部门与土地使用者签订。

第三，客体是国有土地使用权。建设用地使用权的出让是国家以国有

---

① 参见《城市房地产管理法》第 8 条。

② 参见黄建中主编：《城市房地产管理法新释与例解》，同心出版社 2000 年版，第 31 页。

土地所有人的身份将国有的土地使用权在一定年限内让与土地使用者,并由土地使用者向国家支付土地使用权出让金的行为。我国法律明确规定,城市规划内的集体所有的土地不能直接出让,只有在通过征收变为国有土地之后才能进行出让。[①] 但是,土地利用总体规划、城乡规划确定为工业、商业等经济性用途,并经依法登记的集体经营性建设用地,土地所有权人可以通过出让、出租等方式设立集体经营性建设用地使用权。

第四,原则上应当通过公开竞价的方式进行。设定建设用地使用权的目的就在于形成土地价格,通过市场实现国有土地最有效率的利用。这就需要通过公开竞价的方式来形成公开透明的土地价格。

二、经营性用地必须采取公开竞价的方式出让

《民法典》第 347 条第 2 款规定:"工业、商业、旅游、娱乐和商品住宅等经营性用地以及同一土地有两个以上意向用地者的,应当采取招标、拍卖等公开竞价的方式出让。"这就确立了经营性的土地必须采取公开竞价的方式出让的规则。该规则有利于保障建设用地使用权设立程序的公开、公平和公正。同时,其也有助于强化依法行政,规范政府对土地的审批权。此外,公开竞价的方式还有利于提高土地的利用效率。土地本身具有稀缺性和不可再生性,通过公开竞价的方式,使最有能力利用土地者获得土地的使用权,有利于土地利用效率的最大化,真正做到了物尽其用。

经营性的土地必须采取公开竞价的方式出让,所谓公开竞价,是指通过公开竞争的方式确定建设用地使用权的价格和取得人。依据《民法典》第 347 条的规定,公开竞价包括招标、拍卖等方式。所谓招标,是指招标人提出招标项目,向不特定人或向 3 个以上具备承担招标项目的能力、资信良好的特定法人或非法人组织发出,以吸引或邀请相对方向自己发出要约为目的的意思表示。[②] 所谓拍卖,是指拍卖人接受委托人之委托,在众多的公开报价中,选择报价最高者与其订立合同的一种特殊买卖方式。所谓挂牌出让,是指出让人发布挂牌公告,公布一定期限内拟出让地的交易条件,接受竞买人的报价申请并更新挂牌价格,根据挂牌期限截止时的出价结果确定土地使用者的行为。[③] 具体的程序是,首先对拟出让的财产或权利确定一个出让底价,然后招标拍卖,把财产或权利出让给出价最高者。这三种方式实

---

① 例如,根据《城市房地产管理法》第 9 条的规定,城市规划区内的集体所有的土地,经依法征用转为国有土地后,该幅国有土地的使用权方可有偿出让。

② 参见《招标投标法》第 17 条。

③ 参见原国土资源部 2007 年发布的《招标拍卖挂牌出让国有建设用地使用权规定》第 2 条。

际上都是公开竞价的方式。一旦通过公开竞价确定建设用地使用权的价格,就必须按照该价格出让,而不能在此之外另行确定其他的价格。

公开竞价出让是与协议出让相对应的,两者虽然都是建设用地使用权出让的方式,但存在如下区别:一方面,协议出让的交易相对人是特定的,只限于某个或某些买受人,而公开竞价是向不特定的人发出要约邀请,由不特定的人再向出让人发出要约。另一方面,在公开竞价的情况下,存在价格的竞争,由条件最优者获得建设用地使用权。在采取拍卖、招标的方式下,就是要运用公开竞争的方法将建设用地使用权转让给他人,任何有意取得建设用地使用权的自然人、法人或非法人组织都可以参与竞争,充分实现土地的市场价格。而在协议出让的情况下,由于没有引入竞争机制,并不存在价格的竞争。① 此外,在协议转让的情况下,由政府选择相对方进行洽谈,并且价格等条件也由政府单方面确定,政府在整个协议转让过程中的权力较大,而在公开竞价出让的情况下,政府的权力会受到一定的限制。

以公开竞价的方式出让的规则属于强行性规范。《民法典》第 347 条第 2 款规定,应当采取招标、拍卖等公开竞价的方式出让。此处规定"应当",实际上就是表明出让方必须采用此种方式,也表明其为强行性规范,当事人必须遵守。违反该条规定的建设用地使用权出让行为,都应当是无效的,至于哪些主体可以主张合同无效,应当具体分析。如果该行为损害了第三人利益,则应当允许第三人主张合同无效;如果没有造成第三人损害,则其无权主张宣告该合同无效。此外,如果能够采取效力补正的方式,也不宜简单地宣告无效。因为效力补正就意味着可以依据市场价格补交地价,可以尽可能地减少因为无效带来的财产损失、浪费等问题。

三、建设用地使用权出让合同的性质和内容

(一)出让合同的性质

建设用地使用权出让合同,是指由国家自然资源主管部门作为出让方,与受让方之间订立的将建设用地使用权在一定年限内让与受让方,并由受让方向国家支付土地使用权出让金的合同。出让合同究竟是民事合同还是行政合同,在学界存在不同的看法。本书认为,建设用地使用权出让合同并不是行政合同,而是民事合同,主要根据在于:一方面,国家自然资源主管部门是以民事主体的身份参与订立合同的。因为行政机关的身份具有多重性,在不同的法律关系中,行政机关具有不同的主体地位和身份。在行政机

① 参见王胜明主编、全国人大常委会法制工作委员会民法室编著:《中华人民共和国物权法解读》,中国法制出版社 2007 年版,第 300 页。

关行使行政职权时,其与行政相对人形成单向度的行政管理关系。在行政机关参与民事活动时,其与对方当事人形成平等的民事主体关系,所发生的是平等民事主体之间的民事法律关系。另一方面,将出让合同作为行政合同混淆了行政关系与合同关系。如果将这些本属于民事合同的合同均纳入行政协议的范畴,并承认政府在这些协议中享有行政优益权(如单方定价权、单方变更合同的权利、单方解除合同的权利、监督权以及惩罚权等),将导致合同是否有效以及能否履行完全取决于政府的意愿,而这显然难以有效保障相对人的合法权益,也极不利于合同的严守。在建设用地使用权出让合同中,建设用地使用权出让金并不是一种管理手段,而是建设用地使用权的商品价格。如果将土地出让金作为一种管理手段,其数额完全由自然资源主管部门根据管理的需要随意决定,则建设用地使用权不可能真正进入市场进行转让,并充分发挥土地的效益,国家也难以通过转让获得应有的收益。

事实上,《民法典》等法律实质上也已经确认了出让合同的民事合同性质。建设用地使用权出让合同在《民法典》这一民事基本法中加以规定,就已经表明了出让合同是受民法所调整的民事合同。

(二)出让合同的特征

出让合同具有如下法律特征:第一,该合同在效力上具有特殊性,即不仅在当事人之间产生债权关系,而且也是物权产生的基础。也就是说,在订立了建设用地使用权出让合同之后,当事人之间通过登记就可以产生建设用地使用权。所以,合同的订立也是设立物权的行为,出让合同是建设用地使用权产生的基础。当然,出让合同仅适用于出让取得建设用地使用权的情形,不适用于划拨取得建设用地使用权的情形。第二,客体具有特殊性,即建设用地使用权原则上是在国有土地上设立的。在例外情况下,法律有明确规定的,也可以在集体土地上设立。第三,在形式上具有特殊性。《民法典》第 348 条第 1 款规定:“通过招标、拍卖、协议等出让方式设立建设用地使用权的,当事人应当采用书面形式订立建设用地使用权出让合同。”根据这一规定,建设用地使用权出让合同是要式合同。第四,出让人一方具有特殊性。出让合同就是指作为土地所有人代表的国家自然资源主管部门与用地人之间订立的,由一方向另一方转移一定期限的土地使用权,另一方交付出让金的协议。因此,出让人通常都是市、县级人民政府的自然资源主管部门,其代表国家出让土地使用权。[①]

---

① 参见王守智、吴春岐:《土地法学》,中国人民大学出版社 2011 年版,第 85 页。

（三）出让合同的内容

根据《民法典》第 348 条第 2 款的规定，建设用地使用权出让合同一般包括下列条款：

第一，当事人的名称和住所。出让合同首先应当载明双方当事人的名称和住所地，实际上就是要规定合同当事人的基本情况。所谓住所，如果是个人，则是指当事人的户籍所在地；如果是单位，则应当以主要办事机构所在地为住所地。

第二，土地界址、面积等。物权的客体必须特定，从而才能明确物权支配的特定范围。这就要求出让合同中必须明确作为建设用地使用权客体的土地的位置、四至等情况，以免发生权属争议。通常在出让合同中要明确规定，出让的客体仅限于建设用地使用权，而不包括地下自然资源、埋藏物等财产。

第三，建筑物、构筑物及其附属设施占用的空间。《民法典》第 345 条允许就土地的地表、地上或者地下分别设立建设用地使用权，这就引入了空间权的概念。建设用地使用权人只能在约定的空间内行使权利，这就要求在出让合同中明确其权利所支配的空间的范围。建设用地使用权人只能在规划和合同规定的空间范围内建造建筑物、构筑物及其附属设施。

第四，土地用途、规划条件。土地用途是指在土地总体规划的范围内来利用某宗土地。例如，合同规定为“公益用地”，则建设用地使用权人就不能将该地用于商业开发、旅游开发等商业用途。我国相关法律也对建设用地实行严格的土地用途管理制度。任何建设用地使用权的设立，都必须符合土地规划的要求。建设用地在出让前，就应当依据规划的要求，确立其土地用途，再依据该用途发布招标、拍卖或者挂牌公告，进入出让合同的订立程序。在出让合同中必须明确规定土地用途，如果要变更土地的用途，必须依据法律规定的程序获得批准，并且重新签订变更协议。①

第五，建设用地使用权期限。建设用地使用权是一种有期限的用益物权，当事人必须在合同中约定土地的使用期限。② 按照私法自治原则，原则上应当允许当事人在法定最长期限内自由约定使用期限，但当事人也不得

---

① 《城市房地产管理法》第 18 条规定：“土地使用者需要改变土地使用权出让合同约定的土地用途的，必须取得出让方和市、县人民政府城市规划行政主管部门的同意，签订土地使用权出让合同变更协议或者重新签订土地使用权出让合同，相应调整土地使用权出让金。”

② 例如，根据《城镇国有土地使用权出让和转让暂行条例》第 12 条的规定，土地使用权出让最高年限按下列用途确定：居住用地 70 年；工业用地 50 年；教育、科技、文化、卫生、体育用地 50 年；商业、旅游、娱乐用地 40 年；综合或者其他用地 50 年。

约定过短的期限。建设用地使用权作为一种重要的用益物权,投资和建设的周期一般都比较长,如果约定时间过短,将不利于鼓励使用权人进行投资和建设活动。

第六,出让金等费用及其支付方式。建设用地使用权出让合同为有偿合同,其中应当规定出让金的数额及其支付方式,包括支付时间、支付方法等。双方可以约定一次性支付,也可以约定分期支付。出让金实际上是建设用地使用权的对价,应当根据市场价格确定。根据最高人民法院的有关司法解释,如果是以协议方式出让土地使用权,且土地使用权出让金低于订立合同时当地政府按照国家规定确定的最低价,应当认定土地使用权出让合同约定的价格条款无效。①

第七,解决争议的方法。例如,究竟选择仲裁还是诉讼,如何确定诉讼管辖地等。在发生建设用地使用权出让合同纠纷时,首先应当尊重当事人的意思自治,由当事人协商解决,在当事人无法协商解决时,应当由政府处理,只有当事人对政府的处理决定不服时,当事人才能向人民法院起诉。②

《民法典》第 348 条使用了“一般包括”四个字。所谓“一般包括”就意味着上述条款并不一定都是每个出让合同的必要条款,如果没有包含有关条款,并不能当然宣告合同无效或者未成立。

第四节　建设用地使用权的划拨

一、建设用地使用权划拨的概念和特征

划拨,是指国家自然资源主管部门基于公共利益的需要而使相对人无偿、长期地取得建设用地使用权。划拨用地主要用于国家管理、教育、科研、国防公用设施和公共福利设施等非营利目的。③ 正是因为划拨具有公益性,因而,根据《民法典》第 347 条第 3 款的规定,严格限制以划拨方式设立建设用地使用权。对土地的划拨应当按照法律、法规的规定,严格限制土地划拨的范围,不得超出划拨的土地用途范围。

根据《城市房地产管理法》第 23 条的规定,土地使用权划拨,是指县级以上人民政府依法批准,在土地使用者缴纳补偿、安置等费用后将该幅土地

① 参见《最高人民法院关于审理涉及国有土地使用权合同纠纷案件适用法律问题的解释》第 3 条。

② 《土地管理法》第 14 条第 1 款规定:“土地所有权和使用权争议,由当事人协商解决;协商不成的,由人民政府处理。”

③ 参见王卫国:《中国土地权利研究》,中国政法大学出版社 1997 年版,第 151 页。

交付其使用,或者将土地使用权无偿交付给土地使用者使用的行为。划拨实际上有两种形式:一是相对无偿,即通过划拨取得建设用地使用权时,需要缴纳补偿、安置等费用;二是完全无偿,即建设用地使用权人取得使用权不需要支付任何费用。[①]《民法典》第 347 条规定,建设用地使用权可以采取出让或划拨等方式设立。因此,建设用地使用权的设立以出让为一般形式,而以划拨作为例外形式。尤其是对经营性用地不能通过划拨方式设定建设用地使用权。建设用地使用权划拨的特点在于:

第一,划拨土地是为了公共利益的需要。在划拨的情况下,建设用地使用权并没有进入市场流转,也没有完全按照市场规则进行交易,且不需要支付相应对价。国家之所以要把国有的土地划拨给有关单位使用,是为了实现公共利益。[②] 从我国现行法律规定的划拨用途的范围来看,实际上也是严格将划拨用地限于公共利益用途。[③]

第二,划拨是通过行政行为而设定民事权利。根据《城市房地产管理法》第 23 条的规定,土地使用权的划拨,需要经过人民政府依法批准。依法批准是一种行政审批行为,但不同于一般的行政许可行为,二者区别在于:一方面,依据《行政许可法》第 2 条的规定,行政许可是指行政机关根据公民、法人或者其他组织的申请,经依法审查,准予其从事特定活动的行为。根据该规定,行政许可的对象是“从事特定活动的行为”,而不是取得相关财产权利,但是划拨是土地使用者取得用益物权。换言之,行政划拨的结果不是使行政相对人取得了从事相应活动的资格,这与行政许可行为是不同的。另一方面,行政许可的事项主要涉及特定行业的市场准入标准,特殊技能、条件的资质鉴定标准以及对某些设备、设施检验标准的审定等。而划拨取得建设用地使用权并不属于这些范围,因此,划拨属于行政审批行为,而不是行政许可行为。

第三,通过划拨取得的建设用地使用权是无偿取得的。划拨不同于出让的最大特点在于,通过划拨方式取得建设用地使用权是无偿的,这主要是因为划拨往往是基于公共利益的需要。当然,在特殊情况下,取得人仍需要支付安置、补偿等费用。[④] 与土地出让时支付的土地出让金不同的是,划拨

---

① 参见梅夏英、高圣平:《物权法教程》,中国人民大学出版社 2007 年版,第 248 页。

② 参见黄建中主编:《城市房地产管理法新释与例解》,同心出版社 2000 年版,第 121 页。

③ 《城市房地产管理法》第 24 条规定:“下列建设用地的土地使用权,确属必需的,可以由县级以上人民政府依法批准划拨:(一)国家机关用地和军事用地;(二)城市基础设施用地和公益事业用地;(三)国家重点扶持的能源、交通、水利等项目用地;(四)法律、行政法规规定的其他用地。”

④ 参见梅夏英、高圣平:《物权法教程》,中国人民大学出版社 2007 年版,第 248 页。

时支付的费用是向被拆迁人支付的,而并不是归国家所有。因此,不能据此认为划拨属于有偿行为。划拨土地使用权设定之后,如果需要流转,则必须补交土地出让金。

第四,通过划拨取得的建设用地使用权一般没有期限限制。一般来说,用益物权都是有期限的,但是,划拨取得的建设用地使用权通常是无期限限制的。因为划拨既然是为了公共利益需要,只要相关主体使用土地的用途没有改变,其用地期限就不能受到限制。当然,如果该土地用途发生改变,不是为了公共利益而使用,则就不具备划拨所需要的条件。

根据《民法典》第349条的规定,设立建设用地使用权的,应当向登记机构申请建设用地使用权登记。因此,通过划拨取得建设用地使用权,也应当办理登记。① 从体系解释的角度来看,建设用地使用权可以通过两种方式设立,而无论采取何种方式都必须登记。所以,通过划拨取得建设用地使用权必须登记,物权从登记之日起生效。

二、严格限定划拨土地使用权的范围

通过划拨取得建设用地使用权,必须符合法律规定的相应条件,与通过出让方式取得建设用地使用权相比,其条件更为严格,尤其是土地的使用用途要符合公共利益的需要,所以,《民法典》第347条第3款规定:"严格限制以划拨方式设立建设用地使用权。采取划拨方式的,应当遵守法律、行政法规关于土地用途的规定。"依据该规定,划拨必须符合公共利益,如果是为了商业利益需要而通过划拨取得土地使用权,就使划拨失去了存在的意义和价值。同时,采取划拨方式的,应当遵守法律、行政法规关于土地用途的规定。如果擅自扩大划拨土地的适用范围,将经营性用地按照划拨方式设定建设用地使用权,就会造成国有资产的流失,损害国家的利益。因此,应当禁止此种行为。②

《民法典》第347条所确立的规则是一个强行性规范,对该规则的违反应引发相应的法律效果,这主要表现为:一是划拨行为本身作为一种行政行为,应当按照行政程序确认违法,并由有关机关依照法定的程序予以纠正,对相关工作人员作出处理决定。二是建设用地使用权应当以出让方式设立的,建设用地使用权人应当依法及时补交土地出让金。三是如果建设用地使用权人通过划拨方式取得土地使用权后改变土地用途,应当及时纠正,按照批准的用途使用土地,或者补交相应的土地出让金。

---

① 参见姚红主编:《中华人民共和国物权法精解》,人民出版社2007年版,第254页。

② 参见刘俊:《划拨土地使用权的法律问题研究》,载《江西社会科学》2007年第1期。

通过划拨取得的建设用地使用权是无偿取得的。这主要是因为划拨往往是基于公共利益的需要。反之,如果不是基于公共利益需要,建设用地使用权就应当采用出让的方式设立,并应当支付土地出让金。在划拨建设用地使用权的情形下,取得人仍需要支付安置、补偿等费用。[①] 划拨土地使用权设定之后,如果需要流转,则必须补交土地出让金。通过划拨取得的建设用地使用权往往没有期限限制,这是用益物权具有期限性规则的例外。因此,只要相应主体使用土地的用途没有改变,其用地期限不宜受到限制。

第五节 建设用地使用权的内容

一、建设用地使用权人的权利

建设用地使用权成立后,建设用地使用权人主要享有以下权利:

1. 建设用地使用权人享有对土地的占有、使用和收益的权利

《民法典》第 344 条规定,“建设用地使用权人依法对国家所有的土地享有占有、使用和收益的权利”,建设用地使用权人享有用益物权的各项权能,具体包括:

第一,占有权。建设用地使用权人有权对土地进行直接控制、管理。建设用地使用权设立的目的在于使权利人通过建设行为获得土地的使用价值,这就要求建设用地使用权人首先要对特定的土地进行占有,这是展开利用活动的必要前提。一旦设立了建设用地使用权,国家就有义务将土地交付给建设用地使用权人。如果基于转让而取得建设用地使用权,转让人也有义务移转土地的占有。

第二,使用权。所谓使用,是指在特定的土地上进行建设行为,建造各种建筑物、构筑物和其附属设施。建设用地使用权设立的目的在于使权利人通过建设行为获得土地的使用价值,因此,使用是建设用地使用权的核心内容。使用的范围非常宽泛,只要在法律规定和合同约定的范围内,权利人可以任意进行使用。

第三,收益权。一方面,建设用地使用权人依法有权获取土地之上的收益,并通过从事建设来满足自己的各种需要。[②] 例如,建设用地使用权人建造建筑物、构筑物及其附属设施,通过自己使用或者出售、出租等方式,获得价金、租金等收益。这些都是权利人的收益权的主要内容。另一方面,建设用地使用权本身也可以作为交易的对象进行转让、出租并获取收益。我国

① 参见梅夏英、高圣平:《物权法教程》,中国人民大学出版社 2007 年版,第 248 页。

② 参见房绍坤:《物权法用益物权编》,中国人民大学出版社 2007 年版,第 167 页。

土地所有权不能通过市场交易发生转移，尤其是国家土地所有权是绝对不能买卖和抵押的，但建设用地使用权可以在市场上流转，建设用地使用权人可以通过流转而获取相应的收益。[1]

2. 利用国有土地从事建设的权利

建设用地使用权设立的目的就是利用国有土地建造建筑物、构筑物及其附属设施。《民法典》第 344 条规定："建设用地使用权人依法对国家所有的土地享有占有、使用和收益的权利，有权利用该土地建造建筑物、构筑物及其附属设施。"建设用地，顾名思义就是为了建设而用地，权利人所享有的占有、使用和收益权都是以建设为目的的。建设用地使用权不同于土地承包经营权等用益物权，主要表现在其设立的目的就是利用土地从事建设。权利人占有建设用地经过法定期限而没有从事任何建设，构成土地的闲置，则将导致建设用地使用权被自然资源主管部门收回。

从《民法典》的角度来看，此处所说的"有权利用该土地建造建筑物、构筑物及其附属设施"中的"利用"是物权性的利用，而不包括债权性的利用。建设用地使用权人只能在法律、法规、规划以及出让合同所确定的范围内享有权利。通常，建设用地使用权都是长期的利用，建造房屋及其他工作物，是建设用地使用权的核心内容，但建设用地使用权中除了建造房屋之外，是否还包括种植竹木尚存在争议。这就涉及建设用地使用权的内容问题，对此，比较法上存在不同的做法。本书认为，依据《民法典》第 344 条的规定，建设用地使用权是要利用国有土地建造建筑物、构筑物及其附属设施，而不包括种植竹木的利用方式。如果单纯为了种植竹木而利用国有土地，完全可以依照《民法典》第 343 条关于"国家所有的农用地实行承包经营的，参照适用本编的有关规定"来设定相应权利，而无须设定建设用地使用权。虽然建设用地使用权人在建造房屋过程中，也有权为了美化环境而种植竹木，但不能纯粹利用建设用地来种植竹木。

3. 保有建筑物等工作物的权利

所谓保有，是指建设用地使用权人在建造之后，有权享有建筑物、构筑物及其附属设施的所有权。由于建设用地使用权的用途比较广泛，因而建设用地使用权人可以建造并保有住宅、写字楼、厂房等建筑物，也可以保有道路、桥梁、隧道、水池、水塔、纪念碑等构筑物，还可以保有附属于建筑物、

---

① 参见王胜明主编、全国人大常委会法制工作委员会民法室编著：《中华人民共和国物权法解读》，中国法制出版社 2007 年版，第 296 页。

构筑物的设施，如供用电、热、水、气等设施。[①] 建造性质上为事实行为，只要建设用地使用权人依法完成了建造行为，即便没有办理所有权初始登记，也可以依据《民法典》第231条的规定取得其所建造的建筑物、构筑物及其附属设施的物权。《民法典》第352条规定：“建设用地使用权人建造的建筑物、构筑物及其附属设施的所有权属于建设用地使用权人，但是有相反证据证明的除外。”这实际上推定了凡是在设立建设用地使用权的土地之上所修建的建筑物、构筑物及其附属设施，都应当归属于建设用地使用权人。如果发生了产权争议，在没有相反证据的情况下，应当推定这些建筑物、构筑物及其附属设施归建设用地使用权人所有。[②] 此种规定有利于解决产权争议，保护建设用地使用权人的权益。

4. 处分建设用地使用权和地上建筑物、构筑物及其附属设施的权利

建设用地使用权作为一种用益物权，权利人有权对该权利进行处分。这种处分权包括两方面：

一是建设用地使用权人有权对权利本身加以处分。[③] 其处分的方式包括将建设用地使用权出资入股，设定抵押权，转让、互换或者赠与等。建设用地使用权人也有权抛弃建设用地使用权，但不得损害土地所有人和第三人的利益。《民法典》第354条规定：“建设用地使用权转让、互换、出资、赠与或者抵押的，当事人应当采用书面形式订立相应的合同。使用期限由当事人约定，但是不得超过建设用地使用权的剩余期限。”因此，流转合同规定的使用期限不得超过建设用地使用权的剩余期限。需要指出的是，这里所说的处分，是对权利的处分，而非对土地本身或者说是对所有权的处分。因此，法律强调使用期限不得超过建设用地使用权的剩余期限。此外，对建设用地使用权进行处分应当采取书面形式，而且依据《民法典》第355条，对建设用地使用权的处分，采取登记要件主义，不登记不能发生物权变动效力。

二是对建设用地之上的建筑物、构筑物及其附属设施的处分。一方面，建设用地使用权人有权自己利用建筑物、构筑物及其附属设施从事相应的活动；另一方面，建设用地使用权人也有权将建筑物、构筑物及其附属设施进行转让、互换、赠与、出资和设定抵押。既然建设用地使用权人对其所建造的建筑物、构筑物及其附属设施等享有所有权，那么对其当然享有处分

---

① 参见胡康生主编：《中华人民共和国物权法释义》，法律出版社2007年版，第306页。

② 参见房绍坤：《物权法用益物权编》，中国人民大学出版社2007年版，第169页。

③ 参见房绍坤：《用益物权基本问题研究》，北京大学出版社2006年版，第193页。

权。建设用地使用权人通过处分获得的收益，应当归建设用地使用权人所有。

5. 住宅建设用地使用权自动续期的权利

《民法典》第359条第1款规定："住宅建设用地使用权期限届满的，自动续期。续期费用的缴纳或者减免，依照法律、行政法规的规定办理。"该款是为了强化对广大小业主的房屋所有权而设置的特殊规定。据此，在住宅建设用地使用权期限届满后，无须住宅建设用地使用权人向有关部门提出申请，就可依法自动延长该权利的期限。但对于住宅建设用地之外的其他建设用地使用权，则依据其他法律的规定来处理。此处所说的其他法律是指《土地管理法》《城市房地产管理法》等法律。例如，《土地管理法》第58条第2项规定，"土地出让等有偿使用合同约定的使用期限届满，土地使用者未申请续期或者申请续期未获批准的"，政府可以收回建设用地使用权。

二、建设用地使用权人的义务

1. 合理利用土地，保护环境

21世纪是一个面临严重生态危机的时代，生态环境被严重破坏，人类生存与发展的环境不断受到严峻挑战。由于资源的有限性与人类不断增长的需求和市场的发展形成尖锐的冲突和矛盾，如何有效率地利用资源并防止生态环境的破坏，已成为民法的重要使命。《民法典》第346条规定："设立建设用地使用权，应当符合节约资源、保护生态环境的要求，遵守法律、行政法规关于土地用途的规定，不得损害已经设立的用益物权。"《民法典》第350条规定，"建设用地使用权人应当合理利用土地"。可见，虽然建设用地使用权人有权利利用土地，但是其必须合理利用土地。所谓合理利用，首先，要根据法律、法规和合同确定的范围、方式来利用土地。其次，建设用地使用权人在建设过程中要兼顾他人的利益，不得滥用权利，损害他人的利益。[①] 例如，在挖掘地基的时候，不得造成周边建筑物的下沉或者倾斜等危险。最后，建设用地使用权人要注重对周边环境的保护，维护良好的生态环境。例如，修筑道路之后，要尽量降低噪声污染，通过修建隔音墙等设施减少影响。

2. 不得改变土地用途

《民法典》第350条规定，"建设用地使用权人应当合理利用土地，不得

---

① 参见孙宪忠、朱广新主编：《民法典评注：物权编》（第3册），中国法制出版社2020年版，第143页。

改变土地用途;需要改变土地用途的,应当依法经有关行政主管部门批准”。所谓“不得改变土地用途”,是指建设用地使用权人不得改变建设用地使用权出让合同约定的或者建设用地使用权划拨批准文件中规定的土地用途。在建设用地使用权行使中,如果确需要改变土地用途,则必须按照法定程序办理相关手续,经有关行政主管部门批准。如果建设用地使用权人擅自改变建设用地使用权出让合同约定的土地用途,则出让人有权请求解除合同。[①] 当事人违反规定改变建设用地用途的,当事人所订立的合同也可能被宣告无效。

3. 支付必要的费用

建设用地使用权人支付必要的费用主要包括两个方面:一是出让情况下支付土地出让金。《民法典》第351条规定:“建设用地使用权人应当依照法律规定以及合同约定支付出让金等费用。”二是部分划拨情况下支付必要的安置费和补偿费。尽管通过划拨取得建设用地使用权原则上是无偿的,但权利人在特定情况下应当依法支付必要的安置费和补偿费。[②]

第六节　空　间　权

一、空间权的概念和特征

空间是一个物理学上的概念,是以一定的长、宽、高来界定的三维空间。作为法律概念的空间是以权利客体的形式存在的。然而,空间权的客体与一般物权的客体是有区别的,因为空间不是有形物,它难以被实际控制或占有。但它仍然可以作为物权的客体存在,因为它是客观存在的资源,在一定条件下也可以为人类所支配和控制,并能够满足人类的某种需要。[③] 与电、气、磁场等类似,空间也是可以被感知的。在现代社会,由于我国土地资源相对不足,城市人口稠密,生产和生活空间都极其稀缺,因而对空间的利用越来越重要。[④] 尤其是在土地资源日益稀缺的今天,立体利用空间可以在很大程度上弥补土地资源稀缺的不足。因而,空间权作为一项财产的重要意义也日益突出。随着人类对空间利用能力的提高,从平面利用逐渐发展到立体利用,都使空间具有前所未有的经济价值,客观上需要法律确认空间

---

① 参见《最高人民法院关于审理涉及国有土地使用权合同纠纷案件适用法律问题的解释》第5条、第6条。

② 参见梅夏英、高圣平:《物权法教程》,中国人民大学出版社2007年版,第244页。

③ 参见赵怡:《试论物权法中的空间权制度》,载《市场周刊(管理探索)》2004年第S2期。

④ 参见石少侠、王宪森:《土地空间权若干问题探析》,载《政治与法律》1994年第1期。

权,对各种空间的利益进行确认和保护,从而有效地促进权利人对空间的开发和利用,最大限度地发挥空间的价值。

为适应不断扩大的利用空间的需要,《民法典》第345条规定:“建设用地使用权可以在土地的地表、地上或者地下分别设立。”这就在法律上确认了空间权。所谓空间权,也称为空间利用权,是指权利人基于法律的规定和规划,对于地上和地下的空间依法利用,建造建筑物、构筑物及其附属设施的权利。空间权具有如下特点:

1. 空间权的主体具有特殊性。虽然《民法典》是在建设用地使用权中规定空间权的,但是,空间权主体具有多样性,除建设用地使用权人外,还应包括独立的空间权人和土地所有权人。空间权既可以包括在建设用地使用权之中,也可以与建设用地使用权相分离。其既包括对他人土地空间利用的权利,也包括对自己土地空间利用的权利。但就空间权与土地所有权的关系而言,当土地所有权与建设用地使用权尚未分离时,空间权应包含在土地所有权之内,不必独立存在。当空间权与建设用地使用权发生分离以后,权利人对空间的权利就体现为对他人土地地上和地下一定范围空间支配和利用的权利。土地所有权人与建设用地使用权人可能就空间的利用问题发生一定的冲突,因而有必要通过法律确定其归属。

2. 空间权的内容主要是利用权。人们支配一定的空间是为了有效地利用空间,因而空间权的内容主要是利用权。由于空间权主要是在建设用地使用权之上设立的,所以,人们利用一定的空间大多是为了建造建筑物、构筑物及其附属设施。但是,随着人类对空间利用技术的发展,利用的范围和方式也将不断扩大。《民法典》对空间利用权的规定,必将对进一步促进人们充分利用空间的积极性,促进我国经济的发展,起着重要的作用。[①] 空间权是在规划设计的范围内由权利人依法享有的权利,权利人享有空间权的范围,取决于规划的范围。土地使用权出让合同一般都对利用空间的范围、内容和方式加以约定,权利人必须约定利用空间。

所谓空间权内容的限制性,是指空间利用权人应按照规定的用途和目的使用空间。这就是说,空间权内容还要受到法律、法规、城市规划以及合同的严格限制,具体来说表现在以下三方面:一是法律、法规的限制。例如,《人民防空法》对利用地下空间建设地下设施作出了明确规定;《民用航空法》对利用地上空间作为航道也作出了规定。二是城市规划的限制。例如,规划确定地上利用的空间的高度,就只能在该规划确定的范围

① 参见陈祥健:《关于空间权的性质与立法体例的探讨》,载《中国法学》2002年第5期。

内建造房屋和附属设施。三是合同的限制。空间权也要受到建设用地使用权出让合同和空间权设立合同的限制。例如,当事人约定在屋顶平台之上利用空间建造广告塔,则空间利用权人不得建造建筑物和其附属设施,否则将构成对土地所有人或使用人权利的侵害。如果所有人只是将地表的权利转让给建设用地使用权人,那么,所有人仍然享有对地上和地下的空间的权利。

3. 空间权的客体具有特殊性。空间权的客体是一定的空间,这种空间主要是指他人土地上下的空间。在现代物权法中,尽管空间不是一种有体物,但是它可以为人们所利用,体现了一定的经济价值。严格说来,空间范畴的法律问题涉及多个部门,例如,外层空间由国际空间法来调整,属于公法的范畴;海洋上空的空间属于海洋法所调整(如海洋上空航空器的飞越自由问题)。在民法中,空间主要受到物权法调整,但可以分别受到各个物权制度调整,不应完全由用益物权制度调整。作为空间权客体的空间,是土地上下的一定范围的空间,与土地等不动产具有天然的物理联系。正是由于这一原因,可以将空间界定为财产,空间权也应当受物权法调整,而不能在物权法之外单独形成空间法而对空间权进行调整。

4. 设立上的特殊性。如果空间权被包含在建设用地使用权之中,就应当与建设用地使用权一起设立。空间权也可以与建设用地使用权分离而单独设立。如果单独设立空间权,不仅要签订空间权利用合同,而且要通过登记等方法对外公示。尽管空间是一种财产,可以为人们所利用,但如果它不能通过一定公示方法为外界所知,则难以形成一种物权。作为物权,其设立必然需要依法登记。

总之,空间权在性质上属于物权的范畴,应当受物权法的调整。空间权作为一项新型的物权,其产生丰富了民事权利的体系,扩大了民事权利客体的范围,扩张了财产的类型和概念。

二、空间权与建设用地使用权

从大陆法系国家的立法经验来看,空间权大多是包括在地上权之中的,并没有与地上权分离。例如,依据《德国民法典》第 1012 条的规定,地上权不仅包括对地表的权利,而且包括对土地上下的空间的权利。此种规定主要是受到罗马法以来的“房随地走”原则的影响。为了进一步规范空间权制度,解决在实践中发生的纠纷,1919 年德国又颁布了《地上权条例》,该条例将地上权分为普通地上权和空间地上权。日本民法借鉴了德国民法的经验,在 1966 年修改《日本民法典》时,增加了空间权概念。①

我国《民法典》将空间权规定在建设用地使用权部分。据此,许多学者认为,就《民法典》立法本意而言,《民法典》仍然沿袭了大陆法系的立法模式,采取了建设用地使用权包含空间权的做法。换言之,空间不应单独成为权利的客体,而应属于建设用地使用权的内容,包含在建设用地使用权之中。如果将空间权作为独立的物权形态,可能造成相关物权之间的冲突。建设用地使用权包括了对地上、地下以及空间的权利,空间属于建设用地使用权的范围,归建设用地使用权人享有,所以,空间权不能成为独立的权利,而只是属于建设用地使用权的范畴。此种观点不无道理。

但是,从《民法典》的规定来看,实际上也承认了空间权的独立性。我国《民法典》第 345 条规定:“建设用地使用权可以在土地的地表、地上或者地下分别设立。”《民法典》虽然将空间权置于建设用地使用权部分规定,但是,该条采用“分别设立”的提法。所谓“分别设立”,是指地上、地下的空间权可以与建设用地使用权相分离而设立。这就意味着,空间利用人可以与国家自然资源主管部门达成利用空间的协议,通过登记设立单独的空间利用权。例如,某人要在公园的地下建造地下停车场,但是,公园的土地上无法设立建设用地使用权,此时,其可以依据《民法典》第 345 条的规定,就地下的空间设立空间权。该权利一旦登记,就可以产生对抗第三人的效力。通过此种方式,也可以使空间资源得到有效率的利用。所以,《民法典》第 345 条规定使用了“分别设立”几个字,实际上承认了空间权可以成为独立的物权。

空间权一旦分别设立,经过登记就形成了独立的用益物权,这就突破了传统大陆法系国家将空间权包含在地上权之中的做法。本书认为,将空间权作为一种独立的用益物权,是十分必要的,因为空间权可以与建设用地使用权相分离。依据我国《民法典》第 345 条的规定,尽管一定的空间总是与土地权利联系在一起的,但空间权不一定包括在建设用地使用权之中。在建设用地使用权确定之后,国家可以基于公共利益的需要或者他人基于有效地利用空间资源的需要,而与建设用地使用权人协商利用其地上、地下空间。由于空间权和建设用地使用权发生分离,从而形成了非土地所有人或使用人对空间享有的权利。我国法律并未对此作出明确规定,但从有效利

---

① 现行《日本民法典》第 269 条之二规定:“(一)地下或空间,因定上下范围及有工作物,可以以之作为地上权的标的。于此情形,为行使地上权,可以以设定行为为对土地的使用加以限制。(二)前款的地上权,即使在第三人有土地使用或收益情形时,在得到该权利者或者以该权利为标的的权利者全体承诺后,仍可予以设定。于此情形,有土地收益、使用权利者,不得妨碍前款地上权的行使。”

用空间的角度出发,应当允许物权人在法律许可的范围内,转让一定范围内的空间的利用权。例如,某人在规划确定的范围内利用地上的空间修建房屋,但在不违反规划要求的前提下,允许他人利用地下的空间。

还应当看到,承认空间权作为独立的物权,有利于明确空间权的归属,有效地利用空间资源,并为登记机关实行空间利用权的登记提供了法律依据。如果空间权包含在建设用地使用权之中,空间权就不是一项独立的物权,不能单独进行登记,无法对抗第三人,其效力将会受到很大的影响。《民法典》承认空间利用权,就为此类物权的设立和保护提供了法律依据,有利于最大限度提高空间的利益效率。

三、空间权与相关权利的比较

(一)空间权与空间役权

所谓空间役权,也称空间地役权,是地役权的一种,它是指以他人的特定空间供自己或其不动产(或空间)的方便和便利的权利。[①] 自 20 世纪以来,学者对地役权的概念和内涵进行了反思和重构,逐步明确了地役权的内容和规则,这也被称为"地役权的枯木逢春"。其重要标志就在于空间役权的创设和发展,旨在解决土地所有权人、使用权人因空间的利用而发生的权利限制与扩展问题。空间役权关注的是土地的立体利用,其中"空间"包括地上和地下,即空间役权在土地的上空和下层均可设立。例如,一方当事人为了观风景而设立眺望权,这就需要在供役地人的建筑物之上的空间设立地役权。[②] 第二次世界大战以后,地役权发展的另一个重要趋势就是,空间役权得到了重视和发展。例如,在许多国家,大量的公用事业单位基于公共利益需要,频繁地利用地上和地下空间建造公用设施。

应当承认,空间权和空间役权具有一定的相似性,主要表现在:一方面,二者都要利用他人的空间,从事生产活动或者满足生活需求;另一方面,二者都是在土地的上空或土地之下进行的空间立体运用,并且两者都与不动产的利用有关,都属于用益物权。将空间役权置于地役权之中,有助于减少权利类型,简化法律关系,简化空间役权的设立程序。但是,本书认为,简单地将空间役权包含在地役权之中,也并不妥当,因为二者存在以下区别:

第一,利用范围的区别。空间役权的利用范围比地役权的利用范围更为广泛。地役权主要是指一方基于地役权合同为另一方提供便利,其更多

① 参见陈华彬:《物权法原理》,载梁慧星主编:《民法学原理》〔多卷本〕,国家行政学院出版社 1998 年版,第 557 页。

② 参见梁慧星、陈华彬编著:《物权法》,法律出版社 2003 年版,第 293 页。

地强调一种物权负担，是一种消极的事实和状态。而空间役权是利用空间的行为，是一种积极的事实。空间利用权主要是利用空间，建造房屋和其他附属设施，而并不仅仅是提供便利。甚至随着技术的发展，利用一定的空间种植花草、竹木，甚至从事其他农业生产，也不应当为法律所禁止。所以，简单地以空间役权来代替空间权，就会妨害空间资源的有效率的利用。①

第二，转让的区别。如果承认空间权是一种独立的物权，便可以将其单独转让。但空间役权实际上是地役权的具体类型，它具有从属性，只能随着需役地的转让一同转让，而不能单独转让。②

第三，客体的区别。依据《民法典》第345条的规定，空间权的客体一般仅包括土地之上或之下的空间。至于建筑物区分所有之内的空间，属于建筑物区分所有权制度调整的范围，不应当包含在空间权的范围之内。而空间役权的客体不仅包括土地之上或之下的空间，还包括建筑物等其他不动产之上或之下的空间。例如，禁止他人在房屋之上设立广告牌，可以设立空间役权，但不一定需要设立空间权。

第四，设立方式的区别。空间权一般由国家进行土地空间使用权的划拨或出让而取得，划拨是无偿的，出让则是有偿的，应当采取招标、拍卖等公开竞价的方式；而空间役权一般都是通过地役权合同有偿设定的，需要由当事人在自由协商、自愿自主的基础上签订合同。

第五，登记效力的区别。由于《民法典》是将空间权置于建设用地使用权部分来规定的，从体系解释的角度来看，空间权应采登记生效主义，自登记时设立；而空间役权属于地役权的范畴，按照《民法典》关于地役权设立的规定，自地役权合同生效时设立，未经登记不得对抗善意第三人，采登记对抗主义。

（二）空间权与公共地役权

所谓公共地役权，是指利用城市的地上、地下的空间建造地铁、铺设管线、建造其他的设施而利用他人空间的权利。③ 此种权利之所以被称为“公共地役权”，原因在于，该权利是出于公共利益的需要而设定的。由于公共地役权也要涉及对空间的利用，因而有人认为，《民法典》可以通过规定公共地役权的方式来解决有关市政建设的空间利用问题，没有必要在法律上单

---

① 参见高洪宾：《空间权问题探讨》，载《法律适用》2007年第10期。

② 参见高洪宾：《空间权问题探讨》，载《法律适用》2007年第10期。

③ 参见高富平：《土地使用权和用益物权——我国不动产物权体系研究》，法律出版社2001年版，第247页。

独规定空间权。例如,在法国,对于空间利用的法律关系,主流观点认为主要是通过役权制度来调整的(如地上电力输送管线的架设、地下空间的利用等)。也有法国学者认为,对于地下空间的利用,在某些情形下也会涉及"征收"(expropriation)制度[①],这实际上就承认了公共地役权。

《民法典》并没有承认公共地役权。一般认为,凡是基于公共利益的需要而铺设管道、管线,建造地铁,或者为了军事演习等需要而临时占用土地,铺设有关的管道、管线,通行,可以分别通过相邻关系、征收征用制度等来解决。但应当看到,为了公共利益的需要而利用一定的空间,确有其特殊性。从今后的发展需要来看,一些企业基于公共利益的需要,临时在特定区域铺设管道等,又无法通过划拨方式取得建设用地使用权,在此情况下,需要通过公共地役权加以解决。因此,在《民法典》中对公共地役权作出专门规定是有必要的。即使今后法律规定了公共地役权,它和空间权也是有区别的。一方面,依据《民法典》的规定,空间权是专门调整空间的支配和利用法律关系的制度,它和建设用地使用权有着密切联系。而公共地役权更强调的是土地上的负担,它并不包含在建设用地使用权之中。另一方面,公共地役权的设立是为了满足公共利益而建造各类公共设施,而空间权的设立不限于公共利益的需要。空间权通常都是利用特定土地上下的空间,而公共地役权的客体范围更加广泛,往往不限于对特定土地上下空间的利用,而是对许多相关土地上下空间的利用。

四、对空间权设立的限制

《民法典》第 346 条规定,新设立的建设用地使用权,不得损害已设立的用益物权。这主要是因为空间权的设立很容易导致权利的冲突。例如,建设用地使用权人要利用地上空间建造房屋,他人在其地下建立停车场可能影响建筑物的安全。《民法典》第 346 条的规定首先为解决这一矛盾和冲突提供了基本规则。该规则确立的依据是物权的对内优先效力。按照物权的对内优先效力,物权之间的冲突应当按照"先来后到"的规则来确立其优先顺位,即"时间在先,权利优先"(prior tempore, potior iure)。对于用益物权来说,先设立的用益物权应当优先于后设立的用益物权。在确立用益物权的优先顺位的时候,必须确立各个用益物权的设立时间,如果是登记要件主义,应当以登记时间为准;如果是登记对抗主义,应当以合同生效的时间为准。当然,如果以合同生效时间来确定物权的设立时间,还应当根据第三人

① Philippe Malaurie, Laurent Aynès, Les biens, Defrénois, 2004, p. 114 – 115.

的善意和恶意分别确定其效力。凡是新设立的用益物权,都不能损害已设立的用益物权。所谓损害,不仅是指权利的行使造成已经存在的用益物权的损害,还包括权利的范围延伸到已经存在的用益物权之中,影响他人权利的正常行使。如果新设立的建设用地使用权,只是给已设立的用益物权造成轻微的妨害和不便,则不能适用该规则。

根据《民法典》第 346 条的规定,要解决因空间权设立而造成的用益物权的冲突,权利人在设立该权利时,必须尊重既存的权利。空间建设用地使用权设定之后,必须处理好与其设定范围内外、上下、四至所有的不动产权利人之间的关系,而不仅仅局限于处理好与其他建设用地使用权人的关系。如果要对权利进行限制,也不仅仅是限制新设的空间建设用地使用权人的权利。[①] 例如,如果将同一块土地地下 10 米至地上 70 米的建设用地使用权出让给甲公司建设住宅,将地下 20 米至 40 米的建设用地使用权出让给乙公司建一地下商场,这样就可以避免权利之间的冲突。此外,有关自然资源主管部门以及规划部门,在出让土地和制定规划时,应确定不同空间的利用范围,避免发生权利的冲突。当然,登记机构也有义务明确各种用益物权的范围。如果权利内容发生冲突,则应当根据《民法典》的相关规定确认物权的归属,或者办理变更登记手续。

第七节　建设用地使用权的流转

一、建设用地使用权的流转概述

所谓建设用地使用权的流转,是指建设用地使用权人依法将其建设用地使用权以转让、互换、出资、赠与等方式加以处分的行为。建设用地使用权的流转就是使此种权利进入市场进行交易,从法律上看,这是权利在不同主体之间的重新配置;从经济上看,这是一种资源的优化配置,也是最有效的发挥土地效用的方式。建设用地使用权作为一种典型的用益物权,可以自由流转。依据《民法典》第 353 条的规定,“建设用地使用权人有权将建设用地使用权转让、互换、出资、赠与或者抵押,但是法律另有规定的除外”。建设用地使用权的流转具有如下特点:

1. 流转的方式具有多样性。依据《民法典》第 353 条的规定,建设用地使用权的流转方式包括转让、互换、出资、赠与或者抵押。可见,《民法典》所规定的建设用地使用权的流转与土地承包经营权的流转明显不同,法律对

---

① 参见陈祥健:《建立我国空间建设用地使用权制度若干问题的探讨》,载《政法论坛》2003 年第 1 期。

于土地承包经营权的流转进行了较多的限制，而对于建设用地使用权则允许采取多种方式进行流转。这些方式中，既包括了直接移转权利的方式（如转让、互换等），也包括了设定新权利（如抵押）；既包括了有偿的流转方式（如转让、互换等），也包括了无偿的流转方式（如赠与）。甚至较之于土地承包经营权以外的其他的用益物权而言，建设用地使用权的流转方式是最丰富的，其所受到的法律限制也是最少的。

2. 流转的性质为权利处分行为。流转属于权利处分的范畴。也就是说，建设用地使用权的流转意味着，权利人对其权利的处分。例如，通过转让将建设用地使用权让与他人。流转大多导致物权的转移，即权利主体的变化，其具体方式包括转让、互换、出资、赠与等。建设用地使用权作为一种可以转让的财产权，是可以由权利人加以处分的。《民法典》第 353 条规定的转让、互换、出资、赠与或者抵押，都是对权利进行处分的方式。

3. 流转的法律效果是权利的移转或可能移转。建设用地使用权的流转原则上将导致权利主体的变化。流转可采取转让、互换、出资、赠与或者抵押等方式，除了抵押方式之外，其他方式都将直接导致权利的移转。即便是抵押，在抵押权实现之后，也将导致建设用地使用权的移转。因此，这种方式也可能导致权利移转。就转让人而言，建设用地使用权的流转通常意味着权利的相对消灭。在流转发生后，转让人通常丧失了建设用地使用权，但权利本身并没有消灭，而只是转移给了受让人。在一方丧失权利的同时，另一方取得了该权利。流转通常会引发物权的变动，因而属于物权变动的范畴，应当适用《民法典》关于物权变动的规则。

4. 流转必须采用法定的形式。由于建设用地使用权的流转会导致物权的变动，因而法律对其流转的形式设置了一定的限制：一是流转应当采用书面合同的形式。《民法典》第 354 条规定："建设用地使用权转让、互换、出资、赠与或者抵押的，当事人应当采用书面形式订立相应的合同。使用期限由当事人约定，但是不得超过建设用地使用权的剩余期限。"因而转让人必须和受让人之间签订书面的流转合同，流转合同之所以采取要式合同，是因为此类合同将发生建设用地使用权的变动，对当事人的利益影响巨大，必须谨慎行事，而签订书面合同有助于实现这一目的，如果当事人之间仅有口头约定，则不能发生建设用地使用权流转的效果。二是依法办理登记手续。《民法典》第 355 条规定："建设用地使用权转让、互换、出资或者赠与的，应当向登记机构申请变更登记。"可见，建设用地使用权的流转采取登记要件主义，当事人之间未经登记不发生权利流转的效果。

5. 流转具有期限限制。建设用地使用权本身是有期限限制的权利。根据《民法典》第354条的规定，在流转时，使用期限由当事人约定，但不得超过建设用地使用权的剩余期限。因此，法律允许当事人约定流转期限，只要不超过建设用地使用权的剩余期限即可。例如，权利人甲享有一项期限为70年的建设用地使用权，其可以将其中一部分年限如20年的使用权转移给乙；20年期限届满，则乙的权利消灭，该建设用地使用权可继续由甲享有。

需要指出的是，流转必须符合法律的特别规定。《民法典》第353条规定："……但是法律另有规定的除外。"也就是说，对于流转行为，如果法律有例外的限制性规定，则不能随意流转。例如，《城市房地产管理法》第39条第1款第2项规定："按照出让合同约定进行投资开发，属于房屋建设工程的，完成开发投资总额的百分之二十五以上，属于成片开发土地的，形成工业用地或者其他建设用地条件。"这实际上是对建设用地使用权的流转进行的限制。之所以进行此种限制，主要是为了避免建设用地使用权人"炒地皮"[①]。

二、建设用地使用权的流转方式

（一）建设用地使用权转让、互换、出资和赠与的特点

依据《民法典》第353条的规定，"建设用地使用权人有权将建设用地使用权转让、互换、出资、赠与或者抵押，但是法律另有规定的除外"。因此，在建设用地使用权的流转中，最典型的形式是如下几种：一是转让。所谓转让，是指权利人将其建设用地使用权以合同的方式转移的行为。[②] 权利人在取得建设用地使用权之后，可能基于融资或者经营能力、范围发生变化等原因，难以继续使用已取得的建设用地使用权，需要将建设用地使用权转让给他人，进而获得转让费从事其他活动。二是互换。所谓互换，是指权利人将自己的建设用地使用权与他人进行交换，其本质上是一种互易行为。通过互换可以实现自己全部资产的最优整合。三是出资。所谓出资，是指建设用地使用权人与他人合办公司或者企业，以建设用地使用权投资入股，并折合成一定股权的行为。[③] 权利人为了更好地经营自己的资产，也需要将已取得的建设用地使用权进行出资，以组建公司或获取更多更长远的利益。四是赠与。所谓赠与，是指将自己的建设用地使用权无偿地赠送给他人。如果赠与是附条件的，受赠人必须按照合同的约定履行相应的义务，否则不能取得建设用地使用权。五是抵押，它是指为担保债务的履行，债务人或者第

---

① 崔建远、孙佑海、王宛生：《中国房地产法研究》，中国法制出版社1995年版，第92页。

② 参见梅夏英、高圣平：《物权法教程》，中国人民大学出版社2007年版，第248页。

③ 参见梅夏英、高圣平：《物权法教程》，中国人民大学出版社2007年版，第249页。

三人将建设用地使用权抵押给债权人,债务人不履行到期债务或者发生当事人约定的实现抵押权的情形,债权人有权就该财产优先受偿。

建设用地使用权的流转方式具有如下几个特点:

1. 流转发生在平等民事主体之间。与建设用地使用权的出让不同,出让合同的主体是土地所有权人和相对人,而转让、互换、赠与等流转合同的主体是建设用地使用权人和受让人。转让、互换、赠与等流转合同的当事人不应当包括出让人,也就是说不包括国家。毕竟转让等合同和出让合同是两个不同的法律关系,合同当事人的地位是各不相同的,不能将转让等合同当事人与出让合同当事人混为一谈。当然,在某些情况下,出让合同规定的条件对转让等合同当事人具有拘束力。

2. 转让、互换、赠与是权利移转行为,而非设定行为。出让和转让等方式都涉及建设用地使用权的变动,从广义上说,都是建设用地使用权的取得方式。但是,出让本质上是设定权利,而转让、互换、赠与等则属于转移权利。换言之,通过转让、互换、赠与,在不改变权利客体和内容的情况下对权利主体进行变更。因此,建设用地使用权的转让等流转方式是在不改变权利客体和内容的情况下,权利人将其建设用地使用权转移给他人。当然,建设用地使用权的转让并不是纯粹意义上的买卖。所谓买卖,是指有偿转移标的物所有权的行为,但就建设用地使用权的转让而言,其合同的标的是建设用地使用权,而非土地所有权。有鉴于此,《民法典》没有采用建设用地使用权买卖的表述,而是采用了“转让”这一概念。

3. 权利义务的一并流转。转让、互换、赠与与出让不同,出让是土地所有权人将自己所有权的一部分权能让渡给他人的行为,是一种在所有权基础上设定他物权的过程。出让是权利的移转。而转让、互换、赠与等流转是他物权人将自己所获得的权利义务一并让渡给他人的行为。流转无论采取何种方式,都必须是权利与义务的一并转让,不能只是移转权利而不移转义务,或者仅移转义务而保留权利。在转让等合同中,受让人取得的只能是剩余期限以内的建设用地使用权。① 如果让与的期限超过出让合同规定的期限,构成无权处分,超出部分应为无效。

4. 流转方式可以有偿也可以无偿。建设用地使用权人在取得使用权之后,有权依法处分其权利,其流转可以是有偿的也可以是无偿的(如赠与)。建设用地使用权的转让必须是有偿的,让与人有权与受让人协商确定价格,

---

① 参见房绍坤:《物权法用益物权编》,中国人民大学出版社 2007 年版,第 187 页。

但是依据我国有关法律、法规规定，转让的价格也必须合理。[①] 在出资中，让与人可以获得股权或其他权利；在互换中，让与人可以取得受让人的其他他物或权利。但是，通过赠与的方式流转，在性质上属于无偿将建设用地使用权让与他人。

（二）建设用地使用权的转让等的条件

1. 让与人必须取得合法的建设用地使用权。建设用地使用权在被转让、互换、出资和赠与时，让与人必须是权利的享有者，否则将构成无权处分。就建设用地使用权的让与而言，让与人必须经依法登记并取得建设用地使用权权属证书之后，才能依法让与。如果让与人未完成取得建设用地使用权的相关手续，或者权属本身有争议，或者权利已经被收回，或者被法院查封扣押等，则不能转让。[②] 在让与人对建设用地使用权不具有处分权时，其与受让人签订的让与合同并不因此无效，但并不能发生物权变动的效力，由于让与人不能履行合同约定的义务，可能需要向受让人承担违约责任。

2. 让与的权利必须在权利的有效期限内。转让以出让方式取得的建设用地使用权，其使用年限为原出让合同约定的使用年限减去原建设用地使用权人已经使用年限后的剩余年限。例如，出让合同规定的期限为 30 年，若使用权已经经过了 10 年，那么转让人只能转让 20 年或低于 20 年期限的使用权。值得注意的是，建设用地使用权人有可能将剩余期限内的权利分成多个部分，预先转让给不同的受让人。在此情况下，让与人应当将在先让与的情况，明确告知使用期限在后的受让人，以免引起所有人、让与人和受让人之间的纠纷。

3. 让与人已按照出让合同的约定进行投资开发。根据《城市房地产管理法》第 39 条的规定，建设用地使用权人转让以出让方式取得的建设用地使用权，必须已经按照出让合同的约定进行投资开发，属于房屋建设工程的，完成开发投资总额的 25% 以上；属于成片开发的，形成工业用地或者其他建设用地条件。如果土地使用权人未缴纳全部土地出让金，或者未按土地出让合同规定的期限和条件开发利用土地，不得转让建设用地使用权。

4. 权利和义务的一并转让。依据《城市房地产管理法》第 42 条规定，让

---

① 《城镇国有土地使用权出让和转让暂行条例》第 26 条规定："土地使用权转让价格明显低于市场价格的，市、县人民政府有优先购买权。土地使用权转让的市场价格不合理上涨时，市、县人民政府可以采取必要的措施。"

② 参见《城市房地产管理法》第 38 条。

与人在转让建设用地使用权时，不能只移转权利而不移转义务，而必须将原出让合同规定的全部权利、义务移转给受让人。法律之所以作出这种规定，是为了保障出让合同的履行，避免因转让引起矛盾和纠纷。因为一旦发生转让，让与人不再是建设用地使用权的权利主体，受让人将成为建设用地使用权人。但如果让与人未将原出让合同规定的义务（如投资开发的义务等）一并移转给受让人，则出让合同就难以履行，并可能发生各种纠纷。如果让与人只转让了权利而没有转让义务，此种转让行为是无效的，让与人仍应向出让人承担义务和责任。① 当然，让与人在转让全部的权利和义务以后，受让人所取得的权利不应当超出原建设用地使用权出让合同所规定的权利的范围。建设用地使用权转让时，让与人应当向受让人告知建设用地使用权上已有的负担，该负担应随同建设用地使用权一并移转。但让与人在转让时没有明确告知的，受让人无须承担该负担。

5. 流转必须符合法律法规的规定。《民法典》第353条规定，“但是法律另有规定的除外”。主要是强调流转必须符合法律法规规定。例如，对于划拨和基于出让方式取得的建设用地使用权，法律都分别作出了一定的限制，当事人在进行流转时，必须要遵守这些限制。② 另外，建设用地使用权的让与，还需要依法完成相应的程序。根据法律规定，应当签订书面合同，办理缴纳有关税费等手续。③ 自然资源主管部门经过严格审查，在当事人之间的转让符合法定条件时，应当按规定向受让人颁发建设用地使用权证书。

（三）建设用地使用权流转的登记

《民法典》第355条规定：“建设用地使用权转让、互换、出资或者赠与的，应当向登记机构申请变更登记。”根据这一规定，建设用地使用权的流转，应当采取登记要件主义。因为一方面，根据《民法典》第355条的规定，建设用地使用权的设立，采取登记要件主义，当事人之间订立建设用地使用权流转合同只是在当事人之间发生债的效力。只有办理了登记，才能发生设立建设用地使用权的效力。因此，建设用地使用权的流转也应当采取登记要件主义。另一方面，《民法典》第355条规定中使用了“应当”一词，表明流转的登记是法定的强行性规范，未经登记，不发生建设用地使用权的流转。当然，这里所说的变更登记，具体来说是权利转移登记。因为建设用地

① 参见吕来明：《走向市场的土地——地产法新论》，贵州人民出版社1995年版，第137页。

② 参见黄薇主编：《中华人民共和国民法典物权编解读》，中国法制出版社2020年版，第470页。

③ 参见《城市房地产转让管理规定》第7条。

使用权流转是权利人的变化，而物权客体和内容并未发生变化。

在当事人没有依法办理变更登记的情况下，尽管当事人之间就流转达成了协议，并且移转了对土地的占有，也只能认为在当事人之间产生了债的关系，而不能认为在当事人之间产生了物权的变动。如果没有办理登记，受让人占有土地并且完成了房屋的建造，是否属于合法建造行为并适用《民法典》第231条的规定？本书认为，所谓合法建造，应当是指取得建设用地使用权并办理了建造房屋的审批手续之后进行的建造。因此，受让人不能依《民法典》第231条取得房屋的所有权，但是受让人对房屋的占有权仍然应当受到保护。

三、房地流转中的一并处分规则

从自然属性上来讲，房屋是不可能脱离土地而存在的。但在法律上，土地和建筑物的权利是否可以分开，即土地和建筑物是否可以作为相互独立的不动产，历来存在两种不同的立法例：一是吸收主义。在此种模式下，房屋被认为是土地的重要组成部分，或者被认为是地上权的组成部分。二是分离主义。在此种模式下，房屋和土地是分别的所有权客体，房屋不是土地的组成部分，而是独立的权利客体。我国《民法典》采取了"房随地走"和"地随房走"的原则，从而避免了房地权利主体的分离造成的房地利用效率低下，在一定程度上避免了纠纷的产生，也有利于防止欺诈、维护交易安全。依据这一原则，在房地流转时也必然采取一并处分的规则。

（一）房地让与时的一并处分规则概述

《民法典》第356条、第357条分别规定了"房随地走"和"地随房走"两个规则，即在交易中，房地必须一并处分。所谓一并处分，就是指建设用地使用权和建筑物等的所有权要一并移转。按照建设用地使用权和建筑物所有权的主体应当保持一致的原则，权利人应当将房屋所有权和建设用地使用权作为整体予以流转。具体而言：

一是建设用地使用权转让、互换、出资或者赠与的，附着于该土地上的建筑物、构筑物及其附属设施一并处分。依据《民法典》第356条的规定，建设用地使用权转让、互换、出资或者赠与的，附着于该土地上的建筑物、构筑物及其附属设施一并处分。所谓"附着于"，是仅指地表之上的建筑物等，还是包括地上和地下的建筑物等？本书认为，因为建筑物、构筑物及其附属设施的类型非常多，建筑物等不仅仅限于地表之上的，还应当包括地上和地下空间在内的建筑物等。

二是建筑物、构筑物及其附属设施转让、互换、出资或者赠与的，该建筑物、构筑物及其附属设施占用范围内的建设用地使用权一并处分。所谓“占用范围内”，是指该建筑物等所占用范围内的建设用地使用权，不应包括规划范围内的空地和其他土地。当然，在现实生活中，当事人为了充分有效地利用土地和建筑物，可能将土地和房屋的各种权利和利益分割成不同部分，分别予以转让和处理。例如，建设用地使用权人转让地上建筑物后，保留在地下修建停车场的权利，或将建筑物屋顶上的空间利用权转让给他人，而自己保留建筑物的所有权。如果这种权益的分割转让是合法的，在权利的最终归属上没有导致建筑物所有权和建设用地使用权主体分离的结果，这些转让协议应当认为是有效的。但如果处分建设用地使用权和房屋所有权，则不能够分别转让，否则转让协议应当被认为无效。在处分问题上应实行一体处分原则，以保存不动产的价值。①

总之，根据《民法典》上述规定，权利人不能在保留建设用地使用权的情况下处分地上的建筑物等，也不能在保留建筑物等的情况下处分建设用地使用权。

（二）抵押时的一并处分

《民法典》第 417 条规定，“建设用地使用权抵押后，该土地上新增的建筑物不属于抵押财产”。据此，建设用地使用权与该土地上新增的建筑物应当分开，该建设用地使用权实现抵押权时，应当将该土地上新增的建筑物与建设用地使用权一并处分。但是，就新增建筑物所得的价款，抵押权人无权优先受偿。据此可见，即使存在新增的建筑物，也要与原建筑物和建设用地使用权一并参与拍卖、变卖。只是新增建筑物不属于抵押财产价值的，不能由抵押权人优先受偿。②

应当指出，就土地和建筑物二者的关系来说，是建筑物附随于土地，还是土地附随于建筑物，法律未作规定。③ 所谓“房随地走”或“地随房走”的现象都是存在的，两者之间未分主次关系。我国立法确认建设用地使用权和房屋所有权主体保持一致，应当理解为权利最终归属的统一，即房屋的所有权和建设用地使用权必须归同一主体所有。为了达到这种房地权利主体的合一，必须要求房屋所有权移转时，建设用地使用权也一并移转，而建设用地使用权移转时，地上的房屋所有权也一并移转。移转的最终结果是使

---

① 参见房绍坤：《物权法用益物权编》，中国人民大学出版社 2007 年版，第 185 页。

② 参见崔建远：《中国民法典释评：物权编》（下卷），中国人民大学出版社 2020 年版，第 416 页。

③ 某些学者认为，土地使用权应附从于房屋所有权，因为地基使用权随房屋所有权的成立而成立。参见钱明星：《物权法原理》，北京大学出版社 1994 年版，第 191 页。

房屋的所有权人和建设用地使用权人为一人。

四、地上房屋所有权的推定规则

(一)推定规则的概念

我国《民法典》在借鉴国外立法经验的基础之上,也确定了地上房屋所有权的推定规则。《民法典》第352条规定:“建设用地使用权人建造的建筑物、构筑物及其附属设施的所有权属于建设用地使用权人,但是有相反证据证明的除外。”据此,国有土地上建有建筑物、构筑物及其附属设施的,则推定该建筑物、构筑物及其附属设施的所有权归建设用地使用权人所有,但有相反证据证明其所有权不属于建设用地使用权人的除外。例如,当事人之间就地上房屋所有权的归属发生争议,首先推定建设用地使用权人享有房屋所有权,如果其他人提出不同的主张,必须负担举证责任。因为从建设用地使用权设立的目的来看,权利人取得该权利就是为了建造和保有建筑物、构筑物及其附属设施等,如果建设用地使用权人取得该权利时,土地上已经存在房屋,其就无法利用该土地来建造建筑物、构筑物及其附属设施等,推定地上房屋所有权归建设用地使用权人所有,符合建设用地使用权设立的目的。另外,该规定也符合占有的推定规则。且在交易中保持了房屋、建设用地使用权主体的一致性。

需要指出的是,地上房屋所有权归属推定规则仅适用于合法建造物。根据《民法典》第352条,适用推定规则,建设用地使用权人必须举证证明两点:第一,必须证明其建造了建筑物、构筑物及其附属设施,如果这些物并非为建设用地使用权人所建造,也不能适用上述推定规则。第二,必须证明其所从事的是合法建造行为。虽然《民法典》第352条并未强调建设用地使用权人合法建造,但从《民法典》第231条“因合法建造、拆除房屋等事实行为设立或者消灭物权的,自事实行为成就时发生效力”的规定来看,只有在建设用地使用权人合法建造的情况下,方可产生物权。因此,《民法典》第352条所言的“建设用地使用权人建造的建筑物、构筑物及其附属设施”仅限于合法建造的建筑物、构筑物及其附属设施,否则,这些物的所有权是否产生尚有疑问,更不可能推定其所有权的归属。需要指出的是,如果建设用地使用权人并未从事合法建造行为,就意味着其建造的建筑物是违章建筑,对其所有权的归属,应当按照《城乡规划法》的有关规定处理。

(二)推定规则的排除适用

如何理解《民法典》第352条中所说的“有相反证据证明的除外”?也就是说,上述推定只是法律上的预设,如果当事人确实有相反的证据,仍然

可以推翻此种推定。本书认为,相反的证据主要包括如下几种情形:

1. 当事人之间存在特别的约定。例如,建设用地使用权合同约定,开发商建设商品住宅用房时,需要建造居委会专门用房等配套公用设施。[①] 根据房屋的性质和合同的约定,居委会专门用房等配套公用设施在性质上属于市政公用,并不当然属于建设用地使用权人所有,而应归属于国家所有。此外,如果开发商将开发的建筑物等工作物转让给第三人,则第三人应当继续遵守建设用地使用权出让合同中的建筑物权属划分。[②]

2. 依据法律的特别规定。例如,依据《民法典》第 274 条的规定,建筑区划内的道路,属于业主共有,但属于城镇公共道路的除外。建筑区划内的绿地,属于业主共有,但属于城镇公共绿地或者明示属于个人的除外。因而,建筑规划区内的道路和绿地、附属设施等就依该条规定而确定产权,而不归作为建设用地使用权人的开发商所有。在实践中,也存在房改时单位出卖公房于职工,使职工取得房屋所有权,单位仍然享有建设用地使用权的情形。

3. 在他人享有建设用地使用权的土地上建造房屋。此种情况下,建造人基于《民法典》第 231 条的规定而自动取得房屋所有权。需要指出的是,在建设用地使用权人与建造人不一致的情况下,房屋究竟如何确定归属?例如,甲、乙共同共有两间房屋,甲未经乙同意擅自在该房屋占用的土地上又以自己名义申请并获准建造了一间房屋。则该房屋归谁所有?本书认为,该建设用地使用权为二人所共有,该房屋也应当归二人共同共有。从利益平衡考虑,确认双方共有,并没有否认任何一方的权利,更加公平。如果否认乙的权利,则意味着甲通过其恶意添附的侵权行为剥夺了乙的权利,与公平观念不符。

4. 建设用地使用权人出租建设用地。如果建设用地使用权人将土地租赁给他人,由他人在该土地上建造房屋,双方可以在合同中约定由承租人取得房屋的所有权。但在合同没有约定的情况下,本书认为,可以类推适用《民法典》第 352 条的规定,推定地上建造物只能由出租人取得房屋所有权。如果房屋的建造人确有证据证明其对房屋进行了投资,那么根据添附规则,则应当由建设用地使用权人取得房屋所有权,由其对建造人进行补偿。

需要指出的是,如果有相反证据证明,首先应当由所有权人对此承担举证责任。如果建设用地使用权人对此提出异议,则需要经过确权程序,重新确认物权的归属。

---

① 参见胡康生主编:《中华人民共和国物权法释义》,法律出版社 2007 年版,第 323 页。

② 参见胡康生主编:《中华人民共和国物权法释义》,法律出版社 2007 年版,第 322 页。

第八节　住宅建设用地使用权的自动续期

一、住宅建设用地使用权自动续期概述

按照自动续期规则，住宅建设用地使用权期限届满的，无须建设用地使用权人申请即自动续期，这既有利于降低行政成本，也可以免除权利人申请续期的繁杂手续，减轻了权利人的负担。[①] 原《物权法》第 149 条规定了住宅建设用地使用权自动续期规则，《民法典》第 359 条继续采纳了住宅建设用地使用权自动续期的规则。这就解决了房屋所有权的永久性与住宅建设用地使用权的出让期限的有限性之间存在的冲突。因为现代城市商品房大多采取建筑物区分所有的方式，小区内部的住户众多，协调成本较高，所有住户都到政府部门办理续期手续难以实现。而且在住宅建设用地使用权到期时要求权利人申请办理续期手续，操作起来确有困难和不便之处。因此，《民法典》第 359 条规定了住宅建设用地使用权自动续期的规则，可以避免因申请审批等环节而产生的费用和成本。该规定属于强行性规范，不允许当事人通过出让合同予以排除，也不允许政府单方面地制定相关的规范性文件予以排除。

在自动续期期限内，即便房屋灭失，只要土地没有灭失，当事人就可以在原住宅建设用地上翻建房屋，但在特殊情形下，也可能因为一定事实的出现，使自动续期没有必要。[②] 这主要有如下几种情况：一是房屋已经灭失而不准备新建房屋。例如，房屋所有权人拆毁房屋，或者房屋因自然原因而灭失，如地震，但所有人并不在土地上新建房屋。二是房屋被征收。在征收以后，房屋所有权已经转归国家所有。三是土地性质改变，即土地由住宅用地改为工业或商业用地，则不符合自动续期的条件。在上述情形下，自动续期可能就没有必要了。

基于《民法典》第 359 条规定，住宅建设用地使用权到期后自动续期，实际上是变相延长了住宅建设用地使用权最长 70 年的使用期限。但自动续期应当续期多长时间，原《物权法》并未解决，对此，《关于强化知识产权保护的意见》指出，续期期限要形成公民住宅财产的长久受保护、良好和稳定预期局面，这就为完善自动续期规则提出了明确的指导意见，具体表现在：第一，续期制度的构建要促使形成长久受保护的状态，使居民在住宅建设用

---

① 参见高圣平：《〈物权法〉背景下的〈城市房地产管理法〉修改——兼及部门法的立法技术》，载《中国人民大学学报》2008 年第 2 期。

② 参见刘锐：《住宅国有土地使用权自动续期的实现路径》，载《理论与改革》2016 年第 6 期。

地上的房屋成为“恒产”。因为只有成为恒产，人们才能够产生投资的愿望和置产的动力，而要形成这样长久受法律保护的状态，续期的期限显然不能过短，否则就不可能形成恒产。还应当看到，住宅本身也是一种商品，其可以成为抵押、转让、继承的对象，因而产权的存续期限越长，其交换价值越大，反之期限缩短，房屋价值则会减损。第二，续期制度的构建应当致力于使公众有良好稳定的预期。住宅不是一般的商品，而是公民安身立命之所，也是终生积蓄所在，是政府长期所强调的生存权和发展权的基础。① 什么是“民生”？最大的民生就是公民的财产权保障问题。所以，在确定续期期限方面，应当以产权人对自己拥有恒产能够产生合理期待为立法目标。从这一意义上说，如果能够通过一次性续期解决该问题，就不应当通过多次续期来解决，否则，产权人难免对其产权安全产生担忧，形成对未来产权保护的不确定性，增加公众对其房产的不安全感。

《民法典》仍然没有解决住宅建设用地使用权续期期限的问题。本书认为，续期的期限原则上应当通过一次性续期的办法来确定，而不宜采取多次续期的办法。在续期问题上，要形成公民住宅财产的长久受保护、良好和稳定预期的局面，应当尽量减少权利人续期的负担和续期的不确定性。在确定具体的续期期限长短时，有必要考虑房屋的使用年限、房屋用途转化的可能性、土地和房屋被征收的情形等因素。

二、续期收费：有偿续期但不应采纳出让金标准

（一）自动续期不宜完全无偿

依据《民法典》第359条的规定，续期费用的缴纳或者减免，依照法律、行政法规的规定办理。从该规定来看，其将该问题交由未来立法、行政法规规定，但其并没有采纳无偿续期的态度。本书认为，自动续期不应当采纳无偿续期的立场，主要理由如下：

第一，无偿自动续期有违市场经济公平公正原则。因为住宅建设用地使用权的出让期限越长，住宅建设用地使用权人所支付的土地出让金也会越高，若转化到房价成本中，则相应购房人所支付的房价也会较高。在这种情况下，如果对不同出让期限的住宅用地都予以一律平等对待，实行无偿自动续期，则有悖于公平理念。②

第二，无偿自动续期可能会加剧房地产市场的投机行为，进一步加剧炒

① 参见许德风：《住房租赁合同的社会控制》，载《中国社会科学》2009年第3期。

② 参见马天柱：《住宅建设用地使用权期满自动续期的若干思考》，载《天津商业大学学报》2008年第2期。

房行为,房屋将异化为一种投资的商品,而不是用于居住。[①] 房屋作为一种商品,虽然可以进入流通领域,但其也具有一定的特殊性,事关广大人民群众居住权的实现,关涉基本民生。因此,从立法本意来看,自动续期规则也是为了保障房屋所有权人的居住权益,若采纳无偿自动续期方式,有可能导致房屋被进一步炒作,不利于保障公民的居住权益。

第三,无偿自动续期会降低土地利用效率,加剧土地资源稀缺性的矛盾,不利于对土地的充分利用。[②] 土地收益具有很强的财政属性,建设用地使用权有偿续期,可以提供稳定的地方财源,为社会保障、民生支出和经济建设提供持续的动力,有利于保证地方政府的正常运转。[③] 无偿续期论会削弱国家对社会资源的调控能力。

第四,无偿续期可能导致政府对特定范围内基础设施的投资减少,从而不利于住宅周边环境的改善,最终也将影响房屋所有权人权益的实现。因为房屋价值与周边环境是紧密联系在一起的。尤其应当看到,无偿续期有可能导致政府对基础设施的投资减少,最终不利于对民生的保护。

(二)续期不宜采纳出让金标准

采纳有偿续期立场的关键问题在于如何确定合理的续期收费标准,本书认为,不应当按照土地出让金标准确定住宅建设用地使用权续期的收费数额,主要原因如下:

第一,住房本身涉及公民居住权益的保障。老百姓购买商品房之后,取得了无期限的房屋所有权,如果住宅建设用地使用权续期需要收费,但采纳出让金标准收费,导致收费过高,老百姓可能交不起续期费用,这相当于变相剥夺了老百姓的财产权,显然违背了《民法典》保护公民财产权的立法目的。

第二,续期不同于出让。从逻辑上而言,住宅建设用地使用权期限届满后,如果使用权人要继续享有住宅建设用地使用权,则应当予以再次出让,《土地管理法》及《城市房地产管理法》曾采纳这一立场。但是《民法典》确立了自动续期规则,否定了政府与当事人之间通过合意来达成出让合同,这种强制规定就意味着续期不同于缔约。也就是说,这不是一个出让行为。按照土地出让金的标准确定续期的收费标准,因为欠缺"出让"这一大前提,

① 参见刘锐:《住宅国有土地使用权自动续期的实现路径》,载《理论与改革》2016 年第 6 期。

② 参见袁志锋:《城市住宅建设用地使用权期满自动续期初探》,载《中国地质大学学报(社会科学版)》2013 年第 S1 期。

③ 参见高圣平、杨旋:《建设用地使用权期限届满后的法律后果》,载《法学》2011 年第 10 期。

所以是没有依据的。

第三,采纳出让金标准,有可能导致自动续期规则沦为具文。一方面,许多房屋所有权人可能因为支付不了高昂的续期费用,而无法续期,这就使自动续期规则不能够得到落实,老百姓也不能从中享受到应有的福利和实惠。另一方面,在无法续期的情况下,所有权人对房屋的所有权与国有土地所有权之间的矛盾将无法得到调和,会形成严重的社会问题。

第四,采纳出让金标准不符合未来立法的指导精神。追溯至原《物权法》,其出台这一规定是为了给老百姓一颗"定心丸",但以出让金标准收费,会使很多人担心有生之年可能负担不起续期费用,而百年之后,由后代负担过高的续期费用,也对不起子孙后代。[①] 这种做法也不符合《关于强化知识产权保护的意见》所确立的"形成公民住宅财产的长久受保护、良好和稳定预期局面"的指导精神。

总之,建设用地使用权自动续期应当收费并不意味着应当按照土地出让金收费,因为考虑到经营性建设用地使用权与住宅建设用地使用权的不同,收费还应当考虑住宅用地所承载的社会福利这一性质,也应当对民生的保障、社会的稳定予以考量。

第九节 集体建设用地使用权

一、集体建设用地使用权的概念

集体建设用地使用权是指农村集体经济组织举办的乡镇、村企业,依法取得的在集体所有的土地上建造建筑物、构筑物及其附属设施的权利。《民法典》第 361 条规定:"集体所有的土地作为建设用地的,应当依照土地管理的法律规定办理。"该条表面上看是一个宣示性条款,但实际上确认了集体所有的土地可以设立集体建设用地使用权。我国土地所有权包括国家所有和集体所有两类,建设用地使用权也包括了一般意义上的建设用地使用权和集体建设用地使用权。但是,我国农村实行的是土地的集体所有制,农村土地的集体所有权是我国公有制的重要组成部分,土地不能转让。

《民法典》第 361 条只是概括性地规定了集体建设用地使用权,但是一般而言,在集体所有的土地上只能设立集体建设用地使用权,主要用于乡镇企业用地、集体经济组织的公共设施和公共事业用地,并且通常是以无偿为原则。集体建设用地使用权不同于一般意义上的建设用地使用权,是指在

① 参见刘锐:《住宅国有土地使用权自动续期的实现路径》,载《理论与改革》2016 年第 6 期。

集体所有的土地上设立的建设用地使用权。一般意义上的建设用地使用权,是指在国家所有的土地上设立的,以建造建筑物、构筑物及其附属设施的用益物权。集体建设用地使用权虽然也是为了从事建筑物、构筑物及其附属设施的建造,但并不是在国家所有的土地之上设立,而是在集体所有的土地之上设立,因此,其具有不同于一般意义上的建设用地使用权的特征。

二、集体建设用地使用权的取得

根据我国《土地管理法》的相关规定,集体建设用地使用权包括农村集体公益用地使用权、集体经营性建设用地使用权两种类型。它们在设立目的、是否可以流转、期限限制等方面存在明显区别。

由于我国实行严格的耕地保护制度,要防止耕地流失,所以对农村集体土地也实行规划的管理制度。因此,乡镇企业建设用地使用权的取得必须经过法定程序。对此《土地管理法》等法律、法规有明确的规定。[①] 依据《土地管理法》的相关规定,集体建设用地使用权的设立既不同于建设用地使用权的设立方式,也不同于一般用益物权的设定方式,即不采用“合同+公示”的方式设立,而是采取了“申请+审批”的方式。只要集体建设用地使用权人向相关主管部门提出集体建设用地使用权申请,相关部门就应该按照法定程序进行审批,对符合相应条件的申请,应当批准其获得建设用地使用权,允许其开办集体企业等,而不需要与申请者签订建设用地使用权出让合同。

依据《土地管理法》第60条、第61条规定,集体建设用地使用权的取得必须符合以下条件:

第一,必须经过法定程序取得。依据《土地管理法》第60条、第61条的规定,集体建设用地使用权的设立必须经过法定程序。就农村集体经济组织兴办企业而言,必须要经县级以上地方人民政府批准,如果涉及占用农用地,就应当按照《土地管理法》第44条的规定办理严格的审批手续。依据《土地管理法》第61条的规定,就乡村公共设施、公益事业用地而言,也必须经过县级以上地方人民政府的批准。

第二,必须符合相关的规划。农村集体经济组织适用乡镇土地利用总体规划。根据《土地管理法》第59条的规定,乡镇企业、乡(镇)村公共设施、公益事业、农村村民住宅等乡(镇)村建设,应当按照村庄和集镇规划,合理布局,综合开发,配套建设;建设用地,应当符合乡(镇)土地利用总体规划和土地利用年度计划,并依照《土地管理法》的相关规定办理审批手续。

---

① 参见《土地管理法》第44条、第60条。

第三，涉及农用地的，要依法办理农业地转用审批。按照《土地管理法》第44条的规定办理相关的审批手续。即使是公益性集体建设用地使用权，也应当尽量使用存量建设用地，少占用耕地，能使用存量建设用地的，不能批准占用耕地。①

三、集体建设用地使用权的行使

集体建设用地的使用者应当严格按照土地利用总体规划、城乡规划确定的用途使用土地，不得建造商品房用于出售。在土地利用总体规划制订前已建的不符合土地利用总体规划确定的用途的建筑物、构筑物，不得重建、扩建。且应当节约使用土地，有效地利用好土地，防止土地的闲置浪费。尤其是集体建设用地使用权的行使应当保护耕地。严格控制占用耕地规模。耕地保护是我国的一项重要国策。

集体建设用地使用权的流转受到法律的严格限制。由于《民法典》并未就乡镇企业建设用地使用权的流转作出特别的规定，依据《民法典》第361条的规定，乡镇企业建设用地使用权的流转依然适用《土地管理法》等法律的规定。依据《土地管理法》第63条的规定，乡镇企业建设用地使用权的流转主要包括如下情形：一是集体建设用地使用权不得通过转让用于非农业建设。在乡镇企业破产或被兼并的情况下，原乡镇企业享有的建设用地使用权的主体会发生改变，即允许集体建设用地使用权在特殊情况下，如企业破产、兼并等，转让给其他人。② 二是乡镇企业建设用地使用权可以随厂房一并抵押，因此在债权人实现抵押权时也会导致乡镇企业建设用地使用权的流转。

第十节　建设用地使用权的消灭

一、建设用地使用权的消灭原因

建设用地使用权是物权的一种，因此，物权的一般消灭原因同样适用于建设用地使用权。当然，建设用地使用权作为一种用益物权，也有一些特殊的消灭原因，主要包括以下几种。

（一）建设用地使用权因存续期限届满而消灭

对于附有存续期限的建设用地使用权，在期限届满时自然归于消灭。但是住宅建设用地使用权在期满之后的效力却关系到公民的民生和基本财产权的保护，不能简单采取期满自动消灭的做法。因此，依据《民法典》第

---

① 参见杨合庆主编：《中华人民共和国土地管理法释义》，法律出版社2020年版，第111页。

② 参见高圣平：《物权法：原理·规则·案例》，清华大学出版社2007年版，第126页。

359 条的规定,住宅建设用地使用权并不因存续期限届满而消灭。但对于非住宅建设用地使用权,在期限届满后,建设用地使用权将可能消灭。《民法典》第 359 条第 2 款规定:非住宅建设用地使用权期限届满后的续期,依照法律规定办理。该款实际上确认了非住宅建设用地使用权期限届满后的续期应当依据特别法确定。对于非住宅建设用地仍然需要按照该规定,在期限届满后,由原土地使用权人提出申请并经相关部门批准后才能续期,而不能当然自动续期。

《民法典》第 359 条第 2 款规定:“非住宅建设用地使用权期限届满后的续期,依照法律规定办理。该土地上的房屋以及其他不动产的归属,有约定的,按照约定;没有约定或者约定不明确的,依照法律、行政法规的规定办理。”依据这一规定,对于非住宅建设用地使用权因存续期间届满而消灭时,该土地上的房屋及其他不动产的归属的处理,应当按照下列规则处理:一是首先要依据合同约定来确定归属。通过合同确定归属,实际上就是使当事人的约定具有优先于法律规定的效力。此种规定既尊重了当事人的意志,也维护了权利人的产权。二是没有约定或者约定不明确的,依照法律、行政法规的规定办理。例如,《城镇国有土地使用权出让和转让暂行条例》第 40 条规定,土地使用权期满,土地使用权及其地上建筑物、其他附着物所有权由国家无偿取得。

(二)建设用地使用权因公共利益需要而提前收回

所谓因公共利益需要而提前收回,是指在建设用地使用权期限届满前,政府因公共利益需要提前收回该土地。《民法典》第 358 条规定的“收回”,针对房屋所有权而言,其在性质上属于征收。因为一方面,在提前收回的条件下,《民法典》第 358 条明确要求必须是因公共利益的需要,才能提前收回;另一方面,该条也明确规定了要按照《民法典》第 243 条的规定给予补偿,同时还要退还相应的出让金。正是因为将因公共利益需要提前收回归入了征收的范畴,因而解决了实践中一些地方政府官员随意利用提前收回制度损害建设用地使用权人利益的问题。[①]《民法典》第 358 条之所以采取“提前收回”的表述,而没有采取征收的表述,主要原因在于,对于城市的不动产的征收主要是对房产的征收,由于城市土地本来就属于国家所有,建设用地使用权是在国家土地所有权基础上设立的他物权,而在我国,征收在法律上要移转所有权,所以,对建设用地使用权不存在征收问题,只有提前收

① 参见程啸:《物权法规定建设用地使用权的意义——“无偿收回土地使用权”行为的性质评析》,载《人民法院报》2007 年 6 月 11 日,第 6 版。

回的问题。但如果土地之上存在房屋,则在提前收回土地使用权的同时也要对房屋一并进行征收。

在提前收回的情况下,对公共利益应当做更加严格的限制和解释。如果对提前收回情况下的公共利益不做限制,很可能就给予政府极大的权力,不利于对自然人、法人等财产权的保障。应当看到,此处所说的公共利益必须是国家的重大公共利益。所谓重大的公共利益,主要是指国防事业、公益设施、大型公益事业(如奥运会场馆建设等)。如果是一般的公共利益,不应作为提前收回的理由。

《民法典》第 358 条规定:“建设用地使用权期限届满前,因公共利益需要提前收回该土地的,应当依据本法第二百四十三条的规定对该土地上的房屋以及其他不动产给予补偿,并退还相应的出让金。”一方面,要对该土地上的房屋及其他不动产给予补偿。依据上述规定,对于地上房屋等要适用征收补偿的标准进行补偿。另一方面,在提前收回时,政府应当退还相应的出让金。所谓相应的出让金,就是按照建设用地使用权的期限来确定的出让价金。应按照相应的剩余建设用地使用权年限来计算出让金,然后予以退回。因为建设用地使用权人支付的出让金是对一定期限内的权利所支付的费用,如果提前收回,就应当将已经使用的年限部分的出让金扣除,退回剩余部分期限的出让金。

(三)建设用地使用权因土地闲置超过两年而被收回

《城市房地产管理法》第 26 条规定,超过出让合同约定的动工开发日期满 1 年未动工开发的,可以征收相当于土地使用权出让金 20% 以下的土地闲置费;满 2 年未动工开发的,可以无偿收回土地使用权。据此,土地闲置 2 年出让人可提前收回。本书认为,此种规定有利于促进物尽其用,促使建设用地使用权人及时利用土地,也有利于防止囤积土地、“炒地皮”的现象。但是,提前收回确实会损害建设用地使用权人的利益。所以,即使提前收回的规定作为一种因违约而解除合同的具体方式,政府也应当按照剩余期限的相应比例返还部分土地出让金。当然,在建设用地使用权出让合同中,依据现行法律,必须对开发期限以及相应的违约解除权作出规定。如果开发商违反约定闲置土地超过一定期限,也构成违约,应当承担相应的违约责任。但是,提前收回确实会损害建设用地使用权人的利益。所以,此种方式应当慎用。

(四)因停止使用等原因而收回建设用地使用权

《土地管理法》第 58 条规定,因单位撤销、迁移等原因,停止使用原划拨的国有土地的,或因公路、铁路、机场、矿场等经核准报废的,土地行政主管部门有权收回该建设用地使用权。由于此类被收回的建设用地使用权多属于以划拨方式无偿取得的，因而不应给予补偿。但是，对于其地上建筑物、其他附着物，市、县人民政府应当根据实际情况给予适当补偿。需要指出的是，关于国有企业在破产之后，其基于划拨方式取得的建设用地使用权能否作为破产财产分配，在学理上存在不同的看法。本书认为，依据《土地管理法》的上述规定，在此情况下，建设用地使用权应当由政府收回，而不能作为破产财产。另外，由于破产企业建设用地使用权是通过划拨方式取得的，因而即使作为破产财产，未经批准也不能进入市场流转。[①]

（五）土地的灭失

如果建设用地因为自然灾害等原因而发生灭失，也会导致建设用地使用权的消灭。例如，因洪水、地震等原因导致土地流失或者土地无法使用。

二、办理注销登记手续

《民法典》第360条规定："建设用地使用权消灭的，出让人应当及时办理注销登记。登记机构应当收回权属证书。"建设用地使用权无论因为何种原因而消灭，都应当及时办理注销登记，因为如果不办理注销登记，不知情的交易第三人很可能会信赖登记而以为建设用地使用权仍然存在，给交易安全带来隐患。[②] 值得探讨的是，如果出让合同被宣告无效或者撤销，当事人没有办理注销登记手续，建设用地使用权是否仍然有效？本书认为，在我国，物权变动原则上采债权形式主义变动模式，因此，在出让合同被宣告无效或者被撤销以后，作为建设用地使用权设立基础的合同已经不存在，此时，建设用地使用权应归于消灭。只不过，在没有办理注销登记之前，该登记还具有一定的公信力，善意第三人可基于此登记而受到保护。

---

① 参见梅夏英、高圣平：《物权法教程》，中国人民大学出版社2007年版，第263页。

② 参见崔建远：《中国民法典释评：物权编》（下卷），中国人民大学出版社2020年版，第224页。

第十五章　宅基地使用权

第一节　宅基地使用权概述

一、宅基地使用权的概念

宅基地使用权是我国特有的一种用益物权,《民法典》第 362 条规定:“宅基地使用权人依法对集体所有的土地享有占有和使用的权利,有权依法利用该土地建造住宅及其附属设施。”据此,宅基地使用权是指农村居民为建造住宅以及相关附属设施对集体土地所享有的占有、使用的权利。取得宅基地使用权是权利人居住、生活的基本保障和重要条件。宅基地使用权的主要特征包括以下几点。

1. 权利主体具有特殊性

就一般用益物权而言,权利主体没有身份上的限制,但是,《民法典》第 362 条所规定的宅基地使用权人具有身份上的要求。此种权利只能由集体经济组织的成员享有。所以,宅基地通常是与成员权联系在一起的。权利主体的特殊性,也是宅基地使用权与建设用地使用权等用益物权的重要区别。宅基地使用权的取得以“户”为单位。《土地管理法》确立了“一户一宅”及“户有所居”的宅基地审批原则。[①] 对于是否独立为“户”,实践中通常以家庭为基础,根据血缘、婚姻的当地风俗习惯判断。依据《土地管理法》第 62 条的规定,宅基地是以户为单位申请的,单个的家庭成员不能以个人名义申请宅基地。

---

① 《土地管理法》第 62 条第 1 款、第 2 款规定:“农村村民一户只能拥有一处宅基地,其宅基地的面积不得超过省、自治区、直辖市规定的标准。人均土地少、不能保障一户拥有一处宅基地的地区,县级人民政府在充分尊重农村村民意愿的基础上,可以采取措施,按照省、自治区、直辖市规定的标准保障农村村民实现户有所居。”

2. 权利客体具有特殊性

宅基地使用权的客体是集体所有的土地。新中国成立以后,我国在相当长的时期内还保留了城镇居民宅基地使用权,但《土地管理法》颁布之后,城镇居民宅基地使用权已逐渐消失,取而代之的是建设用地使用权。[①] 自此以后,宅基地使用权只能在集体土地之上设定,只有集体才有权设立此种权利。此外,宅基地使用权的客体必须是集体所有的建设用地,需要占用农用地的,必须依法办理农地转用及其他相关的审批手续。[②]

3. 权利内容具有特殊性

《民法典》第362条规定,宅基地具有特定用途,即原则上只能用于建造住宅及其附属设施,且必须用于自用。所谓"建造住宅",是指农村居民所建住房以及与居住、生活有关的其他建筑物和设施。[③] 所谓建造附属设施,是指为保证对住宅的有效利用,建造水井、地窖等附属使用设施,即宅基地使用权虽然是用益物权,但其权利内容仅限于个人和家庭的居住用途。

由于房屋可以继承,所以宅基地使用权实质上也可以继承。由于宅基地主要是作为生活资料提供的,所以权利人不能将宅基地作为生产资料使用。例如,不得将宅基地投资建厂或者改为鱼塘等,否则就违背了宅基地使用权设立的目的。

4. 权利取得和行使具有无偿性

实践中,作为集体成员的农民只要分门立户皆可申请宅基地。宅基地使用权的取得,并不需要支付对价。究其原因,主要在于宅基地使用权具有的社会保障功能。因为提供了宅基地,农村居民享有了基本的居住条件,从而维护了农村的稳定。[④] 集体经济组织成员所取得的宅基地使用权,是其基本的生活条件和生存保障。如果要采用等价交换的方式才能获得宅基地使用权,该项制度则失去了对农村集体成员的生存保障作用。此外,本书认为,既然集体成员对集体土地享有所有权,那么其取得宅基地使用权就不应再支付相应的对价。这主要是因为宅基地使用权的社会保障属性。[⑤] 当然,

---

① 参见房绍坤:《物权法用益物权编》,中国人民大学出版社2007年版,第226~227页。

② 《土地管理法》第62条规定:农村村民建住宅,不得占用永久基本农田,并尽量使用原有的宅基地和村内空闲地。农村村民住宅用地涉及占用农用地的,依照本法第44条的规定办理审批手续。

③ 参见原国家土地管理局政策法规司于1992年5月28日发布的《关于对农村居民"建住宅"含义理解问题的答复》。

④ 参见姚红主编、全国人大常委会法制工作委员会民法室编著:《中华人民共和国物权法精解》,人民出版社2007年版,第272页。

⑤ 参见韩松:《宅基地立法政策与宅基地使用权制度改革》,载《法学研究》2019年第6期。

一户只能申请一处宅基地。如果要转让宅基地使用权，应当向集体经济组织支付一定的费用。

5. 权利存续具有无期限性

宅基地使用权没有期限的限制，具有永久性。[①]《民法典》及《土地管理法》未明确宅基地使用权期限问题。同时，宅基地使用权以“户”为方式取得，只要户内有集体成员尚在生存，宅基地使用权则不会变动。因为宅基地使用权关系到广大农村集体经济组织成员的基本生存和居住问题，如果该项权利具有期限限制且期限较短，则不利于农民的生存保障和农村的稳定。法律对宅基地使用权不设明显的期限限制，能够最大限度地保障权利人的基本生存条件。由于宅基地使用权具有社会福利的性质，所以从社会保障的角度考虑，也不应当对宅基地使用权设置期限的限制。但尽管宅基地使用权没有期限限制，但其并非不可变更。例如，因为国家建设需要征收土地，或者村镇规划需要改变土地用途，或者村民个人的宅基地面积远超过当地标准的，可以经过法定程序，进行合理的调剂或重新安排。

6. 权利流转的受限性

尽管宅基地使用权是一种财产权利，但其流转受到严格的限制，因为宅基地使用权具有一定的身份性质。因此，《民法典》第 363 条规定：“宅基地使用权的取得、行使和转让，适用土地管理的法律和国家有关规定。”而我国目前相关法规政策规定，宅基地不能自由转让，宅基地上的房屋转让也限于特定人群间。我国有关宅基地的政策一再表明，国家对于农村宅基地交易的否定态度。[②] 司法实践中，对于农村居民将宅基地及房屋向集体成员外出售而引起的“房屋买卖合同效力纠纷“，近年来法院系统也逐渐达成共识，一般认定该类合同为无效合同。[③] 宅基地使用权不得向集体外成员转让的理由在于，一旦允许宅基地自由转让，则其背离了权利主体为集体成员的内在要求，这不符合宅基地使用权的社会保障属性。但根据《土地管理法》第 62

---

① 参见崔建远：《物权法》（第 4 版），中国人民大学出版社 2017 年版，第 322 页。

② 国务院办公厅《关于加强土地转让管理严禁炒卖土地的通知》（1999 年）、国务院《关于深化改革严格土地管理的决定》（2004 年）、《关于加强农村宅基地管理的意见》（2004 年，已失效）和国务院办公厅《关于严格执行有关农村集体建设用地法律和政策的通知》（2007 年）等明令禁止城镇居民购置宅基地或通过批准取得农村宅基地使用权，将宅基地使用权的主体严格限定为农村居民。

③ 参见海南省高级人民法院 2011 年《关于办理商品房买卖合同纠纷案件的指导意见（试行）》；山东省高级人民法院 2011 年《全省民事审判工作会议纪要》等司法文件。

条的规定，在坚持“一户一宅”的基础上，为实现物尽其用、缓和实践中宅基地的稀缺状况，允许宅基地使用权及地上房屋在集体成员间出卖、出租、赠与。

二、宅基地使用权的历史发展

宅基地使用权作为农民最重要的财产权之一，是用益物权的重要类型。宅基地制度历经70多年的发展变迁，从农民所有、自由处分到集体所有、农民使用，从严格管制、限制流转到探索规范流转，宅基地制度一直因时而变，但为农民群体提供居住保障的底线不曾动摇。自新中国成立以来，我国宅基地制度历经如下重大的变革。

1. 宅基地“农民所有、农民利用”阶段

20世纪50年代土地改革时，在实行“耕者有其田”政策的同时，也按“居者有其屋”的原则，给农民分配住房和宅基地。农民对宅基地享有所有权，可自由买卖、出典、出租和继承。[①] 新中国成立初期的土地改革使农民成为土地的主人，此处所言的土地，包括农民的宅基地。1954年《宪法》也规定，国家依法保护农民的土地所有权。

2. 宅基地“集体所有、农民利用”阶段

农民对宅基地的所有权转化成为使用权，是我国社会主义改造运动的产物。1955年后，中央逐渐把以私有制为基础的个体农业经济，改造为以生产资料公有制为基础的农业合作经济。1955年《农业生产合作社示范章程草案》和1956年颁布的《高级农业生产合作社示范章程》规定，农村生产资料变私有为集体所有，农村土地也归属集体所有，但社员原有的坟地和房屋地基不必入社。

人民公社化以后，宅基地性质已经发生变化，在农村，1962年中央颁发了《农村人民公社工作条例修正草案》，该修正草案第21条规定，生产队范围内的土地，都归生产队所有。生产队所有的土地，包括社员的自留地、自留山、宅基地等等，一律不准出租和买卖。这实际上确立了宅基地归生产队所有的规则，这就将农村土地所有权转归了集体所有，公社社员从此对宅基地不再享有所有权而只享有使用权，从此我国确立了“宅基地使用权”的概念，并沿袭至今。[②] 1963年3月20日，中共中央下发了《关于各地对社员宅基地问题作一些补充规定的通知》。该通知规定：无论是有建筑物的宅基地

① 参见刘守英：《直面中国土地问题》，中国发展出版社2014年版，第196页。

② 参见高圣平、刘守英：《宅基地使用权初始取得制度研究》，载《中国土地科学》2007年第2期。

还是尚未建房的宅基地,其所有权归集体所有,不得出租、买卖,但社员(农民)对宅基地可以长期使用;宅基地上的房屋及其附着物归社员(农民)所有,可以租赁、买卖等方式流转。2004 年修正的《土地管理法》规定,农村村民一户只能拥有一处宅基地,其面积不得超过省级政府制定的标准,村民出卖、出租其住房之后,不能再申请宅基地。

3. 确立宅基地使用权为用益物权阶段

原《物权法》第一次以法律的形式确立了宅基地使用权的概念,并明确了其用益物权属性,从而强化了对宅基地使用权的保护。《民法典》继续沿用了相关规定,并规定宅基地使用权人依法对集体所有的土地享有占有和使用的权利,有权依法利用该土地建造住宅及其附属设施。同时,宅基地使用权的取得、行使和转让,应适用土地管理法等法律和国家有关规定。如果宅基地因自然灾害等原因而灭失,则宅基地使用权消灭。对失去宅基地的村民,应当重新分配宅基地。对于已经登记的宅基地使用权,如果发生转让或者消灭,则应当及时办理变更登记或者注销登记。

4. 宅基地制度改革探索阶段

随着我国近几十年城镇化进程的推进,农村人口持续流向城镇,农村宅基地闲置的现象日益普遍。农村闲置下来的宅基地,面积巨大且用途单一,成为"沉睡的资产",造成了土地资源的严重浪费,为盘活农村闲置宅基地,唤醒农民"沉睡的资产",国家持续出台了多部文件,探索宅基地制度改革。[①] 迄今为止,宅基地使用权制度的改革仍然处于探索之中,改革的重要举措是实行宅基地使用权的"三权"分置。

所谓"三权"分置,其实将宅基地之上的权利区分为三种形式,一是包括了宅基地所有权,即农村集体经济组织对宅基地所享有的所有权。二是使用权。所谓"使用权",是指在宅基地所有权之上设立的权利,它是宅基地使用权人与集体经济组织之间达成的,在宅基地上建造房屋等建筑物的权利。当然,宅基地使用权人也有权允许他人使用其宅基地,即宅基地使用权人可

---

① 2013 年中共中央十八届三中全会《关于全面深化改革若干重大问题的决定》指出,要慎重稳妥推进农民住房财产权抵押、担保、转让。2015 年通过的全国人民代表大会常务委员会《关于授权国务院在北京市大兴区等三十三个试点县(市、区)行政区域暂时调整实施有关法律规定的决定》,授权 33 个试点地区进行改革探索。2018 年中央一号文件中共中央、国务院《关于实施乡村振兴战略的意见》提出,探索宅基地所有权、资格权、使用权"三权"分置改革,充分盘活农村大量闲置的宅基地。2019 年《土地管理法》规定,国家允许进城落户的农村村民依法自愿有偿退出宅基地,鼓励农村集体经济组织及其成员盘活利用闲置宅基地和闲置住宅。

以与他人订立合同,使他人取得的对宅基地的占有和使用的权利。[①] 三是资格权。所谓“资格权”,是农民基于集体成员身份所享有的成员权。[②] 资格权作为成员权的一种,主要权能体现在:宅基地取得环节中,资格权是集体成员基于成员资格请求集体为其设定宅基地使用权的一种权利,即宅基地分配请求权,其本质为“宅基地申请资格的权利化”。[③]《民法典》规定的宅基地使用权制度,鲜明地体现了我国用益物权制度的中国特色,对于满足广大农村居民的生存、生活需要,保护广大农民的切身利益有重大的意义。在我国农村,由于社会保障制度尚未建立健全,宅基地使用权仍发挥着保障农民基本生存条件的功能,将宅基地使用权物权化,就可以通过物权请求权等物权规则对其进行更为全面的保护。

第二节　宅基地使用权与其他相关用益物权

一、宅基地使用权与建设用地使用权

宅基地使用权与建设用地使用权具有一定的相似性,两者都是利用土地建造房屋及其附属设施。但是,宅基地使用权与建设用地使用权是两种不同的用益物权,具有明显的区别,主要表现在以下几点。

1. 权利主体不同

如前文所述,宅基地使用权具有主体身份性特征,宅基地使用权人只能是农村集体成员,不包括城市居民。而建设用地使用权主体不受身份限制,无论是自然人还是法人或非法人组织,无论是城市居民还是农村居民,都可以成为建设用地使用权主体。[④]

2. 权利客体不同

建设用地使用权的客体主要限于国有土地,不包括集体土地。建设用地使用权以国家所有权为基础,是在国有土地上建造建筑物、构筑物及其附属设施的权利。而宅基地使用权设立于集体土地之上,在一定程度上与集体经济

---

① 参见刘宇晗等:《宅基地“三权分置”改革中资格权和使用权分置的法律构造》,载《河南社会科学》2019 年第 8 期。

② 参见陈小君:《宅基地使用权的制度困局与破解之维》,载《法学研究》2019 年第 3 期;耿卓:《宅基地“三权分置”改革的基本遵循及其贯彻》,载《法学杂志》2019 年第 4 期。

③ 参见江晓华:《宅基地使用权转让的司法裁判立场研究》,载《法律科学(西北政法大学学报)》2017 年第 1 期。

④ 《城镇国有土地使用权出让和转让暂行条例》第 3 条规定,中华人民共和国境内外的公司、企业、其他组织和个人,除法律另有规定者外,均可依照本条例的规定取得土地使用权,进行土地开发、利用、经营。

组织的成员资格和福利联系在一起，发挥着最基本的农村社会保障作用。[①]

3. 权利内容不同

宅基地使用权的内容限于建造住宅及其附属设施，而建设用地使用权的内容包括建造工业用房、商业用房、娱乐用房等，不仅限于建造住宅用房。[②]

4. 权利流转的限制不同

对宅基地使用权的流转，法律有严格的限制，原则上宅基地使用权不得向集体成员以外流转，权利人也不能从事经营活动。但建设用地使用权可以自由流转，法律对此没有过多限制。[③]

5. 权利的存续期间不同

建设用地使用权根据土地用途设定了不同的期限，期限一旦届满，该权利消灭。住宅建设用地具有一定的特殊性，但“自动续期”规则的适用，不等于其完全没有期限，如果房屋用途改变或被征收等，则没有必要再继续自动续期。但是，对宅基地使用权，法律没有规定明确的权利期限。

6. 权利取得是否需要支付对价不同

建设用地使用权的取得，通常采用出让的方式，权利人须支付土地出让金。宅基地使用权基于农村集体成员身份取得，具有居住权保障的性质，其取得具有无偿性。[④]

二、宅基地使用权与土地承包经营权

宅基地使用权与土地承包经营权具有诸多共同特征：权利性质都属于在集体土地上设定的用益物权；权利主体都具有身份性，必须是农村集体成员才能够取得这两种权利；并且这两种权利的取得原则上都是无偿的。因为集体经济组织成员都享有成员资格，可以以此为基础获得其权利。另外，这两种权利都具有社会保障功能，都是为了保障集体成员的基本生活需求；权利的流转都具有受限性，二者原则上都不得向集体外成员转让。但是，宅

---

① 参见杨立新主编：《民商法理论争议问题——用益物权》，中国人民大学出版社2007年版，第149页。

② 《城镇国有土地使用权出让和转让暂行条例》第12条规定：“土地使用权出让最高年限按下列用途确定：(一)居住用地七十年；(二)工业用地五十年；(三)教育、科技、文化、卫生、体育用地五十年；(四)商业、旅游、娱乐用地四十年；(五)综合或者其他用地五十年。”

③ 《城镇国有土地使用权出让和转让暂行条例》第4条规定，依照本条例的规定取得土地使用权的土地使用者，其使用权在使用年限内可以转让、出租、抵押或者用于其他经济活动，合法权益受国家法律保护。

④ 参见郑尚元：《宅基地使用权性质及农民居住权利之保障》，载《中国法学》2014年第2期。

基地使用权与土地承包经营权也存在明显差异。

1. 设立目的不同

土地承包经营权的设立，是为了从事农业生产；而宅基地使用权的设立，是为了建造住宅及附属设施。所以，土地承包经营权的设立是为了解决衣食来源问题，而宅基地使用权的设立是为了解决居住条件。①

2. 设立方式不同

土地承包经营权的取得，要订立土地承包合同，合同一旦生效，权利人即取得土地承包经营权；而宅基地使用权的取得，要经过集体组织成员申请和乡(镇)人民政府的审批，涉及占用农用地的，要依法办理农用地转用审批手续，其目的在于防止土地浪费，防范耕地流失，保护乡村规划及环境。

3. 期限和数量限制不同

一方面，法律对于宅基地使用权没有期限限制，而对于土地承包经营权则具有期限限制。另一方面，对于宅基地使用权而言，依据《土地管理法》第62条的规定，一户只能取得一处宅基地；而对于土地承包经营权而言，法律并没有数量的限制，集体经济组织成员可以根据自己的经济组织能力和本集体的土地数量提出申请。②

4. 流转限制程度不同

就承包地而言，国家鼓励承包地适度规模流转。根据《民法典》第334条、第339条的规定，土地承包经营权人依照法律规定，有权将土地承包经营权互换、转让；土地承包经营权人可以依法采取出租、入股或者其他方式流转土地经营权。而对于宅基地使用权，现行国家有关规定严格限制其流转。除宅基地制度改革试点地区以外，立法对宅基地向集体外成员流转持否定态度。

第三节　宅基地使用权的取得

一、宅基地使用权的取得主体

1. 农村集体经济组织成员是宅基地使用权的取得主体

我国宅基地具有社会福利的性质，因此，每个集体经济组织成员都有资格获得宅基地。集体经济组织必须保障每个成员都获得宅基地，从而保障

---

① 参见姚红主编、全国人大常委会法制工作委员会民法室编著：《中华人民共和国物权法精解》，人民出版社2007年版，第272页。

② 参见胡康生主编：《中华人民共和国农村土地承包法释义》，法律出版社2002年版，第9页。

其基本的生存条件和居住条件。集体经济组织成员可以无偿取得一处宅基地，这也是集体经济组织成员因其成员资格而当然应当享有的权利，此种权利不受任何组织或个人的剥夺。

2.“户”是宅基地使用权的分配单位

我国《土地管理法》规定了宅基地中的“一户一宅”原则。具体包括以下内容：

一是农村村民一户只能拥有一处宅基地。虽然集体经济组织成员有权获得宅基地，但其取得宅基地使用权必须受到一定的限制。因为一方面，土地资源具有不可再生性和稀缺性，尤其是在我国，地少人多，土地紧缺，不能用过多的土地来建造住宅。另一方面，宅基地使用权的设立是为了保障基本的居住条件，此种保障应当限于必要的限度之内，即每户居民只能取得一处宅基地。即使子女成家需要盖房的，如果没有分家立户，也不能申请新的宅基地。如果允许申请多处宅基地，则将导致对有限土地资源的浪费。所以，宅基地的取得必须要受到严格的限制。

二是“户”指农村自然户而非农村承包经营户。后者是在农村自然户的成员基础上承担特定经济职能的一类经营主体。农村自然户的本质是一个农村家庭，是作为民事主体的自然人的联合。[①]

三是宅基地的面积不得超标。因分家析产形成新的一户而申请宅基地时，应当根据该户的人口来确定分配面积。一处宅基地不等于一宗地。权利人获得了一处宅基地之后，若在面积上已经达到了规定的标准，就不能超标准获得更大的宅基地。[②] 一般而言，按照“一户一宅”的要求，当事人只能申请一处宅基地，不得同时申请两处宅基地。例如，在“罗某某诉曾某某确认合同无效纠纷案”中，法院认为，“农村村民只能申请一处宅基地，不能申请两处以上的宅基地，并非指仅能拥有一处宅基地”[③]。

四是“一户”只能申请“一宅”，但可能因继承房屋等合法原因而享有“数宅”。法律是否禁止公民享有两处以上的宅基地？司法实践对此存在不同观点。原则上应当坚持贯彻“一户一宅”的法律政策。一方面，这一政策充分体现了宅基地使用权的福利性质，农村村民取得宅基地使用权基本上是无偿的，其能够使农村居民享有基本的居住条件，从而维护了农村的稳

① 参见高圣平：《物权法：原理 · 规则 · 案例》，清华大学出版社2007年版，第119页。

② 参见卞耀武、李元主编：《中华人民共和国土地管理法释义》，法律出版社1998年版，第175页。

③ 广东省深圳市中级人民法院民事判决书，(2015)深中法房终字第29号。

定。另一方面,它体现了分配的正义。这一规则不考虑农民的财产状况、社会关系等,而根据每户的居住人口数量进行合理的分配。此外,这一政策有利于防止多占宅基地,防止耕地的流失,也有利于防止乡(镇)干部及村干部滥用职权、以权谋私,乱占地建房、多占地建房现象的发生。但农村村民只能拥有一处宅基地,是基于宅基地的福利性及所承载的社会保障功能对宅基地使用权申请取得的限制,而不是对宅基地使用权享有状态的限制。因此,有学者建议将"一户只能拥有一处宅基地"的限制性规定改为"宅基地的面积不得超标"。[①] 此种观点不无道理。对于因为房屋继承、购买等合法原因而形成的一户拥有多处宅基地现象,法律上并不绝对禁止,也不应当将其收回。通过继承取得农村的房屋,也可能在事实上出现一户拥有多处宅基地的现象。但是,房屋进行重新翻建之后,多余的宅基地应当退回。[②] 如果宅基地长期闲置,集体应当引导宅基地使用权人退出宅基地。

二、宅基地使用权的取得程序

1. 宅基地使用权的取得需经过行政审批

《土地管理法》第 62 条第 4 款规定:"农村村民住宅用地,由乡(镇)人民政府审核批准;其中,涉及占用农用地的,依照本法第四十四条的规定办理审批手续。"第 44 条第 1 款规定:"建设占用土地,涉及农用地转为建设用地的,应当办理农用地转用审批手续。"可见,我国现行法律对宅基地使用权的取得采取了审批程序。

需要指出的是,也有学者对农村宅基地使用权取得中的审批程序提出了批评,因为既然农村的集体土地属于集体所有,那么,集体经济组织在集体所有的土地上设立用益物权,属于行使自己的所有权,应当不需要经过他人的批准,否则就会架空所有权。[③] 本书认为,这一看法不无道理。既然土地属于集体所有,在取得宅基地的过程中,应当明确集体经济组织的地位,以及取得宅基地使用权的相应程序。但是,考虑到现阶段我国实行最严格的耕地保护制度,为了防止实践中出现随意多占宅基地的现象,宅基地使用权审批制度具有必要性。因为将宅基地使用权的取得完全交给集体经济组织自行决定,可能会导致随意占用宅基地、耕地大量流失的现象。

在办理宅基地使用权取得手续中,要区分新增宅基地的申请和宅基地的流转两种方式:一是新增宅基地的申请。申请新增宅基地,必须先批地领

① 参见郭明瑞:《关于宅基地使用权的立法建议》,载《法学论坛》2007 年第 1 期。

② 参见郭明瑞:《关于宅基地使用权的立法建议》,载《法学论坛》2007 年第 1 期。

③ 参见高圣平:《物权法:原理 · 规则 · 案例》,清华大学出版社 2007 年版,第 117 页。

证,然后才能建房。没有经过批准而违法占地建房的,自然资源主管部门应当采取拆除等适当措施,予以纠正。二是通过房屋赠与、继承和转让等方式而取得。宅基地本身不能单独流转,但是,农村村民将私有房屋出让给本集体成员的,宅基地使用权将因此一并移转。宅基地使用权也可以因为房屋的继承而取得。通过此种方式取得的宅基地不需要经过严格的审批程序。

对于涉及占用农用地的,应当办理农用地转用审批手续。农村村民建设住宅,应尽量使用原有的宅基地和村内空闲地。在特殊情况下,须占用农用地的,须办理农用地转用审批手续。

2. 登记不是宅基地使用权取得的前提条件

根据《民法典》的规定,宅基地使用权的取得不需要经过登记。因为一方面,我国农村居民相互之间大多比较了解和熟悉,宅基地使用权转让的范围一般也限于同一集体经济组织成员内部,关于宅基地的权属一般比较清楚,不会发生善意交易第三人的保护问题;即使没有登记,当事人也知晓宅基地的权属状况,因此,未经登记也不影响其他人的利益。[①] 另一方面,如果要求宅基地使用权的取得必须办理登记,则会增加农民的居住成本和费用,增加农民的负担。[②] 但是,考虑到登记是界定产权、明确归属的有效方法,随着宅基地使用权流转制度的不断改革,应当鼓励办理宅基地使用权的登记,以明晰产权归属。

《民法典》第365条规定:“已经登记的宅基地使用权转让或者消灭的,应当及时办理变更登记或者注销登记。”该条所规定的“变更登记或者注销登记”究竟属于登记要件主义还是属于登记对抗主义?此处采用了“应当”二字,并不意味着该条属于强制性规范,其仍然可以解释为采取登记对抗主义的规定,即已经登记的宅基地使用权转让或消灭的,没有登记也会发生物权变动,只是不能对抗善意第三人。采纳登记对抗主义使宅基地使用权的设立更为便捷,同时也是考虑到我国现阶段宅基地使用权流转市场较为封闭,宅基地使用权的变动并不频繁,在此情况下,即使未经登记,一般也不会危害交易的安全。[③]

---

① 参见尹飞:《物权法 · 用益物权》,中国法制出版社2005年版,第269页。

② 参见梅夏英、高圣平:《物权法教程》,中国人民大学出版社2007年版,第270页。

③ 参见高圣平、刘守英:《宅基地使用权初始取得制度研究》,载《中国土地科学》2007年第2期。

第四节　宅基地使用权的内容

一、宅基地使用权人的权利

1. 占有和使用权

《民法典》第 362 条规定:"宅基地使用权人依法对集体所有的土地享有占有和使用的权利,有权依法利用该土地建造住宅及其附属设施。"宅基地使用权人依法享有对宅基地的占有权,权利人只有在占有宅基地基础之上,才能够实际利用宅基地建造住宅。如果宅基地经过申请并获批准后没有交付,则权利人可以根据宅基地使用权请求交付。宅基地使用权人也享有对宅基地的使用权。但该使用权应以建设并保有住宅居住为目的,而不能进行其他商业性的利用。如前文所述,宅基地使用权是一种无期限限制的使用权,所以,除非基于法律规定的原因而导致宅基地使用权消灭,宅基地使用权人享有无期限的权利。宅基地上的建筑物或者其他附属物灭失的,不影响宅基地使用权的效力。

2. 建造住宅及其附属设施的权利

根据《民法典》第 362 条的规定,宅基地使用权人有权依法利用集体所有的土地建造住宅及其附属设施。宅基地使用权设立的目的就在于使权利人能够利用该土地建造住宅及其附属设施,满足基本的生存和生活需要。当然,权利人在取得宅基地使用权之后,需要向房产管理部门提出建房申请,在获得批准后方能建造住宅及其附属设施。在不改变宅基地根本用途的前提下,权利人也可以在宅基地上种植适当的树木用于日常生活。对于宅基地上的房屋及其他附属物、合理栽种的树木等,权利人享有完全的所有权。需要强调的是,权利人只能将宅基地用于建造住宅及其附属设施,而不能将宅基地用于商品房开发等其他目的。尤其是村民建造住宅不能占用永久基本农田。

3. 依法处分宅基地使用权、住宅及其附属设施的权利

在我国,依据现行规定,农村住宅所有权流转是受限制的,即只能向本集体经济组织内部成员转让。尽管宅基地使用权本身不可以转让,但可以随着住宅一同转让。由于房屋可以继承,所以宅基地使用权实际上也可以继承。此外,村民将房屋置换、赠与给本集体的其他成员时,宅基地使用权也应当一并移转给新的房屋所有人,但宅基地的所有权仍然应当归集体所有。当然,依据《土地管理法》第 62 条第 5 款的规定,农村村民出卖、出租、赠与住宅后,再申请宅基地的,不予批准。这意味着,在处分宅基地使用权之后,原权利人不能再申请新的宅基地。

需要探讨的是，宅基地使用权能否流转？所谓宅基地使用权的流转，是指宅基地使用权人依法将宅基地使用权转让给他人。关于宅基地使用权的流转，存在不同观点。《民法典》第 363 条规定："宅基地使用权的取得、行使和转让，适用土地管理的法律和国家有关规定。"依据该规定，宅基地使用权的取得、行使和转让，首先应当适用《土地管理法》的规定，此种规定主要是为了保护农民的长远利益。考虑到目前我国农村社会保障体系尚未全面建立，土地承包经营权和宅基地使用权是农民安身立命之本，所以严格限制宅基地的转让，保护广大农民的安身立命之本，实际上是保护农民的长远利益。① 同时，此种做法也有利于维护社会稳定。农民失去宅基地后可能大量涌入城市，如果他们在城市正常就业无法得到保障，可能不利于城市的稳定和发展。此外，严格限制宅基地使用权的转让有利于保护耕地。当然，从《民法典》第 363 条规定来看，其也为宅基地使用权的流转预留了改革空间。因为严格限制甚至禁止宅基地使用权的流转不利于保护农民利益，不利于有效利用不动产，也不利于改变城乡二元体制。而允许宅基地适当流转，实际上也是符合宅基地使用权作为物权的基本属性的。因此，为契合宅基地制度发展需求，《民法典》第 363 条在维持现行规定的同时，又为今后逐步放开宅基地使用权的转让、修改有关法律或调整有关政策留有余地。在宅基地制度改革试点地区，进行了各种形式流转宅基地使用权的探索。② 这些改革措施也可以认为符合《民法典》第 363 条所说的"国家有关规定"。由此可以看出，《民法典》第 363 条为宅基地使用权制度的改革预留了空间。

4. 宅基地灭失后的重新分配权

《民法典》第 364 条规定："宅基地因自然灾害等原因灭失的，宅基地使用权消灭。对失去宅基地的村民，应当依法重新分配宅基地。"该条确定了宅基地使用权人享有的重新分配宅基地的权利。该权利须满足如下条件：第一，须因自然灾害等原因造成土地灭失。例如，洪水将土地淹没、地震使土地塌陷等。自然灾害等原因仅造成房屋灭失，而没有导致宅基地灭失的，宅基地使用权人不能请求重新分配宅基地。③ 第二，因土地灭失导致宅基地使用权绝对消灭。根据这一规定，因自然灾害等原因已经导致土地灭失，宅基地使用权不复存在，才能重新要求分配宅基地。这就是说，如果转让房屋

---

① 参见王兆国：《关于〈中华人民共和国物权法（草案）〉的说明》，新华社 2007 年 3 月 8 日电。

② 例如，浙江省义乌市允许农民在本市行政区域内跨集体转让宅基地使用权。参见叶剑锋、吴宇哲：《宅基地制度改革的风险与规避——义乌市"三权分置"的实践》，载《浙江工商大学学报》2018 年第 6 期。

③ 参见郭明瑞主编：《中华人民共和国物权法释义》，中国法制出版社 2007 年版，第 278 页。

导致宅基地使用权的移转，依据《土地管理法》第62条第5款的规定，宅基地使用权人不能请求重新分配宅基地。第三，失去宅基地的宅基地使用权人有权要求重新分配宅基地。在重新分配宅基地时，同样必须经过法定的程序，且不能多占宅基地。

5. 宅基地使用权与房屋所有权可以一并由继承人继承

现行立法虽然对宅基地使用权继承未作明确规定，但是由于房屋所有权本身可以继承，所以房屋占用范围的宅基地使用权可以由继承人一并继承，否则将会造成房地权属的不一致，违反物权法中房地一并移转的原则。

二、宅基地使用权人的义务

1. 不得非法转让宅基地使用权的义务

《民法典》第363条规定："宅基地使用权的取得、行使和转让，适用土地管理的法律和国家有关规定。"该条规定实际上维持了现有的做法。依据该规定，宅基地使用权的取得、行使和转让，应当适用《土地管理法》规定和国家有关规定。转让宅基地上的房屋也必须要符合如下的条件：第一，转让人和受让人都必须是同一集体经济组织内部的成员。[①] 第二，转让行为必须征得本集体经济组织的同意。

2. 接受政府统一规划的义务

尽管权利人对宅基地享有长期的使用权，但这种使用权并非不可改变。如果国家因建设需要征收土地，村镇规划需要改变土地用途，或者农村居民的宅基地面积远超当地标准的，政府和集体组织可以经过法定程序，进行合理的调剂或重新安排。

宅基地依法经过统一规划的，以规划后确定的使用权为准，宅基地使用权人原有的宅基地已经依法统一规划另行分配的，不得再要求收回。宅基地经过合法手续个别调整的，以调整后的为准。抢占、多占集体土地或他人的宅基地的，一律无效；不按审批权限或程序划拨的宅基地使用权，或者房屋所有人在原宅基地上翻建、改建、扩建自己的房屋时，未按规定办理合法手续的，法律不予保护。

3. 正当使用宅基地的义务

由于宅基地主要是作为生活资料提供的，所以权利人不能将宅基地作为生产资料使用，如将宅基地投资建厂或者改为鱼塘等。

---

① 1999年国务院办公厅《关于加强土地转让管理严禁炒卖土地的通知》规定：农民的住宅不得向城市居民出售，也不得批准城市居民占用农民集体土地建住宅，有关部门不得为违法建造和购买的住宅发放土地使用证和房产证。

4. 农村村民出卖、出租、赠与住宅后不能再申请宅基地

依据《土地管理法》第 62 条第 5 款的规定，农村村民出卖、出租、赠与住宅后不能再申请宅基地，法律作出这一规定的主要原因在于，防止农村村民以建住宅为名，进行房地产开发，多占宅基地。[①]

第五节　宅基地使用权的消灭

一、宅基地使用权消灭的原因

1. 因自然灾害等原因造成土地灭失

土地作为不动产，一般来说不会灭失，但有可能因为自然灾害等特殊情况而灭失。《民法典》第 364 条规定："宅基地因自然灾害等原因灭失的，宅基地使用权消灭。对失去宅基地的村民，应当依法重新分配宅基地。"因此，当自然灾害等原因导致土地灭失时，宅基地使用权消灭，此时原权利人有权要求重新分配宅基地。

2. 因宅基地的调整而消灭

宅基地使用权作为一种物权，受到法律保护，任何组织和个人不得擅自收回宅基地使用权。但土地所有权人根据城镇或者乡村的发展规划，必要时可以调整宅基地。宅基地被调整以后，土地所有权人应当及时为原权利人置换面积大体相当的宅基地。

3. 因土地的征收而消灭

《民法典》第 327 条规定："因不动产或者动产被征收、征用致使用益物权消灭或者影响用益物权行使的，用益物权人有权依据本法第二百四十三条、第二百四十五条的规定获得相应补偿。"国家为了社会公共利益的需要，可以征收集体所有的土地，包括征收农村居民的宅基地。在征收宅基地时，国家应当对于宅基地上的房屋及其他建筑物给予相应的补偿。实践中，各地政府通常根据实际情况，以统一安排居住地、提供城镇购房补贴等方式提供被征收农民的居住保障。

4. 因权利人放弃权利等原因而消灭

我国相关立法一度规定，因长期闲置等原因，土地所有权人有权收回宅基地[②]，从而导致宅基地使用权的消灭。但 2019 年《土地管理法》修改了该规定。该法第 62 条第 6 款规定："国家允许进城落户的农村村民依法自愿

---

① 参见杨合庆主编：《中华人民共和国土地管理法释义》，法律出版社 2020 年版，第 114 页。

② 参见原国家土地管理局 1995 年 3 月 11 日发布的《确定土地所有权和使用权的若干规定》第 52 条。

有偿退出宅基地，鼓励农村集体经济组织及其成员盘活利用闲置宅基地和闲置住宅。”宅基地使用权作为一种权利，权利人有权予以抛弃，但抛弃宅基地使用权后，不得再申请新的宅基地使用权。

5. 因无人继承或受遗赠而消灭

《民法典》第 1160 条规定：“无人继承又无人受遗赠的遗产，归国家所有，用于公益事业；死者生前是集体所有制组织成员的，归所在集体所有制组织所有。”因此，在无人继承或受遗赠的情况下，宅基地使用权作为死者的遗产由其生前所在的集体组织收回，从而导致该权利消灭。

二、宅基地使用权的注销登记

《民法典》第 365 条规定：“已经登记的宅基地使用权转让或者消灭的，应当及时办理变更登记或者注销登记。”宅基地使用权消灭后，如果不办理注销登记，就可能使第三人产生信赖而遭受损害，从而妨害交易安全。需要指出的是，该条虽使用了“应当”二字，但这并不代表宅基地使用权的变动采用了登记要件主义，即登记与否均不会影响宅基地使用权的物权变动效力。①

---

① 参见崔建远：《中国民法典释评 · 物权编》（下卷），中国人民大学出版社 2020 年版，第 248 页。

第十六章　居住权

第一节　居住权的概念和特征

一、居住权的概念

所谓居住权，是指居住权人对他人所有的住房以及其他附着物所享有的占有、使用的权利。居住权制度源于罗马法，其植根于罗马社会特殊的家庭制度和遗产继承制度，其制度功能是使罗马人在不违反家长制和家子一人概括继承制的情况下，满足特定家庭成员尤其是生活困难、无独立财产的老年配偶或被解放的奴隶得以供养的需要。这种制度目的也使罗马法上的居住权具有高度的人身性和浓厚的伦理性，不允许权利人自由转让居住权。[①] 在罗马法中，居住权包括在人役权中。罗马法的立法例也为许多大陆法系国家民法所采纳。[②] 法国民法基本上采纳了罗马法的规定，在《法国民法典》中规定了用益权制度，并承认了居住权(le droit d'habttation)制度。《德国民法典》第1030—1089条确认了用益权制度，其中包括了居住权，《德国民法典》中的居住权是对他人的房屋以居住为目的而加以使用的权利，它也是人役权的一种类型。

我国《民法典》物权编新增规定居住权制度，具有重要的社会意义。随着社会环境的变化，居住权应成为物权的呼声越来越高，为了回应这种社会需求，《民法典》物权编增设了居住权，将该权利作为用益物权的一种，有利于保障民生。在现代社会，住房不仅仅是公民基本的财产，也是公民基本的生活资料，它是保障个人生存权所必需的财产。住

---

① 参见王富博：《居住权研究——我国物权立法的继受与创新》，中国政法大学2006年博士学位论文，第6页。

② 参见《民法大全·学说汇纂》(第7卷)，米健译，法律出版社1999年版，第8页。

房是基本的民生保障,确认和保护居住权对保护民生、维护社会稳定、满足公民基本生活需要具有重要意义,也对保障公民的基本人权关系重大。

具体来说,居住权具有如下性质:

第一,居住权是一种物权。权利人可以依法支配特定房屋并排除他人干涉,这也是其与长期租赁的重要区别。住房是人们赖以生存的基础,也是民生的基本保障,由于所有权包含了占有、使用、收益、处分等多种权能,房屋所有人当然享有在自己房屋里居住的权利,但这种权利并非居住权。作为用益物权,居住权都是在他人房屋之上设立的,是设立居住权的房屋所有权人行使其所有权的一种体现,也是发挥房屋经济效用的重要方式。[①] 也就是说,居住权是房屋所有权权能分离的结果,是房屋所有权的负担,是由所有人以外的其他物权人享有的。《民法典》将居住权规定为物权,一是使居住权具有物权的效力,能够通过登记产生对抗第三人的效力。如果仅将居住权理解为一项债权,则基于债的相对性原则,在所有人与居住权人通过遗嘱、合同设立居住权以后,居住权人很难对第三人行使权利。二是能够获得物权保护规则的保护,如居住权可以受到物权请求权等规则的保护。由于居住权是一种物权,因而,权利人的权利不受房屋所有权移转的影响,而且,在权利遭受侵害时,权利人可以行使物权请求权以保护其权利。

第二,居住权是以满足权利人的居住需要而设定的用益物权。依据《民法典》第366条的规定,居住权设立的目的是"满足生活居住的需要",这一目的也决定了居住权的功能定位,一方面,就居住权在民法上的定位而言,它首先是一种用益物权。基于这种用益物权,权利人不仅能占有他人住宅,而且能以居住为目的使用他人住宅,从而满足权利人的居住需求。另一方面,居住权是以满足特定人的居住需要而设立的用益物权。具体而言,居住权的目的是满足居住的需要,《老子》中曾言:"甘美食,美其服,安其居,乐其俗。""住有所居"一直是人民群众对幸福生活向往的重要组成部分,只要能满足这种需要,实现居住权人正常居住、生活的目的,居住权人既可以使用他人的全部房屋,也可以使用他人房屋的一部分,还可以收取其所居住的房屋附属的树木的果实等天然孳息。如果是为了满足商业目的的需要,则完全可以通过订立租赁合同的方式实现,而不能设立居住权。尽管居住权在比较法上与其他一些用益物权均有实现权利人的生活保障的功能,但它们之间的区别是显而易见的,这为居住权在用益物权体系中占据独立的一

---

① 参见钱明星:《关于在我国物权法中设置居住权的几个问题》,载《中国法学》2001年第5期。

席之地奠定了基础。

第三,居住权是用益物权中的人役权。所谓人役权,是指为特定人的利益而利用他人之物的权利。根据大陆法系国家民法,居住权是在他人的住房之上设定的权利,而且此种权利仅仅是为特定个人设立的,该权利不得转让,也不得继承,只能由权利人享有该权利。我国《民法典》物权编在将居住权作为一种用益物权作出明确规定的同时,也承认了它具有人役权的特点,具体而言,表现在如下几个方面:

一是为特定人设立。居住权虽然具有财产属性,但与此同时其还具有较强的人身属性,只能由特定的权利人所享有。用罗马法学家马尔西安的话来说,就是"役权(servitutes)附着于人身"①。既然居住权是为特定人设定的,这就意味着该权利只能为特定权利人所享有,而不可转让由他人享有或由他人继承。②《民法典》第369条明确规定,"居住权不得转让、继承",这就表明了这一特征。

二是原则上具有终身性,但当事人可以通过约定限制居住权的存续期间。居住权以期限届满或以权利人的终身为限。与其他用益物权一样,作为人役权的居住权也有存续的期限,但这种期限虽然可由双方当事人予以约定,但其以居住权人的终身为限。从比较法来看,居住权的期限通常由当事人约定或者根据遗嘱确定,并且应当到登记机关办理登记。如果登记机关所登记的期限与当事人约定的期限不同,则应以登记机关登记的期限为准。不过,若合同约定或遗嘱确定的居住权的存续期限过长,超过了权利人的终身,就与居住权保护特定人居住利益的特质不符,应将这种期限解释为居住权人终身享有居住权。当事人在合同或遗嘱中未明确居住权期限的,为了满足权利人的居住需求和居住利益,应当推定居住权的期限至居住权人死亡时止。③

三是原则上具有无偿性。在大陆法系国家,人役权为具有特定情感关系的人设立,其所具有的是恩赐和慈善的价值,因而通常以无偿为特征。④依据《民法典》第368条规定,居住权原则上是无偿设立的,居住权人取得居住权通常无须支付对价。一般而言,居住权是所有人为了尽特定的社会义务而施加恩惠于他人,所以居住权人取得居住权都要因此而获得一定的利

---

① Inst. 8,1,1.

② 参见陈华彬:《人役权制度的构建——兼议我国〈民法典物权编(草案)〉的居住权规定》,载《比较法研究》2019年第2期。

③ 参见周枏:《罗马法原论》(上册),商务印书馆2017年版,第414~415页。

④ 参见温世扬、廖焕国:《人役权制度与中国物权法》,载《时代法学》2004年第5期。

益,大多数居住权人都在居住期间无须向所有人支付费用。从《民法典》第368条规定来看,只有在当事人有特别约定的情形下,居住权才是有偿的,因此,在当事人没有约定或者约定不明时,居住权应推定为无偿。

四是具有人身专属性。所谓人身专属性,是指该权利专属于居住权人,因为居住权是为特定自然人居住、生活的需要而设定的权利,因此,其只能由特定权利人享有,居住权不能转让,不能继承。① 居住权是一种人役权,它以他人的房屋为标的物,以满足特定权利人的居住需要为目的,具有高度的人身专属性,权利人不得转让其居住权。在权利人死亡后,居住权也不得继承,这也是其与其他用益物权的重要区别。

二、居住权的特征

(一)居住权的主体具有特定性

居住权的主体是特定的民事主体。从比较法上看,居住权的主体主要是自然人。从《民法典》的相关规定来看,关于居住权的主体是否仅限于自然人,存有不同的观点。本书认为,居住权人原则上限于自然人,因为就居住权的设立目的来说,其主要是为特定自然人的利益在自己住宅上设定的权利,其具有人身专属性等特征。这都表明居住权的主体原则上限于自然人。同时,居住权主要是为家庭成员而设立的人役权,居住权制度中所说的特定人主要是指自然人,而且通常是家庭成员。

但是在特殊情形下,也应当承认法人和非法人组织可以成为居住权人,因为:一方面,从《民法典》第366条规定来看,其将居住权的主体规定为"居住权人",而没有将其严格限定为自然人,这也为法人、非法人组织成为居住权主体提供了空间。同时,《民法典》第367条在规定居住权合同的条款时,使用的是"当事人的姓名或者名称和住所"这一表述,该条采用"名称"这一表述,这表明立法者在此为将来的居住权制度发展预留了一定的解释空间。另一方面,从功能上看,居住权虽然主要是为了满足特定主体的生活需要,但从今后的发展来看,其也可能具有一定的投资功能,为了适应投资性居住权发展的需要,也应当允许法人、非法人组织在特殊情形下成为居住权人。事实上,随着社会经济生活的发展,居住权作为实现居者有其屋的法律措施与手段,能够在以房养老、住房制度改革等多方面发挥作用。因此,不宜完全将法人与非法人组织排除于居住权的主体之外。

从《民法典》第366条的规定来看,居住权主体仅限于合同或遗嘱明确

---

① 参见黄薇主编:《中华人民共和国民法典物权编解读》,中国法制出版社2020年版,第505页。

指定的享有居住权的主体，而且其必须通过登记进行公示。问题在于，除遗嘱和合同确定的居住权人之外，居住权人的家庭成员及相关人员（如保姆、护理人员等）能否居住相关的住宅？甚至成为居住权的主体？本书认为，与居住权人共同生活的相关主体应当有权居住相关住宅，但不应当据此认定其为居住权人，因为居住权是基于合同或者遗嘱而设立的一项用益物权且需要进行登记，与居住权人共同生活的相关主体并非居住权合同或者遗嘱所确定的居住权主体，也没有进行登记，因此，不应认定其为居住权人。同时，居住权具有很强的人身专属性，如果特定的居住权人死亡，则居住权将随之消灭，无法被继承，因此，不宜认定居住权人的家庭成员或者其他主体可以成为居住权人。当然，居住权人的家庭成员或者其他主体可以依法享有一定的居住利益。由于居住权人也有自己的家庭，需要与配偶、子女、需抚养的近亲属等家庭成员，以及为权利人及家庭成员提供医务或家务等护理服务的人员共同居住，这也符合“满足生活居住的需要”这一立法目的。同住之人虽然可享有居住利益，但并不一定要为其设立居住权。

（二）居住权是一种意定用益物权

所谓意定用益物权，是相对于法定用益物权而言的，它是指基于当事人的意思而设立的用益物权，而不是基于法律规定设立的用益物权。就居住权而言，无论是基于合同设立还是基于遗嘱设立，本质上都是基于当事人的意思而设立的。居住权是在他人的房屋所有权之上所设立的用益物权，设立居住权既是房屋所有权人行使房屋所有权的结果，也是房屋所有权在经济上得以实现的手段和途径。[①] 居住权人必须按照合同的约定对住宅行使占有、使用的权利[②]，可见，居住权是权利人在他人房屋所有权之上所享有的一项用益物权，其本质上也是房屋所有权之上的负担，或者说是房屋所有权权能分离的结果。从实践来看，居住权的类型很多，根据《民法典》第 366 条和第 371 条的规定，居住权主要是通过合同和遗嘱的方式设立的。但在司法实践中，还涉及法院判决设定的居住权。例如，夫妻离婚以后，如果一方生活困难，如没有房屋居住，而另一方有多套房屋，则法院也会通过判决的方式确定一方对另一方给予适当帮助，其中也包括为另一方设定居住权。[③]

---

① 参见钱明星：《关于在我国物权法中设置居住权的几个问题》，载《中国法学》2001 年第 5 期。

② 参见黄薇主编：《中华人民共和国民法典物权编解读》，中国法制出版社 2020 年版，第 505 页。

③ 参见黄薇主编：《中华人民共和国民法典物权编解读》，中国法制出版社 2020 年版，第 514 页。

此种情形并不是基于合同或者遗嘱的方式设立居住权,而属于非基于法律行为的物权变动。

(三)居住权的客体是住宅

《民法典》第 366 条的文义将居住权客体仅限于"住宅"。应当如何理解《民法典》第 366 条所规定的"住宅"? 住宅包括房屋及其附属物,如附随于住宅的花园、庭院等,均是居住权的客体范围。[①] 因为居住权人所使用的并不仅限于住宅本身,住宅的附属物也同样是达成居住目的所必需的设施。首先,居住权只能在住宅即房屋上设立,在单纯的土地权利上不能设定居住权。其次,此处的"住宅"并不仅限于民用住宅,从《民法典》第 366 条规定来看,对"他人的住宅"并没有作严格的限定,因此,其应当包括公寓式酒店、民宿等经营性用房等。当然,按照《民法典》第 366 条的规定,应当强调"住宅"的性质,即用于居住的房屋,其他类型的房屋不能设立居住权。[②] 只要房屋可以用于居住,无论其所有权性质如何,都应当允许在该房屋之上设立居住权。换言之,公有或私有房屋之上均可以设定居住权。如果相关的房屋无法用于居住,则无法成为居住权的客体。例如,厂房、商铺以及科教文卫体等用途的房屋等,其并非以居住为目的,因此原则上无法设立居住权。[③]

居住权可以设立在全部房屋之上,也可以在房屋的一部分上设立。为了充分利用房屋,所有权人可以在房屋的一部分上设立居住权,只要是在一般社会交易观念上认为满足独立居住需求的房屋部分,就应当允许在其上设立居住权,[④]即只要该部分具有结构上、功能上以及公示上的独立性,就应当允许设立居住权。[⑤] 不过尽管从表面上看,居住权是设立于住宅的一部分之上,但其实它是对整个住宅所施加的一种负担,只是居住权人的行使范围须受限于特定部分而已。[⑥]

(四)居住权的期限具有长期性

相对于租赁权而言,居住权是一种长期、稳定的权利,这也体现了居住权的物权属性。居住权的期限通常应当由当事人在合同中特别约定或根据

---

① 参见崔建远:《物权法》(第 5 版),中国人民大学出版社 2021 年版,第 342 页。

② 参见黄薇主编:《中华人民共和国民法典物权编解读》,中国法制出版社 2020 年版,第 503 页。

③ 参见汪洋:《民法典意定居住权与居住权合同解释论》,载《比较法研究》2020 年第 6 期。

④ 参见黄薇主编:《中华人民共和国民法典物权编解读》,中国法制出版社 2020 年版,第 550 页。

⑤ 参见黄薇主编:《中华人民共和国民法典物权编解读》,中国法制出版社 2020 年版,第 550 页。

⑥ 参见房绍坤:《论民法典中的居住权》,载《现代法学》2020 年第 4 期。

遗嘱来确定,并应当在登记机关登记。如果登记机关登记的期限与合同等约定的期限不同,则应当以登记机关登记的期限为准。居住权一旦设定,如果没有明确的期限限制,则权利人可以终身居住特定房屋。也就是说,如果当事人没有明确约定居住权的期限,则应当推定居住权的期限至居住权人死亡时止。

(五)居住权具有人身专属性

居住权虽然在性质上为物权,但是与其他物权相比,其与权利人的人身具有较强的关联,因此居住权具有人身专属性。居住权是为特定人的居住利益而设定的,当事人设定居住权一般并非出于流通或营利目的,而是旨在满足他人的居住利益,该权利也只能为该特定人所享有。与其他典型财产权不同,居住权设定以后,权利人不得将居住权转让和继承。由于居住权是为特定主体的居住利益而设定,因此除非有特别约定,可以为居住权人所终身享有。尽管居住权具有明显的人身专属性,但是这并不意味着居住权是一项人身权利,就性质上而言,其仍然是一项财产性的权利。

三、居住权的分类

(一)生活性的居住权与投资性的居住权

按照设立目的的不同,居住权可以分为生活性的居住权与投资性的居住权。生活性的居住权,是指在婚姻家庭关系中,出于赡养和抚养的需要,对于配偶、子女的居住利益而设定的居住权。投资性的居住权,是指基于投资需要,在住房所有权的基础上分离出来,以实现投资功能的居住权。两者都是居住权的类型,总体上要适用相同的规则。但是,生活性的居住权与投资性的居住权也存在如下区别:

一是设立的目的不同。前者为生活需要,特别是针对未成年人、老年人、妇女而设立的居住权,在一定程度上具有保护弱者,实现实质正义的功能。① 当然,居住权也不限于保护弱者的功能,出于安居乐业的必要,即便针对家庭生活中并非弱势的一方,也可以依据当事人的意思,自行设定居住权,以保障相关主体的居住利益。后者则是为投资需要,当然投资性的居住权也可兼顾生活居住的需要。②

二是是否具有无偿性不同。前者以无偿为原则,而后者则基于当事人的特别约定有偿设立。对投资性居住权而言,当事人设立居住权的目的是

① 参见崔建远:《物权法》(第5版),中国人民大学出版社2021年版,第341页。

② 参见崔建远:《中国民法典释评·物权编》(下卷),中国人民大学出版社2020年版,第258~261页。

实现投资回报,因此,投资性居住权一般是有偿设立的。

三是权利的存续期间不同。在期限上,就前者而言,在没有特别约定时以居住权人终身享有为原则,而对后者而言则主要依据当事人约定确定期限。

(二)终身居住的居住权和非终身居住的居住权

传统的居住权主要是终身居住的居住权,这也是其具有人身专属性的表现,我国《民法典》中也允许设立非终身居住的居住权。这两种居住权有如下区别:

一是居住期限不同。对终身居住的居住权而言,其存续期限通常较长,直至居住权人死亡为止。一般而言,就为自然人而设立的居住权而言,如果当事人没有在合同或者遗嘱中规定居住权的存续期限,则推定其为终身居住的居住权。

二是人身专属性不同。一般来说,终身居住的居住权通常是给老人、亲属等具有一定的亲属关系的人设立。而非终身居住权则有明确的存续期限,其通常不是为特定的自然人设定的。从我国《民法典》相关规定来看,法人、非法人组织也可能享有居住权,此种居住权为非终身居住的居住权。

三是终身居住的居住权通常是为了满足生活需要的居住权,而非终身居住的居住权则可能是为了满足投资需要而设立的居住权。

(三)通过合同设立的居住权与通过遗嘱设立的居住权

通过遗嘱方式设立居住权和合同方式设定居住权的共同特征在于,二者均需要采用书面形式设立,也都是意定的居住权设立方式,即依据当事人的意思发生设定居住权的效果。但是二者之间也存在显著的区别。

一是合同方式设立居住权是双方法律行为,而以遗嘱方式设立居住权则通常是依据单方的意思发生效力。

二是生效条件不同。以遗嘱方式设立居住权,必须被继承人死亡时,遗嘱才能生效。但在当事人通过合同方式设立居住权时,当事人通常不会对居住权的设立附条件和附期限,合同一旦依法成立便生效。当然无论是通过合同还是遗嘱方式设立居住权,都必须办理登记,居住权才能有效设立。

在实践中可能出现共同遗嘱。例如,夫妻双方立下共同遗嘱为他人设定居住权。此时可能产生的问题是,在一方死亡后,另一方意图更改该遗嘱,是否应当允许发生更改遗嘱的效力。本书认为,共同遗嘱作为多数当事人共同的意思表示,不能由单个当事人进行修改。同时,由于设定居住权的行为也不可分,此时不应允许一方对该共同遗嘱进行修改。该共同遗嘱的生效时间应该为共同遗嘱的当事人均死亡时。在只有一方死亡时,遗嘱作为死因行为的生效条件并未满足,不能发生效力。

正是因为两者存在区别,所以《民法典》第371条规定:“以遗嘱方式设立居住权的,参照适用本章的有关规定。”该条是引致性条款,其适用于以遗嘱方式设立居住权的情形,即参照适用居住权的设立、居住权的限制、居住权的消灭等规定。[①] 有观点认为,以遗嘱方式设定居住权并非“参照适用”,而可能直接适用有关居住权的规则或者可能参照适用“居住权”一章以外的其他规则。例如,关于生效时间的规定就不能参照适用以合同方式设立居住权的规则。[②] 在以遗嘱方式设立居住权的情形下,有关居住期限、居住要求等内容是否可以参照适用,需要结合遗嘱的性质来综合判定。

第二节　居住权与相关权利

一、居住权与租赁权

居住权与房屋租赁权都是对他人房屋所享有的使用权,二者具有一定的相似性,这主要表现在:一方面,两者在权利内容上具有相似性,居住权与房屋租赁权都是在他人房屋之上设定的以房屋的占有、使用为目的的权利,而且不论是居住权人,还是承租人,都应当按照法律规定以及当事人约定使用他人房屋,未经所有权人同意,不得擅自将房屋出租、转租或对房屋进行约定方式以外的经营性利用。另一方面,二者在效力上都具有一定的对抗第三人的效力。居住权作为物权,具有对抗第三人的效力,即便所有人将房屋所有权转让给他人,居住权也可以对抗受让人;而基于“买卖不破租赁”的规则,在租赁合同存续期间内,租赁物所有权发生变动的,租赁物新的权利人也不能随意终止租赁合同,而必须继续履行租赁合同,承租人得以继续享有租赁权,这使租赁权在一定程度上具有了物权效力,[③]除此之外,二者均以房屋为客体,在客体上具有相似性。

不过,居住权与租赁权也存在明显的区别,主要表现在:

第一,性质和成立条件不同。居住权是一种物权,而且作为一种不动产物权,其必须要通过登记而设立。而租赁权本质上仍然是一种债权,其设立

---

① 参见黄薇主编:《中华人民共和国民法典物权编解读》(上册),中国法制出版社2020年版,第514页。

② 参见肖俊:《遗嘱设立居住权研究——基于继承法与物权法的交叉视角》,载《比较法研究》2023年第3期。

③ 参见王泽鉴:《民法学说与判例研究》(第7册),中国政法大学出版社1998年版,第71页。

不一定采取登记的方式。尽管租赁权通过买卖不破租赁等规则产生了一定的对抗第三人的效力，但其在本质上仍然是一种债权，只是基于保护承租人的需要而产生的一定的对抗效力，并不具有严格的对世性和绝对性。作为用益物权的居住权在性质上属于物权，具有对世性、绝对性和支配性，居住权人对房屋具有较强的支配力，只要不违背法律规定和当事人约定，居住权人完全可以基于生活居住的需要而对房屋进行广泛的正常使用，[①]也即居住权人在利用房屋方面具有很强的自主性。正是基于这一原因，在居住权存续期间内，房屋所有权人的权利在很大程度上处于一种虚化的状态。然而，作为债权的租赁权支配力比较低，尽管承租人在一定程度上能够对租赁物进行占有和使用，但这种占有和使用的权能不仅受到法律限制，还受到出租人意志的严格限制，甚至依附于出租人的意志。相较而言，居住权作为一种物权，其所受到的保护程度更强。[②] 在成立条件上，作为用益物权的居住权是绝对权，必须要通过登记而设立，这样就可以对抗房屋所有权人之外的任何第三人，能基于物权请求权来保护自己权利。然而，作为债权的租赁权是相对权，其设立不需要采取登记的方式。

第二，具体权利内容不同。对租赁权而言，在租赁物需要维修时，一般由出租人负担维修义务。而对居住权而言，在房屋需要维修时，原则上应当由居住权人负担维修义务。同时，居住权必须在住宅之上设立，其满足的是居住权人基本的生活需要。对于租赁权而言，其既可以在住宅之上设立，也可以在其他房屋之上设立，租赁权的设立也并不当然是为了满足承租人的生活需要，还可以满足生产、经营等活动的需要。[③]

第三，期限不同。居住权通常是长期的权利，作为用益物权的居住权是人役权，附随于特定的权利人而存续，在当事人没有特别约定时，甚至可能是为居住权人终身设定的。然而，租赁权则不是一项长期、稳定的权利。即使是长期租赁，与居住权相比较仍然是短暂的。依据我国《民法典》第 705 条的规定，租赁期限不得超过 20 年，当事人约定的租赁期限超过 20 年的，则超过的部分无效。

第四，是否具有无偿性不同。依据《民法典》第 368 条的规定，居住权原

---

① 参见黄薇主编：《中华人民共和国民法典物权编解读》，中国法制出版社 2020 年版，第 509 页。

② 参见孙宪忠、朱广新主编：《民法典评注：物权编》（第 3 册），中国法制出版社 2020 年版，第 240 页。

③ 参见孙宪忠、朱广新主编：《民法典评注：物权编》（第 3 册），中国法制出版社 2020 年版，第 240 页。

则上是无偿设立的，因为居住权的设定是一方为另一方所施行的恩惠行为，带有浓厚的帮助、扶助的性质。但租赁合同是一种双务、有偿的法律行为。承租人取得租赁权以其支付租金为条件。一般而言，居住权人向所有人支出的费用要大大低于租金的数额，否则居住权的设定便失去了其意义。[1]

第五，设立方式不同。从我国《民法典》规定来看，作为用益物权的居住权是人役权，以满足居住人生活居住的需要为目的，其既可以以合同的方式设立，也可以以遗嘱的形式设立。与此不同，租赁权的设立必须基于租赁合同，而租赁合同是一种双务、有偿的法律行为，租赁权的取得必须以支付租金为条件。对比而言，居住权的设立不是市场交易，租赁则是典型的市场交易行为，正是因为这一原因，居住权人的经济负担相对较轻，其所支出的费用通常要低于租金的数额。

二、居住权与借用权

此处所说的借用权是指借用人基于借用合同所享有的权利。在房屋借用的情形下，借用人对房屋也享有占有、使用等权利。借用合同是无偿的，而居住权原则上也是无偿设立的，它们都体现了公民之间的互通有无，从这一意义上说，借用权与居住权具有一定的相似性。但居住权与借用权也存在明显区别，具体而言：

第一，性质不同。居住权是一种物权，而借用权是一种合同债权。居住权作为一种不动产用益物权，其设立不仅需要当事人订立书面合同，而且需要办理登记。而借用权作为一种合同债权，其成立并没有严格的程序性要求，只要当事人就借用合同的内容达成合意，借用权即可有效设立。

第二，权利内容不同。居住权作为一种用益物权，居住权人可以直接支配房屋，并可以对抗任何第三人对该权利行使的干涉。而借用权人只能依据借用合同对抗房屋的出借人，而无权对抗第三人。如果出借人不是房屋的所有人，所有人以出借人擅自出借房屋为由，要求借用人搬出房屋，借用人也很难对抗所有人。所以，借用关系具有极大的不稳定性。

第三，期限不同。借用权作为一项债权，其只能解决一时的住房之需，不能使借用人享有长期稳定的居住权利。而居住权则可以使居住权人享有长期稳定居住他人房屋的权利，甚至是终身居住他人房屋的权利。也正是因为这一原因，借用权在功能上不能代替居住权。

---

① 参见黄薇主编：《中华人民共和国民法典物权编解读》，中国法制出版社 2020 年版，第 509 页。

三、居住权与抵押权

居住权和抵押权的区分是十分清晰的，因为居住权是用益物权，而抵押权是担保物权，二者界限分明，但是在实践中，因为房屋可能设定抵押，而该房屋之上也可能同时存在居住权，因此二者可能产生一定的冲突。

居住权属于对所有权形成限制和负担的物权性权利，既然该权利将会对所有权形成限制和负担，那么自然也就不能任由房屋的非所有权人、承租人、暂时的使用人在该房屋之上设立居住权。本书认为，应当允许在已设有抵押等负担的房屋上设立居住权，因为抵押权与居住权同属于施加于某物之上的负担，其所带来的问题仅仅只是权利实现的优先顺序问题而已，并不存在权利设立上的矛盾冲突。[①] 由于居住权与抵押权都应当办理登记，因此，原则上说，在设定抵押权之后，如果再设置居住权，就不得对抗抵押权，因为按照登记先后顺序，抵押权也应当优先于居住权。

但是，如果先设定居住权并已经办理了登记，所有人再设定抵押权，在此情形下，抵押权不得对抗居住权。换言之，即便房屋之上存在在先设立的居住权，房屋所有权人也可以再次将房屋抵押，而且该抵押权可以有效设立；同时，在抵押权实现时，不得对抗在先设立的居住权，即在抵押权人通过对房屋进行变价以实现抵押权时，该房屋新的所有权人仍应当承受居住权这一权利负担。

第三节　居住权的设立

一、居住权的设立方式概述

所谓居住权的设立，是指权利人依法创设居住权的过程。居住权主要是通过意定的方式设定的，所谓意定，是指根据房屋所有人的意愿而在其房屋之上为他人设定居住权。设立人必须是房屋的所有人，除所有人之外，其他任何人不得在他人的房屋之上设定居住权。我国《民法典》对于居住权的设定充分尊重了当事人的自主自愿。从我国《民法典》规定来看，居住权的设定方式主要包括合同设定和遗嘱设定两种方式。

（一）根据合同设立居住权

依据合同设立居住权是意定居住权设立方式的第一种形态。所谓依据合同设立，是指房屋所有权人和居住权人之间就居住权的设立订立合同，并

---

① 参见辜明安、蒋昇洋：《我国〈民法典〉设立居住权的必要性及其制度构造》，载《西南民族大学学报（人文社会科学版）》2020 年第 2 期。

依据该合同设定居住权。例如,双方约定,在一方所有的房屋之上为另一方设立居住权,使其能够在该房屋中终身居住。从实践来看,当事人还可能在离婚协议中设定居住权,如男女双方在离婚时,在离婚协议中规定,离婚后房屋所有权归属于男方,但女方应对其中一间房屋享有终身居住权。依据合同设定居住权不限于双方直接订立居住权设定合同。交易实践中常见的以合同设立居住权的方式还包括保留居住权的所有权买卖及赠与、设定居住权的共有物分割协议或集资购房协议等。①

《民法典》第 367 条第 1 款规定:“设立居住权,当事人应当采用书面形式订立居住权合同。”该款表明了居住权合同具有要式性。居住权的设立之所以需要采用书面形式,主要原因在于:第一,居住权的设定本身对所有权人的利益影响较大,要求采取书面形式对当事人具有重要的警示功能,提醒当事人谨慎行事,以免一时冲动而设定居住权。第二,书面形式的要求还能体现在证据留存功能,当事人如果采取口头形式订立合同,在诉讼中往往会存在难以举证的问题,如果要求当事人订立书面合同,居住权的设立则有证据可资证明,更方便当事人进行举证。第三,居住权的设立必须要办理登记,由于当事人在办理居住权登记时必须提交书面形式的居住权合同,因此,当事人约定居住权应当采取书面形式。第四,因为居住权的期限较长,合同履行过程中的法律关系比较复杂,有必要采取书面形式明确当事人之间的关系,从而避免发生各种纠纷。居住权合同属于要式合同,若其未以书面形式订立,则居住权合同因为不满足要式而不能成立。②

依据《民法典》第 367 条第 2 款的规定,居住权合同的内容主要包括以下几项:一是当事人的姓名或者名称、住所。一般而言,居住权的主体限于自然人,但也不排除将来法人和非法人组织也可以成为居住权的主体,因此,《民法典》第 367 条第 2 款在规定居住权的内容时,也规定了当事人的名称和住所,其实际上就是为居住权制度预留发展空间。二是住宅的位置。居住权合同应当明确约定住宅的位置,只有明确住宅的具体位置,才能够使居住权得到落实,这也符合物权客体特定原则。三是居住的条件和要求。此处所说的居住的条件和要求主要指的是房屋的状况、利用的空间以及维修义务等,还包括居住权人应当承担的各项义务。四是居住权期限。居住权原则上具有长期性的特点。但居住权本身是一种定限物权,具有一定的

① 参见汪洋:《民法典意定居住权与居住权合同解释论》,载《比较法研究》2020 年第 6 期。

② 参见申卫星:《〈民法典〉居住权制度的体系展开》,载《吉林大学社会科学学报》2021 年第 3 期。

期限,按照私法自治原则,当事人也可以在合同中约定居住权的存续期间。五是解决争议的方法。解决争议的方法指的是居住权合同发生争议之后双方提起仲裁还是起诉,以及关于管辖权的约定与违约金的承担等。《民法典》第367条规定居住权合同“一般包括”上述条款,这就意味着,上述条款只是居住权合同通常应当包括的条款,除了必备条款之外,其他条款并非居住权合同必须包括的条款。因此,该条具有倡导性的性质,有利于引导人们订立较为完整的居住权合同。①

居住权的设立可否附条件或附期限?有观点认为,就居住权而言,虽然其是为特定人的生活居住需要而设立的,但并不涉及身份行为,也非确定法律关系。因此,居住权的设立可以附条件或附期限。② 本书认为,既然《民法典》总则编第158条、第160条规定,民事法律行为可以附条件、附期限,因而设立居住权的合同自然可以附条件、附期限,一旦居住权合同进行了公示,该条件或者期限将成为居住权存续的条件或者期限。从这个意义上讲,居住权是可以附条件或者期限的。

（二）以遗嘱方式设立居住权

1. 以遗嘱方式设定居住权的概念和特征

所谓根据遗嘱的方式设立,是指房屋所有人生前在遗嘱中为他人设定居住权。《民法典》第371条规定了以意定方式设立居住权的另一种形态,即以遗嘱方式设立居住权。按照遗嘱自由原则,被继承人在死亡之前,可以就其房屋所有权的继承在遗嘱中作出安排,也可以就其房屋的使用作出安排,其中也包括在其房屋之上为特定的自然人设定居住权。③

以遗嘱方式设立居住权的特点在于:一是遗嘱是一种单方行为,基于遗嘱设立的居住权通常基于单方行为设立的。这就是说,居住权完全是根据遗嘱人的单方意志产生的,但此种单方行为设立仍然是基于法律行为的物权变动,因此,仍然需要办理登记,才能有效设立居住权。对以遗嘱方式设立居住权而言,其体现为为房屋继承人设定一定的权利负担,房屋继承人在取得房屋所有权时,应当承受该房屋之上所设立的居住权。二是其既包括遗嘱继承,也包括遗赠。通常,如果居住权人是法定继承人,则属于遗嘱继承;如果居住权人是法定继承人以外的人,则属于遗赠。如果在遗嘱继承

---

① 参见崔建远:《物权法》(第5版),中国人民大学出版社2021年版,第345页。

② 参见房绍坤:《论民法典中的居住权》,载《现代法学》2020年第4期。

③ 参见邱某光与董某军居住权执行案,最高人民法院发布的人民法院贯彻实施民法典典型案例(第一批)。

中，被继承人在遗嘱中明确要求房产的继承人必须为某人设定居住权，则其不属于以遗嘱方式设立居住权，因为以此种方式设立的居住权不是直接通过遗嘱方式设立的，而是通过遗嘱以明确继承人为他人设立居住权的义务的方式而实现的，此种居住权通常是继承人与居住权人通过合同的方式设立的。三是其具有要式性，其应当符合遗嘱的形式要求。遗嘱的形式和效力可以参照《民法典》继承编中遗嘱的形式和效力的规定加以认定。[①] 因为我国《民法典》物权编没有对设立居住权的遗嘱形式作出特别限定，因此，凡是有效的遗嘱方式，都可以设定居住权。四是一般情形下，居住权以无偿的形式设立，依据《民法典》第 368 条，居住权应当无偿设立，遗赠也是无偿行为。

需要指出的是，通过遗嘱设定居住权，既不属于遗嘱继承，也不属于遗赠，因为被继承人在通过遗嘱设定居住权之前，居住权尚未成立，其并不属于被继承人的遗产，因此，通过遗嘱设定居住权只是居住权设立的一种方式，而不能将其认定为遗嘱继承或者遗赠。依据《民法典》第 371 条的规定，以遗嘱方式设立居住权的，参照适用以合同方式设立居住权的有关规定。因此，以遗嘱方式设立居住权的，也需要遗嘱内载明当事人的姓名或者名称和住所以及住宅的位置等必要内容。

2. 以遗嘱方式设定居住权的生效时间

在以遗嘱方式设立居住权时，居住权的生效时间如何确定？按照《民法典》第 368 条第 2 句的规定，设立居住权的，不论依照何种方式设立，均应按照登记要件主义办理登记。按照第 368 条第 3 句的规定，既然居住权的设立采登记生效主义，这就意味着，居住权作为物权，应当自登记时设立。据此，以遗嘱方式设立居住权时，居住权设立的时间应当是办理登记之时。一方面，以遗嘱方式设立居住权，在性质上仍然是基于法律行为的物权变动，在遗嘱生效时，由于尚未办理登记，未完成公示，因此，遗嘱的生效只是确立了居住权设立的基础和前提，我国《民法典》对居住权的设立采取登记要件主义，因此，在未办理登记时，居住权无法设立。另一方面，即便遗嘱生效，受遗赠人可以拒绝接受遗赠，遗嘱继承人可以放弃继承，在此情形下，居住权也无法设立。此外，《民法典》第 371 条规定，“以遗嘱方式设立居住权的，参照适用本章的有关规定”。而第 368 条明确规定居住权自登记时设立。因此，以遗嘱方式设立居住权的，也应当自登记时设立。

二、居住权的登记

我国《民法典》对居住权的设立采取登记要件主义，《民法典》第 368 条

---

① 参见房绍坤：《论民法典中的居住权》，载《现代法学》2020 年第 4 期。

规定:设立居住权的,应当向登记机构申请居住权登记。居住权自登记时设立。据此,设立居住权无论是采用遗嘱方式,还是合同方式,都应当办理居住权登记,并在登记簿上明确予以记载,才能产生设立居住权的效果。如果没有办理登记,当事人之间的合同关系或遗嘱仍然有效,但是不能发生物权设立的效力。如果所有人只是立下遗嘱或订立合同,但并没有在登记机关登记,则有关居住权的意思表示,只能对抗受遗赠人,或只能在合同当事人之间产生效力,而不能对抗第三人。如果房屋发生继承、转让,则不能对抗新的所有人。如果未能办理登记,一旦发生房屋的转让,居住权就没有办法对抗第三人,居住权保障权利人居住权益的目的往往就会因此落空。而只有将居住权进行登记并由此进行公示,才能使得居住权人完整地取得对抗他人的效力。此外,采用登记要件主义,也有利于明确居住权的设立时间,并更有利于保护居住权人的利益。尤其是如果通过遗嘱设立居住权不办理登记,则有可能会对第三人产生不可预测的风险。因为居住权作为一种物权,必须产生对抗第三人的效力,在设立居住权的情形下,如果不办理登记,则第三人对此并不了解,对交易第三人或者债权人会产生不利影响。

在通过遗嘱的方式设立居住权的情形下,《民法典》第 371 条规定:“以遗嘱方式设立居住权的,参照适用本章的有关规定。”这也就意味着,对于居住权的生效即便是通过遗嘱的方式设立居住权,当事人也应当依法办理居住权登记。《民法典》第 368 条规定设立居住权应当办理登记,但是并没有限定于合同。

居住权的登记属于依申请登记,原则上应当由双方共同办理,提出申请。在实践中,存在当事人一方不配合办理登记申请的情形,此时,一方可以请求法院作出判决,责令对方配合办理登记。

三、居住权原则上应无偿设立

(一)原则上应无偿设立

《民法典》第 368 条规定:“居住权无偿设立,但是当事人另有约定的除外。设立居住权的,应当向登记机构申请居住权登记。居住权自登记时设立。”该条首先确立了居住权的设立以无偿为原则。如前文所述,居住权与租赁权的最本质区别在于,居住权具有无偿性,而租赁权具有有偿性。

居住权之所以原则上是无偿设立,主要理由在于:一方面,自罗马法以来,居住权的设置都是无偿的,这也是居住权制度的固有特点。在传统大陆法系国家,居住权是一种人役权,具有无偿性,大多具有家庭成员之间扶危济困的性质,在一定程度上体现了互助和慈善的特点。另一方面,居住权是一种人役权,人役权在性质上都是无偿的。居住权通常都带有相互扶助、相互帮助性质,大多是针对弱势一方的居住利益的保护而设定的。而且居住权主要是基于自然人之间的互帮互助而设立的一种用益物权,其通常适用于赡养、扶养等情形,因此,其原则上应无偿设立。此外,正是因为居住权原则上是无偿的,因此其可以发挥特殊的制度功能,如果其原则上是有偿的,则可以为租赁制度所替代。

正是因为其具有无偿性,所以居住权人并不需要支付对价。当然,依据《民法典》第368条的规定,居住权无偿设立只是一般原则,法律并不禁止当事人特别约定居住权有偿设立。《民法典》第368条规定,居住权无偿设立,但当事人另有约定的除外。这就意味着,在当事人有特别约定的情形下,当事人也可以有偿设立居住权。这就使居住权具有更强的包容性和功能延展性。例如,在以房养老中,可以借助居住权的设立服务于以房养老的目的,在实际运行中,此种居住权一般是有偿的。

(二)当事人可以约定居住权的有偿设立

《民法典》第368条第1句规定:“居住权无偿设立,但是当事人另有约定的除外。”有观点认为,本条在解释论上不排除投资性居住权的约定。[①]还有观点认为,该条规定仅限于无偿约定。本书认为,虽然传统大陆法系国家原则上采取无偿的方式,但从《民法典》上述规定来看,其并没有禁止当事人约定为有偿。也就是说,只有在当事人没有约定居住权的有偿设立的情形下,居住权的设立才是无偿的。承认当事人通过约定有偿设立居住权,可以最大限度地实现居住权的投资功能。尤其是在以房养老和完善住房保障体系的目标中,一概将居住权的设立方式限于无偿,也不符合居住权制度的本旨。事实上,居住权作为一项用益物权,除了能满足个人居住需要,还有顺应以房养老的现实需要等功能,且能够作为住房改革的重要保障。充分发挥居住权的制度功能,就应当允许当事人自主选择居住权的设立方式。有偿设立的居住权,也能为以房养老等新型养老制度构建提供保障。

第四节　居住权的内容

所谓居住权的内容,是指作为物权人的居住权人所享有的权利和负担的义务。

---

① 参见崔建远:《物权编对四种他物权制度的完善和发展》,载《中国法学》2020年第4期。

一、居住权人的权利

(一)对房屋的占有、使用权

居住权人有权使用他人所有的房屋。使用房屋的面积应当根据合同、遗嘱或登记记载的面积加以确定。居住权人既可以使用他人的全部房屋,也可以使用房屋的一部分。如无特别规定,原则上应当以保证居住权人正常居住、生活为限。居住权设立人应当向居住权人交付房屋,满足居住权人占有、使用的需要。居住权人只能将房屋供自己使用,不能将房屋转借或出租给他人使用。

居住权人在使用该房屋时,可以基于生活上照顾等正当理由,允许其家庭成员或其他照料其生活的人与其共同使用。例如,聘请保姆照顾自己的生活等。当然,与居住权人共同居住的人并不享有居住权,其虽为居住权的受益人,享有居住利益,但其不是权利人本身。因为居住权只是为特定人设立的,而且是在登记簿上进行记载公示的主体。如果居住权人的居住权及于建筑物全部,权利人当然可以使用整个建筑物,包括公共设施;如果仅就建筑物一部分设定居住权,也应准许该部分的居住权人就整个建筑物的公共设施部分享有使用的权利,否则该居住权就面临无法实现的困难。当然,对公共设施的使用应以该部分的居住权实现为目的,如对网球场、停车位等公共设施的利用,不应包括在内。

就使用期限而言,要依据居住权是终身使用还是短期使用而确定。就终身使用的居住权而言,其通常是一种长期的使用,居住权人在生存期限内均有权使用。而就短期使用而言,居住权人只能在约定的期限内使用房屋。当事人在登记机关登记时应当注明居住权的期限,登记机关登记的期限与合同约定期限不一致的,应当以登记内容为准。① 居住权人可能超过一人,此时居住权的期限应当至生存期限最长的权利人死亡时止。②

(二)有权依据约定将房屋出租给他人

依据《民法典》第 369 条的规定,在当事人之间没有特别约定的情形下,设定居住权的住宅不得出租。法律作出此种规定的主要原因在于,居住权是为特定人设定的,其目的在于满足特定人的居住需要,而将住宅出租,则

---

① 参见孙茜:《〈民法典〉视野下居住权制度的理解与适用》,载《法律适用》2020 年第 21 期。

② 参见申卫星:《从“居住有其屋”到“住有所居”——我国民法典分则创设居住权制度的立法构想》,载《现代法学》2018 年第 2 期。

已经超出了居住的范围,[①]一旦允许居住权人将房屋出租,就意味着允许居住权人之外的其他人居住该房屋,这显然有违居住权的制度目的,居住权是为了满足特定主体的居住需要,而不是为了使其从中获利,而且出租后有可能造成对房屋的毁损,因此不允许设定居住权的房屋出租,也是为了保护房屋所有权人的利益。当然,依据《民法典》第369条的规定,如果取得了房屋所有人同意,则居住权人可以进行出租。例如,居住权人的工作地点发生变化,导致设立居住权的房屋与工作地点较远,此时当事人可以约定,居住权人出租房屋,并用所得的租金另行租房,这同样也是为了满足居住权人的生活需求。

在以遗嘱方式设立居住权的情形中,如果遗嘱中严格禁止居住权人出租房屋,那么居住权人当然不能出租该房屋。而如果遗嘱中未对居住权人是否可以出租进行说明,除非居住权人取得房屋继承人或受遗赠人(所有权人)的事后同意,否则也不得出租。如果遗嘱中明确载明居住权人可以出租,但是继承人或受遗赠人(所有权人)未同意的,居住权人是否可以出租,法律并没有对此作出明确规定。本书认为,如果被继承人在遗嘱中允许居住权人出租房屋,则意味着该房屋的继承人或者受遗赠人负有允许居住权人出租房屋义务;同时,如果被继承人在遗嘱中允许居住权人出租房屋,则应当认定,在居住权设定时,居住权人即享有出租房屋的权利。

居住权人能否将住宅出借给他人?从本质上讲,出租与出借具有相似性,在当事人另有约定时,也应当允许出借。根据“举重以明轻”规则,既然所有权人可以允许居住权人出租住宅,当然也可以允许居住权人出借住宅。[②] 但依据《民法典》第369条的规定,既然出租房屋需要当事人达成合意,那么居住权人出借房屋也应当与房屋所有权人达成合意,或者征得房屋所有权人的许可。

(三)有权对房屋进行必要的改良和修缮

依据《民法典》第366条的规定,居住权的设立是为了满足居住权人生活居住的需要,因此,为了满足此种生活居住的需要,居住权人也应当有权对房屋进行必要的改良和修缮,如对房屋进行装修、安装空调等,但不得对房屋作重大的结构性改变。

问题在于,如果居住权人对房屋进行了必要的改良与修建,是否有权请

---

① 参见黄薇主编:《中华人民共和国民法典物权编解读》,中国法制出版社2020年版,第511页。

② 参见房绍坤:《论民法典中的居住权》,载《现代法学》2020年第4期。

求所有权人支付相关的改良与修缮费用?本书认为,除当事人有特别约定外,由于居住权人居住他人房屋并没有支付相应的对价,因此在对房屋进行必要的改良和修缮时,如果并不需要支付较大的费用,则居住权人应当负担该费用。如果由房屋所有权人负担该费用,可能产生如下两个问题:一方面,当事人之间关于必要的范围和费用的分担容易发生费用纠纷;另一方面,这种改良和修缮对于居住权人本身是有利的,其享有了改良和修缮的大部分利益,按照权利义务一致的原则,理应由居住权人负担。

(四)排除房屋所有权人及其他人侵害的权利

居住权人有权要求房屋所有权人提供指定的住房或住房的一部分,要求所有权人不为妨害居住权人居住的行为。因为居住权作为一种他物权,本身是对于所有权的一种限制,所以,房屋所有权人不得对居住权人行使排除妨害、返还原物等物上请求权。我国司法实践也认为,居住权相对于住房所有权具有排他性,可对抗房屋所有权人排除妨害请求权。[①] 房屋所有权人在设定居住权之后,可能将该房屋转让给第三人,在此种情形下,受让人应当尊重居住权人的权利,而不能不当妨碍居住权人正常行使其居住权。与此同时,居住权人作为用益物权人,本身也可依据绝对权请求权享有排除他人侵害的权利。对于居住权人行使居住权而言,只要该行使权利的行为不损害所有权人的利益,所有权人应当尊重居住权人行使居住权的行为。当然,如果居住权人对房屋的利用不当造成对房屋的损害,则所有权人有权依法请求居住权人承担民事责任,此时,所有权人应当负担相应的举证责任。[②]

(五)抛弃居住权的权利

居住权的设立一般是一方对另一方的施惠行为,居住权人通常会从居住权的行使中获取一定的利益。同时,居住权在性质上属于物权,是一项民事权利,按照私法自治原则,居住权人既可以选择行使该权利,也可以抛弃该权利。例如,如果居住权人认为该房屋距离自己的工作地较远,或者居住权人有一定收入可以用于租用他人的房屋等,则居住权人有权抛弃其居住权。

---

① 参见谷昔伟、曹璐:《居住权可对抗房屋所有权人排除妨害请求权》,载《人民司法》2015年第18期。

② 参见薛军:《地役权与居住权问题——评〈物权法草案〉第十四、十五章》,载《中外法学》2006年第1期。

二、居住权人的义务

（一）合理使用房屋

居住权设立的目的是满足居住权人的生活居住需要，因此，居住权人行使居住权不能超出这一目的范围，居住权人不得将房屋用于生活居住以外的目的。因此，居住权设立后，居住权人应当按照房屋的性质正常合理使用房屋，不得造成房屋的毁损灭失。同时，居住权人可以对房屋进行合理的装修、装饰，并进行必要的维修，但不得将房屋改装、改建或作重大的结构上的变化。如果因此造成对房屋的重大损害，则所有权人有权依法解除居住权合同并收回房屋。

（二）依据约定交纳必要费用

居住权虽然原则上是无偿设立的，但依据《民法典》第368条的规定，如果依据合同、遗嘱等规定，居住权人在居住期间内应当支付一定的费用，则居住权人有义务支付。这主要是因为，居住权不仅仅是为自然人设立，在特殊情形下也可能为法人、非法人组织设立，而且即便是为自然人设立的，也可能出于对房屋进行收益的需要，当事人特别约定，居住权人在取得居住权时应当支付一定的费用。如果合同中已经约定了支付费用的条款，则居住权人有义务按照约定支付该费用。例如，当事人在居住权设立合同中约定由居住权人缴纳物业费，在此情况下，居住权人有义务缴纳该费用。

（三）合理保管、维护房屋

居住权人应当合理保管房屋，在居住期间内应当尽到一定的注意义务。居住权人居住他人的房屋，特别是无偿居住他人的房屋，应当使房屋维持在可居住的状态，避免房屋在居住期间遭受重大毁损、灭失。例如，居住权人在维修房屋时，不得破坏房屋的主体结构。在这一点上，类似于房屋承租人所负有的义务，因为承租人都负有合理保管、维护房屋的义务，按照举重以明轻的解释规则，无偿取得居住权的居住权人更应当负有此项义务；在居住权有偿设立的情形下，居住权人也应当参照租赁合同的规则负有合理保管、维护房屋的义务。居住权人不得从事任何有损于房屋的行为，如果房屋存在毁损的隐患，则居住权人应当及时通知所有人，或者采取必要的措施予以修缮。对于修缮费用而言，有约定的应按照约定，没有约定或约定不明的，应当区分居住权的有偿与否。在居住权人承担通常维修义务的情况下，若居住权人占有全部住宅，则居住权人应负担全部维修费用；若仅占有住宅的一部分，则居住权人应按比例承担通常维修费用。[①] 此外，在第三人侵害房屋的情形下，居住权人也有义务予以制止。

一般而言，居住权人在占有、使用住房以及其他附着物期间，可以不承担重大维修费用，但要承担日常房屋修缮费用。居住权人在享有居住权的同时，也应当负担通常的保养费用，包括日常的维修费、修缮费，因为居住权人居住他人的房屋，仍然由所有权人负担此种房屋的日常修缮费，显然并不合理。当然，如果房屋遭受重大损害（如房屋的围墙严重损害、房屋楼顶漏水），确有必要进行重大修缮，在当事人没有特别约定的情况下，居住权人没有义务支付对房屋的重大修缮费，而仍然应当由房屋所有权人负担该费用。[②]

（四）不得转让居住权

依据《民法典》第 369 条的规定，居住权不得转让，这就确立了居住权人不得转让居住权的义务，法律作出此种规定的主要原因在于：一是居住权是为特定人而设立的一种人役权，其具有互助性质和无偿性，通常发生在具有特定的身份关系的主体之间，这一性质决定了居住权具有强烈的人身专属性，仅限于由特定的居住权人享有，而不能随意转让。二是居住权转让违背了居住权设立人的意愿，因为居住权是专门为特定的人设立的，如果允许居住权转让，将违背居住权设立的目的。三是居住权的权能是对住宅的占有和使用，并不包括收益和处分的权能，转让行为将导致居住权人取得对住宅的处分权能，从而与居住权的性质相矛盾。从《民法典》第 369 条规定来看，居住权不得转让的规定在性质上属于强行性规范，因此，即便居住权人同意，居住权也不得转让，如果居住权设定人同意居住权转让，其可以与居住权人约定终止居住权，并另行为他人设定居住权。

（五）不得擅自出租、出借居住房屋

如前所述，只有在当事人明确约定居住权人可以出租房屋的情形下，居住权人才能出租房屋。在当事人没有明确约定的情形下，依据《民法典》第 369 条的规定，居住权人不得擅自出租居住的房屋，因为一方面，居住权的目的是满足权利人的生活居住需要，同时其设立本身又具有无偿性，所以居住权人对居住的住宅不能通过出租来享有收益权。另一方面，居住权人必须是为了生活消费而使用房屋，不得为了营利而将房屋转租给他人，并从中

① 参见房绍坤：《论民法典中的居住权》，载《现代法学》2020 年第 4 期。

② 参见肖俊：《“居住”如何成为一种物权——从罗马法传统到当代中国居住权立法》，载《法律科学》2019 年第 3 期。

谋取利益,也不得将房屋用于生产经营活动,否则违背了居住权设立的目的。基于上述原因,居住权人也不得出借房屋。在当事人没有特别约定的情形下,居住权人有权收取房屋所附属的树木的果实等自然孳息。此外,依据《民法典》第369条的规定,如果当事人特别约定居住权人可以出租房屋,则该约定有效。

(六)不得通过遗嘱安排居住房屋的继承

依据《民法典》第369条的规定,居住权不得继承,因为居住权是为特定人设定的,以满足其生活居住的需要,在当事人没有约定的情况下,只能由居住权人享有;同时,依据《民法典》第370条的规定,在居住权人死亡后,居住权消灭,该居住权不属于居住权人的遗产,居住权人也当然不得通过遗嘱的方式安排该房屋居住权的继承。如果允许居住权继承,则可能使居住权世世代代延续下去,从而使房屋所有权人对居住权产生无限期的负担,显然不利于对房屋所有权人的保护。

第五节 居住权的消灭

一、居住权消灭的原因

《民法典》第370条规定:"居住权期限届满或者居住权人死亡的,居住权消灭。居住权消灭的,应当及时办理注销登记。"居住权可因如下原因消灭。

1. 居住权设定的期限届满

居住权设定的期限届满以后,居住权消灭,该房屋所有权之上的居住权负担也随之解除。与租赁权不同,居住权原则上没有期限上的限制,但法律也不禁止当事人约定居住权的期限。例如,当事人可以在合同中约定为某个未成年人设定居住权,但是在其成年后居住权就消灭,则约定的期限届满后居住权就因此消灭。

在具体的居住权期限的认定上,依据居住权作为人役权的性质,原则上应当由居住权人终生享有,在当事人没有约定时,居住权人死亡时居住权才消灭。但是当事人也可以对居住权设定一定的期限(如20年),在该期限届满后,居住权消灭。因为虽然居住权原则上终身享有,但是居住权设定人可能对期限具有特别考量,如果期限已过,该居住权的设定可能就不再有必要。此时应当尊重当事人的意思。依据《民法典》第370条的规定,"居住权期限届满或者居住权人死亡的,居住权消灭",应将该规定解释为,如果合同或遗嘱没有规定居住权的存续期限,则居住权人死亡时权利消灭;如果合同或者遗嘱明确规定了居住权的存续期限,则在该期限届满时,居住权消灭。

2. 居住权人死亡

由于居住权具有特定的人身性，只能由特定的居住权人享有，不得继承、转让，所以在居住权人死亡以后，居住权当然消灭，任何人不得再主张居住权。居住权设立目的是实现特定人的居住利益，如果权利主体不存在，居住权就没有存在的必要。但值得讨论的是，如果合同或者遗嘱规定的居住权期限届满前，居住权人死亡的，此时，居住权是否消灭？本书认为，此种情形下，应当认定居住权已经消灭，因为居住权具有强烈的人身专属性，不得与居住权人相分离，因此，在居住权人死亡时，即便居住权的期限尚未届满，也应当认定居住权已经消灭。此时，与居住权人共同生活的人可以通过与房屋所有权人订立房屋租赁合同的方式，解决房屋居住问题。当然，房屋所有人应当为共同居住人寻找新的住处提供一定的宽限期。

3. 其他事由所导致的居住权消灭的情形

第一，居住权人抛弃居住权。居住权人可以在居住权设定以后，任何时间内抛弃居住权。这种抛弃的表示通常以明示方式作出，且须对所有权人作出。在抛弃居住权以后，除非具有法定的民事法律行为效力瑕疵的事由，否则居住权人不得撤销该抛弃居住权的意思表示。

第二，住房因不可抗力倒塌毁损。在此种情况下，因房屋不存在而导致居住权消灭。因为是因不可抗力的原因致使建筑物毁损，房屋所有权人与居住权人双方均无过错，所有权人无义务继续翻盖、交付新的房屋，居住权人也无须对房屋的毁损承担责任。但如果是所有权人的过错导致房屋毁损，则所有权人有义务恢复原状。

第三，居住权因滥用权利而终止。居住权是在他人的房屋之上设定的权利，居住权人应负有妥善保管他人房屋并正当使用房屋的义务，如果居住权人滥用居住权，将房屋用作生产经营活动或者造成房屋的毁损等，则房屋所有权人可以以居住权人滥用居住权为由，请求法院终止居住权。由于终止居住权涉及居住权人的重大利益，所以不能由所有权人单方面行使，应由法院裁判决定。如果是以合同方式设定居住权的，设立人可以解除合同。

第四，混同。所谓混同，是指房屋所有权与居住权归于一人。产生混同的原因有多种。例如，房屋所有权人将房屋赠送或者转让给居住权人。在混同的情况下，居住权消灭。

第五，居住权合同被依法解除。在符合合同解除条件的情形下，当事人有权依法解除合同，在设定居住权的合同被解除的情形下，居住权消灭。例如，如果居住权设定合同是有偿的，而居住权人未按约定支付费用，则所有权人有权依法解除合同。但解除合同时应提前作出催告,在合同被解除以后,居住权消灭。

二、居住权消灭后的法律效果

(一)及时办理注销登记的义务

《民法典》第370条规定:“居住权期限届满或者居住权人死亡的,居住权消灭。居住权消灭的,应当及时办理注销登记。”注销登记是指居住权消灭后,将房屋上的居住权负担进行注销。关于办理注销登记的义务的负担,房屋所有权人可与居住权人约定,也可以通过遗嘱予以确定。也就是说,可以通过合同或者遗嘱的方式确定办理注销登记义务的负担主体。一旦确定了办理注销登记的义务主体,则义务人即负有办理注销登记的义务。

(二)房屋的返还义务

如果当事人约定的居住权期限届满,则居住权随之消灭,在此情形下,居住权人有义务将房屋返还所有权人。只要居住权人按照通常的生活需要合理使用房屋,则即便造成房屋的损害,居住权人也不负有损害赔偿责任。也就是说,居住权人在返还房屋时,并不需要按照使用房屋之前的状态返还,而只需要将符合按照约定或者根据房屋的性质使用后的状态返还所有权人。由于居住权人对房屋的使用也必然会造成房屋的正常损耗,因此,居住权人仅需要保证房屋符合按照约定或者根据房屋的性质使用后的状态即可。

(三)改良和修缮设施的归属确定

居住权消灭之后,涉及对房屋进行必要的改良和修缮设施的归属问题。如果居住权人未经所有权人同意而对房屋进行改善或者增设他物(如居住权人未经所有权人同意而对房屋进行大面积的装修、改造),则所有权人有权请求居住权人恢复原状,因此造成所有权人损失的,居住权人还应当赔偿损失。经所有权人同意装饰装修,居住权期限届满时,除当事人另有约定外,如果已经因添附而成为房屋的一部分,则应当归属于房屋所有权人;未形成添附的装饰装修物,应当归属于居住权人,或者由居住权人予以拆除。因拆除造成房屋毁损的,居住权人应当恢复原状。

(四)造成房屋毁损的赔偿责任

在居住权终止以后,居住权人应当向所有权人返还房屋,如果确因居住权人的过错造成房屋的毁损,居住权人应负赔偿责任。居住权人并非所有权人,其只能在居住的范围内对房屋进行合理的利用,在因其超出正常居住的范围而造成房屋的毁损时,则可能构成侵权,此时应当允许房屋所有权人向其主张侵权损害赔偿。

第十七章　地役权

第一节　地役权概述

一、地役权的概念和特征

地役权出自拉丁语"*servitu*","*servitu*"意指奴役、仆人,后引申为地役权。"役"在汉语中是受支配、受役使的意思。地役权是以他人不动产供自己的不动产便利之用的权利,即通过限制他人不动产所有权的行使,以方便自己不动产的利用,从而提高自己不动产价值的权利。[①] 例如,甲所享有的建设用地使用权的土地与乙的土地相邻,甲为了走近道节省通行时间,而与乙达成协议,在乙的土地之上设立通行地役权并登记,允许甲开车经过乙的土地,在乙的土地之上设置负担,从而增加甲的土地的价值。我国《民法典》为了实现物尽其用的立法目的,进一步提高不动产的利用效率,对地役权制度作出了规定。

地役权是最为古老的用益物权类型,在古罗马时代已经存在。因而,在我国原《物权法》制定过程中,是否应当继续采纳地役权的概念,学者们对此也存在不同的看法。一些学者认为,"地役权"的名称过于古老,不宜为一般民众所接受,应当将其改为"邻地利用权",并将需役地改称需用地,供役地改称供用地。[②] 本书认为,尽管地役权的概念比较古老,但这并不意味着民众不能接受。社会一般人之所以对此概念仍然感到陌生,主要是因为我们长期缺乏系统的物权制度,也没有在法律上明确使用该概念。但是,由于地役权和人们的生产、生活关系密切,《民法典》规定了地役

---

① 参见谢在全:《物权法论》(下),台北,新学林出版股份有限公司 2014 年版,第 13 页。

② 梁慧星教授主持拟定的《中国物权法草案建议稿:条文、说明、理由与参考立法例》中即采用了"邻地利用权"的名称。

权制度之后,该概念必然会逐步为人们所理解和掌握。如果采纳邻地利用权的概念,至少存在如下问题:一方面,“邻地利用权”的名称中强调需役地与供役地之间必须相邻,这并不符合地役权的特点,因为设定地役权,并不一定要求两块土地相邻,即使两个不动产并不相邻,也可以发生地役权。例如,某人承包的土地需要从较远的地方引水灌溉,中间需要经过他人的土地,当事人之间便可以设定地役权。另一方面,邻地利用权的概念仅仅强调对土地的利用,但并不能概括地役权制度的全部功能。因为现代社会,地役权的客体不仅仅是土地,而且包括建筑物。地役权人行使地役权的方式可以是在供役地上作为,也可以是不作为(如在自己家中眺望海景)。还要看到,采用邻地利用权的概念,易与相邻权相混淆,不能准确表达地役权的内容和特征。地役权与相邻权的区别之一就在于相邻权更强调两个不动产之间的相邻,而地役权并不强调这种相邻。所以,邻地利用权的概念并不一定妥当。

《民法典》采用了“地役权”的概念,这是借鉴大陆法系国家的立法经验的结果,适应了我国社会经济发展的需要。随着我国市场经济的发展,为了更有效率地利用有限的自然资源,促进资源的优化配置,需要采纳地役权这一用益物权制度。《民法典》规定地役权,也有利于建构并完善我国用益物权体系。因为地役权是一种独立于建设用地使用权、土地承包经营权、宅基地使用权之外的特殊的不动产利用方式。地役权作为一种重要的用益物权类型,有必要在《民法典》中进行规定。

《民法典》第372条第1款规定:“地役权人有权按照合同约定,利用他人的不动产,以提高自己的不动产的效益。”据此,《民法典》强调了地役权的三个特征:

第一,地役权必须是基于合同产生。在物权法体系中,地役权是与相邻关系相区别的两种不同的不动产利用方式。我国既没有将地役权置于相邻关系之中,也没有承认法定地役权,因此地役权在性质上是一种依据《民法典》的规定、基于合同而产生的物权。

第二,地役权必须是以利用他人不动产为内容。所谓利用,是指需役地人利用供役地来增加自己不动产的效用。虽然利用的方式可以是多样的,但是,这种利用必须是与建设用地使用权、土地承包经营权等其他用益物权相区别的。地役权人为了满足需役地的需要,可以对供役地进行各种方式的利用①,但是不能利用供役地进行农业生产、建造房屋和设施,否则,地役

① 参见梅夏英、高圣平:《物权法教程》,中国人民大学出版社2007年版,第293页。

权就和其他的用益物权发生了混淆。

第三,地役权的设立必须是为了提高需役地的效益。地役权的设立不是单纯为了满足需役地人的个人需要,而是为了提高需役地的价值。设定地役权必须提高需役地的效益,否则就没有必要设立地役权。[①] 地役权虽然成立于他人所有的供役地之上,但是它仍然是一项独立的物权。在地役权关系中,供役地和需役地之间在地理位置上并不一定相连和连接,即使不相连或相距较远,也可以成立地役权。[②]

二、地役权的特征

地役权在性质上属于用益物权的范畴,它是需役地人所享有的一项物权,是为了需役地的利益而设的[③],但它不是需役地的所有权和使用权的扩张,在这一点上与相邻权是不同的。与其他相关用益物权相比较,地役权具有如下特点:

1. 设定方式具有意定性。与建设用地使用权等典型用益物权不同,地役权是在物权法定原则之下,通过合同的方式设定的。就地役权的设定而言,有关地役权的内容、期限、不动产利用方式等方面都是根据合同确定的。登记不是该权利设立的必要条件,但是,登记将使权利人的地役权具有对抗第三人的效力。[④] 因此,地役权在设定方式上具有较强的意定性,这是其与相邻权的重要区别。

2. 权利主体具有广泛性。《民法典》第 372 条将地役权的主体规定为“地役权人”。“地役权人”是一个范围非常宽泛的概念,它是指按照合同约定而利用他人不动产的需役地人。根据《民法典》第 372 条的规定,需役地人的需役地是指权利人“自己的不动产”。但如何理解“自己的不动产”?本书认为,按照整体解释原则,这里所说的“自己的不动产”应该采取广义的理解。也就是说,不仅包括房屋和土地,还包括对房屋、土地所享有的各种权利。例如,建设用地使用权、土地承包经营权、宅基地使用权等。既然地役权是各类需役地人所享有的权利,与此相适应,在我国地役权的主体具有相当的广泛性,除土地所有权人之外,建设用地使用权人、土地承包经营权

---

① 参见陈华彬:《物权法原理》,载梁慧星主编:《民法学原理》〔多卷本〕,国家行政学院出版社 1998 年版,第 541 页。

② 参见崔建远:《物权法》(第 5 版),中国人民大学出版社 2021 年版,第 358 页。

③ MünchenKomm/Joost, § 1018 Rn. 1.

④ 参见崔建远:《物权法》(第 5 版),中国人民大学出版社 2021 年版,第 359 页。

人、宅基地使用权人等他物权人都可以成为地役权法律关系的主体。① 因此,所谓提高需役地人的"自己的不动产"的效益,是指需役地人利用他人的不动产,来提高自己的房屋、土地以及各种不动产权利的效益。

3. 内容具有意定性。② 按照物权法定原则,物权的内容必须由法律规定。就地役权而言,法律虽然规定了地役权的基本内容,但是有关地役权的具体内容主要是通过当事人约定来确定的。这就是说,法律只是规定了地役权是利用供役地的权利,但是,究竟如何利用、选择何种利用方式、利用的期限、如何支付对价等,都必须由当事人通过合同来约定。③《民法典》之所以强调地役权内容的意定性,一方面是因为现代社会利用不动产的方式复杂多样,法律无法对其一一作出规定,只能委诸当事人根据具体情况来分别约定。另一方面,地役权的利用不是为了维护基本生存利益,而是为了提高不动产的效益,因此,也没有必要由法律强行作出规定。正是从这个意义上说,许多学者认为,地役权是某人对于他人土地之上的一种利益。④ 也有学者认为,地役权是"类型法定、内容意定"的权利,或者说是一种宏观法定、微观意定的物权。⑤ 正是因为地役权具有内容意定的特点,所以可以成为一种缓和物权法定主义的僵硬性⑥,兼顾私法自治和交易安全,有效利用财产的重要形式。⑦ 当然,当事人的约定必须合法,不得违背公序良俗,否则将导致地役权的设定无效。例如,当事人设定以禁止袋地通行为内容的地役权,或设定容忍权利滥用的地役权的,这些设定行为都是无效的。

4. 客体具有特殊性。在我国,地役权的客体具有鲜明的特征,体现在以下几个方面:

第一,地役权的客体包括了土地和建筑物。就土地的权利而言,也不限于土地所有权,还包括其他物权。在我国,地役权既可以在国家和集体的不动产所有权之上设立,也可以在用益物权(如建设用地使用权、土地承包经营权)之上设立。除了土地权利之外,建筑物以及空间的权利,都可以设立地役权。因为现代社会建筑物的价值日渐增加,对房屋的利用方式也日趋复杂,所以地役权可以在房屋之上设定,这样能够适应现代社会不动产的发展和利用趋势,

---

① 参见王利明、尹飞、程啸:《中国物权法教程》,人民法院出版社 2007 年版,第 401 页。

② MünchenKomm/Joost, § 1018 Rn. 2.

③ MünchenKomm/Joost, § 1018 Rn. 25 ff.

④ See Barlow Burke & Joseph A. Snoe, *Property*, Aspen Law & Business, 2001, p. 5.

⑤ 参见潘新美:《地役权制度与物权法之生命》,载《甘肃行政学院学报》2003 年第 3 期。

⑥ MünchenKomm/Joost, § 1018 Rn. 2.

⑦ 参见尹飞:《物权法 · 用益物权》,中国法制出版社 2005 年版,第 406 页。

满足城市居民的不同需求。在建筑物区分所有权的情况下,也可以设立地役权。例如,业主之间达成协议,一方不得在自己房屋上悬挂广告牌。所以,地役权的客体具有多样性。因此,对地役权中的"地"的含义应当作扩大理解。他人的土地,既包括他人所有的土地,也包括他人享有用益物权的土地。[①]

第二,地役权的客体是他人的不动产及不动产权利。[②] 关于地役权的客体,包括以下两个方面的内容:一方面,地役权不能在自己的不动产上设立,而必须在他人的不动产上设立,因为在自己的不动产之上,自己可以行使完全的占有、使用、收益的权利,没有设立地役权的必要。一般来说,地役权是以供役地所有权或者使用权为基础的,一旦供役地灭失或者供役地使用权消灭,地役权也就无法存在。[③] 如果在他人不动产上设立的地役权与所有权发生混同,将导致地役权的消灭。另一方面,客体不仅包括所有权,还包括各种权利。在我国,土地实行公有制,在土地使用权和所有权分离的情况下,设定各种用益物权是所有权有效实现的方式,在此种情况下,地役权的客体也可能是各种用益物权。

第三,地役权还可以是存在于他人不动产上下的空间。《民法典》第345条承认了空间权的概念,因而空间权成为一种权利,在空间之上也可以设立地役权。例如,利用他人的屋顶平台设立广告牌,利用他人的土地铺设管道等,可以通过建立债的关系来确立当事人之间的权利义务关系。如果需要设立物权以对抗第三人,则可以通过空间利用权制度加以解决。[④] 但是在立法没有将空间利用权作为一种独立的物权形态加以规定的情况下,则应当通过地役权来解决土地上下的空间的排他性利用问题。

5. 地役权具有从属性和不可分性。所谓地役权的从属性,是指地役权从属于需役地,与需役地不可分离。这就是所谓的"役权与所有权一起变动"(Servitus ambulatcum domino)的规则。[⑤] 用益物权原则上不依附于其他权利就可以独立存在,但是,地役权不同,它以他人供役地和自己的需役地的存在作为前提。需役地的所有权、使用权是主权利,地役权是附属于该主权利的从权利。地役权的从属性在内容上包括设立上的从属性、处分上的

---

① 参见尹飞:《用益物权》,载王利明、尹飞、程啸:《中国物权法教程》,人民法院出版社2007年版,第400页。

② MünchenKomm/Joost, § 1018 Rn. 20.

③ 参见高富平:《土地使用权和用益物权:我国不动产物权体系研究》,法律出版社2001年版,第204页。

④ 参见梁慧星主编:《中国物权法研究》(下册),法律出版社1998年版,第759页。

⑤ Jean-Philippe Lévy, André Castaldo, Histoire du Droit civil, 1ère éd., 2002, p. 349.

从属性、消灭上的从属性。

所谓地役权的不可分性，是指地役权不仅及于需役地的全部，而且及于供役地的全部，地役权的不可分性包括两个方面的内容：一是地役权不受需役地的部分转让的影响。即使需役地和供役地发生分割，也不影响地役权的存在。[①] 二是地役权不受供役地部分转让的影响。地役权设定之后，供役地上的各种权利可以部分转让，但这并不导致地役权的消灭。

6. 存续期间具有期限性。这就是说，地役权不可能永久存在，它只能在一定期限内存在。《民法典》允许当事人自行约定地役权的期限，期限长短由当事人确定。但当事人不能在合同中约定无期限的地役权，否则就改变了他物权的性质。而且，当事人约定的期限不得超过主权利的期限。《民法典》第 377 条规定："地役权期限由当事人约定；但是，不得超过土地承包经营权、建设用地使用权等用益物权的剩余期限。"据此，如果超过主权利的期限，超过部分的地役权就是无效的。

三、地役权和相关权利

（一）地役权和建设用地使用权

地役权和建设用地使用权都是用益物权，而且都涉及对土地进行利用，根据《民法典》第 344 条的规定，"建设用地使用权人依法对国家所有的土地享有占有、使用和收益的权利，有权利用该土地建造建筑物、构筑物及其附属设施"。而地役权也可以通过合同约定，由需役地人在供役地上修建有关的附属设施以提高自己不动产的经济效益。但两者之间仍然存在明显的区别，表现在以下几个方面：

第一，设立方式不同。地役权是通过合同的方式设立的，且不以登记为地役权的生效要件；而建设用地使用权则可以采取出让或者划拨等方式来设立。例如，某石油公司需要建造临时的输油管道，为此需要经过某村的土地。该公司并不需要在该村的土地上设置建设用地使用权，而只需要与该村协商设立地役权。在设定该地役权时，并不需要登记。

第二，对土地的利用方式不同。地役权设立的目的主要不是利用供役地从事房屋建造等建设活动，而是获取便利。换言之，它是指需役地人利用他人的不动产，来提高自己的房屋、土地以及各种不动产权利的效益。当然，为了供役地的有效利用，在必要的时候，可在供役地上修建适当的附属设施；而建设用地使用权利用土地的方式就是在土地之上从事建设。[②]

---

① 参见郑玉波：《民法物权》，台北，三民书局 2003 年版，第 218 页。

② 参见崔建远：《物权法》（第 5 版），中国人民大学出版社 2021 年版，第 374 页。

第三,转让方式不同。地役权具有从属性,因此不得与需役地分离而单独转让,也不得与需役地分离而作为其他权利的标的(如单独抵押)。土地承包经营权、建设用地使用权等抵押的,在实现抵押权时,地役权一并转让。但是建设用地使用权作为一种独立的用益物权,权利人有权将其单独转让、互换、出资、赠与或者抵押。

第四,权利登记的效力不同。我国《民法典》对地役权的设立没有采取登记要件主义,而采取登记对抗主义。所以,未经登记也可以设立地役权,只是不能对抗第三人。但对于建设用地使用权而言,《民法典》采纳了登记生效主义,未经登记的建设用地使用权不能有效设立。

(二)地役权和人役权

所谓人役权,是指为了特定人的利益而利用他人之物的权利。① 例如,某甲为其自身的利益,与土地所有人某乙设定在该地散步、捕鱼、写生、露营的权利。罗马法曾经确定了地役权和人役权的区分,认为地役权属于土地和土地之间的关系,而人役权属于人与物之间的关系。②《法国民法典》继承了此种做法,其中人役权包括用益权、使用权和居住权。在德国法中也承认了这种分类。③ 可以说,欧陆各国民法大体上均承认此种役权制度。④ 我国《民法典》没有承认此种分类,也没有承认人役权的概念。

地役权和人役权都属于役权的范围,本质上都是属于附加在他人所有物之上的负担,并且都属于用益物权。⑤ 但两者的区别在于:

第一,设立目的不同。地役权的设立是为了需役地本身效用的增加⑥,而人役权的设立是为了满足特定人的利益或者便利,即人役权是以他人的物供权利人使用和收益的权利。人役权由权利人本人享有,不管其是不是土地的所有权人。⑦ 传统上,地役权是不动产之上的负担,但是现代物权法认为,只要是从不动产中产生的利益,即使不是为了需役地不动产价值的增加,而是为了满足某人的需要,也可以设定地役权。例如,在建筑物上设立的眺望权,主要是为了满足需役地人的精神需要,而不是使需役地价值增

---

① 参见谢邦宇主编:《罗马法》,北京大学出版社 1990 年版,第 221 页。

② 参见[英]巴里·尼古拉斯:《罗马法概论》,黄风译,法律出版社 2000 年版,第 153 页。

③ 参见[德]M. 沃尔夫:《物权法》(第 2 版),吴越、李大雪译,法律出版社 2004 年版,第 414 页。

④ 参见王泽鉴:《民法物权》(第 2 册),台北,2001 年(公元纪年)自版发行,第 71 页。

⑤ 参见温世扬、廖焕国:《人役权制度与中国物权法》,载《时代法学》2004 年第 5 期。

⑥ MünchenKomm/Joost, § 1018 Rn. 1.

⑦ 参见[德]M. 沃尔夫:《物权法》(第 2 版),吴越、李大雪译,法律出版社 2004 年版,第 414 页。

值,也属于地役权。这就导致地役权和人役权的界限越来越模糊。之所以出现这种现象,是因为地役权的利用方式逐渐扩大,不动产的利用不仅仅是为了需役地的便利,还是为了需役地权利人的便利。[①] 但地役权主要不是为了满足人的需要,它和人役权仍然是有区别的。

第二,客体不同。地役权的客体限于不动产,而人役权的客体包括不动产、动产和权利。从比较法上来看,人役权客体的范围是非常宽泛的,甚至一些无形财产,包括营业资产、有价证券、著作权、工业产权和债权都可以设定人役权。[②]

第三,从属的对象不同。地役权不能与需役地分离而转让或处分,而人役权只能由特定的人享有。人役权是一种具有高度人身属性的用益物权,其在法律上只能由本人享有,一般不允许单独转让,也不能继承。[③]

第四,两者在是否有偿方面不同。地役权的设定通常是有偿的,且要支付相关的费用和报酬等;而人役权的设定通常是无偿的,一般是为了解决离婚妇女的生活问题等而设定的[④],在法律上通常具有无对价性,无须权利人支付对价。

四、地役权的当代发展

地役权起源于罗马法,根据学者的考证,大约在公元前 3 世纪或公元前 2 世纪已经形成。从学说汇纂中的一些片段来看,前古典的法学家曾讨论过地役权。[⑤] 1804 年的《法国民法典》直接继承了罗马法中关于地役权的规定。该法典第 637 条规定:“役权,系为另一所有人的不动产的使用及需要而对一个不动产所加的负担。”这实际上是对地役权所下的定义。地役权在性质上被认为是一种不动产物权(droit réel immobilier)。《德国民法典》则继承了罗马法的基本原则,在法典中单独设立了役权,地役权不过是役权的一种,地役权的标的也主要是土地。《德国民法典》借鉴罗马法的经验,最初

---

① 参见《物权法》,唐晓晴译,澳门大学法学院 1997—1998 年度法律课程教材,第 218 页。

② 参见尹田:《法国物权法》,法律出版社 1998 年版,第 342 ~ 343 页。

③ 参见米健:《用益权的实质及其现实思考——法律的比较研究》,载《政法论坛》1999 年第 4 期。

④ Sophie Boufflette, L'article 710bis du Code civil et la suppression partielle des servitudes du fait de l'homme, Revue de la Faculté de droit de l'Université de Liège, 2007, Vol. 2, p. 283.

⑤ 地役权和用益权的产生,需要从法律上明确土地所有人的地位,这就促使了“所有权”(dominum)的诞生。所以,按照许多罗马法学家的看法,“所有权”的形成,是地役权(servitus)和用益权(usus fructus)产生的结果。See Gyorgy Diosdi, *Ownership in Ancient and Preclassical Roman Law*, Akademiai Kiado, Budapest, 1970, p. 133.

认为地役权只能在他人土地上设立。[①] 可见,自罗马法以来,大陆法系国家民法中都把地役权作为一项重要的物权加以规定,这是完全符合有效率地利用土地资源、维护社会的秩序的需要的。作为一种古老的权利,地役权适应对土地资源有效利用的要求,经过法学理论家和实务家的解释和改造,发生重大变化,此种变化被一些人称为"枯木逢春""地役权的第二春",古老的地役权重获生机。[②] 地役权在当代的发展主要表现在如下几个方面:

1. 地役权的客体范围不断扩大。古代法律中的地役权就是指对土地进行利用的权利,建筑物被认为是土地的组成部分,因此,地役权只能在土地上设立。但是,此种规则在一定程度上限制了地役权的发展,妨害了土地的有效率利用。现在,地役权的客体逐渐扩大,具体表现为:一是扩大到建筑物。根据现代法国和德国民法,地役权的客体包括了土地和房屋。[③] 在房屋之上可以设立采光、眺望、日照、建造附属设施(如空中走廊)等地役权。二是扩大到空间,许多国家的法律都逐渐认可了空间役权。为了有效率地利用资源,空间也成为土地之外的重要权利客体,因而,也可以成为地役权的客体。例如,在他人空间之上架设电线或电缆、建造有关附属设施(如空中园林)等。又如,航空公司因飞机起落给他人造成噪声污染,要免于承担此种责任,则可以设定噪声排放地役权,并支付必要的费用。[④] 三是扩大到用益物权,如在地上权之上可以设定地役权。四是扩大到其他各种利益。[⑤] 凡是需役地上的利益,无论是需役地的需要,还是需役地人的需要;无论是土地本身的利益,还是其他不动产的利益;无论是现在的利益,还是未来的利益;无论是短期的利益,还是长期的利益,都可以成为地役权的客体。[⑥] 当然,尽管地役权的客体范围不断扩大,但在各国法律和判例学说中,仍然要求作为地役权客体的利益应当是需役地人可享受的特定的利益,且这种利益的享用必须和不动产联系在一起,如果与作为需役地的不动产毫无联系,是不能够成为地役权客体的。

2. 在地役权的设立和内容确定方面,更强调当事人的意思自治。传统

---

① 《德国民法典》第 1018 条规定:"一土地可以为另一土地在现时的所有人的利益,以此人可以在个别关系中使用此土地,或在此土地上不得实施某些行为,或排除行使基于对此土地的所有权而对此另一土地产生的权利的方式,设定负担。"

② 参见王泽鉴:《民法物权》(第 2 册),台北,2001 年(公元纪年)自版发行,第 75 页。

③ 参见《法国民法典》第 637 条、《德国民法典》第 1021 条。

④ 参见顾向一:《环境权保护在我国物权立法中的体现》,载《理论月刊》2006 年第 10 期。

⑤ 例如,1999 年《葡萄牙民法典》第 1534 条规定:"凡可被需役地享用之任何利益,均可成为地役权之标的,即使该利益将来或偶然存在,增加需役地之价值亦然。"

⑥ 参见《物权法》,唐晓晴译,澳门大学法学院 1997—1998 年度法律课程教材,第 211 页。

上，地役权的内容主要是通过法律予以规定的。现代社会，越来越强调地役权设立的意定性，原因在于：一方面，不动产的利用方式逐渐多元化，地役权设立的意定性可以提高不动产的利用效率；另一方面，地役权的内容的意定性，可以有效地弥补和缓和物权法定规则的缺陷和僵化。[①] 随着物权客体范围的扩张，当事人采用地役权来利用不动产的方式越来越灵活。这就在客观上需要给予当事人更大的意思自治空间，使其能够自由设定各种地役权法律关系。因此，在现代民法中，地役权发展的一个重要趋势就是其内容具有非封闭性，其利用方式还在不断发展。[②]

在地役权设立方面，不少国家采用登记对抗主义，当事人可以依据合同直接设立地役权，无须登记即可有效设立。在地役权合同的内容方面，法律赋予当事人广泛的约定自由，当事人之间可以根据其需要来确定地役权的内容。由于地役权的设定强调当事人的意思自治，也可以构成对物权法定原则的缓和。

3. 地役权的具体类型不断丰富发展，具体表现在如下三个方面：一是地役权的类型从消极不作为发展到积极作为。在罗马法中，地役权的类型限于消极不作为的地役权，相对人负担的义务仅仅是容忍的义务。而现代地役权的类型发展到积极作为的地役权，供役地人可以负担积极作为的义务。[③] 此种发展的原因在于，要实现物尽其用，充分利用资源。二是消极不作为的地役权类型中也发展出了一些新的次类型。这尤其表现在欧陆一些国家出现了限制营业竞争地役权，它主要是指在需役地上从事了某种经营活动，通过设定地役权而禁止或限制供役地上再从事相同或类似的营业。例如，某人在某一土地上建造一家酒店后，可以在相邻的土地上给他人设立一项地役权，地役权的内容是禁止邻地上再建造酒店。这种地役权的出现使地役权从内容到形式都发生了重大的改变，并且导致地役权和人役权的界限模糊。[④] 竞业禁止通常发生于企业转让行为之后，受让人往往要求出让人在今后一段时间内，不得从事与受让人业务相竞争的行为，或者不在受让企业附近区域内设立新的竞争企业。这在性质上属于地役权还是人役权，理论上存在争议。法国过去的判例认为，此种权利是人役权，因为受益的主体是需役地人，而不是需役地。但是，现在也有判例认为，此种权利也可以

---

① MünchenKomm/Joost, § 1018 Rn. 21.

② 参见《物权法》，唐晓晴译，澳门大学法学院 1997—1998 年度法律课程教材，第 211 页。

③ 参见谢在全：《民法物权论》（中册），台北，2003 年（公元纪年）自版发行，第 193 页。

④ 参见［德］鲍尔、［德］施蒂尔纳：《德国物权法》（上册），张双根译，法律出版社 2004 年版，第 715 页。

构成地役权,尤其是受益主体中有不动产的情形。[①] 三是公共地役权也日益重要。例如,在城市规划、铺设石油管线、环境生态保护等方面发挥了积极作用。此种地役权非为私人利益而为公共利益设定。

4. 地役权制度在保护环境方面的作用逐步强化。由于地役权涉及对他人之物的利用,而且对不相邻的物也可以加以利用,所以,这种利用可以极大地发挥其在环境保护方面的作用。早在 19 世纪中叶,英国法律就承认当事人可以通过地役权合同设定保护环境的义务。[②] 而在当代,这种地役权合同大量地涉及环境保护内容,例如,通过设定地役权而禁止他人的声响干扰和侵入,以保持宁静的环境。[③] 又如,为了维持某一处湿地的生态,而穿越他人的土地铺设较粗管道引水保持湿地水源等。地役权在当代还扩大适用到建筑物区分所有权的框架范围内,如区分所有权人承诺不进行某些建筑行为,以免损害建筑物的外观美感,或者区分所有权人承诺在建筑物内不从事某些职业(包括自由职业),以免影响其他业主居住和生活的宁静。在美国的许多州,已有法律明确设立景色地役权,或称保护地役权(conservation easement)。《统一保护地役权法案》第 1(1)条,将保护地役权定义为一种非占有性权益,它限制或者要求保留或者保护不动产的自然的景色优美或者开放空间的价值。[④]

5. 地役权主体的发展。一方面,地役权在主体上,从过去单纯的个体发展到群体,这就意味着,地役权的权利人和义务人都有可能是群体。在权利人和义务人的身份问题上,当事人各方可能彼此都要对对方负担义务和行使权利,突破了权利人和义务人相对固定的特点。[⑤] 另一方面,所有人地役权获得了承认。传统民法认为,供役地人不能在自己的土地上设定地役权,该原则起源于罗马法上"于自己之土地不成立地役权"(Nemini res suas servit)的规则。[⑥]《瑞士民法典》第 733 条率先突破了罗马法上的规则,承认地役权的客体扩大到所有权人的不动产。这就出现了所谓"所有人地役

---

① Philippe Malaurie, Laurent Aynès, Les biens, op. cit., p. 323; Christian Larroumet, Droit civil, Les biens, Droits réels principaux, op. cit., p. 498.

② 参见顾向一:《环境权保护在我国物权立法中的体现》,载《理论月刊》2006 年第 10 期。

③ 参见谢在全:《民法物权论》(中册),台北,2003 年(公元纪年)自版发行,第 193 页。

④ 参见[美]约翰 · E. 克里贝特等:《财产法:案例与材料》(第 7 版),齐东祥等译,中国政法大学出版社 2003 年版,第 482 页。

⑤ Philippe Malaurie, Laurent Aynès, Les biens, op. cit., p. 323; Christian Larroumet, Droit civil, Les biens, Droits réels principaux, op. cit., p. 498.

⑥ 参见[德]鲍尔、[德]施蒂尔纳:《德国物权法》(上册),张双根译,法律出版社 2004 年版,第 723 页。

权”。此后,其他一些国家也纷纷仿效。[①] 采纳所有人地役权的主要理由是,地役权并不是调节土地的所有,而在于调节土地的利用关系,因此当地役权和所有权合二为一时,只要有利于对所有物的利用,有助于实现所有人的利益,仍可保留地役权。[②] 例如,在不动产上已经存在某种使用权的情况下,所有权人已经不能再对其土地任意进行使用收益,其就有可能为了自己另一不动产的便利而在该不动产上设定地役权。[③]

我国《民法典》在借鉴比较法先进经验的基础上,立足于我国的实践,规定了地役权制度,这是对我国用益物权制度的重大发展和完善。应当看到,传统物权法中的地役权是以土地私有制为基础的,但《民法典》规定的地役权是设立于土地公有制基础之上的用益物权,因而具有自己的特征,具体表现为:一方面,用益物权之上可以设立地役权。从比较法来看,各国法律大多规定权利之上不得设立用益物权,但是由于我国实行土地公有,土地本身不得转让,对土地的利用需要在土地之上设立用益物权,因此在土地权利之上才有可能设立地役权。另一方面,《民法典》并未规定大陆法系国家民法中的“法定役权”。主要是因为国家和集体可以以土地所有人的身份直接利用土地,没有必要通过设定法定役权的方式来利用公有的土地。尤其需要指出的是,从最严格的保护耕地、维护环境等政策出发,对地役权的适用范围应有严格限制,任何人不能通过设定地役权,在供役地之上变相从事房地产开发等建设活动,从而导致耕地的流失。

第二节 地役权与相邻权的关系

一、两种权利的立法模式比较

自罗马法以来,大陆法系各国民法大多严格区分地役权和相邻权。在罗马法中,对所有权的私法限制集中表现在相邻关系上,因而相邻权并非一种物权。而地役权尽管也是对他人物上的负担,是对他人权利的限制,但其本质上是一种独立的物权。[④] 尤其是随着登记制度的发展,地役权也可以通过登记的方式进行公示,在此情况下,地役权与相邻关系在性质上的区分日益明显。

罗马法的模式对大陆法系的物权法制度产生了重大的影响,19 世纪之

---

① 参见《葡萄牙民法典》第 1362 条、《澳门民法典》第 1279 条。

② 参见刘清景主编:《民法物权》,台北,学知出版社 1997 年版,第 275 页。

③ 参见尹飞:《物权法 · 用益物权》,中国法制出版社 2005 年版,第 385 页。

④ 参见《物权法》,唐晓晴译,澳门大学法学院 1997—1998 年度法律课程教材,第 211 页。

后，罗马法中有关役权的理论以及种类划分被欧洲大陆各国普遍接受[①]，甚至英国法也接受了地役权的概念。但大陆法系各国物权法基于本国的国情以及法律文化传统，对罗马法的借鉴也不完全相同，因此形成了两种不同的制度模式：

一是合并立法模式，此种模式的特点是将相邻关系纳入地役权的范围来调整。在此种模式下，相邻权被称为法定地役权。欧洲中世纪时期采取了此种做法。依据欧洲中世纪时期的普通法、普鲁士普通邦法，除了约定之外，通过法定的默示方式也可以设定地役权。[②] 合并立法模式后来为法国法系各国民法所继受。例如，《法国民法典》既规定了约定地役权，又规定了法定地役权，[③]但并没有对相邻关系作专门的规定。《法国民法典》第 639 条则对役权发生的原因进行了规定，"役权之发生，或者因场所的自然位置，或者因法律强制规定的义务，或者因诸所有权人之间的约定"。从该条规定的三种形态来看，所谓因法律强制规定的义务而产生的役权，即法定役权，属于典型的相邻关系。[④]《意大利民法典》、《俄罗斯民法典》第 274 条也采取了此种模式。

二是分别立法模式，此种模式的特点是区分相邻关系和地役权[⑤]，此种模式主要以德国民法为代表，也为《日本民法典》所继受。《德国民法典》区分了相邻关系和地役权，该法典第三章在有关"所有权的内容"中对相邻关系进行了规定，并以此作为对所有权内容的限制，其又被称为基于民法所产生的限制。[⑥] 该法典第一次在法律上明确区分了地役权和相邻关系。在《德国民法典》上，地役权只能通过法律行为来设立，即双方当事人必须达成设定地役权的合意并在不动产登记簿上进行登记。德国民法中的地役权主要包括通行权、提供供给的权利等权利。此外，地役权还可以被用于调整企业之间烟气等的排放以及限制营业竞争方面。[⑦]

我国《民法典》借鉴德国民法的立法模式，分别规定了相邻关系和地役

---

① Helmut Coing, Europäisches Privatrecht, Band Ⅱ, 1989, S. 404.

② 参见《德国民法典实施法》(EGBGB)第 184—187 条。

③ 在法国民法典起草时，立法者即计划用地役权制度来解决不动产相邻关系问题。参见陈华彬：《法国近邻妨害问题研究——兼论中国的近邻妨害制度及其完善》，载梁慧星主编：《民商法论丛》(第 5 卷)，法律出版社 1996 年版。

④ 参见《法国民法典》(上册)，罗结珍译，法律出版社 2005 年版，第 509 页。

⑤ MünchenKomm/Joost, § 1018 Rn. 38.

⑥ 参见[德]鲍尔、[德]施蒂尔纳：《德国物权法》(上册)，张双根译，法律出版社 2004 年版，第 524 页。

⑦ Staudinger-Komm/Wolfgang Ring, Vorbem zu § § 1018 – 1029, Rdnr. 3.

权。相邻关系规则被规定在《民法典》的所有权制度中，而地役权则作为用益物权的内容加以规定，且我国《民法典》也没有承认所谓的法定地役权。我国《民法典》采纳此种模式，不仅避免了相关规定的重复，而且完善了用益物权的体系，弥补了原《民法通则》的立法缺陷。

二、地役权和相邻关系的区别

1. 法定和约定的区别

相邻关系是由法律规定的。《民法典》第 289 条规定："法律、法规对处理相邻关系有规定的，依照其规定；法律、法规没有规定的，可以按照当地习惯。"可见，相邻关系的产生原则上是基于法律法规的规定，在例外情况下也可以基于习惯法。相邻关系就是基于法律的规定或习惯法，一方有义务为相邻一方提供通风、通行、采光、日照等便利，而另一方获得这种便利从而使自己不动产权利得到实现和扩张。[①] 而依据《民法典》第 372 条的规定，地役权是基于约定产生的。例如，一方要就近停车，需要经过另一方门前，需要另一方将门前的路拓宽，以方便车辆经过，为此，双方达成协议，并约定一方对另一方予以补偿。之所以会产生法定和约定的区别，主要原因在于：一方面，相邻关系主要是为了维护个人最基本的生存利益和保障其最低限度的生活需要，这也体现了对个人人格尊严的保护。而地役权设定的目的是利用他人的不动产使自己的不动产效益得到增加。例如，为就近停车的方便而经过另一方门前。另一方面，在相邻关系情况下，权利的限制与扩张，可能会使得一方受损，另一方获益。但一方向另一方提供便利，虽然使自己的权利受到限制，却使得另一方的不动产能够得到正常的利用。但在地役权关系中，一方利用他人的不动产使自己不动产的效益提高，常常是为了获得商业上的利益，并且因为提供这种便利可能使供役地人蒙受重大损害，在此情况下也就很难用效益的标准进行评价，只能通过双方协商谈判和合理补偿的方式来解决。

2. 在提供便利的内容上存在区别

相邻关系是一方基于法律的规定而为另一方提供通风、通行、采光、日照、铺设管线等便利。提供这些便利的方式和内容，大多是法律直接规定的。但是，对于地役权而言，一方利用他人的不动产而使自己的不动产获得效益，究竟采取什么样的利用方式和提供便利的方式，完全是由当事人双方自己约定的，法律上不作限定。在现代社会，为了有效率地利用土地等资

---

① 参见谢在全：《民法物权论》（上册），台北，2003 年（公元纪年）自版发行，第 289 页。

源,当事人通过设定地役权,利用不动产和提供便利的方式越来越复杂。例如,通过他人承包的土地引水,依据相邻关系的规定,一方有义务向另一方提供便利。但一方本来可以采用水管引水的办法,而为了自身的方便,引水人希望在他人的土地上挖一条水渠引水,这显然就不是向对方提出了提供最低的便利要求,而是提出了较高的要求。对另一方来说,应当允许他人通过水管等方法引水,因为提供这种便利并没有使自己遭受较大的损失,但是,其并没有法定的义务向对方提供水渠引水的便利。这种情况下,当事人之间就可以通过设立地役权的方式来提供此种便利。所以,本书认为,前者属于相邻权的范畴,后者则属于地役权的内容。

3. 设立是否需要登记的区别

相邻关系本质上不是一种独立的物权,而是对所有权的限制和延伸,其产生的权利义务与所有权共存,不可能单独取得、丧失或变更,也不因相对人的意思而取得、丧失或变更,相邻关系也不可能作为独立的物权而对抗第三人,因此也就不需要办理登记。[①] 相邻关系本质上不是一种独立的物权,而是对所有权的限制和延伸,其产生的权利义务与所有权共存,不可能单独取得或丧失,也不因相对人的意思而得丧变更,因此也就不需要办理登记。[②] 但对地役权而言,虽然可以直接根据地役权合同而设定,但是,根据《民法典》第374条的规定,当事人也可以通过登记而使之产生对抗第三人的效力。

4. 是否要求不动产相邻的区别

尽管在现代民法中,由于相邻关系的适用范围扩大了,相邻的概念也可以包括两个不动产的所有人或使用人相距甚远的情况。例如,在上游和下游的用水人之间,也可以发生相邻关系,而上游的用水人与下游的用水人之间在地理位置上并不一定相邻。[③] 但一般认为,相邻关系中的相邻都是指相互毗邻的关系,这与地役权不同。相邻关系强调不动产相邻,地役权不要求不动产相邻。地役权可以发生在相邻的两块土地之间,也可以发生在并不相邻的土地所有人或使用人之间。

5. 取得是否有偿的区别

相邻权的取得都是无偿的,而地役权的取得大多是有偿的。相邻权是法律强制一方必须为另一方提供必要的便利,另一方获得这种便利并不需要支付任何对价。只有相邻权人在利用相邻他人的不动产而造成损失时,

---

① 参见谢在全:《民法物权论》(上册),台北,2003年(公元纪年)自版发行,第207页。

② 参见谢在全:《民法物权论》(上册),台北,新学林出版股份有限公司2014年版,第190页。

③ 参见王泽鉴:《民法物权·通则·所有权》,台北,三民书局1992年版,第173页。

才需要支付一定的费用,而且这种费用也不具有对价的性质,而只是一种补偿。[①] 但是地役权大多应当是有偿的,地役权的取得一般需要支付一定的费用,因为供役地人给需役地人的土地带来了价值增值的便利,供役地人提供的这种便利也不是供役地人依法必须提供的,为此需役地人应当向对方支付一定的费用来作为自己获得一定的便利的对价,这是符合等价交换原则的。当然,按照合同自由原则,如果供役地人放弃补偿的要求,也不应影响地役权设定的效力。

6. 权利是否可以移转不同

相邻关系的产生以不动产相邻为基础,其目的在于为相邻的不动产权利人之间提供最基本的生产、生活上的便利,因此,为了保障不动产权利人最基本的生产、生活需要,法律一般不允许转让;同时,其基于法律的规定而产生,只要不动产相邻,相关主体都可以基于法律规定提出相关请求,因此,相邻权也没有转让的必要。而地役权是由当事人约定的,其可以转让。

总之,地役权与相邻权在调整不动产之间关系上的地位和作用方面形成了合理的分工,两者不能相互替代。相邻权直接为相毗邻的不动产之间的关系设定了法定的标准,主要体现在法律直接规定相邻权的形式。但单纯采相邻关系的立法方式既不能全面地调整实际生活中不动产之间的关系,又抑制了当事人的意思自治,不利于最大限度地发挥土地的实际价值,因此,需要通过允许当事人设立地役权的方式,利用协议解决其关于不动产为他人提供便利的问题,从而弥补相邻关系的规定的不足。[②]

第三节 地役权的分类

一、法定地役权和约定地役权

所谓法定地役权,是指基于法律规定而产生的地役权。法定地役权主要是基于相邻关系、取得时效、法定继承及法律的特别规定取得的。[③] 约定地役权,是指基于当事人的约定而产生的地役权。如前所述,大陆法系许多国家区分了法定地役权和约定地役权。我国也有学者主张我国物权法中应

---

① 参见房绍坤:《物权法用益物权编》,中国人民大学出版社 2007 年版,第 261 页。

② 参见马新彦、张晓阳:《地役权的借鉴与重构》,载王利明主编:《物权法专题研究》(上册),吉林人民出版社 2002 年版,第 784 ~ 787 页。

③ 参见[日]我妻荣:《我妻荣民法讲义Ⅱ:新订物权法》,罗丽译,中国法制出版社 2008 年版,第 431 页。

当区别规定法定地役权和约定地役权。[1] 本书认为，在我国，法定地役权的适用范围极为有限，既然在物权法中已经严格区分了地役权和相邻关系，那么，相邻关系不再属于地役权的范畴。《民法典》并没有承认取得时效，因此，当事人不可能基于取得时效而取得地役权。至于继承取得的方式，也不属于法定地役权，因为继承本质上属于权利主体的变更或者权利的移转，而不是权利的设定。所以，因继承而取得地役权，并不意味着这种地役权就是法定地役权，事实上任何意定物权都可能因继承而发生权利主体的变更。而且，地役权本质上为财产权，不具有人身专属性，可以作为继承的标的。在需役地人死亡的情况下，地役权可以作为遗产一并发生继承。此种继承并无特殊之处，因此《民法典》也没有必要规定因继承而取得地役权。因此，本书认为，《民法典》仅对约定地役权作出规定，符合我国的实际情况。所以，在我国物权法上只存在约定地役权而不存在法定地役权。

二、作为地役权和不作为地役权

按照地役权人行为的性质，地役权可以分为作为地役权和不作为地役权。作为地役权，又称为积极地役权，是指地役权人可以在供役地上实施一定积极行为的地役权。实际上是指供役地人容忍地役权人在其不动产上实施一定的行为，从这个意义上讲，它又称为容忍地役权。[2] 通常情况下，在供役地上通行、取水、修建管道管线等设施等权利，都是地役权人享有的作为地役权。例如，甲和乙约定，甲可以在乙的土地上通行。不作为地役权，又称为消极地役权，是指地役权人有权要求供役地人不得实施特定行为的地役权。[3] 例如，甲和乙约定，乙不能在自己的土地上修建加油站。又如，甲和乙双方约定，乙不得在自己房屋上设置广告牌，这也是不作为地役权。在此种地役权中，供役地人自己负有不作为义务，即被禁止从事某种行为，以免妨碍需役地人行使权利。

三、继续地役权和不继续地役权

按照地役权的行使形态，地役权可以分为继续地役权和不继续地役权。所谓继续地役权，是指权利内容的实现，不必每次都有地役权人的行为，只要在时间上能够继续无间断地利用，就可以提高自己不动产的效用，实现便

---

① 参见高富平：《土地使用权和用益物权：我国不动产物权体系研究》，法律出版社 2001 年版，第 202 页。

② 参见谢在全：《民法物权论》（中册），台北，2003 年（公元纪年）自版发行，第 192 页。

③ 参见王泽鉴：《民法物权》（第 2 册），台北，2001 年（公元纪年）自版发行，第 77 页。

利的地役权。[①] 例如，甲、乙双方约定，乙不得建造高层建筑，甲便在约定的时间内，持续地享有眺望权。所谓不继续地役权，是指地役权人每次行使权利必须实施一定的行为的地役权。[②] 例如，双方约定，需役地人每逢生产季节都需要从供役地取土、汲水等；又如，双方约定设立通行地役权，如果没有修建专门的通行道路，权利人每次通行都要穿越供役地。可见不继续地役权的权利人每次实现地役权需要重复实施约定的行为。

四、通行、引水、排水、汲水、铺设管线、构造设施等地役权

按照具体内容划分，典型的地役权可以区分为如下几种。

(一)通行地役权

所谓通行地役权(Wegerecht)[③]，是指地役权人可以在他人土地上通行的权利。地役权人可以修筑道路，也可以不修筑道路而通行于他人土地之上。[④] 权利人选择何种方式通行，应当通过地役权合同具体约定，但是约定的内容不能违反法律的强行性规定。

(二)引水、排水、汲水地役权

所谓引水地役权，就是指权利人享有在供役地上修建管道、沟渠等设施，从而将水源引入自己土地的地役权。所谓排水地役权(Recht auf Wasserableitung)，是指权利人享有通过他人的土地将水流排出的地役权。所谓汲水地役权(Recht auf Wasserentnahme)，是指权利人享有在供役地人的井中或者供役地之内的其他水源中取水的权利。[⑤] 在此应区分汲水地役权与相邻权，如果取水是对不动产的最低限度的合理利用，就属于相邻关系的范畴。但如果超出此最低容忍限度，给对方行使权利造成较大负担，就应当设定地役权。

(三)铺设管线、构造设施地役权

所谓铺设管线(Verlegungsrecht für Leitungen)和构造设施的地役权，是指权利人在供役地上铺设管道、管线及建造、利用、保有一定设施的地役权。[⑥] 铺设管道、管线和构造设施，也受到相邻关系调整。但相邻关系和地役权是存在区别的，相邻关系只能满足最低限度的铺设管线和构造设施的

---

① 参见谢在全:《民法物权论》(中册)，台北，2003 年(公元纪年)自版发行，第 400 页。

② 参见王泽鉴:《民法物权》(第 2 册)，台北，2001 年(公元纪年)自版发行，第 77 页。

③ MünchenKomm/Joost, § 1018 Rn. 29; Jauernig/ Berger, § 1018 Rn. 4.

④ 参见史尚宽:《物权法论》，中国政法大学出版社 2000 年版，第 234 页。

⑤ MünchenKomm/Joost, § 1018 Rn. 29; Jauernig/ Berger, § 1018 Rn. 4.

⑥ MünchenKomm/Joost, § 1018 Rn. 29; Jauernig/ Berger, § 1018 Rn. 4.

需要,超出此种限度,就必须设立地役权。需要探讨的情况是,如果甲、乙双方在合同中约定,甲利用乙集体组织的土地修建一定的设施(如在高速公路旁修建加油站),这是否属于设立地役权的问题?对此,存在不同看法。本书认为,甲不能通过设立地役权的方式而取得建造加油站的权利。因为各种用益物权之间存在内容上的区分,如果地役权中的对他人土地的利用包含了其他用益物权的内容,就使得地役权实际上取代了其他的用益物权类型,这不符合法律设定用益物权的目的。因此,地役权中对他人土地的利用,在方式上应不同于其他用益物权内容中的利用。所以,修建此种设施只能通过征收的方式先将土地转为国有,再设立建设用地使用权,或者通过土地租赁设立债权性利用权。

(四)眺望地役权

所谓眺望地役权,是指一方为了享有在其不动产上进行眺望的利益,而与他方约定,另一方不得建造过高建筑物,遮挡其眺望的视线的权利。眺望本身并非为了满足个人生产、生活的急需,因此不动产权利人要享有眺望的权利,就必须设立地役权。眺望地役权既是为了需役地的利益,也是为了需役地权利人的利益。地役权人享有的权益,既可以是具有财产价值的权益,也可以是具有精神价值或美观价值的权益。[①] 例如,甲在海边建造一座别墅时,与海边建造房屋的乙设立眺望地役权,约定乙不能建造超过一定高度的高楼,以免影响其眺望大海。

(五)放牧地役权

所谓放牧地役权,就是指在他人的土地放养牲畜的地役权。[②] 如果双方达成了协议,无论有偿或无偿,都可以构成放牧地役权。例如,甲和乙承包了相邻的草地,甲为了在更大的范围内放养自己的牲畜,与乙约定在乙承包的草地上放养牲畜,甲因此就享有了放牧地役权。

(六)取土地役权

所谓取土地役权(Recht auf Entnahme von Bodenbestandteilen),是指双方通过合同约定,一方允许另一方在其土地之上取土作业和建设必要设施的权利。[③] 这里所说的必要设施,是为了取土作业的需要而建造的必要设施。例如,一方的土地地表在暴雨后被冲刷流失,难以再进行种植,因此需

---

① 参见[德]鲍尔、[德]施蒂尔纳:《德国物权法》(上册),张双根译,法律出版社 2004 年版,第 714 页。

② 参见史尚宽:《物权法论》,中国政法大学出版社 2000 年版,第 234 页。

③ MünchenKomm/Joost, § 1018 Rn. 29; Jauernig/ Berger, § 1018 Rn. 4.

要在他人土地之上采掘一些泥土以恢复自己土地的原貌，这时就可以和对方约定，在对方土地上设定取土地役权。

（七）营业禁止地役权

所谓营业禁止地役权，是指权利人可以请求供役地人不得实施特定营业的地役权。例如，一方在自己房屋内经营咖啡馆，为了保证顾客流量，因而与对面的房屋所有人约定，其不得在房屋内经营同样的咖啡馆。营业禁止地役权是近几十年以来地役权发展的结果，因此带来了地役权的“第二春”[①]。我国社会实践中尚未出现此种类型的地役权，但是，随着社会的发展，此种地役权应当有一定的适用空间。

（八）空间地役权

所谓空间地役权，就是指利用他人土地、房屋等不动产的一定空间树立广告牌、构造设施等的地役权。例如，双方通过约定，一方在他人的承包地上或者房顶树立广告牌，或者在他人门前树立指示牌。我国《民法典》将空间权包含在建设用地使用权之中，但是空间权可以单独设立，所以，空间地役权也可以单独设立。

五、已经登记的地役权和未经登记的地役权

按照地役权是否登记，可以将地役权分为已经登记的地役权和未经登记的地役权。根据《民法典》第 374 条的规定，地役权的设立和转让采登记对抗主义。登记不是地役权设立和变动的生效要件，而是对抗要件。已登记的地役权，具有完整的物权效力；未登记的地役权，不能对抗善意第三人。

第四节　地役权的设立

一、地役权自合同生效时设立

《民法典》第 374 条规定：“地役权自地役权合同生效时设立。当事人要求登记的，可以向登记机构申请地役权登记；未经登记，不得对抗善意第三人。”根据这一规定，设定地役权的合同生效之时，地役权即设立。地役权合同具有债权合同的性质，其签订的程序、内容都要符合《民法典》合同编的相关规定。按照《民法典》第 374 条的规定，地役权设定合同生效之后，地役权随之产生，无论当事人是否办理了地役权登记，都不影响地役权本身的效力，但未经登记，不得对抗善意第三人。据此可见，《民法典》关于地役权的

---

①　参见王泽鉴：《用益物权 · 占有》，台北，2001 年（公元纪年）自版发行，第 12 页。

设立采取了登记对抗主义。①

地役权合同,是指当事人双方通过自由协商,设立地役权并确定其内容的合同。地役权的内容必须符合法律规定,在设立地役权时,如果违反法律的强行性规范(如允许需役地人排放超过法定排放标准的污染物等),违反公共秩序和善良风俗(如完全禁止供役地人对其土地的使用等),则地役权的设立行为无效。② 例如,当事人设定以禁止袋地通行为内容的地役权,或设定容忍权利滥用的地役权的,这些设定行为都是无效的。从形式上看,地役权合同具有要式性,合同必须采取书面的形式。此外,地役权合同是双务合同。在地役权合同中,供役地人为需役地人提供使用不动产的便利,其义务是主动提供便利或者容忍。正是因为地役权合同是双务合同,所以,如果是有偿的地役权合同,一方拒绝支付对价,基于给付与对待给付之间的牵连性,另一方可以行使同时履行抗辩权,拒绝提供便利。

二、地役权合同的内容

依据《民法典》第 373 条的规定,设立地役权,当事人应当采用书面形式订立地役权合同。地役权合同主要应当包括以下内容:

1. 当事人的姓名或者名称和住所。地役权合同首先需要明确记载合同双方当事人,即地役权关系中的供役地人和需役地人,这就确定了双方当事人权利义务的载体。

2. 供役地和需役地的位置。地役权是发生在特定的供役地和需役地之间的法律关系,地役权作为一种物权,必须具有自己明确的支配对象,这就需要确定供役地和需役地具体的位置。当事人应当在合同中标明供役地和需役地的方位、四至以及面积。③

3. 利用目的和方法。地役权在本质上是利用他人的不动产,因此其是一种利用权。但是,法律只能对利用方式作原则性规定,而关于具体的利用目的和方法,都只能通过当事人采取自由协商的方式确定。地役权的类型不同,利用的方式也不同。例如,在袋地通行的情况下,需役地人利用供役地的目的是使自己的土地得以与外界相连,便于行走;而在引水地役权的情况下,需役地人利用供役地是为了使自己的土地能够得到水

---

① 参见黄薇主编:《中华人民共和国民法典物权编解读》,中国法制出版社 2020 年版,第 566 页。

② 参见梁慧星主编:《中国物权法研究》,法律出版社 1998 年版,第 775 页。

③ 参见全国人大常委会法制工作委员会民法室编:《中华人民共和国物权法条文说明、立法理由及相关规定》,北京大学出版社 2007 年版,第 286 页。

源进行灌溉；在眺望地役权的情况下，需役地人利用供役地是为了自己能够在屋内进行远景眺望，以满足其精神上的审美需要。又如，只要权利内容不相冲突，供役地人就可以在其供役地上为多个需役地人设立地役权（如同时设立引水地役权和排水地役权）。[①] 同样，即使是为了实现同样的利用目的，具体的利用方法也可以各不相同。例如，在通行地役权中，地役权人可以修建道路也可以不修建道路。总之，地役权合同中利用的目的和方法在具体情况下才能确定，而且具有多样性，应由当事人双方进行自由协商、安排。

4. 利用期限。罗马法中的地役权为无期限的用益物权，但现代民法大多认为，地役权应当具有期限性。《民法典》第 377 条规定："地役权期限由当事人约定；但是，不得超过土地承包经营权、建设用地使用权等用益物权的剩余期限。"依据这一规定，当事人所约定的利用期限不得超过土地承包经营权、建设用地使用权等用益物权的剩余期限。如果地役权合同的期限超过了供役地上其他用益物权的剩余期限，则因为在超过的期限内地役权实际上已经无法行使，超过期限的地役权实际上已经无存续的必要，因而可以认为超过了最长剩余期限的地役权自动失效。

要求地役权的期限不得超过土地承包经营权、建设用地使用权等用益物权的剩余期限，包括以下两点内容：第一，无论是供役地还是需役地，都不得超过土地承包经营权、建设用地使用权等用益物权的剩余期限。因为如果是需役地，在期限超出之后，按照地役权的从属性，当事人既然对需役地都不再享有权利，则当然不能享有地役权。对供役地人来说，如果地役权期限已经超出剩余期限，则供役地人对供役地已经不再享有权利，也就无权在该不动产上为他人设定地役权。因此，无论是供役地还是需役地，其期限都不得超过土地承包经营权等的剩余期限。第二，土地承包经营权、建设用地使用权等用益物权的剩余期限就是地役权设定的最长期限。法律没有规定地役权的最低期限，但是规定了地役权的最高期限，即不得超过土地承包经营权、建设用地使用权等用益物权的剩余期限。因此，当事人可以在合同中自由设定低于土地承包经营权等的剩余期限的地役权期限。[②]

5. 费用及其支付方式。地役权合同大多是双务有偿的，因为地役权人

---

① 参见郑玉波：《民法物权》，台北，三民书局 2003 年版，第 221 页。

② 参见姚红主编、全国人大常委会法制工作委员会民法室编著：《中华人民共和国物权法精解》，人民出版社 2007 年版，第 285 页。

要利用他人的不动产提高自己不动产的效益,所以,此种利用通常不能是无偿的。权利人利用他人土地的方式有多种,既可以是以营利为目的的利用,也可以是不以营利为目的的利用,但都使权利人从利用中受益。如果是以营利为目的的利用,实际上就是经营性的利用。[①] 地役权是利用他人的不动产以提高自己不动产的效益,那么地役权人获得了经济利益,就应当给对方当事人以一定的经济补偿。有关费用补偿问题,通常是由合同确定的,而不必在登记中予以记载。[②] 当然,法律也不禁止当事人订立无偿的地役权合同。

6. 解决争议的方法。当事人可以在合同中事先约定,在地役权合同发生争议的情况下,究竟是采取诉讼还是仲裁的方式解决争议。

需要指出的是,《民法典》第 373 条虽然对地役权合同中的条款进行了列举规定,但其也明确指出"地役权合同一般包括下列条款"。因此,其列举的乃是倡导性条款,而非必要条款,这些条款的订立完全取决于当事人的协商。如果当事人没有约定,地役权合同未必无效。

三、地役权采登记对抗主义

比较法上,地役权的设立没有统一的模式,基本上可以概括为两种模式,即登记生效主义和登记对抗主义。我国《民法典》第 374 条规定:"地役权自地役权合同生效时设立。当事人要求登记的,可以向登记机构申请地役权登记;未经登记,不得对抗善意第三人。"可见,我国地役权的设定采取登记对抗主义。《民法典》第 374 条规定的登记对抗主义包含以下几方面的含义:

第一,在地役权设立方面,是否需要办理登记完全取决于当事人的自愿。如果当事人愿意办理登记,就可以通过登记取得具有完全效力的用益物权;如果当事人不愿意办理登记,也不影响地役权的设立。只不过其取得的物权在效力上受到一定的限制,即不得对抗善意的第三人。

第二,未经登记不得对抗善意第三人。所谓未经登记,不得对抗善意第三人,是指在没有登记的情况下,地役权人有权对抗供役地人和恶意第三人。但是如果发生了供役地的转让,或者是在供役地上设立其他权利,且已经办理了登记,供役地的受让人或后设立的登记权利人如果不知道该地已

① 参见梁慧星编著:《中国物权法草案建议稿:条文、说明、理由与参考立法例》,社会科学文献出版社 2000 年版,第 554 页。

② 参见[日]我妻荣:《日本物权法》,[日]有泉亨修订,李宜芬校订,台北,五南图书出版股份有限公司 1999 年版,第 383 页。

经设立了地役权，在此情形下，未经登记的地役权不得对抗已登记的权利。即使该地役权未经登记，地役权人也可以对抗知情的供役地的受让人或后设立的其他用益物权人。①

第三，地役权如经登记，则应当具有完全的物权效力，任何人因信赖该登记而进行的交易应受到保护。在登记之后，地役权的内容应当根据登记来确定。在地役权登记和地役权合同内容不一致时，应当以登记记载的内容为准。如果未经登记，则应当以地役权设立合同来确定地役权的具体内容。

《民法典》之所以采取了登记对抗主义，主要原因在于：第一，我国地役权大多发生在农村，而迄今为止，我国农村土地承包经营权和宅基地使用权登记制度尚未建立完善，因此，如果要求地役权的设立必须登记，则广大农村就很难设立地役权。第二，设定地役权时如果强制性地要求办理登记，则会增加当事人的负担，因为相较于其他用益物权，地役权毕竟只发生在当事人之间，法律并不要求当事人必须登记。而且地役权通常发生在相邻的不动产之间，容易识别和判断，交易范围十分有限，第三人往往难以利用；同时，地役权交易具有一定的熟人社会的特点，对陌生的第三人的影响较小，因此，地役权的设立并不要求强制进行登记。第三，我国农村基本上还是一个熟人社会，村民长期共同生活在同一区域，即便土地的界限和负担没有登记，也大多能够知悉彼此土地的权属状况，因此采用登记对抗主义即可。此外，登记的功能在于保护交易安全，而农村土地使用权的流转性很差，交易安全的需求并不突出。第四，地役权关系一般属于供、需役地双方内部的关系，因此，双方合意即可调整他们之间的关系，而登记仅在转让时对保护第三人有意义。所以，《民法典》对于地役权的设定采取登记对抗主义，这样也不会影响到交易安全的保护。

第五节　地役权的内容

一、地役权人的权利义务

（一）地役权人的权利

1. 利用供役地的权利

地役权设立的目的就在于利用他人的不动产以提高自己不动产的效益。《民法典》第 375 条规定："供役地权利人应当按照合同约定，允许地役

---

① 参见胡康生主编：《中华人民共和国物权法释义》，法律出版社 2007 年版，第 348 页。

权人利用其不动产,不得妨害地役权人行使权利。”由此可见,地役权人所享有的主要权利就是利用他人的不动产。本书认为,地役权人对他人不动产的利用,是地役权设立的目的,构成地役权人权利的核心内容,各种地役权因为形态不同,其利用的方式也存在差异。地役权一旦设定,供役地人不应当妨碍地役权人行使权利。例如,在“黄某某与徐某某地役权纠纷案”中,法院认为,依据原《物权法》的规定,供役地权利人应当按照合同约定,允许地役权人利用其土地,不得妨害地役权人行使权利。本案中,当事人已经订立了地役权合同,供役地人黄某某应当按照合同约定,允许地役权人通行使用,不得妨害地役权人通行。①

地役权人应当按照法律规定和合同约定行使权利。一方面,利用的权利必须合法。在物权法定原则之下,利用的权利必须由法律规定,无论是积极利用还是消极利用,无论是短期利用还是长期利用,都必须合法。例如,如果当事人设定以禁止袋地通行为内容的地役权,或设定容忍权利滥用的地役权,这些设定行为都是不合法的,设定行为是无效的。地役权人的利用,也不得违反公序良俗,否则地役权的设定无效。另一方面,利用的权利必须符合约定。也就是说,地役权人的权利是在法定主义的模式下,由双方当事人具体约定的,合同确定了地役权人所享有的具体权利。当然,与建设用地使用权等用益物权不同的是,这里的利用一般不是对供役地的独占性利用。地役权人不仅可以与供役地人共同利用,也可以与第三人共同利用。②

地役权人的利用应当与地役权的性质和目的相符合,这包含两个方面的含义:一方面,地役权人的利用是在相邻关系之外的一种利用,它不是为了生存的需要所进行的利用,而是出于超出正常生产生活需要所进行的利用,通常都是经营上的利用,因此法律不能强制性干预当事人的利用方式,而应由双方当事人对此协商确定。另一方面,地役权人的利用也不是为了公共利益,否则,就有可能属于相邻关系或征用的范畴。例如,因为军事演习的需要而临时铺设管线,应适用相邻关系或征用的制度,而不需要设立地役权。还要看到,地役权人的利用不应当包含建设用地使用权、土地承包经营权和宅基地使用权中的利用方式,因为按照体系解释的方法,地役权的利用应当是与其他用益物权中的利用相并列的,相互间不能重合,否则就会模糊这些权利之间的界限。因此,地役权不能用于建造建筑物、构筑物及其附

① 参见江西省赣州市中级人民法院民事判决书,(2015)赣中民三终字第 777 号。

② 参见郑玉波:《民法物权》,台北,三民书局 2003 年版,第 221 页。

属设施,也不能用于从事农业生产和建造农村住宅。

2. 利用他人不动产获取效益的权利

按照《民法典》第372条的规定,地役权人不仅要利用他人的不动产,而且有权利用他人的不动产,以提高自己不动产的效益。如何理解"效益"?所谓效益,又称为便宜,就是通过利用他人的不动产来满足自己不动产的需要,以提高需役地的价值。首先,利用是为了满足需役地的需要,而不能仅仅是为了满足地役权人的需要。所谓满足需役地的需要,就是通过利用他人的不动产使需役地人的土地、房屋及不动产权利的价值增值,或者使得需役地得到更有效的利用。其次,在满足需役地需要的同时,也可能满足地役权人的需要。例如,眺望地役权的设定,不仅增加了需役地人的不动产价值,而且使地役权人的精神利益得到满足。

效益可以分为财产价值形式的效益和非财产价值形式的效益。所谓财产价值形式的效益,是指通过提供便利,使需役地的财产价值得到增加。所谓非财产价值形式的效益,是指精神上或感情上的利益。例如,为需役地的美观舒适而设定的眺望地役权。① 效益还可以分为经营上的利益和非经营上的利益。例如,某公司为了更好地吸引顾客,与他人达成协议,在他人土地上设定通行地役权,通向自己的商场,这是为了获得经营上的利益。而住户个人为了自己的通行便利,与他人达成协议,从他人土地上通行,则是为非经营上的利益而设定地役权。在判断地役权中利用土地的"便宜"时,主要不是采用客观的标准,而应采用经由当事人协商确定的主观判断标准,也就是说,是否有效益,要看当事人从主观上考虑对其是否有利。

一般来说,地役权人所获得的不动产效益,不是地役权人为了从事正常的生产、生活而必须具备的条件,而是为了更有效率地经营或利用自己的不动产。地役权是超过相邻关系的限度而调和两土地的利用。②

3. 从事必要附属行为或建造必要设施的权利

第一,在某些情况下,地役权人为行使权利,可以在供役地上从事必要的附属行为。例如,为取水的方便而必须在供役地上通行。从事附属行为,实际上指为了实现地役权合同中约定的利用方式而实施的辅助行为。③ 当然,地役权人必须是为了更好地实现其地役权,而从事必要的辅助行为。地役权人从事必要的附属行为时,应选择对供役地损害最少的处所及方法而

---

① 参见谢在全:《民法物权论》(中册),台北,2003年(公元纪年)自版发行,第184页。

② 参见姚瑞光:《民法物权论》,台北,1998年(公元纪年)自版发行,第180页注释4。

③ 参见郑玉波:《民法物权》,台北,三民书局2003年版,第222页。

为之。

第二,地役权人虽然不能利用地役权从事建设,但是为了实现地役权可以修建必要的附属设施。所谓“必要”,是指为了提高需役地的效益所必需的。例如,取水权人可以建造取水设施,通行权人可以修筑道路。但是,建造必要设施的权利,不能成为地役权的主要内容。毕竟从事建造应当属于建设用地使用权的范围,否则就违背了设立地役权的目的。所谓附属设施,是指为了有效实现地役权而必须修建的设施。地役权人修建设施时,还必须采取适当的方法,尽量减少对供役地人造成损失。[①] 地役权人在建造必要的设施以后,有权取得该设施的所有权,同时,地役权人应当负有维护该附属设施的义务。

4. 取回设施的权利

既然地役权人在供役地上修建的设施属于地役权人所有,那么,在地役权终止以后,地役权人有权取回其建造的设施。但是,地役权人行使取回权不能给供役地人造成损害。而且在取回设施之后,应当恢复不动产的原状。另外,如果供役地人愿意以市场价格购买该设施,依据诚信原则,地役权人不得拒绝。

(二)地役权人的义务

1. 必须依约定利用供役地

地役权人必须严格遵守合同的约定。《民法典》第 376 条规定:“地役权人应当按照合同约定的利用目的和方法利用供役地,尽量减少对供役地权利人物权的限制。”这就要求地役权人必须按照合同规定的目的利用供役地。例如,合同约定的是引水的地役权,就不得在供役地上进行取土、建造等与合同约定的目的并不相关的利用。如果合同约定为人的通行,就不应当改变为通车。地役权人不得自行改变双方约定的地役权行使的范围。同时,地役权人必须按照合同约定的方式来进行利用。例如,合同约定,需役地人将通过牵引管道的方式引水,那么地役权人就不得擅自违反合同以开挖水渠的方式引水。

2. 必须尽量减少对供役地人的损害

利用他人不动产的权利虽然是地役权人的权利,但依据法律规定和诚信原则,地役权人不得滥用此种权利。根据我国《民法典》第 376 条的规定,地役权人应当“尽量减少对供役地权利人物权的限制”。所谓尽量减少限制,就是说在地役权设定之后,地役权人应当最大限度地减轻对供役地人不

---

① 参见梅夏英、高圣平:《物权法教程》,中国人民大学出版社 2007 年版,第 294 页。

动产权利的损害和限制。例如,利用他人供役地来排水,则地役权人应当谨慎注意,不要使流水溢出而淹没他人土地,给供役地人造成不必要的损失。又如,在他人土地上通行,应当选取最短的道路,以免给供役地人造成不必要的损害。在不妨碍地役权实现的情况下,如果供役地人需要利用该附属设施,地役权人应当允许。这不仅是为了实现物尽其用,而且是诚实信用原则的要求。①

3. 支付费用的义务

按照《民法典》第 384 条的规定,地役权人“有偿利用供役地”的,应当按期支付费用。由此表明地役权的设定,可以是有偿的,也可以是无偿的。但在实践中,设定地役权大多数是有偿的,这也是地役权与相邻关系的重要区别。如果地役权的设定是有偿的,则地役权人负有支付约定的费用的义务。有关费用支付的数额、时间、方式等都应当遵守合同的约定。

4. 自行负担维护费用的义务

地役权人在他人不动产上修建的设施,应当自行保管和维修,而且由自己负担费用。在地役权存续期间内,地役权人应当及时检修和维护该设施。因未尽保养维修义务,该设施致人损害的,地役权人应当承担赔偿责任。②

5. 恢复原状的义务

在地役权消灭以后,地役权人还应当拆除所有的设施,恢复土地的原状。如果附属设施对供役地人有利用价值,双方当事人也可以协商保留该设施。关于地役权的期限的设定,法律没有明确规定,完全由当事人自由约定。③

二、供役地人的权利义务

(一)供役地人的权利

供役地人依据法律规定和合同约定,享有相应的权利,具体包括如下几类:

1. 支付费用请求权。如果地役权是有偿的,那么,供役地人有权请求地役权人依据合同支付费用,而收取地役权的费用也是供役地人同意承受土地负担的主要原因。如果地役权人拒绝支付费用,且在合理期限内经两次催告仍不支付,符合《民法典》第 384 条规定的条件,供役地人有权解除地役权合同,并要求地役权人承担违约责任。在合同依法被解除后,地役权则随

---

① 参见谢在全:《民法物权论》(中册),台北,新学林出版股份有限公司 2014 年版,第 47 页。

② 参见谢在全:《民法物权论》(下册),台北,新学林出版股份有限公司 2014 年版,第 44 页。

③ 参见王泽鉴:《民法物权》(第 2 册),台北,2001 年(公元纪年)自版发行,第 70 页。

之消灭。地役权转让之后，供役地人仍然有权要求新的需役地人支付合同约定的费用。当然，供役地人除了依据《民法典》第384条行使合同解除权之外，还可以根据当事人双方的合同约定来解除合同。

如果地役权人不履行支付费用的义务，供役地权利人可否行使同时履行抗辩权，拒绝提供相应便利？本书认为，从权利设定的目的考虑，收取费用是供役地人所享有的主要权利，交纳费用的义务是地役权人的主给付义务，如果当事人没有就两种给付义务履行的先后顺序进行约定，那么基于双务合同中主给付义务的牵连性，供役地人应当有权行使同时履行抗辩权。

2.使用附属设施的权利。供役地人在不违反合同约定，也不影响地役权人利用其建造的设施的前提下，可以使用地役权人修建的附属设施。例如，在不影响地役权人使用的情况下，供役地人有权利用地役权人修建的引水、排水管道。虽然法律没有对此作出明确规定，但是确认供役地人的此项权利有利于充分发挥物的使用价值，避免供役地人再重复建造相同的设施。[①] 当然，如果供役地人利用该附属设施，应当同地役权人分担附属设施的保养、维修费用。当事人另有约定的，从其约定。

3.变更供役地场所和利用方法的请求权。供役地人为了使用土地的需要，在不影响地役权设定目的，且不影响需役地人正常利用的情况下，可以请求变更地役权人利用供役地的场所和方法，地役权人原则上不得拒绝。一般认为，依据诚实信用原则，如果变更地役权的行使场所和方法对地役权人并无不利，而对供役地人有利的，需役地人应当同意。[②] 因此支出的费用由供役地人负担。

（二）供役地人的义务

根据《民法典》第376条的规定，地役权人应当按照合同约定的利用目的和方法利用供役地，尽量减少对供役地权利人物权的限制。由此，供役地人主要承担如下义务：

1.依据合同约定提供便利的义务。虽然法律对供役地人的义务作了原则性规定，但关于供役地人的具体义务应当根据合同约定来确定。无论合同如何规定，供役地人都有义务承受合同约定的负担。一般来说，供役地人的义务主要包括容忍的义务和积极行为的义务两种。在多数情况下，供役地人的义务是依据合同负担容忍的义务。正是从这个意义上说，地役权常常被认为是供役地的负担，是基于需役地的便利或者需要而对供役地设定

---

① 参见郑玉波：《民法物权》，台北，三民书局2003年版，第222页。

② 参见谢在全：《物权法论》（下册），台北，新学林出版股份有限公司2014年版，第41页。

的一种负担。因为地役权的设定使得供役地人的不动产权利受到一定的限制,形成了对供役地人全面行使权利的限制。这些负担包括允许他人通行于自己的土地,放弃部分使用的权利,容忍他人对自己的土地实施某种程度上的侵害等。[①]

2. 不妨害地役权人行使权利的义务。为了保证地役权人依据约定充分行使自己的合法权利,供役地人不得妨碍地役权人从事必要的附属行为,破坏地役权人建造的附属设施。

3. 共同维护附属设施的义务。如果供役地人也要利用地役权人所建造的附属设施,则基于权利义务相一致的原则,供役地人也应当按照合同约定的比例来分担附属设施的维护义务。合同没有约定的,当事人应当按照合理比例承担相应的维护义务。

第六节 地役权的从属性和不可分性

一、地役权的从属性

地役权虽然是一种独立的权利,不是需役地本身权利内容的扩张,但在权利发生变动时,必须与需役地的权利变动同时发生,这就是所谓地役权的从属性。[②] 我国《民法典》第 380 条、第 381 条就是对于地役权从属性的规定。

地役权从属性的特点表现在:一方面,地役权是从属于需役地的权利。因为地役权是为需役地的便利而设立的,只有需役地人才享有地役权。此处所说的"需役地"应作广义理解,它不仅包括土地所有权本身,还包括土地承包经营权、宅基地使用权、建设用地使用权、建筑物所有权等物权。地役权对于需役地人来说是一种权利,而对于供役地人而言却是一种负担,因此,地役权并非从属于供役地的权利。[③] 另一方面,地役权的从属性主要体现在需役地物权变动过程中。在地役权设定以后,需役地的物权变动,必然导致地役权的变动。地役权原本就是为了需役地的便宜利用而设立在供役地上的,该权利与需役地具有一种从属性的关系,必须从属于需役地转让,只转让地役权而不转让需役地的权利是没有任何意义的;而只转让需役地的权利却不转让相关的地役权也是不合理的。[④] 如果需役地没有发生物权

---

① 参见陈华彬:《物权法原理》,载梁慧星主编:《民法学原理》〔多卷本〕,国家行政学院出版社 1998 年版,第 540 页。

② 参见郑玉波:《民法物权》,台北,三民书局 2003 年版,第 217 页。

③ 参见谢在全:《民法物权论》(中册),台北,2003 年(公元纪年)自版发行,第 200 页。

④ 参见郑玉波:《民法物权》,台北,三民书局 2003 年版,第 217 页。

变动,自然不产生地役权的从属性问题。

地役权的从属性在内容上包括三个方面:

1. 设立上的从属性。地役权的设立,以需役地的存在为前提。需役地的存在是地役权存在的基础。先有需役地的权利,然后才能设定地役权。如果对需役地根本不享有任何权利,则自然谈不上地役权的设定问题。在据以设立地役权的需役地所有权或者使用权消灭的情况下,地役权也因设立目的的丧失而失去存在的必要,从而归于消灭。[①]《民法典》第 377 条规定:"地役权期限由当事人约定;但是,不得超过土地承包经营权、建设用地使用权等用益物权的剩余期限。"可见,需役地使用权人设定地役权时,地役权期限不得超过使用权的存续期限,这正是地役权的从属性的表现。因为在需役地使用权的存续期限之内,需役地使用权人的权利仍然存在,所以可以在此基础上设定地役权。如果超出了此期限,需役地的权利已经消灭,当然不能在此基础上设定地役权。[②]

2. 处分上的从属性。地役权必须随同需役地的转让而一并转让。《民法典》第 380 条规定:"地役权不得单独转让。土地承包经营权、建设用地使用权等转让的,地役权一并转让,但是合同另有约定的除外。"这一规定包含以下内容:

首先,地役权不得单独转让。地役权与一般的用益物权不同,权利人不能单独处分地役权。如果权利人只处分地役权而保留需役地的权利,则地役权就失去了存在的目的。因而,这种转让在法律上是无效的,也不具有可操作性。

其次,地役权必须随同需役地的权利一并转让。《民法典》第 380 条规定,"土地承包经营权、建设用地使用权等转让的,地役权一并转让"。此处所说的"土地承包经营权、建设用地使用权等"就是指需役地。因为地役权是需役地人享有的权利,是为了需役地的便利而设定的,所以,应当随同需役地的转让而转让。反过来说,地役权对供役地人来说只不过是一种负担,所以,供役地人本身无权转让地役权,地役权只是从属于需役地。换言之,地役权以需役地的存在为前提,并与需役地的物权同命运。[③] 该条所说的"一并转让",就是指地役权与需役地(包括各种用益物权)一并转让,同其

---

① 参见[日]我妻荣:《日本物权法》,[日]有泉亨修订,李宜芬校订,台北,五南图书出版股份有限公司 1999 年版,第 379 页。

② 参见尹飞:《物权法·用益物权》,中国法制出版社 2005 年版,第 392 页。

③ 参见谢在全:《民法物权论》(中册),台北,2003 年(公元纪年)自版发行,第 200 页。

命运。因此,当需役地所有人要将该幅土地上的土地承包经营权、建设用地使用权等权利转让给他人时,则地役权也自动随之转让。此即所谓“需役地所有人不得将地役权单独让与,或为其他权利之标的”[①]。

最后,当事人另有约定的除外。这就是说,地役权转让合同的当事人,即需役地人和受让人可以在合同中约定,在转让需役地上的物权时,需役地权利人只转让需役地的权利,而不同时转让需役地上的地役权。其效果是该转让行为有效,而地役权归于消灭。无论如何,当事人的特别约定不能改变“一并转让”的从属性规则,因为从属性是地役权的基本性质,改变地役权的从属性将改变地役权的根本属性,此种约定是无效的。当事人的特别约定只能是在从属性规则许可的框架内作出的约定。具体而言,处分上的从属性又包括两种类型:

第一,转让时的从属性。此即所谓“让与需役地于人,或就需役地设定他权利时,地役权均随之共为移转”[②]。因为,一方面,需役地人不能自己保留需役地而转让其地役权,如保留建设用地使用权而转让地役权;也不能自己保留地役权而转让需役地。地役权不得与需役地相分离单独转让,成为其他权利的标的。[③] 另一方面,需役地人不能将需役地和地役权分别转让给不同的主体。[④] 否则,不仅违反了从属性规则,而且地役权已经失去了存在的基础,需役地也不能发挥其应有的效用,从而不能实现物尽其用。

第二,抵押时的从属性。需役地的所有人和使用人将需役地抵押时,必须将地役权同时抵押。《民法典》第381条规定:“地役权不得单独抵押。土地经营权、建设用地使用权等抵押的,在实现抵押权时,地役权一并转让。”如果地役权可以单独抵押,虽然在设定抵押时还不会发生地役权和需役地上的权利相分离,但是,一旦抵押权实现,就会导致地役权和需役地上的权利分别属于不同的主体[⑤],这就违反了转让上的从属性的规则。抵押时的从属性和转让时的从属性,二者的原理是相同的。基于上述原因,如果需役地权利人将需役地上的土地承包经营权、建设用地使用权等权利进行抵押,相应的地役权也应成为抵押权的标的。因此,在实现该抵押权时,相应

---

① 刘志歇:《民法物权编》,方恒、张谷校勘,中国政法大学出版社2006年版,第226页。

② 刘志歇:《民法物权编》,方恒、张谷校勘,中国政法大学出版社2006年版,第225页。

③ 参见[德]曼弗雷德·沃尔夫:《物权法》,吴越、李大雪译,法律出版社2002年版,第466页。

④ 参见谢在全:《物权法论》(中册),台北,2003年(公元纪年)自版发行,第434页。

⑤ 参见谢在全:《民法物权论》(上册),台北,2003年(公元纪年)自版发行,第424页;[日]我妻荣:《日本物权法》,[日]有泉亨修订,李宜芬校订,台北,五南图书出版股份有限公司1999年版,第379页。

的地役权也应随之一并转让。[①]

3. 消灭上的从属性。地役权随需役地权利的消灭而消灭。例如，土地承包经营权因土地被征收而消灭以后，地役权也不复存在。此外，如果需役地人抛弃了需役地的权利，则地役权也随之消灭。[②]

二、地役权的不可分性

地役权是不可分割的权利。所谓地役权的不可分性，是指地役权存在于需役地和供役地的全部，不能分割为各个部分或仅以一部分而单独存在。[③] 在一定意义上，地役权的不可分性实际上是其从属性的延伸。因为既然地役权从属于需役地的所有权和使用权，那么应当及于全部的需役地之上，而不能只及于需役地的某一部分。但地役权的不可分性和地役权的从属性是两项不同的规则。从属性主要是确定地役权转让的规则，而不可分性主要确定的是地役权存续以及其权利义务的范围。具体而言，地役权的不可分性包括两方面内容：

1. 地役权不受需役地的部分转让的影响。《民法典》第 382 条规定："需役地以及需役地上的土地承包经营权、建设用地使用权等部分转让时，转让部分涉及地役权的，受让人同时享有地役权。"根据该条规定，第一，地役权设定以后，需役地不能与地役权相分离。如果需役地由单独所有转化为共有，则共有人共同享有地役权。如果需役地转化为供役地人所有，则地役权因混同而消灭。[④] 第二，在地役权设定之后，需役地可以部分转让。所谓需役地的转让，包括各种权利的转让。如果转让部分需役地，地役权不受影响，而仍然要及于整个已转让和未转让的需役地之上。需役地部分转让，且该部分涉及地役权的，则受让人取得全部地役权，而不是部分的地役权。已转让的部分需役地和未转让的部分需役地都享有原来的地役权。第三，如果在需役地部分转让之后，地役权仅在部分需役地上存在，且不影响地役权实现，则仅该部分需役地权利人享有地役权，但要求地役权仅仅存在于该特定部分上就可以实现其目的。[⑤]

2. 地役权不受供役地部分转让的影响。《民法典》第 383 条规定："供役

---

① 参见房绍坤：《物权法用益物权编》，中国人民大学出版社 2007 年版，第 255 页。

② 参见崔建远：《物权法》（第 4 版），中国人民大学出版社 2017 年版，第 347 页。

③ 参见郑玉波：《民法物权》，台北，三民书局 2003 年版，第 218 页。

④ 参见郑玉波：《民法物权》，台北，三民书局 2003 年版，第 218 页。

⑤ 参见姚红主编、全国人大常委会法制工作委员会民法室编著：《中华人民共和国物权法精解》，人民出版社 2007 年版，第 288 页。

地以及供役地上的土地承包经营权、建设用地使用权等部分转让时，转让部分涉及地役权的，地役权对受让人具有法律约束力。”依据这一规定，供役地发生转让，供役地上的负担仍然存在，地役权仍对受让人产生效力。具体而言，第一，地役权设定之后，供役地上的各种权利可以部分转让，但这并不导致地役权的消灭。因为地役权是为整个需役地提供便利、为整个供役地设定负担，如果土地分割为各个部分，则这种便利和负担也应当继续存在于已经被分割的土地之上。如果供役地分割为数块，则每块供役地权利人都应当承担原地役权合同所规定的义务，仍应当为需役地人提供合同约定的便利。[①] 第二，转让供役地，转让部分涉及地役权的，地役权对受让人具有约束力。此种约束力就是指供役地的受让人仍然有义务为需役地人提供便利。供役地上所存在的地役权负担并不因转让而消灭。此外，如果地役权已登记，在供役地部分转让时地役权仍然产生对抗第三人（受让人）的效力；但如果没有登记，则只能对抗恶意的第三人，而不能对抗善意的第三人即善意的登记权利人。如果转让人在转让时已经明确告知受让人地役权的存在，则受让人不能成为善意受让人。

地役权虽然具有从属性和不可分性，但仍然是一种独立的用益物权，并非从属于债权的权利。在这一点上，其与担保物权仍然是有区别的。[②]

第七节 地役权与其他用益物权的竞合

地役权作为一种用益物权，不仅可以在不动产所有权上设立，而且可以在其他用益物权之上设立。因此，地役权的设定，就可能与其他用益物权发生竞合。所谓竞合，就是指在同一不动产之上同时存在数个用益物权，其中包括地役权。那么，地役权和其他用益物权之间属于何种关系？如果发生冲突，在法律上如何解决？我国《民法典》区分了两种情况，并分别作了规定。

一、地役权先于其他用益物权而设立

《民法典》第378条规定：“土地所有权人享有地役权或者负担地役权的，设立土地承包经营权、宅基地使用权等用益物权时，该用益物权人继续享有或者负担已经设立的地役权。”依据这一规定，如果需役地人取得地役权之后，又在需役地上设立土地承包经营权和宅基地使用权，则需役地的土地承包经营权人和宅基地使用权人继续享有该地役权。对供役地来说，如

---

① 参见周枏：《罗马法原论》，商务印书馆1994年版，第393页。

② 参见史浩明：《用益物权制度研究》，载《江苏社会科学》1996年第6期。

果地役权设定之后,供役地上又设立了土地承包经营权和宅基地使用权,则土地承包经营权人和宅基地使用权人应当继续负担该地役权。[①] 例如,某农村集体经济组织有一块空地,该组织与临近的工厂达成设定地役权的协议,允许该工厂在土地之下铺设管线。后来,集体经济组织批准将该空地作为宅基地给某村民使用。由于邻近工厂的地役权先于该村民的宅基地使用权而设立,其效力不应当受到影响。

二、地役权后于其他用益物权而设立

《民法典》第 379 条规定:“土地上已经设立土地承包经营权、建设用地使用权、宅基地使用权等用益物权的,未经用益物权人同意,土地所有权人不得设立地役权。”依据这一规定,在土地上存在其他用益物权的情形下,土地所有权人在土地上设定地役权应当得到该用益物权人的同意,未经用益物权人的同意,土地所有权人不得设立地役权。

土地上已经设立土地承包经营权、建设用地使用权、宅基地使用权等用益物权的,就会与地役权发生冲突。例如,某个农村集体经济组织将某块地作为宅基地交给某村民使用,此后该集体经济组织又与某工厂达成设定地役权的协议,允许工厂在该土地之下铺设管线。此时,由于宅基地使用权先于地役权而设立,因而在未经宅基地使用权人的同意的情况下,土地所有权人不得设立地役权。这要区分两种情况进行处理:

第一,经用益物权人的同意,依据《民法典》的上述规定是可以设立的。这是因为地役权本身是在他人土地之上设立的负担,如果土地之上设立了用益物权,经过用益物权人的同意,则可以在其上设立与已经存在的用益物权不相冲突的权利,如空间役权等。

第二,未经用益物权人的同意,土地所有权人不得设立地役权。例如,某个农村集体经济组织将某块地作为宅基地交给某村民使用,之后,该集体经济组织又与某工厂达成协议,在未经宅基地使用权人同意的情况下,允许工厂在该土地之下铺设管线,这显然是不符合《民法典》的上述规定的。本书认为,用益物权和所有权之间无所谓效力优先问题,所有权具有完全性,但用益物权的设立,是对所有权的限制。[②]《民法典》第 379 条主要不是基于物权的优先性,而是为了保障用益物权人权利的实现而作出的规定。因为如果未经用益物权人同意,在土地之上设立地役权,必然会损害用益物权人的利益。

---

① 参见胡康生主编:《中华人民共和国物权法释义》,法律出版社 2007 年版,第 352 页。

② 参见谢在全:《民法物权论》(中册),台北,2003 年(公元纪年)自版发行,第 50 页。

如果土地上已经存在用益物权,用益物权人允许他人在其上设立地役权,那么在土地所有人和用益物权人之间,究竟谁有权设立地役权?例如,某集体经济组织将一块土地为某村民设立了土地承包经营权,而后另一村民希望在该地上设立通行地役权,那么集体经济组织和土地承包经营权人,谁有权来设立通行地役权?本书认为,如果用益物权已经设立,只能由用益物权人设立地役权。因为用益物权人本身享有了占有、使用、收益不动产的权利,而地役权的设立,必将对用益物权的行使产生一定影响。《民法典》第379条规定,经过用益物权人的同意可以设立地役权,这实际上就是允许用益物权人与他人达成协议,订立地役权合同,设立地役权。当然,如果超出了用益物权权利的范围,用益物权人就不能设立地役权。例如,不能设立超过用益物权期限的地役权。至于地役权人支付的对价费用应当归属何人,这就要取决于地役权合同的当事人是谁。如果是用益物权人作为合同当事人而与他人签订合同设定地役权,则该对价应当支付给用益物权人;如果因地役权的内容超出用益物权人权利的范围,而由土地所有人亲自与他人签订合同设立地役权,则此时对价应当支付给土地所有人。

第八节 地役权的消灭

由于地役权是一种具体的物权,所以物权消灭的一般原因也应适用于地役权的消灭。但由于地役权具有其特殊性,因而,地役权也存在特殊的消灭原因。[①] 具体而言,地役权消灭的原因主要有以下几种。

一、地役权设定的期限届满

地役权是有期限的物权,当事人不得设立永久存续的地役权。当事人设定地役权,其期限应由双方协商确定。同时,如果在需役地或供役地上存在的权利有期限的限制,则地役权不得超过该权利的剩余期限。地役权期限届满而不续期时,地役权消灭。

二、供役地人依法终止地役权合同

依据《民法典》第384条的规定,在出现以下两种情况时,供役地人可以单方面解除地役权合同,从而消灭地役权:第一,地役权人违反法律规定或者合同约定,滥用地役权。例如,地役权人不按照地役权合同规定的内容利用他人土地,滥用地役权,在他人土地上随意取土挖坑,对土地造成严重破坏,则供役地人有权解除地役权合同。第二,有偿利用供役地的,约定的付

① 参见房绍坤:《物权法用益物权编》,中国人民大学出版社2007年版,第295页。

款期限届满后在合理期限内经供役地人两次催告未支付费用。如果地役权是有偿的,需役地人不交付费用,则将导致供役地人不能实现合同的目的,供役地人有权依法解除合同,但即使地役权人未支付费用,供役地人也不能立即解除合同。《民法典》第384条规定,“在合理期限内经两次催告未支付费用”,这实际上是指约定的付款期限届满后,供役地人应当给予地役权人两次宽限期,经过两次催告以后,如果地役权人仍然不支付费用,即表明地役权人没有履行合同的诚意和根本不可能再履行合同,此时供役地人才能单方解除合同。[①]《民法典》作出此种规定,主要是考虑到地役权合同不仅仅是债的关系,也已经导致形成物权关系,对当事人利益重大,地役权人在供役地上可能会作出一定的投资、修建一定的设施,如果供役地人随意解除地役权合同,则会造成财产的浪费,所以有必要对供役地人解除合同的权利进行一定的限制。当然,该规定在性质上仍然属于任意性规范,当事人在地役权合同中可以特别约定,在一方未按期支付费用时另一方享有解除权,从而排除该规定的适用。

供役地人依据上述规定享有的解除权性质上属于形成权,在出现上述两种情况之后,必须要供役地人及时行使解除权才能消灭地役权,而不是上述情况一旦出现就当然消灭地役权,所谓行使解除权就是要依据《民法典》合同编的规定,明确通知地役权人已经解除合同,从通知到达之日起,合同解除。

三、地役权的抛弃

地役权作为一种民事权利,可以由权利人予以处分,即权利人有权抛弃地役权。但如果地役权是有偿取得的,地役权人必须在向供役地人支付租金以后,才能抛弃;如果地役权是地役权人无偿取得的,则地役权人可以随时抛弃。地役权人抛弃地役权的,地役权消灭。[②]

四、地役权的混同

地役权的混同是指在设立地役权之后,享有地役权的需役地人,因为某种原因又取得了对供役地的权利,此时其所享有的地役权消灭。[③] 但按照地役权的不可分性,如果需役地或供役地为共有时,仅仅有共有人中的其中一人发生混同情形,则地役权并非当然消灭。

---

① 参见郭明瑞主编:《中华人民共和国物权法释义》,中国法制出版社2007年版,第297页。

② 参见谢在全:《民法物权论》(下册),台北,新学林出版股份有限公司2014年版,第51页。

③ 参见史浩明等:《地役权》,中国法制出版社2007年版,第265页。

五、土地征收

国家因社会公共利益的需要而征收需役地或者供役地,致使地役权变得不必要或者行使不能时,地役权消灭。但在征收以后,应当给予地役权人合理的补偿。例如,征收集体的土地,导致集体土地所有权以及集体土地之上的承包经营权消灭,则地役权也随之消灭。

地役权消灭以后,地役权人应当及时清除土地上的各种设施和附属物,恢复土地的原状。关于附属物的处理、补偿请求权等,应当依据法律规定和当事人的约定处理。依照《民法典》第 385 条的规定,"已经登记的地役权变更、转让或者消灭的,应当及时办理变更登记或者注销登记"。这是因为地役权在消灭之后如果不及时办理注销登记,可能会给第三人造成错误的信赖,并因此造成损害。所以,双方当事人都负有及时注销登记的义务。

第五编

担保物权

第十八章　担保物权的一般原理

第一节　担保物权概述

一、担保物权的概念

所谓担保物权(法文为 sû-reté;德文为 Gundpfandrecht),是指除法律另有规定外,担保物权人在债务人不履行到期债务或者发生当事人约定的实现担保物权的情形时,依法享有的就担保财产优先受偿的权利。换言之,担保物权是指为了担保债权的实现,由债务人或第三人提供特定的物或者权利作为担保财产而设定的定限物权。担保物权制度起源于古希腊。在古希腊,已经形成了不动产抵押制度。罗马法中并没有明确提出担保物权的概念。但"人保"和"物保"的基本区分已经形成。在罗马法中存在三种物上担保,即信托质权(fiduci cum creditore)、物件质权(pignus)和抵押权。[①] 后世学者将其解释为担保物权。近代民法中的担保物权制度的产生是以《法国民法典》为标志的。《法国民法典》中的担保物权制度基本上采纳了罗马法的模式,特别是采纳了"两分法"的担保物权模式,即不动产采用抵押方式,而动产只能设定质押。《德国民法典》也基本上采纳两分法的模式,并没有承认动产抵押制度。所以,在德国法中,不动产采取抵押的方式,动产采取质押的方式。此外,德国法规定了权利质押[②],而且权利质押的范围非常宽泛,包括债权和一切可以转让的权利。[③]

我国《民法典》物权编第四分编规定了担保物权的一般规定、抵押权、质权、留置权。所谓一般规定,是指通过提取

---

① 参见陈朝璧:《罗马法原理》,法律出版社 2006 年版,第 325 页。

② 根据《德国民法典》第 1273 条的规定,质权的客体也可以是权利。

③ 《德国民法典》第 1274 条第 2 款规定:"不得转让的权利,不得设立权利质权。"

公因式的方式提炼出来的有关担保物权的一般规则，它可以适用于所有担保物权类型。《民法典》物权编第四分编所规定的担保物权的主要特点在于以下几点。

1. 担保物权的设定以担保主债权的实现为目的

顾名思义，担保物权就是为担保债权而设定的物权。它以一定的财产作为担保财产来担保债权的实现，债权人所享有的债权因担保物的存在而得到充分的保障。[①] 担保物权不同于用益物权之处就在于，权利人通过支配担保财产的交换价值，在债务人不履行债务或者发生了当事人约定的实现担保物权的情形时，可以拍卖、变卖担保财产并从中优先受偿，从而保障其债权的实现。由于担保物权是为了保障债务的履行而设立的，因而，它以主债权的存在为前提，且被担保的债权至少在实现担保物权之前必须特定化[②]，否则担保物权就缺乏存在的基础。由于担保物权是为保障主债权的实现而设定的，这就决定了担保物权与主债权是不可分割的。需要指出的是，担保物权所担保的债权主要是合同之债，但又不限于合同之债，还包括侵权行为之债、不当得利之债、无因管理之债等各种债的形式。

2. 担保物权是一种从属性的物权

担保物权是为了担保主债权的实现而设立的，因此它必须以主债权的存在为前提。正因如此，担保物权在学理上通常被称为从权利。一方面，担保物权必须以主债权的有效存在为前提。[③] 一般情况下，主债权在担保物权设定时必须是特定的。在例外情况下（如设定最高额抵押），设定担保物权时，主债权可以不特定，但在实现担保物权之前，主债权必须特定。[④] 另一方面，担保物权也必须附随于主债权，随主债权的变动而变动。主债权移转，担保物权转让；主债权消灭，担保物权也相应消灭。有鉴于此，《民法典》第388条规定：担保合同是主债权债务合同的从合同。主债权债务合同无效，担保合同无效，但法律另有规定的除外。

3. 担保物权以债务人或第三人提供担保的物或权利为客体

担保物权不同于保证之处，就在于它是以担保人提供担保的特定的物或者权利为权利客体，而不是像保证那样以担保人的一般责任财产或信用

---

① 参见[日]近江幸治：《担保物权法》，祝娅等译，法律出版社2000年版，第2页。

② 参见谢在全：《民法物权论》（中册），中国政法大学出版社2011年版，第608页。

③ 参见高圣平：《民法典担保制度及其配套司法解释理解与适用》（上册），中国法制出版社2021年版，第73页。

④ 参见高圣平：《民法典担保制度及其配套司法解释理解与适用》（下册），中国法制出版社2021年版，第802页。

财产为基础。[①] 担保物权的客体既可以是物,也可以是权利。当然,并非任何物和权利都可以成为担保物权的客体,能够成为担保物权的客体的物必须是有体的、特定化的、可流通的物,而权利也应当具有流通性。当然,随着商业的发展,对于物的特定化也出现了例外,例如,浮动抵押并不要求权利设定时标的物必须特定化,只不过在抵押权实现时标的物必须特定化。

4. 担保物权人所支配的是交换价值

所有权是对物的全面支配,用益物权则是对物的使用价值的支配,而担保物权所支配的则是物的交换价值。这主要体现在两个方面:一方面,担保物权是以获取担保财产的交换价值为目的而设定的,权利人支配的是担保财产在拍卖、变卖时的价值。因此,同一物之上可以基于对交换价值的分割而设立多个担保物权,如在同一物之上设立多个抵押权。正是因为担保物权支配的是交换价值,所以担保物权具有物上代位性。另一方面,担保物权中重要的内容是变价权(Verwertungsrecht)。所谓变价权是指在债务人不履行债务时,债权人有权将担保财产进行变卖、拍卖,并就所得价款优先受偿。[②] 担保物权人对于物的支配表现在对其交换价值的支配,而不同于用益物权中对物的使用价值的支配。例如,抵押权是对抵押财产交换价值的支配。因为抵押权以取得抵押财产的交换价值而实现债权的受偿为目的,正是从这个意义上说,担保物权又被称为价值权。[③] 担保物权的价值权和变价权属性是担保物权的本质属性。

尽管担保物权是对担保财产的交换价值的支配,但并不意味着担保物权人完全不能支配担保财产的实体,或者认为其支配担保财产的实体是毫无意义的。在某些情况下,支配担保财产的实体具有十分重要的法律意义。例如,在债权人享有动产质权和留置权的情形下,通过支配担保财产实体可以使债务人产生现实压力,促使其积极履行债务。此外,当其他人对担保财产进行侵害时,担保物权人可以享有物上请求权。从这个意义上说,对交换价值的支配与对实物的支配也是不可分割的。

5. 担保物权是一种定限物权

担保物权人既不能对担保财产予以全面支配,也不能像所有权人那样依照自己的意志和利益行使所有权的全部权能,而只能支配标的物的交换

---

① 参见黄薇主编:《中华人民共和国民法典物权编解读》,中国法制出版社 2020 年版,第 562 页。

② 参见陈华彬:《物权法论》,中国政法大学出版社 2018 年版,第 517 页。

③ 参见史尚宽:《物权法论》,中国政法大学出版社 2000 年版,第 225 页。

价值。一方面，这种支配主要体现为，在担保物权设立后，权利人不一定实际占有担保财产，但其对担保财产的交换价值具有支配力；另一方面，在债务人不履行到期债务或者发生了当事人约定的实现担保物权的情形时，担保物权人有权依法就担保财产进行折价、拍卖或者变卖的价款中优先受偿。①

6. 担保物权人依法享有对担保财产的变价权

所谓变价，是指在债务人不履行到期债务时，债权人可以对担保财产进行折价、拍卖、变卖，对担保物权来说，权利人一般不能直接地实现担保物权，必须通过法定的方式，如依据拍卖、变卖程序来实现其担保物权。这就是学理上所说的"变价权"②。例如，抵押权的实现，必须由抵押权人在债务人不履行债务或出现当事人约定的情形时，将抵押财产依据一定的程序，进行折价、拍卖或变卖。抵押权人不能直接取得抵押财产的所有权，或擅自拍卖抵押财产而从中优先受偿。这就是说，担保财产的变价权必须要通过一定的程序予以实现。依据《有关担保司法解释》第 45 条的规定，当事人可以约定，在债务人不履行到期债务或者发生当事人约定的实现担保物权的情形时，担保物权人有权依据该约定将担保财产自行拍卖、变卖，并就所得的价款优先受偿。

担保物权是为了确保债务的履行而对他人提供担保的物或权利的价值所享有的权利，也是市场经济社会一项重要的物权。市场经济是信用经济，而担保物权制度则是保障债权的实现、维护市场信用的重要制度。"为了债权的担保而奋斗是市场经济的必然现象。"③随着交易的发展，为了充分地保护债权、促进资金融通、防范金融风险，就需要充分发挥各类担保物权的作用。在设定担保物权的情形下，由于担保人要以一定的物或权利作为担保，这就使债权的实现获得了更为切实的保障。首先，担保物权制度对于鼓励交易，促进交易的迅速达成起到十分重要的作用。在现代市场经济条件下，担保物权本身作为社会融资的基本手段，对经济的繁荣有着积极的作用。民事主体在向金融机构融资时，提供物的担保是最为有效的担保手段。一个国家的担保制度发达，会对一个国家的金融行业的发展和创新产生重

---

① 参见黄薇主编：《中华人民共和国民法典物权编解读》，中国法制出版社 2020 年版，第 561 页。

② 现今，大多数德国学者都主张担保物权的本质就是变价权，参见刘得宽：《民法诸问题与新展望》，中国政法大学出版社 2002 年版，第 387 页。

③ 王泽鉴：《动产担保制度与经济发展》，载梁慧星主编：《民商法论丛》（第 2 卷），法律出版社 1994 年版，第 97 页。

要影响,极大地促进经济的繁荣和发展。① 其次,担保本身是债权实现的基本保障,担保越多,越有利于债权的实现。可以说,现代民法发展的一个很重要的趋势是完善担保制度和丰富担保形式,进而产生尽可能鼓励担保的效果,这也是优化营商环境的重要内容。② 最后,担保有助于充分发挥物的交换价值。物本身兼具使用价值和交换价值。而担保的重要制度功能就是实现物尽其用、货畅其流。何谓物尽其用?传统上主要强调的是物的使用价值的实现,主要体现在对用益物权制度的完善方面。但在市场经济条件下,"物尽其用"不仅仅是强调要发挥物的使用价值,还要充分发挥物的交换价值。可以说,担保越发达,物的交换价值越能被充分发挥出来,越有利于增加信用,并增强市场主体的融资能力。③

二、担保物权的属性

担保物权的属性,是担保物权的共性。担保物权是物权的一种类型,它和一般物权相比较,除具有一般物权所共同具有的支配性、优先性、排他性等特性之外,还具有如下属性。

1. 从属性

所谓从属性,是指在一般情况下,担保物权是从属于主债权的从权利,其在效力上必须依附于被担保的主债权。不过,担保物权作为从权利,并不影响其作为物权的独立存在。担保物权的从属性主要表现在三个方面:

第一,成立上的从属性。《民法典》第 388 条第 1 款规定:"担保合同是主债权债务合同的从合同。主债权债务合同无效的,担保合同无效,但是法律另有规定的除外。"在一般情况下,担保物权的成立应当以已经成立并生效的债权的存在为前提。如果债权根本不成立或者未生效,则担保物权即使成立也是不生效的。如果债权在成立以后,被宣告无效或撤销,则担保物权也应相应无效。

第二,移转上的从属性。如果主债权发生转让,则担保物权也应当相应地转让。因为担保物权不得与主债权相分离。担保物权人不得单独将担保物权转让给他人,而自己保留债权,否则该转让无效;担保物权人也不得将债权转让给他人,而自己保留担保物权,更不得将债权和担保物权区别开而分别转让给不同的受让人。

---

① 参见黄薇主编:《中华人民共和国民法典物权编解读》,中国法制出版社 2020 年版,第 601 页。

② 参见最高人民法院民事审判第二庭:《最高人民法院民法典担保制度司法解释理解与适用》,人民法院出版社 2021 年版,第 38 页。

③ 参见黄薇主编:《中华人民共和国民法典物权编解读》,中国法制出版社 2020 年版,第 558 页。

如果当事人在设定担保物权时同时约定，主债权转让时担保物权不随同移转，则此种约定能否生效？依据《民法典》第407条的规定，在债权转让的情形下，当事人可以约定担保该债权的抵押权不一并转让，在此种情形下，当事人仅转让债权而不转让抵押权，抵押权将因债权的转让而消灭。[①] 一般认为，此种约定应当视为担保物权的约定消灭事由。[②] 但本书认为，从原则上说，当事人不能约定与从属性规则相违背的条款。因为担保物权移转上的从属性关系到债权受让人的利益，如果允许担保人和担保物权人之间作此约定，则将使债权受让人的利益得不到保障，所以，这种约定只具有债权效力，仅在担保人和担保物权人之间产生效力，不得对抗善意的债权受让人。

第三，消灭上的从属性。根据《民法典》第393条的规定，主债权消灭的，担保物权随之消灭。在担保物权所担保的债权因各种原因而全部消灭时，担保物权也应当随之消灭。一方面，如果债权已经因为全部履行而消灭，担保物权应该相应地消灭。当然，如果被担保的债权只发生部分消灭，担保财产仍然应当全部用于担保剩余的债权。债权因混同、提存等原因消灭，担保物权原则上也应当消灭。另一方面，担保物权所担保的债权，因为主合同撤销而不存在时，担保物权也随之消灭。因为解除或撤销主合同而产生的恢复原状义务，属于法律规定的特殊义务，已经不属于担保物权的担保范围了。当然，如果因主债务不履行而造成债权人损害时，此项损害赔偿之债属于原来主债务的变形，应当属于担保物权担保的范围。[③]

在合同解除的情况下，主合同权利义务消灭，一般而言，根据担保的从属性，担保也随着消灭，但是根据《民法典》第566条第3款的规定，担保不随之消灭。合同解除是对非违约方的救济，如果担保也消灭了，则不利于非违约方的救济。

应当看到，由于最高额抵押、所有人抵押、抵押权证券化等制度的发展，担保物权已开始显现出一些独立化的倾向。一些学者甚至认为担保物权的独立性代表了担保物权的未来发展趋势。[④] 本书认为，现在断言担保物权应当独立于主债权而存在，未免依据不足。如果担保物权脱离主债权而独立存在，其担保功能将大为减弱，这也不利于保障交易的安全。因此，抵押权的独立性只能作为抵押权从属性的例外存在。

---

① 参见黄薇主编：《中华人民共和国民法典物权编解读》，中国法制出版社2020年版，第637页。

② 参见程啸：《中国抵押权制度的理论与实践》，法律出版社2002年版，第21页。

③ 参见黄薇主编：《中华人民共和国民法典物权编解读》，中国法制出版社2020年版，第570～571页。

④ 参见张弓长：《"民法典"时代独立担保物权的制度空间》，载《法学杂志》2021年第8期。

2. 不可分性

所谓不可分性，是指担保物的各个部分应担保债权的全部，享有担保物权的债权人有权就担保物的全部行使优先受偿权，担保物是否被分割或出现部分毁损灭失，或担保物权所担保的债权是否已经部分履行，都对担保物权的存在不产生影响。[①] 虽然《民法典》没有规定担保物权的不可分性，但《有关担保司法解释》第 38 条、第 39 条对不可分性作了规定。

担保物权的不可分性主要体现在以下几个方面：

一是担保财产的各个部分担保债权的全部，享有担保物权的债权人有权就担保财产的全部行使优先受偿权。例如，甲对丙享有 10 万元的债权，丙以其房产作抵押。后来丙因为分家，抵押房产由多人所有。即便在房产产权被分割后，甲仍然对各个部分都享有优先受偿权。但是，基于可分物所形成的留置权除外。对此，《民法典》第 450 条规定："留置财产为可分物的，留置财产的价值应当相当于债务的金额。"依据该规定，如果留置财产为可分物，则债权人仅能留置相当于债务金额的财产。

二是在担保财产被分割后，被分割的各个部分担保财产仍然应当担保债权的实现。在主债权未获全部实现之前，即便担保财产被分割，但担保物权仍然存在于这些担保财产之上，不会影响担保物权的实现，担保物权人仍然可以就担保财产的全体实现担保物权。[②] 例如，甲向银行借款，将登记在其名下的财产进行抵押，后来其分家析产，将房产分成了三部分，担保物权人仍然可就该房产的全部实现担保物权，不会因为分割而在担保物权的实现上受到影响。在担保财产被转让的情形下，担保物权人原则上可以追及行使其担保物权。

三是担保物权所担保的债权是否已被部分履行，对担保物权的存在不产生影响。例如，甲以其自行车 5 辆作为质物向乙借款 2000 元，之后甲已清偿了 1000 元，其是否可以要求乙返还 2 辆自行车呢？从担保物权的不可分性而言，即使债务已履行了一部分，但在债务未完全清偿以前，债权人可以就担保物的全部行使权利，因此，甲不得在债务全部清偿以前要求返还部分质物，乙就质物享有的权利并不因为其债权部分已受清偿而受到影响。乙对其未受清偿的部分债权仍可对于质物的全部行使权利。

四是如果担保物发生部分灭失，则未灭失的担保物部分，仍应担保全部债权，而不能相应地缩小担保的债务范围。当然，如果担保物因为可归责于

① 参见崔建远：《物权法》（第 5 版），中国人民大学出版社 2021 年版，第 436 页。

② 参见崔建远：《物权法》（第 5 版），中国人民大学出版社 2021 年版，第 435 页。

担保人的原因而发生部分灭失的，担保人有义务以其他财产补充担保物所应具有的价值。

3. 物上代位性

所谓物上代位，是指标的物因出卖、毁损、灭失等原因，发生以金钱或其他财物（代位物）代替时，担保物权人可以对代偿物行使权利。[①]《民法典》第390条规定："担保期间，担保财产毁损、灭失或者被征收等，担保物权人可以就获得的保险金、赔偿金或者补偿金等优先受偿。被担保债权的履行期限未届满的，也可以提存该保险金、赔偿金或者补偿金等。"据此，我国《民法典》上的代位物主要是指担保物毁损、灭失或者被征收后，所获得的保险金、赔偿金或者补偿金等。[②] 例如，甲为了向乙借款，将其一辆汽车出质给乙，后因为发生火灾，该汽车被烧毁，甲从保险公司获得赔偿。则该赔偿金应当成为质押的标的，债权人可以对此赔偿金优先受偿。担保物权之所以具有物上代位性，主要是因为，担保物权是一种价值权，其支配的是担保财产的交换价值，而代位物则是担保财产的转换形态，担保物权的物上代位性是为了保持担保物权客体实质上的同一性，体现了担保物权支配担保财产交换价值的特点。由于代位物是原担保物的转换形态，物上代位制度产生的根本原因在于，担保物权是一种价值权。受担保的债权届期未受清偿时，担保权人可以行使变价权，以标的物换价所得价金优先受偿。交换价值既可以存在于标的物的实体上，也可以存在于其他物之上。如果标的物发生毁损、灭失而标的物的交换价值以其他的物来体现，那么这些物仍然应当为担保物权的效力所及，这也是担保物权物上代位性规则产生的主要原因。

三、担保物权与保证

（一）担保物权与保证的相似性

担保物权与保证均具有担保的功能，二者都是《民法典》所规定的担保方式，二者的相似之处主要体现为：

第一，二者都以担保主债权的实现为目的。无论是担保物权，还是保证，其目的都在于保障债权的实现，虽然二者提供担保的方式存在一定的区别，但其本质上都是债的担保方式。

第二，二者都具有从属性。担保物权和保证作为担保的重要方式，都具有担保从属性的特点。例如，在成立从属性方面，担保物权与保证都以特定

---

① 参见［日］近江幸治：《担保物权法》，祝娅等译，法律出版社2000年版，第12页。

② 参见高圣平：《民法典担保制度及其配套司法解释理解与适用》（上册），中国法制出版社2021年版，第342～343页。

的被担保的债权的存在为前提;在主合同被宣告无效的情形下,设立担保物权的合同与保证合同也随之无效。又如,在担保范围的从属性方面,担保物权与保证所担保的债权范围都不得超过主债权的范围。

第三,无论是担保物权,还是保证,当事人都可以在担保合同中约定违约责任条款。从《有关担保司法解释》第 3 条规定来看,其在规定此种违约责任条款时使用的是"担保人"这一表述,这表明,无论是担保物权,还是保证,当事人都可以在担保合同中约定专门的违约责任条款。

第四,担保合同无效的法律后果具有相似性。关于担保合同无效的责任范围,《有关担保司法解释》作出了规定,从该规定来看,其并没有区分担保物权与保证,而是统一规定了担保合同无效的法律后果,可见,对担保物权与保证而言,担保合同无效的法律后果具有一定的相似性。例如,在主合同无效导致担保合同无效的情形下,依据《有关担保司法解释》第 17 条第 2 款的规定,担保人有过错的,其承担的赔偿责任不应超过债务人不能清偿部分的 1/3,其既适用于担保物权,也适用于保证。当然,考虑到担保物权是担保人以担保财产的价值为限承担责任,因此,在担保合同无效的情形下,担保人所承担的责任也不应当超过担保财产的价值。

正是因为担保物权与保证具有上述相似性,《法国民法典》在修订后单设担保编,对担保物权与保证进行统一规定,这实际上也是考虑到了二者的共性。[①] 在我国,由于《民法典》担保物权部分关于物上担保人的规则较为简略,而保证合同中的有关保证人规则较为详细、全面,因此,《有关担保司法解释》第 20 条规定,人民法院在审理担保物权纠纷时,可以参照适用保证合同的相关规则,这进一步凸显了担保物权与保证的共性,为构建实质意义上的担保制度奠定了坚实的基础。

(二)担保物权与保证的区别

尽管担保物权与保证存在上述相似性,但二者之间也存在一定区别,具体体现为:

第一,二者的性质不同。担保物权在性质上为物权,而保证在性质上为债权。《民法典》同时规定担保物权与保证,并分别规定于物权编与合同编,实际上是适应了传统的物债二分理论,而且既然坚持物债二分的体系,就必须区分物的担保与人的担保。也正是因为二者在性质上存在区别,对担保物权可以适用物权的保护方法,如物权请求权等。鉴于保证是一种债权,只能用债权的保护方法对其提供保护。

---

① 参见李世刚:《关于法国担保制度的改革》,载《政治与法律》2007 年第 3 期。

第二,担保的客体不同。对于保证而言,保证人以其信用为基础提供担保,即保证人以其所有的责任财产提供担保。担保物权则是以特定物的交换价值提供担保,担保人也仅以担保物的价值为限承担担保责任。正是因为二者存在此种区别,在保证的设立中,债权人比较重视保证人的资信能力,而在担保物权的设立中,债权人并不需要过多关注担保人的资信能力。[①]

第三,担保人的范围不同。对于担保物权而言,担保人既可以是债务人本人,也可以是债务人之外的第三人;而对于保证而言,保证人只能是债务人之外的其他主体,因为债务人当然以其全部责任财产保障债权的实现,因此,允许债务人充当保证人并无实际意义。

第四,担保人的责任范围不同。对于保证而言,保证人是以其全部责任财产为债权的实现提供担保,其承担的是一种无限责任;而对于担保物权而言,担保人是以担保物的价值为限承担担保责任,其承担的是一种有限责任。

第五,是否需要公示不同。对于担保物权而言,其作为一种物权,通常需要通过一定的公示方法予以公示,如通过交付或者登记进行公示。保证在性质上是一种债的关系,其并不需要通过一定的公示方法予以公示。

第六,担保权的效力不同。对于保证而言,债权人对保证人的责任财产并不享有优先受偿的效力;而对于担保物权而言,债权人对担保物的价值依法享有优先受偿权。

第七,对担保人是否有资格限制不同。有观点认为,保证人以其全部财产作为责任财产承担责任,而在担保物权中,担保人仅以担保财产的价值为限承担担保责任,因而保证人有保证资格的问题,而担保物权并无担保资格的规定,仅有对担保财产是否违法或者适格的规定。[②] 此种观点具有一定的合理性。当然,对机关法人以及以公益为目的的非营利法人、非法人组织而言,其之所以不得作为保证人,不仅是因为其没有独立的承担责任的财产,更重要的是其也只能从事与其法定职责相关的活动或者公益性活动,不能从事民商事交易活动,因而当然也不能提供物保[③],因此,《有关担保司法解释》第5条、第6条将《民法典》有关保证资格的规定及于提供物保的情形。

四、担保物权和用益物权

他物权可以分为用益物权和担保物权。在他物权体系中,用益物权是

---

① 参见高圣平:《民法典担保制度及其配套司法解释理解与适用》(上册),中国法制出版社2021年版,第9页。

② 参见最高人民法院民事审判第二庭:《最高人民法院担保制度司法解释理解与适用》,人民法院出版社2021年版,第115~116页。

③ 参见麻锦亮编著:《民法典·担保注释书》,中国民主法制出版社2023年版,第44页。

相对于担保物权而言的。按照通说,用益物权体现的是物的使用价值,而担保物权体现的是物的交换价值。担保物权是为了确保债务的履行而对他人提供担保的物或权利的价值所享有的权利。二者主要具有如下区别。

（一）内容不同

用益物权是以对标的物使用、收益为目的的权利。用益物权人支配的是标的物的使用价值,权利人设立该权利的目的是获取物的使用价值,因而用益物权又可称为"使用价值权"。用益物权作为物权的一种,着眼于财产的使用价值。而担保物权则侧重于对标的物交换价值的支配,其不以对物的实体利用为目的,而是通过支配物的交换价值来确保所担保的债权获得圆满实现。[①] 担保物权人所支配的是担保物的交换价值,即担保物在折价、拍卖或变卖时的价值。担保物权设立的目的是保证担保物权人能够对担保物的交换价值优先受偿。学理上经常将担保物权称为变价权,就是因为担保物权是以获取担保物的交换价值为目的,而用益物权是以取得标的物的使用价值为目的,所以也称为实体权。[②]

（二）存续期间不同

用益物权往往有明确的存续期间,此种存续期间或是约定的,或是法定的。用益物权只有在物权关系被解除以后,才归于消灭。权利人取得用益物权之后,就可以对标的物进行使用、收益。而担保物权的权利人不能在设定权利后立即实现权利,只有在所担保的债权已届清偿期且债务人不履行债务时,担保物权人才能行使变价受偿权。[③] 担保物权以债权的存在为前提,在债权实现后,该担保物权亦随之消灭。

（三）性质不同

除地役权外,用益物权都不具有从属性,故用益物权主要为独立物权。用益物权一旦设立,权利人便独立地享有对标的物的使用权、收益权,即该权利是独立存在的,依当事人之间设立用益物权的行为或法律的规定而设立。而担保物权因其具有从属性,即担保物权因债权的产生而产生,以债权的存在为前提,所以是从权利。一般来说,尽管用益物权与担保物权的权利内容完全不同,但是,它们完全可能同时并存于同一物之上。[④] 例如,在某一房屋上设立居住权后,还可以在该房屋上设立抵押权。

---

① 参见谢在全:《民法物权论》(中册),中国政法大学出版社 2011 年版,第 608 页。

② 参见黄家镇:《德国流通式不动产担保物权制度研究》,法律出版社 2010 年版,第 5 页。

③ 参见郭明瑞:《担保法原理与实务》,中国方正出版社 1995 年版,第 11 页。

④ 参见李淑明:《民法物权》,台北,元照出版有限公司 2006 年版,第 126 页。

(四)目的和社会功能不同

权利人设立用益物权的目的在于对物的使用和收益,从而获取物的使用价值,因此必然要以对权利客体的实体支配为条件。[①] 权利人对物的支配就要求权利人首先应当实际地占有标的物,因为占有乃是使用的前提,丧失了对物的占有,将导致用益物权不能行使。但在担保物权中,担保物权设定的目的并非行使对物的使用和收益权,所以不以对标的物的直接支配为条件。质权之所以要求占有质物,是为了保证质权的实现,而非为了使用质物并从中收益。

用益物权是对不动产的实际控制和利用,这就决定了用益物权制度必然在相当程度上与一国基本经济制度具有密切联系,这使得其具有明显的"本土性(或称本地性)";而担保物权并不要求对不动产等资源进行实际的控制,仅仅需要其支配物的交换价值。因此,它与一国的基本经济制度之间的联系并不紧密,这为担保物权的国际化创造了条件。

(五)客体不同

用益物权通常以不动产为客体。虽然《民法典》第323条规定动产之上也可以设定用益物权,但是《民法典》所规定的4种具体用益物权都是以不动产为客体的。这主要是因为,动产通常是可消耗物和种类物,大多可以通过市场获得,而不需要在其之上设立用益物权。对动产的利用,不一定通过设定用益物权的方式实现,所以,在物权法理论上通常认为在动产上不宜设定用益物权。[②] 而担保物权的客体可以是动产、不动产以及权利。从担保物权的发展趋势来看,只要具有财产价值、能够流通的财产都可以作为担保物权的客体。用益物权的客体发生价值形态的变化,如价值改变、减少等,将对用益物权人的使用收益权产生直接影响,而担保物权的客体发生价值形态的变化,并不影响担保物权的存在。[③] 所以担保物权具有物上代位性,即当担保物权的标的物转化为其他价值形态时,担保物权以标的物的代替物为客体。

虽然用益物权和担保物权是两种不同的他物权形态,但是二者的区别不是绝对的,二者之间的界限也逐渐模糊,尤其是某些担保物权中同样体现物的使用价值。[④] 例如,在日本法上存在特殊的不动产质权制度。[⑤] 我国传

---

① 参见[日]柚木馨:《担保物权法》,东京,有斐阁1947年版,第3页。

② 参见谢在全:《民法物权论》(中册),中国政法大学出版社2011年版,第425页。

③ 参见崔建远:《物权法》(第5版),中国人民大学出版社2021年版,第417页。

④ Christian Larroumet, Droit civil, Tome Ⅱ; Les bien, Droit réels principaux, 4e éd., Economica, 2004, p. 23.

⑤ 参见《日本民法典》第356条。

统民法上的典权制度，就兼具担保物权和用益物权的双重功能。

五、当代担保物权制度的新发展

随着市场经济的发展，担保物权制度的重要性进一步突出。基于担保物权在担保债权的实现、保障金融安全、促进资金融通方面的重要功能，各国或地区的担保物权制度都经历了一些新的发展和变化。

1. 动产担保越来越发达，呈现出与不动产担保并驾齐驱之势

传统上，不动产抵押在各种担保形式中占据极为重要的地位，从而被称为“担保之王”。发达国家至今仍十分重视不动产抵押，主要原因在于：一方面，不动产价值较高，具有稀有性、不可移动性和价值的相对稳定性。不动产不仅不易贬值，就土地而言，还常常会发生增值。[①] 另一方面，不动产的价值也容易评估，从而有利于依据不动产的价值来设立适度的担保。尤其应当看到，对不动产可以通过登记的方法来表彰权利，公示比较简便，从而有利于保护担保物权人的权利。但随着现代社会担保的发展，动产抵押和其他以动产作担保的形式越来越多，作用越来越突出。在现代社会，随着科学技术的进步，动产的类型越来越多，价值也越来越大。不动产虽然重要，但这种资源总是有限的，土地以及其他很多自然资源都具有不可再生性。随着生产力的高度发达，动产却可以不断地被制造出来，它的价值总量在不断增长。另外，一些新型动产的重要性也日益凸显，例如，信息的发展使个人的资料作为动产越来越重要；计算机软件的开发使软件具有日益重要的价值。如果法律允许动产抵押或采取其他担保形式，就将使得普通动产和新型动产都将被纳入担保财产的范围，从而极大地扩张担保标的物的范围。正是由于这一原因，以德国为代表的国家承认了动产让与担保，在实务中大量采用了动产担保形式；而以日本为代表的一些大陆法系国家，则承认动产抵押。

2. 传统的动产质押逐渐衰落，权利担保不断增长

传统的动产质押，是指为担保债权的实现，出质人将动产移转给质权人占有而设立的质押。此种方式也称为“占有型担保”。在现代社会，此种动产质押已经明显衰落，主要原因在于：一方面，此种担保使出质人无法利用担保物获取收益，从而使得动产不能得到有效的利用。[②] 另一方面，在移转占有以后，债权人往往不能也不需要继续利用质押物，但还需要保管该动

---

① 参见郭明瑞：《物权法通义》，商务印书馆 2019 年版，第 266 页。

② 参见中国人民银行研究局、世界银行集团外国投资咨询服务局、国际金融公司中国项目开发中心编：《中国动产担保物权与信贷市场发展》，中信出版社 2006 年版，第 25 页。

产,并为该动产支付一定的保管费用。[①] 正是由于这些原因,动产质押违背了物尽其用原则,在世界范围内逐渐衰落。

与动产质押的衰落形成对比的是权利质押的发达。权利质押可以说是介于质押和抵押之间的一种担保形式,它吸收了这两种方式的优点。权利质押通常都采取登记的方式予以公示,并不需要移转占有,甚至不需要交付权利证书。尤其应当看到,随着数字时代、知识经济时代的到来,以知识、技术等为客体的知识产权的重要性越来越突出。因此,权利质押的重要性日益受到认可,并被许多国家的法律所承认。例如,《美国统一商法典》第九编“统一的动产担保制度”广泛地允许了权利质押,而且该法的一大特点就是强化权利担保。《加拿大魁北克民法典》也允许债权上的动产担保物权,即各种非移转占有的动产担保物权。日本也修改和制定了一系列新的特别法,允许设立抵押证券、让渡担保、所有权保留、债权让渡、抵销预约、代理受领、保险担保、担保信托等非传统担保。[②]

3. 担保标的的范围不断扩大,无形财产、未来财产、集合财产等均可作为担保财产

无形财产是指知识产权、票据权利、品牌、经营权等各种非有体化的财产。无形财产包括权利,但不限于权利,有一些没有形成权利的利益也可被归入无形财产的范畴。在现代社会,无形财产在担保中的作用日趋重要。一方面,无形财产的价值往往是巨大的。例如,知名品牌的价值是无法估量的,可能远远大于有体财产的价值;又如,一项发明可能使濒临破产的企业重现生机。另一方面,在现代社会,有形财产和无形财产常常是相互转化的。例如,商品出售以后就转化为债权,而知识产权在转让以后又变成了货币。企业生产的产品出售之后,就可能形成应收账款。[③] 因此,以无形财产和未来的财产作担保,成为担保物权的重要发展趋势。[④]

未来财产就是现在尚未取得,但是依据合同、法律规定或交易的通常情况是可以获得的财产,主要表现为应收账款。未来财产虽然具有一定的不确定性,但通过一定的技术手段可以克服此种缺陷,所以其也可以成为担保

---

① 参见王泽鉴:《民法学说与判例研究》(重排合订本),北京大学出版社 2015 年版,第 1477 页。

② 参见梁慧星:《日本现代担保法制及其对我国制订担保法的启示》,载梁慧星主编:《民商法论丛》(第 3 卷),法律出版社 1995 年版,第 180 页以下。

③ 参见谢在全:《动产担保制度之最近发展》,载法学丛刊杂志社主编:《跨世纪法学新思维》,台北,元照出版有限公司 2006 年版,第 318 页。

④ See A. L. Diamond, *A Review of Security Interests in Property* (DTI HMSO 1980), p. 9.

的标的。法律上允许未来财产作担保,既包括允许未来财产和其他财产结合在一起形成集合物作担保,也包括允许未来财产单独作担保。例如,《加拿大魁北克民法典》第 2670 条、英国的浮动担保制度和美国的统一担保制度都承认未来财产的担保。以未来财产作担保,不仅有利于促进融资,而且“原料、货品之供应商得以供应之货品、出售所生之应收账款等作为担保物,则可促进信用、担保等融资制度的多样化,消极上避免仅依靠银行以不动产融资,于发生危机时,对经济之冲击”①。《加拿大魁北克民法典》第 6 卷专门设定了担保物权的总则,其中第 2645 条规定,允许以未来财产作为担保,但对于未来财产作担保又是有一定限制的。未来财产仍然应当在该物存在或者债务人实际取得财产时才能实际设定担保权,担保权的优先顺位也应当以其公示时为准。②

集合物担保主要是指财团抵押、浮动抵押。这些都是以整个企业内的所有财产或者整个商店内的全部商品等进行抵押或其他担保。③ 以集合物作担保的优势在于,一方面,它解决了许多大型项目所面临的融资难问题。例如,BOT 投资需要大量筹集资金,投资企业通常不能拿出众多的动产和不动产来作为巨额贷款的担保,但可以在项目企业的全部财产及未来所获得的收益之上设定担保。也就是说,可以以集合物作为担保。④ 另一方面,集合财产的价值要远远大于单个财产价值的简单相加,当一个企业的财产单独拿出一部分进行担保时,其价值是有限的,当其结合成一个整体来计算时,其价值就远远比部分财产大得多。例如,品牌、经营权、企业的声誉、知识产权,往往是与企业联系在一起的,只有进行整体的评估,价值才能确定下来。尤其应当看到,以集合财产作担保,可以使担保权人根据担保合同而接管整个企业的财产,或者在企业资不抵债的情况下,将企业的全部财产以及企业的经营业绩等加在一起出售。这既避免了将企业财产分别出售而导致的价值减少,也可以使受让人在买了这些财产之后,对企业进行整体的利用,充分发挥这些财产的价值。英国自 19 世纪中期以来就承认了浮动担保(floating charge)制度,允许企业以其现在的、未来的各种财产作为担保。

---

① 谢在全:《动产担保制度之最近发展》,载法学丛刊杂志社主编:《跨世纪法学新思维》,台北,元照出版有限公司 2006 年版,第 318 页。

② 参见谢在全:《动产担保制度之最近发展》,载法学丛刊杂志社主编:《跨世纪法学新思维》,台北,元照出版有限公司 2006 年版,第 318 页。

③ 参见[日]我妻荣:《物权法》,东京,岩波书店 1995 年版,第 2 页。

④ 参见谢在全:《动产担保制度之最近发展》,载法学丛刊杂志社主编:《跨世纪法学新思维》,台北,元照出版有限公司 2006 年版,第 318 页。

《美国统一商法典》尽管没有采纳浮动担保制度，但其统一的担保制度允许以集合物作担保。[①] 日本在 1958 年以英国的浮动担保制度为蓝本，制定了《企业担保法》，承认了类似于英国的浮动担保的财团抵押制度。[②] 财团抵押是指将企业的各类财产作为一个集合财产，通过必要的登记公示，在其上只设定一个抵押权的担保方式。[③] 财团抵押的标的必须是企业的整体财产，即集合财产。[④]

4. 公示制度进一步完善

随着非占有型的动产担保以及权利质押等的发展，登记制度本身也发生了一系列变化。例如，加拿大在 20 世纪 50 年代就建立了一个集中统一的中央电子化登记系统，并采用描述性登记的方式。[⑤] 同一个担保物可以采取多种公示方法，各种公示方法之间并没有效力上的优劣。《美洲国家组织动产担保交易示范法》第 10 条第 3 款规定："依一种方式公示的担保物权以后仍可依其他方式而公示，而且，如果公示之间没有间断，为达到本法规定的目的，该担保物权视为持续公示。"这就意味着如果在设定某一个担保物权的时候，采用了某一种特定的公示方法，之后当事人又放弃了此种公示方法，在该客体上又采取其他公示方法，不影响该担保物权的成立。

公示方式的多样化是公示制度发展的另一个趋势。例如，奥地利 1920 年制定了关于动产担保的特别法，为了对当事人之间的关系予以明确并向第三者公示，实行"编制目录"及"编制表格"两种登记制度。[⑥] 日本和我国台湾地区创设了粘贴标签、打刻标记等公示方法，而美国、加拿大和受其影响的许多国家采用的则是更为适合现代社会发展需要的、通过互联网进行的电子登记制度。电子登记方式的优点是成本低、查阅方便、适用范围广等。在欧洲，也实行在机器设备上标注、将票据权利以背书交付等方式，尤其是对权利质押、浮动担保等方式可以采取多种公示手段。例如，对于特定的集合物可以制作成抵押财产目录表予以登记；对于库存商品等处于流动状态的标的物，可以确定特定的空间并进行特定的标识予以公示或进行通

---

① 有关美国的统一担保制度与英国的浮动担保制度的区别，参见李莉：《论浮动抵押财产确定制度》，载《环球法律评论》2021 年第 2 期。

② 参见[日]近江幸治：《担保物权法》，祝娅等译，法律出版社 2000 年版，第 214 页。

③ 参见陈本寒主编：《担保法通论》，武汉大学出版社 1998 年版，第 205 页。

④ 企业的许多财产只有和企业的其他财产结合在一起时，才能表现出应有的价值。

⑤ 参见中国人民银行研究局、世界银行集团外国投资咨询服务局、国际金融公司中国项目开发中心编：《中国动产担保物权与信贷市场发展》，中信出版社 2006 年版，第 26 页。

⑥ Koch, Warenkredit, S. 121ff. 转引自[日]我妻荣：《债权在近代法中的优越地位》，王书江、张雷译，中国大百科全书出版社 1999 年版，第 96 页。

知公告。

5. 既注重支配担保财产的交换价值，也注重发挥担保财产的使用价值

根据传统民法，担保物权与用益物权的根本区别在于：用益物权注重对物的使用价值的支配，而担保物权注重对物的交换价值的支配。但是，现代社会的担保物权形态在功能上发生了一些变化。担保物权人不仅仅注重对交换价值的支配，也日益重视对担保物的实际利用甚至对担保物的支配。此种现象也使担保物权和用益物权的区分标准变得越来越模糊。例如，在动产的让与担保或动产抵押中，担保物的实际变现价值对债权人来说意义并不重要，因为机器设备、原材料或成品、半成品的实际变现价值往往很低，但对债务人来说可能非常重要。如果失去这些动产，债务人可能要被迫停产，或支付远高于变现价格的价格去重新购置。这样，担保权人并不是十分注重这些动产将来拍卖的价值，而更重视通过担保物所有权的移转来促使债务人履行债务。因为债务人害怕失去这些财产，而必须按期清偿债务。正是从这个意义上，这些担保物权也日益具有“控制”的功能。[①] 又如，在浮动抵押中，如果债务人经营不善，或者有其他约定的事由，债权人可以由自己或者通过法院委任管理人来接管和处理债务人的财产。英国法赋予管理人非常广泛的权利，其中就包括允许他有权继续经营债务人公司的业务。[②]

6. 当事人意思自治空间日益扩大

物权法定本身也呈现出一种缓和的趋势，这一点尤其表现在担保物权方面。现代担保法为鼓励担保、融通资金、促进经济的发展，逐渐扩大了当事人在担保的设定，公示方法的确定、实现等方面的意思自治。具体表现在：

第一，许多国家对担保物权的设定采用登记对抗的模式，担保物权从达成协议之日起便产生物权设定的效力。《美国统一商法典》在很大程度上赋予当事人设定权利类型的空间，强调当事人的“意思自治”，该法典第 9—109 条规定，本编适用于“依合同在动产或不动产附着物之上创设担保权的交易，其形式若何，在所不问”。这就最大限度地体现了“私法自治”的精神。[③]《美国统一商法典》规定，没有书面担保协议，但能够用其他方式证明动产抵押存在的，不影响动产抵押的效力。

---

① 参见苏合成：《英美全面业务抵押制度研究》，北京大学出版社 2004 年版，第 126 页。

② 参见钟维：《民法典编纂背景下我国浮动抵押制度的释评与完善》，载《广东社会科学》2018 年第 4 期。

③ 参见高圣平：《动产担保交易的功能主义与形式主义——中国〈民法典〉的处理模式及其影响》，载《国外社会科学》2020 年第 4 期。

第二,关于公示方法的确定,因为美国没有实行大陆法系那样的物权类型的法定模式,而主要是对程序进行法定,包括设定、公示以及实现的程序,所以只要依循《美国统一商法典》第九编的设定、公示担保权的程序,当事人即可依具体情况分配其权利和义务,并可创设新的担保形态。[①] 过去一些国家法律不允许当事人选择公示方法,但现在都允许作出选择。比如动产担保,可以选择登记,可以选择交付,如果选择登记就设立了抵押,选择交付就设立了质押,从而尽量使担保变得灵活,而不至于太僵化。

第三,当事人意思自治空间扩大还表现在当事人可以在担保财产的范围方面,有更广泛的选择空间。其可以选择现有财产,也可以选择未来财产,这就将私法自治原则贯彻到了传统的物权法领域。具体来说,当事人可以在这种程序中创设不同的担保模式,而不必拘泥于某一种形态,这种模式相比较于大陆法系,当事人具有更大的意思自治空间。[②]

第四,关于内容的确定。对此,许多国家的法律允许当事人通过约定来完成。例如,有关担保的债权、担保的标的物等都是通过合同来约定的。对此类合同,法律允许当事人对物权的内容进行约定。例如抵押合同,当事人完全可以对被担保的主债权数额等进行约定。

第五,关于担保物的执行。根据一些国家的动产担保交易法的规定,一旦发生违约,担保物权人即可对担保物行使权利,同时可以选择采取何种救济措施,如占有担保物或不经过债务人的同意而通过自力救济的方式来取得对担保物的占有。当然,采取这种方式不得损害第三人利益和危害公共安全。[③] 当事人可以通过合同约定违约的具体事由,以及违约后担保权人所享有的各种权利,只要这种约定不违反法律的强制性规定,都是法律允许的。[④]

7. 担保物权的独立性增强

担保物权本质上是为了担保主债权的实现而设立,其功能在于增强主债权实现的保障。通常来说,担保物权的存续以主债权的存续为前提;主债权在主体、内容等方面的变化,都会为担保物权带来影响。这种趋势在相当

---

① 参见耿林:《论银行账户担保的控制公示方法》,载《法学杂志》2020 年第 2 期。

② See Ronald C. C. Cuming, *The Internationalization of Secured Financing Law: The Spreading Influence of the Concepts UCC*, Article 9 and its Progeny, in Ross Cranston ed., Making Commercial Law, EssaysinHonour of Roy Goode, Clarendon Press, 1997, p. 501.

③ 参见中国人民银行研究局、世界银行集团外国投资咨询服务局、国际金融公司中国项目开发中心编:《中国动产担保物权与信贷市场发展》,中信出版社 2006 年版,第 270 页。

④ 参见中国人民银行研究局、世界银行集团外国投资咨询服务局、国际金融公司中国项目开发中心编:《中国动产担保物权与信贷市场发展》,中信出版社 2006 年版,第 269 页。

程度上通过抵押权的证券化表现出来。所谓抵押权的证券化,主要是指银行将其享有的抵押权转移给投资公司或金融公司,由这些公司以抵押权所具有的权益发行证券对外出售。采纳此种做法的优势在于,一方面,通过发行抵押权证券进行资产变现,加强了资产的流动性,充分发挥了资产的利用效率。另一方面,买受人通过购买证券分担了抵押风险。这种方式将有助于使担保物权变得更有效率。[1]

8. 从形式主义到功能主义的发展

大陆法主要采取形式主义(formalistic)的立法模式。形式主义的模式的主要特点是基于物债二分结构,坚持物权法定,将担保物权区分为抵押、质押、留置等各种不同的权利,然后分别设置不同的规则。德国法采取了此种模式,其民法体系就是在物债二分的基本框架下构建的,它将保证规定在债法,将担保物权规定在物权法,奉行物权法定主义,然后又将担保物权分为抵押、质押、留置,分别设置不同的规则。所谓功能主义(functionalistic),是指具有担保功能的交易安排均被作为担保,而不考虑担保的性质是物权还是债权。当事人可以采取各种担保方式,但只要办理了登记,统一按照登记的先后顺序确定权利实现的顺位,其并没有采取传统的物债二分体系。美国法采取了此种模式。[2] 客观上讲,两种模式各有利弊,无绝对优劣之分,英美法更侧重于实用主义,而大陆法系更追求体系性、逻辑性,两种模式各有千秋。概括说来,这两种模式的区别主要体现在以下几个方面:

第一,是否以严格的物债二分为规则设计的基础。形式主义的理论基础是债权与物权的二分。在这样的基本框架下,担保物权和具有担保功能的债权也被分别归入物权编和债编,在物权编中,因为物权法定原则的作用,不同的担保物权也就有不同的法律调整机制。需要注意的是,《法国民法典》增设第四编担保编实际上也是打破了传统的物债二分的体系,同时也为当事人找法提供了方便。

第二,是否要区分不同类型的权利而建立不同的规则。形式主义的最大特点是将担保物权区分为不同类型,对不同类型的担保物权分设不同规则;功能主义并不是要求不同担保交易的所有方面都适用相同的规则,仅仅只是与第三人效力有关的规则应当统一,即不区分担保物权的形态,只要有

① 参见李富成:《从美国到全球的证券化市场观察》,载《月旦民商法杂志》2005 年第 7 期。

② 参见高圣平:《动产担保交易的功能主义与形式主义——中国〈民法典〉的处理模式及其影响》,载《国外社会科学》2020 年第 4 期。

担保功能,就适用统一规则。[①]

第三,是否严格受物权法定原则类型强制的约束。形式主义受到物权法定特别是类型强制的约束,当事人不能在法定的物权类型之外创设新的物权类型。功能主义就是要打破类型强制对担保交易的约束,只要在经济上能够起到担保作用,又有适当的公示手段,就可以赋予其优先受偿效力。

9. 非典型担保形式不断发展

所谓非典型担保,是指在物权法等有关法律规定之外的担保形式。非典型担保主要是由法官通过判例创造出来的,非典型担保在类型上具有开放性,在相当程度上是对传统的物权法定原则的突破和缓和。在德国,非典型担保主要表现为让与担保,让与担保又主要分为如下三种:所有权让与担保、债权让与担保与其他权利(主要是股权和知识产权)让与担保。[②] 在其他国家,非典型担保类型也不完全一样,随着经济生活的发展,今后也可能产生更多的新型担保类型。由于非典型担保构成各国担保制度的重要组成部分,而非典型担保在法律渊源上多表现为判例法,所以,仅仅凭借成文法的规定很难完全了解一国的担保制度全貌。[③] 当然,非典型担保如果没有为法律所承认,还很难成为一种法律承认的物权。

此外,作为现代社会越来越活跃的民事权利,担保物权发展日新月异,还体现为最高额担保日益发达,所担保的债权由单一走向集合;法定担保物权有所强化,与意定担保物权共同发挥调整社会生活的功能。[④]

上述担保物权发展的趋势,既表明担保物权随着市场经济的发展而不断发展,也表明担保物权是物权法中最活跃的一种权利,与经济生活最为密切。所以,在坚持物权法定原则的同时,应当考虑到担保物权的发展,而适当为担保物权的发展留下成长的必要空间。由于担保物权的规则与资金融通、债权保障联系在一起,所以担保物权具有很强的国际化特征,在全球化的背景下,我国《民法典》和相关司法解释已经关注到担保物权的上述发展趋势,并对一些新类型的担保制度作出了规定。

六、我国担保物权制度的发展

我国担保物权制度,是随着改革开放和市场经济制度的建立和完善而逐

---

① 参见谢鸿飞:《〈民法典〉实质担保观的规则适用与冲突化解》,载《法学》2020 年第 9 期。

② 参见[德]鲍尔、[德]施蒂尔纳:《德国物权法》(下册),申卫星、王洪亮译,法律出版社 2006 年版,第 553 页。

③ 参见高圣平:《物权法担保物权编》,中国人民大学出版社 2007 年版,第 25 页。

④ 参见马特:《信用风险与担保物权之发展》,载《安徽大学法律评论》2007 年第 1 期。

步建立起来的。《民法典》在总结我国立法和司法实践经验的基础上，借鉴比较法经验，对担保制度作出了重大完善。2020 年最高人民法院颁布了《有关担保司法解释》，有效配合了《民法典》有关担保制度的适用，并进一步改善了营商环境，建立了更加科学的担保物权制度体系。该解释实际上是对原担保法解释进行的清理，将原担保法解释中与《民法典》不一致的规定予以废除，与《民法典》规定相一致的予以吸收，在担保物权部分，详细规定了担保合同与担保物权的效力、不动产抵押、动产权利担保的规则，并进一步丰富、完善了担保物权制度。《民法典》担保物权制度的亮点主要体现在以下几个方面。

（一）促进了动产和权利担保登记制度的统一

在不动产登记制度实现统一之后，立法机关在《民法典》的编纂中就着手推进动产和权利担保的统一登记。由于在动产和权利担保登记方面，登记机构处于一种分散的状态，动产和权利担保制度出现了“九龙治水”的局面。各个机构分别承担相应的登记职责，而且各自的登记程序不同，登记要求不同，登记事项也不同，彼此信息也不互联互通，形成了各自为政的信息孤岛，这无疑会增加当事人的信息查询负担和成本，而且严重损害登记的公示公信力，造成中小微企业、民营企业融资难和融资贵的问题，既不利于社会经济的发展和活跃，也影响了营商环境指标中的指数提升。[①] 为了改善营商环境，促进担保的公开透明、消除隐形担保、维护交易秩序，国务院出台的《优化营商环境条例》第 47 条第 2 款就明确要求，国家推动建立统一的动产和权利担保登记公示系统，逐步实现市场主体在一个平台上办理动产和权利担保登记。《民法典》对此也作出了重大的改变。《民法典》有关动产和权利担保的条文删掉了关于专门的登记机关的规定，按照立法者的说明，删除有关担保物权具体登记机构的规定，是为建立统一的动产抵押和权利质押登记制度留下空间，进而推进动产和权利担保的统一化。[②] 依据《民法典》的规定，国务院已颁发了《关于实施动产和权利担保统一登记的决定》，并于 2021 年 1 月 1 日在全国范围内实施，从而实行了动产和权利担保登记的统一。[③]

---

① 参见刘保玉：《民法典担保物权制度新规释评》，载《法商研究》2020 年第 5 期。

② 参见王晨：《关于〈中华人民共和国民法典（草案）〉的说明——2020 年 5 月 22 日在第十三届全国人民代表大会第三次会议上》；《中华人民共和国民法典大字版》，中国法制出版社 2020 年版，第 285 页。

③ 该决定要求在全国范围内实施动产和权利担保统一登记，纳入统一登记的担保类型包括生产设备、原材料、半成品、产品抵押，应收账款质押，存款单、仓单、提单质押，融资租赁，保理，所有权保留，其他可以登记的动产和权利担保，但机动车抵押、船舶抵押、航空器抵押、债券质押、基金份额质押、股权质押、知识产权中的财产权质押除外。

（二）担保类型的多样化

第一，《民法典》规定了各种新的担保形式。担保的类型越多，当事人的选择空间就越大，将进一步丰富当事人的融资手段，有利于保障债权的实现。因此，《民法典》兼顾了安全和效率两个方面的功能，为了使当事人获得尽可能多的融资途径，规定了正在建造的建筑物的抵押、动产浮动担保、基金份额质押、应收账款质押等，也适应了担保物权国际化发展趋势。此外，《民法典》第388条扩大了设定担保物权的担保合同的范围，承认了大量的非典型担保。

第二，《民法典》扩大了担保财产的范围，对当事人设定担保提供了更多的选择手段。当事人选择担保的余地越大，越表明担保制度符合社会发展的需要。《民法典》第395条第1款第7项中规定的“法律、行政法规未禁止抵押的其他财产”，使抵押权的类型在严格的物权法定主义的模式下，具有了一定程度的开放性。物权法定主义的优势在于为当事人提供一套固定、成熟和安全的担保物权体系，供其自由选择。但是，其不足在于：法定主义会在一定程度上限制当事人的制度创新，妨碍人们对资源的最有效利用。《民法典》第395条上述规定的优点在于：对于抵押物的范围，法律并未加以严格限制，反而采取了开放性立法体例，因而各种新的财产只要具备了合适的公示方法，均可设定抵押。这在一定程度上缓和了严格的法定主义所带来的僵化和刚性。①

第三，有效地协调了“法定主义”和“意定主义”两种基本调整手段的关系，赋予当事人在担保物权的创设、担保范围、担保的实现等方面更多的意思自治空间。例如，在动产担保设定方面，动产是采取抵押还是质押，可以由当事人选择。在物权法定原则下，赋予当事人在担保物权体系内予以自由选择的权利。此外，《民法典》还增加了一些新的规则，例如，区分动产抵押和其他财产的抵押，对不动产抵押实行登记要件主义，而对动产抵押实行登记对抗主义。

（三）从形式主义到功能主义的发展

如前所述，比较法存在从形式主义到功能主义发展的趋向，我国《民法典》在总结比较法经验的基础上，采纳了功能性的形式主义，具体表现在：

第一，《民法典》仍然基本坚持了形式主义的模式。一是在总则编明确规定了物权法定原则；二是坚持了物债二分的基本制度格局，将融资租赁、所有权保留和保理规定于《民法典》合同编，把担保物权规定在物权编，这两

---

① 参见柯勇敏：《〈民法典〉第395条（抵押财产的范围）评注》，载《法学家》2023年第5期。

者还是有严格区分的；三是《民法典》在担保物权分编分设抵押、质押、留置章，分别规定相应的规则，这基本上就是形式主义模式的做法，可以说形式主义的基本结构仍然被保留了。

第二，《民法典》以形式主义模式为基础，也借鉴了美国法的功能主义的一些制度和做法，主要表现在：一是引入了具有担保功能的合同的概念。《民法典》第 388 条第 1 款规定：担保合同包括抵押合同、质押合同和其他具有担保功能的合同。这就将其他具有担保功能的合同如所有权保留、融资租赁、保理，都纳入了担保合同的范围，这些担保方式依法登记后可以产生担保物权的效力。二是明确了担保物权的优先顺位规则，并将其适用于非典型担保。《民法典》第 414 条第 2 款规定："其他可以登记的担保物权，清偿顺序参照适用前款规定。"这就明确了，抵押权的顺位规则可以适用于其他可以登记的担保物权，也可以通过登记明确其权利顺位，这就有效协调了各种担保方式之间的关系。可以说，《民法典》第 388 条第 1 款和第 414 条第 2 款把经济功能上相同的担保交易赋予了同等的法律地位，并可以适用相同的权利对抗、权利顺位以及担保物权实现的规则。[①] 三是动产担保登记对抗规则的扩张适用。《民法典》规定了动产担保登记对抗的效力，其不仅适用于动产抵押，而且适用于所有权保留、融资租赁等担保方式。[②]

以形式主义模式为基础，引入功能主义的一些制度安排有利于鼓励当事人通过意思自治设立新型担保，鼓励担保和金融创新；有利于充分发挥物的交换价值，进而保障债权的实现，这也缓和了僵化的物权法定主义；有利于打通物权与债权之间的壁垒，从而形成互动的适用关系。

（四）简化了担保物权的实现程序，降低了担保物权的实现成本

现代担保物权制度发展的一个趋势就是降低实现担保物权的成本。根据《民法典》第 410 条的规定，为实现抵押权，抵押权人可以与抵押人达成协议，以抵押财产折价、拍卖或变卖该抵押财产所得的价款优先受偿。在当事人就抵押权的实现没有达成协议的情况下，抵押权人可以直接请求法院拍卖或变卖抵押财产。《有关担保司法解释》第 45 条新增庭外实现方式，即当事人可以在担保合同中约定在担保物权实现条件满足时，由担保物权人自行拍卖、变卖担保财产，并优先受偿。[③] 这些规则均在诉讼实现担保物权之

---

① 参见高圣平：《民法典担保制度体系研究》，中国人民大学出版社 2023 年版，第 13 ~ 14 页。

② 参见最高人民法院民事审判第二庭：《最高人民法院民法典担保制度司法解释理解与适用》，人民法院出版社 2021 年版，第 558 页。

③ 参见最高人民法院民事审判第二庭：《最高人民法院民法典担保制度司法解释理解与适用》，人民法院出版社 2021 年版，第 402 ~ 403 页。

外，为债权人的权利实现提供了多种可供选择的方案，以降低担保物权的实现成本。

第二节　担保物权的分类

一、意定担保物权和法定担保物权

意定担保物权是指基于当事人的约定，并在完成一定的公示后设定的担保物权。传统民法上的意定担保物权主要是抵押权和质权。但是随着社会的发展，意定担保物权又有了新的发展，主要是依据交易习惯和判例法发展的“非典型担保”，如让与担保等。法定担保物权是指根据法律的规定而直接设定的担保物权。在某些情况下，法律从保护某种特别债权的政策考虑，直接承认权利人依法享有法定的担保物权，如留置权和建设工程价款优先受偿权等。①

按照物权法定原则，任何物权的设定都须由法律规定，而不能由当事人自由创设。意定担保和法定担保的区别并不意味着意定担保物权完全是通过当事人的约定产生的。所谓意定，只是说担保物权的产生需要当事人之间事先订立设定担保物权的合同，如不动产抵押合同、质押合同，但这些物权的产生最终需要符合法定的要件，如抵押权的取得必须登记，而质权的设定必须交付质物。从这个意义上说，这些物权的产生也必须要符合法定的要件。但对于法定的担保物权来说，只需要具备法定的构成要件，就可以直接产生法定的担保物权，而不需要通过订立合同的方式来设定担保物权。所以，区分这两类物权的意义主要在于是否要订立设立担保物权的合同。

二、典型担保物权和非典型担保物权

一般认为，所谓典型担保物权，是指在民法典中有明文规定的担保物权。② 非典型担保物权是指在法律中没有明文规定，或者虽然有规定，但并没有明确将其规定为担保物权的担保方式。非典型担保物权是非典型担保的一种类型，除非典型担保物权外，非典型担保还包括保理、股权让与担保等担保方式。

两者区分的意义主要在于是否属于《民法典》和相关法律规定的担保物权。按照物权法的原理，担保物权既然是物权，则应当由法律明确规定，至于非典型担保物权，因其不是法律明文规定的，但我国司法解释和司法实践

---

① 参见[日]近江幸治：《担保物权法》，祝娅等译，法律出版社2000年版，第7页。

② 参见[日]近江幸治：《担保物权法》，祝娅等译，法律出版社2000年版，第9页。

也承认一些非典型担保具有物权的效力，其应受到物权法的保护。

三、动产担保物权、不动产担保物权和权利担保物权

此种分类是以担保物权的标的物为标准所作的分类。动产担保物权是指以动产为标的物所设立的担保物权；不动产担保物权是指以不动产和不动产权利为标的所设立的担保物权；权利担保物权是指以动产和不动产之外的某些财产权利为标的所设立的担保物权。对这三种类型的物权作出区分的主要意义在于，动产担保物权的设定以交付标的物的占有作为公示方式，而以不动产和权利作为担保的标的，则应当以登记作为公示方法。此外，在将担保物用于担保时，不动产常常要作价评估，而动产则可以不必评估。

在大多数大陆法系国家的民法中，动产担保物权主要限于质权，而不动产和权利担保物权是指抵押权和权利质权。在我国的立法实践中，这种分类的标准在不断被突破，因为一些动产如交通运输工具也可以设定抵押，所以这种分类的意义已并不突出。应当注意的是，在国际私法统一化运动中，学者们普遍认为在担保物权领域只有动产担保物权的规则适于统一化。[①]

四、占有担保物权和非占有担保物权

以标的物是否移转占有为标准，可区分为占有担保物权（或称移转占有型担保物权）和非占有担保物权（或称非移转占有型担保物权）。前者以标的物移转给债权人占有为担保物权的成立与存续要件，如质权、留置权；后者不以标的物移转占有为担保物权的成立与存续要件，担保人仍可继续占有、使用标的物，如抵押权。[②]

五、权利限制性担保物权和权利移转性担保物权

此种分类是以担保物权的构造方式所作的区分。权利限制性担保物权是指以在标的物上设定限制物权的方式设立的担保物权。一般的担保物权都属于此种类型，如抵押、质押等。权利移转性担保物权是指以将标的物的所有权移转于债权人的方式设立的担保物权，如让与担保、假登记担保等。[③] 它是利用买卖等权利移转的方法进行担保，其在金融担保中发挥着巨大的作用。

第三节　担保物权的设立

担保物权的产生，是指基于法律行为或者法律规定而产生担保物权。

---

① 参见联合国国际贸易委员会文件（A/CN.9/486），第 3 页。

② 参见谢在全：《民法物权论》（中册），中国政法大学出版社 2011 年版，第 615 页。

③ 参见［日］近江幸治：《担保物权法》，祝娅等译，法律出版社 2000 年版，第 7 页。

担保物权的产生方式主要有两种：一是基于法律行为而设立担保物权，这是担保物权设立的典型形式。担保物权的设立属于创设的继受取得，因而不包括担保物权的转让，后者属于担保物权移转的继受取得。二是基于法律规定而产生担保物权，如留置权等。当然，担保物权即使是基于法律规定而产生的，也应当符合担保物权的取得条件。

一、基于法律行为而设立担保物权

如果采用法律行为的方式设立担保物权，应当经过完成合意和公示两个阶段。

（一）合意

《民法典》第388条第1款规定：设立担保物权，应当依照本法和其他法律的规定订立担保合同。该条包括如下内容：首先，当事人为了担保债的履行，通常通过合同的方式设立意定担保物权，包括抵押权和质权。例如，要设立抵押权，当事人之间必须订立抵押合同，设立质权必须订立质押合同。其次，应当依照《民法典》和其他法律的规定订立书面担保合同。根据《民法典》的规定，设立抵押权和质押权都必须订立书面合同。这是因为这些担保物权的设定，对担保权人和担保人的权益影响甚大，且在第三人提供担保财产的情况下，第三人往往是无偿的，并没有因为履行担保义务而获得对价，如果不采用书面合同的方式，可能导致在实现担保物权时，第三人推卸责任。所以，为了预防和减少当事人之间的纠纷，法律规定应当采用书面合同的形式。但留置权的取得，则不需要订立担保合同。[①]

关于担保合同与主合同的关系，《民法典》第388条第1款规定：担保合同是主债权债务合同的从合同。主债权债务合同无效的，担保合同无效，但是法律另有规定的除外。这就确立了担保合同从属于主合同的规则，即只有在法律另有规定的情形下，担保合同的效力才可独立于主合同，当事人不能约定担保合同效力独立于主合同。《有关担保司法解释》第2条第1款也规定："当事人在担保合同中约定担保合同的效力独立于主合同，或者约定担保人对主合同无效的法律后果承担担保责任，该有关担保独立性的约定无效。主合同有效的，有关担保独立性的约定无效不影响担保合同的效力；主合同无效的，人民法院应当认定担保合同无效，但是法律另有规定的除外。"从该规定来看，一方面，它强调了当事人不得约定担保合同的效力独立于主合同，如果当事人作出此种约定，则该约定无效。另一方面，在主合同

① 参见郭明瑞主编：《中华人民共和国物权法释义》，中国法制出版社2007年版，第308页。

有效且担保合同也符合法律规定的情形下,当事人约定担保合同的效力独立于主合同,此时,当事人关于担保合同效力独立性的约定无效,但这并不当然导致整个担保合同无效。① 此外,担保合同的效力从属于主合同的效力,即主合同无效的,除法律另有规定外,担保合同也无效。例如,即使当事人之间基于担保合同已经办理了担保物权设立登记,但其后担保合同被认定无效,或者被撤销的,已登记的担保物权也应宣告无效,登记簿上的担保物权登记仅具有形式上的意义,而不具有担保物权的意义。

此外,在债权让与的情形下,抵押权的转让并不需要当事人作出明确约定,基于担保从属性原则,抵押权原则上也随债权的转让而发生转让,此种转让是基于法律规定发生的。对此,《民法典》第 407 条规定:债权转让的,担保该债权的抵押权一并转让,但是法律另有规定或者当事人另有约定的除外。依据该规定,在债权让与的情形下,如果法律没有特别规定且当事人没有特别约定,也发生抵押权的移转。《民法典》第 547 条第 1 款规定:"债权人转让债权的,受让人取得与债权有关的从权利,但是该从权利专属于债权人自身的除外。"这就是说,对在债权转让情形下的受让人而言,其与担保人之间并不存在设立担保物权的合意,但基于法律规定,其仍然可以依法享有担保物权。

(二)公示

担保物权基于法律行为设立,必须经过公示。《民法典》规定的担保物权的公示方法主要有两种:

一是登记。它适用于不动产抵押、权利抵押和部分权利质押。值得注意的是,《民法典》对不动产抵押、动产抵押分别适用登记要件和登记对抗主义。《有关担保司法解释》第 46 条第 1 款规定:"不动产抵押合同生效后未办理抵押登记手续,债权人请求抵押人办理抵押登记手续的,人民法院应予支持。"该条实际上确认了,在没有办理抵押登记的情形下,抵押合同仍然有效,抵押权人仍然有权请求抵押人办理抵押登记。这实际上也是区分物权变动效力和合同效力的具体体现,债权人请求抵押人办理抵押登记,也是主张违约责任中的继续履行请求权。②

二是交付。它主要适用于动产质押和部分权利质押。在登记的情况下,担保物权的权利内容状况明确,第三人可以通过登记了解到担保物权的

---

① 参见高圣平:《民法典担保制度体系研究》,中国人民大学出版社 2023 年版,第 95 ~ 96 页。

② 参见最高人民法院民事审判第二庭:《最高人民法院民法典担保制度司法解释理解与适用》,人民法院出版社 2021 年版,第 405 页。

类型和具体内容(如主债权的数额、担保范围、担保期限等)。在交付的情况下,第三人仅凭对担保物的占有难以清楚地了解到担保物权的类型和具体内容。例如,债权人占有他人的动产,其享有的究竟是留置权还是质权,第三人不一定能够清楚地知道。所以,登记是典型的公示方法,第三人可以查知其真相,较之于交付更有利于保障交易安全。①

需要探讨的是,《民法典》第 395 条第 1 款第 7 项规定,“法律、行政法规未禁止抵押的其他财产”可以抵押。但是,对于大量的“担保物权”并没有明确规定担保物权的设定必须采用何种公示方法。本书认为,对于《民法典》第 395 条第 1 款没有列举的财产设立抵押,如果特别法对公示方法作出了规定,则应当依据该特别法的规定确定权利公示方法,②如果法律没有作出特别规定,则原则上应适用登记要件主义,主要原因在于:第一,《民法典》第 209 条第 1 款规定:“不动产物权的设立、变更、转让和消灭,经依法登记,发生效力;未经登记,不发生效力,但法律另有规定的除外。”该条的适用范围虽然针对的是不动产,但可以类推适用于可登记且法律没有作出特殊规定的其他财产。例如,债务人以其庄园进行抵押,该庄园既包括了不动产,也包括了一些正在建设的建造物以及庄园中的浮雕等艺术品,对此类财产的抵押是否必须登记,法律并未作出明确规定,但鉴于庄园本身可以登记,因此可类推适用《民法典》第 209 条的规定。第二,在《民法典》中,凡是不适用登记要件主义的情形都已经作出例外规定。例如,关于动产抵押、动产浮动担保,其不适用登记要件主义,而采登记对抗主义。第三,从立法目的上看,物权法仍然主张通过登记来确定物权的归属,从而明晰产权、定分止争;对于法律没有明确规定必须采取登记对抗主义的,原则上都应当采取登记要件主义。例如,有关权利质押,法律已明确要求登记,反映了立法者的意图,从而未经登记不能有效设立物权。

二、基于法律规定而产生担保物权

基于法律规定而产生的担保物权,称为法定担保物权。其特征在于,只要符合法律规定的要件,就可以直接产生担保物权,既不需要当事人就担保物权的设立达成协议,也不需要采用一定的公示方法进行公示。法定担保物权是基于法律政策考虑,而使当事人享有担保物权。例如,为了保障汽车修理人的利益,法律规定在符合法定要件时,其可以对占有的汽车享有留置

---

① 参见郑玉波:《民法物权》,台北,三民书局 2003 年版,第 33 页。

② 参见高圣平:《民法典担保制度及其配套司法解释理解与适用》(上册),中国法制出版社 2021 年版,第 410 页。

权,从而保障其债权的实现。

《民法典》第 388 条第 1 款规定:设立担保物权,应当依照本法和其他法律的规定订立担保合同。但这只是就担保物权设立的一般情况作出的规定。在例外情形下,基于法律规定而设立担保物权,当事人不需要作出设立担保物权的意思表示,更不需要在当事人之间订立设立担保物权的合同。《民法典》中基于法律规定直接产生的担保物权可以概括为如下几类:

第一,留置权。留置权是基于《民法典》规定而产生的法定担保物权,其不能依据当事人的合意而产生,当事人也不能通过合意予以排除。

第二,基于债权让与产生的担保物权的转让。在债权让与的情形下,担保物权也随之移转,此种情形下担保物权的移转并不是基于当事人约定发生的,而是基于法律规定发生的,因此,其也属于基于法律规定发生的担保物权的变动。

第三,基于房地一体抵押规则而设立的抵押权。① 在抵押人以建设用地使用权单独设立抵押权时,该建设用地使用权之上的房屋也视为一并抵押;同样,如果抵押人以房屋单独设立抵押权时,该房屋所占的建设用地使用权也视为一并抵押。这里的"一并抵押"系指抵押权人就未抵押部分财产取得的抵押权,属于法定抵押权。②

需要指出的是,对基于法律规定而产生的担保物权而言,其产生原因具有法定性,即只有法律对此作出了明确的规定,才能依法产生担保物权。同时,此种情形下担保物权产生的条件也具有法定性,即只有符合法律规定的条件,才能产生担保物权。

关于基于法律规定发生的担保物权的变动是否需要践行法定的公示方法,本书认为,基于法律规定发生的担保物权变动并非基于法律行为而发生的物权变动,因此,其并不需要践行法定的物权变动公示方法。例如,在债权让与的情形下,担保该债权的不动产抵押权也随之移转,此时,即便没有办理抵押权变更登记,抵押权也会随债权的转让而发生转让。

第四节　担 保 合 同

一、担保合同的概念

《民法典》第 388 条规定,担保合同是主债权债务合同的从合同。主债

① 参见《民法典》第 397 条。

② 参见高圣平:《担保法前沿问题与判解研究》(第 5 卷),人民法院出版社 2021 年版,第 361 页。

权债务合同无效的,担保合同无效,但是法律另有规定的除外。该条首先确定了担保合同的性质。所谓担保合同,是指当事人之间依据《民法典》以及其他法律的规定,而达成的设立担保物权的协议。其订立的目的在于保障主债务的履行。担保物权除了法定的担保物权之外,通常都需要依据担保合同而设立。担保合同是以意思表示为核心的行为,而此种意思表示的内容就是要在当事人之间设立担保物权,如抵押权和质权。至于当事人之间关于变更和消灭担保物权的合同,不属于此处所说的担保合同。担保合同从广义上说,包括设立担保物权的合同和保证合同。但此处所说的"担保合同"仅指设立担保物权的合同,而不包括保证合同。此种合同主要发生在主债权人和担保人之间,而担保人既可以是债务人,也可以是第三人。

根据《民法典》第 388 条第 1 款的规定,担保合同是主债权债务合同的从合同。所谓从合同,是相对于主合同而言的。主合同是指不需要其他合同的存在即可独立存在的合同。对于担保合同来说,设立主债权债务的合同就是主合同。从合同,就是以其他合同的存在为存在前提的合同。担保合同相对于主债权债务合同而言即为从合同。由于从合同要依赖主合同的存在而存在,所以从合同又被称为"附属合同"。担保合同作为从合同,具有从属性,其自身不能独立存在。[①] 这具体表现为:第一,产生上的从属性,即担保合同以主合同的存在为前提,其自身不能独立存在,必须以主合同的存在并生效为前提。第二,效力上的从属性,即从合同的效力随主合同效力而定;主合同无效,担保合同无效。第三,移转上的从属性,即主合同移转,担保合同原则上也相应地发生移转。第四,消灭上的从属性,即主合同消灭则担保合同也归于消灭。《民法典》关于担保合同性质的规定,准确地界定了担保合同与主债权债务合同之间的关系。

二、担保合同的范围的扩张

《民法典》第 388 条第 1 款规定:设立担保物权,应当依照本法和其他法律的规定订立担保合同。担保合同包括抵押合同、质押合同和其他具有担保功能的合同。该规定进一步完善担保物权制度,为推动担保制度现代化、优化营商环境提供法治保障。

第一,扩大担保合同的范围,并承认了各类担保合同的效力。该条扩大了担保合同的范围,增加规定担保合同包括抵押合同、质押合同和其他具有担保功能的合同。《有关担保司法解释》第 1 条规定:"因抵押、质押、留置、

---

① 参见崔建远主编:《合同法》(第 7 版),法律出版社 2021 年版,第 24 ~ 25 页。

保证等担保发生的纠纷,适用本解释。所有权保留买卖、融资租赁、保理等涉及担保功能发生的纠纷,适用本解释的有关规定。”从该规定来看,其显然是以《民法典》第388条第1款为上位法依据,意在统一调整各类担保方式,消除各类担保方式公示方法不统一、效力顺位不明确等问题。

第二,为非典型担保提供了法律适用依据。《民法典》第388条第1款中的“其他具有担保功能的合同”,是指抵押合同和质押合同之外的其他担保合同,其中以合同编规定的所有权保留、融资租赁、保理等交易形式为其典型。对于合同编规定的这些非传统担保方式,《民法典》允许通过登记来体现或增强其效力,《民法典》第388条第1款不仅允许当事人订立“其他具有担保功能的合同”,更重要的是通过这种合同的订立而采纳一定的公示方法,就可以形成具有功能化的担保物权。这就为当事人创设新的担保物权形态、实行各种金融创新提供了法律依据。

第三,为建立统一的动产抵押和权利质押登记制度提供了规范基础。《民法典》第388条第1款除了明确担保合同的范围,更为重要的是在统一的动产和权利担保登记公示系统的支撑下,把抵押权等传统担保物权,以及合同编规定的所有权保留、融资租赁、保理之类的非传统担保,再加上法律并未规定的其他新类型担保,均归入“动产和权利担保”,通过统一登记制度,可以产生物权效力。

三、担保合同的标的物

所谓担保财产,是指能够用来提供担保的物和权利。在现代社会,随着市场经济的发展,法律为了便于融通资金,充分发挥财产的经济效用,促进交易的发展,逐步扩张了担保财产的范围。我国《民法典》在规定抵押财产的范围时采用负面清单的方式,即凡是法律法规没有禁止抵押的财产,都可以成为抵押财产。在权利质权方面,《民法典》第440条则采取了正面清单模式,将出质财产限定在法律、行政法规规定可以出质的财产权利。但《有关担保司法解释》第63条规定:“债权人与担保人订立担保合同,约定以法律、行政法规尚未规定可以担保的财产权利设立担保,当事人主张合同无效的,人民法院不予支持。当事人未在法定的登记机构依法进行登记,主张该担保具有物权效力的,人民法院不予支持。”依据这一规定,在法律不禁止的任何财产权利之上均可以设定担保,且当事人在订立担保合同之后只要在法定的登记机构依法进行登记,均可以取得担保物权的效力。这一规定进一步扩张了法律允许担保的权利范围。担保财产具有如下特点:

第一，担保财产包括了物和权利。一是作为担保财产的物。对担保物来说，主要包括动产和不动产。通常来说，担保物必须特定化，达到能够合理识别的程度，但这并非说在担保物权设定时必须特定，而是在担保物权实现时特定即可。例如，在动产浮动抵押的情形，只需要在抵押权实现时抵押物特定化。二是作为担保财产的权利。随着社会的发展，权利担保的范围也越来越宽泛，权利担保的范围在不断扩张。

第二，必须具有合理识别性。所谓合理识别，是指只要根据一般人的认识可以确定担保财产即可。在以不动产为客体设立担保的合同中，需要对财产进行具体描述。而在以动产和权利为客体设立担保的合同中，往往不需要对担保财产作具体描述，而只需要对其作概括描述，只要概括描述能够合理识别担保财产，即符合特定化的要求。对于担保物采用概括描述的方式，有利于鼓励担保特别是动产担保，有利于降低担保费用、充分发挥物的交换价值。[①] 因为对于部分动产（如存货）以及未来财产而言，很难进行具体描述。因此，《有关担保司法解释》第 53 条规定："当事人在动产和权利担保合同中对担保财产进行概括描述，该描述能够合理识别担保财产的，人民法院应当认定担保成立。"

第三，必须具有可转让性。担保物权支配的是担保财产的交换价值，在债务人不履行债务或者发生当事人约定的事由时，债权人有权就担保财产进行变价，并就价款优先受偿。因此，如果担保财产不具有可转让性，债权人无法就担保财产进行变价，担保物权也将无法实现，此时，在该财产之上设定担保物权并不具有现实意义。

四、主合同和担保合同的关系

（一）主合同无效和被撤销对担保合同的影响

在主合同被确认无效以后，担保合同是否应当被确认无效？按照一般的原则，担保合同的效力是从属于主合同的效力的，担保合同的成立、生效是以主合同的成立和生效为前提的。主合同无效，担保合同也无效。根据我国原《担保法》第 5 条第 1 款的规定，"担保合同是主合同的从合同，主合同无效，担保合同无效。担保合同另有约定的，按照约定"。如何理解"担保合同另有约定的，按照约定"？许多学者认为，当事人之间"另有约定"是指，当事人特别约定担保合同可以具有独立于主合同的效力，如当事人特别

---

① 参见程啸、高圣平、谢鸿飞：《最高人民法院新担保司法解释理解与适用》，法律出版社 2021 年版，第 334 页。

规定主合同被确认无效以后,担保合同仍然有效。[①] 如果当事人作出此种约定,则按照合同自由原则应尊重当事人的约定。《民法典》第 388 条第 1 款规定:担保合同是主债权债务合同的从合同。主债权债务合同无效的,担保合同无效,但是法律另有规定的除外。根据这一规定,当主债权债务合同因为违反法律的强制性规定等原因而被认定为无效时,担保合同也原则上归于无效,除非法律另有规定。按照《民法典》的上述规定,当事人之间不得特别约定主合同无效而设立担保物权的担保合同仍然有效,当然,独立保证不适用该规定,可以仍然有效。此种修改的意义在于:一方面,该规定突出了担保合同的从属性。主债权债务合同无效的,担保合同原则上也应无效。另一方面,该规定不允许当事人通过约定排除《民法典》第 388 条的规定,从而确立了该规范的强行法性质。

需要注意的是,《民法典》仅仅规定了主合同无效而导致担保合同无效的情形,而没有涉及主合同被撤销的情形。本书认为,主合同被撤销,将导致与无效相同的法律后果,所以,《民法典》第 388 条第 1 款的规定也应当类推适用于主合同被撤销的情形。主合同被撤销,担保合同的效力也应当归于消灭。

(二)主合同有效而担保合同无效

在主合同有效而担保合同无效的情形下,《民法典》第 388 条第 2 款规定:"担保合同被确认无效后,债务人、担保人、债权人有过错的,应当根据其过错各自承担相应的民事责任。"依据该规定,应当根据债务人、担保人、债权人的过错认定其民事责任,但各方主体究竟应当承担何种责任,该条并未作出细化规定。关于此种情形下担保人责任的性质,本书认为,担保人主要应当根据缔约过失承担责任,这种责任并不是一种履行责任,而只是一种损害赔偿责任。[②] 此种损害赔偿责任的主要依据是过错责任原则。具体来说,就是要根据担保人、债权人、债务人的不同过错程度来考虑其责任范围。《有关担保司法解释》第 17 条第 1 款专门规定了此种情形下担保人的责任规则,依据该规定,在主合同有效而担保合同无效场合,应当视当事人对担保合同的无效是否有过错来确定担保人应否承担赔偿责任,具体而言:

第一,债权人与担保人均有过错的,担保人承担的赔偿责任不应超过债务人不能清偿部分的 1/2。本书认为,如此规定虽然具有一定的可操作性,但是规定"1/2"的责任份额的理由也可能过于僵硬,因为在债权人与担保人

---

① 参见李国光主编:《担保法新释新解与适用》,新华出版社 2001 年版,第 43～44 页。

② 参见程啸:《担保物权研究》(第 2 版),中国人民大学出版社 2019 年版,第 130 页。

均有过错的情形下，二者的过错程度常常是不一样的，完全不考虑各自的过错程度，而一概机械地规定担保人承担民事责任的部分不应超过债务人不能清偿部分的1/2，可能导致在法律适用中某个过错程度较重者仅承担较轻责任。

第二，担保人有过错而债权人无过错的，担保人对债务人不能清偿的部分承担赔偿责任。例如，担保人和债务人恶意串通，欺诈债权人，诱使其订立担保合同，合同因欺诈而归于无效的，债权人对此并无过错。在债权人没有过错的情形下，担保合同无效是因担保人的过错而导致的，因此，担保人应当对债权人的损失承担赔偿责任。问题在于，在债权人无过错的情况下，担保人与债务人对债权人的损失是否应当承担连带赔偿责任？有学者解释，“主合同有效而担保合同无效，债权人无过错的，担保人与债务人对主合同债权人的经济损失，承担连带赔偿责任”。其理论基础与共同侵权相似。[①] 本书认为，这种观点仍然是值得商榷的。担保合同是债权人和担保人之间的合同，因担保人的过错而导致合同无效，担保人毫无疑问应当承担责任，但担保人并不因此应与债务人承担共同侵权责任。对此要区分两种情况：一是担保人与债务人恶意串通，欺诈债权人而诱使其订立担保合同。此种情形下，两者具有共同的过错，已构成共同侵权行为，则应当承担共同侵权的连带责任。二是仅由于担保人的过错导致担保合同无效，换言之，担保合同无效完全是担保人的个人原因造成的。例如，担保人弄虚作假，以欺诈的方式为他人提供担保，导致担保合同无效，在此情况下，债务人并没有过错，若要与担保人共同承担连带责任，对债务人确实不公平。因此，主合同有效而担保合同无效，债权人无过错的，担保人与债务人对主合同债权人的损失应当承担赔偿责任，但此种情况下是依据共同侵权而由担保人和债务人承担连带责任，还是根据缔约过失制度由具有过错的担保人独自承担责任，应具体情况具体处理。

第三，债权人有过错而担保人无过错的，担保人不承担赔偿责任。在担保合同无效的情形下，担保人对债权人所承担的责任在性质上属于缔约过失责任，如果债权人有过错而担保人无过错，则担保人的缔约过失责任无法成立，其无须对债权人的损失承担赔偿责任。例如，债权人与债务人恶意串通，骗取担保。

（三）因主合同无效导致担保合同无效

《民法典》第388条第1款规定：主债权债务合同无效的，担保合同无

---

① 参见曹士兵：《中国担保制度与担保方法》（第4版），中国法制出版社2017年版，第98页。

效,但是法律另有规定的除外。担保合同是主合同的从合同,按照“从附主”的原则,主合同无效,就导致担保合同无效。但在因主合同无效导致担保合同无效的情形下,担保人要承担何种责任,本条并未作出明确规定。本书认为,在因主合同无效导致担保合同无效的情形下,由于担保合同已经被宣告无效,担保人无须承担担保责任,其承担的主要是缔约过失责任。《有关担保司法解释》第 17 条第 2 款区分了不同情形,分别规定了担保人的责任:

第一,担保人无过错的,不承担赔偿责任。如果担保人对于主合同无效无过错,主合同无效是由债务人和债权人的过错造成的,此时,理所当然应当由主合同的当事人承担责任。如前所述,由于担保合同无效时担保人所承担的责任是缔约过失责任,此种责任以过错为成立要件,因此,在担保人无过错时,其无须承担责任。①

第二,担保人有过错的,其承担的赔偿责任不应超过债务人不能清偿部分的 1/3。例如,在“江苏志元置业有限公司诉上海懿卿投资管理有限公司等企业借贷纠纷案”中,法院认为,“借贷合同无效,担保合同也无效。由于原告与被告江某某对于担保合同无效都存在过错,因此作为保证人的被告江某某,应向债权人即原告承担赔偿责任,但承担责任部分不应超过债务人即被告懿卿公司不能清偿部分的三分之一”②。

需要指出的是,在主合同无效的情况下,如何确定担保人的过错?一般认为,所谓担保人有过错,是指担保人明知主合同无效仍为之提供担保,以及担保人明知主合同无效仍促使主合同成立或为主合同的签订做中介等。③本书认为,担保人的过错包括多种形态,具体包括:一是担保人明知主债权无效而仍然提供担保。例如,明知债务人贷款是为了从事非法活动,而仍然为此种违法贷款提供担保;明知贷款人实施了骗取贷款的行为,而仍然为其提供担保。二是在订立违法的主合同过程中,与主债务人恶意串通而欺诈主债权人并订立合同。三是担保人未就主合同是否存无效事由尽到审查义务,包括对主合同的借款目的等进行审查。四是担保人积极促成无效主合同的成立,或者在主合同的订立过程中起中介作用。在上述情况下,由于担保人具有过错,合同被确认无效之后,担保人应当根据其过错承担相应的责任。

本书认为,原则上合同的有效或无效与合同关系之外的第三人无关。

① 参见最高人民法院民事判决书,(2018)最高法民再 264 号。

② 上海市奉贤区人民法院民事判决书,(2013)奉民二(商)初字第 2149 号。

③ 参见曹士兵:《中国担保诸问题的解决与展望》,中国法制出版社 2001 年版,第 33 页。

就担保而言，主合同属于债权人和债务人之间的合同，主合同当事人不包括担保人，通常不可能因为担保人的原因造成主合同无效。因此，对于主合同无效而言，主要是债务人和债权人的过错造成的，理所当然应当由主合同的当事人承担责任。在主合同无效的情况下，如果要担保人承担责任，只有一个例外，即主合同在订立时，债权人可能信赖担保合同的成立并生效而订立主合同。此种情况下，如果担保人不负担任何责任，则对债权人的保护不利。尤其是在主合同无效债权人没有过错时，更是如此。从维护信赖利益和保护交易安全的角度考虑，使担保人承担一定的责任是必要的。

从《有关担保司法解释》第 17 条第 2 款规定来看，在因主合同无效导致担保合同无效时，担保人所承担的赔偿责任不应超过债务人不能清偿部分的 1/3，此种责任限制过于机械。本书认为，在主合同无效导致担保合同无效的情形下，担保人承担的赔偿责任原则上不超过债务人不能清偿部分的 1/3，但也应当允许法官根据案件的不同情况，具体认定担保人的责任。当然，对于物上担保的情形，担保人的赔偿责任还不得超过担保财产的价值，否则担保人在担保合同无效时承担的责任将超过担保合同有效的责任，基于同样的理由，如果担保合同中约定了担保范围的，担保人承担的赔偿责任也不应超过约定的担保范围。

(四)担保人承担担保责任后对债务人的追偿权

在担保人承担责任之后，是否可以向债务人追偿？《民法典》第 700 条规定："保证人承担保证责任后，除当事人另有约定外，有权在其承担保证责任的范围内向债务人追偿，享有债权人对债务人的权利，但是不得损害债权人的利益。"依据该规定，对保证而言，保证人在承担保证责任后，原则上可以向债务人追偿。依据《有关担保司法解释》第 20 条的规定，该规则也可以参照适用于担保物权的情形。对担保物权而言，担保人在承担担保责任后对债务人追偿权的行使应当具备如下条件：

第一，担保人所承担的是担保责任。依据《民法典》第 700 条的规定，担保人对债务人行使追偿权的前提是其承担了担保责任。因为在担保关系中，债务人才是债务的最终承担者，担保人是为债务人承担责任，其在承担担保责任后，对债务人应当依法享有追偿权。

需要指出的是，前述规则仅能适用于担保人承担担保责任的情形。如前所述，在担保合同无效的情形下，担保人所承担的主要是缔约过失责任，其在承担了赔偿责任后，是否可以向债务人追偿？对此，《有关担保司法解释》第 18 条第 1 款规定："承担了担保责任或者赔偿责任的担保人，在其承担责任的范围内向债务人追偿的,人民法院应予支持。”依据该款规定,担保人在承担了赔偿责任后,可以依法向债务人追偿,此处的赔偿责任包括担保人在担保合同无效后所承担的责任。一般认为,在担保合同无效的情形下,担保人承担赔偿责任后之所以可以向债务人追偿,主要是因为担保人所承担的赔偿责任仍然是基于担保关系产生的,而且担保人承担赔偿责任也会导致债务人责任的减轻。[①] 本书认为,在担保合同无效的情形下,允许担保人承担赔偿责任后向债务人追偿,已经超出了《民法典》第700条的文义范围,而且担保人在此种情形下所承担的是缔约过失责任,是为自己的过错承担责任,其承担赔偿责任后不应当对债务人享有追偿权。[②]

第二,担保人承担担保责任与债务人责任消灭之间具有因果关系。[③] 换言之,担保人承担担保责任后,会导致主债权相应地消灭,从而导致债务人责任相应地消灭,二者之间具有因果关系。如果担保人承担责任并没有导致主债权债务相应地消灭,而只是导致担保人自己的责任减轻,则其对债务人不应享有追偿权。

第三,担保人没有抛弃追偿权的意思。担保人承担担保责任后对债务人的追偿权是一项法定权利,其成立并不需要当事人明确约定,但如果担保人明确表示抛弃对债务人的追偿权,则其承担担保责任将变为对债务人纯粹的赠与,此种抛弃也是有效的。

此外,依据《民法典》第700条的规定,担保人对债务人行使追偿权不得损害债权人的利益。例如,担保人在行使追偿权时,债权人的债权尚未完全实现,如果因担保人行使追偿权导致债权人的债权无法实现,则该追偿权的行使即损害了债权人的利益。换言之,在担保人对债务人行使追偿权的情形下,要优先保障债权人债权的实现。

五、区分担保合同与担保物权

我国《民法典》原则上采债权形式主义的物权变动模式,即“合意+公示”的模式。就担保合同而言,合意是指当事人之间关于设立、变更、转让担保物权的合同,而公示则是登记或者交付。合意是设立担保物权的基础,决

---

① 参见最高人民法院民事审判第二庭:《最高人民法院民法典担保制度司法解释理解与适用》,人民法院出版社2021年版,第214~215页。

② 参见程啸:《主合同无效时担保人的责任问题——兼评最高人民法院〈担保法解释〉第8、9条》,载《法学论坛》2005年第6期。

③ 参见最高人民法院民事审判第二庭:《最高人民法院民法典担保制度司法解释理解与适用》,人民法院出版社2021年版,第214页。

定担保物权的变动,而担保物权的设立则是合意的结果。依据《民法典》第215条的规定,除法律另有规定或者当事人另有约定外,担保合同自成立时生效。当事人是否办理登记或者交付标的物,并不影响担保合同的效力。

反之,如果认为不办理登记会影响担保合同的效力,则违背了《民法典》第215条的规定。例如,一些抵押人在将其房产设置抵押以后,一旦银行向其发放了借款,就以未经登记合同不生效为由,而拒绝办理抵押登记。此时,因为抵押合同还没有生效,对方当事人也无权依据有效的合同要求其承担违约责任,仅能要求其承担缔约过失责任。这种投机行为显然有违诚信观念,甚至引发了道德危机,不利于构建诚信社会以及市场经济的健康发展。因此,依据《民法典》第215条的规定,当事人未办理登记,只是不能设立担保物权,但不影响担保合同的效力。

六、主合同的解除对担保合同的影响

依据《民法典》第566条第3款的规定,"主合同解除后,担保人对债务人应当承担的民事责任仍应当承担担保责任,但是担保合同另有约定的除外"。可见,主合同解除对担保合同的影响有如下体现:

第一,主合同解除,担保合同并不当然解除。因为从《民法典》的上述规定来看,主合同解除并不导致担保合同的解除。担保合同效力的从属性是指主合同无效导致担保合同无效,并不包括主合同解除的情形。

第二,主合同解除并不当然免除担保人的担保责任。主合同解除不同于主合同无效、被撤销等,其并不能当然免除担保人的担保责任,主要原因在于:一方面,在合同因违约被解除的情形下,并不免除违约方的违约责任,而违约责任是当事人不履行合同义务的结果,其实际上是当事人合同债务的一种延伸,因此,担保人对债务人应当承担的民事责任仍应当承担担保责任。另一方面,当事人设立担保的目的在于保障主债务的履行,合同是因主债务未履行而被解除的,债务人在合同被解除后所产生的责任也是因主债务未履行而导致的,因此,担保人对债务人仍应当承担担保责任。这也不违反担保人设立担保的意思。

第三,担保人应对债务人承担的民事责任承担担保责任。合同解除后的民事责任主要包括两大类:一是违约责任;二是基于恢复原状、采取其他补救措施义务而产生的民事责任。从《民法典》第566条第3款规定来看,其在规定主合同解除对担保责任的影响时,并没有限定债务人对债权人所承担的民事责任的范围。在债务人对债权人负担违约责任的情形下,债务人的违约责任与原主债务具有同一性,因此,担保人对债务人的违约责任仍应当承担担保责任。债务人在主合同被解除后所负担的恢复原状、采取其他补救措施等责任是否属于担保人担保的范围，存在一定的争议。本书认为，合同解除后的恢复原状、采取其他补救措施等义务的履行不应当成为担保的对象，因为担保的对象是主债务，而合同解除后的恢复原状、采取其他补救措施等义务并不是合同主债务转化而来的，其与主债务并不具有同一性，因此，其不应当成为担保的对象。当然，《民法典》第 566 条第 3 款规定，在主合同解除后，当事人可以对担保责任的承担作出约定。例如，当事人可以约定，在主合同解除时，可以免除或者减轻担保人的责任，如果当事人作出了此种约定，该约定也应当有效。

七、主合同的效力与独立担保

所谓独立担保，是指在效力上独立于主债权的担保。在人的担保与物的担保中，都存在独立担保的问题。在担保物权中，依据《民法典》第 388 条第 1 款的规定，"主债权债务合同无效的，担保合同无效，但是法律另有规定的除外"。依据该规定，只有在法律另有规定的情形下，担保合同的效力才能独立于主合同，当事人不能约定担保合同的效力具有独立性。在保证中，依据《民法典》第 682 条第 1 款的规定，"主债权债务合同无效的，保证合同无效，但是法律另有规定的除外"。该条同样将保证合同效力独立性限定为法律另有规定的情形。

对于《民法典》第 388 条、第 682 条有关"法律另有规定的除外"的表述，在解释上有两种不同的看法：

1. 赞成说。此种观点认为，《民法典》虽然是用"法律另有规定的除外"的提法，但实际上是为独立担保提供了法律空间[①]，这与担保法的规定并不矛盾。尤其应当看到，独立担保在国际商事交往中应用十分广泛，在担保实务中通常表现为独立保函、见索即付银行保函、备用信用证、放弃先诉抗辩权和主合同一切抗辩权等。因为其具有广泛的适用空间，所以应当认为《民法典》承认了此种形式。

2. 反对说。此种观点认为，考虑到独立担保责任的异常严厉性，以及使用该制度可能产生欺诈和滥用权利的弊端，尤其是为了避免严重影响或动摇我国担保法律制度体系的基础，目前独立担保只能在国际商事交易中使用。[②]

---

① 参见邹海林：《论〈民法典各分编（草案）〉"担保物权"的制度完善——以〈民法典各分编（草案）〉第一编物权为分析对象》，载《比较法研究》2019 年第 2 期。

② 参见最高人民法院民事判决书，(2007)民二终字第 117 号。

上述两种观点，都不无道理，应当承认，独立担保已经为有关的国际公约和国际惯例所承认。例如，1992 年国际商会的《合同担保统一规则》《见索即付担保统一规则》等，其中就涉及独立担保。1995 年，联合国通过了《独立担保和备用信用证公约》，首次明确规定了独立担保，但此种担保仅在国际上采用。本书认为，我国《民法典》中并未明确承认独立担保，但这并未妨碍将来通过特别法对独立担保予以承认。主要理由在于：从文义解释的角度来看，《民法典》只限于法律特别规定的情形，才能设立独立担保。如果法律没有明确规定，当事人约定设立"独立担保"的，则依据从属性规则，此种约定不产生物权效力。《民法典》的规定实际上保持了一种开放性，为未来的担保法律发展留下了空间。

《最高人民法院关于审理独立保函纠纷案件若干问题的规定》对独立保函作出了规定，但《民法典》关于担保效力独立性所规定的法律另有规定的情形是否包括司法解释的规定，理论上存在一定的争议。《有关担保司法解释》第 2 条承认了独立保函的效力，并规定《最高人民法院关于审理独立保函纠纷案件若干问题的规定》仍然有效，这实际上是从广义上理解前述法律另有规定的情形，而将司法解释也纳入其中。即便如此，我国现行立法也没有承认担保物权效力的独立性，因此，如果当事人在设立担保物权时约定，主合同无效后，担保物权仍然有效，则该约定无效。在此情形下，即便当事人已经办理了登记，也无法产生设立担保物权的效力。此外，依据《有关担保司法解释》第 2 条的规定，即便当事人有关担保合同效力独立性的约定无效，但如果主债权有效，则担保合同仍然可以依法生效。

第五节　担保人的资格限制

担保合同的当事人与一般的典型合同不同，不是所有的主体均能作为担保合同的当事人。《有关担保司法解释》对机关法人等主体提供担保的资格作出了规定。凡是不具有担保资格的主体，不能成为担保合同的当事人[①]，依据《有关担保司法解释》的规定，在担保人不具有担保资格的情形下，担保合同无效，此时，不能有效设立担保物权。依据该司法解释第 17 条的规定，担保人、债权人、债务人应当根据其过错程度承担相应的责任。我国民事立法对担保合同当事人资格存在一定的限制。

---

① 参见最高人民法院民事审判第二庭：《最高人民法院民法典担保制度司法解释理解与适用》，人民法院出版社 2021 年版，第 116 页。

一、机关法人

机关法人是指承担一定公共事业管理职能的公权力机构。依据《民法典》第683条的规定,机关法人原则上不能为保证人。但机关法人能不能提供物保一直存在争议。依据《有关担保司法解释》第5条的规定,机关法人提供担保的,应当认定该担保合同无效。这就将《民法典》禁止机关法人提供保证的规则扩张适用到了设立担保物权的情形。司法解释之所以作出此种规定,原因主要在于,机关法人的宗旨和目的涉及履行依法管理社会的公共职能,为了保证其职责的履行,不宜使其承担担保责任;同时,担保是一种交易活动,允许机关法人提供担保与其宗旨不符。此外,机关法人承担担保责任后,可能导致其财产被拍卖、变卖,也可能导致其无法正常履行职责。但是,依据该司法解释第5条的规定,经过国务院批准,为使用外国政府或者国际经济组织贷款进行转贷的除外。[①]

二、居民委员会、村民委员会

居民委员会和村民委员会都是基层群众自治组织,虽然其管理相关的财产和费用,但其主要是从事公共事业和提供公共服务,原则上不具有担保资格,因此,《有关担保司法解释》第5条第2款规定,居民委员会和村民委员会提供担保的,应当认定该担保无效。[②] 但依据该规定,依法代行集体经济组织职能的村民委员会具有担保资格,这主要是因为,在我国很多地方,还没有成立农村集体经济组织,因此,村民委员会同时承担了集体经济组织的经济职能,为了履行此种经济职能,应当承认其担保资格。一方面,村民委员会应当在履行集体经济组织经济职能的范围内提供担保。另一方面,村民委员会在提供担保时,应当依照《村民委员会组织法》的规定,履行讨论决定的程序。[③]

三、公司、非营利法人

(一)以公益为目的的非营利法人

《有关担保司法解释》第6条第1款对《民法典》第683条第2款作了进一步细化规定,该款规定:以公益为目的的非营利性学校、幼儿园、医疗机构、养老机构等提供担保的,人民法院应当认定担保合同无效。以公益为目

---

① 参见最高人民法院民事审判第二庭:《最高人民法院民法典担保制度司法解释理解与适用》,人民法院出版社2021年版,第116页。

② 参见最高人民法院民事审判第二庭:《最高人民法院民法典担保制度司法解释理解与适用》,人民法院出版社2021年版,第117~118页。

③ 参见高圣平:《民法典担保人资格解释论》,载《荆楚法学》2020年第1期。

的的非营利性学校、幼儿园、医疗机构等，不具有担保资格，但是依据《有关担保司法解释》第 6 条第 1 款的规定，存在两种例外的情形。一是以教育设施、医疗卫生设施、养老服务设施和其他公益设施以外的不动产、动产或者财产权利设立担保物权。例如，某个学校将属于学校财产的宾馆对某项债务提供抵押，由于该宾馆并不属于服务于教学的公益设施，因此，该担保是有效的。二是在购买或者以融资租赁的方式承租教育设施、医疗卫生设施、养老服务设施和其他公益设施时，出卖人或出租人为担保价款或租金实现而在该公益设施上保留所有权。

值得注意的是，根据《有关担保司法解释》第 6 条第 2 款的规定，“登记为营利法人的学校、幼儿园、医疗机构、养老机构等提供担保，当事人以其不具有担保资格为由主张担保合同无效的，人民法院不予支持”。依据该规定，对于登记为营利法人的学校、幼儿园等机构而言，其具有提供担保的资格，当事人不得以其不具有担保资格为由主张担保合同无效。

（二）公司对外提供担保应当遵循法定程序

公司作为营利法人，当然有权对外提供担保，但公司对外提供保证，应当由公司通过其章程、董事会、股东会或者股东大会的决议决定。《公司法》第 15 条第 1 款规定：“公司向其他企业投资或者为他人提供担保，依照公司章程的规定，由董事会或者股东会决议；公司章程对投资或者担保的总额及单项投资或者担保的数额有限额规定的，不得超过规定的限额。”依据这一规定，法律并不禁止公司对外提供担保，但公司对外提供担保应当依据公司章程规定，由董事会或者股东会决议。[①]《公司法》的相关规定进一步区分了为公司股东和实际控制人所提供的担保（关联担保）与为其他主体提供的担保（非关联担保），在决议程序方面存在一定的区别。

因此，公司是否能够对外担保，关键看其是否符合法定的程序。《民法典》第 504 条规定，“法人的法定代表人或者非法人组织的负责人超越权限订立的合同，除相对人知道或者应当知道其超越权限外，该代表行为有效，订立的合同对法人或者非法人组织发生效力”，相对人知道或者应当知道其超越权限包括两种情况：一是在订立合同时相对人对法定代表人、负责人超越权限的情况是明知的。例如，甲代表法人对外订立担保合同时，未获得董事会的授权，债权人乙明知这一情况，多次要求甲利用职权私盖公章，后甲按照乙的要求在担保合同上加盖法人印章。二是在订立合同时相对人应当知道法定代表人、负责人超越权限的情况。相对人在法定代表人未取得董

① 参见钱玉林：《公司法第 16 条的规范意义》，载《法学研究》2011 年第 6 期。

事会同意的情况下，就与法定代表人订立合同，相对人知道或者应当知道法定代表人、负责人超越权限对外订立合同的，该法定代表人超越职权的行为不构成表见代表。在此情况下相对人是恶意的、有过错的，而在相对人存在恶意的情况下，不存在信赖受保护的问题。在判断公司法定代表人违反该规定越权签订的担保合同是否对公司有效时，还应考察相对人是否尽到了合理的审查义务，从而决定是否构成善意。[①]

根据《有关担保司法解释》第 7 条第 1 款的规定，越权担保要区分几种情形：

第一，相对人是善意的，担保合同对公司发生效力；相对人请求公司承担担保责任的，人民法院应予支持。《有关担保司法解释》第 7 条第 3 款规定："第一款所称善意，是指相对人在订立担保合同时不知道且不应当知道法定代表人超越权限。相对人有证据证明已对公司决议进行了合理审查，人民法院应当认定其构成善意，但是公司有证据证明相对人知道或者应当知道决议系伪造、变造的除外。"依据该规则，在判断相对人是否善意时，采纳了合理审查而非形式审查的标准。所谓合理审查，是指依据法律法规对法定代表人对外代表公司权限的限制，需要对公司决议的情况进行审查。相对人合理审查的内容具体包括：一是审查交易事项是否属于法定限制事项。相对人首先需要对合同所涉事项是否属于法律、行政法规所限制的代表权范围进行审查。这就是说，相对人在与公司进行交易时，不能仅查阅公司的交易文件，还应当确定法律、法规对合同所涉事项中代表权的限制。对于法律法规关于代表权限制的规定，应当推定相对人知悉，且相对人也无法通过反证推翻这一推定。二是审查决议机构是否适格。一方面，要依据法律或行政法规的规定，对代表权的限制应当由股东会还是董事会作出，以及决议作出机构是否符合该规定进行审查。另一方面，要审查章程股东、董事是否合格。如果在某些情形下，法律只是笼统地规定由章程对代表权进行限制，此时，相对人就应当进一步审查章程对代表权进行限制的机构是如何规定的。三是审查决议表决程序是否有效。决议行为与一般法律行为的区别在于，其要求以规定的议事方式和表决程序作出，否则该行为不能成立。就相对人审查义务而言，表决程序的审查有法律规定的，应依据法律规定。[②]

第二，相对人是非善意的，担保合同为效力待定合同。所谓相对人非善

① 参见高圣平：《公司担保中相对人的审查义务——基于最高人民法院裁判分歧的分析和展开》，载《政法论坛》2017 年第 5 期。

② 参见高圣平：《再论公司法定代表人越权担保的法律效力》，载《现代法学》2021 年第 6 期。

意,是指相对人知道或者应当知道法定代表人没有对外提供相应担保的资格,而仍然接受该担保。在相对人非善意的情形下,如果公司追认该提供担保的行为,则该担保合同对公司发生效力;如果公司拒绝追认,则担保合同无效,如果因此给相对人造成损失,则相对人仍然有权请求公司承担赔偿责任。依据《有关担保司法解释》第7条第1款第1项的规定,"相对人请求公司承担赔偿责任的,参照适用本解释第十七条的有关规定",即应当区分公司是否具有过错,具体认定其是否应当承担责任以及承担责任的范围。本书认为,此种赔偿责任在性质上属于缔约过失责任,公司法定代表人属于公司的组织机构,其代表公司行为,因此,如果其对外提供的担保不能对公司发生效力,此时应当按照担保合同无效的规则认定各方的责任。

(三)分支机构对外担保

公司的分支机构并不具有独立的法人人格,其仍然应当属于公司的组成机构。《民法典》第74条第2款规定:"分支机构以自己的名义从事民事活动,产生的民事责任由法人承担;也可以先以该分支机构管理的财产承担,不足以承担的,由法人承担。"但是分支机构以自己的名义对外提供担保,则应当取得公司的授权,法人的分支机构对外提供担保,应当符合两项条件:一是分支机构从事的行为就是法人的行为,经由公司决议程序,只要法人作出决议允许分支机构对外担保,分支机构的担保就有效。二是要区分一般的公司和金融机构、担保公司的分支机构对外担保。一般的公司对外提供担保,适用《公司法》第15条,需要股东会或董事会作出决议。而银行等金融机构对外担保,要遵守有关金融机构对外担保的相关规定。例如,有关金融机构规定,在保函范围或者上级授权方面,需要获得总行批准,而保函担保有营业执照就行,分支机构可以无须获得授权。

依据民法典的相关规定,《有关担保司法解释》第11条第1款规定:"公司的分支机构未经公司股东(大)会或者董事会决议以自己的名义对外提供担保,相对人请求公司或者其分支机构承担担保责任的,人民法院不予支持,但是相对人不知道且不应当知道分支机构对外提供担保未经公司决议程序的除外。"第4款规定,"公司的分支机构对外提供担保,相对人非善意,请求公司承担赔偿责任的,参照本解释第十七条的有关规定处理"。该条包括了以下三方面的内容:

第一,在分支机构以自己的名义对外提供担保时,相对人必须对公司股东会或者董事会是否对分支机构以自己名义对外提供担保作出了授权进行审查。[1] 但是,在实践中,分支机构的情形十分复杂,例如,金融机构的大量分支机构只对应一个法人,而金融机构从事对外开具保函等业务,相对人无法要求总公司就每笔交易都作出授权的决议,相对人对其开具的保函和提供的担保也会产生合理信赖。依据《有关担保司法解释》第 11 条第 2 款的规定,金融机构的分支机构在其营业执照记载的经营范围内开立保函,或者经有权从事担保业务的上级机构授权开立保函,则金融机构应当依法承担担保责任;如果金融机构的分支机构未经金融机构授权提供保函之外的担保,则除相对人善意的情形外,金融机构或者其分支机构有权主张不承担担保责任。

第二,如果相对人是善意的,即不知道且不应当知道分支机构对外提供担保未经公司决议程序的,此时,相对人仍然有权请求公司或者其分支机构承担担保责任。

第三,在分支机构对外提供担保的情形,如果相对人是非善意的,则公司的分支机构和公司都不承担担保责任,但并不意味着其不承担任何责任。依据《有关担保司法解释》第 11 条第 4 款的规定,"公司的分支机构对外提供担保,相对人非善意,请求公司承担赔偿责任的,参照本解释第十七条的有关规定处理"。据此,需要按照担保合同无效的规则认定各方当事人的责任,如果公司具有过错,应承担相应的责任。

总之,公司分支机构对外提供担保时,适用公司对外担保的一般规定,如果相对人通过审查相关决议后确实无法判断真伪,应当认为相对人是善意的,此时该担保合同是有效的。如果相对人属于恶意的,则不得要求公司承受该担保合同的担保责任。此时应适用担保合同无效的相关规则处理。

第六节　担保物权的效力

一、担保物权所担保的债权范围

担保物权是为了担保债权的实现而设立的,其担保的债权范围应当通过法律规定或者当事人约定来确定。确定担保物权所担保的债权的范围,实际上是确定担保人担保责任的范围。《民法典》第 389 条规定:"担保物权的担保范围包括主债权及其利息、违约金、损害赔偿金、保管担保财产和实现担保物权的费用。当事人另有约定的,按照其约定。"根据这一规定,如果当事人就担保的债权范围作出了约定,应当尊重当事人的约定。尽管我

---

① 参见最高人民法院民事审判第二庭:《最高人民法院民法典担保制度司法解释的理解与适用》,人民法院出版社 2021 年版,第 167 页。

国物权法坚持物权法定原则,但物权法定只是就物权的种类和内容而言的,担保债权范围仍然属于当事人自由约定的范畴。如果当事人没有特别约定担保债权的具体范围,就应当按照《民法典》的规定处理,具体而言,担保物权所担保的债权范围包括以下几项内容。

(一)主债权

所谓主债权,是指担保物权人享有的被担保的债权。主债权既可以是金钱债权,也可以是非金钱债权。在借款合同中,《民法典》第389条所谓的主债权是指借款人返还借款本金的债权,不包括该债权产生的利息、违约金、损害赔偿金等。[①] 担保物权所担保的主债权具有如下几个特点:

第一,具有合法性。担保物权所担保的主债权应当具有合法性,如果该债权本身是非法的,如基于赌博产生的赌债,其并非合法有效的债权,不能成为担保物权担保的对象。

第二,具有特定性。因为担保物权必须是为特定债权而设定的,所以,主债权必须特定化。所谓特定化,就是指担保物权所担保的债权应当是明确确定的某个或某些债权。如果担保物权需要登记,当事人应当在登记簿中记载主债权的数额、种类等。[②] 当然,所谓特定化并不一定必须在设立担保物权时就特定,也可以在担保物权实现时由当事人协商确定主债权。[③] 在最高额抵押中,抵押权并不附着于特定的主债权,只有在发生法定或者约定的事由后,被担保的债权数额才能最终确定。

第三,具有整体性。担保财产应当用于担保整个债权的实现,如果该债权被部分转让,或者部分清偿,在主债权未受到全部清偿之前,各债权人均可以依法就担保财产的全部行使担保物权。该规则实际上来自《民法典》第407条关于担保物权在移转时的从属性规则。[④] 依据《有关担保司法解释》第38条第1款的规定,即使主债权得到了部分的清偿,但是只要没有全部清偿完毕,担保物权人就仍然可以就整个担保物行使担保物权以实现剩余债权。例如,债务人以其一套1000万元的房产向银行借款作抵押,其在清

---

① 参见高圣平:《民法典担保制度及其配套司法解释理解与适用》(上册),中国法制出版社2021年版,第322页。

② 参见姚红主编、全国人大常委会法制工作委员会民法室编著:《中华人民共和国物权法精解》,人民出版社2007年版,第306页。

③ 参见程啸:《担保物权的一般规定》,载王利明、尹飞、程啸:《中国物权法教程》,人民法院出版社2007年版,第429页。

④ 参见最高人民法院民事审判第二庭:《最高人民法院民法典担保制度司法解释理解与适用》,人民法院出版社2021年版,第360页。

偿了500万元之后,该房产仍然是剩余500万元的抵押品,抵押权人仍然可以就整个房屋拍卖、变卖。对于留置权而言,依据《民法典》第450条的规定,如果留置财产为可分物,留置权人能够留置的财产价值应当相当于债务的金额。这就是禁止过度留置规则的体现,留置财产不能过度超出其费用求偿的范围,否则将导致对债务人不公平。①

关于主债权被分割或转让时担保物权的行使,《有关担保司法解释》第39条第1款规定:"主债权被分割或者部分转让,各债权人主张就其享有的债权份额行使担保物权的,人民法院应予支持,但是法律另有规定或者当事人另有约定的除外。"该规定对主债权发生分割或主债权被部分转让情形下担保物权的不可分性规则作出了规定,即在此情形下,各个债权人仍然可以依法行使担保物权。例如,甲享有对乙的1000万元债权,甲将该债权分割为4份,由甲、丙、丁、戊各享有25%的债权,在债权分割后,各个债权人都可以在其享有的债权范围内对乙主张债权。在法律没有特别规定或当事人没有特别约定的情形下,这种主张都是合法有效的。如果1000万元债权转让给第三人500万元,第三人作为债权人可以行使作为从权利的担保物权,因此主权利被转让,从权利也要随之转让。但由此增加的费用,应当依据《民法典》第550条规定由转让人承担。

需要指出的是,如果担保财产的价值低于全部被担保的债权时,而某一债权人就担保财产完全受偿,必然会影响其他债权人债权的实现,在此情形下,数个债权人应当如何行使其担保物权?一般认为,根据担保物权的不可分性,在主债权被部分转让或者分割的情形下,在担保财产价值不足以保障全部债权实现时,则虽然各个债权人都可以主张就全部担保财产行使担保物权,应当按照各个债权额的比例确定受偿比例。②

（二）利息

利息,是指实现担保物权时,主债权所应当产生的法定孳息。一般来说,只有在金钱债权中才产生利息的问题,在非金钱债权中不存在利息的问题。利息包括法定利息和约定利息两种。法定利息是指依照法律规定而产生的利息,如迟延履行的利息。法定利息是按照法定的利息率而计算的。约定利息是指依据当事人的约定而产生的利息。例如,当事人约定的迟延履行的利息。利息率通常都是法律明确规定的,但是,在不违反法律规定的

---

① 参见黄薇主编:《中华人民共和国民法典物权编解读》,中国法制出版社2020年版,第812页。

② 参见最高人民法院民事审判第二庭:《最高人民法院民法典担保制度司法解释理解与适用》,人民法院出版社2021年版,第360页。

情况下,当事人也可以自行约定利息率。

(三)违约金

违约金,是指当事人双方事先约定的或者法律直接规定的,一方当事人在违约的情况下应当向对方支付的一定数额的货币。违约金通常都是当事人约定的。一般而言,合同当事人都会对违约金作出约定,因此,担保的范围可以扩大到违约金,这是普通的债权人应当可以预见到的。在实现担保物权时,除当事人另有约定外,违约金也应当被纳入担保的范围。无论是赔偿性违约金还是惩罚性违约金,在过分高于损失时,可以适当减少。

(四)损害赔偿金

损害赔偿金,是指因为违约或侵权等原因而造成他人损害所应当承担的损害赔偿责任。在担保关系中,担保的对象通常都是合同债权,但也应当包括损害赔偿金。因为损害赔偿金是在违约情况下对非违约方的重要补救方式,也是在侵权的情况下对债权人的救济措施,因此,除当事人另有约定外,损害赔偿金也应当属于担保的范围。

(五)保管担保财产的费用

保管担保财产的费用,是指债权人在占有担保财产期间因履行保管义务而支付的各种费用。[①] 因为在质押、留置的情况下,担保财产需要由担保物权人占有,并履行保管的义务。一方面,保管担保财产的费用是因为担保人担保债务的履行而产生的,如果由担保物权人承担,就会产生不公平的后果。另一方面,如果保管担保财产的费用不纳入优先受偿的范围,也难免使债权的实现过于复杂。另外,一般债权人可以预见到保管担保财产的费用,因此,也不会使一般债权人遭受不测的损害。当然,虽然担保物权的可优先受偿的范围包括保管担保财产的费用,但这种费用应当是合理的、必要的,即为担保财产保全完好功能而必须支付的必要保管费用。[②]

(六)实现担保物权的费用

实现担保物权的费用,是指担保物权人在实现担保物权的过程中所花费的各项费用,包括申请拍卖的费用、评估费用、拍卖费用等。[③] 之所以将实现担保物权的费用纳入优先受偿的范围之内,是因为担保物权的实现必然花费一定的费用,如果不支出这些费用,担保物权就不能实现。[④] 而且,这些

---

① 参见黄薇主编:《中华人民共和国民法典物权编解读》,中国法制出版社2020年版,第615页。

② 参见高圣平:《民法典担保制度及其配套司法解释理解与适用》(上册),中国法制出版社2021年版,第326页。

③ 参见黄薇主编:《中华人民共和国民法典物权编解读》,中国法制出版社2020年版,第615页。

④ 参见郭明瑞:《物权法通义》,商务印书馆2019年版,第258页。

费用纳入优先受偿的范围是债务人、担保人都可以预见的。但这些费用必须是实现担保物权所支出的费用，且必须是实际支出的合理费用。

《有关担保司法解释》第 47 条规定："不动产登记簿就抵押财产、被担保的债权范围等所作的记载与抵押合同约定不一致的，人民法院应当根据登记簿的记载确定抵押财产、被担保的债权范围等事项。"因此，如果当事人的约定与登记不一致，则应当根据登记记载的事项确定担保的范围。司法解释作出此种规定的原因在于，登记簿是不动产物权确定的归属和依据，且具有物权的推定效力，第三人可以根据登记簿的记载了解担保物权所担保的债权情况。[①] 同时，以登记作为确定担保物权担保债权数额的依据，也有利于保护交易安全，因为如果当事人约定的担保债权数额没有公示，当事人可能通过倒签合同等方式更改债权数额，这可能影响交易安全，尤其是其他债权人利益的实现。

二、主债权债务合同的变更、转让对担保物权的影响

（一）主债权债务合同的变更对担保物权的影响

在抵押权设定之后，债权人和债务人可能对主合同进行变更。例如，在合同履行过程中，债权人部分免除债务人的债务，因而导致债务数额发生变化。从法律上看，因为抵押权具有从属性，它是为了担保主债权的实现而设立的，故如果主债权发生了变更，抵押权也应当相应地受到影响。

关于主合同的变更对抵押权的影响，《民法典》没有作出明确规定，但《民法典》针对主债权债务合同变更对保证的影响作出了规定。《民法典》第 695 条规定："债权人和债务人未经保证人书面同意，协商变更主债权债务合同内容，减轻债务的，保证人仍对变更后的债务承担保证责任；加重债务的，保证人对加重的部分不承担保证责任。债权人和债务人变更主债权债务合同的履行期限，未经保证人书面同意的，保证期间不受影响。"该规则能否适用于担保物权？依据《有关担保司法解释》第 20 条的规定，该规则可以准用于担保物权。可以准用的原因在于，在抵押和保证的情形下，物上担保人和保证人的法律地位本质上是相同的，两者都是债务人之外的第三人，以自己的财产为他人提供担保，从而保障债权的实现，而且都涉及主合同与担保合同的关系，且都是为了保障债权的实现。[②] 因此，可以将保证合同的

---

① 参见最高人民法院民事审判第二庭：《最高人民法院民法典担保制度司法解释理解与适用》，人民法院出版社 2021 年版，第 419 页。

② 参见最高人民法院民事审判第二庭：《最高人民法院民法典担保制度司法解释理解与适用》，人民法院出版社 2021 年版，第 223 页。

规则准用于抵押。

（二）主债务移转对担保物权的影响

在担保物权设立之后，主债务可能发生转让，例如，在担保物权设立之后，债务人将其债务移转给第三人。《民法典》第391条规定："第三人提供担保，未经其书面同意，债权人允许债务人转移全部或者部分债务的，担保人不再承担相应的担保责任。"该条实际上是关于主债务的移转与第三人提供的担保的关系的规定。该条规定包含了如下几个方面的内容：

第一，担保物权设定之后，经过债权人同意后，如果债务人移转债务经过担保人同意，则担保人应当继续承担担保责任。在主债务移转时，通常会对担保人担保责任的承担产生较大的影响，因为债务人的履行能力不同，担保人是否实际承担担保责任以及承担担保责任的范围大小不同。据此，依据《民法典》的上述规定，在担保物权设定后，债务移转应当经过担保人的同意，如果未经担保人同意，则并不影响债务移转的效力，但会对担保人的担保责任产生影响，即担保人将不再承担相应的担保责任。

第二，担保人的同意应当采取书面形式。考虑到在第三人提供担保的情况下，未经担保人同意就移转债务，可能会给担保人造成较大的损害，为了防止发生纷争，保存证据，《民法典》第391条要求担保人必须书面同意。这同时也是为了提醒担保人慎重考虑、谨慎行事。

第三，担保人必须是债务人以外的第三人。无论债务移转协议是在债务人与第三人之间达成的，还是在债权人和债务承担人之间达成的，只要取得了担保人的同意，则表明该债务承担并不违反担保人的意思，此时，担保人仍应当承担担保责任。[①] 如果由债务人提供担保，则债务人移转其全部或部分债务并不会加重其担保责任，此时，债务人仍应当按照约定承担担保责任。

第四，债务移转没有得到担保人的同意，就导致担保人相应担保责任的免除。此处所说的"相应"是指根据原担保合同的约定，担保人应当承担的责任。当然，"相应"的责任还应当根据债务移转的份额来确定。在此要区分债务的全部转让和债务的部分转让。所谓全部转让，是指债务的全部移转后，新的债务人代替了原有的债务人。所谓部分债务的转让，是指仅仅转让了一部分债务，剩余的债务仍然应由原债务人承担。如果是全部移转债务而没有经过担保人的同意，担保人就免除全部的担保责任；而如果部分移

---

① 参见全国人大常委会法制工作委员会民法室编：《中华人民共和国物权法条文说明、立法理由及相关规定》，北京大学出版社2007年版，第312页。

转债务而没有经过担保人的同意，担保人仅对原债务人负担的剩余债务承担担保责任。因为担保人原本就应当对原债务人的债务承担担保责任，所以，未经担保人同意并不影响其对剩余的债务承担责任。①

如果主债务被分割或者部分转移，应当区分债务人自己提供的物的担保与第三人提供的物的担保。《有关担保司法解释》第 39 条第 2 款规定："主债务被分割或者部分转移，债务人自己提供物的担保，债权人请求以该担保财产担保全部债务履行的，人民法院应予支持；第三人提供物的担保，主张对未经其书面同意转移的债务不再承担担保责任的，人民法院应予支持。"该款区分了债务人自己提供物的担保与第三人提供物的担保两种情形，分别规定了主债务被分割或者部分转移对担保物权的影响，具体而言：一是债务人自己提供物的担保。在此情形下，由于债务人所提供的物的担保所担保的是自己的债务，债务人应当就自身的债务承担担保责任。且债务的部分移转和分割也不会加重债务人的担保责任，此时，债务人应当对剩余的债务以及被移转的债务承担担保责任。二是第三人提供物的担保。在此情形下，依据《民法典》第 391 条的规定，如果债务转让没有经过第三人书面同意，第三人不再承担担保责任。由于债务的移转将使原债务人被免除部分责任，而新的债务人是否能承担债务对于担保人而言并不清晰，因此，债务的移转必须取得担保人的书面同意，否则担保人就不应当再承担担保责任。

三、担保物权的物上代位

（一）物上代位的概念

所谓物上代位，是指在担保物权存续期间，担保财产的形态发生转变，担保物权仍然及于该财产的变形物或变价物等。担保物的代位物，是指因担保物发生毁损或其他价值形态的变化而使担保人获得的代替担保物价值形态的其他物。②《民法典》第 390 条规定："担保期间，担保财产毁损、灭失或者被征收等，担保物权人可以就获得的保险金、赔偿金或者补偿金等优先受偿。被担保债权的履行期限未届满的，也可以提存该保险金、赔偿金或者补偿金等。"这就确立了物上代位规则。

物上代位是担保物权区别于其他物权的重要特征。因为担保物权与用益物权的区别就在于，担保物权是价值权，担保物权人对担保财产的交换价值进行支配，因此，即使担保财产的价值形态发生了变化，但是，只要其变化

① 参见黄薇主编：《中华人民共和国民法典物权编解读》，中国法制出版社 2020 年版，第 620 页。

② 参见陈华彬：《物权法论》，中国政法大学出版社 2018 年版，第 515、538 页。

后的价值形态仍然存在，担保物权人仍然可以根据《民法典》第 390 条规定，就该变形物和变价物等优先受偿。例如，在“江南水利水电工程公司防城港建筑工程处等与中国农业银行股份有限公司防城港港口区支行金融借款合同纠纷上诉案”中，法院认为，星光皮革厂以国有土地使用权作为讼争债权的担保物，现该地块使用权已因情势变更而灭失，故应根据担保物权的物上代位规则，在获得的补偿金 366, 390 元范围内承担担保责任。①

《民法典》之所以规定物上代位制度，主要基于如下原因：第一，这是由担保物权的性质决定的。担保物权具有物上代位性是由其作为价值权的属性而决定的。由于担保物权是价值权，它支配的是担保财产的价值，而不考虑担保财产的具体物理形态，因此，即使担保财产的物理形态发生了变化，也不应当影响担保物权的存在。② 第二，这是保障担保物权人权利的需要。我国《民法典》规定物上代位制度，这就使担保物权的效力不仅及于担保财产本身，而且可以及于担保财产的变形形态，担保物权不因价值载体的改变而丧失，从而有利于充分保障担保物权人的利益。第三，这是担保物权支配效力的体现。担保物权是支配权，从表面上看，担保物权人支配的是担保财产，实质上权利人支配的是该财产的价值。因此，即使担保财产发生了形态变化，也不应当影响该支配权的实现。③ 担保物权是价值权，担保物权人对担保财产的交换价值进行支配，因此，即便担保财产的价值形态发生了变化，但是，只要其变化后的价值形态仍然存在，担保物权人仍然可以根据《民法典》第 390 条，就该变形物或变价物等优先受偿。

（二）物上代位的性质

关于物上代位的性质，在学理上有不同的解释：一是担保物权延续说。此种观点认为，物上代位性中的代位物本质上是担保物的转化，物上代位是法律赋予担保物权以价值权性和优先受偿性从而及于代位物而形成的制度。④ 二是法定债权质权说。此种观点认为，担保物权的物上代位实际上是在代位物之上成立一个债权质权，即以代位物给付请求权这一债权为标的而成立的一种权利质权，由于此种债权质权的成立具有法定性，因此属于法定的债权质权。⑤ 担保物权延续说和法定债权质权说主要存在如下区别：

---

① 广西壮族自治区防城港市中级人民法院民事裁定书，(2013)防市民二终字第 15 号。

② 参见[日]近江幸治：《担保物权法》，祝娅等译，法律出版社 2000 年版，第 12 页。

③ 参见谢在全：《民法物权论》(中册)，中国政法大学出版社 2011 年版，第 622 页。

④ 参见最高人民法院民法典贯彻实施工作领导小组主编：《中华人民共和国民法典物权编理解与适用》(下)，人民法院出版社 2020 年版，第 1007 ~ 1009 页。

⑤ 参见程啸：《担保物权人物上代位权实现程序的建构》，载《比较法研究》2015 年第 2 期。

第一，代位物的性质不同。依据担保物权延续说，代位物是保险金、赔偿金或者补偿金等本身；而依据法定债权质权说，代位物则是支付保险金、赔偿金或者补偿金等的请求权。

第二，担保物权人行使权利的对象不同。按照担保物权延续说，保险金、赔偿金或者补偿金等是担保的延续；而按照法定债权质权说，保险金、赔偿金或者补偿金等一旦交付担保人，则发生财产的混同，担保权人就不能向担保人主张。

第三，受领权利人也不同。担保财产毁损、灭失或者被征收时，给付义务人具有给付保险金、赔偿金或者补偿金等的义务，但是应当向谁给付，两种学说具有不同的观点。依据担保物权延续说，应当向担保人主张权利，而给付义务人也应当向担保人给付、由担保人受领。依据法定债权质权说，给付义务人应当向担保权人给付，由担保权人受领。[①]

本书认为，担保物权延续说更为合理，即代位物是原担保物的转换形态，而不是法定债权质权的客体，因为一方面，物上代位制度产生的根本原因在于，担保物权是一种价值权。受担保的债权届期未受清偿时，担保权人可以行使变价权，以标的物换价所得价金优先清偿债务。交换价值既可以存在于标的物的实体上，也可以存在于其他物之上。如果标的物发生毁损、灭失而标的物的价值或交换价值以其他的物来体现，那么这些物仍然应当为担保物权的效力所及，这也是担保物权物上代位性规则产生的主要原因。另一方面，法定债权质权说从学理解释债权人对代位物的权利虽然有一定的意义，但法定债权质权的成立具有法定性，即需要有明确的法律依据，而从我国《民法典》及相关司法解释的规定来看，我国立法并没有规定此种法定的债权质权。因此，相比较而言，担保物权延续说更为合理。此外，担保物权延续说认为，此时原担保物权继续存在，只是其客体发生变化。而且，不需要通过新的登记、交付等形式予以公示，能够降低交易成本，从而对担保物权人更为有利。

（三）物上代位适用的条件

根据《民法典》第 390 条的规定，物上代位适用的条件包括如下几项：

1. 担保财产出现了毁损、灭失或者被征收等情况。在担保期间，发生了担保财产毁损、灭失或者被征收等情况，是物上代位适用的前提。根据《民法典》第 390 条的规定，在担保期间内，担保财产毁损、灭失或者被征收等使

---

① 参见麻锦亮编著：《民法典 · 担保注释书》，中国民主法制出版社 2023 年版，第 436 ~ 439 页。

得原物已经不复存在、严重受损或移转所有权，但由于担保物权是价值权，不能因为担保财产的物质形态或所有权的变化而影响担保物权。只要是在担保期间内，都应当发生物上代位的效果。担保财产出现了毁损、灭失等具体包括如下几种情况：

一是担保财产的毁损。所谓毁损，是指财产遭受部分的损害，但是财产本身还存在。毁损是指物理意义上的毁坏、损害，在确定担保财产遭受毁损时，不一定以外观上遭受了损害为限，如果确实造成其价值减少，也可以认定为毁损。[①] 但是，如果财产在物理上没有发生损害，仅仅只是因第三人原因而导致其市场价格的降低，不能认为是毁损。

二是担保财产的灭失。所谓灭失，是指担保财产在物理意义上已经不复存在。毁损、灭失通常是第三人的原因造成的，如第三人将车辆烧毁、将房屋拆除等。在特殊情况下，毁损、灭失，也可能是担保人的原因造成的。如果是担保人的原因造成担保财产的毁损、灭失，应当由担保人提供增担保。但同时担保物权也可以产生物上代位的效果，即担保人重新提供财产或增加新的财产作为担保财产，以保护担保物权，使担保物的价值不致受影响，使其价值权不致落空。[②]

三是担保财产被征收。所谓担保财产被征收，是指国家因为行使征收权在对担保人依法作出补偿之后移转担保物的所有权。担保物被征收，实质上也是一种法律意义上的灭失，因为虽然原物存在，但物上的权利已经移转给了国家，担保人的物权已经发生了消灭。

担保物权物上代位的发生原因，通常是担保关系以外的第三人造成担保财产的毁损、灭失或被征收的行为，其标的物是担保关系以外的第三人所支付给担保人的价金或其他替代物。在特殊情形下，担保人自身的原因而造成担保财产的毁损灭失等，如果存在保险，则保险金也可能成为代位物。

2. 必须是在担保期间发生了担保财产的形态变化。物上代位必须发生在担保期间。如果担保物权没有设立，或者担保物权已经消灭，此时，担保物权人就不能主张其权利的物上代位。在担保物权实现阶段，虽然担保财产的形态可能发生变化，但由于担保物权人支配的是担保财产的交换价值，因此，担保物权人仍然有权就担保财产的变形物或者变价优先受偿。[③]

---

① 参见谢在全：《民法物权论》（中册），中国政法大学出版社 2011 年版，第 683 页。

② 参见谢在全：《民法物权论》（中册），中国政法大学出版社 2011 年版，第 726 页。

③ 参见谢在全：《民法物权论》（中册），中国政法大学出版社 2011 年版，第 686 ~ 688 页。

3. 因为担保财产的毁损、灭失或被征收等而出现了替代物。在担保期间，发生了担保财产毁损、灭失或者被征收等情况，如果没有出现替代物，不会发生物上代位的问题。只有担保人获得的替代物，才能为担保物权物上代位性的效力所及。替代物又称为代位物，无论替代物的形态如何，都应当属于担保物权支配的对象。只有出现了替代物，才可能适用物上代位的规则。① 具体来说，担保财产的替代物主要包括如下几种：

一是保险金。保险金是指保险赔偿金，即在发生保险事故后，保险公司按保险合同的约定支付的赔偿。保险金一般是因意外事故或第三人的侵权行为等引发保险事故，而由保险人支付给被保险人或受益人的一笔金钱。例如，针对某些财产，担保人已经投了财产险，在该财产毁损、灭失后，担保人可能因此获得保险赔偿金。又如，在担保的财产发生合同约定的保险事故后，如果被保险人为担保人，则发生物上代位；如果被保险人不是担保人，就不存在物上代位适用的可能。

二是赔偿金。它是指因第三人的侵害行为导致担保财产毁损、灭失的侵权损害赔偿金。② 赔偿金必须是已经实际支付的金钱，如果仅仅是判决确定的赔偿金，或者根据协议应当支付而没有支付的赔偿金，都不属于此处所说的“赔偿金”。

三是补偿金。它是指国家依法对集体、个人所有的财产进行征收之后所支付的补偿费用。此项也必须实际支付。

保险金、赔偿金或者补偿金都是以货币的形式支付的，担保人获得了这些金钱之后，虽然原有的担保物不复存在，但是这些金钱就成为代位物。③

在解释上，担保财产代位物并不以担保人实际取得的保险金、赔偿金和补偿金为限，担保人所享有的保险金、赔偿金和补偿金给付请求权亦在代位物的文义涵摄范围内。《有关担保司法解释》第 42 条第 3 款规定：“抵押权人请求给付义务人向其给付保险金、赔偿金或者补偿金的，人民法院可以通知抵押人作为第三人参加诉讼。”一般而言，担保物权的物上代位性是指在担保财产存在代位物（如保险金、损害赔偿金等）时，债权人可以向担保人主张就代位物优先受偿，而依据《有关担保司法解释》第 42 条第 3 款的规定，在担保财产毁损、灭失等的情形下，担保物权人可以直接请求给付义务人向

① 参见谢在全：《民法物权论》（中册），中国政法大学出版社 2011 年版，第 442 页。

② 参见高圣平：《物权法担保物权编》，中国人民大学出版社 2007 年版，第 203 页。

③ 参见全国人大常委会法制工作委员会民法室编：《中华人民共和国物权法条文说明、立法理由及相关规定》，北京大学出版社 2007 年版，第 212 页。

其给付保险金、赔偿金或者补偿金等代位物，这实际上是承认了担保物权人对给付义务人的直接请求权，将担保物权的物上代位性扩张及于担保人对义务人的请求权。上述司法解释作出此种规定，一方面，符合担保物权物上代位的本质特征。因为在担保财产毁损、灭失等情形下，担保人对义务人所享有的债权本质上也是担保财产的代位财产，基于担保物权物上代位性的特点，债权人应当有权向义务人主张该债权。另一方面，由债权人直接向义务人提出请求，也可以简化当事人之间的权利义务关系，简化担保物权的实现程序。

四是其他代位物。《民法典》第 390 条规定：担保期间，担保财产毁损、灭失或者被征收等，担保物权人可以就获得的保险金、赔偿金或者补偿金等优先受偿。根据这一规定，除了法律明确列举的保险金、赔偿金或者补偿金之外，还有其他的变形物，例如，征收房屋时被征收人可以选择房屋产权调换，该调换的房屋就属于代位物。①

值得探讨的是，物上代位通常发生在抵押权情形，但是，在质押和留置中是否可以发生物上代位的问题？由于在抵押的情况下，抵押物为抵押人所占有，发生毁损、灭失是抵押权人所无法控制的，因此，为保护抵押权人，才有必要认可物上代位。但是，在质押和留置的情况下，担保财产是由担保物权人占有的，此时，是否存在物上代位的问题？② 本书认为，原则上，物上代位可以适用于各类担保物权。在质押和留置的情况下，尽管是担保物权人占有标的物，但如果是第三人的原因造成标的物毁损、灭失，并由此获得赔偿金、保险金等替代物，担保物权人可以就其优先受偿。如果是留置权人或质权人自身的原因导致担保财产的毁损、灭失，则因担保物权人占有的丧失而使担保物权归于消灭，而且担保物权人对作为担保人的所有权人负有损害赔偿义务，其作出的赔偿在扣除应偿还的债务之后，可以返还给所有人。③

（四）物上代位的法律后果

在担保期间内，如果担保财产发生毁损、灭失或被征收，担保物权人可以就担保人所获得的损害赔偿金、保险金、补偿金等优先受偿，且各担保物权人的受偿顺位不受影响。④ 所谓代位，并不是指某种地位的替代，而是指

---

① 参见高圣平：《民法典担保制度及其配套司法解释理解与适用》（上册），中国法制出版社 2021 年版，第 344 页。

② 参见朱广新：《论〈物权法〉他物权编小总则之设置》，载《法学评论》2009 年第 4 期。

③ 参见高圣平：《物权法担保物权编》，中国人民大学出版社 2007 年版，第 203 页。

④ 参见黄薇主编：《中华人民共和国民法典物权编解读》，中国法制出版社 2020 年版，第 574 页。

标的物的替代。换言之,原担保财产发生了毁损、灭失,而且因毁损、灭失而产生了新的物或者财产,原来的担保财产就被新的物或财产替代。由于存在此种替代,担保物权不会消灭。[①] 依据《民法典》第 390 条的规定,即使担保物已经灭失,担保物权并没有因为担保物的消灭而消灭,而是继续存在于因灭失所得的保险金、赔偿金等担保物的代位物上。

在担保财产毁损、灭失或者被征收时,物上代位可能出现两种情况:

一是债务已经到期。一般而言,在此情况下,担保财产已经转化成了货币,担保物权人不必拍卖、变卖,就可以直接就代位物优先受偿。当然,如果第三人赔偿或者补偿担保人的并非货币,而是物,则债权人仍然需要就该物进行变价,并就该变价优先受偿。[②]

二是债务没有到期。在此情况下,担保物权人不能就代位物直接受偿,否则可能损害债务人的利益。依据《民法典》第 390 条的规定,可以将保险金等提存。通过提存可以将担保财产的变价予以固定,从而保障担保物权的实现。对于担保物权而言,这里的"提存"只是担保提存;对于给付义务人而言,这里的"提存"属于清偿提存。问题在于,双方可否通过协商提前清偿?本书认为,按照私法自治原则,当事人当然可以协商提前清偿,但担保物权人不能直接就代位物要求优先受偿。因为《民法典》第 390 条仅仅规定了"被担保债权的履行期限未届满的,也可以提存该保险金、赔偿金或者补偿金等",但此处表述是"也可以提存",而非必须提存。该条并没有允许被担保的债权的履行期未届满的,担保物权人直接实现担保物权,从前后两句的文义解释来看,在当事人没有特别约定的情形下,该条并不允许担保物权人提前从代位物中优先受偿,否则在维护债权人利益的同时,将牺牲担保人的期限利益。但依据《民法典》第 390 条的规定,担保人可以自己或者应债权人要求将代位物提存。此外,当事人还可以针对代位物采取特定化措施,例如设置特殊账户等,在债务人尚有期限利益时,担保物权人不能就担保代位物优先受偿,当然,如果债务人依据合同履行了债务,代位物应返还给担保人。

如果抵押财产之上存在多个抵押权,则在抵押财产毁损、灭失等情形下,各个抵押权人在实现权利时,也存在权利实现顺序的问题,对此,《有关担保司法解释》第 42 条第 1 款规定:"抵押权依法设立后,抵押财产毁损、灭失或者被征收等,抵押权人请求按照原抵押权的顺位就保险金、赔偿金或者

---

① 参见谢在全:《物权法论》(中册),中国政法大学出版社 2011 年版,第 682 页。

② 参见黄薇主编:《中华人民共和国民法典物权编解读》,中国法制出版社 2020 年版,第 574 页。

补偿金等优先受偿的，人民法院应予支持。”这实际上就确立了各个抵押权人就抵押财产代位物实现权利时的顺位规则，即各个抵押权人仍应按照原抵押权的顺位实现权利，并不因抵押财产的变形而影响各个抵押权的实现顺位。法律作出此种规定的原因在于，担保物权本身支配的是物的交换价值，所以基于物上代位性的法理，应当承认担保物权人就其保险金、赔偿金或者补偿金按照原抵押权的顺位行使优先受偿权，不因物上代位而改变抵押权的顺位规则。[①] 例如，在征收补偿的情形下，抵押人置换了新的房屋，则各个抵押权人就该新房屋实现抵押权的顺位也不应当改变。

如何确定给付义务人的义务？《有关担保司法解释》第 42 条第 2 款规定：“给付义务人已经向抵押人给付了保险金、赔偿金或者补偿金，抵押权人请求给付义务人向其给付保险金、赔偿金或者补偿金的，人民法院不予支持，但是给付义务人接到抵押权人要求向其给付的通知后仍然向抵押人给付的除外。”据此，在抵押权人通知之前，如果给付义务人已经向抵押人给付了“三金”，即保险金、赔偿金或补偿金，就构成有效清偿，则给付义务人的义务已经消灭。[②] 在抵押权人通知给付义务人之后，此时已经发生了法定的债权转让，抵押权人已经成为新的债权人，继续向原债权人履行不会产生清偿的法律效果。[③] 例如，甲以自己价值 50 万元的机动车向保险公司全额投保，后以该车向银行做抵押，贷款 50 万元，之后甲车因交通事故而毁损，保险公司应向其支付 50 万元的保险金，此时如果银行向该保险公司发出通知要求保险公司向其给付该保险金，保险公司再向投保人甲给付保险金，并不发生清偿的效力，银行仍有权请求该保险公司向其支付保险金。如果给付义务人尚未对抵押人作出给付，抵押权人已经向给付义务人发出通知，则给付义务人不得再向其他人作出给付。司法解释作出此种规定，主要是为了保护债权人的利益，防止“三金”被抵押人转移或者挥霍，从而损害抵押权人的合法权益。

四、担保物权效力所及的标的物范围

担保财产的范围一般是当事人在合同中约定的，但是在特殊情形下，当事人没有约定的，法律也对担保财产的范围作出了规定。

---

① 参见黄薇主编：《中华人民共和国民法典物权编解读》，中国法制出版社 2020 年版，第 574 页。

② 参见最高人民法院民事审判第二庭：《最高人民法院民法典担保制度司法解释理解与适用》，人民法院出版社 2021 年版，第 382 页。

③ 参见程啸：《担保物权人物上代位权实现程序的建构》，载《比较法研究》2015 年第 2 期。

(一)从物

从物是主物的对称,它主要是辅助主物而发挥效用的物。① 按照《民法典》第320条的规定,主物的处分要及于从物。但从物是否属于担保物权的客体范围,需要区分如下两种情形,分别予以认定:

第一,从物在担保物权设定时已经产生。《有关担保司法解释》第40条第1款规定:"从物产生于抵押权依法设立前,抵押权人主张抵押权的效力及于从物的,人民法院应予支持,但是当事人另有约定的除外。"这就是说,如果当事人之间就从物是否构成担保财产没有特别约定,则只要在抵押权设立时,从物已经产生,由于从物命运随同主物,在主物上设定的抵押权也应当及于从物,因此应当被纳入抵押的范围。但从物产生于抵押权依法设立之后,在法律上属于抵押后新增的物,不应当当然属于担保财产的范围。

第二,从物在担保物权设定后产生。《有关担保司法解释》第40条第2款规定:"从物产生于抵押权依法设立后,抵押权人主张抵押权的效力及于从物的,人民法院不予支持,但是在抵押权实现时可以一并处分。"如果从物是在抵押权依法设定后所产生的,此时从物不应当然属于抵押财产的范围,所以抵押权人无权就该财产在变价后优先受偿。但是基于主物与从物在经济上的密切关联,其本身不可分割,如果要分开拍卖、变卖将降低其价值,因此,可以在抵押权实现时一并处分,但是并不意味着抵押权人有权对从物拍卖、变卖所得的价款优先受偿。例如,放置在门口的一对石狮子,就是房屋的从物,当事人可以就石狮子与其他主物的财产一并拍卖变卖。但因为石狮子并不属于抵押财产,因此在实现抵押权时,应将该从物价值扣除。

对动产质权而言,由于其成立需要质押人将质押财产移转给债权人占有,因此,如果在质权设定时从物尚未产生,或者即便从物已经产生,但质押人并未将该从物的占有移转给债权人,则该从物也无法成为质权的客体。因此,上述规则主要适用于抵押权。

(二)从权利

从权利是为配合主权利而发挥作用的。例如,抵押权的标的为建设用地使用权时,水流利用权、邻地通行权等均为从权利。如果在实现抵押权时,拍卖主权利而不移转从权利,则抵押权将很难实现其应有价值,甚至可能使抵押的价值丧失。因此,在实现抵押权时,抵押权的效力可及于从权利。

---

① 参见孙宪忠、朱广新主编:《民法典评注:物权编》(第2册),中国法制出版社2020年版,第495页。

（三）添附物

所谓添附物，是指不同所有人的物结合在一起而形成的不可分离的物或具有新质的物。添附包括附合、混合与加工。添附物与担保财产并无从属关系，因此不是从物。依据《有关担保司法解释》第 41 条的规定，如果担保财产设立之后，担保财产被添附，首先要确定添附物的归属，然后确定是否应当补偿等问题。具体而言，可以区分为如下三种情形：

第一，添附物归第三人所有。《有关担保司法解释》第 41 条第 1 款规定："抵押权依法设立后，抵押财产被添附，添附物归第三人所有，抵押权人主张抵押权效力及于补偿金的，人民法院应予支持。"该规定实际上确立了在抵押财产因添附而归第三人所有且第三人支付了补偿金的情形下，应当按照物上代位规则处理，即在添附物归第三人所有的情形下，抵押权的效力及于抵押人所得到的补偿金。[①] 例如，以一块玉料作抵押，结果工艺大师在其上进行雕刻，此时因其加工行为导致玉雕品的价值显著增加，导致该添附财产归第三人所有，这实际上是物上代位性的问题。此时添附物的所有权人为第三人，抵押权人不享有对该玉料在变价后优先受偿的权利，但是抵押权人可以主张对于添附所获得的补偿金进行优先受偿的权利。虽然其丧失了对原物的担保物权，但是抵押财产发生了形态变化，因此抵押权人对于补偿金所享有的权利并非普通的债权，而仍然可以主张优先受偿的效力。[②]

第二，添附物归抵押人所有。《有关担保司法解释》第 41 条第 2 款规定："抵押权依法设立后，抵押财产被添附，抵押人对添附物享有所有权，抵押权人主张抵押权的效力及于添附物的，人民法院应予支持，但是添附导致抵押财产价值增加的，抵押权的效力不及于增加的价值部分。"依据该规定，在添附物归抵押人的情形下，将产生如下效果：一方面，抵押权人可以对整个添附物行使抵押权。虽然添附物已经成为一个新物，但其毕竟是从抵押物中转化而来，并且其作为抵押财产不可分割，因此，抵押权人可以就整个添附物行使抵押权。另一方面，如果添附导致抵押财产价值增加，抵押权的效力不及于增加的价值部分。虽然抵押权人可以就整个添附物行使抵押权，但毕竟因为抵押财产增加的价值源于添附，此时，抵押权的效力不应当

---

① 参见最高人民法院民事审判第二庭：《最高人民法院民法典担保制度司法解释理解与适用》，人民法院出版社 2021 年版，第 370 页。

② 参见高圣平：《民法典担保制度及其配套司法解释理解与适用》（下册），中国法制出版社 2021 年版，第 717 页。

及于价值增加的部分。[1]

第三,添附物归抵押人和第三人共有。《有关担保司法解释》第 41 条第 3 款规定:“抵押权依法设立后,抵押人与第三人因添附成为添附物的共有人,抵押权人主张抵押权的效力及于抵押人对共有物享有的份额的,人民法院应予支持。”依据这一规定,如果因添附使抵押人与第三人成为添附物的共有人,由于添附物本身和抵押物之间不可分割,所以抵押权人仍可以对添附物行使抵押权,但是毕竟担保物在所有权归属上已经构成共有,因此,抵押权人只能就抵押人享有的共有份额实现抵押权。

(四)孳息

孳息包括天然孳息和法定孳息。在抵押设定以后,抵押人仍然享有使用权和收益权,所以,孳息收取权仍归抵押人,孳息不能为抵押权的效力所及。[2]

尽管在抵押存续期间,抵押权人无权收取孳息,但如果抵押财产被查封或扣押,则抵押权人即有权收取抵押物的孳息。根据《民法典》第 412 条的规定,抵押权人在特殊情形下也有权收取抵押物的孳息[3],但应当符合如下条件:

第一,债务人不履行到期债务,或者出现当事人约定实现抵押权的情形。抵押权人申请拍卖、变卖抵押财产,即应先查封、扣押抵押财产,此时,抵押权人也可提起普通民事诉讼,在诉前或诉讼过程中,可以申请对抵押财产进行财产保全,也需要查封、扣押抵押财产。

第二,必须是在抵押财产被人民法院依法查封、扣押以后,抵押权人才能收取孳息。此处所说的扣押,是指对抵押物采取强制执行措施。如果出现了抵押权实现的情况,而抵押财产还没有被法院扣押,抵押权人也就不能依法行使孳息收取权。[4] 自抵押财产被扣押之日起,抵押权人有权收取该抵押财产的天然孳息或者法定孳息。在解释上,保全措施和执行措施并不以扣押为限,查封亦无不可。

第三,抵押权人收取孳息必须通知负有交付法定孳息的义务人。此处所说的义务人,是指对法定孳息负有清偿义务的人,如抵押财产的承租人。

---

① 参见高圣平:《民法典担保制度及其配套司法解释理解与适用》,中国法制出版社 2021 年版,第 717 页。

② 参见黄薇主编:《中华人民共和国民法典物权编解读》,中国法制出版社 2020 年版,第 702 页。

③ 该部分论述的是担保物权,不限于抵押权。实际上,质权也有收取孳息的问题。

④ 参见高圣平:《民法典担保制度及其配套司法解释理解与适用》,中国法制出版社 2021 年版,第 712 页。

如果抵押权人已经通知义务人,义务人应当向抵押权人交付孳息。[1] 例如,抵押人的财产出租以后,本来应当由抵押人收取租金,但抵押物被扣押以后,承租人应当向抵押权人支付租金,但是抵押权人应当通知承租人。

(五)代位物

《民法典》第 390 条规定,当抵押物毁损、灭失或者被征收时,抵押权人可以就获得的保险金、赔偿金或者补偿金等优先受偿。这里所说的保险金、赔偿金或者补偿金等就是抵押物的代位物,也应为抵押权的效力所及。

(六)新增建筑物

所谓新增建筑物,是指建设用地使用权设定抵押之后,土地之上新增加的建筑物。它通常不在建设用地使用权抵押登记的范围内,不为建设用地使用权抵押权效力所及。但是,它又与建设用地使用权难以分离,[2]《民法典》第 417 条规定:"建设用地使用权抵押后,该土地上新增的建筑物不属于抵押财产。该建设用地使用权实现抵押权时,应当将该土地上新增的建筑物与建设用地使用权一并处分,但是,新增建筑物所得的价款,抵押权人无权优先受偿。"这就确立了房地一体主义的规则。

《有关担保司法解释》第 51 条对《民法典》上述规定作出了细化规定,再次强调了房地一体抵押的规则,同时,该规定又确立了以下几项新的规则:

第一,仅以建设用地使用权抵押,抵押权的效力要及于土地上已有的建筑物以及正在建造的建筑物的已完成部分。因为按照房随地走的规则,对建设用地使用权的处分,在效力上应当及于相关的建筑物。实践中经常发生开发商在建造房屋的过程中,将建设用地使用权抵押用于融资,如果没有新的投资,很容易形成烂尾楼。在此情形下,就需要明确抵押财产的范围,按照上述规则,在建设用地使用权抵押的情形下,已经建造的建筑物和正在建造的建筑物的已完成部分都应当纳入抵押财产的范围。

第二,当事人以正在建造的建筑物抵押,抵押权的效力范围限于已办理抵押登记的部分。因为正在建造的建筑物会随时发生变化,所以,为了准确确定抵押财产范围,必须借助抵押登记。

第三,新增或续建的建筑物不应当属于抵押财产的范围。[3] 所谓新增,

---

① 参见黄薇主编:《中华人民共和国民法典物权编释义》,法律出版社 2020 年版,第 800 页。

② 参见高圣平:《民法典担保制度及其配套司法解释理解与适用》(下册),中国法制出版社 2021 年版,第 755 页。

③ 参见崔建远:《中国民法典释评:物权编》(下卷),中国人民大学出版社 2020 年版,第 416 页。

是指在建设用地使用权设定抵押之后,又在该建设用地上新增加的建筑物。因为土地的面积可能较大,而房屋的占地面积可能较小,即使设定了建设用地使用权抵押,也有可能新建房屋。当然,新增的时间点应以建设用地使用权抵押权的设定为判断标准。① 所谓续建,是指在在建工程抵押之后,在已经完成部分的基础上,继续建造的建筑物。因为在设定抵押时,当事人并没有将新增或续建建筑物纳入抵押财产的范围。尤其是在设立抵押权时,该建筑物并不存在,所以,也无法将其纳入抵押财产的范围之中,否则,就违反了当事人的意愿,并不恰当地增加了抵押人的负担。②

第四,在实现抵押权时,新增的建筑物与建设用地使用权一并处分。因为新增的建筑物与已经抵押的建设用地使用权不可分离,按照房地一体流转规则,抵押权人在实现抵押权时,新增的建筑物必须与建设用地使用权一并处分。所谓一并处分,就是指将房地一起转让给某一主体。实行一并转让,有利于贯彻房地合一原则,有利于防止抵押人利用新增房屋损害抵押权人的利益,在某种程度上也有利于遏制抵押人通过新增房屋来牟取利益从而损害抵押权人的行为。③

需要指出的是,新增建筑物所得的价款,抵押权人无权优先受偿。因为土地和地上的建筑物合并拍卖,可以拍得更高的价格。但是,毕竟新增建筑物不属于担保财产的范围,因此,依据《民法典》第 417 条的规定,新增的建筑物在抵押权实现时要一并拍卖,只不过抵押权人不能就新增建筑物的价值优先受偿。

第五,分别抵押时的受偿顺序。抵押人有权将建设用地使用权、土地上的建筑物或者正在建造的建筑物分别抵押给不同债权人,在此情形下,应当根据抵押登记的时间先后确定清偿顺序。在分别抵押的情形下,各个抵押权人应当根据抵押权登记的先后顺序确定其权利顺位。需要指出的是,由于房地一体抵押规则,抵押人在就建设用地使用权抵押时,建筑物将一并抵押,此时,即便抵押人后来就建筑物单独抵押,就该建筑物的价值,建设用地使用权抵押权人也应当有权优先受偿。在抵押人先就建筑物抵押的情形,也应当同等处理。④

---

① 参见高圣平:《民法典担保制度及其配套司法解释理解与适用》(下册),中国法制出版社 2021 年版,第 755 ~ 756 页。

② 参见郭明瑞:《物权法通义》,商务印书馆 2019 年版,第 316 页。

③ 参见黄薇主编:《中华人民共和国民法典物权编释义》,法律出版社 2020 年版,第 768 页。

④ 参见高圣平:《〈民法典〉房地一体抵押规则的解释与适用》,载《法律适用》2021 年第 5 期。

第七节 流押契约的效力

一、流押契约的概念和特征

所谓流押契约(lex commissoria),又称绝押契约,从狭义上说仅指流抵现象;从广义上说,同时包含流抵和流质。它是指当事人双方在设立抵押或质押时,在担保合同中规定,债务履行期限届满而担保权人尚未受清偿时,担保物的所有权移转为债权人所有。[①] 例如,某个债务人向银行借款500万元,用其价值600万元的房产抵押,而且合同中明确约定到期不能清偿债务,该房屋就归银行债权人所有。我国《民法典》分别在抵押中规定了流抵契约(第401条),在质押中规定了流质契约(第428条)。

流押契约的主要特点在于:一是流押契约必须是在债务履行期届满前作出的约定。也就是说,在债务履行期届满之前,当事人约定担保财产在债务未履行时直接归属担保权人,则属于流押契约。如果在债务履行期届满以后,双方约定,担保财产归属于债权人,这实际上是折价补偿的协议。折价补偿协议和流押合同的区别就在于,二者订立的时间不同,前者是在债务履行期届满以后订立的,而后者是在债务履行期届满以前订立的。二是流押契约通常规定在债务人不能清偿债务时,担保物的所有权完全归债权人所有。因为这一原因,流押契约改变了法定的物权实现方式。通常来说,担保物权人支配的是担保财产的交换价值,只能在拍卖、变卖、折价之后就担保财产的价值优先受偿。按照流押契约的约定,担保权人可以直接取得担保财产,不需要经过变价的程序。由此,通过流押直接实现担保物权所带来的问题是,担保物权实现程序的不透明性,完全缺乏外部必要的监督(如司法监督),极有可能导致对债务人和其他债权人利益的损害。

正是因为流押契约具有上述特点,因此,大陆法系历来有禁止流押契约的传统。罗马法有非常损失规则(laesioe normis),卖价短少逾半卖主得解除之,对债权人的暴利行为是予以禁止的。大陆法系国家基本上都采取了禁止流押契约的做法,德国、瑞士等国家的民法都有相关规定。[②] 我国原《物权法》第186条、第211条也明确禁止流押契约和流质契约,如果当事人订立该契约,则因为违反了强制性规范而应当被宣告无效。

在我国《民法典》编纂过程中,是否应当禁止流押契约存在争议。从立

---

① 参见史尚宽:《物权法论》,中国政法大学出版社2000年版,第305页。

② 《德国民法典》第1149条规定:“债权对所有人未到期的,所有人不得给予债权人以清偿为目的的请求转让土地所有权或以强制执行之外的其他方式进行土地让与的权利。”

法目的和规范意旨来看,《民法典》第 401 条和第 428 条并不禁止当事人订立流押契约和流质契约,但在当事人订立该合同之后,债务人不能履行债务时,债权人应当按照担保物权实现的程序,采取拍卖、变卖的方式实现其担保物权,而不能按照当事人的约定直接取得担保财产的所有权。《民法典》之所以采取此种规则,原因在于:一方面,其有利于鼓励担保,促进资金融通。在实践中,当事人采取流押或者流质进行担保,也是资金融通的一种方式,流押和流质的弊端在于其实现方式问题,因此,在解决担保物权的实现方式时,就没有禁止流押和流质的必要。[①] 另一方面,其可以使担保物权的实现方式更加透明和公正,并防止出现变相的"高利贷"。流质契约通常约定了在债务不能履行时,担保物的所有权将移转归债权人所有,如此将对债务人显失公平,甚至可能成为一个变相的"高利贷条款"。严格来说,禁止流押的主要意义就在于,要求当事人严格按照法定程序来实现抵押权,使整个程序更加公开透明。[②] 此外,其有利于保护担保物权人以外的其他债权人。在担保物的价值大大高于被担保的债权的价值时,如果不进入拍卖、变卖程序,而由债权人直接取走担保物,则对于其他债权人是不利的。因此,在当事人约定流押或者流质条款时,法律规定债权人应当通过担保物权实现程序实现其担保物权,也有利于保护债务人和其他债权人的利益。

二、流押契约与相关概念

(一)流押契约与让与担保

从《有关担保司法解释》第 68 条规定来看,让与担保的规则与流押契约的规则存在相似之处,在成立让与担保的情形下,债权人在实现担保权时,也存在清算的问题。但流押契约不同于让与担保,二者的区别主要体现为:

第一,是否需要将标的物所有权转移至债权人名下不同。就流押契约而言,出质人虽然需要将质押财产交付债权人,但其只是将质押财产的占有移转至债权人,而没有移转质押财产的所有权,出质人仍然是质押财产的所有权人。就让与担保而言,债务人或者第三人需要按照约定将标的物在形式上转移至债权人名下。

第二,当事人约定的内容不同。就让与担保而言,当事人约定在担保合同订立时,担保财产归债权人所有;就流押契约而言,当事人约定的内容体

---

① 参见高圣平:《民法典担保制度及其配套司法解释理解与适用》(下册),中国法制出版社 2021 年版,第 843 页。

② 参见高圣平:《民法典担保制度及其配套司法解释理解与适用》(下册),中国法制出版社 2021 年版,第 843 页。

现为债务人不履行到期债务时，担保财产将归债权人所有。

第三，当事人约定无效时的法律后果不同。依据《民法典》第 428 条的规定，在当事人约定流押契约时，并不影响担保物权的设立，当事人之间仍然成立担保物权关系，债权人有权就担保财产优先受偿。就让与担保而言，依据《有关担保司法解释》第 68 条的规定，如果当事人之间作出有关财产归债权人所有的约定，则当事人之间仍可成立担保关系，该担保关系虽然可以参照适用《民法典》关于担保物权的规定，但本质上属于非典型担保。

（二）流质契约与以物抵债

以物抵债协议，是指当事人达成以债务人移转房屋所有权等有体物代替原合同债务履行的协议。以物抵债作为一种特殊的交易方式，在现实生活中有利于及时了清债权债务，保障债权的实现。但当事人也可能有通过以物抵债达到逃避债务的目的。以物抵债分为清偿型以物抵债与担保型以物抵债。严格地说，当事人在履行期限届满后所达成的以物抵债协议在性质上是债务履行方式的约定，在性质上属于新债清偿，即当事人通过约定新债的方式清偿原债务。[①] 此类以物抵债协议，与流质契约的区别是十分明显的，表现在以下几点：

第一，当事人约定的内容不同。就以物抵债协议而言，当事人既可能约定在债务人不履行到期债务时，相关的财产归债权人所有，也可能约定在债务人没有清偿到期债务时，债权人可以对相关的财产进行拍卖、变卖、折价偿还债权。就流质契约而言，依据《民法典》第 401 条、第 428 条的规定，当事人约定的内容体现为债务人不履行到期债务时，质押财产将归债权人所有。

第二，在债务履行期限届满前，债权人是否已经占有标的物不同。就流质契约而言，由于移转标的物的占有是质权的成立条件，因此，在债务履行期限届满前，债权人通常已经实际占有标的物。就清偿型以物抵债协议而言，债权人可能并未实际占有相关的财产。

第三，债权人是否享有优先受偿权不同。对于质权设定中的流质契约而言，虽然当事人约定流质契约条款无效，但并不影响质权的效力，即在符合质权实现条件时，债权人有权就质押财产的价值优先受偿。就以物抵债协议而言，在该协议生效后，如果债务人或者第三人已经将财产转移至债权人名下，则债权人有权依法主张就该财产的价值优先受偿；而如果债务人或

---

① 参见李玉林：《论以物抵债协议的类型化适用》，载《法律科学（西北政法大学学报）》2023 年第 4 期。

者第三人尚未将财产转移至债权人名下，则债权人并不享有优先受偿权。

关于债务履行期届满前达成的以物抵债协议，又称为担保型的以物抵债协议。在债务履行期限届满前，债务人能否履行债务尚不确定，因此，当事人可能会通过订立以物抵债协议的方式，担保该债务的履行。依据《合同编通则解释》第28条第2款的规定，要区分以物抵债协议的两种情形，分别认定其效力：一是当事人约定债务人到期没有清偿债务，债权人可以对抵债财产拍卖、变卖、折价以实现债权的。该约定只是关于债务到期后债权实现方式的约定，该约定应当有效。因为该约定有效，在债务人不履行到期债务时，债权人请求对抵债财产拍卖、变卖、折价以实现债权。二是当事人约定债务人不履行到期债务的，抵债的财产将直接归债权人所有。此种约定类似于流押流质条款，可能会不当损害债务人的利益，因此，依据《合同编通则解释》第28条第2款的规定，当事人作出此种约定，该约定本身无效，但该条款无效不影响以物抵债协议其他部分效力的，则该协议的其他部分仍然应当有效。[①] 例如，当事人除在以物抵债协议中约定抵债的财产将直接归债权人所有之外，还约定债务人不履行债务的，债权人有权请求债务人履行原债务，或者约定债权人有权选择请求债务人履行旧债或者新债等，此类约定仍应当有效。

三、流押契约的效力

1. 法律不禁止当事人约定流押契约条款。应当看到，确实有一些国家和地区的法律开始为流质契约解禁，逐渐承认流押契约的效力。国际上也存在一种重要的发展趋势，即在承认流押契约条款有效的同时，法律注重对担保人和其他利害关系人的保护。[②] 我国《民法典》第401条和第428条借鉴了这一立法经验，并不禁止当事人约定流押条款。具体而言，《民法典》第401条和第428条不再直接规定“不得”约定流质、流抵条款，而是“只能依法就抵押、质押财产优先受偿”。按照体系解释和目的解释，法律并不绝对禁止流押条款，当事人如果约定了流押条款，法院不宜简单地认定整个流押契约无效。

2. 当事人约定流押契约条款不影响担保物权的设立。毕竟流押契约条款也是当事人真实意思的体现，也并不违反公序良俗，且有利于降低担保物权实现的成本，因此法律并无必要否定这一约定的效力。

3. 债权人必须按照担保物权实现程序依法优先受偿。在当事人约定流押条款之后，一旦债务到期，债务人无法履行债务时，并不能由债权人按照

---

① 参见刘保玉、梁远高：《期前以物抵债协议：性质、效力与规则适用》，载《清华法学》2024年第1期。

② 参见谢在全：《民法担保物权之新风貌》，载《法学丛刊》第204期。

约定直接取得担保财产的所有权,而应当按照清算程序实现权利。也就是说,即便当事人约定流押条款,也不能发生当事人预期的法律效果,即不能产生担保财产直接归属于债权人的效果,而是要通过拍卖、变卖等程序实现担保物权。因此,在实现担保物权时,担保权人负有清算义务,无论是通过拍卖、变卖,还是折价的方式,都需要依法清算,超过债权部分的变价款应当返还给债务人,从而使其他的担保权人、债权人还可以从中获得清偿。通过清算程序的引入,可以实现担保人和担保权人之间利益的均衡,而且也可以保护其他担保权人、债权人的正当利益。

第八节　反　担　保

一、反担保的概念和特征

所谓反担保,是指债务人或第三人向担保人作出保证或设定物的担保,在担保人因清偿债务人的债务而遭受损失时,向担保人作出清偿。在反担保中,与反担保相对应并作为设定反担保前提的担保称为本担保。反担保只是与本担保相对应的概念。本担保中的担保人称为本担保人,而反担保中的担保人称为反担保人。《民法典》第 387 条第 2 款规定:"第三人为债务人向债权人提供担保的,可以要求债务人提供反担保。反担保适用本法和其他法律的规定。"可见,反担保要依据反担保的具体形式适用《民法典》和其他法律的规定。此处的其他法律规定,是指可能调整反担保的特别法,如《海商法》《民用航空法》《企业破产法》等。

反担保核心功能在于保障担保人追偿权的实现。[①] 由于反担保主要是担保担保人的追偿权,因此,反担保合同的主合同就不是担保合同,也正是因为这一原因,担保合同无效也并不当然导致反担保无效。实际上,在担保合同无效的情形下,担保人仍然有权按照约定请求反担保人承担担保责任。反担保可以适用于各种担保形式,无论是物的担保还是人的担保,担保人都可以要求债务人提供反担保。因为反担保的设立极大降低了担保人的风险,有利于鼓励第三人提供担保。[②] 从实践来看,当事人在物的担保中常常采用反担保方式,因此,担保物权的设定与反担保关系密切,某些担保物权的设定是以反担保的设定为条件的。如果没有反担保,有的当事人则不会设定本担保,也不会产生担保物权。

---

① 参见郭明瑞:《物权法通义》,商务印书馆 2019 年版,第 255 页。

② 参见谢鸿飞、朱广新主编:《民法典评注:合同编 通则》(第 2 册),中国法制出版社 2020 年版,第 61 页。

反担保与本担保并不存在本质的差异，其担保的类型、设立条件、效力等方面基本上是相同的。因此，比较法上一般未对反担保作出特别规定。为了保障反担保的正确适用，我国法律对其作出了规定。但应当看到，反担保和本担保也存在一定区别，主要表现在：一方面，设立目的不同。反担保的设立是为了使担保人的追偿权得以实现。[①] 而本担保的设立是为了担保主债权的实现。另一方面，适用范围不同。本担保的适用范围要远远大于反担保的适用范围。但《民法典》关于反担保的适用范围没有作出明确规定，一般认为，在保证、抵押或者质押中，反担保均可能有适用空间。当然，关于留置是否可以适用反担保，学术界存在不同的观点。本书认为，在留置等法定担保物权中，不可能产生反担保，反担保只有在约定担保中才能产生。由于留置权属于法定担保物权，是因为特定事实的出现而产生的，当事人无法预见其担保责任的承担，所以也不可能以约定反担保的方式对其追偿权的实现作出事先的安排。此外，反担保所担保的是担保人的追偿权，而留置权中的留置物往往归属于债务人，一般不存在追偿的问题，自无反担保的必要。

二、反担保的成立条件

反担保的成立需具备下列几个条件：

1. 反担保以本担保的存在为前提。此处所说的"本担保"，是指由债务人以外的第三人提供的担保。之所以要以本担保的存在为前提，是因为反担保设立的目的就是保障本担保人追偿权的实现，如果没有本担保，就不存在反担保。但如前文所述，本担保合同无效并不当然导致反担保无效，因此，在本担保合同无效的情形下，担保人仍然有权按照约定请求反担保人承担担保责任，对此，《有关担保司法解释》第 19 条第 1 款规定："担保合同无效，承担了赔偿责任的担保人按照反担保合同的约定，在其承担赔偿责任的范围内请求反担保人承担担保责任的，人民法院应予支持。"依据该规定，即便本担保合同无效，但如果担保人承担了赔偿责任，则其仍然有权按照约定请求反担保人承担担保责任。

当然，反担保毕竟是一种独立于本担保的法律关系，其独立性主要表现在：一方面，法律关系的当事人不同。本担保关系发生在担保人和债权人之间，而反担保关系发生在担保人与反担保人之间。另一方面，担保的范围不同。本担保所担保的主要是主债权等权利的实现，反担保人担保的是担保

---

① 参见刘保玉、吕文江主编：《债权担保制度研究》，中国民主法制出版社 2000 年版，第 66 页。

人的追偿权,只要本担保人承担了一定的责任,反担保人就要对这种责任承担担保责任。即便担保合同被宣告无效,但如果担保人需要承担赔偿责任,则反担保责任也不应当免除。正是从这个意义上说,反担保的责任又有一定的独立性,不完全依附于本担保。对此,《有关担保司法解释》第 19 条第 2 款规定:“反担保合同无效的,依照本解释第十七条的有关规定处理。当事人仅以担保合同无效为由主张反担保合同无效的,人民法院不予支持。”这就是说,与担保合同相比较,反担保合同独立于担保合同,并非担保合同的从合同,而只是担保在债务人代为清偿之后的追偿权,即便担保合同无效,担保人仍然可能承担赔偿责任,这就符合了反担保合同的适用条件,此时不应当认为反担保合同当然无效。

2. 提供反担保的主体不限于债务人,还包括债务人以外的其他人。关于反担保提供者的范围,有人认为,无论是《民法典》第 689 条还是第 387 条第 2 款,都仅仅规定债务人为反担保的提供者。因此,这两个条文涵盖的反担保提供者的范围过于狭窄,不足以贯彻其立法目的,构成法律漏洞。[①] 需要通过目的性扩张解释方式,允许第三人提供反担保。本书认为,该观点值得商榷。债务人充当反担保人时,只能提供物的担保,不能将保证作为反担保的形式,因为债务人本身不能作为保证人,其以保证作为反担保而变成反担保人毫无实际意义。从《民法典》本意来看,反担保人既可以是债务人,也可以是第三人。如果反担保人是债务人以外的其他人,则不仅可以提供物的担保,也可以提供人的担保。在原担保关系中是担保人的,在反担保关系中就成为被担保人,如果原担保人是债务人以外的其他人,则反担保中,他们将成为被担保人。

在第三人作为反担保人时,究竟应采何种反担保形式,由当事人自由约定。反担保既可以设立人的担保,也可以设立物的担保;既可以产生合同关系,也可以产生物权关系,无论是何种形式,都可以由当事人作出选择。根据反担保所采取的形式可以分为三种类型:一是求偿保证。它是指担保人在作出担保之后,担保人与反担保人之间约定,由反担保人以自己的财产和信誉确保担保人对债务人追偿权的实现。此种担保中的反担保人只能是债务人以外的第三人。二是求偿抵押。它是指债务人或者债务人以外的第三人以其财产作抵押,确保担保人追偿权实现的一种反担保。三是求偿质押。它是指债务人或债务人以外的第三人以自己的财产提供质押,以确保担保

---

① 参见黄薇主编:《中华人民共和国民法典合同编解读》(上册),中国法制出版社 2020 年版,第 756 ~ 757 页。

人追偿权的实现。无论采取何种方式都是为了保障追偿权的实现。当然，如果当事人没有特别约定追偿权的范围，则应当认为与追偿权的行使有关的所支出的所有费用都应当属于反担保所担保的范围。① 第一种反担保属于保证的范畴，只有后两种反担保才属于担保物权的范畴。

3. 反担保的请求人为债务人或提供担保的第三人。因为第三人为债务人提供担保以后，可能因债务人的责任财产不足，无法实现追偿权，因而才有必要要求债务人提供反担保。所以，《民法典》第 387 条第 2 款规定：第三人为债务人向债权人提供担保的，可以要求债务人提供反担保。由于反担保人既可以是债务人，也可以是第三人，因此其都可以提出请求。

4. 反担保也应当有一定的形式要求。根据我国《民法典》的规定，本担保一般都要采取书面形式，但反担保是否需要采用书面形式，应当依据反担保的具体方式予以确定。例如，如果反担保采用不动产抵押的方式，则反担保当事人应当订立书面形式的不动产抵押合同，但如果反担保采用保证的方式，则当事人并不当然需要采用书面形式。可见，相对于本担保，反担保在形式方面具有一定的独立性。

三、反担保的效力

反担保也是一种担保方式，其效力适用担保的一般规则。具体来说，反担保效力的认定需要结合反担保的具体类型确定，如果反担保的形式为保证，则适用保证的规则；如果反担保的形式为担保物权，则应当适用担保物权的规则。此外，反担保成立以后，必须在担保人实际承担了担保责任，并据此对债务人产生了追偿权后，才能实际生效。

因为反担保的设立，担保人可以依据反担保要求反担保人承担其担保责任。反担保人也应当依据反担保合同承担其相应的责任。这里的反担保人可能是主债务人，也可能是第三人。第三人在依据反担保合同承担担保责任后，也有权依法向债务人追偿。

在设立反担保之后，担保人代主债务人作出清偿后，担保人有权依法向主债务人追偿，担保人的此种追偿权是基于其作为担保人而当然享有的权利。只要担保人对主债务人享有追偿权，反担保即可有效设立，担保人也可以依法请求反担保人承担担保责任。

---

① 参见李国光主编、最高人民法院民二庭（原经济庭）编著：《担保法新释新解与适用》，新华出版社 2001 年版，第 36～37 页。

第九节　担保物权的消灭

所谓担保物权的消灭,是指当法律规定的事由出现时,担保物权的支配力终止,担保物权不再发生效力。担保物权的消灭可能是因物权消灭的一般原因造成,如物权的标的物灭失且没有代位物。除此之外,各类担保物权还可以基于其特有的原因而消灭。

一、主债权消灭

担保物权的目的是担保主债权,按照从权利从属于主权利的原则,如果主债权已经消灭,担保物权也就没有存在必要。但如果法律另外规定担保物权不随之消灭,担保物权并不当然消灭。例如,在最高额抵押的情形下,某一债权的消灭并不当然导致抵押权的消灭,担保物权人仍然可以就全部担保财产享有担保物权。① 再如,依据《民法典》第 700 条的规定,保证人在承担保证责任后,享有债权人对债务人的权利,此时,债权与担保物权依据法律规定移转至保证人处,此时,担保物权并不当然消灭。

二、担保物权实现

担保物权的实现,就是指担保物权人在债务人不履行债务或者发生当事人约定的情形时,就担保财产的价值优先受偿。既然担保物权已经实现,担保人就不再负有担保债务。② 担保物权的实现是该权利设立的目的,担保物权一旦实现,担保法律关系消灭,担保物权自然没有必要继续存在。

值得探讨的是,在设置担保物权之后,担保物权人是否可以不请求执行担保财产,而请求执行债务人的一般财产?如果担保物权人请求执行债务人的一般财产,是否可以认定为担保物权人放弃了其担保物权?本书认为,按照私法自治原则,在债务人未按照约定履行债务时,担保物权人应当有权选择主张担保物权,或者请求执行债务人的一般财产。当然,在担保物权人选择请求执行债务人的一般责任财产时,也不意味着担保物权人放弃了其担保物权。③ 同时,在担保物权人请求执行债务人的一般财产时,其也不享有优先受偿权。

---

① 参见黄薇主编:《中华人民共和国民法典物权编释义》,法律出版社 2020 年版,第 822 页。

② 参见杨明刚:《新物权法:担保物权适用解说与典型案例评析》,法律出版社 2007 年版,第 45 页。

③ 参见程啸:《担保物权》,载王利明、尹飞、程啸:《中国物权法教程》,人民法院出版社 2007 年版,第 436 页。

三、债权人放弃担保物权

债权人放弃担保物权,是指债权人通过意思表示抛弃其担保物权。因为担保物权本身也是一种财产权,按照“财产权原则上可以抛弃”的原则,权利人可以抛弃其担保物权。债权人放弃其担保物权的,将导致担保物权消灭。应当指出,债权人放弃担保物权必须采取明示的方式,即便担保物权人以自己的行为导致担保物毁损灭失,也不能据此认定其放弃了担保物权。

四、法律规定担保物权消灭的其他情形

因为引起担保物权消灭的原因很多,法律上不可能一一列举,所以,有必要采用兜底条款。例如,《民法典》第 457 条规定:“留置权人对留置财产丧失占有或者留置权人接受债务人另行提供担保的,留置权消灭。”此种情况就属于担保物权消灭的特殊原因。[①] 担保物权在性质上属于权利人享有的财产权,当事人原则上可以通过约定来处分财产权,因而,只要不违反法律的强行性规定,也不损害第三人利益和社会公共利益,应当允许当事人约定担保物权的消灭原因。例如,当事人依法约定抵押权的存续期间,这实际上属于设定了抵押权的特殊消灭原因。

五、主债权诉讼时效届满对抵押权的影响

《民法典》第 419 条规定:“抵押权人应当在主债权诉讼时效期间行使抵押权;未行使的,人民法院不予保护。”《有关担保司法解释》第 44 条第 1 款对此进一步作出规定,如何理解《民法典》和司法解释的规定?二者对主债权诉讼时效期间届满后抵押权的效力究竟采何种立场,并不明确。对此,存在两种观点:

一是抵押权消灭说。此种观点认为,主债权诉讼时效期间届满后,抵押权人未行使抵押权,则抵押权将随之消灭,对于办理了登记的抵押权,抵押人有权请求注销抵押登记。[②]

二是抗辩发生说。此种观点认为,主债权时效届满后,抵押权不消灭,而只是使抵押人享有了拒绝履行的抗辩权,作为从权利的抵押权,其实体权利不应消灭,抵押人不能请求涂销抵押权登记;如果抵押人自愿履行担保义务,抵押权人仍然可以接受,从而使其权利实现,抵押人自愿履行后又反悔

---

① 参见黄薇主编:《中华人民共和国民法典物权编释义》,法律出版社 2020 年版,第 872 页。

② 参见程啸、高圣平、谢鸿飞:《最高人民法院新担保司法解释理解与适用》,法律出版社 2021 年版,第 273 页。

的,也不受人民法院的保护。[①]

结合《民法典》第419条与《有关担保司法解释》第44条的规定,采取抵押权消灭说更为合理,主要理由在于:一方面,其有助于督促抵押权人积极行使权利。在主债权诉讼时效期间届满后,如果允许抵押权一直存续,可能会使抵押权人怠于行使抵押权,对于抵押人也过于苛刻,不利于发挥抵押财产的经济效用。[②] 按照抵押权消灭说,由于抵销权消灭,即使抵押人未提出抗辩,法院也应主动查明主债权的诉讼时效是否届满,这有助于进一步督促抵押权人积极行使抵押权。另一方面,有利于抵押财产的流通转让。如果采取抗辩发生说,在主债权诉讼时效届满后,抵押权仍然存在,此时抵押人不能请求涂销抵押登记,则抵押财产无法顺利流转,也会损害其他债权人的利益。[③] 此外,抵押权消灭说并不妨碍抵押人自愿履行债务。因为即使主债权诉讼时效届满后抵押权消灭,抵押人自愿履行主债权的,这属于抵押人和抵押权人之间形成了以物抵债协议或者第三人履行,抵押人不得反悔。

需要注意的是,主债权诉讼时效届满后抵押权消灭的观点同样可以参照适用于以登记作为公示方式的其他担保权利。《有关担保司法解释》第44条第3款中规定,主债权诉讼时效期间届满的法律后果,以登记作为公示方式的权利质权,参照适用第1款的规定。[④] 但与以登记作为公示方式的担保权不同,以交付作为公示方式的担保权。例如,动产质权、留置权和以交付权利凭证作为公示方式的权利质权,《民法典》并未如同抵押权那样规定主债权诉讼时效届满后行使担保权的不予保护。

---

① 参见黄薇主编:《中华人民共和国民法典物权编释义》,法律出版社2020年版,第812页。

② 参见黄薇主编:《中华人民共和国民法典物权编解读》,中国法制出版社2020年版,第677页。

③ 参见程啸、高圣平、谢鸿飞:《最高人民法院新担保司法解释理解与适用》,法律出版社2021年版,第272页。

④ 《全国法院民商事审判工作会议纪要》第59条第2款也同样规定:“以登记作为公示方法的权利质权,参照适用前款规定。”

第十九章　抵押权

第一节　抵押权概述

一、抵押权的概念和特征

抵押权是指债权人对于债务人或者第三人不移转占有而提供担保的财产，在债务人不履行债务时，依法享有的就担保的财产变价并优先受偿的权利。《民法典》第394条第1款规定："为担保债务的履行，债务人或者第三人不转移财产的占有，将该财产抵押给债权人的，债务人不履行到期债务或者发生当事人约定的实现抵押权的情形，债权人有权就该财产优先受偿。"这就在法律上明确了抵押权的概念、性质和特征。抵押关系的当事人是抵押人和抵押权人，抵押权人即主债权人，因为抵押权是为了担保主债权而存在的，故只有享有担保债权的债权人才能成为抵押权人。抵押权人可以是自然人，也可以是法人或非法人组织。由于抵押在性质上是一种处分财产的行为，抵押人应当是对抵押财产享有处分权的人，包括所有人、失踪人的财产代管人、破产管理人等。

抵押权素有"担保之王"之美誉，其作为一种典型的担保物权，具有如下特点：

第一，抵押权是一种担保物权。一方面，抵押权人对抵押人提供担保的财产的交换价值享有支配权。抵押物虽不移转占有，但抵押权人可以支配抵押物的交换价值，抵押权人实现抵押权，并不需要抵押人实施一定的行为予以配合。如果在抵押期间，抵押物毁损灭失，抵押物将发生物上代位，抵押权的效力及于抵押物的变形体或代替物。另一方面，抵押权人对抵押物变价后的价值享有优先受偿权。也就是说，当抵押权与普通债权并存时，抵押权要优先于普通债权而受偿；如果同一物上设定了数个抵押权，则先设定的抵押权通常要优先于后设定的抵押权。

第二,抵押权是为了担保债权的实现而提供的特定的财产担保。一方面,抵押权设立的目的是担保债的履行,以避免债务人因为责任财产的减少以及其他原因,从而导致债权不能实现。通过设定抵押权,抵押权人可以有效支配抵押物的交换价值,保障其债权的实现。另一方面,抵押权是在债务人或者第三人提供一定的财产之上设定的担保物权,所担保的债权实现的基础是特定财产,而不是担保人的信用。[①] 正是因为抵押权是在特定财产之上设定的,因而成为一种有效保障债权实现的担保方式,在现代社会得以普遍适用。当然,此处所说的抵押财产特定并不当然是指抵押财产在抵押权设定时特定,而只是要求抵押财产在抵押权实现时必须特定。

第三,抵押权是不移转标的物占有的担保物权。根据《民法典》第394条的规定,抵押权的设立不需要移转抵押物的占有,这也是抵押权与质权的重要区别。在抵押权设定之后,抵押财产仍然由抵押人支配,抵押人对抵押物享有占有、使用权,并可以以其收益充作债务的清偿资金,抵押权人直接支配的只是抵押物的交换价值,而无须保管抵押物。[②] 抵押物的使用价值和交换价值可以得到双重利用,这也使抵押成为一种重要的担保方式。由于抵押权的设定不需要移转占有,因而,抵押权一般应采用登记或其他方式进行公示。

第四,抵押权是以抵押财产的变价所得而优先受偿的权利。抵押权的优先受偿性是抵押权作为担保物权的重要特征。根据《民法典》第394条的规定,债务人不履行到期债务或者发生当事人约定的实现抵押权的情形,债权人有权就该财产优先受偿。但这种优先受偿并不是指在债务人不履行债务时直接移转抵押物的所有权,而是指在债务人不履行债务时,将抵押物变价,使抵押权人就抵押物变价后的价值优先受偿。正是从这个意义上说,抵押权是一种价值权或变价受偿权。[③]

二、抵押权的特性

抵押权在性质上属于担保物权,因此,它具有担保物权的一些固有属性。这些特性主要表现在:

1. 特定性。所谓抵押权的特定性,是指抵押权是以特定的财产价值来确保特定债权的实现。一方面,无论是以动产或不动产作抵押,这些财产都

---

① 参见郭明瑞:《物权法通义》,商务印书馆2019年版,第255、267页。

② 参见史尚宽:《物权法论》,中国政法大学出版社2000年版,第261页。

③ 参见陈华彬:《物权法论》,中国政法大学出版社2018年版,第514页。

必须特定化,并且能够在设定抵押之后予以公示,使第三人知道该特定财产之上已设定了抵押。另一方面,抵押所担保的债权也必须特定,除了浮动抵押、最高额抵押等特殊形态的抵押外,原则上抵押只能担保特定的债权,而不能担保范围不确定的债权。在允许就担保财产进行概括描述的情形下,抵押权的特定性有所缓和但须达到合理识别的标准。①

2. 从属性。所谓抵押权的从属性,是指抵押权的设立、移转和消灭都从属于主债权。② 抵押权设立的目的就是担保债权的履行,其存续以主债权的实现为终极目的。因此,抵押权必须从属于主债权,不得与之发生分离。抵押权的从属性主要表现在如下几个方面:一是成立上的从属性。抵押权的成立以债权的成立并生效为前提条件,如果主债权成立并生效,则抵押权方能成立和生效。二是转移上的从属性。依据《民法典》第 407 条的规定,抵押权不得与债权分离而单独转让或者作为其他债权的担保。债权转让的,除法律另有规定或者当事人另有约定外,担保该债权的抵押权一并转让。三是消灭上的从属性。根据《民法典》第 393 条的规定,主债权消灭,担保物权消灭。

3. 不可分性。它是指抵押权担保债权的全部,抵押权应及于抵押物的全部。抵押权的不可分性与抵押权的从属性是抵押权的两个不同的特性。抵押权的不可分性包括两个方面:一是抵押物被分割或被移转一部分时,抵押权仍然存在,各债权人仍可以就其享有的债权份额行使全部抵押权。主债权部分受偿时,抵押权人仍可以就其未受偿部分的债权对抵押财产的全部行使抵押权。二是如果主债权被分割或发生部分转让,抵押物的全部仍应当担保各部分债权。如果抵押人就是债务人,因抵押权的不可分性,无论是债务的分割还是转让,对抵押权的存在都不产生影响,抵押物应当被用于分割转让后的债务清偿。

4. 物上代位性。所谓抵押权的物上代位性,是指抵押权的效力及于抵押财产的变形物。《民法典》第 390 条规定:"担保期间,担保财产毁损、灭失或者被征收等,担保物权人可以就获得的保险金、赔偿金或者补偿金等优先受偿。被担保债权的履行期限未届满的,也可以提存该保险金、赔偿金或者补偿金等。"这就确认了抵押权的物上代位性。

---

① 参见高圣平:《担保法前沿问题与判解研究》(第 5 卷),人民法院出版社 2021 年版,第 377 ~ 378 页。

② 参见谢在全:《民法物权论》(中册),中国政法大学出版社 2011 年版第 634 页。

三、抵押的分类

（一）动产抵押、不动产抵押和权利抵押

抵押可以分为动产抵押、不动产抵押和权利抵押，这主要是从抵押财产的不同性质而作出的分类。传统上，大陆法系民法主要将抵押财产限定为不动产，但随着社会的发展，动产抵押和权利抵押也越来越广泛，后者与不动产抵押的区别主要表现在：

第一，是否需要具体描述担保财产不同。不动产抵押需要在登记系统中准确描述，而动产和权利抵押则允许概括描述，能够进行合理识别即可，这样才能够使担保财产与担保人的其他财产相区别，使第三人能够判断某物上是否具有权利负担，达到担保权利客体确定的标准。[①]《有关担保司法解释》第53条对此专门作出了规定。

第二，是否采取登记要件主义不同。一般而言，不动产抵押和权利抵押应当采用登记的方式，依据《民法典》第402条的规定，不动产抵押原则上采取登记生效主义，如果当事人未办理抵押登记，则抵押权无法设立。但对动产抵押而言，因其物权变动采取登记对抗的模式，因此，在当事人未办理登记的情形下，仍然可以设立抵押权，只是无法对抗善意第三人。

第三，能否设置浮动抵押不同。不动产和权利抵押并不能采用浮动抵押的方式，而动产抵押则可以采用浮动抵押的方式，尤其是对大量的存货而言，可以采取动产浮动抵押。

值得注意的是，依据我国《民法典》的相关规定，权利既可以作为抵押权的客体，也可以作为质权的客体，在解释上，如果设置质权，则需要移转标的财产的控制权，所以，一般认为，不动产不能设置质权，只能作为抵押权的客体。[②]

（二）固定抵押和浮动抵押

以抵押权设立时抵押财产是否确定为标准，可以将抵押区分为固定抵押和浮动抵押。固定抵押是指在抵押设定时抵押财产的范围已经确定的抵押。而浮动抵押是指在抵押设定时抵押财产的范围尚未确定，而只是在债务人不履行到期债务或发生当事人约定的实现抵押权的情形时，抵押财产才确定的抵押。二者的区别主要表现在：一方面，抵押财产是否具有集合

---

① 参见程啸、高圣平、谢鸿飞：《最高人民法院新担保司法解释理解与适用》，法律出版社2021年版，第335页。

② 参见高圣平：《民法典担保制度及其配套司法解释理解与适用》（下册），中国法制出版社2021年版，第816页。

性。固定抵押中的抵押财产一般都是单个的抵押财产，而浮动抵押中抵押财产具有集合性的特点。另一方面，抵押财产是否具有浮动性不同。在固定抵押中，抵押财产是确定的，而在浮动抵押中，抵押财产的范围则处于不断变动之中。

（三）单独财产抵押和集合财产抵押

《民法典》第395条第2款明确规定："抵押人可以将前款所列财产一并抵押。"该款意味着法律上认可一并抵押或者说集合抵押的效力。集合财产分为事实上的集合财产和法律上的集合财产。事实上的集合财产是指，根据当事人的意思和经济上的目的，使一些单一财产集合在一起成为集合财产。例如，将许多商品放在一个商店中，该商店内的全部商品就形成了一个集合财产。[①] 所谓法律上的集合财产，是指权利和物的结合，包括营业财产、企业财产、破产财产、共同继承财产、合伙财产、夫妻共同财产、失踪人的财产等。[②] 由于各个物和权利集合在一起仍然可能具有确定的交换价值，因此，其在观念上可以成为独立的物。集合物担保主要是指财团抵押、浮动抵押等。这些都是以整个企业内的所有财产或者整个商店内的全部商品等进行抵押或其他担保。

两者的区别主要表现在：一是单独财产抵押是常态，而集合财产抵押是交易的例外情形，因为其在一定程度上已经突破了担保财产特定性的要求。二是单独财产抵押通常需要进行具体描述，尤其是就不动产而言，需要通过描述具体识别特定的不动产。集合财产抵押通常是进行概括描述，即通过列举清单等方式描述集合财产。三是抵押权的实现方式不同。就单独财产抵押而言，抵押权的实现需要将该抵押财产单独变价；就集合财产抵押而言，则需要将集合财产进行整体变价，因为集合财产的整体价值通常远高于单个财产的价值，也高于数个单一财产价值的简单相加，如果拆分单独抵押或设置其他担保，这不仅会减损担保财产的价值，而且程序上过于烦琐。[③] 因此，在抵押权实现时，原则上也应当对集合财产进行整体变价。

第二节　抵押权的设定

一、抵押权的设定概述

除动产抵押之外，抵押权的设定通常包括合意和公示两个步骤。

---

① 参见洪逊欣：《中国民法总则》，台北，三民书局1992年版，第213页。

② 参见［日］我妻荣：《物权法》，东京，岩波书店1995年版，第2页。

③ 参见崔建远：《中国民法典释评：物权编》（下卷），中国人民大学出版社2020年版，第351页。

（一）合意

合意是指当事人就抵押权的设立达成协议。此处的合意是当事人之间订立抵押合同，抵押合同是抵押权设定的基础。就不动产抵押而言，只有当事人具有合意，并在此基础上办理登记，才能设定抵押权。对动产抵押权而言，采取登记对抗主义，即便当事人没有办理登记，但只要当事人就抵押权的设定达成合意，也可以设立抵押权。基于当事人之间所订立的抵押合同设定的抵押权称为约定抵押权。在我国，依据现行立法规定，抵押权主要为约定抵押权。但在例外的情况下，抵押权可根据法律的规定直接产生，这种抵押权称为法定抵押权。例如，《民法典》第 397 条规定："以建筑物抵押的，该建筑物占用范围内的建设用地使用权一并抵押。以建设用地使用权抵押的，该土地上的建筑物一并抵押。抵押人未依据前款规定一并抵押的，未抵押的财产视为一并抵押。"由于此种抵押并不是依抵押权人和抵押人之间的合同而产生，而是依法律的规定而产生的，也不需要登记，因此可以称为法定抵押权。①

（二）公示

对法律规定采登记作为成立要件的抵押权而言，如不动产抵押，当事人必须办理登记，否则无法设立。对动产抵押而言，法律采取登记对抗主义，是否办理登记由当事人选择。动产抵押登记虽然不是抵押权设立的要件，但仍然具有重要意义，即当事人没有办理抵押登记的，无法对抗善意第三人。

二、抵押合同

（一）抵押合同的内容

依据《民法典》第 400 条的规定，抵押合同一般包括如下条款：

一是被担保的主债权种类和数额。在当事人订立抵押合同时，应当将被担保的主债权种类、数额在合同中作出明确约定。所谓主债权的种类，是指抵押权担保的主债权类型。所谓主债权的数额，是指主债权的标的额。

二是债务人履行债务的期限。所谓债务履行的期限，也称债务的清偿期，即债务人应履行债务的期限。一般来说，债务人履行债务的期限应当在主合同中约定，但如果主合同中对债务人履行债务的期限未作明确约定，也可以在抵押合同中作出约定。

三是抵押财产的名称、数量等情况。抵押权本质上是一种物权，物权的

---

① 参见崔建远：《物权：规范与学说——以中国物权法的解释论为中心》（下册），清华大学出版社 2011 年版，第 767 页。

成立应以客体的特定化为前提，因此在抵押合同中，有必要使抵押财产特定化。所谓特定化，就是必须要明确抵押财产的名称、数量等信息，使某个抵押物与其他物相区别。《民法典》从便利获得融资的角度，简化了抵押合同需要记载的抵押财产描述的事项，允许对担保财产作一般性或概括性描述，[①]只要该描述能够合理识别担保财产即可。这一修改为存货融资和未来财产的担保提供了法律上的依据。

四是抵押担保的范围。所谓抵押担保的范围，就是指抵押财产折价、拍卖或者变卖以后抵押权人可以优先受偿的范围。依据《民法典》第 389 条的规定，抵押担保的范围一般可以包括主债权，主债权的利息、违约金、损害赔偿金、实现抵押权的费用等。某一抵押权所担保的具体范围，应当由当事人在抵押合同中明确约定。如果没有约定或者约定不明，就应当适用《民法典》第 389 条关于法定担保财产范围的规定。

五是当事人认为需要约定的其他事项。抵押合同除了可以约定上述条款之外，还可以根据实际情况作出一些其他约定。依据《民法典》第 400 条的规定，其采用"一般包括"这一表述，这意味着该规定是提示性的规定。[②]依据合同自由原则，除了法律法规规定必须在抵押合同中规定的条款以外，原则上有关抵押合同的内容应当由当事人自由约定。只要不违反法律法规的强行性规定，当事人可以在抵押合同中约定其他事项。例如，当事人可以在抵押合同中约定抵押期限。按照私法自治原则，该约定也是有效的。抵押权作为一种他物权，本身就具有期限限制，只能在一定期限内存在。这种期限除了法律规定之外，当事人也可以自行约定。如果当事人自行约定了抵押期限，并且在登记中进行记载，实际上是限定抵押权的存续期限的一种方式，按照合同自由原则，只要不损害其他人的利益，这种约定就应当是有效的。

抵押合同是一种要式合同，必须采取书面形式。但这并不意味着抵押合同要订立一份单独的抵押合同书，抵押合同完全可以作为合同条款与主合同并存于一份合同书中。抵押合同订立后可以公证也可以不公证，是否公证完全由当事人自由决定。

（二）抵押合同的变更

所谓抵押合同的变更，是指在抵押合同生效之后，抵押人和抵押权人之间通过合意改变抵押合同的内容。例如，在抵押合同生效后，抵押人与抵押

---

① 参见黄薇主编：《中华人民共和国民法典物权编解读》，中国法制出版社 2020 年版，第 660 页。

② 参见黄薇主编：《中华人民共和国民法典物权编解读》，中国法制出版社 2020 年版，第 659 页。

权人约定，提高抵押财产所担保的债务的数额。抵押合同虽然是从合同，其成立、内容和效力要依附于主合同，但其在性质上属于独立的合同。在抵押合同生效之后，当事人可以通过合意改变抵押合同的内容，这是合同自由原则的体现。

抵押合同的变更主要包括以下几种情况：一是变更抵押权的顺位。顺位是抵押权人受偿的先后顺序，是一种地位与利益，故抵押权人可以变更其抵押权的顺位。[①]《民法典》第409条第1款规定："抵押权人可以放弃抵押权或者抵押权的顺位。抵押权人与抵押人可以协议变更抵押权顺位以及被担保的债权数额等内容。但是，抵押权的变更未经其他抵押权人书面同意的，不得对其他抵押权人产生不利影响。"二是变更被担保的债权数额。根据《民法典》第409条的规定，变更被担保的债权数额，未经其他抵押权人书面同意的，不得对其他抵押权人产生不利影响。三是变更抵押期限。抵押期限是指当事人约定抵押权在多长时间内有效。在约定之后，如果当事人变更该期限，则该变更也是有效的。当事人能否在抵押合同中约定抵押人承担担保责任的期间？本书认为，按照私法自治原则，当事人应当有权约定抵押人承担担保责任的期限。此外，当事人也应当可以通过协商变更该期限。《民法典》第409条规定，"抵押权人与抵押人可以协议变更抵押权顺位以及被担保的债权数额等内容"。此处使用"等内容"的表述，表明抵押合同的变更不限于该条所列举的情况，还包括变更抵押期限。根据《民法典》第409条的规定，抵押合同变更未经其他抵押权人书面同意的，不得对其他抵押权人产生不利影响。

三、抵押登记

（一）不动产抵押登记

《民法典》第402条规定："以本法第三百九十五条第一款第一项至第三项规定的财产或者第五项规定的正在建造的建筑物抵押的，应当办理抵押登记。抵押权自登记时设立。"因此，不动产抵押应当适用登记要件主义，具体来说：

第一，不动产抵押应当办理登记。所谓"应当办理抵押登记"，是指凡是以不动产抵押的，当事人依法负有登记的义务，当事人不能约定不经登记就设立抵押权。依据上述规定，不动产的范围具体包括建筑物和其他土地附着物，建设用地使用权，海域使用权，正在建造的建筑物等。从狭义上理解，

① 参见陈华彬：《物权法论》，中国政法大学出版社2018年版，第547页。

不动产抵押仅仅指不动产所有权的抵押，用益物权的抵押属于权利抵押的范畴。但《民法典》第 402 条也承认了建设用地使用权属于不动产抵押的范围。因此，此处所说的不动产抵押是从广义上理解的。这就是说，不动产抵押既包括建筑物所有权的抵押，也包括用益物权的抵押。

第二，不动产抵押权自登记时设立。根据这一规定，作为物权的不动产抵押权自登记之日起设立，如果当事人仅仅订立了抵押合同而没有登记，不动产抵押权不能有效设立。当然，抵押合同仍然可以在当事人之间发生效力。只有在当事人办理完毕抵押登记之后，债权人才享有不动产抵押权。不仅如此，登记记载的内容也直接决定抵押权的内容，如果抵押合同的内容与登记记载不同，原则上应当以登记记载的内容为准[①]，但如果当事人证明登记记载的内容与其真实意思不符，也可以办理更正登记。值得注意的是，依据《农村土地承包法》第 47 条的规定，土地经营权抵押权例外地采取了登记对抗主义。[②]

(二)不动产抵押登记的效力

抵押登记主要产生两种效力：

一是物权设立的效力。不动产抵押权非经登记不能设立，所以，凡是根据登记要件主义登记的，抵押权自登记时起设立，而且，抵押权的具体内容都依据登记来确定。在登记之后，不动产抵押权才能依法设立，才具有优先受偿的效力。

二是明确权利实现顺位的效力。物权的对内优先效力，是指物权之间原则上是依据其产生的先后顺序来确定优先顺位。登记可以确定同一不动产不同担保物权之间的优先顺位，因而可以依法产生对内优先效力。《民法典》第 414 条规定，“同一财产向两个以上债权人抵押的，拍卖、变卖抵押财产所得的价款依照下列规定清偿：(一)抵押权已经登记的，按照登记的时间先后确定清偿顺序；(二)抵押权已经登记的先于未登记的受偿；(三)抵押权未登记的，按照债权比例清偿。其他可以登记的担保物权，清偿顺序参照适用前款规定”。因此，不动产抵押权的登记是确定其优先受偿顺序的依据。正是因为登记可以产生上述效力，所以，交易当事人都负有查询抵押登记的义务，而不能只查看抵押权证书。如果没有查询抵押登记而从事某项

---

① 《有关担保司法解释》第 47 条规定：“不动产登记簿就抵押财产、被担保的债权范围等所作的记载与抵押合同约定不一致的，人民法院应当根据登记簿的记载确定抵押财产、被担保的债权范围等事项。”

② 参见高圣平：《民法典担保制度及其配套司法解释的理解与适用》(下册)，中国法制出版社 2021 年版，第 516 页。

交易，应当承担相应的不利后果。

一般而言，抵押权人应当是债权人，但从交易实践来看，登记的抵押权人与债权人的身份也可能不一致，此时也不能当然否定抵押权的效力。对此，《有关担保司法解释》第 4 条规定："有下列情形之一，当事人将担保物权登记在他人名下，债务人不履行到期债务或者发生当事人约定的实现担保物权的情形，债权人或者其受托人主张就该财产优先受偿的，人民法院依法予以支持：(一)为债券持有人提供的担保物权登记在债券受托管理人名下；(二)为委托贷款人提供的担保物权登记在受托人名下；(三)担保人知道债权人与他人之间存在委托关系的其他情形。"从该规定来看，即使出现了登记的抵押权人与债权人的身份不一致的情形，也不能据此否定抵押权的效力，其目的在于保护真实抵押权人的利益。

(三)未办理抵押登记的不动产抵押合同的效力

抵押合同只是当事人之间的一种合意，登记并非合同的成立或生效要件。相反，因为登记是针对民事权利的变动而设定的，它与物权的变动联系在一起，是一种物权变动的公示方法。如果当事人之间在订立抵押合同之后，并没有办理抵押登记，抵押合同仍然有效，只不过，作为一种物权的抵押权不能有效设立(动产抵押例外)。根据《民法典》第 215 条的规定，除非法律有特别规定，抵押合同一经成立，只要在内容上不违反法律的强行性规定和公序良俗，就可发生合同的效力。

在不动产抵押的情形下，由于抵押权的设立采取登记要件主义，因此，当事人必须办理登记，抵押权才能设立，但在办理抵押登记前，抵押合同究竟产生何种效力？《有关担保司法解释》第 46 条对此作出了明确规定，具体而言：

第一，未办理抵押登记，不影响抵押合同的效力。《有关担保司法解释》第 46 条第 1 款规定："不动产抵押合同生效后未办理抵押登记手续，债权人请求抵押人办理抵押登记手续的，人民法院应予支持。"该款实际上确认了，在没有办理抵押登记的情形下，抵押合同仍然有效，抵押权人有权请求抵押人办理抵押登记。这实际上也是《民法典》第 215 条区分物权变动效力和合同效力的具体体现。

第二，未办理抵押登记的，不动产抵押权不能有效设立，抵押权人无权请求抵押人承担担保责任。对不动产抵押权而言，如果当事人未办理抵押登记，则抵押权无法设立，此时，在债务人不履行债务时，债权人也无权请求抵押人承担担保责任。

第三，抵押财产因不可归责于抵押人自身的原因灭失或者被征收等，导致不能办理抵押登记的法律后果。抵押人不能办理抵押登记的原因较为复杂,某些情形下可能是因为抵押权人的原因,或者因为抵押财产毁损、灭失,导致无法办理抵押登记,依据《有关担保司法解释》第46条第2款的规定,首先应当确定是否因抵押人的原因导致无法办理抵押登记,从而进一步认定抵押人是否应当承担违约责任。如果因不可归责于抵押人自身的原因导致不能办理抵押登记,但抵押人构成违约,则抵押权人虽然有权请求抵押人承担违约责任,但不能请求抵押人在约定的担保范围内负责。如果抵押财产是因第三人侵害导致毁损、灭失,或者抵押财产被征收,抵押人因此获得赔偿金、补偿金等,则抵押权人有权请求抵押人在其所获得的金额范围内承担赔偿责任,抵押人承担赔偿责任的限额是其所获得的金额。

第四,因抵押人的原因不能办理抵押登记的法律后果。依据《有关担保司法解释》第46条第3款的规定,因抵押人的原因不能办理抵押登记的,抵押权无法设立,因抵押人已经构成违约,抵押权人有权请求抵押人承担违约责任。抵押人承担违约责任的范围是当事人约定的担保范围。债权人有权基于该抵押合同要求抵押人在约定的担保范围之内承担责任,这实质上就是承担抵押合同的违约责任,该责任范围不得超过抵押权有效设立时所应承担的担保责任范围。[①]

(四)抵押登记与抵押合同约定不一致

《有关担保司法解释》第47条规定:“不动产登记簿就抵押财产、被担保的债权范围等所作的记载与抵押合同约定不一致的,人民法院应当根据登记簿的记载确定抵押财产、被担保的债权范围等事项。”该条是对于不动产登记簿推定效力的规定。一方面,不动产抵押权的设立采取登记生效主义,不动产抵押权自登记时设立,不动产抵押权登记具有公示公信效力,应以不动产登记簿上的抵押财产、被担保债权范围等记载为准。当事人约定的抵押财产、被担保的债权范围等与不动产登记簿的记载不一致的,应以不动产登记簿的记载来确定担保财产、被担保的债权范围。这是因为,不动产抵押合同仅具有债的效力,只有在登记之后,才能设立抵押权。且登记记载的内容能使第三人产生合理信赖,因此应以登记记载的内容为准。另一方面,在当事人办理登记时,如果登记的内容与抵押合同约定的内容(如抵押财产的范围,抵押权担保的债权范围等)不一致,应当将其解释为,当事人在办理登记时对抵押合同的内容作出了变更,应当以登记的内容确定抵押权

---

① 参见王叶刚:《论未办理抵押登记时不动产抵押合同的效力——兼评〈民法典〉担保司法解释第46条》,载《现代法学》2022年第1期。

的内容。

（五）抵押权预告登记的效力

预告登记，是与本登记相对应的概念，它是指为确保债权的实现、保障将来实现物权等目的，按照约定向登记机构申请办理的预先登记。[①] 抵押权的预告登记，是指在办理抵押权的本登记之前，当事人在登记机构就抵押权办理的预先登记。预告登记本质上不是一种物权登记，不能直接发生物权变动的效果。《民法典》第 221 条确认了预告登记制度。抵押权预告登记是预告登记的一种类型。

抵押权预告登记具有确定权利顺位的效力。具体而言，如果当事人已经办理了抵押权预告登记，则义务人再次办理其他抵押登记（本登记）时，办理抵押权预告登记的抵押权的实现顺序应当在先，因为依据《民法典》的规定，应当以成立时间的先后确立不动产抵押权优先顺位，法律作出此种规定的原因在于，登记在先、成立在先的抵押权，因已经办理登记而进行了物权公示，故此承认其具有优先效力并不会损害成立时间在先的抵押权人的信赖利益。而在抵押权预告登记的情形下，虽然该抵押权的本登记时间在后，但由于其预告登记时间在前，通过预告登记已经对其进行了有效的权利公示，赋予其优先顺位的效力，也不会损害在后权利人的信赖利益，这也是公平合理的。此外，在办理抵押权预告登记后，如果建筑物所有权已办理首次登记，则应当认定抵押权自预告登记之日起设立；如果未办理建筑物所有权首次登记，或者预告登记的财产与办理建筑物所有权首次登记时的财产不一致，或者抵押预告登记已经失效，则不能认定抵押权预告登记的效力，此时，预告登记的权利人无权主张就抵押财产优先受偿。也就是说，如果登记权利人对未办理抵押登记并无过错，则应当承认其享有优先受偿权，这既不违反预告登记制度的目的和作用，也维护了合法的金融秩序。

《有关担保司法解释》第 52 条还对不动产抵押权预告登记在破产中的效力作出了规定，依据该规定，在抵押人破产的情形下，即使预告登记权利人仍不具备办理抵押登记的条件，也认为其就约定的抵押物享有优先受偿的权利，因为预告登记本身就具有排除强制执行和抵御破产的效力，所以，抵押权预告登记也不例外，如果其不具有抵御破产的效力，当事人办理抵押权预告登记的目的也难以实现。[②] 同时，此种规定也与《企业破产法》的规

---

① 参见黄薇主编：《中华人民共和国民法典物权编解读》，中国法制出版社 2020 年版，第 41 页。

② 参见最高人民法院民事审判第二庭：《最高人民法院民法典担保制度司法解释理解与适用》，人民法院出版社 2021 年版，第 458 页。

定保持一致。依据《企业破产法》第 46 条的规定，在破产申请受理时，未到期的债权视为到期，同样，在抵押人破产时，即便不具备办理抵押登记的条件，也视为该条件已经成就。[①] 此外，依据《企业破产法》第 31 条的规定，在人民法院受理破产申请前一年内，如果债务人对没有财产担保的债务提供财产担保则管理人有权请求人民法院撤销该行为。该规则也适用于抵押权预告登记。[②]

（六）因登记机构的过错导致不能办理抵押登记的责任

在办理抵押登记过程中，也可能因登记机构的过错导致不能办理抵押登记的情形，对此，《有关担保司法解释》第 48 条规定："当事人申请办理抵押登记手续时，因登记机构的过错致使其不能办理抵押登记，当事人请求登记机构承担赔偿责任的，人民法院依法予以支持。"该条所规定的登记机关的责任性质如何，法律并没有作出明确规定，需要留给特别法作出规定。[③] 依据该条规定，因登记机构过错导致不能办理抵押登记的，不能有效设立抵押权，当事人有权请求登记机构承担赔偿责任。[④]

四、同一财产之上设立多个抵押

所谓同一财产之上设立多个抵押，是指在同一抵押财产上为多个债权分别设定了抵押权。抵押权所支配的是抵押物的交换价值，而不要求实际占有抵押物，其本质上是一种价值权。抵押权的交换价值是可以分割计算的，因此，同一抵押物可以成为多个抵押权的标的。只要抵押权人愿意接受，在抵押物上当然可以设定多个抵押权，即使其担保的债权数额超过抵押物的价值，也不应予以限制。[⑤] 我国《民法典》第 414 条允许当事人在同一财产之上设立多个抵押权。例如，甲拥有价值 1000 万元的房产一套，其先以该房产向甲银行抵押借款 500 万元，后来，又向乙银行借款 800 万元，也以该房产作抵押。只要办理了登记，两项抵押权都可以有效设立。法律允

---

① 参见李玉林：《〈民法典〉预告登记制度的司法适用——以效力问题为中心》，载《法律适用》2021 年第 2 期。

② 参见最高人民法院民事审判第二庭：《最高人民法院民法典担保制度司法解释理解与适用》，人民法院出版社 2021 年版，第 460 页。

③ 参见黄薇主编：《中华人民共和国民法典释义（上）：总则编 · 物权编》，法律出版社 2020 年版，第 30 页。

④ 参见最高人民法院民事审判第二庭：《最高人民法院民法典担保制度司法解释理解与适用》，人民法院出版社 2021 年版，第 427 页。

⑤ 参见黄薇主编：《中华人民共和国民法典释义（上）：总则编 · 物权编》，法律出版社 2020 年版，第 802 页。

许同一财产之上设立多个抵押权,有利于充分发挥财产的经济效用,也有利于鼓励交易。

在一物之上设置多个抵押的情形下,应当依据《民法典》第414条确立各个抵押权之间的权利顺位规则,即抵押权已经登记的,按照登记的时间先后确定清偿顺序;抵押权已经登记的,先于未登记的受偿;抵押权未登记的,按照债权比例清偿。因为《民法典》规定了优先顺位,允许在一物之上设置多个抵押,但主要根据登记确定抵押权的优先顺位。《民法典》第414条确立的抵押权竞存时的优先顺位规则,在适用上存在如下例外:一是债权人在动产之上取得的担保是因购买该动产而产生的价款给付担保权,即使登记在后,其也可以优先受偿。二是正常经营买受人规则,如为正常经营买受人,则即便抵押权已经办理了登记,买受人也可主张不受抵押权的限制。

第三节　抵押财产

一、抵押财产概述

抵押财产,又称为抵押物,是指抵押权的标的或客体。可以抵押的财产必须具备如下条件:

第一,抵押财产不限于有体物。抵押财产可以是有形财产,也可以是无形财产,只要是具有独立交换价值,且法律允许转让的财产,都可以设定抵押。[①] 例如,一些没有权利凭证的财产权利也可以设定抵押。从法律上看,任何抵押财产都必须具有独立的交换价值,因为抵押权本质上是对交换价值的支配权,如果抵押财产没有独立的交换价值,抵押权的效力难以体现,抵押权本身也难以实现。

第二,抵押财产必须特定。抵押的财产必须是某项特定的财产,或者该财产具有特定的范围。如果不能特定,抵押权人就无法支配抵押财产,从而不可能顺利地实现抵押权。[②] 问题在于,抵押财产的价值是否必须等于或大于被担保的债权的数额?依据《民法典》的有关规定,基于当事人约定所产生的抵押,抵押物及被担保的债权的范围均可由当事人自行约定。即使抵押物的价值少于被担保债权的数额,甚至有很大的差距,只要债权人自愿接受,法律也无干预的必要。债权人既然同意此种抵押,表明其愿意承担其债权不能完全基于抵押权的实现而实现的风险。更何况当事人在设定抵押时,不可能对抵押物的价值进行准确的评估,也可能难以判定抵押物的价值

---

① 参见黄薇主编:《中华人民共和国民法典物权编释义》,法律出版社2020年版,第764页。

② 参见崔建远:《物权法》(第5版),中国人民大学出版社2021年版,第432页。

是否大于或等于抵押所担保的债权的数额。

第三，抵押财产必须具有可转让性。为实现抵押权要将抵押物拍卖、变卖，因此，抵押物必须是可以转让的物。凡是法律禁止流通或禁止强制执行的财产是不得作为抵押物的。抵押物只有具有可转让性，才能体现一定的交换价值。①

第四，抵押财产必须具有可公示性。抵押财产必须能以登记或其他的方式予以公示。由于抵押权的设立不是以标的物的占有移转为公示要件，而是以登记或其他的方法进行公示，因此抵押物必须能够以登记或其他的方式予以公示。

二、依法可以抵押的财产

《民法典》物权编第395条具体列举了几种抵押财产的典型形态：

1. 建筑物和其他土地附着物。所谓建筑物，是指定着于土地上或地面以下，具有顶盖、梁柱、墙壁，可供人居住或使用的构造物，如房屋、仓库、地下室、空中走廊、立体停车场、桥梁、水塔、烟囱等。其他土地附着物，是指依附于土地、在土地之上建造的构筑物和其他附着物（如桥梁、水坝等）。②《民法典》允许抵押的不动产包括土地上的房屋等建筑物和其他土地附着物；此处所说的建筑物是指已经建成的建筑物，而对于正在建造的建筑物或者尚未建造的建筑物抵押则属于在建工程抵押和期房抵押。值得注意的是，《有关担保司法解释》第49条规定，以违法建筑物设定抵押的，抵押合同无效，但如果当事人能够在一审法庭辩论终结前办理合法手续，则抵押合同有效。可见，即便相关建筑物是违法建设的，但其所占的建设用地使用权仍然可以依法设立抵押。

2. 建设用地使用权。以建设用地使用权设立的抵押，是指债务人或第三人以其建设用地使用权向债权人提供担保，当债务人不履行债务或者发生当事人约定的情形时，债权人有权依法从该建设用地使用权折价、拍卖或者变卖所得的价款中优先受偿。建设用地使用权依法可以转让，且具有一定的经济价值，因而可以成为抵押的标的。在我国，土地的抵押实际上就是指建设用地使用权的抵押。以建设用地使用权抵押，抵押的标的不是土地或者土地所有权本身，而是对土地使用和收益的权利，此种权利已经与土地所有权发生分离，形成一种独立的用益物权。严格地说，在性质上，建设用

① 参见梅仲协：《民法要义》，中国政法大学出版社1998年版，第592页。

② 参见黄薇主编：《中华人民共和国民法典物权编释义》，法律出版社2020年版，第762页。

地使用权抵押并不是实物抵押而是权利抵押。[①]

建设用地使用权可以采取出让或者划拨等方式来设立,以出让方式设立的,建设用地使用权可以抵押,但如果是以划拨建设用地使用权抵押的,在实现抵押权时,首先应当从拍卖所得的价款中交纳相当于应交纳的建设用地使用权出让金的款额后,抵押权人才能优先受偿。《有关担保司法解释》第 50 条对划拨的建设用地使用权的抵押规则作出了专门规定。《民法典》第 397 条采用交易中房地一并处分的规则,因而建设用地使用权抵押时,其地上建筑物、其他附着物也应随之抵押;地上建筑物、其他附着物抵押时,其使用范围内的建设用地使用权随之抵押。[②] 但建设用地使用权抵押后,该土地上新增的建筑物不属于抵押财产。

3. 海域使用权。《民法典》第 328 条规定的海域使用权是一项重要的财产权利,原《物权法》就对这一权利作出了明确规定,但是并未明确其是否可以作为抵押权客体。随着海洋经济的不断发展,《民法典》将海域使用权明确规定为可以抵押的财产权客体,对实践中已经存在并运行的海域使用权抵押进行了确认。

4. 生产设备、原材料、半成品、产品。所谓生产设备,是指企业、个体工商户、农村承包经营户等使用的各种机器、计算机、试验设备、通信设备等用于生产的各种设备。所谓原材料,是指用于制造产品或从事各类生产经营活动的原料和材料。所谓半成品,是指尚未生产完成的产品。所谓产品,是指已经制造完毕的最终产品。[③]

5. 正在建造的建筑物、船舶、航空器。具体包括以下两点:

(1)正在建造的建筑物。以正在建造的建筑物设定抵押的情形主要包括两种。一是在符合预售条件之后,购房人向银行办理按揭过程中进行的抵押,属于商品房的抵押预告登记。这一登记不属于本登记,因为建筑物尚未完工,所有权不能办理初始登记,抵押权也不能办理本登记。二是在建工程抵押,即抵押人为取得在建工程继续建造资金的贷款,以其合法取得的建设用地使用权连同在建工程的投入资产,以不转移占有的方式抵押给贷款银行作为偿还贷款履行担保的行为。[④] 在建工程具有一定的财产价值,也具有特定性,因此法律规定其可以成为抵押财产。在建工程的抵押登记,究竟

---

① 参见程啸:《担保物权》,载王利明、尹飞、程啸:《中国物权法教程》,人民法院出版社 2007 年版,第 460 页。

② 参见《民法典》第 397 条。

③ 参见黄薇主编:《中华人民共和国民法典物权编释义》,法律出版社 2020 年版,第 763 页。

④ 参见《城市房地产抵押管理办法》(2001 年修正)第 3 条第 5 款。

属于预告登记，还是一般抵押权登记？对此，学理上一直存在不同的看法。本书认为，已经建造部分的抵押，并不等同于建造完毕的房屋的抵押，而应当属于本登记。例如，按照规划，房屋应当建造10层，开发商只建造了5层就用于抵押贷款。因为仅仅建造了5层，还不能认为是建筑物，这就表明在建工程不是已经完成的建筑物，不是真正的不动产。但是，在建工程毕竟具有财产利益，《民法典》承认在建工程抵押，有助于扩大抵押财产的范围，充分发挥在建工程的价值，促进融资。[①] 由于在建工程只能在建设完工后才能取得物权，所以，在建工程抵押是对未来财产的抵押。

应当看到，在建工程通常是在继续建造的物，因此，价值也会增加。那么，在建工程的权利人是否应当在因建造而增加价值后，办理变更登记？本书认为，没有必要进行此种变更登记。这是因为，一方面，在建工程的抵押属于未来财产的抵押，以拍卖建造完成后的财产担保债权的实现，这本身就是当事人设立担保的目的。另一方面，在我国，建筑物的建造是按照城市规划进行的，要求在建工程权利人办理变更登记，并不具有实际意义。此外，在建工程抵押是现状抵押，续建部分也应办理抵押登记。没有必要在建造过程中，因增加价值就进行变更登记，当事人只需在在建工程完工之后办理变更登记。

《有关担保司法解释》第51条第2款规定："当事人以正在建造的建筑物抵押，抵押权的效力范围限于已办理抵押登记的部分。当事人按照担保合同的约定，主张抵押权的效力及于续建部分、新增建筑物以及规划中尚未建造的建筑物的，人民法院不予支持。"据此，对正在建造的建筑物，是否可以作为抵押财产，应当以登记确定的内容为准，对于已办理登记的部分，则应当将其纳入抵押权的客体范围。同时，即便当事人在抵押合同中约定，抵押权的效力及于续建部分、新增部分或者尚未建造的建筑物，但如果当事人未办理登记，则仍然应当以当事人登记的内容为准，确定抵押权的客体范围，这实际上是将《民法典》第417条进行了具体化。

（2）正在建造的船舶和航空器。除了正在建造的建筑物可以抵押外，《民法典》第395条第1款规定，正在建造的船舶和航空器也可以设定抵押。这就进一步扩大了正在建造的财产可以抵押的范围。因为这些动产在建造完毕之前，虽然不能从事运输，但是仍然具有一定的财产价值。例如，正在建造的船舶可以作为娱乐设施而使用。而且船舶、航空器一旦建造完成，便具有较大的价值。船舶、航空器的建造周期长，资金需求量很大，建造人往往需要大量投资，如果不允许其以正在建造的船舶、航空器抵押，其可能就

① 参见黄薇主编：《中华人民共和国民法典物权编释义》，法律出版社2020年版，第764页。

难以融资，从而影响其建造。①

6. 交通运输工具。交通运输工具范围非常宽泛，如飞机、船舶、汽车等。它们在性质上都是动产，但是，因为交通运输工具的公示方法采用登记的方式，因而在学理上又被称为“准不动产”。需要指出的是，能够用于抵押的交通运输工具，主要是指具有一定的财产价值，可以通过登记方式来进行物权变动的交通运输工具。除《民法典》之外，我国有关特别法律法规也规定了交通运输工具的抵押登记问题。②

7. 法律、行政法规未禁止抵押的其他财产。《民法典》第395条规定，“法律、行政法规未禁止抵押的其他财产”都可以抵押。因为从实践来看，随着社会经济生活的发展，抵押财产的范围将不断扩大，当事人以各种新的财产作抵押，在法律上无法列举穷尽。采用正面清单方式列举抵押财产会极大限制当事人可以抵押的财产范围，使大量财产不能用于抵押，不利于促进融资。依据该条规定，只要属于法律没有禁止抵押的财产，权利人完全可以基于自己的最佳利益判断，决定是否将其财产设定抵押。“为使物尽其担保的功能，似无限制必要，宜由市场需要决定之。”③

当然，《民法典》第395条第1款第7项中的“其他财产”，也必须符合抵押财产的基本条件。本书认为，此处说的“其他财产”应当具备如下条件：第一，必须是可以转让的不动产和动产以及权利。例如，有些消费品如电视机、冰箱、手机也可设定抵押。因为《民法典》第115条规定：“物包括不动产和动产。法律规定权利作为客体的，依照其规定。”这就意味着，物权的客体原则上是动产和不动产，权利在法律作出明确规定的例外情况下，才能成为物权的客体。但无论是物还是权利，都必须具有可转让性。第二，抵押人对该项财产具有处分权。根据《民法典》第395条的规定，债务人或者第三人有权处分且符合第395条规定的财产可以抵押。所以，即使是法律、法规不禁止抵押的财产，也必须由抵押人享有处分权，对于无处分权的财产不得抵押。第三，应当具备相应的公示方法。我国《民法典》确立了物权公示原则，因此，财产之上要设立抵押权，就应当具备相应的公示方法。第四，抵押的设定，不得违背公序良俗。例如，将“洋垃圾”作为财产进行抵押。虽然现行法律没有严格限制此类财产的抵押，但是将此类财产进行抵押显然是违

---

① 参见姚红主编、全国人大常委会法制工作委员会民法室编著：《中华人民共和国物权法精解》，人民出版社2007年版，第324页。

② 参见《机动车登记规定》第2章、《海商法》第13条、《民用航空法》第16条。

③ 王泽鉴：《动产担保制度与经济发展》，载梁慧星主编：《民商法论丛》（第2卷），法律出版社1994年版，第114页。

背公序良俗的。

需要探讨的是,《民法典》第 395 条第 1 款第 7 项规定,“法律、行政法规未禁止抵押的其他财产”可以抵押,但并没有明确规定,其设定应当采用何种公示方法。本书认为,对于《民法典》第 395 条第 1 款没有列举的财产设立抵押,应当根据其财产属性分别适用动产或者不动产的公示方法。

三、关于共有财产的抵押

抵押权的客体包括共有财产。共有财产的抵押,可以分为按份共有财产的抵押和共同共有财产的抵押:

第一,按份共有。在按份共有的情形下,各个共有人可以就其份额进行抵押,由于在按份共有的情形下,各个共有人就其应有份额享有与所有权相同的效力,因此,其可以将该份额抵押,在抵押权实现时,可以将该共有份额变价,抵押权人有权优先受偿。

第二,共同共有。共同共有人以共有财产设立抵押的,原则上必须取得其他共有人的同意。其理由在于:根据《民法典》第 301 条的规定,处分共同共有的财产,应当经全体共同共有人同意。而抵押也是对财产的一种处分行为,所以共同共有财产的抵押必须取得全体共同共有人的同意。

从实践来看,夫妻一方将共有财产抵押以后,已经办理了登记,但夫妻另一方事后以抵押未征得其同意为由,否定抵押的效力,此时如何认定该行为的效力?本书认为,应当区分抵押财产的不同类型,分别认定其效力,如果是一般的夫妻共有财产,按照《民法典》第 1060 条所规定的日常家事代理权规则,夫妻一方完全有权代表另一方行使处分权,该处分行为(包括抵押行为)是有效的。但如果抵押财产是诸如房屋、机动车等重要财产,其已经超出了日常家事代理权的范围,夫妻一方擅自设定抵押的,应当构成无权处分,在此情形下,相对人应当查明相关的财产是否为夫妻一方单独所有的财产,否则不能当然认定相对人构成善意,并据此认定相对人可以善意取得抵押权。

四、禁止抵押的财产

我国《民法典》第 395 条和第 399 条同时采用正面列举和反面排除两种方式,界定了抵押财产的范围。根据《民法典》第 399 条的规定,禁止抵押的财产主要包括以下几类。

(一)土地所有权

我国实行土地公有制,土地只能归国家或集体所有。在土地公有制度框架下,土地所有权的流转受到严格限制,我国宪法和有关法律严格禁止土地买卖。如果允许将土地所有权作为抵押物设定抵押,则在抵押权实现时,势必导致民事主体取得土地所有权，这就违背了我国基本的土地所有制度，动摇公有制的基础。[①] 有鉴于此，《民法典》明确禁止任何土地所有权的抵押。

（二）宅基地、自留地、自留山等集体所有土地的使用权

根据《民法典》第399条，法律禁止将宅基地、自留地、自留山等集体所有土地的使用权进行抵押，但法律规定可以抵押的除外，即该条实际上承认土地经营权可以抵押。与原《物权法》的规定相比较，《民法典》第399条第2项删除了“耕地”二字，这意味着关于耕地禁止抵押的规定被删除了。虽然只是两个字的删除，但是具有重要意义。《农村土地承包法》第47条第1款规定：“承包方可以用承包地的土地经营权向金融机构融资担保，并向发包方备案。受让方通过流转取得的土地经营权，经承包方书面同意并向发包方备案，可以向金融机构融资担保。”允许土地经营权抵押，不仅巩固了这一农村改革的成果，而且有利于保护农民的利益。如果土地经营权既不能流通，也不能抵押，将导致城乡二元化结构越来越固化，而且也不利于农用地的财产价值的充分显现。[②] 虽然土地经营权可以抵押，但禁止抵押的集体财产还包括如下几种：

1. 宅基地使用权。关于宅基地使用权是否可以单独抵押，在物权立法过程中也存在争议。从推进市场经济的发展，维护农民利益考虑，应当逐步放开宅基地使用权的抵押。不过，我国现阶段宅基地使用权在一定程度上发挥着社会保障的功能，尤其是考虑到目前我国农村社会保障体系尚未全面建立，宅基地使用权是农民安身立命之本。而且从全国范围看，完全放开宅基地使用权的转让和抵押的条件尚不成熟。[③] 所以，《民法典》对宅基地的转让和抵押实际上采取了维持现状的做法。从《民法典》第399条的规定来看，宅基地使用权是不得抵押的。

问题在于，宅基地使用权能否随同房屋一并抵押？本书认为，宅基地单独抵押和宅基地随同房屋一并抵押是有区别的。从我国现行法来看，法律并没有严格禁止农民以其房屋设立抵押。其主要原因在于：房屋是广大农民的一项重要财产，如果禁止以其房屋抵押，则房屋的交换价值难以发挥，

---

① 参见黄薇主编：《中华人民共和国民法典释义（上）：总则编 · 物权编》，法律出版社2020年版，第770页。

② 参见高圣平：《民法典视野下农地融资担保规则的解释论》，载《广东社会科学》2020年第4期。

③ 参见黄薇主编：《中华人民共和国民法典释义（上）：总则编 · 物权编》，法律出版社2020年版，第772页。

农民自然不能以房屋作抵押获得融资。在农民融资渠道本来就十分有限的情形下,如果法律禁止以房屋抵押获得融资,将会影响农民经济活动的进行,也会妨碍农村市场经济的发展。因此,本书认为,既然我国《民法典》第399条没有禁止宅基地使用权随同房屋抵押,基于以上考虑应当允许此种抵押。

2. 自留山、自留地之上的土地承包经营权。自留地是指农村集体经济组织分配给本集体经济组织成员长期使用的土地;自留山是指农村集体经济组织分配给其成员长期使用的少量的柴山和荒坡。[①] 自留山、自留地性质上也属于土地承包经营权,只不过是特殊的土地承包经营权。由于自留山、自留地之上的土地承包经营权具有一定的身份属性,且发挥着社会保障的功能,因此,我国《民法典》第399条第2项规定自留山、自留地之上的土地使用权不得抵押,但是允许在法律有规定时进行抵押。例如,依据《农村土地承包法》第53条的规定,通过招标、拍卖、公开协商等方式承包农村土地的,可以进行抵押。

(三)学校、幼儿园、医疗机构等为公益目的成立的非营利法人、非法人组织的教育设施、医疗卫生设施和其他社会公益设施

依据《民法典》第399条的规定,凡是为公益目的成立学校、幼儿园、医疗机构等的财产不得抵押。其他社会公益设施包括公共图书馆、博物馆、美术馆、文化宫等。[②] 这些公益设施一旦设定抵押,有可能在实现抵押权时被作为财产进行拍卖或变卖,危害社会公共利益。我国《民法典》作出此种禁止性规定,有利于防止以牟利为目的的经营活动影响教育、卫生等社会公益事业的发展。[③]

对《民法典》第399条的规定进行反面解释,可见非为公益目的成立的学校、幼儿园、医疗机构,法律并不禁止其以自身财产进行抵押。《有关担保司法解释》第6条第2款规定:"登记为营利法人的学校、幼儿园、医疗机构、养老机构等提供担保,当事人以其不具有担保资格为由主张担保合同无效的,人民法院不予支持。"当然,即便是对上述非营利性机构而言,其财产中可能包含一些非公益设施或者其他非公益财产,如学校所办商店、医院所办

---

① 参见黄薇主编:《中华人民共和国民法典物权编释义》,法律出版社2020年版,第772页。

② 参见王胜明主编、全国人大常委会法制工作委员会民法室编著:《中华人民共和国物权法解读》,中国法制出版社2007年版,第396页;黄薇主编:《中华人民共和国民法典物权编释义》,法律出版社2020年版,第773页。

③ 参见黄薇主编:《中华人民共和国民法典释义(上):总则编·物权编》,法律出版社2020年版,第773页。

生产基地等财产,此种财产的利用与流转通常不会影响上述机构公益目的的实现,因此,《有关担保司法解释》第 6 条第 1 款允许上述机构以其非公益设施提供担保。尤其是学校、医疗机构有可能因为借款等原因而将其所有的非教育设施和非医疗设施等财产为自己的债务设定抵押,或者为他人的债务提供担保,如果完全禁止以这些财产进行抵押,既不利于保护债权人利益,也对学校、医疗机构产生不利影响。

(四)所有权、使用权不明或者有争议的财产

所谓所有权、使用权不明,是指在设置抵押时该财产的权利归属处于不明确状态。所谓有争议,是指在设立抵押权时财产所有权或者使用权存在争议。例如,房屋登记中记载了异议登记,或者第三人已经提起了确认之诉。我国《民法典》禁止所有权、使用权不明或者有争议的财产设立抵押,其主要原因在于:一方面,抵押是一种处分行为,抵押人将某项财产能设置抵押的前提是对该项财产享有处分权,而对于所有权、使用权不明或者有争议的财产,抵押人是否享有处分权尚未确定,因此不能将其抵押①;另一方面,此类财产的抵押可能侵犯所有人或者使用权人的合法权益,而且可能引发争议,使社会关系变得紊乱。

我国《民法典》第 399 条虽然规定了所有权、使用权不明的财产不得抵押,但从我国《民法典》的规定来看,在无权处分的情形下,行为人无权处分他人财产的,无权处分合同仍然有效,而且在符合善意取得构成要件的情形下,相对人可以取得该财产的所有权。当事人以所有权、使用权不明或者有争议的财产设定抵押的,如果相对人是善意的,则其也应当可以依据善意取得的规定取得抵押权。同时,在设定抵押权时,相关财产所有权、使用权是否明确,是否有争议,相对人可能难以判断,或者识别成本较高,一概否认在此类财产之上设立的抵押权的效力,也会影响交易安全和效率。因此,《有关担保司法解释》第 37 条第 1 款规定:"当事人以所有权、使用权不明或者有争议的财产抵押,经审查构成无权处分的,人民法院应当依照民法典第三百一十一条的规定处理。"依据该规定,如果当事人以所有权、使用权不明或者有争议的财产进行抵押,则将产生如下效力:第一,当事人所订立的抵押合同仍然是有效的。也就是说,抵押权在构成无权处分的情形下,当事人所订立的抵押合同的效力不因此而受到影响。第二,如果符合善意取得的条件,则相对人可以善意取得该抵押权。第三,如果不符合善意取得的构成要件,则相对人无法取得抵押权。《民法典》第 311 条第 3 款规定,"当事人善

① 参见黄薇主编:《中华人民共和国民法典物权编释义》,法律出版社 2020 年版,第 774 页。

意取得其他物权的，参照前两款规定”。据此，如果在设定抵押时，抵押权人接受该抵押是善意的，即使抵押财产的所有权、使用权不明或者存在争议，债权人也可以依据善意取得制度取得抵押权。[①] 例如，甲将房产抵押给乙，抵押后办理了登记，后证明该房产不是甲的财产，甲构成无权处分。乙可以基于《民法典》第 311 条第 3 款的规定主张抵押权的善意取得。

（五）依法被查封、扣押、监管的财产

1. 被查封、扣押的财产

查封是指人民法院或有权的行政机关依法采取强制措施，将被保全的财产、被执行人的财产贴上封条就地封存，并禁止占有、使用和处分该财产。扣押是指法院或有关行政机关依法将财物就地扣留，或者易地扣留，禁止财物所有人在扣留期间动用或处分财产。《有关担保司法解释》第 37 条第 2 款规定：“当事人以依法被查封或者扣押的财产抵押，抵押权人请求行使抵押权，经审查查封或者扣押措施已经解除的，人民法院应予支持。抵押人以抵押权设立时财产被查封或者扣押为由主张抵押合同无效的，人民法院不予支持。”该规定允许当事人就查封、扣押的财产设定抵押。依据该条规定，如果仅仅以依法被查封、扣押的财产进行抵押，抵押合同的效力不受影响，只不过在行使抵押权时，需要区分如下情形：一是在行使抵押权时，查封、扣押等措施已经解除的，此时可以认定抵押权已经设立，抵押权人可以依法行使其抵押权。二是当事人以查封、扣押的财产设定抵押的，抵押人不得以抵押权设定时抵押财产已经被采取查封、扣押措施为由主张抵押合同无效。三是在抵押权实现时，查封、扣押措施仍然未解除的，则抵押合同有效，但抵押权尚无法行使。[②]

此外，在抵押权有效设立以后，因抵押人的原因导致已经设定抵押的财产依法被查封、扣押的，也不影响其抵押效力。[③]

2. 被监管的财产

监管是指海关依照《海关法》第 23 条的规定，对自进境起到办结海关手续的进口货物，自向海关申报起到出境止的出口货物，过境、转运、通运货

---

① 参见柯勇敏：《〈民法典〉第 399 条（禁止抵押的财产）评注》，载《法学家》2024 年第 3 期。

② 参见张尧：《以民事司法查封财产设定抵押的效力分析》，载《法学家》2022 年第 1 期。

③ 《有关担保司法解释》第 37 条规定：“当事人以所有权、使用权不明或者有争议的财产抵押，经审查构成无权处分的，人民法院应当依照民法典第三百一十一条的规定处理。当事人以依法被查封或者扣押的财产抵押，抵押权人请求行使抵押权，经审查查封或者扣押措施已经解除的，人民法院应予支持。抵押人以抵押权设立时财产被查封或者扣押为由主张抵押合同无效的，人民法院不予支持。以依法被监管的财产抵押的，适用前款规定。”

物,以及暂时进出口货物、保税货物和其他尚未办结海关手续的进出境货物进行监督、管理。

依法被查封、扣押、监管的财产,尽管所有权并没有发生移转,但所有权的行使受到了严格限制,由于这些财产已被司法机关和其他执法机关采取了强制措施并予以监管,所有人无权对此类财产擅自处分,因而该财产处于暂时不得让与的状态,不得用于抵押。但如果这类财产已经被解除了查封、扣押或其他强制措施,则可以用于抵押。[①]《有关担保司法解释》第37条第3款规定:"以依法被监管的财产抵押的,适用前款规定。"这就是说,对于在抵押权设定时,财产虽然被查封或扣押,但是只要在行使抵押权时,该查封或扣押已经解除的,并不影响抵押权的效力。

(六)法律、行政法规规定不得抵押的其他财产

该条实际上是兜底条款。因为除《民法典》的规定以外,其他法律、行政法规都规定了一些不得抵押的财产,《民法典》没有必要重复这些规定。除上述规定外,还有一些法律、行政法规规定了一些禁止抵押的财产。

1. 违法、违章的建筑物

我国有关法律、法规历来禁止建造违法、违章的建筑物。违法建筑物是指违反有关法律、法规的禁止性规定而建造的各类建筑物及其设施,例如,违反有关防洪法,在防洪大堤上建造的房屋。违章建筑主要是指违反城市规划,或者没有办理有关审批手续的建筑物及其附属设施。例如,擅自搭建的房屋及其设施以及违反规划建造的房屋。对这两类建筑物,我国法律、法规不保护其建造人享有所有权,为了维护法律的权威和规划的效力,违法、违章建筑必须予以拆除,如果不能拆除,应当没收违法所得或者责令其补办有关手续。[②] 尤其是如果允许以违法、违章建筑物进行抵押,则会产生鼓励违法、违章建筑行为的后果。

《有关担保司法解释》第49条第1款规定:"以违法的建筑物抵押的,抵押合同无效,但是一审法庭辩论终结前已经办理合法手续的除外。抵押合同无效的法律后果,依照本解释第十七条的有关规定处理。"据此确立了如下规则:一是以违法的建筑物抵押的,抵押合同原则上无效。因为合同的标的物本身具有违法性,不得作为抵押财产。二是如果当事人在一审法庭辩论终结前已经办理合法手续,则消除了其违法性,此时应当认为标的物为违法建筑物的抵押合同有效。例如,就违反行政规划的违章建筑物订立的不

---

① 参见黄薇主编:《中华人民共和国民法典物权编释义》,法律出版社2020年版,第774页。

② 参见程啸:《中国抵押权制度的理论与实践》,法律出版社2002年版,第148~150页。

动产抵押合同,在没有补办合法手续之前,抵押合同无效,一旦在一审法庭辩论终结前办理了相关合法手续,则抵押合同有效。因此,以违法、违章的建筑物设定抵押权的,抵押合同的效力应当以一审法定辩论终结前是否办理合法手续作为判断标准。三是抵押合同无效的,应当按照《有关担保司法解释》第 17 条的有关规定确定各方主体的民事责任。该条主要依据过错确定各方主体的责任。

此外,根据《民法典》的规定,建设用地使用权与建筑物均可以成为不动产抵押权的客体,均可单独设立抵押权,因此,在以违法、违章建筑物抵押的情形下,应当区分违法、违章建筑物与其所占用的建设用地使用权,分别认定其效力。对此,《有关担保司法解释》第 49 条第 2 款规定:“当事人以建设用地使用权依法设立抵押,抵押人以土地上存在违法的建筑物为由主张抵押合同无效的,人民法院不予支持。”依据上述司法解释的规定,如果当事人以建设用地使用权依法设立不动产抵押之后,即便该建设用地之上存在违法、违章建筑,也不应当影响抵押合同的效力。在我国法上,建设用地使用权与建筑物是独立的两项财产,建筑物的违法性并不会对建设用地使用权抵押合同的效力产生直接的影响,两者之间具有相对独立性。

2. 宗教财产

宗教财产是指宗教团体对其动产和不动产所享有的所有权。我国《民法典》虽然没有规定宗教财产是否可以抵押,但《宗教事务条例》第 54 条规定:“宗教活动场所用于宗教活动的房屋、构筑物及其附属的宗教教职人员生活用房不得转让、抵押或者作为实物投资。”可见,凡是用于宗教活动目的的宗教财产都不得抵押。

五、房地一并抵押

(一)房地一并抵押的概念和效力

为了消除因房地分离而产生的各种纠纷,我国《民法典》在抵押方面采用了“地随房走”“房随地走”的原则。从客观上来说,房、地在物理属性上不能分离,在价值上也无法分别确定,不能离开土地来确定房屋价格;反之亦然。尤其是如果房屋和土地的权属不一致,也会产生不必要的纠纷。所以,我国法律历来强调房屋和建设用地使用权一并抵押。[①] 我国《民法典》仍然采纳了这一规则,该法第 397 条规定:“以建筑物抵押的,该建筑物占用范围内的建设用地使用权一并抵押。以建设用地使用权抵押的,该土地上

① 参见《城镇国有土地使用权出让和转让暂行条例》第 33 条、《城市房地产管理法》第 32 条。

的建筑物一并抵押。抵押人未依据前款规定一并抵押的,未抵押的财产视为一并抵押。"该条包含了如下几个方面的内容:

第一,以建筑物抵押的,该建筑物占用范围内的建设用地使用权一并抵押。所谓"建筑物占用范围内的建设用地使用权",是指依据规划,建筑物所占用的土地之上的建设用地使用权。如果以整栋房屋抵押,是指该房屋实际占地上的建设用地使用权抵押。如果是以区分所有的建筑物抵押,则是指该建筑物所占的相应比例的建设用地使用权。[①] 因为一宗土地之上可能建造多栋房屋,或者房屋占用的土地面积有限,在房屋抵押时确定哪些建设用地使用权应当抵押,必须以该房屋所占用土地的建设用地使用权为限,其他的建设用地使用权并不一并抵押。在性质上,宗地的建设用地使用权属于业主准共有的部分,业主不对宗地范围内的具体地块享有建设用地使用权。

第二,以建设用地使用权抵押的,该土地上的建筑物一并抵押。此处所说的"土地上的建筑物",是指以该建设用地使用权为基础建造的建筑物。建设用地使用权抵押时,只要土地之上已经建造了建筑物,该建筑物也要抵押。《有关担保司法解释》第 51 条第 1 款规定:"当事人仅以建设用地使用权抵押,债权人主张抵押权的效力及于土地上已有的建筑物以及正在建造的建筑物已完成部分的,人民法院应予支持。债权人主张抵押权的效力及于正在建造的建筑物的续建部分以及新增建筑物的,人民法院不予支持。"该规则实际上是"房地一体"规则的具体体现,[②]依据该规定,如果当事人约定仅以建设用地使用权设定抵押权,且该建设用地之上已经存在建筑物,则按照"房随地走"的规则,该建筑物也应当纳入抵押权的客体范围;同时,如果抵押权设立时,相关的建筑物正在建设,则对于抵押权设立时已经建设的部分,也应当按照"房随地走"的规则,将其纳入抵押权的客体范围,但对于抵押权设立之后新增的建筑物,或者建筑物后续建设的部分,则不应当纳入抵押权的客体范围。当然,对续建和新增的部分应当在拍卖、变卖的时候一并处分,但是债权人只能就已有的建筑物和正在建造建筑物的已完成部分优先受偿。

除了建筑物之外,其他的构造物、工作物等是否也应当抵押?本书认

---

① 参见全国人大常委会法制工作委员会民法室:《中华人民共和国物权法条文说明、立法理由及相关规定》,北京大学出版社 2017 年版,第 375 页。

② 参见黄薇主编:《中华人民共和国民法典释义(上):总则编·物权编》,法律出版社 2020 年版,第 768 页。

为,《民法典》第397条仅规定了“建筑物”,未对“构造物”“工作物”抵押作出规定,这属于法律漏洞,应当通过类推适用该条规定来弥补该法律漏洞。否则,建设用地使用权人就可能行使妨害排除请求权,要求构造物或工作物的所有人拆除其他构造物和工作物。当然,适用《民法典》第397条的前提是,抵押时该房屋以及其他构造物、工作物已经存在、在建工程已经完成。[①]如果是抵押之后新增加的建筑物,或正在建造建筑物的续建部分,则应当按照《民法典》第417条的规定来处理,即新增加的建筑物不属于抵押财产,但应当一并处分,抵押权人不能就新增加建筑物的价款优先受偿。

第三,抵押人未依照前款规定一并抵押的,未抵押的财产视为一并抵押。这就是说,即使当事人没有按照法律规定一并抵押,法律也推定当事人将房地一并设立抵押。此种推定属于不可推翻的推定,当事人不能以协议加以排除,也不能事后否定此种一并抵押的效力。这就是说,无论当事人是否同意,只要以该建筑物占地范围内的建设用地使用权抵押,该建筑物也一并抵押;反之亦然。[②]

(二)房、地分别抵押的效力

第一,抵押人将房、地分别抵押的,并不因此导致各个抵押权无效。例如,抵押人首先将建设用地使用权设立抵押,并办理抵押登记,如果地上已经有房屋或者正在建造的建筑物,而抵押人又将该房屋抵押给其他人,此时即构成房、地分别抵押。

第二,在房、地分别抵押的情形下,应当按照抵押登记的时间先后确定清偿顺序。《有关担保司法解释》第51条第3款规定:“抵押人将建设用地使用权、土地上的建筑物或者正在建造的建筑物分别抵押给不同债权人的,人民法院应当根据抵押登记的时间先后确定清偿顺序。”依据该规定,在房、地分别抵押的情形下,各个抵押权并不因此无效,而要依据抵押登记的先后顺序确定其清偿顺序,这实际上符合《民法典》第414条的规定。

问题在于,如果抵押人将房、地分别抵押给不同的债权人,此时,多个抵押是否有效?本书认为,既然《民法典》第397条已采取法律拟制的方式,使在先设立的抵押权效力及于建筑物和建设用地使用权,而在后设立的抵押权效力也及于该两项标的,所以,只能理解为,抵押人设立了多个抵押。也就是说,虽然第一个抵押只是办理建设用地使用权抵押,但应当认为是以建

① 参见郭明瑞:《物权法通义》,商务印书馆2019年版,第273页。

② 参见崔建远:《物权:规范与学说——以中国物权法的解释论为中心》(下册),清华大学出版社2011年版,第767页。

设用地使用权和房屋一并抵押，后来的抵押权人是顺位在后的担保物权人。[1]

第三，按照房地一体主义，顺序在先的抵押权人有权就房、地的变价优先受偿，顺序在后的抵押权人也有权按照登记顺序就房、地的变价受偿。

六、以划拨的建设用地使用权设定抵押

所谓划拨的建设用地使用权，即国家土地管理机关基于公共利益的需要而使相对人无偿、长期地取得建设用地使用权。我国《民法典》第 347 条第 3 款明确规定，“严格限制以划拨方式设立建设用地使用权”，但在权利人通过划拨方式取得了建设用地使用权之后，能否在该建设用地使用权之上设立抵押权，值得探讨。划拨实际上是无偿取得建设用地使用权，且划拨的建设用地使用权都是为了实现特定的目的。因此，我国立法最初禁止以划拨的建设用地使用权进行抵押，而后来又逐步允许在划拨的建设用地使用权之上设立抵押权，因为允许在划拨的建设用地使用权之上设立抵押权，并不当然会影响特定划拨目的的实现，而且允许在划拨的建设用地使用权之上设立抵押权，也有利于发挥土地的经济效用，实现物尽其用。《有关担保司法解释》第 50 条对划拨的建设用地使用权之上设立抵押权作出了规定，这实际上是确认了划拨的建设用地使用权可以抵押，该条就划拨的建设用地使用权抵押主要确立了如下规则：

第一，以划拨的建设用地使用权抵押的，应当经过有关部门批准。《有关担保司法解释》第 50 条第 1 款规定：抵押人以划拨建设用地上的建筑物抵押，当事人以该建设用地使用权不能抵押或者未办理批准手续为由主张抵押合同无效或者不生效的，人民法院不予支持。由于划拨一般只需通过行政机关的行政审批即可设立，不需要出让方与受让方之间形成合意，但是非经审批不能处分。因此，当事人约定以划拨的建设用地使用权设定抵押的，应当取得有关部门的批准。如果未经批准，则抵押权本身并未有效设立，但当事人所订立的抵押合同并不因此无效或者不生效。[2] 如果抵押人未能办理批准手续导致无法设立抵押权，则对方当事人有权请求其承担违约责任。

第二，以划拨的建设用地使用权抵押的，抵押权实现所得的价款，应当

---

① 参见朱晓喆：《房、地分离抵押的法律效果——〈物权法〉第 182 条的法律教义学分析》，载《华东政法大学学报》2010 年第 1 期。

② 参见张红、彭跃龙：《论划拨土地使用权转让之效力》，载《武汉大学学报（哲学社会科学版）》2022 年第 2 期。

优先支付建设用地使用权出让金。由于划拨是无偿取得的，当事人在将该建设用地使用权进行抵押，对其进行交易时，应当补缴相应的建设用地使用权出让金。这主要是为了保障国家利益的实现，即无论是拍卖、变卖建筑物所得的价款，还是建设用地使用权的变价，都应当优先用于补缴建设用地使用权出让金，这有利于保障国家利益不受损失。

第三，对《有关担保司法解释》第50条第1款作出反面解释，可以认为，即使划拨的建设用地使用权抵押没有办理批准手续，抵押合同也是有效的。一方不能履行抵押合同，另一方可请求其承担违约责任。当然，如果划拨的建设用地使用权抵押未获得批准，则抵押权无法有效设立。同时，以建筑物抵押的，按照房地一体原则，建设用地使用权也一并抵押。

第四，以划拨的建设用地使用权抵押的，在办理批准手续后，如果已经办理抵押登记，则可以有效设立抵押权。《有关担保司法解释》第50条第2款规定：已经依法办理抵押登记，抵押权人主张行使抵押权的，人民法院应予支持。抵押权依法实现时所得的价款，参照前款有关规定处理。依据该规定，对于以划拨方式取得的建设用地使用权抵押而言，如果当事人已经依法办理了抵押登记，则抵押权人有权依法主张行使抵押权。

第四节　抵押财产的转让与限制

一、抵押财产转让的概念

所谓抵押财产的转让，是指在抵押期限内抵押人将抵押财产转让给他人。抵押设定之后，抵押财产所有权在法律上仍然归属于抵押人，只不过，抵押人对抵押财产的处分权是受到限制的。原则上，抵押人可以处分抵押财产。抵押权人同意转让抵押财产，并以获得的价款优先受偿的，按照私法自治的原则，只要不损害其他人的利益，法律应当尊重当事人的意思，允许抵押财产的转让。

原《物权法》第191条第2款采取了禁止抵押人转让抵押财产的观点。但《民法典》第406条第1款规定："抵押期间，抵押人可以转让抵押财产。当事人另有约定的，按照其约定。抵押财产转让的，抵押权不受影响。"由此可见，我国《民法典》采纳了自由转让说。《民法典》之所以允许抵押人在设定抵押权之后可以转让抵押财产，主要原因在于：一方面，这符合所有权的一般原理。抵押权的设立并不意味着抵押人丧失抵押财产的所有权，抵押权只是在抵押财产上形成一种权利负担，抵押人仍然保留所有权，自然有权通过转让行为来处分自己的财产。另一方面，此种做法有利于充分发挥抵押财产的交换价值，发挥其经济效用，促进物尽其用、货畅其流。① 此外，允许抵押人处分抵押财产，并不当然损害抵押权人的利益。在当事人办理抵押权登记之后，无论抵押财产辗转至何人手中，根据抵押权的追及效力，如果某抵押权人登记在先，则其就可以对作为后手的抵押财产权利人行使抵押权。②

二、抵押财产转让后抵押权人的追及权

所谓抵押权人的追及权，是指在抵押财产流转后，抵押权不因抵押财产的转让而受影响，在符合抵押权的行使条件后，抵押权人有权向抵押财产的权利人追及行使其抵押权。《民法典》第 406 条第 1 款明确规定“抵押财产转让的，抵押权不受影响”，这实际上是对原《担保法》、原《物权法》相关条款的重大修改与完善。允许抵押人在抵押权设立后转让抵押财产，实际上在民事基本法的层面承认了抵押权的追及效力，或者说，该条是抵押权追及效力的集中体现，具体而言：

第一，抵押人有权转让抵押财产。依据《民法典》第 406 条第 2 款的规定，抵押人转让抵押财产的，应当及时通知抵押权人。“应当通知”并非取得抵押权人同意，而是将抵押财产转让的事实告知抵押权人。通知的目的是便利抵押权人及时行使债权和提存的权利。当然，通知是抵押权人行使追及权的前提，如果未通知，抵押权人不知道抵押财产是否转让以及转让给谁，无从行使抵押权。抵押人即便未尽通知义务，也仍然有权转让抵押财产，受让人仍可取得对抵押财产的所有权。

第二，抵押权不因转让而受到影响。虽然抵押财产已经由抵押人转让给受让人，这只是抵押财产的所有权发生了变化，抵押权并未发生变化，受让人取得的所有权是具有抵押负担的所有权。在此需要区分动产抵押权和不动产抵押权。对于不动产抵押权而言，由于登记是抵押权的成立要件，因此未经登记的不动产抵押自然没有追及效力的适用余地。动产抵押权如果未登记，依据《有关担保司法解释》第 54 条第 1 项的规定，未登记的动产抵押权不能对抗善意受让人，因此，如果受让人为善意，抵押权人不得对其行使追及权；但只要动产抵押权已经办理登记，则受让人始终取得的是负有抵押负担的所有权，抵押权人在债务人不履行债务时能够行使抵押权。因此，追及效力的发生以公示为必要。如果抵押财产转让给《民法典》第 404 条意义上的“正常经营活动中的买受人”，则即使抵押权已经登记，抵押权人也不

---

① 参见黄薇主编：《中华人民共和国民法典物权编释义》，法律出版社 2020 年版，第 526 页。

② 参见谢在全：《民法物权论》（中册），中国政法大学出版社 2011 年版，第 700 页。

得向买受人主张追及力。

第三,抵押财产多次转让时,抵押权人始终能够向抵押财产的现所有权人主张行使抵押权。也就是说,在债务人不清偿债务时,抵押权人可以基于已经登记的抵押权,直接追及抵押财产,要求对该财产拍卖、变卖,并从变价的价值中优先受偿。在抵押权设定以后,即使抵押财产多次转让,但借助登记制度予以公示,买受人能够了解抵押财产之上存在抵押权负担,因此不会从根本上损害其利益。《民法典》第406条所规定的转让,既包括买卖等有偿转让,也包括赠与等无偿转让。[①] 当然,追及效力适用前提在于物权客体能够通过再处分进行流通,且抵押权已经办理了登记手续,因此在一些非基于法律行为发生物权变动的例外场合,因为物权变动没有办理登记,则并不当然适用追及效力的相关规则。[②]

三、抵押财产转让后受让人付清价款时的处理

如果抵押人转让抵押财产后受让人已经向抵押人付清价款,抵押权人如何行使追及权?对此有观点认为,抵押权人行使追及权将明显不利于已经支付全部价款的受让人权利的保护。因为受让人一方面已经支付了全部价款,另一方面又将面临抵押权人的追及导致抵押财产被拍卖、变卖,从而形成"鸡飞蛋打"的局面。[③] 这种方案虽然为抵押权人提供了全面的保护,但却忽视了受让人的保护,造成了不公平的局面。不过,与此相反的观点则认为,由于受让人可以通过查询登记知晓转让财产上存在抵押权,因此其在知悉抵押权存在而仍受让的场合,应当由其自身承担抵押权实现的风险。毕竟在抵押财产上存在负担(抵押)的情形下,受让人支付的费用也将会相应减少。而如果该抵押权未经登记,受让人也就根本不会被追及。[④] 因此,由受让人承担风险并无不妥。[⑤]

应当看到,上述风险是受让人自愿承受的,即受让人在受让抵押财产时明知抵押财产之上有抵押权负担而仍然愿意受让抵押财产,其也应当承担抵押财产被抵押权人追及的不利后果。但毕竟受让人已经支付了购买抵押财产的价款,如果其再被抵押权人追及,将会使其遭受重大损害,从保障实

---

① 参见刘保玉:《民法典担保物权制度新规释评》,载《法商研究》2020年第5期。

② 参见高圣平、罗帅:《〈民法典〉不动产抵押权追及效力规则的解释论》,载《社会科学研究》2020年第5期。

③ 参见崔建远:《物权法》(第5版),中国人民大学出版社2021年版,第455页。

④ 参见徐银波:《我国抵押物转让制度的"体"冲突与完善》,载《武汉理工大学学报(社会科学版)》2014年第4期。

⑤ 参见黄薇主编:《中华人民共和国民法典物权编释义》,法律出版社2020年版,第510页。

质公平考虑,法律应当对抵押财产的受让人提供适当的保护。据此,依据《民法典》第524条的规定,抵押财产受让人有权主张代为履行,即行使涤除权,以消除抵押财产之上的抵押权,从而使其不再受抵押权人的追及。我国原《物权法》第191条规定了受让人的涤除权,不过,《民法典》第406条删除了涤除权的规定,但这并不意味着否定了受让人的涤除权,删除该规则的主要原因是《民法典》第524条第1款已经统一规定了第三人代为履行制度,该款规定的第三人代为履行的前提是"第三人对履行该债务具有合法利益",抵押物的受让人属于《民法典》第524条第1款中的对履行债务具有合法利益的第三人,故受让人可以依据该款代为履行债务以涤除抵押权。[①] 据此,债权人不得以存在禁止或限制转让特约为抗辩理由而拒绝受让人的清偿。正是因为这一原因,《有关担保司法解释》第43条第2款中的但书规定实际上在《民法典》基础上再次确认了涤除权规则。因此,在抵押设定之后,抵押人如果希望在不征求抵押权人同意的情形下即可转让抵押财产,则可以与受让人协商,由受让人代债务人履行债务以消除抵押权,在此情形下,抵押权人不得拒绝。由此也可以保护抵押权人和买受人的利益。同时,依据该条规定,受让人在行使涤除权之后,将享有债权人的债权,从而可以依法向债务人提出请求,这可以在一定程度上保护抵押财产受让人的利益。

四、禁止或限制转让特约及其登记对追及权行使的影响

承认抵押权追及效力的前提是允许抵押人在财产设定抵押后自由转让抵押财产,但如果完全放开抵押财产的自由转让,也可能造成对抵押权的损害。同时,因抵押权人行使追及权也会给第三人造成不利影响,所以法律在允许抵押人自由转让的同时,有必要依据私法自治原则,允许抵押人和抵押权人事先设定禁止或限制转让特约。所谓禁止或限制转让特约,是指抵押权人和抵押人约定,抵押人在抵押期间内不得转让财产,或以抵押权人同意作为抵押财产转让的条件。此种约定在一定程度上也可以防范因承认追及效力造成的对抵押权人或第三人的损害。

(一)《民法典》允许当事人订立禁止或限制转让特约

《民法典》第406条第1款规定,在抵押期限内,抵押人可以转让抵押财产,并特别增加了"当事人另有约定的,按照其约定"这一规则,但对于该规定存在不同观点。[②] 本书认为,在禁止或限制转让特约没有办理登记的情形

---

① 参见黄薇主编:《中华人民共和国民法典物权编解读》,中国法制出版社2020年版,第683页。

② 参见崔建远:《担保制度司法解释的制度创新与难点释疑》,载《财经法学》2021年第4期。

下,当事人之间的约定不能对抗受让人,而只是在当事人之间产生效力。

由于《民法典》第 406 条第 1 款的规定仅允许当事人设定禁止或限制转让特约,并没有明确规定该约定要办理登记,这使当事人之间订立的禁止或限制转让特约并不能有效对抗第三人,这就在一定程度上限制了禁止或限制转让特约的作用,同时使抵押权人的利益不能得到充分保障。为弥补上述规定的缺陷,《有关担保司法解释》第 43 条第 1 款规定,若未将禁止转让的约定进行登记,抵押财产已经交付或者登记,请求确认不发生物权效力,人民法院不予支持。这就通过公示的方式,赋予禁止或限制转让特约对抗第三人的效力,同时也在一定程度上起到了对抵押权追及效力的限制作用。依据《有关担保司法解释》第 43 条第 1 款的规定,如果当事人一旦将禁止或限制转让特约办理了登记,违反该约定并不导致合同无效,只能导致抵押财产的转让无法发生物权变动的效果。但如果当事人未将禁止转让特约办理登记,则不仅买卖合同的效力不受到影响,抵押财产所有权的变动也不应当受到影响,在此情形下,抵押权人只能以抵押人违约为由向抵押人主张违约责任。① 本书认为,该规则符合《民法典》第 406 条第 1 款的规定,事实上,通过登记公示获得物权效力或者对抗第三人的效力,是现代民法发展的趋势,也符合民法的基本法理。② 值得注意的是,禁止或限制转让特约的效力可能存在差异,例如,当事人在浮动抵押中约定了禁止转让特约并登记的,浮动抵押实际上就转为了非浮动抵押,但在限制转让的情形下,则不存在此种情形。

(二)禁止或限制转让特约的登记是一项防范抵押财产擅自转让风险的重要举措

应当看到,《民法典》第 406 条第 1 款允许抵押人在设定抵押权后转让抵押财产,虽然有利于实现物尽其用等功能,但由此也产生了新的法律适用问题,即对抵押权人而言,抵押财产的转让可能对其带来极大的风险,在实践中,有的开发商在未经抵押权人(银行)同意的情形下就转让作为抵押财产的房屋,在抵押财产转让后,开发商并未将转让所得价款用于清偿其对银行的债务。同时,由于大量的小业主已经支付了价款或者办理了入住手续,如果强制要求小业主腾退房屋,则可能对小业主的生存权构成威胁,在此情

① 参见最高人民法院民事审判第二庭:《最高人民法院民法典担保制度司法解释理解与适用》,人民法院出版社 2021 年版,第 391 页。

② 参见程啸、高圣平、谢鸿飞:《最高人民法院新担保司法解释理解与适用》,法律出版社 2021 年版,第 267 页。

形下，根本无法强制执行，抵押权人将无法行使追及权。[①] 另外，抵押人转让抵押财产后，常常出现买受人无处可寻、买受人将抵押财产再次转手或房屋被查封扣押等情况，这些情形的出现均可能使抵押权人面临无法实现抵押权的较大风险。总之，《有关担保司法解释》的规则把设立并公示禁止或限制转让特约的权利交给当事人，由当事人根据具体情况考量是否订立禁止或限制转让特约、是否将该特约办理登记，这就有效地平衡了各方当事人之间的利益，兼顾了物尽其用与保护金融安全的价值。且此种登记可以防范因抵押财产擅自转让造成的风险。[②]

第五节　抵押权的效力

一、抵押人的权利

1. 对抵押财产的占有和使用权。抵押设定以后，除法律或合同另有约定以外，抵押人有权继续占有抵押财产，并有权取得抵押财产的孳息。但是，抵押人在行使占有权时应当妥善保管抵押财产，并自行承担保管的费用。如果因为抵押人保管不善，造成抵押财产毁损灭失，抵押权人可以要求其增加担保。如果有毁损灭失之虞，抵押权人可以要求提前拍卖、变卖抵押财产。

2. 转让抵押财产的权利。在抵押权设定以后，抵押人仍然享有对抵押财产的所有权，也仍然享有对抵押财产的最终处分权，在抵押设定后抵押人有权转让财产。《民法典》第 406 条规定，在抵押期间，抵押人可以转让抵押财产，这就修改了原《物权法》第 191 条的规定，[③]允许抵押人在设定抵押之后可以转让抵押财产，但是，应当看到，允许抵押人在设定抵押后可以自由转让抵押物，可能导致一些不诚实守信的抵押人恶意利用该规则，增加债权人的权利实现成本。如果是动产抵押，多次转让后，可能就隐匿不见或者毁损了，此时根本无法行使追及效力。即便是办理不动产抵押登记，对债权人而言，实现自己的债权也有很大的挑战。正是基于这一原因，《有关担保司法解释》第 43 条第 1 款规定了当事人可以将禁止或者限制转让抵

---

① 参见林文学：《不动产抵押制度法律适用的新发展——以民法典〈担保制度司法解释〉为中心》，载《法律适用》2021 年第 5 期。

② 2021 年 4 月 6 日，自然资源部下发的《关于做好不动产抵押权登记工作的通知》第 3 条规定，《民法典》施行前已经办理抵押登记的不动产，抵押期间转让的，未经抵押权人同意，不予办理转移登记。

③ 原《物权法》第 191 条第 2 款规定，“抵押期间，抵押人未经抵押权人同意，不得转让抵押财产，但受让人代为清偿债务消灭抵押权的除外”。

押财产的约定办理登记。一旦办理登记,就能取得对抗第三人的效力,任何买受人在购买已经抵押的财产时,应当查询登记。如果第三人在查询到该禁止转让的信息之后,仍然选择购买抵押财产,此时买受人与抵押人的抵押财产转让就不能直接发生物权变动。在受让人知道的情形下,即便抵押财产已经交付或者办理登记,抵押权人仍然可以主张该转让不发生物权效力。当然,转让人和受让人之间的抵押合同仍然有效,只是物权不能发生有效变动。

3. 再次设定抵押的权利。抵押人在同一抵押财产上为两个或者两个以上的债权分别设定抵押权,要依据《民法典》第414条之规定确定数个抵押权之间的顺位,不能以构成多个抵押为由认定后设立的抵押权无效。《民法典》第414条对同一财产向两个以上债权人抵押时抵押权的顺位规则作出了规定。法律允许抵押财产重复抵押,有利于发挥抵押财产的交换价值,同时,抵押财产的价值也可能具有一定的浮动性,顺位在后的抵押权人也可能因为抵押财产价值的增加而获得比较充分的满足。因此,抵押人设定某一抵押之后,仍然享有再次设定多个抵押的权利,这可以看作其处分权的一项内容。

4. 对抵押财产的出租权。抵押权设定以后,抵押物仍然归抵押人所有,因此抵押人有权将抵押物出租给他人使用。无论是在抵押前还是在抵押后,抵押人都可以将其抵押财产出租。但是,两种情况下所产生的法律后果并不相同。

(1)先出租后抵押。《民法典》第405条规定:"抵押权设立前,抵押财产已经出租并转移占有的,原租赁关系不受该抵押权的影响。"与原《物权法》第190条规定相比,[①]《民法典》第405条有如下变化:一是要求承租人必须占有租赁物。二是删除了原《物权法》第190条后半段关于"抵押权设立后抵押财产出租的,该租赁关系不得对抗已登记的抵押权"的表述。依据《民法典》第405条的规定,租赁关系对抗抵押权的条件如下:

第一,抵押财产设立前,租赁关系已经成立。此处的"已经成立",是指在抵押权设立之前,当事人之间的租赁合同已经生效,而不是指抵押合同生效前,租赁合同生效。

第二,要求承租人必须占有租赁物。这主要是为了防止当事人通过虚构租赁合同或者倒签合同的方式,侵害抵押权人的利益。同时,这也是为了

---

① 原《物权法》第190条规定:"订立抵押合同前抵押财产已出租的,原租赁关系不受该抵押权的影响。抵押权设立后抵押财产出租的,该租赁关系不得对抗已登记的抵押权。"

让抵押权人知悉租赁关系的存在。因为租赁权本身没有法定的公示方法，因此应要求承租人必须占有租赁物。[①]

在符合上述两个要件的情形下，抵押权的设立不影响在先设立的租赁关系的效力。在抵押人出租其财产之后，其仍然可以就该财产设定抵押权，因为抵押人将财产出租并没有移转其所有权，只不过因为出租行为而在财产之上设立了负担。如果抵押人将出租的财产抵押，租赁关系也不因此受到影响。在出租人将已出租的财产设定抵押之后，一般不影响承租人对财产的占有和使用，因而抵押权可以与租赁权并存。从财产价值来看，抵押权人追求的是抵押物的交换价值，而租赁权人追求的是物的使用价值，只要租赁权的设定不妨碍抵押权人抵押权的实现，两者之间就不发生冲突。在抵押权实现时，也不产生清偿顺序上的矛盾。所谓原租赁关系不受影响，是指原租赁合同主体、内容、期限等不会因抵押权的设定而受到影响。承租人依据租赁合同仍然享有使用租赁物的权利。[②]

抵押人将已出租的财产设定抵押有可能会对抵押权的实现造成妨碍，因而，抵押人将已出租的财产设定抵押的，依诚实信用原则，其应对抵押权人负告知的义务。如未告知抵押权人，致使抵押权人遭受损害，抵押人应负损害赔偿责任。

(2)先抵押后出租。抵押关系成立以后，抵押人仍享有抵押物的所有权，其仍然可以对抵押物行使使用、收益的权利。一方面，只要租赁期限不超过债务的清偿期，抵押人就可以将占有和使用权转移给他人。也就是说，抵押人仍可以将该物出租。因为在抵押权人实现抵押权时，租赁关系也已经终止，从而不影响抵押权人权利的实现。另一方面，由于抵押权的设立并不需要移转抵押财产的占有，如果不允许抵押人将该抵押财产出租或借给他人使用，则不能充分发挥抵押财产的使用价值。因此，一般认为，抵押设定后，抵押人可以将抵押物出租，[③]尤其是抵押权设立后抵押财产出租的，因为抵押权设定在先，而租赁权设定在后，承租人知道或者应当知道抵押权的存在而仍然愿意承租，表明其已经愿意承受相应的风险。在此情况下，抵押权具有优先于租赁权的效力。如果租赁期限超过了抵押权行使之时，则租赁合同不具有对抗抵押权的效力。在此情况下，“买卖不破租赁”的原则不

---

① 参见黄薇主编：《中华人民共和国民法典释义(上)：总则编·物权编》，法律出版社2020年版，第783页。

② 参见龙俊：《“抵押不破租赁”规则的解释论》，载《南京社会科学》2023年第4期。

③ 参见郭明瑞：《担保法原理与实务》，中国方正出版社1995年版，第174页。

得适用。

就动产而言,由于动产抵押并不当然需要办理登记,如果以没有办理抵押登记的财产出租,承租人不知道或者不应当知道出租的财产已设定抵押,即承租人是没有过错的,在此情况下,就不能以抵押权来对抗租赁权。因而,抵押权实现时,不得自动消灭租赁关系。[①] 依据《民法典》第 403 条规定,动产抵押未经登记,不得对抗善意第三人,此处的第三人也应当包括不知情的承租人。

在抵押权能够对抗租赁关系的情形下,抵押权人在实现抵押权时,承租人不得对抵押物之上的新的权利人主张继续履行租赁合同。此处所说的对抗效力,主要是指在抵押权实现时的对抗效力。[②] 如此规定是为了与物权优先效力规则保持一致。当然,在此情形下,承租人有权依法请求出租人承担违约责任。此外,如果租赁关系的存在不影响抵押权的实现,则没有必要除去租赁关系。例如,带租拍卖的所得价款已足以偿还主债权,就没有必要打破租赁关系。[③]

5. 孳息收取权。在抵押期间,由于抵押物的所有权仍然归属于抵押人,且抵押物由抵押人占有,因而,抵押物的孳息收取权应当归抵押人享有。但在债务履行期届满、债务人不履行债务而使抵押物被人民法院依法扣押的,根据《民法典》第 412 条的规定,自扣押之日起,抵押权人有权收取由抵押物所分离的天然孳息以及抵押人就抵押物可以收取的法定孳息。

抵押人的主要义务是妥善保管好抵押物。在抵押期间,由于抵押人继续占有抵押物,因而抵押人应当负有保管抵押物的义务,并应采取各种必要的措施以防止抵押物的毁损灭失和价值减少。因抵押人的行为造成抵押物价值减少的,抵押人有义务恢复抵押物的价值,或者提供与减少的价值相当的担保。在抵押期间,抵押人转让抵押财产的,应当及时通知抵押权人。经同意转让抵押物的价款应符合抵押物的实际价值,且因转让所获得的价款应用来提前清偿所担保的债权或者向第三人提存。

二、抵押权人的权利

(一)支配抵押物并排除他人侵害的权利

在抵押期间,尽管抵押权人并未实际占有抵押物,但抵押权人对抵押物

---

① 参见黄薇主编:《中华人民共和国民法典物权编释义》,法律出版社 2020 年版,第 540 页。

② 参见郭明瑞:《物权法通义》,商务印书馆 2019 年版,第 294 页。

③ 参见程啸:《论抵押财产出租时抵押权与租赁权的关系——对〈物权法〉第 190 条第 2 句的理解》,载《法学家》2014 年第 2 期。

的交换价值仍享有支配权。如果抵押物受到第三人的侵害,抵押权人有权要求侵害人停止侵害、恢复原状、赔偿损失。当抵押物被第三人侵夺时,抵押权人依法可对抵押物行使物权请求权,以保障其权利实现。①

（二）抵押财产转让有害债权实现时请求提前清偿或者提存的权利

根据《民法典》第406条的规定,抵押期限内,抵押人可以转让抵押财产。但是,如果该抵押财产的转让可能损害抵押权人的债权时,抵押权人在能够证明如下情况时,可以请求将该转让价款用于提前清偿债权或者进行提存。一是请求抵押人提前清偿债务,通过提前清偿,有利于保障债权人债权的实现。二是要求提存,即在抵押人转让抵押财产的情形下,抵押权人有权请求抵押人将所得的价款提存,以保障其债权的实现。

（三）抵押财产价值的保全与恢复权

《民法典》第408条规定:"抵押人的行为足以使抵押财产价值减少的,抵押权人有权请求抵押人停止其行为;抵押财产价值减少的,抵押权人有权请求恢复抵押财产的价值,或者提供与减少的价值相应的担保。抵押人不恢复抵押财产的价值,也不提供担保的,抵押权人有权请求债务人提前清偿债务。"该条实际上确认了抵押权人的三种权利,即请求停止实施减少抵押物价值行为的权利、对抵押物的价值保全权和请求提前清偿债务的权利。

1.请求停止实施减少抵押物价值行为的权利。所谓请求停止实施减少抵押物价值行为的权利,是指因抵押人的行为足以使抵押财产价值减少的,抵押权人有权依法请求其停止该行为。其行使必须符合以下几个条件:

第一,必须是在抵押人的行为造成抵押物价值减少的情况下行使。② 这就是说,抵押物价值的减少必须是因为抵押人的行为造成的。抵押人从事的使抵押财产价值减少的行为主要包括两种:一种是抵押人的积极行为使抵押财产的价值减少,例如,拆除抵押的房屋、因驾驶抵押的车辆造成车辆损坏等;另一种是抵押人消极的不作为导致抵押财产价值的减少,例如,对抵押的危险房屋不做修缮,将抵押的财产置于室外不加保护,这些行为都是可归责于抵押人的行为。③ 当然,如果是因为抵押权人的不正当干预等行为,或因为不可抗力等造成抵押物价值减少,则不能行使此项权利。例如,市场价值的正常波动或者技术的更新换代导致抵押财产价值减少,显然不

① 参见崔建远:《物权法》(第5版),中国人民大学出版社2021年版,第467页。

② 参见黄薇主编:《中华人民共和国民法典释义(上):总则编·物权编》,法律出版社2020年版,第790页。

③ 参见陈华彬:《物权法论》,中国政法大学出版社2018年版,第550页。

是抵押人的行为造成的,不可归责于抵押人。

第二,抵押人的行为足以使抵押财产价值减少。抵押物在设定抵押后仍然由抵押人占有,抵押人可以对其进行正常的使用,这就难免会造成抵押物价值的减少。这并不是说,抵押物价值发生轻微变化,抵押权人便享有此项权利。根据《民法典》第408条的规定,必须是"抵押人的行为足以使抵押财产价值减少的",抵押权人才有权要求抵押人停止其行为。所谓"足以",是指抵押权人能够举证证明,抵押人的行为会明显造成抵押物的价值减少。对于"足以"的举证责任,应当由抵押权人承担。

2. 对抵押物的价值保全权。《民法典》第408条规定:"抵押财产价值减少的,抵押权人有权请求恢复抵押财产的价值,或者提供与减少的价值相应的担保。"该权利的行使必须符合如下条件:

第一,抵押财产的价值在客观上已经减少。由于抵押财产在抵押人的控制之下,而抵押权人支配的只是抵押财产的交换价值,不能实际占有抵押财产。为了防止抵押人在占有抵押财产期间,因其不当利用或管理等行为造成抵押物价值的减损,维护抵押权人的合法权益,就有必要使抵押权人拥有保全和恢复抵押财产价值的权利。① 因此,只要抵押财产的价值减少,无论抵押人是否存在过错,抵押权人都有权请求恢复抵押财产的价值。

第二,抵押人没有及时恢复抵押物的价值或者提供相应的担保。如果抵押财产的价值在客观上已经减少,而抵押人已经及时采取了措施来恢复抵押财产的价值,自然就没有必要赋予抵押权人价值保全权。只有在抵押人没有采取措施的情况下,抵押权人的利益才会受到影响,此时,抵押权人就应当享有此项权利。

第三,抵押权人有权要求抵押人恢复抵押财产的价值。所谓有权请求恢复抵押财产的价值,是指排除导致抵押物价值减少的行为,使抵押物的价值恢复到以前的状态。例如,甲以其建设用地使用权设立抵押,抵押之后,抵押人对该土地不进行有效的保护,导致该土地的水土流失,致使该地的价值明显减少,抵押权人有权要求其采取措施恢复该土地的价值。

第四,抵押权人有权要求抵押人提供与减少的价值相应的担保。一般来说,如果抵押人可以恢复抵押财产的价值,应当允许其首先恢复该财产的价值,只有在其不能恢复的情况下,才能要求其另行提供担保。此种担保在法律上称为"增担保",抵押人提供的担保,既可以是人的担保,也可以是物

---

① 参见王利明主编:《民法》(上册)(第8版),中国人民大学出版社2020年版,第485页。

的担保，只要与抵押财产减少的价值相当即可。[1]

3. 请求提前清偿债务的权利。《民法典》第408条规定："抵押人不恢复抵押财产的价值，也不提供担保的，抵押权人有权请求债务人提前清偿债务。"如果抵押财产的价值明显减少，抵押人不恢复抵押财产的价值也不提供担保，那么法律必须采取措施保障抵押权人的利益。不过，此种规定尽管在一定程度上剥夺了债务人的期限利益，但因为抵押人不采取措施恢复抵押财产的价值或者增加担保，会使抵押权人的利益受到严重威胁，法律为保障抵押权人的利益，允许其要求抵押人提前清偿，这对抵押人并非不公平。

（四）权利处分权

抵押权设定之后，抵押权人可以放弃抵押权和抵押权的顺位，也可以与抵押人协商变更抵押权的内容。抵押权虽然具有从属性，但也具有相对的独立性，且抵押权在性质上仍然属于一种财产权，所以，按照私法自治原则，抵押权人可以对抵押权进行处分。抵押权的处分，包括抵押权的放弃和抵押权顺位的变更等。只要不损害其他抵押权人的利益，抵押权人都可以依法处分其权利。[2] 如果抵押权人转让其主债权，也可以将抵押权一并转让。

（五）追及权

所谓追及权，是指在抵押权成立后，抵押人转让抵押财产，无论辗转至何人之手，抵押权人均可追及至物之所在，而主张对该物的变价优先受偿。《民法典》第406条规定，抵押财产转让的，抵押权不受影响，该条实际上是确认了抵押权人的追及权。但依据法律规定不能追及的，则不发生追及的效果。例如，依据《民法典》第404条的规定，在设定抵押权之后，该抵押权即便已经登记也不得对抗正常经营活动中已经支付合理价款并取得抵押财产的买受人。因而，此时抵押权不能追及至买受人处。

（六）变价优先受偿权

所谓变价优先受偿权，主要是指在债务人不履行债务或出现当事人约定实现抵押权的情形时，抵押权人可以与抵押人协议以该抵押财产折价，或者以拍卖、变卖该抵押财产所得的价款优先受偿。除此之外，还包括如下几个方面：

第一，抵押权与其他担保物权之间，要依据公示先后来确定受偿顺序，即在抵押权与抵押权发生冲突的情况下，应当按照《民法典》第414条的规定确定抵押权实现的先后顺序。

---

[1] 参见谢在全：《民法物权论》（中册），中国政法大学出版社2011年版，第725页。

[2] 参见郭明瑞：《物权法通义》，商务印书馆2019年版，第303～306页。

第二,抵押权与一般债权之间,在抵押物被查封、被执行时,抵押权优先于执行的债权。对于抵押财产被扣押或强制执行的,抵押权人应当从抵押物的变价中优先受偿。如果债务人被宣告破产,抵押权应当优先于一切债权,抵押财产不列入破产财产,抵押权人可以就抵押物于其担保的债权范围内优先受偿。①

抵押权人的主要义务是在实现抵押权时严格依据法定和约定的方式及程序,不得损害抵押人和其他人的利益,不得非法干预抵押人所享有的各种权利。抵押权人应当按照诚信原则,在设定抵押的时候,不得要求抵押人设定过度抵押(例如,以价值 1000 万元的房产担保 100 万元的债权)。如果抵押物的价值超出所担保的主债权,不得禁止抵押人就抵押物的剩余价值设定新的抵押。否则,将违反诚信原则,也不利于充分发挥抵押物的担保效用。

第六节　抵押权的顺位

一、抵押权顺位的概念

抵押权顺位,又称为抵押权的次序或者顺序,是指为了担保两个或者两个以上的债权,在同一财产上设立了多个抵押权之后,各个抵押权人在行使抵押权时所处的先后次序。例如,甲有一栋楼房,价值 1000 万元,从乙银行借款 500 万元,设立了抵押。后来,甲又从丙银行借款 600 万元,并以该楼房设立了抵押。此时,就涉及两个抵押权人优先受偿的顺位问题。抵押权人所享有的顺位权,表面上看是一种优先受偿的次序,实际上是一种财产权。因为优先受偿顺位,最终影响着担保物权的优先性是否可以实现以及实现的范围。换言之,抵押权最终能否实现,取决于优先受偿的顺位。②

在法律上规定抵押权优先顺位的意义在于:一方面,有利于充分实现抵押物的价值,物尽其用。承认抵押权的顺位,实际上就意味着承认多个抵押。只有在多个抵押的情况下,才有优先顺位的问题。多个抵押有助于充分利用抵押物的交换价值,可以实现利用一个抵押物担保多个债权,从而有利于融通资金,实现财产的最大功用。另一方面,有利于法院依法进行强制执行。抵押权优先顺位的确定,就确定了执行的先后顺序,而且确定了债务人可以获得分配的数额。《民法典》关于抵押权优先顺位的规定,可以方便

---

① 参见陈华彬:《物权法论》,中国政法大学出版社 2018 年版,第 526 页。

② 参见陈荣隆:《担保物权之新纪元与未来之展望》,载《台湾法学杂志》2007 年 4 月号(第 93 期)。

法院在执行时根据一定的顺位来确定各个抵押权人优先受偿的数额。此外，有利于提醒当事人注意其可能面临的风险。抵押权优先顺位的确定，实际上提供了一个风险的预警机制，可以事先提醒当事人注意其债权被担保的范围，从而准确估量其债权实现的风险。例如，在后顺位的债权人就可以准确估量其可能获得优先受偿的数额，从而决定其是否接受多个抵押。

二、抵押权顺位的产生

抵押权顺位产生的原因主要在于，一方面，抵押权是一种价值权，法律允许在同一财产之上设立多个抵押权，从而尽可能发挥抵押财产的交换价值，符合物权法上的效率原则。如果法律上禁止多个抵押，则不可能产生抵押权顺位的问题。另一方面，物权的排他性也决定了在同一财产之上设立的各个抵押权之间不可能是平等的，而应当存在优先效力的问题。

《民法典》第 414 条第 1 款规定："同一财产向两个以上债权人抵押的，拍卖、变卖抵押财产所得的价款依照下列规定清偿：（一）抵押权已经登记的，按照登记的时间先后确定清偿顺序；（二）抵押权已经登记的先于未登记的受偿；（三）抵押权未登记的，按照债权比例清偿。"该条规定实际上修改了《担保法》限制多个抵押的相关规定，扩大了多个抵押的适用范围。[①] 以同一财产向同一债权人或者不同债权人多次抵押的，抵押人所担保的债权可以超出其抵押财产的价值。这有利于充分发挥抵押财产的价值，便利企业和个人的融资活动。允许同一财产向数个债权人抵押，就会涉及数个抵押权清偿顺序的问题，以及顺序相同时如何清偿的问题。

关于抵押权的顺位，我国《民法典》在总结既有立法和司法经验的基础上，确立了抵押权优先受偿的顺序。依据《民法典》第 414 条的规定，同一财产向两个以上债权人抵押的，拍卖、变卖抵押财产所得的价款应当依照的顺序如下：

第一，登记在先优先于登记在后。《民法典》第 414 条第 1 款第 1 项规定："抵押权已经登记的，按照登记的时间先后确定清偿顺序。"这就是说，如果一物之上各抵押权都已办理抵押登记，则应当按照登记时间的先后确定顺位，即清偿顺序按照"登记时间在先，权利在先的"规则来确定。这一规则是物权优先性的体现，可以有效解决已经办理登记的各项抵押权的权利顺位问题，也有利于督促当事人及时办理登记，即当事人在设立抵押以后，不仅要办理登记，而且要尽快办理抵押登记。依据《民法典》第 414 条的规定，

---

① 原《担保法》第 35 条规定："抵押人所担保的债权不得超出其抵押物的价值。财产抵押后，该财产的价值大于所担保债权的余额部分，可以再次抵押，但不得超出其余额部分。"

即使某个抵押合同签订在先,但如果该抵押登记在后,则其权利实现顺位也位列在后,相反,如果其他抵押权人登记在先,则即便其担保合同订立在后,抵押权人也能优先受偿。由此可以看出,重复抵押的顺位规则就是以登记为中心确定的。

第二,已登记优先于未登记。《民法典》第 414 条第 1 款第 2 项规定,“抵押权已经登记的先于未登记的受偿”。这就是说,在重复抵押的情形下,首先要考虑抵押权是否已经办理了登记,如果有的抵押权已经办理登记,而有的抵押权未办理登记,则已经登记的抵押权在权利实现顺位上优先于未登记的抵押权。以登记为中心,意味着已办理登记的抵押权应当优先于未登记的抵押权。例如,以某项动产为多项债务抵押,即使第一个抵押权设立在先,但是如果其未办理登记,即便第二个抵押权设立在后,如果已经办理了登记,其也要优先于第一个抵押权受偿。

第三,未登记的以债权比例确定。如果同一财产上的抵押权都没有办理登记,则各个抵押权人按债权比例受偿,当然,由于物权优先于债权,因此,即便抵押权没有办理登记,其也要优于普通债权得以实现。法律作出此种规定,可以使债权人清晰地了解不办理抵押登记的风险和后果,由于动产抵押权的设立依法采登记对抗主义,该规则赋予了当事人自由选择办理抵押登记的权利,如果当事人选择不办理登记,则应当承担作出此种选择的风险和后果。

由此可见,《民法典》第 414 条实际上形成的是以登记为中心的权利优先顺位规则。也就是说,确立了已登记优先于未登记、登记在先顺位在先的规则。毕竟抵押权是一种物权,不能够在顺位明显不同的情况下,按照平等主义的模式来受偿,这将使抵押权演变为一种债权。《民法典》的上述规定确立了解决抵押权对内优先规则,同时,又确立了抵押权的顺位规则。

问题在于,虽然在同一抵押物上有多个抵押权时,以设定的先后次序作为实现的先后次序,但设定在前的抵押权所担保的债权并不一定首先到期。如果设定在前的抵押权所担保的债权的清偿期限后于设定在后的抵押权所担保债权的清偿期限,而后一债权又未获清偿,需要以拍卖或者变卖抵押物所得来清偿,就存在如何保障在先抵押权的问题。因为如果以拍卖或者变卖抵押物的所得优先清偿了设定在后的抵押权,则可能导致拍卖或者变卖抵押物的所得所剩无几,难以满足先设定的抵押权,在事实上否定了设定在先的抵押权人的顺位权。例如,甲向乙借款 500 万元,以其价值 1000 万元的房屋作抵押,于 1998 年 5 月 1 日登记,所担保的债权于 1999 年 11 月 1 日到期。然后,甲又向丙借款 800 万元,也以该房屋作抵押,于 1998 年 7 月 1

日登记,所担保的债权于 1999 年 7 月 1 日到期,而且这两个抵押权都办理了登记。1999 年 7 月 2 日,后一个债务到期,甲未清偿债务,应当由乙还是丙优先实现抵押权?

本书认为,应当全面认识"顺位权"的内容,先设定的抵押权不仅对抵押物的价值而言是优先的,而且在清偿的时间顺序上也是优先的。后抵押权人一旦接受后抵押的事实,便要接受这一规则。如果顺位在先抵押权人在债权尚未到期的情况下就提前清偿,或者要求顺位在后的抵押权必须等顺位在先的抵押权担保的债权到期才能实现,就有可能损害后顺位抵押权人的利益,因为后顺位抵押权人必须等待先顺位抵押权人的债权到期,尤其是在抵押物的价值不断下降的情况下,继续等待实际上只能造成对当事人利益的损害,因此,在顺位在后的抵押权所担保的债权已经到期的情形下,应当允许抵押权人主张对抵押财产进行变价,但其就该变价进行受偿的顺序应当在先顺位抵押权人之后。

三、抵押权顺位的固定主义与顺位的升进主义

如果次序在先的抵押权消灭以后,次序在后的抵押权是否可依次升位而相应地变更抵押权人的次序权?对此,各国立法规定并不完全相同,大致存在两种模式:一是顺序固定主义。此种立法认为,抵押权设立以后,抵押权的顺序位置保持不变,顺序在先的抵押权消灭时,顺序在后的抵押权并不递升,而应固定在原来的顺序中,保持不变。此种立法最先起源于罗马法,并为德国和瑞士立法所采纳。二是顺序升进主义。此种立法规定,在抵押权设定以后,抵押权的顺序并非固定不变,如果顺序在先的抵押权发生消灭,则顺序在后的抵押权可以递升。这就是说,第一顺序的抵押权消灭时,第二顺序的抵押权升进到第一顺序,第三顺序的抵押权则升进到第二顺序,依此类推。此种立法最早起源于日耳曼法,并为法国和日本等国民法所采纳。[①]

我国《民法典》第 414 条所确立的顺位升进主义具有如下特点:

第一,适用于登记的抵押权,不能适用于未登记的抵押权。因为不动产抵押需办理登记才能生效,所以此处未登记的抵押权主要指的是动产抵押,动产抵押未办理登记,未登记的动产抵押权之间按照债权比例清偿。由于《民法典》第 414 条适用于登记的抵押权,采纳顺位升进主义,不会使后顺位的抵押权人获得不当的利益,因为在存在多个抵押的情形下,既然抵押权已经登记,一般的债权人就可以通过查询登记知晓相关情形,后顺位的抵押权

---

① 参见史尚宽:《物权法论》,中国政法大学出版社 2000 年版,第 282 页。

人对在先的抵押权人顺位的升进具有合理的期待,也可能是因为其寄希望于先次序的抵押权消灭之后其顺位可以升进,这是一种合理的期待,[①]一旦先次序的抵押权消灭,其次序就可以升进,而获得此种顺位并非不当得利。

第二,既可能适用于登记生效的担保物权,也可能适用于登记对抗的担保物权。就动产抵押而言,如果都办理登记,此时也可以采取顺位升进。从《民法典》第414条规定来看,其并没有对适用范围进行例外限制,即只要抵押权可以办理登记,就可以基于登记的先后顺序确定其优先顺位,并可适用顺位升进规则,因此,无论是采取登记生效主义的抵押权,还是采取登记对抗主义的抵押权,均可适用顺位升进规则。

第三,在顺位升进的情况下,后次序的抵押权人一般仅能从先次序抵押权实现后的剩余的价值中获得受偿,因先次序抵押权消灭,将使后次序的抵押权得以随之升进,后次序的抵押权人获得完全的或部分的受偿,如此也不会损害债权人的利益。因为,在一物之上存在多个抵押的情形下,就意味着顺序在后抵押权只能在顺序在先的抵押权人权利实现之后,就抵押财产的剩余价值优先受偿,债权人对此应当具有预期。后次序抵押权人自愿接受后次序的抵押,可能是合理期待抵押物价值的升值;如果价值升值,则既可以使先次序的抵押权人获得受偿,又可以使后次序的抵押权人从中获得受偿。如果后次序的抵押权人愿意承担此种风险,法律也应当允许。当然,在顺序在先的抵押权实现之后,次序在后的抵押权能否实现,具有一定的不确定性,即只有在先次序的抵押权消灭以后,抵押物仍然有剩余价值时,后次序的抵押权才有以抵押物拍卖或者变卖价款受偿的可能。

总之,在同一标的物上设立数个抵押权的情形下,依据《民法典》的规定,在抵押权实现时仍然应当采取顺位升进主义,而非顺位固定主义。

由于后次序抵押权人仍然享有抵押权,具有优先于普通债权人的地位,因而其优先于普通债权人以抵押物的价值受偿,是完全合理、合法的。顺序升进主义是否损害一般债权人的利益,应当在一般债权人的合理预见和实际结果的对比中体现。在抵押物之上设定了若干抵押是经过登记公示的,一般债权人完全可以通过查阅登记材料而知晓,后次序抵押可以升进也是由法律明文规定的,所以一般债权人对把抵押物作为一般责任财产偿还其债务有多大的合理预期是明确的。如果一般债权人认为在顺序升进主义情

---

① 参见鳥山泰志:《順位昇進原則の立法論・解釈論上の意義》,载《法学新報》2015年第122卷第1・2号。

况下,会导致债务人一般责任财产减少,降低了其债权的保障,那么,其也完全可以要求债务人为其提供担保。还要看到,抵押权的顺序升进主义符合所有权的弹力性原则。抵押权的设定是对所有权形成一定的限制。一物之上设立数个抵押权,实际上是给所有权设立了负担,同时也是对所有权的限制。当顺序在先的抵押权消灭以后,所有权的内容基于弹力性原则应当恢复其内容,随之应由顺序在后的抵押权人享有并支配抵押物的价值权,所以顺序升进主义是合理的。①

总之,如果同一标的物上成立数个抵押权,在抵押权实现时,本书认为,仍然应当采取顺序升进主义,而不应当采取顺序固定主义。

四、抵押权顺位的变更、抛弃和转让

(一)抵押权顺位的变更

所谓抵押权顺位的变更,是指当事人通过协商变更各抵押权的优先顺序,或者数个抵押权之间的先后顺位进行互换。在顺位变更后,各抵押权人只能按变更后的顺位行使优先受偿权。《民法典》第 409 条规定:"抵押权人可以放弃抵押权或者抵押权的顺位。抵押权人与抵押人可以协议变更抵押权顺位以及被担保的债权数额等内容。但是,抵押权的变更未经其他抵押权人书面同意的,不得对其他抵押权人产生不利影响。债务人以自己的财产设定抵押,抵押权人放弃该抵押权、抵押权顺位或者变更抵押权的,其他担保人在抵押权人丧失优先受偿权益的范围内免除担保责任,但是其他担保人承诺仍然提供担保的除外。"该条实际上承认了当事人可以通过协议变更抵押权的顺位,但抵押权顺位的变更必须满足以下几个条件。

第一,必须通过协议进行变更。抵押权顺位的变更有多种方式,可以是法定的变更,也可以是约定的变更。通常认为,在先的抵押权消灭而导致在后的抵押权的顺位上升,就属于法定的变更。《民法典》第 409 条只是承认了协议变更抵押权顺位的方式。从实践来看,抵押权顺位的变更主要采协议变更的方式,且此种变更又容易产生争议,因此《民法典》有必要对此专门作出规定。

第二,抵押权顺位的变更,未经其他抵押权人书面同意,不得对其他抵押权人产生不利影响。抵押权的变更形式有多种,在不损害其他抵押权人利益的情况下,当事人可以将在先顺位变更为在后顺位,也可以将在后顺位

① 参见谢在全:《抵押权次序升进原则与次序固定原则》,载《本土法学杂志》2000 年第 7 期。

变更为在先顺位。抵押权顺位的变更,可以是有偿的(例如,变更后由后顺位的抵押权人给予顺序在先的抵押权人以一定的补偿),也可以是无偿的。通常来说,如果在先顺位的抵押权人愿意变更为顺位在后的抵押权人,就不需要经过后顺位抵押权人的同意。如果在后顺位的抵押权要变更为在先顺位的抵押权,则必须征得在先顺位抵押权人的同意。[①] 值得注意的是,如果抵押权顺位的变更,将对其他抵押权人产生不利影响,则必须要取得其他抵押权人的书面同意。

第三,抵押权顺位的变更,必须经过登记,否则不产生对抗第三人的效力。抵押权顺位的变更也是抵押权的变更,因而应当办理变更登记。[②]

(二)抵押权顺位的抛弃

所谓抵押权顺位的抛弃,是指在先顺位的抵押权人放弃了其在先的抵押权顺位。抵押权本身是一种财产权,抵押权顺位本身体现了一定的财产利益,按照私法自治原则,既然权利人可以放弃抵押权,抵押权人自然也可以在不损害其他抵押权人利益的情况下放弃其顺位利益,无须征得后顺位抵押权人的同意。[③]《民法典》第 409 条第 1 款第 1 句规定:"抵押权人可以放弃抵押权或者抵押权的顺位。"尽管《民法典》将抛弃抵押权和抛弃抵押权顺位规定在一起,但抵押权的抛弃和抵押权顺位的抛弃是不同的。抵押权的抛弃意味着,原抵押权人不再享有抵押权,而变为普通债权人;而抵押权顺位的抛弃,则只是意味着其抵押权的受偿顺序的变更,抵押权仍然存在,抵押权人并没有转变为普通债权人。

抵押权顺位的抛弃可以有两种情况:一是针对特定的后顺位抵押权人的抛弃。在先顺位的抵押权人为了特定后顺位抵押权人的利益,而将自己的优先受偿利益抛弃,此种情况也称为抵押权顺位的相对抛弃。相对抛弃在性质上具有变更的特点,但毕竟因为在先顺位抵押权人放弃了其在先的顺位,所以,也可以认为是抵押权顺位的抛弃。[④] 二是针对不特定后顺位抵押权人的抛弃,此种情况称为抵押权顺位的绝对抛弃。它是指在先顺位的抵押权人为了全体后顺位的抵押权人的利益,而将自己的抵押权在先顺位予以抛弃。此时,后顺位的抵押权人的顺位依次升进,而抛弃者变成了最后

---

① 参见胡康生主编:《中华人民共和国物权法释义》,法律出版社 2007 年版,第 423 页。

② 参见郭明瑞主编:《中华人民共和国物权法释义》,中国法制出版社 2007 年版,第 361 页。

③ 参见高圣平:《民法典担保制度及其配套司法解释理解与适用》(上册),中国法制出版社 2021 年版,第 675 页。

④ 参见许明月:《抵押权制度研究》,法律出版社 1998 年版,第 288 页。

顺位的抵押权人。[1]

（三）抵押权顺位变更、抛弃的法律效果

《民法典》第409条第2款规定："债务人以自己的财产设定抵押，抵押权人放弃该抵押权、抵押权顺位或者变更抵押权的，其他担保人在抵押权人丧失优先受偿权益的范围内免除担保责任，但是其他担保人承诺仍然提供担保的除外。"该款确立了抵押权顺位变更、抛弃的法律效果。

第一，抵押权人放弃该抵押权、抵押权顺位或者变更抵押权的，必须要考虑其他担保人的利益。《民法典》第409条第2款所说的"其他担保人"是指提供物上担保的第三人或者保证债务中的保证人。就同一主债权可以设立多个担保，其中既包括物的担保，也包括人的担保，因而，其他担保人应当包括各类担保人。[2] 抵押权人放弃该抵押权、抵押权顺位或者变更抵押权的，都必须考虑到其他担保人的利益。

第二，必须区分是以债务人自己的财产设定的抵押，还是以第三人的财产设定的抵押。如果是以债务人自己的财产设定抵押，无论债务人所设立的抵押是担保全部债务还是部分债务，首先应当以债务人自己的财产实现此种抵押权。但如果是债务人以外的第三人提供担保，则抵押权人放弃该抵押权、抵押权顺位或者变更抵押权的，有可能导致第三人相应地被免除责任。[3] 如果债务人以自己的财产设定抵押，抵押权人应当先以该财产受偿，因为债务人是终局责任人，如此可以避免追索的费用。

第三，抵押权人放弃该抵押权、抵押权顺位或者变更抵押权的，则将导致其他担保人相应地被免责。根据《民法典》第409条第2款的规定，"其他担保人在抵押权人丧失优先受偿权益的范围内免除担保责任"。如何理解"抵押权人丧失优先受偿权益的范围内免除担保责任"？本书认为，抵押权人抛弃了债务人自己提供的抵押的，抵押权人在其抛弃的抵押权范围内丧失优先受偿权。例如，甲向银行乙借款1000万元，甲将自己的房产估价设定抵押担保800万元的债权，丙以其房产作抵押担保300万元的债务，丁作为保证人提供保证。如果乙抛弃了对甲的房产的抵押权，将会使自己丧失800万元的优先受偿的权益。因此，丙和丁仅就剩余的200万元债务承担担保责任。

---

[1] 参见高圣平：《民法典担保制度及其配套司法解释理解与适用》（上册），中国法制出版社2021年版，第675页。

[2] 参见姚红主编、全国人大常委会法制工作委员会民法室编著：《中华人民共和国物权法精解》，人民出版社2007年版，第341页。

[3] 参见姚红主编、全国人大常委会法制工作委员会民法室编著：《中华人民共和国物权法精解》，人民出版社2007年版，第341页。

第四,其他担保人承诺仍然提供担保的除外。如果其他担保人没有明确同意继续承担担保责任,就应当按照上述规则来处理。由此可见,该条款实际上是任意性规定,当事人可以通过意思表示排除其适用。《民法典》第409条第2款所规定的"承诺",既包括其他担保人与债权人之间达成的协议,也包括其他担保人单方的允诺。例如,数个担保人之间达成合意,即使抵押权人抛弃债务人自己财产上的抵押权,他们仍然要对全部债务承担担保责任。此时,抵押权人抛弃债务人财产上的抵押权,并不导致其他担保人责任的相应免除。

(四)抵押权顺位的转让

由于抵押权顺位本质上是财产权,所以,应当允许权利人转让抵押权的顺位。[①] 尽管我国《民法典》没有对抵押权顺位的转让作出规定,但是,因为《民法典》规定了抵押权顺位的协议变更,这实际上可以认为,《民法典》也承认抵押权顺位的转让。从法律上看,只要转让人和受让人达成合意,应当允许双方转让抵押权顺位。顺位的转让也应当属于变更的内容,如果当事人通过合意转让抵押权的顺位且不损害其他人的利益,就应当承认此种转让的效力。[②] 但抵押权顺位只能在先顺位抵押权人和后顺位抵押权人之间转让,在抵押权人和其他人之间是不可能发生抵押权顺位的转让的。

第七节　抵押权的实现

一、抵押权实现概述

所谓抵押权的实现,是指抵押物所担保的债权已届清偿期,而债务人未履行债务或者出现了当事人约定实现抵押权的情形,抵押权人可以行使抵押权,以抵押物的价值优先受偿。《民法典》第410条专门规定了抵押权的实现。抵押权设立的目的就在于,当债务人不清偿债务时,就抵押财产拍卖、变卖的价值优先受偿。抵押权的实现将使抵押权人设立抵押权的目的达到,并使主债权得以清偿。

抵押权的实现是以抵押权合法有效存在为前提的。抵押权的实现是抵押权人行使权利的表现,但它又不同于抵押权的行使。因为抵押权包含各项权能,抵押权人行使各项权能,都属于抵押权行使的范畴。抵押权的实现,只是抵押权人行使其优先受偿权的体现。

---

① 参见陈荣隆:《担保物权之新纪元与未来之展望》,载《台湾法学杂志》2007年4月号(第93期)。

② 参见郭明瑞:《物权法通义》,商务印书馆2019年版,第306页。

担保的现代化要求有效率地实现抵押权,我国民事立法按照这一要求,在抵押权实现方面提高了效率,表现在以下几方面:

第一,降低了抵押权实现的成本。现代担保物权制度发展的一个趋势就是降低担保物权的实现成本。我国《民事诉讼法》设置了担保物权实现程序,简化了担保物权的实现。《有关担保司法解释》第 45 条对此作出了进一步规定,即当事人之间没有实质性争议的,可以适用特别程序。

第二,扩大了当事人意思自治的空间。我国民事立法鼓励当事人可以在诉讼外执行,这就是说,如果当事人对抵押权的实现有特别约定,对拍卖、变卖有特别约定,则应当尊重当事人的约定,《有关担保司法解释》对此作出了特别规定,但其只是规定了拍卖、变卖,而没有约定折价。鼓励当事人通过约定实现抵押权,有利于降低抵押权实现的成本,实现物尽其用,但此种约定不得损害第三人利益。

第三,进一步完善了抵押权实现的程序。抵押权实现的顺位、协议实现抵押权时债权人的撤销权等,在当事人不能就实现抵押权达成协议时,抵押权人可以请求人民法院拍卖、变卖抵押财产。

在各种担保方式之中,抵押权被称为"担保之王",其在实现担保债权、促进融资和维护市场经济秩序方面,具有重要意义。但是,抵押权要发挥其作用,最终必须借助抵押权的实现。保障抵押权的顺利实现,有利于充分发挥抵押权的制度价值、保障抵押权人的权益。因此,抵押权的实现制度是抵押权制度中的关键部分,在整个担保物权制度中居于十分重要的地位。

二、抵押权实现的条件

依据《民法典》第 410 条的规定,债务人不履行到期债务或者发生当事人约定的实现抵押权的情形,抵押权人有权实现抵押权。据此,抵押权实现的条件应当包括如下四个。

(一)必须存在合法有效的抵押权

抵押权具有从属性,其实现以抵押权的合法存在为前提。如果主合同被宣告无效或被撤销,则抵押合同也应相应被宣告无效,抵押权自然不能有效成立,抵押权人也不得行使抵押权。如果当事人之间虽然订立了抵押合同,但并未进行登记,则应当区分不同情况分别看待:如果抵押权的设立采取登记要件主义,则抵押权在没有登记时尚未有效设立,自然不存在抵押权的实现问题;如果抵押权的设立采取登记对抗说,此时不应当影响抵押权的存在,只是抵押权的效力不能对抗善意第三人。

(二)债务人的债务已届清偿期或出现约定情形

一是如果主债权尚未到清偿期,债权人不能请求债务人履行债务,抵押权人当然不能实现抵押权。《民法典》第 410 条规定的“债务人不履行到期债务”,不包括在履行期限到来之前,债务人公开明确地表明其将要不履行债务。即使出现此种情况,抵押权人也不能实现抵押权。由于抵押权以保障主债权的实现为目的,在履行期限届满之前,主债权人不能主张债权,抵押权人不能行使抵押权。因而,必须首先确立债务人履行债务的期限,并据此进一步确定债务人是否到期未履行债务。在未约定履行期限或约定不明确的情况下,应当根据《民法典》第 511 条的规定,确定合同的履行期限。在履行期到来以后,债务人不履行债务时,抵押权人才能要求实现其抵押权。此外,如果主债权提前到期的,抵押权人可以提前于原定的债务期限届满前实现抵押权。例如,出现《民法典》第 408 条规定的情形,抵押人拒绝恢复抵押财产价值,又不增加担保的,则抵押权人有权请求提前行使抵押权。

二是发生当事人约定的实现抵押权的情形。例如,抵押权人与抵押人在抵押合同中约定,抵押人必须为抵押财产购买保险,否则抵押权人有权立即实现抵押权,这就是发生了约定的实现抵押权的情形。又如,双方可以在合同中约定,尽管主债务没有到期,但如果债务人已经破产或者出现了严重的支付不能的情形时,抵押权人也有权实现抵押权。增加此种抵押权实现的条件,有助于进一步充分实现当事人的意思自治,发挥当事人在抵押权实现过程中的主动性。但是,当事人约定的内容不能违反抵押权的基本特性。例如,当事人约定比主债权债务合同中违约条款更宽松的条件作为抵押权实现的约定事由,这就违反了抵押权的从属性。

(三)债务人不履行到期债务

债务人未履行债务包括债务人拒绝履行、迟延履行和不适当履行。当然,如果债务人根据主合同享有对债权人的抗辩权,则抵押人可以向抵押权人行使抗辩权,拒绝作出相应的履行。例如,债务人已履行了到期债务,或者虽未履行,但依照法律和合同的规定应免除责任的,则主债权人不得行使抵押权,否则,抵押人有权提出抗辩。如果债务不履行是由于债权人的原因造成的,如债权人无正当理由拒绝债务人的履行,则抵押权人也不能行使抵押权。

(四)抵押权人应当在抵押权的法定期限内行使抵押权

所谓抵押权的法定期限,是指法律直接规定的抵押权的存续期间,或者说是抵押权设立后至抵押权人可以实现抵押权时的法定期间。《民法典》第 419 条规定:“抵押权人应当在主债权诉讼时效期间行使抵押权;未行使的,人民法院不予保护。”如何理解“人民法院不予保护”?对此存在两种观点,一是抵押权消灭说。此种观点认为,主债权诉讼时效期间届满后，抵押权也将随之消灭，抵押人有权请求涂销抵押权登记。二是抗辩发生说。此种观点认为，主债权时效届满后，抵押权不消灭，而只是使抵押人享有了拒绝履行的抗辩权，作为从权利的抵押权，其实体权利不应消灭，抵押人不能请求涂销抵押权登记；如果抵押人自愿履行担保义务，抵押权人仍然可以接受，从而使其权利实现，抵押人自愿履行后又反悔的，也不受人民法院的保护。[①]

由于主债权已过诉讼时效，抵押权不再受人民法院保护，所以，抵押人实际上已经没有法律上的义务承担担保责任。因此，在抵押人不履行担保义务时，抵押权人向人民法院提起诉讼，不应受到法院的保护。从实践来看，由于抵押权的设定乃是给抵押人施加的一种负担，所以，抵押权的法定期间届满后，抵押人通常不愿意执行抵押财产，从这个意义上说，抵押权实际上已经归于消灭。[②]《有关担保司法解释》第 44 条第 1 款规定："主债权诉讼时效期间届满后，抵押权人主张行使抵押权的，人民法院不予支持；抵押人以主债权诉讼时效期间届满为由，主张不承担担保责任的，人民法院应予支持。主债权诉讼时效期间届满前，债权人仅对债务人提起诉讼，经人民法院判决或者调解后未在民事诉讼法规定的申请执行时效期间内对债务人申请强制执行，其向抵押人主张行使抵押权的，人民法院不予支持。"本书认为，该条规定实际上采取了抵押权消灭说，采取此种模式的主要理由在于：一方面，其有助于督促抵押权人积极行使权利。在主债权诉讼时效期间届满后，如果允许抵押权一直存续，可能会使抵押权人怠于行使抵押权，不利于发挥抵押财产的经济效用。[③] 按照抵押权消灭说，由于抵押权消灭，即使抵押人未提出抗辩，法院也应主动查明主债权的诉讼时效是否届满，这有助于进一步督促抵押权人积极行使抵押权。另一方面，有利于抵押财产的流通转让。如果采取抗辩发生说，在主债权诉讼时效届满后，抵押权仍然存在，则将影响抵押财产的顺利流转。显然，抵押权消灭说更有利于抵押财产的流通转让。

需要注意的是，主债权诉讼时效届满后抵押权消灭的观点同样可以参照适用于以登记作为公示方式的其他担保权利。《有关担保司法解释》第

---

① 参见胡康生主编：《中华人民共和国物权法释义》，法律出版社 2007 年版，第 441 页；杨明刚：《新物权法：担保物权适用解说与典型案例评析》，法律出版社 2007 年版，第 173 页；黄薇主编：《中华人民共和国民法典物权编释义》，法律出版社 2020 年版，第 811～813 页。

② 参见武亦文：《〈民法典〉第 410 条（抵押权的实现）评注》，载《法学家》2022 年第 3 期。

③ 参见黄薇主编：《中华人民共和国民法典解读：物权编 2》，中国法制出版社 2020 年版，第 677 页。

44 条第 3 款中规定，主债权诉讼时效期间届满的法律后果，以登记作为公示方式的权利质权，参照适用本条第 1 款的规定。[①] 但与以登记作为公示方式的担保权不同，以交付作为公示方式的担保权，如动产质权、留置权和以交付权利凭证作为公示方式的权利质权，《民法典》并未如同抵押权那样规定主债权诉讼时效届满后行使担保权的不予保护。

在主债权诉讼时效届满后，以交付作为公示方式的担保权应该如何处理，对此，《有关担保司法解释》第 44 条采取了不同于以登记作为公示方式的担保权的观点。[②] 该条第 2 款规定"主债权诉讼时效期间届满后，财产被留置的债务人或者对留置财产享有所有权的第三人请求债权人返还留置财产的，人民法院不予支持；债务人或者第三人请求拍卖、变卖留置财产并以所得价款清偿债务的，人民法院应予支持"。第 3 款后半句规定："动产质权、以交付权利凭证作为公示方式的权利质权，参照适用第二款的规定。"本书认为，此种规定具有合理性。一方面，与以登记作为公示方式的担保权不同，在以交付作为公示方式的担保权中，《民法典》规定了其他督促担保权人行使担保权的方式。例如，《民法典》第 437 条第 1 款规定："出质人可以请求质权人在债务履行期限届满后及时行使质权；质权人不行使的，出质人可以请求人民法院拍卖、变卖质押财产。"又如，《民法典》第 454 条也同样规定："债务人可以请求留置权人在债务履行期限届满后行使留置权；留置权人不行使的，债务人可以请求人民法院拍卖、变卖留置财产。"据此，当动产质权人不行使质权时，出质人有权请求质权人及时行使质权且可以请求质权人对因此造成的损害承担赔偿责任。另一方面，《民法典》对抵押权中主债权诉讼时效届满效果的规定，不是为了解决以交付或占有作为公示方式的质权和留置权，也不是为了解决因为主债权诉讼时效届满后出现的质权和留置权行使长期悬而未决可能带来的弊端。[③] 因此，既然《民法典》第 437 条、第 454 条的规定已经能够督促担保权人行使权利，则无须再通过使担保权消灭的方式实现督促权利行使的功能。

---

① 《全国法院民商事审判工作会议纪要》第 59 条第 2 款也同样规定："以登记作为公示方法的权利质权，参照适用前款规定。"

② 《有关担保司法解释》第 44 条第 2 款、第 3 款规定："主债权诉讼时效期间届满后，财产被留置的债务人或者对留置财产享有所有权的第三人请求债权人返还留置财产的，人民法院不予支持；债务人或者第三人请求拍卖、变卖留置财产并以所得价款清偿债务的，人民法院应予支持……动产质权、以交付权利凭证作为公示方式的权利质权，参照适用第二款的规定。"

③ 参见黄薇主编：《中华人民共和国民法典物权编释义》，法律出版社 2020 年版，第 813 页。

三、抵押权实现的方式

（一）协议实现抵押权

依据《民法典》第 410 条的规定，当事人可以就抵押权的实现达成协议，即协议实现抵押权。协议实现抵押权主要包括如下两种情况。

1. 协议折价，即双方协商确定抵押物的价格，折抵债务人所欠的债务。折价实际上是由双方协商订立折价合同，而不能由抵押权人单方面决定抵押物的价格。[①] 如果抵押权人单方面决定了某种价格以后，抵押人表示同意或未表示异议，可以根据具体情况认定双方达成了折价协议。以抵押财产折价，要求双方参照市场价格，将抵押物折抵所欠的债务。如果双方协商折价以后，抵押物的价值大于债务总额，抵押权人应当将多余的价值返还给抵押人；如果不足以清偿债务，债务人应当继续清偿，而抵押人不再承担担保责任。[②] 折价之后，抵押财产转归抵押权人所有，移转财产所有权依法应当办理登记的，当事人应当办理登记。如果不需要办理登记（如动产抵押），抵押人也必须交付抵押物。

折价协议不同于流押契约，两者的区别表现在：一方面，从时间上来看，流押契约是在债务履行期届满以前订立的，而折价协议是在债务履行期届满以后订立的，价格是事后由双方协商确定的。根据《民法典》的有关规定，由于流押契约系在抵押权实现以前签订，且存在损害债务人利益的可能，因而依法应被宣告无效。另一方面，从具体程序来看，流押契约根本不经过任何清算程序，使抵押财产直接归抵押权人所有；而折价协议在实践中往往还要经过估价清算等程序[③]，其最后折算的价格往往与市场价格差距不会过大，且抵押物的所有权必须在折价合同订立以后才能移转，因此，《民法典》第 410 条实际上承认了折价协议的效力。

2. 协议拍卖和变卖。除协议折价外，双方协商采用拍卖和变卖的方式实现抵押权。

一是协议拍卖。协议拍卖和变卖与请求法院拍卖、变卖不同，主要表现在：在协议拍卖、变卖的情况下，当事人不需要通过法院来实施换价行为，而是自行协议确定拍卖和变卖的方式。当事人选择的拍卖机构，可以是法院

---

① 参见崔建远：《物权法》（第 5 版），中国人民大学出版社 2021 年版，第 473 页。

② 参见高圣平：《民法典担保制度及其配套司法解释理解与适用》（下册），中国法制出版社 2021 年版，第 695 页。

③ 参见程啸：《担保物权》，载王利明等：《中国物权法教程》，人民法院出版社 2007 年版，第 339 页。

指定的机构,也可以是非法院指定的机构。依据我国《拍卖法》的规定,必须由具有拍卖资格的专门拍卖企业从事拍卖。

二是变卖。变卖是指将抵押物参照一定的市场价格对外出售。问题在于,法律是否应当允许当事人自行变卖?本书认为,既然《民法典》允许当事人通过协商来确定拍卖和变卖的方式,就可以由抵押人、抵押权人或者双方委托的第三人来进行变卖。变卖的方式可以由当事人选择。《民法典》第410条第3款规定:"抵押财产折价或者变卖的,应当参照市场价格。"所谓参照,是指双方在协商时应当考虑市场价格,不能过分偏离市场价格。因此,当事人在折价或变卖时,应当尽可能考虑市场价格,以保证价格确定中的公平,以免损害抵押人、其他抵押权人和其他债权人的利益。需要指出的是,此处所说的是"参照市场价格",并非指与市场价格完全保持一致。因为在订立折价协议或者变卖时,市场价格本身处于变动之中,且折价毕竟是双方之间的协议,而不是公开竞争,所以,不能要求约定或者折算价完全与市场价格相同。但约定的价格比市场价格明显过低的,其他债权人有权主张撤销。

根据《民法典》第410条的规定,如果当事人订立的实现抵押权的协议损害了其他债权人的利益,其他债权人则有权请求法院予以撤销,这就赋予了其他债权人以撤销权。此种撤销权的行使,必须符合如下要件:第一,撤销的对象是实现抵押权的协议。如果撤销权人要针对主债权或抵押合同本身进行撤销,则不属于该条的适用范围。第二,损害了其他债权人的利益。所谓遭受损害,是指因为抵押权人和抵押人以过分低于市场价格的价格折价,从而使其他债权人的债权不能实现或不能完全实现。《民法典》之所以赋予其他债权人撤销权,是因为在协议实现抵押权的情况下,抵押财产的价值是由抵押人和抵押权人来确定和控制的,如果抵押人和抵押权人在确定抵押财产的价格时充分考虑了市场价格,就不至于造成其他债权人的损害。所以,其他债权人不仅要举证证明市场的价格,而且还要证明协议的价格明显低于市场价格。第三,撤销权的行使必须通过诉讼的方式。也就是说,必须请求法院来宣告撤销,而不能通过一方意思表示来宣告撤销。第四,在法定期限内行使。该撤销权的行使期限应当适用《民法典》第541条对债权人撤销权行使期限的规定。撤销权的行使期限是除斥期间,不适用中止、中断等规定。在时间上,它从权利人知道或者应当知道其权利受到侵害时开始起算。①

---

① 参见黄薇主编:《中华人民共和国民法典物权编释义》,法律出版社2020年版,第795页。

如果抵押人和抵押权人没有就抵押权的实现达成协议，而抵押人或债务人对主合同的效力或抵押合同的效力提出异议，那么应当由抵押人或债务人另行提起诉讼，由法院对主合同和抵押合同的效力进行审理。例如，抵押人提出抵押财产是法律禁止抵押的财产，因此抵押合同应被宣告无效，抵押权不成立。问题在于，抵押权人在通过诉讼的方式实现抵押权之前，是否必须先与抵押人进行协商，就抵押权的实现达成协议？本书认为，抵押权人并不负有先与抵押人达成协议的义务，因为从《民法典》第410条规定来看，其只是规定抵押权人"可以"与抵押人就抵押权的实现达成协议，而没有要求当事人必须首先达成协议。同时，无论协议实现抵押权还是通过诉讼方式实现抵押权，都是抵押权的具体实现方式，抵押权人应当享有选择抵押权实现方式的自由，不宜要求抵押权人必须首先与抵押人达成协议。此外，在某些情形下，抵押权人通过诉讼方式实现抵押权，可能更有效率，也可以节省实现抵押权的成本。

（二）非讼实现抵押权

《民法典》第410条第2款规定："抵押权人与抵押人未就抵押权实现方式达成协议的，抵押权人可以请求人民法院拍卖、变卖抵押财产。"与该条相对应的程序依据，是《民事诉讼法》所规定的特别程序中的"实现担保物权案件"。由此可见，如果抵押权人与抵押人未就抵押权的实现达成协议，抵押权人可以请求法院实现抵押权。所谓未就抵押权实现方式达成协议，是指债务人不履行到期债务或者发生当事人约定的实现抵押权的情形时，抵押人和抵押权人之间没有达成有关抵押权实现的协议，此时抵押权人就可以直接请求法院实现抵押权。

请求法院实现担保物权只是请求法院拍卖、变卖抵押财产，并不是就主债权和抵押权提起诉讼，而是依据特别程序实现担保物权。《民事诉讼法》第207条规定了担保物权实现程序，依据该规定，"申请实现担保物权，由担保物权人以及其他有权请求实现担保物权的人依照民法典等法律，向担保财产所在地或者担保物权登记地基层人民法院提出"。但是以《民事诉讼法》规定的特别程序实现担保物权时，可能与担保合同中约定的争议解决方式产生冲突。对此，《有关担保司法解释》第45条第2款规定了发生冲突时的处理方式。依据该款规定，一方当事人依照《民事诉讼法》有关"实现担保物权案件"的规定，申请拍卖、变卖担保财产，但是被申请人以担保合同约定仲裁条款为由主张驳回申请时，应当区分以下不同情形分别确定能否适用担保物权实现程序：

第一，当事人对担保物权无实质性争议且实现担保物权条件已经成就的，应当裁定准许拍卖、变卖担保财产。所谓实质性争议，是指决定担保物权是否设立以及主债权的范围等争议，如担保物权是否有效设立、担保哪些范围、是否消灭等。所谓实现担保物权条件已经成就，是指债务人未履行到期债务，或者发生当事人约定的实现担保物权的情形。在无实质性争议的情形下，抵押权人可以直接请求法院强制执行，而不需要对主债权债务合同和抵押合同进行审理。如果抵押人对法院强制执行抵押标的物有异议，可以针对主债权和抵押合同提起诉讼，一旦该诉讼被法院受理，则针对抵押物的执行程序就应当裁定中止。这可以保证实质上的公平，保障抵押人的利益。

第二，当事人对实现担保物权有部分实质性争议的，可以就无争议的部分裁定准许拍卖、变卖担保财产，并告知可以就有争议的部分申请仲裁。也就是说，即便当事人就担保物权存在实质性争议，但对无争议的部分，当事人仍然可以单独实现其担保物权。例如，当事人就抵押财产的范围存在争议，对于当事人不存在争议的抵押财产，抵押权人仍然可以就该财产实现抵押权。[①]

第三，当事人对实现担保物权有实质性争议的，人民法院应当裁定驳回申请，并告知可以向仲裁机构申请仲裁。

法院具体实现担保物权有拍卖、变卖两种方式：拍卖是指以公开竞价的形式，将特定物品或者财产权利转让给最高应价者的买卖方式。[②] 本书认为，所谓变卖是指以非公开竞价的方式通过协商订立买卖合同出卖抵押物。变卖是与拍卖不同的概念，它是指由法院在市场上向第三人转让抵押物。法院实施的变卖与当事人协议变卖是有区别的，主要表现在：前者是由法院委托第三人变卖。后者一般要在公开市场上，向不特定的多数人出卖，变卖以后，买受人取得标的物所有权，变卖的费用应当由抵押人承担。

（三）诉讼实现抵押权

虽然《民法典》第 410 条并没有规定抵押权的诉讼实现方式，但是依据《民事诉讼法》第 2 条的规定，当事人之间就抵押权产生争议的，自然可以提起民事诉讼。通常情形下，当事人选择诉讼程序实现担保物权，是因为当事人之间就主债权或抵押权存在实体上的争议，因此有必要承认抵押权的诉

---

① 参见高圣平：《担保法前沿问题与判解研究》（第 5 卷），人民法院出版社 2021 年版，第 313 ~ 318 页。

② 参见《拍卖法》第 3 条。

讼实现方式。[①] 在通过普通民事诉讼程序实现担保物权时,法院需要对实体的权利义务关系进行确认后,才能够实现担保物权。适用该程序,法院需要介入实体权利义务关系的审理,并以此作为最终实现担保物权的前提。

《有关担保司法解释》第 45 条第 3 款规定:"债权人以诉讼方式行使担保物权的,应当以债务人和担保人作为共同被告。"以债务人和担保人作为共同被告有助于查明担保物权所担保的主债权的范围和数额,由此确定债权人就担保财产优先受偿的范围。

(四)庭外实现抵押权

《有关担保司法解释》第 45 条第 1 款规定:"当事人约定当债务人不履行到期债务或者发生当事人约定的实现担保物权的情形,担保物权人有权将担保财产自行拍卖、变卖并就所得的价款优先受偿的,该约定有效。因担保人的原因导致担保物权人无法自行对担保财产进行拍卖、变卖,担保物权人请求担保人承担因此增加的费用的,人民法院应予支持。"据此,庭外实现抵押权需要具备四个要件:第一,必须当事人之间存在明确约定,允许担保物权人在符合担保物权实现的条件下自行实现担保物权,这就体现了当事人在实现担保物权方面的意思自治,可以提高担保物权实现效率、优化营商环境。当事人关于庭外实现的约定不必以"庭外实现"的表述为必要,只要明确抵押权人有权自行就抵押财产变价即可。例如,当事人约定,抵押权人有权自行实现抵押权。第二,必须符合担保物权的实现条件,庭外实现抵押权尽管带有一定程度的私力救济特点,但其也应当符合抵押权的实现条件,在抵押权的实现条件成就之前,当事人仍然不能自行拍卖、变卖。第三,自行拍卖、变卖应当符合拍卖、变卖的相关规则,例如,拍卖必须符合《拍卖法》的相关规定,满足拍卖的程序要求,变卖必须具备商业上的合理性。[②] 第四,自行拍卖、变卖应当得到担保人的配合,尤其是在担保财产不是由担保物权人占有的情形下,担保人应负有协作配合的义务。[③] 否则,担保物权人只能以不违反公序良俗的方法占有担保财产,或请求法院使其占有担保财产。

应当指出,《有关担保司法解释》的上述规定与《民法典》第 410 条所规定的抵押权的协议实现方式仍存在区别。一方面,《民法典》第 410 条所认可的协议实现方式,仅能在抵押权的实现条件成就后达成;而依据司法解释

---

① 参见高圣平:《担保法前沿问题与判解研究——最高人民法院新担保制度司法解释条文释评》(第 5 卷),人民法院出版社 2021 年版,第 318 页。

② 参见高圣平:《民法典担保制度体系研究》,中国人民大学出版社 2023 年版,第 555 ~ 556 页。

③ 参见麻锦亮编著:《民法典担保注释书》,中国民主法制出版社 2023 年版,第 715 页。

的上述规定，当事人所达成的实现抵押权协议的时间并不当然在抵押权实现条件成就后，这更有利于尊重当事人的私法自治。另一方面，就协议的内容而言，《民法典》第 410 条规定当事人可以约定就抵押财产进行变价；而司法解释的上述规定允许当事人约定担保物权人将担保财产自行拍卖、变卖，并依法优先受偿。①

四、抵押权人的优先受偿权

所谓优先受偿，是指抵押权人可以就抵押财产卖得的价金优先分配，而不必与普通债权人或后位抵押权人按债权比例分配该抵押财产的价金。②抵押权在性质上是价值权，抵押权所支配的对象就是抵押物拍卖、变卖等之后的交换价值。从抵押财产变价的价款中优先受偿是抵押权设立的目的，也是抵押权作为“担保之王”能够用来担保债权的原因所在。③

抵押权人的优先受偿权，包括对外优先和对内优先两个方面：从对外优先来看，抵押权人可以优先于普通债权人而受偿。此种权利体现在破产法中就是别除权。从对内优先来看，是指如果同一财产之上设立了多个抵押，在先顺位的抵押权可以优先于在后顺位的抵押权。《民法典》明确承认抵押权是物权，因而其对外优先的效力不必规定，但是，对内优先涉及抵押权之间的冲突，为了解决抵押权之间的冲突，保障抵押权的实现，《民法典》第 414 条规定了抵押权对内优先实现的规则。这就是以登记为中心，确立多重抵押权的实现顺位。具体而言，抵押权已登记的，按照登记的先后顺序清偿；抵押权已登记的优先于未登记的受偿。抵押权未登记的，按照债权比例清偿。

五、抵押权实现的其他问题

（一）抵押财产不足以清偿债务时的情况

《民法典》第 413 条规定：“抵押财产折价或者拍卖、变卖后，其价款超过债权数额的部分归抵押人所有，不足部分由债务人清偿。”如果抵押人是债务人以外的第三人，剩余财产应当返还给第三人，而不能将该财产返还给债务人，因为抵押财产是第三人的财产。如果债务人自己提供抵押财产，且抵押财产不足以清偿债务，债务人应当以自己的责任财产来补充。因为抵押人只是为债务人的特定债务负担担保责任。如果抵押财产不足以清偿债

① 参见高圣平：《民法典担保制度体系研究》，中国人民大学出版社 2023 年版，第 555 页。

② 参见谢在全：《民法物权论》（中册），中国政法大学出版社 2011 年版，第 624～625 页。

③ 参见王利明主编：《民法》（上册）（第 8 版），中国人民大学出版社 2020 年版，第 472 页。

务,应当由债务人承担继续清偿的责任,而不能由第三人作为抵押人承担继续清偿责任。[①]

(二)抵押后的新增财产

《民法典》第417条规定:“建设用地使用权抵押后,该土地上新增的建筑物不属于抵押财产。该建设用地使用权实现抵押权时,应当将该土地上新增的建筑物与建设用地使用权一并处分。但是,新增建筑物所得的价款,抵押权人无权优先受偿。”新增财产之所以不属于抵押财产,是因为建设用地使用权抵押时,建筑物尚未建造,所以抵押后新增的建筑物不应包括在抵押财产的范围之内,这也是符合当事人的意思的。但是,根据《民法典》所确立的“房随地走”“地随房走”的原则,在实现抵押权时,应当一并处分。所谓一并处分,就是指将建设用地使用权和新增建筑物一并转让,而不能分别转让给不同的民事主体。但是,在优先受偿时,抵押权人不能就新增建筑物的价值优先受偿。[②]

(三)集体所有土地使用权的抵押

《民法典》第418条规定:“以集体所有土地的使用权依法抵押的,实现抵押权后,未经法定程序,不得改变土地所有权的性质和土地用途。”该条规定包括以下内容:第一,以可以抵押的集体所有土地的使用权设定抵押的,按照“房随地走”“地随房走”的原则,土地上的厂房等建筑物不能单独抵押,必须与建筑物占用范围内的集体土地使用权一并抵押。以乡镇、村企业的厂房等建筑物抵押,导致了在该建筑物占用范围内的建设用地使用权的抵押。允许厂房等建筑物附带建设用地使用权一并抵押,这是符合我国《民法典》确立的“房地一并处分”规则的。第二,在实现抵押权时,不得改变土地所有权的性质和土地用途。事实上,集体所有土地的使用权移转,原本不涉及土地所有权,法律作出此种规定旨在防止以抵押为名导致土地所有权的移转。例如,根据原规划,设立的乡镇企业建设用地使用权用于工业用途,在抵押权实现之后,其用途不得改变为商业、旅游等其他用途。另外,在实现抵押权之后,抵押财产的受让人不能改变土地的用途,这既是保护耕地政策的要求,也是物权法定原则的要求。[③]

---

① 参见黄薇主编:《中华人民共和国民法典物权编释义》,法律出版社2020年版,第800页。

② 参见黄薇主编:《中华人民共和国民法典物权编释义》,法律出版社2020年版,第810页。

③ 参见黄薇主编:《中华人民共和国民法典物权编释义》,法律出版社2020年版,第810页。

第八节　动产抵押

一、动产抵押概述

（一）动产抵押的概念和特征

所谓动产抵押，是指以动产作为标的的抵押。现代社会，动产抵押已经成为一种重要的担保方式，为不少国家物权法所承认。产生此种现象的主要原因在于：虽然不动产的价值较高，不易贬值，也比较容易公示，但随着担保的发展，动产抵押和其他以动产作担保的形式越来越多，作用越来越突出。从各国的发展趋势来看，抵押物的范围也在不断地扩大，动产抵押成为一种新的发展趋势。当代担保物权发展的重心在于动产担保，从各国的立法例和国际公约来看，动产抵押越来越受到世界各国的广泛认同。①

我国《民法典》借鉴了发达国家的立法经验，规定了动产抵押制度。在《民法典》中，动产抵押具体体现为普通动产抵押和动产浮动抵押两项制度。此处所说的动产抵押，是指普通动产抵押。就普通动产抵押而言，《民法典》规定了如下几种财产可以设立动产抵押：一是《民法典》第 395 条第 1 款第 4 项规定，生产设备、原材料、半成品、产品可以抵押。二是《民法典》第 395 条第 1 款第 5 项规定，正在建造的建筑物、船舶、航空器可以抵押。三是《民法典》第 395 条第 1 款第 6 项规定，交通运输工具可以抵押。四是《民法典》第 395 条第 1 款第 7 项规定，法律、行政法规未禁止抵押的其他财产可以抵押。动产抵押的特点在于：

第一，抵押的客体是动产。一方面，动产抵押原则上只能适用于有体动产，而不包括无形财产。虽然《民法典》第 446 条规定权利质押也可以适用动产质押的规定，但这只是一个准用性规定，即在法律对权利质押没有作出特别规定的时候，准用法律关于动产质押的规定，而不是说动产包括了权利，动产抵押也不应包括权利质押，动产应只限于有体动产。另一方面，普通动产抵押不是以集合的动产来抵押，而是以单个的动产来抵押，或者以多个独立的动产来抵押。当然，并非所有的动产都可以成为抵押的客体，除法律禁止抵押的动产之外，比较法上，一些国家规定，一些与个人生产、生活密切相关的动产，属于个人生活的必需品，如个人专业书籍、家庭生活必需品，这些财产本来不具有可强制执行性，因而不能成为抵押的客体。该规定值

---

① 参见高圣平：《动产担保交易制度比较研究》，中国人民大学出版社 2008 年版，第 17 ~ 68 页。

得借鉴。

第二，不移转动产的占有。动产抵押不以移转动产的占有为要件。从法律上看，动产抵押的最大特点在于抵押人可以在继续保留对其动产占有的情形下，将该动产用于担保。[①] 在动产抵押中，一方面，抵押人以该动产的交换价值作担保，因此可以取得信用、获得融资；另一方面，所有人仍可以继续占有、使用该动产，从而能够充分发挥这些动产的价值。因此，在现代市场经济社会中，动产抵押的作用日益突出。[②]

第三，适用登记对抗主义。《民法典》第 403 条规定："以动产抵押的，抵押权自抵押合同生效时设立；未经登记，不得对抗善意第三人。"因此，对动产抵押而言，是否办理登记，法律上并没有强制性的要求。这主要是因为，动产抵押因其自身的特点，很难像不动产那样通过登记来描述特征。因而，法律上不宜强行要求办理登记。即使没有办理登记，抵押权人也可以取得物权，只不过因没有办理登记，不能对抗善意第三人。[③] 需要指出的是，尽管动产抵押采登记对抗主义，但与一般采用登记对抗主义设立物权的情况不同，动产抵押人设立抵押权，并不需要交付。《民法典》第 208 条规定，"动产物权的设立和转让，应当依照法律规定交付"。因而，除法律特别规定发生物权变动不需要实际交付的情况之外，原则上所有动产物权的变动都应当交付。但动产抵押的性质决定了它不适用交付的规则，否则就与动产质押无异。

第四，基于生效的抵押合同而设立。不动产抵押权的设立，只要通过法律行为的方式，都采登记要件主义，不动产抵押权自登记时起设立。根据《民法典》第 403 条的规定，动产抵押权"自抵押合同生效时设立"。由此可见，动产抵押是基于抵押合同而设立的，而非基于登记而设立。这也决定了即使没有办理登记，未经登记的抵押权也可以成立，只不过，在实现抵押权时，已登记的应当优先于未登记的受偿，如果出现了数个未登记的抵押权，应当按照债权比例来清偿。

由于动产抵押可以不经过登记而设立，因而，在设立动产抵押之后，如果抵押人将已经设立抵押的财产转让给第三人，此时如果抵押权人未取得登记，便不能对抗善意第三人。如果第三人在交易时不知道或不应当知道

---

① 参见柯勇敏：《〈民法典〉第 394 条（抵押权的定义）评注》，载《南京大学学报（哲学、人文科学、社会科学）》2023 年第 2 期。

② 参见黄薇主编：《中华人民共和国民法典物权编释义》，法律出版社 2020 年版，第 765 页。

③ 参见陈华彬：《物权法论》，中国政法大学出版社 2018 年版，第 532 页。

该动产已经设定了抵押,则其可以取得无抵押权负担的动产。

(二)动产抵押登记的效力

传统民法之所以否定动产抵押,是因为动产抵押缺乏与之相对应的公示方法,特别是动产因其固有的流动性等特点,很难登记,难以公示。一方面,动产大多具有种类物的特点,在交易中可以互相替代,且由于动产流动性大,因此登记记载的动产可以被同种类的动产替代。另一方面,动产常常能被大批量地生产,因此很难描述其特征,正是因为这一原因,动产很难实行登记。既然动产抵押是抵押的一种类型,那么也应该适用抵押的公示方法,只不过,不能采取一般抵押设定的登记要件主义。

1. 动产抵押未经登记不得对抗善意第三人

《民法典》第 403 条规定:“以动产抵押的,抵押权自抵押合同生效时设立;未经登记,不得对抗善意第三人。”该条确认动产抵押采取登记对抗主义。采用登记对抗模式,一方面,是因为动产的特性决定了它难以像不动产那样准确登记,且动产常常随同其所有权人不断移动,因此,难以确定登记地。另一方面,我国有关的特别法(如《海商法》等)对船舶、航空器也是采取登记对抗主义,这种做法也符合国际惯例,尤其应当看到,登记对抗模式赋予了当事人一定的意思自由,也有利于交易的便捷。①

从《民法典》第 403 条规定来看,其仅适用于动产抵押,但是严格来说,《民法典》中关于担保的登记对抗主义模式并不局限于动产抵押,还适用于所有权保留买卖、融资租赁等,因此已经扩大适用到动产担保。例如,《民法典》第 641 条第 2 款规定:“出卖人对标的物保留的所有权,未经登记,不得对抗善意第三人。”又如,《民法典》第 745 条规定:“出租人对租赁物享有的所有权,未经登记,不得对抗善意第三人。”由此可见,登记对抗主义是动产担保物权设立的一般规则。

如何理解动产担保的登记对抗主义呢?本书认为,可以从如下几方面理解:

第一,登记对抗主义是与登记要件主义相对应的,登记对抗模式意味着动产担保是否办理登记完全由当事人自由选择,法律上并没有设置一个强制性的规范,要求必须办理登记,至于是否选择办理登记,取决于当事人的自主意愿。② 而从效力上讲,登记对抗强调的是如果没有办理登记,就不得

---

① 参见王闯:《动产抵押论纲》,载《法制与社会发展》1995 年第 1 期。

② 参见王胜明主编、全国人大常委会法制工作委员会民法室编著:《中华人民共和国物权法解读》,中国法制出版社 2007 年版,第 406 页。

对抗善意的第三人。反过来解释,如果该动产担保办理了登记公示,其对世性更强,即可以对抗善意第三人。

第二,动产抵押采债权意思主义的物权变动模式。动产抵押权的设立并不需要践行法定的公示方式,即登记并非动产抵押权设立的条件,动产抵押权自抵押合同生效时设立。这就是说,只要当事人订立的抵押合同生效,即使没有办理登记,抵押权也可以有效设立。[①] 这也意味着,动产抵押合同的生效,不仅发生债的效力,而且发生设立抵押权的效力。[②]

第三,如果没有办理登记,不得对抗善意受让人。所谓善意,是指不知情,即不知道或不应当知道某项财产已设定抵押,且无重大过失。[③] 在交易中,如果受害人不知道或不应当知道某项财产已设定抵押而仍与转让人订立买卖合同,甚至办理了登记手续,转让人不得对抗受让人。

第四,不得对抗善意第三人。如果第三人不知道或不应当知道某项财产已设定抵押而仍与抵押人订立买卖合同,且无重大过失,则属于善意,抵押权人不得对抗善意第三人。例如,如果动产抵押权没有经过登记,抵押人将抵押财产出租给第三人,在权利实现发生冲突时,就要看第三人是善意还是恶意,如果第三人明知租赁物上存在抵押权,那么抵押权人可以优先于该承租人实现自己的担保物权。但如果第三人是善意,则不能对抗。

2. 未办理登记的动产抵押的效力

在动产抵押中,抵押合同是抵押权产生的基础,由于动产抵押权的设立并不要求必须登记,所以,动产抵押合同生效后,该抵押权即设立。《有关担保司法解释》第 54 条规定:动产抵押合同订立后未办理抵押登记,动产抵押权的效力按照下列情形分别处理。

第一,未办理抵押登记,动产抵押权已设立,但抵押人转让抵押财产,如果受让人不知道或者不应当知道已经订立抵押合同,按照《民法典》第 403 条的规定,此时受让人属于登记对抗主义下的善意第三人,因而抵押权不具有追及效力。但是如果抵押权人能够举证证明受让人具有恶意,即受让人知道或者应当知道已经订立抵押合同的,则此时抵押权仍然具有追及效力,抵押权人可以实现担保物权。[④] 如果符合正常经营买受人规则,也可以基于

---

① 参见高圣平:《民法典担保制度及其配套司法解释理解与适用》(下册),中国法制出版社 2021 年版,第 552 页。

② 参见谢在全:《民法物权论》(中册),中国政法大学出版社 2011 年版,第 933 页。

③ 参见龙俊:《动产抵押对抗规则研究》,载《法学家》2016 年第 3 期。

④ 参见程啸、高圣平、谢鸿飞:《最高人民法院新担保司法解释理解与适用》,法律出版社 2021 年版,第 340 页。

这一规则而排除抵押权的追及效力。如果不符合正常经营买受人规则，也可以适用善意取得规则。

第二，未登记的动产抵押权不得对抗善意的承租人。抵押人将抵押财产出租给他人并移转占有，抵押权人行使抵押权的，在确定未登记的动产抵押权能否对抗租赁权时，首先应当确定是先租后抵还是先抵后租。如果是先租后抵，且承租人已经占有租赁物，则依据《民法典》第 405 条的规定，租赁关系不受抵押权的影响。如果是先抵后租，则又要区分承租人是善意还是恶意两种情形，依据上述司法解释的规定，如果承租人是恶意的，则抵押权人的权利可以对抗承租人的权利；如果承租人是善意的，则未登记的动产抵押权不得对抗善意的承租人，租赁关系不受影响。[①]

第三，未登记的动产抵押权不得对抗查封、扣押债权人。依据《有关担保司法解释》第 54 条的规定，抵押人的其他债权人向人民法院申请保全或者执行抵押财产，人民法院已经作出财产保全裁定或者采取执行措施，抵押权人不得主张对抵押财产优先受偿。在人民法院已经作出保全裁定或者执行抵押财产的情况下，其他债权人实际上也是善意的，既然公权力机关已经作出了保全裁定或者采取执行措施，那么抵押权人不得主张优先受偿，因此该抵押财产仍然可以执行。[②]

第四，未办理登记，抵押人破产，不能行使别除权。如果动产抵押已经办理登记，抵押权人在破产时享有别除权；但如果动产抵押不办理登记，需要承担不办理登记的相应风险，即不得对抗善意第三人，也不能将该抵押财产从破产财产中别除出来。在抵押人破产的情形下，抵押权人不得主张对该抵押财产优先受偿。破产程序是法律的特别规定，即未经登记的动产抵押权不得对抗其他破产债权人。

二、动产抵押不得对抗正常经营买受人

（一）概念和适用范围

所谓正常经营买受人（buyer in ordinary course of business），是指与出卖人在正常经营活动中进行交易，买入相关商品的主体。[③]《民法典》第 404

---

① 参见高圣平：《民法典担保制度及其配套司法解释理解与适用》（下册），中国法制出版社 2021 年版，第 581 页。

② 参见高圣平：《民法典担保制度及其配套司法解释理解与适用》（下册），中国法制出版社 2021 年版，第 583 页。

③ See Robert H. Skilton, *Buyer in Ordinary Course of Business under Article 9 of the Uniform Commercial Code (and Related Matters)*, 1974 Wis. L. Rev. 1 (1974).

条规定:“以动产抵押的,不得对抗正常经营活动中已经支付合理价款并取得抵押财产的买受人。”依据该规定,正常经营买受人可以对抗动产抵押中的抵押权人。也就是说,即便该动产抵押权已经办理了登记,正常经营买受人的权利也不受该抵押权的限制。例如,甲为某家电销售企业,其将某存货抵押给某银行,并已经办理了抵押登记,但甲后来将其存货中的部分产品如电视机、冰箱等对外销售,消费者乙购买了两台彩电,在购买时并没有查询登记,后来某银行主张该彩电已经设立了抵押,要求追及行使抵押权。依据《民法典》的上述规定,按照正常经营买受人规则,该银行不得向乙追及行使抵押权。

《民法典》第 404 条规定正常经营买受人规则的原因在于:一方面,正常经营买受人规则有利于降低交易相对人的查询成本,维护交易安全和便捷。《民法典》不仅规定现有的生产设备、原材料、半成品、产品等存货可以抵押,还规定将有的存货也可以设定浮动抵押,这意味着几乎所有的动产都可能成为抵押财产。如果不规定正常经营买受人规则,则动产的买受人都要负有查询登记的义务,从而既增加了交易成本,也不利于保护交易相对人的合理信赖。另一方面,该制度有利于保护正常经营中的消费者,实质就是豁免消费者的登记查询义务。如果消费者购买的货物已经设定了抵押,但尚未办理登记,消费者可能并不知情,此时可以适用《民法典》第 403 条的规定对抗抵押权人。但是,如果该抵押已经办理了登记,此时如何对消费者予以保护?消费者在从事正常的消费活动中,不可能逐一查询商品上是否存有抵押权,否则将极大地降低交易效率提升交易成本。此外,该规则也有利于保护交易中的合理信赖,符合交易习惯。[①] 正常经营中的买受人已信赖在正常经营活动中的经营人对于交易标的物享有完整的所有权,正常经营买受人规则有助于保护此种交易上的信赖,尤其是考虑到买受人很多情况下可能是消费者,购买的也多是日常商品,规定正常经营买受人规则有利于保护消费者,使其能够取得完整的所有权。

我国原《物权法》第 189 条第 2 款将正常经营买受人规则仅适用于浮动抵押的情形,但是《民法典》第 404 条将其扩张于所有的动产抵押,此时可以突破《民法典》第 406 条的抵押物的追及效力规则。《有关担保司法解释》第 56 条进一步扩张至所有可以登记的动产担保,包括融资租赁、所有权保留等,这就进一步扩大了正常经营买受人规则的适用范围。

---

① 参见庄加园:《探析抵押动产的正常经营买受人规则》,载《法学》2023 年第 1 期。

（二）正常经营买受人的构成要件

正常经营买受人应当具备如下条件：

第一，与从事正常经营活动的出卖人从事交易。"正常经营活动"是指作为担保人的出卖人的正常经营活动，而非买受人的正常经营活动。《有关担保司法解释》第56条第2款明确规定："前款所称出卖人正常经营活动，是指出卖人的经营活动属于其营业执照明确记载的经营范围，且出卖人持续销售同类商品。前款所称担保物权人，是指已经办理登记的抵押权人、所有权保留买卖的出卖人、融资租赁合同的出租人。"这一规定包括如下内容：一是出卖人从事的交易必须是其正常经营活动。此处所说的正常经营活动应当是指出卖人的正常经营活动，而非买受人的经营活动。按照上述司法解释的规定，该经营活动应当是出卖人的营业执照所记载的经营内容，家用电器销售商从事销售电器的活动，即属于其正常经营活动，但如果其从事销售汽车或者生产设备的活动，则不属于其正常经营活动。[①] 此外，正常经营活动，应当是指各种合法的交易行为，违法的交易行为不属于此处所说的正常经营活动。二是出卖人须以出卖该产品为业。正是因为出卖人以此为业，所以出卖人必须进行持续性地销售同类商品，这也决定了正常经营买受人规则主要是适用于存货的买卖，而非生产设备的买卖。三是必须是从事买卖交易，而非从事租赁、保理等活动。因为该条规定的只是买受人，显然不包括抵押权人、留置权人等非买卖活动中的当事人。如果是从事租赁、融资租赁交易，则无法适用正常经营买受人规则。

第二，必须是支付了合理的价款。如果买受人仅仅与抵押人订立了买卖合同，但是尚未支付价款或者支付了极少的价款，在此情形下，就没有保护这些买受人的必要。[②] 法律设立此种要件的主要目的在于，防止抵押人与他人合谋欺诈抵押权人。[③] 如果仅有合同，而没有支付价款，不能认为其取得了可以对抗抵押权人的权利，否则将产生道德风险。如何理解支付了合理价款？一是价款必须合理。此处所说的合理，应当与善意取得中的合理价款作同种解释，与标的物的价值大致相当。二是价款必须已经实际支付，即买受人应当将购买标的物的价款交付给抵押人。

第三，买受人已经取得抵押财产的所有权。此处所说的取得，主要是指

① 参见高圣平：《民法典担保制度及其配套司法解释理解与适用》（下册），中国法制出版社2021年版，第603页。

② 参见梅夏英、高圣平：《物权法教程》，中国人民大学出版社2007年版，第436页。

③ 参见程啸：《担保物权研究》，中国人民大学出版社2017年版，第545页。

取得标的物的所有权。如果买受人没有取得抵押财产的所有权,性质上仍然属于债权人,因此不可能获得对抗抵押权人的地位。而只有在买受人取得所有权后,才有可能获得对抗抵押权人的地位。动产物权的变动以交付作为公示方法,此处所谓的交付既包括现实交付,也包括简易交付,应无异议。对于以指示交付等方式进行交付的,虽然买受人已经取得了所有权,但是并未获得标的物的占有,此时是否可以对抗抵押权人,存在争议。本书认为,买受人必须已经取得了抵押财产,即抵押人已经将抵押财产交付给了买受人。至于占有改定,因其缺乏公示的外观,不属于此处所谓的交付的范畴。

(三)正常经营活动买受人的排除

根据《有关担保司法解释》第56条第1款的规定,以下五种情形不属于正常经营活动,因而不适用正常经营买受人规则。

第一,购买商品的数量明显超过一般买受人。正常经营活动本身就排除了异常交易。通常情形下,如果买受人购买的商品数量明显超过一般买受人,则可以认为其已经具有异常性。正常经营买受人规则的制度目的是保护消费者,豁免其查询登记的义务,如果买受人购买的数量明显超过一般买受人的真实需求,则已经超出了消费者的范畴,显然不应当受到正常经营买受人规则的保护。

第二,购买出卖人的生产设备。因为正常经营买受人规则主要适用于存货买卖,生产设备通常情况下不属于存货的范畴。由于正常经营买受人规则调整的是出卖人的正常经营活动,而生产设备是出卖人从事生产经营活动的必要条件,其不能将出卖生产设备作为日常经营活动,因此,应当将出卖人出卖其生产设备的活动排除在正常经营活动之外。当然,如果出卖人本身就是生产设备的制造商,则出卖生产设备就是其正常经营,此时的生产设备就属于存货,不适用该项规定。

第三,订立买卖合同的目的在于担保出卖人或者第三人履行债务。在这种情况下当事人订立此种合同的目的在于担保出卖人或者第三人履行债务,而非转让所有权;同时,买受人也不是为了购买货物商品来进行消费,此时也应当认为超出了正常经营买受人的范畴。按照《民法典》的上述规定,正常经营买受人规则中,买受人与出卖人交易是为了取得标的物的所有权,而买卖型担保中,买受人实际上是以取得担保为目的,因此买受人并不是正常经营买受人规则中的买受人。

第四,买受人与出卖人存在直接或者间接的控制关系,这实际上涉及关联交易的问题。例如,母公司购买子公司产品,如果此种交易也能产生对抗第三人的效力，则可能损害其他担保权人的利益。如果存在直接和间接的控制关系，实际上有可能损害出卖人的利益，因此此类买受人也已经超出了正常经营买受人的范畴。

第五，买受人应当查询抵押登记而未查询的其他情形。正常经营买受人规则旨在降低正常经营活动买受人的查询成本，但如果存在买受人应当查询抵押登记而未查询的其他情形，也应当排除。因为正常经营活动的范围十分宽泛，实践中会出现各种基于交易安全和保护消费者权益考量是否应当豁免查询义务的情形，法院应当根据具体情形判断是否适用正常经营买受人规则免除买受人的查询义务。这一规则主要是起到兜底作用，以应对未来各种新类型交易的情形。但是，在适用该条时，对于应当查询的买受人应当进行严格解释，否则将架空动产担保登记的制度目的。

在实践中，正常经营买受人规则与《民法典》第 414 条所规定的多个抵押优先顺位规则之间也会发生一定的冲突。由于第 414 条可以普遍适用于各种财产的多个抵押的现象，在动产抵押的情形下，二者也可能发生冲突。例如，以同一批存货设置多种抵押，并且都已办理了登记，后该存货被出售给消费者，消费者支付了对价，并且该物已经交付，在交易之前已经设定的抵押权能否优先于买受人？换言之，设定在先的抵押权能否向买受人行使追及权？本书认为，抵押权人的权利不能优先于买受人的权利，因为从《民法典》第 404 条的规定来看，只要是动产抵押的，无论是否办理登记，都不得对抗正常经营活动中的买受人的权利。

第九节　动产浮动抵押

一、动产浮动抵押的概念

所谓浮动抵押，也称浮动担保，是指以其现有或者第三人的财产设定担保；在担保设定以后，债务人仍然有权继续处置其财产，但在特定的事项发生时，担保财产将予以确定（结晶）[①]，债权人仅能就此范围内的财产优先受偿。[②] 浮动抵押起源于英国法。从比较法上来看，浮动抵押存在两种模式：一是英式浮动抵押；二是美式浮动抵押。两者的主要区别在于，是否采用登记对抗模式，确定浮动抵押与固定抵押的顺位。按照英式浮动抵押，在“结

---

① “结晶”（crystallization）一词是英美法的概念，是指出现法定或约定的事由以后，将浮动担保的财产予以确定化。

② 参见王闯：《规则冲突与制度创新（上）——以物权法与担保法及其解释的比较为中心而展开》，载《人民法院报》2007 年 6 月 20 日，第 6 版。

晶"之前，任何特定物的买受人或者担保物权人，其权利均优先于浮动抵押权人，因此，固定抵押优先于浮动抵押。而按照美国的模式，在浮动抵押设立之后，抵押权人就可以通过办理抵押登记的方式，取得优先受偿的顺位，因此只能根据登记先后确定顺位，不存在固定抵押优先于浮动抵押的规则。[①] 我国《民法典》在借鉴英美法的基础上，规定了动产的浮动抵押。《民法典》第396条规定："企业、个体工商户、农业生产经营者可以将现有的以及将有的生产设备、原材料、半成品、产品抵押，债务人不履行到期债务或者发生当事人约定的实现抵押权的情形，债权人有权就抵押财产确定时的动产优先受偿。"这就在法律上确立了动产浮动抵押制度。由于我国《民法典》第403条没有严格区分固定抵押与浮动抵押的公示方式，而《民法典》第414条确立了统一的登记对抗模式，因此，浮动抵押将从登记时具有对抗效力，且要基于登记确定顺位，就此而言，我国借鉴了美式浮动抵押制度的经验，只不过对于浮动抵押进行了一定的限制。[②]

关于《民法典》第396条所规定的担保的性质，学理上有不同的看法。一是集合财产担保说。此种观点认为，该条实际上是就动产的集合设定的担保。因为该条并不是对共同抵押的规定，也不同于浮动抵押。二是浮动抵押说。此种观点认为，该条规定的抵押财产具有浮动性。所谓浮动性，是指该抵押财产处于变动之中，抵押人仍然可以自由处分该财产，而且，该财产随时都有增减的可能。三是浮动担保说。此种观点认为，该条规定的担保财产不限于动产，还包括各种权利。因为将来取得的财产实际上是一种权利，而权利本身是不能抵押的，只能设立质押。所以，本条是对浮动担保的规定。

本书认为，从体系解释来看，《民法典》第396条规定的担保应当理解为动产浮动抵押。因为从体系解释来看，该条被置于"一般抵押权"一节，而非属于担保的一般性规定，因此，应当认为该条规定的担保是抵押的一种具体类型。尤其需要指出的是，浮动担保的财产范围非常宽泛，可以说是以企业的全部财产，包括动产和不动产、知识产权、应收账款等为标的所设立的担保。[③] 英语中"charge"除了"抵押"这一含义外，还可以泛指一切担保。[④] 但我国《民法典》第396条规定的担保其标的仅限于动产，且动产不移转占有。

---

① 参见龙俊：《民法典中的动产和权利担保体系》，载《法学研究》2020年第6期。

② 参见麻锦亮编著：《民法典担保注释书》，中国民主法制出版社2023年版，"导论"第7页。

③ 参见梁慧星：《物权法草案第六次审议稿的若干问题》，载《比较法研究》2007年第1期。

④ 参见侯国跃：《浮动抵押逸出担保物权体系的理论证成》，载《现代法学》2020年第1期。

正是因为它仅限于抵押，所以，它与英国的浮动担保制度不同。既然《民法典》第 396 条是对浮动抵押的规定，那么它在性质上属于抵押，应当适用抵押的一般规则。[①]

《民法典》第 396 条将浮动抵押的财产限于动产，这不仅是我国物权法的一个重大创新，而且也有利于防止可能发生的权利冲突。首先，从实际情况来看，不动产基本上都已经允许设定抵押，如果再允许将其纳入浮动抵押的范围，则会导致潜在的浮动抵押和普通抵押之间的冲突，而我国《民法典》第 396 条并未规定二者在冲突情况下的权利顺位问题，这就难以解决两者之间的冲突。将浮动抵押的标的限于动产，可以避免一般抵押和浮动抵押的冲突，防止出现在担保物权实现时固定担保和浮动担保之间的冲突和矛盾。[②] 其次，动产与不动产适用不同的登记规则，具有不同的登记效力。如果浮动抵押能够同时适用于动产和不动产，在登记方面也会遇到极大的困难。再次，从动产和不动产的特点来看，动产具有流动性，容易发生增减变化的"浮动"现象，而不动产具有价值大、固定性、设定有抵押等权利负担等特点，发生"浮动"的可能性不大。最后，很多中小企业没有或者只有很少量的不动产，财产的形式基本上限于动产。例如，实践中，不少企业营业或者生产的场所都是通过租赁的方式而占有使用的。所以，《民法典》第 396 条将浮动抵押的财产限于动产，具有其合理性。

《民法典》第 396 条承认动产浮动抵押的意义在于：第一，扩大了担保财产的范围，有助于促进商业融资和借贷发展，使企业获得新的融资渠道，也有利于盘活其全部资产，尤其是可以利用其存货甚至包括半成品、原材料等；对于银行而言，由于担保人以现在和未来的财产作为担保，未来的可预期收入也是主债权履行的担保，因而，这也有利于增强银行债权的安全性。第二，实现物尽其用。在浮动担保设定后，企业还可以继续占有该财产并从事营业，从而有利于资金的利用和调度，[③]尤其是很多企业租赁他人的厂房进行生产经营，此时，不动产登记在他人的名下。所以，允许企业以其动产设定浮动抵押，可以实现物尽其用。更何况，很多动产的价值已大大超过了不动产。在设立动产浮动抵押后，抵押人不仅可以使用该财产获取收益，而

① 参见黄薇主编：《中华人民共和国民法典物权编释义》，法律出版社 2020 年版，第 767 页。

② 参见胡康生主编：《中华人民共和国物权法释义》，法律出版社 2007 年版，第 413 页；黄薇主编：《中华人民共和国民法典物权编释义》，法律出版社 2020 年版，第 765 页。

③ 参见陈荣隆：《担保物权之新纪元与未来之展望》，载《台湾法学杂志》2007 年 4 月号（第 93 期）。，

且可以处分该财产。这就极大地提高了财产的利用效率。① 第三，实现动产浮动抵押，可以在一定程度上简化登记制度。设立动产浮动抵押无须制作财产目录清单，也不需要公示财产，只需要采用书面形式订立抵押合同，并在有关机构进行登记即可。因为这种担保形式不要求罗列出详细的财产清单，甚至未来的财产都可以纳入抵押财产的范围，每一项财产无须进行单独登记，而是作为整体进行“一揽子”登记，可以起到简化登记的作用。②

二、动产浮动抵押的特点

我国《民法典》第396条所规定的动产浮动抵押具有如下几个特点。

第一，担保财产的集合性。法谚云，“单独无用，集合有用”（Quan non Valeant Singula；juncta javant），即一物不如多物配合更有效用。③ 动产浮动抵押与财团抵押一样，都是以集合财产作担保，也就是说，是以整个企业的财产设定担保，既可以为抵押权人的利益进行经营，也可以作为全部财产整体出售。④ 动产浮动抵押的财产不仅包括现有财产，还包括将来的财产。就现有的财产而言，可以包括各种类型的财产，如机器设备、原材料、半成品、产品等。所有这些财产都作为一个整体的集合，共同作为抵押的标的。

第二，主体的特定性。按照《民法典》第396条的规定，动产浮动抵押的主体限于企业、个体工商户和农业生产经营者。这三类主体的共同特点在于，都是经营性主体。这就意味着，首先，国家机关、事业单位、社会团体等非经营性主体不能设立动产浮动抵押。其次，非从事生产经营的自然人也不能设立此种抵押。⑤《民法典》第396条之所以将其设定为经营性的主体，是因为其设立的目的是促进企业的融资，强化企业对其动产的利用效

---

①　参见王胜明主编、全国人大常委会法制工作委员会民法室编著：《中华人民共和国物权法解读》，中国法制出版社2007年版，第387页；黄薇主编：《中华人民共和国民法典物权编释义》，法律出版社2020年版，第765页。

②　参见王闯：《规则冲突与制度创新（上）——以物权法与担保法及其解释的比较为中心而展开》，载《人民法院报》2007年6月20日，第6版；黄薇主编：《中华人民共和国民法典物权编释义》，法律出版社2020年版，第765页。

③　参见郑玉波：《法谚（二）》，法律出版社2007年版，第99页。

④　See Michael Grylls, *Insolvency Reform: Does the United Kingdom Need to Retain the Floating Charge*, Journal of International Banking Law, 1994, p. 391 – 392.

⑤　参见胡康生主编：《中华人民共和国物权法释义》，法律出版社2007年版，第398页；黄薇主编：《中华人民共和国民法典物权编释义》，法律出版社2020年版，第766页。

率,而其他主体就没有此种需要。[①]《民法典》第 396 条仅仅将浮动抵押的主体限定为某些类型的公司,但是也并非对浮动抵押的主体完全没有任何限制,而将其限定为企业、个体工商户、农村生产经营者这三类主体,它们都是最常见的经济主体。对于这些生产经营活动者,银行是否愿意对其企业财产设定浮动抵押,应当交给当事人自己去评估风险、进行判断,法律应当充分尊重市场主体的意思自治,而不应作过多、过严的限制。

第三,担保的浮动性。所谓浮动性,是相对于固定性和特定性而言的,浮动性是指抵押财产的不特定性和变动性。一方面,不特定性是指抵押权的标的并未确定和特定化为某一具体财产,这也是许多大陆法国家无法接纳浮动抵押的根本原因。因为从传统的大陆法理论出发,作为抵押标的的财产必须是特定和现实存在的物。另一方面,所谓变动性,是指抵押财产的范围、价值等都处于变动的状态,随着正常的生产经营活动的继续而发生增减变化,财产总体在每一时刻都可能具有不同的价值。也就是说,浮动抵押设定之后,财产总是处于不断变动之中,这是因为抵押人仍然享有对财产的处分权,在动产浮动抵押设定之后,担保人仍然可以将抵押的财产出售、设置抵押等,在作出处分时并不需要取得抵押权人的同意。除此之外,抵押人新增加的财产或者收益也不断成为抵押的财产,使其范围得以扩大。[②] 所以,抵押的财产有可能减少,也有可能增加,财产的增减变动,并不要求办理特别手续。在出现了特定的事由之后财产才会最终确定下来,形成所谓"结晶"状态。在"结晶"之前,抵押人可以处分已抵押的财产。

第四,浮动抵押的财产包括现在的和将来的动产。如前所述,浮动抵押的范围限于动产,从而将不动产排除在浮动抵押的适用范围之外。就动产而言,《民法典》第 396 条列举了生产设备、原材料、半成品、产品抵押,且没有使用"等"字样,似乎采取"穷尽性"(exhaustive)列举方式;另外,上述这些动产都是有形的财产。由此,似乎可以认为,该条所说的动产仅指有形的动产,不应扩张到无形财产。但是,该条中采取"现有的以及将有"的表述,实际上又使动产的概念范围极为广泛,它不仅包括有形的动产,还应当包括将来可能取得的动产及各种权利,尤其是根据《民法典》第 396 条的规定,"债权人有权就抵押财产确定时的动产优先受偿",这表明其主要是指动产,

---

① 参见王胜明主编、全国人大常委会法制工作委员会民法室编著:《中华人民共和国物权法解读》,中国法制出版社 2007 年版,第 389 页;黄薇主编:《中华人民共和国民法典物权编释义》,法律出版社 2020 年版,第 767 页。

② 参见全国人大常委会法制工作委员会民法室编:《中华人民共和国物权法条文说明、立法理由及相关规定》,北京大学出版社 2007 年版,第 327 页。

但是在特殊情况下也会包括一些无形的财产权利。

三、动产浮动抵押的公示

《民法典》第 403 条规定："以动产抵押的，抵押权自抵押合同生效时设立；未经登记，不得对抗善意第三人。"这就确立了动产浮动抵押实行登记对抗的模式，具体来说，这一模式包括如下内容：

1. 动产浮动抵押采取登记对抗主义。这就是说，法律对动产浮动抵押和一般动产抵押采取了相同的态度，即没有强制性地要求动产浮动抵押必须办理登记，因为法律上如果强制动产浮动抵押的当事人办理登记，会给当事人造成诸多不便，许多动产本身就难以登记，而作为集合物登记更为困难。所以，《民法典》规定是否办理登记由当事人自愿选择。即使没有办理登记，只要当事人达成了有效书面协议，动产浮动抵押权就可以设立。

2. 不得对抗正常经营活动中已经支付合理价款并取得抵押财产的买受人。依据《民法典》第 404 条的规定，以动产设立抵押的，不得对抗正常经营活动中已经支付合理价款并取得抵押财产的买受人。此处所说的买受人应当具备如下四个条件：第一，必须是正常经营活动中的买受人。正常经营活动，应当是指各种合法的交易行为，而违法的交易行为不属于此处所说的正常经营活动。第二，必须是已支付了合理价款的买受人。如果买受人仅与抵押人订立了买卖合同，但是尚未支付价款或者仅支付了极少的价款，没有必要保护这些买受人。[①] 第三，买受人必须已经取得了抵押财产，即抵押人已经将抵押财产交付给了买受人。第四，取得财产必须是动产浮动的财产确定之前。因此，无论是否办理了登记，只要设立的是动产浮动抵押，抵押人都可以自由转让其抵押财产，抵押权人无法以其权利来对抗买受人。

3. 未经登记，不得对抗善意第三人。此处所说的"善意第三人"，是指在设定了动产浮动抵押之后的买受人、承租人等非担保物权人。如果在同一财产上再设立其他担保物权，则可以依据登记的先后确定其他担保物权人的顺位，在设定了动产浮动抵押之后，抵押人还可能再设立一般的抵押，例如，将某台机器设备用于抵押，无须考察后设立的权利人是否善意。因为，在解释上可以认为，《民法典》允许抵押人再设立抵押的行为。如果在先的浮动抵押已经办理了登记，则可以对抗后设立的普通抵押。因为我国法律没有承认普通抵押优先于浮动抵押的规则，有关抵押权的实现应当根据登记在先的规则处理。如果后位的抵押权办理了登记，而在先的抵押权未办

---

① 参见梅夏英、高圣平：《物权法教程》，中国人民大学出版社 2007 年版，第 436 页。

理登记,则后位登记的抵押权可以对抗在先的未办理登记的抵押权,这也符合“已登记的优先于未登记”的规则。

四、产品出售后的价款应否纳入抵押财产的范畴

关于浮动抵押,争议较大的是产品出售后的价款应否纳入抵押财产的范畴,对此存在不同看法。[①] 本书认为,产品出售后的价款不应纳入抵押财产的范畴。因为,一方面,动产浮动抵押权的效力仅及于其确定时的抵押财产,这一抵押财产的种类和范围,取决于抵押合同的约定。如果合同中没有约定,则不用将出售后的价款纳入抵押财产。另一方面,浮动抵押中,不存在物上代位,因此,抵押财产不应及于转让价金。

五、动产浮动抵押的财产确定

根据《民法典》第 411 条的规定,动产浮动抵押的抵押财产在如下情况得以确定。

第一,债务履行期限届满,债权未实现。这就是说,债务到期以后,无论债权人是否向债务人提出履行请求,只要债务人没有履行债务,自债务履行期届满之日起,抵押权人就有权要求确定抵押财产。[②]

第二,抵押人被宣告破产或者解散。如果抵押人经过法定的破产程序而被宣告破产,或者发生解散等导致主体资格丧失,那么抵押人本身作为民事主体已经不复存在。在此情况下,表明抵押权人的权利已经受到重大的威胁,因此应当进入抵押权实现程序。

第三,发生了当事人约定的实现抵押权的情形。动产浮动抵押的实现事由完全可以由当事人自行约定。只要出现了当事人约定的事由,就可以确定抵押财产的范围。例如,抵押人从事关联交易或者低价转让其财产,或者抵押人违反约定拒绝抵押权人的监管等。[③]

第四,出现严重影响债权实现的其他情形。这些情况可以类推适用《民法典》第 527 条中合同当事人行使不安抗辩权的条件,具体包括:经营状况严重恶化;转移财产、抽逃资金,以逃避债务;丧失商业信誉;有丧失或者可能丧失履行债务能力的其他情形。这些情况都可以视为严重影响债权实现的其他情形。

在符合法定的财产确定条件下,如何启动“结晶”的程序,通常有两种做

---

① 参见庄加园:《动产担保物权的默示延伸》,载《法学研究》2021 年第 1 期。

② 参见黄薇主编:《中华人民共和国民法典物权编释义》,法律出版社 2020 年版,第 767 页。

③ 参见崔建远:《物权法》(第 5 版),中国人民大学出版社 2021 年版,第 484 页。

法:一是通知主义,这就是说,只要符合法定的确定条件,即抵押权人发出通知,就可实现确定,此时动产浮动抵押就转变为一般的抵押。抵押权人的通知具有形成权的性质,不可撤销或撤回。二是法院裁决方式。这就是说,即使符合确定的法定条件,浮动抵押权人为了实现浮动抵押财产,也必须首先由债权人向法院提出申请,来启动民事诉讼上的破产程序。本书认为,一旦符合财产确定的法定条件,由债权人发出通知,则可以直接实现确定化。如果抵押人提出异议,则应当由法院作出裁决。这样既有利于简化程序,也有利于保障各方当事人的利益。动产浮动抵押在财产确定之后,就转化为普通的动产抵押。根据《民法典》第 396 条的规定,在出现了债务人不履行到期债务或者发生当事人约定的实现抵押权的情形时,应按照普通抵押权实现的规则来处理。

六、动产抵押与浮动抵押的顺位

动产抵押与动产浮动抵押之间可能存在一定的冲突。例如,当事人以库存的货物设立动产浮动抵押,后抵押人又以该库存货物中的某设备办理了动产抵押。在该动产抵押担保的主债务到期后,该动产抵押的担保物权人主张就该设备优先受偿,但浮动抵押的抵押权人则主张该设备属于浮动抵押的客体范围。这就会导致这两项抵押权的优先顺位问题存在冲突。关于如何协调二者之间的关系,从比较法上看,主要有如下两种做法:一是英式浮动抵押制度。按照此种制度,对浮动抵押而言,由于存在结晶制度,因此,在抵押财产最终确定之前,抵押权一直处于休眠状态,只有在结晶之后,抵押权才具有优先受偿的效力。二是美式浮动抵押制度。依据《美国统一商法典》第 9—204 条规定,担保协议可以规定以将来取得的担保物作为担保协议中全部或部分债务的担保。在该制度中,如果抵押权人获得了该浮动抵押的登记,则该担保物权溯及登记时,即具有了优先受偿的效力,这实际上是以登记作为优先顺位的依据。[①]

比较上述两种做法,本书认为,上述第二种做法更为合理,我国《民法典》第 414 条确立了以登记作为确定担保物权优先顺位的标准,实际上是采取了此种做法。其也可以用于解决动产抵押与浮动抵押发生冲突的情形,此种规定的合理性在于,登记是公开、透明的,以登记作为确定二者优先顺位的标准,有利于平衡双方当事人的利益,也有利于维护交易安全。据此,在浮动抵押与一般的动产抵押发生冲突时,如果二者均办理了抵押登记,则

---

① 参见龙俊:《民法典中的动产和权利担保体系》,载《法学研究》2020 年第 6 期。

以登记的先后顺序作为确定二者优先顺位的标准；如果只有一项抵押权办理了登记，则办理登记的抵押权优先于未办理登记的抵押权；如果二者均未办理登记，则按照债权比例确定其清偿数额。

第十节　价款超级优先权

一、价款超级优先权的概念和特征

所谓价款超级优先权（Purchase Money Security Interest，PMSI），是指债权人在动产之上取得的担保因购买该动产而产生的价款给付的担保权。[①]我国《民法典》第416条规定："动产抵押担保的主债权是抵押物的价款，标的物交付后十日内办理抵押登记的，该抵押权人优先于抵押物买受人的其他担保物权人受偿，但是留置权人除外。"该条对价款超级优先权作出了规定。例如，甲以自己的生产设备、原材料等为丙设定了浮动抵押，后从乙处赊购了一套新设备，甲以该设备为乙设置了担保价金支付的抵押权，且于交付后10日内办理了登记。其后，甲未能依约定支付价款，此时乙就对抵押物享有优先于浮动抵押的抵押权人受偿的权利。

我国《民法典》所规定的价款超级优先权主要是借鉴了《美国统一商法典》第九编关于动产担保的相关规定。价款超级优先权制度在很大程度上与浮动担保制度相关，而浮动担保主要是英美法上的制度，并分别形成了英式和美式的浮动担保制度。大陆法系国家和地区一般没有在法典中正式采纳浮动担保制度，因而大陆法系国家和地区的民法（典）中也并未出现价款超级优先权这一制度。不过，《欧洲示范民法典草案》（DCFR）第九篇试图引入该制度，该草案将这种交易称为"购置融资手段"。2016年联合国国际贸易法委员会制定的《动产担保交易示范法》中将之称为"购置款担保权"。[②]

价款超级优先权制度设置是我国《民法典》担保制度现代化的体现。一方面，设立该制度的目的是解决实践中普遍存在的借款人借款购买货物情形下借款人的利益保护问题，即在借款人借款购买货物并将该货物抵押给贷款人作为价款的担保的情形下，该条规定赋予该抵押权优先效力，从而保

---

① 参见崔建远：《中国民法典释评：物权编》（下卷），中国人民大学出版社2020年版，第414页。关于该名称，目前并没有统一的术语。已使用的概念包括买卖价款抵押权、价款债权抵押权、购置款抵押权、购买价金担保权、价款超级优先权等。

② 参见李运杨：《〈民法典〉中购置款抵押权之解释论》，载《现代法学》2020年第5期。

障借款人权利的实现，这也有利于融通资金，促进融资。[1] 另一方面，由于现代担保物权制度呈现出由不动产向动产发展的趋势，动产在担保中的重要性越来越得以彰显，价款超级优先权规则进一步强化了动产担保的重要功能。由于《民法典》第 414 条承认未来财产之上的动产担保权依登记时间而确定其优先顺位，[2]为防止所有的新增财产自动“流入”已设定的动产担保权，为促进担保人（债务人）购置资产提供新的信贷支持，拓宽再融资渠道，有必要承认购买价金担保权的超优先顺位。[3] 同时该制度进一步丰富完善了动产浮动担保制度，并且与动产浮动担保相互配合，弥补了动产浮动担保的弊端。

具体来说，价款超级优先权的特点主要在于：

第一，担保的债权是特定的。也就是说，在此类担保中，担保的债权主要是标的物的价款债权。从《有关担保司法解释》第 57 条的规定看，所担保的债权还包括融资租赁情况下未付清的租金。但是担保物权人并不一定是标的物的出卖人，也可能是为购买该标的物而提供融资的债权人。价款超级优先权担保的主债权只能是价款的请求权或贷款偿还请求权，而不包括其他债权。[4]

第二，担保财产具有特定性。担保物权的标的主要是买卖合同中的标的物，此外还包括融资租赁等交易中的标的物。价款超级优先权使成立在后的价款超级优先权人无须担心在先的抵押权，这也有利于抵押人继续融资，从而扩大生产和经营。价款超级优先权赋予出卖人或贷款人以优先受偿的权利，这对于交易安全的保护也具有重要作用。

第三，价款超级优先权具有法定性。价款超级优先权在性质上是一种法定的优先权。也就是说，价款超级优先权的效力是由法律规定的，而不是由当事人约定的。如果不设置价款超级优先权的规则，则在债权人在债务人的财产之上设立动产浮动抵押的情形下，债务人再通过融资租赁、所有权保留等方式融资时，出租人或者出卖人即便办理登记，其担保权的实现顺位

---

① 参见沈春耀：《关于〈民法典各分编（草案）〉的说明》（2018 年 8 月 27 日在第十三届全国人民代表大会常务委员会第五次会议上）。

② See Thomas H. Jackson & Anthony T. Kronman, *Secured Financing and Priorities Among Creditors*, 88 Yale Law Journal 1143, p. 1164 – 1171(1979).

③ 参见董学立：《浮动抵押的财产变动与效力限制》，载《法学研究》2010 年第 1 期；龙俊：《动产抵押对抗规则研究》，载《法学家》2016 年第 3 期。

④ 参见黄薇主编：《中华人民共和国民法典释义（上）：总则编 · 物权编》，法律出版社 2020 年版，第 807 页。

也将后于动产浮动抵押的抵押权人，因此，为便利债务人融资，法律规定了价款超级优先权规则，明确规定该权利具有绝对优先的效力。当然，虽然价款超级优先权的效力具有法定性，但该权利仍然需要通过意定的方式设立。

价款超级优先权在性质上作为一种法定的优先权，确立的就是一种可以优先于动产浮动担保权的效力规则。我国《民法典》规定的价款超级优先权是对《民法典》一般担保物权受偿顺位规则的突破。《民法典》第 414 条第 1 款规定，以登记为中心，构建了优先受偿的顺位，但其中也仍然体现了以登记的先后来确定受偿顺序，这就是物权法中所谓的“先来后到”规则，也有人将其称为“时间在先，权利优先”规则。因此，如果同一财产之上设定多个抵押，抵押权的设定就采取先来后到的规则，先设定的抵押权要优先于后设定的抵押权。然而，价款超级优先权突破了动产担保中登记在先顺位在先的规则(first-to-filerule)。这就是说，即便担保价款物权的登记时间在后、其他担保物权登记时间在先，在符合价款超级优先权的情形下，价款担保也依法具有优先实现的效力。我国《民法典》第 416 条关于价款超级优先权的规定置于第 414 条与第 415 条之后，这两个条款均是多重担保中的权利顺位问题。而第 416 条被置于这两个条文之后，表明价款超级优先权实际上是一般权利担保顺位的特殊规则，也可以说其是对第 414 条和第 415 条所确认的顺位规则的例外排除。当然，在存在多个价款超级优先权时，则仍然应当适用《民法典》第 414 条所确认的一般顺位规则进行判断。①

第四，设定上具有特殊性。《民法典》第 416 条规定：“动产抵押担保的主债权是抵押物的价款，标的物交付后十日内办理抵押登记的，该抵押权人优先于抵押物买受人的其他担保物权人受偿，但是留置权人除外。”依据该规定，该权利必须在标的物交付 10 日内进行登记，在未办理登记的情形下，其就成为普通的担保权，不具有优先于所有担保权利的效力。

价款超级优先权不仅适用于动产抵押，也适用于融资租赁、所有权保留。依据《民法典》第 416 条的规定，价款超级优先权仅适用于抵押，但《有关担保司法解释》第 57 条将其扩张到了其他担保方式。在担保人设立动产浮动抵押并办理动产抵押登记后，又购入或者以融资租赁方式承租新的动产的，如果没有价款超级优先权，浮动抵押人的融资担保将受到较大影响，新的债权人担心自己的债权无法借助相应担保物权得以实现，将拒绝为浮动抵押人提供信用和融资，这就不利于浮动抵押人正常经营，也会阻碍浮动抵押制度的适用。价款超级优先权的引入就是为了解决这一问题。因此，

---

① 参见高圣平：《民法典动产担保优先顺位规则的解释论》，载《清华法学》2020 年第 3 期。

价款超级优先权的适用范围是较为宽泛的。

二、价款超级优先权制度的正当性

《民法典》创设价款超级优先权制度的主要原因在于：

第一，便利和鼓励融资。这一制度的设立是为了使债务人能够获得融资进行经营，从而进行再生产并获得利润，也有利于其他债务人的债务获得清偿。由于我国《民法典》规定的浮动抵押是按照设立动产浮动抵押登记之日来确定其优先顺位的，此时在办理了动产浮动抵押登记后，又购入或者以融资租赁的方式获得了新的动产，如果不规定价款超级优先权制度，那么这些新的动产之上的担保物权要劣后于已经登记的浮动抵押，这会导致抵押人难以获得新的融资，难以满足正常经营的需要。尤其是在动产浮动抵押中，这种交易方式有可能成为担保权人对债务人进行控制的方式，一旦担保权人对该债务人进行控制，其就可能对债务人的经营提出严苛的要求，使其难以获得新的融资，持续经营也会受到妨碍。① 为了解决这一困境，《民法典》第416条专门规定了价款超级优先权。承认价款超级优先权的重要目的就是解决已经设定了浮动抵押的中小企业的再融资问题。②

第二，增进债务人清偿能力。在设立动产浮动担保的情形下，担保人提供担保后，还需要继续生产经营，因此需要继续获得融资，使新的信用提供者介入。在债务人获得了新财产的情形下，该新获得的财产是否应当仍然纳入原担保财产范围？由于原担保权人并没有对此财产的增加产生合理期待，债务人在担保设定后，该财产单纯是其为了增强清偿能力所获得的新融资。因此，此类财产不应纳入担保财产的范围，如果将所有新增的财产都归入在先担保的范围，既不利于鼓励债权人融资，也会造成债权人对债务人的过度控制。③ 这就需要通过价款超级优先权制度使新财产的融资人具有优先于原担保权利人的效力，并避免这些新财产被纳入原担保财产的范围。

第三，兼顾各方当事人利益。价款超级优先权制度可以有效兼顾债务

---

① See Arielle Tracey, *Purchase Money Security Interest Refinancing in New Zealand: A Casefor Retention of Super-Priority*, 51 Victoria U. Wellington L. Rev., p. 112 – 113 (2020).

② 参见高圣平：《民法典担保制度及其配套司法解释理解与适用》（下册），中国法制出版社2021年版，第751页。

③ See William H. Lawrence, Milliam H. Henning & R. Wilson Freyermuth, *Understanding Secured Ttransactions*, 5th ed., New Providence, NJ: Matthew Bender & Company, Inc., 2012, p. 240; Ronald C. C. Cuming, Catherine Walsh & Roderick J. Mood, *Personal Property Security Law*, 2nd ed., Toronto, ON: Irwin Law Inc., 2012, p. 440.

人、债权人和原担保权人之间的利益。[①] 在动产浮动抵押情形下,这一点表现得尤为突出:一是对于债务人而言,有利于债务人获得新的融资,来保持甚至增进清偿能力。债务人不必担心新获得的财产被纳入原担保财产的范围,从而可以大胆寻求新的融资。如果没有价款超级优先权存在,其无法摆脱原担保权人对其融资交易的"垄断",从而也无法寻求新的担保。[②] 二是对于原担保权人而言,其并没有因为价款超级优先权的设定而遭受损害,甚至可能因为债务人清偿能力的增进,而使其债权获得更大的实现可能性。如果不承认价款超级优先权,其就会因为担保人购置财产的行为而"不劳而获",其获得此种额外的利益并没有正当性。此时财产的增加并非由于在先的抵押权人提供了资金或者作出了努力,而是单纯由于出卖人或融资人提供了信用融资等。[③] 因此,承认价款超级优先权可以避免这种情形的产生。三是对于新的信用提供者而言,价款超级优先权的存在可以有效降低其调查和查询成本,且其信用最终凝结于该动产之上。换言之,其之所以对该动产享有价款超级优先权,恰恰是因为其为该动产提供了融资,信用提供行为构成了债务人获得动产的原因。该动产也与原来的担保财产相分离,在该动产之上设定的权利具有优先于原担保权的效力,这就给新的信用提供者提供了法律保障,因此在交易实践中,承认价款优先权对各方当事人都是有利的。[④]

第四,减少在先担保权人对担保人的监管成本。在动产浮动抵押的情形下,由于抵押财产的范围处于不断变化之中,因此,为了维持抵押财产的价值,防止因抵押人不当处分抵押财产而减少抵押财产的价值,担保权人需要对担保人的财产进行必要的监管,从而维持担保财产的价值,为此,担保权人也需要支出相关的监管成本。在价款超级优先权设定后,就设定价款超级优先权的担保财产而言,价款超级优先权人作为担保权人,其也会有监督债务人的动力和压力。同时,其往往还是具有相关产品的专业知识且了解市场详情的主体,比银行等一般债权人更容易监控债务人。[⑤] 在此情形下,在先担保权

---

① 参见李运杨:《〈民法典〉中购置款抵押权之解释论》,载《现代法学》2020 年第 5 期。

② 参见谢鸿飞:《民法典担保规则的再体系化——以〈民法典各分编(草案)二审稿〉为分析对象》,载《社会科学研究》2019 年第 6 期。

③ See Whalev. Viasystems Ltd. ,[2002]EWHC393;2022WC1876107.

④ 参见谢鸿飞:《民法典担保规则的再体系化——以〈民法典各分编(草案)二审稿〉为分析对象》,载《社会科学研究》2019 年第 6 期。

⑤ See Robert E. Scott,*A Relational Theory of Secured Financing*,86 Columbia Law Review 901, p. 962(1986).

人就无须对该部分担保财产进行监管，从而减少其监管成本。

三、价款超级优先权主要适用于动产浮动抵押

价款超级优先权作为法定优先权具有超级优先的效力，但一旦赋予某种权利具有超级优先的效力，就必然会突破法律的一些规则，这本身就意味着，法律规定此种权利是一种特殊情形，是权利顺位规则的例外情形。因此，其权利的适用范围应当在法律上进行明确限定，否则就会不当冲击权利顺位的一般规则。依据《民法典》第416条的规定，价款超级优先权仅适用于动产抵押，按照立法者的解释，虽然国外的相关立法中将价款超级优先权的范围适用于所有权保留、融资租赁等交易，但该条规定的动产抵押并不包括所有权保留和融资租赁交易。① 但《有关担保司法解释》第57条将其扩张到了其他担保方式，甚至可以说适用于所有的担保形式，这就已经扩张了《民法典》第416条的适用范围，这种扩张是否有必要，而且是否具有正当性，都是值得探讨的问题。

《有关担保司法解释》第57条第1款规定："担保人在设立动产浮动抵押并办理抵押登记后又购入或者以融资租赁方式承租新的动产，下列权利人为担保价款债权或者租金的实现而订立担保合同，并在该动产交付后十日内办理登记，主张其权利优先于在先设立的浮动抵押权的，人民法院应予支持……"该款实际上是将价款超级优先权局限于动产浮动抵押中。本书认为，在设定浮动抵押的情形下，价款超级优先权规则具有合理性。主要理由在于：

第一，主要适用于动产浮动担保才能发挥价款超级优先权的功能，并彰显其正当性与合理性。② 价款超级优先权最适合于动产浮动抵押的场合。在浮动担保中，担保的财产具有浮动性。在抵押权设定后，抵押权的标的并未确定和特定化为某一具体财产，抵押财产的范围、价值等都处于变动的状态，随着正常的生产经营活动的继续会发生增减变化，财产总体在每一时刻都可能具有不同的价值。也就是说，浮动抵押设定之后，财产总是处于不断变动之中，这不仅是因为抵押人仍然享有对财产的处分权，担保人可以将抵押的财产出售、设置抵押等，还因为在作出处分时并不需要取得抵押权人的同意。除此之外，抵押人新增加的财产或者收益也不断纳入抵押的财产之

---

① 参见黄薇主编：《中华人民共和国民法典解读：物权编2》，中国法制出版社2020年版，第668页。

② 参见吴光荣：《担保法精讲：体系解说与实务解答》，中国法制出版社2023年版，第451～453页。

中,使抵押财产的范围得以扩大。[①] 如果在浮动担保设置之后,当事人又与第三人以融资租赁方式设定抵押,且融资租赁中的出租人在 10 日内办理了登记,那么由于购入的财产尚未全部支付价金,此时允许抵押权人优先,对于出卖人而言并不公平。因此,即便是抵押权人已经办理登记,也应当赋予出卖人有条件的优先受偿的权利。

价款超级优先权的设定初衷,就是为了避免动产浮动担保的弊端,防止债务人所获得的新的财产继续归入浮动担保的财产范围,避免动产浮动担保人继续垄断和控制债务人的经营。而离开了动产浮动担保,价款超级优先权的制度正当性就已经丧失了基础。[②] 在动产抵押担保中,最有可能发生的同一物之上存在多个抵押担保竞存的典型情形仍是动产浮动抵押,因此《有关担保司法解释》第 57 条第 1 款强调其主要适用于浮动抵押。其只有在动产浮动抵押之中,才具有充分和正当的理由,因为只有在动产浮动抵押中,抵押财产的范围才处于不确定的状态,而使前述新的信用提供者忌惮在先的浮动抵押而拒绝提供融资,抵押人在设定抵押后,进而既损害债务人的正常经营能力,也降低了在先的浮动抵押权人获得清偿的可能性,造成各方均遭受不利的局面。因此,在"新钱"范围内赋予新的信用提供者以价款超级优先权是合理且正当的。[③]

第二,价款超级优先权符合动产浮动担保中各方当事人对于动产浮动担保范围的合理期待。在实践中,动产浮动担保可能被滥用,例如,通过浮动担保实现融资垄断和经营控制。这种浮动担保的弊端,不仅妨碍正常经营,而且不利于改善营商环境。从有利于促进市场经济的高质量发展而言,既可以通过价款超级优先权制度的设定增加债务人新获得的财产,又可以通过法律规则的设定明确浮动担保权人对财产范围的合理预期。[④]

第三,比较法经验也表明该制度主要适用于动产浮动担保。美国法的经验表明,价款超级优先权也基本针对动产浮动抵押交易,而不针对固定抵押。[⑤]《美国统一商法典》第 9103 条(b)(2)款规定:"当担保权益存在于现在或曾经是价款担保物的库存中时,担保权益系用于担保其他库存引起的

---

① 参见全国人大常委会法制工作委员会民法室编:《中华人民共和国物权法条文说明、立法理由及相关规定》,北京大学出版社 2007 年版,第 327 页。

② 参见董学立:《浮动抵押的财产变动与效力限制》,载《法学研究》2010 年第 1 期。

③ 参见董学立:《浮动抵押的财产变动与效力限制》,载《法学研究》2010 年第 1 期。

④ See Darcy L. Macpherson, *Dueling Purchase-Money Security Interestsunder the PPSA: Explaining the Law and Policy Behind Section* 34(7),36 Manitoba Law Journal 383,p. 388(2012).

⑤ 参见谢鸿飞:《价款债权抵押权的运行机理与规则构造》,载《清华法学》2020 年第 3 期。

价款债务，且受担保方目前或曾经就该其他库存持有价款担保权益。”以库存的财产设立担保，其主要是指设立动产浮动担保。因此，价款超级优先权主要适用于动产浮动担保，而所谓超级优先，针对的主要也是在先的动产浮动担保权，所以，价款超级优先权优先的担保权利主要是浮动抵押。

四、价款超级优先权的适用条件

价款超级优先权的适用应当符合如下条件：

1. 主债权主要是抵押物的价款。也就是说，价款超级优先权所担保的债权限于债务人购买抵押物的价款，旨在担保债务人购买该抵押物全部或者部分价款的清偿。从《民法典》第416条规定来看，除留置权外，价款超级优先权一旦设立，即具有优先于抵押物买受人的其他担保物权人受偿的效力，因此，其所担保的债权范围应当受到限制，否则可能损害其他担保权人的利益。[①] 当然，《有关担保司法解释》第57条将主债权扩展到融资租赁中的租金债权以及所有权保留中的价金债权。

2. 价款超级优先权的标的物限于债务人所购置的标的物。具体而言，由于价款超级优先权的目的在于优先保障价金债权或融资债权的实现，为了平衡新的信用提供者与在先的担保权人之间的利益关系，应当对价款超级优先权的标的物进行严格限制，即应当限定为债务人所购置的标的物。同时，其所担保的债权也限于购买该标的物的全部或部分价款。《有关担保司法解释》第57条的规定以为债务人购置标的物而提供贷款为基本交易原型，法律规定价款超级优先权的目的在于防止债务人在设定浮动抵押后不能再进行信用消费和融资。在缺乏价款超级优先权的情况下，已经设定浮动抵押的抵押人在进行信用消费时可能面临无法提供有效担保的局面，而价款超级优先权的确立，可以使买受人取得优先于浮动抵押权人的优先受偿的权利，从而可以接受抵押人的信用消费。

3. 标的物交付后10日内办理抵押登记。具体而言，一是标的物必须交付，所谓标的物交付，应当作限缩解释，即必须是移转标的物所有权于买受人，并由买受人实际占有。[②] 二是价金债权的债权人在标的物交付后10日内办理抵押登记。此处所说的10日，在性质上属于办理抵押登记的宽限期。也就是说，法律给予当事人10日的期限，只要在该期限内办理，就可以

---

① 参见高圣平：《民法典担保制度及其配套司法解释理解与适用》（下册），中国法制出版社2021年版，第747页。

② 参见高圣平：《民法典担保制度及其配套司法解释理解与适用》（下册），中国法制出版社2021年版，第750页。

优先于其他担保权人。如果没能在该期限内办理,就只能按照一般的规则进行受偿。法律之所以规定该宽限期,主要是为了保障动产的流动和有效利用。也就是说,债权人不必等到自己或其他购买价金融资提供者登记,即可向买受人交付标的物,从而促进动产的有效流动。①

五、价款超级优先权的法律效力

《民法典》第 416 条规定:"动产抵押担保的主债权是抵押物的价款,标的物交付后十日内办理抵押登记的,该抵押权人优先于抵押物买受人的其他担保物权人受偿,但是留置权人除外。"由此可见,关于价款超级优先权的效力,该条确立了两项规则。

1. 优先于抵押物买受人的其他担保物权人受偿

价款超级优先权优先于其他抵押权,在标的物购买人已经在其财产之上设定浮动抵押的情形下,其所购买的标的物原则上应当纳入浮动抵押的财产范围之内。如果不承认价款超级优先权,则即便价金的借款人在该标的物之上设定抵押权,该抵押权也将劣后于浮动抵押权人的权利,这可能导致借款人的借款债权难以实现,因此,法律规定,价款超级优先权应当优先于其他抵押权。有关价款超级优先权的优先效力,在其与其他担保权并存的情形下才能体现出来,具体而言,其包括如下几种情形:

第一,先有动产浮动抵押,又设定价款优先权的,在此情形下,如果价款债权人在 10 日内办理了登记,则其权利优先于浮动抵押权。但如果没有在 10 日内办理登记,则即便价款债权人之后办理了抵押登记,则其也不再享有价款超级优先权,而应当按照《民法典》第 414 条按照登记先后进行受偿。

《有关担保司法解释》第 57 条第 1 款进一步扩张了价款超级优先权的适用范围,具体而言:一是在该动产上设立抵押权或者所有权保留买卖的债权人。即除抵押权之外,所有权保留买卖中出卖人的权利也可以依法享有价款超级优先权。二是为价款支付提供融资而在该动产上设立抵押权的债权人。这就是说,价款超级优先权的担保权人包括了动产出卖人,也包括为价款支付提供融资的债权人。例如,第三人为债务人提供融资,购买相关的设备,为了保障其借款债权的实现,该第三人在法定期限内在该设备之上设立抵押权的,则可以依法享有优先受偿的效力。三是以融资租赁方式出租

---

① See William H. Lawrence, William H. Henning & R. Wilson Freyermuth, *Understanding Secured Transactions*, 5th ed., New Providence, NJ: Matthew Bender & Company, Inc., 2012, p. 241; United Nations Commission on International Trade Law, *Uncitral Legislative Guide on Secured Transactions*, United Nations, 2010, p. 346.

该动产的出租人。例如，债务人以融资租赁的方式从出租人处取得相关的设备，而出租人在法定期限内办理了登记，此时，在此情形下，出租人的权利也具有优先受偿的效力。[①]

第二，先有价款产生，但尚未办理登记时，债务人又在该财产之上为第三人设立了其他担保物权，后价款债权人在法定期间内办理登记的，则仍然享有价款超级优先权。《有关担保司法解释》第 57 条第 2 款规定："买受人取得动产但未付清价款或者承租人以融资租赁方式占有租赁物但是未付清全部租金，又以标的物为他人设立担保物权，前款所列权利人为担保价款债权或者租金的实现而订立担保合同，并在该动产交付后十日内办理登记，主张其权利优先于买受人为他人设立的担保物权的，人民法院应予支持。"该款规定的是动产买卖中，买受人通过赊销、融资租赁等方式取得动产后，又以该动产为他人设定担保物权，后出卖人、出租人等权利人又在法定期限内办理了登记，则其仍然享有价款超级优先权。该条与《有关担保司法解释》第 57 条第 1 款规定的情形不同，第 1 款规定的是债务人在设定动产浮动抵押之后又购入或者承租新的动产，而为担保价款债权的实现，价款债权人在该动产之上设立担保物权，价款超级优先权可以优先于浮动抵押权；而第 2 款进一步丰富了价款超级优先权的适用范围，其不仅适用于浮动抵押的情形，也适用于融资租赁等情形。[②] 例如，在融资租赁交易中，出租人的价款优先权应当在 10 日内进行登记，为了避免承租人给第三人在 10 日内办理抢先登记，按照前述第 2 款的规定，因为承租人本身带有恶意，应当认为此时的登记不得对抗前述的价款超级优先权登记，其相较而言具有劣后性。

第三，同一动产存在多个价款超级优先权。例如，两个商业银行分别向债务人提供购买设备的贷款，此时，两个商业银行都可能在同一设备上享有价款超级优先权。又如，贷款人向买受人提供购买设备的部分价款（如首付款）[③]，此时，贷款人与出卖人也可能在该设备之上同时享有价款超级优先权。在同一标的之上存在多个价款超级优先权的情形下，如何确定其效力顺位关系？《民法典》第 416 条仅规定了价款超级优先权与其他担保权之间的效力冲突解决规则，而没有规定多个价款超级优先权竞存时的效力顺位规则。《有关担保司法解释》第 57 条第 3 款规定，"同一动产上存在多个价款优先

---

① 参见李运杨：《〈民法典〉中超级优先顺位规则的法律适用》，载《法学家》2022 年第 2 期。

② 参见高圣平：《民法典担保制度及其配套司法解释理解与适用》（下册），中国法制出版社 2021 年版，第 751 页。

③ 参见高圣平：《担保法前沿问题与判解研究——最高人民法院新担保制度司法解释条文释评》（第 5 卷），人民法院出版社 2021 年版，第 417～418 页。

权的,人民法院应当按照登记的时间先后确定清偿顺序”。据此,在同一标的物之上也可能存在多个价款超级优先权,即同一标的物上同时存在数个购买价金担保权,可以适用《民法典》第414条的规定,即应当按照登记的先后顺序确定其效力顺位。

此外,在符合《民法典》第416条规定的情形下,享有价款超级优先权的抵押权人的权利优先于其他担保权人,因此,不论其他担保权人办理的担保登记的实现是否在该抵押权人之前,该抵押权人均可基于价款超级优先权而享有有偿受偿的顺位,此时,应排除《民法典》第414条的适用。可以说,此种情形下,该规则即构成了《民法典》第414条第1款确立的“时间在先、权利优先”规则的例外规则。

2. 不得优先于留置权人

价款超级优先权不得优先于留置权人的权利。例如,甲向乙购买某设备,乙在该设备之上设定抵押权,并已经依法办理了抵押登记,乙依法享有价款超级优先权。在此情形下,乙所享有的价款超级优先权具有优先于在先担保物权的效力,但如果甲将该机器设备交由丙维修,后无正当理由拒绝支付维修费用,则丙有权依法留置该设备,在此情形下,乙就该设备所享有的价款超级优先权即不得优先于丙的留置权。

第十一节　最高额抵押

一、最高额抵押的概念和特征

最高额抵押,是指为担保债务的履行,债务人或者第三人对一定期间内将要连续发生的债权提供担保财产的,债务人不履行到期债务或者发生当事人约定的实现抵押权的情形,抵押权人有权在最高债权额限度内就该担保财产优先受偿。最高额抵押与一般抵押的区别在于:

第一,最高额抵押是为将来发生的债权作担保。一般抵押中,往往是先有债权,然后才能设定抵押权,即抵押权的设定一般是以债权的存在为前提的,抵押权是为担保已存在的债权而存在的,这就是所谓抵押权在发生上的从属性。然而,最高额抵押权的设定,不以债权的实际发生为前提,而是对将来发生的债权作担保,即为《民法典》第420条所规定的“将要”发生的债权作担保。基于这一特点,最高额抵押已不具备抵押权在发生上的附从性。还需要指出的是,最高额抵押在决算以前,并不随被担保的债权的转让而转让。如果发生部分债权的转让,抵押权并不当然转让。

第二,担保债权具有不特定性。一般抵押所担保的债权都是特定的,这不仅表现为债权类型是特定的，而且债权的数额也是特定的。但最高额抵押所担保的未来债权则是不特定的，即将来的债权是否发生、债权类型是什么、债权额多少，均是不确定的。在最高额抵押的情况下，必须到决算期时，才能确定抵押权担保的实际债权数额。① 所以，一般抵押是通过一个具体的债权的数额加以限定的，而最高额抵押只是确定一个债权的最高限额，在该限额内都属于担保的范围。一般的抵押必须表明所担保的债权的种类，而最高额抵押所担保的债权必须是在一定的期限内连续发生的债权。② 尽管最高额抵押所担保的债权是不特定的，但是在决算以后，最高额抵押担保的债权就由不特定转为特定，在此情况下，最高额抵押实际上已经变成了一般抵押。

第三，最高额抵押担保的债权具有最高限额。对于一般抵押而言，因设定抵押时担保的债权已经确定，因此不存在最高或最低数额的限定。而最高额抵押则不同，由于在抵押设定时担保债权不确定，而抵押物是特定的，抵押物的价值是相对确定的，不能以价值有限的抵押物担保将来发生的无数的债务，否则将会给债权人造成极大的损害。正是出于这一原因，需要对抵押所担保的未来债权设定最高限额。所谓最高限额，是指抵押权人基于最高额抵押权所能够优先受偿的债权的最高限额。依据《有关担保司法解释》第 15 条第 1 款的规定，在最高额抵押中，除当事人另有约定外，最高的债权额包括了主债权及其利息、违约金、损害赔偿金、保管担保财产的费用、实现债权或者实现担保物权的费用等在内的全部债权。最高额抵押的最高债权限额实际上也为抵押人设置了风险的控制，即抵押人仅在该最高限额内负担保责任，无论将来发生的债权数额有多少，抵押权人只能在最高债权额范围内对抵押财产享有优先受偿权，不能超出这个限额。③

第四，它是对一定期限内连续发生的债权作担保。最高额抵押仅对一定限额内连续发生的债权担保，在决算之前不从属于哪一笔具体的债权，也不因哪一笔具体债权的消灭而导致最高额抵押的消灭。即使在一定期限内发生的债权，因清偿、抵销等原因在一定时间内消灭，实际的债权额为零，最高额抵押也并不因此当然消灭。因为在决算期到来之前也可能发生新的债权，即使不发生新的债权，也必须等到决算期到来后通过决算才能确定债权

---

① 参见王泽鉴：《民法物权》（第 2 版），北京大学出版社 2010 年版，第 388 页。

② 参见黄薇主编：《中华人民共和国民法典物权编释义》，法律出版社 2020 年版，第 814 页。

③ 参见高圣平：《民法典担保制度及其配套司法解释理解与适用》（下册），中国法制出版社 2021 年版，第 784 页。

的实际数额,并进一步确定最高额抵押担保的债权范围。正因如此,一般抵押权应随着债权的移转而移转,但最高额抵押权在决算期未到来而主债权未确定时,是不能移转的。[1] 尽管最高额抵押所担保的债权是不特定的,但是在决算以后,最高额抵押担保的债权就由不特定转为特定,在此情况下,最高额抵押实际上已经变成了一般抵押。

最高额抵押是一种特殊的抵押,因此,当事人在抵押合同中对此应作特别的约定。如果当事人在抵押合同中仅规定了抵押,并没有特别规定最高额抵押,只能认为其设立了一般抵押。虽然最高额抵押是一种特殊的抵押,但是在本质上仍然属于抵押。除在有关抵押权的设立、债权的转让、被担保的债权的确定等方面比较特殊以外,其他方面并没有改变抵押权的性质。[2] 例如,就从属性而言,《民法典》第 421 条允许在债权确定前,部分债权转让的,最高额抵押权不随之转让。这从表面上看,似乎改变了其从属性,但实际上只是在一定范围内缓和了从属性规则。因此,《民法典》第 424 条规定:"最高额抵押权除适用本节规定外,适用本章第一节的有关规定。"

二、最高额抵押与动产浮动抵押

最高额抵押不同于动产浮动抵押,具体表现为:其一,二者所担保的债权不同。在最高额抵押的情况下,该抵押权所担保的债权是未来的债权,所以,被担保的主债权在抵押权设定时是不特定的。而在动产浮动抵押中,抵押权设立时,其所担保的主债权是特定化的。其二,抵押财产是否特定或者固定不同。对动产浮动抵押来说,抵押财产在抵押权设立之后还处于不断变动之中,只有在特定事由出现之后,抵押财产被确定下来(结晶),抵押权人才能就被确定后的抵押财产拍卖、变卖,并从中优先受偿。而在最高额抵押中,设立抵押权时,抵押财产是特定的。其三,抵押财产的类型不同。在动产浮动抵押中,抵押财产仅限于动产,包括生产设备、原材料、半成品、成品。而在最高额抵押中,抵押财产不限于动产,也可以是不动产所有权或者用益物权。其四,担保的债权是否有最高限额不同。在动产浮动抵押中,所担保的债权额是特定化的,因此,并不存在债权限额的问题。而在最高额抵押中,当事人双方必须约定抵押权所担保的债权的最高限额。

三、最高额抵押权所担保的债权范围

一般抵押都是对既定的债权的担保,设定一般抵押权需写明被担保的

---

① 参见程啸:《中国抵押权制度的理论与实践》,法律出版社 2002 年版,第 448 ~ 449 页。

② 参见黄薇主编:《中华人民共和国民法典物权编释义》,法律出版社 2020 年版,第 822 页。

债权的范围,但在设定最高额抵押时,当事人不仅要明确规定担保债权的最高限额,而且要规定债权发生的原因等。也就是说,对未来的主债权应如何确定,双方应在合同中事先加以规定。如双方约定担保借款的最高限额为 2000 万元,并将担保债权仅限于借款,不包括商品交易,如果无此约定,则极易发生纠纷,特别是在担保商品交易中发生债权的,应当明确规定就何种商品进行连续交易发生的债权额进行担保,否则,应推定双方同意就各种商品交易发生的债权进行担保。在当事人没有约定的情形下,依据《有关担保司法解释》第 15 条第 1 款的规定,最高额担保中的最高债权额,是指包括主债权及其利息、违约金、损害赔偿金、保管担保财产的费用、实现债权或者实现担保物权的费用等在内的全部债权。

《民法典》第 420 条第 2 款规定:"最高额抵押权设立前已经存在的债权,经当事人同意,可以转入最高额抵押担保的债权范围。"该款允许将最高额抵押设立前已经存在的债权纳入最高额抵押担保的范围。因为在设立最高额抵押时,其所担保的债权本就是不特定的,既然抵押人同意将先前已经存在的债权纳入其中,且没有违反最高额抵押的性质,最终发生的债权总额不超过最高限额,法律也应当允许。[①] 但是,将先前已经设立的债权纳入抵押担保的范围,只适用于最高额抵押,不适用于一般抵押,而且,应当满足如下要件:第一,必须经当事人同意。此处所说的"经当事人同意",是指经过债权人和抵押人的同意。第二,先前的债权人和债务人与最高额抵押中的债权人和债务人必须同一。只有在先前的债权人和债务人与最高额抵押中的债权人和债务人是同一的,才能符合当事人设立最高额抵押的目的。如果二者并非同一,将最高额抵押权设立前的债权转入最高额抵押担保的债权范围,极易发生各种纠纷。例如,如果债权人并非同一主体,最高额抵押权实现也非常困难。第三,不得超过最高限额。最高额抵押在性质上都是一种限额抵押,无论当事人是否同意将先前的债权纳入最高额抵押担保的范围,抵押权人在优先受偿时,都不能超过最高限额。[②]

最高额抵押所担保的债权额应当进行登记,从而使相关交易主体和担保权人可以查明已经存在的抵押权,如果当事人未将最高额抵押所担保的债权额进行登记,则可能危及交易安全。《有关担保司法解释》第 15 条第 2 款规定:"登记的最高债权额与当事人约定的最高债权额不一致的,人民法院应当依据登记的最高债权额确定债权人优先受偿的范围。"依据该规定,

---

① 参见黄薇主编:《中华人民共和国民法典物权编释义》,法律出版社 2020 年版,第 815 页。

② 参见黄薇主编:《中华人民共和国民法典物权编释义》,法律出版社 2020 年版,第 814 页。

如果当事人约定的最高债权额与登记的最高债权额不一致,则抵押权人仅能在登记的最高额范围内依法享有优先受偿权,法律作出此种规定,一方面有利于督促当事人办理最高债权额登记,另一方面也是为了维护交易安全,保障其他交易主体尤其是担保权人的利益。[①]

四、最高额抵押担保的债权的转让

在一般抵押中,抵押权具有从属性,所以,其应随着主债权的转让而发生转让。但在最高额抵押中,未来发生的债权是不确定的,经常处于变化之中,如果在决算期尚未到来之前,债权人随意转让其债权,抵押权也将随之移转,特别是当债权人将多项债权分别转让给多人且抵押权的效力也要及于这些已转让的债权时,会使法律关系混乱不清,而且极易给抵押人造成重大损害。因此,《民法典》第 421 条规定:"最高额抵押担保的债权确定前,部分债权转让的,最高额抵押权不得转让,但是当事人另有约定的除外。"从该条规定可见,在最高额抵押的情况下,从属性已经有所缓和。从属性的缓和不仅表现在主债权移转方面,而且表现在主债权的消灭方面。[②] 我国《民法典》在最高额抵押转让的从属性方面采取了缓和的立场,这是总结我国司法实践经验并借鉴国际经验的结果。

《民法典》第 421 条的规定应包含如下内容:第一,转让部分债权必须发生在最高额抵押担保的债权确定前。最高额抵押是一种为将来的债权设定的抵押,抵押设定之后,其所担保的债权在相当长的时间内不能确定。该债权一旦确定,最高额抵押就转变为普通抵押权,应当适用从属性规则。但是,在最高额抵押所担保的债权没有确定前,债权人可以转让部分债权。[③] 第二,部分债权转让的,最高额抵押权不得转让。此处所说的"部分债权"实际上是指在最高额抵押担保的债权确定以前所发生的债权。如果主债权都已经确定,则最高额抵押转变为普通抵押,不能适用该条。《民法典》只是允许部分债权转让,因为毕竟主债权本身处于变化之中,所以,部分债权转让并没有改变从属性规则。在担保的债权最终确定前,已经发生的债权都可以转让。但是,在转让已经发生的债权时,并不能按照从属性规则使最高额抵押权一并移转,这也是最高额抵押并不完全适用从属性规则的体现。第

---

① 参见武亦文:《〈民法典〉第 420 条(最高额抵押权的一般规则)评注》,载《南京大学(哲学、人文科学、社会科学)》2021 年第 6 期。

② 参见陈荣隆:《担保物权之新纪元与未来之展望》,载《台湾法学杂志》2007 年 4 月号(第 93 期)。

③ 参见梅夏英、高圣平:《物权法教程》,中国人民大学出版社 2007 年版,第 448 页。

三,当事人另有约定的除外。当事人另行作出约定主要包括如下情形:一是当事人可以约定部分债权转让的,最高额抵押权也随之转让。例如,当事人可以约定,最高额抵押所担保的全部债权中,如果某一债权或者部分债权发生转让,则最高额抵押权也随之转让。在此情形下,未转让的债权将失去最高额抵押的担保。二是当事人可以约定部分债权转让的,抵押权也发生部分转让。例如,当事人约定最高额抵押权所担保的部分债权发生转让时,最高额抵押权也随之部分转让,该约定也具有法律效力。当然,基于担保从属性原理,当事人不得约定,全部债权发生转让时,最高额抵押权不转让,如果当事人作出此种约定,则意味着债权人放弃了最高额抵押权。

由于部分债权转让,最高额抵押权并不随同转让,因而,已转让的债权部分只能发生债权转让的效果,而不发生物权转让的效果。① 部分债权转让之后,该债权是否仍然为最高额抵押权所担保?本书认为,由于该债权已经被转让了,因而不为最高额抵押权所担保,此处不再适用一般抵押权的不可分性。至于是否需要为该债权另行提供担保,应当由当事人自行决定。

在债权部分转让的情形下,最高额抵押就相应地转化为普通抵押,从登记的角度来说,当事人应当首先办理最高额抵押转化为普通抵押的手续,其次办理最高额抵押的转移登记。

五、最高额抵押所担保的债权的确定

所谓最高额抵押所担保的债权的确定,是指因法定的事由或约定的债权确定期限届满,而使最高额抵押权所担保的债权特定化。最高额抵押所担保的债权之所以要确定,是因为:一方面,最高额抵押只是对一定时期内连续发生的债权所作的担保,如果对其不予确定,就无法实际确定被担保的债权范围,从而也无法确定抵押权实际支配的范围和抵押权人优先受偿的范围。② 另一方面,只有在最高额抵押所担保的债权确定以后,该最高额抵押权才转化为一般抵押权,从而按照一般抵押权的实现规则来实现。《民法典》第 423 条规定,有下列情形之一的,抵押权人的债权确定:

1. 约定的债权确定期间届满。所谓约定的债权确定期间,是指决算期。决算期是最终确定最高额抵押所担保的债权的实际数额的日期,所以在最高额抵押合同中通常必须明确规定决算期。决算期与债权的清偿期不能等同。决算期届满只是使债权额得以确定,并不意味着债权就应当清偿。当

---

① 参见许明月:《抵押权制度研究》,法律出版社 1998 年版,第 437 ~ 438 页。

② 参见黄薇主编:《中华人民共和国民法典物权编释义》,法律出版社 2020 年版,第 818 页。

事人在抵押合同中可以既规定决算期又规定清偿期，在决算期到来后，如果当事人约定的清偿期没有到来，则债权人仍然不能要求清偿。[①] 在决算期到来之前，清偿期已经届满，债权已受清偿的，则不再属于最高额抵押担保的范围；未受清偿的，则仍然属于最高额抵押担保的范围。如果当事人没有约定清偿期而约定有抵押权存续期间，应当以抵押权的存续期间届满为其清偿期的到来。如果既没有约定清偿期，也没有约定抵押权的存续期间，则应当以决算期为清偿期。

2. 没有约定债权确定期间或者约定不明确，抵押权人或者抵押人自最高额抵押权设立之日起满 2 年后请求确定债权。如果当事人对确定债权的期限没有约定或者约定不明确，对此，我国《民法典》第 423 条第 2 项规定抵押权人或者抵押人自最高额抵押权设立之日起满 2 年后可以请求确定债权。[②] 这就是说，如果合同未约定决算期或者约定不明确，为了避免最高额抵押存续期间过长而影响抵押人和抵押权人的利益，《民法典》特别规定，抵押权人或者抵押人自最高额抵押权设立之日起满 2 年后请求确定债权。当然，确定债权的日期，并非满 2 年之日，而是抵押人或者抵押权人提出请求之日。2 年期限是一个固定期限，不适用中止、中断、延长的规定。[③]

3. 新的债权不可能发生。所谓新的债权不可能发生，是指因当事人之间不存在交易关系等原因而不可能再发生债权。例如，债务人与债权人长期从事电脑交易，后来因为债务人改变了经营范围，不可能再进行电脑交易，因此，就不可能因电脑交易而发生新的债权。

4. 抵押权人知道或者应当知道抵押财产被查封、扣押。在最高额抵押权存续期间，如果抵押物被人民法院采取了强制措施，就应当对最高额抵押实行决算。[④] 但是，如果以抵押财产被查封扣押的时间作为时点，对于无过失不知情的抵押权人不利，因此《民法典》修改了原《物权法》第 206 条第 4 项的规定，将时点修改为抵押权人知道或者应当知道抵押财产被查封、扣押，以保护无过失不知情的抵押权人。[⑤]

5. 债务人、抵押人被宣告破产或者解散。所谓被宣告破产，是指债务人

---

① 参见郑玉波：《民法物权》，台北，三民书局 2003 年版，第 288 页。

② 参见梅夏英、高圣平：《物权法教程》，中国人民大学出版社 2007 年版，第 451 页。

③ 参见梅夏英、高圣平：《物权法教程》，中国人民大学出版社 2007 年版，第 452 页。

④ 参见胡康生主编：《中华人民共和国物权法释义》，法律出版社 2007 年版，第 450 页。

⑤ 参见武亦文：《〈民法典〉第 423 条（最高额抵押权担保债权的确定）评注》，载《法学家》2022 年第 3 期。

或抵押人经过法定的破产程序而最终被宣告破产。此处所说的“被宣告破产”是指法院宣告债务破产，而非法院受理破产申请。依据《民法典》第69条的规定，法人被责令关闭或撤销只是法人解散的一种情形，其余情形还包括法人章程规定的存续期间届满或者法人章程规定的其他解散事由出现、法人的权力机构决议解散、因法人合并或者分立需要解散以及法律规定的其他情形。

6. 法律规定债权确定的其他情形。这实际上属于兜底条款。例如，按照《民法典》第412条的规定，出现了当事人约定的实现抵押权的情形，抵押权人可以实现抵押权。这可以看作法律规定债权确定的其他情形之一。如果最高额抵押财产被强制拍卖，也会产生最高额抵押权所担保债权确定的效果。

最高额抵押担保的债权的确定所产生的效力，包括两个方面：一是使最高额抵押变为普通抵押；自此，最高额抵押就适用普通抵押的规则，抵押权从此就具有严格的从属性。[①] 二是确定了担保债权的特定范围，被担保的债权一旦确定以后，无论发生多少债权，只要在此限额内，都应为抵押权效力所及。在金钱借贷中，如果双方未明确限定被担保的债权范围，则应认为最高额抵押权担保的债权范围不仅包括本金，还应包括利息、违约金和赔偿金。[②]

六、最高额抵押的变更

最高额抵押合同在订立后，当事人可以对合同的内容进行变更。在变更最高额抵押时，当事人应当在登记机构办理变更登记手续。《民法典》第422条规定：“最高额抵押担保的债权确定前，抵押权人与抵押人可以通过协议变更债权确定的期间、债权范围以及最高债权额。但是，变更的内容不得对其他抵押权人产生不利影响。”根据该规定，抵押权人与抵押人可以通过协议来变更最高额抵押合同的内容。本书认为，该条包括如下几个方面的内容：

第一，必须在最高额抵押担保的债权确定前才能变更。在债权确定以后，虽然当事人仍然可以变更，但是应当依据普通抵押权变更的规则，而不适用本条的规定。最高额抵押合同是抵押人和债权人之间订立的，所以，变

---

① 参见高圣平：《物权法担保物权编》，中国人民大学出版社2007年版，第312页。

② 参见武亦文：《〈民法典〉第423条（最高额抵押权担保债权的确定）评注》，载《法学家》2022年第3期。

更该合同也应当由该双方当事人协商确定。如果抵押人是第三人，抵押人和抵押权人协议变更最高额抵押，是否应当取得债务人的同意？本书认为，依据《民法典》上述规定，抵押人和债权人可以协议变更，但如果抵押人违反了其与债务人之间的合同，则应当由抵押人向债务人承担违约责任。

第二，变更的内容包括债权确定的期间、债权范围以及最高债权额。一是变更债权确定的期间，即当事人通过约定对最高额抵押合同中约定的债权期限加以变更。此种变更既包括延长期限，也包括缩短期限。二是变更债权范围，即当事人通过约定变更最高额抵押合同中所约定的担保的债权范围。例如，将原合同规定的仅担保主债权扩大到对利息债权的担保。三是变更最高债权额，即当事人约定变更最高额抵押合同中约定的最高额，此种变更包括增加最高额，也包括减少最高额。[①] 但是，增加最高债权额不能以增加的部分对抗变更登记前已经存在的后顺位抵押权人。

第三，变更的内容不得对其他抵押权人产生不利影响。如果同一财产之上设立了后位的抵押权，抵押权人和抵押人变更最高额抵押时（如提高了最高限额等），就可能对后位抵押权人产生不利影响。在此情况下，如果没有取得后位抵押权人的书面同意，此种变更就不能对抗后顺位的抵押权人。[②]

某物设定最高额抵押后，是否可以再为他人设定抵押？从理论上说，因债权有最高限额的限定，如果抵押物的价值高于债权最高限额，应当可以再设定第二顺位、第三顺位的抵押权，此时，抵押人实际上设立了多个抵押。既然我国《民法典》物权编允许抵押人设立多个抵押，就没有理由禁止在设立最高额抵押以后，在同一抵押财产上再设立抵押权。

七、最高额抵押的实现

对一般抵押来说，在债务履行期到来以后，债务人未清偿债务的，抵押权人有权实现抵押权。而对最高额抵押而言，要实现抵押权，必须具备两个条件：

一是抵押权担保的债权数额已确定。最高额抵押必须在变成普通抵押之后，才能实现抵押权，在没有确定被担保的债权数额以前是无法实现抵押权的。因为抵押权人是否可以优先受偿以及可以优先受偿的数额都无法

---

① 参见高圣平：《民法典担保制度及其配套司法解释理解与适用》（下册），中国法制出版社2021年版，第796～797页。

② 参见郭明瑞：《物权法通义》，商务印书馆2019年版，第329～330页。

确定。

二是债务人不履行到期债务或者发生当事人约定的实现抵押权的情形，抵押权人有权在最高债权额限度内就该担保财产优先受偿。首先，债务已到履行期但债务人没有履行债务。当事人在抵押合同中除应规定决算期以外，还应当规定债务的履行期限。只有在决算期到来后，通过决算确定出债权的实际数额，同时债务也已经到清偿期时，抵押权人才能实现其抵押权。[①] 如果抵押合同中未明确规定履行期限，一般认为，应根据当事人约定的抵押权的存续期间或决算期来确定。其次，发生了当事人约定的实现抵押权的情形。例如，当事人约定在债务人严重资不抵债时，即使没有宣告破产，也可以实现抵押权。

在实现最高额抵押权时，抵押权人是否应出具有关债权证明？对于一般抵押而言，因债权早已存在，故不存在这一问题，但对最高额抵押权而言，因其设定时债权尚未存在，所以，抵押权人在行使抵押权时，如果当事人就担保的债权发生争议，抵押权人应提交有关证明，证明其债权的存在及数额。

---

① 参见郭明瑞：《物权法通义》，商务印书馆2019年版，第328页。

第二十章 动产质权

第一节 质权概述

一、质权的概念和特征

质权,又称质押权,是指债务人或第三人将其财产移交给债权人占有,以其作为债权担保的担保物权。在债务人不履行债务时,债权人可以依法以其占有的债务人或第三人提供担保的财产变价优先受偿。[①]《民法典》第425条规定:"为担保债务的履行,债务人或者第三人将其动产出质给债权人占有的,债务人不履行到期债务或者发生当事人约定的实现质权的情形,债权人有权就该动产优先受偿。前款规定的债务人或者第三人为出质人,债权人为质权人,交付的动产为质押财产。"质押包括动产质押和权利质押。在质押中,权利人为质权人,提供财产担保的人为出质人,出质人可以是债务人自己,也可以是债务人以外的第三人。出质人为第三人时,在学理上称为物上担保人,出质人为债权担保所提供的财产称为质物。

由于质押是为担保债权而在担保物之上设定的,质权人对标的物的交换价值可予以支配并可以排除他人的干涉,因而,质权和抵押、留置一样都是担保物权。一方面,质权作为一种物权,具有物权的各种特征,包括支配性、优先性、排他性和追及性。另一方面,质权是为担保债的履行而设定的限制物权。质押作为一种担保的方式,其设立目的就是担保债的履行。正是因为它是一种担保物权,因而质权也具有从属性和不可分性,质权人可享有优先受偿权。

---

① 参见郭明瑞:《物权法通义》,商务印书馆2019年版,第332页。此外,我国台湾地区谢在全先生、史尚宽先生,日本近江幸治先生等均作类似定义。参见[日]近江幸治:《担保物权法》,祝娅等译,法律出版社2000年版,第65页。

在有质押担保的债权与普通债权并存时,有质押担保的债权人应优先于普通债权人接受清偿。在法律上,质权具有如下特点:

1. 质权的标的是动产或权利。《民法典》中所说的质押财产,与《民法典》有关抵押和留置中所说的担保财产不同,质押财产不限于物,还包括权利。根据《民法典》的规定,质权的标的包括动产和财产权利,其中财产权利又包括票据权利、债权、证券权利、股权、知识产权、基金份额、应收账款等。但作为质权的标的只能是动产和权利,而不包括不动产。① 除了不动产物权以外,其他的动产及其财产权利,都可以作为质押的客体,因此,质押的客体是非常广泛的。提供质押的财产既可以是债务人的财产,也可以是第三人的财产。

2. 公示方法具有多样性。依据《民法典》的规定,质权的类型不同,其公示方法也不同。从总体上看,质权的公示方法主要有三种类型:一是移转占有。对于动产质押来说,必须移转占有才能使债权人取得质权,并取得对抗第三人的效力。转移财产占有,这是质押区别于其他担保形式的本质特征。在动产质押中,质权人必须直接占有出质人所交付的质物,从而产生动产质权。由于动产质押是质押的一般类型,因而,学者常常将移转占有作为质押的一般公示方式。二是登记。对于基金份额、股权、知识产权和应收账款出质的,必须到有关部门办理登记。质权自办理登记时设立。三是交付权利凭证。依据《民法典》第 441 条的规定,以汇票、本票、支票、债券、存款单、仓单、提单等有价证券出质的,如果这些有价证券具有权利凭证,质权应当自权利凭证交付给质权人时设立。在物权法中,此种公示方法,也可视为特殊的移转占有方式。

3. 动产质押中权利人应当依法占有标的物。由于动产质权要移转占有,因而也决定了质押关系中当事人的权利义务内容与抵押关系中当事人的权利义务内容是不同的。在动产质押中,权利人有权占有该动产。当然,质权人也负有保管质物、在债务人适当履行债务后返还质物的义务。这些权利和义务,显然是抵押关系中当事人所不可能享有和承担的。

4. 设定的方式具有特殊性。动产质权的设定必须采用交付的方式,有价证券的质押,如果有权利凭证,也必须交付权利凭证。没有权利凭证的,则以登记为公示方法。虽然质权的设定必须要采取一定的公示方法,但这种公示方法又与抵押有所区别。

从功能上说,质权具有两种功能:一是留置功能。因为质权就其功能而

---

① 参见高圣平:《民法典担保制度及其配套司法解释理解与适用》(下册),中国法制出版社 2021 年版,第 816 页。

言，具有留置的作用，标的物由质权人占有，剥夺了质押人对标的物的占有，对其施加心理上的压力，从而有利于督促债务人履行债务。剥夺占有对质押人造成的损失越大，质押的功能也就越强。[①] 因此，质权的设定必须以权利人实际占有质押财产为前提。[②] 二是优先受偿的功能。质权人不仅占有质押物，而且支配质押物的交换价值。因而，在债务人到期不能清偿债务时，质押权人可以将质押物变价，从而优先受偿。从质押发展的趋势来看，其支配交换价值的功能日益突出，而其留置功能在逐渐减弱。

二、动产质押和抵押的联系与区别

动产质权与抵押权都是担保物权，尤其是不少权利质押都采取登记的公示方法，而抵押中也存在权利抵押，且也采取登记的公示方法。据此，许多学者认为，权利质押和权利抵押具有相似性。但动产质权与抵押权之间存在本质区别，其主要体现在如下几个方面：

第一，标的不同。依据《民法典》第 395 条的规定，抵押物包括动产、不动产和用益物权，并不限于不动产。《民法典》将质押分为动产质押和权利质押，因此，可以用于质押的财产是动产和除不动产物权以外的财产权利。

第二，公示方式不同。尽管抵押权和某些权利质权都需要登记，但其公示方法不完全相同。根据《民法典》的规定，抵押权的设定应采用登记的方法，并不要求移转抵押物的占有，而且对于不动产和用益物权的抵押采登记要件主义，即使是动产抵押也实行登记，只不过采登记对抗主义。而动产质权的设定则必须移转占有，有权利凭证的有价证券质押必须交付权利凭证。

第三，权利内容不同。由于抵押权设定以后不移转占有，抵押物仍然由抵押人占有，抵押人可以继续对抵押物占有、使用、收益，抵押权人虽能享有对标的物的支配权，但并不能对标的物直接行使占有、使用、收益的权利。而在动产质押的情况下，质权人因质物移转占有，可直接对质物行使占有权，亦有权收取质物所生的孳息。因此，抵押权人和质权人对提供担保的物所享有的权利是不相同的。

尽管抵押和动产质押存在明显的区别，但两者之间仍然具有十分密切的联系。从担保物权发展的趋势来看，抵押和动产质押正呈现出一种相互融合的趋势，表现在：一方面，由于动产抵押的产生与发展，根据权利的客体是动产还是不动产来区分抵押和质押已经越来越困难。根据我国《民法典》的规定，

---

① 参见［日］我妻荣：《我妻荣民法讲义Ⅲ：新订担保物权法》，申政武等译，中国法制出版社 2008 年版，第 101 页。

② 参见郑玉波：《民法物权》，台北，三民书局 2003 年版，第 336 页。

动产既可以设立抵押，又可以设立质押，这就打破了“动产质押、不动产抵押”的二分法格局。另一方面，由于许多权利质押并不需要移转占有，甚至不需要交付权利证书，其公示方法要采取登记的方式，因而以是否登记来区分抵押和质押也变得十分困难。例如，我国《民法典》第443条、第444条规定的股权质押、知识产权质押等，并不转移占有甚至不需要交付权利证书，而只是采取登记方式，其在性质上类似于抵押，甚至可以说这些权利质押与抵押并无本质不同。由此便使动产质押与抵押的分类越来越模糊。正如史尚宽先生所指出的：“权利质权，尤其以债权、股份或无体财产权为标的之权利质权，其担保的作用反近于抵押权，谓之介于一般质权与抵押权之中间区域，亦无不可。”[①]权利质押中的许多类型究竟属于质押还是抵押，是值得研究的。

还应当看到，在某些情形下，动产质押和动产抵押可能发生竞合。例如，某人将某辆汽车质押后，又将该汽车抵押给第三人，这就形成了动产质权与动产抵押的竞合。对权利竞合，《民法典》第415条规定：“同一财产既设立抵押权又设立质权的，拍卖、变卖该财产所得的价款按照登记、交付的时间先后确定清偿顺序。”这就确立了在动产抵押和质押发生竞合时的规则，原则上应当按照“先来后到”的规则确定其权利顺位，但在其适用中又应当具体分析。具体而言，应当区分两种情况：一是先质后抵。由于质押设立在先，无论抵押权是否已经办理登记，质权均应当优先。二是先抵后质。如果抵押权已经办理了登记，则抵押权优先于质权。如果不动产抵押未办理登记，抵押权未有效设立，就不存在与质权的先后问题；如果是动产抵押，依据《民法典》第415条之规定，质权优先，不应考虑质权人是否为善意。

第二节　动产质押的概念和特征

一、动产质押的概念和特征

所谓动产质押，是指债务人或者第三人将其动产移交债权人占有，以该动产作为债的担保，在债务人不履行债务或者发生当事人约定的实现质权的条件时，债权人依法有权以该动产折价或者以拍卖、变卖该动产的价款优先受偿。[②] 质权最初是动产质权，后来逐渐扩展到权利质权和不动产质权，并在法律上出现了动产质权、不动产质权和权利质权的区分。但我国《民法典》仅承认动产质权和权利质权两种类型，没有规定不动产质权，这主要是因为在我国，不动产以及不动产用益物权都实行严格的登记制度，且根据我

---

① 史尚宽：《物权法论》，中国政法大学出版社2000年版，第388页。

② 参见刘家安：《物权法论》（第2版），中国政法大学出版社2015年版，第180页。

国《民法典》的规定,这些权利设定采登记要件主义。如果不动产可以设立质押,这不仅与我国的登记制度不符,而且在质权实现时,将会因为与登记要件主义相违背而产生物权的争议。动产质押的特点在于:

第一,动产质押的标的是动产。此处所说的动产不仅包括普通动产,也包括可以办理登记的特殊动产,如船舶质押。有价证券质押原则上属于权利质押,而不属于动产质押的范畴。

第二,设立动产质押必须要移转占有。所谓移转占有,就是将动产由出质人交付给质权人,并由质权人直接占有动产。这就是说,动产质权的成立,必须以标的物的占有移转于质权人为前提,在占有未完成移转以前,质权并未成立。[①] 此种占有具有如下几个特点:一是占有的公开,即占有必须能够公开,使第三人知晓。因此,此处所说的占有移转仅限于直接占有的移转,间接占有如占有改定不能产生公示的效果,只能在当事人之间产生效力而不能对抗第三人。由于动产质权的设定必须采取直接占有的方式,所以质物由质权人占有以后,就不可能由他人直接占有,因此一物之上不能设立多项质权。[②] 二是占有的持续性。质权人必须持续占有质押物,如果占有中断就可能丧失质权。[③] 在债务人未履行债务之前,质权人可以直接控制质物,在债务未受清偿之前,也有权拒绝返还质物。不过,由于经济生活的发展,这种留置的功能正在逐渐减弱。

第三,动产质押是质押的一般形态。《民法典》第446条规定,“权利质权除适用本节规定外,适用本章第一节的有关规定”。依据这一规定,相对于权利质权来说,动产质权的规则属于一般规定,而权利质权的规则属于特殊规定。所以,在权利质押中没有规定的,应当适用动产质押的规则。

动产质押与动产抵押都以动产为担保的标的,但动产质押需要移转占有,而动产抵押并不需要移转占有。动产质押以移转占有为要件,因而常常会影响对财产的有效利用。一方面,大规模动产(如机器设备)的移转占有本身是困难的,尤其是在动产移转以后,出质人不能再占有该动产,因此出质人不能对标的物进行使用、收益,这就有碍出质人的生产、经

---

① 原《关于贯彻执行〈中华人民共和国民法通则〉若干问题的意见(试行)》第112条规定:“没有书面合同,但有其他证据证明抵押物或者权利证书已交给抵押权人的,可以认定抵押关系成立。”可见,即使不存在抵押合同,如确已发生的质物的占有转移,亦可认定质押合同成立。

② 参见倪江表:《民法物权论》,台北,正中书局印行1982年版,第329页。转引自刘保玉:《论担保物权的竞存》,载《中国法学》1999年第2期。

③ 参见[日]我妻荣:《我妻荣民法讲义Ⅲ:新订担保物权法》,申政武等译,中国法制出版社2008年版,第97页。

营。债权人通常是银行等机构,其占有这些动产后,也无法充分利用该动产,从而降低了物的利用效率。另一方面,在移转占有以后,债权人还需要保管该动产。更何况,动产一旦经过一段时间不使用,其价值可能发生自然贬损,甚至变得毫无价值。正是基于这些原因,产生了动产抵押和动产让与担保等新的担保形式,而动产质押的范围从发展趋势来看正在逐渐缩小。实践中也产生了动态质押、保兑仓交易等新型担保交易,由具有监管能力的第三人代为占有管控质押财产,同时也为出质人利用这些财产提供了可能性。

二、动产质押的标的

动产质权以动产为标的,土地、房屋、桥梁等建筑物以及建设用地使用权等属于不动产及用益物权,不得出质。但是,有关不动产的收费权等,可以作为应收账款而纳入权利质押的客体。交通运输工具在性质上仍然属于动产,可以出质,但由于交通运输工具在设定质押时须移转占有,从而会影响对于该交通运输工具的利用,而采用抵押的方式更有利于对交通运输工具的利用。

尽管动产质权以动产为标的,但并不是说任何动产都可以成为质权的标的,作为质押的标的物应具备如下条件:

1. 动产质押的标的物须为特定物。质权具有物权的一般属性,物权的标的只限于特定物,在某物未特定化之前,权利人不能对其直接支配,也不能移转占有,所以也不能成为质权的标的。当然,由于动产质押必须移转占有,因而该动产也必须能够为权利人所支配。

2. 动产质押的标的物须为单一物。每一个单独的动产,可成为一个质权的标的。《民法典》承认集合物可以抵押,但并没有明确规定集合物的质押,因而用于质押的动产必须是特定的单一的动产。当然,如当事人特别约定,以多个动产质押,可以形成共同质押。至于当事人能否以多个动产以及权利形成集合物设立质押,《民法典》对此并没有作出规定。本书认为,参照《民法典》第 115 条,“物包括不动产和动产。法律规定权利作为物权客体的,依照其规定”。对此种集合财产的质押,应当由法律作出规定。在法律没有对集合物质押作出规定之前,当事人不能设立集合物质押。

3. 动产质押的标的物必须具有可让与性。《民法典》第 426 条规定:“法律、行政法规禁止转让的动产不得出质。”所谓可让与性,是指该财产依法可以移转。法律、行政法规规定不可让与的财产,如各种法律禁止流通的物，不能作为质押的标的。[①] 由于对动产转让的禁止性规定，其他规范性文件不得作为禁止动产转让的法律依据，[②]故涉及限制财产权的问题，必须要由法律和行政法规作出明确规定。一些依法只能在特定民事主体之间流通的物（如某些具有重大科研价值的矿产品只能出售给国家），这些物的流通虽然受到限制，但仍然可以转让，在法律上可以质押。至于依法被扣押的财产，因为当事人已经丧失了处分权，所以，既不能转让，也不能出质。

以主物设立质权，是否导致从物成为质权的客体？本书认为，按照从物随主物的原则，主物的处分要及于从物。因此，除非当事人特别约定只以主物出质，否则质押合同中的质押财产当然包括从物。如果主物及从物均已由出质人交付给质权人，则质权的效力毫无疑问要及于主物和从物。即使质押合同未明确规定从物为质物，如果从物已经移转占有，则根据主物的处分及于从物的规则和从物已移转占有的事实，可认定已就该从物设定了质权。[③] 但是，如果从物未随主物同时交付质权人占有，该物尽管为质物的从物，也不能认为当事人已就该物设定了质权。[④] 例如，以摩托车设定质押，摩托车备用胎在未交付给质权人时，质权人当然不能就备用胎享有质权，但是，债权人有权依据质押合同请求出质人交付备用胎。

《民法典》第 427 条第 2 款使用的是"质押合同一般包括……"，也就是说，上述内容只是质押合同一般包括的内容。所谓"一般包括"，是指这些条款主要是提示性条款[⑤]，它提醒当事人注意这些条款的存在，并将其纳入质押合同之中。但是，这并非意味着，当事人没有约定该条所列举的全部条款，质押合同就是无效的，这就充分尊重了当事人在设立质权时的意思自治。

需要指出的是，如果移转占有的财产与质押合同的约定不一致，应当如何处理？本书认为，尽管移转占有要依据合同，但占有的移转不是合同

---

① 参见王胜明主编、全国人大常委会法制工作委员会民法室编著：《中华人民共和国物权法解读》，中国法制出版社 2007 年版，第 455 页；黄薇主编：《中华人民共和国民法典物权编释义》，法律出版社 2020 年版，第 825 页。

② 参见黄薇主编：《中华人民共和国民法典释义（上）：总则编 · 物权编》，法律出版社 2020 年版，第 826 页。

③ 参见黄泷一：《〈民法典〉第 320 条（从物随主物转让）评注》，载《南京大学学报（哲学、人文科学、社会科学）》2022 年第 6 期。

④ 参见史尚宽：《物权法论》，中国政法大学出版社 2000 年版，第 358 页。

⑤ 参见王胜明主编、全国人大常委会法制工作委员会民法室编著：《中华人民共和国物权法解读》，中国法制出版社 2007 年版，第 456 页。

生效要件，占有可以独立于合同而存在。如果出质人交付财产与合同规定的质物不一致，不一定导致质押无效，可以视为当事人在实际交付财产的过程中，已经对原合同作出了变更。这主要有两种情况：一是如果交付的物不是合同约定的质物，则视为当事人以新的物代替了原合同约定的质物；二是如果质押合同约定以某几项财产设立质权，但出质人仅将其中的某一项财产移转占有给质权人，在此情况下，虽然出质人应当承担合同上的责任，但就质权而言，只能认为当事人仅就移转占有的财产设立质押，而不能认为质权人已就所有约定的财产设定质权。当然，由于质押合同已经生效，债权人仍然可以基于有效的合同要求出质人继续履行或者承担违约责任。

第三节　动产质押的设定

一、当事人必须订立书面的质押合同

动产质押的设定属于担保物权设定的典型形态，应当采取合同加公示的方式。《民法典》第 427 条第 1 款规定："设立质权，当事人应当采用书面形式订立质押合同。"所谓质押合同，是指出质人和债权人之间订立的以设立质权为内容的合同。出质人既可以是债务人，也可以是第三人。质押合同仍属于合同的一种类型，在合同的订立、生效、违约责任等方面要适用《民法典》合同编的规定。例如，质押合同的内容不得违反法律和公共道德，不得以法律、行政法规禁止设立质押的财产来设立质押，否则，质押合同将被认定为无效。

质押合同作为设立质权的合同，性质上属于设立担保物权的合同，同时要适用《民法典》物权编的规定。依据《民法典》第 427 条的规定，质押合同必须采取书面形式。这是因为在《民法典》上所有设立担保物权的合同都要采取书面形式，质押合同也不例外，也只有采用书面形式才能提醒出质人慎重考虑，并防止将来可能出现的各种争议。

依据《民法典》第 427 条第 2 款的规定，质押合同的内容一般包括如下条款：

1. 被担保的主债权种类、数额。所谓被担保的主债权的种类，是指质押所担保的债权的类型，如担保的是金钱债权还是劳务债权，是合同之债还是侵权损害赔偿之债。所谓被担保的主债权的数额，是指以金钱计算的具体债权额。例如，借贷关系中的借款数额。当事人在质押合同中，可以约定质押财产担保全部的债权，也可以约定担保部分的债权；可以约定担保现在的

债权，也可以约定担保将来的债权。[①]

2. 债务人履行债务的期限。所谓债务履行期限，是指合同所约定的债务人履行其债务的期限。由于债务履行期届满是质权实现的先决条件，因而，必须在质押合同中明确作出约定。

3. 质押财产的名称、数量等情况。按照物权客体特定的原则，动产质押的客体应当特定化。为了实现这一目的，质押合同中必须规定质押财产的情况。因为质押财产要移转占有，在质权人占有财产期间，可能会擅自使用该财产，从而导致财产改变形态、价值减损等。因此，在质押合同中，明确指明质押财产的状况有助于减少各种不必要的纠纷。《民法典》从便利获得融资的角度出发，相较于原《物权法》而言，简化了对于质物情况的描述，不再要求约定质物的质量、状况等内容[②]，而只需要作进一步的概括描述。同时，依据《有关担保司法解释》第 53 条的规定，在进行概括描述时，应当能够合理识别担保财产。

4. 担保的范围。它是指质押财产究竟担保哪些债权。一般说来，质权担保的债权范围包括主债权、保管质押物的费用、违约金、损害赔偿金、利息等。但是，当事人也可以自行约定质押担保的债权范围。例如，当事人可以约定仅担保主债权，甚至可以约定担保部分主债权。在当事人没有约定的情形下，应当按照《民法典》第 389 条的规定，确定质权担保的范围包括主债权、利息、损害赔偿金、保管质物的费用、实现质权的费用。[③]

5. 质押财产交付的时间、方式。交付时间是指出质人交付质物的时间。《民法典》第 429 条规定，质权自出质人交付质押财产时设立，因而，交付质物的时间，就是质权的设立时间。换言之，交付质物之后，债权人才享有质权，这也体现了《民法典》物权编中的区分原则。正因如此，质物的交付时间必须在质押合同中明确规定。交付方式是指出质人向质权人交付质物的具体形态，如可以约定质物交由第三人监管等。

二、出质人必须交付质物、移转占有

《民法典》第 429 条规定："质权自出质人交付质押财产时设立。"动产质押的成立，必须将标的物的占有移转于质权人才能产生效力。只有移转质物的占有，才能导致质权的成立。交付质物、移转质物的占有包括三个

① 参见崔建远：《物权法》（第 5 版），中国人民大学出版社 2021 年版，第 425 页。

② 参见黄薇主编：《中华人民共和国民法典释义（上）：总则编 · 物权编》，法律出版社 2020 年版，第 827 页。

③ 参见黄薇主编：《中华人民共和国民法典物权编释义》，法律出版社 2020 年版，第 827 页。

方面：

第一，交付。所谓交付，是指出质人必须依据质押合同规定的时间和地点将质押财产移转占有给质权人或者其他有受领权的人（如质权人的代理人）。交付是出质人依据质押合同所应当履行的主要义务。

不过，设定质权所要求的占有移转不同于一般债务履行所要求的占有移转。在后一种情况下，标的物是否必须发生直接占有的移转，可由债权人和债务人之间协商决定。如果双方协商可在不移转直接占有的情况下而移转所有权，由于双方协商的内容主要涉及当事人之间的利益，法律认为此种关于交付的特别约定应是有效的。但在设定质权时，依法应当采取直接占有的移转方式，因为在某项财产上设定质权必须要有一定的公示方法，足以使第三人知道，此种公示方法便是直接占有的转移。没有公示就不能设定质权。由于在占有改定的情形下，并不需要移转占有，而是由担保人继续占有，因而这种方法不能成为质权设定的公示方法。① 如果可以采取占有改定的方式设立质权，一则导致质权人丧失了实际占有的权能，二则将对交易安全构成威胁。②

第二，移转占有。交付是一个过程，而交付的结果是移转占有。如果出质人交付之后，并没有使质权人实际取得对该质物的占有，则不能认为完成交付。所以，在质权的设定中所说的移转占有，必须是由受让人实际取得占有，而不应包括占有改定方式。

第三，占有的公示方法始终伴随着质权的存在。质权作为一种担保物权，其不同于一般债权之处在于，它必须要进行公示，这就是要具备移转质物的占有。占有是质权的外部象征。占有移转不仅是质权设定的要件，而且质权人的占有乃是其享有物权的标志。例如，甲将其摩托车 2 辆出质给乙，以担保 5 万元借款，乙占有一段时间以后，考虑到不便保管，遂将此 2 辆摩托车退回给甲，请甲帮助其代为保管。以后因甲欠丙 2 万元贷款，丙向甲追索要求以该摩托车偿还债务，而乙则主张对该摩托车的质权，乙的主张能否成立？本书认为，质权作为一种担保物权，其不同于一般债权之处在于，它必须要进行公示，这就是要移转质物的占有。占有移转不仅是物权设定的要件，而且是质权人享有物权的标志。占有必须与质权的存在相伴随，一旦质权人因自身的原因不再占有质物，则质权将不复存在。如果质押已不具备公示要件，则质权也不存在。因此，从乙放弃占有之时开始，可以认为

① 参见王立栋：《论动产质权设立中的“交付”》，载《学习与实践》2020 年第 4 期。

② 参见郭明瑞：《物权法通义》，商务印书馆 2019 年版，第 345 页。

其已抛弃了质权,所以乙不能主张优先于丙就 2 辆摩托车受偿,而只能与丙平等受偿。但应当看到,如果质权人非因自己的原因丧失对质物的占有,事后又恢复对质物的占有,应认为其已恢复对质权的享有。但因为质权人自身的原因而导致对质物的占有丧失,质权已经归于消灭,即使以后恢复占有,也不能仅因这一占有行为而恢复质权。

三、质权自出质人交付质押财产时设立

所谓动产质押的设立时间,是指当事人取得动产质权的时间点。《民法典》第 429 条规定:“质权自出质人交付质押财产时设立。”据此,动产质权的设立时间,应当从实际交付之日起为判断标准。质物未经出质人交付给质权人的,质权不能产生。此处所说的“交付”是作为动产物权变动的生效要件。

所谓质权的设定,是指当事人通过订立质押合同并移转对质物的占有,从而创设质权,出质人应当依据合同约定向债权人及时交付质押物,在交付并移转对质押物的占有之后,质权才能有效设定。本书认为,占有改定不能成为质权设定的公示方法。所谓占有改定,是指当事人双方特别约定,由原占有人继续占有动产,而占有的受让人取得对标的物的间接占有,以代替标的物的交付。在此种占有方式下,占有的公示作用在一定程度上被削弱,不能完全适用于质权的设立。从《民法典》第 429 条规定来看,出质人代质权人占有质物的,不构成交付,因此,占有改定不能作为质权设定的公示方法。这主要是因为在占有改定的情况下,质权人仅能间接占有质物,从外观上来看,质物仍由出质人占有,从而使质权的设定没有完成应有的公示。对任何第三人来说,仍然认为质物仍由出质人占有,因此不能通过占有改定公示质权的存在,在此情况下如认为质权已经产生,使债权人享有质权,就会损害第三人利益,影响交易安全。所以,占有改定的方式不适用于质权的设定。

出质人没有交付质物,只是没有完成法定的质权设定的公示方法,从而导致作为担保物权的质权不能设立,但并不会影响质押合同的效力,在出质人未按照约定交付质押物时,质权人有权依法请求出质人承担违约责任。我国《民法典》第 215 条确立了区分原则,在质权的设立方面,同样也区分了质押合同的生效与质权的设立。

四、动产质权的善意取得

各国法律大都承认质权的善意取得。[①] 我国《民法典》第 311 条第 3 款

---

① 如《德国民法典》第 1207 条、《瑞士民法典》第 884 条。

规定："当事人善意取得其他物权的，参照适用前两款规定。"由此表明，善意取得不仅适用于所有权，而且适用于他物权，其中包括动产质权。如果在设立质权时，出质人以其不具有处分权的财产出质，但债权人是善意的，其不知道或不应当知道出质人无处分权，则质权的设定是有效的，所有人不能要求质权人返还财产，但可要求出质人赔偿损失。

质权的善意取得必须符合一定的条件，具体表现在：第一，出质人对出质的动产并不享有处分权，但实施了出质行为。也就是以他人之物出质。第二，出质人与质权人之间订立了设定质权的合同，质押合同合法有效。第三，质权人在移转动产占有时是善意的。此处所说的"善意"，是指质权人不知且不应知道出质人无处分该质物的权利。善意是指质权人在设定质权时是善意的，如果质权人受让动产的占有时出于恶意，当然不能即时取得质权。第四，根据《民法典》第 311 条第 3 款的规定，质权的善意取得必须要"交付"。因此，质权人必须依据质押合同占有出质的动产。在符合善意取得的情况下，善意第三人可以取得质权。但是若不符合善意取得构成要件，债权人明知出质人无处分权而接受该财产作为质物，该质押是无效的。

第四节　动产质押的效力

一、质权人的权利和义务

（一）质权人的权利

1. 占有质物的权利。《民法典》第 425 条第 1 款规定："为担保债务的履行，债务人或者第三人将其动产出质给债权人占有的，债务人不履行到期债务或者发生当事人约定的实现质权的情形，债权人有权就该动产优先受偿。"可见，在质权设定以后，质权人有权占有出质的财产。在主债务没有被清偿以前，质权人有权继续占有质物，此种占有实际上就是"留置"质物，即使质物的所有权已经由出质人转让给他人，质权人仍然享有占有权，并有权拒绝任何第三人提出的交付质物的请求。如果在质权人占有期间，质物被侵夺、遭受侵害或可能遭受侵害，质权并不因此而消灭。① 根据《民法典》关于物权请求权和占有保护请求权的规定，质权人可以请求返还原物、排除妨害、消除危险。

问题在于，质权人是否有权使用质物？有学者认为，为了充分发挥物的效益，应当允许质权人在占有期间可以使用质物并以其收益清偿债务。本

① 参见陈华彬：《物权法论》，中国政法大学出版社 2018 年版，第 610 页。

书认为,此种观点值得商榷。《民法典》第 431 条规定并没有承认质权人享有此种权利。因为质权人对质物行使使用权,可能导致质物的毁损,且通过使用获取多少收益也不能为出质人所知晓,其结果极易造成对出质人的损害。《民法典》第 431 条规定:“质权人在质权存续期间,未经出质人同意,擅自使用、处分质押财产,造成出质人损害的,应当承担赔偿责任。”从反面解释来看,质权人虽不享有使用质押财产的权利,但如果经过出质人的同意,质权人可以使用质物,也有权处分质物。因为质物本身是出质人的财产,对质物的使用和处分必须取得出质人的同意。但未经出质人同意,质权人使用质物的,既构成对质押合同的违反,也可能构成侵权,质权人应当承担相应的责任。[①] 如果经过出质人的同意,则转质转化为承诺转质。在转质生效后,出质人的质权仍然存在。

2. 收取质物的孳息的权利。《民法典》第 430 条规定:“质权人有权收取质押财产的孳息,但是合同另有约定的除外。前款规定的孳息应当先充抵收取孳息的费用。”该条包括了如下几层含义:第一,在质押期间,质权人有权收取质押财产的孳息。质权人既然占有了质物,则其应当有权收取质押财产的孳息,这样既可以降低收取孳息的成本,也有利于以孳息担保债权的实现。如果第三人是善意的,符合善意取得的构成要件,则第三人取得质权,由此造成的损失,由出质人对质物所有人承担赔偿责任。第二,质权人收取的孳息应当先充抵收取孳息的费用。质权人收取孳息可能需要支付一定的费用,质权人有权请求出质人偿还该费用。质权人所收取的孳息优先冲抵收取孳息的费用,有利于简化法律关系,保障质权人权利的实现。但按照孳息所有权归属于原物所有人的规则,质权人只是有权收取孳息,并将其作为质权的客体,而不能取得对孳息的所有权。如果这些孳息是金钱,质权人可以直接将其用于清偿债务;如果是其他物,则必须要按照质权的实现程序来清偿。[②] 因此,质权人收取孳息以后,只能对孳息享有优先受偿权。第三,当事人另有约定的除外。如果当事人对孳息的法律归属另有约定,则依照合同约定。

3. 转质权。在债权存续期间,质权人为了对自己的债务提供担保而将质物的占有移转给第三人,并在该质物上设定了新的质权,此种情况称为转质。转质包括承诺转质和责任转质两种情况,我国《民法典》承认了承诺转质而没有承认责任转质。

---

① 参见[日]近江幸治:《担保物权法》,祝娅等译,法律出版社 2000 年版,第 81 页。

② 参见黄薇主编:《中华人民共和国民法典物权编释义》,法律出版社 2020 年版,第 830 页。

所谓责任转质，是指质权人未经出质人的同意，而以自己承担责任为条件将质物质押给第三人。[①] 例如，甲将其名表借给乙使用，如果乙没有经过甲的同意，擅自将名表质押给丙，则构成责任转质。《民法典》第 434 条规定，“质权人在质权存续期间，未经出质人同意转质，造成质押财产毁损、灭失的，应当承担赔偿责任”。根据反面解释，《民法典》承认了承诺转质，但并没有允许责任转质，在责任转质的情况下，质权人造成质押财产毁损、灭失的，其应当向出质人承担赔偿责任。

所谓承诺转质，是指经过出质人的同意，质权人将质物质押给第三人用以担保自己债务的履行。例如，甲将其名表一块质押给乙，后来，乙经过甲的同意，又将该名表质押给丙，用于担保丙对乙享有的债权。质权人在转质时取得了出质人的同意，意味着出质人已将质物的相应处分权授予原质权人。根据对《民法典》第 434 条的反对解释，只要经过出质人的同意，就可以进行转质。据此可见，我国《民法典》已经承认了承诺转质。

质权人实施承诺转质行为必须符合如下要件：第一，质权人取得出质人的同意。此处所说的同意，应当是指明示的同意，而不包括默示的同意。至于出质人的同意是否应当采取书面的形式，《民法典》并没有作出规定，应当理解为此种同意是非要式的。问题在于，如果质权人未取得出质人的同意，向第三人谎称自己是所有人或伪造出质人同意的证明，而将质物转质给他人，此时是否发生转质权的善意取得？对此，大多学者认为，依照《民法典》第 311 条的规定，可以使转质权人取得质权。因为在此情况下，从保护善意第三人利益考虑，应当使转质权人取得的质权优先于原质权受偿。[②] 本书赞成此种观点。通过善意取得制度的适用，而使转质权人取得质权，可以弥补质权人没有取得出质人同意的不足，转质权的法律效力应当等同于承诺转质。第二，质权人与第三人达成转质的协议。该协议又称为“转质约定”，在转质约定生效以后，才能设立转质权。如果转质约定被宣告无效或被撤销，转质权人不能取得质权。第三，质权人移转质物的占有给第三人。与原质权的设立相同，转质权的设立也必须交付质物，而且不能通过占有改定的方式交付质物。[③]

承诺转质以后，新设立的质权（转质权）与原质权及被其担保的债权是

---

① 参见郭明瑞：《物权法通义》，商务印书馆 2019 年版，第 352 页。

② 参见陈志力、焦莉莉：《责任转质的立法可行性——兼评〈物权法〉相关条文》，载《法律适用》2007 年第 9 期。

③ 参见梅夏英、高圣平：《物权法教程》，中国人民大学出版社 2007 年版，第 466 页。

不同的,转质权不受原质权的限制。[①] 这具体表现在:第一,转质权所担保的债权的清偿期和债权数额,可不受原质权所担保的债权范围的影响,即使超过原质权所担保的债权范围,也并非无效。第二,原质权因主债务人向原质权人清偿债务而归于消灭以后,转质权仍然存在,转质权人的权利并不因主债务人的清偿而受到影响。只有出质人或原质权人向转质权人全部清偿债务,使转质权人的质权消灭的,才可能使出质人取回其质物。第三,转质权人在自己的债权已到清偿期时,不需要考虑原质权人是否已具备实行质权的条件,就可以直接实行其转质权。[②]

4. 质权的处分权。质权在性质上属于一种可以移转的财产权利,质权人有权基于自己的意志和利益处分自己的权利。例如,质权人可以将质权随同主债权一起转让给他人。质权为从权利,一般不得与主债权分离而单独转让,但可以与主债权结合在一起共同转让。又如,质权人可以将质权抛弃。一旦质权人处分质权,通常将导致质权的消灭。

《民法典》第435条规定:"质权人可以放弃质权。债务人以自己的财产出质,质权人放弃该质权的,其他担保人在质权人丧失优先受偿权益的范围内免除担保责任,但是其他担保人承诺仍然提供担保的除外。"该条包括了如下内容:第一,质权人可以放弃质权。所谓放弃,是指质权人抛弃质权。因为放弃质权是处分质权的行为,将导致质权的消灭,所以,质权人必须要作出明确的放弃质权的意思表示。第二,质权人放弃质权不得损害其他人的利益。债权人将其对债务人享有的债权出质给第三人,如果该债权人有质权作为担保,则债权人不得放弃质权,因为第三人所取得的质押财产将因此受到不利影响,造成价值下降。第三,如果债务人以自己的财产出质,质权人放弃该质权的,其他担保人在质权人丧失优先受偿权益的范围内应被免除担保责任。这就是说,质权人虽然放弃了质权,但因为债务人本来就应当自己承担债务,其他担保人的责任就相应地减轻或免除,否则对其他担保人是不公平的。[③] 不过,在放弃质权之后,其他担保人可以相应地被免责,但是,按照私法自治原则,在债务人以自己的财产出质的情况下,质权人抛弃该质权,而其他担保人仍然愿意提供担保的,不影响其担保责任的承担。

5. 质物价值恢复请求权。所谓质物价值恢复请求权,是指因不能归责于质权人的事由致使质物价值减少时,质权人享有请求恢复质物价值的权

---

① 参见郭明瑞、杨立新:《担保法新论》,吉林人民出版社1996年版,第217页。

② 参见姚瑞光:《民法物权论》,台北,1988年(公元纪年)自版发行,第295页。

③ 参见黄薇主编:《中华人民共和国民法典物权编释义》,法律出版社2020年版,第834页。

利。质权本质上是一种价值权,质权人支配的是质物的交换价值,质物价值减少将直接导致质权人利益的损害,如果质权人的债权不能得到足额的担保,质权人的债权就不能得到有效保障,法律为了保护债权人的利益,设立了价值恢复请求权。我国《民法典》第433条规定:"因不可归责于质权人的事由可能使质押财产毁损或者价值明显减少,足以危害质权人权利的,质权人有权请求出质人提供相应的担保;出质人不提供的,质权人可以拍卖、变卖质押财产,并与出质人协议将拍卖、变卖所得的价款提前清偿债务或者提存。"这就在法律上确立了质物价值恢复权。但行使质物价值恢复权必须符合以下三项条件:

第一,因不能归责于质权人的事由导致质物价值减少。所谓不能归责,是指质权人没有过错,即质押财产的价值减少是因为自然原因或第三人的过错引起的,在此情况下,质权人才能行使质物价值恢复请求权。

第二,可能使质押财产毁损或者价值明显减少。所谓"可能",是指危害尚未发生,还没有现实地造成质押财产的损害,但通过一定事实可以判断该危险发生的概率很大。所谓"明显减少",是指从一定的事实可以推断,质押财产价值的减少是显著的、较大的,而不是微不足道的。

第三,足以危害质权人的权利。所谓"足以危害质权人的权利",是指质权人的债权不能获得足额的担保。本书认为,依据《民法典》第433条的规定,不仅要求质物有明显的价值减少,而且要求足以危害质权人权利,才能请求恢复质物的价值,这实际上是附加了比较严格的条件。毕竟要求出质人再次提供担保将会加重出质人的负担,所以,不能因为仅仅可能造成债权人的损害,就要求出质人提供担保。①

根据《民法典》第433条的规定,在符合上述条件的情况下,质权人就可以行使价值恢复请求权,此种权利主要是指请求增加担保的权利。如果质押财产价值明显减少,足以危害质权人权利,那么质权人有权要求出质人提供相应的担保。所谓相应的担保,是指出质人应当提供的担保财产价值与质押财产价值减少的部分相当。② 只有在两者相当的情况下,才既维护了质权人的权利,又不会加重出质人的负担。

《民法典》第433条规定:"……出质人不提供的,质权人可以拍卖、变卖质押财产,并与出质人通过协议将拍卖、变卖所得的价款提前清偿债务或者提存。"根据这一规定,如果出质人不提供相应的担保,质权人可以在债务

---

① 参见黄薇主编:《中华人民共和国民法典物权编释义》,法律出版社2020年版,第832页。

② 参见黄薇主编:《中华人民共和国民法典物权编释义》,法律出版社2020年版,第832页。

没有到期也不符合约定的实现质权的情况下，直接拍卖、变卖质押财产。如此才能保证质权人的利益不因质押财产的价值减少而遭受损失。[①] 此时的拍卖、变卖与质权实现时质押财产的拍卖、变卖不同，因为质权实现的条件尚未具备，质权人不得直接受偿，此时，只能以拍卖或变卖所得的价款代充质押财产。[②] 如果出质人不提供担保，质权人可以与出质人协商提存或协商提前清偿。所谓提存，是指出质人将拍卖、变卖所得的价款在公证部门提存。在债务清偿期到来之后，再用该价款清偿债务。所谓提前清偿，是指债务虽然没有到期，但双方约定提前清偿债务。需要指出的是，在债务没有到期的情况下，质权人依据《民法典》第433条的规定，拍卖和变卖质押财产，或者与出质人达成协议就以拍卖、变卖的价款提前清偿债务或者提存的，都是保全质物所担保的主债权的行为，在性质上与质物价值恢复请求权有所不同。

6. 优先受偿权。质权作为一种物权，具有优先于债权的效力，这种效力主要体现在质权人具有优先受偿权，即在债务人不履行债务时，质权人有权就质物拍卖、变卖所得的价金优先于其他一般债权人受偿，从而实现其债权。质权设立的目的是担保债权的实现，而质权中的优先受偿权正是这一担保功能的重要体现。如果没有优先受偿权的存在，质权就失去了担保的意义。

（二）质权人的义务

1. 妥善保管质物的义务。《民法典》第432条第1款规定："质权人负有妥善保管质押财产的义务；因保管不善致使质押财产毁损、灭失的，应当承担赔偿责任。"该条确定质权人的妥善保管义务的主要理由在于：一方面，质物是债权实现的保障，为了保障将来债权的实现，质权人应当妥善保管质物。另一方面，质物是出质人的财产，如果不妥善保管，将造成出质人的损害，这也可以看作质权人应负担的合同法上的附随义务。例如，将质押的汽车露天放置就会遭受雨淋生锈，因此，质权人应当将其放置在室内，并妥善保管。此处所指的妥善保管，是指质权人应以善良管理人的注意义务保管质物。所谓善良管理人的注意义务，是指按照一般交易观念，以合理的、具有一定的经验和责任心的人来评价管理人是否尽到了管理义务。如果质权人未尽此种注意义务，致出质人遭受损害，应负赔偿责任。在承担赔偿责任

---

① 参见梅夏英、高圣平：《物权法教程》，中国人民大学出版社2007年版，第464页。

② 参见梅夏英、高圣平：《物权法教程》，中国人民大学出版社2007年版，第464页。

时，应当区分毁损灭失的不同情况而赔偿部分或全部的损失。①

《民法典》第 432 条第 2 款规定：“质权人的行为可能使质押财产毁损、灭失的，出质人可以请求质权人将质押财产提存，或者请求提前清偿债务并返还质押财产。”根据该条规定，出质人享有请求提存或提前清偿的权利必须符合如下条件：首先，质权人的行为可能使质押财产毁损、灭失。例如，质权人将质押的油画置于阴冷潮湿的地下室，很可能使该油画受损，出质人可享有请求质权人将质物提存等权利。但如果质押财产的毁损、灭失是因出质人的行为、第三人的行为或自然原因造成的，出质人则不享有该条规定的权利。其次，可能造成损害。所谓“可能”是指根据一定的事实，按照一般社会观念，质权人的行为很可能导致质押财产的毁损灭失。例如，质权人将质押的油画置于潮湿的地下室，按照一般的社会观念来判断，将很可能导致油画的毁损。《民法典》之所以作出此种规定，是因为质押之后，质押财产已经移转，即使质权人的行为可能导致质押财产的毁损灭失，出质人也不能要求返还质物，但有必要保护出质人的利益。②

在质权人的行为可能导致质押财产毁损灭失的情况下，《民法典》为了保护出质人的利益，赋予出质人两项权利：一是出质人有权请求质权人将质押财产提存。此处所说的提存，应当理解为向公证机关提存，如果是向第三人提存，实际上是保管而非提存。③ 二是有权请求提前清偿债务并返还质押财产。在提前清偿债务的情况下，实际上使债务人不享有期限利益，这一般不会给债权人带来损害，但如果提前清偿损害了债权人的利益，则债权人可以拒绝提前清偿。④ 因为债务已经提前清偿，债务归于消灭，此时质权也归于消灭。在没有提前清偿债务的情况下，出质人并不能要求返还质押财产，而只能要求质权人提存该财产。当然，依据《民法典》第 432 条第 2 款的规定，只有质权人的行为可能使质押财产毁损、灭失时，出质人才有权请求提前清偿债务并返还质押财产。

2. 不得擅自使用、处分质物的义务。如前所述，质权人并不当然享有对质物的使用和处分权。《民法典》第 431 条规定：“质权人在质权存续期间，

---

① 参见胡康生主编：《中华人民共和国物权法释义》，法律出版社 2007 年版，第 464 页；黄薇主编：《中华人民共和国民法典物权编释义》，法律出版社 2020 年版，第 831 页。

② 参见胡康生主编：《中华人民共和国物权法释义》，法律出版社 2007 年版，第 464 页。

③ 参见黄薇主编：《中华人民共和国民法典物权编释义》，法律出版社 2020 年版，第 830 页。

④ 参见全国人大常委会法制工作委员会民法室编：《中华人民共和国物权法条文说明、立法理由及相关规定》，北京大学出版社 2007 年版，第 212 页；黄薇主编：《中华人民共和国民法典物权编释义》，法律出版社 2020 年版，第 835 页。

未经出质人同意,擅自使用、处分质押财产,造成出质人损害的,应当承担赔偿责任。”根据这一规定,质权人在质押期间一般只享有占有权,而不能使用、收益和处分质物,否则构成对出质人权利的侵害。质权人擅自使用、处分质押财产,给出质人造成损害的,应当承担赔偿责任。如果质权人擅自使用出质人的财产,即使没有造成质物的损害,但很可能降低质物的价值,并使质权人从中获得不正当利益,①在此情况下,出质人可以请求返还不当得利。另外,擅自使用也构成违约,因此出质人可要求质权人承担违约责任。

3. 返还质物的义务。《民法典》第 436 条第 1 款规定:“债务人履行债务或者出质人提前清偿所担保的债权的,质权人应当返还质押财产。”如果债务履行期届满债务人已履行债务,或者出质人已提前清偿所担保的债权,此时主债权已经消灭,按照从属性规则,质权也归于消灭,质权人应当返还质物。不过,质权人返还质物时,应当向有受领权的人(包括出质人和出质人指定或委托的受领人)返还。即使出质人不是所有人,质权人也有义务向其返还质物。②

二、出质人的权利和义务

(一)出质人的权利

1. 对质物的处分权。出质人虽然将质物移转占有于质权人,但质权的设定并不移转质物的所有权,毕竟出质人作为质物的所有人,依然享有对质物的处分权。因为质权并不导致质物的权属移转,处分权仍然属于出质人。出质人对质物的处分包括:出质人有权允许质权人处分质押财产,也可以设立动产质权之外的其他担保物权。但出质人行使对质物的处分权,不得影响质权的行使,质权人对处分的质物仍享有质权。《民法典》承认了承诺转质,即质权人在征得出质人同意后,可以为担保自己债务的履行而将质押财产再次出质。在承诺转质的情形下,质权人将移转质押财产给第三人,但两项质权所担保的债权并不相同,新设定的质权并不影响原质权的实现。

2. 除去侵害和返还质物的请求权。《民法典》第 432 条第 2 款规定:“质权人的行为可能使质押财产毁损、灭失的,出质人可以请求质权人将质押财产提存,或者请求提前清偿债务并返还质押财产。”该条确定了如下规则:第一,如果质权人不妥善保管质物,造成质物损害或有损害的可能时,出质人有权请求其除去侵害,也可以请求质权人提存质物,以排除侵害。至于提存

---

① 参见王胜明主编、全国人大常委会法制工作委员会民法室编著:《中华人民共和国物权法解读》,中国法制出版社 2007 年版,第 462 页。

② 参见黄薇主编:《中华人民共和国民法典物权编释义》,法律出版社 2020 年版,第 835 页。

的费用,一般认为应当由质权人承担。第二,质权人未能妥善保管质物,出质人还可以请求提前清偿债务并请求返还质物。因为质权人不能妥善保管质物,可能导致质物灭失或者毁损,在此情况下,如果出质人不能请求提前清偿债务并返还质押财产,则可能造成出质人损害的进一步扩大。

3. 请求及时行使质权的权利。在债务到期后,质物仍然处于质权人占有之下,并且由质权人继续收取孳息。如果质权人不及时行使质权,有可能使质物的价值降低,造成出质人的损失。例如,钢材的市场价格急剧波动,如果不及时拍卖、变卖钢材,将可能导致价格下跌造成出质人的损害。所以,在债务履行期届满以后,出质人可以请求质权人及时行使质权。如果质权人不行使质权,依据《民法典》第 437 条的规定,出质人可以享有如下权利:一是请求人民法院拍卖、变卖质押财产。之所以必须请求法院拍卖、变卖,主要是因为质押财产处于质权人占有之下,如果允许出质人直接拍卖、变卖,则难免导致纠纷,也难以保障质权人的利益。二是请求损害赔偿。因质权人怠于行使权利造成损害的,应由质权人承担赔偿责任。此处所说的损害,是指在履行期届满以后,因质权人怠于行使质权给出质人造成的损害,而不包括债务履行期届满以前造成的损害。①

4. 对主债务人的求偿权。如果出质人并不是主债务人而是第三人,当其代替主债务人清偿了债务以后,出质人对主债务人享有求偿权。《民法典》第 392 条规定,提供担保的第三人承担担保责任后,有权向债务人追偿。依据这一规定,出质人对主债务人享有求偿权,在出质人与主债务人之间产生了一种新的债权债务关系,第三人是债权人,主债务人是债务人。

5. 行使主债务人的抗辩,包括迟延履行的抗辩、消灭时效的抗辩等。如果主债务人抛弃其对主债权人的抗辩,出质人仍然可以行使对主债务人的抗辩。有一些学者认为,在质押合同无效或得撤销时,出质人可以享有抗辩权。② 本书认为,如果质押合同具有无效或可撤销原因时,质权就根本没有设定,所以就无所谓出质人的抗辩权。

(二) 出质人的义务

1. 损害赔偿义务。质物本身可能具有瑕疵,从而造成质权人的损害。根据我国许多学者的看法,瑕疵分为隐蔽瑕疵和表面瑕疵,因为隐蔽瑕疵造成质权人的损害属于质权担保的范围;而表面瑕疵造成质权人的损害则属

① 参见黄薇主编:《中华人民共和国民法典物权编释义》,法律出版社 2020 年版,第 837 页。

② 参见李国光主编、最高人民法院民二庭(原经济庭)编著:《担保法新释新解与适用》,新华出版社 2001 年版,第 874 页。

于一般债权，不属于优先受偿的范围。[①]《民法典》没有对此作出明确规定，但根据该法第 389 条的规定，担保物权担保的范围包括“损害赔偿金”。本书认为，此处所说的“损害赔偿金”包括因质物隐蔽瑕疵导致质权人损害的赔偿金，但表面瑕疵造成的损害并不包括在内。

2. 支付必要保管费用的义务。在设定质权后，质权人有义务保证质物的完好状态，以保障将来质权的实现和债务的履行，而质权人在占有质物期间因为保管质物所支付的必要费用，仍应当由出质人承担。一般认为，质权人可以请求返还的质物保管费用仅限于必要费用，即为保管质物而必须支出的费用。至于非必要费用，除经出质人同意而支出的有益费用以外，出质人不负返还义务，因为出质人将质物交付给质权人以后，对于因保管而支出的费用无法控制。如果让出质人承担非必要的费用，将会给出质人造成过重的负担，且双方之间存在质权法律关系，质权人对质物的管理并非属于无因管理，因此，不能支付必要费用之外的其他费用。[②]

第五节　特殊的动产质押

一、存货质押

所谓存货质押，是指经营者将其存货为借款提供担保，当事人约定由第三方对该存货进行监管，在债务人不能清偿债务或者发生当事人约定的事由时，债权人依法对该存货的变价享有优先受偿权。相较于原《物权法》第 210 条第 2 款第 5 项，《民法典》第 427 条第 2 款第 5 项规定当事人可以在质押合同中约定质押财产交付的时间，特别是增加了“方式”二字。虽然只是几个字的改动，但是却意味着法律明确承认当事人可以在质押合同中自主约定“质押财产的交付方式”，既然允许当事人可以选择不同的交付方式，那么由第三方监管获得对存货的占有，也可以被认为是一种交付方式，因此《民法典》第 427 条第 2 款第 5 项可为存货质押提供规范依据。[③]《有关担保司法解释》第 55 条第 1 款对存货质押明确作出了规定，这既是对交易实践经验的总结，也将《民法典》第 427 条修订的规范意涵进一步具体化。

存货质押可以分为两种，一是固定质押，即以批量货物作为标的物的质押。固定质押的特点在于，其不是以某一单独的动产作为质押标的，而是以多数动产集合在一起质押，其表面上是多个质押，但实质上是以集合物作为

---

① 参见曹士兵：《中国担保制度与担保方法》，中国法制出版社 2015 年版，第 338 页。

② 参见谢在全：《民法物权论》（下册），台北，新学林出版股份有限公司 2014 年版，第 531 页。

③ 参见罗帅：《动产质押中实际控制货物的法理阐释》，载《法学家》2022 年第 6 期。

质押标的的质押，也就是以整个集合物为标的的质押。二是流动质押，即以一批存货为标的设置的动产浮动担保。对流动质押而言，债权人通常并不实际占有质押财产，而是聘请第三方作为监管人替代债权人管理、占有标的物。与固定质押不同，对流动质押而言，作为质押标的的存货会随着出质人的经营活动而不断变动，即出质人可能会卖出部分货物，或者买进部分货物，从而使质押财产呈现出流动性的特点。①

二、特定账户内的款项质押

所谓特定账户内的款项质押，是指出质人将应收账款的收益设定特定账户，并以特定账户内的款项进行担保。此种担保与应收账款质押联系十分密切。在实践中，应收账款的质押可能以收益进行担保，将收益打入特定账户，以该账户进行质押的方式进行。例如，某高速公路收费权质押时，可以应质权人要求专门为高速公路的收费设置特别的账户，并由质权人取得对该账户的控制，通过此种担保方式，实现了金钱债权的特定化，防止其混入债务人的一般责任财产，从而便于确定担保财产的范围。成立账户的质押需要符合如下条件：第一，账户内的资金必须已经特定化，即与其他的资金是相区别的。特定账户内的金钱也必须实行专款专用，一般不能允许债权人和债务人自由使用。在出质后，债权人对该账户只享有管理的权利，但不能随意处分，账户所有人也不能随意减少该账户中的金钱，否则质押财产就处于不特定的状态。第二，债权人已经占有和控制了账户。如果债权人不能占有和控制账户，这和质权制度是相矛盾的。通常来说，债务人的账户是在银行开设的，所以，在设定质押之后，作为债权人的银行就实际上已经占有了该账户。第三，在实现质权时，质权人可以直接就该账户中的金钱受偿，而不需要变现。②

《有关担保司法解释》第 61 条第 4 款规定，针对以基础设施和公用事业项目收益权、提供服务或者劳务产生的债权以及其他将有的应收账款出质，可以以特定账户内的款项质押。按照这一规定，首先，以特定账户内的款项质押的，当发生法定或者约定的质权实现事由时，质权人有权请求就该特定账户内的款项优先受偿。这种质押实际上是金钱占有即推定为所有的例外，是为了避免混同而产生的方式。只要质押财产具有特定性，当事人可以进行识别与控制，就实现了质押财产的特定化，打入账户

---

① 参见刘平：《论我国存货担保的体系构造与制度协同》，载《法学家》2022 年第 3 期。

② 参见李国光主编、最高人民法院民二庭（原经济庭）编著：《担保法新释新解与适用》，新华出版社 2001 年版，第 860 页。

的财产也就实现了担保财产的特定化，故应当允许质权人就该特定账户内的款项优先受偿。[①] 其次，如果特定账户内的款项不足以清偿债务或者未设立特定账户，质权人有权请求折价或者拍卖、变卖项目收益权等将有的应收账款，并以所得的价款优先受偿。因为在以特定账户进行担保的情形下，其实际上仍是应收账款质押的特殊类型或特殊措施，所以在特定账户内的款项不能清偿全部担保债务时，仍应当允许质权人就收益权拍卖、变卖所获得的价款优先受偿。[②]

三、船舶、航空器、机动车等特殊动产的质押

船舶、航空器、机动车等特殊动产不仅可以设定抵押，也可以设定质押，只不过抵押的公示方法是登记，质押的公示方法则是交付。依据《民法典》第426条的规定，除非法律、行政法规禁止转让的动产，否则，都可以设立质押。既然船舶、航空器、机动车等特殊动产并非法律、行政法规禁止转让的动产，当然可以设立质押。在这一点上，与权利质押不同，动产质押不需要法律特别规定，任何法律法规不禁止出质的动产都应当可以设定质押，即便该动产设定的质押是低效率的，只要当事人愿意采用这种质押方式，按照私法自治的原则，法律也不应对此作出限制和禁止的规定。对于船舶、航空器、机动车等特殊动产采用抵押还是质押的方式去设定担保，应当允许当事人自己作出选择。当然，比较而言，船舶、航空器、机动车等特殊动产通常都只适宜抵押，因船舶、航空器、机动车等特殊动产可能价值巨大，且都要实际运营，一旦质押，不仅无法利用质物创造财富，而且需要支出大量的维护费用。海商法上通常都没有船舶质权，而只有船舶抵押权。[③] 但是，如果当事人愿意将其出质，也是合法的，法律上应当予以尊重。实践中，当事人一般采用让与担保的方式，避免移转这些特殊动产的占有。

四、最高额质押

所谓最高额质押，就是指以质押财产担保一定数额范围内的债权。[④] 例如，甲将其10辆汽车质押给乙银行，评估价值为200万元，甲、乙双方约定，在最高150万元的限度内可以分期借款。在将汽车交付之后，双方就设立了最高额质押。《民法典》第439条规定："出质人与质权人可以协议设立

---

① 参见耿林：《论银行帐户担保》，载《法学杂志》2022年第6期。

② 参见高圣平：《民法典担保制度及其配套司法解释理解与适用》（下册），中国法制出版社2021年版，第828页。

③ 参见《海商法》第11条。

④ 参见黄薇主编：《中华人民共和国民法典物权编释义》，法律出版社2020年版，第838页。

最高额质权。最高额质权除适用本节有关规定外,参照适用本编第十七章第二节的有关规定。"该条实际上允许当事人设立最高额质押。

最高额质押既可以在动产之上设立,也可以在权利之上设定。因此,最高额质押可以分为动产最高额质押和权利最高额质押。这两者之间的区别在于:第一,质押财产不同。动产最高额质押和权利最高额质押分别以动产和权利作为质押的标的,因此,二者应当分别适用动产质押和权利质押的规定。第二,公示方法不同。动产之上的最高额质押,是通过移转占有的方式设立的,而权利之上的最高额质押,是通过登记(或称为"准占有")或者交付权利凭证的方式设立的。

最高额质押虽然是一种质权,但其与最高额抵押之间具有较多的相似性。具体表现在:首先,它们都是以一定财产担保未来发生的不特定的债权,同时设定了债权的最高限额。所以,它们都被称为"最高额"的担保物权。[①] 其次,它们具有相对的独立性。一般的担保物权都具有较强的从属性,必须依附于主债权。但在最高额抵押和质押的情况下,两者都不必以主债权的存在为前提,两种担保物权并不从属于特定的债权,只有在债务确定以后,它们才转变为普通的抵押或质押。所以,它们不具有一般担保物权的从属性。[②] 经当事人同意,都可以将担保物权设立前已经存在的债权转入最高额担保的债权范围。最后,最高额质权的移转、变更和确定都可以参照适用最高额抵押的规定。例如,在担保物权实现时,二者都必须先确定债权。正是因为最高额质押与最高额抵押具有相似性,因此根据《民法典》第 439 条的规定,最高额质权除应适用动产质权的相关规定之外,还应参照最高额抵押的规定。当然,能够参照适用的部分,主要是两者之间具有相似性的地方。[③] 在两者不具有相似性的地方不可以参照适用。

第六节 动产质权的实现

一、动产质权的实现

所谓动产质权的实现,是指在债务人不履行到期债务或者发生当事人约定的实现质权的情形时,质权人将质物折价、拍卖或变卖,就所得的价款优先受偿。《民法典》第 436 条第 2 款、第 3 款规定:"债务人不履行到期债

---

① 参见郭明瑞主编:《中华人民共和国物权法释义》,中国法制出版社 2007 年版,第 403 页。

② 参见郭明瑞主编:《中华人民共和国物权法释义》,中国法制出版社 2007 年版,第 403 页。

③ 参见王胜明主编、全国人大常委会法制工作委员会民法室编著:《中华人民共和国物权法解读》,中国法制出版社 2007 年版,第 475 页。

务或者发生当事人约定的实现质权的情形,质权人可以与出质人协议以质押财产折价,也可以就拍卖、变卖质押财产所得的价款优先受偿。质押财产折价或者变卖的,应当参照市场价格。”根据该条规定,动产质权的实现必须以债务人不履行到期债务或者发生当事人约定的实现质权的情形为前提。所谓债务人不履行到期债务,是指债务履行期届满,而债务人没有履行或者没有适当履行债务。需要指出的是,《民法典》第436条规定的“债务人不履行到期债务”,不包括在履行期限到来之前,债务人公开、明确地表明不履行债务。即使出现此种情况,质权人也不能实现质权。所谓发生当事人约定实现质权的情形,是指当事人在协议中约定的其他可以实现质权的情况。例如,双方在合同中约定,债务人资不抵债或者出质人拒绝对质押财产投保时,质权人可以实现质权。

在实现质权时,债权人必须享有质权,如果因债权人丧失了占有或者抛弃了质权等而导致质权消灭,则债权人当然不能实现质权。[①] 当债务履行期届满,债务人履行债务的,或者出质人提前清偿所担保的债权的,质权将发生消灭。债务人提出提前清偿,债权人无正当理由不得拒绝债务人的清偿,债务人提前清偿可使其尽快取回质物,质权人不能以其具有期限利益为由拒绝债务人的提前清偿。

根据《民法典》第436条的规定,动产质权的实现方式具有如下几种。

(一)质物的折价

在实现动产质权时,质权人首先应当与出质人协议以质押财产折价。所谓折价,就是指出质人与质权人协议按照质物的品质、参考市场价格将质物的所有权转归质权人,从而实现质权。[②] 如果质物的折价高于质权担保的债权数额,质权人必须向出质人返还差额;如果低于担保的债权数额,质权人仍有权请求债务人清偿差额部分。不过,因质权人已接受质物的折价,故该差额部分将成为无担保的债权。

质权人可以与出质人协议约定质权实现的方法,此种约定是在实现质权时双方达成的协议,这和双方在质权实现之前订立流质契约是不同的。质物的折价是在实现质押权时达成的协议,而流质契约是在质押权实现之前达成的协议。折价协议一旦达成,就对双方具有拘束力,双方当事人应当履行该协议。

根据《民法典》第436条的规定,只要出现债务人不履行到期债务或者

---

① 参见郭明瑞:《物权法通义》,商务印书馆2019年版,第358页。

② 参见黄薇主编:《中华人民共和国民法典物权编释义》,法律出版社2020年版,第794页。

发生当事人约定的实现质权的情形，质权人没有与出质人达成协议以质物折价的，质权人可以自行将质押财产拍卖、变卖，并就所得价款优先受偿，这与抵押权的实现是不同的。质押权的实现方式与抵押权的实现方式之间的区别主要表现为两点：第一，关于双方协商实现担保物权的问题。按照《民法典》第410条的规定，法律要求在抵押权实现的条件成就时，抵押权人应当和抵押人尽可能地达成实现抵押权的协议。但是，在质押的情况下，法律并不要求质押权人和出质人必须先达成质权实现的协议。第二，关于担保物权人是否可以直接实现该项权利的问题。按照《民法典》第410条的规定，在不能达成协议的情况下，必须通过司法程序才能实现抵押权。但按照《民法典》第436条的规定，质押权人可以直接实现质押权，而不需要借助司法程序。之所以形成这些区别，是因为抵押权人通常并没有占有抵押物，无法直接就其拍卖、变卖；而质押权人已占有了标的物，所以，可以直接就质物拍卖、变卖。另外，设定抵押的财产一般价值都较大，《民法典》也允许当事人在抵押物的价值范围内设定多个抵押权，因此对抵押物的处置涉及众多担保债权人的利益，如果允许某一个抵押权人将抵押物自行拍卖、变卖，则极有可能会损害其他债权人的利益，引发纠纷。而质押的标的一般是普通动产，价值可能不会太大，并且因为要移转占有，在质物上不可能设定多个担保，因此所涉及的其他债权人较少，法律关系较为简单，《民法典》允许质权人自行对质物进行拍卖、变卖而无须和出质人进行协议，一般不会发生诸多纠纷。

（二）拍卖

拍卖是指按照拍卖程序，以公开竞价的方式将质物卖给出价最高的叫价者的买卖方式。[①] 此处所说的拍卖是指任意拍卖而非强制拍卖，拍卖属于一种特殊的商品流通方式，它不像一般的买卖那样是由双方订立买卖合同，并依合同的约定进行标的物的转让，而是以公开竞价的方式将标的物转卖给最高出价的竞买人，因此，拍卖的公开性、透明度高。

（三）变卖

变卖是指直接将质物定价卖出的行为。[②] 变卖是对标的物进行变现的一种较拍卖简易的方式，无须竞价，由当事人直接协商价格。在质物的变卖方面，应允许质权人依法选择合理的出卖方式、时间和地点。

尽管《民法典》将拍卖方式规定在变卖方式之前，但这是否意味着质权

① 参见黄薇主编：《中华人民共和国民法典物权编释义》，法律出版社2020年版，第795页。

② 参见黄薇主编：《中华人民共和国民法典物权编释义》，法律出版社2020年版，第795页。

人必须首先选择拍卖的方式,只有在不能够采用拍卖方式的情况下才能进行变卖？本书认为,《民法典》将拍卖方式规定在变卖方式之前,并非指质权人必须首先采取拍卖方式,只是因为拍卖采取公开竞价的方式,更有利于充分实现质物的价值,保障双方当事人的利益。但这并不意味着拍卖是必须首选的方式,因为在某些情况下,拍卖也不一定比变卖对出质人更有利。如果竞买人并非真正需要质物的人或者拍卖时质物市价下跌,拍卖的价格对出质人不一定是有利的。更何况,许多质押的动产不一定能够拍卖,如果以文物、金银等质押,还必须交有关机构收购。所以不必要限定质权人必须采用拍卖方式。

需要指出的是,因为变卖的方式没有实现公开竞价,且变卖可能只是向一部分人进行出售,有可能不能充分实现质物的价值,根据《民法典》第436条的规定,质权人在对质押财产进行变卖时,为了保障出质人的权益,应当参照市场价格进行,不得过分低于市价。

二、出质人有权请求质权人及时行使质权

一般认为,实现质权是质权人的权利而非其义务。[①] 如何实现质权,质权人可在法定范围内作出选择,且质权人有权抛弃质权。但是由于质押物在质权人的占有之下,质押的财产又可能随着市场价格的变动而变化,质权人就质押财产不及时行使质权,可能因质押物的价值下降而损害出质人的利益。据此,《民法典》第437条规定:“出质人可以请求质权人在债务履行期限届满后及时行使质权;质权人不行使的,出质人可以请求人民法院拍卖、变卖质押财产。出质人请求质权人及时行使质权,因质权人怠于行使权利造成出质人损害的,由质权人承担赔偿责任。”

三、质权实现后的问题

《民法典》第438条规定:“质押财产折价或者拍卖、变卖后,其价款超过债权数额的部分归出质人所有,不足部分由债务人清偿。”因为质押财产在设立质押之后,质权人只是对其享有质权,而非享有所有权,所以,质权人只能就质押财产优先受偿。在质权实现后,如果质押财产的变价不足以清偿债务,则债权人仍然有权请求债务人清偿剩余债务;如果质押财产的变价超过债权数额,则质权人应当将超出的部分返还出质人。

---

① 参见郑玉波:《民商法问题研究(三)》,台北,1982年(公元纪年)自版发行,第120页。

第二十一章　权利质权

第一节　权利质押概述

一、权利质押的概念和特征

权利质押是指以依法可转让的权利为标的而设定的质权。例如,以股权等权利设立质押。《民法典》在“质权”一章中没有对“质权”统一作出定义,而仅仅规定了动产质权的定义,对权利质押的概念缺乏规定。动产所有权、不动产所有权、用益物权以外的可以让与的财产权,因具有交换价值,都可以作为权利质押的标的。权利质押中的权利毕竟不同于一般的物,以权利作为担保物权的客体,表明不仅物而且权利本身也可以作为交易的对象,尤其是以权利作为物权客体后,导致传统物权的客体仅限于有体物的规则得以逐渐改变,物权的客体范围也得以拓宽。由于两种质权的客体不同,也决定了它们在权利的设定方法、权利的实现方面存在差异。

权利质押与动产质押一样都属于质押的类型,但它又与动产质押不同,与动产质押相比,权利质押的特点主要表现在:

1. 客体是权利。动产质权的客体是有形的动产,而权利质权的客体则为无形财产,即权利。此处所说的动产,不仅包括普通的动产,而且包括需要登记的动产。但即使就需要登记的动产设立质押(如船舶质押),也必须采取交付的方式。[①] 至于有价证券,根据一些国家法律的规定,视为动产。但根据我国《民法典》的规定,如果以有价证券设立质权,仍然属于权利质押的范畴。

根据《民法典》第 440 条的规定,可以质押的权利包括:

---

① 参见梅仲协:《民法要义》,中国政法大学出版社 1998 年版,第 603 页。

汇票、支票、本票；债券、存款单；仓单、提单；可以转让的基金份额、股权；依法可以转让的注册商标专用权、专利权、著作权等知识产权中的财产权；现有的以及将有的应收账款；法律、行政法规规定可以出质的其他财产权利。可以说，权利质权的标的包括了所有权、用益物权以外的可让与的财产权。[①]

2. 公示方法具有多样性。权利质押的公示方法具有多样性，其既包括登记，也包括交付等方式，这与动产质押的公示方法不同。动产质押的公示方法是移转占有，此种占有的移转是外在的、有形的，可导致权利人对质物的直接占有，但权利质押的公示方法并不采取移转占有的方式，而主要采取移转权利凭证的占有、办理出质登记等方式。权利质权不需要移转标的物的占有，因而其具有动产质押所不具有的优点：一方面，在动产质权中，出质人丧失了对物的直接占有和使用收益的权利，而质权人又不能实际利用质物，从而使质物不能得到有效利用。权利质权则可以克服上述动产质权的缺陷。另一方面，动产质权人还必须对质物承担保管等义务，对其未免也是一种负担。权利质权人对于有价证券及权利证书的保管，较为简便。随着市场经济的发展，权利质押的担保功能和作用必将日益增强，其适用范围也会日益广泛。

3. 对可质押的权利的范围作出了限制。依据《民法典》第 426 条之规定，法律、行政法规禁止转让的动产不得出质，这实际上采取了负面清单的规范模式。而就权利质押而言，依据《民法典》第 440 条第 7 项的规定，法律、行政法规规定可以出质的其他财产权利才可以质押，这实际上是采取了正面清单的模式，即只有法律、行政法规允许出质的权利才能出质。一般来说，凡是法律、行政法规不禁止转让的动产都可以质押，这使得质押的动产的范围非常宽泛。而权利质押的客体必须由法律、行政法规明确列举承认，这就表明，权利质押的客体范围虽然较大，但仍然受到比较严格的限制。

4. 权利的实现方式具有特殊性。动产质权主要是通过拍卖、变卖、折价的方式实现，而权利质权除了上述的传统方式外，还包括质权人可以取代出质人的地位，向出质权利的义务人行使该出质权利。[②] 例如，在应收账款质押之后，质权人在债务人不履行债务时，有权取代债务人的地位，直接向出质人的债务人收取账款。

当然，权利作为质权客体与动产作为质权客体也有许多相同之处，如关

---

① 参见崔建远：《物权法》（第 5 版），中国人民大学出版社 2021 年版，第 521 ~ 522 页。

② 参见刘保玉、赵军蒙：《权利质权争议问题探讨与立法的完善》，载王利明主编：《物权法专题研究》（下册），吉林人民出版社 2001 年版。

于书面形式的要求、质押合同的主要内容等大体相同。正因如此,《民法典》将权利质押与动产质押共同规定于质押之中,仅就权利质权作了一些特殊规定,而并未就权利质押的一般问题作出特别规定。所以,凡是在权利质押中未作特殊规定的,应适用动产质押的规定。《民法典》第 446 条规定:“权利质权除适用本节规定外,适用本章第一节的有关规定。”根据这一规定,《民法典》关于动产质权的规定,不仅是针对一类特殊的质权的规定,该部分还包含了质权的一般规则。因为动产质权是质权的典型形态,动产质权的规则,可以理解为质权的一般规则。而权利质权本身只是质权的一种特殊类型,所以,权利质权与动产质权的规则的关系,可以理解为特别规则与一般规则的关系。权利质权中没有规定的,可以适用动产质权的规则。①

二、权利质押与权利抵押

权利质押和权利抵押都是以权利来设立担保,但是两者之间存在一定的区别,主要表现在:

第一,担保财产的范围不同。尽管依据我国《民法典》第 395 条的规定,权利抵押的财产主要是指建设用地使用权、海域使用权等,只要法律、行政法规没有规定不得抵押的财产都可进行抵押,所以其权利范围较为广泛。但是,根据《民法典》第 440 条的规定,权利质押所担保财产的范围主要限于法律、行政法规明确规定可以出质的财产权利,除了法律、行政法规列举的权利以外,其他权利均不得出质。②

第二,虽然权利抵押和权利质押的标的都是财产性权利,但是权利抵押的标的主要是不动产上的财产权利,而权利质押则一般是针对动产或其他无形财产所享有的权利。在权利可以作为担保财产的情况下,哪些权利应当设定抵押权,哪些权利应当设定质权,仍然以不动产和动产的区别为基础:不动产用益物权准用“不动产”的规定,成为抵押权的客体;除此之外的债权、股权等其他权利则准用动产的规定,成为权利质押的客体。可见,作为权利质押客体的权利指的是能够参照适用动产的权利,不包括不动产用益物权。

第三,从权利的生效要件来看,权利抵押应当办理登记,并且权利从登记之时起才能设立。而权利质押一般是从交付权利凭证之时起就设立。例如,依据《民法典》第 441 条的规定,以汇票、支票、本票、债券、存款单、仓单、提单等出质的,质权自权利凭证交付质权人时设立;没有权利凭证的,质权

---

① 参见黄薇主编:《中华人民共和国民法典物权编释义》,法律出版社 2020 年版,第 851 页。

② 参见黄薇主编:《中华人民共和国民法典物权编释义》,法律出版社 2020 年版,第 841 页。

自办理出质登记时设立。

第四，当事人的权利义务不同。权利设定抵押以后，权利人还可以继续行使该权利。但是权利设定质押之后，对权利的行使就要受到限制。例如，根据《民法典》第444条的规定，知识产权中的财产权出质后，出质人不得转让或者许可他人使用，但经出质人与质权人协商同意的除外。出质人转让或者许可他人使用出质的知识产权中的财产权所得的价款，应当向质权人提前清偿债务或者提存。

三、权利质权的标的

《民法典》第440条规定："债务人或者第三人有权处分的下列权利可以出质：(一)汇票、本票、支票；(二)债券、存款单；(三)仓单、提单；(四)可以转让的基金份额、股权；(五)可以转让的注册商标专用权、专利权、著作权等知识产权中的财产权；(六)现有的以及将有的应收账款；(七)法律、行政法规规定可以出质的其他财产权利。"根据这一规定，权利质权的标的十分宽泛，它不只包括有价证券，还包括股权、知识产权等无形财产权。《民法典》采用了应收账款的概念，该概念作为会计学上的术语，其适用面很宽，《民法典》还规定将有的应收账款也可以成为质权的客体。实际上，基于《民法典》的规定，权利质押的客体范围得到较大的扩张。尽管如此，并非各种类型的民事权利都可以成为质权的标的。能够作为质权标的的权利，必须是法律、行政法规规定可以出质的财产权，其主要是指除所有权和用益物权以外的财产权。具体来说，作为权利质权标的的权利，应当具有如下特点：

第一，必须是财产权。财产权以外的人身权因不具有确定的财产价值，且与人身不能完全分离，不能依法转让，故不能成为质押的标的。尽管某些人格权的权能(如肖像使用权等)也可以由他人使用，但其不能质押。值得注意的是，知识产权是由财产权和人身权组成的，因此，知识产权整体上不能作为质押的标的，仅知识产权中的财产权可以质押，其中人身权不能质押。

第二，必须可以转让。许多国家的法律都规定，质权的标的必须具有可转让性。[①] 我国《民法典》虽然没有明确规定权利质押的客体必须可以转让，但是，第440条规定，"可以转让的基金份额、股权""可以转让的注册商标专用权、专利权、著作权等知识产权中的财产权"。由此表明，《民法典》实际

---

① 例如，《日本民法典》第343条规定，"质权，不得以不可让与物为其标的"；《德国民法典》第1274条规定，"不得转让的权利不得设定权利质权"。

上要求出质的权利应当是可以转让的。因为质权作为担保物权，权利人支配的是标的物的交换价值，即使是权利质押，权利人也只是对质押标的的交换价值享有支配权。所以，在债务人不履行债务时，权利人将对作为质权标的的权利予以折价、拍卖、变卖，并从拍卖、变卖的价款中优先受偿。这就决定了作为质权的标的必须具有可转让性，否则是不可能形成交换价值的。

第三，必须是所有权和用益物权以外的其他财产权。依《民法典》第440条的规定，可以质押的权利范围较为广泛，但这些权利是无形财产权，而不包括对有形财产所享有的所有权。当事人如果要用有形财产的所有权设立担保，则只能设立不动产抵押、动产抵押或者动产质押。如果当事人以用益物权设立担保，只能设立权利抵押，而不能设立权利质押。

第四，必须是可以公示的权利。权利质权的设定也应以适当的方式公示，而不能以适当方式公示的权利，如企业的技术秘密、企业的客户资源等，则因为无法公示而不能成为权利质押的客体。

第五，必须是法律、行政法规规定可以出质的权利。该条在性质上是兜底性的规定。根据这一规定，可以出质的其他财产权利必须是法律、行政法规具体规定的财产权利。例如，《保险法》第34条规定，人寿保险的保险单经被保险人书面同意，也可以质押，这属于法律的特别规定。需要指出的是，《民法典》第115条规定，权利作为物权客体仅限于"法律"的规定，而本条将其扩大到"法律、行政法规"，这也可以认为是放宽了权利质押的限制。毕竟授权行政法规也可以规定可质押的权利将会扩大权利质押的范围。需要指出的是，《有关担保司法解释》第63条规定："债权人与担保人订立担保合同，约定以法律、行政法规尚未规定可以担保的财产权利设立担保，当事人主张合同无效的，人民法院不予支持。当事人未在法定的登记机构依法进行登记，主张该担保具有物权效力的，人民法院不予支持。"该条认可了新类型担保的合同效力，在各种新类型的担保中，当事人订立的担保合同，只要能够办理登记，就能产生物权效力。若不能办理登记、或发生登记错误、或不属于法定机关办理登记的，则不能产生物权效力。例如，关于特许经营权是否可以质押，依据上述规定，只要其具有一定的公示方法，并且经过法律或者行政法规的确认，就可以出质。

四、权利质押的设立

依据《民法典》的相关规定，权利质权的设定采"合意＋公示"的方法，即首先由当事人就权利质权的设定达成合意，同时，当事人必须采取法定的公示方法予以公示，此类法定的公示方法包括交付权利凭证、登记等方式。

一是交付权利凭证。依据《民法典》第 441 条的规定，以汇票、支票等有价证券出质的，如果这些有价证券具有权利凭证，质权应当自权利凭证交付给质权人时设立。此种公示方法可视为特殊的移转占有方式。二是登记。依据《民法典》第 441 条的规定，对于有价证券而言，如果没有权利凭证，质权的设立必须在有关部门办理登记。依据《民法典》第 443—445 条的规定，以基金份额、股权、知识产权和应收账款出质的，也必须到有关部门办理登记，该质权自办理登记时起设立。权利质权自完成法定的公示方法时设立。

第二节　有价证券质押

一、有价证券质押的概念

所谓有价证券，是指能够表彰一定的权利，权利人行使权利必须以持有证券为凭据的证券。① 有价证券属于证券的一种类型，根据我国《民法典》第 440 条的规定，可以作为质押标的的有价证券包括汇票、本票、支票、债券、存款单、仓单、提单。在上述各种证券中，票据、债券、存款单都是表彰金钱债权的证券，因此又称为“金钱证券”；而仓单和提单则是表彰一定物品的交付请求权的证券，在学说上又称为“物品证券”。此类证券上所记载的物品所有权的移转以交付证券为必要，因而其证券的交付与物品的交付具有相同的效力。因为这一原因，学者也将其称为“交付证券”②。

《民法典》第 441 条规定：“以汇票、本票、支票、债券、存款单、仓单、提单出质的，质权自权利凭证交付质权人时设立；没有权利凭证的，质权自办理出质登记时设立。法律另有规定的，依照其规定。”据此，在法律没有特别规定的情形下，有价证券的出质，必须要采取合同和交付的方式才能设立，质权原则上都从交付证券时起设立，但对于一些没有权利凭证的有价证券的质押（如记账式国库券的质押），当事人则应当到有关部门办理登记，质权自登记时起才能设立。③

二、有价证券质押的类型

有价证券的类型非常复杂，并不是所有的有价证券都可以出质。依据《民法典》的规定，能够进行质押的有价证券主要包括如下几种：

---

① 参见郭瑜：《电子可转让记录立法的“单一性”难题和破解》，北京大学出版社 2019 年版，第 3 页。

② 参见郑玉波：《民商法问题研究（四）》，台北，1985 年（公元纪年）自版发行，第 144 页。

③ 参见黄薇主编：《中华人民共和国民法典物权编释义》，法律出版社 2020 年版，第 846 页。

（一）票据质押

票据包括《票据法》中规定的汇票、本票和支票。汇票是指出票人委托他人于见票时或指定日期无条件支付一定金额给收款人或持票人的票据；本票是指出票人于见票时无条件支付一定金额给收款人或持票人的票据；支票则是出票人委托银行或者其他法定金融机构于见票时无条件支付一定金额给收款人或持票人的票据。票据属于有价证券中的债权证券，可以依法转让，因此可以成为质权的标的。我国《民法典》第 440 条第 1 项规定，债务人或者第三人有权处分的汇票、支票、本票可以出质。

票据质押的生效，应当具备如下条件：一是双方必须订立质押合同，明确质押的对象。二是必须交付票据。因为票据都是有权利凭证的，出质人应按照合同的约定将票据交付给质权人，该票据交付之时即为票据质权产生之时。依据《民法典》的规定，交付票据并非票据质押合同的生效要件，而是作为物权的质押权的设立要件。只要当事人达成合意，质押合同就可以生效，而并非自票据交付之日起生效。需要指出的是，《民法典》第 441 条并未将设质背书作为设立票据质权的生效要件，也不要求在票据上记载“质押”字样才能设立质押。

值得探讨的是，汇票质押是否应当以背书“质押”字样为必要？关于汇票质押成立的条件，《民法典》与《票据法》的规定并不一致。依据《民法典》第 441 条的规定，以汇票出质的，质权自权利凭证交付质权人时设立，即在汇票质押的情形下，以交付汇票作为汇票质权成立的条件。依据《票据法》第 35 条的规定，在汇票质押的情形下，应当以背书记载“质押”字样。同时，依据《最高人民法院关于审理票据纠纷案件若干问题的规定》第 54 条的规定，“依据票据法第三十五条第二款的规定，以汇票设定质押时，出质人在汇票上只记载了‘质押’字样未在票据上签章的，或者出质人未在汇票、粘单上记载‘质押’字样而另行签订质押合同、质押条款的，不构成票据质押”。可见，依据《票据法》及上述司法解释的规定，汇票质押的成立既需要在汇票上背书“质押”字样，也需要在汇票上签章，否则无法成立汇票质押。

关于汇票质押的成立，《有关担保司法解释》第 58 条规定：“以汇票出质，当事人以背书记载‘质押’字样并在汇票上签章，汇票已经交付质权人的，人民法院应当认定质权自汇票交付质权人时设立。”据此，汇票质押必须具备签章、背书记载“质押”与交付三要件，缺一不可。[①] 该规定妥当协调了

---

① 参见程啸、高圣平、谢鸿飞：《最高人民法院新担保司法解释理解与适用》，法律出版社 2021 年版，第 368 页。

《民法典》与《票据法》有关汇票质押条件的冲突，对于减少实践纠纷、减少法律解释上的难题具有重要意义。该司法解释之所以要求汇票质押的成立需要同时具备上述三要件，主要理由在于：一方面，其与《票据法》有关汇票质押的规定保持了一致。设质背书行为作为票据行为，应当符合票据行为的一般要件。依据《票据法》的规定，票据行为具有要式性，汇票质押行为也具有要式性，因此汇票质押应当符合《票据法》有关汇票质押的成立条件。另一方面，汇票作为一种有价证券，汇票质押的成立也应当符合《民法典》有关票据质押的规定，《有关担保司法解释》第 58 条规定汇票质押的成立需要实际交付汇票，与《民法典》的相关规定保持了一致。①

当然，电子汇票由于并不具有纸质汇票凭证，无法完成背书或者交付，因此，其质权应当以在电子商业汇票系统中办理登记为成立条件。

在票据质押之后，债权人对票据享有质权，此种权利与票据权利是两种不同性质的权利。票据权利人以票据出质，其目的旨在设定质权，而非移转票据权利。② 所以在以票据出质后，质权人没有取得票据权利的，不能直接行使票据的权利。票据质权人只有在债务人不履行债务时，才能行使其对票据所享有的质权。此外，即便是行使质权时，票据质权人也仅仅享有对票据权利的优先受偿权，而不是直接行使其对票据的各种权利。如果被担保的债务小于票据所记载的金额，那么质权人在实现其债权以后，剩余部分还应当返还给出质人。

（二）债券、存款单质押

所谓债券，是指国家、金融机构或公司因向他人借款而签发的保证在一定期限内还本付息的有价证券，如国库券、金融债券、公司债券等。根据《民法典》第 441 条的规定，以债券出质的，当事人应当订立书面合同，质权自权利凭证交付质权人时设立；没有权利凭证的，质权自有关部门办理出质登记时设立。这一规定包括如下内容：第一，以债券出质的，当事人必须订立书面合同，该合同自合意达成时生效。第二，有权利凭证的，质权自交付权利凭证时起设立，因而权利凭证的交付是此种质权设立的公示方法。例如，普通的国库券都是有权利凭证的，必须交付该国库券，才能设立质押权。第三，如果没有权利凭证，则必须要办理登记。例如，我国发行的记账式国债就不印制券面及凭证而是以记账形式记录债权，因此这些债券是没有权利

---

① 参见高圣平：《设质背书的效力研究——兼及〈票据法〉与〈物权法〉冲突及其解决》，载《中外法学》2009 年第 4 期。

② 参见崔建远：《物权法》（第 5 版），中国人民大学出版社 2021 年版，第 529 页。

凭证的,其质押不必交付权利凭证,但必须要办理登记。[①] 依据《民法典》第441条的规定,应当到有关部门(中央国债登记结算有限责任公司)办理出质登记。

所谓存款单质押,是指以在银行存款的凭证即存款单作为质押的标的。《民法典》第441条允许存款单质押。尽管存款单是存款凭证,但它本身也是一种有价证券。存款单质押不是一般的债权质押,而是一种以证券化的形式表现出来的债权的质押。存款单质押和账户质押在性质上也是不同的,因为存款人将存款交付后,该存款的占有发生了移转,按照货币的"占有与所有一致"原则,所有权已经移转于银行,存款人只是享有合同债权,即在合同规定的期限到来后请求银行支付本息。存款人以账户质押实际上属于债权质押。但是,存款单是一种有价证券,作为一种特殊的动产具有物权的效力,所以,存款单的质押属于有价证券的质押。

依据《民法典》第441条的规定,以存款单设质时,首先要由当事人订立质押合同,并且出质人应当将存款单交付给质权人,在交付存款单之后,质权才可以设立。如果质权人不是银行,出质人和质权人应将存款单设质情况通知银行,以防止出质人在以存款单出质以后到银行挂失,继而背着质权人将存款提走,使质权落空。[②] 如已经通知银行,银行不得允许出质人随意提款。

(三)仓单质押

1. 仓单质押的设立

所谓仓单(Lagerschein;dockwarrant),是指仓库保管人在存货人寄托物品以后,应存货人的请求,向存货人填发的记载有关保管事项的单据,它也是提取仓储物的凭证。仓单可以分为可以登记的仓单和不可登记的仓单,可以登记的仓单通常是标准化的仓单,而非标准化仓单通常难以登记。在仓单质押中,质权人只是占有仓单,而不占有仓单项下的动产,该动产由保管人进行保管,如果因保管人保管不善造成仓储物损毁、灭失的,则出质人和质权人均有权依法请求保管人承担赔偿责任。[③] 依据《民法典》第441条的规定,仓单质押的设立应当具备以下条件:

第一,必须订立书面质押合同。之所以要求订立书面合同,主要是出于

① 参见王胜明主编、全国人大常委会法制工作委员会民法室编著:《中华人民共和国物权法解读》,中国法制出版社2007年版,第485页。

② 参见崔建远:《物权法》(第5版),中国人民大学出版社2021年版,第536页。

③ 参见程啸:《担保物权研究》(第2版),中国人民大学出版社2019年版,第691页。

留存证据,且为了有效避免纠纷的发生。

第二,依据《民法典》第441条的规定,仓单质押的设立要求出质人必须实际交付仓单给质权人。由于质权的设定以移转占有为必要,仓单在性质上属于物权凭证,因此仓单的交付就起到了与货物交付相同的功能。依据《有关担保司法解释》第59条第1款规定,仓单已经交付质权人的,人民法院应当认定质权自仓单交付质权人时设立。没有权利凭证的仓单,依法可以办理出质登记的,仓单质权自办理出质登记时设立。仓单质权自权利凭证交付债权人时起设立,如果没有交付不能认为质权已经设立。对于依法可以办理出质登记的,仓单质权自办理出质登记时设立。

第三,当事人应当在仓单上以背书记载"质押"字样。《有关担保司法解释》第59条第1款规定,存货人或者仓单持有人在仓单上以背书记载"质押"字样,并经保管人签章,当事人交付权利凭证时,背书注明"质押"字样,可以有效防止出现各种纠纷。这是因为占有仓单通常能够显示出权利外观,仓单持有人可以转让仓单或者提取仓储物,但仓单上存在"质押"背书后,质权人仅是为质押担保目的而持有仓单,而不享有其他权利。

第四,必须经保管人签章。依据《有关担保司法解释》第59条第1款的规定,仓单质权的设立不仅要交付仓单,由出质人在仓单上背书,还需要经保管人签名或者签章。对无纸化的仓单,有些可以办理登记,如果依法办理了登记,就足以起到公示的效果,如果某些仓单的质押不能够办理登记,也必须采取交付的公示方法,否则难以设立质权。

2. 仓单质押与仓储物担保并存时的权利顺位

仓单是一种货物的物权凭证,在所有人将货物交付仓储人保管后,可能将该货物又设定抵押,但由于仓储人又可以为同一货物签发仓单,故仓单的持有人可以将仓单进行出质。在此情形下,同一物之上并存的两项担保权利就会发生冲突。《有关担保司法解释》第59条第2款规定:"出质人既以仓单出质,又以仓储物设立担保,按照公示的先后确定清偿顺序;难以确定先后的,按照债权比例清偿。"据此,在仓单和仓储物的担保发生冲突的情形下,应当依据《民法典》第414条或第415条的规定,按照公示的先后顺序确定清偿顺序。但因为公示方法不同,可能出现两种担保设定的时间上难以确定的问题,此时应当按照债权比例清偿。

此外,如果出质人以仓单出质的同时,对仓单项下货物设立质权的,其可能因此造成仓单质权人损失,依据《有关担保司法解释》第59条第4款规定,应当由出质人和保管人对仓单质权人承担连带赔偿责任,这主要是因为,在货物质押的情形下,移转该货物的占有需要保管人的配合。在保管人就一份货物签发多份仓单并由出质人设定多个仓单质权的情形下，保管人有过错的，应当与出质人承担连带责任。①

3. 在多份仓单上设立多个质权

在实践中，保管人可能应存货人的要求为同一货物签发多份仓单，而仓单的持有人将多份仓单分别设定质权，此时将发生多个质权的竞存。依据《有关担保司法解释》第59条第3款规定："保管人为同一货物签发多份仓单，出质人在多份仓单上设立多个质权，按照公示的先后确定清偿顺序；难以确定先后的，按照债权比例受偿。"据此，应当依据《民法典》第414条或第415条的规定，按照公示的先后确定受偿的先后顺序。由于仓单质权既可以采取背书交付，也可以采取登记方式（特别是针对无纸化的仓单可以办理登记），因而可能出现难以确定取得仓单的先后顺序的问题，在此情形下各债权人应按照债权比例受偿。②

如果出质人既以仓单出质，又以仓储物设立担保，或者出质人在多份仓单设定多个仓单质权，因此对质权人造成损害，如何确定责任？依据《有关担保司法解释》第59条第4款的规定："存在第二款、第三款规定的情形，债权人举证证明其损失系由出质人与保管人的共同行为所致，请求出质人与保管人承担连带赔偿责任的，人民法院应予支持。"据此，如果损害单纯由出质人造成，则应当由出质人承担责任，但如果损害是由于出质人与保管人共同过错造成，则应当由二者共同承担连带责任。

（四）提单质押

所谓提单，是指用以证明海上货物运输合同和货物已经由承运人接受或者装船，以及承运人保证据以交付货物的单据。提单是表彰一定物品的交付请求权的证券，在学说上又称为"物品证券"。此类证券上所记载的物品所有权的移转以交付证券为必要，因而其证券的交付与物品的交付具有相同的效力。据此，学者也将其称为"交付证券"③。在满足特定条件时，提单持有人有权提取提单项下的货物。

尽管提单是有价证券，但其不同于一般的动产，而仍然是一种权利凭证，对于提单的出质，也应适用《民法典》关于质押的规定。《有关担保司法解释》第60条第1款规定："在跟单信用证交易中，开证行与开证申请人之

---

① 参见高圣平：《民法典担保制度及其配套司法解释理解与适用》（下册），中国法制出版社2021年版，第938页。

② 参见高圣平：《民法典担保制度及其配套司法解释理解与适用》（下册），中国法制出版社2021年版，第937页。

③ 郑玉波：《民商法问题研究（四）》，台北，1985年（公元纪年）自版发行，第144页。

间约定以提单作为担保的,人民法院应当依照民法典关于质权的有关规定处理。”该条明确了质押的适用规则。

在跟单信用证交易中,开证行可以取得对提单项下货物的权利,但提单作为一项权利凭证,并不能认为持有人即为所有权人。而开证行所能取得的只是一项质权,即就提单项下货物价值享有优先受偿的权利。依据《有关担保司法解释》第 60 条第 2 款的规定,开证行虽然是提单持有人,但是其不是所有权人,而只是质权人。开证行享有质权,因此其可以就提单项下的货物主张优先受偿的权利。[①] 也正是因为这一原因,开证行对转让货物价款优先受偿后,仍然负有清算的义务。故而,《有关担保司法解释》第 60 条第 3 款规定:“在跟单信用证交易中,开证行依据其与开证申请人之间的约定或者跟单信用证的惯例,通过转让提单或者提单项下货物取得价款,开证申请人请求返还超出债权部分的,人民法院应予支持。”据此,由于开证行就提单享有的只是一项担保权利,在担保物权实现之后,应当依据《民法典》第 438 条的规定进行清算,就超过主债权的部分,应当返还债务人。

三、有价证券质权的实现

当债务人不履行债务或者发生当事人约定的实现质权的情形时,质权人有权实现质权。不过,因为有价证券本身不同于一般的财产,所以,此种质权的实现具有一定的特殊性。具体来说,以有价证券设定质权以后,如果证券记载权利的清偿期与其所担保债权的清偿期一致,则在所担保的债权清偿期到来以后,债权人未获得清偿的,质权人可直接行使质权,收取证券上的给付。[②] 当然,质权人是就证券的价值优先受偿,而不是行使证券的权利。

1. 清偿期先于主债权到期

《民法典》第 442 条规定:“汇票、本票、支票、债券、存款单、仓单、提单的兑现日期或者提货日期先于主债权到期的,质权人可以兑现或者提货,并与出质人协议将兑现的价款或者提取的货物提前清偿债务或者提存。”例如,以本票设质,本票的到期日为 5 月 1 日,而其所担保的债权的清偿期为 6 月 1 日。在此情况下,应当如何实现质权?根据《民法典》第 442 条的规定,质权人有权将票据兑现或持提单提货,但质权人应与出质人协商,确定是否将兑现的价款或提取的货物用于提前清偿质权所担保的债务。这主要是因

---

① 参见高圣平:《民法典担保制度及其配套司法解释理解与适用》(下册),中国法制出版社 2021 年版,第 938 ~940 页。

② 参见梅仲协:《民法要义》,中国政法大学出版社 1998 年版,第 610 页。

为,在履行期尚未到来之前,出质人享有债务未到期的抗辩,其期限利益仍然应当受到保护。如果出质人愿意提前清偿,则质权将因提前清偿而消灭。如果其不愿意提前清偿,则应向双方约定的第三人提存,质权将及于提存物,一旦债务到期而债务人不能履行债务,则质权人应以提存物优先受偿。

2. 有价证券的清偿期后于主债权到期

在此情形下,债权人能否直接向债务人请求给付,《民法典》没有作出明确规定。本书认为,在设定质权时,质权人既然已经知道有价证券上记载的清偿期后于债务履行期,而仍然同意在该有价证券上设定质押,这表明其自愿承担了债权到期后无法立即就有价证券实现权利的后果,其应当等待有价证券所记载的清偿期到来后,才能实际行使权利。

关于有价证券质权的实现问题,应区分不同情况分别处理。如果证券的给付为金钱,而被担保的债权亦为金钱债权,在此情况下,质权人要实现其质权是较为容易的,其可以直接要求证券的债务人向自己作出给付,证券的债务人也必须向其作出履行。有学者认为,不管证券票面金额是多少、被担保的债权是多少,质权人可请求证券债务人全部履行,在满足其债权以后有剩余的,可返还给出质人。此种观点确有一定的道理。如果证券的给付为金钱以外的物,被担保的债权为金钱债权(如以提单担保借款合同),则质权人领取证券债务人交付的货物以后,是否存在物上代位?学术界对此存在不同的看法。本书认为,有价证券质押的客体原本是证券,质权人领取证券债务人交付的货物以后,应当适用物上代位的规则,使该质权的效力及于该货物,从而按照动产质权的实行方法处理。

第三节 基金份额、股权质押

一、基金份额质押

依据《民法典》第 440 条的规定,“可以转让的基金份额、股权”可以质押。基金是指证券投资基金,即通过公开或非公开方式发售基金份额,由基金托管人托管,基金管理人管理,为基金份额持有人的利益所进行的证券投资活动。[①] 基金分为开放式基金和封闭式基金,大多数开放式基金不能上市交易,所以其不能作为质权的客体。所谓基金份额,是指向投资者发行的表示持有人按其所持有的份额,基于该份额对基金财产享有的收益分配权,清算后的剩余财产取回权以及其他权利。[②] 基金份额一般是指基金投资人对

① 参见《证券投资基金法》第 2 条。

② 参见黄薇主编:《中华人民共和国民法典物权编解读》,中国法制出版社 2020 年版,第 779 页。

基金享有的份额，体现着基金投资人（基金份额持有人）的权利和义务。基金份额和股份一样，是资本市场中一种重要的财产类型，且随着我国资本市场的发展，基金已经成为一种越来越重要的财产形式。既然法律上允许依法可以转让的股份作为担保物，亦应允许依法可以转让的基金份额作为担保物，以扩充当事人的融资担保工具。

依据《民法典》的规定，凡是可以依法转让的且允许出质的财产，可以出质。既然基金份额的持有人有权依法转让其持有的份额，那么，基金份额属于依法可以转让的财产权利，可以设定质权。以基金份额质押，应当办理登记。《民法典》第443条修改了原《物权法》第226条的规定，并不要求当事人之间订立书面合同，但依据我国《民法典》第443条第1款的规定，"以基金份额、股权出质的，质权自办理出质登记时设立"。不过，按照区分原则，只要双方达成合意，即使没有办理登记，基金份额质押合同也是有效的，可以在当事人之间产生合同债权。由于基金份额出质的公示方法是登记，因此，质权办理出质登记时发生效力。如果没有办理登记，当事人之间不能产生作为物权的基金份额质权。

二、股权质押

股权就是指股东因向公司直接投资，依据法律和章程的规定所享有的各种权利。在我国，公司包括股份有限公司、有限责任公司等形式，有限责任公司股东的股权是通过公司签发的出资证明书体现的，并不公开上市流通。而股份有限公司也要分为两类，即上市公司和非上市的股份公司。对于上市公司而言，上市公司股东的股权是通过公司签发的股票体现的，其可以在市场上自由转让，股权持有人因持有股票而享有相应的股权。

并非所有的上市公司股权均可以进行出质，能够进行质押的股权必须是可以依法转让的股权。即使就上市公司的股权而言，也可以分为两类：一类是上市的流通股，另一类是上市的非流通股或者限售股。这两类股权都必须在证券登记机关进行登记、存管或结算，但可以质押的主要是流通股，因为非流通股在转让上仍受到限制，因而不能作为质押的标的。值得注意的是，股权既包括经济性的权利也包括非经济性的权利，前者如分配红利、股息的权利，公司剩余财产分配权等，后者如出席股东大会的权利、投票权、选举权、被选举权、查阅公司账簿等权利。以股权质押仅仅是指以其中的经济性权利质押，而不包括非经济性权利，因此股东在将股权质押之后，依然享有出席股东大会、投票等参与公司经营管理的权利，而股票的质权人虽然占有股票，但其并不是股东，不能出席股东会议行使表决权。[①]

《民法典》第443条第1款规定，以股权出质的质权自办理出质登记时设立。股权的出质首先要有出质人与质权人之间订立质押合同，并且在法律规定的登记机关办理登记，依据《民法典》第443条的规定，出质采登记生效主义。当事人虽无须实际交付股票或进行背书，但登记具有替代交付的功能。因此，以证券登记结算机构登记的股权出质的，质权自法定机构办理出质登记时设立。

三、基金份额和股权出质后，不得转让

《民法典》第443条第2款规定，基金份额、股权出质后，不得转让，但是出质人与质权人协商同意的除外。该条是对出质人处分基金份额和股权的限制。一方面，基金份额和股权出质后已经受到了限制，因此不能像未出质时一样自由转让。这就是说，非经质权人同意，出质人不得转让其已出质的基金份额和股权，因为在权利质权中，质权的客体是权利而非有体物，质权人无法如同对动产那样实际占有控制客体，其控制力比较弱，所以应当限制出质人对质押标的物的处分权。如果转让，将构成对基金份额持有人或股东的侵害。[②] 另一方面，限制转让是出于保护质权人的目的，在质权人协商同意放弃这一保护时，也应当允许。但是，转让之后，出质人转让基金份额和股权所得的价款，应当向质权人提前清偿债权或者提存。[③] 在未经质权人同意的情况下，转让合同的效力虽然不受影响，但是其不能对质权人产生效力。

四、质权人有权收取质押财产的孳息

《民法典》第430条规定，“质权人有权收取质押财产的孳息”，依据这一规定，如果当事人没有特别约定，则质权人有权收取孳息，该规则也可以适用于权利质权。就股权质权而言，所谓孳息主要是指红利与配送股，至于股票在股市上价格上涨的溢价，由于这种增值不属于股票的孳息收入，故不能归质权人享有。在实现质权的条件成就时，质权人通过将股票变价，只能在担保的债权范围内优先受偿，溢价收入清偿债权后剩余部分应当返还给出质人。依法收取的孳息应当首先冲抵收取孳息的费用，然后冲抵主债权

---

① 参见王文宇：《公司法论》，台北，元照出版有限公司2006年版，第265页。

② 参见姚红主编、全国人大常委会法制工作委员会民法室编著：《中华人民共和国物权法精解》，人民出版社2007年版，第394页；黄薇主编：《中华人民共和国民法典物权编释义》，法律出版社2020年版，第848页。

③ 参见黄薇主编：《中华人民共和国民法典物权编解读》，中国法制出版社2020年版，第791页。

产生的利息和主债权。[①]

五、基金份额和股权质权的实现

当债务人不履行债务或者发生当事人约定的实现质权的情形时，质权人有权实现质权，即将已经设定质权的基金份额、股权折价或者拍卖、变卖，并就所得价款优先受偿。由于质权人不将质押财产变价就不能实现股票的交换价值，因而变价原则上是质权实现的必经程序。由于股票的价格是不断波动的，如果在质权实现以前，出现了股票价格有大幅度上涨或者有持续下跌的情况，出质人要求变价，质权人应当同意，但应当以变价所得提前清偿债务或用于提存。

第四节　知识产权质押

一、知识产权质押概述

所谓知识产权质押，是指当事人以注册商标专用权、专利权、著作权等知识产权中的财产权设定质权，当债务人到期不履行债务或者发生当事人约定的实现质权的事由时，质权人将已出质知识产权中的财产权变价，并就所得价款优先受偿的一种担保物权。我国《民法典》第 444 条第 1 款规定："以注册商标专用权、专利权、著作权等知识产权中的财产权出质的，质权自办理出质登记时设立。"需要指出的是，知识产权质押的客体只限于可以转让的财产权，而不包括人身权，因为知识产权中的人身权，如署名权、发表权、修改权等只能专属于著作权人，而不能让与他人，所以不能出质。除了上述三种权利之外，《民法典》第 444 条还使用了"等知识产权"的表述，这为未来新型知识产权的出现及其质押留下了足够的空间。

二、知识产权质押的设立

一方面，出质人与质权人应形成质押合意。原《物权法》规定出质人和质权人必须订立书面的质押合同，但是《民法典》编纂中删除了这一要求。当然，当事人需要达成知识产权质押合意。另一方面，依据《民法典》第 444 条的规定，知识产权质押必须依法办理登记，即必须向知识产权管理部门办理出质登记。由于知识产权是一种无形的财产，无法采取移转占有的方式来公示，因而知识产权设质需要办理登记。[②] 此外，为了防止出质人将知识

---

① 参见黄薇主编：《中华人民共和国民法典物权编解读》，中国法制出版社 2020 年版，第 704 页。

② 参见黄薇主编：《中华人民共和国民法典释义（上）：总则编 · 物权编》，法律出版社 2020 年版，第 849 页。

产权质押后擅自转让知识产权，应当要求出质人向质权人交付知识产权权利证书，如商标注册证、专利证书等。依据《民法典》第 444 条的规定，质权自办理登记时设立。也就是说，仅订立了质押合同而没有办理登记还不能设立质权。质权只有在完成了公示方法之后，才能有效设立。

知识产权在出质以后，出质人不能未经质权人同意处分其财产权。《民法典》第 444 条第 2 款规定："知识产权中的财产权出质后，出质人不得转让或者许可他人使用，但是出质人与质权人协商同意的除外。出质人转让或者许可他人使用出质的知识产权中的财产权所得的价款，应当向质权人提前清偿债务或者提存。"这一规定包括如下内容：第一，在知识产权出质后，出质人不得转让或者许可他人使用。法律限制出质人对设质的知识产权进行转让或许可他人使用，目的是保护质权人的利益。第二，如果出质人要转让或许可他人使用出质的权利，必须征得质权人同意。此种同意既可以采取书面形式，也可以采取口头形式，但必须通过明示的方式表达出来。第三，经过出质人和质权人协商，可以将转让或许可所获得的转让费或许可费用于提前清偿债务人向债权人所欠的债务，质权及于转让费、许可费上。如果出质人不愿意提前清偿，则可将转让费、许可费向其与质权人所约定的第三人提存，一旦债务履行期到来，债务人不能履行债务，质权人可以以该提存物优先受偿。[①]

三、知识产权质权的实现

《民法典》第 446 条规定："权利质权除适用本节规定外，适用本章第一节的有关规定。"由此可见，我国《民法典》并没有特别规定知识产权质权的实现，有关知识产权质权的实现应当适用动产质权实现的一般规则。具体而言，质权人可以与出质人协议以该质押财产折价，也可以就拍卖、变卖知识产权财产权所得的价款优先受偿。值得注意的是，在拍卖、变卖知识产权前，应当对知识产权进行评估，确定其价值，但出质人不愿进行评估，直接进入变价程序也并无不可。

第五节　应收账款质押

一、应收账款质押概述

应收账款是一个会计学上的概念，是指企业对客户享有的债权。该债

---

① 参见姚红主编、全国人大常委会法制工作委员会民法室编著：《中华人民共和国物权法精解》，人民出版社 2007 年版，第 396 页；黄薇主编：《中华人民共和国民法典物权编释义》，法律出版社 2020 年版，第 849 页。

权应当具有确定性,符合会计记账的基本要求。根据原《应收账款质押登记办法》第 2 条的规定,应收账款是指权利人因提供一定的货物、服务或设施而获得的要求义务人付款的权利,包括现有的和未来的金钱债权及其产生的收益,但通常不包括因为票据或其他有价证券而产生的付款请求权。可见,该规定采用了较为宽泛的定义,包含了“未来的金钱债权及其产生的收益”。[①] 可以作为质押客体的应收账款必须符合如下条件:

第一,应收账款必须具有可转让性。应收账款质押属于质押的一种,它应当符合质押的一般条件,在债务人不履行债务时,是可以强制执行的。对于不可转让的债务,如与人身联系密切或者不能强制执行的债权,不能质押。如果根据债权的性质不得转让(如劳务之债),也不得设定质押。因为在这些债权合同中,当事人双方均存在一种特殊的信任关系,如果此类合同发生转让或质押,必然会破坏这种信赖关系。

第二,应收账款主要是指金钱债权。如因为销售商品或提供劳务以后,一方没有支付货款或费用。应收账款还包括未到期的债权。未到期的债权是将来取得的收益,这些债权本身已经产生,只是其履行期限尚未届至,但也具有财产价值,可以作为质押的标的。例如,双方订立了长期的供货合同,以该合同债权质押,在这种合同中,债权人就可对尚未到期的债权享有质权。

第三,应收账款是没有证券化的债权。证券化的债权(如公司债)是否应包括在应收账款之中?对此存在不同的立法例。根据《美国统一商法典》第 9 编关于应收账款的规定,并不包括由担保债权凭证或票据表彰的偿付请求权。而《美洲国家组织动产担保交易示范法》中的应收账款则是指担保债权人所享有的向第三人主张或向第三人收取现在或未来到期的金钱付款的权利。本书认为,证券化的债权,从广义上说也可以属于应收账款,但我国《民法典》第 441 条已经规定了证券质押,因此此类质押应当属于证券质押的范畴,而不应当包括在应收账款质押之中。[②]

第四,以现有的应收账款出质必须具有真实性。依据《有关担保司法解释》第 61 条第 1 款的规定,以现有应收账款出质的,该账款必须具有真实性。因为应收账款债权的标的是一项债权,由于债权具有非典型的公开性,第三人很难查知特定的债权是否存在以及债权的内容。在出质人以应收账

---

① 参见美国法学会、美国统一州法委员会:《美国〈统一商法典〉及其正式评述》(第 3 卷),高圣平译,中国人民大学出版社 2006 年版,第 67 ~ 68 页。

② 参见崔建远:《物权法》(第 5 版),中国人民大学出版社 2021 年版,第 551 页。

款出质时,质权人可能进行调查,了解债权的真实性,此时如果债务人表明债权债务关系确实存在,那么其就应当承担债权不存在的法律后果。由于债务人确认存在应收账款,质权人形成了债权关系确实存在的外观[①],基于保护信赖,该条要求对于虚构债权债务关系的债务人承担如同债权债务关系确实存在一样的责任。因此,应收账款债务人确认应收账款真实性的,事后不得以应收账款不存在或者已经消灭为由主张不承担责任。[②]

如果在设定质权时,质权人没有进行尽职调查,以确认债权债务关系是否真实存在,其质权是否应当受到保护?依据《有关担保司法解释》第 61 条第 2 款的规定:只要质权人事后能够举证证明办理出质登记时应收账款是真实存在的,也应当受到保护。如果质权人不能举证证明办理出质登记时应收账款真实存在,仅以已经办理出质登记为由,表明质权人并不存在合理信赖,因此也不应受到保护。据此,该条确立了质权人应当向应收账款债务人确定应收账款真实性的义务。如果质权人没有尽到确认真实性的义务,且应收账款是虚假的,其可以继续请求出质人承担违约责任。但在向应收账款债务人行使债权质权时,就必须要证明担保财产是否真实存在,也就是说如果设立质权时,应收账款都不存在,应当认为担保物权并未有效设立。当然,如果没有设立担保物权,质权人仍然可以基于基础交易关系要求出质人承担违约责任。[③]

当应收账款债务人向债务人清偿时,如何确定质权人的权利?《有关担保司法解释》第 61 条第 3 款规定,依据质权人是否已经进行通知而分别确定不同的效果。依据该款的规定,应收账款债务人接到质权人要求向其履行的通知后,仍然向应收账款债权人履行的,不发生清偿的效果,质权人有权要求其继续履行;如果质权人并未通知,则质权人请求应收账款债务人再次履行债务时,不能得到支持。这是因为,在债权质权的情形下,只有在质权人向债务人作出了要求履行的通知之后,债权质权才会对债务人发生效力,根据债权转让的基本法理,此时只有向质权人履行才会发生清偿的效果。在通知之前已经履行的,不得要求债务人再次向其要求清偿或履行。而应收账款债务人在接到应收账款质权设立通知前,向应收账款债权人作出的履行

---

① 参见黄薇主编:《中华人民共和国民法典合同编解读》(下册),中国法制出版社 2020 年版,第 913 页。

② 参见高圣平:《民法典担保制度及其配套司法解释理解与适用》(下册),中国法制出版社 2021 年版,第 988 ~ 989 页。

③ 参见何颖来:《保理中虚假基础交易风险的法律规制——基于民法典第 263 条之思辨》,载《浙江社会科学》2021 年第 7 期。

可以对抗质权人。[①]

二、应收账款的分类

(一)已到期和未到期的应收账款债权

已到期的应收账款债权,是指在债权到期以后,债务人未清偿债权,债权人可以将其享有的债权设置质押。例如,因为销售商品或提供劳务以后,一方没有支付货款或费用。

未到期的应收账款债权,是将来取得的收益,债权本身已经产生,但是,其履行期限尚未届至,即便如此,其本身也具有财产价值。一些已到期的债权没有履行,可能已变成呆坏账,而未到期的债权,其实现的可能更大。未到期的债权中,还包括那些目前尚未订立合同,但是当事人可以合理期待的未来债权。例如,双方订立了长期的供货合同,以该合同债权质押,在这种合同中,债权人享有的债权尚未实际产生,但依然能以此种债权设定质押。

(二)现有的和将来的应收账款债权

所谓现有的应收账款是指已经发生且客观存在的应收账款,所谓将有的应收账款是指未来将会产生的应收账款。此类应收账款又可以分为两类,一是以合同债权为基础的应收账款,例如,当事人之间订立了长期框架合同,债权尚未发生但是将来可能发生。[②] 二是非以合同债权为基础的应收账款,这主要是指收费权质押的情形。例如,高速公路收费权质押时,尚不存在债权,但是其确实属于未来可以获得的应收账款收益。由于以未来的财产作为担保是担保法发展的重要趋势,因此,《民法典》把将有的应收账款纳入质押范围,这对于鼓励担保、便利融资充分发挥应收账款的交换价值具有重要的意义。

关于将来的应收账款质权,《有关担保司法解释》第 61 条第 4 款规定:"以基础设施和公用事业项目收益权、提供服务或者劳务产生的债权以及其他将有的应收账款出质,当事人为应收账款设立特定账户,发生法定或者约定的质权实现事由时,质权人请求就该特定账户内的款项优先受偿的,人民法院应予支持;特定账户内的款项不足以清偿债务或者未设立特定账户,质权人请求折价或者拍卖、变卖项目收益权等将有的应收账款,并以所得的价款优先受偿的,人民法院依法予以支持。"该条所规定的将有应收账款质押包括三种情形:一是指以将来完成的能源、交通运输、水利、环境保护、市政

---

① 参见高圣平:《民法典担保制度及其配套司法解释理解与适用》(下册),中国法制出版社 2021 年版,第 984 ~ 986 页。

② 参见张静:《将有债权处分的法律构造与顺位安排》,载《法学》2022 年第 2 期。

工程等基础设施和公用事业项目的收益权。例如，修建一条高速公路，以未来取得的高速公路收费权进行质押。二是以提供服务或劳务产生的债权出质，此处所谓的提供服务或者劳务，这些劳务并非现在提供，而应是将来提供劳务产生的债权。针对特定主体提供的服务或者劳务仍属于现有的应收账款。[①] 三是以其他将有的应收账款出质。例如，出租人将其房屋进行出租，并就该未来取得的租金之上设定应收账款质押，但在签订质押合同时尚未与他人签订租赁合同。

《有关担保司法解释》第 61 条第 4 款就上述三种情形下应收账款质押确立了如下规则：一是明确将有应收账款主要包括基础设施和公用事业项目收益权、提供服务或者劳务产生的债权以及其他将有的应收账款；二是规定以将有的应收账款质押，原则上应当设立特定账户；三是在实现应收账款质押时，原则上应先就特定账户内的款项优先受偿；特定账户内的款项不足以清偿债务或者未设立特定账户的，再对应收账款进行折价或者拍卖、变卖。

（三）一般应收账款和收费权

收费权是一个范围非常宽泛的概念，但是，作为应收账款质押的收费权，主要是指经过有关部门的批准和许可，而享有的对公路、桥梁、隧道、渡口等基础设施的收费权。[②] 其特点在于，第一，它是一种请求权，即权利人对各种基础设施所可能产生的收益等享有的请求权，它主要是针对不特定人而不是针对特定的人请求支付费用的权利。第二，它是一种可能发生的请求权，收益权的范围具有不确定性，其是否可能发生或在多大程度内发生，都具有一定的不确定性。第三，它通常是基于一定的资格而发生的请求权。换言之，它不是现实地支配某项财产的权利，而是在权利人为他人提供服务之后所享有的一种收取费用的资格。第四，它的债务人并不确定。与一般应收账款不同，收费权的债务人并不特定。以收费权设立质押时，可能还没有形成具体的债权债务，但由于收费权本身也是以财产价值为内容的，而且行使收费权又会产生一定的收益，所以，收费权也是可以质押的。《有关担保司法解释》第 61 条第 4 款对以基础设施和公用事业项目收益权、提供服务产生的应收账款出质规则作出了规定。此处所言的收益权就是指收

① 参见最高人民法院民事审判第二庭：《最高人民法院民法典担保制度司法解释理解与适用》，人民法院出版社 2021 年版，第 522 页。

② 参见黄薇主编：《中华人民共和国民法典释义（上）：总则编 · 物权编》，法律出版社 2020 年版，第 844 页。

费权。

需要指出的是,收费权质押和一般应收账款的质押是存在区别的。一方面,一般应收账款是在特定的债权债务人之间产生的,应收账款质押是以实际发生的债权质押。收费权产生时,债权债务关系可能尚未实际发生。在收费权质押中,出质的对象就是收费权。在债务人不履行债务的情况下,强制执行的只能是收费权本身,而不能是因收费权而产生的债权。拍卖、变卖的对象也只能是收费的资格。另一方面,一般应收账款都具有可转让性,但许多收费权本身是经过政府特许的,权利人的资格受到较多的限制。此外,从质权的实现方式来看,收费权质押可以采取将收费权拍卖、变卖或折价的方式,而应收账款的质押一般不存在将应收账款拍卖、变卖的方式,大都采取由质权人向第三人直接收取债权的方式。因此,收费权质押不同于发生在当事人之间的一般债权的质押。

三、应收账款质押的设立

应收账款质押的设立,是指当事人依据法律规定的条件在应收账款之上设立质权的行为。这种特殊的质押形式,除了具有质押的一般特点之外,还需要满足法律所规定的特殊要件。《民法典》第445条第1款规定以应收账款出质的,“质权自办理出质登记时设立”。因此应收账款的质押,实行登记要件主义,也就是说,在出质人和质权人订立应收账款质押合同以后尚不能设立质权,当事人还必须办理登记。只有在办理了登记手续之后,质权才有效设立,这就是说,只要双方在订立质押合同之后办理了登记手续,质权就有效设立,并不需要通知债务人。应收账款质押在登记之后,债权人就取得了质权,没有作出通知只是不能对抗债务人。如果债务人因为不知道债权设定了质押而仍然向原债权人清偿,该清偿有效。

四、应收账款质押的效力

(一)质权人的权利和义务

在应收账款质押生效之后,质权人对出质的债权享有质权,其权利的内容与一般权利质押的内容相同,但亦有不同之处。这尤其表现在,质押债权到期之后,且被质押的债权也到期的情况下,质权人有权直接请求债务人向自己作出给付。例如,质权人在将质押已设定的情况通知第三人之后,就有权代债务人向第三人收取债权。在通知之后,第三人只能向质权人清偿,即向有受领权的人清偿,不能再向其债权人清偿。尽管我国《民法典》对此没有明确规定,但从法理上说,既然质权人享有质权,其就取得了债务受领人的法律地位,因此,可以代债务人请求第三人向自己作出给付。从国外物权法的经验来看,也大多采取此种方式。质权人在质押设定之后,在债权尚未到期以前,不得提前要求清偿,或擅自代位收取债权,也不得非法干预债务人或第三人的行为。

(二)出质的应收账款不得转让

《民法典》第 445 条第 2 款规定:"应收账款出质后,不得转让,但是出质人与质权人协商同意的除外。出质人转让应收账款所得的价款,应当向质权人提前清偿债务或者提存。"这一规定包括如下内容:第一,作为质押标的的应收账款不得转让。《民法典》禁止应收账款的转让,是为了防止质押标的因转让而使担保的目的落空,从而危及所担保的主债权。由于质押的债权与一般的财产权不同,它以请求权为标的,而且只能针对特定人请求,为了保护质权人的利益、维护交易安全,必须要对出质人的处分权作严格限制。[①] 因此,《民法典》第 445 条虽然承认出质人对其设置质押的应收账款享有债权,但不得转让,否则将会形成双重处分,损害质权人的利益。第二,经出质人与质权人协商同意的,应收账款可以转让。毕竟,应收账款是一种财产权益,权利人可以处分;对出质人的处分权的限制主要是为了保护质权人的利益。如果质权人认为应收账款转让也是符合其利益的,则法律许可经协商的转让也未尝不可,但是,转让后的收益必须用于清偿主债权或者予以提存。[②]

(三)应收账款质押对应收账款债务人的效力

1. 确认应收账款真实性后应收账款债务人的责任承担

在应收账款质权人向债务人请求确认应收账款真实性后,债务人原则上不得再以债权不存在或已消灭进行抗辩。依据《有关担保司法解释》第 61 条第 1 款的规定,在应收账款的债务人向质权人确认应收账款的真实性后,即便应收账款不存在或者已经消灭,其仍应承担责任。从实践来看,在应收账款质押的情形下,质权人往往会向债务人确认应收账款是否真实存在,在应收账款债务人向质权人确认应收账款的真实性后,事后又以应收账款自始不存在或者已经消灭为由主张不承担责任的,已违反诚信原则,其行为不应当得到支持。依据《民法典》第 763 条的规定,应收账款债务人不得以应收账款不存在为由对抗质权人,除非其能够举证证明质权人对应收账款自始不存在是明知的。即便在当事人虚构应收账款的情形下,在出质人

---

① 参见黄薇主编:《中华人民共和国民法典物权编释义》,法律出版社 2020 年版,第 850 页。

② 参见梅夏英、高圣平:《物权法教程》,中国人民大学出版社 2007 年版,第 498 页;黄薇主编:《中华人民共和国民法典物权编释义》,法律出版社 2020 年版,第 850 页。

已经向债务人确认了债权真实存在后，当然不得允许债务人以债务不存在进行抗辩。[①] 对于债权曾经存在但是已经消灭的情形，债务人同样应当在质权人确认时进行告知，如果债务人并未告知债权已经消灭的事实，则即便债务已经消灭，债务人也应当承担责任。[②] 司法解释之所以作出此种规定，主要是为了保障质权人的信赖利益，因为即便债权不存在或已经消灭，但如果债务人仍然确认债权存在，则应当赋予应收账款如同债权确实存在一样的效果，即质权人可以要求债务人承担责任。

2. 质权人未向应收账款债务人确认应收账款真实性时应收账款债务人的责任承担

依据《有关担保司法解释》第 61 条第 2 款的规定，以现有的应收账款出质，如果应收账款的债务人未确认真实性，质权人以应收账款债务人为被告，请求就应收账款优先受偿时，则其需要证明办理出质登记时应受账款是真实存在的。换言之，在债务人未确认应收账款真实性的情形下，仅凭登记簿的记载并不能证明应收账款的真实性，但是因为应收账款质押登记不像不动产登记簿那样具有公信力，因此即便已经办理了质押登记，但质权人并不能据此要求就应收账款债权优先受偿，还需要质权人以登记簿外的其他证据证明债权真实存在，否则其不能仅以已经办理应收账款质押登记为由就主张对应收账款优先受偿。如果质权人能够举证证明应收账款在办理出质登记时是真实存在的，则其可以要求就应收账款债权优先受偿。在此情形下，如果债务人以应收账款已经消灭为由进行抗辩，则表明其已经承认应收账款的真实性，其应当对该项抗辩承担举证责任。[③]

3. 应收账款债务人向应收账款债权人履行债务的法律效力

《有关担保司法解释》第 61 条第 3 款规定："以现有的应收账款出质，应收账款债务人已经向应收账款债权人履行了债务，质权人请求应收账款债务人履行债务的，人民法院不予支持，但是应收账款债务人接到质权人要求向其履行的通知后，仍然向应收账款债权人履行的除外。"该条实际上确认了两项规则：一是在质权人未通知债务人要求向其履行债务时，债务人在向债权人清偿债务后，质权人不得再要求债务人向自己履行债务。换言之，在

---

① 参见最高人民法院民事审判第二庭：《最高人民法院民法典担保制度司法解释理解与适用》，人民法院出版社 2021 年版，第 519 页。

② 参见最高人民法院民事审判第二庭：《最高人民法院民法典担保制度司法解释理解与适用》，人民法院出版社 2021 年版，第 520 页。

③ 参见最高人民法院民事审判第二庭：《最高人民法院民法典担保制度司法解释理解与适用》，人民法院出版社 2021 年版，第 520 页。

应收账款债务人接到质权人通知前，其仍可以向应收账款债权人履行债务，而且其履行债务后，质权人不得再请求其履行债务。二是已经收到质权人通知的债务人，只能向应收账款质权人履行债务。也就是说，质权人应当向债务人通知该债权已经设质的事实，收到该通知的债务人继续向债权人履行债务的，不能免除向质权人履行债务。此处所说的通知，不同于履行的催告，其旨在通知债务人债权已经被设质的事实，而非要求立即作出履行。就此而言，应收账款质权人要及时通知，否则，就可能面临不利后果。[①]

五、应收账款质权的实现

所谓应收账款质权的实现，是指质权人直接收取债权，并就其优先受偿。应收账款质押不同于一般的权利质押的实现在于，应收账款是以债权质押，而非以其他权利质押。所以，在被质押的债权到期以后，本来应由债权人收取的债权，可由质权人以有受领权人的身份直接收取该债权。这与一般权利质押的实现不同，它并不需要经过变现程序。正是基于这一原因，应收账款的实现程序简便，成本低廉。例如，在“福建海峡银行股份有限公司福州五一支行诉长乐亚新污水处理有限公司、福州市政工程有限公司金融借款合同纠纷案”中，法院认为，特许经营权的收益权依其性质不宜折价、拍卖或变卖，质权人主张优先受偿权的，人民法院可以判令出质债权的债务人将收益权的应收账款优先支付质权人。[②] 当然，如果应收账款质押中的债权没有到期，质权人只能等待该债权到期。

主债权与设质的应收账款质权清偿时间不一致的，应当分别处理：

1. 出质的应收账款债权先于主债权到期。关于此种情形下质权的实现，我国《民法典》虽然没有对此作出明确规定，但应当类推适用《民法典》第 442 条的规定，即出质人转让应收账款所得的价款，应当向质权人提前清偿债务或者提存。同时，如果质权人或出质人均不同意第三人向对方作出清偿，则第三人有权请求将其清偿金额提存，以免除其清偿责任，质权人或出质人也有权请求第三人将清偿金额提存。[③] 当然，在提存时，应当记载质权人的姓名及有质权存在的事实。待质权担保的债权已届清偿期以后，质

---

① 参见最高人民法院民事审判第二庭：《最高人民法院民法典担保制度司法解释理解与适用》，人民法院出版社 2021 年版，第 520 页。

② 福建海峡银行股份有限公司福州五一支行诉长乐亚新污水处理有限公司、福州市政工程有限公司金融借款合同纠纷案，最高人民法院指导案例第 53 号（2015 年）。

③ 参见梅夏英、高圣平：《物权法教程》，中国人民大学出版社 2007 年版，第 498 页；黄薇主编：《中华人民共和国民法典物权编释义》，法律出版社 2020 年版，第 850 页。

权人可在债务人不履行债务时,领取提存金,从中优先受偿。

2. 出质的应收账款债权后于主债权到期。例如,乙欠甲 10 万元款项,清偿期是 2001 年 10 月 1 日,但甲因在银行丙处借款 10 万元,清偿期为 2000 年 5 月 1 日,并以甲对乙的债权作质押。当出质债权的履行期限后于主债权的履行期限时,质权人不能直接向出质人的债务人(第三人)请求清偿。其主要原因在于,尽管出质人已经将债权设定质押,但这并不意味着已经质押的债权就可以加速到期,因为这将损害第三人的期限利益。第三人虽然负有履行债务的义务,但是,其期限利益必须受到保护。[①] 所以,如果质押的债权没有到期,质权人不能请求第三人提前给付。法谚有云:“任何人不因他人间所发生的事由而受损害。”前述规则是符合这一基本原理的。在上例中,甲对丙的债务履行期届满后,如果甲对乙的债权未到期,则丙只能请求甲履行债务,而不能请求乙清偿债务。

① 参见郭明瑞、杨立新:《担保法新论》,吉林人民出版社 1996 年版,第 244 页。

第二十二章　留置权

第一节　留置权概述

一、留置权的概念和特征

所谓留置权，是指在债权债务关系中，债权人已经合法占有了债务人的动产，在债务人不履行到期债务时，债权人有权依法留置该财产，将该留置的动产折价或者以拍卖、变卖所获得的价款优先受偿。例如，甲将其一辆汽车放在乙汽车修理公司修理，修好以后，因为双方就修理费的支付不能达成协议，甲拒绝支付修理费，乙汽车修理公司则有权留置该汽车。《民法典》第447条规定："债务人不履行到期债务，债权人可以留置已经合法占有的债务人的动产，并有权就该动产优先受偿。前款规定的债权人为留置权人，占有的动产为留置财产。"留置他人财产的债权人是留置权人，而被留置财产的人，称为债务人，留置的财产称为留置物。

留置权在性质上属于担保物权，因为一方面，《民法典》在"担保物权"部分专门规定了留置权，这已经表明了留置权在我国属于担保物权的一种类型，且要适用担保物权的一般规定。另一方面，留置权因具有担保物权所具有的优先受偿效力、从属性、不可分性和物上代位性，在债务人不履行到期债务时，留置权人有权从留置物的拍卖变卖或折价所得的价款中优先受偿。因此，留置权在性质上不同于抗辩权和自助行为。[①] 与其他担保物权相比，留置权的特征主要表现为：

1. 留置权以债权人占有动产为前提条件。《民法典》第447条规定，债权人可以留置已经合法占有的债务人的动

---

① 参见崔建远：《物权法》（第5版），中国人民大学出版社2021年版，第561页。

产。也就是说,留置权的行使必须以已经占有的动产为对象。因为只有在事先占有债务人动产的情况下,债权人才能在债务人不履行债务的情况下留置该动产。这种占有必须是直接地、实际地对物进行占有,而且对该动产的占有通常都是依据债权人和债务人之间的合同而产生的。如果债权人已经丧失对动产的占有,则债权人不能实际控制占有物,当然也不可能对该物进行留置。留置权对债权的担保,是通过对债务人动产的暂时扣留,剥夺其暂时利用权,以督促债务人清偿其债务实现的。因此,占有债务人的动产,不仅为留置权的主要内容,而且是留置权的成立与存续要件。① 占有虽为留置权的成立要件,但并非其公示方法。

2. 留置权只适用于动产。从《民法典》第 447 条的规定来看,留置权仅适用于动产而不适用于不动产。因为一方面,不动产采用登记方式作为公示的手段,无论是否移转占有都不影响其权利归属;另一方面,不动产的价值较大,而留置通常都是因修缮保管等原因形成的,其债权价值明显低于不动产价值,如果允许就某些费用的偿付对不动产进行留置,将违反比例原则,导致权利滥用的发生。② 此外,在我国《民法典》上留置权仅包括占有性的留置,而不包括收益性的留置,留置权人原则上不能通过出租等方式取得留置物的收益并就该收益优先受偿,因此,留置权的对象扩张到不动产,可能不利于发挥物的经济效用。③ 至于《民法典》合同编第 807 条所规定的建设工程价款优先权,其在性质上应当属于法定优先权,而非留置权。

3. 留置权具有从属性和不可分性。所谓留置权的从属性,是指留置权作为一种担保物权是从属于主债权的,只有在主债权有效存在的情况下,才能产生留置权。至于在主债权发生转让的情况下,留置权是否应当随之转让? 对此,我国立法虽然没有明确规定,但本书认为,基于留置权作为担保物权及其从属性的特点,应当随主债权发生转让。所谓留置权的不可分性,是指在债权没有获得全部清偿以前,留置权人有权留置全部的标的物,并可以对留置标的物的全部行使权利。留置权具有不可分性的原因在于:留置权设立的目的在于使债权人支配和控制留置物的全部交换价值,防止债务人因对留置的财产继续行使物权而造成财产的毁损灭失或转让,以致不能以其财产的价值用于清偿债务,保障债权人的债权得以实现。

---

① 参见谢在全:《民法物权论》(下册),中国政法大学出版社 2011 年版,第 1065 页。

② 参见崔建远:《物权法》(第 5 版),中国人民大学出版社 2021 年版,第 559 页。

③ 参见蒋新苗等:《留置权制度比较研究》,知识产权出版社 2007 年版,第 71 页。

4. 留置权具有物上代位性。有观点认为,留置权不具有物上代位性,因为留置物毁损灭失或者被征用以后,留置权就归于消灭,没有物上代位的问题。[①] 但是,从物上代位的本义来看,它是指权利人对于物在事实上不存在或者法律上丧失所有权的情形下,是否对其变形物享有权利的问题。就留置权而言,如果留置物非因为留置权人的意志,发生意外毁损灭失,或者依法被征用,则留置权人对于相应的赔偿金、补偿金等,享有请求从中获得优先受偿的权利。从这个意义上说,留置权应当被认为具有物上代位性。

二、留置权是法定担保物权

留置权不仅是一种担保物权,而且是一种法定担保物权。关于留置权的性质问题,一直存在抗辩权说、债权的特别效力说、物权说、私力救济权说等观点。留置权虽然属于担保物权,但与抵押权、质权等担保物权不同,它不是基于法律行为产生的,而是直接依据法律规定产生的。从我国《民法典》的规定来看,留置权是一种法定的担保物权,因为留置权不必由当事人订立担保合同即可成立,且留置权的设定、内容、适用范围和法律效力都必须由法律规定。留置权的法定性具体体现在如下方面:

第一,产生的法定性。由于留置权是非基于法律行为而产生的,只有符合法律规定的设定条件,才能产生留置权,当事人不得通过约定来设定留置权。而抵押权、质权的设定还需要由当事人订立抵押、质押合同。当然,根据《民法典》第 449 条的规定,法律规定或者当事人约定不得留置的动产,则不得留置。如果当事人约定在某种交易中不得留置某项财产,则意味着当事人已经通过合同排斥了留置权的设定。

第二,内容的法定性。留置权不是通过法律行为设立的,其内容无法通过合同事先确立,而只能由法律明确规定。例如,留置权实现过程中的宽限期、留置权人的保管义务、留置权人收取孳息的权利等都是由法律明确规定的。留置权在内容上全面地体现了物权法定原则。

第三,适用范围的法定性。留置权并不是要赋予当事人私力救济的权利,而是使当事人享有担保物权,留置权可以看作对私力救济的限制。因此,留置权的适用范围必须由法律明确规定,不能任由当事人约定。

第四,效力的法定性。留置权作为担保物权,其标的物、物权所担保的债权范围,都是由法律直接规定的。一般来说,留置权的效力范围只能由法律明确规定,不能由合同自由约定,在这一点上,它和抵押权、质权不同。留

① 参见程啸:《担保物权研究》(第 2 版),中国人民大学出版社 2019 年版,第 738 页。

置权人享有优先受偿权，这也是法律明确规定的效力。在留置权与抵押权发生冲突的情况下，哪一项权利优先，通常也必须在法律上明确规定。留置权人对于其留置的物享有支配的权利并可以排斥他人干涉，留置权不仅可以对债务人主张，而且可以对抗留置标的物的受让人。

总之，留置权不同于其他担保物权的特点就在于，它是法定担保物权。留置权的发生具有法定性，当事人不能事先约定，因而当事人无法利用被留置的财产主动融资。[①] 另外，留置权是直接依据法律规定产生的，《民法典》对此种物权的产生并没有要求采用一定的公示方法。

三、留置权的适用范围

留置权是为了担保债权的实现而设立的。关于留置权的范围，可以从两方面理解：

一方面，留置权适用于各类合同和其他债的关系。从《民法典》第447条的规定来看，留置权适用于债权人先前已经合法占有的动产，而并没有对留置权适用的债权范围作严格限制，即只要是合法占有债务人的动产，无论是基于合同之债还是基于其他原因而产生的债，债务人都可以行使留置权。具体而言：一是无因管理之债。例如，某人自愿为他人看管财物并支付了一定的费用，被管理人从中受益，但后来被管理人不支付因管理而产生的费用，此时，管理人就可以留置其合法占有的财产。又如，拾得人在拾得遗失物的情况下，如果失主不依据《民法典》的规定支付保管费，拾得人依据《民法典》第447条也可以留置遗失物。二是不当得利之债。例如，合法占有人对占有物进行了必要的修缮，占有人就可以向权利人主张返还必要的费用，如果权利人不支付，占有人就可以留置占有物。但是，如果占有人所从事的是花费巨大的修理行为，则应事先取得所有人或其他权利人的同意，不能强迫后者得利。三是因侵权行为产生的损害赔偿之债。例如，某人踢足球打碎他人的玻璃，踢球人拒绝赔偿的，玻璃所有人可以留置该足球。由此可见，我国《民法典》关于留置权适用范围的规定，实际上采用的是广义留置权的概念，即留置权不限于合同之债，合同之外的其他债务也可以产生留置权。[②]

另一方面，《民法典》第449条规定："法律规定或者当事人约定不得留置的动产，不得留置。"这就从反面限制了可留置的财产的范围。也就是说，

---

① 参见费安玲主编：《比较担保法》，中国政法大学出版社2004年版，第434页。

② 参见史尚宽：《物权法论》，中国政法大学出版社2000年版，第483页；谢在全：《民法物权论》（下册），中国政法大学出版社2011年版，第1065页。

只要法律没有禁止的或者当事人约定中没有禁止留置的,都可以留置。可见,我国《民法典》中留置权的适用范围是较为宽泛的。

四、留置权与相关概念的区别

(一)留置权与同时履行抗辩权

所谓同时履行抗辩权,也称履行合同的抗辩权,是指没有先后履行顺序的双务合同的当事人一方在他方未对待履行以前,有权拒绝自己的履行。留置权与同时履行抗辩权均源于罗马法的恶意抗辩。留置权与同时履行抗辩权极为类似。因为留置权发生的前提条件是债权人的债权与债权人占有的财产之间具有牵连关系,基于留置权,债权人在债务人不履行其债务时,可留置对方的财产以实现自己的债权。但两者之间存在明显的区别,不能相互替代。两者的区别主要表现在:

第一,目的不同。留置权是在约定期限届满以后债务人不履行债务时,债权人依法留置财产并以折价或变卖的款项优先受偿,其目的是担保合同债务履行;而同时履行抗辩权的发生和行使的主要目的不在于担保债务履行,而在于谋求双方同时履行,以维护利益的公平。①

第二,性质不同。留置权是担保物权,是为担保债务人履行其合同债务而设立的,留置权人可以按照留置的债务人的财产的价值优先受偿;而同时履行抗辩权不具有物权性质,它在性质上只是抗辩权,只能在合同当事人之间主张,享有同时履行抗辩权的一方只能对抗双务合同中对方当事人的请求权,拒绝履行自己的义务。

第三,效力不同。留置权所具有的留置效力表现为留置权人有权继续占有留置财产,相应地也具有拒绝返还的效力,就此而言,似乎与同时履行抗辩权所具有的拒绝履行效力相同。但实则二者有很大区别。一方面,同时履行抗辩权往往适用于双方均未履行债务场合,一方请求另一方履行时,另一方行使同时履行抗辩权,通过拒绝自己的履行督促对方履行。可见,其主要适用于双方均未履行债务的场合。而依据留置权,留置权人已经履行了对留置财产的加工等保值增值行为,但因为债务人不履行支付费用等义务而留置财产。另一方面,留置权人拒绝返还的是被留置的动产,而在同时履行抗辩权场合,权利人拒绝履行行为指向的对象既可以是动产,也可以是金钱债务,还可以是不动产。②

第四,根据不同。留置权必须在一方按照合同约定占有对方的财产,且

---

① 参见陈华彬:《物权法论》,中国政法大学出版社 2018 年版,第 634 页。

② 参见麻锦亮编著:《民法典担保注释书》,中国民主法制出版社 2023 年版,第 1080 页。

占有的物与债权之间具有牵连关系时方能成立。而同时履行抗辩权的发生根据是双务合同在债务履行上的牵连性，即对方未履行给付义务时，才可行使抗辩权。我国《民法典》第525条在规定同时履行抗辩权时要求必须具有相应性或称牵连性。留置权与同时履行抗辩权中的牵连性不同，一方面，通常在同时履行抗辩权发生时，一方并不占有对方的财产。留置权作为担保物权，一般要求留置财产与所担保的债权系因同一法律关系所产生，学理上一般将其归纳为留置财产与债权之间应具有牵连关系。同时履行抗辩权适用于双务合同，也是因为双务合同中互负的对待给付具有牵连性。但此种牵连性与留置权所要求的牵连性并不相同。另一方面，同时履行抗辩权适用于双务合同，双方互负的义务具有对等性、对价性等特点，如买卖合同中出卖人负有的交付标的物义务与买受人负有的支付对价义务之间在价值上基本相当。但留置权中并不要求此种对等性。留置权行使所说的牵连关系，指的是动产与债权之间的牵连，而同时履行抗辩权则是对方互负的对待给付义务具有牵连关系，二者是有区别的，不可混淆。① 还应当看到，从留置权适用的主要合同类型看，保管合同、运输合同、承揽合同、仓储合同、行纪合同等合同在性质上都属于提供服务的合同。同时履行抗辩权适用的典型情形是买卖合同等转移标的物所有权或财产权利的合同。可见，二者适用的合同类型也存在不同。

第五，适用范围不同。同时履行抗辩权仅适用于双务合同②，而留置权的适用范围较为广泛，除适用于合同之债外，留置权还适用于其他类型的债的关系。

留置权与同时履行抗辩权的区别表明，不能因为有留置权制度而否定同时履行抗辩制度存在的必要性，也不可将法律关于留置权的规定简单地适用于同时履行抗辩的情形。

（二）留置权与自助行为

所谓自助行为，是指民事主体的合法权益受到侵害，情况紧迫且不能及时获得国家机关保护，不立即采取措施将使其合法权益受到难以弥补的损害的，受害人可以在保护自己合法权益的必要范围内采取扣留侵权人的财物等合理措施。我国《民法典》第1177条对此作出了规定。例如，甲在乙餐厅用完餐之后，不交付餐费，乙餐厅将甲的随身物品扣押。留置权与自助行为的关系十分密切。这主要是因为，留置本身具有自助的功能，留置权人在

---

① 参见麻锦亮编著：《民法典担保注释书》，中国民主法制出版社2023年版，第1080页。

② 参见[日]近江幸治：《担保物权法》，祝娅等译，法律出版社2000年版，第17页。

债务人不履行债务时直接扣押债务人的财产,以该财产的价值优先受偿,此种做法也类似于自助,至少在客观上达到了自助的效果。但严格说来,自助和留置是不同的,两者的区别主要表现在:

第一,法律性质不同。自助是当事人权利行使与保护的一种重要方法,为我国《民法典》侵权责任编所规定,属于侵权责任的范围,而留置权则是我国《民法典》所明确规定的一种法定担保物权。

第二,适用条件不同。在自助的情况下,自助人占有的财产并不一定与债权有牵连关系,如在前例中,乙餐厅扣押甲的随身物品与用餐合同并无法律上的牵连关系。而对留置权而言,除商事留置外,债权人留置的标的物必须与其所担保的债权有牵连关系。

第三,效力不同。自助的功能是暂时保全债权,但其并不能产生某种担保物权,也不能使自助行为人获得优先受偿的权利。① 自助行为原则上只能是一种对请求权采取暂时保全的措施,请求权的实现最终还必须通过司法程序来完成。② 而留置权则是一种法定担保物权,在留置的情况下,债权人享有担保物权,可以就留置物优先受偿。同时,在自助的情况下,债权人即使占有了债务人的财产,也只能对抗债务人,而不能对抗任何第三人。而在行使留置权以后,债权人占有债务人的财产,可以有效地对抗任何第三人。

第四,行使方式不同。依据《民法典》第 1177 条的规定,自助通常是权利人在不能及时获得公力救济的情况下,如果不及时处理,则可能导致其请求权无法实现,或其行使会有困难时,受害人可以在保护自己合法权益必要范围内,采取扣留侵权人的财务等合理措施。当然,实行自助以后必须报告有关机关处理。而留置权的行使方式主要是扣押债务人的财产,债权人不得限制债务人的人身自由,此外,与自助不同,在留置以后,留置权人通常不必报告有关政府机关。

第五,适用范围不同。法律法规禁止留置的财产,或者限制流通物,以及具有人身属性的物品,如证件等,不得留置,但对于这些财产则可以实施自助行为。例如,某人投宿于某旅馆,未支付住宿费用,旅馆可以扣押该旅客的证件,此种行为属于一种自助行为。

---

① 参见[德]迪特尔·梅迪库斯:《德国民法总论》,邵建东译,法律出版社 2000 年版,第 133 页。

② 参见[德]卡尔·拉伦茨:《德国民法通论》(上册),王晓晔等译,法律出版社 2003 年版,第 371 页。

第二节　留置权的成立条件

留置权作为法定的担保物权必须符合法定的条件才能成立。各国立法都针对留置权设定了明确的成立要件，许多国家的法律不仅规定了留置权的成立要件，也规定了不得留置的情况，因此，留置权的成立条件可以分为积极成立条件和消极成立条件。所谓积极成立条件，是指留置权的成立应当具备的法定要件；所谓消极成立条件，是指法律规定不得留置的情况。在留置权产生以后，将使债权人对留置财产享有物权，为了避免此种权利的行使损害债务人的利益，也有必要明确留置权的成立要件。[①]《民法典》第447条、第448条和第449条从积极要件和消极要件两个方面规定了留置权的成立要件，下面分别予以阐释。

一、留置权的主体必须是债权人

由于留置权仅适用于债的关系，且留置权是为了担保债权的实现而产生的，所以，只有债权人才能依据法律和合同的规定占有债务人的财产，并在债务人不履行债务的时候，依法留置债务人的财产。其他任何人留置债务人的财产，并不能因此享有留置权。由于我国《民法典》已经扩大了留置权的适用范围，所以，债权人不限于合同之债中的债权人，还包括其他债的关系中的债权人。

二、留置的对象是债权人所占有的债务人的动产

我国《民法典》第447条第1款规定："债务人不履行到期债务，债权人可以留置已经合法占有的债务人的动产，并有权就该动产优先受偿。"根据这一规定，留置的对象是债务人提供的、由债权人所占有的动产。

1. 留置的动产是由债务人提供的财产。由债务人所提供的财产，并不一定属于债务人所有；它可能是债务人自己所有的财产，也可能是第三人所有的财产。原因在于：一方面，债务人将他人的财产交付给留置权人修理、保管等，即使不属于债务人所有，但债务人未支付修理费、保管费等费用，如果债权人不能留置该物，则对债权人极为不利。毕竟，债权人通过修理、保管等行为为这些财产的增值付出了相应的劳动。另一方面，如果不允许留置第三人所有的财产，则在留置权发生以后，债务人可能伪造证据，声称标的物属于第三人所有，以对抗债权人的留置。此外，《有关担保司法解释》第62条第1款规定："债务人不履行到期债务，债权人因同

---

① 参见黄薇主编：《中华人民共和国民法典物权编释义》，法律出版社2020年版，第855页。

一法律关系留置合法占有的第三人的动产,并主张就该留置财产优先受偿的,人民法院应予支持。第三人以该留置财产并非债务人的财产为由请求返还的,人民法院不予支持。”可见,我国司法实践也承认,即使不是债务人所有的财产,债权人也可以留置。债权人不应当负有审查留置物权属的义务。这对保护债权人的利益是具有积极意义的。

2. 留置的财产必须是动产。此处所说的动产,应当作狭义理解,即仅包括除不动产之外的有体物,不包括各种无形财产。不动产不得适用留置。但证券化的权利是否可以留置?本书认为,原则上,证券化的权利不得适用留置,因为这些证券所代表的权利,与留置所担保的债权关系之间很难成立牵连关系;即使它们之间存在某些联系,对这些证券的留置也可能构成留置权的滥用。例如,因为未支付保管有价证券的保管费用,而留置这些证券本身,显然不符合比例原则。如果债权人的确需要占有这些有价证券,可以根据民事自助制度的原理,予以留置。例如,甲欠乙的债,乙扣留了甲的票据,此时,乙一般不能取得留置权,而只能通过自助制度获得救济。[①]

3. 留置的动产必须具有可转让性。从留置权的本质上考察,留置权在性质上是变价受偿权,留置权人留置债务人的动产,并不能对之加以利用,而只能从中优先受偿。这就是说,留置权主要在于控制留置物具有的使用价值,致使债务人暂时无法使用其动产,从而促使债务人履行其债务,但在债务人不履行债务时,留置权人要通过对留置物的拍卖、变卖并优先受偿。[②]因此,留置权与抵押、质押一样,其标的物都应当具有可让与性,如果根本不能转让,则留置权人无法拍卖、变卖,其留置权就会落空。因此,法律法规禁止流通的物,无法适用留置权。还有一些与人身有密切关系的证书,像毕业证、身份证、驾驶证等,也不能适用留置权的规定。

4. 债权人必须合法占有债务人提供的财产。所谓占有,是指由债权人对动产进行管领和控制。留置权人先前占有动产,以后因其自身原因导致占有丧失,留置权也因丧失占有而终止。一方面,债权人的占有不一定是其亲自对动产进行管领和控制,其可以通过占有辅助人来占有。如果债权人行使留置权之后,因留置物不便管理而委托他人管理,此时,债权人并不丧失其留置权。另一方面,债权人的占有必须是合法占有。任何人非法占有

---

① Philippe Simler, Philippe Delebeque, Droitcivil, Lessûretés, Lapublicitéfoncière, 3eéd., Dalloz, 2000, p. 440.

② 参见崔建远:《物权法》(第5版),中国人民大学出版社2021年版,第577页。

他人的财产,都不能产生留置权。例如,在债务发生之后,债权人从债务人那里强行拿走某物,则不能形成留置权。[①]

三、占有的动产必须与债权属于同一法律关系

按照传统的物权法理论,留置权行使的前提是,被留置的动产与要实现的债权之间存在牵连关系。但是,究竟何为牵连关系,学说上也是众说纷纭,莫衷一是,主要有所谓单一标准说和两项标准说两种观点:单一标准说认为,判断可留置的标的物是否与债权有牵连关系,应该有一个统一的标准;两项标准说认为,所谓债权与该动产的牵连关系,不限于动产是债权发生的直接原因,即使动产是债权发生的间接原因,也可以认为有牵连关系。[②]所以,两项标准说也被称为间接原因说。

《民法典》第448条规定,“债权人留置的动产,应当与债权属于同一法律关系,但是企业之间留置的除外”。由此可见,我国《民法典》主要采取的是单一标准说,即以同一法律关系作为标准。但与单一标准说有所不同的是,《民法典》对牵连关系采取了更为狭窄的解释,即将其限定在同一法律关系中。我国《民法典》所规定的“同一法律关系”,与牵连关系相比,其范围更为狭窄。“同一法律关系”要求留置的财产必须与产生的债权同属一个法律关系,而牵连关系则只需要具有一定的牵连性即可,并不要求一定属于同一法律关系。由于留置权的成立要求“属于同一法律关系”,这就使留置权的成立要件更为严格,其主要目的在于严格限制留置权的适用条件。因为留置毕竟是法律许可的救助方式,而且,它可以产生优先受偿的效力,如果其适用范围过宽,则可能对一般债权人不利。留置权的主要作用在于,留置债务人的动产以迫使债务人清偿债务,从而使债权人的债权得以实现,但留置权人并不能任意留置债务人所有财产。如果允许留置权人随意占有债务人的财产,则对其保护就未免过于宽泛,且对债务人也是极不公平的。因此,只有在留置的财产与未清偿的债务之间处于同一法律关系时,债权人才能予以留置。

《民法典》第448条规定占有的动产必须与债权属于同一法律关系,此处所说的“动产”应当包括动产的占有和动产占有的原因两个方面。一方面,债权人占有动产必须与债权都是同一法律关系的内容。例如,基于运输合同而占有运输物,一方不支付运费,另一方留置其运输的货物。支付运费是基于运输合同而产生的,而占有运输的货物也是基于该运输合同而产生

---

① 参见谢在全:《民法物权论》(下册),中国政法大学出版社2011年版,第1064~1065页。

② 参见谢在全:《民法物权论》(下册),中国政法大学出版社2011年版,第1064~1065页。

的。另一方面，债权人占有动产的原因必须与债权属于同一法律关系。例如，甲在乙处维修摩托车，但一直未付维修款，后甲又在乙处维修自行车，由于维修自行车与维修摩托车的价款并不属于同一法律关系，因而，乙不得主张留置甲的自行车。从这一意义上说，依据《民法典》第 448 条的规定，要求属于同一法律关系，这实际上严格限制了留置权的适用范围。

《民法典》第 448 条强调，动产与债权属于同一法律关系，排除了纯粹的生活关系，而要求动产的占有与债权之间形成法律关系。所谓法律关系，是指受法律调整的，以权利义务为内容的社会关系。如果只是一种不产生权利义务的纯粹生活关系，则不属于法律关系。例如，散会后两人错拿了对方的雨伞，这只是形成了一种生活关系。① 但有时生活关系会转化为法律关系。通常认为，在如下情况下可以认为属于同一法律关系：

第一，留置的财产是债权发生的事实之一，或者说，留置财产与债权都是基于同一法律关系而产生的。例如，甲在乙公司修理汽车，乙公司占有汽车与甲负担修理费，都是修理合同的内容，因为甲的汽车的价值得以恢复是乙公司修理的结果。又如，甲拖欠乙运输费，乙扣留了其占有的甲的货物也是如此。

第二，留置的财产是债权发生的基础。例如，甲踢球撞碎乙的玻璃，此时，乙就可以留置该足球，因为踢球行为是侵权损害赔偿之债发生的基础。

第三，留置的财产与债权的发生之间具有因果关系。在留置权的适用中，同一法律关系的认定在很多情况下需要借助因果关系理论来判断，即按照社会一般观念确实存在留置的必要。② 例如，甲看到邻居乙的盆花可能被雨淋，请人搬到家中保存，如果乙拒不支付所付搬运工搬运的费用，则甲可以基于无因管理留置乙的盆花。此种情况，可以认定甲对盆花的占有与无因管理之债的发生具有牵连关系。

第四，动产的返还义务与债权属于同一法律关系的内容。例如，保管人返还保管财产和委托人支付保管费，是基于保管合同关系而产生的。这就是说，返还动产的义务是基于特定法律关系产生的，履行债务也是基于该法律关系产生的。

尽管我国《民法典》第 448 条要求债权人留置的财产应当与债权属于同一法律关系，但是，对于企业之间的留置适用商事留置权的规则，不受同一法律关系的制约。由此可见，同一法律关系只是对一般留置权的规定，商事

---

① 参见郑玉波：《民法物权》，台北，三民书局股份有限公司 2003 年版，第 382 页。

② 参见黄薇主编：《中华人民共和国民法典物权编释义》，法律出版社 2020 年版，第 856 页。

留置权并不受此限制。

四、债权须已届清偿期而债务人未按规定的期限履行义务

《民法典》第447条第1款规定："债务人不履行到期债务，债权人可以留置已经合法占有的债务人的动产，并有权就该动产优先受偿。"因此，债权已届清偿期而债务人未按规定的期限履行义务，应为留置权设定的条件。

1. 留置权的成立须以债权已届清偿期为要件。如果债权人已占有债务人的动产，但其债权尚未到期而不能确定债务人是否构成违约，债权人就不能行使留置权。所以，在债权未届清偿期时，尚不发生债务人不履行债务的问题。[①] 如果在债权尚未到期时允许债权人行使留置权，则意味着债权人可以随意扣留他人的财产，或者可以迟延履行其返还标的物的义务，这显然是不合法的。在债务未到期的情况下，即使债务人明确表示将不履行债务，债权人也不能主张留置权。

2. 债务人在债权到期以后不履行债务。根据《民法典》第447条的规定，在债务人不履行到期债务时，债权人才可能享有留置权。留置权设立的目的是保障债权的实现，如果在债务履行期届满以后，债务人并没有迟延履行或有其他违约行为，债权人的债权并没有受到侵害，则在法律上没有必要允许债权人行使留置权。债务人不履行到期债务既包括不履行合同债务，也包括不履行侵权损害赔偿债务、不当得利返还债务、基于无因管理产生的补偿义务等。

五、留置不得违反法律规定或者当事人的明确约定

留置权不仅具有积极的成立要件，而且具有消极的排除性要件。这就是说，如果留置明显不符合法律规定或者当事人约定，留置权也不能成立。

（一）留置不得违反法律的强行性规定和公序良俗

留置权作为法定担保物权，法律对于其行使设定了一定的要件要求。《民法典》第449条规定："法律规定或者当事人约定不得留置的动产，不得留置。"这就表明，法律禁止留置的财产不得适用留置。例如，在救灾期间，承运人不得因未支付运费而留置紧急救灾或者抢险的物资。根据《民法典》第447条的规定，债权人可以留置已经合法占有的债务人的动产，因此，如果债权人非法占有了债务人的财产，则不发生留置。强调债权人必须合法占有债务人的财产，其主要原因在于留置权设置的目的是保护合法的债权和合法的占有，不得因为留置权的设立而妨害甚至破坏社会秩序和交易的

---

① 参见陈华彬：《物权法论》，中国政法大学出版社2018年版，第641页。

安全。

留置也不得违背公序良俗。例如,医院或者殡仪馆对遗体、骨灰不得留置;快递公司对债务人委托其运送的身份证、户口本、护照等与个人身份密切关联的证件不得留置;对债务人日常生活的必需用品以及残疾人的残疾辅助用品等也不得留置。[①]

(二)留置不得违反当事人的约定

留置权虽然是法定担保物权,但是它不得与当事人的约定相抵触。也就是说,当事人可以通过约定排除留置权的适用。《民法典》第 449 条规定:"法律规定或者当事人约定不得留置的动产,不得留置。"这显然是承认当事人的约定可以排斥留置权的成立。毕竟,留置权作为民事权利,仍然有必要适用意思自治原则。而允许当事人通过约定来排斥留置权的适用,也更有利于实现双方利益的平衡。事实上,法律关于留置权的规定并非基于公共秩序等原因而是为了保护债权人的利益而设定的,既然债权人从其自身利益的角度考虑,同意放弃留置权或者接受留置权设立的限制条件,法律应当尊重其意志。[②] 此种约定并不违反物权法定原则,相反这是对物权法定原则的补充。

不得违反约定主要包括:第一,如果当事人约定某些财产不能留置,则债权人不得留置这些财产。例如,双方在汽车修理合同中明确约定,修理人在任何情况下都不得留置该汽车,则即使发生未支付修理费的情形,修理人也不得对修理的汽车进行留置。第二,如果当事人在合同中就留置权行使的特殊条件有明确约定,则只有在这些特殊条件成就以后,才能够行使留置权。[③] 例如,甲将汽车交给乙修理厂修理,并约定,乙修理厂修理完毕以后,如果甲没有付款,乙修理厂也不得留置。但是,如果甲在修理完毕 3 个月内未前来取走车辆,则乙修理厂可以留置。此种约定并未违反法律的强制性规定,是合法有效的。第三,如果当事人在合同中约定不得留置某种特定财产,则其他财产可以留置。例如,当事人在合同中约定,即使债务人未支付修理费等费用,债权人也不得行使留置权,这可以视为债权人预先放弃了对某种特定财产的留置权。如果当事人笼统地约定该合同的标的物不得留置,没有具体指明哪一部分的动产不得留置,则推定当事人的意思是指全部

---

① 参见谢在全:《民法物权论》(下册),台北,新学林出版股份有限公司 2014 年版,第 569 页。

② 参见黄薇主编:《中华人民共和国民法典物权编释义》,法律出版社 2020 年版,第 859 页。

③ 我国台湾地区"民法"第 930 条第 2 款规定,"其与债权人所承担之义务或与债务人交付动产前或交付动产时所为之指示相抵触者",不得留置。

的标的物不得留置。但如果当事人在合同中特别指明了哪一部分标的物不得留置(如特别约定债务人个人的物品不得留置),则对于其他部分,仍然可以行使留置权。

第三节　商事留置权

一、商事留置权概述

所谓商事留置权,是指企业之间在从事商业往来中,因一方不履行到期债务,另一方有权留置与其债权不属于同一法律关系的动产。《民法典》第448条规定:"债权人留置的动产,应当与债权属于同一法律关系,但是企业之间留置的除外。"该条关于"企业之间留置"的规定实际上承认了商事留置权。例如,甲和乙之间长期进行商业往来,甲在第一笔交易中占有了乙的一批货物,后来,在第二笔交易中,乙因故没有偿还欠款,在此情况下,甲仍然可以留置乙的货物。这就是说,企业之间因经营关系而占有的动产及其因经营关系所产生的债权,无论实际上是否存在牵连关系,只要该动产是因为经营行为而被债权人占有的,债权人就可以留置。

《民法典》第448条规定了企业之间的留置无须被留置的动产与债权属于同一法律关系,这实际上就是对商事留置权的规定。商事留置权的特征表现在:

第一,商事留置权是留置权的一种特殊形态。这就是说,商事留置权在性质上仍属于留置权的一种,是《民法典》为了适应现代商事交往的需要而规定的一种留置权类型。在现代商事交往中,企业之间的交易非常频繁且常常要维持相当长的一段时间,如果按照民法上留置权的要求,债权人要逐一证明每次交易关系所发生的债权与其所占有的债务人的动产之间属于同一法律关系,非常困难。为了加强商业交易中的信用,确保交易安全,法律在商事留置权中不再要求债权人占有的动产与债权属于同一法律关系。[①]

第二,必须是企业因经营活动而合法占有对方动产,即权利人必须占有对方财产,而且此种占有必须是合法占有。即使是企业之间的债权债务,如果并非因经营活动而产生,或者并非持续经营的营业关系,也不应当适用商事留置权。商事留置权的目的是保障企业开展正常经营活动,促进债务及时清偿,确保交易的安全与稳定。[②]

第三,商事留置权的成立不受同一法律关系的限制。其与民事留置权

---

① 参见黄薇主编:《中华人民共和国民法典物权编释义》,法律出版社2020年版,第857页。

② 参见汪琴:《论商事代理留置权》,载《武汉科技大学学报(社会科学版)》2006年第4期。

相比在牵连性方面的要求是不一样的。民事留置权通常要求有牵连性。但在企业之间,为了保全商业行为而产生的债权,在债务人不履行债务时,可以留置债务人的与债权没有牵连性的财产。[①] 因此,依据《民法典》第 448 条的规定,对于商事留置,即企业之间的留置,并不要求债权人留置的动产与债权属于同一法律关系。这表明,商事留置权的主要特点在于,它不受"同一法律关系"的限制。这既有利于扩大留置权的适用范围,从而有助于保障企业之间债权的实现,也有利于及时解决企业之间的债权债务纠纷,这是对我国担保物权制度的重要完善。

二、商事留置权的适用条件

《民法典》虽然承认了商事留置权,但并没有对此种留置权的适用条件作特别规定,如果商事留置权的适用条件不明确,可能会发生很多的争议。商事留置权的适用除了需要债权必须合法有效等条件之外,还应当具备如下条件:

第一,商事留置权的主体必须是企业。从一些国外的立法规定来看,商事留置权可以适用于一切商人之间,但由于我国采取民商合一的立法体例,并没有采纳"商人"的概念,因而商事留置权的主体并不是指商人。《民法典》第 448 条规定"企业之间留置的除外",这就表明商事留置权只能发生在企业之间。严格地讲,企业的概念比商人的概念在范围上要狭窄得多,由于在我国,商事留置权只能适用于依法成立的企业之间,因而自然人个人、个体工商户等参与的交易都不能适用商事留置权。

第二,必须以合法占有他人的财产为前提。如果企业之间的留置,是通过非法的方式取得占有,也不能留置。例如,甲企业欠乙企业 100 万元货款,甲企业委托丙企业运送一批货物给企业。但是,乙企业在途中擅自扣留该批货物,此时,乙企业对此是否可以享有留置权?本书认为,根据留置权的一般规定,留置的标的必须是企业在正常经营活动中合法占有的财产,且留置财产的价值必须与债权的数额相当。该例中,乙企业在途中擅自扣留该批货物,属于非法占有,当然不能适用留置权,而是构成了侵权行为。此外,在行使商事留置权时,也必须遵循比例原则。例如,甲企业先前拖欠乙企业的保管费总计 100 万元,而另一批被乙企业所留置的货物价值为 500 万元,此时债权人如留置全部货物对于债务人甲企业过于苛刻,且明显违反了《民法典》第 450 条所确定的比例原则。

---

① 参见[日]近江幸治:《担保物权法》,祝娅等译,法律出版社 2000 年版,第 18 页。

第三,必须基于持续经营的营业关系而占有他人的动产。债权人留置对方财产所保障的债权必须是企业持续经营中产生的债权。《有关担保司法解释》第 62 条第 2 款规定:"企业之间留置的动产与债权并非同一法律关系,债务人以该债权不属于企业持续经营中发生的债权为由请求债权人返还留置财产的,人民法院应予支持。"该条要求商事留置权必须适用于企业持续经营中发生的债权。所谓持续经营,是指产生多次频繁的商业交往。虽然为了追求效率,对企业之间的频繁交易不要求具有同一法律关系,但是为了兼顾债务人的利益,法律上仍然要求,必须是企业持续经营中发生的债权,属于商事留置权保障的范围,才符合公平性。① 例如,甲拖欠乙的货款,而乙已经基于营业关系而占有了甲的动产。如果企业之间是通过营业以外的关系而取得动产(如基于一般生活关系或者实施违法行为而占有),就不能留置。

第四,仅限于债务人所有的财产。就一般留置权而言,留置财产并不限于债务人所有的财产,只要是债权人合法占有的第三人财产的,第三人不能请求将留置财产返还。《有关担保司法解释》第 62 条第 3 款规定:"企业之间留置的动产与债权并非同一法律关系,债权人留置第三人的财产,第三人请求债权人返还留置财产的,人民法院应予支持。"该条要求商事留置权只能成立于债务人所有的财产之上。如果留置财产为第三人所有,第三人可以请求债权人返还留置财产。当然,企业之间基于同一法律关系发生的留置权并不受该规则的约束。司法解释作出此种规定主要原因在于,商事留置权不受同一法律关系的限制,基于商事交易的便捷性的要求,为了防止企业滥用留置权的发生,因此,不能留置第三人的财产。

如果债权人与债务人之间存在连续性的债务,则应如何看待牵连关系?例如,汽车修理厂在修理汽车后,未能得到报酬;但是,车主又因为新的修理要求,而再次将汽车交给修理厂进行修理。在此情况下,该修理厂能否就前一债权而留置该车?法国法院目前的判例持否定态度,理由是两项债务关系是独立的,属于不同的合同关系。② 本书认为,有关连续性债务中的牵连关系问题,应当可以适用《民法典》第 448 条规定的商事留置权。

此外,商事留置权所担保的债权必须在诉讼时效期限内,如果债权人的债权已经超过诉讼时效,则该债权即欠缺强制执行力,债权人无权对债务人的财产行使留置权用以担保其债权的实现。

---

① 参见黄薇主编:《中华人民共和国民法典物权编解读》,中国法制出版社 2020 年版,第 807 页。

② LaurentAynès, PierreCrocq, Lessûretés, Lapublicitéfoncière, 2eéd., Defrénois, 2006, p. 183.

第四节 留置权的效力

一、留置权担保的债权范围

在一般的担保物权中,担保物权所担保的范围包括主债权、利息、违约金、损害赔偿金、实现担保物权的费用等,而且当事人可以对此自由约定。但对留置权而言,当事人不能约定留置权所担保的债权的具体范围。《民法典》虽然在留置权一章中没有具体规定留置权所担保的范围,但在担保物权的一般规定中,规定了担保物权的担保范围(《民法典》第 390 条),这一规定也同样适用于留置权。据此,留置权担保的债权范围应当包括主债权、利息、违约金和损害赔偿金、留置物保管的费用以及留置权实现费用。

二、留置权的标的物范围

所谓留置权的标的物的范围,是指留置权在效力上及于哪些标的物。留置权的标的物范围首先包括留置财产本身。基于留置权不可分性的要求,留置权及于标的物的全部,而不是仅仅及于一部分。关于留置权的标的物范围,还应当包括如下几种:

1. 从物。从物是否是留置权的标的物?对此,存在不同的观点。本书认为,如果债权人没有占有从物,该从物就不属于留置权的标的物。因为留置权以取得对标的物的占有为成立要件,只有在从物也为债权人所占有的情况下,留置权才及于该从物。[①] 从随主的原则只适用于标的物所有权转让的情况,而不适用于取得占有的情况。

2. 孳息。孳息包括天然孳息和法定孳息。《民法典》第 452 条第 1 款规定,"留置权人有权收取留置财产的孳息"。所以,留置财产所产生的孳息属于留置权标的物的范围。但留置权人对其收取的孳息,并不能享有所有权,而只能从取得的孳息中优先受偿。如果留置物足以清偿债务,债权人应当将孳息返还债务人。

3. 代位物。代位物是指在留置的动产发生毁损、灭失、被征收等情况下得到的赔偿金、补偿金和保险金等。既然留置权是担保物权的一种,而物上代位性又是担保物权的通性,那么其应当具有物上代位性。需要指出的是,物上代位是就留置之后发生的代位物而言的,这些代位物可以归于留置权效力范围之内,但是留置尚未发生时,标的物因第三人的原因而发生毁损、

---

① 参见陈祥健主编:《担保物权研究》,中国检察出版社 2004 年版,第 278 页。

灭失的，即使因此产生代位物（如赔偿金等），也不属于留置权的标的范围。①

三、留置权与担保债权之间应当具有相当性

《民法典》第 450 条规定："留置财产为可分物的，留置财产的价值应当相当于债务的金额。"该条款确立了留置物与担保债权之间的比例原则。例如，甲修理乙的 50 台电脑，后来，乙拖欠修理费 1 万元，由于每台电脑价值 5000 元，故甲应只能留置乙的 2 台电脑。按照担保物权的不可分性规则，担保物权以其担保物的全部价值担保全部债权，担保物权不因担保物的分割和部分灭失而受影响。但按照不可分性规则的要求，以全部的价值很高的留置物担保价值较低的债权，对债务人明显不公平。在前例中，如果留置 2 台电脑足以担保债权人的债权，则留置 50 台电脑，显然对债务人不公平。因为留置权是一种法定担保物权，不是基于当事人的自愿产生的，所以一般当事人事先不能就留置物与债权的价值进行考量，因此有必要由法律直接规定留置物与担保债权之间的比例原则。

根据《民法典》第 450 条的规定，比例原则的适用应当具备如下条件：首先，留置的财产必须是可分物。所谓可分物，是指标的物可以分开或者可以分割，且分割后不损害其经济价值。例如，将 2 台电脑从 50 台电脑中分开。如果留置财产不可分，则只能全部占有留置的财产。如果债权人既可以留置与债权相当的财产，也可以留置数额比较高的财产，则应当优先留置与债权价值相当的财产。其次，如果留置财产是可分物，债权人在留置财产的时候，对于可分的财产，只能留置相当于债务金额的部分。如何判断"相当于债务金额"？这应当根据留置权产生时留置财产的市场价值来判断。例如，2 台电脑的价值与拖欠的修理费价值相当，即相当于债务金额。在针对可分物的留置权产生后，如果债权部分消灭或者债权发生变更，债权人不能坚持留置权的不可分性，而只能留置相当于变更后的债务金额的财产，其他财产应当返还给债务人。

四、留置权关系中当事人的权利义务

（一）留置权人的权利

1. 对留置标的物的占有权。留置权具有双重效力，即留置效力和优先受偿效力，而这双重效力都是以占有债务人的动产为基础的。由此可见，占有是留置权人的核心权利。债权人在其债权未受清偿前，依法有权占有债

---

① 参见蒋新苗等：《留置权制度比较研究》，知识产权出版社 2007 年版，第 102 页。

务人的财产[①];如所留置之物被第三人侵夺时,留置权人有权提起占有物返还之诉请求返还。在债务人未全部清偿债务以前,债权人有权留置该动产。如果标的物为不可分物时,债权人有权对整个标的物进行占有。如果留置物可以分割,原则上只能留置与其债权相当的部分。

留置权人在占有债务人的动产之后,其对动产的占有权,可以对抗债务人以及第三人。例如,债务人将标的物转让给第三人,而第三人请求交付该标的物,则留置权人可以依据留置权对抗第三人。如果该留置物被查封扣押,留置权人有权提出执行异议。

2. 留置物孳息收取权。《民法典》第452条规定:“留置权人有权收取留置财产的孳息。前款规定的孳息应当先充抵收取孳息的费用。”依据这一规定,留置权人在占有留置物期间内,有权收取留置物的孳息。法律之所以规定留置权人享有孳息收取权,其原因在于:一方面,留置物归留置权人占有,孳息由留置权人收取比较便利,成本较低。另一方面,留置权人收取留置物的孳息,可以扩大留置权标的物的范围,从而有利于保障债权的实现。[②] 由于这些孳息仍然是用于担保债务的履行,所以,留置权人收取孳息,对债务人并无不利。不过,留置权人可以收取的孳息,主要是指天然孳息,而由于法定孳息主要适用于法律规定的情形,且通常以合同关系为基础而产生,所以,留置权人一般不能收取法定孳息。如果孳息是金钱,则可以直接以其充抵债务;如果孳息是其他财产,留置权人有权将其折价或变价,并优先受偿。留置权人对收取的孳息也应尽到善良保管人的注意义务。

应注意的是,留置权人并非对孳息享有所有权,而只是享有留置权。也就是说,留置权人对收取的孳息仍然作为担保财产,最终从孳息中优先受偿。一般来说,留置物的孳息在收取以后,首先应当充抵留置物的孳息的收取费用,其次用于充抵主债权的利息,最后是主债权。[③]

3. 对留置物的必要使用权。留置权人原则上对留置的物不享有使用权,尤其是不能以获得收益为目的而使用留置物,否则将构成侵权行为。但是在特殊情况下,出于保管留置物的需要,留置权人可适当地使用留置物。例如,为了防止留置的汽车生锈进行适度的使用。另外,经债务人同意,留置权人也有权使用留置物。此时,留置权人必须以合理的方法,并依动产的性质和用途对该动产进行使用,在使用中要尽到善良管理人的注意义务。

---

① 参见蒋新苗等:《留置权制度比较研究》,知识产权出版社2007年版,第108页。

② 参见蒋新苗等:《留置权制度比较研究》,知识产权出版社2007年版,第109页。

③ 参见陈华彬:《物权法论》,中国政法大学出版社2018年版,第644页。

如果滥用使用的权利或不按照动产的性质和用途使用标的物，造成标的物的毁损、灭失，应当承担损害赔偿责任。

4. 对留置物收取必要保管费用的权利。留置权人在保管留置物的过程中将对留置物的保管支付必要的保管费用，由于此种费用是为了债务人的利益而支付的，所以该费用应当由债务人承担，留置权人有权请求债务人支付此项费用。但行使此种求偿权必须符合如下要件：第一，必须由留置权人向债务人提出请求。即使留置物是第三人的财产，并不是债务人的财产，债权人也不能向物的真正所有人请求，而只能向债务人请求支付保管费用。第二，求偿的费用必须是为保管留置物所支出的必要费用。留置权人并没有义务增加留置物的价值，因而为增加留置物的价值而支出的有益费用，不得请求债务人支付。①

5. 变价权。就留置权的性质而言，其应当为一种“变价权”，即通过占有留置财产以督促债务人及时清偿债务。如果债务人不及时清偿债务，经催告后，债务人在一定期限内仍不履行的，债权人可以与债务人商议以留置物折价，也可以依法拍卖、变卖留置物。正是因为留置权人享有“变价权”，所以，留置权人通常只能对可转让的财产行使留置权。

6. 优先受偿权。留置权人有权就留置物的价值优先受偿，这是保障留置权人债权实现的根本手段。留置权人享有的优先受偿权包括以下两方面内容：一是不论留置权人所留置的财产是否属于债务人所有，只要符合留置权的成立要件，留置权人即可留置该标的物，如果留置权人仅能留置债务人的财产，而不享有对该财产进行变价，以及对变价后的财产价值优先受偿的权利，那么留置权人的债权仍然不能实现。二是留置权优先于其他担保物权受偿。只要留置权人始终占有留置物，即使在留置权设定之前，在该物上存在其他担保物权（如质权），留置权也具有优先效力。

（二）留置权人的义务

1. 妥善保管留置物的义务。《民法典》第451条规定：“留置权人负有妥善保管留置财产的义务；因保管不善致使留置财产毁损、灭失的，应当承担赔偿责任。”根据这一规定，留置权人在占有留置物期间，必须妥善保管留置的财产。如何理解“妥善保管”？通说认为，它是指留置权人应当以善良管理人的注意义务来保管留置物。② 包括保障留置财产的安全，防止留置财产的毁损、灭失和价值的不当降低等。所谓善良管理人的注意义务，是指以一

---

① 参见陈祥健主编：《担保物权研究》，中国检察出版社2004年版，第283页。

② 我国台湾地区“民法”第933条规定，留置权人应当尽到善良管理人的注意义务。

个合理的、具有保管能力的诚实的保管人的标准来保管。依一般交易上的观念,此种注意义务是指有相应知识经验及诚意之人所应负有的注意义务,对是否已尽到此种注意义务,应当依抽象的标准来确定。[①]

具体来说,留置权人负有的妥善保管义务应包括如下几个方面:一是从时间来看,自留置权人留置债务人的财产开始,直到留置权的消灭,在此期限内留置权人都负有妥善保管义务。二是从内容来看,留置权人的妥善保管义务主要包括保障留置财产的安全,防止留置财产的毁损、灭失和价值的非正常降低。留置权人还负有防止留置财产丢失、被盗等风险的义务。[②] 例如,留置权人是一个专门的仓储公司,其将留置财产存放于某仓库之后,没有按照通常的安全标准设置防盗设施,而后留置财产被盗窃。由此表明,留置权人没有尽到合理的防范义务,也就违反了其应当承担的妥善保管义务。三是从保管方式来看,留置权人应当采取有利于维护留置财产价值的保管行为,尤其是不得擅自使用或者允许他人使用留置财产,更不得将留置财产出租。即使留置权人对留置财产的使用没有造成留置财产的毁损、灭失或者价值贬损,也仍然构成对妥善保管义务的违反。

留置权人违反妥善保管的义务,将承担相应的法律后果。根据《民法典》第451条的规定,因保管不善致使留置财产毁损、灭失的,留置权人应当承担赔偿责任。

2.不得擅自使用和利用留置物的义务。留置权人在占有留置物期间内,不得擅自使用、利用留置物或为获取收益而使用留置物,更不得非法处分留置物(如非法转让留置物)。由于留置权人不享有对留置财产的处分权,如未经债务人的同意,将留置财产提供担保,构成无权处分。如果因为债务人履行债务等原因而导致留置权消灭,留置权人应当及时返还留置物。问题在于,留置权人违反不得擅自使用和利用留置物的义务,造成留置财产价值减少或毁损的,债务人是否有权取回留置物?本书认为,依据《民法典》第451条的规定,留置权人"因保管不善致使留置财产毁损、灭失的,应当承担赔偿责任",但该条并没有规定留置财产的所有人取回留置财产的权利,且损害赔偿已足以对债务人提供救济,所以留置权人擅自使用和利用留置物的,留置财产的所有人只能根据上述规定请求赔偿,而不能根据法律规定取回留置财产。

3.依法实现留置权的义务。留置权人虽然占有了留置物,但是,在实现

---

① 参见谢在全:《民法物权论》(下册),中国政法大学出版社2011年版,第1086~1087页。

② 参见史尚宽:《物权法论》,中国政法大学出版社2000年版,第510页。

留置权时,必须依据法律规定来实现留置权,而不得擅自处置留置物。例如,留置权人承运债务人的鸡鸭鱼等鲜活产品,因为债务人拒绝支付运输费而占有这些鲜活产品,但是留置权人在处分这些鲜活产品时,如果明知鲜活产品不及时处置就会导致债务人的重大损失,而拒不及时变卖,导致鲜活产品腐烂变质,留置权人应当承担相应的损害赔偿责任。

五、债务人的权利和义务

(一)债务人的权利

债务人的权利包括请求及时实现留置权、依法转让留置物、请求另行提供担保和请求给予宽限期。

1. 请求及时实现留置权的权利。在留置物被留置以后,债务人并不丧失对留置物的所有权。《民法典》第 454 条规定:"债务人可以请求留置权人在债务履行期限届满后行使留置权;留置权人不行使的,债务人可以请求人民法院拍卖、变卖留置财产。"该条包括如下内容:

第一,必须在债务履行期届满后才能主张。债务人不履行到期债务后,留置权人才能留置相关财产。因此,在债务履行期届满后,债务人可以请求留置权人行使留置权。

第二,必须请求留置权人及时行使留置权。此处所说的"请求行使留置权"应当理解为请求实现留置权。换言之,债权人在合理的期限内未及时实现留置权,在此情况下,债务人可以请求人民法院拍卖、变卖留置财产。[①] 如果债务人已经要求债权人实现留置权,就意味着债务人已经放弃了宽限期带来的期限利益,在当事人没有约定留置财产后债务的履行期限时,债务人不能依据《民法典》第 453 条的规定要求债权人给予其 60 日以上的履行债务的期限。

第三,留置权人不及时实现留置权的,债务人为保护其利益,可以请求人民法院拍卖、变卖留置财产,使留置权人从中优先受偿。

2. 依法转让留置物的权利。债务人的动产被依法留置以后,其并不因此丧失对标的物的处分权。如果留置物为债务人所有,债务人对标的物仍然享有所有权,其有权将留置物转让给他人,此种转让亦受法律保护。由于《民法典》第 311 条关于善意取得的规定中,要求"转让的动产已经交付给受让人",那么在标的物已经被留置的情况下,不可能进行交付,因此一般不

① 参见黄薇主编:《中华人民共和国民法典物权编释义》,法律出版社 2020 年版,第 867 ~ 868 页。

会发生善意取得的情况。[1] 但买受人在购买留置物之后，可以向留置权人代债务人进行清偿，然后取得标的物的完整的权利。

3. 请求另行提供担保的权利。在债务人的财产被留置权人留置之后，债务人有权要求另行提供保证、质押等其他担保，而使留置权消灭。[2] 在当事人没有特别约定的情况下，债务人另行提供的担保财产的价值应当与原债权的数额相一致。

4. 请求给予宽限期的权利。《民法典》第 453 条第 1 款第 1 句规定："留置权人与债务人应当约定留置财产后的债务履行期限；没有约定或者约定不明确的，留置权人应当给债务人六十日以上履行债务的期限，但是鲜活易腐等不易保管的动产除外。"根据这一规定，留置权人和债务人在成立留置权之后，没有就债务履行期限再次达成协议或者约定不明确的，债务人仍然享有请求给予宽限期的权利。也就是说，债务人可以要求给予其 60 日以上的宽限期。法律上之所以规定宽限期，是因为留置物的处置对债务人利益关系重大，且处分留置的财产也不一定能实现物尽其用。如果给予债务人宽限期，可以给债务人履行债务的机会，这不仅有利于债的设立目的的实现，而且可以避免实现留置权的成本。

（二）债务人的义务

债务人的主要义务是及时清偿债务。在留置权发生后，债务人不得干扰、阻碍留置权人行使留置权，并应偿付因留置物而支出的必要费用。如果以留置财产折价或者拍卖、变卖后，其价款不足以清偿债务，不足部分仍然由债务人清偿。

第五节　留置权的实现和消灭

一、留置权的实现

留置权的实现，是指留置权人依法将所留置的财产折价、拍卖或者变卖，就获得的价款优先受偿，并使债权得到实现。如前文所述，留置权具有两次效力，留置权的实现就是留置权第二次效力的实现。但留置权的实现首先应以留置权的合法存在为前提，也就是说，留置权的实现先要具备留置权的成立要件，如果不能依法产生留置权，债权人也就不能行使留置权。

（一）留置权实现的条件

留置权的实现必须符合两个条件：

---

[1] 参见崔建远：《物权法》（第 5 版），中国人民大学出版社 2021 年版，第 567 页。

[2] 参见陈华彬：《物权法论》，中国政法大学出版社 2018 年版，第 648 ~ 649 页。

1. 留置权人必须持续地占有债务人的动产。作为一种法定物权，留置权以占有为构成要件，所以留置权人必须持续、合法地占有留置物。如果因为留置权人自身的原因而导致对留置物的占有丧失（如留置权人在留置标的物之后又允许债务人将标的物取回），视为债权人已抛弃留置权，留置权也自此消灭。如果留置权人抛弃了留置权，或者因为留置物毁损、灭失而导致留置权不复存在，留置权人也不可能再行使留置权。

2. 债务人经过催告在一定的期限内仍然没有履行债务。根据《民法典》第453条的规定，留置权人的催告应当经过如下程序：

一是留置权人与债务人约定留置财产后的债务履行期限。[①] 例如，甲修理乙的摩托车，乙不支付费用，债务已经到期，因债务人没有支付费用才发生留置。但在留置之后，留置权人应当再次与债务人约定债务履行期限，这实际上是就宽限期作出约定。法律之所以规定宽限期，主要是为了保护债务人的利益。因为债权人留置财产，目的在于督促债务人履行债务，如果留置之后就可以立即实现留置权，则留置权就起不到担保的作用，而且债务不能及时履行的原因也较为复杂，如果给予债务人一定的宽限期，债务人可能能够清偿债务，尤其是留置的财产的价值往往远远高于债务的价值，一旦没有宽限期而允许债权人迅速实现留置权，则拍卖、变卖财产可能给债务人造成较大的不利，所以在法律上有必要给债务人一定的宽限期，使其可以筹集资金、履行义务。但宽限期又不能过长，否则对债权人不利。[②]

二是依法确定宽限期。当事人没有约定留置财产后的债务履行期限的，依据《民法典》第453条的规定，留置权人应当给债务人60日以上履行债务的期间，60日以上的期间，实际上就是法律规定的宽限期的最短期限。

三是经过宽限期，仍然不履行的，留置权人可以实现留置权。债权人未给予债务人宽限期，直接变价处分留置物的，构成对留置权的滥用，债权人应当承担损害赔偿责任。但经过了宽限期之后，债务人仍未履行的，留置权人可以实现留置权。

但是，如果留置的动产是鲜活易腐等不易保管的动产，可以不必给予债务人宽限期。因为对这些不易保管的鲜活易腐的财产，若不及时变卖，将导致其价值减损，损害债务人的利益，也可能使得留置权人的权利无法得到保

---

① 参见王胜明主编、全国人大常委会法制工作委员会民法室编著：《中华人民共和国物权法解读》，中国法制出版社2007年版，第504页。

② 参见王胜明主编、全国人大常委会法制工作委员会民法室编著：《中华人民共和国物权法解读》，中国法制出版社2007年版，第504页。

障。更何况对这些产品进行保管,其费用将极为高昂。依据《民法典》第453条的规定,留置权人对此类产品可以不给予宽限期而直接处分,并应从处分获得的价款中优先受偿。

（二）留置权实现的方法

《民法典》第453条规定,债务人逾期未履行的,留置权人可以与债务人协议以留置财产折价,也可以就拍卖、变卖留置财产所得的价款优先受偿。留置财产折价或者变卖的,应当参照市场价格。根据这一规定,在给予宽限期之后,债务人仍然不履行债务的,留置权人有权处分留置财产。对留置物的变价方式主要有以下几种:

一是协商折价,即通过双方协商,确定留置物的价格,由留置权人取得留置物的所有权,从而使债的关系消灭。在协商折价的情况下,是双方订立折价协议来执行留置的财产,但留置权人与债务人订立的折价协议不得损害其他债权人的利益。①

二是自行拍卖和变卖。所谓拍卖,是指当事人委托拍卖公司或人民法院依法拍卖留置物,从而使留置权人就其价款优先受偿。所谓变卖,是指当事人依法将留置财产转让给第三人,留置权人从转让的价款中优先受偿。根据《民法典》第453条的规定,如果不能达成折价协议,留置权人不需要经过法院,可以直接拍卖、变卖留置物。与抵押权的实现不同的是,留置权人不必通过法院来拍卖,可以委托拍卖公司拍卖,从而极大地减少了留置权实现的费用,也缩短了留置权实现的时间。法律之所以如此规定,主要是考虑到相对于抵押物而言,留置物的价值一般比较低,没必要经过烦琐的司法程序。② 但为了防止留置权人随意以较低的价格折价,变卖留置财产,损害债务人利益,《民法典》要求折价和变卖留置财产,应当参照市场价格,即与市场价格大体一致;如果变卖的价格明显低于市场价格,债务人有权主张撤销。

《民法典》第455条规定:"留置财产折价或者拍卖、变卖后,其价款超过债权数额的部分归债务人所有,不足部分由债务人清偿。"因为留置权本身是一种担保物权,留置权人只能就留置财产的价款优先受偿,而并不能直接将留置物归自己所有。所以,留置财产拍卖、变卖后,超过债权数额的价款应当返还给债务人,如果仍不足以清偿债务,债务人应当继续清偿。如果留置权人没有将剩余财产返还给债务人,则债务人有权请求其返还。

---

① 参见崔建远:《物权法》(第5版),中国人民大学出版社2021年版,第577页。

② 参见杨立新:《中国物权法研究》,中国人民大学出版社2018年版,第683页。

二、留置权的消灭

（一）留置权人丧失对留置物的占有

所谓丧失占有，是指留置权人丧失了对留置财产的控制。如果留置权人将留置财产委托他人保管，或者交给自己的员工管理，则不能认为其丧失占有。丧失占有是否导致留置权消灭，应当分为自愿丧失和非自愿丧失两种情况。

1. 自愿丧失占有。如果留置权人基于其自身的意愿，主动放弃对标的物的占有，将其交与第三人或债务人，或者抛弃留置物等，在此情况下，表明留置权人已经抛弃了留置权。如果因为留置权人保管不善，导致留置的财产灭失，在此情况下，留置权也不复存在。

2. 非自愿丧失占有。它是指出于留置权人意愿以外的原因，导致留置权人丧失对于留置物的占有。这可能是由于第三人的侵夺，也可能是由于国家根据法定程序进行强制征用，或者因司法强制执行等导致留置权人丧失占有。如果留置物是因为第三人的侵夺而丧失，留置权是否因此而消灭？本书认为，如果留置权人非基于其自身意志而丧失对留置物的占有，便认为留置权就此消灭，对于留置权人显然有失公平，且剥夺了留置权所应有的对抗第三人的效力。既然留置权是一种物权，自然就具有物权的一般效力。如果留置物被第三人非法侵夺，在此种情况下，留置权人可以通过行使物权请求权请求返还原物。据此，本书认为，《民法典》第 457 条笼统提到的“丧失占有”导致失权后果，应从狭义上做限缩解释，即仅限于自愿丧失占有的情形。①

（二）债务人另行提供担保

《民法典》第 457 条规定，“留置权人对留置财产丧失占有或者留置权人接受债务人另行提供担保的，留置权消灭”。从字面解释来看，只要债务人另行提供了担保，债权人就应当接受，并因此导致留置权的消灭。法律作出此种规定的原因在于：一方面，从保障债权的目的来看，法律设立留置权的目的就是要实现债权，而不是确保债权人控制特定的财产。只要债务人通过提供其他的财产来设定担保，足以担保债权的实现，留置权人就没有必要再留置该物。② 另一方面，从促进物尽其用的目的来看，留置物本身可能对于债务人价值重大，甚至留置物的价值远远高于债务金额，尤其是留置物对债务人来说可能具有生产经营上的特殊重要性，如果不允许债务人另行

---

① 参见陈华彬：《物权法论》，中国政法大学出版社 2018 年版，第 649 页。

② 参见崔建远：《物权法》（第 5 版），中国人民大学出版社 2021 年版，第 578 页。

提供担保,就会给债务人造成重大损害,且不利于物尽其用。例如,某台机器在操作中发生故障,被送去修理,如果被留置,将导致生产被迫停止。因而只要另行提供的担保足以保障债权,债权人就应当接受,并因此导致留置权消灭的后果。

需要指出的是,债务人另行提供的物的担保,必须与所担保的债权数额大体相当。如果另行提供担保的财产的价值明显低于债权数额,债务人应当补充提供担保,当然,如果债权人愿意接受此种担保,则也无不可。[①] 如果债务人不能提供足额的担保,留置权人可以拒绝接受新的担保。

---

① 参见陈祥健主编:《担保物权研究》,中国检察出版社 2004 年版,第 291 页。

第二十三章　非典型担保物权

第一节　非典型担保概述

一、非典型担保物权的概念和特征

所谓非典型担保物权，是指与典型担保物权相对应的、没有在《民法典》物权编中规定的担保物权。在比较法上，各国法律实践中也都普遍存在各种非典型担保物权。德国学者也承认，现代经济生活实际上已经要求对该原则予以多方面的突破，典型者为让与担保、期待权和担保土地债务。[①] 日本修改和制定了一系列新的特别法规，允许如"抵押证券""让渡担保""所有权保留""债权让渡""抵销预约""代理受领""保险担保""担保信托"等创新和非传统担保方式的设立，[②]以丰富融资担保的方式。这也使立法不断吸收非典型担保实践经验，将非典型担保典型化，不断丰富担保物权制度的内涵。在我国的实践中，随着金融创新的不断发展，也涌现出了大量的非典型担保交易形态。例如，以买卖合同担保债务履行、让与担保、账户质押等也曾引发了理论界和实务界的关注。在这些交易场景发生争议时，如何认定这些非典型担保的法律效力，成为法律不得不回应的重大问题。

非典型担保物权的类型较多，在整个物权法律制度中，担保物权制度与商事交易紧密联系，因而成为物权法律制度中最为活跃和变动不居的部分。因此，在交易实践中大量出现了法律所没有规定的担保方式。这些担保方式的出现，主要是因为传统的担保物权形式无法满足现实生活的融资需求。这些非典型担保物权形态有利于实现物的价

---

① MuechKomm/Gaier, Einleitung des Sachenrechts Rn. 11.

② 参见［日］道垣内弘人：《日本非典型担保法》，王融擎译，北京大学出版社 2022 年版，第 1 页。

值,便利交易,促进融资。但是因为缺乏明确的法律规定,这些担保方式往往在成立要件和法律效果上存在不少争议。非典型担保对于促进资金融通,提升融资效率具有重要的意义,可以有效降低融资成本。相较于典型担保物权而言,非典型担保物权的特点主要表现在:

第一,非法定性。从狭义上理解,典型担保物权是《民法典》物权编所规定的担保物权类型,而非典型担保物权则不是《民法典》物权编所规定的典型的担保物权。[①] 因此其与物权法定原则存在一定的冲突,由于坚持物权法定原则的国家也对物权法定原则有了一定的缓和,从而产生了各种非典型担保物权。

第二,通常是由交易习惯创设并由法院判例确认的。由于物权法规定的物权类型不一定能完全满足现实的需要,所以交易当事人在实践中往往会采取一些新的担保形式。这也是有些学者主张物权法定的"法"应当包括习惯法的原因。从比较法来看,仅仅由交易习惯还难以确定非典型担保物权,只有经法官判例确认之后才能够逐步确立非典型担保物权的物权地位。这些担保形式通过判例等方式确认,就构成了非典型担保物权。[②] 非典型担保构成各国担保制度的重要组成部分,而非典型担保的确认在法律渊源上多表现为判例法,所以,仅仅凭借成文法的规定很难完全了解一国的担保制度全貌。当然,非典型担保物权如果没有为法律所承认,还很难说已经成为一种法律明文规定的典型物权。

第三,必须具备设立担保的合意并公示。一方面,非典型担保的设立要求当事人具有担保的合意,只有在当事人具有担保合意的基础上才能形成非典型担保。另一方面,非典型担保的设立必须采用一定的公示方法。由于非典型担保主要存在于物保,在人保中一般不会出现,因此,在物上设立各类非典型担保,必须完成一定的公示,以防止对第三人利益的侵害。《合同编通则解释》第 28 条第 3 款规定:"当事人订立前款规定的以物抵债协议后,债务人或者第三人未将财产权利转移至债权人名下,债权人主张优先受偿的,人民法院不予支持;债务人或者第三人已将财产权利转移至债权人名下的,依据《最高人民法院关于适用〈中华人民共和国民法典〉有关担保制度的解释》第六十八条的规定处理。"因此,对于以以物抵债形式设立的非典型担保,如果当事人仅订立以物抵债协议,没有完成公示,就不能依法产生优先受偿的效力。公示可以采取"将财产权利转移至债权人名下"的方式。

---

① 参见[日]近江幸治:《担保物权法》,祝娅等译,法律出版社 2000 年版,第 10 页。

② 参见陈华彬:《物权法论》,中国政法大学出版社 2018 年版,第 652 页。

第四,类型具有开放性。各个国家的非典型担保物权类型并不完全相同。例如,在德国,非典型担保物权主要表现为让与担保,让与担保又主要分为如下三种:所有权让与担保、债权让与担保与其他权利(主要是知识产权)让与担保。[①] 今后随着经济生活的发展,也可能产生更多的新型非典型担保类型。

当然,非典型担保物权除了与物权法定原则存在矛盾之外,还存在其他方面的缺陷:一是缺乏必要的公示手段。例如,让与担保一直欠缺统一的公示机关和公示手段,由此可能会给债务人的其他债权人的利益造成损害。二是与其他权利之间会产生一定的冲突。以动产让与担保为例,动产之上可能存在动产抵押甚至留置等负担,从而产生多个担保物权冲突的情况。在破产清算时,对于让与担保的所有权人应当减弱其效力,这不同于物权法中的一般所有权。三是影响司法的统一。尽管非典型担保物权可以填补物权法定所带来的僵化后果,增加担保法的弹性和灵活性,但同时也可能造成法官缺乏明确的裁判标准、司法的不统一等后果,因此,法律有必要对非典型担保的规则作出统一规定。

二、非典型担保物权的类型

非典型担保物权的类型可以概括为三种:

第一,在《民法典》物权编之外由《民法典》列举的非典型担保物权,这主要是合同编中规定的非典型担保物权方式。例如,《民法典》规定的所有权保留买卖、融资租赁、保理等。当事人为订立此类担保而订立的合同在性质上属于《民法典》第 388 条所规定的“其他具有担保功能的合同”。

第二,由司法解释所规定的非典型担保物权,如《有关担保司法解释》第 68 条所规定的让与担保。严格地说,物权法定中的“法”不包括司法解释。但是我国司法解释也就一些担保类型作出了规定,因此它们也属于非典型担保物权。《有关担保司法解释》第 63 条规定:“债权人与担保人订立担保合同,约定以法律、行政法规尚未规定可以担保的财产权利设立担保,当事人主张合同无效的,人民法院不予支持。当事人未在法定的登记机构依法进行登记,主张该担保具有物权效力的,人民法院不予支持。”据此,当事人以法律、行政法规尚未规定可以担保的财产权利设定担保时,该担保合同仍然是有效的,但此种担保要产生担保物权的效力,则应当在法定的登记机构依法办理登记。例如,《民法典》第 440 条对可以质押的财产权利采取封闭

---

① 参见陈本寒:《担保物权法比较研究》,武汉大学出版社 2003 年版,第 359 页。

式列举的模式，但是在实践中已经产生了商铺租赁权质押、出租车经营权质押、信托受益权质押、资产收益权质押等担保方式，依上述司法解释的规定，在当事人订立担保合同之后，如果当事人在法定的登记机构依法办理了登记，则应当产生设定担保物权的效力。[①]

第三，法律和司法解释没有规定，而由司法实践与习惯创设的非典型担保物权。例如，在司法实践中，对于被拆迁人就安置房享有担保物权的效力，优先于一般债权人甚至优先于抵押权受偿。[②] 但实践中，确实有法院承认拆迁安置人享有优先于一般债权人和抵押权人的受偿效力。

本书认为，准确理解非典型担保物权，应当区分其物权效力与合同效力。首先，就《民法典》第 388 条和《有关担保司法解释》第 63 条而言，双方当事人虽然并未以法律明确规定的财产权利设定担保，但是只要双方当事人意思表示真实，合同并不因此而无效。其次，就非典型担保是否能产生物权效力，仍然应当坚持物权法定原则，即是否符合法律规定的类型进行区分，这也涉及如何理解物权法定中的“法”。此处的“法”并不仅限于狭义的法律，也应当包括司法解释，但不应当包括习惯，否则会使“法”的范围过于宽泛。而且从目前来看，如果没有明确的法律依据，实践中登记机构也没有办理登记的依据。

三、非典型担保的物权效力

传统大陆法系坚持物权法定主义，因此非典型担保是否具有物权效力长期存在争议。毫无疑问，非典型担保应当具有合同债权的效力，如果仅产生债权的效力，则不利于保护债权人的利益，也不符合当事人设定非典型担保的初衷，这就必须讨论其与物权法定原则的关系。依据物权法定原则，只有符合法律规定而设立的物权，才具有物权效力。但这并不是说，只有依据《民法典》物权编所规定的担保物权，才能产生担保物权的效力。我国《民法典》除物权编之外，合同编也规定了一些担保类型，当事人依据这些规定设定了担保，并在法定机构办理了登记，此时能否产生物权的效力，这也是非典型担保制度要解决的问题。

《民法典》在兼顾功能主义的模式下，又保留了传统大陆法系形式主义

---

① 参见最高人民法院民事审判第二庭：《最高人民法院民法典担保制度司法解释理解与适用》，人民法院出版社 2021 年版，第 532 ~ 535 页。

② 最高人民法院在 2003 年《关于审理商品房买卖合同纠纷案件适用法律若干问题的解释》第 7 条第 1 款规定：“拆迁人与被拆迁人按照所有权调换形式订立拆迁补偿安置协议，明确约定拆迁人以位置、用途特定的房屋对被拆迁人予以补偿安置，如果拆迁人将该补偿安置房屋另行出卖给第三人，被拆迁人请求优先取得补偿安置房屋的，应予支持。”但是 2020 年《民法典》颁布后，该条被删除。

的担保物权立法模式，在兼顾传统的基础上，允许新的具有担保功能的担保权利进入担保领域，这有利于缓和严格的物权法定主义，为鼓励金融创新提供了制度空间。合同编分别规定了所有权保留、融资租赁、保理。《民法典》第 388 条第 1 款规定了担保合同包括抵押合同、质押合同以及其他具有担保功能的合同，这就在形式主义的法律框架中兼顾了功能主义，使担保物权制度更具有包容性，且能够为之后的进一步解释发展提供规范基础。从而进一步缓和了物权法定原则，有利于鼓励担保，又可消除隐性担保，从而有利于改善营商环境。

《有关担保司法解释》单设第四部分专门规定非典型担保，不仅将《民法典》所规定的所有权保留、融资租赁、保理这三种形式纳入非典型担保中，而且规定了让与担保这一非典型担保形式，尤其是《有关担保司法解释》第 63 条规定："债权人与担保人订立担保合同，约定以法律、行政法规尚未规定可以担保的财产权利设立担保，当事人主张合同无效的，人民法院不予支持。当事人未在法定的登记机构依法进行登记，主张该担保具有物权效力的，人民法院不予支持。"该规定承认了即使在法律和行政法规没有规定的权利上设定担保，只要当事人依法办理了登记，也认可其物权效力。这实际上就承认了在符合法律规定的前提下的非典型担保的物权效力。依据该解释第 63 条的规定，除法律规定的非典型担保（如所有权保留等）外，其他非典型担保要获得担保物权的效力，则应当具备两个要件：一是债权人与担保人订立担保合同，当事人应当就设立非典型担保达成合意。二是当事人应当在法定的登记机构办理登记。这就是说，并不是在所有的登记机构办理登记都是有效的，必须在法定的登记机构办理登记，才能够取得公示的效果。非典型担保之所以饱受诟病就是因为其无法办理登记，使第三人遭受不测损害，影响交易安全。在允许非典型担保进行登记之后，第三人也可以查阅，这就可以有效保护交易安全，不至于产生隐性担保。

第二节　让与担保

一、让与担保的概念和特征

让与担保有广义和狭义之分。[①] 狭义的让与担保是指债务人或第三人

---

① 有关让与担保的广义与狭义的区分，主要来自日本法。但在日本法上，此种区分被认为是让与担保发展过程中运用法解释技术而产生的一时的产物，甚至被认为是虚构的对立概念，并无任何实益。也正是基于这一原因，这一概念上的区分，在日本大审院昭和 8 年（1933 年）4 月 26 日判例中被承认之后，并未被后来的司法实践继续采纳。（参见［日］近江幸治：《担保制度的研究》，成文堂 1989 年版，第 266 页。）

为担保债务人的债务，将担保标的物的权利事先移转给担保权人，在债务清偿后，标的物的权利应返还给债务人或第三人，当债务人不履行债务时，担保权人可以就该标的物受偿。[①] 广义上的让与担保，包括买卖式担保与让与式担保。买卖式担保是指以买卖形式进行信用的授予，给予信用者即债权人并无请求返还价金的权利，但接受信用者即债务人却享有通过支付价金而请求返还自己让与给债权人的标的物的权利的一种担保形式。[②] 这种担保形式在日本民法上称为卖渡担保。

对于是否应当在立法中承认让与担保，两大法系采取了两种模式。一是以德国法为代表的模式，这种模式不承认动产抵押，而承认了动产让与担保（Sicherungsübereignung）。[③] 在实务中大量采用了动产担保形式，后来德国法官通过解释民法典承认了动产让与担保。[④] 二是以日本法为代表的模式，通过特别法的形式承认了一些特殊动产的抵押（如汽车、船舶、航空器等），并将其作为一种重要的代表形式，在立法和司法中予以承认。

让与担保作为一种非典型的担保，它并不是由法律直接规定的，而是通过习惯和司法判例创设的。各国法律大多没有在物权法中对其作出明确规定。[⑤] 例如，以德国为代表的国家虽然承认动产让与担保，并在实务中广泛采用动产担保形式，但其立法并未对此作出明确规定。在实践中，融资融券交易就是以让与担保为核心构建的交易模式，虽然《民法典》未规定让与担保制度，但交易实践已经承认了此种担保方式，且如果这些方式在法定的登记机构办理了登记，也可以产生物权效力。例如，根据《证券公司融资融券业务试点管理办法》第 30 条的规定，证券登记结算机构依据证券公司客户信用交易担保证券账户内的记录，确认证券公司受托持有证券的事实，并以证券公司为名义持有人，登记于证券持有人名册。据此，有学者认为，作为担保物的证券，属于信托财产，证券公司是该证券的名义持有人。[⑥] 在条件成熟的时候，也应制定特别法来确立让与担保制度。

---

① 我国台湾地区也有学者认为，Mortgage 之本意为让与担保，目的在于移转财产担保债务之清偿。参见刘得宽：《民法诸问题与新展望》，中国政法大学出版社 2002 年版，第 452 页。

② 参见史尚宽：《物权法论》，中国政法大学出版社 2000 年版，第 423 页。

③ MünchKomm/Oechsler, Anhang zu § § 929 – 936 Sicherungseigentum-Sicherungsübereignung Rn. 1 ff.

④ MünchKomm/Oechsler, Anhang zu § § 929 – 936 Sicherungseigentum-Sicherungsübereignung Rn. 3.

⑤ 参见［日］近江幸治：《担保物权法》，祝娅等译，法律出版社 2000 年版，第 10 页。

⑥ 参见台冰：《融资融券业务中的法律风险》，载《企业改革与管理》2008 年第 11 期。

二、让与担保的构成

《民法典》担保制度的立法目的之一是消灭隐形担保，我国司法解释之所以承认让与担保，在一定程度上是要明确法律规定的条件，才能使其具有担保物权的效力，并消灭隐形担保，维护交易安全，保护第三人利益。让与担保具有物权效力的前提是其必须符合法律行政法规和司法解释的规定。我国《有关担保司法解释》第 68 条对让与担保的认定及其实现程序作出了规定。依据该规定，让与担保应当具有以下条件：

第一，当事人之间应当达成合意。根据《民法典》第 388 条的规定，设定担保物权必须订立担保合同，这些合同必须具有担保功能，让与担保也不例外。在一般的交易中，当事人转让财产的目的在于获得对价。但是在让与担保约定中，当事人转让财产的目的并非获得对价，而是通过取得标的物而就该标的物享有担保利益。双方订立合同的目的也主要在于提供担保，这种担保主要表现在，在债务人未清偿债务前，受让人不能擅自处分财产，在债务人不履行债务时，受让人可以从财产拍卖、变卖等的价额中优先受偿。①

第二，合同约定将债务人与第三人的财产形式上移转给债权人。所谓形式上移转，是指债权人只是名义上的所有权人，其享有所有权只是为了担保，但并没有实际取得所有权。在实践中，让与担保常常与财产转让发生混淆，在财产转让的情形下，买受人将取得标的物完整的所有权。在让与担保中，债权人只是取得名义上的所有权，转让人转让财产并不是为了获得对价，债权人受让财产也无须支付对价，当事人的主要目的是设立担保。②

第三，应当依法公示。法律上之所以承认让与担保的物权效力，很大程度上是基于让与担保的可公示性。依据《有关担保司法解释》第 68 条第 1 款的规定，“已经完成财产权利变动的公示”，债务人到期不履行债务，债权人才能依据担保物权的相关规定优先受偿。在没有公示的情形下，当事人只是根据合同行使权利。如果当事人仅仅订立了让与担保合同，虽然并不具有物权效力，但根据区分原则，不影响合同效力。依据《有关担保司法解释》第 68 条的规定，让与担保只要完成财产权利变动的公示，就可以产生物权效力，这里财产权利变动的公示要区分动产、不动产以及权利，动产只需

---

① 参见最高人民法院民事审判第二庭：《最高人民法院民法典担保制度司法解释理解与适用》，人民法院出版社 2021 年版，第 567 页。

② 参见最高人民法院民事审判第二庭：《最高人民法院民法典担保制度司法解释理解与适用》，人民法院出版社 2021 年版，第 567 页。

要完成交付即可,而不动产和权利则需要在法律规定的登记机关完成登记。如果当事人仅签订让与担保合同而未完成权利变动公示,则不能产生物权效力。

三、让与担保的权利实现

《有关担保司法解释》第 68 条对让与担保的权利实现作了规定。依据该规则,让与担保在权利实现上被区分为三种不同的情形:

第一,约定了清算义务的让与担保。《有关担保司法解释》第 68 条第 1 款规定:"债务人或者第三人与债权人约定将财产形式上转移至债权人名下,债务人不履行到期债务,债权人有权对财产折价或者以拍卖、变卖该财产所得价款偿还债务的,人民法院应当认定该约定有效。当事人已经完成财产权利变动的公示,债务人不履行到期债务,债权人请求参照民法典关于担保物权的有关规定就该财产优先受偿的,人民法院应予支持。"此种情形是让与担保的一般情形,即当事人签订合同约定将财产转移至债权人名下,但没有实际完成物权变动的公示,债权人有权就财产折价或者拍卖、变卖所得价款偿还债务的,应认定此类约定合法有效,并视当事人是否已经完成了财产权利的变动公示,赋予债权人对财产的优先受偿权。在这种情形下,让与担保具有设定担保物权的效力,债权人可以依据担保物权实现的程序进行优先受偿。①

第二,没有约定清算义务的让与担保。如果当事人在合同中约定,债务人和第三人将财产形式上移转债权人,在债务人不履行债务时,财产归债权人所有,其也属于让与担保。《有关担保司法解释》第 68 条第 2 款确立了如下规则:一是明确了当事人约定债务人到期不履行债务财产归债权人所有时,该约定无效。这主要是考虑到,当事人之间就担保物权缺少进行清算的约定,可能导致显著不利于债务人或第三人。二是该约定无效不影响当事人提供担保意思表示的效力。也就是说,虽然当事人之间不进行清算的约定不具有效力,但在当事人之间仍然具有设定担保的效力。担保物权的设立不因不清算条款的无效而无效。三是当事人已经完成财产权利变动的公示,在债务人不履行到期债务时,债权人可以依据担保物权的实现程序,就拍卖、变卖该财产所得的价款优先受偿,债务人可以请求履行债务后返还财产,或者请求对财产折价或者以拍卖、变卖所得的价款清偿债务。也就是

---

① 参见最高人民法院民事审判第二庭:《最高人民法院民法典担保制度司法解释理解与适用》,人民法院出版社 2021 年版,第 567 页。

说,不清算约定的无效不影响其作为让与担保的效力。[①]

第三,溢价回购型的让与担保。如果当事人在合同中约定将财产名义上转至债权人名下,再由债务人或第三人以溢价款回购,债务人到期不回购的,财产归债权人所有,此种情形也属于让与担保的形态。例如,某房地产开发商为了募集资金,而将数套房屋移转给他人,同时约定,在一定的期限内,开发商以原房屋价款加一定的溢价回购该房屋,根据《有关担保司法解释》第 68 条第 3 款的规定,应当适用第 68 条第 2 款进行强制清算。[②] 在回购对象不真实存在的情况下,按照《民法典》第 146 条第 2 款处理。

四、股权让与担保的特殊规则

(一)股权让与担保的概念和特点

所谓股权让与担保,是指以转让股权的方式为债务提供担保。当事人约定以股权移转到债权人名下的方式提供担保。债权人由此成为公司名义股东。如果出现股东未履行出资义务或未完全履行出资义务时,公司无权请求该名义股东承担连带责任。《有关担保司法解释》第 69 条规定:"股东以将其股权转移至债权人名下的方式为债务履行提供担保,公司或者公司的债权人以股东未履行或者未全面履行出资义务、抽逃出资等为由,请求作为名义股东的债权人与股东承担连带责任的,人民法院不予支持。"该条对股权让与担保作出了规定。

股权让与担保的特点在于:

第一,股权让与担保不同于股权转让,目的在于提供担保。股权转让是通过转让的方式,使受让人完整取得股权和股东权利,因此,如果转让股权的股东存在出资瑕疵等情形,受让人应对此承担责任。但是在股权的让与担保中,受让人只是名义上的股东,并不实际取得股东资格,因此对于出资瑕疵不应承担连带责任。同时,与股权转让不同,在股权让与担保中,受让人也无须为股权转让支付对价。[③]

第二,股权让与担保是让与担保的一种特殊类型,在尚不具备担保权实现条件的情形下,债权人不得处分相关股权。此外,在股权让与担保中,名

---

① 参见最高人民法院民事审判第二庭:《最高人民法院民法典担保制度司法解释理解与适用》,人民法院出版社 2021 年版,第 568 页。

② 参见最高人民法院民事审判第二庭:《最高人民法院民法典担保制度司法解释理解与适用》,人民法院出版社 2021 年版,第 567 页。

③ 参见最高人民法院民事审判第二庭:《最高人民法院民法典担保制度司法解释理解与适用》,人民法院出版社 2021 年版,第 569 页。

义股东也不能行使股东的权利或将股权转让给他人。

第三,股权让与担保中的受让人并未取得股权,而只是享有担保性权益,出让人并未丧失股东身份。在股权让与担保中,受让人作为名义股东,并非取得完整的股权,而只是依据约定取得了股权交换价值上的优先受偿权。因此,股权让与担保中的受让人不能行使参与公司管理等股东权利。

(二)股权让与担保的效力

从对内效力来看,在股权让与担保的情形下,债权人作为名义股东实际上并没有取得股东的资格,因此不能参与公司的管理行使股东的自益权和共益权。其原因在于,一方面,在股权让与担保中,股东只是让渡股权交换价值中的优先受偿的权利,当事人之间并没有完整转让股权或股东权利的合意。因此,股权让与担保中的受让人只是取得了股权的交换价值,而没有取得完整的股东资格。另一方面,在股权让与担保中,名义股东可能并未记载于公司的股东名册,此时其不能对公司享有股东权利。即使在股东名册上已经进行了变更记载,公司也可以通过证明让与担保的真实意思,以排除名义股东的股东资格。[①] 值得注意的是,为了办理变更登记,即便债权人作为名义股东签署相关文件,也不能认为其已经行使了股权。

从对外效力来看,依据《有关担保司法解释》第69条的规定,股东以将其股权转移至债权人名下的方式为债务履行提供担保,公司或者公司的债权人以股东未履行或者未全面履行出资义务、抽逃出资等为由,请求作为名义股东的债权人与股东承担连带责任的,人民法院不予支持。作出该规定的理由在于:一方面,股权让与担保中的受让人仅仅取得名义股东的资格,享有就股权交换价值的优先受偿权益,对于转让人不履行出资义务或抽逃出资的行为,其并不应承担责任。另一方面,公司债权人或公司主张承担出资义务或抽逃出资责任应以公司的股东为限,即只能向让与担保中的担保人主张承担责任,而不能向受让人主张承担连带责任。此外,名义股东不享有与股东身份有关的表决、分红等权利,也不应负有出资义务和清算义务,对于公司的债务不承担法律责任。公司债权人虽然不能要求作为名义股东的债权人承担责任,但在查明案件事实的基础之上,其可以要求转让人作为实际股东承担出资瑕疵责任。[②]

---

① 参见最高人民法院民事审判第二庭:《最高人民法院民法典担保制度司法解释理解与适用》,人民法院出版社2021年版,第574~575页。

② 参见最高人民法院民事审判第二庭:《最高人民法院民法典担保制度司法解释理解与适用》,人民法院出版社2021年版,第574~575页。

（三）股权让与担保的实现

在债务人不履行债务时，名义股东可以依据担保物权的实现方式就该股权的交换价值优先受偿。此时应当依据公司的性质对股权的价格进行确定。对于有限责任公司而言，其股权价格通常难以确定，可以由当事人通过协议的方式，折价受偿。对于股份公司而言，则可以依据股价受偿。

第二十四章　担保物权的竞存

第一节　担保物权的顺位

所谓担保物权的竞存，是指在同一财产上设定多重担保而引起的权利竞存现象。由于在实践中，各种担保物权的竞存时常发生，并引发权利的冲突，因此需要确定各担保物权的优先顺位，从而明确担保物权的受偿顺序，为各方当事人在融资时提供重要参考。① 学界对于竞存情形下的顺位规则，一直存在争议。《民法典》第 414 条规定："同一财产向两个以上债权人抵押的，拍卖、变卖抵押财产所得的价款依照下列规定清偿：(一)抵押权已经登记的，按照登记的时间先后确定清偿顺序；(二)抵押权已经登记的先于未登记的受偿；(三)抵押权未登记的，按照债权比例清偿。其他可以登记的担保物权，清偿顺序参照适用前款规定。"该条以登记为中心，构建了可以登记的担保物权发生竞存时的顺位规则，登记的担保物权顺位规则就是解决以登记作为公示方式的担保物权的竞存的规则。但其并不涉及以占有作为公示方式和法定的担保物权竞存顺位规则。

如前文所述，《民法典》第 414 条明确了抵押权竞存的顺位，其旨在解决抵押权竞存时的权利顺位问题。该条也构建了统一的、全方位的可以登记的担保物权的顺位规则，其适用范围不限于抵押权，具体而言：

第一，构建统一的动产多个抵押的顺位规则。《民法典》第 414 条第 1 款也可以适用于动产抵押，按照这一规定，已登记的按照登记时间先后确定权利顺位，已登记的优先于未登记的，都未登记的按照债权比例清偿。还应当看到，《民法典》第 414 条也可以解决动产浮动抵押中的权

---

① 参见高圣平：《我国动产融资担保制度的检讨与完善》，载《中国人民大学学报》2007 年第 3 期。

利顺位问题。例如,某批存货在设定动产浮动抵押之后,当事人又将其中部分财产单独设定抵押,此时,在相关财产之上即存在多个抵押的问题。浮动抵押采取登记对抗主义,自然可以适用《民法典》第 414 条关于动产多个抵押优先顺位的一般规则。当然,《民法典》第 404 条关于正常经营活动买受人规则,作为特别例外适用的规则,应当优先于第 414 条而适用。[①]

第二,明确了多个权利抵押的顺位规则。依据《民法典》第 395 条的规定,凡是法律、行政法规未禁止抵押的权利,原则上均可以设定抵押,同时,该条也明确列举了建设用地使用权、海域使用权可以成为抵押权的客体。因而,权利也可能存在多个抵押的问题,需要明确权利顺位规则。从体系解释而言,第 414 条规定于《民法典》抵押权的一般规定之中,这表明其不仅适用于不动产抵押,也应适用于权利抵押,即在权利上存在多个抵押的情形下,也可以按照第 414 条的规定明确权利顺位。

第三,明确了抵押权与可以登记的权利质权冲突规则。从《民法典》的相关规定来看,有些权利质权的设立需要登记,这可能产生同一财产之上同时存在抵押权与质权的现象。从实践来看,同一财产之上既存在抵押又存在质押的情形比较罕见。对动产而言,其可以办理抵押和质押,但无法形成权利质押。但从实践来看,确实存在抵押权与可以登记的权利质权之间相冲突的情形。例如,某人将房屋抵押之后,出租人与承租人就房屋签订了租赁合同,而将房屋租金作为应收账款质押给其他人,房屋抵押权和应收账款质押均办理了登记,则在担保物权实现时,究竟哪个担保物权优先实现,也应当按照《民法典》第 414 条确立的顺位规则明确其权利顺位。另外,随着各种新型财产(如数据等)的发展,不排除既办理抵押又办理权利质押的可能性,这就会发生上述权利冲突。

第四,沟通了典型担保与非典型担保之间的顺位关系。在典型担保与非典型担保之间同样可能存在竞存,具体有两种情形:一是典型担保和非典型担保之间,如动产抵押和动产所有权保留之间;二是非典型担保之间,如多重保理,或者同一动产存在多重所有权保留。这两种竞存的情形在实践中时有发生,如何确定该竞存下的顺位规则?《民法典》第 414 条第 2 款规定:"其他可以登记的担保物权,清偿顺序参照适用前款规定。"此处"其他可以登记的担保物权"就是指除物权编规定的担保物权之外的其他担保方式,如所有权保留、融资租赁和保理,以及让与担保等,当这些担保方式办理

---

① 参见龙俊:《民法典中的动产和权利担保体系》,载《法学研究》2020 年第 6 期。

了登记之后,其清偿顺序也要适用《民法典》第 414 条的规定。[1] 该规则沟通了第 2 款与“其他具有担保功能的合同”规定之间的关系。[2] 通过对《民法典》第 388 条第 1 款和第 414 条的体系解释,可以发现在所有权保留、融资租赁、保理等交易形态中,也可能发生担保物权的竞存,如果出现权利冲突问题,此时,亦可通过参照适用《民法典》第 414 条第 1 款的权利顺位规则,解决这些担保物权之间的冲突。[3]

第五,规定了权利质权顺位的参照适用规则。如前文所述,抵押权可能与可以登记的权利质权之间发生竞存,在权利质权之间,也可能发生竞存。实践中,也会出现同一权利之上设定多重质押的现象。例如,同一股权分别质押给不同的债权人;又如,将同一应收账款分别质押给多家银行,此时必然会产生权利冲突问题。依据《民法典》关于权利质权的规定,有些权利质权(如仓单、提单等)将交付作为公示方法,而部分权利质权(如股权、应收账款等)的设立采取的是登记生效模式,即以登记作为该权利质权的公示方法。《民法典》并没有就同一权利重复设定质权的权利顺位规则作出规定,本书认为,此时,可以参照适用《民法典》第 414 条第 2 款关于同一财产多个抵押的顺位规则,这既可以填补规则的漏洞,也可以避免立法的烦琐与重复。同时,参照适用《民法典》第 414 条的规定,具有合理性,而且在立法技术上较为简洁。[4]

第六,确立了新型担保竞存的权利顺位规则。《民法典》第 414 条的规定也为未来新型担保物权形态出现后多重担保的顺位规则的确定提供了依据。新类型的抵押权、权利质权,只要以登记作为公示的手段,均可适用《民法典》第 414 条的规定来确定顺位。随着社会的发展,实践中也可能出现新型的担保物权,如果其能够通过依法办理登记予以公示,则其也可以产生担保物权的效力,在这些新型担保物权与既有的担保物权类型以及各新型担保物权之间竞存时,也可以依据《民法典》第 414 条规定确定其权利顺位。

总之,《民法典》第 414 条虽然重点规定了多个抵押情形下的权利顺位规则,但其在体系上具有的显著的溢出效应,可以实现形式意义上担保物权与功能型担保、典型担保与非典型担保之间的沟通和衔接,也为统一的动产

---

① 参见高圣平:《民法典动产担保权优先顺位规则的解释论》,载《清华法学》2020 年第 3 期。

② 参见刘保玉:《民法典担保物权制度新规释评》,载《法商研究》2020 年第 5 期。

③ 参见孙宪忠、朱广新主编:《民法典评注:物权编》(第 4 册),中国法制出版社 2020 年版,第 224 页。

④ 参见崔建远:《中国民法典释评:物权编》(下卷),中国人民大学出版社 2020 年版,第 412 页。

和权利担保登记体系的建立提供了理论支撑,进而实现担保物权的现代化,尽可能消除隐性担保,改善营商环境。

一、《民法典》第414条确立了顺位升进主义

在多重担保的情形下,解决竞存问题,还涉及另一个复杂的问题,就是顺位在先的担保物权所担保的债权被清偿之后,顺位在后的担保物权如何受偿,其顺位是否依顺序递进,抑或固定不变?例如,在多个抵押的情形下,如果顺位在先的抵押权消灭,则顺位在后的抵押权能否依次升位而相应地变更抵押权人的顺位,这是一个颇有争议的问题。对于该问题,各国立法规定并不完全相同,大致存在顺位升进和固定主义两种立法例。

依据《民法典》第414条的规定,如果在同一标的物之上存在数个抵押权,则已经登记的应当优先于未登记的受偿,先登记的优先于后登记的受偿。据此,在前一顺序的抵押权受偿以后,如果有剩余,则应当由第二顺序的抵押权人受偿,以此类推。例如,同一房屋被抵押给两个债权人,且这两个抵押都已办理了登记,如果登记在前的抵押权人所享有的债权已经获得清偿,则登记在后的抵押权人可以上升到第一顺位,就剩余的价值获得受偿,也即登记在后的抵押权人的顺位升进了。可见,该规定实际采纳了顺序升进主义。值得注意的是,《有关担保司法解释》第16条第2款在例外情形下也承认了顺位固定规则,这可以说是对顺位升进主义适用的一种例外。①

二、《民法典》第414条适用中的其他问题

(一)关于《民法典》第414条与第403条的关系

《民法典》第403条规定:“以动产抵押的,抵押权自抵押合同生效时设立;未经登记,不得对抗善意第三人。”该条确立了动产抵押情形下的登记对抗规则,如前所述,《民法典》第414条既可以适用于不动产抵押,也可以适用于动产多个抵押情形下的竞存现象,但在具体适用中,其与《民法典》第403条存在一定的矛盾和冲突。② 例如,某担保人将自己的某套设备抵押给银行甲,之后未办理登记,又将该设备抵押给银行乙并办理登记,银行乙对该设备已经抵押给银行甲是知情的。如果按照《民法典》第414条的规定,

---

① 该款规定:“主合同当事人协议以新贷偿还旧贷,旧贷的物的担保人在登记尚未注销的情形下同意继续为新贷提供担保,在订立新的贷款合同前又以该担保财产为其他债权人设立担保物权,其他债权人主张其担保物权顺位优先于新贷债权人的,人民法院不予支持。”

② 参见朱广新:《动产抵押登记对抗规则与优先顺位规则的体系关系》,载《中外法学》2024年第4期。

则已登记的抵押权优先于未登记的,即银行乙的抵押权应当优先;但如果按照《民法典》第403条规定,虽然银行甲的抵押权未办理登记,但其只是不得对抗善意第三人,其仍然可以对抗恶意第三人,而银行乙对此是知情的,是恶意的,因此,银行甲的抵押权可以对抗银行乙的抵押权,此时银行甲的抵押权就优先于银行乙的抵押权。

如前所述,《民法典》第414条所规定的担保物权顺位规则并不考虑担保物权人的善意或者恶意的问题,这也是为了实现担保物权顺位规则的统一性与明晰性①,且有利于维护登记簿的公信效力。据此,本书认为,应当对《民法典》第403条中的"善意第三人"进行目的性限缩,将担保物权人排除在外。从《有关担保司法解释》的规定来看,其主要也采取了此种立场,该司法解释第54条第1项规定,"抵押人转让抵押财产,受让人占有抵押财产后,抵押权人向受让人请求行使抵押权的,人民法院不予支持,但是抵押权人能够举证证明受让人知道或者应当知道已经订立抵押合同的除外"。依据该规定,此处的善意第三人主要是指抵押财产的受让人,而不包括担保物权人。因此,如果顺序在先的抵押权人并未办理登记,而顺序在后的抵押权人办理了登记,则即便顺序在先的抵押权人能够证明顺序在后的抵押权人对其已经设定抵押权知情,其也不得主张优先受偿。

(二)关于《民法典》第414条与第404条的关系

依据《民法典》第404条的规定,以动产抵押的,不得对抗正常经营活动中已经支付合理价款并取得抵押财产的买受人。在实践中,《民法典》第414条和第404条之间也会发生一定的冲突,因为《民法典》第404条主要适用于动产抵押,但由于第414条可以普遍适用于各种财产的重复抵押的现象,在动产抵押的情形下,二者也可能发生冲突。例如,以同一批存货设置多种抵押,并且都已办理了登记,后该存货被出售给消费者,消费者支付了对价,并且该物已经交付,在交易之前已经设定的抵押权能否优先于买受人?换言之,抵押设定在先的抵押权人能否向买受人行使追及权?本书认为,抵押权人的权利不能优先于买受人的权利,因为从《民法典》第404条的规定来看,只要是动产抵押,不论是否办理登记,都不得对抗正常经营活动中的买受人的权利,其理由在于:一方面,正常经营买受人优先保护规则对买受人的信赖加以保护,目的在于维护交易安全,因为在正常的经营活动中,特别是普通消费者,其从商店等处购买商品,不需要再查询相关商品之上是否已经设定抵押,这既有利于保护交易当事

① 参见高圣平:《民法典动产担保权优先顺位规则的解释论》,载《清华法学》2020年第3期。

人的合理信赖,也有利于提高交易效率。[①] 另一方面,《民法典》第 404 条的目的是降低正常经营活动买受人的查询成本,所以,只要是正常经营活动的买受人,即不负有查询登记的义务,且无论该买受人是否善意,都要优先于动产抵押权人。此外,在正常经营活动中,买受人在交易时无须查询相关的货物是否已经办理了抵押登记,否则不仅会增加交易成本,而且也超出了一般买受人的查询能力。

(三)关于《民法典》第 414 条与第 416 条的关系

所谓价款超级优先权,是指债权人在动产之上取得的担保因购买该动产而产生的价款给付义务的抵押权。[②] 在同一标的物之上也可能存在多个价款超级优先权,即同一标的物上同时存在数个购买价金担保物权。例如,两个商业银行分别向债务人提供购买设备的贷款,此时,两个商业银行都可能在同一设备上享有价款超级优先权。又如,贷款人向买受人提供购买设备的部分价款(如首付款)[③],此时,贷款人与出卖人也可能在该设备之上同时享有价款超级优先权。在同一标的物之上存在多个价款超级优先权的情形下,如何确定其效力顺位关系,值得探讨。《民法典》第 416 条仅规定了价款超级优先权与其他担保物权之间的效力冲突解决规则,而没有规定多个价款超级优先权竞存时的效力顺位规则,本书认为,依据《有关担保的司法解释》第 57 条第 3 款的规定,也可以适用《民法典》第 414 条的规定,即应当按照登记的先后顺序确定其效力顺位。

此外,在符合《民法典》第 416 条规定的情形下,享有价款超级优先权的抵押权人的权利优先于其他担保物权人,因此,不论其他担保物权人办理的担保登记的时间是否在该抵押权人之前,该抵押权人均可基于价款超级优先权而享有优先受偿的顺位。此时,也应当排除《民法典》第 414 条的适用。可以说,在此种情形下,该规则即构成了《民法典》第 414 条第 1 款确立的"时间在先、权利优先"规则的例外规则。

---

① 参见朱良敏:《论"正常经营买受人规则"——以〈民法典(草案)〉第 404 条为切入点》,载《中南财经政法大学研究生学报》2020 年第 1 期。

② 参见崔建远:《中国民法典释评:物权编》(下卷),中国人民大学出版社,第 414 页。关于该名称,目前并没有统一的术语。已使用的概念包括买卖价款抵押权、价款债权抵押权、购置款抵押权、购买价金担保权、价款超级优先权等。

③ 参见高圣平:《担保法前沿问题与判解研究——最高人民法院新担保制度司法解释条文释评》(第 5 卷),人民法院出版社 2021 年版,第 417 ~ 418 页。

第二节 物的担保和人的担保

一、物的担保和人的担保的关系

由于担保物权是以提供一定的物作为担保物，担保权人可以从该担保物变价后的价款优先受偿，所以担保物权也称为物的担保制度。[①] 严格地说，物的担保与担保物权仍然有一定的区别。因为可以设定担保物权的物并不限于有体物。在担保物权中，还存在权利质权、建设用地使用权抵押等以无体物（权利）为标的物的情况。但由于担保物权的典型形式是以动产和不动产为标的，所以一般认为，它是与人的担保相对应的一种形式。[②]

所谓人的担保，是指自然人或法人以其自身的资产或信用担保债务的履行的一种担保制度。人的担保最早起源于古代的“人质”，即债务人以其人身作为保证。但近现代意义上的人的担保，主要是指以第三人的信用以及全部财产作为债权实现的担保。人的担保的典型方式是保证，人的担保属于债权请求权担保。在这种担保中，担保权人不能直接支配担保人的特定财产，而只能在债务人不履行债务时，请求担保人承担担保责任。

人的担保和物的担保有以下区别：

第一，标的不同。人的担保通常以第三人的一般责任财产及信用财产作担保，或者说是以债务人不履行债务时的第三人的全部财产作担保；而物的担保则是以特定的财产作担保，其中包括动产、不动产和权利等。人的担保实际上是以保证人的一般责任财产作为担保，因此，此种担保是增加可供清偿的一般责任财产，而进一步保障债务能够履行。如果保证人在债务人不清偿债务时，具有足够的代债务人清偿的财产能力，人的担保将对债权的实现起到可靠的保障。但是，由于一般责任财产具有浮动性、不稳定性，所以，在债务人不履行债务时，保证人可能没有足够的财产承担债务。这样，债务不能得到完全履行的危险仍然存在。而在物的担保中，由于债权人可以独占性地支配特定财产或权利的交换价值，当债务不能清偿时，可以对标的物变价，并优先受偿，所以，物的担保不受个人财产变动的影响。由此可见，物的担保比人的担保更加可靠。[③]

第二，主体不同。人的担保的主体只能是债务人以外的第三人，债务人本身不能作为人的担保的主体。因为债务人在承担债务以后，理所应当以

① 参见[日]近江幸治：《担保物权法》，祝娅等译，法律出版社2000年版，第1页。

② 参见崔建远：《物权法》（第5版），中国人民大学出版社2021年版，第418页。

③ 参见陈华彬：《物权法论》，中国政法大学出版社2018年版，第523页。

其全部财产作担保，这时再要求债务人提供保证是毫无意义的。而物的担保的主体可以是第三人，也可以是债务人，债务人完全可以以自己的财产作为物的担保。①

第三，法律效力不同。人的担保本质上仍然是一种合同关系，其产生的是一种债权，不具有优先受偿性，债权人所享有的对保证人的此种请求权仍然属于债权，不能优先于一般债权。如果担保人破产，担保权人只能与其他债权人按比例分配担保人的财产。而物的担保产生的是一种物权，具有优先受偿性。

二、物保和人保并存的规则

所谓物保和人保的并存，是指物保和人保同时担保同一债权的情况。换言之，在同一债权之上，既存在物保，又存在人保，如果两种担保并存，在担保实现时，哪一种担保权应当优先实现？对此，各国判例学说有四种不同的主张：一是"物保绝对优先说"。此种观点认为，在人保和物保并存的情况下，首先应该执行物保。因为按照物权优先于债权的规则，物保属于物权的范畴，而人保属于债权的范畴，所以，物保优先于人保。二是"区分物保提供者说"。此种观点认为，要根据物保的提供者来考虑物保是否优先于人保。如果物保是由债务人自身提供，则物保应当优先于人保。如果物保是由第三人提供的，则物保与人保具有平等的地位，债权人可以选择其中的一种来实现。三是"物保人保平等说"。此种观点认为，物保和人保在提供担保方面是平等的。四是"债权人自由选择说"。此种观点认为，在物保和人保并存的情况下，债权人究竟应先向保证人还是先向物的担保人请求代为清偿债务或承担责任，乃是债权人的自由，债权人可以在两种担保之间择一提出请求，即已承担担保责任的担保人可以向其他担保人追偿其应当承担的份额。②

《民法典》在总结我国立法和司法实践经验的基础上，于第 392 条规定："被担保的债权既有物的担保又有人的担保的，债务人不履行到期债务或者发生当事人约定的实现担保物权的情形，债权人应当按照约定实现债权；没有约定或者约定不明确，债务人自己提供物的担保的，债权人应当先就该物的担保实现债权；第三人提供物的担保的，债权人可以就物的担保实现债权，也可以请求保证人承担保证责任。提供担保的第三人承担担保责任后，有权向债务人追偿。"根据这一规定，物保和人保的实现顺序首先应当根据

---

① 参见陈本寒主编：《担保法通论》，武汉大学出版社 1998 年版，第 59 页。

② 参见郑玉波：《民法债编各论》（下册），台北，三民书局 1981 年版，第 845 页。

当事人之间的约定来确定。此处所说的"约定",是指债权人和担保人之间的约定,因为担保合同的当事人是债权人与担保人,而且人保和物权的行使顺序也主要关系债权人权利的实现与担保人担保责任的承担问题,因此应当由债权人与担保人对此作出约定。当事人可以对担保人承担责任的顺序、形式和承担担保责任的份额、范围作出具体的约定。[①] 要求当事人首先就担保权的实现进行约定,这就充分尊重了当事人的意思自治。在事先没有约定或者约定不明,以及事后没有就担保物权的实现达成补充协议的情况下,按照《民法典》第 392 条的规定,应当按照如下规则处理:

1. 如果债务人自己提供物的担保,债权人应当先就该物的担保实现债权。这就是说,应区分物的担保的主体。如果物的担保是由债务人提供,则债权人必须先实现该物的担保,然后才能要求物上担保人或保证人承担担保责任。如此规定的理由在于:一是避免因保证人向债务人追偿而产生的不必要的交易成本。债务人毕竟是债务的终局承担者,保证人在履行保证责任后,还需要向最终的还债义务人即债务人进行追索。如果担保权人先行使物的担保权,就可以避免保证人日后再向债务人行使追索权的烦琐,减少权利实现的成本和费用。[②] 二是物保相对于人保而言,价值更为确定,更为安全,因此物保优于人保,对债权人的利益并无不利。

2. 如果由第三人提供物的担保,且又有保证时,债权人应当平等地对待物上担保人和保证人,不存在所谓"物保优先于人保"的问题。作出此种规定的理论基础在于:一方面,所谓物权优先于债权是指在同一标的物上,物权应优先于债权,也就是所谓"在同一标的物之上同时存在物权与债权时,物权优先"的规则。在物的担保和保证并存的情况下,物上担保的标的物是特定的担保财产,而保证的标的物是保证人的一般财产。二者的标的物并不同一,因而也就根本无法适用该规则。[③] 另一方面,在有些情况下,保证的担保可能比物的担保更有利于保护债权人的利益。因为,如果保证人有较强的信用和足够的责任财产,在此情况下,保证比担保物权更有利于保障债权人的权利。此外,无论是提供物的担保的第三人还是保证人,都不是偿还债务的最终义务人,而只有债务人才是自己债务的最终义务人,因此,债权人无论是就物的担保还是人的担保行使权利,物的担保人与保证人都存在

① 参见高圣平:《物权法担保物权编》,中国人民大学出版社 2007 年版,第 65 页。

② 参见黄薇主编:《中华人民共和国民法典物权编解读》,中国法制出版社 2020 年版,第 578 页。

③ 参见郭明瑞:《物权法通义》,商务印书馆 2019 年版,第 261 页。

向债务人追偿的问题。此时,无法确定其自身的权利之间的优先性问题。①

正是因为不存在所谓“物保优先于人保”的问题,因此,根据《民法典》第 392 条的规定,允许债权人在人保和物保之间进行选择。既然要平等对待,就应当允许债权人选择就人保或者物保行使权利。② 因为作为提供物保的第三人与保证人处于平等的地位,且都不是债务的最终承担者,债权人完全可以基于自己的意志和利益选择最有利于实现其债权的方式。当然,在债权人作出选择之后,如果某一个担保人自愿优先承担责任,按照合同自由原则也应允许。自愿优先承担责任的表示形式有多种,如表示愿与物的担保人共同负连带责任,承诺“不管债权人是否向物的担保人请求都要由保证人负责”等。只要作出了这些表示,就表明保证人放弃了针对物的担保人的抗辩权。③

3. 物上担保人或保证人在承担担保责任之后,有权向债务人追偿。关于担保人承担担保责任之后,是否可以向其他担保人追偿的问题,学理上存在不同的观点。《民法典》第 392 条只是规定了在提供担保的第三人承担担保责任后,有权向债务人追偿,但并没有规定各担保人之间是否可以追偿的问题。对此,《有关担保司法解释》第 13 条确立了如下规则:

第一,如果担保人之间对相互之间的追偿有约定,则承担了担保责任的担保人有权按照约定向其他担保人追偿。该条第 1 款规定:“同一债务有两个以上第三人提供担保,担保人之间约定相互追偿及分担份额,承担了担保责任的担保人请求其他担保人按照约定分担份额的,人民法院应予支持;担保人之间约定承担连带共同担保,或者约定相互追偿但是未约定分担份额的,各担保人按照比例分担向债务人不能追偿的部分。”该款具体规定了两种情形:一是担保人之间约定了相互追偿及分担份额。在担保人对相互追偿关系及分担份额作出约定的情形下,担保人在承担担保责任之后有权按照约定向其他担保人追偿。④ 二是各担保人约定承担连带共同担保。此时,各个担保人在承担担保责任后也有权按照约定向其他担保人追偿。

第二,如果各个担保人未约定相互追偿但在同一份合同书上签字、盖章或者按指印,则仍可追偿。该条第 2 款规定:“同一债务有两个以上第三人提供担保,担保人之间未对相互追偿作出约定且未约定承担连带共同担保,

---

① 参见黄薇主编:《中华人民共和国民法典物权编解读》,中国法制出版社 2020 年版,第 579 页。

② 参见黄薇主编:《中华人民共和国民法典物权编解读》,中国法制出版社 2020 年版,第 579 页。

③ 参见高圣平:《物权法担保物权编》,中国人民大学出版社 2007 年版,第 63 页。

④ 参见最高人民法院民事审判第二庭:《最高人民法院民法典担保制度司法解释理解与适用》,人民法院出版社 2021 年版,第 187 页。

但是各担保人在同一份合同书上签字、盖章或者按指印,承担了担保责任的担保人请求其他担保人按照比例分担向债务人不能追偿部分的,人民法院应予支持。”依据该规定,即便担保人之间没有对相互追偿关系作出约定,也没有约定承担连带共同担保,但如果各个担保人在同一份合同书上签字、盖章或者按指印,则推定各个担保人之间存在提供连带共同担保的意思联络,[①]此时,承担了担保责任的担保人仍有权依法向其他担保人追偿。

第三,如果各个担保人既没有约定相互追偿或者承担连带共同担保,也没有在同一份合同书上签字、盖章或者按指印,则各个担保人之间并无追偿权。该条第3款规定:“除前两款规定的情形外,承担了担保责任的担保人请求其他担保人分担向债务人不能追偿部分的,人民法院不予支持。”依据该规定,如果不存在前述两种情形,则各个担保人之间并不享有追偿权。

三、债权人放弃物保的效果

在人保和物保并存时,债权人放弃物保的,保证人应如何承担责任?对此,《民法典》第409条第2款规定:“债务人以自己的财产设定抵押,抵押权人放弃该抵押权、抵押权顺位或者变更抵押权的,其他担保人在抵押权人丧失优先受偿权益的范围内免除担保责任,但是其他担保人承诺仍然提供担保的除外。”根据这一规定,只要债权人放弃了对某一担保人的担保物权,其他担保人就有权在债权人放弃担保的范围内免除担保责任,该条中的“其他担保人”并不限于提供物保的担保人,其也包括保证人。因为既然物上担保人和保证人居于平等地位,那么,二者就应当分担债务的份额。如果债权人免除了物上担保人的责任,保证人就应当在相应的份额内免责。所以,所有的其他的担保人,无论是物上担保人还是保证人,都应当在债权人放弃担保的范围内免除责任。

第三节　抵押权与质权的竞存

一、抵押权与质权竞存的两种形式

(一)先出质后抵押

某人将某项财产先设定质押之后,能否再设定抵押,对此存在一定的争议。在出质之后,出质人又将标的物抵押给其他债权人的典型形式是债务人设定质押后,可能将这些货物再办理动产浮动抵押,此时就在同一标的物

① 参见最高人民法院民事审判第二庭:《最高人民法院民法典担保制度司法解释理解与适用》,人民法院出版社2021年版,第187页。

之上成立了质押和抵押。对于先出质后抵押的情形,由于不违反法律的强制性规定,应当允许。[①] 在此情形下,依据《民法典》第415条的规定,由于质权成立在先,因此,不论成立在后的抵押权是否已经办理登记,其优先顺位都应当劣后于成立在先的质权。

如果先设立质权,经过出质人同意,质权人又以该质物为第三人设立抵押权,此时如何确定二者的优先顺位关系?本书认为,在此情形下,质权人以质物为第三人设定抵押权,意味着其在一定程度上放弃了就抵押财产优先受偿的权利,成立在后的抵押权在清偿顺位上应当优先于质权。[②] 因此,《民法典》第415条的适用仅限于同一担保人以同一财产设立抵押权和质权的情景。

(二)先抵押后出质

1. 抵押权尚未办理登记时抵押权与质权的关系

此种情形是指当事人在某动产之上先设立了抵押,后又将该动产出质,此时,在该动产之上同时存在抵押权与质权。如果抵押权尚未办理登记,如何明确二者的优先顺位关系。依据《民法典》第415条的规定,在同一财产之上同时设立抵押权与质权的情形下,如果抵押权并未办理登记,则其不能对抗已经成立的质权,即质权所担保的债权的清偿顺位优先。

问题在于,依据《民法典》第403条的规定,在动产抵押的情形下,如果未办理抵押登记,不得对抗善意第三人。依据反面解释,即便当事人未办理抵押登记,该抵押权也应当可以对抗恶意第三人。换言之,依据《民法典》第403条的规定,如果质权成立时间在后,且质权人对该动产之上存在抵押权知情,则其属于恶意第三人,此时,成立在先的抵押权在清偿顺位上是否优先于质权?本书认为,《民法典》第403条对动产抵押权效力的规定属于对抵押权效力的一般规定,与该规定相比,《民法典》第415条有关抵押权与质权优先顺位关系的规定在性质上属于特别规定,该特别规定应当优先于一般规定适用。据此,在成立在先的抵押权并未办理登记的情形下,对成立在后的质权而言,即便质权人是恶意的,其在清偿顺位上也应当优先于成立在先的抵押权。

2. 抵押权已经办理登记时抵押权与质权的关系

如果标的物已经设立抵押,而且当事人已经办理了抵押登记,后抵押人

---

① 参见高圣平:《物权担保新制度新问题理解与适用》,人民法院出版社2013年版,第416页。

② 参见高圣平:《物权担保新制度新问题理解与适用》,人民法院出版社2013年版,第417页。

再次将该财产出质给其他债权人，如果其他债权人愿意接受，也应当承认其效力，此时即产生抵押权与质权并存的局面。依据《民法典》第 415 条的规定，此时明确二者的顺位关系，应当按照登记、交付的时间先后确定其优先顺位关系。据此，在抵押权登记在先的情形下，其在清偿顺序上应当优先于成立在后的质权。

二、关于抵押权顺位规则与抵押权、质权竞合规则的关系

《民法典》第 414 条规定了抵押权的顺位规则。《民法典》第 415 条规定了抵押权与质权竞合时的顺位规则，该条规定："同一财产既设立抵押权又设立质权的，拍卖、变卖该财产所得的价款按照登记、交付的时间先后确定清偿顺序。"该条所规定的质权是指以交付作为公示方法的质权，包括动产质权和以交付作为公示方法的权利质权。当同一财产上既存在抵押，又存在以交付作为公示方法的质权，此时就依法定公示的先后确定顺位，而不能完全以登记的先后确定顺位，因为《民法典》第 414 条确立的是可以办理登记的担保权之间的效力顺位规则。按照《民法典》第 415 条的规定，如果同一财产之上同时设立抵押和质押，则应当依据登记、交付的时间先后确定清偿顺序。

在具体适用中，《民法典》第 414 条和第 415 条之间也会发生冲突，这主要可以分为两种情形：

一是已经登记的抵押权与质权的顺位关系。如果抵押权已经登记，则依据《民法典》第 415 条的规定，抵押权与质权的效力顺位关系应当根据登记、交付的先后顺序予以确定。也就是说，如果抵押权登记在先而质押财产交付在后，则抵押权顺位在先；如果抵押权登记在后而质押财产交付在先，则质权效力顺位在先。

二是未登记的抵押权与质权的顺位关系。如果动产设定抵押并没有办理登记，后当事人又将该物设定质权，则依据《民法典》第 415 条的规定，由于抵押权并未办理登记，则应当认定质权优先。此时，也不必考虑质权人主观上是善意还是恶意。①

第四节　留置权与其他担保物权的竞存

一、留置权与抵押权的竞存

所谓留置权与抵押权的竞存，是指留置权和抵押权同时存在于同一标

---

① 参见黄薇主编：《中华人民共和国民法典物权编解读》，中国法制出版社 2020 年版，第 665 页。

的物之上。例如,甲由于向乙借款,而将其所有的一辆车抵押给乙,并已办理了登记手续。后来该车因需要修理,甲便将该车交付给丙修理,甲未向丙支付修理费而被留置。丙将该车留置,并要行使留置权,而乙则认为其已经对该车享有抵押权,应当优先行使该项物权,两项权利便产生了冲突,究竟应当优先保护哪一项物权?我国《民法典》第456条规定:“同一动产上已经设立抵押权或者质权,该动产又被留置的,留置权人优先受偿。”依据这一规定,如果留置权和抵押权发生冲突,则留置权人优先受偿,留置权人之所以要优先于抵押权人优先受偿,其理由在于:

第一,法定的物权原则上优先于基于约定的物权。严格地说,所有的物权都是法定的,物权法定主义要求物权的产生必须符合法律规定的要件和公示方法,但绝大多数物权都需要当事人订立合同才能产生,只在例外的情况下,法律直接规定符合一定的条件便可以直接产生物权,这主要是指留置权等情况。因为它是根据法律规定直接产生的,所以,使留置权具有优先于抵押权的效力也是符合立法者的意图的。①

第二,留置权具有优先效力,有利于减少交易费用。留置权所担保的通常是加工承揽、货物运输、仓储保管等合同债权。在这些合同中,留置权人为了完成加工、运输和保管等义务,通常要为此提供一些劳务或者购买相应材料,由此而产生的费用通常都由留置权人预先支付。例如,在承揽合同中,留置权人作为承揽人,其在制作定作物的过程中,需要预付一笔金钱购买原材料,已经有一定的劳务支出,如果留置权人享有的留置权不能优先于抵押权,那么不仅不能实现其付出的劳动价值,而且有可能使其预付的费用也不能得到补偿,这就会迫使留置权人采取预防性措施保障自己的权利。②例如,要求定作人预先支付价款,如此将会不合理地增加交易费用。

第三,留置权具有优先效力,可以有效保障工人的工资债权的实现。根据我国《企业破产法》相关规定,在执行债务人财产时应当优先支付工人的工资。更何况,留置权人提供劳务和材料,已将其价值增加到留置物和抵押物之中。例如,已经设立抵押的汽车在毁坏以后,如果不进行修理,可能毫无价值,但是在修理以后,即使扣除修理费,也可能还有剩余的价值。而留置权人所付出的劳动增进了抵押权人和抵押人的共同利益,故理应在抵押权人的债权前获得清偿。③

---

① 参见黄薇主编:《中华人民共和国民法典物权编解读》,中国法制出版社2020年版,第771页。

② 参见麻锦亮编著:《民法典担保注释书》,中国民主法制出版社2023年版,第1124页。

③ 参见陈华彬:《物权法论》,中国政法大学出版社2018年版,第647页。

第四,留置权具有优先效力也能兼顾抵押权人的利益。一般来说,留置权人行使留置权主要是为了满足修理费、承揽费、运输费等,其数额通常较低,拍卖、变卖留置物以后所获得的价款在扣除了上述费用以后常常也会有剩余,抵押权人还可以就这些剩余的价值受偿。因此,即使优先行使留置权,也不一定会严重损害抵押权人的利益。相反,如果由抵押权人优先受偿,则抵押权人必然以整个财产的价值实现债权的清偿,留置权人可能会一无所得。如果不允许留置权人优先行使留置权,留置权人可能会将增加的价值除去,使留置物恢复到原有的状态,导致留置物价值极大贬损,这反而对抵押权人不利。而考虑到抵押物处于留置权人占有之下,留置权人因此也不会放弃该留置物而由抵押权人优先受偿,由此也会发生一些不必要的纠纷。

第五,留置权人已经合法占有留置物。留置权人是合法的占有人;而抵押权人并不占有标的物。基于占有的事实对抗效力,应当承认留置权人具有优先效力。此外,如果要让抵押权人优先,留置权人很可能要提出恢复原状,这确实有可能造成财产的损失浪费。①

二、留置权与质权的竞存

所谓留置权与质权的竞存,是指在同一标的物上同时存在留置权和质权。留置权与动产质权有很多相似之处,如两者都是以占有标的物为权利的成立要件;两者都以动产为标的物;两者均通过占有标的物使债务人产生压力从而迫使债务人履行债务等。但两者也存在重大的区别,主要表现在:第一,标的物不同。留置权的标的物一般以债务人的财产为限,通常是动产;但在质权关系中,质权的标的物不仅限于动产,还包括权利。第二,设立要件不同。留置权的发生条件是由法律明确规定的,只要符合法定的条件,债权人就可以留置债务人的财产,从而产生留置权。而质权的发生是基于当事人双方之间订立的质押合同,且必须移转标的物的占有。② 第三,行使程序不同。留置权在行使之前,留置权人必须给债务人指定一个履行期限,且此期限不得少于法定的最短期限(法定的催告期),经过此期限,债务人不履行债务,留置权人才能行使留置权。而质权的行使只要债务已届清偿期而债务人不履行债务已足,不必给债务人确定一个催告期。第四,能否基于权利本身请求返还不同。在留置权中,对于债权人已经丧失占有的留置物,

① 参见兰桂杰:《论抵押与留置担保权的竞合条件及其效力》,载《东北财经大学学报》2005年第1期。

② 参见史尚宽:《物权法论》,中国政法大学出版社2000年版,第488页。

留置权人不能再依据留置权请求返还。对于质权,质权人可以基于质权请求返还质物。[①]

留置权和质权之间可能发生竞存。例如,甲将其汽车出质给乙,但甲未经乙的同意将该车取回自用,后因该车出故障,甲将其交由丙维修,因甲未及时支付维修费,丙将该汽车留置,此时即产生留置权与质权的竞存。《民法典》第456条规定:"同一动产上已经设立抵押权或者质权,该动产又被留置的,留置权人优先受偿。"根据这一规定,如果同一动产之上既存在留置权,又存在质权,则留置权具有优先效力,其理由主要在于:

第一,留置权一般是基于修理、保管或运输等行为而产生的,这些行为通常有益于增加、保全或者实现标的物的价值。而与留置权相比,质权的行使一般不会增加标的物的价值。留置权人不仅可能使标的物的价值得以保全,而且还可能使标的物的价值因为修理等行为而得到增加;如果不允许留置权人优先受偿,则其可能提出要将标的物恢复原状,将会造成财富的损失和浪费。

第二,与质权相比,留置权担保的债权一般是修理费、保管费、运输费等小额的债权,而质权所担保的债权数额往往大大超过留置权所担保的债权数额。因此,在留置权实现之后,标的物的价值一般会有较多的剩余,有可能满足质权人的债权;而如果让质权先实现,则留置权人的权利,往往会因为标的物的价值所剩无几而落空。[②]

第三,留置权的产生是基于法律的规定,属于法定担保物权,而质权的产生是基于当事人之间的自由协商,是约定担保物权。法定担保物权优先于约定担保物权,为公认的物权法原则。[③]

第四,在留置权和质权发生冲突的情况下,留置权人通常已经占有了标的物,如果不允许留置权人优先受偿,留置权人就可能会从事一些毁损标的物的行为,这就可能在留置权人、质权人和债务人之间引发冲突,且会造成社会财富的损失和浪费。[④]

---

① 参见史尚宽:《物权法论》,中国政法大学出版社2000年版,第488页。

② 参见梅夏英、高圣平:《物权法教程》,中国人民大学出版社2007年版,第528页。

③ 参见黄薇主编:《中华人民共和国民法典物权编释义》,法律出版社2020年版,第869~871页。

④ 参见郭明瑞:《物权法通义》,商务印书馆2019年版,第413页。

第六编

占　有

第二十五章　占　有

第一节　占有概述

一、占有的概念

占有是占有人对物进行一种事实上的控制和支配的状态。[①] 罗马法中并没有对占有(possessio)作出系统的规定[②],只是后来通过萨维尼等学者的整理,才形成了系统的占有理论。在罗马法上,占有在性质上是一种事实,而不是权利。[③]

在近代,以德国学者萨维尼和耶林为代表的学者对占有究竟是事实还是权利,展开了热烈的争论。但现代大陆法系国家大都采纳了罗马法"占有是一种事实状态"的观念。根据我国《民法典》物权编的相关规定,占有是一种事实状态,而不是一种权利,这种事实状态就是指民事主体对物的一种事实上的控制。[④]

占有之所以是一种事实状态,一方面,因为在现实生活中,许多占有的状态尽管还没有形成权利,但法律从维护社会秩序的稳定出发,需要对这些占有状态进行保护。例如,拾得遗失物和漂流物、发现埋藏物,占有人依法应及时返还失主或上交国家,而不能据为己有,占有人虽然不能因其占有而获得占有权并长期占有这些物,但如果对上述占有人不予以保护,任何人都可以凭借暴力从占有人手中侵夺其占有物,则社会经济秩序和财产秩序将遭到严重破坏,法律

---

① 参见黄薇主编:《中华人民共和国民法典物权编解读》,中国法制出版社 2020 年版,第 836 页。

② MünchKomm/Joost, Buch3. Abschnitt1. Vorbemerkung Rn. 1.

③ 参见陈朝璧:《罗马法原理》,法律出版社 2006 年版,第 338 页。

④ 参见刘保玉:《物权法学》(第 2 版),中国法制出版社 2022 年版,第 402 页。

秩序也将荡然无存。因此，为保护占有、维护秩序，需要扩大占有的概念，即使未形成权利的占有也能获得法律的保护。另一方面，如果将占有限定为占有权，那么只能在确定是合法占有的前提下，法律才能够对占有提供保护。这样一来，会导致善意的无权占有不能得到法律的保护，这就使对占有的保护范围过于狭窄。因为在现实生活中，存在大量产权尚不明晰的情况，但法律必须对占有提供保护。如果将对占有的保护限定在对合法、有权占有的范围内，将会使很多占有无法获得法律保护。①

二、占有的构成要件

从占有的概念出发，构成占有，必须具备两个要件。

（一）主观要件

所谓占有的主观要件，是指占有人意识到自己正在占有某物。只要占有人具有占有的意思，就具备了主观状态，不必具有据为己有的意思。② 因为一方面，在占有人基于法律或合同的规定占有他人财物的情况下，由于财产仍然归他人所有，所以占有人不能将该财产据为己有。如承租人依法占有出租人的财产，保管人依法占有寄托人的财产，其不可能将该财产据为己有，甚至也不能存在据为己有的意图，这是否意味着其占有不能构成占有而不受法律保护呢？显然并非如此。另一方面，某人采取暴力方式非法侵夺他人财产并将该财产据为己有，这种占有属于非法占有，尽管占有人具有主观要件，但也不能说该占有应受到法律的确认和保护。

要求占有必须符合一定的主观要件。也就是说，占有人应当具有一种占有的意思。所谓占有意思，是指意识到自己正在占有某物。③ 因此，一方面，无意识的"占有"不构成占有，因为无意识的"占有"在法律上可能不具有任何意义。如果行为人本身没有任何意识而控制某物，比如将一件体积较小的物体踩在脚下良久而浑然不知，虽然其对该物有事实上的控制，但是该行为人对此却毫无意识，因而不能构成民法上的占有。另一方面，要求具备主观状态也使占有与占有辅助相区别。占有辅助人虽然事实上占有某物，但由于其系为他人利益且依他人指示控制某物，故其并不因此而取得占有，只是因其控制某物而使他人（如雇主等）取得占有。如公司的仓库保管员接受了他人交付的财产，为公司取得财物的占有。由于占有辅助人不是占有人，其既不享有因占有而产生的权利，也不应承担因占有而产生的义

① 参见郭明瑞主编：《中华人民共和国物权法释义》，中国法制出版社2007年版，第435页。

② MünchKomm/Joost, §854 Rn. 8.

③ MünchKomm/Joost, §854 Rn. 5.

务，故不应获得占有的保护，即使在其控制物的期间，真正的占有人强行取回其物，占有辅助人也不得主张自力救济或占有保护请求权。[1]

占有人只需要具有占有的意思即可，而不需要具有将占有物据为己有的意思。在绝大多数情况下，占有人通常是为自己利益而占有。但在某些情况下，占有人并不一定是为自己利益而占有，如拾得人拾得遗失物、漂流物后占有该物，拾得人希望尽快返还失主，因此很难说拾得人具有为自己利益占有该物的意图。由于在这种情况下拾得人完全意识到自己在占有该物，拾得人仍然具有占有意图，因而仍然构成占有。

（二）客观要件

从客观上来讲，占有要求占有人事实上控制或管领了某物。[2] 这就是说，占有的取得要求以主体完成某种事实上的控制为要件。占有人事实上控制、管领某物是占有的客观外在表现，是占有的客观构成要件。[3] 所谓控制和管领，是指对物的一种事实上的支配，表现了一种人与物之间的接触关系。例如，两人同时发现不远处有某件遗失物，两人都想占有该物，但其中一人抢先一步将该物拾起，该人就形成了对遗失物的事实支配。虽然另一方也发现了该物，但没有拾起该物，便没有形成事实支配状态。

占有作为一种社会现象，在现实生活中纷繁复杂，对物的控制状态往往需要根据特定的环境以及法律观念加以确认，[4]通常要考虑如下因素：

第一，空间因素，即要考虑人和物之间在空间上的某种结合关系。通过人与物之间的接触，来判断某人是否对某物形成了事实上的控制。正如王泽鉴先生所指出的，在认定对物的事实控制状态时，要考虑"人与物在场合上须有一定的结合关系，足认其物为某人事实上所管领"[5]。如某人在耕田以后将农具暂放于田中而回家吃饭，建筑工人将建筑工具放于工地后回家休息，则不能认为他们已丧失了对这些物的占有，因为在这些情况下，人与物在特定情况下具有密切的结合关系。但"遗失钱包于车站，离去后数小时发觉其事，因车站人潮来往，依社会观念，可认定丧失占有，钱包成为遗失物。反之，停放汽车于路旁，出国数日，仍不失其占有"[6]。

---

① 参见王泽鉴：《民法物权：用益物权 · 占有》（第 2 册），台北，1995 年（公元纪年）自版发行，第 54 页。

② MünchKomm/Joost, § 854 Rn. 9.

③ 参见史尚宽：《物权法论》，中国政法大学出版社 2000 年版，第 533 页。

④ 参见姚瑞光：《民法物权论》，台北，1988 年（公元纪年）自版发行，第 386 页。

⑤ 王泽鉴：《民法物权：用益物权 · 占有》，台北，1995 年（公元纪年）自版发行，第 14 页。

⑥ 王泽鉴：《民法物权：用益物权 · 占有》，台北，1995 年（公元纪年）自版发行，第 14 页。

第二,时间因素,即要考虑人和物在时间上的结合关系,在时间上具有一定的持续性和连续性。如果某人对物的控制时间短暂,则可能不成立占有。例如,甲的牲畜进入乙的院内,随后又离开,因为牲畜进入乙的支配范围的时间较短,故不宜认定乙已经占有了该牲畜。[①] 又如,某人暂时在他人家中逗留,其对他人房屋及财产也不成立占有。总之,占有人对物的事实上的控制状态要根据实际情况加以确定。

第三,法律关系因素,即要考虑人与物之间的结合关系是否已经形成了一种法律关系。[②] 因为在某些情况下,占有人并未在事实上直接占有该物,或者物脱离其占有是因其意志以外的原因所致,但是在法律上承认其仍然是法律上的占有人。[③] 例如,甲将其房屋出租给他人,虽甲不能直接占有该房屋,但在法律上他仍然是该房屋的占有人(间接占有人)。

总之,占有人对物的控制状态也需从客观环境来加以确定,只有确定占有人对物形成了一定的控制状态,才能确定符合占有的客观要件。

三、占有与相关概念的比较

(一)占有与持有

持有(detentio;Innehabung;Gewahrsam),是指对于物的一种事实上的控制状态。换言之,是指不具有占有意图的控制状态。持有只是单纯的对物的实际接触,并不以占有意思为要件,因此,主体对占有毫无意识。如将物遗留在某人房间,由于房间主人并未意识到,因而房间主人对该物只是一种持有,而不构成占有。[④] 持有在现实生活中仍然存在,法律应当对其特别作出规定。

占有与持有的区别主要表现在如下几点:第一,是否具有占有的意思。持有并不要求主体对客体的控制具有占有的意思,但占有必须以占有意思的存在为前提。正是因为这一原因,占有辅助人对物的控制只是一种持有而非占有。无行为能力人对物的控制,如幼儿对其挂的项链等,常常只构成持有而非占有。第二,是否区分直接占有和间接占有。现代民法借鉴日耳曼法的经验,大多承认直接占有和间接占有的区分,从而构建了双重占有制度。如出租人将其物出租给承租人,承租人对物直接占有、使用,形成直接

---

① 参见温世扬、廖焕国:《物权法通论》,人民法院出版社 2005 年版,第 882 页。

② 参见温世扬、廖焕国:《物权法通论》,人民法院出版社 2005 年版,第 882 页。

③ 此种现象称为对物的“法律控制”。它区别于单独对物的事实控制。参见[德]弗里德利希·卡尔·冯·萨维尼:《论占有》,朱虎、刘智慧译,法律出版社 2007 年版,第 279 页。

④ 参见王泽鉴:《民法物权》(第 2 版),北京大学出版社 2010 年版,第 600、605 页。

占有,出租人对物仍享有所有物返还请求权,成立间接占有,此两种占有都受到占有之诉的保护。对持有而言,由于它只是一种事实控制状态,其形态是单一化的,抽象的占有状态(间接占有)不构成持有,法律上不可能形成双重持有。[①] 第三,是否可以转移。占有可以移转,但持有不能移转。例如,甲去世时,其某项财产由乙继承,但是由于乙正在国外旅游,对此并不知情,故乙通过继承虽取得了对该项财产的占有,但由于乙并未开始管领该项财产,所以其并未取得对该项财产的持有。[②] 对于占有,可以通过现实交付、简易交付或占有改定等方式发生占有的让与;但持有作为一种单纯对物的控制状态,一旦持有人不能实际控制其物,其便丧失持有,因此持有是不可能转让的。

(二)占有与所有权

如前所述,占有是所有权的一项重要权能,因此,占有与所有权之间具有密切的关系。正如耶林所指出的:"占有是所有的外部形式,占有使所有能够获得其表现。"[③]所有权与占有的联系表现在:

第一,所有人占有其物时,所有权与占有是重合的,所有必须从占有开始,才能从客观权利变为主观权利,且只有当占有回到所有人手中,所有权才最终恢复其圆满状态。所以在许多情况下,所有权与占有是重合的。此时,占有是作为所有权的一项权能存在的。

第二,占有具有保障所有权的功能。学者常常将其称为"保护本权的机能"或者"保护所有权的第一道屏障"[④]。因为对所有权的侵害,首先表现为对占有的侵害,所以,保护占有就是保护所有权。例如,在非法侵夺他人财产的情况下,首先侵害的是他人的占有,物脱离所有人而为他人合法或非法占有,所有权与占有便发生分离。

第三,根据《民法典》第311条规定的善意取得制度,善意受让人可以取得对受让物的所有权。在判断受让人是否为善意时:一方面要求转让人在转让时必须占有该物,受让人从占有中产生了信赖;另一方面受让人必须实际占有转让人交付的财产,如果没有占有,也不能发生善意取得的效果。

第四,当所有人的财产被他人侵夺或非法占有时,所有人既可以提起所有物返还之诉,也可以提起占有之诉寻求保护,特别是在所有权本身发生争

---

① 参见温世扬、廖焕国:《物权法通论》,人民法院出版社2005年版,第891页。

② 参见温世扬、廖焕国:《物权法通论》,人民法院出版社2005年版,第891页。

③ A. E. S. Tay, *The Concept of Possession in the Common Law, Foundations for a New Approach*, Melboune University Rev., Vol. 4(1964).

④ Rudolf Jhering, Jahrsbuch 9, 1868, BandI, 52.

议的情况下,提起占有之诉对所有人更为有利。因为此时其不必证明其享有所有权,而只需证明其曾占有该物即可。[①]

虽然所有权与占有在法律及现实生活中的联系十分密切,但占有和所有权也不能完全等同,因为占有并不当然是基于所有权的占有,其也包括基于合同的占有,还可以指一种占有的事实状态;占有既包括合法占有,也包括非法占有。因此,占有与作为所有权权能的占有相比较,其范围更为宽泛。

(三)占有与准占有

所谓准占有,是指以财产权而不是以有形的物为客体的占有,占有人称为准占有人。[②] 例如,无记名有价证券的持有人对证券的持有就构成准占有。换言之,准占有实际上是指并不直接占有某项动产或者不动产。不过,占有提单、仓单等权利凭证,需要准用物权的占有规定。

准占有与占有的区别表现在:第一,权利客体不同。占有的客体主要是动产和不动产等有形财产,而准占有则是对财产权利的占有。例如,仓单持有人对权利的占有,要准用物权关于占有的规定。第二,是否以占有物为成立要件。占有的构成要求在客观上实际占有一定的物,而准占有并不要求对物的实际占有。当行使某项财产权涉及占有时,才可能适用占有的规定。[③]

四、占有制度的功能

(一)维护秩序功能

维护秩序功能也称为“维持功能”。这就是说,通过对占有的保护,防止私人滥用暴力,随意抢夺或妨害占有人的占有,从而维护社会财产秩序和社会安全。[④] 无论是有权占有还是无权占有,在法律上对其进行保护,实质都是为了维护社会的秩序,实现社会的和谐。

(二)保护功能

所谓占有的保护功能,是指当占有受到侵害或妨害时,无论占有人的占有是有权占有还是无权占有,法律均应对占有人加以保护。尽管占有不是物权,甚至不是一种权利,但占有这一事实体现了一种利益。法律对占有的保护是为了维护社会秩序的稳定,防止个人随意使用暴力,破坏社会秩序,

---

① 参见王泽鉴:《民法物权》(第2版),北京大学出版社2010年版,第752页。

② 参见王泽鉴:《民法物权:用益物权·占有》(第2册)(修订版),台北,2001年(公元纪年)自版发行,第391页。

③ 参见程啸:《占有》,载王利明等:《中国物权法教程》,人民法院出版社2007年版。

④ MünchKomm/Joost, Buch3. Abschnitt1. Vorbemerkung Rn. 12.

尤其是当所有权人不能行使物权请求权时,赋予其占有保护请求权就十分必要。即使是非法财产,也应当受到占有的保护。因为除了有关国家机关依据法律规定的权限和程序可以剥夺占有人的占有之外,任何人不得没收、强占占有人占有的标的物,否则占有人有权行使占有保护请求权。

(三)公示的功能

公示的功能是指表彰本权的功能。为了维护交易安全和社会秩序,对动产物权的设定和变动必须通过一定的公示方法展示于外,这种公示方法就是通过交付移转占有。虽然交付是一个动态的过程,但交付的目的是要发生占有的移转,从而使物权的变动得以公示和表彰。[①] 因为动产物权特别是担保物权的设定原则上不通过登记来公示,在法律上也不能找出一种比占有更加有效的公示方法,所以占有是动产物权特别是担保物权变动最合适的公示方法。[②] 例如,判断动产是否发生了所有权的移转,质权是否已经设立等,就需要判断占有是否发生了移转。

(四)权利推定的功能

权利推定功能是指占有某项动产之人,法律依此事实推定其对该动产享有某种权利。基于此种功能,原则上应当推定动产的占有人享有合法的权利,其占有属于有权占有。就动产物权变动而言,占有具有公信力,其具体制度表现就是善意取得制度。例如,某人无权处分他人的财产,受让人在受让该物品时很难详细查明该物品的真实来源,因此只能信赖行为人占有该物品的事实,并由此可以推定行为人是真正权利人。当然,与登记的公信力相比较,占有的公信力相对较弱,但是这种公信力是客观存在的,也应当受到保护。

第二节　占有的分类

一、有权占有和无权占有

根据占有人是否有权占有某物,占有可分为有权占有和无权占有。有权占有是指基于法律或合同的规定而享有对某物进行占有的权利。有权占有必须具有合法的原因或根据,此种依据在学说上称为权源或本权。[③] 依据《民法典》第458条规定,有权占有来源于两种情况:一是法律规定,如用益

---

① MünchKomm/Joost, Buch3. Abschnitt1. Vorbemerkung Rn. 13.

② 参见叶金强:《公信力的法律构造》,北京大学出版社2004年版,第90页。

③ 参见黄薇主编:《中华人民共和国民法典物权编解读》,中国法制出版社2020年版,第836页。

物权人依法占有他人的财产、留置权人依法占有留置的财产；二是合同约定，基于有效的合同，占有人有权占有他人的财产，这就是《民法典》第458条规定的“基于合同关系等产生的占有”，如保管人基于保管合同占有被保管的财产，承租人基于租赁合同占有租赁物。在有权占有的情况下，占有背后通常有本权的存在。占有和本权的关系表现在：占有具有表彰本权的作用。如果占有受到侵害，则本权受到侵害，而保护占有则具有保护本权的作用。另外，本权也可以强化占有，保护本权当然可以维护占有人对物的合法占有。总之，在有本权的情况下的占有，才称为有权占有，亦称正权源占有。[①]

所谓无权占有，是指无合法原因或根据所从事的占有。如窃贼对赃物的占有，或无合法依据侵夺他人的财产。无权占有具体表现在：一是占有从一开始就没有法律依据。[②] 例如，非法侵占他人的财产。二是先前的占有是有合法依据的，但是后来此种合法依据丧失。例如，拾得人在拾得物之后占有该物是合法的，但是拾得人不及时将拾得物交还失主或有关机关，则其占有就从合法占有转变为非法占有了。[③]

区分有权占有和无权占有的意义在于：

第一，是否存在合同关系不同。如果有权占有是基于合同而产生的，有关占有的权利和违约责任等事项应当首先依据合同来确定，只有在合同没有约定的情况下才适用《民法典》物权编中关于占有制度的规定。当然，有权占有并非仅根据合同产生，基于所有权、质权、留置权等也会产生有权占有。有权占有除受到占有制度的保护外，还受到合同法等法律制度的保护。[④] 而无权占有并没有合同作为依据，或者在合同被宣告无效或撤销以后继续占有。[⑤]

第二，是否存在本权不同。在有权占有的情形下，占有人都享有本权。此种本权可以有多种表现形态，如租赁权、所有权等。而无权占有人并不享有本权。因此，所有权人可以对无权占有人行使所有物返还请求权，而对于

---

① 参见王泽鉴：《民法物权：用益物权·占有》，台北，1995年（公元纪年）自版发行，第176页。

② 参见史尚宽：《物权法论》，中国政法大学出版社2000年版，第539页。

③ 参见王泽鉴：《民法物权：用益物权·占有》，台北，1995年（公元纪年）自版发行，第176页。

④ 参见梅夏英、高圣平：《物权法教程》，中国人民大学出版社2007年版，第541页。

⑤ 参见黄薇主编：《中华人民共和国民法典物权编解读》，中国法制出版社2020年版，第836页。

有权占有人，所有权人并不能行使此种权利，因为有权占有人可以基于本权对抗所有权人。

第三，能否产生留置权不同。就留置权的产生而言，其往往不能因无权占有而产生。如果债权人是通过侵权行为对标的物进行无权占有，则不能取得留置权。如果允许行为人以侵权行为取得的占有而主张留置权，乃是纵容不法行为，所以法律不允许债权人基于非法的无权占有而取得留置权。①

第四，损害赔偿责任不同。有权占有人只要不是出于故意或者重大过失而侵害占有物，一般不会产生赔偿责任，因为有权占有人不仅有权占有财产，而且一般享有对标的物的使用权等权利，在占有过程中，只要是按照正常目的和用途进行的使用，即使对物造成了损耗或一定程度的损害，也是合法的，不构成侵权。无权占有人造成他人财产毁损、灭失的，则应当承担损害赔偿责任。②

二、善意占有和恶意占有

无权占有又可以根据占有人的主观状态分为两类：善意占有与恶意占有。此种分类是依据占有人的主观心态对无权占有所作的分类。

所谓善意占有，是指无权占有人在占有财产的时候，不知或不应当知道其不具有占有的权利而仍然占有该财产。例如，不知道他人在市场上出售的财产是其无权处分的财产，而以合理的价格购买了该财产并对该财产进行了占有，占有人占有该财产主观上是善意的。通常，如果某人占有该物时有正当的理由相信其占有具有合法的依据，也可以称为善意占有。③ 所谓恶意占有，是指无权占有人在占有他人财产时知道或者应当知道其占有行为属于非法但仍然继续占有，或者因故意或重大过失而不知自己为无权占有，并仍然进行占有。④ 例如，拾得人在失主找来以后，拒绝交付拾得物，而将拾得物据为己有；又如，小偷占有赃物等。如果占有人明知其无占有的权利而占有该物，构成恶意占有。

无论是善意占有，还是恶意占有，对于物在占有期间所产生的孳息，权

---

① 参见谢在全：《民法物权论》（上册），台北，新学林出版股份有限公司 2014 年版，第 460 页。

② 参见黄薇主编：《中华人民共和国民法典物权编解读》，中国法制出版社 2020 年版，第 839 页。

③ 参见［德］弗里德利希·卡尔·冯·萨维尼：《论占有》，朱虎、刘智慧译，法律出版社 2007 年版，第 73 页。

④ 参见黄薇主编：《中华人民共和国民法典物权编解读》，中国法制出版社 2020 年版，第 839 页。

利人都有权请求占有人返还。《民法典》第460条规定:“不动产或者动产被占有人占有的,权利人可以请求返还原物及其孳息;但是,应当支付善意占有人因维护该不动产或者动产支出的必要费用。”依据这一规定,即使是善意占有人,也必须返还占有期间所收取的孳息;也就是说,善意占有人不能享有收益权。[①] 在法律上区分善意占有与恶意占有的意义主要在于:

第一,能否适用善意取得不同。如果占有人购买由他人无权处分的财产,其主观上是善意的,其占有该财产也是善意的,则可以依善意取得制度而取得对该财产的所有权,我国《民法典》第311条明确要求受让人在取得财产的时候必须是善意的,方可以根据善意取得制度取得所有权。但恶意占有人则不能依善意取得制度获得对财产的所有权。[②]

第二,利益返还的范围不同。善意占有人仅应当返还现存的利益。如果占有物或者其孳息因可归责于善意占有人以外的原因毁损灭失,其不必负有返还的义务。但恶意占有人除了应当返还现存的实际利益之外,其对于占有物的毁损灭失还应当承担赔偿责任,恶意占有人在返还利益时还应当返还孳息,这体现了法律对恶意占有的制裁。[③]

第三,对占有财产期间物的损害赔偿责任不同。一般来说,在有权占有的情况下,占有人正当使用财产而致物损害的并不承担赔偿责任。即使是在无权占有的情况下,如果占有人主观上是善意的,只要占有人是依据物的性质正常利用占有物,原则上也不应当承担责任。但恶意占有人从一开始就应知道自己是无权占有人,不应当对物进行任何使用或处分,因此恶意占有人在占有期间导致占有物损害的,应当承担赔偿责任。正因如此,《民法典》第459条规定:“占有人因使用占有的不动产或者动产,致使该不动产或者动产受到损害的,恶意占有人应当承担赔偿责任。”关于恶意占有人的赔偿范围,应当采用全部赔偿原则,即损害多少赔偿多少,所应当赔偿的范围包括所受损害(占有物本身的价值损失)和所失利益(因占有物本身的损失而造成的间接损失)。[④]

第四,是否负有返还必要费用的义务不同。《民法典》第460条规定:

---

① 参见最高人民法院民法典贯彻实施工作领导小组主编:《中华人民共和国民法典物权编理解与适用》(下),人民法院出版社2020年版,第1340页。

② 参见最高人民法院民法典贯彻实施工作领导小组主编:《中华人民共和国民法典物权编理解与适用》(上),人民法院出版社2020年版,第1336页。

③ 参见黄薇主编:《中华人民共和国民法典物权编解读》,中国法制出版社2020年版,第841页。

④ 参见郭明瑞主编:《中华人民共和国物权法释义》,中国法制出版社2007年版,第436页。

"不动产或者动产被占有人占有的,权利人可以请求返还原物及其孳息;但是,应当支付善意占有人因维护该不动产或者动产支出的必要费用。"依据这一规定,对于必要费用,善意占有人有权请求权利人返还。对非必要费用,一般认为,善意占有人可以以现存利益为限,请求权利人返还。[①] 此处所说的"必要费用",必须是为了维护占有财产的状态和价值所支付的必要费用。换言之,它是指为了保存占有物的价值或者保持占有物的效用而支付的必要费用,例如,为保管、保存占有物所支付的费用。管道漏水请维修工加固防漏而支付的必要费用。而恶意占有人不能要求权利人支付任何费用。[②]

三、自己占有和占有辅助

根据占有人是否亲自占有,占有可以区分为自己占有和占有辅助两种。[③] 所谓自己占有,是指占有人自己对物进行事实上的管领和控制。所谓占有辅助,是针对自己占有而言的,指受占有人的指示而事实上控制某物。[④] 如甲雇乙操作某台机器,乙完全按甲的指示而占有机器,对该机器的占有而言,甲为自己占有人,而乙为占有辅助人。在占有辅助中,占有人有权指示占有辅助人从事某种占有物的行为,而辅助人对物的占有完全是依据占有人的意志进行的。

区分自己占有和占有辅助的主要意义在于确定谁是真正的占有人。占有辅助人虽然事实上控制和管领了某物,但并不因此而取得占有,而是以他人为占有人。占有辅助人因不是占有人,自然不享有或承担基于占有而产生的权利和义务。

在占有辅助的情况下,占有人是通过占有辅助人对物的控制而占有物的。在某些情况下,占有辅助具有代理的效果,但代理主要适用于具有法律意义的行为,而辅助占有作为事实行为,不能等同于代理。如甲雇乙扫地和捕鱼,扫地和捕鱼均为事实行为,不能代理,但可以成立占有辅助关系。

四、自主占有和他主占有

根据占有人是否具有将占有物据为己有的意思,占有可区分为自主占

① 参见温世扬、廖焕国:《物权法通论》,人民法院出版社 2005 年版,第 912 页;《德国民法典》第 994 条;《日本民法典》第 196 条。

② 参见黄薇主编:《中华人民共和国民法典物权编解读》,中国法制出版社 2020 年版,第 841 页。

③ 参见谢在全:《民法物权论》(上册),台北,新学林出版股份有限公司 2014 年版,第 463 页。

④ MünchKomm/Joost, § 855 Rn. 1ff.

有和他主占有。所谓自主占有，是指占有人以将占有物据为己有的意思而对该物进行占有，也就是说，具有德国学者萨维尼所称的占有"心素"①。具有据为己有的意思的人并不限于所有人，非所有人占有他人的财产（如拾得人占有拾得的财物而不予返还）具有此种意思，亦属于自主占有。所谓他主占有，是指占有人非以所有人的意思而进行占有。凡根据债权或他物权而对物进行占有的人，如承租人、保管人、质权人、土地使用权人等，均不具有将物据为己有的意思，其占有应为他主占有。

他主占有人也可能发生意思的变更，也就是说，他主占有人在占有某物时，主观上不具有将该物据为己有的意思，但经过一段时间以后，向财产的所有人表达了将该物据为己有的意思，则属于占有意思的变更，他主占有亦随之变更为自主占有。②

从比较法来看，自主占有与他主占有的区分，并不在于确定谁是真正的占有人，也不在于采用所谓"心素"标准认定占有，而在于是否可依占有时效而取得所有权。占有人只有具有将财产据为己有的意思，才可依占有时效而取得所有权。③ 由于我国《民法典》物权编没有规定占有时效，所以在立法上没有必要规定自主占有与他主占有的概念。

五、直接占有与间接占有

以占有人是否直接占有标的物为标准，占有可区分为直接占有和间接占有。④ 所谓直接占有，是指直接对物进行事实上的管领和控制。与直接占有相对的是间接占有，它是指并不直接占有某物，但由于可以依据一定的法律关系而对直接占有某物的人，享有返还占有请求权，因而对该物形成间接的控制和管理。例如，甲将某物出租给乙以后，乙作为承租人直接占有该物，成为直接占有人，但甲依租赁关系仍可请求乙在租赁期届满后返还该物，因而甲为该物的间接占有人。大陆法系一些国家民法规定了间接占有，从而使间接占有人也可获得占有之诉的保护，同时间接占有也可适用取得时效。我国《民法典》虽然没有规定间接占有，但在实践中，区分直接占有和间接占有的主要意义在于：间接占有通常不能独立存在，对占有的保护大多

---

① ［德］弗里德利希·卡尔·冯·萨维尼：《论占有》，朱虎、刘智慧译，法律出版社2007年版，第190页。

② 参见谢在全：《民法物权论》（下册），中国政法大学出版社2011年版，第1164页。

③ 参见王泽鉴：《民法物权》（第2版），北京大学出版社2010年版，第614页。

④ 参见谢在全：《民法物权论》（上册），台北，新学林出版股份有限公司2014年版，第462页。

限于直接占有。①

第三节 占有的效力

一、占有的权利推定效力

所谓占有的权利推定效力,是指动产的占有人在法律上被推定为动产的权利人。② 但此种推定是可以辩驳的,只要存在相反的证据,就可以推翻此种推定。《民法典》物权编虽然没有对占有的权利推定规则作出明确规定,但从该法保护占有的相关规则来看,《民法典》物权编实际上包含了这一规则的内容。法律设置占有的权利推定规则的意义在于:有利于界定产权、为法院裁判提供依据。确认占有的权利推定效力也有利于维持权利人占有自己财产的安定状态,维护交易安全和秩序。③

第一,占有的权利推定规则适用的客体主要是动产,占有的权利推定规则是从占有人的占有事实状态中推定占有人享有相应的权利,此种权利既可能是所有权,也可能是其他物权,还可以是合法的占有权。因此,该项规则实际上是以占有为事实状态而非权利的理论为依据的。该规则一般不适用于不动产,因为不动产的权利公示方法是登记,不应当依据占有推定不动产的权利状态。因此,当不动产登记的推定力和占有的推定力发生冲突时,不能根据占有的推定力否定登记的推定力。但对于未登记的不动产是否可以适用该规则,值得探讨。

第二,任何人占有某项财产,在法律上都推定其为合法占有。推定占有人享有权利,实际上就是推定占有人的占有是合法占有,通过占有的推定功能保护占有人的权利,就要采取举证责任倒置的方式,由对占有人的占有提出异议的人负担举证责任。也就是说,任何人对他人的占有的合法性提出异议,就应对其主张负有举证责任。通常情况下,提出异议的人必须证明占有人是无权占有,如果要主张返还原物的请求权,其还必须证明自己是真正的所有人或者其他物权人,或者其享有合法的占有权而被现实占有人侵害。

第三,通过占有的推定功能保护占有人的权利,就要采取举证责任倒置的办法,由对占有人的占有提出异议的人负担举证责任。通常情况下,提出异议的人必须首先证明占有人是无权占有,如果要主张返还原物的请求权,其还必须证明自己是真正的所有人或者其他物权人,或者其享有合法的占

① 参见姚瑞光:《民法物权论》,台北,1988 年(公元纪年)自版发行,第 388 页。
② 参见姚瑞光:《民法物权论》,台北,1988 年(公元纪年)自版发行,第 403 页。
③ 参见姚瑞光:《民法物权论》,台北,1988 年(公元纪年)自版发行,第 402 页。

有权而被现占有人侵害。如果不能证明自己是所有人或者真正的权利人，那么提出异议的人只能请求有关国家机关依据一定的程序剥夺现在的占有人的占有，而不能依据自力救济剥夺现在的占有人的占有。正因如此，占有的权利推定规则被一些德国学者称为“举证负担规则”①。

占有的权利推定规则并非在任何情况下都可以适用。排除该规则适用的情形主要有以下三种：一是不以占有为公示方法的物权。对于不以占有为公示方法的物权而言，由于其内容不包括对标的物的占有，所以不可能依据占有的权利推定规则推定占有人为物权人。例如，由于抵押权的成立无须抵押权人占有抵押物，因此，依据占有的权利推定规则，无法推定占有人为抵押权人。二是占有是基于他人的移转占有而取得。如果占有人的占有是基于他人移转占有而取得，那么，在现在的占有人和前占有人之间不能适用占有的权利推定规则。例如，前占有人因租赁关系而移转房屋的占有给现在的占有人，后来双方就租赁关系是否存在发生了争议。此时，现在的占有人不能以占有的权利推定规则为由主张其为有权占有，从而证明租赁关系不存在。② 从这个意义上说，占有的权利推定规则主要适用于外部的关系，即占有人与第三人的关系，而不适用于占有人与占有让与人之间的关系。③ 三是占有辅助人的占有。所谓占有辅助，是指受占有人的指示而事实控制某物。占有辅助通常基于雇佣关系或者其他关系而发生，如甲雇用乙操作机器，乙依据甲的指示占有机器，在此情形下，无法推定乙对该机器享有合法的占有，因为乙不过是按照甲的指示而占有该机器。

二、占有人的义务和责任

（一）占有人因使用占有物导致物的毁损、灭失的赔偿责任

我国《民法典》第 459 条规定：“占有人因使用占有的不动产或者动产，致使该不动产或者动产受到损害的，恶意占有人应当承担赔偿责任。”该条实际上规定了占有人因正常、合理的使用而导致占有物损害的责任。占有人在使用占有物的过程中会发生物的损耗或损害，此种风险应当在当事人

① ［德］鲍尔、［德］施蒂尔纳：《德国物权法》（上册），张双根译，法律出版社 2004 年版，第 63 页。

② 参见谢在全：《民法物权论》（下册），台北，2003 年（公元纪年）自版发行，第 569 页。

③ 参见谢在全：《民法物权论》（下册），台北，2003 年（公元纪年）自版发行，第 569 页。

之间合理分配。[①] 具体来说，该条包括如下几个方面的含义：

1. 必须区分善意占有和恶意占有。在因占有人自身原因造成占有物毁损、灭失的情况下，要区分善意占有和恶意占有而分别确定占有人的赔偿责任。根据《民法典》的上述规定，恶意占有人在使用占有物的过程中造成物的损害的，应承担赔偿责任。至于善意占有人的赔偿责任，依据对《民法典》第 459 条的反面解释，只是善意占有人的责任受到一定的限制，但并非完全不承担责任。如果是因可归责于占有人的事由造成的毁损、灭失，善意占有人只能以物毁损、灭失以后尚存的实际利益为赔偿限度。[②]

2. 善意占有人对在使用物的过程中造成物的损害不负责任。所谓"使用占有的动产和不动产"，是指占有人根据物的性质和通常用途对物进行的利用。所谓"致使该不动产或者动产受到损害的"，是指因使用占有物导致物的毁损或者价值降低。例如，在使用中导致物变形、磨损、外形损害等。如果是占有人以外的原因造成物的损害，则要适用其他规则。在多数情形下，对因正常使用而导致财产的损耗折旧等应当由所有人自己负担。[③]

通过对《民法典》第 459 条进行反面解释，可见，善意占有人在使用占有物的过程中造成物的损害的，不应承担损害赔偿责任。此处所说的"损害"，不包括占有物灭失的情况。如果善意占有人导致占有物的灭失，此时，也应当承担责任。例如，甲、乙同时出游，持有同品牌同款式相机，乙误以为自己的相机是甲的相机而借给甲使用，后来甲因为保管不善丢失了乙的相机。在此种情况下，甲应当承担赔偿责任。但如果只是在合理使用中造成相机的损害，则不承担责任。当然，善意占有人的使用必须是正常、合理的使用，而不是非正常、恶意的使用。[④]

3. 恶意占有人应对在使用占有物的过程中造成物的损害作出赔偿。《民法典》第 461 条规定，"恶意占有人还应当赔偿损失"。因此，恶意占有人在使用占有物的过程中造成物的损害，应当承担赔偿责任。恶意占有人占有他人财产是无权占有，而且占有人明知其没有本权，其占有不仅缺乏法

---

① 参见黄薇主编：《中华人民共和国民法典物权编解读》，中国法制出版社 2020 年版，第 838 页。

② 参见黄薇主编：《中华人民共和国民法典物权编解读》，中国法制出版社 2020 年版，第 838 ~ 839 页。

③ 参见黄薇主编：《中华人民共和国民法典物权编解读》，中国法制出版社 2020 年版，第 838 页。

④ 参见黄薇主编：《中华人民共和国民法典物权编解读》，中国法制出版社 2020 年版，第 839 页。

律上的依据，也缺乏道德上的正当性，在法律上并无予以保护的必要。[①] 因此，恶意占有人的责任显然应当重于善意占有人的责任。在恶意占有人造成占有物毁损、灭失的情况下，其应当对全部损失承担赔偿责任。此种赔偿责任应当适用完全赔偿原则。也就是说，恶意占有人赔偿的范围不仅包括所受损害，而且包括所失利益。例如，甲恶意占有乙的财产，后来甲又恶意毁损此财产，导致乙的经营收入丧失，此时，甲也应当赔偿该收入损失。需要指出的是，恶意占有人的赔偿责任应当是严格责任，即无论是否可归责于恶意占有人，其都应当承担损害赔偿责任。

（二）占有人非因使用占有物的原因导致物的毁损、灭失的赔偿责任

《民法典》第461条规定："占有的不动产或者动产毁损、灭失，该不动产或者动产的权利人请求赔偿的，占有人应当将因毁损、灭失取得的保险金、赔偿金或者补偿金等返还给权利人；权利人的损害未得到足够弥补的，恶意占有人还应当赔偿损失。"该条规定了因占有人以外的原因导致占有物的毁损、灭失所产生的责任，适用该条应当符合如下条件。

1. 必须是因占有人使用占有物以外的原因导致占有物的毁损、灭失。占有人在占有不动产或者动产期间，占有的不动产或者动产毁损、灭失的原因主要有两种：一是占有人自身实施侵权行为造成占有物的毁损灭失，二是因为第三人实施侵权行为造成占有物的毁损灭失等原因。换言之，非因使用占有物造成物的毁损灭失包括了除正常使用占有物以外的原因造成的占有物的毁损灭失。《民法典》第459条和第461条的区别在于：第459条规范的是因占有人的正常使用而导致占有物的损害及其责任；而第461条规范的是因占有人正常使用以外的原因而导致占有物的损害及其责任。这些原因包括占有人的侵害、第三人的侵害、征收征用、不可抗力、意外事故等。例如，某人借用他人的一台设备，在使用中被第三人毁坏。对因此种原因造成占有物的毁损灭失，应适用《民法典》第461条的规定。

2. 占有人必须已经获得保险金、赔偿金或者补偿金等替代物。非因正常使用造成的物的毁损灭失大多是由第三人的原因所造成的，有人以外的原因致使物毁损、灭失的，占有人可能因为参加保险等原因获得其他价值，从而获得替代物。[②] 替代物的具体形态包括如下几种：一是保险金。占有人

---

① 参见梁慧星编著：《中国物权法草案建议稿：条文、说明、理由与参考立法例》，社会科学文献出版社2000年版，第813页。

② 参见王胜明主编、全国人大常委会法制工作委员会民法室编著：《中华人民共和国物权法解读》，中国法制出版社2007年版，第519页。

因不可抗力、意外事故、第三人侵害等原因导致占有物的损害的，如果占有物已经投保，则占有人可能从保险公司处获得保险金。二是赔偿金。在第三人实施侵害或妨害的情况下，造成占有物的毁损、灭失，占有人有权请求第三人赔偿，从而获得赔偿金。三是补偿金。此处所说的"补偿金"，主要是指因征收、征用而给付的补偿金。因为政府行使征收权，将导致占有物的所有权移转。此时，占有人有权取得补偿金。[①] 通常情况下，只有享有本权的占有人才能获得补偿金，无权占有人是不能获得补偿金的。四是其他财产。例如，第三人造成占有财产毁损、灭失后，以实物的方式进行补偿，如给付一定的股票等。

3. 必须是权利人向占有人请求赔偿。权利人请求损害赔偿，必须向占有人提出损害赔偿的请求。例如，出租人要求承租人就出租的车辆的损害负赔偿责任。当然，这种请求可以通过意思表示的方式直接向占有人作出，也可以通过诉讼的方式提出。在权利人没有提出请求的情况下，如果占有人主动向权利人交付了替代物，则占有人无权请求权利人返还。

在符合上述条件的情况下，占有人应当将所获得的替代物（如"三金"，即保险金、赔偿金、补偿金）返还给权利人。此处所说的权利人，既包括所有权人，也包括其他物权人和合法占有人。例如，将承租的财产借给他人使用的承租人等。如果占有人是善意的，善意占有人仅仅负有返还现存的保险金、赔偿金或者补偿金等的义务，对不足的部分不承担赔偿责任；如果占有人是恶意的，其除了负有向权利人返还替代物的责任外，还应当对尚未获得足额赔偿的部分承担损害赔偿责任。[②] 也就是说，在造成物的毁损、灭失之后，无论第三人支付了多少赔偿金或者补偿金，只要这些赔偿或补偿不足以弥补损失，剩余的差额部分都应当由恶意占有人予以赔偿，而不论恶意占有人对损害的发生是否具有过错。[③]

如果占有人不返还其所得的保险金、赔偿金或者补偿金等替代物，权利人基于何种请求权请求返还？本书认为，权利人针对占有人主张权利，原则上只能主张侵权损害赔偿，因为占有物已经毁损、灭失，难以适用占有保护请求权，所以只能基于侵权而主张损害赔偿。

---

① 参见胡康生主编：《中华人民共和国物权法释义》，法律出版社 2007 年版，第 518 页。

② 参见郭明瑞主编：《中华人民共和国物权法释义》，中国法制出版社 2007 年版，第 438 页。

③ 参见胡康生主编：《中华人民共和国物权法释义》，法律出版社 2007 年版，第 518 页。

第四节 占有保护请求权

一、占有保护请求权概述

(一)占有保护请求权的概念和特征

占有保护请求权又称为占有人的物上请求权、占有人的请求权、占有物上请求权、基于占有而发生的请求权。[①] 它是指占有人基于占有的事实而享有的、在占有受到侵夺或妨害的情况下享有的排除对占有侵害的请求权。[②] 占有保护请求权和物权请求权都是物权法上特有的权利保护方法,两者共同构成广义上的物权请求权。

关于占有保护请求权的性质,学说上存在法律秩序维持说、本权保护说以及债权的利用权人保护说等观点。[③] 本书认为,占有保护请求权制度设立的主要目的是要维护法律秩序、保护占有人的利益。尽管该制度也具有保护物权、占有权和债权的利用权人的作用,但是,物权、占有权和债权的利用权可以受到其他制度的保护(如物权请求权、债权请求权等)。该制度保护的对象包括物权人、占有权人和债权的利用权人以外的占有人。

一般来说,在占有人不享有物权的情况下,其只能享有占有保护请求权,因为如果物权受到侵害,物权人可以直接行使物权请求权,而不必基于占有来行使占有保护请求权。所以,行使占有保护请求权的人,通常都是非物权人。而物权人为了便利起见也可以行使占有保护请求权。[④] 如果物权人的物权受到侵害,其行使物权请求权遇到障碍或者其不能举证证明其享有物权,此时可以行使占有保护请求权。例如,权利人对其是否享有物权不能确定,可行使占有保护请求权,因占有保护请求权的存在,无疑对其增加了一层保护。通过占有的保护,物权人得到更便捷的保护,并减轻了物权人的举证负担。因为物权受到第三人侵害以后,所有人和他物权人都无须证明其享有所有权,只需证明其具有合法的占有权,即可以向第三人提出请求或提起诉讼。但占有保护请求权与物权请求权不同,其特点在于:

第一,占有保护请求权是专门为保护占有而设定的请求权。占有可能基于本权,也可能非基于本权,即使是无权占有,虽然不是一种权利,但仍是

---

① 参见姚瑞光:《民法物权论》,台北,1998年(公元纪年)自版发行,第424页。

② 参见黄薇主编:《中华人民共和国民法典物权编解读》,中国法制出版社2020年版,第846页。

③ 参见谢在全:《民法物权论》(下册),中国政法大学出版社2011年版,第1222~1223页。

④ 参见宁红丽:《物权法占有编》,中国人民大学出版社2007年版,第187页。

一种利益，而且是一种财产利益，应当受到保护。[①] 占有保护请求权的主体是占有人，无论占有人是否享有物权，其都享有此项权利。

第二，占有保护请求权适用于三种情形：一是侵夺占有。所谓侵夺是指违反占有人的意思，将占有物的全部或部分移转至自己控制，并使占有人全部或部分地丧失占有。例如，抢夺和盗窃他人财物、霸占他人房产等。在学理上，通常认为采取毁损他人占有物的方式进行占有，也属于侵夺占有。[②] 二是妨害占有。所谓妨害是指以侵夺占有以外的非法手段妨碍占有人占有其物，致使占有人不能正常地占有其物。[③] 例如，在他人车库入口处停车，妨害他人进入车库使用停车位。妨害占有与侵夺占有的区别表现为：该行为并未使占有人失去占有，却使占有人不能正常占有。三是可能妨害占有。依据《民法典》第462条的规定，占有人的占有可能受到妨害，此时，占有人也可以行使占有保护请求权，请求消除危险。例如，邻居的危墙即将倒塌，从而可能妨害承租人对该房屋的占有，此时，承租人可以行使占有保护请求权。

第三，占有保护请求权具体包括三种形式，即占有物返还请求权、排除妨害请求权、消除危险请求权。各国民法大多规定了占有保护请求权。我国《民法典》第462条在借鉴比较法经验的基础上规定了这三种占有保护请求权。

占有保护请求权可以通过意思表示的方式行使，也可以通过诉讼方式实现。权利人提起占有保护请求权的诉讼，又称为占有诉权，或占有之诉。它是指占有人在其占有受到他人侵害的情况下，可请求不法行为人返还占有物、停止对占有的侵害、排除对占有的妨害、恢复占有物的原状。但占有保护请求权也可以为实体法上请求权，并可以在诉讼外行使。这就是说，权利人可以不通过诉讼的方式直接针对相对人主张权利。[④] 当然，如果权利人通过意思表示的方式来行使占有保护请求权，而相对人提出异议，那么权利人为保护自身的权利，应向法院起诉。

（二）占有保护请求权和物权请求权

物权请求权有广义、狭义两种含义。就狭义而言，物权请求权是指基于物权而产生的请求权。也就是说，当物权人在其物被侵害或有可能遭受侵

---

① 参见王泽鉴：《民法物权：用益物权·占有》，台北，1995年（公元纪年）自版发行，第258页。

② 参见王泽鉴：《民法物权：用益物权·占有》，台北，1995年（公元纪年）自版发行，第219页。

③ 参见孙宪忠：《德国当代物权法》，法律出版社1997年版，第123页。

④ 参见史尚宽：《物权法论》，中国政法大学出版社2000年版，第591页。

害时,有权请求恢复物权的圆满状态或防止侵害;就广义而言,物权请求权除了基于物权而产生的请求权以外,还包括占有人享有的占有保护请求权。[①] 从《民法典》相关规定来看,是从狭义上理解物权请求权的。

物权请求权与占有保护请求权都是物权法上保护财产的方法。物权请求权是基于物权遭受侵害或妨害而行使的权利,目的是恢复物权的圆满支配状态;而占有保护请求权是基于占有被侵夺或妨害而行使的权利,行使占有保护请求权是为了稳定占有秩序,保护占有人的利益。《民法典》分别对返还原物、排除妨害、恢复原状等请求权作出了规定。但是,占有保护请求权不仅具有保护占有的功能,而且具有保护物权的功能。物权请求权和占有保护请求权在很多情况下会发生重合,两者之间也会形成某种程度的交叉。例如,物权人既可以行使物权请求权,也可以行使占有保护请求权。不过,占有保护请求权和物权请求权毕竟是有区别的,这主要表现在如下几点:

第一,主体不同。物权请求权的行使主体必须是物权人,而占有保护请求权人是占有人。所以,在权利人提起诉讼之后,对于物权请求权的行使,法院应当审查权利人是否享有物权,而对于占有保护请求权的行使,不必审查权利人是否享有物权,而只需要审查其是否是占有人。[②]

第二,功能不同。占有保护请求权的功能主要在于维护社会占有秩序,而物权请求权的功能在于保护物权的圆满支配状态。行使物权请求权具有终局性和确定性,而占有保护请求权只是使占有人恢复占有,并没有确定权利归属的功能。占有保护请求权设立的目的在于迅速解决纷争,因此其具有迅速解决纠纷、恢复占有的功能。[③]

第三,举证责任不同。物权人行使物权请求权,必须证明其享有相应的实体权利,即物权;而占有人行使占有保护请求权,只需要证明其占有的事实即可,而不需要证明其占有是否具有合法的本权。

第四,保护期间不同。根据我国《民法典》第 462 条第 2 款的规定,占有物返还请求权适用 1 年的除斥期间。依据《民法典》第 196 条的规定,停止侵害、排除妨碍、消除危险的请求权不适用诉讼时效的规定,不动产物权和登记的动产物权的权利人的返还请求权也不适用诉讼时效的规定。

---

① 参见王泽鉴:《民法物权:通则·所有权》(第 1 册),台北,1992 年(公元纪年)自版发行,第 53 页。

② 参见谢在全:《民法物权论》(上册),台北,新学林出版股份有限公司 2014 年版,第 538 页。

③ 参见[日]我妻荣:《日本物权法》,[日]有泉亨修订,李宜芬校订,台北,五南图书出版股份有限公司 1999 年版,第 468 页。

（三）占有保护请求权人

占有保护请求权人是指占有受到侵夺或妨害的一切占有人，包括动产占有人和不动产占有人，它既包括有权占有人，也包括无权占有人。

有权占有人理所应当受到占有保护请求权制度的保护。占有保护请求权特别适用于那些依据合同已经占有另一方的财产，但仅享有合同债权的权利人的保护。例如，承租人的租赁权受到第三人侵害，其虽不能根据租赁权排除第三人的侵害，但可以通过行使占有保护请求权而对第三人提出请求和提起诉讼。如果占有人的本权不是物权而是债权，在其占有受到第三人侵害以后，因债权不具有对抗第三人的效力，则占有人基于其债权难以排除第三人的侵害，其必须采用占有保护请求权对其占有进行保护。

占有保护请求权制度也适用于无权占有。无权占有人包括善意占有人和恶意占有人。对无权占有人保护的原因，是为了保护占有形成的事实秩序，也是为了维护正当程序。当然，法律对善意占有人和恶意占有人的保护程度是不同的。从比较法的角度来看，大多承认无权占有人享有占有保护请求权。[①] 我国《民法典》物权编关于占有保护请求权的规定，虽然采用“权利人”的表述，但在特殊情形下，无权占有人也可以行使此项权利。例如，《民法典》第 462 条第 1 款规定，“占有的不动产或者动产被侵占的，占有人有权请求返还原物”，此处的“占有人”就不应限于合法占有人。

占有人需要返还原物及其孳息，《民法典》第 460 条规定：“不动产或者动产被占有人占有的，权利人可以请求返还原物及其孳息；但是，应当支付善意占有人因维护该不动产或者动产支出的必要费用。”这里所说的“权利人”和物权请求权中的“权利人”是有区别的。物权请求权中的权利人是指物权人，而占有物返还请求权中的权利人虽然不一定享有物权，但其应当属于有权占有人。只要是有权占有人，就可以请求无权占有人返还占有物和孳息。[②]

二、占有保护请求权的类型

（一）占有物返还请求权

1. 构成要件

所谓占有物返还请求权，是指占有人在其占有物被他人侵夺以后，可依法请求侵夺人返还占有物的权利。此种侵夺是指非基于占有人的意思，通过实施违法行为使其丧失对物的控制和支配，在此情形下，占有人有权请求

① 例如，《法国民法典》第 2282 条规定：“不论占有的实体如何，占有均受保护使之不受干扰与威胁的侵害。”

② 参见梅夏英、高圣平：《物权法教程》，中国人民大学出版社 2007 年版，第 541 页。

返还占有物。[①]《德国民法典》物权编规定了占有人和所有人的追寻权(追及权,Verfolgungsrecht)。依据《德国民法典》第 867 条的规定,占有物脱离占有人管领,处于他人占有之不动产内的,不动产占有人应允许占有人进入不动产寻找取回占有物。《德国民法典》第 1005 条规定了所有人的追寻权,适用于物处于所有人之外的其他人占有的不动产内的情形。与第 862 条一样,第 1005 条的适用以他人未取得物之占有为前提,否则所有人可以主张第 985 条的原物返还请求权。[②] 我国《民法典》第 462 条第 1 款规定,“占有的不动产或者动产被侵占的,占有人有权请求返还原物”。该条确认了占有物返还请求权,其构成要件是:

第一,必须存在侵夺占有的事实。所谓侵夺占有,是指行为人侵害占有人对物的管领和控制,使其无法继续管领和控制。如果占有不是被他人采用非法手段,而是基于自己的意思而交付(如被欺诈、胁迫等),则不能认定属于侵夺占有,[③]而只能通过请求撤销该民事法律行为的方式解决。[④] 行为人侵夺权利人的不动产或者动产而非法占有该财产,如抢夺他人的钱包、霸占他人的房屋、占用他人的土地使用权等,就构成侵夺占有的事实。侵夺占有通常将导致占有人不能对其占有物行使占有权。行使此种请求权必须存在侵夺的行为,例如,强风吹落某人的衣服至他人的阳台,由于没有侵夺行为,一般不能适用占有物返还请求权,而只能允许权利人取回。

第二,请求权人必须为占有人。此处所说的占有人包括直接占有人和间接占有人,其都可以请求无权占有人返还。但占有辅助人一般不得行使该请求权,因为占有辅助人只是辅助他人占有,本身不能享有占有物返还请求权。间接占有人是请求相对人向自己返还占有物,还是应向直接占有人返还占有物?如前所述,间接占有人一般不能请求相对人向自己返还,而只能请求相对人向直接占有人返还。

第三,必须针对侵夺占有的行为人提出该项请求。[⑤] 占有物返还请求权的实现将使占有人恢复对占有物的占有。此种请求权在性质上并不是不当得利的返还请求权,而是一种独立的请求权。

---

① 参见黄薇主编:《中华人民共和国民法典物权编解读》,中国法制出版社 2020 年版,第 846 页。

② MüKoBGB/Raff,8. Aufl. 2020,BGB § 1005 Rn. 1.

③ 参见姚瑞光:《民法物权论》,台北,1998 年(公元纪年)自版发行,第 422 页。

④ 参见黄薇主编:《中华人民共和国民法典物权编解读》,中国法制出版社 2020 年版,第 847 页。

⑤ MünchKomm/Joost, § 861 Rn. 6.

第四,占有物仍然存在。如果占有物已经灭失,返还占有物客观上已经不可能,占有人就只能要求赔偿损失,而不能要求返还原物。如果占有物已经转化为赔偿金等替代物,则只能请求返还替代物。

2. 占有人需要返还原物及其孳息

如前文所述,无论是善意占有,还是恶意占有,占有人都需要返还原物以及返还孳息,只不过善意占有人可请求所有人补偿对所有物的保管和改良所支付的必要费用,而在恶意占有的情况下,占有人无权请求所有人补偿其支付的费用。①

3. 在返还原物时有权取走原物上的自有物

无论是善意占有人还是恶意占有人,在返还原物时都有权取走自己的财产,取走自有物是符合物权的基本规则的。例如,返还义务人在返还房屋时,有权搬走房屋中存放的自己的家具;返还家具时,有权搬走家具中存放的自己的衣物。如果自有物不能与返还物分离或者分开有损原物价值的,善意占有人在返还原物时不得取走原物上的自有物,但有权请求返还请求权人给予适当补偿,不过,恶意占有人是无权请求补偿的。

4. 承担必要费用的义务

所谓必要费用,是指为保存占有物、管理占有物和维持占有物的现状而支出的费用,包括占有物的饲养费、维护费、修缮费和税捐等。② 除此之外,返还原物的费用,也应当属于必要费用的范围。与"必要费用"相对应的是有益费用和奢侈费用,它是指为了使物增值而支出的费用。对于占有物的有益费用和奢侈费用,权利人一般没有返还的义务。③ 一般而言,支出的费用是否属于必要费用,需要根据客观情况来考虑是否有必要支出以及支出的费用是否合理。本书认为,根据《民法典》第460条的规定,对费用的承担应当区分善意和恶意。善意占有人有权要求返还因占有而需支付的必要费用,恶意占有人无权请求返还该费用。

(二)排除妨害请求权

所谓排除妨害请求权,是指占有人在其占有受到他人妨害时,有权请求他人除去妨害。《民法典》第462条第1款规定,"对妨害占有的行为,占有人有权请求排除妨害或者消除危险"。根据这一规定,排除占有妨害请求权

---

① 参见王胜明主编、全国人大常委会法制工作委员会民法室编著:《中华人民共和国物权法解读》,中国法制出版社2007年版,第517页。

② 参见梁慧星、陈华彬:《物权法》(第4版),法律出版社2007年版,第409页。

③ 参见郭明瑞主编:《中华人民共和国物权法释义》,中国法制出版社2007年版,第437页。

的构成要件是：

第一，必须存在妨害行为。妨害是指采用侵夺以外的方法而妨碍占有人对占有物的管领和控制，如在他人门前堆放垃圾、在他人车库前停车等。这就是说，妨害必须是侵夺占有以外的方法，此时，占有人的占有并没有被剥夺，而只是受到了不当的妨害。通常妨害行为都发生于不动产之上。妨害行为必须正在持续而没有结束，如果妨害行为已经结束，就不可能再行使排除妨害请求权，而只能行使侵害占有的损害赔偿请求权。

妨害必须是不正当的。此处所说的妨害，是指非正当的妨害，或超过了占有人社会生活上忍受限度的妨害。[①] 如果妨害是占有人应当容忍的妨害，则占有人不能行使排除妨害请求权。

第二，请求权人必须是占有人。但占有人必须是现在的占有人，如果是曾经的占有人，因为其已经不再占有，所以无法行使此种权利。

第三，必须向妨害人提出请求。不管是对直接实施妨害行为的人，还是对间接造成他人占有妨害的人，占有人均可以向其提出请求。[②] 即使是所有人也可能构成对占有的妨害，例如，出租人将房屋出租以后，没有征得承租人的同意擅自进入承租人的房屋，也构成对承租人占有的妨害。

（三）消除危险请求权

所谓消除危险请求权，是指占有人的占有因他人物件或行为而遭受现实或可能妨害的危险，占有人有权请求该行为人消除危险。例如，他人在占有物附近挖掘地窖或建造危房，严重威胁占有人的占有的安全，占有人有权请求消除危险。《民法典》第 462 条第 1 款规定，“对妨害占有的行为，占有人有权请求排除妨害或者消除危险”。消除危险请求权应当具备如下要件：一是他人物件或行为已经形成了对占有人的占有安全的威胁；二是这种危险是持续存在的，如果危险已经消除自然就不存在消除危险请求权；三是危险既可能是现实的也可能是将来的。[③]当然，占有人可否行使该项请求权，必须根据一般社会观念和当时周围环境加以判断，而不能根据占有人的主观臆断决定。例如，在他人房屋边挖掘地窖确有可能危及他人房屋，如果该地窖距离他人房屋较远，一般不会形成妨害的危险，占有人就不能行使消除危险请求权。

---

① 参见陈华彬：《物权法原理》，载梁慧星主编：《民法学原理》〔多卷本〕，国家行政学院出版社 1998 年版，第 820 页。

② MünchKomm/Joost, § 862 Rn. 9.

③ 参见黄薇主编：《中华人民共和国民法典物权编解读》，中国法制出版社 2020 年版，第 847 页。

三、占有保护请求权的除斥期间

占有被侵害以后,也可能会形成一定的财产状态和秩序,如果经过了很长时间,占有人仍然可以行使占有保护请求权,则不利于稳定社会秩序,也不符合占有制度设立的宗旨。[①] 据此,《民法典》第 462 条第 2 款规定:"占有人返还原物的请求权,自侵占发生之日起一年内未行使的,该请求权消灭。"该条确定了占有物返还请求权所适用的期间。《民法典》第 462 条规定的 1 年期限,应当理解为除斥期间,理由在于:一方面,《民法典》第 462 条第 2 款采用了"该请求权消灭"的表述。这与诉讼时效导致抗辩权发生的效果具有本质上的不同。另一方面,除斥期间不会发生中断或中止,这就可以有效避免长期的不稳定的状态的持续。[②]《民法典》上述规定仅适用于占有物返还请求权,而不适用于排除妨害请求权和消除危险请求权,因为妨害和可能的妨害都是持续性的行为,无法确定期间的起算点,且如果占有人因经过一段时间而不能行使占有保护请求权,就会使得妨害行为不能得到制裁和纠正。

四、侵害占有的损害赔偿责任

我国《民法典》第 462 条第 1 款规定,"因侵占或者妨害造成损害的,占有人有权依法请求损害赔偿"。该条规定了占有人的损害赔偿请求权。这就是说,因侵占或者妨害占有人的占有,造成占有人损害的,占有人有权要求行为人承担损害赔偿责任。根据该规定,构成侵害占有的赔偿责任,必须符合如下条件:

1. 必须是行为人实施了侵害占有的行为。侵害占有的行为,又分为侵害有权占有和侵害无权占有两种类型。二者的区别在于,侵害有权占有不仅可能导致占有物的损害,而且会侵害有权占有人的本权,包括使用、收益等权利。例如,侵害承租人对租赁物的占有,致使承租人不能营业,导致其营业收入减少。在侵害无权占有的情况下,仅仅导致占有利益的损失,此种损失也应当得到赔偿,但一般不应赔偿间接损失(如利润损失)。例如,无权占有人以他人的机器制造产品,但是,因第三人侵夺机器导致的生产停顿,造成利润的损失。[③] 一般来说,对占有的妨害,不应适用侵害占有的请求权,而应当适用占有保护请求权。

---

① 参见郑云瑞:《民法物权论》,北京大学出版社 2006 年版,第 436 页。

② 参见黄薇主编:《中华人民共和国民法典物权编解读》,中国法制出版社 2020 年版,第 849 页。

③ 参见王泽鉴:《民法物权:用益物权·占有》(第 2 册)(修订版),台北,2001 年(公元纪年)自版发行,第 386 页。

2. 必须导致了占有人的损害。“无损害即无赔偿。”损害赔偿请求权和占有保护请求权的区别就在于，前者的法律后果是损害赔偿，而后者主要是在造成占有的侵夺和妨害的情况下，采取其他方式对占有人提供救济。因此，损害赔偿请求权的提出必须以损害的存在为前提。而且，占有人必须举证证明损害的存在，如果其无法证明损害的存在，就不能请求赔偿。

3. 行为人主观上具有过错。侵害占有的责任应当适用侵权法的一般归责原则，即过错责任原则。因此，占有人请求赔偿的前提之一是，行为人必须具有过错。

在侵害占有的情况下，侵害人应当对占有人因此遭受的全部损失承担赔偿责任。具体来说，全部损失包括：一是恢复占有物原状的费用损失。例如，占有物被毁损，行为人应当修理，并承担该修理费用。如果占有物是动产，虽然占有人可以请求赔偿，但占有人也可以在市场上购买同类物，因此可请求侵害人承担依市价确定的购买费用。二是使用收益的损失，即占有人对占有物不能使用收益所产生的各种损害。例如，强行占有他人的车位，致使占有人无法停车而被迫租用他人的车位，由此造成的使用收益的损失应当获得赔偿。[①] 三是可得利益的损失。原则上，对于侵害占有的赔偿，占有人只能请求恢复原状，不能请求赔偿可得利益的损失。但是在特殊情况下，合法占有人也有权请求赔偿可得利益的损失。例如，租赁他人的房屋开餐馆，因该房屋被他人非法占用，导致餐馆主人的利润损失。四是其他费用的损失，包括恢复占有的费用、请求返还的费用等。需要指出的是，尽管占有体现为一种利益，但占有本身利益的损失不应当包括在侵权损害赔偿利益之中，而应当通过占有保护请求权等方法获得保护。例如，甲非法占有乙的一辆汽车，甲以该车从事经营活动，乙因不能以该车运营产生了财产损失。在此情况下，乙可以要求甲赔偿因此造成的运营损失或汽车的修理费用，但不能要求甲返还汽车。乙只能通过占有保护请求权或者物权保护请求权要求返还占有物。

应当注意的是，虽然占有不属于民事权利，但其属于民事利益，受到《民法典》侵权责任编的保护，从《民法典》第 1165 条所规定的“民事权益”这一概念的文义上看，侵权责任法保护的对象不仅限于法定权利，还包括了合法利益。故行为人侵害他人占有的情况下，占有人也有权请求行为人承担侵权责任。因此，在行为人侵害他人占有的情况下，占有人既可以依据占有保护请求权向行为人提出请求，也可请求行为人承担侵权责任，当然，两种请

---

① 参见王泽鉴：《民法物权：用益物权 · 占有》，台北，1995 年（公元纪年）自版发行，第 260 页。

求权是不同的,具体体现在:一是构成要件不同。占有保护请求权的行使不以相对人具有过错为前提,而侵权损害赔偿请求权的行使原则上要求相对人具有过错。二是法律后果不同。占有保护请求权的后果是返还占有物或者停止正在进行的或可能发生的妨害行为,而侵权损害赔偿请求权的法律后果是损害赔偿。三是目的不同。占有保护请求权设立的目的是恢复占有的圆满状态,而侵权损害赔偿请求权则是要通过损害赔偿的方式,给予受害人金钱补偿,从而使受害人遭受的损害得以补救。四是时效适用不同。占有保护请求权适用 1 年的时效,而侵权损害赔偿请求权一般适用 3 年的时效。①

占有保护请求权与侵权请求权也可能发生竞合,因为在侵害占有的情形下,只要造成了占有人的损失,则占有人既可以依据占有保护请求权提出请求,也可以请求行为人承担侵权责任,此时即发生两种请求权的竞合,按照私法自治原则,应当允许受害人择一行使。

① 参见宁红丽:《物权法占有编》,中国人民大学出版社 2007 年版,第 198 页。

主要参考书目

一、中文文献

1. 黄薇主编:《中华人民共和国民法典物权编解读》,中国法制出版社 2020 年版。

2. 黄薇主编:《中华人民共和国民法典总则编解读》,中国法制出版社 2020 年版。

3. 黄薇主编:《中华人民共和国民法典物权编释义》,法律出版社 2020 年版。

4. 全国人大常委会法制工作委员会民法室编:《中华人民共和国物权法条文说明、立法理由及相关规定》,北京大学出版社 2007 年版。

5. 全国人大常委会法制工作委员会民法室:《中华人民共和国物权法条文说明、立法理由及相关规定》,北京大学出版社 2017 年版。

6. 胡康生主编:《中华人民共和国物权法释义》,法律出版社 2007 年版。

7. 最高人民法院物权法研究小组编著:《〈中华人民共和国物权法〉条文理解与适用》,人民法院出版社 2007 年版。

8. 杜万华主编、最高人民法院民事审判第一庭编著:《最高人民法院物权法司法解释(一)理解与适用》,人民法院出版社 2016 年版。

9. 最高人民法院民事审判第一庭编著:《最高人民法院物权法司法解释(一)理解适用与案例指导》,法律出版社 2016 年版。

10. 最高人民法院民事审判第二庭:《最高人民法院民

法典担保制度司法解释理解与适用》，人民法院出版社 2021 年版。

11. 最高人民法院民事审判第一庭编著：《最高人民法院建筑物区分所有权、物业服务司法解释理解与适用》，人民法院出版社 2009 年版。

12. 崔建远：《物权法》（第 5 版），中国人民大学出版社 2021 年版。

13. 梁慧星编著：《中国物权法草案建议稿：条文、说明、理由与参考立法例》，社会科学文献出版社 2000 年版。

14. 刘保玉：《物权法学》（第 2 版），中国法制出版社 2022 年版。

15. 孙宪忠、朱广新主编：《民法典评注：物权编》（第 1 册），中国法制出版社 2020 年版。

16. 孙宪忠、朱广新主编：《民法典评注：物权编》（第 2 册），中国法制出版社 2020 年版。

17. 孙宪忠：《中国物权法原理》，法律出版社 2004 年版。

18. 程啸：《不动产登记法研究》（第 2 版），法律出版社 2018 年版。

19. 渠涛、刘保玉、高圣平：《物权法学的新发展》，中国社会科学出版社 2021 年版。

20. 梅夏英：《物权法·所有权》，中国法制出版社 2005 年版。

21. 常鹏翱：《物权法的展开与反思》，法律出版社 2017 年版。

22. 常鹏翱：《不动产登记法》，社会科学文献出版社 2011 年版。

23. 尹田：《法国物权法》，法律出版社 2009 年版。

24. 尹田：《物权法理论评析与思考》，中国人民大学出版社 2004 年版。

25. 王轶：《物权变动论》，中国人民大学出版社 2001 年版。

26. 陈华彬：《民法物权论》，中国法制出版社 2010 年版。

27. 郑云瑞：《民法物权论》，北京大学出版社 2006 年版。

28. 黄泷一：《物权法定原则：普遍理论与中国选择》，法律出版社 2019 年版。

29. 李智、郑永宽主编：《新编物权法案例教程》，中国民主法制出版社 2008 年版。

30. 丁宇翔：《返还原物请求权研究》，法律出版社 2019 年版。

31. 庄加园：《民法典体系下的动产所有权变动：占有取得与所有权让与》，法律出版社 2020 年版。

32. 马特：《物权变动》，中国法制出版社 2007 年版。

33. 余能斌主编：《现代物权法专论》，法律出版社 2002 年版。

34. 崔建远：《准物权研究》，法律出版社 2003 年版。

35. 崔建远：《物权：规范与学说——以中国物权法的解释论为中心》

（上册），清华大学出版社2011年版。

36. 崔建远：《中国民法典释评：物权编》（上卷），中国人民大学出版社2020年版。

37. 房绍坤、王洪平：《公益征收法研究》，中国人民大学出版社2021年版。

38. 申卫星：《物权法原理》，中国人民大学出版社2008年版。

39. 温世扬、廖焕国：《物权法通论》，人民法院出版社2005年版。

40. 孙鹏：《物权公示论：以物权变动为中心》，法律出版社2004年版。

41. 王茵：《不动产物权变动和交易安全——日德法三国物权变动模式的比较研究》，商务印书馆2004年版。

42. 向明：《不动产登记制度研究》，华中师范大学出版社2011年版。

43. 陈华彬：《现代建筑物区分所有权制度研究》，法律出版社1995年版。

44. 徐海燕：《区分所有建筑物管理的法律问题研究》，法律出版社2009年版。

45. 辜明安：《物权请求权制度研究》，法律出版社2009年版。

46. 渠涛、刘保玉、高圣平：《物权法学的新发展》，中国社会科学出版社2021年版。

47. 房绍坤等：《土地承包经营权益实现机制研究》，法律出版社2023年版。

48. 房绍坤：《物权法用益物权编》，中国人民大学出版社2007年版。

49. 高圣平：《民法典担保制度及其配套司法解释理解与适用》，中国法制出版社2021年版。

50. 高圣平：《担保法前沿问题与判解研究——最高人民法院新担保制度司法解释条文释评》（第5卷），人民法院出版社2021年版。

51. 高圣平等：《〈中华人民共和国农村土地承包法〉条文理解与适用》，人民法院出版社2019年版。

52. 高圣平：《民法典担保制度体系研究》，中国人民大学出版社2023年版。

53. 麻锦亮编著：《民法典担保注释书》，中国民主法制出版社2023年版。

54. 吴光荣：《担保法精讲》，中国民主法制出版社2023年版。

55. 叶金强：《公信力的法律构造》，北京大学出版社2004年版。

56. 陈华彬：《物权法原理》，载梁慧星主编：《民法学原理》〔多卷本〕，国家行政学院出版社 1998 年版。

57. 高富平:《物权法原论》,中国法制出版社 2001 年版。

58. 俞建伟:《民法典居住权制度的理论与实践》,法律出版社 2022 年版。

59. 黄薇主编:《中华人民共和国农村土地承包法释义》,法律出版社 2019 年版。

60. 杨合庆主编:《中华人民共和国土地管理法释义》,法律出版社 2020 年版。

61. 程啸、高圣平、谢鸿飞:《最高人民法院新担保司法解释理解与适用》,法律出版社 2021 年版。

62. 刘家安:《民法物权》,中国政法大学出版社 2023 年版。

63. 郑玉波:《民法物权》,台北,三民书局 1992 年版。

64. 史尚宽:《物权法论》,中国政法大学出版社 2000 年版。

65. 王泽鉴:《民法物权通则 · 所有权》(第 1 册),中国政法大学出版社 2001 年版。

66. 谢在全:《民法物权论》(上、下册),中国政法大学出版社 1999 年版。

67. 谢哲胜:《财产法专题研究》,台北,三民书局 1995 年版。

68. 林诚二:《民法总则讲义》,台北,瑞兴图书股份有限公司 1995 年版。

69. 施启扬:《民法总则》,中国法制出版社 2010 年版。

70. 张龙文:《民法物权实务研究》,台北,汉林出版社 1977 年版。

二、中文译著

1. [德]鲍尔、[德]施蒂尔纳:《德国物权法》(上册),张双根译,法律出版社 2004 年版。

2. [德]迪特尔 · 施瓦布:《民法导论》,郑冲译,法律出版社 2006 年版。

3. [德]曼弗雷德 · 沃尔夫:《物权法》,吴越、李大雪译,法律出版社 2002 年版。

4. [日]三潴信三:《物权法提要》(上、下卷),孙芳译,中国政法大学出版社 2005 年版。

5. [日]田山辉明:《物权法》,陆庆胜译,法律出版社 2001 年版。

6. [日]我妻荣:《日本物权法》,[日]有泉亨修订,李宜芬校订,台北,五南图书出版股份有限公司 1999 年版。

7. [德]迪特尔 · 梅迪库斯:《德国民法总论》,邵建东译,法律出版社

2000 年版。

8.［德］汉斯·布洛克斯、［德］沃尔夫·迪特里希·瓦尔克：《德国民法总论》，张艳译，中国人民大学出版社 2012 年版。

9.［日］我妻荣：《我妻荣民法讲义Ⅰ：新订民法总则》，于敏译，中国法制出版社 2008 年版。

三、外文文献

1. *Good and McKendrick on Commercial Law*, 6th ed., LexisNexis and Penguin Books Ltd., 2020.

2. William H. Lawrence, William H. Henning & R. Wilson Freyermuth, *Understanding Secured Transactions*, 5th ed., New Providence, NJ: Matthew Bender & Company, Inc., 2012.

后　记

本书系作者申报的国家社科重大项目“我国民法典实施中的重大疑难问题研究“(项目编号:23&ZD152)的阶段性研究成果,也是自《民法典》颁行后,作者结合《民法典》和与物权相关的法律法规、司法解释的规定,并吸收最新的物权法研究成果所撰写的著作。在本书编写过程中,中央财经大学王叶刚副教授等人,提供了大量帮助,中国人民大学法学院边琪、中国政法大学缪宇博士等人协助查找和翻译了一些德文资料,法律出版社孙东育、曲瑶等编辑也为本书的出版提供了大量帮助,在此一并致谢。由于时间仓促,加上作者能力有限,书中缺点、错误在所难免,敬请各位读者不吝指正。

天
Borderless
下

天下，在乎正义和你

法学新经典·书目

《侵权损害赔偿》(第六版)	杨立新
《我国民法典重大疑难问题之研究》(第二版)	王利明
《法律解释学导论:以民法为视角》(第三版)	王利明
《法的价值论》(第三版)	卓泽渊
《法政治学研究》(第三版)	卓泽渊
《法治国家论》(第四版)	卓泽渊
《刑事诉讼的中国模式》(第三版)	陈瑞华
《刑事证据法的理论问题》(第二版)	陈瑞华
《民法典总则之理论与立法研究》(第二版)	尹　田
《中国物权法总论》(第四版)	孙宪忠
《人格权重大疑难问题研究》	王利明
《实证研究:中国法学的范式转型》	左卫民
《中国法律的传统与近代转型》(第四版)	张晋藩
《行政法基本原则研究》(第二版)	周佑勇
《国际刑法学》(第二版)	贾　宇
《刑法客观主义与方法论》(第二版)	周光权
《诈骗犯罪论》	张明楷
《国际私法本体论》(第二版)	蒋新苗
《民法解释学》(第五版)	梁慧星
《当代刑法的理论与课题》	黎　宏
《量刑的个别化原理》	石经海
《中国传统法理法哲学论》	张中秋
《民法总则新论》	王利明

《中国公司法论》 周友苏
《民法的伦理分析》(第三版) 赵万一
《物权法新论》 王利明

法学新青年·书目

《物权法的展开与反思》(第二版) 常鹏翱
《基本权利的规范建构》(第三版) 张　翔
《传媒监督的法治》(第三版) 陈柏峰
《国家利益维护:国际法的力量》 何志鹏
《不动产登记法研究》(第二版) 程　啸
《证据法的理论面孔》 吴洪淇
《刑法归责原理的规范化展开》 陈　璇
《刑法与现代社会治理》 何荣功
《舆图换稿:明清之际的中国法哲学》 屠　凯
《中国特色行政复议制度的嬗变与演进》 曹　鎏
《行政诉讼类型构造论》 章志远
《侵权责任利益保护的解释论》 方新军
《刑事诉讼法的解释图景》 董　坤
《刑事辩护的模式》 李奋飞
《可罚的违法性:刑民关系的本土化阐释》 陈少青
《司法裁判过程中的人工智能应用研究》 彭中礼
《刑事证据法的制度塑造》 吴洪淇

法学原论·书目

《合同法总论》(第四版) 韩世远
《现代公司法》(第三版) 刘俊海
《侵权责任法》(第四版) 杨立新

《国家监察学原理》 李晓明 芮国强
《物权法原论》(第二版) 高富平
《刑法学:立法与解释原理》(上册) 李晓明
《刑法学:罪体与罪责原理》(下册) 李晓明

博观・书目

《社会契约论》 卢 梭
《法律的概念》(第三版) 哈 特
《普通法的精神》(中文修订版) 庞 德
《诉权与诉的可能性:当代民事诉讼基本问题研究》 赫尔维格
《民主与不信任:司法审查的一个理论》 约翰・哈特・伊利
《法律与革命》(第一卷) 伯尔曼
《法律与革命》(第二卷) 伯尔曼
《法律推理与法律理论》 麦考密克
《古代法》 梅 因
《旧制度与大革命》 托克维尔
《为权利而斗争》 耶 林
《法律制度:对法律理论的一种解说》 麦考密克
《政治哲学史》(第三版 上下册) 列奥・施特劳斯 约瑟夫・克罗波西
《论法的精神》 孟德斯鸠
《民事诉讼法重点讲义》(导读版) 高桥宏志
《纯粹法学说》(第二版) 凯尔森
《普通法》 霍姆斯
《论犯罪与刑罚》 贝卡里亚
《宪法设计与理性选择:公法经济分析基础》 罗伯特・D. 库特
《法律的权威》(第二版) 约瑟夫・拉兹
《正确法:法伦理学基础》 卡尔・拉伦茨
《法律篇》 柏拉图

《论法律》 西塞罗
《刑事制裁的界限》 赫伯特 · L. 帕克
《对法学的戏谑与认真:给法学读者的礼物》 鲁道夫 · 冯 · 耶林
《法律的沟通之维》 马克 · 范 · 胡克
《柏拉图对话录:关于苏格拉底的审判和死亡》 柏拉图
《法律职业的起源:古代雅典的律师和诉讼当事人》 罗伯特 · J. 伯纳

思想与人文 · 书目

《西窗法雨》(精装修订版) 刘 星
《法槌十七声:西方名案沉思录》(第二版) 萧 瀚
《文明与法治:寻找一条通往未来的路》 刘哲昕
《精英与平民:中国人的民主生活》 刘哲昕
《法治东西》 於兴中
《博登海默法理学》 博登海默
《法窗夜话》 穗积陈重
《正义之源泉:自然法研究》 吴经熊
《现代法政的起源:1900—1919》 董彦斌
《被误解的民主》 包刚升
《风骨:新旧时代的政法学人》 陈夏红
《斑马线上的中国》(第三版) 邓子滨
《生活在民法中》(第四版) 梁慧星
《乌合之众:大众心理研究》 古斯塔夫 · 勒庞
《我们律师》(修订精装版) 张思之
《我的辩词与梦想》(精装收藏版) 张思之
《法门穿行》 孙笑侠
《现代法治:沈家本的改革梦》 李贵连
《阿 Q 之死的标本意义》 张建伟
《续法窗夜话》 穗积陈重

《从传统到现代》	金耀基
《耶鲁精神:感受耶鲁大学及其法学院》(第二版)	冯建妹
《法律帝国的铸就:大英帝国法律史(1800－1850)》	劳伦·本顿　利萨·福特
《英国法的塑造者》	威廉·塞尔·霍尔斯沃思
《美国法律史》	劳伦斯·弗里德曼
《尊严:历史和意义》	迈克尔·罗森
《法官因何错判》	秋山贤三
《修行:生命的证悟》	泰戈尔
《看得见的正义》(第三版)	陈瑞华
《大地家族》	盖瑞·施耐德
《法律后面的故事》	梁治平
《生命与超越:一个命运共同体的理想》	刘哲昕
《霸权的黄昏:大国的衰退和收缩》	麦克唐纳　培伦特
《罪与罚:关于公正的 19 场激辩》	布鲁斯·N. 沃勒
《民法的人文精神》(第二版)	徐国栋
《西口闲笔》	徐国栋
《明清法律与社会变迁》	邱澎生　何志辉
《案例、故事与明清时期的司法文化》(修订版)	徐忠明
《明清时期的民事审判与民间契约》	王亚新　梁治平　赵　晶
《"活法":宋元明法律文化研究》	蓝德彰
《法学知识的壮游:近代中法法学交流史》	朱明哲
《儒家的世界》	董彦斌
《面包香里读哲学》	胡文·欧江
《大众装饰》	齐格弗里德·克拉考
《法的回声:中国法律思想通识讲义》	李　鸣
《寻找法律的印迹》(第四版)	余定宇
《法学名著导读》	张志铭　于　浩
《论人类不平等的基础和起源》	卢　梭

《中华法制文明史(古代卷)》 张晋藩

《早期中国的法律世界》 李　平

《商君书评注》 李　平

《遇见法学家:西方法哲学简史》 徐爱国

理论与方法·书目

《通往法治的道路:社会的多元化与权威体系》 季卫东

《法治、财税与国家治理》 熊　伟

《论法学研究方法》 陈瑞华

《法律人的思维方式》(第三版) 陈瑞华

《民法总则:条文背后的故事与难题》 杨立新

《法学学位论文写作方法》(第三版) 梁慧星

《裁判的方法》(第四版) 梁慧星

《理论法学的迷雾:以轰动案例为素材》(增订版) 桑本谦

《司法体制改革导论》 陈瑞华

《侵权责任法:条文背后的故事与难题》(第二版) 杨立新

《司法改革的知与行》 蒋惠岭

《中西法律文化比较研究》(第五版) 张中秋

《真实世界的法律思维:出乎意料的60堂法律微课》(第二版) 黄文伟

《中国民法典新规则要点》(修订版) 杨立新

《刑事审判原理论》(第三版) 陈瑞华

《实质法治:寻求行政判决的合法性》(第二版) 何海波

《行政诉讼法》(第三版) 何海波

《企业合规基本理论》(第二版) 陈瑞华

《人工智能时代的算法治理:机制与方案》 张　欣

《数字司法的中国图景》 左卫民

《行政裁量治理研究:一种功能主义的立场》(第二版) 周佑勇

《像法律人那样思考:法律推理新论》(增订版) 弗里德里克·肖尔

《极简法医鉴识手册》	道格拉斯·莱尔
《与骸骨交谈:我希望每一个真相都被发现》	威廉姆·R.美普斯
《辩无不胜》	盖瑞·斯宾塞
《律师的客户管理术》	亚历山大·Y.本尼科夫
《并购之道:赢家的65个商业逻辑与实战》	张伟华
《如何讲个好故事:律师的必修课》	菲利普·N.迈耶
《法总工作手册:公司法律合规的三十六计》	沈悦志
《法律检索与知识管理手册》	黄文伟
《法律尽职调查完全手册》(第三版)	李 俭
《拉丁语法律用语典》	陈卫佐
《拉丁语法律格言手册》	陈卫佐